**4., vollständig überarbeitete Auflage**



Jessika Zollickhofer, Isa Ducke, Birgit Bianca Fürst,
Katharina Grimm, Hartmut Pohling, Axel Schwab,
Natascha Thoma

# Inhalt

## Routenplaner 6



## Travelinfos von A bis Z 42



## Land und Leute 98

## Tōkyō 東京 und Umgebung 152

## Tōhoku 東北 ........ 226

## Hokkaidō 北海道 ........ 268

## Chūbu 中部 ........ 306

## Kansai 関西 376

## Chūgoku 中国 458

## Shikoku 四国 492

## Kyūshū 九州 526

## Okinawa 沖縄 584



## Anhang 624



## Reiseatlas 653

# JAPAN
## Die Highlights

**Von Vulkanen und Thermalquellen über alpine Gipfel bis zu raffiniert angelegten Gärten und Parks, von Shintō-Schreinen und buddhistischen Tempeln über Samurai-Burgen und Kaiserpaläste bis zu hochmodernen Wolkenkratzern birgt Japan unglaublich viele natürliche wie kulturelle Schätze.**

2

**1 HANAMI** Die Kirschblüte läutet den Frühling ein und ist im ganzen Land Anlass zum ausgelassenen Feiern. Man trifft sich zum Picknick im Park und erfreut sich an der kurzlebigen Blütenpracht. S. 24

**2 ONSEN** Die japanische Badekultur sucht auf der Welt ihresgleichen. Jede Region hat berühmte Heilquellen, und in ihnen zu baden ist nicht nur für Japaner ein Hochgenuss. S. 26

3 **TŌKYŌ** Postmoderne Wolkenkratzer mit grandiosen Ausblicken bilden einen Kontrast zum Treiben während eines traditionellen Festes am Schrein in Asakusa. Bunte Leuchtreklamen überwiegen hingegen in Kabukichō, dem Vergnügungsviertel östlich vom Bahnhof Shinjuku. Kneipen, Restaurants und Bars reihen sich hier dicht aneinander. S. 155

3
歌舞伎町一番街
やきとり・鍋料理各種ご宴会承ります。
Tel.3232-4794
麻雀
ブル
6F
お好み焼
本陣
8F
居酒屋
本陣
4F
お好み
もんじゃ
たこ焼き
7F
4F
Loco

**4 NIKKŌ** Mit Moos bewachsene Stein- und Bronzelaternen – Trauergeschenke der Fürsten zum Tod des großen Tokugawa Ieyasu – säumen den Weg zum inneren Bezirk des Tōshōgū-Schreins. S. 203

**5 KAMAKURA** Seit über 760 Jahren unverrückbar in Meditation versunken sitzt der riesige Buddha aus Bronze am Tempel Kōtoku-in. S. 220

**6 MATSUSHIMA** Hunderte kleiner, mit Kiefern bewachsener Inseln machen die Bucht von Matsushima zu einer der schönsten Ansichten Japans. Am besten erlebt man die berühmte Landschaft auf einer kurzen Schiffstour durch die Bucht. S. 238

6

**7 DEWA SANZAN** 2446 steinerne Stufen führen zum Drei-Götter-Schrein auf dem Haguro-san. S. 244

**8 SHIRETOKO-NATIONALPARK** Ein Paradies für Braunbären, Riesen-Fischuhus, Seeadler, Steller-sche Seelöwen und andere wild lebende Tiere. S. 291

**9 SHIRAKAWA** In dem idyllischen Bergdorf prägen traditionelle Holzhäuser die Landschaft. Die enormen Reetdächer sind so steil, damit der viele Schnee abrutschen kann. Deshalb gibt es auch im ersten und zweiten Stock noch Türen nach draußen. S. 329

9

10

**10 KYŌTO** Die alte Kaiserstadt ist das kulturelle Zentrum Japans und mit ihren zahlreichen Tempeln, Schreinen und Palästen zu jeder Jahreszeit einen Besuch wert. S. 379

**11 NARA** Die erste permanente Hauptstadt Japans ist über 1300 Jahre alt und reich an herausragenden Heiligtümern und Kunstschätzen ersten Ranges. S. 420

**12 KŌYA-SAN** An diesem spirituellen Ort, weitab der großen Städte und tief in den Bergen der Kii-Halbinsel, genießen nicht nur Pilger Ruhe und Besinnlichkeit. S. 429

12

13

**13 HIMEJI** Die wunderschöne „Burg des Weißen Reihers" ist der wahrhaftige Beweis dafür, dass Burgen nicht nur der Verteidigung dienen, sondern auch ästhetischen Ansprüchen gerecht werden. S. 457

**14 KURASHIKI** Der einstige Reisspeicher der Nation besitzt heute eine der interessantesten und reizendsten Altstädte Japans. S. 463

**15 HIROSHIMA** Die wiederauferstandene Stadt verspricht künftigen Generationen Hoffnung und ruft als selbst ernannte Friedensstadt zur weltweiten Beseitigung aller Atomwaffen auf. S. 466

16

**16 DŌGO ONSEN** Im alten Badehaus dieser Therme, das früher der kaiserlichen Familie vorbehalten war, können Einheimische und Besucher der Stadt sich gesundbaden. S. 520

**17 NAGASAKI** Die exotische Stadt im Süden blickt auf eine wechselvolle Geschichte zurück, wovon auch der rekonstruierte historische Handelsposten der Niederländer Zeugnis ablegt. S. 538

**18 SAKURAJIMA** Vor der Hafenstadt Kagoshima thront der imposante Inselvulkan und spuckt je nach Tagesform mehr oder weniger Asche in die Luft. Bewundern darf man ihn auch aus der Nähe – aber unterschätzen nie! S. 571

P
P
P

**19** **MIYAKOJIMA** Rund 300 km südlich der Hauptinsel Okinawa locken weiße Sandstrände. Die Korallenbänke im glasklaren Meer sind nicht nur für Taucher ein Traum, sondern auch für Schnorchler – viele sind direkt vom Strand aus zu erreichen. Und etliche mit Brücken verbundene kleinere Inseln laden zu Erkundungen, zur Vogelbeobachtung oder zum Entspannen ein. S. 604

# Reiseziele und Routen

Japan ist eines der vielseitigsten Länder der Welt, nicht nur aufgrund seiner enormen geografischen Spannweite von Hokkaidō im Norden bis Okinawa im Süden. Wer klassische Sehenswürdigkeiten sucht, findet viele herausragende buddhistische Tempel, urjapanische Shintō-Schreine, imposante Burgen, raffiniert angelegte Landschaftsgärten und schmucke traditionelle Holzhäuser. Erstklassige Museen widmen sich so unterschiedlichen Themen wie dem Nō-Theater oder dem japanischen Comic. Zum krönenden Abschluss eines erlebnisreichen Tages laden Onsen zu einem entspannenden Bad ein. Die heißen Quellen sind über das ganze Land verteilt und liegen nicht selten in reizvoller Umgebung in den Bergen, mit denen Japan ebenfalls reich gesegnet ist. So kommen Wanderfreunde fast überall auf ihre Kosten, und selbst zum Skifahren nach Japan zu fahren, ist nicht abwegig. Abenteuerlustige stürzen sich in eines der vielen Volksfeste oder versuchen sich im Schwertkampf. Dazu gibt es immer wieder kulinarische Entdeckungen, die zugleich ein Augenschmaus sind. Kurzum: So oft man auch nach Japan reist, es bleibt immer spannend.

## Reiseziele

### Tōkyō und Umgebung

Tōkyō ist die größte Metropolregion der Welt und eine Stadt der Gegensätze, wie sie größer nicht sein könnten. In einem endlosen Häusermeer verteilen sich moderne Wolkenkratzer, alte Tempel, Gärten und weitläufige Parks. Der hervorragend ausgebaute Nahverkehr macht Autos so gut wie überflüssig, und im relativ kompakten Stadtzentrum wetteifern unzählige Restaurants, Einkaufszentren und Museen um die Gunst der Besucher. Bei klarem Wetter hat man sogar die Chance, den Fuji-san zu erblicken.

Das historische Zentrum von Tōkyō bildet der **Kaiserpalast** (S. 158). Von dessen weitläufigen Parkanlagen ist jedoch nur der Ostteil zugänglich.

Der **Hama-Rikyū-Park** (S. 161) herrlich an der Tōkyō-Bucht ist nicht nur zur Kirschblüte ein beliebter Ort zum Spazieren. Der hochmoderne Gebäudekomplex **Roppongi Hills** (S. 163) bietet Tag und Nacht einen grandiosen Blick über Tōkyō. Ganz in der Nähe ragt Japans höchster Wolkenkratzer **Azabudai Hills Mori JP Tower** fast 330 m in die Höhe (S. 162).

Die lange Ladenzeile im traditionellen Tempelbezirk **Asakusa** (S. 164) wird von vielen Touristen aus aller Welt besucht und lädt zum Souvenirkauf ein. Der weltweit höchste Fernsehturm ist **Tōkyō Skytree** (S. 167). Die Jugend trifft sich gerne in **Shibuya** (S. 176) und **Harajuku** (S. 173) zum Shoppen oder im Café.

Wer dem Großstadttrubel entkommen möchte, besucht **Nikkō** (S. 203). Der hiesige Tōshōgū ist der schönste Schreinkomplex in ganz Japan.

Naturliebhaber fahren zum Wandern nach **Hakone** (S. 211) und entspannen ihre müden Glieder in einem der schönen Onsen. Nahe bei Tōkyō liegt auch **Kamakura** (S. 220), bekannt durch seine 750 Jahre alte Buddha-Statue aus Bronze und seine vielen Tempel und Schreine.

In der Hafenstadt **Yokohama** (S. 216) locken die alte Chinatown und der moderne, dem Meer abgetrotzte Stadtteil Minato Mirai 21.

### Tōhoku

Tōhoku, dem Norden der Hauptinsel Honshū, eilt der Ruf der unberührtesten oder wahlweise hinterwäldlerischsten Region des Landes voraus, dennoch gibt es hier einiges zu entdecken. Die Bucht von **Matsushima** (S. 238) mit ihren Hun-

## ? Fragen und Antworten

Seit den ersten exotischen Japanisch-Stunden in der Schule sind **Isa Ducke** und **Natascha Thoma** fasziniert von Japan: Fürs Studium kam eigentlich nur Japanologie in Frage. Anschließend haben beide jahrelang in Japan gelebt, und inzwischen schreiben sie Reiseführer (nicht nur) über Japan und führen deutsche Reisende durch ihre zweite Heimat.

### Ist Japan wirklich so teuer?

Nein, das ist ein Klischee aus den 1990er-Jahren, und seitdem gab es in Japan praktisch keine Inflation! Natürlich kann man auch sehr teuer reisen, aber die Bandbreite zwischen erschwinglich und luxuriös ist viel größer als in den meisten europäischen Städten. Und 2023 stand der Yen so günstig wie noch nie!

### Lohnt sich der Japan Rail Pass?

Für eine erste Japanreise von zwei bis drei Wochen, auf der die klassischen Sehenswürdigkeiten besucht werden, sehr oft! Wer länger, langsamer oder besonders billig reisen will oder eine ungewöhnliche Route plant, sollte die Strecken vorher genauer durchrechnen. Regionalpässe sind eine gute Alternative.

### Zur Kirschblüte nach Japan?

Japan zur Kirschblüte ist tatsächlich ein Traum von luftigem Rosa. Allerdings ist es im März/April auch ziemlich kühl und öfters regnerisch (selbst Schnee kommt vor). Die großen Touristenziele wie Kyōto

derten von Kiefern bewachsenen Inselchen gilt als einer der „drei schönsten Anblicke" Japans. Im Landesinneren locken vulkanische Berg- und Seenlandschaften Wanderer und Naturfreunde in Nationalparks wie den **Towada-Hachimantai** (S. 258). Auch Onsen-Liebhaber finden traumhafte Bäder, z. B. in **Nyūtō Onsen** (S. 257) oder **Tamagawa-Onsen** (S. 257) am Rande des Hachimantai-Plateaus.

Der wichtigste Kunstschatz Tōhokus ist die Goldene Halle des Chūson-ji in **Hiraizumi** (S. 247). In **Aizu Wakamatsu** (S. 228) oder **Kakunodate** (S. 254) kann man in den Samuraihäusern der feudalen Vergangenheit nachspüren.

Die im Originalgrundriss erhaltene Burg in **Hirosaki** (S. 265) bildet einen hübschen Hintergrund für die 5000 meist etwa zur Golden Week blühenden Kirschbäume. In **Yamadera** (S. 242) kann man 1000 Stufen zu einem fantastisch gelegenen Bergtempel erklimmen. Die heiligen drei Berge von **Dewa Sanzan** (S. 244) warten mit geheimnisvollen Bergschreinen und entlegenen Pilgerpfaden auf. Mutige statten auch der unheimlichen, schwefeldampfgeschwängerten Schattenwelt des **Osore-zan** (S. 261) einen Besuch ab. An den Rand der Zivilisation kommt man in **Akita** (S. 252), dem monatelang unwirtlichen „Schneeland" mit dem besten Sake, den deftigsten Suppen und den wildesten Festen. Als Ausgangspunkt für die Erkundung eignen sich die größte Stadt der Region, **Sendai** (S. 232), mit ihrem Kultur- und Ausgeh-Angebot oder auch die Universitätsstadt **Morioka** (S. 250).

## Hokkaidō

Hokkaidō, die nördlichste der vier japanischen Hauptinseln, ist historisch der jüngste Teil Japans und entwickelte, vom Pioniergeist geprägt, einen eigenen Charme. Die Metropole **Sapporo** (S. 272) begeistert durch ihre ungezwungene Atmosphäre. Hokkaidō selbst überwältigt mit Naturschönheiten: Steilküsten, aktiven Vulkanen und bezaubernden Seen, wie dem geheimnisvollen **Mashū-See** (S. 294) oder dem **Tōya-See** (S. 297).

sind zu dieser Zeit so überlaufen, dass man sich sehr gut überlegen sollte, ob die Menschenmengen (und die damit verbundenen Staus, Engpässe und Wartezeiten) wirklich das Richtige sind. Auf Kyūshū, in Tōhoku oder in den Bergen blühen die Kirschen übrigens etwas früher bzw. später.

### Mit Englisch komme ich doch zurecht, oder?

Irgendwie schon: Touristisch relevante Informationen wie Öffnungszeiten, Preise und Bahnhofsnamen in Touristenstädten sind immer auch auf Englisch angeschrieben, und alle Japaner haben jahrelang Englisch gepaukt. Allerdings sprechen es die meisten weit weniger gut, als man erwarten würde. Vor allem in kleineren Hotels und Restaurants ist Englisch nicht selbstverständlich. Deshalb reichlich im Voraus über einen Sprachkurs oder eine Lern-App nachdenken und in jedem Fall eine Übersetzungs-App mitnehmen!

### Was muss unbedingt mit?

Nicht so viel! Außer dem Pass eigentlich nur die Kredit- oder Debitkarte samt PIN-Nummer. Sonst gibt es alles auch vor Ort. Manches muss dafür nicht mit: Zahnbürste und -pasta z. B. gehören zur Grundausstattung in Hotels, ebenso wie Pyjama und Wasserkocher.

### Wie kann ich am besten online sein?

Wem eine ständige und gute Internetverbindung wichtig ist, der sollte sich lieber schon vor der Reise mit den Optionen beschäftigen – Roaming ist sehr teuer, wenn es überhaupt klappt, und einheimische SIM-Karten bekommt man als Tourist nicht so einfach. Für gelegentliche E-Mails und Infos reichen aber die WLAN-Netze z. B. in Hotels, Cafés und Bahnhöfen.

Im **Shiretoko-Nationalpark** (S. 291), seit 2005 Unesco-Weltnaturerbe, leben Braunbären und viele andere Wildtiere weitgehend ungestört. Alpine Gipfel und Schluchten faszinieren im **Daisetsuzan-Nationalpark** (S. 287), dem „Dach Hokkaidōs". Zahlreiche Onsen, darunter **Noboribetsu** (S. 300), laden zur Entspannung ein.

Viele Ortsnamen in Hokkaidō stammen aus der Ainu-Sprache. Der Kultur der Ureinwohner kann man heute in Ainu-Dörfern oder Museen, wie **Pirka Kotan** (S. 281) oder **Upopoy** in Shiraoi (S. 300), begegnen.

In der „weißen Saison" locken **Niseko** (S. 301), das „Mekka des Pulverschnees", das **Treibeis** am Ochotskischen Meer (S. 293) und das weltberühmte **Schneefest** Yuki Matsuri (S. 279) Besucher aus der ganzen Welt an.

## Chūbu

Wer am „Mittelteil" Japans zwischen Tōkyō und Kyōto mit dem Zug vorbeibraust, verpasst viel. Die Schönheiten der hiesigen Landschaft erschließen sich allerdings nur mit etwas Geduld, denn hier liegen die höchsten Berge Japans, und die Verkehrsverbindungen sind nicht immer gut.

Das Highlight dieser Gebirgsregion sind Ausflüge in Höhenzüge der Japanischen Alpen. Die berühmteste Route über die Nordalpen, die **Tateyama-Alpenroute** (S. 355), involviert eine ganze Serie unterschiedlicher Verkehrsmittel, die auf über 2500 m Höhe die Bergkette überwinden. In **Kamikōchi** (S. 342) wandeln Naturfreunde auf den Spuren des britischen Missionars Weston, der die Japanischen Alpen für den Tourismus entdeckte, und in **Magome** und **Tsumago** (S. 332) auf den alten Handelsrouten der Edo-Zeit. Im Winter sind besonders die Berge um **Nagano** (S. 349) beliebte Skigebiete – **Hakuba** (S. 341) oder **Norikura** (S. 345) gehören zu den größten und schneesichersten Regionen.

Auch Kulturfreunde werden nicht enttäuscht: Die gut erhaltene Samurai-Stadt **Kanazawa** (S. 362) gilt nach Kyōto als Hauptstadt des Tradi-

# 1 HIGHLIGHT Japan zur Kirschblüte

**Sakura** – das ist auf Japanisch nicht einfach der Kirschbaum, sondern Kult. Von Dichtern besungen, von Künstlern auf Wandschirmen und Fächern verewigt, ist die Kirschblüte das Symbol für die in Japan so geschätzte Schönheit des Vergänglichen, für die Vergänglichkeit des Lebens überhaupt, aber zugleich auch für die Ankunft des Frühlings. Deshalb ist die Kirschblüte ein Grund zum Feiern. Schon in der Heian-Zeit vergnügte sich der Adel unter Kirschbäumen. Sobald sich die ersten Blüten öffnen, ging es damals und geht's auch heute zum **Hanami** („Blumen-Sehen"). Unter den Kirschbäumen wird ein fröhliches Picknick mit Freunden, Verwandten oder Kollegen veranstaltet. Die Fernsehnachrichten berichten täglich von der „Kirschblüten-Front", die sich normalerweise ab der ersten Märzhälfte vom Süden bis Mai nach Norden verschiebt und jeweils ungefähr eine Woche währt. Geschickte Gartenbauspezialisten wählen allerdings Früh- und Spätblüher zum Strecken der **Blütedauer**, sodass mancherorts schon im Februar Kirschbäume blühen. In den Bergen beginnt die Blüte dagegen immer wesentlich später. So lässt es sich gut einrichten, die Kirschblüte im Frühjahr irgendwo zu erwischen.

Die meisten Kirschbäume gehören zur **Sorte** *somei yoshino,* deren rosarote Blüten nur kurz blühen. Es gibt aber Hunderte verschiedene Sorten, darunter *shidare-zakura* mit trauerweidenartigen Zweigen und *yama-zakura* in den Bergen. Jedes Dorf hat seinen Kirschbaum, jede Stadt mindestens einen Park, der für seine Kirschblüte bekannt ist. Es gibt aber einige Orte, die zum Hanami besonders beliebt sind. Dazu zählen der Hama-Rikyū- und der Ueno-Park in Tōkyō (S. 161, 168), Hirosaki (S. 265) und Kakunodate (S. 254) in Tōhoku, die Festung Goryōkaku in Hakodate (S. 303) und der Maruyama-kōen in Sapporo (S. 276) auf Hokkaidō, der Kenroku-en in Kanazawa (S. 362), die Burg von Maruoka (S. 361), der Maruyama-kōen und der Philosophenweg in Kyōto (S. 392, 390), Yoshino (S. 429), die Burgen von Hikone (S. 419) und Himeji (S. 457), der Hijiyama-Park in Hiroshima (S. 469), der Ritsurin-kōen in Takamatsu (S. 496) auf Shikoku und die Burg von Kumamoto (S. 559) auf Kyūshū.

tionshandwerks; in **Matsumoto** (S. 335) ist eine wunderschöne originale japanische Burg zu besichtigen, und **Takayama** (S. 323) bietet authentische Gassen und Sakebrauereien.

Überall in den Bergen verstreut liegen kleine Thermalbäder – die weniger berühmten zu erkunden ist genauso lohnend wie der Weg nach **Gero Onsen** (S. 321). Die unterschätzte Millionenstadt **Nagoya** (S. 309), an der Pazifikküste, verfügt mit dem Tokugawa-Museum über eins der großartigsten Museen japanischer Kunst weltweit.

## Kansai

In Kansai, dem mittleren Westen der Hauptinsel Honshū, gibt es mehrere Zentren. **Kyōto** (S. 379), die alte Kaiserstadt, gilt unumstritten als kultureller Mittelpunkt, nicht nur der Region, sondern des ganzen Landes. Viele Millionen Besucher entdecken jährlich zahlreiche zum Unesco-Weltkulturerbe erklärte religiöse Heiligtümer – wie den Goldenen Pavillon oder den durch seine weite Holzterrasse berühmten Kiyomizu-Tempel – oder schlendern einfach durch die geschichtsträchtigen Vergnügungsviertel von Gion und Ponto-chō.

**Ōsaka** (S. 439) stellt einen Kontrast zu Kyōto dar. Die Millionenstadt galt bereits im Mittelalter als traditionelles Handelszentrum. Die Menschen hier sind offen im Umgang miteinander und lieben es zu essen und zu trinken. Gemeinsam mit **Kōbe** (S. 451), einer modernen und internationalen Stadt mit einer farbenfrohen Chinatown, bilden Kyōto und Ōsaka das Herzstück der Kansai-Gegend. **Nara** (S. 420), die im 8. Jh. gegründete erste permanente Hauptstadt des Landes, zählt zu den bedeutendsten touristischen Zielen in Japan. Besonders beliebt ist der Tempel Tōdai-ji, in dessen Haupthalle die größte aus Bronze gefertigte Buddha-Statue der Welt sitzt.

Im Norden von Kansai, im Japanischen Meer, liegt **Amanohashidate** (S. 417), die wundersame „Himmelsbrücke" in Form einer Sandbank, die quer über das Meer verläuft. Die gemütliche, an den Biwa-See grenzende Kleinstadt **Hikone** (S. 419) ist berühmt für ihre 400 Jahre alte Burganlage. Die zur gleichen Zeit erbaute „Burg des Weißen Reihers" in **Himeji** (S. 457) ist im Baustil noch kompakter, raffinierter, ästhetischer und trotzdem uneinnehmbar.

Auf der Halbinsel Kii liegen weitab von der Zivilisation, tief in den Bergen die ehrwürdige Klosterstadt **Kōya-san** (S. 429) und weiter südlich, in einer wilden und verregneten Berglandschaft, die früher als das Land der Toten galt, die drei uralten Shintō-Heiligtümer von **Kumano** (S. 433). Wer von Tempeln und Schreinen noch nicht genug hat, muss zum Nationalheiligtum Japans, dem der Sonnengöttin Amaterasu geweihten **Großen Schrein von Ise** (S. 435), reisen. Von Ise aus ist es ein Katzensprung zur Perleninsel **Toba** (S. 437).

## Chūgoku

Das Klima in Chūgoku, dem westlichsten Teil von Honshū, ist freundlich und die abwechslungsreiche Landschaft geeignet für Obst- und Reisanbau. **Hiroshima** (S. 466), das 1945 durch den Abwurf der Atombombe völlig zerstört wurde, ist heute das kulturelle Zentrum der Region und eine attraktive moderne Großstadt, in der nicht nur Besucher des „Friedensmuseums" schon mal in tiefe Nachdenklichkeit verfallen. Von Hiroshima aus ist es nur eine kurze Bahnfahrt zum Hafen, von wo aus eine Fähre zur Schreininsel **Miyajima** (S. 471) übersetzt, weltberühmt für ihr millionenfach fotografiertes im Wasser stehendes rotes Torii. Die Stadt **Okayama** (S. 461) ist stolze Besitzerin eines der schönsten Landschaftsgärten Japans, des Kōraku-en.

Ein weiteres kulturell lohnendes Reiseziel ist die Kaufmannsstadt **Kurashiki** (S. 463) mit einer an alte Zeiten erinnernden, von malerischen Kanälen durchzogenen Altstadt, klassischen Wohn- und Lagerhäusern und interessanten Museen.

Im Norden von Chūgoku, abgeschieden an der Küste des Japanischen Meeres, in einer Gegend voller Mythen und Göttergeschichten, liegt der vermutlich älteste Shintō-Schrein Japans, der **Izumo-taisha** (S. 486), der neben Pilgern und Touristen auch viele junge Paare anlockt, die hier Fürbitte für eine glückliche Hochzeit und

## 2 HIGHLIGHT Ein Besuch im Onsen

Niemand sollte Japan verlassen, ohne wenigstens einmal ein Onsen besucht zu haben. Im heißen Quellwasser zu sitzen, womöglich in einem *rotenburo* (Außenbad) in einer sternenklaren Nacht, ist ein unvergessliches wie höchst entspannendes Erlebnis. Japaner verbinden den Badegenuss meist mit einer Übernachtung in einem stilvollen Ryokan und sehr gutem Essen als kurze Flucht aus dem Alltagsstress (s. auch S. 72).

Hier einige Empfehlungen:

**Yu-no-Sato** (Umgebung Tōkyō) – Ein Geheimtipp ist dieses herrliche Onsen mit großem Außenbereich, zu erreichen vom Bahnhof Hakone Yumoto nach 30-minütigem Fußmarsch am Fluss entlang. S. 212

**Nyūtō Onsen** (Tōhoku) – Eine gute Handvoll traditioneller Ryokan höchst unterschiedlichen Alters und Standards versteckt sich an den Hängen des Nyūtō-san im Towada-Hachimantai-Nationalpark. S. 257

**Hōheikyō Onsen** (Hokkaidō) – Das große *rotenburo* (Außenbecken) in einem riesigen, nachts beleuchteten Garten bei Sapporo ist besonders schön im Winter. S. 281

**Suwa** (Chūbu) – Onsen-Vergnügen einmal anders: im stilvollen Art-déco-Ambiente. S. 346

**Kurama Onsen** (Kansai) – Das Freiluft-Thermalbad liegt in einem geschichtsträchtigen kleinen Dorf. S. 415

**Arima Onsen** (Kansai) – Dieses Onsen bei Kōbe ist eines der berühmtesten des Landes. S. 453

**Dōgo Onsen** (Shikoku) – Japans älteste und populärste Therme hat ein eigenes Badehaus nur für die kaiserliche Familie. S. 520

**Kurokawa Onsen** (Kyūshū) – Gut 20 bezaubernde *rotenburo* liegen versteckt in den Bergen um den Aso-Krater. S. 556

**Beppu** (Kyūshū) – Der größte Thermalbadeort in Japan bietet neben schönen Onsen viel Trubel. S. 551

Ehe leisten. Die benachbarte Kleinstadt **Matsue** (S. 489) blickt nicht ohne Stolz auf ihre noch im Original erhaltene Burg und ihre Samurai-Residenzen. Ebenfalls am Japanischen Meer liegt die Burgstadt **Hagi** (S. 481). Den Reiz dieser kleinen verschlafenen Stadt machen die ehemaligen Samurai-Residenzen und die 300 Jahre alte noch intakte Keramik-Manufaktur aus. Auch in **Tsuwano** (S. 483), einer von Bergen umgebenen Gemeinde südöstlich von Hagi, ist vieles noch wie in alten Zeiten.

## Shikoku

Eingebettet zwischen ruhiger Inlandsee und mitunter stürmischem Pazifischem Ozean liegt Shikoku, die kleinste der vier Hauptinseln. Sie hat eine Fülle von touristischen Besonderheiten aufzuweisen. Spektakulärer Höhepunkt ist der buddhistische **Pilgerweg der 88 heiligen Orte** (S. 500), der von **Tokushima** (S. 506) aus im Uhrzeigersinn rund um die gesamte Insel verläuft. Ganz in der Nähe von Tokushima zieht ein ungewöhnliches Naturspektakel die Besucher in ihren Bann – die Gezeitenstrudel in der Meerenge von **Naruto** (S. 509). In der Stadt Naruto selbst steht das „Deutsche Haus", das anschaulich über das im Ersten Weltkrieg vor Ort eingerichtete Lager deutscher Kriegsgefangener informiert.

Bahnreisende überqueren die Inlandsee auf der Seto-Ōhashi, einem monumentalen Brückensystem, und beginnen ihre Erkundungsreise durch Shikoku meist in **Takamatsu** (S. 495). Mit dem Landschaftsgarten Ritsurin-kōen besitzt die Stadt ein ästhetisches Meisterstück der japanischen Gartenbaukunst. Takamatsu eignet sich zudem ideal für Ausflüge in die nähere Umgebung, beispielsweise nach **Naoshima** (S. 477), einer Insel als Kunstmuseum, oder nach **Kotohira** (S. 503), tausend Steinstufen hoch zum Konpira-san, einem der Gottheit der Reisenden und Seefahrer gewidmeten Shintō-Schrein.

Ein Besuch in **Matsuyama** (S. 518), der größten Stadt von Shikoku, bleibt schon wegen Dō-

Ein grünes Juwel auf Shikoku – der Omote Goten-teien in Tokushima

go Onsen, der ältesten Therme landesweit, ein unvergessliches Erlebnis. Der Süden Shikokus ist eine dünn besiedelte Gegend, die besonders bei Naturfreunden, Wanderern und Wassersportlern immer beliebter wird. Das abgelegene Kap **Muroto-misaki** (S. 515), wo auch Wale und Delphine beobachtet werden können, wird von Wellenreitern „Little Hawaii“ genannt.

## Kyūshū

Kyūshū, die südlichste der vier japanischen Hauptinseln, versprüht viel ländlichen Charme. Umso mehr überrascht es, hier eine der kosmopolitischsten Städte Japans zu finden, **Nagasaki** (S. 538). Das chinesisch-europäische Erbe dieser traumhaft gelegenen Stadt zu erkunden ist ebenso interessant wie ein Rundgang durch das Viertel, in dem noch Spuren des Atombombenabwurfs zu sehen sind. Für Reisende ist das Eingangstor zur Insel allerdings meist die Großstadt **Fukuoka** (S. 529).

Japaner kommen gern zu einem Onsen-Besuch nach Kyūshū. Geradezu ein „Onsen-Ballungsgebiet“ ist **Beppu** (S. 551), wo manche „Höllenteiche“ allerdings nur zum Anschauen da sind. In **Unzen** (S. 549) begrüßen Dampfwolken die Besucher schon bei der Einfahrt in den Ort. Die Thermalquellen verdankt Kyūshū seinen vielen, teils noch aktiven Vulkanen, die der Insel den Beinamen „Feuerland“ einbrachten, allen voran der **Aso** (S. 555) im Herzen der Insel und der Sakurajima im „japanischen Neapel“, **Kagoshima** (S. 569).

Naturfreunde zieht es auf die Insel **Yakushima** (S. 577), wo uralte Zedernwälder zum Wandern einladen. Landschaftlich reizvoll sind außerdem einige Küstenstriche, vor allem die **Nichinan-kaigan** südlich von Miyazaki (S. 581) und die Sunset Line von **Amakusa** (S. 564), wo man noch dazu auf den Spuren der ersten Christen in Japan wandeln kann. Wer sich hingegen für japanische Burgen und Gärten interessiert, darf **Kumamoto** (S. 559) nicht verpassen.

## Okinawa

Der subtropische Süden Japans ist nicht nur landschaftlich anders: Bis ins 19. Jh. gehörten die Inseln zum unabhängigen Königreich

Ryūkyū, und nach dem Zweiten Weltkrieg standen sie jahrzehntelang unter amerikanischer Verwaltung. Sonne, Strand und Palmen in Kombination mit südostasiatischen Einflüssen und dem amerikanischen Way of Life machen Okinawa zu einem Anziehungspunkt für Sonnenhungrige und Aussteigertypen.

Auf der Hauptinsel **Okinawa** (S. 588) ist der amerikanische Einfluss am deutlichsten spürbar. Zugleich stehen hier die Unesco-geschützten *gusuku*, Festungen der Lokalfürsten. Das Churaumi-Aquarium gehört zu den eindrucksvollsten Japans, und die Küsten laden zum Badeurlaub ein.

Taucher fahren meist noch weiter nach Süden. Auf **Miyakojima** (S. 604) ragt eine originalgetreu nachgebaute deutsche Burg aus den Zuckerrohrfeldern auf, und am Rande des Korallenriffs sind die Klippen zu sehen, die vielen früheren Seefahrern zum Verhängnis wurden. Alte Ryūkyū-Kultur erlebt man am besten auf **Taketomi** (S. 619). **Ishigaki** (S. 612) lädt zu Bootstouren und Awamori (Reisschnaps)-Verkostungen ein. Auf **Iriomote** (S. 620) lebt eine seltene einheimische Wildkatze. Hier kann man mit Mantarochen tauchen, durch Mangrovenwälder fahren oder einfach nur faulenzen.

## Urlaub aktiv

Ein gut ausgebautes Wegenetz, wunderschöne Natur, Hütten für die Rast und einladende Onsen zur Entspannung machen die japanische Bergwelt zu einem idealen Terrain für **Wanderungen**. Von kleinen Spazierwegen bis zu Hochgebirgstouren ist für alle etwas dabei. Ein tolles Hochgebirgswandergebiet ist Kamikōchi (S. 342). Nette Wanderwege, die auch weniger ambitionierte Wanderer mühelos bewältigen, finden sich im Kiso-Tal, z. B. Magome und Tsumago (S. 336). Es gibt natürlich einige, die unbedingt den Fuji-san erklimmen möchten, eine populäre Bergbesteigung, die aber nicht zu unterschätzen ist (S. 210). Wer Wandern als spirituelle Erfahrung liebt, sollte die Dewa Sanzan in Tōhoku besteigen (S. 244) oder einen der alten Pilgerwege auf Shikoku oder in Kumano ins Auge fassen (s. Kasten S. 30). Hokkaidō bietet viele Möglichkeiten für alpines Bergwandern. Man muss entsprechend ausgerüstet sein, wird aber von spektakulären Blicken über vulkanische Landschaften verzaubert. Das höchste Ziel in Hokkaidō ist mit 2290 m der Asahi-dake (S. 288). In Japan hat man es aber nie weit in die Berge, sodass sich überall vielfältige Wandermöglichkeiten bieten.

Zum **Tauchen** fährt man am besten auf die südlichsten Inseln Okinawas (Yaeyama-Inseln und Miyakojima, S. 82). Hier locken warmes Wasser, sehr gute Sicht, eine große Korallenvielfalt und imposante Mantarochen.

Am anderen Ende Japans kann man wunderbar **Ski fahren**. Niseko (S. 301) in Hokkaidō, auch das „Aspen" Japans genannt, gilt als Mekka des Pulverschnees und ist inzwischen ein Luxustreff von Reichen und Schönen aus der ganzen Welt. Top-Skigebiete in Chūbu sind Hakuba (S. 341) und Norikura (S. 345), beide in der Olympia-Region Nagano.

Auf Shikoku lässt es sich gut **Rad fahren**. Wer genug Ausdauer hat, kann auf dem Shimanami-kaidō (s. Tour S. 478) von Onomichi (Präfektur Hiroshima) über Inselchen und Brücken bis nach Imabari auf Shikoku radeln und auf der Insel selbst einige der 88 Pilgertempel abklappern.

## Strandurlaub

Ideal für den Strandurlaub ist Okinawa. Selbst auf der belebten Hauptinsel gibt es wunderschöne Strände, und die kleineren Inseln, vor allem die Koralleninseln in den Miyakojima- und Yaeyama-Inselgruppen bieten Südsee-Flair mit japanischem Standard.

Die japanischen Hauptinseln verfügen über eine Küstenlinie von mehreren Tausend Kilometern. Auf der Pazifikseite ist die Küste oft sehr felsig, es gibt aber auch auf Shikoku und Kyūshū schöne Badebuchten. Von Tōkyō aus ist die Ostküste der Sotobō-Halbinsel (Chiba-ken) als Badeziel beliebt. Die Seite zum Japanischen Meer ist weniger bebaut; hier finden sich zwar auch nette Badestrände, aber die meisten sind nicht spektakulär genug, um die lange Anfahrt zu rechtfertigen.

# Reiserouten

## Japan klassisch

■ 2 Wochen

Wer nur zwei Wochen Zeit für Japan hat, sollte nach Tōkyō fliegen, für die Weiterreise einen einwöchigen Railpass haben und dann vom Kansai-Flughafen bei Ōsaka nach Hause zurückkehren.

Für **Tōkyō** (S. 155) selbst sollte man drei Tage einplanen, um die unterschiedlich geprägten Viertel Roppongi, Harajuku, Shinjuku, die Gegend um den Kaiserpalast und Asakusa zu erkunden und vielleicht noch eine Bootsfahrt nach Odaiba zu unternehmen. Von der Hauptstadt bieten sich außerdem Tagesausflüge nach **Nikkō** (S. 203) zum prunkvollen Shōgun-Mausoleum und in die Tempelstadt **Kamakura** (S. 220) an. Dann geht es weiter südwärts nach **Hakone** (S. 211), um im Onsen zu entspannen und mit etwas Glück eine atemberaubende Sicht auf den Fuji zu genießen.

Als nächstes Highlight wartet **Kyōto** (S. 379), zu erreichen nach 2 1/2 Stunden Bahnfahrt via Odawara. Für die Tempel, Schreine und Paläste der alten Kaiserstadt sollte man mindestens drei Tage einplanen. Von Kyōto aus empfiehlt sich ein Tagesausflug in die alte Hauptstadt **Nara** (S. 420), wo man die Tempel und Schreine im

### Unbedingt probieren!

**Okonomiyaki** – weder Pizza noch Eierkuchen: ein japanisches Original, das man auf einer Heizplatte „ganz nach Gusto" *(okonomi)* am Tisch zubereitet (oder zubereitet bekommt).
**Kitsune Soba** – bestes Katergericht: viel Brühe, schlichte Buchweizennudeln, Tōfu-Topping.
**Soup Curry** – das Modegericht in Hokkaidō: viel Gemüse, angenehm scharf und meist in ethnisch angehauchter jugendlicher Atmosphäre serviert.
**Hiyayakko** – kalter, weißer Seiden-Tōfu, nur mit etwas Sojasauce und Ingwer oder Gurke.
**Taiyaki** – süße, gefüllte Waffeln – unbedingt vom Profi (Straßenstand oder Delikatessenabteilung im Kaufhaus) kaufen!
**Tekka-don** – eine Schale mit Reis und rohen Thunfischstücken oben drauf, die es in jedem Sushi-Laden gibt.

Ein Muss für Tōkyō-Besucher: der Sensō-ji in Asakusa

### Die schönsten Pilger- und Wanderwege

Der **88-Tempel-Weg** (S. 500) führt auf etwa 1200 km Länge einmal ganz um Shikoku, nicht immer auf ausgebauten Wanderwegen, aber dafür garantiert er ein echtes Pilgererlebnis. Wer die ganze Runde zu Fuß machen möchte, braucht 40–45 Tage.
Der **Tōkaidō** war die wichtigste und verkehrsreichste Fernstraße seit Beginn der Edo-Zeit (Anfang 17. Jh.). Er führte entlang der Pazifikküste durch insgesamt 15 Provinzen von Edo (Tōkyō) nach Kyōto und in der Verlängerung bis in die Kaufmannsstadt Ōsaka. Für die etwa 500 km lange Reise vorbei an über 50 Poststationen benötigte man in jenen Tagen durchschnittlich mindestens zwei Wochen. Heute kann man von Hakone ausgehend (die dortige Grenzstation wurde an originaler Stelle wieder aufgebaut) einige Kilometer in Richtung Odawara auf einem wieder hergerichteten Teilstück des Tōkaidō wandern (💻 www.japan-photo.de/tokaido-ausstellung.htm).
Die Pilgerrouten **Kumano-kodō** (S. 433) verbinden seit mehr als tausend Jahren wichtige religiöse Kultstätten auf der Kii-Halbinsel und sind seit 2004 Unesco-Weltkulturerbe.
Der alte Verbindungsweg **Nakasendō** (S. 332) von Edo (Tōkyō) nach Kyōto auf der beschwerlichen Route durch die Berge im Inland ist heute auf Teilstrecken wieder schön ausgebaut – komplett mit Steinpflaster und Rastplätzen, besonders sehenswert in der Nähe von Magome.

Nara-Park erkundet – in der Gesellschaft zutraulicher Rehe. Zurück in Kyōto setzt man die Reise an der Küste entlang fort nach **Himeji** (S. 457), um eine klassische, im Original erhaltene japanische Burg zu besichtigen. Mit dem Shinkansen braucht man für die Anfahrt nur eine Stunde. Von hier gelangt man in einer weiteren Stunde nach **Hiroshima** (S. 466). Dieser lebendigen Großstadt wird man nicht gerecht, wenn man sie nur mit dem Atombombenabwurf verbindet. Neben Friedenspark und Atombombendom warten hier auch interessante Museen und idyllische Gärten auf Besucher und in der Umgebung die malerische Schreininsel **Miyajima** (S. 471) mit dem berühmten Torii im Meer. Einen Tag vor Abflug geht es in 1 3/4 Stunden mit der Bahn ins Handelszentrum **Ōsaka** (S. 439), wo man noch einmal die japanische Küche genießen und ausgiebig shoppen kann.

## Japan intensiv

■ 3–4 Wochen

Wer drei Wochen Zeit hat, sollte in die zweiwöchige Tour entweder eine Woche Kyūshū, eine Woche Shikoku oder eine gute Woche (mind. acht Tage) Nordjapan einbauen.

An alle Touren lässt sich gut eine Woche Urlaub auf Okinawa anhängen, während die Route in den Norden um eine Woche Hokkaidō erweitert werden könnte.

### Eine Woche Kyūshū

Von Hiroshima geht es per Zug in 3 1/2 Stunden via Hakata (Fukuoka) nach **Nagasaki** (S. 538), wo die japanische Kultur mit der chinesischen und westlichen zusammentrifft. Zwei Tage sollte man sich für diese interessante Stadt Zeit nehmen, bevor es mit dem Bus nach **Unzen** (S. 549) auf der Shimabara-Halbinsel geht, einem berühmten Onsen-Ort mit dampfenden Höllen und vulkanischer Berglandschaft.

Am nächsten Tag kann man mit dem Schiff von der Shimabara-Halbinsel zur Burgstadt **Kumamoto** (S. 559) fahren, die auch einen schönen Landschaftsgarten besitzt.

Von Kumamoto gelangt man mit Bus und Bahn in den **Aso-Nationalpark** (S. 555), der den größten Vulkankrater der Welt umschließt. Die Fahrt bis zum Kraterrand hinauf und wieder zurück lässt sich bei guter Planung an einem Tag bewerkstelligen.

Zum Abschluss warten in **Beppu** (S. 551) eindrucksvolle bunte „Höllenteiche" und erholsame Thermalbäder. Wer nicht mit der Bahn nach Ōsaka zurückkehren möchte, kann in Beppu eine Nachtfähre dorthin besteigen. Alternativ kann man auch von der Metropole **Fukuoka** (S. 529) die Heimreise antreten.

## Eine Woche Shikoku

Entspanntes und beeindruckendes Reisen auf Shikoku beginnt schon beim Überqueren der Inlandsee von Kōbe über Awajishima nach **Naruto** (S. 509), wo die gewaltige Hängebrücke und der Gezeitenstrudel darunter die Szenerie bestimmen. In Naruto steht auch das „Deutsche Haus", ein ehemaliges Lager für deutsche Kriegsgefangene aus dem Ersten Weltkrieg.

Am nächsten Tag geht es weiter nach **Takamatsu** (S. 495), wo man die Nudelspezialität Sanuki-Udon probiert und anschließend durch den berühmten Ritsurin-kōen spaziert. Von hier erreicht man mit dem Zug in ungefähr einer Stunde **Kotohira** (S. 503), wo der Konpira-san, ein über die Seefahrt wachender Schrein, sich über Aberhunderte von Stufen einen Hang hinauf zieht.

Die Reise führt von hier mit der Bahn in über 1 1/2 Stunden nach **Kōchi** (S. 509), eine freundliche und wenig hektische Kleinstadt mit einer sehenswerten im Original erhaltenen Burg. Ein Bus fährt in 40 Minuten runter zum malerischen Hausstrand Katsurahama, wo ein Denkmal des Helden Sakamoto Ryōma auf Samurai-Romantiker wartet.

Am folgenden Tag bietet sich ein Tagesausflug mit dem Bus zum 2 1/2 Stunden entfernten **Kap Muroto** (S. 515) an, einer am östlichen Ende der Tōsa-Bucht ins Meer ragenden zerklüfteten Landzunge.

Von Kōchi geht es in 4 1/2 Stunden mit der Bahn in den Norden nach **Matsuyama** (S. 518). Hier erwartet die Reisenden Dōgo Onsen, die wohl älteste Therme Japans, die in einem über 100 Jahre alten Badehaus Entspannung verspricht. Vor dem Besuch des Badehauses oder am nächsten Morgen lohnt noch ein Abstecher auf die hoch über der Stadt aufragende Burganlage, von wo aus der Blick weit über die Inlandsee streift. Am folgenden Tag überquert man auf dem Weg zurück nach Honshū die **Seto-Inlandsee** (S. 476), Binnenmeer und Nationalpark, entweder in unter 3 Stunden per Fähre nach Hiroshima oder per Bahn entlang der Nordküste Shikokus und über die Seto-Hängebrücke nach Okayama.

## Eine Woche Nordjapan

Diese Woche lässt sich am besten nach der Erkundung von Tōkyō und Umgebung einbauen. Von Tōkyō erreicht man via Sendai in 2 1/2 bis 3 Stunden **Matsushima** (S. 238), jene traum-

So klar und blau wie in der Perlenbucht Kabirawan auf Ishigaki ist das Meer an vielen Stränden Okinawas.

Hirosaki, Shimokita-Halbinsel
Tsuruoka
Dewa Sanzan
Haguro
Yamadera
Matsushima
Yamagata
Sendai
Japanisches Meer
Eine Woche Nordjapan
Niigata
Ochotskisches Meer
HOKKAIDÔ
Otaru
Sapporo
Shikotsu-See
Tôya-See
Shiraoi (Ainu-Museum Upopoy)
Noboribetsu
Uchiura-Bucht
Hakodate
Tsugaru-kaikyô
Eine Woche Hokkaidô
Kanazawa
Nikkô
HONSHÛ
Shirakawa
Takayama
Japan klassisch
Tôkyô
SÜDKOREA
Eine Woche Kyûshû
Kyôto
Nagoya
Hakone
Kamakura
Okayama
Himeji
Kôbe
TSUSHIMA
Hiroshima
Miyajima
Tadotsu
Takamatsu
Ôsaka
Nara
KYÛSHÛ
Kotohira
Naruto
Fukuoka
Seto-Inlandsee
Matsuyama
Eine Woche Shikoku
Beppu
Kôchi
Aso
Unzen
Tôsa-Bucht
Kap Muroto
Nagasaki
Kumamoto
SHIKOKU
Pazifischer Ozean
Tôkyô

Am Osore-zan soll sich der Eingang zur Unterwelt befinden – da ist der Schutz des Bodhisattva wichtig.

hafte Küstenlandschaft aus unzähligen kiefernbewachsenen Inselchen. Am Abend geht es in die Großstadt **Sendai** (S. 232), die reichlich Ausgehmöglichkeiten bietet, und am nächsten Tag weiter nach **Yamadera** (S. 242). Für den Tempelkomplex Risshaku-ji und das Museum zum großen Dichter Matsuo Bashō reicht ein halber Tag. Übernachten kann man in Yamagata, das eine größere Auswahl an Unterkünften und Restaurants bietet. Am nächsten Morgen fährt man mit dem Bus nach Haguro zu den **Dewa Sanzan** (S. 244). Von hier schließt man entweder den äußersten Norden an – über Akita in 5–6 Stunden nach **Hirosaki** (S. 265) und dann für zwei Tage auf die **Shimokita-Halbinsel** (S. 261) –, oder man folgt der Küste nach Chūbu: Via Niigata führt die Bahnreise in 6 Stunden ins Kunsthandwerkszentrum **Kanazawa** mit einem berühmten Garten und alten Samuraihäusern (S. 362). Mit dem Expressbus erreicht man von hier in 1 1/4 Stunden **Shirakawa** (S. 329), wo wunderschöne, denkmalgeschützte Holzhäuser stehen (Gepäck in der Touristeninformation lassen). Am Spätnachmittag geht es mit dem Bus in einer knappen Stunde weiter nach **Takayama** (S. 323), einem stimmungsvollen Touristenzentrum in den Japanischen Alpen. Von dort erreicht man am nächsten Tag via Nagoya in gut 3 Stunden Kyōto.

## Eine Woche Hokkaidō

Für eine Woche Hokkaidō in der schneefreien Zeit empfiehlt es sich, die Metropole Sapporo mit einem Besuch in einem der Nationalparks zu kombinieren. Am meisten Zeit für Abstecher in die Natur und für Besichtigungen bleibt beim Besuch des **Shikotsuko-Tōya-Nationalparks** (S. 295). Von Sapporo aus trifft man mit dem Mietwagen über die Straße Nr. 453 von Norden auf den See. Von Shikotsuko Onsen führt die Route am südlichen Seeufer entlang über den Bifue-Pass in rund 2 Stunden zum Tōya-See. Die Auffahrt zum Windsor Hotel wird belohnt mit einem überwältigenden Rundumblick auf Yōteizan, Meer und See. Per Ropeway kommt man bequem auf den aktiven Vulkan Usu-zan. Wer gerne läuft, kann auf Rundwanderwegen die Schäden des Vulkanausbruchs von 2000 erkunden. Auf der Weiterfahrt nach **Noboribetsu Onsen** (S. 300) kann man sich im Jidai-mura über Ninja-Techniken informieren und dann in Noboribetsu durch das brodelnde Höllental spazieren. Der Weg zurück nach Sapporo führt am Meer entlang. Unterwegs empfiehlt sich ein Besuch im

Ainu-Museum Upopoy in **Shiraoi** (S. 300). Zurück in **Sapporo** (S. 272) gewähren TV-Tower, Moiwa-Berg oder Okurayama-Schanze schöne Ausblicke auf die Stadt. Abends trifft man sich zum Essen und Trinken im Vergnügungsviertel Susukino. Am letzten Tag bietet sich ein Tagesausflug in die Hafenstadt **Otaru** (S. 282) an.

Über „Scenic Byway"-Routen sind Nationalparks und Naturschönheiten gut zu erreichen.

## Eine Woche Okinawa

Für reinen Strandurlaub sucht man sich eine Insel aus – am schönsten und entspanntesten sind die südlichsten Inselgruppen, z. B. **Ishigaki** (S. 612). Wer auf Besichtigungen nicht ganz verzichten möchte, sollte ein paar Tage auf der Hauptinsel **Okinawa** (S. 588) einplanen und dort die traditionellen Burgen *(gusuku)* ansehen; auch auf der Hauptinsel gibt es Strandresorts. Für Besichtigungen ist ein Mietwagen die beste Option und nicht einmal viel teurer als die seltenen Busse.

Das HEP Five mit Riesenrad in Ōsaka

## Modernes Japan

■ 2 Wochen (1 Woche Tōkyō, 1 Woche Kansai)

Wer es kaum erwarten kann, stürzt sich gleich am ersten Tag in **Tōkyō** in den Trubel der **Akihabara Electric Town** (S. 196). Zwischen den vielen Elektronikläden erholt man sich bei einem Kaffee in einem Maid Café oder begibt sich in die Hölle einer Pachinko-Halle. Zum Sonnenuntergang vielleicht den Blick vom **Skytree** (S. 167) über Tōkyō schweifen lassen und dann zur Übernachtung in ein Kapselhotel?

Am nächsten Tag geht es nach **Roppongi** (S. 163). Erster Anlaufpunkt ist Roppongi Hills mit einer tollen Aussichtsplattform und dem modernen Mori-Kunstmuseum. Der größte Wolkenkratzer Tōkyōs gehört zum nicht weit entfernten Gebäudekomplex **Azabudai Hills** (S. 162), der 2023 eröffnet wurde, und Kunstinteressierte bewundern das futuristische Gebäude des National Art Center Tokyo (NACT). Abends bietet sich ein Streifzug durch die vielen Kneipen und Clubs von Roppongi an.

Am 3. Tag fährt man von Shinbashi aus mit der führerlosen Bahn Yurikamome über die Rainbow Bridge nach **Odaiba** (S. 182). Dort warten Attraktionen wie der 20 m hohe Unicorn Gundam, Small Worlds Tokyo, Big Sight, der neue Fischmarkt und vieles mehr. Nach der Rückkehr nach Shinbashi kann man noch nach **Shiodome** (S. 161) zum Dentsū Building gehen, um dort vielleicht ein Abendessen in der Restaurantzeile Caretta mit tollem Blick über die Bucht von Tōkyō zu genießen.

Erster Anlaufpunkt am nächsten Morgen ist die Präfekturverwaltung von Tōkyō im Wolkenkratzerviertel **Shinjuku** (S. 171) mit kostenloser Aussichtsplattform. Bei klarem Wetter sieht man bis zum Fuji-san. Anschließend geht es zum Shinjuku Park Tower für einen Kaffee in der Peak Lounge (bekannt durch den Film *Lost in Translation*). Sehenswert ist auch das NTT Inter Communication Center (ICC) in der Tōkyō Opera City. Fotobegeisterte besuchen noch den Nikon Salon. Den Abend beschließt man in einer *izakaya* und/oder einer Karaoke-Bar.

Auf die Spur der japanischen Jugend, die sich in **Harajuku** und **Shibuya** (S. 173) trifft, begibt man sich am 5. Tag. Hier warten coole

Läden und schicke Cafés auf Besucher. Der moderne Komplex Omote Sandō Hills lädt zum Shoppen ein. Wer mit Partner reist und mutig ist, mietet sich für ein paar Stunden ein schrilles Zimmer in einem Love-Hotel am Dōgen-zaka in Shibuya.

Am Ende der Woche wartet **Yokohama** (S. 216). In Minato Mirai 21 sind Landmark Tower, Queen's Square und das Messezentrum Pacifico zu bewundern. Am Abend lohnt ein Besuch der Aussichtsplattform des Landmark Tower, oder man bucht eine Fahrt mit dem Riesenrad Cosmos Clock 21 und betrachtet den Hafen von oben.

Die zweite Woche beginnt mit einer Bahnreise: Nach einem Abstecher zum Eisenbahnmuseum in **Nagoya** mit Shinkansen-Technik und Maglev-Simulator (S. 311) geht es nach **Kyōto** (S. 379). Die Besucher der historischen Stadt landen hier in einem architektonischen Kunst- und Monumentalwerk der Neuzeit, dem supermodernen Hauptbahnhof. Sein scheinbar offenes Dach lockt die Menschen mit Rolltreppen bis ganz nach oben, wo Über- und Weitsicht die Wissbegierde belohnt. Per U-Bahn geht es ins Zentrum, direkt zum Manga-Museum, ein Muss und Genuss für alle Comic-Liebhaber. Weiter im Norden der Stadt präsentiert der Garten der schönen Künste unter freiem Himmel Michelangelo und Monet auf Fliesen.

Anschließend garantiert ein zweitägiger Besuch in der lebendigen Handelsstadt **Ōsaka** (S. 439) ein interessantes und abwechslungsreiches Programm. Das geschäftige Zentrum im nördlichen Umeda bilden mit zahlreichen Restaurants auf ober- und unterirdischen Einkaufsstraßen Ōsaka Station City mit dem glasüberdachten Hauptbahnhof, Grand Front Ōsaka, drei aneinandergereihte moderne Hochhäuser mit Büros und vielen kleinen Läden, sowie HEP Five, ein Riese von Einkaufszentrum mit einem Riesenrad an seiner Seite. Den Gegenpol bilden Shinsaibashi und Nanba im Süden: Amerikamura für die modebewussten Teenies, Den Den Town für elektrobesessene Leute und das traditionelle Dotonbori für die Touristen und Feinschmecker. Namba Parks ist ein erfolgreicher Versuch, Kino, Theater, Shopping und Gärten miteinander zu verbinden.

Ein paar Superlative gefällig? Die Hängebrücke **Akashi Kaikyō** (S. 476) über der gleichnamigen Wasserstraße, die Kōbe mit der Insel Awajishima verbindet, misst fast 2 km und wird von 300 m hohen Pylonen getragen. Das war lange Weltrekord, heute Platz zwei! Von der Maiko Marine Promenade aus kann ein Teil des spektakulären Bauwerks ganz aus der Nähe besichtigt werden. **Kōbe** (S. 451) selbst ist eine moderne Millionenstadt mit internationalem Flair, die ihre Fläche kontinuierlich durch Aufschüttungen im Meer erweitert. Das hohe Rokkō-Gebirge im Norden, die moderne und saubere Hafenanlage mit Seefahrtsmuseum und Vergnügungspark, das Ausländerviertel Kitano und die überschaubare und farbenfrohe Chinatown lassen erahnen, dass es sich hier gut leben lässt.

## Auf den Spuren der Samurai

- 3 Wochen

Samurai, die japanischen Krieger in Rüstungen aus Leder und schwarzem Lack, die aussehen wie Yedi-Ritter (oder ist es umgekehrt?), kennt man aus dem Kino, aus Manga und Spielen. Echte Samurai gibt es heute nicht mehr: Im 19. Jh. war Schluss mit der mittelalterlichen Tradition. Trotzdem können Reisende in Japan noch überall Samurai-Geschichte entdecken.

In **Tōkyō** zieht der berühmte Tempel Sengaku-ji (S. 179) viele Besucher an, denn hier sind seit über 300 Jahren die Gräber der 47 *rōnin* sowie das Grab ihres Fürsten. Sie versuchten, seine

島左近陣地

Ehre zu retten und wurden dafür zum Tode verurteilt.

Im Norden lohnt ein Halt in **Sendai** (S. 232), um den Prunk der *daimyō* von Date zu sehen. Ein Heian-Themenpark, das **Esashi Fujiwara no Sato** (S. 249), lädt in der Nähe von Hiraizumi zum Cosplay ein. Die Kleinstadt **Aizu Wakamatsu** (S. 228) ist bekannt für die letzten Kämpfe und den rituellen Selbstmord der Byakkotai-Brigade.

In **Kanazawa** (S. 362) ist nicht nur ein sogenannter Ninja-Tempel mit allen Tricks der historischen Kriegsführung zu besichtigen, sondern auch das ein oder andere Haus gewöhnlicher Fußsoldaten. **Nagoya** (S. 309) liegt im Herzland der mächtigsten Samurai-Familie Tokugawa. Kein Wunder, dass es da einiges zu sehen gibt: vom Tokugawa-Museum in Nagoya über die Burgen von Nagoya und **Inuyama** (S. 318) bis zum Schlachtfeld von **Sekigahara** (S. 316), wo sich 1600 die Geschichte Japans entschied.

In **Kyōto** ermöglichen das Samurai & Ninja Experience Museum (S. 386), die Kyōto Samurai Experience (S. 413) und die Kulissen verschiedener Samurai-Filme und -Serien im Tōei-Studiopark (S. 390) das Eintauchen in die Welt der Samurai.

**Kōchi** auf Shikoku (S. 509) hat seinem beliebtesten Sohn, Sakamoto Ryōma, geschickter Schwertkämpfer und rebellischer Politiker, der sich Mitte des 19. Jhs. für den Sturz des Tokugawa-Shogunats stark machte, ein ganzes Museum gebaut.

Historiker sagen, dass der edo-zeitliche Grundriss der Samurai-Stadt **Hagi** (S. 481) im dünn besiedelten Westen Japans so gut erhalten ist, dass man hier heute noch mit einer alten Landkarte herumspazieren könnte.

Schließlich geht es auf den Spuren des „letzten Samurai", Saigō Takamori, bis nach **Kagoshima** (S. 569), aber nicht, ohne unterwegs einen Stopp in **Kumamoto** (S. 559) einzulegen, das nicht nur mit Saigō Takamori, sondern auch mit dem legendären Schwertkämpfer Miyamoto Musashi verbunden ist.

◂ Die berühmte Schlacht von Sekigahara ist publikumswirksam aufbereitet.

# Klima und Reisezeit

## Klima

Da sich Japan über 20 Breitenkreise, von 25° bis 45° nördlicher Breite, erstreckt, variiert auch das Klima regional sehr stark. Weitere differenzierende Faktoren sind der Abstand zum asiatischen Kontinent, der Einfluss von warmen und kalten Meeresströmungen und das Relief. Auf den Hauptinseln herrscht ein ozeanisch-gemäßigtes Klima mit vier ausgeprägten Jahreszeiten und hohen jährlichen Niederschlagsmengen von 1000 bis über 2000 mm, von denen 70–80 % während der **Regenzeit** *(tsuyu)*, die sich auf etwa 40 Tage im Frühsommer erstreckt, und der **Taifun-Saison** zwischen August und Oktober fallen. Jedes Jahr erreichen etwa fünf bis sechs dieser tropischen Wirbelstürme die südlicheren Inseln Japans. Auf Hokkaidō gibt es keine Regenzeit, das Klima dort ähnelt unserem mitteleuropäischen.

Im Einzelnen lassen sich sechs **Klimazonen** unterscheiden: Hokkaidō im Norden mit langen, kalten Wintern, kühlen Sommern und relativ geringen Niederschlagsmengen; die Westküste am Japanischen Meer mit kalten, schneereichen Wintern und mäßig warmen Sommern; das zentrale Hochland (z.B. Kanazawa, Akita und Matsue) mit kontinentalem Klima, also hohen tages- wie jahreszeitlichen Temperaturschwankungen und mäßig hohen jährlichen Niederschlagsmengen; die Pazifikküste (u.a. Tōkyō, Sendai und Kōchi) mit kühlen, trockenen Wintern und heißen, schwülen Sommern; das Gebiet um die Seto-Inlandsee mit mildem, relativ niederschlagsarmem Klima (etwa Hiroshima, Ōsaka und Kyōto) im Windschatten der umliegenden Berge sowie die südwestlichen Inseln mit subtropischem bis tropischem Klima, warmen Wintern und heißen Sommern, hohen Niederschlagsmengen und besonders starkem Taifun-Einfluss.

## Reisezeit

Japan lässt sich zu jeder Jahreszeit bereisen. Für eine Reise durch das ganze Land eignen sich am besten Frühjahr und Herbst, die Temperaturen sind dann mild und es ist relativ trocken. Besonderes Highlight im Frühjahr ist die **Kirschblüte** (S. 24), die sich von Ende März bis Anfang Mai nach Norden vorarbeitet, und im Herbst die **Laubfärbung** *(kōyō)*, die von Mitte September bis November von Norden nach Süden wandert – für Japaner jeweils ein Anlass zum ausgiebigen Picknicken und Feiern im Freien.

Wer in Hokkaidō oder den Bergen Chūbus oder Tōhokus wandern möchte, sollte im **Sommer** reisen, denn einige Berge sind erst ab Juni oder Juli freigegeben, wenn Straßen und Wege einigermaßen schneefrei sind. Weiter im Süden und in den Ebenen fühlt man sich zu dieser Zeit eher wie im Dampfbad und muss jederzeit mit Regen rechnen, in manchen Jahren bleibt es aber auch relativ trocken. Mindestens von August bis Oktober (aber zunehmend auch schon viel früher) ist **Taifun-Saison**, wer dann insbesondere auf den südlichen Inseln unterwegs ist, sollte regelmäßig den Wetterbericht checken, um die Reiseplanung ggf. umzustellen. Dafür kann man dort wunderbar milde **Winter** genießen, wenn man nicht lieber zum Winterurlaub und Onsen-Hopping in den Norden fährt.

**Innerjapanische Hauptreisezeiten** sind die Golden Week (29.4.–5.5.), in der gleich mehrere staatliche Feiertage hintereinander liegen, die Zeit um das Lichterfest *o-bon* (Mitte August, in einigen wenigen Regionen Mitte Juli) und Neujahr (ca. 27.12.–4.1.). Zu diesen Terminen ist das halbe Land unterwegs – nach Hause, zu Verwandten, Freunden oder in den Kurzurlaub – und man braucht auf jeden Fall Reservierungen für Unterkunft und Transport bzw. sollte mit Staus rechnen.

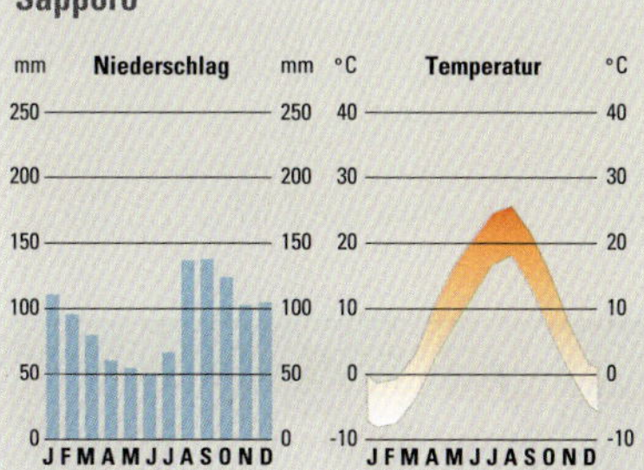
Sapporo
mm Niederschlag mm
°C Temperatur °C
J F M A M J J A S O N D

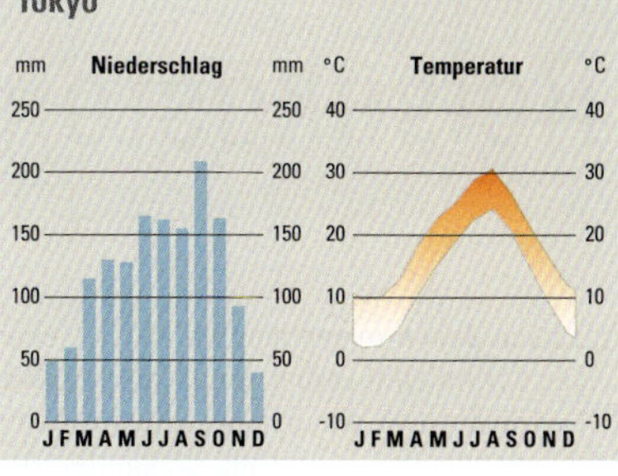
Tōkyō
mm Niederschlag mm
°C Temperatur °C
J F M A M J J A S O N D

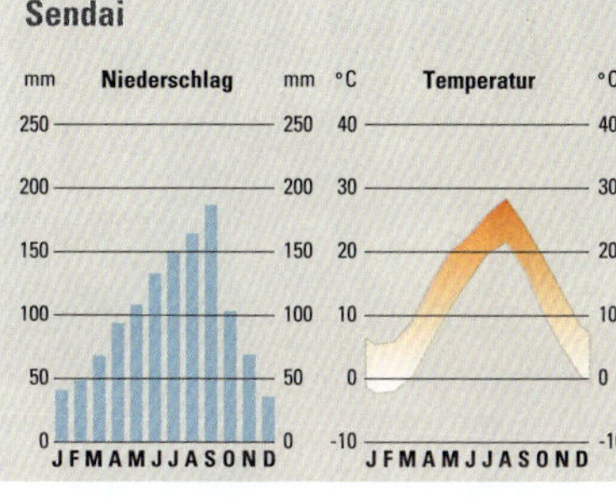
Sendai
mm Niederschlag mm
°C Temperatur °C
J F M A M J J A S O N D

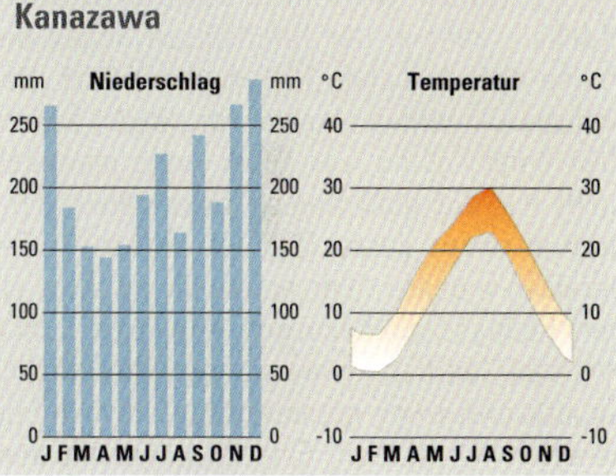
Kanazawa
mm Niederschlag mm
°C Temperatur °C
J F M A M J J A S O N D

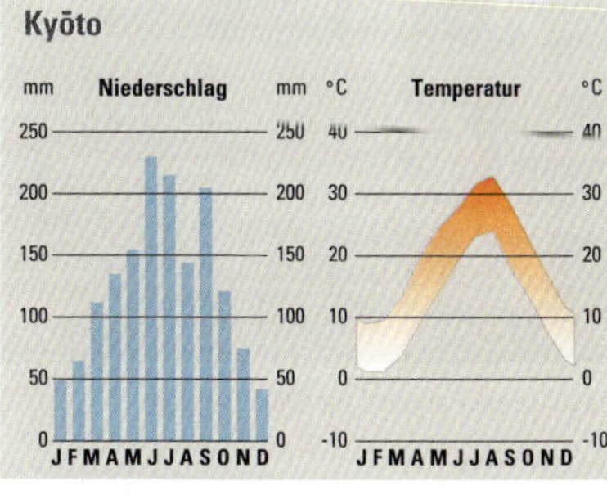
Kyōto
mm Niederschlag mm
°C Temperatur °C
J F M A M J J A S O N D

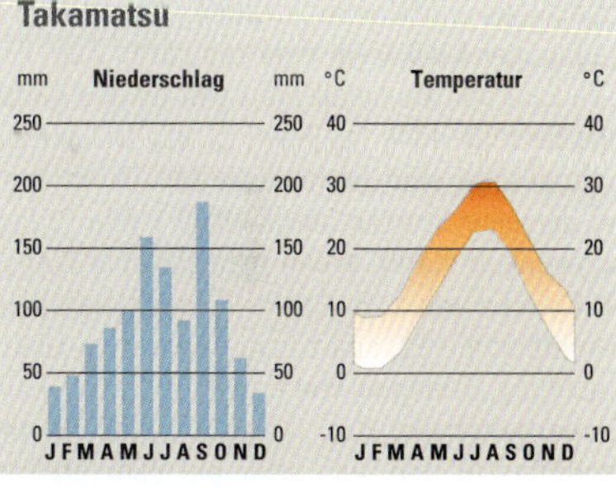
Takamatsu
mm Niederschlag mm
°C Temperatur °C
J F M A M J J A S O N D

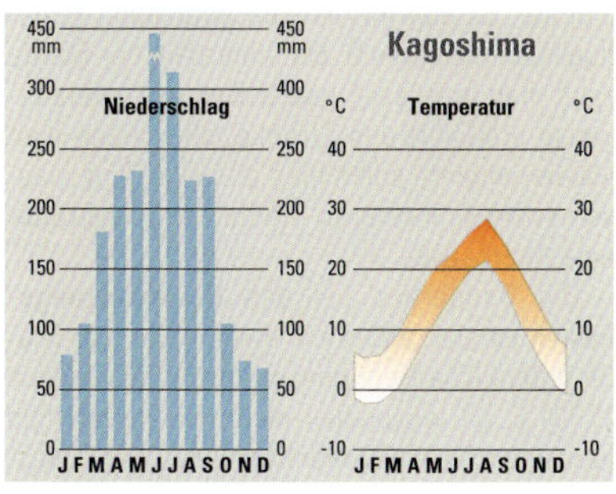
Kagoshima
450 mm
Niederschlag
°C Temperatur °C
J F M A M J J A S O N D

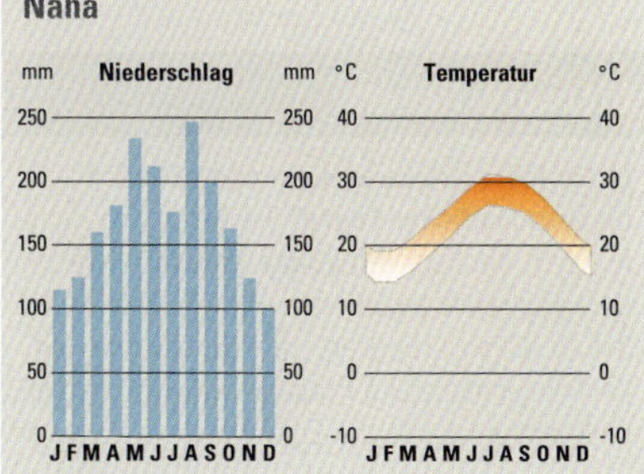
Naha
mm Niederschlag mm
°C Temperatur °C
J F M A M J J A S O N D

# Reisekosten

Wer nach Japan reisen möchte, muss (schon wegen der Anfahrt) vorher etwas sparen. Zwar gibt es außerhalb der Saison mitunter echte Schnäppchenflüge (sogar mit etablierten Airlines) für unter 1000 € nach Tōkyō bzw. Ōsaka (Kansai), aber in der Hochsaison liegen die Preise eher zwischen 1000 € und 1500 €. Der **Transport** innerhalb Japans verursacht besonders hohe Kosten, vor allem wenn man sich nicht nur auf eine Region beschränkt, sondern in relativ kurzer Zeit ein großes Gebiet bereisen möchte. Hier empfiehlt es sich, einen Railpass zu besorgen (Näheres S. 86). Wer viel Zeit hat, kann statt der Shinkansen-Superexpresszüge normale Züge nehmen und so erheblich sparen. Eine Zugfahrt mit dem Shinkansen von Tōkyō nach Kyōto kostet beispielsweise mit dem Shinkansen über 13 000 ¥ gegenüber 8360 ¥ mit dem regulären Zug. Für Benutzer von Bummelzügen gibt es das günstige Seishun-Jūhachi-Ticket (S. 88). Billiger als Schnellzüge sind Fernbusse. Mit ihnen kostet dieselbe Strecke ab ca. 4000 ¥ (die Preise schwanken stark). Wenn man für eine längere Strecke wie z. B. Ōsaka–Kagoshima einen Nachtbus nimmt, spart man sogar eine Übernachtung. Trampen stellt zwar in Japan kein Sicherheitsrisiko dar, ist aber unüblich. Inlandflüge lohnen sich eher bei sehr großen Entfernungen, etwa wenn man nach Okinawa möchte. Es gibt inzwischen aber auch Billigfluglinien (Näheres S. 85). Innerhalb der Städte zahlt man in Bussen und U-Bahnen normalerweise pro Fahrt und Strecke, aber wenn man viel herumfährt, sollte man günstige Tagespässe nutzen. In kleineren Städten sind Leihräder eine Alternative.

Japan ist ein Paradies für Souvenirjäger.

Die Bandbreite bei den **Übernachtungskosten** ist viel größer als etwa in Europa: Große ordentliche Hotelzimmer kosten mindestens 17 000 ¥, oft wesentlich mehr. Businesshotels verlangen für ein Doppelzimmer offiziell meist

### Discount-Tickets

In der Nähe größerer Bahnhöfe befinden sich oft **Discountticket-Läden**. Sie verkaufen nicht nur z. T. deutlich ermäßigte Fahrkarten, sondern auch viele andere Arten von Tickets (meist 3–5 % billiger): Konzert- und Kinokarten, Einkaufsgutscheine und Prepaidkarten für *konbini* und Kaufhäuser, Sauna-Eintritt etc.

zwischen 6000 ¥ und 12 000 ¥ (EZ ca. 30 % weniger), aber online gibt es oft kurzfristige Schnäppchen. Die billigste Option sind private Hostels. Hier bekommt man ein Bett schon ab 3000 ¥. Die offiziellen Jugendherbergen kosten meist über 3000 ¥ (für Nicht-Mitglieder mehr). Etwas teurer sind Minshuku, japanische Pensionen (S. 92).

Beim **Essen** gibt es preislich ebenfalls eine Riesenbandbreite: Für 500 ¥ bekommt man eine leckere und sättigende Nudelsuppe, zum Trinken Wasser und japanischen Tee stets gratis dazu. Doch sobald man ein etwas besseres Lokal aufsucht, muss man natürlich tiefer in die Tasche greifen, und nach oben hin ist die Grenze gerade beim Essen offen.

Tempel und Schreine kosten normalerweise keinen **Eintritt** – bis auf einige große Touristenattraktionen wie in Nikkō, Nara und Kyōto. Der Eintritt für Museen, Gärten und Burgen liegt in der Regel zwischen 200 und 1000 ¥. Studenten bekommen bei Vorlage eines internationalen Studentenausweises Ermäßigung (außer für die JR-Tickets oder U-Bahn-Monatskarten – das nur mit japanischem Ausweis).

Natürlich gibt es auch **regionale Unterschiede**: Tōkyō rangiert auf der Liste der teuersten Städte der Welt immer auf den vorderen Plätzen und ist auch im Vergleich zur japanischen Provinz ein teures Pflaster. In touristischen Gegenden kann man dank harten Wettbewerbs durchaus günstige Angebote finden, und in ärmeren Regionen wie Okinawa sind die Preise generell niedriger. So kann man hier bereits für 1500 ¥ im Hostel absteigen, während man dafür andernorts in der Regel das Doppelte zahlt.

Wenn man bescheiden ist und gut haushaltet, kann man mit 8000 ¥ pro Tag über die Runden kommen (für Übernachtung im Dorm, einfache Mahlzeiten, Nahverkehr und Eintritt für 2–3 Sehenswürdigkeiten) – Souvenirkäufe und Ausgaben für Vergnügungen etc. nicht eingerechnet. Wer dagegen auf ein eigenes Zimmer mit Bad Wert legt und sich nicht nur von Rāmen oder Udon ernähren möchte, sollte mit 10 000–12 000 ¥ am Tag rechnen. Anspruchsvolle sollten das Doppelte einplanen. Wer so billig wie nur möglich reisen muss, kann ein paar Tage Wandern mit Zelt und die Fahrt mit Nachtbussen erwägen, weil das die Übernachtungskosten drückt.

## Was kostet wie viel?

| | |
|---|---|
| **Transport** | |
| **U-Bahnfahrt Tōkyō** | ab 180 ¥ |
| **Bus Tōkyō–Kyōto** | ab 4000 ¥ |
| **Inlandflug pro Sektor** | ab 10 000 ¥ (Discounttickets günstiger, z. B. Tōkyō–Fukuoka 8000 ¥) |
| **Taxifahrt Grundtarif für die ersten 1,5 km** (Nachtzuschlag 30 %) | 500–730 ¥ |
| **Mietkleinwagen** | ab 5000 ¥ pro Tag |
| **Unterkunft** | |
| **JH-Bett** (Mitglieder) | ab 3000 ¥ p. P. |
| **Businesshotel** (EZ) | ab 4500 ¥ |
| **Minshuku** (ohne Mahlzeiten) | ab 4000 ¥ p. P. |
| **Ryokan** (Halbpension) | ab 7000 ¥ p. P. |
| **Essen und Trinken** | |
| **Erfrischungsgetränk vom Automaten** | 110–150 ¥ |
| **Saft/Cola im Lokal** | 280–400 ¥ |
| **Bier** (0,4 l, einheimisch) | ab 550 ¥ |
| **Bier** (ausländisch, z. B. Guiness, 0,75 l) | 900–1200 ¥ |
| **Tasse Kaffee im Café** | 400 ¥ |
| **Udon/Rāmen** | ab 500 ¥ |
| **Kaitenzushi** (pro Tellerchen) | ab 125 ¥ |
| **O-bento im Bahnhof** | ab 500 ¥ |
| **Sonstiges** | |
| **Eintritt zu Museen, Burgen etc.** | 200–1000 ¥ |
| **Onsen-(Tages)Besuch** | ab 500 ¥ |

# Travelinfos von A bis Z

**Muss ich vor der Japanreise ein Visum besorgen, Züge reservieren und Impfungen auffrischen? Was haben die Japaner für Steckdosen? Wie kann ich mein Handy nutzen? Welche Landessitten sind zu beachten? Das alles und mehr steht auf den folgenden Seiten.**

HIRAIZUMI-AOMORI SHINKANSEN; © WESTWARDS

## Kurz und knapp

**Flugdauer** direkt ab 11 Std., derzeit wegen der Sperrung des russischen Luftraums 13 Std.

**Einreise** Für EU-Bürger und Schweizer reicht ein Pass; ein Visum ist nicht nötig.

**Geld** Kredit- oder Debitkarte mit PIN mitnehmen!

**Autofahren** Deutsche brauchen eine Führerschein-Übersetzung.

**Zeitverschiebung** +8 Std. (Sommerzeit +7 Std.)

## Inhalt

# Anreise

## Mit dem Flugzeug

### Flugtickets

Rückflugtickets von Europa gibt es im Internet auf Portalen wie 💻 www.fly.de oder 💻 flug.check24.de oder, besser, direkt bei der jeweiligen Airline. Ein Blick in Vergleichsportale wie 💻 www.kayak.de oder 💻 www.swoodoo.com liefert gute Anhaltspunkte zu den Preisen am gewünschten Datum. Für etwaige Reklamationen, z. B. bei Verspätungen, oder andere Nachfragen ist es in der Regel besser, mit einer europäischen Fluglinie zu fliegen.

Es kann sich auch auszahlen, bei der Buchung auf **Vielfliegerprogramme** zu achten. Wer per Flugzeug von außerhalb Japans anreist (und nicht in Japan wohnt), kann für innerjapanische Flüge günstige Flugtickets von ANA und JAL kaufen (S. 85). Doch auch hier lohnt der Vergleich, denn reguläre Inlandstickets können billiger sein. Zum Schutz des Klimas sollte man, wann immer es geht, den Zug benutzen, der in Japan komfortabel und in der Regel auch pünktlich ist.

Um die **umweltschädlichen Folgen** des Fliegens auszugleichen, werden immer mehr Programme zur „Klimaneutralisierung" angeboten (s. Kasten). Ein Leitfaden des Umweltbundesamtes zur freiwilligen Kompensation von Treibhausgasemissionen ist unter 💻 www.dehst.de erhältlich. Das Fliegen selbst bleibt allerdings trotzdem schlecht für die Umwelt – weniger schlecht mit modernen Flugzeugen, schlechter bei Businessclass und breiten Sitzen.

**Direktflüge** bieten die japanischen Airlines JAL und ANA sowie Lufthansa an. Ein Direktflug dauert momentan wegen der Sperrung des russischen Luftraums etwa 13 Stunden und ist je nach Reisezeit ab ca. 1000 € zu haben, plus etwa 120 € für den $CO_2$-Ausgleich. Preise für indirekte Flüge findet man sehr vereinzelt schon für um 600 €.

### Ein- und Ausreiseformalitäten

Für touristische Reisen bis zu 90 Tagen benötigt man kein Visum, es genügt ein gültiger Reisepass. Im Flugzeug wird ein **Einreiseformular** ausgeteilt, das zusammen mit dem Pass am Einreiseschalter abzugeben ist. Darauf sind u. a. die Flugnummer des Hinflugs, die Aufenthaltsdauer und eine Adresse in Japan anzugeben (Hotelname reicht aus, auch ohne Buchung). Unterschrift nicht vergessen! Die Formulare gibt es auch bei der Ankunft am Flughafen, falls sie im Flugzeug nicht ausgeteilt wurden.

**Weniger fliegen – länger bleiben! Reisen und Klimawandel**

Der Klimawandel ist vielleicht das dringlichste Thema, mit dem wir uns in Zukunft befassen müssen. Wer reist, erzeugt auch $CO_2$: Der Flugverkehr trägt mit einem erheblichen Anteil zur globalen Erwärmung bei. Wir sehen das Reisen dennoch als Bereicherung: Es verbindet Menschen und Kulturen und kann einen wichtigen Beitrag zur wirtschaftlichen Entwicklung eines Landes leisten.

Reisen bringt aber auch eine Verantwortung mit sich. Dazu gehört, darüber nachzudenken, wie oft wir fliegen und was wir tun können, um die Umweltschäden auszugleichen, die wir mit unseren Reisen verursachen. Wir können insgesamt weniger reisen – oder weniger fliegen, länger bleiben und Nachtflüge meiden (da sie mehr Schaden verursachen). Und wir können einen Beitrag an ein Ausgleichsprogramm wie 💻 www.atmosfair.de leisten.

Dabei ermittelt ein Emissionsrechner, wie viel $CO_2$ der Flug produziert und was es kostet, eine vergleichbare Menge Klimagase einzusparen. Mit dem Betrag werden Projekte in Entwicklungsländern unterstützt, die den Ausstoß von Klimagasen verringern helfen. Weitere Infos zum Thema umweltbewusstes und sozial verträgliches Reisen auf S. 58.

Je nach Ursprungsland des Flugs (z. B. Gelbfiebergebiet) und der aktuellen Gesundheitssituation (Corona, Schweinegrippe) kann vor dem Einreiseschalter eine Gesundheitskontrolle mit einem weiteren Fragebogen positioniert sein. Außerdem wird ein elektronischer Fingerabdruck genommen und ein Foto gemacht.

Hinter den Gepäckbändern ist der **Zoll** zu passieren (s. auch S. 97). Im Flugzeug wird neben der Einreisekarte auch ein Zollformular ausgeteilt, das auszufüllen ist, auch wenn man nichts zu verzollen hat. Es gibt zwar „rote" und „grüne" Bahnen, aber auch wer nichts zu verzollen hat, muss hier den Pass vorzeigen. Der japanische Zoll ist nicht besonders gefürchtet, aber gewiss beeinflusst das äußere Erscheinungsbild die Entscheidung, wessen Gepäck durchsucht wird. Wer versucht, Drogen wie Haschisch einzuführen, und dabei erwischt wird, hat mit bis zu fünf Jahren Haft zu rechnen.

Sowohl das Einreiseformular als auch die Zollerklärung können vorab im Internet über die **Visit Japan Web-App**, 💻 https://vjw-lp.digital.go.jp/en, ausgefüllt werden. Man erhält dann einen QR-Code und kommt bei der Einreise in die „Fast-Track-Schlange" (die allerdings oft nicht unbedingt schneller abgefertigt wird). Den QR-Code am besten ausdrucken oder als Screenshot auf dem Handy speichern. Die Einreiseformalitäten laufen recht geordnet ab, können aber in der Hauptreisezeit dauern.

### Internationale Flughäfen

Die meisten Flugreisenden aus Europa kommen in **Tōkyō** an, entweder am Flughafen Haneda oder Narita. Der Flughafen Narita liegt ca. 60 km außerhalb der Stadt, ist aber mit Zügen sehr gut angeschlossen (S. 201). Haneda, von dem die meisten Inlandsflüge starten, liegt am südlichen Stadtrand. Mit öffentlichen Verkehrsmitteln gelangt man bequem in ca. 20 Minuten in die Innenstadt. Für einen etwaigen Transfer zwischen beiden Flughäfen sind von Landung bis Abflug 4–5 Stunden einzuplanen.

Der andere große internationale Flughafen ist der Kansai Airport bei **Ōsaka**, (S. 450). Er liegt auf einer künstlichen Insel in der Inlandsee. Für Kyōto und den Westen Japans ist dieser Flughafen günstiger. Flüge dorthin sind oft wenig teurer.

Alternativen sind der internationale Flughafen Centrair bei **Nagoya** oder auch der Flughafen **Fukuoka** auf Kyūshū.

## Mit dem Schiff

### Von und nach Südkorea

Die Fähre von Kanpu Ferry, 💻 www.kampuferry.co.jp, zwischen **Busan** (Südkorea) und Shimonoseki fährt täglich über Nacht (11–12 Std., ab 10 000 ¥ inkl. Gebühren, online bis zu 30 % Rabatt).

Von Fukuoka verkehren Passagierboote der Firma Beetle, 💻 www.jrbeetle.com/en, ebenfalls nach Busan (2–4x tgl., 3 Std., 16 000 ¥ einfach). Dieselbe Strecke fährt Camellia Line, 💻 www.camellia-line.co.jp, Richtung Japan über Nacht (ca. 12 Std., sonst 6 Std. 9000 ¥). Im Internet oft wesentlich günstigere Angebote.

### Von und nach China

Von Ōsaka und Kōbe (immer abwechselnd) verkehrt die Shanghai Ferry nach **Shanghai**, 💻 www.shinganjin.com (1x wöchentlich, 2 Tage, ab 20 000 ¥).

### Von und nach Russland

Die Fährverbindung von Sakaiminato nach Donghae (Südkorea) und weiter nach **Wladiwostok** (Russland) war zum Zeitpunkt der Recherche eingestellt bzw. wurde nur die Strecke Donghae–Wladiwostock bedient.

# Barrierefreies Reisen

Angesichts der hohen Bevölkerungsdichte, des Gedränges in allen Städten und Touristenorten und der normalerweise großen Bedeutung von öffentlichen Verkehrsmitteln für Touristen ist das Reisen in Japan für Menschen mit körperlichen Einschränkungen nicht leicht. Zwar haben die meisten Bahnhöfe irgendwo einen Aufzug oder zumindest einen Treppenlift, aber in die Züge führen öfters Stufen, und häufig ist schon der Bahnsteig gefährlich voll. Die Umsteigewege in den U-Bahnen sind ebenfalls verschlungen, lang und stufenreich.

Auch Sehenswürdigkeiten (v. a. Schreine und Tempel) haben nicht selten Treppen und recht lange Wege, oft gibt es aber Rollstühle zu leihen. In Tempeln muss man meist die Schuhe ausziehen. In öffentlichen Gebäuden wie Postämtern, Rathäusern oder auch Kaufhäusern sind behindertengerechte Einrichtungen und Bauweisen weiter verbreitet als in den meisten europäischen Ländern: Rampen und Geländer sind meist selbstverständlich, ebenso barrierefreie Toiletten. U-Bahnnetze und Bahnhöfe sind von gelben geriffelten Markierungsstreifen für Sehbehinderte durchzogen, und vor allem die etwas besseren Unterkünfte sind auf (insbesondere ältere) Gäste mit Behinderungen durchaus eingestellt. Da behinderte Kinder oft reguläre Schulen besuchen, sind die Berührungsängste in der Gesellschaft gering. Ein Symbol aus Herz und Kreuz weist auf nicht sichtbare Behinderungen hin.

Einige praktische Informationen für Behinderte auf Englisch sind auf der folgenden Website zusammengetragen: www.japan-accessible.com.

# Botschaften und Konsulate

## Ausländische Vertretungen in Japan

Die deutsche bzw. österreichische oder Schweizer Botschaft ist die Anlaufstelle, wenn der Pass gestohlen wurde. Die Krisenvorsorgeliste des Auswärtigen Amts, www.auswaertiges-amt.de, soll im Fall einer Katastrophe wie bei einem großen Erdbeben die Kommunikation erleichtern.

### Deutschland

**Deutsche Botschaft Tōkyō**
Minato-ku, Minami-Azabu 4-5-10,
03-5791-7700, www.japan.diplo.de

**Deutsches Generalkonsulat Ōsaka**
Kita-ku, Oyodo-naka 1-1-88-36 00, Umeda Sky Bldg. Tower East, 35F, 06-6440-5070,
https://japan.diplo.de

### Österreich

**Österreichische Botschaft Tōkyō**
Minato-ku, Moto-Azabu 1-1-20,
03-3451-8281, www.bmeia.gv.at/botschaft/tokio.html

### Schweiz

**Schweizer Botschaft Tōkyō**
Minato-ku, Minami-Azabu 5-9-12,
03-5449-8400, www.eda.admin.ch/tokyo

**Schweizer Generalkonsulat Ōsaka**
Chūō-ku, Bakuro-machi 3-5-1, Midosuji Grand Tower 18F, 06-4704-9100

## Vertretungen Japans in Europa

### Deutschland

**Japanische Botschaft in Deutschland**
Hiroshimastr. 6, 10785 Berlin, 030-21094-0,
www.de.emb-japan.go.jp

**Japanisches Generalkonsulat Düsseldorf**
Breite Str. 27, 40210 Düsseldorf, 0211-164820,
www.dus.emb-japan.go.jp

**Japanisches Generalkonsulat Frankfurt**
MesseTurm, 34. OG, Friedrich-Ebert-Anlage 49, 60327 Frankfurt am Main, 069-2385730,
www.frankfurt.de.emb-japan.go.jp

**Japanisches Generalkonsulat Hamburg**
Domstr. 19, 20095 Hamburg, 040-3330170,
www.hamburg.emb-japan.go.jp

**Japanisches Generalkonsulat München**
Friedenstr. 6, 80539 München, 089-4176040,
www.muenchen.de.emb-japan.go.jp

### Österreich

**Japanische Botschaft in Österreich**
Hessgasse 6, Eingang für Besucher Schottenring 8, 1010 Wien, 01-531920,
www.at.emb-japan.go.jp

### Schweiz

**Japanische Botschaft in der Schweiz**
Engestr. 53, 3012 Bern, 031-300 2222,
www.ch.emb-japan.go.jp

**Consulat Général du Japon à Genève,**
80-82 rue de Lausanne 1202, Genève,
022-716 9900, www.geneve.ch.emb-japan.go.jp

# Einkaufen

Japan ist ein wunderbares Land, um praktische Gebrauchsgegenstände als Souvenirs einzukaufen. In den Läden sind die Preise deutlich ausgezeichnet und verbindlich. Gehandelt wird außer auf Flohmärkten und in manchen Antiquitätengeschäften praktisch nicht. Ähnlich wie in Europa ist es aber in Einzelfällen möglich, nach einem „Discount" zu fragen, vor allem bei teureren Stücken.

## Wo einkaufen?

### Supermärkte

Obwohl in den Supermärkten japanische Marken und Lebensmittel überwiegen, haben diese Läden auch viele aus Europa vertraute Artikel im Sortiment. Japanische Familien kaufen den größten Teil ihrer Lebensmittel in Supermärkten. Märkte für frisches Obst und Gemüse sind, zumindest in den Städten, eher unüblich.

### Konbini

Für die meisten Touristen sind die kleineren *konbini* (japanisiert und abgekürzt vom englischen *convenience store*) die wichtigeren Anlaufstellen. Sie sind allgegenwärtig und rund um die Uhr geöffnet. Ihr Sortiment umfasst Snacks, Kosmetika, Zeitschriften und Schreibwaren, ein begrenztes Angebot an Lebensmitteln, Haushaltswaren, Zigaretten, Unterwäsche und Elektronik wie Ladekabel – kurz und gut: alles, was zum sofortigen Konsum benötigt werden könnte. Die Waren liegen deutlich ausgezeichnet in Regalen und werden an der Theke eingescannt. Im *konbini* werden auch komplette Lunch-Boxen *(o-bentō)* verkauft. Konzert- und Eventkarten oder Handy-Guthaben bestellt man an Automaten und zahlt dann an der Kasse. Auch im Internet gekaufte Tickets müssen oft in einem *konbini* persönlich abgeholt werden.

Manche *konbini* haben eine Sitzecke, in der der gekaufte Snack auch gleich verzehrt werden kann.

**Verpackungen**

Trotz erheblicher Verbesserungen in den letzten Jahren werden in Japan oft sehr viele Verpackungen und zusätzliche Tüten ausgegeben. Wen das Umweltgewissen plagt, der sollte sich die folgenden Begriffe einprägen: „Kono mama de" („so, wie es ist", also gleich so, ohne Tüte) und „Fukuro wa irimasen" („Ich brauche keine Tüte").

### Kaufhäuser und Discountläden

Die meisten japanischen **Kaufhäuser** sind eher vornehme Einkaufsadressen. Einige sind praktisch eine Ansammlung separater Boutiquen unter einem Dach, andere haben eigene Hausmarken. Die meisten besitzen eine ganze Abteilung mit typischen Souvenirs – eher gehoben und geschmackvoll. Die Lebensmittelabteilung mit fertig zubereiteten Salaten, Tenpura und Sushi sowie aufwendig verpackten japanischen Süßigkeiten befindet sich meist im Untergeschoss. In den oberen Stockwerken ist eine Ansammlung unterschiedlicher Restaurants angesiedelt.

Billigvarianten sind die **100-Yen-Shops** (Daisō, Seria, Can Do u. a.) sowie die Kette Don Qijote (Abk. Donki). Achtung: Auf die 100 ¥ kommen noch 10 % Mehrwertsteuer, so kostet alles eigentlich 110 ¥.

### Fachgeschäfte für westliche Lebensmittel

Bei längerem Aufenthalt stellt sich irgendwann der Hunger auf bestimmte heimische Lebensmittel ein. Viele davon gibt es im normalen Supermarkt. Für andere muss man ins Fachgeschäft: Die größeren Ketten sind **Kinokuniya International** und **Meidi-ya**. Beides sind Delikatessenläden, die westliche Importlebensmittel verkaufen. In den Städten finden sich kleinere Läden mit einem internationalen Lebensmittelangebot vor allem in der Nähe der großen Umsteigebahnhöfe, oft auch direkt im Bahnhofsgebäude (beispielsweise Tōkyū Hands, Tōkyū Food Show).

### Elektronikfachgeschäfte

Das Einkaufsmekka für Elektronikfans ist der Stadtteil Akihabara in Tōkyō (S. 196), aber auch in anderen Städten (oder Stadtgebieten) gibt es

### Zollfrei einkaufen?

Viele Geschäfte, z. B. Elektronikfachgeschäfte, Bekleidungsketten wie Uniqlo oder auch große Einkaufszentren und Kaufhäuser, bieten die Möglichkeit an, mehrwertsteuerfrei einzukaufen (die Mehrwertsteuer beträgt in Japan 10 %). Dafür ist ein Reisepass mit Touristenvisum erforderlich. Die Waren werden oft, aber nicht immer, versiegelt. Manchmal wird ein Beleg über den zollfreien Einkauf in den Pass getackert, der vor der Ausreise in eine Box am Flughafen gelegt werden muss. Theoretisch müssen zollfrei eingekaufte Waren ins Handgepäck, was eigentlich nie kontrolliert wird und nicht immer möglich ist (z. B. bei Messern). Oft gibt es einen Mindesteinkaufswert für zollfreie Einkäufe, meist 5000 ¥. Je nach Warenwert kann aber in Europa Zoll oder Einfuhrumsatzsteuer anfallen, s. S. 97.

Ansammlungen von Elektro- und Elektronikfachgeschäften, große Ketten sind **BIC Camera** oder **Yodobashi Camera**.

Bedienungsanleitungen und -oberflächen für die Geräte sind mehrsprachig (immer Englisch, meist auch auf Deutsch). In Japan werden oft Modelle verkauft, die in Europa nie oder erst viel später auf den Markt kommen. Zu beachten sind dabei allerdings die deutschen Zollvorschriften (S. 97), die Garantie-Situation sowie der Kundendienst: Kann dieser in Deutschland etwas mit dem kaputten Gerät anfangen, selbst wenn es eine weltweit gültige Garantie gibt? Bei einigen Artikeln wie Handys und Videos sind möglicherweise die Systeme nicht kompatibel, bei Elektrogeräten ist die Stromspannung zu berücksichtigen (S. 70).

### Andere Einkaufsmöglichkeiten

Auch in Japan gibt es gelegentlich offene **Märkte**, vor allem aber enge **Ladenstraßen** in den Wohnvierteln. Dort bieten kleine Gemüseläden ihre frischen Waren relativ preiswert an. Hier heißt ein Teller voll Äpfel bzw. Tomaten etc. *yama* („Berg") und ist oft wesentlich billiger als ein einzelner Apfel im Supermarkt. Auf dem Land gibt es mitunter am Straßenrand schlichte Holzverschläge oder -tische, auf denen Waren und ein Preisschild liegen. Man nimmt sich einfach etwas und legt das Geld in die vorgesehene Kiste. Auf traditionellen Jahr- oder **Flohmärkten**, die oft auf Tempelgeländen stattfinden, werden gebrauchte Kimonos, altes Kunsthandwerk, Bonsai und traditionelles Küchengerät verkauft.

## Kunsthandwerk

Fast jede Region Japans rühmt sich ihres eigenen Kunsthandwerks – Lackarbeiten, Töpferwaren, gewebte Stoffe, Holzpuppen usw. Die Regierung vergibt für besonders typische Produkte, derzeit etwas über 200, ein Siegel „Traditionelles Kunsthandwerk" (Dentō Kōgeihin), www.nihonkogeikai.or.jp/en.

Die Hauptzielgruppe für Kunsthandwerk sind japanische Touristen, die Qualität durchaus einschätzen können. Insofern weist ein höherer Preis normalerweise nicht auf Nepp, sondern tatsächlich auf etwas Besonderes hin.

### Geschirr und Essstäbchen

Sehr geeignet als Andenken und Mitbringsel sind Suppenschalen und anderes Geschirr aus leichtem, nicht zerbrechlichem Naturlack *(urushi)*. Besonders berühmt (und teuer) sind die **Lackerzeugnisse** aus Wajima. Vorherrschend sind rote, schwarze und klare Lacke; vor allem bei den schwarzen ist die Technik des *maki-e* verbreitet, bei der kleine Farb- oder Metallpartikel bzw. Goldstaub als Muster eingearbeitet werden.

**Keramik** stellt beim Transport eine größere Hürde dar, verlockt aber auch sehr. Japanisches Essen wird normalerweise auf zahlreichen kleinen Tellerchen und Schüsseln serviert: Pro Person sammeln sich oft bis zu zehn Geschirrteile an. Entsprechend groß ist die Auswahl. Viele Regionen haben typische Keramikarten, die sich sowohl im benutzten Ton als auch im Design unterscheiden. Es ist nicht ungewöhnlich, eigens zum Geschirrkauf in kleine Orte zu fahren, die für eine bestimmte Sorte („XY-*yaki*") bekannt sind, z. B. Arita auf Kyūshū (für Porzellan, S. 537) oder Seto bei Nagoya (S. 315).

Wer keinen Platz im Koffer hat oder nicht schwer tragen möchte, tut gut daran, **Essstäbchen** als Souvenir zu erwerben – sie sind typisch, erschwinglich und von poppig bis edel in unendlichen Variationen erhältlich. Es gibt sogar spezielle Faltstäbchen zum Mitnehmen sowie allerlei Stäbchenboxen für diejenigen, die im Restaurant nicht immer Wegwerfstäbchen benutzen wollen.

Wer gern **Sushi** (oder überhaupt japanisch) isst, wird sich vielleicht mit Zubehör eindecken, wie Bambusmatten, Holzwannen und Sushi-Geta. Für Fortgeschrittene gibt es Ingwerreiben *(oroshigane)*, Sesammühlen *(goma-suriki)* und Keramikmörser *(suribachi)*. Ideal zum Stöbern ist das Kappabashi-Viertel in Tōkyō (S. 166).

**Teezubehör** wie Schalen, Bambusquirle und Teekannen gibt es in zahlreichen Fachgeschäften (z. B. Kyōto, S. 394, und Kanazawa, S. 369). Die Preise sind hier nach oben offen.

## Holzschnitte

Nachdrucke (oder auch Originale) japanischer Holzschnitte (*ukiyoe*, S. 143) werden in vielen Andenken- und Schreibwarenläden verkauft. In manchen Secondhandgeschäften, die auch alte Kimonos und Stoffe verkaufen, findet man ebenfalls Holzschnitte, und Museumsläden bieten meistens eine größere Auswahl an Nachdrucken großer Meister. Hierfür ist besonders das Japan Ukiyoe Museum (JUM) in Matsumoto (S. 338) zu empfehlen.

## Fächer

Ein Fächer gehört, zumindest in der heißen Jahreszeit, zu den unabdingbaren Utensilien des täglichen Lebens. Neben den Faltfächern *(sensu)* werden auch feste, runde Fächer mit einem Griff *(uchiwa)* benutzt. Wer im Sommer reist, bekommt sicher den ein oder anderen *uchiwa* mit Werbeaufdruck geschenkt. Auch Männer benutzen Fächer, oft einfarbig oder mit weniger blumigen Motiven.

## Papier

Japanpapier sowie daraus hergestellte Kästchen, Portemonnaies, Grußkarten und andere schöne Schreibwaren, Origami-Papier, Pinsel und Tusche finden sich in fast allen Schreibwarenläden.

## Puppen

Unter den verschiedenen traditionellen Puppen sind als Mitbringsel speziell die **Daruma** zu

Ein schönes Souvenir, aber zerbrechlich: Porzellan aus Arita

nennen, fast eiförmige Figuren eines sitzenden Mönchs ohne Pupillen. Sie stellen den buddhistischen Heiligen Bodhidharma dar, der so lange meditiert haben soll, bis ihm die Beine abfielen. Weil er sich außerdem die Augenlider abgeschnitten haben soll, um nicht ungewollt einzuschlafen, hat die Puppe zwei große leere Augen. Wer einen Wunsch hat, malt eins davon aus, das zweite erst, wenn der Wunsch in Erfüllung gegangen ist.

Traditionelle **Hina-Puppen** (für das Mädchenfest, S. 61) können sehr teuer sein. Viele sind aus Porzellan und Brokat und nur zum Ansehen gedacht. Günstiger sind meist die traditionellen gedrechselten **Kokeshi-Puppen**.

## Traditionelle Kleidung und Schuhe

**Kimonos** sind die meist seidenen Gewänder, die mit einer sehr breiten, hinten gebundenen Schärpe *(obi)* getragen werden. Ein richtiger Kimono ist sehr teuer und bedarf zum Anziehen eines Einführungskurses. Ausländische Besucher kaufen manchmal nur den Stoff von alten Kimonos oder einen einzelnen *obi*. Die schweren, dicken Stoffbahnen des Gürtels sind oft reich dekoriert und machen sich gut als Tischläufer.

Als Gebrauchsgegenstand ist ein **Yukata** die bessere Wahl. Yukata heißt die schlichtere Variante aus Baumwolle, die mit einem etwas schmaleren Gürtel gebunden wird. Auch *nemaki*, einfache, gemusterte Baumwoll-Kimonos, die man im Ryokan bekommt und die man zum bzw. nach dem Bad anzieht, sind eine Yukata-Variante.

Ein **Haori** ist eine dicke Steppjacke, die über dem Yukata getragen wird: im Ryokan in den Bergen, um an einem kühlen Abend noch durch den Ort zu laufen. Eine ähnliche, dünnere Baumwolljacke namens **Happi** ziehen Teilnehmer eines Schreinfestes an.

**Geta** sind die hölzernen Sandalen, die zur traditionellen japanischen Kleidung getragen werden. Es gibt verschiedene Ausführungen, aber alle haben einen Riemen, der zwischen dem großen Zeh und den anderen Zehen durchläuft.

### Onsen-Tücher

Bei einem Aufenthalt im Onsen oder auch in teureren Hotels bekommt man kleine Handtücher mit dem eingewebten Namen oder Logo des Onsen oder Ryokan. Die Tücher lassen sich schnell auswringen, sind klein und leicht und auch für Reisen praktisch. Man darf sie in der Regel mitnehmen – im Zweifelsfall nachfragen.

Die dafür geeigneten, zweigeteilten **Zehensocken** heißen *tabi*. Manche Geta haben zwei hohe Querstreben unter dem Fuß, für Regenwetter, andere sind flacher oder haben eine Plateausohle. In Geta längere Strecken zu gehen, ist recht gewöhnungsbedürftig.

*Setta*, *zōri* und *warashi* sind ebenfalls traditionelle **Schuhe** mit Zehenriemen, allerdings nicht aus Holz, sondern aus Strohgeflecht (oder heute oft auch aus Kunststoff). *Setta* haben eine Ledersohle und sind dementsprechend etwas robuster.

Immer mehr moderne **Modelabels** lassen sich von der traditionellen japanischen Kleidung inspirieren, z. B. Sousou aus Kyōto oder Hikeshi Spirit aus Tōkyō.

## Andenken von Schrein und Tempel

An den Shintō-Schreinen (und oft auch an buddhistischen Tempeln) werden **Talismane** verkauft. Diese *o-mamori* sind in kleine flache Brokatbeutel verpackt. Es gibt sie mit unterschiedlichen „Funktionen": für gute Gesundheit, Harmonie in der Familie, Schutz vor Autounfällen etc. An manchen *o-mamori* hängt ein kleines Glöckchen. Besonders zu Neujahr gibt es große Pfeile und Papierdekorationen, die für das neue Jahr das Glück ins Haus locken.

Die **Holztäfelchen** *(ema)* sind dagegen nicht zum Mitnehmen gedacht. Man schreibt gleich vor Ort einen Wunsch darauf (Japaner bitten oft um Aufnahme an der Wunsch-Uni oder um einen guten Job) und hängt sie dann am Schrein auf. Wer ein Motiv auf einem *ema* schön findet, kann das Täfelchen natürlich auch mit nach Hause nehmen.

Etwas schwieriger ist diese Frage bei den **Horoskop-Zetteln** *(o-mikuji)* zu entscheiden: Die kann man als Glücksbringer mitnehmen, wenn etwas Positives darauf steht. Gefällt der Inhalt weniger, knotet man das Papier gleich an einen Baum oder an ein dafür vorgesehenes Gestell und lässt das Unglück einfach da. Sowohl in Schreinen als auch in Tempeln werden schön gebundene **Besucherbücher** mit leeren Seiten in Leporellobindung verkauft. In jedem Schrein oder Tempel kann man sich dann im „Schreibbüro" *(nōkyōsho)* eine kunstvolle Tuschekalligrafie und einen Stempel in Orange eintragen lassen.

Bei westlichen Touristen wird es durchaus akzeptiert, Shintō-Schreine und buddhistische Tempel ins gleiche Buch stempeln zu lassen. Pro Eintrag werden mindestens 300 ¥ Gebühren für die Kalligrafie fällig.

# Essen und Trinken

Die Qualität des Essens in Japan ist generell sehr gut. Die Portionen sind im Vergleich zu Europa oft klein, weil sie meist nicht als Ein-Teller-Gerichte gedacht sind. So ist es beim Abendessen in der *izakaya* oder im Restaurant üblich, als Gruppe mehrere Gerichte zu bestellen und zu teilen. Die **Rechnung** wird gemeinsam bezahlt und ggf. gleichmäßig geteilt (ohne Trinkgeld, s. S. 96).

Viele Restaurants stellen vor der Tür Plastikmodelle ihrer Speisen aus, sodass die **Bestellung** auch ohne Sprachkenntnisse leichtfällt. Manchmal sind die Speisekarten außerdem bebildert. Sehr viele Restaurants sind spezialisiert, z. B. auf Soba oder Udon, auf Sushi oder chinesische Küche. *Izakaya* ist ein Sammelbegriff für Kneipen mit etwas größerer Auswahl an japanischen Gerichten.

## Tischsitten

Bei gemeinschaftlich bestelltem Essen nehmen alle von den Schüsseln und Tellern in der Mitte etwas auf eigene kleine Teller oder Schalen, die man nah an den Mund heben darf. In der Regel greifen alle mit den eigenen Stäbchen zu.

In vornehmen Restaurants oder auch beim traditionellen Abendessen im Ryokan bekommt jeder Gast ein eigenes Sortiment an Schalen und Tellern, auf denen die Speisen äußerst dekorativ angerichtet sind. Einfache Mittagessen wie Nudelsuppen, *okonomiyaki* (S. 52) oder *donburi* (Reis mit Beilage) werden als Tellergericht bestellt.

Vor dem Essen wird oft ein feuchtes, vielleicht auch **heißes Tuch** für die Hände *(oshibori)* gereicht. Sich damit den Schweiß von Stirn und Nacken zu wischen, ist nicht unüblich, aber in formellen Situationen nicht angemessen. Im Restaurant gibt es meistens hölzerne Einwegstäbchen *(waribashi)*. Es ist aber heute nicht ungewöhnlich, eigene **Stäbchen** mitzubringen, um Müll zu vermeiden.

Zwei Gesten werden mit Bestattungsriten und Totenopfern assoziiert und sind deshalb beim Essen verpönt: Auch wenn der klebrige weiße Reis dazu verlockt, sollten die **Stäbchen** nicht senkrecht in den Reis gesteckt, sondern immer auf die Schüssel oder davor abgelegt werden. Außerdem vermeiden Japaner, etwas mit den Stäbchen in der Luft zu überreichen (das machen die Angehörigen nach der Einäscherung mit den Knochen von Toten). Häppchen zum Probieren legt man direkt auf den Teller oder Reis der anderen.

Zu **Beginn** des Essens sagt jeder, der anfängt, „itadakimasu". Der Ausdruck (wörtlich „ich bekomme") ist ein Dank an die Götter oder die Hausfrau, gilt also nicht wie „Guten Appetit" für andere. Der entsprechende Dank nach dem Essen heißt „gochisōsama (deshita)".

**Suppen**, besonders Nudelsuppen, dürfen auch geschlürft werden.

## Japanische Küche

Die japanische Küche ist abwechslungsreich und gesund und verwendet viel Fisch und Gemüse. Das Hauptnahrungsmittel, das zu fast jedem japanischen Essen gehört, ist weißer **Reis**. Japanische Reissorten sind eher kurzkörnig und

Eine schöne Präsentation der Speisen ist fast so wichtig wie Qualität und Geschmack.



klebrig. Je nach Gegend dominieren Fisch und Meeresfrüchte, das sogenannte „Glück des Meeres", oder die „Segnungen der Berge", also Pilze und Berggemüse, die Speisekarte. Die Gemüseauswahl ist enorm vielfältig; insbesondere gibt es viele spinatartige grüne Gemüse. Im Folgenden werden einige bekannte Gerichte vorgestellt.

## Sushi 寿司

Das Nationalgericht wird nicht nur in edlen Sushi-Bars serviert, sondern auch in preiswerten und beliebten Selbstbedienungsrestaurants am Fließband *(kaiten-zushi)*. In vornehmeren Restaurants bestellt man entweder eine ganze Platte, gewissermaßen ein festes Menü, oder nacheinander einzelne Zweierportionen. Bei einer *o-makase*-Bestellung überlässt man dem Sushi-Chef Auswahl und Reihenfolge. Am einfachsten ist ein Besuch im *kaiten-zushi*. Die Gäste setzen sich an die Theke und nehmen, was sie wollen, vom Fließband. Gezahlt wird am Schluss nach Anzahl und Farbcode der leeren Teller. Immer öfter läuft die Bestellung grundsätzlich automatisiert über ein Touchpad (auch auf Englisch und mit Fotos).

Sushi werden entweder mit Stäbchen oder einfach mit den Fingern gegessen. Kenner tunken nur den Fisch in die Sojasauce. Das komplette Reisbällchen mit Belag wird dann als Ganzes gegessen – nicht abbeißen! Zwischen den Sushi-Gängen kann man eingelegten Ingwer essen, um den Gaumen für das nächste Geschmackserlebnis frisch zu machen.

Grüner Tee gehört immer gratis dazu; außerdem gibt es in den meisten Sushi-Restaurants auch Bier und Sake.

## Nudeln 麺類

Die beiden Hauptvarianten sind **Udon**, dicke, weiße Weizennudeln, und **Soba**, dünne, braune Buchweizennudeln. **Rāmen** sind leicht gedrehte chinesische Eiernudeln. Jede Region hat ihre eigene spezielle Nudelvariante. Bekannt sind z. B. die dicken *kishimen* in der Gegend um Nagoya oder die *rāmen* in Fukuoka und Hokkaidō. Nudeln werden eher mittags und meist in einer Suppe gegessen.

Die Speisekarte listet die **Zutaten** auf, die in die Suppe und auf die Nudeln gelegt werden, z. B. Huhn, Ei, frittierte Tōfu-Scheiben, Berggemüse oder geriebener Rettich. *Zaru-soba* bzw. *zaru-udon* sind kalte Nudeln, die in eine süßliche Brühe mit Frühlingszwiebeln und *wasabi* (Meerrettich) getunkt werden. Daneben gibt es auch gebratene *soba (yakisoba)*.

## Japanische Speisekarte

### Getränke

| | | |
|---|---|---|
| コーヒー | *kōhī* | Kaffee |
| お茶 | *o-cha* | Tee |
| ウーロン茶 | *ūron-cha* | Oolong-Tee |
| 麦茶 | *mugi-cha* | Getreide-Tee (meist kalt) |
| ビール | *bīru* | Bier |
| お酒 / 日本酒 | *o-sake / nihonshu* | Sake |
| 泡盛 | *awamori* | Okinawa-Schnaps, s. S. 592 |
| 焼酎 | *shōchū* | Reis- oder Kartoffelschnaps, s. S. 576 |

### Oberbegriffe

| | | |
|---|---|---|
| 肉料理 | *niku-ryōri* | Fleischgerichte |
| 魚料理 | *sakana-ryōri* | Fischgerichte |
| 野菜料理 | *yasai-ryōri* | Gemüsegerichte |
| 懐石料理 | *kaiseki-ryōri* | festliches Menü |
| 定食 | *teishoku* | Set von Speisen, die gleichzeitig (auf einem Tablett) serviert werden |
| お弁当 | *o-bentō* | Lunchbox |
| おにぎり | *o-nigiri* | gewürzte Reisbällchen als Snack |

### Einzelne Gerichte

| | | |
|---|---|---|
| 鉄板焼き | *teppan-yaki* | auf einer heißen Platte gebratenes Fleisch |
| しゃぶしゃぶ | *shabu-shabu* | fondue-ähnliches Fleischgericht mit Sesamsauce |
| すき焼き | *sukiyaki* | in Brühe geschmortes Fleisch, das heiß in rohes Ei getunkt wird |
| うどん | *udon* | dicke, gelbe Weizennudeln, meist in Suppe |
| そば | *soba* | dünne, braune Buchweizennudeln, oft in Suppe |
| ラーメン | *rāmen* | „chinesische" Nudeln, meist in Suppe |
| きつね(うどん) | *kitsune(-udon)* | mit frittiertem Tōfu |
| 山菜(うどん) | *sansai(-udon)* | mit Berggemüse |
| 月見(うどん) | *tsukimi(-udon)* | mit einem (rohen) Ei |
| ざるそば | *zarusoba* | kalte Soba |
| 丼 | *donburi* | Schüsselgericht, Reis mit „Auflage" |
| 天ぷら | *tenpura* | in Teig frittierte Garnelen, Fische oder Gemüse |
| お好み焼き | *okonomiyaki* | herzhafte Eierkuchen, s. u. |
| 餃子 | *gyōza* | chinesische „Maultaschen" |
| 刺身 | *sashimi* | roher aufgeschnittener Fisch |

### Donburi 丼

Als *donburi* wird eine – oft recht große – Schüssel Reis mit einem Topping bezeichnet. Typische Toppings sind Huhn und Ei *(oyako-donburi)* oder Tenpura.

### Okonomiyaki お好み焼き

Der Name bedeutet etwa „ganz nach Gusto Gebratenes" und bezeichnet einen dicken Pfannkuchen mit eingebackenem Gemüse, Fleisch oder Fisch. In den meisten Restaurants wird der

| | | |
|---|---|---|
| うなぎ | *unagi* | Aal |
| 蟹 | kani | Krabbe, Krebs |
| 海老 | *ebi* | Garnele |
| エビフライ | *ebifurai* | frittierte Garnelen |
| いなり寿司 | *inari-zushi* | Sushi-Variante: Reis in süßlichen Tōfu-Taschen |
| 納豆巻き | *nattō-maki* | Sushi-Rolle mit *nattō* |
| 焼き鳥 | *yakitori* | Hühnerspießchen (meist an Straßenständen) |
| たこ焼き | *takoyaki* | gebratene Kugeln aus Teig und Oktopus (meist an Straßenständen) |
| お焼き | *oyaki* | gefüllte Teigklöße, süß oder pikant (auch vegetarische Varianten) |
| おでん | *oden* | Häppchen in Brühe, S. 54 |

## Beilagen und Kleinigkeiten

| | | |
|---|---|---|
| 豆腐 | *tōfu* | Tōfu |
| 納豆 | *nattō* | Bohnenpaste, S. 54 |
| 味噌 | *miso* | fermentierte Sojabohnenpaste |
| 味噌しる | *miso-shiru* | Miso-Suppe |
| のり | *nori* | getrockneter Seetang |
| わさび | *wasabi* | grüner Meerrettich |
| ふりかけ | *furikake* | Streuwürze aus Salz, Sesam, Fisch und Algen |
| しそ | *shiso* | säuerliches Blattgewürz |
| 梅干 | *umeboshi* | sauer eingelegte Pflaume |

## Süßes

| | | |
|---|---|---|
| 饅頭 | *manjū* | (chinesischer) Hefekloß |
| 餅 | *mochi* | süße Reisküchlein, S. 54 |
| たい焼き | *taiyaki* | gefüllte Waffeln in Fischform (meist an Straßenständen), ähnlich: どら焼き *(dorayaki)* und 大判焼き *(ōbanyaki)* |

## Westliche Küche

| | | |
|---|---|---|
| カレーライス | *karē-raisu* | Curry-Reis |
| サラダ | *sarada* | Salat |
| ステーキ | *sutēki* | Steak |
| ピザ | *piza* | Pizza |
| 豚カツ | *tonkatsu* | paniertes Schweineschnitzel |

Pfannkuchen vom Koch zubereitet, manchmal bekommen die Gäste aber eine Schüssel mit Teig und den übrigen Zutaten und braten selbst auf einer in den Tisch eingelassenen heißen Platte (beim Wenden ist die Bedienung gern behilflich). Das ist nicht nur sehr vergnüglich, sondern auch preiswert und lecker. In der Gegend von Hiroshima werden die Zutaten nicht in den Teig eingerührt, sondern nach einem elaborierten System gestapelt – das macht dann immer ein Profi.

### Nattō

*Nattō* ist eine schleimige, etwas streng schmeckende Masse aus vergorenen Sojabohnen und wegen dieser zugegebenermaßen unvorteilhaften Beschreibung bei vielen Ausländern (zu Unrecht!) unbeliebt. Im Geschmack ähnelt *nattō* ein wenig Blauschimmelkäse oder einer säuerlichen Linsenpaste. Meistens wird *nattō* zum japanischen Frühstück und zum Reis serviert, oft in kleinen Pappbechern. Dann müssen die Bohnen noch rigoros durchgerührt und nach Geschmack mit dem beiliegenden scharfen Senf und Sauce vermischt werden. Im Sushi-Restaurant gibt es immer auch *nattō-maki*, Reisrollen mit *nattō*-Füllung.

## Oden おでん

*Oden* ist ein deftiges einheimisches Fast Food. Es besteht aus verschiedenen Fisch- und Fleischstückchen, gekochten Eiern, Tōfu, Rettich, *kon'yaku* (einem festen Gelee aus einem Wurzelmehl) und ähnlichen Happen, die lange in einer kräftigen Brühe gekocht werden.

## Yakitori 焼き鳥

Im Vergleich zu anderen asiatischen Ländern sind offene Garküchen auf der Straße in Japan selten. An solchen Garküchen gibt es im Sommer meistens *yakitori*, also gegrillte Hühnerspießchen, oder auch *takoyaki* (Oktopus). Dazu wird reichlich Alkohol getrunken.

## Tenpura 天ぷら

*Tenpura* bezeichnet in Teig frittierte Gemüse, Garnelen oder auch Fisch. Gutes *tenpura* ist außen kross und wenig fettig. Am besten ist *tenpura* in darauf spezialisierten Restaurants, in denen die Stücke einzeln und nacheinander frittiert werden.

## Weitere Spezialitäten

Manche Regionen sind bekannt für ihr zartes, aber nicht ganz mageres Rindfleisch: Das bekannteste ist das **Kōbe-Beef** (S. 454). **Aal** *(unagi)* wird nicht nur als Sushi gegessen, sondern auch in speziellen Restaurants als Hauptspeise. **Robatayaki**-Restaurants spezialisieren sich auf gegrilltes Fleisch, während beim *shabu-shabu* das Rindfleisch wie beim **Fondue** am Tisch in einem großen Topf gekocht wird, mit verschiedenen Gemüsen, Nudeln und Sesamsauce. Beim *sukiyaki* tunkt man das kurz geschmorte Fleisch in rohes Ei.

## Japanisches Frühstück

Im Ryokan und in vielen Hotels gibt es traditionelles japanisches Frühstück, bestehend aus Reis, Miso-Suppe, frischem Tōfu mit Ingwer und Frühlingszwiebel, Salat und gebratenem Fisch (meistens Lachs), manchmal auch Rührei. Dazu kommen süß-sauer eingelegtes Gemüse, *nattō* (s. Kasten) und *nori* – das sind Blätter aus getrocknetem Seetang (die gleichen, die auch für Sushi verwendet werden); man isst sie zum Reis oder als Snack. Klein geschnitten wird der *nori* auch als *furikake* über den Reis gestreut, manchmal mit anderen Zutaten wie Sesam und Gewürzen vermischt. Wenn zum Frühstück ganze Eier angeboten werden, sind sie manchmal nicht etwa gekocht, sondern roh: Wer mag, rührt ein rohes Ei in den Reis.

## Snacks und Süßigkeiten

Eigentlich aus China kommt das *manjū*, ein gedämpftes Teigbrötchen mit Füllung: meist mit Schweinefleisch, aber auch mit süßem Bohnenbrei *(an-man)* oder moderneren Variationen wie Pizza- oder Curryfüllung.

Süßigkeiten sind meist westlich – es gibt Kuchen *(kēki)*, süße Teilchen *(pan)*, Puddings *(purin)* und Götterspeise (*zeri*, von engl. *jelly*).

**Japanische Süßigkeiten** *(wagashi)* bestehen meist aus Reis oder roten Azuki-Bohnen und Zucker. *Mochi* sind klebrige Ballen aus gestampftem Reis. Süße Paste aus roten Azuki-Bohnen wird vielfach als Füllung verwendet. Die geleeartigen *yōkan* enthalten viel Azuki-Bohnen und sind relativ haltbar. *Higashi* sind trockene, gepresste Ornamente aus Zucker und Reismehl. Reiskekse *(senbei)* sind oft salzig oder scharf. Jede Region hat ihre eigenen Spezialitäten, die in den Regionalkapiteln Erwähnung finden.

## Okinawa-Spezialitäten

Zur typischen Okinawa-Küche gehören *goya*- (Bitter-Kürbis) und Tōfu-*chanpuru* (gemischte

Gemüsegerichte, die meistens in unterschiedlichen Mengen Rührei, Tōfu, Gluten und verschiedene schnell gebratene Gemüse kombinieren), lange gekochte Schweinefüße *(tebichi)* und *taco rice* – mexikanische Tacos, bei denen die Maisfladen durch Reis ersetzt werden. Die Vorliebe für Schweinefleisch *(sōki)* hat ihren Ursprung in den lange gepflegten Beziehungen zu China. *Umi-budō* („Meerestrauben") werden als Gemüse in Salat, zu Reis oder Nudeln gegessen. Diese stecknadelkopfgroßen Algen schmecken erfrischend und haben eine ähnliche Konsistenz wie Johannisbeeren. *Hirayāji* sind pikante Pfannkuchen mit Fischextrakt, *shima-rakkyō* kleine, schalottenartige Wurzeln, die häufig als *tenpura*, also frittiert, zubereitet werden. Der lokale Reisschnaps heißt Awamori. *Yō* ist ein monatelang in dessen Trester eingelegter Tōfu, ein intensives Geschmackserlebnis.

## Westliches Essen

Westliches Essen ist meist teurer als japanische Nudelsuppen und Reisgerichte. In den größeren Städten gibt es Restaurants mit unterschiedlichen Regionalküchen.

Mehrere **Restaurantketten** (z. B. Denny's, Royal Host, Jonathan's) bieten das Ambiente und (leicht japanisierte) Angebot eines amerikanischen **Diners** zu gemäßigten Preisen. Auf Japanisch heißen sie *fami-resu* („Family Restaurant"). Viele sind rund um die Uhr geöffnet, haben Roboter-Kellnerinnen und eine sehr preiswerte Softdrinkbar.

Westliche **Cafés** sind eher teuer, aber es gibt auch günstigere **Selbstbedienungsketten**, u. a. Starbucks und viele japanische Imitate. Zu den billigsten gehört Veloce; bei Mister Donut wird der Kaffee beliebig oft nachgeschenkt; die amerikanische Kette „Blue Bottle" hat guten, aber auch recht teuren Spezialitätenkaffee.

## Andere Küchen

**Chinesische Restaurants** sind meistens an den japanischen Geschmack angepasst und recht billig. Besonders typische Gerichte sind Nudelsuppen mit *rāmen* und gebratene oder gekochte *gyōza*, mit Fleisch gefüllte Teigtaschen. Besonders scharf sind die *tantan-men,* Nudeln mit Chili-Sesamsauce.

Daneben gibt es zahlreiche **koreanische Restaurants** mit authentisch koreanischer Küche. Sie servieren Gerichte wie *chijimi* (koreanische Pfannkuchen) oder *bulgogi* (gebratenes Rindfleisch).

Selbst in den meisten Kleinstädten gibt es mindestens ein **indisches Restaurant**, eine gute Wahl für Vegetarier und Veganerinnen.

## Vegetarisch und vegan

Traditionell gibt es in Japan viele Tōfu- und Gemüsegerichte, zahlreiche unterschiedliche Sorten Gemüse und sehr guten Reis. Viele ver-

**Kleiner Sprachführer für Vegetarier**

| | |
|---|---|
| Ich esse kein Fleisch. | *Niku wa tabemasen.* |
| Ei ist ok. | *Tamago wa daijōbu desu.* |
| (Dieses Gericht:) Ist da Fleisch drin? | *Kore wa, niku ga haitte-imasuka?* |
| Ist da Ei drin? | *Kore wa, tamago ga haitte-imasuka?* |
| Können Sie es ohne Fleisch machen? | *Niku nashi de dekimasuka?* |
| Ohne Fleisch, bitte! | *Niku nashi de, onegai shimasu!* |
| Fleisch | *niku* |
| Fisch | *sakana* |
| Speck | *hamu* |
| Fischflocken | *katsuo-bushi* |
| Milch | *gyūnyū* |
| Käse | *chīzu* |

Achtung: Die Antwort auf „niku nashi" (ohne Fleisch) ist oft „niku nuki". Das bedeutet, dass in der Küche die Fleischstückchen aus dem schon fertigen Essen herausgepickt werden.

meintlich vegetarische Gerichte im Restaurant werden allerdings mit einer Brühe zubereitet, die Fischextrakt enthält, und in vielen Fertiglebensmitteln ist ebenfalls Fischextrakt oder auch Schweinefleischextrakt enthalten. Wer Fisch isst, findet aber immer etwas; Eier und Milchprodukte spielen keine so große Rolle, sodass Veganerinnen es nicht wesentlich schwerer haben als Vegetarier.

Weil der Buddhismus eigentlich den Verzehr tierischer Produkte ablehnt, gibt es auch in Japan das Konzept **buddhistischer veganer Küche** *(shōjin-ryōri)*. Die entsprechenden veganen Restaurants konzentrieren sich in Kyōto und Tōkyō und sind meist sehr vornehm und teuer (reservieren!). Einige sind zudem auf Gerichte, die Fisch und/oder Fleisch nachahmen, spezialisiert. Bei einer Tempelübernachtung bekommt man in der Regel (sehr gutes) veganes Essen.

Außer den buddhistischen veganen Restaurants finden sich vor allem in den größeren Städten **ökologisch-vegetarische Restaurants**, die oft auch vegane oder makrobiotische Gerichte anbieten. Indische Restaurants haben ebenfalls immer einige vegetarische Gerichte zur Auswahl.

Typische vegetarische oder vegane Gerichte in normalen japanischen Restaurants sind z. B. **vegetarische Sushi**, insbesondere *kappa-maki* (mit Gurke), *shinko-maki* (mit eingelegtem Rettich), *kanpyō-maki* (mit Trockenkürbis), *gobō-maki* (mit einer Wurzel), *umejiso-maki* (säuerlich, mit *umeboshi* und *shiso*). Ebenso sind manche **Tōfu-Gerichte** vegetarisch (z. B. *hiya-yakko,* kalter Tōfu). Auch da muss man beim Bestellen noch mal dazusagen, dass man keine Fischflocken *(katsuo-bushi)* möchte.

*Zaru-soba*, *tenpura*, *nattō*, *inari-zushi*, viele Udon- und Soba-Spezialitäten und einige Gemüsegerichte (z. B. *hōrenso-no-goma-ae*) sind grundsätzlich vegetarisch, enthalten aber oft kleine Mengen **Fischbrühe oder Fischextrakt** in der Soße. In Suppen wird oft eine Scheibe *kamaboko* serviert; nicht allen Japanern ist bewusst, dass es sich bei der weißen Schnitte um Fisch handelt. *Okonomiyaki* kann man auch ohne Fleischstückchen bzw. Oktopus bestellen.

Lebensmittelpackungen haben keine **Kennzeichnung** für Vegetarier. Bei den Inhaltsstoffen sind die Zeichen 肉 (Fleisch), 豚 (Schwein) und 魚 (Fisch, auch als Teil eines Zeichens) wichtige Indikatoren für nicht-vegetarische Inhalte. In Touristenorten gibt es inzwischen manchmal Halal-Kennzeichnungen für Muslime.

Hinweise für **Allergiker** nehmen zwar zu, sind aber selbst in großen Hotelrestaurants längst nicht üblich; das Stichwort Gluten (jap: *guruten*) wird aber verstanden.

### Eki-ben

Das *eki-ben* oder *„o-bentō* vom Bahnhof" ist eine japanische Institution. Traditionell gibt es an jedem (größeren) Bahnhof Lunchboxen mit einer besonderen regionalen Spezialität, die auch im Zug verkauft wird. Es gibt sogar spezielle Reiseführer für *eki-ben*.

## Getränke

### Tee und Kaffee

Japan ist ein typisches Tee-Land. **Grüner Tee** wird in vielen Gegenden Japans angebaut, und feine Qualitätsunterschiede werden streng registriert. Die Sorten unterscheiden sich deutlich: *Matcha*, der bittere grüne Tee, der zur Teezeremonie (S. 137) serviert wird, besteht aus einem feinen Pulver, das mit einem Bambusquirl aufgeschäumt wird. *Sencha* ist ein großblättrigerer grüner Tee. Außerdem gibt es zahlreiche Varianten von teils geröstetem, teils mit Getreide versetztem Tee: *bancha* (geröstet); *mugicha* (mit Weizen); *genmaicha* (mit Reis). Besonders magenschonend ist der etwas geröstete bräunliche *hōjicha*. Die verschiedenen Teesorten erhält man fast alle auch kalt, fertig abgefüllt als Softdrinks.

**Kaffee** ist oft ein dünner „Americano", Nescafé oder auch stark gesüßter „Iced Coffee". Zunehmend gibt es aber auch Läden, die sich auf edle „Single Origin"-Kaffees spezialisiert haben.

### Softdrinks

Außer Tee, Wasser und Cola sind zahlreiche Varianten von süßen Limonaden und milchbasier-

In der Küche von Okinawa sind auch amerikanische Einflüsse bedeutend.

ten Softdrinks wie Calpis erhältlich. Dosenautomaten gibt es überall, sogar auf der Spitze des Fuji-san. Umweltfreundlich sind sie allerdings nicht.

## Sake

Japans berühmtestes Getränk ist Sake. Für die Herstellung wird Reis mit *koji*, einem Starterpilz, gedämpft und dann mit Hilfe von Hefe eine Gärung in Gang gesetzt. So wandelt sich die Stärke aus dem Reis mithilfe des *koji* erst in Zucker und dann in Alkohol um. In vielen Orten, besonders in den Bergen, wird immer noch in kleinen Brauereien Sake hergestellt – heute gibt es noch etwa 2000 Sake-Brauereien in Japan. Der Brauprozess ist auf den Winter beschränkt, dann kann man manchmal bei der Herstellung zusehen. Bei traditionellen Sake-Brauereien hängt über der Tür eine große Kugel aus Zedernzweigen. Sake wird normalerweise in kleinen Fläschchen (1 *gō* = 180 ml) serviert und aus schnapsglasgroßen Schalen getrunken. Die meisten Arten von Sake werden kalt getrunken, aber manchmal, vor allem im Winter oder bei billigeren Sorten, wird Sake auch leicht erwärmt. Der Alkoholgehalt liegt bei 15–18 %.

Weitere Informationen zum Sake bietet die japanische Brauereivereinigung: 💻 www.japansake.or.jp/sake/english.

## Bier

Das populärste alkoholische Getränk in Japan ist Bier, das manchmal in großen Flaschen für die Tischrunde bestellt und aus kleinen Gläsern getrunken wird. Höflich ist es, anderen nachzugießen, ehe deren Glas leer ist. Es gibt zwar einige Mikrobrauereien, aber das weitaus meiste Bier wird von wenigen großen Firmen hergestellt: Asahi, Ebisu, Kirin, Suntory. Den deutschen Geschmack treffen Asahi und Ebisu, die nur Hopfen, Malz und Wasser enthalten. Anderen Bieren ist oft Mais oder Reis zugesetzt. Es gibt auch diverse Light-Varianten mit weniger Alkohol und/oder weniger Kalorien, und auch Biere ganz ohne Kalorien und Alkohol. Wer gern etwas ausprobieren möchte, sollte nach dem Orion-Bier aus Okinawa oder dem Yona Ale aus Nagano Ausschau halten.

In Japan darf man erst mit 20 Jahren Alkohol kaufen und konsumieren. Im *konbini* muss man das beim Alkoholkauf über eine Taste bestätigen. Kontrolliert wird das aber in der Regel nicht.

### Andere alkoholische Getränke

Neben Sake wird aus Reis auch **Schnaps** gebrannt: Shōchū hat sich in den letzten Jahren von einem Altmännertrunk zu einem durchaus gesellschaftsfähigen Getränk entwickelt. Beliebt sind auch Mixgetränke mit Shōchū. In manchen Gegenden wird Shōchū aus Getreide oder Kartoffeln hergestellt (S. 576); in Okinawa heißt der Reisschnaps Awamori (S. 592). Mixgetränke mit Sake oder Shōchū heißen *-sawā* bzw. *-hai*, z. B. *remon-sawā* (Sake mit Zitrone und Wasser).

Der bekannteste **Likör** ist *umeshū*, ein sehr süffiger Pflaumenlikör.

Japanischer **Whisky** wird zwar „erst" seit 100 Jahren produziert, einige Sorten wie *Suntory Hibiki 30 Jahre* oder *Suntory Yamazaki 25 Jahre* zählen inzwischen aber zu den besten der Welt und sind dementsprechend teuer und begehrt.

# Fair reisen

Reisende sind im Gastland nicht bloß unbeteiligte Zuschauer. Ihr Verhalten hat Auswirkungen auf die Umwelt und die besuchten Menschen. So verbrauchen Touristen zum Beispiel mehr Energie und produzieren mehr $CO^2$ und Müll. In ländlichen Gebieten wie auch in Städten verändern sich die Strukturen durch viele Fremde (dazu gehören natürlich auch japanische und andere asiatische Touristen): Kann man weiterhin das Haus unabgeschlossen lassen? Wird benötigter Wohnraum in Airbnb-Wohnungen umgewandelt?

Natürlich hat der Tourismus auch viele gute Seiten: Er schafft Arbeitsplätze auch in ansonsten strukturschwachen Regionen. Er regt lokale Investitionen an, verbindet Kulturen. Außerdem werden Naturräume und Traditionen geschützt, die ohne ihn vermutlich längst verschwunden wären. Wer mit Herz und Verstand reist, kann also einiges bewirken. Anregungen gibt es in diesem Buch und bei den folgenden Initiativen:
**Fair unterwegs**, www.fairunterwegs.org,
**Tourism Watch**, www.tourism-watch.de.

Es lohnt sich auch, unsere Website www.stefan-loose.de/fair-gruen zu besuchen und auf den verlinkten Seiten zu stöbern.

### Fair und grün – gewusst wo

Ein Restaurant, das Bioküche serviert. Ein Hotel, das Sonnenenergie nutzt und den Müll recycelt. Ein Laden, der Behinderten Arbeit gibt. Immer mehr Anbieter in Japan fühlen sich dem Thema Nachhaltigkeit verpflichtet. Sie sind in diesem Buch mit einem Baum-Symbol gekennzeichnet.

## Stichwort Umweltschutz

Nicht alles geht wie zu Hause, aber es hilft schon mal, wenn man das Umweltbewusstsein im Urlaub nicht abschaltet.

**Nachhaltige Unterkünfte:** Unter dem Label „Sakura Quality" werden in Japan seit 2023 nachhaltige und umweltfreundliche Hotels in mehreren Kategorien zertifiziert. Das Interesse der Hotels ist groß, jedoch dauert es einige Zeit, die Zertifizierungen vorzunehmen. Eine Liste der zertifizierten Unterkünfte findet sich unter www.sakurastay.com/en/stay. Insgesamt wird auch in Japan zunehmend Wert auf Nachhaltigkeit und Umwelt gelegt, z. B. durch die Benutzung von Energiesparlampen oder Aufforderungen an die Gäste, Handtücher mehrfach zu benutzen oder das Toilettenpapier bis zum Ende aufzubrauchen, statt immer eine neue Rolle anzufangen. Diese Aspekte werden oft sehr plakativ beworben (z. B. im Aufzug), vom Personal dann aber (bisher) wenig umgesetzt. Oder man bekommt als Dank dafür, auf die Einwegzahnbürste zu verzichten, viele Minipackungen Shampoo oder Duschgel. Als Gast kann man nur bei den Bemühungen mitmachen und ggf. auf dem Feedback-Formular zu mehr auffordern bzw. auf „kontraproduktive" Handhabungen hinweisen.

**Einkaufen:** Es ist keine große Sache, auf Plastiktüten zu verzichten, und ganz langsam verbreitet sich auch in Japan der Gedanke fairen Handels. Das Unternehmen People Tree hat sich ganz auf fair gehandelte Produkte spezialisiert.

**Essen:** Die Einwegstäbchen kann man reduzieren, indem man sein eigenes Paar mitbringt.

In Restaurants stammen Eier meist aus Käfighaltung und nur das teuerste Fleisch ist von glücklichen Rindern – da ist weniger mehr.

**Getränke:** Japan ist das Königreich der Dosenautomaten. Das ist im schwülheißen Sommer zwar angenehm für Reisende, aber diese Automaten verbrauchen auch wahnwitzig viel Energie. Man sollte also auch mal größere Flaschen (= weniger Plastik pro Liter) im Laden kaufen und umfüllen; sehr wenige Hotels haben bisher Trinkwasserspender. In vielen Gegenden, v. a. in den Bergen, schmeckt auch das Leitungswasser sehr gut. Trinken kann man das Leitungswasser überall.

**Energie:** Im Hotelzimmer läuft meistens schon die Klimaanlage – man sollte sich angewöhnen, sie sofort auszuschalten, wenn sie nicht wirklich gebraucht wird. Auch der Kühlschrank oder die beheizte Klobrille können vielleicht ausgeschaltet werden.

**Transport:** Inlandflüge lassen sich oft durch eine, meist nur wenig längere Zugfahrt ersetzen. In vielen Städten kann man sich (oft billig oder sogar umsonst) Fahrräder leihen: Das spart Bus- und Taxifahrten, macht Spaß und setzt Zeichen.

## Mensch im Fokus

**Respektvoll miteinander umgehen**, klar, aber nicht jedes Fettnäpfchen ist auf Anhieb zu erkennen. Tipps zur Etikette und zum Verhalten an Schrein und Tempel gibt es auf S. 127.

**Rücksicht** ist Trumpf in Japan, schon wegen des dichten Zusammenlebens.

Es gibt keine Bettler (außer gelegentliche Bettelmönche), aber das **soziale Gefälle** ist ähnlich wie in Deutschland. Die meisten Obdachlosen sind nicht alkoholabhängig, z. T. wohnen sie in ziemlich geordneten Siedlungen aus Kartons und Plastikplanen, etwa an Flussufern. Viel tun kann man als Tourist nicht: mal im Dorfladen in strukturschwachen Gebieten etwas einkaufen, öffentliche Verkehrsmittel benutzen (damit sich die seltene Busverbindung weiterhin rentiert) …

Beim **Forum anders reisen**, 💻 www.forumandersreisen.de, werden manchmal auch für Japan organisierte Reisen aufgelistet, die Standards für nachhaltiges Reisen einhalten.

# Feste und Feiertage

## Staatliche Feiertage

An den staatlichen Feiertagen sind Banken und öffentliche Institutionen sowie Schulen und die meisten Büros geschlossen. Läden und Kaufhäuser dagegen haben geöffnet. Allgemein gilt: Fällt ein staatlicher Feiertag auf einen Sonntag, dann ist der darauffolgende Montag ebenfalls frei. Fällt der Feiertag auf einen Montag, schließen Einrichtungen, die montags nicht geöffnet sind, am folgenden Dienstag. Es empfiehlt sich aber, das von Fall zu Fall zu prüfen.

### 1.1.: Neujahr (O-shōgatsu)

Neujahr ist das wichtigste Fest in Japan und dauert de facto wesentlich länger an: Behörden und Banken sind bis zum 3. Januar geschlossen, Läden und Firmen manchmal noch länger, und man sollte sich auch nicht darauf verlassen, am 31. Dezember noch Bankgeschäfte erledigen zu können. Die Schließzeiten der Geldautomaten (z. B. ab 31.12., 20 Uhr) werden vorher an den Automaten ausgehängt. Zu Neujahr fahren die meisten Leute „nach Hause", also in vielen Fällen zu den Eltern aufs Land; entsprechend überfüllt sind die Züge. Man geht traditionell zum „Ersten Besuch" *(hatsumōde)* am **Shintō-Schrein**. An großen Shintō-Schreinen drängen sich vom Abend des 31. Dezembers an enorme Menschenmassen, so kommen zum Meiji-Schrein in Tōkyō an den ersten drei Tagen des Jahres drei bis vier Millionen Menschen. Anders als bei uns wird der Jahreswechsel aber nicht mit Raketen und Böllern eingeleitet.

**Neujahrskarten** *(nengajō)* sind noch wichtiger als Weihnachtskarten in Europa. Sie sind auf den 1.1. datiert und werden gebündelt am Neujahrstag ausgeliefert.

### 2. Montag im Januar: Tag der Erwachsenen (Seijin no hi)

Der Volljährigkeitstag für alle, die im vorausgegangenen Jahr volljährig wurden, wird immer am 2. Montag im Januar begangen. Die neuen Erwachsenen können an einer Zeremonie im Rathaus teilnehmen und erhalten ein kleines Geschenk von ihrer Stadtverwaltung (das gilt auch für gemeldete Ausländer, z. B. Austauschstudenten).

### 11.2.: Nationaler Gründungstag (Kenkoku kinenbi)

Dieser Feiertag bezieht sich auf die legendäre Gründung des japanischen Kaiserreichs durch Jimmu Tennō 660 v. Chr. Die Datierung auf den 11. Februar ist fiktiv, der Feiertag selbst als nationalistisch umstritten. Er wurde erst 1872 eingeführt und war von 1948 bis 1966 abgeschafft.

### 21.3.: Frühlingsanfang (Shunbun no hi)

Der Tag hat vor allem beim buddhistischen Totengedenken Bedeutung. Viele Japaner besuchen an diesem Tag die Familiengräber.

### 23.2.: Geburtstag von Tennō Naruhito

Seit 1868 ist der Geburtstag des jeweils amtierenden Kaisers ein Feiertag.

### 29.4.–5.5.: Golden Week

Von Ende April bis Anfang Mai häufen sich vier Feiertage, die allgemein als zusammenhängende Ferienwoche genutzt werden. Die meisten Büros und viele kleinere Geschäfte schließen während der gesamten Zeit. Die Züge sind zu dieser Zeit sehr voll, Urlaubsziele ausgebucht, Flüge sehr teuer.

**29.4.: Tag des Shōwa** (Shōwa no hi): Bis zum Ende seiner Regierungszeit 1989 war der „Geburtstag des Shōwa-Tennō" ein Nationalfeiertag. Da man sich aber an die Golden Week gewöhnt hatte, wurde der Feiertag kurzerhand, im Gedenken an die Naturverbundenheit des verstorbenen Kaisers, in „Tag des Grüns" umbenannt. Seit 2007 heißt er wieder nach dem Shōwa Tennō.

**3.5. Verfassungstag** (Kenpō kinenbi): Dieser Tag erinnert an das Inkrafttreten der heutigen japanischen Verfassung am 3. Mai 1947.

**4.5. Tag des Grüns** (Midori no hi): Ursprünglich gar kein richtiger Feiertag, ist der 4. Mai seit Jahren de facto arbeitsfrei, weil er immer zwischen die anderen Feiertage der Golden Week fällt. 2007 wurde der „Tag des Grüns" vom 29.4. auf den 4.5. geschoben.

**5.5. Kindertag** (Kodomo no hi): Traditionell ist am 3. März Tag der Mädchen (s. u., Mädchentag) und am 5. Mai Tag der Jungen. Für die Jungen stellt man eine mittelalterliche Kriegerrüstung auf; außerdem werden vor dem Haus karpfenförmige Wimpel aufgezogen (theoretisch für jeden Jungen ein Karpfen). Seit 1948 ist der 5. Mai zum staatlichen Feiertag erhoben und gilt allgemein für alle Kinder.

### 3. Montag im Juli: Tag des Meeres (Umi no hi)

Offizieller Anlass dieses Feiertags ist eine Kreuzfahrt, die Kaiser Meiji 1876 auf dem Handelsschiff *Meiji-Maru* unternahm.

### 11. August: Tag der Berge (Yama no hi)

Erst 2016 eingeführter Feiertag, an dem die (im Shintō oft heiligen) Berge geehrt werden und Ausflügler die touristischen Bergdörfer besuchen sollen.

### 3. Montag im September: Tag der Achtung vor dem Alter (Keirō no hi)

Anlass dieses unauffälligen Feiertags ist das Inkrafttreten eines Wohlfahrtsgesetzes 1966.

### 23.9.: Herbstanfang (Shūbun no hi)

Ein ähnlicher Feiertag wie der Frühlingsanfang am 21. März.

### 2. Montag im Oktober: Tag des Sports (Taiiku no hi)

An diesem Tag finden viele Sportveranstaltungen und Turniere statt.

### 3.11.: Tag der Kultur (Bunka no hi)

Am Geburtstag des Kaisers Meiji (1868–1912) wird heutzutage der bedeutende japanische Kulturpreis (Bunka Kunshō) vergeben. Die Preisträger werden im Kaiserpalast vom Tennō empfangen; zugleich findet in Tōkyō ein Kunstfestival statt.

### 23.11.: Tag der Arbeit (Kinrō kansha no hi)

Eigentlich geht es um den Dank für die Arbeit bzw. Dank an die Arbeiter, insbesondere diejenigen, die den japanischen Wirtschaftsaufschwung in der Nachkriegszeit ermöglichten. Zugleich fungiert der Tag als eine Art Erntedanktag.

# Feste

## Setsubun

Zu den traditionellen Festen gehört das Setsubun am 3. Februar, eine Art Frühlingsfest mit Dämonenaustreibung – ein bisschen also dem europäischen Karneval verwandt. An manchen Schreinen gibt es Zeremonien, bei denen „Teufel" (in Grün oder Blau und mit langen Nasen) auftreten und johlend vertrieben werden. Man streut vor dem Haus Bohnen aus und ruft dazu „Teufel raus, Glück herein". Eine große *nattō-maki* (also eine mit vergorenen Bohnen gefüllte Sushi-Rolle) wird am Stück gemampft, was ebenfalls Glück bringen soll.

## Mädchentag (Hina Matsuri)

Am 3. März ist Mädchentag – so wie am 5. Mai eigentlich Jungentag ist. Ein paar Wochen vor dem Mädchentag stellen Familien mit Mädchen Puppenarrangements auf: Grundsätzlich präsentieren die Puppen einen kompletten kaiserlichen Hofstaat aus der Heian-Zeit. Die Puppen sind in prächtige Gewänder aus jener Epoche gekleidet und auf einer goldenen Treppe oder Stufenpyramide arrangiert. Sie können sehr kostbar sein und werden oft in der Familie weitervererbt. Natürlich gibt es auch billigere Varianten oder kleinere Versionen, die nur das Kaiserpaar darstellen. Die Mädchen dürfen (wenn überhaupt) nur am 3. März mit den Puppen spielen. Gleich danach wird die Pracht wieder weggeräumt – eine längere Präsentation würde als schlechtes Omen für eine schnelle Heirat gedeutet.

## Tanabata

Am Abend des 7. Juli wird das Sternenfest Tanabata gefeiert. Eine auf einer Sternenkonstellation (von Wega und Altair) beruhende Legende besagt, dass sich ein Liebespaar aus Weberin und Rinderhirte nur an diesem einen Tag im Jahr treffen könne. Zu Tanabata werden Bambuszweige aufgestellt, in die man Wunschzettel hängt.

## O-bon

Das buddhistische Totenfest *O-bon* findet meistens etwa Mitte August statt: nach dem Mondkalender am 15. Tag des 7. Mondmonats. Obwohl *O-bon* offiziell kein Feiertag ist, sind um diese Zeit viele (kleinere) Läden geschlossen, und viele Leute nehmen Urlaub, um die Familiengräber zu besuchen. Man stellt sich vor, dass die Toten für einige Tage in ihre Familie zurückkehren und an Familienfeiern und Dorffesten teilnehmen. In vielen Orten werden zum Abschluss von *O-bon* abends kleine Schiffchen mit Laternen den Fluss hinuntergeschickt. Jedes steht für eine tote Seele, die damit wieder zurück ins Totenreich fährt.

## Shichi-go-san

Am 15. November wird der Tag der „7-5-3"-Jährigen gefeiert: Eltern gehen (auch vorher schon) mit sieben- und dreijährigen Mädchen und fünfjährigen Jungen zur Segnung zum Schrein. Die Kinder sind sehr hübsch herausgeputzt und tragen Kimonos.

### Matsuri

Der Sommer ist in Japan Matsuri-Zeit. Der Begriff umfasst alle traditionellen Feste, meist mit Shintō-Hintergrund. In der Regel gehört zu einem Matsuri ein **festlicher Umzug** mit einem Trageschrein *(mikoshi)*, manchmal auch mit Festwagen. Die Leute aus der Nachbarschaft (und bei großen Matsuri auch Touristen) kommen in **traditioneller Kleidung** zum Fest, d. h. im Baumwoll-Yukata (für Frauen, seltener auch für Männer) oder auch im *jinbei* (für Männer; wie Bermudashorts mit Baumwolljäckchen). Oft gibt es **Tänze und Trommelvorführungen**; immer dabei sind **Stände** mit traditionellen Lebensmitteln und Vergnügungen: Raspeleis, *takoyaki, okonomiyaki.*

Viele Matsuri beinhalten ein großes **Feuerwerk** *(hanabi)*, wie z. B. das riesige Sumidagawa Hanabi in Tōkyō, oder **Umzüge in historischen Kostümen**. Zu den bekanntesten traditionellen Matsuri gehören das Gion Matsuri in Kyōto (S. 393), das Sanja Matsuri in Tōkyō (S. 166) und das Tanabata Matsuri in Sendai (S. 237). In den Wochen vor solchen Matsuri sieht man oft schon Trommlergruppen und Akrobaten auf der Straße üben.

### Weihnachten

Obwohl nur etwa ein Prozent der Bevölkerung Christen sind, ist Weihnachten in Japan doch in Form von Weihnachtsschmuck, Lichterglanz und Konsumaufforderungen präsent. Der 25. Dezember gilt als wichtiger Tag für Liebende – für ein Date sollte man dann ein festliches, teures Restaurant wählen und einen Platz reservieren.

# Fotografieren

Japan ist ein sehr fotografenfreundliches Land. Hobbyfotografen sind, mit mehreren Fotoapparaten und Stativen behängt, meist in Gruppen unterwegs; die „klassischen" **Fotostandorte** für jedes Sightseeing-Objekt lassen sich so sehr schnell feststellen. Oft sind sie auch schon auf Tafeln am Eingang der Sehenswürdigkeiten vermerkt.

**Personen** zu fotografieren, ist in der Regel in Japan kein Problem. Wer jemandem direkt ins Gesicht knipsen will, sollte aber natürlich trotzdem um Erlaubnis fragen. Meistens posieren die Leute dann erfreut. Wo das Fotografieren (oder Blitzlicht/Stativ) verboten ist, etwa in manchen Tempeln, in Museen oder bei Veranstaltungen, weisen Schilder darauf hin. Solche **Verbote** gelten für Kamera und Handy.

Die Auswahl an **Kamerazubehör** in Japan ist riesig – jedoch sind Objektive und dergleichen nicht oder nur unwesentlich billiger als in Deutschland. Bei teurem Equipment werden in Deutschland zusätzlich Zoll und Einfuhrumsatzsteuer fällig.

### Drohnen

Drohnen dürfen in Japan eingeführt und benutzt werden, müssen aber beim Verkehrsministerium registriert werden. Dies gilt für alle Drohnen, die mehr als 100 g wiegen. Das Prozedere ist auch auf Englisch möglich, 💻 www.mlit.go.jp/koku/drone/en. Auf der Website kann man sich auch über die genauen Sicherheitsabstände und Regeln für den Drohnenflug informieren. An vielen beliebten Sehenswürdigkeiten, beispielsweise in Kyōto, Tōkyō oder Hiroshima, sind Drohnen verboten.

# Frauen

Japan gehört zu den sichersten Ländern weltweit. Ob auf dem Land, im Nachtbus oder im Schwimmbad, es ist für Frauen immer möglich, sich auch allein angstfrei und normalerweise auch unbelästigt zu bewegen. Selbst Rotlichtviertel sind unproblematisch. In U-Bahnen gab es zur Stoßzeit allerdings immer mal wieder Probleme mit Grabschern (die sich aber meistens gegen japanische Frauen richteten); inzwischen haben viele Linien deshalb morgens einen speziellen Frauenwagen. Immer mehr Hotels bieten Frauenflure an.

Im Onsen und in anderen öffentlichen oder Gemeinschaftsbädern (z. B. im Ryokan) gibt es heute fast überall getrennte Bereiche für Frauen und Männer.

# Geld

## Landeswährung

Die japanische Währung ist der **Yen** (Währungszeichen: ¥). Im normalen Gebrauch gibt es keine Untereinheit. Die größte Banknote ist der 10 000-¥-Schein, außerdem gibt es Scheine zu 5000, 2000 (selten) und 1000 ¥. Münzen sind zu 1, 5, 10, 50, 100 und 500 ¥ im Umlauf. Die 5- und 50-¥-Münze haben ein Loch in der Mitte, die

### Sperrnummern

Die meisten Karten lassen sich über den **allgemeinen Sperrruf** ✆ +49 116 116 sperren. Ansonsten die kartenherausgebende Bank kontaktieren.

Die Kreditkartenfirmen haben auch eigene Servicenummern:

**American Express**, 💻 www.americanexpress.com, im Verlustfall ✆ +49 69 9797 1000.

**MasterCard**, 💻 www.mastercard. de, im Verlustfall ✆ +49 30 4050 4050.

**Visa**, 💻 www.visa.de, im Verlustfall ✆ 00531-11-1555 (in Japan).

| Wechselkurs | | | |
|---|---|---|---|
| 1 € | 159 ¥ | 100 ¥ | 0,63 € |
| 1 sFr | 168 ¥ | 100 ¥ | 0,60 sFr |

5-¥-Münze ist die ohne arabische Ziffer. Der seltene 2000-¥-Schein wird nicht in allen Läden und Automaten akzeptiert.

Auch kleine Einkäufe, wie Getränkedosen, lassen sich mit größeren Banknoten bezahlen. Die meisten Automaten (z. B. Fahrkarten- oder Dosenautomaten) akzeptieren Scheine und geben Rückgeld.

## Zahlungsmittel für die Reise

In Japan ist die Bezahlung mit Bargeld auch nach Corona noch recht verbreitet. Daneben sind Prepaid-Karten oder Zahlungssysteme, die über das Handy laufen, beliebt. Kreditkarten sind dagegen als Zahlungsmittel, vor allem in günstigeren Restaurants, weniger üblich als in Europa. Touristen sollten sich deshalb immer rechtzeitig mit Bargeld ausstatten.

### Bargeld

Bargeld kann in Banken (auch am Flughafen), im Hotel, an speziellen Geldwechselautomaten oder in vielen Discount-Ticket-Läden getauscht werden. Allerdings ist der Kurs beim Bargeldumtausch oft schlechter, u. U. fallen noch Umtauschgebühren an. Am besten nimmt man etwas Bargeld für den Notfall mit und zieht ansonsten Geld mit einer Kredit- oder Debitkarte aus dem Automaten.

### Kredit- und Debitkarten

Am weitesten verbreitet sind Visa-Karten, aber auch mit American Express, MasterCard oder Diners Card kann man im oberen Preisniveau bargeldlos bezahlen oder Bargeld abheben. **Geldautomaten** (ATM bzw. *cash corner*) sind relativ weit verbreitet. Man kann dort häufig, aber nicht immer (s. Kasten), auch mit Debitkarten mit Cirrus- oder Maestro-Symbol plus Geheimzahl Geld abheben. Umgerechnet wird zum Briefkurs; auch an den Automaten wird eine Gebühr für die Abhebung erhoben (meist 220 ¥ pro Abhebung). Je nach Hausbank können noch einmal zusätzliche Gebühren anfallen.

Hingegen wird die Karte nicht überall zum Bezahlen angenommen. In kleinen Lädchen oder vornehmen Ryokan oder Restaurants sollte man deshalb vorher fragen oder mit genügend Bargeld losgehen.

Japan ist zwar kein typisches Land für Kreditkartenbetrug, aber auch hier gelten die üblichen **Sicherheitsvorkehrungen**. Die Kreditkarte

#### Geldautomaten

Japanische Geldautomaten können für Besitzer ausländischer Bankkarten große Stressauslöser sein.

- Viele Automaten akzeptieren keine ausländischen Karten, auch wenn sie z. B. ein „Visa"-Symbol abbilden – das gilt dann nur für in Japan ausgestellte Visa-Karten.
- Die Geldautomaten haben „Öffnungszeiten". Je nach Bank und Automat funktionieren sie z. B. nach 20 Uhr oder am Wochenende nicht, oder es fallen noch zusätzliche Gebühren an. Manche geben zu bestimmten Zeiten nur Minimalbeträge aus, bei höheren Beträgen lautet dann die Fehlermeldung womöglich, die Karte sei ungültig.
- Die Automaten der japanischen Postbank und der Aeon-Bank (in manchen Supermärkten) sowie mehrerer *konbini*-Ketten (7-Eleven, Lawson, Family Mart) akzeptieren deutsche Kreditkarten, Postbank-Sparkarten und Karten mit Cirrus/Maestro-Symbol.
- Vor der Abreise sollte man sicherstellen, dass die Karte für Japan freigeschaltet ist bzw. dass der maximale Abhebebetrag den eigenen Reisebedürfnissen entspricht. In Japan liegt die Obergrenze bei Abhebungen mit ausländischen Karten meist bei 50 000 ¥ pro Tag, seltener auch bei 100 000 ¥.

sollte niemals in einem Safe, der auch anderen zugänglich ist, verwahrt werden. Verlust oder Diebstahl sind sofort zu melden, damit die Karte gesperrt werden kann.

Einige deutsche Banken (derzeit z. B. DKB und comdirect) bieten Visa-Karten an, mit denen man weltweit an allen Visa-Automaten **ohne Gebühren Geld abheben** kann. Angesichts der Gebührenersparnisse lohnt es sich für Leute, die viel im Ausland sind, sich um ein entsprechendes Konto zu bemühen.

# Gepäck und Ausrüstung

## Kleidung

Japaner mögen den Ruf haben, konform zu sein, aber sie sind, was Kleidung und Stil angeht, tolerant. Selbst äußerst ausgefallene Kleidung wird wenig Aufsehen erregen.

Da Japan sich weit in Nord-Süd-Richtung erstreckt und zudem Meer und Berge und ausgeprägte Jahreszeiten hat, hängt die mitzubringende Kleidung sehr vom Reiseziel, -zweck und -zeitpunkt ab (s. auch S. 38). In den beliebtesten Reisezeiten **Frühling und Herbst** ist relativ leichte Übergangskleidung angemessen: Meistens ist es etwas wärmer als zur gleichen Zeit in Europa, aber man sollte auch mit Kälteeinbrüchen rechnen. Ein abendliches Picknick unter Kirschblüten kann ziemlich kalt sein, und Ryokan sind meist nicht besonders gut geheizt. Im Frühling regnet es öfters, da sind Schirm und Regenjacke nützlich, außerdem entweder genügend Kleidung zum Wechseln oder ggf. auch schnell trocknende Outdoor-Stoffe. Noch mehr gilt dies für die **Regenzeit** (etwa Mitte Juni bis Mitte Juli).

Im **Sommer** wird es sehr heiß und schwül, entsprechend leicht sollte die Kleidung sein. Viele japanische Geschäftsleute bevorzugen Polyester, weil der Anzug auch nach der vollen U-Bahn noch irgendwie passabel aussieht. Im Hochsommer hat sich aber – um an den Klimaanlagen Energie zu sparen – eine Hemdsärmel-Politik durchgesetzt. Bürogebäude werden im Rahmen der „Coolbiz"-Kampagne nur noch auf 28 °C heruntergekühlt. Für Touristen, die sich auf weit über 30 °C Außentemperatur eingestellt haben, sind klimatisierte Gebäude oder Bahnen trotzdem riskant: Lieber ein Tuch oder eine leichte Jacke mitnehmen, als sich zu erkälten!

### Was nicht ins Gepäck muss

Außer in Hostels und manchen Minshuku gibt es in allen Unterkünften praktisch alles, was man für eine Übernachtung braucht: Handtücher, Seife, Shampoo, Fön, Rasierer, Bürste, Yukata oder Pyjama, Pantoffeln sowie Wasserkocher und Tee/Instantkaffee.

Im **Winter** fällt in vielen Regionen Schnee, und auch in den Bergen ist es wesentlich kälter. Dann sind wärmere Kleidungsstücke angemessen, gerade auch für Innenräume.

Bei Besichtigungen oder auch in Restaurants muss man oft die **Schuhe** ausziehen und manchmal durch Plastikpantoffeln ersetzen. Deshalb empfehlen sich Schuhe ohne umständliche Verschlüsse. Ein Paar (ggf. rutschfeste und warme) **Socken** im Tagesgepäck sind ebenfalls nützlich.

**Badekleidung** ist nur notwendig, wenn man ans Meer fährt oder explizit schwimmen gehen möchte. In Onsen wird – abgesehen von wenigen Erlebnisbädern – keine Badekleidung getragen.

Nur wer klein oder eher durchschnittlich groß ist, kann in Japan auch problemlos Kleidung einkaufen.

## Technische Ausrüstung

Außer für bestimmte Sportarten ist in Japan keine spezielle Ausrüstung (Wasserfilter etc.) erforderlich. Zudem ist alles, was man brauchen könnte, auch in Japan erhältlich.

Bei elektrischen Geräten (Fön, Zahnbürste) ist die unterschiedliche **Stromspannung** (100 V in Japan) zu beachten. Ladegeräte z. B. für Computer und Fotoapparate funktionieren in Japan mit einem Adapter (S. 70). Viele Hotels haben mittlerweile auch USB-Steckdosen, an denen das Handy ohne Adapter aufgeladen werden kann.

## Wäsche waschen

Hotelzimmer haben oft eine kleine Wäscheleine im Bad, Waschbecken und Badewanne verfügen über einen Stöpsel. Mal etwas im Zimmer auszuwaschen, ist auch in etwas teureren Hotels nicht unüblich. Natürlich sollte man so aber keine Großwäsche erledigen. Außerdem gibt es in den meisten Businesshotels und in allen Hostels preiswerte Münzwaschmaschinen, ansonsten ist der nächste Waschsalon nicht weit. Der Wäschedienst großer Hotels ist wesentlich teurer.

## Spezielle Sportausrüstung

Auf Okinawa sollte man auf jeden Fall einmal schnorcheln – das Meer bietet oft in Strandnähe eine Vielzahl bunter Fische. Wer keine eigene Brille dabeihat, kann **Schnorchel- und Tauchausrüstungen** dort überall in guter Qualität ausleihen.

**Kletterzubehör** kann man in Japan zwar kaufen, aber nirgends leihen. Fast überall ist ein 50-Meter-Seil ausreichend. Die Absicherungen sind in der Regel sehr gut. Die meisten Routen sind Sportkletterrouten mit Bohrhaken; ein Satz Klemmkeile ist für viele Routen nützlich.

Die Ausleihe von **Skiausrüstung** ist in den meisten Skigebieten unproblematisch, nur für große Größen fragt man lieber vorher an. Viele Wintersportorte verleihen auch Schneeschuhe, danach erkundigt man sich am besten in der örtlichen Touristeninformation.

Zum Wandern s. S. 76.

# Gesundheit

Für Japan sind keine speziellen **Impfungen** vorgeschrieben. Es wird auch kein Nachweis einer Corona-Impfung mehr verlangt. Die üblichen Impfungen gegen Diphtherie, Tetanus und Polio sind empfehlenswert.

Nur wer sich viel im Freien aufhält, sollte eine (mehrteilige) Impfung gegen die Japan-B-Enzephalitis (ähnlich wie FSME) in Erwägung ziehen und sich spätestens sechs Wochen vor Reiseantritt beraten lassen.

## Allergien

Im Frühling tragen viele Japaner Gesichtsmasken, um sich vor **Pollen** zu schützen. Der Wetterbericht gibt dann auch Pollenflugwarnungen heraus. Die am weitesten verbreitete Pollenallergie ist die auf Zedernpollen *(sugi)*, die durch Monokulturen enorm hohe Konzentrationen erreichen. Viele andere in Europa verbreitete Pollen stellen dagegen kein Problem dar. Luftverschmutzung ist normalerweise keine Ursache für Allergien, doch je nach Wetterlage kommt es in Westjapan (v. a. Kyūshū) manchmal zu hohen Feinstaubbelastungen, viel davon aus China.

Spezielle Produkte ohne **Gluten oder Laktose** sind noch selten, allerdings kommt beides in der japanischen Küche nur in recht geringem Maße vor. Achtung, Soba (Buchweizen-Nudeln) enthalten fast immer auch Weizenmehl).

## Hygiene

Die Hygienestandards in Japan sind hoch. Allerdings lassen sich angesichts der klimatischen Verhältnisse Schimmel und Ungeziefer nicht ganz vermeiden – **Kakerlaken** *(gokiburi)* kommen zuweilen in den besten Hotels vor.

Wegen des feuchtheißen Klimas und des häufigen Schuhausziehens ist **Fußpilz** *(mizumushi)* verbreitetet. Vorsicht also bei Plastikpantoffeln, ggf. bringt man lieber Socken oder eigene Pantoffeln mit. Im Notfall verkauft jede Apotheke effiziente Medikamente.

Obst und Gemüse, Eis und **Leitungswasser** sind grundsätzlich unbedenklich. In Großstädten wie Tōkyō oder Kyōto schmeckt das Wasser wegen der vielen Zusätze zwar oft miserabel, gesundheitsgefährdend ist es aber nie. Auch Quellwasser in den Bergen kann fast immer getrunken werden.

Die Verbreitung der traditionellen japanischen Hocktoiletten nimmt ab. Sie sind zwar hygienischer, werden aber auch von Japaner(innen) oft als unbequem empfunden. Öffentliche und kostenlose **Toiletten** gibt es überall reichlich. Meist ist mindestens eine westliche Schüssel mit Sitz dabei, und fast immer ist auch Klopapier vorhanden; anders als in manchen asiatischen Ländern kann es immer hinuntergespült werden. Vor allem auf einfacheren Toiletten gibt es oft keinen Händetrockner oder Handtücher. Es empfiehlt sich daher u. U., ein kleines Handtuch dabeizuhaben. Zu finden sind die Toiletten meistens leicht, weil sie entweder durch internationale blaue/rote Symbole oder mit „WC" ausgeschildert sind. Andere verbreitete Hinweisschilder sind:

- 女 / 女性 / 婦人 (für Damen)
- 男 / 男性 / 紳士 (für Herren)
- お手洗い (o-tearai)
- トイレ (toire).

Die passende Frage lautet „O-tearai wa?" („Die Toilette?").

## Medizinische Versorgung

Das japanische Gesundheitssystem ist trotz großer Niveau-Unterschiede zwischen öffentlichen Einrichtungen und Privatkliniken gut und zuverlässig. Eine Auslandskrankenversicherung ist wichtig, auch weil die Gebührenordnung eine andere ist und die Kosten daher schwer einzuschätzen sind. In allen Städten gibt es gute Krankenhäuser, Fachärzte und kleine Privatkliniken. Christliche Krankenhäuser haben oft mehr Erfahrung im Umgang mit Ausländern. In größeren Städten gibt es meist auch eine internationale Klinik oder ein Ärztezentrum mit Ärzten, die gut Englisch oder sogar Deutsch sprechen. Auch die meisten anderen Ärzte und Zahnärzte kennen viele deutsche Fachbegriffe. Im Notfall hilft das Hotel, einen passenden Arzt zu finden.

### Reiseapotheke

- ☐ **Antimykotikum** gegen Pilzinfektionen
- ☐ **Augentropfen** gegen Bindehautentzündung
- ☐ **Fieberthermometer**
- ☐ **Heftpflaster**
- ☐ **Ibuprofen** oder **Paracetamol** gegen Schmerzen und Fieber
- ☐ **Lärmstopp**
- ☐ **Loperamid** gegen akuten Durchfall
- ☐ Mittel gegen **Reisekrankheit**
- ☐ **Mückenschutz**
- ☐ **Sonnenschutz**
- ☐ **Wund- und Heilsalbe**
- ☐ **Coronatests** (sind in Japan erhältlich, aber recht teuer)

Wer regelmäßig Medikamente nehmen muss, sollte einen Vorrat mitbringen.

## Reiseapotheke

In die Reiseapotheke gehören neben den üblichen Mitteln für kleine Notfälle (Pflaster, Kopfschmerztabletten, Desinfektionsmittel) Sonnencreme und ein Mückenspray oder -stift. Der lange Flug und die Zeitumstellung können möglicherweise ein paar Tage lang zu Schlafstörun-

### Japanische High-Tech-Toiletten

Auf den ersten Blick wirkt das japanische „Washlet" wie ein ganz normales Klo, doch unter dem Deckel der High-Tech-Toilette steckt mehr. Die Temperatur der beheizten Klobrille lässt sich individuell regulieren. Eine eingebaute Bidet-Funktion, die sich zielgenau in der gewünschten Wasserstrahlstärke einstellen lässt, reinigt porentief, und ist das Geschäft erledigt, so schließt sich der Klodeckel lautlos wie von Geisterhand. Auf der Damentoilette in Kaufhäusern und öffentlichen Gebäuden sorgt die „Geräuschprinzessin" *(otohime)* für ein lautes Rauschen ähnlich der Toilettenspülung. Damit sollen eventuelle Körpergeräusche übertönt werden. Das japanische Washlet ist wohl der modernste Toilettentyp weltweit. Aber Vorsicht: Manchmal ist der Spülknopf leicht mit der Bidet-Taste oder dem Notruf zu verwechseln!

gen führen und ungewohntes Essen zu Verdauungsbeschwerden. Geeignete Medikamente sind aber, ebenso wie Tampons, leicht in Japan erhältlich, nur sind oft die Markennamen andere. Medizinische Masken sind in Japan aus verschiedenen Gründen weiterhin verbreitet und leicht erhältlich.

# Informationen

## Touristeninformation

**Japanische Fremdenverkehrszentrale**, Kaiserstr. 11, 60311 Frankfurt/Main, 069-20353, www.japan.travel/de/de/. Zentrale in Tōkyō S. 199.

In allen japanischen Städten gibt es eine **Touristeninformation** mit Broschüren und Stadtplänen (auf Englisch, seltener auf Deutsch).

## Websites und Apps

Die Homepage der japanischen Fremdenverkehrszentrale **JNTO**, https://www.japan.travel, hält umfangreiches Informationsmaterial zu verschiedenen Regionen und Themen bereit – u. a. gibt es dort ganze Broschüren als PDF.

Die meisten **Städte und Touristenziele** bieten ähnliche Informationen auf ihrer Homepage an, meist gibt es mindestens eine Seite auf Englisch, oft auch PDF-Material und Stadtpläne. Zahlreiche private und kommerzielle Seiten geben weitere touristische Informationen und Tipps.

Zudem haben das **Auswärtige Amt**, www.auswaertiges-amt.de, und die **Deutsche Botschaft**, www.japan.diplo.de, aktuelle Informationen zum Land, einschließlich Reisehinweisen und Wirtschaftszahlen.

### Karten

**Google Maps**, maps.google.com
Benutzt japanisches Kartenmaterial, aber mit vielen lateinischen Umschriften.
**Mapion**, www.mapion.co.jp
Nur auf Japanisch, dafür mit besonders vielen Features und Zusatzinformationen.
**OsmAnd**, https://osmand.net
Offline-Karten-App, auf OpenStreetMap basierend, Beschriftung nur wahlweise auf Japanisch oder in Umschrift.

### Leben in Japan

**Deutsche in Japan**, dinj.de
Mailingliste in Japan lebender Deutscher für Veranstaltungshinweise, Tipps zum Leben in Japan, manchmal auch Stellenangebote.

### Nachrichten

**Japan Today**, www.japantoday.com
Online-Nachrichtenportal.
**Japan Times**, www.japantimes.co.jp
Online-Ausgabe der englischsprachigen Zeitung.

### Sprache

**Wadoku**, www.wadoku.de
Deutsch-japanisches Wörterbuch mit Eingabe in lateinischer Schrift.
**Google Übersetzer**, App zum Übersetzen auch von gesprochenem, handschriftlichem und fotografiertem Text sowie Live-Videos. Für Japanisch-Englisch besser als für Deutsch.
**Yomichan**, https://foosoft.net
Browser-Erweiterung mit Pop-up-Übersetzung, besonders zum Lernen geeignet (mit Integration von Anki-Vokabelkarten).

### Statistiken und offizielle Informationen

**Statistikamt Japan**, www.stat.go.jp
**Web Japan**, www.web-japan.org
**Japanisches Außenministerium** (Ministry of Foreign Affairs), www.mofa.go.jp

### Transport

**JR (Japan Rail)**, 7 Regionalgesellschaften mit eigenen Seiten, wie JR East, www.jreast.co.jp, und JR Central, jr-central.co.jp.
Für die Fahrplanrecherche sind Seiten wie die folgende geeigneter:
**Japan Transit Planner**, https://world.jorudan.co.jp
Suchmaske für Zugverbindungen (inkl. Privat- und U-Bahnen), auch auf Englisch, mit Preisvergleich und einer speziellen JR-Pass-Suche.

**Suica Scanner App** (für Android), führt ein Logbuch über die IC-Cards wie Suica, Pasmo oder Icoca (s. S. 89, Transport) und zeigt natürlich auch das aktuelle Guthaben an.
**Go App**, eine von mehreren Taxi-Apps, die auch auf den meisten ausländischen Handys läuft.

### Unterkünfte

Zahlreiche Portale bieten Online-Buchungen für Unterkünfte in Japan auf Englisch, u. a.:
**Agoda**, 🖳 www.agoda.com
**AirBnB**, 🖳 www.airbnb.de, für Ferienwohnungen
**Booking**, 🖳 www.booking.com
**Hostel World**, 🖳 www.hostelworld.com
**Rakuten Travel**, 🖳 https://travel.rakuten.com (Englisch), 🖳 https://travel.rakuten.co.jp (Japanisch)
Die englische Seite hat weniger Angebote und manchmal technische Fehler; trotzdem einer der größten und günstigsten Anbieter.

Die folgenden Seiten sind auf die Vermittlung traditioneller Unterkünfte *(ryokan, minshuku)* spezialisiert:
**Japanese Guest Houses**, 🖳 www.japaneseguesthouses.com
**Japan Ryokan Association**, 🖳 www.ryokan.or.jp
**Japanese Inn Group**, 🖳 japaneseinngroup.com, Zusammenschluss überwiegend traditioneller Unterkünfte

### Wetter

**Japan Meteorological Agency**, 🖳 www.jma.go.jp
Auch Englisch, u. a. mit langfristigen Vorankündigungen der Kirschblüte.
**Weathernews**, 🖳 weathernews.jp
Auf Japanisch, mit Suchfunktion nach Postleitzahl.

### Sonstiges

**Line App**, ähnlich wie WhatsApp. Wird in Japan auch für Restaurantreservierungen, Kontakte mit Vermietungen oder für Mini-Websites benutzt.
**Outdoor-Aktivitäten**, 🖳 www.outdoorjapan.com
**Safety Tipps**, offizielle App für Erdbeben-, Wetter- und Vulkanwarnungen und ein paar andere Funktionen.
**Yurekuru Call**, App, die über Erdbeben informiert. Bei stärkeren Beben schickt die App eine Live-Warnung mit lautem Signalton.

## Kultur- und Wissenschaftsaustausch

Japan und Deutschland unterhalten heute umfangreiche Wirtschafts- und Wissenschaftsbeziehungen sowie einen Kultur- und Jugendaustausch. Eine Vielzahl von Organisationen und Institutionen in Deutschland und Japan belegen dies. Alle folgenden Institutionen haben eine öffentlich zugängliche Bibliothek und japanrelevante Veranstaltungen:

**Japanisch-Deutsches Zentrum Berlin**
Saargemünder Str. 2, 14195 Berlin, ✆ 030-839070, 🖳 www.jdzb.de

**Japanisches Kulturinstitut**
Universitätsstr. 98, 50674 Köln, ✆ 0221-940 5580, 🖳 https://co.jpf.go.jp

**DIJ Tōkyō** (Deutsches Institut für Japanstudien)
102-0094 Tōkyō, Chiyoda-ku, Kioi-chō 7-1, Jōchi Kioizaka Bldg. 2F, ✆ 03-3222-5077, 🖳 www.dijtokyo.org

**Goethe-Institut Tōkyō**
107-0052 Tōkyō, Minato-ku, Akasaka 7-5-56, ✆ 03-3584-3201, 🖳 www.goethe.de/ins/jp/de/sta/tok.html

**OAG** (Deutsche Gesellschaft für Natur- und Völkerkunde Ostasiens)
107-0052 Tōkyō, Minato-ku, Akasaka 7-5-56, ✆ 03-3582-7743, 🖳 www.oag.jp

## Landkarten und Stadtpläne

Eine gute Japan-Übersichtskarte und Stadtpläne für die größeren Städte werden umsonst in den Touristeninformationen bzw. über die Japanische Fremdenverkehrszentrale ausgegeben.

**GPS-Karten** japanischer Hersteller sind fast immer japanisch beschriftet (und laufen nicht auf westlichen Geräten). Auf Open-Street-Map-Daten basierende Gratis-Karten kann man z. B. über Open-MTB-Map herunterladen 🖳 www.openmtbmap.org (gratis, Spende erbeten). Bei

**Ticketkauf**

Die weitaus meisten Tickets bezahlt man vor Ort in bar, Reservierungssysteme oder Zeitslots gibt es eher selten. Bei einigen Attraktionen sind sie aber wichtig – ob Disneyland oder Universal Studios, Studio Ghibl oder Teamlab-Installation. Auch der Japan Railpass muss vorab gekauft sein, SIM-Karten, Router und Führerscheinübersetzung möchte man vielleicht schon arrangiert haben. Erste Anlaufstelle für einen Vorabkauf sollte immer die jeweilige Sehenswürdigkeit oder Organisation sein, auch um den regulären Preis zu kennen. Wenn der Kauf über diese Homepage aus dem Ausland schwierig ist, helfen internationale Portale und Anbieter weiter, z. B. Getyourguide.de, Klook.com oder Japan-Experience.com.

der Installation muss man sich für eine Ausgabesprache (Kanji oder Umschrift) entscheiden. **Karten-Apps** fürs Handy sind mit GPS und Offline-Nutzung am sinnvollsten.

# Jobben in Japan

Wegen des relativ niedrigen Lohnniveaus für ungelernte Jobs ohne Festanstellung ist Jobben in Japan kaum attraktiv. Eine nicht gerade einträgliche, aber interessante Möglichkeit, mit einem Job ins japanische Leben einzutauchen, ist das „Wwoofen". Die Abkürzung **WWOOF** steht für World Wide Opportunities on Organic Farms, eine weltweite Bewegung, die auch in Japan vertreten ist. Neben der Farmarbeit werden auch andere Tätigkeiten mit Öko-Bezug angeboten. Die Helfer erhalten für meist nicht besonders schwere Arbeit nur Kost und Logis und reichlich Gelegenheit zum Kulturaustausch, www.wwoofjapan.com.

Japan-Aufenthalte im Rahmen des **Freiwilligen Sozialen Jahres** werden kaum angeboten; suchen kann man u. a. bei www.ausland.org, www.afs.de, www.icja.de.

Wer unter 30 Jahre alt ist, kann auch ein **Working Holiday Visum** für ein Jahr beantragen.

# Kinder

Japan hat eine der niedrigsten Geburtenraten der Welt, und Kinder erhalten relativ viel Aufmerksamkeit. Traditionell sind Eltern und die meisten anderen Beteiligten bei kleinen Kindern sehr nachgiebig, denn spätestens ab der Schulzeit müssen sich die Kleinen in das rigorose Gesellschaftssystem einpassen. Auf Mütter mit kleinen Kindern wird ebenfalls viel Rücksicht genommen.

**Babywindeln und -nahrung** sind in allen Supermärkten, nicht aber in den *konbini* erhältlich. In den meisten öffentlichen Toiletten gibt es (auf der Damentoilette oder der oft vorhandenen Behinderten-/Multifunktionstoilette) einen **Wickeltisch und Kindersitze**. In etwas größeren Restaurants sind in der Regel ebenfalls Kindersitze vorhanden. Schnellzüge und Shinkansen haben oft einen *multipurpose room*, eine Kammer, die zum Stillen oder Windelnwechseln geeignet ist. Schlecht beraten ist man mit einem deutschen **Kinderwagen** oder selbst Buggy, denn oft gibt es an Bahnhöfen keine Fahrstühle und nur begrenzt Rolltreppen. Besser ist ein Tragegurt oder -tuch. In Kaufhäusern stehen oft Kinderwagen zur freien Nutzung bereit.

Viele **Unterkünfte** sind nicht auf Kinder eingestellt, weil die meisten Japaner nur kurz und dann edel in Urlaub fahren. Die erschwinglicheren Unterkünfte sind oft für Businessleute gedacht. Familien mit Kindern fahren eher auf Campingplätze oder in staatliche Unterkünfte wie Kyūkamura oder Kokuminshuku (S. 93). An Vergnügungen, die auch für Kinder gut geeignet sind, mangelt es dafür nicht. Diverse **Vergnügungsparks** (wie Tokyo Disneyland), Freilichtmuseen, Outdoor-Aktivitäten (von Schnorcheln bis Skifahren) und alle erdenklichen Schnupperkurse *(taiken)* können Kinder und Eltern auf Trab halten.

# LGBTQ+

Homosexualität ist in Japan nicht illegal, wird aber in der Öffentlichkeit weitgehend ignoriert. Es gibt praktisch keine Anerkennung gleichgeschlechtlicher Lebensgemeinschaften. Eine LGBTQ+-Szene gibt es nur in größeren Städten.

Sowohl für gemischt- als auch gleichgeschlechtliche Paare ist es eher unüblich, öffentlich Zuneigung zu zeigen; man muss aber nicht mit Anfeindungen rechnen. LGBTQ+-Reisende haben keine Einschränkungen, aber auch kein besonderes Willkommen zu erwarten.

Im Sommer findet in Tōkyō, Ōsaka, Sapporo und einigen anderen Städten eine **Gay Parade** statt. Im Vergleich zu CSD-Veranstaltungen in Europa sind diese Paraden eher zurückhaltend.

Im Juli läuft in Omote Sandō in **Tōkyō** das Tokyo Rainbow Reel – International Lesbian and Gay Film Festival. Die mehrtägige Veranstaltung zieht mehr Besucher an als die Parade. Informationen unter 💻 https://rainbowreeltokyo.com.

Das größte und offenste Szeneviertel ist Ni-chōme in Tōkyō. Hier konzentrieren sich in einem Block östlich von Shinjuku Kneipen, Clubs und Saunen. Gay Clubs sind z. B. Aisotope, 💻 https://aisotope-lounge.net, und The Annex, beide in Shinjuku Ni-chōme.

Seit 2003 ist es für **Transpersonen** möglich, den Geschlechtseintrag zu ändern, wenn bestimmte Voraussetzungen erfüllt sind. Insgesamt wird nicht-binäres Auftreten oder Aussehen in Japan eher toleriert (bzw. ignoriert).

# Maße und Elektrizität

In Japan werden **metrische Maßeinheiten** benutzt. Die Temperaturen werden in **Grad Celsius** gemessen.

Die **Wechselstromspannung** beträgt 100 Volt mit 50 Hz in Ostjapan und 60 Hz in Westjapan. Die **Stecker** sind zweipolige Flachstecker, Typ A, wie in den USA. Viele Hotels haben im Bad auch eine Steckdose für die runden Eurostecker Typ C, aber mit den etwas wuchtigeren Schuko-Steckern (Typ F) wird es schwieriger. Für Ladegeräte (Handy, Computer, Fotoapparat) genügt meist ein Reisestecker-Adapter bzw. haben viele Hotels USB-Anschlüsse. Andere Elektrogeräte würden einen Transformator auf 220 V erfordern und funktionieren sonst nicht richtig (gehen aber nicht kaputt).

# Medien

## Zeitungen und Zeitschriften

Die Auflagen der großen **überregionalen Zeitungen** sind mit jeweils mehreren Millionen im internationalen Vergleich enorm hoch – noch immer haben viele Japaner mindestens eine überregionale Zeitung und vielleicht noch eine lokale abonniert.

Die großen Zeitungen haben auch eine knappe englische Version: *The Japan News (Daily Yomiuri)*, *Asahi Shinbun* (in Kombination mit der *International New York Times*), *Mainichi Daily News*; außerdem gibt es die englischsprachige *Japan Times*.

Der japanische Zeitschriftenmarkt ist ebenfalls groß. Speziell für die ansässigen Ausländer werden in den größeren Städten **Zeitschriften auf Englisch**, u. a. mit Programmhinweisen, Ausgehtipps und Kleinanzeigen, herausgegeben (z. B. *Tokyo Weekender*, 💻 www.tokyoweekender.com, *Tokyo Notice Board*, 💻 www.tokyonoticeboard.co.jp, und *Metropolis*, 💻 https://metropolisjapan.com, für Tōkyō. Für Kyōto und Ōsaka gibt es die *Kansai Scene*, 💻 https://kansaiscene.com.

## Radio

In Japan gibt es mehrere Hundert Radiosender auf **UKW und Mittelwelle**. Der Mittelwellenbereich entspricht dem europäischen (530 bis 1600 kHz), der UKW-Bereich mit Frequenzen von 76 bis 90 MHz aber nicht. Mit ausländischen Geräten lassen sich also keine normalen UKW-Sender empfangen.

Die meisten japanischen Radiosender senden auf Japanisch, abgesehen von einigen lokalen englischsprachigen Sendern, die für die in Japan stationierten amerikanischen Soldaten gedacht sind.

Der staatliche Sender **NHK** unterhält mehrere Radioprogramme, darunter den Auslandssender Radio Japan mit Informationen auch auf Englisch (weitere Sprachen gibt es als Online-Livestream).

## Fernsehen

Sechs große, landesweite Sendeanstalten bieten eine Vielzahl an teils regionalen Programmen an. Der staatliche Fernsehsender **NHK** ist der größte und hat ein landesweit einheitliches Programm. Außerdem gibt es TV Asahi, TBS, Fuji TV, Nippon TV und TV Tokyo. Dazu kommen die Pay-TV-Sender Wowow und SkyPerfecTV.

Das **Programm** besteht größtenteils aus mehr oder weniger humoristischen Variety Shows, Zeichentrickserien und japanischen Fernsehserien *(dorama)*. Morgens haben alle Sender Nachrichtenshows, in denen ständig das Wetter eingeblendet wird. Manche Hotels haben Kabelfernsehen mit ausländischen Sendern, wie BBC und CNN, selten auch Satellitenfernsehen.

# Nationalparks und Reservate

Japan verfügt über 34 Nationalparks und zahlreiche Quasi-Nationalparks, Naturreservate und Präfektur-Schutzgebiete. Der größte Park ist mit über 2000 km² der **Daisetsuzan-Nationalpark** auf Hokkaidō (S. 287). Zwei weitere, der **Chūbu-Sangaku-Nationalpark** und der **Jōshin'etsu-Kōgen-Nationalpark**, erstrecken sich über fünf Präfekturen und fast die gesamten Nordalpen.

Vier Gebiete sind Unesco-Weltnaturerbe, nämlich die Halbinsel **Shiretoko** (S. 291) im äußersten Nordosten von Hokkaidō (mit Braunbären und Seevögeln sowie dem Kamuiwakka-Thermal-Wasserfall), die kleine, aber sehr hohe Insel **Yakushima** (S. 577) südlich von Kyūshū, wo dank eines einzigartigen Klimas viele ungewöhnliche Pflanzen wachsen, die Buchenwälder in **Shirakami Sanchi** (Tōhoku, S. 254) sowie die **Ogasawara-Inseln** rund 1000 km südlich von Tōkyō, auf denen es über 100 endemische Pflanzen- und 14 Tierarten gibt. Eine Übersicht über alle Nationalparks bietet das Umweltministerium unter 💻 www.env.go.jp/en/nature/nps/park.

In den Nationalparks ist wildes Zelten grundsätzlich verboten. Die meisten Parks sind recht gut erschlossen, es gibt ein Besucherzentrum, Infotafeln sowie Spazier- und Wanderwege. Durch die Parks und Reservate sollen die Flora und Fauna der betroffenen Gebiete geschützt werden, doch seltene Tierarten bekommen die Parkbesucher meist nicht zu sehen.

# Öffnungszeiten

Kleinere **Läden** sind täglich außer sonntags von 10 bis 20 oder 22 Uhr geöffnet, Kaufhäuser meist täglich 10–20 Uhr, Lebensmittelgeschäfte oft länger, seltener auch früher bzw. rund um die Uhr. Kaufhäuser, Buchläden etc. schließen in unregelmäßigen Abständen etwa einmal im Monat an einem Werktag; die Termine sind im Voraus angekündigt. *Konbini* (S. 46) sind rund um die Uhr und 365 Tage im Jahr geöffnet.

Die zauberhaften Wälder auf der Insel Yakushima stehen unter Naturschutz.

**Sehenswürdigkeiten** sind in der Regel von 10–17 Uhr geöffnet, letzter Einlass ist oft eine halbe Stunde vorher. Viele (staatliche und private) Museen sind montags geschlossen. Fällt ein Feiertag auf den Ruhetag der Sehenswürdigkeit, verschiebt sich der Schließtag meistens um einen Tag.

**Schreine und Tempel** sind oft rund um die Uhr zugänglich, aber die berühmteren, für die auch Eintrittsgelder erhoben werden, halten sich an ähnliche Öffnungszeiten wie Museen. Die umliegenden Andenkenläden und **Restaurants** schließen meistens ebenfalls gegen 17 oder 18 Uhr. In Restaurants muss die letzte Bestellung *(last order)* oft eine halbe Stunde vor der offiziellen Schließzeit erfolgen, manchmal noch früher.

Sehr viele Einrichtungen bleiben um den **Jahreswechsel** für mehrere Tage geschlossen (S. 59).

### Tätowierungen

Tätowierungen, insbesondere großformatige, assoziieren Japaner mit der Yakuza (S. 75) – deshalb verbieten sehr viele Schwimmbäder und Onsen pauschal den Zugang, wenn man ein Tattoo hat, zumindest theoretisch auch ein sehr kleines. Nur manchmal lässt es sich dezent mit Pflastern oder dem Handtuch verstecken. Und manche Ryokan-Zimmer haben nicht einmal eine Dusche, denn die Gäste gehen ja ins Onsen-Gemeinschaftsbad (Hotels auf Gruppenreisen sind üblicherweise mit Bad). Wichtig ist deshalb bei der individuellen Buchung von Onsen-Hotels: Gibt es ein „Familienbad", das man zur privaten Nutzung buchen kann?
Mehr dazu: 💻 www.japan.travel/de/de/guide/tatowierung-japan-onsen.
Eine Liste tattoofreundlicher Onsen findet sich auf Englisch unter 💻 https://tattoofriendlyjp.com.

## Onsen 温泉

Wohlfühl- und Gesundheitsurlaub gehört für Japaner seit Jahrhunderten zum Ferienprogramm, und viele Thermalbadeorte (Onsen) sind weithin bekannt (S. 26). Ins Onsen fahren v. a. Kurzurlauber für nur eine Nacht und lassen sich in einem guten traditionellen Hotel oder Ryokan richtig verwöhnen. Ein besonderes Erlebnis sind die Freiluftbäder *(rotenburo)*, am besten im Herbst oder Winter, wenn ringsum Schnee liegt oder man aus dem heißen Bad in herbstlich gefärbten Wald blickt. Bessere Hotels haben sowohl Innen- als auch Außenbecken. Normalerweise gibt es in solchen Unterkünften

### Verhalten im Onsen

Fast in jedem Onsen sind die Bereiche für Männer und Frauen deutlich voneinander getrennt. Hier weist ein farbiger Vorhang, blau für Männer (oft mit dem Aufdruck 男) und rot für Frauen (mit dem Aufdruck 女), auch Sprachunkundigen sicher den Weg.
In jedem Gemeinschaftsbad, im Onsen wie auch im städtischen Sentō (einem öffentlichen Bad ohne Thermalwasser), gelten feste **Verhaltensregeln**: In einem Vorraum ziehen sich die Besucher als Erstes ganz aus, auch die Pantoffeln/Badelatschen. Für die Kleidung gibt es Körbe, für Wertsachen Schließfächer. Höchstens mit einem kleinen Handtuch, das als Waschlappen benutzt werden kann, geht es dann in den gekachelten Baderaum, aber **nicht sofort in die Wasserbecken**! Erst setzt man sich auf einen kleinen Plastikhocker oder Holzschemel an einen der Wasserhähne bzw. an eine Dusche und wäscht sich gründlich. Mit dem kleinen Zuber aus Holz oder Plastik kann man sich das Wasser über den Kopf gießen. Das Waschen ist Teil des Badevergnügens und wird sehr ausgiebig gestaltet. Man plaudert dabei, und vielleicht rubbeln sich die Nachbarinnen gegenseitig den Rücken ab. Erst wer ganz sauber ist, steigt (nackt) vorsichtig in das Wasserbecken. Das Wasser ist meistens um 40 °C warm, manchmal noch heißer. Mitunter stehen im Vorraum noch Sessel oder Massagestühle, um sich nach dem Bad zu entspannen.

Das beste Badeerlebnis gibt es im *rotenburo*, dem Thermalbad im Freien.

für Männer und Frauen je ein großes Gemeinschaftsbad mit Thermalwasser, in besseren Ryokans oder großen Onsen-Hotels zusätzlich noch eine Dusche (mit normalem Wasser) im Zimmer.

In den großen Badeorten ist das städtische Thermalbad mit Tageseintritt eine kostengünstigere Alternative zur teuren Onsen-Übernachtung. Auch einige Hotels und Ryokans bieten auswärtigen Gästen die Möglichkeit, das Bad für ein paar Stunden zu nutzen *(hikaeri)*. Seltener sind regelrechte Onsen-Parks.

Eine praktische (aber nur japanische) Seite, um Onsen-Unterkünfte zu suchen und zu reservieren, ist **Yukoyuko**, 🖳 www.yukoyuko.net.

In Onsen-Hotels wird oft **Este** (von „Ästhetik") angeboten, der japanische Begriff für alle Arten von Schönheitspflege und Wellness, z. B. Massagen, Schlammbäder und Aromatherapie.

# Post

Die **Japanische Post**, 🖳 www.post.japanpost.jp/english, ist effizient und preiswert. Die Hauptpost befindet sich meist in Bahnhofsnähe, kleinere Postämter überall in der Stadt. Selbst in Dörfern gibt es eine Filiale. In der Post werden fast immer auch Umschläge und Schreibwaren verkauft. Die Briefkästen sind rot und haben einen Extraeinwurf für internationale Post und Expresssendungen. Standardbriefe (bis 25 g) nach Europa kosten 140 ¥, Postkarten 100 ¥.

Außer Postämtern verkaufen auch Souvenirgeschäfte, Hotels und *konbini* Briefmarken.

Zu erkennen sind Postämter und Briefmarkenverkaufsstellen am Post-Logo, einem roten T mit Doppelstrich (〒). Für die Postbank und die zugehörigen Automaten ist dieses Symbol manchmal in Grün mit einem Kleeblatt kombiniert.

Die normalen **Öffnungszeiten** sind Mo–Fr 9–17 Uhr; Geldautomaten sind separat und länger zugänglich (allerdings nicht unbedingt 24 Stunden). Die Hauptpostämter (in Großstädten mehrere) haben einen 24-Stunden-Schalter, an dem sich fast alle Postgeschäfte erledigen lassen.

**Private Paketdienste** *(takkyūbin)* sind in Japan eine verbreitete Alternative zur Post. Etliche Firmen wetteifern um Kunden und bieten allerlei Sonderdienstleistungen: von Übergrößen über besonders schnelle Beförderung bis zur Kühl-Lieferung. Sie holen Pakete auch zu Hause ab, ansonsten kann die Abgabe über die Büros der Firmen oder angeschlossene *konbini*-

### Postlagernde Sendungen

Wer z. B. für eine längere Wanderung nicht alles Gepäck herumtragen möchte, aber im Zielort keine Unterkunft gebucht hat, kann ein Päckchen (Karton in der Post erhältlich) postlagernd *(yūbintome)* vorausschicken. Nötig ist dafür die genaue Adresse des Postamts am Zielort, am besten mit Postleitzahl (im Internet recherchierbar, ggf. jemanden um Hilfe bitten). Dazu schreibt man seinen eigenen Namen und „Yūbinkyoku-tome". Am einfachsten ist es, die Anschrift zu fotografieren und am Empfangspostamt mit Ausweis vorzuzeigen, damit klar ist, was man da abholen will. Päckchen innerhalb Japans werden nach Größe (also nicht nach Gewicht) berechnet und sind sehr preiswert.

Ketten erfolgen; in Hotels liegen die Formulare oft schon im Zimmer aus. Beim Adressaten wird auf Wunsch zu bestimmten Uhrzeiten angeliefert: Auf jeden Fall muss man eine Telefonnummer angeben, z. B. die vom Hotel.

Mit *takkyūbin* kann man auch Gepäck vorausschicken, was für manche Zugstrecken wichtig ist. Ein Koffer kostet quer durch Japan je nach Größe ca. 2500–4000 ¥ und sollte am nächsten oder übernächsten Tag am Zielort sein; das genaue Datum und die Uhrzeit lassen sich auswählen. Gepäck kann auch zum Flughafen geschickt werden (2 Tage Lieferzeit). Hotels nehmen routinemäßig per *takkyūbin* geliefertes Gepäck für ihre Gäste in Empfang.

Zu den größten *takkyūbin*-Anbietern gehören **Yamato**, 💻 www.kuronekoyamato.co.jp, und **Sagawa Kyūbin**, 💻 www.sagawa-exp.co.jp. Unter 💻 www.shipping.jp lassen sich auf Japanisch die Angebote der Anbieter (einschließlich Post) für konkrete Sendungen vergleichen.

# Reiseveranstalter

Die meisten großen Reiseveranstalter haben eine Auswahl an Japanreisen, hauptsächlich im Frühling zur Kirschblüte und im Herbst zur Laubverfärbung, im Programm. Zu ihrem Angebot gehören manchmal neben Besichtigungs-, Studien- und Wanderreisen zwischen Tōkyō, Kyōto, Hiroshima und Nagasaki auch „Japan-Individuell-Reisen", bei denen die Reisenden zwar fast selbstständig das Land erkunden, aber sich besonders in der Hauptsaison die Flüge, Hotels etc. einfacher (und im Gruppentarif preiswerter) als Gruppenreise von den Profis buchen lassen. Eine gute Strategie ist es auch, an eine geführte Japanrundreise noch eine Woche „Japan auf eigene Faust" anzuhängen.

Die Japanische Fremdenverkehrszentrale, 💻 www.jnto.de, hält eine aktuelle **Liste mit spezialisierten Reisebüros** bereit.

Eine wachsende Zahl internationaler Unternehmen bietet auch **Kurzprogramme** zum „Land und Leute erleben", z. B. geführte Rundgänge oder Radtouren, Hausbesuche oder Kochen mit Einheimischen, meist jungen Leuten, die ihr Englisch ausprobieren wollen und dafür ein Taschengeld bekommen. Man sollte das Preis-Leistungs-Verhältnis im Einzelfall genau prüfen. Einige Veranstalter sind: 💻 www.getyourguide.com, 💻 www.japan-experience.de, 💻 https://experiences.travel.rakuten.co.

# Sicherheit

## Kriminalität

Die Kriminalität in Japan ist sehr gering; trotzdem sind Touristen immer ein beliebtes Ziel

### Notfallnummern

| | |
|---|---|
| **Polizei** | ✆ 110 |
| **Feuerwehr / Ambulanz** | ✆ 119 |
| **Japan Helpline** (englischer Notruf) | ✆ 0120-461-997 |
| **Sperrnummer** | ✆ +49 116 116 oder +49 30 40 50 40 50 |

Gilt für fast alle Bank- und Kreditkarten, Personalausweis, einige Mitarbeiterausweise und SIM-Karten. Für Debit-Karten muss man die Kontonummer durchgeben, für Kreditkarten nur Namen und ausstellende Bank.

## Verhalten bei Erdbeben

Die meisten der sehr häufig stattfindenden Erdbeben sind so schwach, dass man sie kaum oder gar nicht spürt, sondern nur mit hochsensiblen seismografischen Geräten feststellen kann. Bei wirklich starken Beben gilt:

- Offenes **Feuer** (Herd) löschen.
- Eine Tür oder ein Fenster als **Fluchtweg** öffnen, falls sich das Gebäude verschiebt und dann keine Tür mehr aufgeht.
- Den **Kopf schützen**: Unter einen Tisch kriechen, notfalls unter einen Türsturz, ins WC oder eine enge Kammer. Ein Sitzkissen über den Kopf halten.
- Keinesfalls einen **Fahrstuhl** benutzen.
- Nicht voreilig auf die **Straße** laufen: Besonders gefährlich sind fallende Dachziegel, zersplitternde Fensterscheiben, umstürzende Dosenautomaten und Blockstein-Mauern.
- **Autofahrer** müssen sofort am Straßenrand halten; ausgewiesene Notfallstraßen sind zu räumen. Wenn die Straße unbefahrbar wird, das Auto nicht abschließen und den Zündschlüssel unbedingt stecken lassen, damit Rettungsdienste es später ggf. bewegen können.
- Bei **Aufenthalt im Freien** schnellstmöglich einen freien Platz mit ausreichend Abstand zu Gebäuden, Straßenlampen, Versorgungsleitungen und Bäumen aufsuchen.
- **Am Strand oder in Küstennähe** begibt man sich wegen der Gefahr eines Tsunami rasch landeinwärts auf höheres Terrain und wartet dort die offizielle Tsunami-Entwarnung ab.

Japan hat viele aktive Vulkane. **Vulkanausbrüche** sind aber eher selten. Die Vulkane werden intensiv beobachtet, und gute Frühwarnsysteme führen ggf. zu einer schnellen Evakuierung. Riskanter sind die giftigen Gase, die mancherorts austreten. Wer in der Nähe von aktiven Vulkanen wandern gehen will, sollte sich vorher erkundigen, ob auf dem Weg derartige Gefahren drohen.

für Taschendiebe. Trickdiebstähle sind selten, Raubüberfälle verschwindend gering.

Die **Yakuza** sind als japanische Mafia zwar weltweit bekannt, stellen für Touristen aber keine Gefahr dar. Es handelt sich um kriminelle Vereinigungen, die das Glücksspiel und Prostitutionsgewerbe kontrollieren. Ein weiterer „Geschäftszweig" sind Schutzgelderpressungen. Die Banden bekriegen sich z. T. gegenseitig.

## Verkehrssicherheit

Auch im Hinblick auf die Verkehrssicherheit ist Japan kein gefährliches Land. Die Unfallstatistiken unterscheiden sich nicht groß von europäischen. Der Verkehr in den Städten ist recht dicht, aber meist nicht schnell und auch nicht regellos. Da bei Unfällen häufig nach dem Grundsatz verfahren wird, dass der Stärkere oder Schnellere Schuld hat, fahren die meisten Autofahrer einigermaßen vorsichtig. Nur der **Linksverkehr** ist für Menschen aus Kontinentaleuropa etwas gewöhnungsbedürftig; Ampeln sind oft auf der jenseitigen Seite der Kreuzung angebracht. Problematisch ist auch, dass es in den vielen engen Straßen kaum Bürgersteige gibt, sondern in den Städten oft nur weiß markierte Seitenstreifen. **Radfahrer** fahren, wo es ihnen gerade praktisch erscheint, auf der Straße oder auf dem Gehweg, links oder rechts. Telefonieren ist im Auto (aber nicht auf dem Fahrrad) verboten.

**Sicherheitsgurte** sind grundsätzlich auf allen Sitzen von Pkw verpflichtend, auf Schnellstraßen auch in Bussen.

Die **Sicherheitsstandards** sind im Allgemeinen sehr hoch. Technische Defekte an Zügen sind gering, und Züge und Streckennetz werden gut gewartet.

## Tiere

Die meisten Touristen bewegen sich hauptsächlich in städtischen Regionen und begegnen dort keinen wilden Tieren. **Insekten** dagegen können auch in den Städten ein lästiges Problem sein. Mücken übertragen in Japan weder Malaria noch Dengue-Fieber, allerdings (in ländlichen Gebieten) die Japanische Enzephalitis.

In den Bergen gibt es wilde **Affen**. Besonders in touristischen Gebieten wie Nikkō leben Horden japanischer Makaken, die an Touristen gewöhnt sind und durchaus zutraulich näherkommen. In Taschen vermuten sie Essbares – Plastiktüten, Handtaschen und locker geschwenkte Fotoapparate werden schnell entwendet. Manchmal werden die Tiere aggressiv. Auch **Milane** und die **Rehe** in Miyajima und Nara schnappen nach Essen.

Wer in den Bergen wandern geht, sollte außerdem auf **Bären** achten und ggf. eine Bärenglocke mitnehmen. Nicht nur auf Hokkaidō, sondern auch in vielen Regionen Honshūs, leben Braun- und Kragenbären, und es kommt zuweilen zu (manchmal sogar tödlichen) Unfällen.

Giftige **Schlangen** stellen in den meisten Regionen kein relevantes Problem dar (s. Kasten S. 587).

## Erdbeben, Taifune und Vulkanausbrüche

In Japan gibt es häufig **Erdbeben**. Das richtige Verhalten bei einem Erdbeben wird in Schulen und Firmen und auf „Erdbebentagen" regelmäßig geübt (s. Kasten S. 75).

Die größte Gefahr besteht dabei einerseits im Ausbrechen von **Feuern**, andererseits in **Tsunami** (Flutwellen), die nach Seebeben im gesamten Pazifik entstehen können. Diese Gefahr besteht vor allem auf der Pazifikseite. Bei der Tsunami-Katastrophe von 2011, der über 18 000 Menschen zum Opfer fielen (einschließlich Vermissten), waren die Brandungswellen mehrere Meter, an einigen Stellen wohl über 30 m hoch. Tief liegende Küstengebiete können also komplett überschwemmt werden. Eigentlich gibt es in Japan ein sehr gutes **Frühwarnsystem**. Das Meteorologische Amt, 🖳 www.jma.go.jp/en/tsunami, gibt Informationen und Frühwarnungen aus, die schon wenige Minuten nach dem auslösenden Seebeben über Medien oder kommunale Lautsprechersysteme verbreitet werden können – in den meisten Fällen also rechtzeitig vor der Welle. Je nachdem, wie weit das eigentliche Seebeben von der Küste entfernt ist, bleiben Minuten oder Stunden für Evakuierungen. Nach der Katastrophe von 2011 wurden u. a. an allen Briefkästen Hinweise über die Höhe über dem Meeresspiegel angebracht. In Küstengebieten finden sich auch überall Hinweisschilder (mit dem Logo einer großen Welle) zu sicheren hochgelegenen Orten, an die man fliehen kann.

Im Spätsommer können **Taifune** den Verkehr v. a. im Süden lahmlegen. Bei Flügen nach Okinawa müssen Reisende im Sommer damit rechnen, dass sich wegen eines Taifuns der Rückflug verzögert – die Fluggesellschaften erkennen das bei direkten Anschlussflügen an, trotzdem ist es sinnvoll, nicht zu knapp zu planen.

# Sport und Aktivitäten

## Baseball

Die beliebteste Zuschauersportart in Japan ist Baseball *(yakyū)*. Der Sport kam im 19. Jh. wie viele andere westliche Einflüsse aus den USA nach Japan und erreichte – eher zufällig – eine Popularität, die der von Fußball in Europa gleichkommt. Es ist nicht schwierig, Turniere zu sehen, entweder der großen Teams, die meist die Namen von Firmen und einem Tier (wie Hanshin Tigers oder Seibu Lions) tragen, oder derjenigen von Universitäten oder lokalen Oberschulen.

Die Profis spielen in zwei **Ligen** (der Central und der Pacific League); die Saison dauert von April bis September. Am Saisonende spielen die besten Mannschaften beider Ligen in der **Nihon Series** gegeneinander.

## Bergwandern und Trekking

Wandern ist ein sehr beliebtes Hobby, das Tausende von Japanern – meist Senioren in straff organisierten Gruppen – an Sommerwochenenden in die Berge treibt. Je nach Jahreszeit suchen sie Wege aus, an denen gerade bestimmte Blumen blühen oder die für ihre herbstliche Laubfärbung berühmt sind. Die leichteren Wege sind oft dementsprechend überlaufen, und Hobbyfotografen wuchten riesige Objektive durchs Blumenmeer. Ein Erlebnis also, wenn auch kein ausschließliches Naturerlebnis.

Japans Berge überzieht ein riesiges, gut ausgebautes Wanderwegenetz. Die **Japanischen Alpen** fangen gleich hinter den Ballungsräumen der Kantō-Ebene an – selbst im Stadtgebiet der (Hafen-) Metropole Tōkyō gibt es einen über 2000 m hohen Berg, den Kumotori-san.

Zu den beliebtesten Wandergebieten, die von Tōkyō aus in Tagesausflügen zu erreichen sind, gehören die niedrigeren Berge von Okutama und die Berge um den Fuji-san in den südlichen Alpen. In den nördlichen Alpen um Matsumoto sind die Berge höher und felsiger, dafür dauert die Anfahrt etwas länger. Die Wandersaison beginnt dort erst im Juli.

Auch auf **Hokkaidō** kann man gut wandern; dort bieten wegen des nördlicheren Klimas auch die 2000er bereits eine Hochgebirgsflora.

## Japans 100 berühmte Berge

Bereits in der Edo-Zeit existierte eine Liste von damals nur 90 als besonders schön gerühmten Bergen. Allerdings waren einige davon eher Hügel, und so stellte der Alpinist Fukuda Kyūya 1963 eine neue Liste von 100 berühmten Bergen zusammen, in der er Berge unter 1500 m ausschloss. Berühmt wurde diese Liste aber erst, als der heutige Tennō Naruhito sie lobend erwähnte. Heute ist die Liste so bekannt, dass auch auf den Wanderkarten die entsprechenden Berge als *hyakumeizan* („100 berühmte Berge") eingezeichnet sind. Viele Bergfreunde haben es sich zum Ziel gesetzt, alle 100 Berge zu besteigen. Die 100 Berge sind alle für „normale" Bergwanderer erschlossen – manche wurden dafür recht aufwendig mit Leitern und Seilen abgesichert. Der höchste der 100 berühmten Berge ist der Fuji-san; als der schwierigste gilt der Tsurugi-dake in den Nordalpen.

## Wandern auf Japanisch

| | | |
|---|---|---|
| 山 | *yama, -san* | Berg |
| 峰 | *-mine* | Berg |
| 岳 | *-dake* | Berg |
| 岩 | *iwa* | Fels |
| 滝 | *taki* | Wasserfall |
| 沢 | *zawa* | Bachlauf |
| 橋 | *hashi/bashi* | Brücke |
| 水 | *mizu* | Wasser |
| 休 | *yasumi* | Rastplatz (oft überdacht) |
| 急な坂 | *kyū na zaka* | steile Steigung |
| 謎 | *nazo* | schwierig zu findender Weg |
| 右 | *migi* | rechts |
| 左 | *hidari* | links |
| 小屋 | *koya* | Hütte |
| 非常小屋 | *hijō-goya* | Nothütte |
| 山荘 | *sansō* | Hütte |
| ロッジ | *lodge* | Hütte |
| 入浴可 | *nyūyoku-ka* | (öffentliches) Bad |

Kyūshūs höchster Berg, der 1935 m hohe Miyanoura-dake, liegt auf der vorgelagerten Insel **Yakushima**, die wegen ihres ungewöhnlichen Klimas und der alten Zedern Unesco-Weltnaturerbe ist (S. 577).

Viele Japaner orientieren sich bei der Wahl ihrer Wanderziele an den „100 berühmten Bergen" (*hyakumeizan*, s. Kasten).

### Wanderwege und -karten

Die **Wanderwege** sind durchgehend gut instandgehalten und ausgeschildert (auf Japanisch). Es gibt sowohl bewirtschaftete Hütten mit guten Betten und Halbpension als auch Schutzhütten, die gratis benutzt werden können. Meist befinden sich in der Nähe einfache Zeltplätze.

Gute **Wanderkarten** (auf Japanisch) sind in den Gebirgsdörfern selbst und in gut sortierten Buchläden erhältlich. Die Serie *Yama to Kōgen*

(„Berge und Hochebenen") deckt die meisten Wandergebiete ab. Die Karten sind im Maßstab 1:50 000 gehalten, kosten 1210 ¥ und werden regelmäßig neu aufgelegt (auch als App). Die Wanderrouten sind mit ungefähren Gehzeiten versehen (Berechnungsmaßstab dafür sind rüstige Senioren), Symbole weisen auf Wasserstellen und Schutzhütten hin; außerdem sind Telefonnummern von Unterkünften, Taxi- und Busunternehmen angegeben.

### Ausrüstung

Japanische Wanderer sind bedingungslose Gear-Fetischisten und ziehen auch auf leichte Wanderungen in voller Goretex-Montur und mit Gamaschen oder gar Eispickel und Seil los.

Davon muss man sich nicht anstecken lassen; zumindest für die Japanischen Alpen sind gute **Wanderschuhe** aber unabdingbar, denn viele Berge sind felsig und über der Baumgrenze haben die Wege oft versicherte Passagen. Da die Pfade oft steiler angelegt sind als in Europa, sind **Teleskopstöcke** für den Abstieg eine gute Idee. Für touristische Stege und Rundwege in Hochmooren etc. reichen leichte Schuhe mit rutschfester Sohle aber völlig aus. Für **Hochgebirgstouren** sind je nach Jahreszeit auch Steigeisen, Helme oder Eispickel erforderlich; diese können fast nie vor Ort ausgeliehen werden.

## Fußball

Seit der Fußballweltmeisterschaft 2002, die von Japan und Korea gemeinsam ausgerichtet wurde, hat Fußball in Japan mehr Anhänger gewonnen. Die japanische professionelle Liga, die **J-League**, gehört zu den stärksten in Asien. Seit 2006 konnte sich die japanische Mannschaft bei den Weltmeisterschaften qualifizieren, ist dann aber früh ausgeschieden. Dafür wurde die Frauenfußballmannschaft 2011 Weltmeister und kam bei der Asienmeisterschaft 2022 bis ins Halbfinale. Als Amateur- und Straßensport wird Fußball zwar zunehmend beliebter, erreicht aber beileibe nicht die Popularität wie in Europa, Südamerika und Afrika. Fußballspiele werden von den öffentlichen Sendern immer noch vergleichsweise selten übertragen.

Ein reizvolles Wanderziel auf Hokkaidō: der Fuppushi-dake im Shikotsu-Tōya-Nationalpark

## Joggen

Jogging ist eine beliebte Ausgleichssportart: Sehr viele Menschen nehmen an Marathonläufen teil, und „Pendler-Running" ist eine verbreitete Art, Lauftraining in einen dichten Tagesrhythmus einzubauen. Nach der Arbeit zieht man sich um und läuft vom Bahnhof oder direkt vom Büro nach Hause. Geeignete Laufstrecken in Städten finden sich oft entlang von Flüssen oder Kanälen oder auch in öffentlichen Parkanlagen. In Tōkyō gibt es einen Lauftreff für Ausländer, 💻 www.namban.org, und einen jährlichen Marathon (S. 199).

## Kajakfahren und Rafting

### Kajakfahren

Wegen der langen und an vielen Stellen sehr schönen Küste ist Japan für Seekajakfahrer interessant. Außerdem sind kurze Touren auf Seen und Flüssen möglich, allerdings sind die wenigsten Flüsse lang genug für eine ausgedehnte Paddeltour. Ausleihen kann man **Kajaks** fast nirgends. Auf manchen familienfreundlichen Seen gibt es einfache Freizeitkajaks zu leihen. Geführte Kajaktouren oder eintägige Kurse kosten ab etwa 10 000 ¥ pro Tag und Person. Auch für Anfänger mit ein paar Japanischkenntnissen sind sie eine gute Möglichkeit, sicher und mit gutem Material ins Kajakfahren hineinzuschnuppern. Auf Okinawa gibt es relativ viele Kajaktouren, die speziell für Anfänger konzipiert sind. Sie lassen sich kurzfristig und auch ab zwei Personen buchen und verwenden kentersichere Sit-on-Kajaks. In der Regel wird bei einer solchen Tour ein schöner Schnorchelplatz angefahren. Zum Ausprobieren sehr empfehlenswert.

### Rafting

Rafting ist auf mehreren Flüssen Japans möglich. Beliebt sind der Tone in der Nähe von Tōkyō, der Kisogawa in Chūbu (bei Inuyama), der Yoshino auf Shikoku und der Kumagawa in Kyūshū, aber auch in Nagano gibt es Raftingtouren. Anbieter lassen sich bei **Outdoor Japan**, 💻 www.outdoorjapan.com, finden oder sind in den jeweiligen Regionalkapiteln angegeben.

## Kampfsport

Die traditionellen Kampfsportarten wie Jūdō, Kendō, Karate und Aikidō sind aus dem „Weg des Kriegers", **Bushidō**, geboren und gehen da-

### Karate

Die japanische Kampfsporttechnik Karate kommt ursprünglich aus **Okinawa**. Dort wurden schon mindestens seit dem 15. Jh. zur Selbstverteidigung aus China stammende Nahkampftechniken praktiziert, die *tōde* genannt wurden, in etwa zu übersetzen als „chinesische Hand (-kampftechnik)". In China kamen bei solchen Kämpfen auch Stöcke oder andere Waffen zum Einsatz, da aber auf den Ryūkyū-Inseln das Tragen von Waffen verboten war, wurden die Techniken entsprechend abgewandelt. Nun konnte das Zeichen für „China" (唐) außer „tō" auch „kara" gelesen werden, und „kara" wiederum kann, mit einem anderen Zeichen (空) geschrieben, auch „leer" bedeuten. So entstand die Bezeichnung Karate-dō, der „Weg der leeren Hände", für die neue **waffenlose Kampftechnik**. Eine Sportart mit festen Regeln wurde daraus erst im 19. Jh.

Die Präfektur Okinawa versteht sich noch immer als Geburtsort des Karate. Hier sind mehrere Karate-Verbände ansässig, die sich rühmen, die „ursprüngliche" Form des Karate zu praktizieren. Regelmäßige Karate-Vorführungen für Touristen gibt es nicht. Auch Karate-Kurse und -Schnupperkurse lassen sich spontan kaum arrangieren. Wer Interesse hat, kümmert sich am besten schon vorher darum bzw. fragt in einem Dōjō zu Hause nach einem Kontakt in Japan bzw. Okinawa. Wer solchermaßen vorgestellt ist, wird meist sehr freundlich empfangen.

Erster Ansprechpartner in Okinawa ist **Okinawa Karate Kaikan**, Tomigusuku, Tomigusuku 863, 💻 https://karatekaikan.jp/en (Trainingseinrichtung südlich von Naha).

mit auf die Kriegerideale der Kamakura-Zeit (etwa 13. Jh.) zurück. Seit dieser Zeit nahm auch die damals neue buddhistische Richtung des Zen Einfluss auf die Kampfkünste, was sich noch heute in Zeremoniell und Geisteshaltung zeigt. Als Sportarten sind die Kampfkünste aber jüngeren Datums. **Karate** wurde ursprünglich aus China nach Okinawa und von dort nach Japan eingeführt. Auf dem Weg entwickelte es sich zu einer waffenlosen Kampftechnik (s. Kasten S. 79). Auch beim **Jūdō** und **Aikidō** geht es darum, den Gegner ohne Waffen zu besiegen: Mit Geschick wird die Kraft und Bewegungsenergie des Gegners umgelenkt und zum eigenen Vorteil genutzt. Beim **Kendō** dagegen schlagen die Kontrahenten in traditioneller Schutzkleidung mit Bambusstöcken aufeinander ein. Den Kampfsportarten gemeinsam ist der große Wert, der auf das Prozedere, Höflichkeitsformen und die Ehrerbietung gegenüber dem Lehrer gelegt wird.

In der Trainingshalle Budōkan in Tōkyō können manchmal Kämpfe angesehen werden. Wer bei Kampfsportarten mittrainieren möchte, fragt am besten schon im eigenen Dōjō zu Hause nach Kontaktadressen, um für eine reibungslose und freundliche Aufnahme zu sorgen.

Zu den traditionellen Kampfsportarten gehört eigentlich auch **Kyūdō**, die Kunst des Bogenschießens. Anders als (westliches) Sportbogenschießen wird Kyūdō mit alten Langbögen und in traditioneller Kleidung *(hakama)* ausgeübt.

Eine weitere im Westen eher unbekannte japanische Sportart ist das **Iaidō**, der „Weg des Schwertziehens". Beim Iaidō kämpft man nicht gegeneinander, sondern führt ein partnerloses Kata durch, eine Abfolge von festgelegten Bewegungsabläufen mit einem ungeschliffenen Schwert. Bereits während der Edo-Zeit wurde die Schwerttechnik nicht ausschließlich als Kampftechnik, sondern auch als Instrument zur geistigen Ausbildung angesehen. Mit der Meiji-Restauration wurde das öffentliche Tragen von Schwertern verboten.

## Klettern

Sportklettern ist auch in Japan beliebt. Der Schwerpunkt liegt auf kurzen Sportkletterrouten und Bouldern. Es gibt zahlreiche gute Klettergebiete, viele davon in der Umgebung von Tōkyō. Das japanische Klettermekka ist **Ogawayama**, einige Autostunden westlich von Tōkyō und mit öffentlichen Verkehrsmitteln relativ schlecht zu erreichen. Dort liegen verstreut um einen großen Campingplatz rund 700 Routen an Granitfelsen, darunter auch Mehrseillängen- und Boulder-Routen.

**Kletterhallen**, besonders in den größeren Städten, sind gut ausgestattet, normalerweise bis spät abends geöffnet und verleihen auch Schuhe und Gurte. Im angeschlossenen Shop kann man Ausrüstung und Topos kaufen oder nach Kletterpartnern suchen. Die meisten Kletterhallen haben große Boulderwände auch mit sehr leichten Routen: Bouldern ist als eigenständiger Sport recht verbreitet, nicht zuletzt, weil es im japanischen Arbeitsalltag nicht leicht ist, Verabredungen zum Klettern einzuhalten.

## Radfahren

Das Fahrrad ist zwar als *mama-chari* („Mama-Rad", ein niedriges, behäbiges Einkaufsrad) für Kurzstrecken weit verbreitet, aber gesonderte Radwege gibt es fast nirgends. Man fährt auf dem Bürgersteig, auf der Straße, eben da, wo gerade eine Lücke ist.

In ländlicheren Gebieten, vor allem in den Bergen, sieht man hin und wieder Rennradler. In den Bergen ist auch Mountainbiken möglich.

Eine Fahrradtour durch Japan empfiehlt sich nur bedingt, da über 80 % des Landes gebirgig sind. Immerhin, als ausländischer Radler wird man auf dem Land bestaunt und bekommt schnell Kontakt zu den Einheimischen. In etwas ländlicheren Regionen lassen sich gute Tagestouren per Rad einrichten. Auf Shikoku bewältigen immer mehr Pilger auf dem 88-Tempel-Weg (S. 500) die Inselumrundung per Rad. Und es gibt eine beliebte Radstrecke von Honshū über Brücken und Inseln in der Inlandsee hinüber nach Shikoku (s. Tour S. 478).

In den Großstädten verkaufen gute Fahrradfachgeschäfte **Zubehör** in ausgezeichneter Qualität – allerdings können große Räder ein Problem darstellen: So ist es oft schwierig, lange

Sattelstangen oder passende Schläuche für 28″-Reifen zu bekommen.

Fahrräder dürfen fast nie in **öffentlichen Verkehrsmitteln** mitgenommen werden, außer wenn sie in Transporttaschen verpackt sind oder zusammengeklappt werden können.

## Sumō

Der urjapanische Ringkampf Sumō bietet einen interessanten Kontrast zwischen shintō-inspiriertem Ritual und einem oft sehr kurzen Kampf. Der japanische Nationalsport wurde zu Beginn der Edo-Zeit eine professionelle Kampfsportart, aber die **Ursprünge** reichen viel weiter zurück. Ringkämpfe im Stil des Sumō soll es bereits vor 1500 Jahren gegeben haben. Die ersten Sumō-Turniere wurden zusammen mit Tänzen und Theatervorführungen rituell in Schreinen durchgeführt und sollten eine reiche Ernte sichern. Während der Nara-Zeit (8. Jh.) wurde Sumō am Kaiserhof eingeführt. Damals gab es ein jährliches Ringerfest mit Musik und Tanz, aber wenigen Regeln für den eigentlichen Kampf. Dieser war wohl eine Mischung aus Boxen und Ringen, fast alle Griffe waren erlaubt. Nach und nach wurden am Kaiserhof Regeln entwickelt, die bereits denen des heutigen Sumō glichen.

In der sehr militärisch ausgerichteten Kamakura-Zeit war Sumō als Nahkampfsport bei den Samurai beliebt und wurde dementsprechend gefördert. Jiu-Jitsu (Jūjutsu) entwickelte sich als eine Unterart des Sumō. Erst als mit der Machtübernahme durch die Tokugawa in der Edo-Zeit die Bürgerkriege abebbten und Japan einen jahrhundertelangen Frieden erlebte, wurde Sumō zum Zuschauersport mit festem Regelwerk. Auch die heutige Sumō-Vereinigung hat ihre Ursprünge in der Edo-Zeit.

Die **Nationalliga** ist aufgeteilt in zwei Gruppen, Ost und West. Sechs Mal im Jahr finden **Turniere** *(basho)* statt: Dabei tritt 15 Tage lang jeweils jeder Ringer aus der Ostgruppe gegen einen anderen der Westgruppe an. Sieger ist der Ringer mit den wenigsten Niederlagen. Die Rangnamen, wie Yokozuna (der höchste Titel), Ōzeki etc. werden von einer Jury vergeben; ihre Sumō-Namen wählen die Sportler selbst aus, oft mit Bezug zum Heimatort. Drei der sechs jährlichen Wettkämpfe (im Januar, Mai und September) finden in Tōkyō statt, die übrigen in Ōsaka (März), Nagoya (Juli) und Fukuoka (November).

### Die Herkunft des Sumō

Der Legende nach wurde der **Donnergott Take-Mikazuchi** von den Göttern des Himmels auf die Erde geschickt, um für sie das Land Japan in Besitz zu nehmen, das damals vom Gott Ōkuni-nushi beherrscht wurde. Dieser war auch einverstanden, aber sein Sohn **Take-Minakata** wollte das Land nicht so einfach aufgeben und forderte den Donnergott zum Ringkampf heraus. Der Donnergott siegte und sicherte so die Herrschaft der Himmelsgötter über die japanischen Inseln. Dieser Ringkampf gilt als erster Sumō-Wettkampf, obwohl es sich dabei zumindest teilweise um einen Zauberwettkampf gehandelt zu haben scheint: Take-Mikazuchi verwandelte kurzerhand seine Hand in ein scharfes Schwert, als sein Gegner sie umklammerte.

Ein wichtiger Bestandteil des Wettkampfs ist das **Präsentationsritual**, bei dem die beiden Gruppen, angeführt von ihrem jeweiligen Yokozuna, den Ring umschreiten. Dabei tragen sie prächtig verzierte zeremonielle Schürzen, die auf ihren Herkunftsort hinweisen (Präfektur bzw. Staat). Über der Schürze hängende, weiße gefaltete Papierstreifen weisen auf den religiösen Hintergrund des Sports hin. Auch die ersten Gesten vor dem Kampf symbolisieren die Reinigung des Kämpfers, der in die Hände klatscht (wie am Shintō-Schrein), die Handflächen zum Himmel hebt, reinigendes Salz streut und dann auf die Erde stampft, um die Geister zu vertreiben.

Die meisten **Sumō-Ringer** *(rikishi)* beginnen ihre Karriere bereits in der Schulzeit. Sie leben in strenger Trainingsdisziplin zusammen in einem Trainingslager *(dōjō)*. In den letzten Jahrzehnten haben es viele Ausländer an die Spitze der Sumō-Liga geschafft: Vor allem Mongolen (u. a. Hakuhō, Harumafuji und Kakuryū), aber

## Tauchen auf Okinawa

Die Inseln Okinawas liegen mitten in der Japan-Strömung, der größten warmen Wasserströmung der Welt. Ihr ist es zu verdanken, dass die durchschnittliche Wassertemperatur des Meeres auch im Winter nicht unter 20 °C sinkt, im Sommer liegt sie bei bis zu 29 °C. Im klaren Wasser um Okinawa sind Sichtweiten bis 40 oder 50 m keine Seltenheit.

Die südlichen Inseln der Präfektur Okinawa – die Miyakojima- und Yaeyama-Inseln – bestehen aus Korallenriffen, und entsprechend farbenfroh ist die Unterwasserwelt. Etwa 1000 Arten von Fischen und Meerestieren sind hier anzutreffen, u. a. Seegurken, seltene Meeresschnecken, Schildkröten, Rochen und Wale.

### Tauchspots

Die meisten Tauchspots Okinawas sind am besten mit dem Boot zu erreichen. Einstiege vom Strand sind hauptsächlich von der Okinawa-Hauptinsel, z. B. im Motobu-Bezirk, möglich. Zu den bekanntesten Tauchplätzen gehören die Kerama-Inseln in der Okinawa-Inselgruppe, Irabujima in der Miyakojima-Gruppe und Yonaguni in der Yaeyama-Inselgruppe.

Auf den **Kerama-Inseln** ist das Wasser am klarsten und viele Tauchstellen liegen strömungsarm zwischen etlichen kleinen Inseln. Es gibt sehr viele Tauchspots, und im Winter sieht man öfters Wale.

Auf **Irabujima** (bzw. der Teil-Insel Shimoji) bilden die Toriike eine besondere Herausforderung: zwei kleine Teiche, durch Tunnel mit dem offenen Meer verbunden. An der Südküste von **Miyakojima** selbst finden sich ebenfalls einige gute Tauchreviere.

Wer den weiten Weg bis auf die **Yaeyama-Inseln** nicht scheut, wird besonders reich belohnt: Nördlich von Ishigakijima, aber auch bei Iriomote, können Manta-Rochen beobachtet werden. Auf der Insel Yonaguni kommen Mystery-Fans zum Zug: Vor der Insel ist eine versunkene, bisher unerklärte und unerforschte Ruine gefunden worden, die als Tauchziel beliebt ist; auch Hammerhaie gibt es hier. Bei Hateruma im äußersten Süden der Inselgruppe stehen Korallen wie Säulen im Meer. Bis auf wenige Ausnahmen sind die meisten Tauchplätze auf den Yaeyama-Inseln auch für Anfänger und Gelegenheitstaucher geeignet.

Auch auf der **Hauptinsel Okinawa** gibt es etliche bekannte Tauchplätze wie den Hedomisaki-Dom und die Felsen beim Inselchen Ie. Bei Yomitan begleiten ungefährliche Walhaie die Taucher. Manche Korallen in dieser Region leiden inzwischen unter Verschmutzung durch Abwasser.

### Tauchschulen

Für längere Taucherlebnisse lohnt es sich, auf eigene Faust nach Okinawa zu reisen und vielleicht ein- oder zweimal die Insel zu wechseln. Viele Tauchschulen haben entweder eigene Unterkünfte oder sind bei Vermittlung und Transport behilflich. Da die größte Kundengruppe Japaner sind, ist nicht gesagt, dass in allen Tauchschulen Englisch gesprochen wird – das ändert sich mit der Fluktuation der Tauchlehrer. Also lieber frühzeitig anfragen! Je nach Wetterverhältnissen können auch Tauchanfänger und sogar Schnorchler zu den Plätzen mitfahren, an denen sich die riesigen Rochen aufhalten.

vereinzelt auch Europäer wie der Bulgare Aoiyama und der Ägypter Ōsuna-arashi.

Karten, Vorverkauf, Plätze und Veranstaltungszeiten sind am besten der ausführlichen Website der **Japan Grand Sumo Association**, 💻 www.sumo.or.jp, zu entnehmen. Die Seite hat eine komplette englische Version mit detaillierten Informationen zu Wettkämpfen und Eintrittskarten, den einzelnen Sumō-Ringern sowie zu Geschichte und Regeln des Sumō.

In Tōkyō findet sich außerdem ein Sumō-Museum (S. 167).

## Surfen und Kitesurfen

An der Pazifikküste von Honshū, Shikoku und Kyūshū gibt es etliche Surferstrände – besonders beliebt sind die Wellen in Chiba und Shizuoka, nicht weit von Tōkyō. Kamakura ist eine gute Basis. Auch Kyūshū bietet schöne warme Strände mit verlässlichen Surfer-Wellen, während in Okinawa das Ambiente zwar perfekt ist, die richtige Windrichtung zu treffen aber etwas problematischer.

Im Frühjahr bis etwa Juni ist die See meistens noch ruhig und für Anfänger geeignet; hohe Wellen bringen vor allem die Taifune im Hochsommer mit sich. Einen guten Einstieg für Surfer bietet die Website www.japansurf.com.

Zum Kitesurfen bieten sich die Koralleninseln im Süden Okinawas an: Die Winde bei Ishigaki z. B. sollen zu den besten weltweit gehören.

## Taiken

Schnupperkurse und „Hands-on"-Aktivitäten heißen auf Japanisch *taiken*. Sie sind sehr beliebt und können Sport, Kochen, Musik, Basteln und Ähnliches beinhalten. Man braucht keine Vorkenntnisse oder Fähigkeiten, und bei den meisten *taiken* ist die Sprachbarriere ziemlich nebensächlich, weil man ja nach- und mitmacht. Ideal also, um Land und Leute zu erleben. Solche *taiken*-Programme lassen sich auch leicht über professionelle Anbieter buchen (S. 74) oder selbst mit Bekannten oder vor Ort organisieren.

## Tauchen und Schnorcheln

Japan liegt ungefähr auf Höhe des Mittelmeers im Pazifik und bietet sich für zahlreiche Wassersportarten an. Besonders die südliche Präfektur Okinawa gilt als Tauch- und Schnorchelparadies (s. Kasten).

An manchen Küsten besteht die Gefahr von gefährlichen **Strömungen** (*rip currents*, jap. *riganryū*), die parallel zur Küste laufen, um dann kräftig ins offene Meer auszulaufen. Schnorchler und Schwimmer, die hineingeraten, sollten nicht dagegen ankämpfen, sondern sich mittreiben lassen und dann versuchen, die Strömung seitlich zu verlassen.

Auf allen touristisch erschlossenen Inseln gibt es Anbieter sowohl für Tauch- als auch für Schnorcheltouren.

## Wintersport

In den Japanischen Alpen sowie im Norden Japans gibt es zahlreiche Wintersportorte. Vor allem Abfahrtsski, aber auch Langlauf, Tourenski und Schneeschuhtouren sind beliebt. Die Ski-Resorts bieten sichere Schneeverhältnisse und eine hervorragende Infrastruktur. Viele Pisten sind abends flutlichtbeleuchtet.

Zu den größten und bekanntesten Ski-Resorts zählen **Hakuba** und **Shiga-kōgen** in Nagano sowie **Niseko** und **Furano** auf Hokkaidō. **Yuzawa** in Niigata ist wegen der relativ guten Anbindung an Tōkyō beliebt. **Zao** in Yamagata ist bekannt für idyllisch verschneite Bäume. Ausführliche Infos auch auf Englisch unter www.snowjapan.com.

# Telefon und Internet

Für die meisten Reisenden ist das Internet heute das einfachste Kommunikationsmittel sowohl nach Hause als auch zur Kontaktaufnahme im Reiseland, z. B. für Hotelreservierungen oder allgemeine Informationen.

## Festnetz

Das japanische Telefonnetz ist flächendeckend und sehr zuverlässig. Viele Anschlüsse sind digital. Da die Kosten für das Festnetz recht hoch sind, haben heute aber viele Privatpersonen nur noch ein Mobiltelefon. **Telefonnummern** bestehen aus Vorwahl, Subregion und Nummer (012-345-6789), die zwei Bindestriche sind je Nummer eindeutig festgelegt und z. B. für die Suche im Auto-Navi oder in Web-Suchdiensten erforderlich. 0120-Nummern sind für Anrufer umsonst.

## Mobiltelefon

Die meisten europäischen Smartphones funktionieren zwar in Japan, aber weil unterschiedliche Frequenzbänder benutzt werden, kann die Abdeckung schlechter sein als zu Hause oder z. B. kein 5G-Netz erreicht werden (in Japan ab 3,6 GHz). Die japanischen Anbieter **NTT DoCoMo**, **SoftBank** und **KDDI au** haben Roaming-Abkommen mit den deutschen Anbietern, dabei können allerdings hohe Gebühren (bis zu 3 € pro Minute) anfallen. Am besten informiert man sich vor Abflug über geeignete Auslandsverträge oder benutzt das Handy v. a. über WLAN (s. u.) und nutzt das Roaming nur im Notfall.

Um ein japanisches Telefon oder eine reguläre SIM-Karte zu kaufen, braucht man normalerweise eine Alien Registration Card, muss also dauerhaft in Japan gemeldet sein. Der Anbieter **Mobal** ist einer der wenigen, die eine Daten-SIM-Karte mit japanischer Telefonnummer auch für Touristen anbieten.

Alternativ besteht auch die Möglichkeit, ein ganzes Handy einschließlich SIM-Karte zu mieten, keine billige Lösung, aber sicherer, wenn man das Handy auch zum Telefonieren braucht.

Mehr Infos z. B. bei:

💻 www.jalabc.com
💻 www.softbank-rental.jp
💻 www.airalo.com
💻 www.mobal.com

## Gratis-WLAN

In den allermeisten Hotels und in vielen Restaurants gibt es Gratis-WLAN. Während die Verbindung in Hotels in der Regel gut und stabil ist, ist sie in Cafés und Restaurants bestenfalls durchwachsen. Größere Datenmengen sind oft problematisch, z. B. Filme. Viele Städte bieten ein Netzwerk von Gratis-WLAN-Zugangspunkten an, ebenso viele Bahngesellschaften. In den Shinkansen-Zügen gibt es ebenfalls guten Internetzugang. Nützliche Ketten mit Gratis-WLAN sind Starbucks und die *konbini*-Ketten 7-Eleven, Lawson und Family Mart.

Wer nicht ständig online sein muss und keine größeren Datenmengen verschicken bzw. Filme sehen will, kann mittlerweile einen Japanurlaub auch ganz gut ohne eigene SIM-Card bzw. W-LAN-Router bestreiten.

## Daten-SIM und WLAN-Router

Wer Wert darauf legt, jederzeit ins Internet zu kommen, damit in der Stadt zu navigieren und mit höheren Geschwindigkeiten Bilder und Videos zu teilen oder zu sehen, braucht einen eigenen Zugang. Touristen können in Japan zwar keine reguläre SIM-Karte kaufen, wohl aber **Daten-SIM**: am Flughafen in Automaten oder in Elektronikgeschäften wie Bic Camera oder Yodobashi Camera. Es gibt eine ganze Reihe Anbieter und Optionen, die sich in Laufzeit, Datenmenge, Geschwindigkeit und Registrierung unterscheiden. Es gibt auch die Möglichkeit, bereits in Deutschland online eine Daten-SIM zu kaufen und sich zuschicken zu lassen, z. B. über Japan Experience, 💻 www.japan-experience.com. Das hat den Vorteil, dass man gleich nach Ankunft erreichbar ist. Zumindest wer ein iPhone hat, kann auch eine e-SIM-Karte ohne physische SIM-Karte benutzen, z. B. über Airalo, 💻 www.airalo.com. Mit einer japanischen Daten-SIM-Karte bzw. einer e-Sim-Karte

### Mehr Infos im Internet?

Oft gibt es die – nur die richtige Seite zu finden ist schwierig, vor allem, wenn man wenig Japanisch kann oder einen Computer ohne Japanisch-Eingabe benutzt. Ein guter Trick ist, die **japanische Telefonnummer** (beispielsweise eines Hotels oder einer Sehenswürdigkeit) in einen Suchdienst einzugeben, in der hier angegebenen Form mit Bindestrichen (z. B. 012-345-6789). **Browser-Übersetzungen** oder **Gratis-Übersetzungsdienste** wie Babel Fish, 💻 www.babelfish.de, Google Translator, 💻 https://translate.google.com (auch als Plug-in), oder DeepL 💻 www.deepl.com/de/translator, helfen ebenfalls. Für etwas Fortgeschrittene gibt es das **Wörterbuch** 💻 www.wadoku.de oder das **Browser-Plug-in** Yomichan mit Übersetzungen einzelner Wörter.

| Internationale Vorwahlen | |
|---|---|
| **Vorwahl für Japan** | +81 |
| **Von Japan ins Ausland**<br>Vor die Ländervorwahl muss vom Festnetz aus zusätzlich die internationale Zugangsvorwahl 010 gewählt werden, nach Deutschland also 01049. | |
| **Deutschland** | +49 |
| **Österreich** | +43 |
| **Schweiz** | +41 |

hat man in der Regel keine japanische Telefonnummer. Eine Alternative mit japanischer Telefonnummer, allerdings ohne Flatrate für Telefon und Textnachrichten, bietet Mobal, 💻 www.mobal.com. WhatsApp kann mit einer japanischen SIM-Karte weiterhin benutzt werden.

Alternativ bietet ein **mobiler Router** Zugang ins Internet. Auch hier sind die Anbieter am Flughafen präsent; bei einigen, wie Ninja Wifi, 💻 www.ninjawifi.com, muss man den Vertrag vorher online abschließen und holt das Gerät dann nur ab. Fast alle schicken die Router auch innerhalb Japans zu, z. B. ins Hotel. Relevant ist neben Datenvolumen und Geschwindigkeit das Netz: **Docomo** hat die weiteste Abdeckung und ist v. a. in den Großstädten schneller, **Softbank** und **KDDI au** sind je nach Region unterschiedlich stark. Durchaus weite Teile des Landes (v. a. in den Bergen) werden aber von keinem Anbieter abgedeckt. Sowohl der Router als auch die SIM- oder e-SIM-Karte kann von mehreren Personen genutzt werden (bei SIM-Karten über einen privaten Hotspot).

## Internationale Telefonate

**Öffentliche Telefone** in Japan sind grün oder, mittlerweile selten, grau. Auslandstelefonate sind nur mit den grauen Telefonen möglich, bei diesen steht oft ein Automat für Telefonkarten. Außerdem gibt es IC-Kartentelefone, die andere Karten verwenden. Auch in Japan nimmt die Anzahl der öffentlichen Telefone rapide ab. Es soll aber eine Notfallstruktur aufrechterhalten werden, falls im Katastrophenfall das Mobilnetz ausfällt (so geschehen bei der Tsunami-Katastrophe 2011).

Billiger ist das **Telefonieren übers Internet** per Smartphone oder Computer über Anbieter wie Skype, 💻 www.skype.de, oder WhatsApp bzw. Line.

# Transport

## Flüge

Die großen japanischen Fluggesellschaften **JAL**, 💻 www.jal.co.jp, und **ANA**, 💻 www.ana.co.jp, operieren auf fast allen innerjapanischen Routen. Außerdem gibt es kleinere Tochtergesellschaften wie **JTA**, 💻 www.jal.co.jp/jta, und **Air Do** (hauptsächlich für Hokkaidō), 💻 www.airdo.jp. Mehrere Billigfluggesellschaften wie **Peach**, 💻 www.flypeach.com, **Skymark**, 💻 www.skymark.co.jp, und **Starflyer**, 💻 www.starflyer.jp, bieten jeweils nur ein begrenztes Streckennetz mit Minimalkomfort (teils ohne Gepäck, und mit unterschiedlichen Umbuchungsoptionen). Auf manchen Strecken sind diese Anbieter deutlich günstiger als die großen Fluglinien, aber es kommt auch auffällig oft zu Verspätungen und Ausfällen – für Umsteigeverbindungen oder einen kurzen, durchgebuchten Urlaub also etwas riskant.

Innerjapanische Flüge sind unkompliziert und praktisch, aber meist nicht billig und schädlicher für die Umwelt als eine Zug- oder Busfahrt. **Flugtickets** können online gebucht werden; am Flughafen gibt es zum Normalpreis meistens noch ganz kurzfristig Tickets am Automaten. Sonderangebote sind allerdings rar; Rabatte gelten für Frühbucher oder **Sammeltickets** *(kaisūken)*: normalerweise vier Tickets für die gleiche Strecke. Für häufige Routen verkaufen Discount-Ticketshops oft solche günstigeren Tickets auch einzeln. Für Touristen, die keinen ständigen Wohnsitz in Japan haben, gibt es Angebote wie den **Japan Explorer Pass** von JAL. Damit können Besucher aus dem Ausland innerjapanische Flüge zu einem Festpreis (je nach Strecke von 5500 ¥ bis 11 000 ¥) buchen, Infos unter 💻 www.jal.co.jp/del/de/world/japan_

explorer_pass/de. Die Tickets müssen über die Website der Airline gebucht werden. ANA hat ähnliche, etwas teurere Tickets über den ANA Discover JAPAN-Tarif im Angebot, 💻 www.ana.co.jp/en/ph/plan-book/promotions/special-fares; die Tickets müssen von außerhalb Japans gebucht werden.

Manche Strecken, wie Tōkyō–Kansai (für Ōsaka und Kyōto), sind mit dem Shinkansen schneller und günstiger und werden daher seltener als Flugstrecke angeboten.

## Eisenbahn

Das japanische Eisenbahnnetz ist dicht und effizient; neben den (früher staatlichen) **JR-Gesellschaften** gibt es regional begrenzt kleinere Privatbahnen. Die Züge fahren sehr pünktlich, sind sauber, gut gewartet, und es ist bis Minuten vor der Abfahrt möglich, einen Platz zu buchen. Nur billig sind die Züge nicht.

An den Bahnhöfen gibt es elektronische Sperren, und nur mit einer Fahrkarte (oder zumindest Bahnsteigkarte) erhält man Zugang zu den Gleisen bzw. zum inneren Bahnhofsbereich. Über den **Fahrkartenautomaten** hängt ein großer Streckennetzplan; größere oder touristisch relevante Bahnhöfe sind normalerweise auch in lateinischen Buchstaben angegeben. Neben dem Bahnhofsnamen stehen zwei Preise: Der höhere ist der Erwachsenenpreis, der niedrigere der Kinderpreis. Bei Geldeinwurf leuchten auf den Automaten auf dem Touchscreen oder auf einzelnen Tasten die unterschiedlichen Preisstufen auf. Einfach draufdrücken und Karte und Wechselgeld entnehmen.

Wenn man nicht genau weiß, welche Fahrkarte man braucht, kann man einfach das billigste Ticket nehmen und an der Sperre am Zielbahnhof nachbezahlen – das gilt nicht als Schwarzfahren, denn man kommt ohne gültiges Ticket ja nicht wieder raus. Die IC-Karten des öffentlichen Nahverkehrs (s. u.) können auch für viele überregionale Strecken genutzt werden.

### Fahrpläne

Wer einen Japan Rail Pass einlöst, bekommt einen Liniennetzplan für die Express- und Shinkansen-Linien. Am einfachsten findet man die richtige Zugverbindung im Internet bzw. per App (siehe auch S. 67). Vor allem für Busse im Nahverkehr ist auch Google Maps nützlich (aber nicht immer ganz akkurat).

### Shinkansen

Der berühmteste japanische Zug ist der Shinkansen (engl.: *bullet train*), der schon seit 1964 auf einem eigenen Schienennetz durch Japan braust. Heute gibt es mehrere unterschiedlich schnelle Shinkansen. Der *Nozomi* („Hoffnung") fährt streckenweise mit rund 300 km/h.

Die Züge unterteilen sich in Waggons mit reservierten Plätzen und solche ohne. Wer keine Reservierung hat, darf ausschließlich in den nicht reservierten Waggons fahren – in den anderen auch nicht stehen oder nach freien Plätzen suchen. Ein paar Züge haben gar keine Waggons mit nicht reservierten Plätzen, man muss also zwingend vorher eine **Reservierung** lösen. Dazu gehören der *Kagayaki* nach Kanazawa und auf der Tōhoku/Akita/Hokkaidō-Route der *Hayabusa/Komachi* und der *Hayate*.

Der Shinkansen hat einen eigenen abgetrennten Bahnhofsbereich innerhalb der Bahnhöfe, der nur mit einem entsprechenden Shinkansen-Ticket zugänglich ist. Dieses ist entweder an separaten Fahrkartenautomaten, am Schalter oder auch in Discountläden (in großen Städten in Bahnhofsnähe) erhältlich.

### Schnellzüge und Bummelzüge

Auf dem normalen Streckennetz gibt es zwei Arten von Schnellzügen: Für den **Tokkyū** (Limited Express), den eigentlichen Schnellzug, ist ein Zuschlag erforderlich, der recht teuer ist (oft ähnlich viel wie die Fahrkarte). Der **Kyūkō** oder **Kaisoku** fährt nicht so weit und weniger schnell, dafür zahlt man keinen Schnellzugzuschlag. Die langsamsten Züge heißen *kakueki teisha* („Zug, der an jedem Bahnhof hält"). Für Touristen sind sie interessant, weil man sie mit dem billigen Seishun-Jūhachi-Ticket (s. S. 88) benutzen kann.

### Japan Rail Pass und regionale Bahnpässe

Wer vorhat, in kurzer Zeit viel von Japan zu sehen, für den lohnt der Kauf des **Japan Rail**

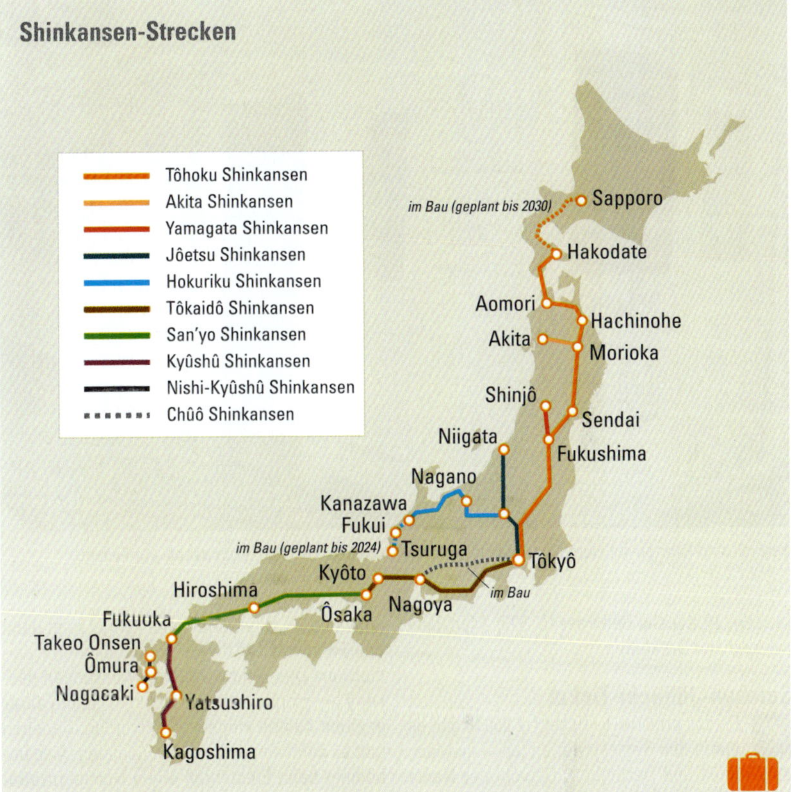


**Pass**, eine Dauerkarte, die für eine, zwei oder drei Wochen unbegrenzte Fahrten im Netz der Bahngesellschaft JR erlaubt (einschließlich der Shinkansen-Züge), aber nur für Ausländer mit Touristenvisum (oder im Ausland wohnhafte Japaner) erhältlich ist. Für sieben aufeinanderfolgende Tage kostet der Pass 50 000 ¥ bzw. 70 000 ¥ für die 1. Klasse (Green Car), für 14 Tage sind es 80 000 ¥ bzw. 110 000 ¥ und für 21 Tage 100 000 ¥ bzw. 140 0000 ¥. Kinder zahlen jeweils die Hälfte.

Der Pass kann vor Reiseantritt entweder über eine offizielle **Verkaufsstelle** im Heimatland erworben werden, z. B. bei H.I.S, 💻 www.his-germany.de/de/jr_pass, oder über die offizielle Seite von **Japan Rail**, 💻 https://japanrailpass.net/de. Bucht man direkt über Japan Rail, muss man einen Benutzeraccount anlegen, dafür ist es möglich, schon vorab Sitzplätze für Züge zu reservieren. In beiden Fällen erhält man nur einen **Railpass-Gutschein**, der nach Ankunft in Japan unter Vorlage des Reisepasses in einem JR-Büro eingelöst werden muss – solche Büros gibt es in den Flughäfen und in allen größeren Bahnhöfen. Beim Kauf muss noch kein genaues Nutzungsdatum angegeben werden, bei der **Einlösung vor Ort** schon.

Ganz ähnlich funktionieren die **Regionalpässe** für Teilregionen Japans, die jeweils von den regionalen Bahnunternehmen der JR-Gruppe angeboten werden: JR East Pass (S. 228), Hokkaidō Rail Pass (S. 272), JR West Rail Pass

Reizvoll sind Fahrten mit Nostalgiezügen für Touristen wie dem *Umisachi-Yamasachi* auf Kyūshū.

(S. 379), JR Kyushu Rail Pass (S. 529). Man kann sie auch vor Ort kaufen.

### Seishun-Jūhachi-Ticket

€ Dieses preiswerte Ticket (12 050 ¥) gibt es nur in den Semesterferien (etwa im März, Juli/August und Dezember). Obwohl der Name „Jugendlichen-18-Karte" bedeutet, gibt es keine Altersbeschränkung. Die Karte besteht aus fünf Abschnitten, von denen jeder für einen ganzen Tag auf beliebig weiten Strecken, aber nur in Bummelzügen gültig ist. Man kann das Ticket entweder an fünf unterschiedlichen Tagen benutzen oder zu mehreren damit fahren. Genaue Infos unter www.jnto.go.jp, Suchwort „Seishun 18".

## Busse

Für **Stadtbusse** ist meistens ein Liniennetzplan bei der Touristeninformation erhältlich. In Stadtbussen wie auch in regionalen Überlandbussen ist der Einstieg hinten. Bei reinen Innenstadtbussen gilt ein Pauschaltarif, ansonsten gibt ein Automat neben der Einstiegstür eine Nummer aus. Eine Anzeigentafel beim Fahrer zeigt dann den Fahrpreis für die unterschiedlichen Nummern an. Das Geld muss beim Aussteigen passend zusammen mit der Nummer beim Fahrer in einen Kasten eingeworfen werden. Daneben gibt es auch einen Wechselautomaten. Also unbedingt **beim Einsteigen einen Nummernzettel ziehen**! Die landesweiten IC-Karten (s. u.) gelten in den Bussen meist nicht.

Für **Fernbusse** sollte das Ticket vorher gekauft werden. Viele fahren über Nacht und sind sehr komfortabel: Liegesitze in drei Einzelreihen (d. h. neben jedem Platz ist ein Gang), Decken und Kissen. Man darf keinen Alkohol trinken, und nachts wird streng auf Ruhe geachtet. Im Vergleich zum Zug sind diese Busse recht preiswert, und manchmal gibt es auch Studentenermäßigungen. Je nach Strecke werden die Busse von unterschiedlichen Gesellschaften betrieben (auch von den JR-Bahngesellschaften), von denen nur wenige eine englische Website haben. Besonders günstig ist die Firma **Willer Express**, www.willerexpress.com, mit einem japanweiten Netz, eigenem Buspass und englischer Online-Buchung. In Discount-Ticket-läden gibt es manchmal auch verbilligte Busfahrkarten.

## U-Bahnen und Straßenbahnen

Große Städte wie Tōkyō, Ōsaka, Nagoya, Fukuoka etc. verfügen über gut funktionierende U-Bahn-Netze mit einem Bahnsteigsperrensystem. Fahrkarten werden an Automaten vor der Sperre gekauft; das System funktioniert wie bei der Eisenbahn, S. 86. In den meisten Städten gibt es Tagestickets oder Prepaid-Karten für die U-Bahn.

Die elektronischen Laufschriftanzeigen am Bahnsteig und in den Waggons sind in der Regel mehrsprachig. In den U-Bahnstationen sind gute Umgebungspläne mit der Lage der unterschiedlichen Ausgänge angebracht.

In einigen Städten, wie Sapporo, Hiroshima oder Nagasaki, gibt es auch Straßenbahnen, manchmal nur eine Linie.

### IC-Karten

Anstatt vor jeder Fahrt eine Fahrkarte am Automaten zu ziehen und sich mit den unterschiedlichen Tarifsystemen in den verschiedenen Städten auseinanderzusetzen, ist es einfacher, mit einer sogenannten IC-Karte zu bezahlen. Das ist im Grunde genommen eine **Prepaid-Karte**, mit der man viele U-Bahnen und Nahverkehrszüge, seltener Busse, und in vielen *konbini,* am Dosenautomaten und manchmal auch in Restaurants bezahlen kann. Die IC-Karten werden von unterschiedlichen Verkehrsgesellschaften angeboten, können aber übergreifend genutzt werden. Die bekanntesten sind **Suica** (JR East), **Pasmo** und **Icoca** (JR West). Sie können vor Ort an bestimmten Vorverkaufsstellen oder am Automaten erworben werden. Auf die Karte muss dann am Automaten oder im *konbini* Geld geladen werden.

Bei der Recherche 2023 war der Verkauf von Suica und Pasmo wegen Chipmangels eingestellt. Erhältlich war aber die **Welcome-Suica**, die nach 28 Tagen automatisch abläuft und nur von Touristen erworben werden kann. Mit dem iPhone ist es möglich, die Suica-App herunterzuladen und über ApplePay aufzuladen.

## Fähren

Die vier Hauptinseln sind alle mit Brücken bzw. einem Tunnel verbunden, auf andere Inseln muss man entweder fliegen oder mit dem Schiff fahren. Für Details zu den Fährverbindungen siehe die einzelnen Regionalkapitel. Etliche Fähren verbinden auch Orte auf den Hauptinseln. Wichtige und landschaftlich äußerst reizvolle Fährverbindungen führen durch die **Inlandsee**, die meisten längeren Strecken werden allerdings über Nacht gefahren. Lohnend ist die kurze Überfahrt von Hiroshima nach Matsuyama. Von mehreren Häfen auf **Hokkaidō** gibt es regelmäßige Fährverbindungen nach Honshū. Fähren von Ōsaka bzw. Kagoshima nach **Okinawa** brauchen zwei Tage.

## Mietwagen

Die meisten Touristen kommen gut ohne Auto aus, denn die großen Städte und touristischen Sehenswürdigkeiten sind mit öffentlichen Verkehrsmitteln sehr gut erschlossen. Außerdem sind die Mautgebühren auf der Autobahn und Parkplatzkosten hoch, man muss sich auf Linksverkehr umstellen, und ist wegen der Geschwindigkeitsbegrenzungen und zahlreichen Staus nicht unbedingt schneller. In ländlicheren Regionen kann ein Auto aber nützlich sein.

Weder der deutsche **Führerschein** noch der in Deutschland ausgestellte internationale Führerschein reichen in Japan aus, um ein Auto zu fahren oder zu leihen (das Gleiche gilt für Schweizer Führerscheine). Vielmehr ist zusätzlich zum normalen EU-Führerschein eine japanische Übersetzung erforderlich. Wer sich länger als 12 Monate in Japan aufhält, muss einen japanischen Führerschein beantragen. Die japanische Übersetzung des Führerscheins ist beim **Japanischen Automobilclub JAF**, 💻 www.jaf.or.jp, mit Büros in allen größeren Städten erhältlich (nur in Ausnahmefällen auch bei der deutschen Botschaft). Sie kostet 3000 ¥ und wird sofort ausgestellt (mit etwas Wartezeit). Die Bearbeitung von Anträgen ist innerhalb Japans auch online möglich. Der Veranstalter Japan Experience, 💻 www.japan-experience.de, bietet diese Beantragung online an, mit etwa sechs Wochen Vorlauf (65 €). Dieser Service ist auch über das Übersetzungsbüro des ADAC München möglich (70 €).



Die großen **Autovermietungen** sind:
**Nissan Rentacar**, 🖳 nissan-rentacar.com,
**Orix Rentacar**, 🖳 car.orix.co.jp,
**Nippon Rentacar**, 🖳 www.nrgroup-global.com/en,
**Times Rentacar**, 🖳 www.timescar-rental.com,
**Toyota Rentacar**, 🖳 rent.toyota.co.jp/eng,
**JR Ekiren**, 🖳 https://www.ekiren.co.jp.
**J-Net**, 🖳 www.j-netrentacar.co.jp (nur Jap.), gehört meist zu den preiswertesten Anbietern.

Es gibt aber auch unzählige kleinere und oft günstigere Firmen, die Niederlassungen an Flughäfen und Bahnhöfen haben oder mit Businesshotels kooperieren. Über diese Businesshotels (oft auch Weekly Mansions) sind dann günstige **Tarife** in Verbindung mit einer Hotelübernachtung zu bekommen. In Ferienregionen steigen die Tarife in der Hauptsaison merklich an, und Reservierungen sind notwendig. Außerhalb der Saison liegen günstige Angebote auf Flugblättern am Flughafen aus. Manchmal wird eine durchaus sinnvolle zusätzliche Versicherung für die sogenannte Non-Operation Charge angeboten, eine eigentümliche, vom Mieter zu tragende Ausfallentschädigung in Höhe von 20 000–50 000 ¥, falls der Leihwagen – auch durch Fremdverschulden – bei Rückgabe nicht funktionstüchtig ist. Bei einem **Unfall** mit Mietwagen muss man in jedem Fall sofort die Polizei, den Autovermieter und die Versicherung kontaktieren; ggf. bekommt man sehr schnell einen Ersatzwagen.

Mietautos haben in der Regel ein **Automatikgetriebe** und eingebaute **Navigationssysteme**. Meistens lassen diese sich auf Englisch umschalten, die Suche funktioniert dann aber nur über den japanischen Mapcode (suchen unter 🖳 www.japanmapcode.com/en) oder die Telefonnummer der Zieladresse.

Die **Höchstgeschwindigkeit** beträgt in Städten 40 km/h, auf Landstraßen 60 km/h, oft aber noch weniger. Auf Autobahnen gilt eine Höchstgeschwindigkeit von 100 km/h. Die **Autobahngebühren** sind je nach Fahrzeugtyp unterschiedlich. Von Tōkyō betragen sie nach Kyōto rund 10 000 ¥, nach Aoyama im Norden von Honshū etwa 15 000 ¥ und nach Kagoshima ganz im Süden von Kyūshū etwa 30 000 ¥. Für *keisha* (Leichtautos mit max. 660 cc Hubraum, etwa ein Drittel aller Pkw in Japan, erkennbar am gelben Nummernschild) liegen die Gebühren etwa 20 % niedriger. Trotz der hohen Kosten sind die Autobahnen meistens ziemlich voll.

## Taxis

Alle Taxis haben feste Tarife und einen Taxameter. Je nach Ort beginnen die **Tarife** bei ca. 500 ¥ (in Tōkyō 730 ¥) für die ersten 2 km. Bei freien Taxis leuchtet ein rotes Schild vorn innerhalb der Windschutzscheibe. Zwischen 22 Uhr abends und 5 Uhr morgens gelten Aufschläge von ca. 20 %. Beim Ein- und Aussteigen öffnet der Fahrer die hintere linke Tür automatisch. Bezahlt wird in der Regel in bar oder mit Kreditkarte – Achtung, vor allem auf dem Land ist oft nur Barzahlung möglich. An der Straße hält man Taxis mit erhobener Hand oder ausgestrecktem Arm an. An Bahnhöfen gibt es in der Regel Taxistände. Man kann auch **Apps** wie die Go App benutzen, um ein Taxi zu rufen. Private Taxidienste wie Uber gibt es in Japan nicht. Trinkgeld ist im Taxi unüblich.

## Motorräder

Ausländer kommen normalerweise nicht explizit zum Motorradfahren nach Japan. Bei den einheimischen Fahrern sind die ländlicheren Inseln Hokkaidō und Shikoku beliebt, weil dort die Straßen nicht so voll sind und es schöne Küstenstrecken gibt. Mitunter gibt es „Riders' Homes", sehr günstige Unterkünfte mit Motorradstellplatz. Man findet dort auch ohne Motorrad eine günstige Übernachtungsmöglichkeit und schnell Anschluss. Die Autobahngebühren für Motorräder sind so hoch wie für *keisha* (Leichtautos mit max. 660 cc Hubraum).

## Fahrräder

Das Fahrrad wird üblicherweise nur bis zum nächsten Bahnhof genutzt. Dort gibt es (meist überfüllte) Fahrradparkplätze, aber auch viele Fahrradparkverbotszonen.

Es ist auch für Erwachsene üblich, auf dem Bürgersteig zu fahren. Obwohl die Verkehrsregeln grundsätzlich ganz ähnlich sind wie in Europa, geht die Polizei eher nach dem Prinzip vor, dass der „Stärkere" die Verantwortung hat. Weitere Informationen s. S. 80.

In vielen Orten kann man sich Fahrräder und E-Bikes ausleihen und so die Gegend erkunden.

## Trampen

Trampen ist unter Japanern nicht sehr verbreitet, aber für ausländische Touristen durchaus möglich. Vielen Autofahrern ist das Prinzip „rausgehaltener Daumen" nicht vertraut, deshalb hilft es, ein Schild mit dem Namen des Zielortes in japanischen Zeichen (Kanji) hochzuhalten, um deutlich zu machen, weshalb man da überhaupt an der Straße steht.

Ein Stück vor der Mautstelle für die Autobahngebühren (und dann an den Raststätten) funktioniert das Trampen oft ganz gut; die Mitnehmenden sind manchmal geradezu überbordend freundlich.

Obwohl Japan ein äußerst sicheres Land ist, bleibt beim Trampen ein gewisses Risiko, deshalb möglichst zu zweit fahren, lange Staus einkalkulieren und früh genug aufbrechen, um vor Einbruch der Dunkelheit anzukommen.

# Übernachtung

Die meisten Hotels und Ryokan, in denen öfters westliche Ausländer übernachten, haben eine Homepage und können per Internet reserviert werden. Auch die gängigen Hotelsuchportale (S. 68) finden viele Hotels und Hostels.

## Westliche Hotels

In allen Städten gibt es westliche Hotels unterschiedlichster Preiskategorien, die oft über das Internet zu buchen sind. Die günstigeren heißen **Businesshotels** und sind meist in Bahnhofsnähe. Sie haben schuhschachtelgroße Zimmer mit einem winzigen „unit bath", (westlichem) Bett und Tischchen, sind aber in der Regel sauber und ordentlich.

Zu den beliebtesten und am weitesten verbreiteten Businesshotel-Ketten gehören: **Tōyoko Inn**, 💻 www.toyoko-inn.com (auch auf Deutsch, mit sehr genauer Beschreibung der Einrichtung – ziemlich typisch für alle Businesshotels), **Greens**, 💻 www.greens.co.jp, **Mystays**, 💻 www.mystays.com, und **Super Hotel**, 💻 www.superhoteljapan.com/en.

### Adressen finden

Japanische Adressen geben meistens keine Straße an, sondern Viertel und **Häuserblock**. Die japanische Schreibung beginnt mit der Postleitzahl und der größten Einheit (also der Präfektur), dann folgen Stadt, Stadtteil, Viertel, Blocknummer, Hausnummer. Auf Stadtplänen sind diese Blocks farbig markiert und mit Nummern gekennzeichnet. Viele Japaner geben Besuchern vorher Wegskizzen; dank Navigationssystemen finden Taxifahrer und viele Handybesitzer den Weg heute auch ohne Skizze.

Die **Zählung von Stockwerken** fängt mit dem Erdgeschoss als „erstem Stock" (*ikkai*, 1F) an. Der deutsche 1. Stock ist in Japan also schon 2F. Untergeschosse werden mit B1, B2 (Basement) abgekürzt.

Manche Restaurants und Unterkünfte schreiben die Homepage oder zumindest die Telefonnummer mit aufs Ladenschild – ein Notnagel, wenn sonst alles Japanisch geschrieben ist.

**Preiskategorien der Unterkünfte**

Die Preise gelten für ein Doppelzimmer ohne Frühstück.

❶ bis 8000 ¥
❷ bis 12 000 ¥
❸ bis 16 000 ¥
❹ bis 20 000 ¥
❺ bis 24 000 ¥
❻ über 24 000 ¥

Vor allem in traditionellen Unterkünften werden Preise oft pro Person berechnet, meist unabhängig davon, wie viele Personen in einem Raum schlafen. Häufig sind in diesen Preisen Mahlzeiten enthalten (sofern dies der Fall ist, schreiben wir es dazu).

Etwas gehobener sind: **Route Inn**, 💻 www.route-inn.co.jp, **Sunroute**, 💻 https://sotetsu-hotels.com/sunroute und **Dormy Inn**, 💻 www.hotespa.net/dormyinn.

Schicker, mit größeren Zimmern und Bädern, dafür auch teurer, sind **the b**, 💻 https://en.theb-hotels.com, und **The Knot**, 💻 https://hotel-the-knot.jp.

Noch winziger als Businesshotels sind die **Kapsel-Hotels**, die in sich abgeschlossene Schlafkojen mit Gemeinschaftsbad (aber oft erstaunlichem Komfort) vermieten. Manchmal sind sie nur für Männer, in der Regel sind Männer- und Frauenbereiche getrennt.

Schickere **Hotels** bieten oft neben dem eigenen größeren Bad im Zimmer noch ein großes Gemeinschaftsbad (geschlechtergetrennt). Zimmer mit „Semi-Doppelbett" (gut 120 cm breit) werden als Economy-Double günstiger als das normale Doppelzimmer vermietet und sind manchmal nur übers Internet zu buchen. In fast allen Hotels gibt es Schlafanzüge bzw. Yukata, die auch im Bett getragen werden können, Pantoffeln, Zahnbürste und Zahnpasta, Shampoo und Seife, Rasierer usw. umsonst. Klimaanlage, Wasserkocher und Kühlschrank gehören selbst bei billigen Businesshotels zur Standardausstattung. Frühstück ist dagegen nicht immer im Preis inbegriffen. Nicht alle Mitarbeiter an der Rezeption sprechen Englisch.

## Love Hotels

Der Knappheit japanischen Wohnraums und dem entsprechenden Mangel an Privatsphäre ist die weite Verbreitung der „Love Hotels" zu verdanken – Hotels, in die Pärchen sich für ein paar intime Stunden zurückziehen können. Manchen sieht man es an: Sie stehen an den Ausfallstraßen, sehen aus wie ein Disneyschloss, haben abgedunkelte Scheiben und Namen wie „Sugar Castle" oder „Bellevue" und einen diskreten Eingangsbereich. Innen gibt es Zimmer mit verspiegelten Decken, kreisrunden Betten und üppigen Badewannen, manchmal vom Zimmer aus durch ein Fenster einsichtig. Bezahlt wird diskret per Automat, und auf dem Parkplatz gibt es kleine Bretter, die vor das Nummernschild gestellt werden. Die Zimmer sind immer ziemlich warm und stets frisch geputzt. Je nach Ort können solche Love Hotels auch für Touristen ein guter Deal im Vergleich zu anderen Unterkünften sein. So ist der Übernachtungstarif ab 23 Uhr bis zum nächsten Mittag (sonst meist 10 Uhr) oft schon ab etwa 5000 ¥ pro Zimmer zu haben.

Ein Nachteil ist, dass die Gäste meist keinen Schlüssel bekommen, das Zimmer also nicht noch einmal verlassen können. Der Übergang zum Businesshotel ist aber manchmal fließend, und manche Lovehotels werben auch um Touristen, mit Lobby, Frühstück, Buchung über Online-Portale und dezenterer Zimmereinrichtung.

## Ryokan und Minshuku

Hotels im japanischen Stil heißen Ryokan, japanische Pensionen, oft familiengeführt, Minshuku. Die Übergänge sind hier fließend. Oft sind die Zimmer mit Tatami ausgelegt. Darin befinden sich außerdem ein niedriger Tisch und Sitzkissen. Abends werden Futons zum Schlafen auf dem Boden ausgebreitet. In Ryokan und Minshuku gelten die Preise nicht pro Zimmer, sondern pro Person. Normalerweise gibt es nur ein Gemeinschaftsbad, und das Abendessen und Frühstück (z. T. im Zimmer serviert) sind im Preis enthalten. Unter Umständen muss für heißes Wasser ein Boiler eingeschaltet werden. Da Japaner eher abends baden, sollte man in ländlichen Minshuku Bescheid sagen, wenn man morgens duschen möchte.

Die in der Liste der **Japanese Inn Group**, 💻 www.japaneseinngroup.com, aufgeführten Ryokan und Minshuku können online gebucht werden und haben Erfahrung mit ausländischen Gästen, d. h. es spricht jemand Englisch und Informationen zu Essens- bzw. Badezeiten sind auf Englisch erhältlich. Das sollte aber niemanden davon abhalten, auch einmal in einem durch und durch japanischen Ryokan zu übernachten.

Eine besondere Variante ist das **Onsen-Hotel**, das sowohl westliche als auch japanische Zimmer hat und mindestens je ein großes Gemeinschaftsbad für Männer und Frauen. Manchmal werden diese Bäder tageweise getauscht (weil z. B. eins größer ist oder ein Außenbecken hat), manchmal gibt es auch noch ein separates kleines Familien-Onsen, das Übernachtungsgäste jeweils für eine halbe Stunde zugeteilt bekommen oder dazubuchen können. In vielen Onsen-Hotels sind die Bäder rund um die Uhr geöffnet. Ganz schick ist die private Onsen-Wanne im Zimmer oder auf der Veranda.

## Tempelunterkünfte und Erholungsheime

**Shukubō** sind Gastunterkünfte in Tempelanlagen und eine interessante Alternative zu herkömmlichen Hotels oder Ryokan. Während der Edo-Zeit (1603–1868) nutzten vor allem Reisende und Pilger diese Übernachtungsmöglichkeit. *Shukubō* bieten eine erschwingliche Unterkunft in einfachen Tatami-Zimmern (manche mit eigenem Garten), vegane Gerichte *(shōjin-ryōri)* und die Gelegenheit, am Tempelleben und Alltag der Mönche, etwa an den morgendlichen Andachten oder Zen-Meditationen, teilzuhaben. Auch Nicht-Pilger können hier nächtigen. In der Regel gibt es Gemeinschaftsbäder.

**Kyūkamura** und **Kokuminshuku-sha** sind staatliche Erholungseinrichtungen im Stil von Ryokan, die oft in Nationalparks oder Erholungsgebieten liegen und relativ günstig sind: 💻 www.qkamura.or.jp (auch auf Englisch) und 💻 www.kokumin-shukusha.or.jp (nur Jap.).

## Jugendherbergen und Hostels

Mit über 300 **Jugendherbergen** ist das Jugendherbergsnetz in Japan sehr dicht. Japanische Jugendherbergen sind allerdings heute so teuer (meist über 3000 ¥ pro Person), dass sie als Übernachtungsmöglichkeit für westliche Reisende mit knappem Budget am ehesten noch für Einzelreisende in Frage kommen. Private Hostels im westlichen Stil, die es in vielen touristischen Zentren gibt, sind fast immer billiger. Zumin-

Die Schlafkabinen in Kapsel-Hotels sehen aus wie futuristische Stockbetten.

TRAVELINFOS VON A BIS Z

dest wer zu zweit reist, findet in den Städten oft preiswertere Businesshotels (oder Love Hotels), und auf dem Land sind Zeltplätze mit Abstand die günstigste Option. Die Publikation *Yasui Yado*, www.verymuch.org, führt günstige Übernachtungsmöglichkeiten in ganz Japan auf.

Wer dennoch in Jugendherbergen übernachten möchte, sollte sich schon im Heimatland einen Jugendherbergsausweis besorgen, denn für Nicht-Mitglieder erhöht sich der Preis meist noch einmal um je 600 ¥, und sich vorher anmelden. Der Standard in den Jugendherbergen ist sehr unterschiedlich: Manche sind wie einfache Hotels eingerichtet und haben fast nur Doppelzimmer, andere wirken wie muffige Erziehungsanstalten aus vergangenen Zeiten. Meistens gibt es ein günstiges Frühstück. Das japanische Frühstück ist dabei für Morgenhungrige die bessere Option, da es Reis- und Suppen-Nachschläge gibt. Wirklich empfehlenswert sind generell Jugendherbergen, die in Tempeln untergebracht sind, weil sie die Möglichkeit bieten, den Tempelalltag kennenzulernen. Sie sind meist sehr einfach und entsprechend billiger als andere Tempelunterkünfte.

**Private Hostels** bieten entweder Schlafsaalbetten (in der Regel geschlechtergetrennt) oder kapselartige Verschläge mit Vorhang an und haben meistens auch ein paar Einzel- oder Doppelzimmer. Sie verfügen über Gemeinschaftsbereiche und oft eine Küche, eine Waschmaschine sowie Kaffee und Tee gratis. Viele Hostels stellen Seife und Shampoo bereit, aber meist keine Handtücher.

## Camping

Wildes Zelten ist fast überall erlaubt. Es gibt auch offizielle Campingplätze, die aber selten in der Nähe von Städten oder Sehenswürdigkeiten, sondern am Meer oder in den Bergen liegen. Sie sind oft recht einfach, ohne warme Duschen (oder ganz ohne Duschen) und mit offenen Feuerstellen. Diese Campingplätze sind dafür mit 500–1000 ¥ pro Person billig. Die besser ausgestatteten ziehen viele Tagescamper an, die nur mal mit den Kindern für ein paar Stunden auf einer Wiese sein wollen. Selbst die Gebühren fürs Tagescampen (Day-Camp) sind dort manchmal recht hoch (Tagescamp 1500 ¥/Übernachten teils über 4000 ¥ pro Platz). Auf Wohnwagen oder Wohnmobile sind wenige Campingplätze ausgelegt, dafür kann man in entlegenen Gebieten auf Parkplätzen und *michi-no-eki* (regionalen Rastplätzen) stehen.

### Ausrüstung

Wer viel wandern möchte, bringt am besten Zelt und Campingausrüstung mit. In Japan ist es erlaubt, wild zu zelten, auch in den Bergen (bis auf Nationalparks, z. B. Kamikōchi). In den Großstädten gibt es praktisch alles für den Campingbedarf zu kaufen. Die größte japanische Marke für Outdoor-Artikel ist Montbell, oft etwas preiswerter als importierte Marken und qualitativ hochwertig. Eine große und gut sortierte Kette von Outdoor-Läden ist ICI (Ishii) Sports; in Tōkyō konzentrieren sich große Sportgeschäfte in Kanda.

Die in Europa üblichen Campinggas-Kocher und die zugehörigen Kartuschen sind in Tōkyō zwar erhältlich, aber auf dem Land oder in den Bergen fährt bzw. kocht man besser mit Primus-System. Viele Läden für Angelzubehör (für die Google-Suche: *tsurigu* 釣具) führen Kartuschen. Achtung, weder Post noch private Paketdienste *(takkyūbin)* transportieren Gaskartuschen. Grundsätzlich sind Multifuel-Kocher eine praktische Alternative, weil sie auch mit Tankstellenbenzin laufen. Japanische Fluggesellschaften weigern sich aber oft, Kocherbenzinflaschen zu transportieren, in denen *jemals* Benzin war. Wer auf Inlandflügen sichergehen will, kann die leere Flasche per Post (kein Problem!) vorausschicken.

## Privatübernachtungen und Weekly Mansion

Internetforen für kostenlose **Privatübernachtungen**, wie Couchsurfing, haben auch in Japan eine ganze Menge Mitglieder, darunter viele Expats. Ein paar Japanisch-Sprachkenntnisse sind bei der Kontaktaufnahme sicher hilfreich, aber nicht unbedingt notwendig. Zu Übernachtungen bei Bekannten siehe auch S. 95, Private Einladung.

Es gibt ein recht großes Angebot an **Ferienwohnungen**, die wochen- oder monatsweise, manchmal auch schon ab einer Übernachtung, gemietet werden können und dann ab fünf Tagen oder ab einer Woche billiger werden. Die typische Einrichtung besteht aus: westlichem Bett, Küchenzeile mit Reiskocher und Mikrowelle, Tisch, Sofa, Fernseher, kleinem Bad. Manchmal finden sich günstige Kombinationsangebote aus Ferienwohnung und Mietwagen. Für die Buchung sind meist Japanischkenntnisse nötig.

**Weekly Mansion WMDC**, 💻 www.weekly-mansion.com,

**Good Life**, 💻 www.702622.com.

Auch **Airbnb**, 💻 www.airbnb.de, bietet Ferienwohnungen in Japan an; wegen der strengen Zweckentfremdungsregeln in Japan sind das teils normale kommerzielle Unterkünfte.

# Verhaltenstipps

Japaner sind sehr freundlich, aber selten herzlich. Körperkontakt ist unüblich. Normalerweise verbeugt man sich nur, anstatt sich die Hände zu geben. In vielen Fällen ist die persönliche Distanz aber geringer, vor allem in vollen U-Bahnen oder auch Aufzügen.

Neuen Bekannten überreichen Japaner als Erstes eine **Visitenkarte** *(meishi)*. Normalerweise werden so die jeweilige Ranghöhe und die Höflichkeitsstufe geklärt, woraus sich wiederum der Grad der anschließenden Verbeugungen ergibt. Man gibt und nimmt die Visitenkarte mit beiden Händen. Auf der Visitenkarte (außer auf der eigenen) sollte man sich keine Notizen machen. Für einen rein touristischen Aufenthalt braucht man aber keine Visitenkarte.

In Gesprächen ist es üblich, seine Aufmerksamkeit durch häufige Einschübe wie „ja, genau" oder „verstehe" deutlich zu machen. Andernfalls wird der Sprecher möglicherweise irritiert nachfragen. Die **Kommunikation** ist manchmal weniger direkt als in Europa, v. a. Ablehnung oder Kritik wird eher durch die Blume geäußert. So kann „Ich werde sehen, was sich machen lässt" auch für „nein" stehen. Als Gast sollte man ebenfalls lieber Andeutungen machen, als mit direkter Kritik herauszuplatzen. Es gilt als unhöflich, sich in der Öffentlichkeit die Nase zu putzen (vor allem laut). Wer **Schnupfen** hat, kann also schniefen oder sich dezent zur Seite (oder ins Treppenhaus etc.) wenden.

In vielen Häusern, Unterkünften, Tempeln, z. T. auch öffentlichen Gebäuden, müssen am Eingang die **Schuhe** ausgezogen werden. Sichtbares Zeichen dafür ist eine kleine Stufe zwischen dem Eingangsbereich *(genkan)* und dem Innenraum; oft stehen auch Pantoffeln bereit. Man stellt die Schuhe entweder ordentlich mit den Spitzen nach außen (also zur Tür) vor der Stufe ab oder in ein dafür vorgesehenes Regal. In manchen Sehenswürdigkeiten werden Plastiktüten ausgeteilt, um die Schuhe mitzunehmen. In Privathäusern und traditionelleren Unterkünften, aber auch in vielen Restaurants, finden sich *toilet slippers*, d. h. Schlappen, die nur für die Toilette gedacht sind, oft steht groß „WC" darauf. Ausländern passiert es manchmal, dass sie mit den Klo-Schlappen durchs Hotel laufen.

In japanischen Zimmern, die mit **Tatami** ausgelegt sind, werden überhaupt keine Schuhe getragen, auch keine Pantoffeln!

Die formelle **Sitzhaltung** (z. B. für die Teezeremonie) ist kniend auf den Fußsohlen (Zehenspitzen nach innen). Wenn die Beine einschlafen, darf man sie auch zur Seite falten oder in informelleren Situationen auch mal nach vorn. Die Füße sollten dabei aber auf niemanden zeigen. Vorsicht beim Aufstehen nach längerem Knien!

Die meisten übrigen Einstellungen zu Höflichkeit, Lautstärke, Pünktlichkeit etc. entsprechen weitgehend westeuropäischen – bzw. sind im Zweifelsfall eher strenger: **Lautes Sprechen** in der Bahn ist z. B. rüpelhaft, telefonieren unerwünscht (es telefoniert auch niemand). Regeln und **Verbote** werden grundsätzlich eingehalten.

Zu den Tischsitten S. 50, zum Verhalten an Schrein und Tempel S. 127.

## Private Einladung

Nur relativ wenige Leute können sich ein großes, repräsentatives Wohn- oder Esszimmer leisten, und so ist es vielen peinlich, Gäste nach Hause einzuladen. Zudem wohnen die wenigsten Japaner zentral und müssten den Gästen also eine weite Fahrt in die Vororte zumuten.

Wer eingeladen wird, sollte ein **Geschenk** mitbringen. Es muss nicht unbedingt teuer sein, sollte aber zumindest persönlich ausgesucht und hübsch verpackt sein (auch vom Laden). In Japan ist es nicht üblich, Geschenke vor den Gästen auszupacken, der Gastgeber wird sich daher vielleicht nur überschwänglich bedanken und das eingepackte Geschenk weglegen. Eine gute Alternative ist es auch, einen Kuchen oder Ähnliches aus einer edlen Bäckerei mitzubringen.

**Pünktliches Erscheinen** ist angemessen; wahrscheinlich kommen die Gastgeber statt einer Wegbeschreibung eher zum Bahnhof.

In fast allen Privatwohnungen werden die **Schuhe** am Eingang ausgezogen. Je nach Wohnungseinrichtung findet das Treffen im **japanischen Zimmer** mit Tatami und einem niedrigen Tisch statt, auch wenn der Rest der Wohnung westlich eingerichtet ist. Übernachtungsgäste bekommen oft das japanische Zimmer angeboten, weil dort auch mehrere Futons ausgelegt werden können, ohne dass man ein eigenes Gästezimmer braucht.

Japaner **baden** meist abends in einer kurzen Sitzwanne mit sehr heißem Wasser. Die Gäste dürfen als Erste ins Bad – hier gelten die gleichen Regeln wie im Onsen (S. 72). Das Wasser wird nach dem Baden nicht ausgelassen, sondern für den nächsten Badenden gut abgedeckt. Wer lieber morgens duschen möchte, sollte das rechtzeitig ansprechen.

## Trinkgeld

Trinkgelder sind in Japan weder im Restaurant noch im Hotel oder Taxi üblich. In der Tourismusbranche kommt es vor, dass z. B. Hotelpersonal oder Busfahrer ein Trinkgeld *(chippu)* bekommen; es wird im Umschlag überreicht, und bei Gruppen erledigt das üblicherweise die Reiseleitung.

Falls an der Kasse (vom Restaurant, Supermarkt, *konbini*) eine Spendenbox steht, handelt es sich meistens eher um eine Sammlung für einen guten Zweck.

# Versicherungen

Eine **Auslandsreisekrankenversicherung** ist unbedingt empfehlenswert, da die deutsche Krankenversicherung in Japan nicht gilt und Arztkosten sehr hoch sind.

Viele Krankenversicherungen bieten günstige Tarife für Auslandsversicherungen, die das ganze Jahr über für beliebig viele Privatreisen bis zu einer bestimmten Dauer gelten (mehrere Wochen). Wer länger bleiben will oder beruflich fährt, sollte bei mehreren Anbietern nachfragen.

# Visa

Für einen **touristischen oder geschäftlichen Aufenthalt** bis zu 180 Tagen in Japan benötigen Deutsche, Österreicher und Schweizer kein Visum. Voraussetzung hierfür ist allerdings, dass sie in Japan weder studieren noch arbeiten oder eine Berufsausbildung machen wollen. Erforderlich ist ein gültiger Reisepass.

Bei der Einreise werden von allen Ausländern biometrische Daten (Foto und Fingerabdrücke) erhoben. Ausgenommen sind von dieser Regelung nur Kinder unter 16 Jahren, Diplomaten und Staatsgäste.

Die zunächst 90-tägige Aufenthaltserlaubnis kann in Japan für 4000 ¥ um weitere 90 Tage verlängert werden. Dafür muss die **Verlängerung** bei der zuständigen Einwanderungsbehörde beantragt und im Pass eingetragen werden. Über 180 Tage hinaus lässt sich die Aufenthaltserlaubnis nicht verlängern. Wer länger bleiben möchte, muss kurz ausreisen – beliebt ist die Fähre nach Busan (Korea) oder ein billiger Shopping-Flug nach Seoul oder Taiwan. Die Erlaubnis zur Wiedereinreise liegt dann im Ermessensspielraum der zuständigen Beamten, läuft aber meist unproblematisch.

Für **Arbeit, Studium oder längere Aufenthalte** muss ein Visum beantragt werden. Damit erhält man in Japan auf dem zuständigen Einwohnermeldeamt ein „Certificate of Alien Registration", eine Art Personalausweis mit Lichtbild, der immer mitzuführen ist. In vielen Fällen kümmern sich die Arbeitgeber oder Uni-Austauschprogramme um die notwendigen Formalitäten. Neben dem Arbeits- oder Studentenvisum können Interessierte sich auch für ein **Visum für Kulturaustausch** („Cultural Activities") bewerben, das bis zu einem Jahr Gültigkeit hat und z. B. für Ikebana- oder Karate-Unterricht gedacht ist.

Junge Deutsche bis 30 Jahre können sich außerdem um ein **Working Holiday Visum** bemühen, das es ihnen ermöglicht, ein Jahr lang in Japan zu arbeiten.

Eine Liste der möglichen Visatypen und Bedingungen ist auf der Internetseite des japanischen Außenministeriums erhältlich: 💻 www.mofa.go.jp/j_info/visit/visa.

# Zeit und Kalender

Japan liegt in der Zeitzone GMT+9 und hat keine Sommerzeit. Damit beträgt die **Zeitverschiebung** zur Mitteleuropäischen (Winter-)Zeit plus 8 Stunden, zur Sommerzeit plus 7 Stunden: Wenn also in Europa Vormittag ist, wird es in Japan schon dunkel.

In Japan wird neben der westlichen Zeitrechnung weiterhin die japanische Jahreszählung nach der **Regierungszeit des Kaisers** benutzt. Der Kaiser wählt bei seiner Inthronisierung ein Motto für seine Regierungszeit, das die Ära-Bezeichnung wird. Der Amtsantritt des derzeitigen Tennō im Jahr 2019 machte dieses Jahr zum Jahr 1 der Ära Reiwa. Entsprechend wird weitergezählt, so ist 2024 z. B. das Jahr Reiwa 6.

Auch der **Mondkalender** spielt für die Berechnung mancher japanischer Feste noch eine (wenn auch untergeordnete) Rolle. Das Kalenderjahr beginnt wie in Europa am 1. Januar, das Geschäfts- und Schuljahr am 1. April. In vielen japanischen Kalendern sind buddhistische Glücks- und Unglückstage vermerkt, die sich alle fünf Tage wiederholen. Diese Tage werden ähnlich ernst genommen wie hierzulande ein Freitag, der dreizehnte: Wenn ein Glückstag auf ein Wochenende fällt, sind Bankettsäle von Hochzeitsgesellschaften ausgebucht und besonders teuer.

# Zoll

Zollfrei **nach Japan** eingeführt werden dürfen pro Person bis zu:

- 250 g Tabak oder 200 Zigaretten oder 50 Zigarren
- 3 Flaschen Spirituosen à 760 ml
- 56 ml Parfum
- sonstige Waren im Wert von bis zu 200 000 ¥

Frische Lebensmittel, insbesondere Obst, Gemüse und Fleisch, dürfen nicht importiert werden. Für die Einfuhr von Bargeld gibt es hingegen keine Einschränkungen.

Bei Einfuhr von Bargeld oder Reiseschecks im Wert von mehr als einer Million Yen muss allerdings ein zusätzliches Formular ausgefüllt werden.

Für die Einfuhr von Tabak und Alkohol **in die EU** gelten pro Person Freimengen von 200 Zigaretten bzw. 50 Zigarren oder 250 g Tabak; 1 l Alkohol über 22 % Vol. bzw. 2 l bis 22 % Vol. (dazu zählt Sake); außerdem bis zu 4 l Wein und 16 l Bier. Andere Waren dürfen bei Flug- und Seereisenden bis 430 € zollfrei eingeführt werden. Wenn ein einzelnes Stück mehr kostet, muss der gesamte Wert verzollt werden. Dafür gilt bis 700 € ein Pauschalsatz von 17,5 %; darüber werden alle Abgaben addiert, nämlich jeweils die Einfuhrumsatzsteuer von 19 %, Zoll nach Warenart von 0 bis 17 % (Laptops, Mobiltelefone, Digitalkameras 0 %), ggf. auch noch Verbrauchssteuern wie Tabak- oder Branntweinsteuer. Mehr Infos unter 💻 www.zoll.de.

Für die **Schweiz** gilt eine Obergrenze von 300 sFr plus persönliche Gebrauchsgegenstände (auch gebrauchte Fotoapparate und Computer); für Tabak und Alkohol gelten Freimengen (250 Zigaretten bzw. 250 g Tabak; 5 l bis 18 % Vol., 1 l über 18 % Vol.). Für alle Beträge darüber muss Mehrwertsteuer in Höhe von 7,7 % bezahlt werden; dazu kommt Zoll je nach Warenart.

Beim häufig angebotenen zollfreien Einkaufen sollte man daher auch die Obergrenzen für die

# Land und Leute

**Eine Vielzahl an Naturphänomenen, religiösen Stätten und schönen Künsten legt Zeugnis ab von der langen Geschichte und besonderen Entwicklung dieses Inselreichs, dessen Bewohner einerseits jahrhundertealte Traditionen pflegen und fortführen, andererseits offen für alles Neue sind und es oft auf originelle Weise integrieren.**

SETSUBUN AM KANDA-SCHREIN, TŌKYŌ; © JAPAN-PHOTO.DE/HARTMUT POHLING

## Inhalt



## Steckbrief Japan

**Offizieller Name** *Nippon-koku* oder *Nihon-koku* (Staat Japan)

**Staatsform** Parlamentarische Erbmonarchie

**Hauptstadt:** Tōkyō

**Staatsoberhaupt (de facto)** Reiwa Tennō (Kaiser Naruhito)

**Regierungschef** Kishida Fumio

**Fläche** 377 923 km²

**Einwohnerzahl** 123,7 Mio.

**Sprache** Japanisch

**Internetnutzer** 94 %

**UN-Glücksindex** Platz 47 von 109

**BIP pro Kopf (PPP)** 33 815 US$

**Touristen pro Jahr** 31,9 Mio. (2019)

# Geografie

**Fläche:** 377 923 km² (Deutschland 357 104 km²)

**Küstenlänge:** 29 751 km

**Nord-Süd-Ausdehnung:** 3200 km

**Kürzeste Entfernung zum Festland:** 200 km (Koreastraße)

**Größte Städte:** Tōkyō (9,3 Mio.), Yokohama (3,7 Mio.), Ōsaka (2,7 Mio.)

**Höchster Berg:** Fuji-san (3776 m)

Japan besteht aus einer sich bogenförmig vor der ostasiatischen Pazifikküste erstreckenden Inselgruppe vulkanischen Ursprungs. Der Staat setzt sich von Nord nach Süd aus den vier Hauptinseln Hokkaidō, Honshū, Shikoku und Kyūshū sowie über 3900 kleineren, teils bewohnten, teils unbewohnten Inseln zusammen und wird durch das Japanische Meer vom asiatischen Kontinent getrennt. Die kürzeste Distanz zum Festland beträgt in der Koreastraße etwa 200 km bis zur Koreanischen Halbinsel.

Der Japanische Archipel erstreckt sich über einen Bereich von 20° bis 45° nördlicher Breite, daher herrschen auf den verschiedenen Inseln vom tropischen Okinawa im Süden bis zum kühl-gemäßigten Hokkaidō im Norden höchst unterschiedliche ökologische Bedingungen.

Die nördliche Grenze zu Russland ist noch immer umstritten, da Japan die Rückgabe von vier Inseln der südlichen Kurilen fordert, die 1945 von der Sowjetunion besetzt wurden. Eine Lösung des Konflikts ist derzeit nicht in Sicht. Territorialstreitigkeiten gibt es auch mit Südkorea und China über kleine, unbewohnte Inseln.

Im Süden bilden die Ryūkyū-Inseln, zu denen Okinawa gehört, die Grenze zwischen Ostchinesischem Meer und Philippinensee. Die Insel Yonaguni am südwestlichen Ende der Inselgruppe liegt nur gut 120 km von Taiwan entfernt.

## Naturräume

Durch alle Inseln ziehen sich Bergketten, knapp drei Viertel der Landesfläche sind gebirgig, und nur etwa ein Viertel besteht aus Ebenen und Tälern. In Zentraljapan laufen mit den Hida-, den Kiso- und den Akashi-Bergen drei Bergketten zusammen und bilden die **Japanischen Alpen**. Besiedelt sind in erster Linie die Küstenebenen und Täler, die größte Ebene ist mit 13 000 km² die **Kantō-Ebene**, in der Tōkyō liegt.

Da die Hauptinsel Honshū recht schmal und die anderen Inseln nicht sehr groß sind, liegt kein Ort in Japan mehr als 150 km vom Meer entfernt. Honshū, Shikoku und Kyūshū umschließen die **Inlandsee**, ein Binnenmeer, das über vier Meerengen mit dem Japanischen Meer bzw. dem Pazifik verbunden ist.

Japans Flüsse sind zumeist kurz und schnell fließend und damit kaum schiffbar, am längsten ist mit 367 km der **Shinano**, der durch die Präfekturen Nagano und Niigata ins Japanische Meer fließt.

## Regionen

**Honshū** („Hauptprovinz") ist mit 1300 km Länge die größte der vier Hauptinseln und umfasst mit 230 000 km² etwa 60 % der Gesamtfläche Japans. Es wird von West nach Ost eingeteilt in die Regionen Chūgoku, Kansai, Chūbu, Kantō und Tōhoku, die wiederum in 34 Präfekturen gegliedert sind. Drei Viertel aller Großstädte befinden sich auf Honshū, allein im Ballungsraum Tōkyō-Yokohama lebt ein Viertel der Gesamtbevölkerung. **Hokkaidō**, die zweitgrößte Insel, ist gleichzeitig die größte und nördlichste Präfektur; ihr Name bedeutet in etwa „Nordmeerbezirk". Sie ist seit 1988 durch den 53 km (!) langen unterseeischen Seikan-Tunnel mit Honshū verbunden. Hokkaidō hat mit seinen 6,3 Mio. Einwohnern eine niedrige Bevölkerungsdichte und ist eher landwirtschaftlich geprägt. **Shikoku** ist mit 18 000 km² die kleinste der japanischen Hauptinseln und gliedert sich in vier Präfekturen. Sie ist über mehrere Brücken mit Honshū verbunden. Die 3,2 Mio. Einwohner leben vorwiegend im weniger bergigen Norden der Insel. **Kyūshū** ist die südlichste der vier Hauptinseln und mit 12,7 Mio. Einwohnern die bevölkerungsreichste nach Honshū. Kyūshū ist gleichzeitig der Name einer Region, die außer der Insel Kyūshū noch weitere kleinere Inseln, darunter die Goto- und Ryūkyū-

Inselgruppen, umfasst und in acht Präfekturen untergliedert ist, eine davon ist die Präfektur **Okinawa**, zu der wiederum über die Okinawa-Inselgruppe hinaus noch die Miyako- und die Yaeyama-Inseln gehören.



## Erdbeben und Vulkane

Japan liegt in einem Gebiet mit erhöhter tektonischer Aktivität, die dadurch zustande kommt, dass sich im Osten die Pazifische und im Süden die Philippinische Platte unter die Eurasische Platte schieben. Dadurch kommt es einerseits zu vermehrten Erdbeben und andererseits zu Vulkanausbrüchen, denn das Gestein der abtauchenden Platten schmilzt, steigt als Magma wieder auf und durchdringt an dünnen Stellen die obere Platte. Eine Kette von Vulkanen, Teil des sogenannten Pazifischen Feuerrings, sind die Folge. Von Hunderten Vulkanen in Japan gelten 110 als aktiv, regelmäßige Warnungen gibt es etwa zu zehn von ihnen. Der 3776 m hohe **Fuji-san** ist das letzte Mal im Dezember 1707 ausgebrochen; auch er gilt als aktiv, aber mit sehr geringem Ausbruchsrisiko.

Als Nebenwirkung dieser geologischen Besonderheit dampfen und brodeln überall im Land heiße, meist mineralhaltige Quellen, oft in Verbindung mit schwefelhaltigen Dämpfen. Den zahlreichen **Thermalquellen** *(onsen)*, denen oft heilende Wirkung nachgesagt wird, verdankt Japan seine ausgeprägte Badekultur.

Zum Verhalten im Falle eines Erdbebens s. S. 75, Sicherheit.

## Landnutzung

Wegen des hohen Anteils an Bergland findet man auf zwei Dritteln der Landesfläche Wald, ein weiteres Achtel entfällt auf landwirtschaftliche Flächen, gut 8 % auf Siedlungs- und Verkehrsflächen und gut 3 % auf Binnengewässer. Da die für Landwirtschaft und Siedlung nutzbaren Flächen in den Ebenen begrenzt sind, findet dort eine intensive Nutzung statt, die mit einer relativ starken menschlichen Überprägung der Landschaft einhergeht, z. B. umfangreiche Maßnahmen zum Küstenschutz und zur Landgewinnung durch Deichbau und Entwässerung, das Anlegen von Reisterrassen, um Landwirtschaft auch in Hanglagen betreiben zu können, oder das Schaffen künstlicher Inseln. Die meisten Flüsse wurden zur Gewinnung von Wasserkraft aufgestaut, um die hohe Reliefenergie zu nutzen.

# Flora und Fauna

## Pflanzen

Die vielfältigen klimatischen und topografischen Bedingungen ermöglichen einen vergleichsweise großen Artenreichtum mit über 7000 Gefäßpflanzenarten. Die Isolation durch die Insellage führte zur Ausbildung einer sehr eigenständigen Tier- und Pflanzenwelt. Etwa ein Drittel der vorkommenden Pflanzenarten sind endemisch, d. h. sie kommen nur in Japan oder sogar nur auf einzelnen Inseln vor.

Die Abfolge verschiedener Klimazonen spiegelt sich auch in unterschiedlichen Vegetationszonen wider. Auf den südlichen Inseln wachsen semitropische, immergrüne **Wälder** mit Palm- und Baumfarnen sowie Lianen und Färberröte im Unterwuchs. Nach Norden hin, bis nach Zentral-Honshū hinein, schließt sich zunächst die Lorbeerwaldzone mit subtropischen immergrünen Laubwäldern an, mit Kampferbäumen in den Küstenebenen, Scheinkastanien in sonnigen, trockenen Lagen und immergrünen Eichen und Schirmtannen in feuchten Berglagen, im Unterwuchs Farne; auch Fächerpalmen und Banyan-Feigen sind zu finden. Anspruchslose Japanische Rot- und Schwarzkiefern begnügen sich mit den Sandböden der Küstendünen, in Berglagen kommt der höchste japanische Nadelbaum vor, die Sicheltanne oder *sugi (Cryptomeria japonica)*, landläufig japanische Zeder genannt, tatsächlich aber ein Zypressengewächs. Einige Exemplare auf der Insel Yakushima südlich von Kagoshima sollen über 2000 Jahre alt sein.

In Nordost-Honshū und Südwest-Hokkaidō folgen sommergrüne Laubwälder der gemäßigten Zone mit Kerbbuchen, Katsurabäumen, Ahorn, Eichen und Birken. Diese Wälder sehen unseren mitteleuropäischen recht ähnlich, wenn man von den verschiedenen Bambusarten im Unterwuchs absieht. Im Südwesten Hokkaidōs nehmen dann Linden und Ahorn die Standorte der Kerbbuche ein und der Koniferenanteil steigt. Im nördlichen Hokkaidō schließlich wachsen boreale Nadelwälder mit Sachalin-Fichte, Ajan-Fichte und Sachalin-Tanne, gemischt mit einigen Birken und Eichen und reichlich Moos und Flechten im Unterwuchs.

Diese horizontale Zonierung wiederholt sich vertikal von den Ebenen bis hinauf in die Hochlagen der Gebirge: Jenseits der Baumgrenze, die nordwärts von etwa 2400 m in Zentral-Honshū auf etwa 1400 m in Zentral-Hokkaidō fällt, findet man Zwergkiefern und alpine Wiesen.

Tatsächlich bedeckt die natürliche Vegetation noch knapp 20 % der Fläche Japans, insbesondere in Form von ursprünglichen Wäldern in schwer zugänglichen Berg- und Inselregionen; der hohe Gesamtwaldanteil von zwei Dritteln setzt sich ansonsten zu etwa gleichen Teilen aus Sekundärwäldern und Forsten, vorwiegend aus Lärche, Scheinzypresse, Hiba-Lebensbaum, Sicheltanne, Kiefern und anderen Koniferen zusammen.

## Tiere

Dank der großen Nord-Süd-Ausdehnung über verschiedene Klima- und Vegetationszonen bietet Japan den unterschiedlichsten Tieren einen Lebensraum, darunter auch eine Reihe von Spezies, die nur hier leben. Der Norden teilt subarktische Arten mit Sibirien, die gemäßigte Zone weist hingegen Arten auf, die auch in China oder Korea vorkommen. Im Süden findet man wiederum tropische Arten aus Südostasien.

In den Bergregionen leben große **Landsäuger** wie der Braunbär auf Hokkaidō und der Asiatische Schwarzbär auf Honshū. Hinzu kommen Huftiere wie Wildschwein, Sikahirsch und Japanischer Serau, eine Antilopenart, sowie Marderhunde (Tanuki), Japanische Marder und Rotfüchse. Eine Besonderheit sind die **Rotgesichtsmakaken**, deren Lebensraum sich bis hinauf auf die Shimokita-Halbinsel im Norden Honshūs erstreckt – das weltweit nördlichste Vorkommen wildlebender Affen, die sich im harten japanischen Winter zuweilen in heißen Quellen aufwärmen. Nur einzelne Inseln im Süden bewohnen dagegen zwei Arten von **Wildkatzen**: die vom Aussterben bedrohte Iriomote-Katze (Kasten S. 621) auf Iriomote und die Asiatische Bengalkatze auf Tsushima.

Die japanischen Inseln liegen an einer wichtigen Vogelzugstraße. Es wurden etwa 350 Zugvogel- und 250 Brutvogelarten gezählt, viele davon sind **Wasservögel** wie Möwen, Alke, Taucher, Albatrosse, Sturmtaucher, Reiher, Enten, Gänse, Schwäne, Kraniche und Kormorane. **Endemische Vogelarten** sind z. B. Japangrünspecht, Kupferfasan und der Nationalvogel *kiji*, der Japanische Buntfasan. Nur auf einzelnen Inseln kommen die Okinawaralle (Okinawa), die Kurodadrossel (Izu- und Ryūkyū-Inseln) und der Bonin-Honigfresser (Ogasawara-Inseln) vor.

Von den über 70 heimischen **Reptilienarten** gibt es beinah die Hälfte nur in Japan. Fast alle auf den Hauptinseln vorkommenden Schlangenarten sind ungiftig, so auch die zwischen ein und zwei Metern lange, grün-karierte **Inselnatter** *(Elaphe climacophora*, jap. *aodaishō)*, der man durchaus auch mal in öffentlichen Parks begegnen kann. Es ist die größte Schlange Japans außerhalb Okinawas (zu Giftschlangen auf Okinawa s. S. 587). Auch unter den **Amphibien** gibt es viele, die nur in Japan zu Hause sind: Die Winkelzahnmolche sind mit vielen Arten vertreten. Mit ihnen verwandt ist der urtümliche **Riesensalamander**, mit bis zu 1,50 m die zweitgrößte Salamanderart der Welt.

Vor der Küste zusammenfließende kalte und warme Meeresströmungen sorgen für ein ausgeprägtes marines Leben. Zusammen mit den Süßwasserfischen kommen über 3000 Arten von **Fischen** vor, außerdem große **Meeressäuger** wie Delfin und Dugong (Gabelschwanzseekuh) sowie Glattschweinswal und Stellerscher Seelöwe, die leider allesamt bedrohte Arten sind.

# Umwelt

Jeder Japan-Besucher wird irgendwann mit der japanischen Vorliebe für aufwendige Verpackungen konfrontiert. Wer schon einmal an einer japanischen Schachtel Kekse „gearbeitet" hat, bis er zum eigentlichen Knabbergenuss vordrang, weiß, wovon die Rede ist. Der politische Imperativ zum schonenden Umgang mit Ressourcen steht im täglichen Konflikt mit kulturellen Konventionen.



Seinen ersten Fall von Umweltverschmutzung hatte Japan bereits 1880 in der Meiji-Zeit ausgehend von einer Kupfermine in Ashio (Präfektur Tochigi). Die unmittelbare Nachkriegszeit war geprägt von vier großen **Umweltskandalen**: der sogenannten Itai-Itai-Krankheit (Krankheit mit starken Schmerzen) durch Cadmium-Vergiftung in Fuchū (Präfektur Toyama) 1950, der Quecksilbervergiftung durch ein Chemiewerk in Minamata auf Kyūshū Mitte der 1950er-Jahre, einem ähnlichen Fall in der Präfektur Niigata 1964 sowie den Asthma-Erkrankungen durch Luftverschmutzung in Yokkaichi (Präfektur Mie) zwischen 1960 und 1972. Die negativen Auswirkungen des schnellen Wirtschaftswachstums wurden auch in Japan offensichtlich, was jedoch nicht zu einer „grünen Bewegung" führte. Per **Umweltgesetzgebung**, quasi von oben, wurden vielfach technische Lösungen gefunden, allerdings ohne einen grundlegenden Bewusstseinswandel in der Bevölkerung hervorzurufen. In den 1990er-Jahren führte die japanische Regierung per Gesetz Recyclingprinzipien ein, und mit ISO-Standards wurden viele Firmen auf Energie- und Ressourcen-Sparkurs gebracht.

Als Deutscher in Japan trifft man möglicherweise auf Bewunderer der deutschen Umweltpolitik. Scharen von Journalisten und Verwaltungsleuten sind in den letzten Jahrzehnten nach Deutschland gereist, um sich über Müllvermeidung, Verkehrs- und Energieprojekte zu informieren. Freiburg ist jedem interessierten Japaner als Deutschlands „Umwelthauptstadt" bekannt. Auch bei den Bestrebungen, „Bildung für Nachhaltige Entwicklung (BNE)" – in Japan: ESD (Education for Sustainable Development) – in der Schul- und Erwachsenenbildung zu etablieren, ist Deutschland Vorbild.

Trotz vieler Bewunderer deutscher Umweltpolitik: Das Konzept der Verkehrsberuhigung von Innenstädten und Wohnvierteln hat sich in Japan nicht durchgesetzt. Wo in Deutschland in sogenannten Spielstraßen längst Kinder mit Kreiden auf die Straße malen, darf man in Japan noch selbstbewusst mit dem Auto durchfahren. Gespenstisch anmutende Autos mit laufenden Motoren, aber ohne Insassen, nur weil man nach der Rückkehr vom Shopping nicht auf den Service von Klimaanlage oder Heizung verzichten will – darüber schütteln nach wie vor nur Deutsche den Kopf.

Die **Umweltbewegung** ist auf lokaler Ebene aktiv, aber nicht so gut vernetzt und professionalisiert wie in Deutschland. Den Bewusstseinsschub, den man von der Kyōto-Konferenz 1997 hätte erwarten können, erzielte erst der G8-Gipfel in Hokkaidō am Tōya-See 2008 in Kombination mit extrem gestiegenen Kraftstoffpreisen. Ein gewisses Umweltbewusstsein gehört inzwi-

## Walfang

Ein international viel diskutiertes Thema ist der Walfang, denn die japanische Regierung und die Walfanglobby bestanden seit dem Verbot des kommerziellen Walfangs 1987 darauf, zu „Forschungszwecken" regelmäßig eine bestimmte Quote an geschützten Walarten zu fangen, deren Fleisch nach der Forschung dann auch auf den Markt kam, und seit 2019 hat Japan den kommerziellen Walfang wieder aufgenommen. Nach dem Zweiten Weltkrieg war Walfleisch ein preisgünstiger Proteinlieferant, aber seitdem ist der Konsum auf heute rund 2000 t – nicht mal ein Hundertstel der einstigen Menge – gefallen. Zwar unterstützt Tōkyō den Walfang immer noch durch Darlehen, aber angesichts des riesigen Haushaltslochs könnte sich das bald ändern. Es bestehen auch Zweifel, ob der kommerzielle Walfang wirtschaftlich überhaupt erfolgreich werden kann.

Innerhalb Japans sind aber sowohl die Gegenbewegung als auch die Befürworter des Walfangs kleine Minderheiten. Den meisten Japanern ist das Thema schlicht egal, und sehr viele mögen gar kein Walfleisch. Andererseits wird die Kritik am Walfang in Japan als überhebliche Einmischung des Auslands wahrgenommen – eine Zwickmühle für die japanische Regierung.

schen zum guten Ton. Plastiktüten gibt es in Supermärkten nur noch gegen Gebühr. Selbst die gute alte Baumwolltasche hat Einzug in die Alltagsausstattung einer japanischen Hausfrau gehalten. „Mottainai" – „zu schade (zum Wegwerfen)" – ist zum Modewort avanciert. Die SDGs (Sustainable Development Goals) sind für Schulen, Firmen und Verwaltung zur moralischen Verpflichtung geworden. Vielerorts fehlen nicht die Ideen, sondern es mangelt an mutigem Engagement zur Umsetzung derselben in Zusammenarbeit von Verwaltung, Bürgern und Firmen. Umwelttechnisch hingegen nimmt Japan oft eine Vorreiterrolle ein. Hybridautos sind im japanischen Stadtbild schon Standard. Technikgläubigkeit galt schon immer als typisch japanisch. Der Austausch zwischen Deutschland und Japan auf dem Umweltsektor bietet nach wie vor ein spannendes Feld. Den Klimawandel bekommt auch das katastrophenerfahrene Japan mit immer neuen Wetterextremen zu spüren.

Nach der Erdbeben- und Tsunami-Katastrophe vom März 2011 wurde in Japan viel über **Energie** diskutiert. Die Stromnetze wurden liberalisiert und seit 2013 gibt es eine Einspeisevergütung für regenerativ erzeugten Strom. Leider wurde diese Chance überwiegend von Investoren genutzt, die keinen Bezug zum Standort haben. Der havarierte Reaktor in **Fukushima** sorgt nach wie vor für Kopfzerbrechen. Trotz aufwendiger Reinigungsarbeiten in den radioaktiv verseuchten Gebieten und Aufhebung der Sperrzonen wollen viele junge Familien aus Sorge nicht in ihre Heimatorte zurück und haben sich längst anderswo ein neues Leben aufgebaut. Die Probleme einer überalternden Gesellschaft sind in der Region Fukushima daher besonders brisant.

Nach der Reaktorkatastrophe wurden zwar alle der rund 50 **Atomreaktoren** zur Überprüfung der Sicherheitsstandards vorübergehend stillgelegt, ohne dass es in Gesellschaft und Wirtschaft zu größeren Komplikationen kam. Doch während die Katastrophe von Fukushima in Deutschland zu einem energiepolitischen Wandel geführt hat, will Japan mittelfristig weiterhin auf Atomkraft setzen. Aktuell steht das Land mit der Einleitung radioaktiv verseuchter Abwässer aus Fukushima international in der Kritik.

# Bevölkerung und Gesellschaft

**Einwohnerzahl:** 123,7 Mio.

**Bevölkerungsdichte**: 340/km$^2$ (Tōkyō: 6000/km$^2$)

**Lebenserwartung:** Männer 82 J., Frauen 88 J.

**Bevölkerungsanteil 65 J. und älter:** 29 %

**Geburtenrate:** 1,39

Japan hat knapp 124 Mio. Einwohner, doch seit einigen Jahren schrumpft die Bevölkerung, wenn auch langsam. Mit einer durchschnittlichen Bevölkerungsdichte von ca. 340 Einwohnern pro Quadratkilometer ist das Land zwar theoretisch ähnlich dicht besiedelt wie Belgien (370) und wesentlich dichter als Deutschland (etwa 230 Einwohner pro Quadratkilometer). Da Japan aber sehr gebirgig ist, konzentriert sich ein Großteil der Bevölkerung in den wenigen breiten Ebenen – besonders um Tōkyō, in der Gegend um Ōsaka und Kyōto und in Nord-Kyūshū. Hier ist die Bevölkerungsdichte wesentlich höher: Spitzenreiter ist die Präfektur Tōkyō (einschließlich eines Nationalparks und 2000 m hohen Bergen!) mit über 6000 bzw. etliche Bezirke in Tōkyō, Ōsaka und Kyōto mit etwa 13 000 Einwohnern pro Quadratkilometer. Zwei Drittel der japanischen Bevölkerung lebt heute in „dicht besiedelten Regionen" auf 3,3 % der Landesfläche – dort beträgt die Bevölkerungsdichte im Durchschnitt über 6000 Einwohner pro Quadratkilometer (etwa so viel wie in Hongkong). Mehr als ein Viertel der Bevölkerung, etwa 37 Mio., lebt im Großraum Tōkyō (mit den Städten Yokohama und Kawasaki). Dieses dichte Zusammenleben auf engem Raum hat natürlich Auswirkungen auf das Verhalten und die gesellschaftlichen Umgangsformen, und manche japanische Eigenheit wird verständlicher, wenn man sich diese Enge klarmacht.

Dagegen sind weite Flächen Hokkaidōs und viele der kleinen Inseln Okinawas nur spärlich besiedelt, in den Bergen sind ohnehin nur die Täler bewohnt. In diesen Tälern haben sich z. T. bäuerliche und traditionelle Lebensweisen bis heute erhalten. Doch auch im Zentrum von

Tōkyō kann man mitunter zehn Minuten von den glitzernden Einkaufswelten entfernt in kleine Gassen geraten, in denen Anwohner in Yukata und Holz-Geta mit Seifenbeutel und Handtuch unter dem Arm zum *sentō*, dem öffentlichen Nachbarschaftsbad, laufen.

Über die Herkunft der Japaner ist nichts Genaues bekannt. Die ersten Bewohner der japanischen Inseln waren vermutlich einerseits von Süden her mit Meeresströmungen aus Polynesien eingewandert, andererseits kamen über die Koreanische Halbinsel Gruppen aus Nordostasien (China und Korea) und Sibirien (S. 107, Geschichte). Ein jahrhundertelang zentralisiertes Staatswesen hat aber für eine Verschmelzung der ursprünglichen Einflüsse gesorgt, und die Bevölkerung Japans ist heute relativ homogen.

## Minderheiten

Mindestens seit dem 15. Jh. ist die Kultur der **Ainu** auf Hokkaidō und Sachalin belegt. Sie unterscheiden sich ethnisch und kulturell von den Japanern. Sie lebten in den kühleren Regionen Japans, im Norden von Honshū und auf Hokkaidō, und wurden während der Edo-Zeit (1603–1868) wegen ihrer vermeintlichen Unzivilisiertheit verfolgt und unterdrückt. Als Hokkaidō im 19. Jh. erstmals planmäßig von Japanern erschlossen und besiedelt wurde, gliederte man die Ainu in die japanische Gesellschaft ein und zwang sie 1899 per Gesetz zur Assimilation. Ihr Land wurde von der Regierung beschlagnahmt. Wegen rassistischer Diskriminierung fügte sich die Mehrzahl der Ainu gezwungenermaßen in die japanische Gesellschaft ein und verleugnete nach Möglichkeit ihre Herkunft. Seit den 1970er-Jahren begannen die Ainu, sich für den Erhalt ihrer Kultur einzusetzen (S. 284, Hokkaidō), aber erst seit 2008 sind sie offiziell als Ureinwohner mit eigenständiger schützenswerter Kultur anerkannt. Ihre Zahl wird offiziell auf etwa 25 000 geschätzt.

Noch unauffälliger sind die **Ryūkyūjin**, die Nachkommen der Ryūkyūer auf Okinawa, die nach der Annexion des Königreichs Ryūkyū 1879 als „Japaner" integriert wurden. Eigene Traditionen, einschließlich einer eigenen Sprache, haben sich aber bis heute erhalten. Im Zweiten Weltkrieg wurden die Ryūkyūer vom japanischen Militär pauschal als potentielle Spione behandelt und waren die Hauptopfer des Krieges. In der Nachkriegszeit war Okinawa jahrzehntelang von den USA besetzt. Eine verhaltene Ryūkyū-Identität ist erst wieder im Entstehen.

Bis in die 1990er-Jahre wurden die Nachkommen der sogenannten **Burakumin** (etwa: „Ghetto-Menschen") diskriminiert, aufgrund einer nicht ethnischen, sondern rein gesellschaftlichen Ausgrenzung anhand von Berufsständen in der Edo-Zeit. So lebten diejenigen, die mit „unreinen" Tätigkeiten wie Bestattungen oder Gerben zu tun hatten, diskriminiert in abgesonderten Siedlungen.

Eine noch relativ große Minderheit sind die Koreaner bzw. **Japaner koreanischer Abstammung**. Besonders während der Zeit der japanischen Besatzung Koreas (1910–1945) kamen viele Koreaner nach Japan: zunächst meist als Wirtschaftsmigranten, später als Zwangsarbeiter. Zwar kehrten nach dem Krieg Tausende von ihnen nach Korea zurück, viele blieben aber aus unterschiedlichen Gründen in Japan. Einige waren damals bereits in zweiter oder dritter Generation in Japan ansässig; die Verbindung zum koreanischen Heimatland hatten sie verloren. Außerdem waren auf der koreanischen Halbinsel zwei konkurrierende Staaten entstanden, die bald gegeneinander Krieg führten. Viele in Japan lebende Koreaner sympathisierten zunächst unabhängig von ihrer Herkunft eher mit dem kommunistischen (damals aber erfolgreichen) nordkoreanischen Regime als mit der autokratischen Militärdiktatur Südkoreas. Diese politische Ausrichtung stand einer „Rückkehr" in die alte Familienheimat, die oft im Südteil lag, im Weg. Stattdessen entstanden in Japan zwei koreanische Interessenverbände, jeweils mit eigenen Schulen und Universitäten und guten Beziehungen zum einen oder anderen koreanischen Staat. Viele Koreaner haben inzwischen die japanische Staatsangehörigkeit angenommen; die übrigen sind weitgehend gleichgestellt und assimiliert, haben Daueraufenthaltsgenehmigungen und z. T. lokales Wahlrecht. Heute leben außerdem viele südkoreanische Bürger in Japan, die erst nach dem Krieg für Studium oder Beruf nach Japan gekommen sind.

Der **Ausländeranteil** liegt in Japan bei etwa 2,2 %, wovon Chinesen und Koreaner fast die Hälfte ausmachen. **Chinesen und Filipinos** kommen als dringend benötigte Arbeitskräfte, auch wenn ihre Integration wegen der kulturellen Unterschiede nicht leichtfällt. Andere größere Ausländergruppen stammen aus Südamerika. So leben in Japan etwa 100 000 **Brasilianer**, die meisten davon japanischer Abstammung. Im 19. und 20. Jh. waren viele Japaner wegen der schlechten Wirtschaftslage nach Südamerika ausgewandert. 1990 ermöglichte ein neues Gesetz deren Nachkommen, auch als unqualifizierte Arbeiter ein Arbeitsvisum zu bekommen. Dahinter stand die (oft irrige) Annahme, die japanischstämmigen Rückimmigranten würden sich leichter in die japanische Gesellschaft einfügen als andere Ausländer. Abgesehen davon ist die Immigration nach Japan sehr schwierig; illegale Einwanderung gibt es wegen der Insellage kaum.

## Bevölkerungsstruktur

Die strenge Zuwanderungsregelung illustriert bereits ein Dilemma der japanischen Bevölkerungspolitik: Eine höhere Immigrationsrate ist aus Sorge um die Integration der Zuwanderer und die vielbeschworene Homogenität der japanischen Bevölkerung politisch (bisher) nicht gewünscht. Andererseits hat das Land mit einer **Überalterung** der Gesellschaft zu kämpfen, d. h. die Anzahl der älteren Menschen im Verhältnis zu jüngeren steigt schneller an, als das Sozialsystem verkraftet. Gründe für den demografischen Wandel sind die nach wie vor niedrige Geburtenrate von etwa 1,4 % und die steigende Lebenserwartung (für Frauen liegt sie heute bei 88 Jahren). Der Anteil von Menschen über 65 Jahren an der Gesamtbevölkerung liegt inzwischen bei fast 30 % (2017) – zum Vergleich: EU 21 % (2022) – und steigt weiterhin an; Kinder bis zu 14 Jahren machen dagegen unter 12 % der Bevölkerung aus.

## Gleichberechtigung der Frau

Rechtlich sind Frauen heute in Beruf und Privatleben den Männern zwar völlig gleichgestellt, aber im Alltag existieren erhebliche Unterschiede: Mehr junge Frauen als junge Männer besuchen Kurzuniversitäten statt regulärer Hochschulen; sie haben weniger Festanstellungen, niedrigere Positionen und verdienen im Durchschnitt weniger. Noch immer ist es üblich, dass Frauen nach der Heirat oder spätestens nach dem ersten Kind gedrängt werden, den Beruf aufzugeben. Zwar gibt es seit 1986 ein Gesetz, das die Chancengleichheit im Berufsleben regelt, aber erst seit 1997 sind z. B. geschlechtsspezifische Stellenausschreibungen verboten. Dazu gehörte etwa die Tätigkeit als „Büroblume". Deren Hauptzweck war es, männlichen Mitarbeitern die Gelegenheit zu bieten, Heiratskandidatinnen kennenzulernen, ohne das Büro verlassen zu müssen. Heute machen Frauen etwa 45 % der Erwerbstätigen aus.

## Bildung

Die Alphabetisierungsrate in Japan gehört zu den höchsten weltweit. Trotz des schwierigen Schriftsystems können 99 % lesen und schreiben. Seit dem Ende des Zweiten Weltkriegs folgt das Bildungssystem dem amerikanischen Modell: Auf eine sechsjährige Grundschulzeit folgen verpflichtend drei Jahre Mittelschule und freiwillig drei Jahre Oberschule. Allerdings besuchen nahezu alle Jugendlichen die Oberschule. Der Abschluss einer Oberschule berechtigt zwar grundsätzlich zum Besuch eines Colleges oder einer Universität, doch ist für die endgültige Zulassung noch das Bestehen einer Aufnahmeprüfung der jeweiligen Universität erforderlich (s. Kasten S. 106).

Etwa die Hälfte aller Oberschulabgänger besucht nach dem Schulabschluss mindestens ein zweijähriges College. Etwa 75 % der Universitäten sind privat geführt; die Mehrheit der Schulen ist hingegen staatlich. Trotz des für viele Schüler mit großem Stress verbundenen Prüfungsdrucks bietet die Schule den meisten auch Geborgenheit. Fast alle Schulen sind Ganztagsschulen, dazu kommen viele außerschulische Aktivitäten, auch am Wochenende und in den Ferien. Man kann nicht „sitzen bleiben", und eine Schulform gilt für alle Kinder (einschließlich Behinderten),

### Prüfungshölle

Durch den Rückgang der Geburtenzahlen und das damit einhergehende Überangebot an Studienplätzen ist der Schrecken der sogenannten „Prüfungshölle" in den letzten Jahren deutlich abgeschwächt worden, aber das System der Eintrittsprüfungen hat nach wie vor Bestand. Am höchsten ist der Stress beim Eintritt in die Universität, denn hier existiert eine elitäre Rangordnung: Wer die **Zugangsprüfung** für eine der besten Universitäten des Landes (etwa die staatliche Tōdai oder die Privat-Unis Waseda oder Keiō in Tōkyō) besteht, hat später die besten Chancen bei der Stellensuche. Anders als in Europa spielt die Abschlussnote dabei eine geringere Rolle, da die Jobsuche bereits während des letzten Universitätsjahres stattfindet. In geringerem Ausmaß gibt es den Prüfungsdruck auch beim Eintritt in private Oberschulen und z. T. sogar in private Mittelschulen, denn gute **private Schulen** werben mit ihrer hohen Erfolgsquote bei der Zulassung zu Top-Universitäten. Im Extremfall kann der Prüfungsdruck bereits mit der Aufnahmeprüfung in einen privaten Elitekindergarten anfangen. Da die Vorbereitung in den Schulen oft als nicht ausreichend empfunden wird, wetteifern zahlreiche **Nachhilfeschulen** (*juku* und *yobikō*) um Kunden. Diese Nachhilfeschulen werden von den Schülern in der Regel nach der Schule, am späten Nachmittag oder frühen Abend, besucht und bereiten speziell auf die Aufnahmeprüfungen vor.

Rücksichtnahme und Gruppensolidarität werden gefördert. Nur Individualismus hat in diesem Konzept wenig Platz.

## Arbeit und soziale Sicherheit

Nach Umfragen in den 1990er-Jahren rechneten sich 90 % der Japaner zur **Mittelschicht**. Zumindest für die Angestellten der großen Unternehmen und für Staatsangestellte galten jahrzehntelang die Prinzipien der lebenslangen Anstellung und der Seniorität, die stetig wachsendes Einkommen (fast) bis zur Rente garantierten. Dieses System (das übrigens nie für alle Berufstätigen galt) zerfällt inzwischen, und die **Einkommensschere** ist in den letzten Jahren stark auseinandergegangen. Einerseits führen der Bevölkerungsrückgang und die Überalterung zu einem **Fachkräftemangel**. Andererseits gibt es auch in Japan heute mehr Menschen, die um ihre Arbeitsstelle bangen, und mehr sogenannte *freeter*, die sich von Job zu Job hangeln. Der Anteil der „nicht-regulären" Angestellten beträgt inzwischen 40 %, bei Frauen über 50 %. Die meisten dieser Stellen sind lediglich **Teilzeitjobs**, für die die Arbeitnehmer(innen) durchschnittlich nur 40 % des Stundenlohns von Festangestellten erhalten.

Die relative **Armut** (der Anteil derer, die weniger als die Hälfte des Durchschnittseinkommens zur Verfügung haben) ist auf erschreckende 16 % gestiegen.

Noch wird die **soziale Absicherung** weitgehend durch ein allgemein verbindliches staatliches Versicherungssystem aus Kranken- und Rentenversicherung getragen. Beide Systeme gelangen aber durch die demografischen Veränderungen an die Grenzen ihrer Belastbarkeit. Das Rentenversicherungssystem ist dreistufig und besteht aus einer staatlichen Grundversicherung, einer verpflichtenden Firmenversicherung und einem freiwilligen Anteil. Das Krankenversicherungssystem muss auch die Kosten der immer wichtiger werdenden Altenpflege tragen.

# Geschichte

## Vor- und Frühgeschichte

Archäologische Funde belegen, dass vor mindestens 30 000–40 000 Jahren Menschen auf den japanischen Inseln lebten. Die genauen Ursprünge des japanischen Volkes sind jedoch unklar. Aus sprachhistorischer Sicht wird Japanisch mit den altaischen Sprachen in Verbindung gebracht, weist also Ähnlichkeiten mit dem Türkischen, Mongolischen und Koreanischen auf. Wegen dieser sprachlichen Verwandtschaft und frühen Siedlungsspuren im

Norden Japans wird heute angenommen, dass die japanischen Inseln zumindest teilweise von Wandervölkern aus Zentralasien besiedelt wurden, die über damals vorhandene Landbrücken aus Korea und Russland einwanderten. Vermutet wird auch eine etwas spätere Einwanderung polynesischer Seefahrer über Kyūshū.

Ab circa 10 000 v. Chr. vollzog sich in Japan der Wandel von einer Jäger- und Sammler-Kultur zu einer semisesshaften Kultur. Aus dieser Zeit stammen die ersten Keramikfunde, nach denen die Epoche **Jōmon-Zeit** (Schnurmuster-Zeit, 14 000–500 v. Chr.) genannt wird. Mit einer Strohschnur wurden Muster in den noch weichen Ton gedrückt oder mit Tonschnüren auf das Gefäß aufgelegt. Die Jōmon-Keramik zählt weltweit zu den ältesten Keramiken.

Ab etwa 4000 v. Chr. kam es zu einem sprunghaften Bevölkerungsanstieg. Über Einwanderungswellen aus China gelangten in der späten Jōmon-Zeit fortschrittliche Reisanbaumethoden und erste Kenntnisse der Metallverarbeitung nach Japan. Ausgehend von archäologischen Funden wie bronzenen Spiegeln und Ritualgongs ist eine weitere Einwanderungswelle aus China und Korea ab etwa dem vierten vorchristlichen Jahrhundert wahrscheinlich. Die Einwanderer vermischten sich mit den Jōmon-Menschen.

Verbesserte Anbaumethoden und eine sesshaftere Lebensweise führten während der **Yayoi-Zeit** (etwa 500 v. Chr.–300 n. Chr.) zu einem weiteren Bevölkerungsanstieg. Im Jahr 57 n. Chr. wird Japan erstmals in den chinesischen Annalen erwähnt. Der Staat Wa, ein Königreich im heutigen Japan, erhielt ein goldenes Siegel des chinesischen Kaisers. In den chinesischen Büchern wird dieses Land Wa, manchmal auch als Yamato-Land bezeichnet, als ein loser Sippenverband beschrieben. Die Einwohner ernährten sich wohl hauptsächlich von rohem Fisch, Gemüse und Reis. Sie verehrten Götter, ernannten Priesterinnen und hatten bereits ein einfaches Steuersystem eingeführt. Die einzelnen Sippen führten zum Teil heftige Kriege um die Vormachtstellung im Land. Schon während der Yayoi-Zeit hatte sich die Macht in den Händen einiger großer Familien konsolidiert.

Die folgende Epoche wird als **Kofun-Zeit** (3.–6. Jh. n. Chr.) bezeichnet, nach den großen, schlüssellochförmigen Hügelgräbern. Diesen Brauch hatte die Yamato-Elite vom Festland bzw. der Koreanischen Halbinsel übernommen. Die größten dieser Gräber sind bis zu 30 m hoch und

## Die japanischen Epochen

|  |  |
|---|---|
| **Jōmon** | 14 000–500 v. Chr. |
| **Yayoi** | 500 v. Chr.–300 n. Chr |
| **Kofun** | 3.–6. Jh. n. Chr. |
| **Asuka** | 552–710 |
| **Nara** | 710–794 |
| **Heian** | 794–1185 |
| **Kamakura** | 1192–1333 |
| **Muromachi** | 1336–1573 |
| **Azuchi-Momoyama** | 1573–1603 |
| **Edo (Tokugawa)** | 1603–1868 |
| **Meiji** | 1868–1912 |
| **Taishō** | 1912–1926 |
| **Shōwa** | 1926–1989 |
| **Heisei** | 1989–2019 |
| **Reiwa** | seit 2019 |

LAND UND LEUTE

## ZEITLEISTE

| Ab ca. 10 000 v. Chr. | Ab ca. 4000 v. Chr. |
|---|---|
| Erste Keramikfunde zeugen von einer semisesshaften Kultur. | Dank Einwanderungswellen aus China und Korea lernen die Menschen der Jōmon-Kultur neue Technologien kennen. |

## Japanische Mythologie

Die japanischen Schöpfungsmythen sind in dem Werk **Kojiki** („Bericht über alte Begebenheiten") schriftlich fixiert. Es wurde 672 von Kaiser Temmu in Auftrag gegeben, aber erst unter Kaiserin Gemmei im Jahre 712 fertiggestellt. Das „Geschichtswerk" sollte den göttlichen Ursprung des Kaisers belegen und die Position Japans im Verkehr mit dem mächtigen China durch eine eindeutige Darstellung seiner Gründung und Geschichte stärken.
Am Ende des Götterzeitalters beginnt der Eroberungsfeldzug des ersten Kaisers Japans, bekannt unter dem posthumen Namen **Jimmu** (Göttlicher Heldenmut), nach Yamato. Er ist nach diesen Quellen der rechtmäßige Nachkomme der Sonnengöttin.



470 m lang. Aufwendige Grabbeigaben aus dieser Zeit sind beispielsweise die Haniwa-Wächterfiguren, die um und auf diesen Gräbern platziert wurden. Auch deren Kleidung verweist auf starke koreanische Einflüsse in dieser Zeit. Aus China gelangte etwa ab dem 3. oder 4. Jh. auch die Schrift in das bis dahin schriftlose Japan.

## Asuka-Zeit (552–710)

Als Beginn der Asuka-Zeit gilt das Jahr 552, in dem der **Buddhismus** offiziell über China und Korea in Japan eingeführt wurde. Zusammen mit dem neuen Glaubenssystem gelangten Kenntnisse chinesischer Verwaltung und Elemente chinesischer Kultur, z. B. die Essstäbchen, nach Japan. Das Land hatte sich unter der Führung der Yamato-Herrscher von einem losen Zusammenschluss untereinander konkurrierender Sippen zu einem einheitlichen Staatsgefüge gewandelt. Nicht alle einflussreichen Familien nahmen den Buddhismus an, und es kam zu Kämpfen zwischen den traditionsorientierten Mononobe und den Sōga, die die neue Religion (samt Weltsicht und politischem Zentralsystem) unterstützten. Die Auseinandersetzung endete mit einem Sieg der Sōga.

Unter Prinzregent **Shōtoku Taishi** (574–622), gläubiger Buddhist und in den chinesischen Klassikern belesen, erhielt Japan erstmals eine Verfassung, die sowohl Artikel zur allgemeinen Ethik als auch zur Politik enthielt. Shōtoku Taishi führte außerdem nach chinesischem Vorbild eine konfuzianische Rangordnung für Beamte und Adel ein, übernahm den chinesischen Kalender und ließ Straßen und buddhistische Tempel errichten. Vorausschauend schickte er Gesandte nach China, die dort Buddhismus und Konfuzianismus studieren sollten.

Ab Mitte des 7. Jhs. gaben Shōtokus Nachfolger Japan mit den sogenannten **Taika-Reformen** (Taika = „Großer Wandel") eine zentralisierte administrative Struktur und einen Strafgesetzkodex nach chinesischem Vorbild.

Die so begonnenen Veränderungen wurden in den **Taihō-Gesetzen** ab 701 noch weiter geführt: Dabei fiel u. a. das gesamte Staatsgebiet an das Kaiserhaus. Japan unterhielt zu dieser Zeit diplomatische Beziehungen sowohl zu China als auch zu Korea. Gegen Ende der Asuka-Zeit wurden in Japan erstmals Münzen geprägt.

| 660 v. Chr. | 57 n. Chr. | 405 |
|---|---|---|
| Dem Mythos zufolge soll in diesem Jahr Jimmu, ein Nachfahre der Sonnengöttin Amaterasu, als erster Tennō den Thron bestiegen haben. | In chinesischen Annalen wird das japanische Königreich Wa erwähnt. | Der Schriftgelehrte Wani wird vom Hof angestellt und die chinesische Schrift offiziell übernommen. In der Folgezeit wird sie ans Japanische angepasst. |

# Nara-Zeit (710–794)

710 wurde Nara (damals Heijōkyō) die erste permanente Hauptstadt Japans, da der Ausbau des Beamtenstaates sowie die Aufnahme diplomatischer Beziehungen mit dem Ausland und die damit verbundenen Repräsentationspflichten einen ständigen Regierungssitz erforderten. Zuvor war beim Tod eines Kaisers – wegen der im Shintō mit dem Tod verbundenen kultischen Unreinheit – der alte Palast stets aufgegeben worden, doch mit dem Erstarken des Buddhismus war das nicht mehr nötig. Die Stadt Nara wurde nach dem Vorbild der chinesischen Hauptstadt Chang'an (heute Xian) mit einem schachbrettartigen Grundriss und nach Feng-Shui-Prinzipien errichtet.

Schon bald nach Gründung der Hauptstadt überstieg die Einwohnerzahl 200 000 – etwa 4 % der damaligen Bevölkerung Japans. Ein Straßennetz verband Nara mit den Provinzhauptstädten im ganzen Land. In der Nara-Zeit entstanden die ersten Werke japanischer Geschichtsschreibung, wie das *Kojiki* und das *Nihongi*, mit denen die japanischen Kaiser ihre Macht zu legitimieren suchten: Diesen Schriften zufolge war ihrem Ahnen Jimmu Tennō die Herrschaft per Mandat von der Sonnengöttin Amaterasu übertragen worden (Kasten S. 108).

Der Buddhismus war zu Beginn der Nara-Zeit eher noch eine Religion des privilegierten Adels, doch unter **Kaiser Shōmu** (701–756) gewann sie an Einfluss. Ab 741 ließ er in jeder japanischen Provinz einen Staatstempel *(kokubunji)* bauen, in dem zum Schutz des Landes buddhistische Sutren gelesen wurden. Wichtiger waren wohl die administrativen Aufgaben der Tempel. Zentrale dieses staatlichen Buddhismus wurde der Tōdai-ji in Nara (S. 422). Zur Augenöffnungszeremonie der großen Buddha-Statue im Jahr 752 reisten Mönche und Gesandte aus ganz Ostasien an.

## Feng Shui

Die klassische Form der Geomantik, Feng Shui (Jap. *fūsui*) war in Japan, wie auch in China und Korea, sehr wichtig für die Ermittlung optimaler Bauplätze: ursprünglich für Grabstätten, später aber auch für Paläste, Wohnhäuser des Adels und die Anlage von Städten. Um Sicherheit und Überleben zu gewährleisten, sollte eine Stadt z. B. im Süden Wasser aufweisen, im Norden schützende Berge und im Westen eine Verkehrsader. Nach solchen Vorgaben richteten sich die Begründer Naras und Kyōtos. Im Nordosten wurden Schutztempel erbaut, da sich böse Mächte und Geister von Nordosten aus nähern.

Feng Shui, wie es heute im Westen bekannt ist, beruht auf einer Vermischung der klassischen Lehren mit neuem Gedankengut aus New Age und Esoterik und wird hauptsächlich zur harmonischen Gestaltung von Wohnräumen angewandt, in denen Energien frei fließen können sollen.

Entsprechend gewann der buddhistische Klerus während der Nara-Zeit immens an politischem Einfluss. **Kaiserin Kōken** (reg. 749–758) brachte mehrere Mönche in leitende Hofpositionen. Später geriet sie unter den Einfluss des buddhistischen Wunderheilers Dōkyō, den sie vermutlich zum Kaiser machen wollte. Jedoch verstarb sie vorher.

Die Einmischung des Klerus in Regierungsangelegenheiten, Machtkämpfe innerhalb ein-

| 552 | 593–622 | 701 |
|---|---|---|
| Der Buddhismus wird offiziell eingeführt. | Unter Shōtoku Taishi erhält Japan 603 eine erste Verfassung. Ein konfuzianisches Verwaltungssystem entsteht. | Der Taihō-Kodex reformiert die Verwaltung. Ein hierarchisches Regierungssystem wird etabliert. |

flussreicher Adelsfamilien und eine allgemeine zunehmende Destabilisierung und Dezentralisierung der kaiserlichen Macht führten schließlich zu einer erneuten Verlegung der Hauptstadt.

## Heian-Zeit (794–1185)

Zehn Jahre dauerte es, bis nach der Aufgabe Naras ein geeigneter Platz in der Kinki-Ebene für die neue Hauptstadt **Heiankyō** (das heutige Kyōto) gefunden war. Klöster durften nur noch außerhalb der Stadtgrenzen errichtet werden. So ließ sich zwar der Einfluss des Klerus eindämmen, doch den Machtbestrebungen des Adels konnte das Kaiserhaus wenig entgegensetzen. Die Familie der **Fujiwara** bestimmte die Geschicke Japans so stark mit, dass sich in der Literatur auch der Begriff Fujiwara-Zeit findet. Die Fujiwara verheirateten traditionell ihre Töchter in das Kaiserhaus. Sie stellten ab der Mitte des 9. Jhs. den **Regenten** (*sesshō* oder *kanpaku*), erst nur für minderjährige Kaiser, später auch für volljährige Kaiser, während sich der eigentliche Kaiser meistens, de facto entmachtet, in ein buddhistisches Kloster zurückzog. Die Regenten-Ämter waren innerhalb der Fujiwara-Familie erblich. Zwar existierte immer noch ein ausgefeiltes Beamtensystem, doch anders als beim Vorbild China waren diese Positionen nur selten mit tatsächlicher politischer Macht verbunden.

Trotz der innenpolitischen Machtkämpfe erlebten Kunst und Kultur in der Heian-Zeit eine erste Blüte. Es entstanden die ersten japanischen Romane, wie die *Geschichte des Prinzen Genji* und das *Kopfkissenbuch* der Sei Shōnagon (S. 635). Beide wurden von adeligen Hofdamen in einer von der chinesischen Schrift abgeleiteten verkürzten Silbenschrift, den Hiragana, verfasst.

Mit den Taihō-Reformen im 7. Jh. war das gesamte Staatsland in den Besitz des Kaisers gelangt, der es wiederum an loyale Gefolgsleute verschenkte. So war es bis zum 9. Jh. einzelnen Familien gelungen, durch Schenkungen, Vererbung und Erschließung neuen Ackerlandes riesige Landgüter in ihren Besitz zu bringen. Da Reis das übliche Zahlungsmittel war, verlor der Kaiser nicht nur Staatsland, sondern auch die Kontrolle über die Finanzen. Die Familien verfügten auf den Großgütern über die Polizeigewalt und organisierten zu ihrem Schutz starke Privatheere. Hier zeichnen sich die Anfänge des Kriegeradels, der späteren Samurai-Schicht, ab. Von etwa 1155 an gerieten die **Machtkämpfe** zwischen den einflussreichen Familien in Kyōto immer mehr außer Kontrolle. Vor allem die Clans der adligen **Minamoto** (die auch Genji genannt werden) und der **Taira** (auch Heike genannt), einer Seitenlinie des Kaiserhauses, bestimmten das Geschehen. Der Kaiser selbst war machtlos. Gegen Ende der Heian-Zeit wurden die diplomatischen Beziehungen mit China wegen der dortigen Bürgerkriege eingestellt.

## Kamakura-Zeit (1192–1333)

Aus den Kämpfen zwischen den Familien Minamoto und Taira gingen die Minamoto nach der entscheidenden **Seeschlacht von Dannoura** im Jahr 1185 als endgültige Sieger hervor. 1192 bekam Minamoto no Yoritomo vom Kaiser den Titel **Shōgun** verliehen, der mit weitreichenden militärischen und politischen Befugnissen verbunden war. Yoritomo verlegte sein Hauptquartier

| 710 | 752 | 794 |
|---|---|---|
| Heijōkyō (Nara) wird die erste permanente Hauptstadt Japans. | Unter Kaiser Shōmu gewinnt der Buddhismus an Bedeutung. In Nara wird der Große Buddha im Tōdai-ji eingeweiht. | Heiankyō (Kyōto) wird neue Hauptstadt. |

nach Kamakura und regierte von dort aus, durch das Mandat des Kaisers legitimiert. Unter dem Einfluss des Zen-Buddhismus, der ab dem 12. Jh. nach Japan gelangte und ideologisch mit den in der Kamakura-Zeit vorherrschenden Kriegeridealen harmonierte, entwickelte sich eine ritterlich-feudale Gesellschaft.

Der Kaiserhof verblieb in Kyōto und führte dort weiterhin einen höfischen prunkvollen Lebensstil, der durch die Einnahmen aus den kaiserlichen Gütern gedeckt wurde. Obwohl der Titel des Shōguns innerhalb der Minamoto-Familie erblich war, konnte diese ihre Macht nicht dauerhaft halten: Ab dem frühen 13. Jh. regierte die **Hōjō**-Familie – stellvertretend für den (Minamoto-)Shōgun. Die Hōjō richteten einen Staatsrat ein und eröffneten damit erstmals Mitgliedern des Kriegeradels die Möglichkeit politischer Partizipation. Ein erstes militärisches Gesetzbuch nach modernen Rechtsgrundsätzen anstelle konfuzianischer Prinzipien wurde verabschiedet. Außerdem installierten sie einen Zweig der Familie in Kyōto in der Nähe des Kaiserhofs, um dort ihre Machtinteressen besser durchsetzen zu können.

Unter Kublai Khan erschütterten Japan im 13. Jh. zwei **Mongoleninvasionen**. Diese konnten zwar, nicht zuletzt durch günstig auftreffende Taifune, die sogenannten Kamikaze („göttliche Winde"), zurückgeschlagen werden, doch die militärischen Ausgaben überstiegen die Möglichkeiten des bereits geschwächten Shōgunats (bzw. der Hōjō-Regenten), das nicht in der Lage war, seine Gefolgsleute angemessen zu entlohnen. In dieser schwierigen politischen Situation verbündeten sich die **Ashikaga**-Familie und der Kaiser in Kyōto mit dem Ziel, die imperiale Macht wiederherzustellen. Die glückliche Fügung der „göttlichen Winde" führte gleichzeitig zu einem Wiedererstarken des Shintō.

### Samurai, Daimyō und Shōgun

Vom 12. bis zum 19. Jh. lag die Regierungsgewalt in Japan faktisch in den Händen einer feudalen **Kriegeraristokratie**. Kriegerfamilien gewannen ab dem Ende der Heian-Zeit durch Anhäufung großer Ländereien und damit verbundener Steuereinnahmen immens an Macht. Viele von ihnen unterhielten **Privatheere**, mit denen sie um mehr Einfluss kämpften. Ab der Kamakura-Zeit hatten sich die Machtverhältnisse stabilisiert. Die **Samurai** (Krieger) besaßen faktisch die politische Gewalt im Lande. Sie waren sich untereinander durch ein hierarchisches Vasallensystem verpflichtet, das ab dem 17. Jh. starrer wurde. An der Spitze der Samurai stand der **Shōgun**, der diesen Titel seit 1192 vom Kaiser verliehen bekam. Die Regierung des Shōguns wird auch als **Bakufu** („Regierung aus dem Zelt") bezeichnet, was auf ihre soldatische Herkunft verweist. Direkt dem Shōgun unterstanden die **Daimyō**, regionale Fürsten, die innerhalb ihrer Provinz absolute Machtbefugnisse hatten. Mit der Meiji-Restauration 1868 wurde der Samurai-Stand abgeschafft und eine moderne Armee eingeführt.

## Muromachi-Zeit (1336–1573)

Bald stellte sich heraus, dass die Ashikaga weniger an der Rückgabe der politischen Macht an das Kaiserhaus als an der Festigung ihrer eigenen Position interessiert waren. Sie vertrieben

| Ab 1156 | 1185 | 1192 |
|---|---|---|
| Die Clans der Minamoto (auch Genji) und der Taira (auch Heike) kämpfen in mehreren kriegerischen Auseinandersetzungen um die Macht. | Die Minamoto siegen in der Seeschlacht von Dannoura über die Taira. | Minamoto no Yoritomo erhält den Titel Shōgun und wird damit zum militärischen Herrscher des Landes. Er verlegt sein Hauptquartier nach Kamakura. |

Kaiser Go-Daigo, ihren ehemaligen Verbündeten, aus Kyōto und installierten einen Marionettenkaiser auf dem Thron. Von diesem ließ sich **Ashikaga Takauji** offiziell zum Shōgun ernennen und verlegte seine Residenz nach Kyōto in das Stadtviertel Muromachi. **Kaiser Go-Daigo** unterhielt in Yoshino südlich von Kyōto einen Gegenkaiserhof. Das 14. Jh. wird daher auch als die Zeit des nördlichen und südlichen Kaiserhofs bezeichnet.

Eine wirtschaftliche und kulturelle Blütezeit folgte unter dem Shōgun **Ashikaga Yoshimitsu**, dem es 1392 durch geschicktes Verhandeln gelang, den südlichen Thronfolger nach Kyōto zurückzuholen und zur Aufgabe des Thronanspruchs zu bewegen. Ashikaga Yoshimitsu nahm außerdem wieder offizielle Beziehungen mit China auf (wo die Mongolen inzwischen vertrieben waren) und wurde vom chinesischen Ming-Kaiser als „König von Japan" anerkannt. Die Ashikaga imitierten in Kyōto den prunkvollen verschwenderischen Lebensstil der Adeligen der Heian-Zeit. Vor allem Ashikaga Yoshimitsu errichtete Prachtbauten wie den Kinkaku-ji in Kyōto (S. 396) und führte das Leben eines Monarchen.

Doch trotz der kulturellen und wirtschaftlich positiven Entwicklung war der Frieden im Land nicht von Dauer. Die mächtigen Kriegerfamilien, deren Landbesitz immer größer wurde, machten sich gegenseitig die Macht streitig. Dem standen die zunehmende Verarmung großer Teile der Landbevölkerung und die finanziellen Schwierigkeiten des Kaiserhauses gegenüber. Im 15. Jh. kam es immer wieder zu bewaffneten **Bauernaufständen**. Der Streit um die ungeklärte Nachfolge für den achten Ashikaga-Shōgun Yoshimasa führte zu blutigen **Bürgerkriegen**, den Ōnin-Kriegen, in den Straßen Kyōtos und der Umgebung der Hauptstadt. Damit beginnt die lange „Zeit der Streitenden Reiche", **Sengoku-jidai**. Erst 1568 konnte **Oda Nobunaga**, ein Samurai aus der Provinz Owari (dem heutigen Nagoya), die Stadt einnehmen und bald darauf die Ashikaga-Shōgune vertreiben. Oda Nobunaga stammte ursprünglich aus eher einfachen Verhältnissen und hatte es durch Mut und Geschick geschafft, den Landbesitz der Familie erheblich zu vergrößern.

1543 gelangten mit schiffbrüchigen **Portugiesen** auch die ersten Europäer nach Japan, die einen Handel zwischen Portugal und Japan etablierten. Die Spanier und Holländer folgten bald. Aus Europa wurden Stoffe, Glas, Uhren, Tabak und vor allem Feuerwaffen importiert, die eine neue blutigere Phase in den kriegerischen Auseinandersetzungen einläuteten. Mit den Händlern kamen auch die **Missionare**, vor allem Jesuitenpater aus Macao. Bis 1582 hatten sich etwa 2 % der Bevölkerung zum Christentum bekehrt.

## Die Azuchi-Momoyama-Zeit (1573–1603)

Oda Nobunaga hatte zwar die Ordnung in Kyōto wiederhergestellt, der Rest des Landes jedoch rieb sich in zahlreichen brutalen Kriegen zwischen den Heeren der großen Familien auf. Die fast 30 Jahre andauernden **Unruhen** stürzten das Land in eine schwere wirtschaftliche und soziale Krise.

Drei großen Staatsmännern oder **„Reichseinigern"**, nämlich Oda Nobunaga, Toyotomi Hideyoshi und Tokugawa Ieyasu, gelang es schließlich, das Reich wieder zu einen und eine gut 250 Jahre währende Periode des Friedens einzuleiten. Nach seinem Sieg in Kyōto gelan-

| 1203–1333 | 1274 und 1281 | 1336–1392 |
|---|---|---|
| Der Hōjō-Clan übernimmt die Macht und führt 1232 ein modernes Gesetzbuch, den Jōei-Kodex, ein. | Die Mongolen versuchen zweimal vergeblich, Japan zu erobern. | Kaiser Go-Daigo wird aus Kyōto vertrieben. Ashikaga Takauji setzt einen Marionettenkaiser ein und lässt sich zum Shōgun ernennen. Es bestehen zwei Kaiserhöfe. |

## Der weiße Samurai – Anjin-san

Im Jahr 1600 gelangt der englische Händler **William Adams** als Schiffbrüchiger nach Japan. Zu Unrecht der Piraterie verdächtigt, wird sein ohnehin angeschlagenes Schiff beschlagnahmt, er selbst in der Burg von Ōsaka gefangengenommen. **Tokugawa Ieyasu** verhört ihn persönlich und ist begeistert vom umfangreichen Wissen des Engländers in verschiedensten Bereichen wie Geschichte, Mathematik und Nautik. Nach der Schlacht von Sekigahara macht er William Adams zu seinem persönlichen Berater, verbietet ihm, Japan zu verlassen, erhebt ihn in den Samurai-Stand und gibt ihm den japanischen Namen **Miura Anjin**. William Adams sieht Europa nie wieder: Er verstirbt 1620 in der Nähe von Nagasaki auf Kyūshū.

In den 1980er-Jahren lief auch in Deutschland die auf dem Buch von James Clavell basierende Serie *Shogun*, in der Richard Chamberlain in der Rolle des John Blackthorne (der Romanfigur zum historischen William Adams) die Massen begeisterte.

gen **Oda Nobunaga** weitere Gebietsgewinne, nicht zuletzt dank der neuen Feuerwaffen, und er errichtete 1576–1579 an den Ufern des Biwako die siebenstöckige Azuchi-Burg, die nicht nur militärische Festung, sondern auch prunkvolle Residenz war.

Nachdem Oda Nobunaga 1582 von einem seiner Generäle ermordet worden war, führte sein oberster General **Toyotomi Hideyoshi** die Reichseinigung fort, die 1590 mit dem Sieg über die Hōjō (nicht direkt verwandt mit den Hōjō der Kamakura-Zeit) vollendet war. Toyotomi Hideyoshi wurde in die adelige Fujiwara-Familie adoptiert und bekam den Titel *kanpaku* (Regent) verliehen (allerdings nicht den offiziellen Titel des Shōguns). Um die marode Wirtschaft anzukurbeln und die politische Situation zu stabilisieren, führte er Landvermessungen und Volkszählungen durch, entwaffnete die Bauernheere und richtete im ganzen Land Zollstationen ein. Eine seiner letzten großen militärischen Ambitionen war die Eroberung Koreas, die mit großer Grausamkeit durchgeführt wurde. Die dabei nach Japan entführten koreanischen Künstler und Handwerker gaben der japanischen Kultur in der Folge wichtige Impulse. Trotz anfänglicher Erfolge erlitten die Japaner starke Verluste, als China an der Seite Koreas in den Krieg eintrat, und zogen mit dem Tod Hideyoshis 1598 wieder aus **Korea** ab.

Noch auf dem Sterbebett verfügte Hideyoshi, dass ein fünfköpfiger Regentenrat anstelle seines noch minderjährigen Sohnes die Regierungsgeschäfte übernehmen solle. Als einer der fünf Regenten starb, geriet der ohnehin wackelige Frieden außer Kontrolle.

**Tokugawa Ieyasu** gelang es, nacheinander seine Konkurrenten auszuschalten. Den entscheidenden Sieg errang er in der **Schlacht von Sekigahara** (Kasten S. 316). Doch erst 1615 wurde Hideyoshis Burg in Ōsaka endgültig zerstört.

## Edo- oder Tokugawa-Zeit (1603–1868)

Mit seiner Ernennung zum Shōgun 1603 verlegte Tokugawa Ieyasu die Hauptstadt nach Edo, in

| 1467–1477 | Ab 1543 | 1568 |
|---|---|---|
| Der Streit um die Nachfolge des 8. Ashikaga-Shōguns führt zum Ōnin-Krieg. Es folgt eine Zeit der politischen Wirren und Bürgerkriege, die bis 1568 andauert. | Die ersten Europäer gelangen nach Japan. In der Folge entstehen Handelskontakte zu Portugal, Spanien und Holland. Mit den Kaufleuten kommen Missionare. | Der Feldherr Oda Nobunaga nimmt Kyōto ein und vertreibt die Ashikaga. |

das heutige Tōkyō, um fernab der Einmischungen und Einflüsse des Kaiserhofs, der in Kyōto verblieb, zu regieren. Ein kompliziertes System von Verboten und Kontrollen sollte den Frieden im Land sichern, was seinen Nachkommen bis ins 19. Jh. hinein gelang.

Da viele der Samurai im Süden Japans, die sich lange der Vorherrschaft der Tokugawa widersetzt hatten, Christen waren, assoziierten die Tokugawa-Shōgune das **Christentum** mit Aufständen und verboten diese Religion landesweit (S. 130). Die ausländischen (katholischen) Missionare wurden des Landes verwiesen, japanische Christen mussten sich zum Buddhismus bekennen und dem Christentum abschwören. Es kam zu Christenverfolgungen und Massenhinrichtungen. Ab Mitte des 17. Jhs. wurden alle Ausländer des Landes verwiesen und der Außenhandel, bis auf einige wenige Schiffe pro Jahr aus China und Holland, eingestellt. Auf der Insel Dejima vor Nagasaki entstand eine holländische Handelsniederlassung, über die westliches Wissen auch während dieser Jahre der **Landesabschließung** *(sakoku)* nach Japan gelangte (S. 540).

Um die Sicherheit im Inneren zu gewährleisten, nahmen die Tokugawa eine **Neuordnung der Provinzen** vor. Die *daimyō* wurden je nach ihrer Loyalität in Gruppen eingeteilt und die potentiellen Feinde möglichst isoliert. Ab 1635 wurde zudem die Praxis des *sankin kōtai*-Systems gesetzlich festgelegt: Die Familien der *daimyō* mussten in Edo leben, während die Provinzfürsten selbst zwar in ihrer jeweiligen Provinz wohnten, aber regelmäßig nach Edo reisen mussten. Dies zwang die Vasallen zu einer kostspieligen doppelten Hofhaltung; so konnten sie nicht allzu mächtig werden.

Die gesamte Bevölkerung wurde in vier **Stände** eingeteilt. Auf der untersten gesellschaftlichen Stufe befanden sich die Händler, die nach damaligem Verständnis nicht selbst arbeiteten. Dann kamen die Handwerker, und auf der zweithöchsten Stufe des Gesellschaftssystems standen die Bauern, die durch die Landwirtschaft zum Erhalt des japanischen Staates beitrugen. Der Schwertadel (Samurai), als oberster Stand, verwaltete das Land und trieb z. B. Steuern ein, die in Form von Reis bezahlt wurden. Der Kaiserhof in Kyōto stand außerhalb dieses Systems. Ebenfalls ausgeschlossen waren Prostituierte, Schausteller und Berufsgruppen wie Gerber, die als unrein galten.

Trotz Isolierung und starker Kontrollen durch die Tokugawa-Shōgune in allen Bereichen des Lebens erlebte Japan während der Edo-Zeit einen wirtschaftlichen Aufschwung, von dem vor allem die Händler profitierten.

Ab dem 19. Jh. betrieben Europäer und Amerikaner eine erzwungene Freihandelspolitik in Asien. Japan blieb davon zunächst verschont, doch 1854 landete der amerikanische Admiral **Matthew Perry** in der Uraga-Bucht und zwang Japan mit seinen kanonenbewehrten schwarzen Schiffen zur Öffnung. Mit Unterzeichnung der **„Ungleichen Verträge"** verpflichtete sich Japan zur Öffnung von Handelshäfen, niedrigen Einfuhrzöllen und zur Gewährung von extraterritorialen Rechten für die in Japan ansässigen Vertragspartner, d. h. diese unterlagen nicht der japanischen Gerichtsbarkeit. Ein Teil der Samurai empfand diese Verträge als Schmach und vor allem als Versagen eines unfähigen Tokugawa-Shogunats. Mit dem Slogan „Ehret den Kaiser, vertreibt die Barbaren" und mit modernen westlichen Waffen kämpften sie für eine Rück-

| 1582 | 1592 und 1597–98 | 1600 |
|---|---|---|
| Nach der Ermordung Oda Nobunagas übernimmt sein General Toyotomi Hideyoshi die Führung und befriedet das Land. | Hideyoshi unternimmt Feldzüge nach Korea und entführt Handwerker von dort nach Japan. Mit dem Tod Hideyoshis ziehen die Japaner aus Korea ab. | In der Schlacht von Sekigahara setzt sich Tokugawa Ieyasu gegen seine Konkurrenten durch. |

gabe der politischen Macht an den Kaiser. 1868 trat der 15. Tokugawa-Shōgun Yoshinobu zurück und gab die Macht an den damals erst 16-jährigen Kaiser Mutsuhito (Meiji) zurück.

## Meiji-Zeit (1868–1912)

Der junge Kaiser verlegte seine Residenz von Kyōto nach Edo, das in Tōkyō („östliche Hauptstadt") umbenannt wurde. Die *daimyō* mussten ihre Ländereien an den Kaiser zurückgeben und erhielten dafür großzügige finanzielle Entschädigungen. Vorrangiges Ziel der neuen Regierung war die Revision der „Ungleichen Verträge". Man glaubte, dies am ehesten durch eine rasche **Industrialisierung und Modernisierung**, durch ein Gleichziehen mit dem Westen, erreichen zu können. Japan schickte diplomatische Gesandtschaften in die USA und nach Europa, um Kontakte zu knüpfen, aber auch um Wirtschaft, Forschung, Militär, Staats- und Bildungssysteme zu studieren. Zahlreiche japanische Studenten studierten im Ausland, und in einem groß angelegten Programm wurden bis 1900 Tausende europäischer und amerikanischer Experten nach Japan geholt, um beim Aufbau des Landes zu beraten und zu helfen. Nach dem Motto „Ein reiches Land, eine starke Armee" wurde bereits 1873 eine allgemeine Wehrpflicht eingeführt und das Militärwesen nach westlichem (v. a. preußischem) Vorbild modernisiert. Mit der neugewonnenen Stärke vergrößerte Japan sein Einflussgebiet in Ostasien. So annektierten japanische Truppen 1874 Taiwan und 1879 Ryūkyū. 1876 zwang Japan Korea zur Öffnung von Vertragshäfen und zur Unterzeichnung ungleicher Verträge. Weitere Gebietsgewinne folgten mit den japanischen Siegen im **Chinesisch-Japanischen Krieg** 1894–95 und dem **Russisch-Japanischen Krieg** 1904–05. Damit hatte erstmals ein asiatisches Land eine Westmacht besiegt. Japan wurde zähneknirschend als Großmacht anerkannt und die „Ungleichen Verträge" bis 1911 aufgehoben. 1905 okkupierte Japan **Korea**, um es 1910 offiziell zu annektieren.

Während der Meiji-Zeit entwickelte sich Japan von einer zunächst absoluten zu einer **konstitutionellen Monarchie**. Ab den 1880er-Jahren formierten sich erste Parteien. 1889 erhielt Japan seine erste Verfassung, die neben dem Kaiser als mächtigem Souverän auch ein Parlament mit Ober- und Unterhaus vorsah.

## Taishō-Zeit (1912–26)

Nach dem Tod des Meiji-Tennō regierte sein Sohn Yoshihito unter dem Namen Taishō. In seine Regierungszeit fielen der Erste Weltkrieg und die liberale Zwischenkriegszeit mit der sogenannten **Taishō-Demokratie**. Dank seinem strategischen Kriegseintritt auf der Seite der Alliierten im Ersten Weltkrieg konnte Japan – durch die Übernahme deutscher Gebiete (Kiautschou und die Pazifikinseln der Marianen) und Forderungen an China – seine Gebietsansprüche auf dem asiatischen Festland und im Pazifik ausweiten. 1919 trat Japan dem Völkerbund bei. Japans gewachsene Flottenstärke wurde im **Washingtoner Flottenabkommen** 1922 zwar anerkannt; das Verhältnis, mit dem die Flotten von USA, Großbritannien und Japan festgeschrieben wurden (5:5:3) wurde von vielen in Japan aber als ungerecht und demütigend empfunden.



| 1603 | 1614–41 | 1853–54 |
|---|---|---|
| Tokugawa Ieyasu wird zum Shōgun ernannt und verlegt die Hauptstadt nach Edo (Tōkyō). | Das Christentum wird verboten. Ausländer werden ausgewiesen und Handelskontakte auf eine Insel vor Nagasaki beschränkt. | US-Admiral Matthew Perry erzwingt mit seinen schwarzen Schiffen die Öffnung Japans. Der Vertrag von Kanagawa beendet die Abschließungspolitik. |

Innenpolitisch erfuhr das Land eine Belebung der parlamentarischen Demokratie mit allgemeinem **Wahlrecht** und einer großen Anzahl an Parteien; gleichzeitig zeichnete sich bereits eine Tendenz zum Ultranationalismus ab.

## Expansionspolitik und Zweiter Weltkrieg

Vor allem aus wirtschaftlichen Gründen suchte Japan seinen Einflussbereich in Asien auszuweiten und geriet gleichzeitig durch eine aggressiv imperialistische Politik zunehmend in Konflikt mit den westlichen Konkurrenten. Ausgelöst und begünstigt durch die **Weltwirtschaftskrise** und empfundene wie tatsächliche Benachteiligungen Japans in der internationalen Diplomatie erstarkten ultranationalistische und expansionistische Kräfte. Das Militär gewann politisch zunehmend an Einfluss.

Erleichtert wurde diese Verschiebung politischer Macht durch die in der Meiji-Verfassung vorgesehene starke Rolle des Kaisers, die es dem Militär ermöglichte, das Parlament immer weiter zu umgehen. Schon während der Meiji-Zeit waren Buddhismus und Shintō offiziell getrennt und die göttliche Abstammung des Meiji-Kaisers von der Sonnengöttin Amaterasu hervorgehoben worden, um die Macht des neuen Herrschers zu stärken und die Bildung eines modernen Nationalstaates zu beschleunigen. Der als Gott verherrlichte Kaiser wurde später zur Legitimierung militaristischer Forderungen nach bedingungsloser Selbstaufgabe im Krieg herangezogen – bestes Beispiel dafür sind die Kamikaze-Piloten.

Mit dem **Mukden-Zwischenfall** (oder mandschurischen Zwischenfall) 1931 begann der fünfzehnjährige Krieg in Asien, der 1941 in den Pazifischen Krieg bzw. den Zweiten Weltkrieg überging: Seit 1905 hatte Japan ein Pachtrecht über eine Eisenbahnlinie in der Mandschurei. Die japanische Armee inszenierte einen Angriff auf diese Bahnstrecke, machte eine in der Nähe stationierte chinesische Einheit dafür verantwortlich und nahm dies als Vorwand, um in die Mandschurei einzumarschieren und dort ein Marionettenregime unter dem abgedankten chinesischen Kaiser Pu Yi einzusetzen. Die Spannungen zwischen Japan und China kulminierten im Juli 1937 im sogenannten **Zwischenfall an der Marco-Polo-Brücke**, einer Schießerei in der Nähe von Beijing, und führten zum offenen Kriegsausbruch.

Die japanische Armee marschierte in China ein. Wenige Monate später ermordeten japanische Soldaten im **Massaker von Nanking** (heute Nanjing) mehrere Hunderttausend Zivilisten. Ziel der Expansion, die bis nach Südostasien und auf die Philippinen weitergeführt wurde, war laut japanischer Propaganda die Schaffung einer „Großostasiatischen Wohlstandssphäre", ein Euphemismus, dessen negative Besetzung noch heute die Bemühungen um wirtschaftliche Zusammenschlüsse in Asien hemmt. Nur aus strategischen Gründen schlug sich Japan in dem in Europa aufkommenden Konflikt im **Dreimächtepakt** 1940 auf die Seite Deutschlands und Italiens.

Am 7. Dezember 1941 griff Japan wegen sich zuspitzender Konflikte mit den USA unerwartet den amerikanischen Stützpunkt **Pearl Harbour** auf Hawaii an. Nach anfänglichen Erfolgen konnte das japanische Militär das riesige Reich nicht halten; seit der Schlacht bei den

| 1868 | 1894–1895 und 1904–05 | 1910 |
|---|---|---|
| Mit der Meiji-Restauration wird das Shogunat bekämpft und die Macht des Kaisers wiederhergestellt. Dieser verlegt seinen Sitz von Kyōto nach Edo (Tōkyō). | Japan siegt im Chinesisch-Japanischen und im Russisch-Japanischen Krieg. | Japan annektiert Korea. |

Das Friedensmuseum in Hiroshima dokumentiert den Atombombenabwurf am 6. August 1945 um 8.15 Uhr.



Midway-Inseln verlor Japan Territorien. Es folgten heftige Luftangriffe auf fast alle japanischen Großstädte. Japans einzige Bodenschlacht fand im Frühling und Frühsommer 1945 auf Okinawa statt (S. 596).

Ausschlaggebend für die Kapitulation am 15. August 1945 waren schließlich die **Atombombenabwürfe** auf Hiroshima und Nagasaki Anfang August (S. 467 und S. 541).

Mit dem Krieg verlor Japan auch Territorialansprüche, insbesondere die Kolonien Korea (seit 1910) und Taiwan (seit 1895). Die Insel Sachalin fiel wieder ganz an Russland, das den Südteil nach dem Japanisch-Russischen Krieg hatte abtreten müssen.

## Nachkriegszeit, Wirtschaftsaufschwung und der Weg ins 21. Jahrhundert

Vom Kriegsende bis zum **Friedensvertrag von San Francisco** 1952 war Japan amerikanisch besetzt. In der Kapitulationserklärung am 15. August 1945 entsagte der Shōwa Tennō (Hirohito) öffentlich seinem göttlichen Status. Er blieb jedoch zugunsten der gesellschaftlichen Stabilität symbolisches Staatsoberhaupt und wurde in den Kriegsverbrecherprozessen in Tōkyō nicht zur Rechenschaft gezogen, obwohl er offiziell oberster Befehlshaber der japanischen Truppen gewesen war.

| 1914 | 1931 | 7. Juli 1937 |
|---|---|---|
| Japan kämpft im Ersten Weltkrieg auf Seiten der Alliierten und erobert die deutsche Kolonie Kiautschou. | Japan marschiert unter einem Vorwand in die Mandschurei ein und setzt dort ein Marinettenregime unter dem abgedankten chinesischen-Kaiser Pu Yi ein. | Nach einem Zwischenfall kommt es zum offenen Kriegsausbruch mit China und im Dezember zum Massaker von Nanjing. |

## Die dreifache Katastrophe von 2011: Erdbeben, Tsunami und Reaktorunfall

© SHUTTERSTOCK, BOBBY HAYASHI

Am 11. März 2011 um 14.46 Uhr bebte die Erde im Pazifischen Ozean vor der Küste Japans. In Japan wird die Katastrophe allgemein als **Großes Ostjapanisches Beben** (Higashi-Nihon Daishinsai) bezeichnet, den größten direkten Schaden richtete aber der Tsunami an, und in Europa wurde v. a. der Atomunfall von Fukushima wahrgenommen.

Das Epizentrum des Bebens, mit einer Magnitude von 9,0 auf der Richterskala, lag zwar 130 km östlich von Sendai im Meer, aber auch an Land erreichten die Erdstöße teilweise die Maximalstärke auf der japanischen Erdbebenskala, die für jeden einzelnen Standort (nicht nur fürs Epizentrum) angibt, wie stark es wackelt. Auch weit über Tōkyō hinaus war das Beben vernehmlich zu spüren. Durch das Erdbeben selbst entstanden zahlreiche Schäden an Gebäuden fast im gesamten Gebiet von Tōhoku. Eine **Tsunami**-Warnung über etwa 6 m wurde sofort nach dem Beben ausgegeben, teils aber nicht sehr ernst genommen, da kurz zuvor ein angekündigter Tsunami nicht eingetroffen war. Die Welle fiel dann höher aus als erwartet, mit durchschnittlich 10 m, in einigen Gebieten bis zu 16 m und in Einzelfällen sogar über 30 m Höhe. Diese Welle, die schon Minuten nach dem Beben die ersten



1947 trat eine neue Verfassung in Kraft, die maßgeblich von amerikanischen Besatzungsbeamten mitformuliert war und den berühmten **Friedens-Artikel 9** enthielt (S. 123). Die strenge und antimilitaristische Haltung der USA wandelte sich allerdings vor dem Hintergrund der Spannungen in Korea und China: Japan wurde als starker Verbündeter im Koreakrieg (1951–53) und gegen den chinesischen Kommunismus gebraucht. Im Interesse einer schnellen wirtschaftlichen Erholung schwächte die Besatzungsmacht unter **General Douglas MacArthur** deshalb politische Säuberungen ab. Belastete Politiker und große Handelskonzerne durften bald wieder ins öffentliche Leben zurückkehren.

Auch nach der amerikanischen Besatzungszeit zeigte Japan außenpolitisch wenig Profil, stützte sich auf ein 1952 geschlossenes und 1960 verlängertes **Verteidigungsbündnis mit den USA** und konzentrierte sich auf den Wiederaufbau. In den 1950er- und 1960er-Jahren gab es heftige Proteste und **Studentenunruhen**, die sich hauptsächlich gegen die Allianz der Regierung mit den USA und gegen den Vietnamkrieg richteten. Die Wiederaufnahme diplomatischer Beziehungen mit einstigen Kriegsgegnern und -opfern zog sich bis in die 1980er-Jahre hin (mit Nord-

| 1941–45 | 1952 | 1989 |
|---|---|---|
| Japan tritt mit dem Angriff auf Pearl Harbour in den Zweiten Weltkrieg ein und kapituliert nach den Atombomben-abwürfen auf Hiroshima und Nagasaki am 15. August 1945. | Mit dem Friedensvertrag von San Francisco endet die amerikanische Besatzung. 1972 wird auch Okinawa an Japan zurückgegeben. | In der sogenannten Bubble Economy steigen Immobilienpreise und Aktienindex auf fantastische Höchststände, die seitdem nicht wieder erreicht wurden. |

Orte erreichte und den schmalen, dicht besiedelten Küstenstreifen überspülte, ist die Hauptursache für die insgesamt etwa 18 500 Todesopfer, von denen über 2000 verschollen blieben. Ganze Ortschaften und die Infrastruktur der Küste wurden zerstört, Tausende mussten evakuiert werden, etwa 1 Mio. Tonnen Schrott treibt noch immer im Pazifik.
Durch den Tsunami wurde auch das **Kernkraftwerk Fukushima** in Ōkuma an der Küste der Präfektur Fukushima überschwemmt. Obwohl sich die Reaktoren beim Erdbeben automatisch abgeschaltet hatten, kam es in der Folge – teils durch mangelnde Einhaltung der Sicherheitsstandards, Fehler und Missmanagement der Betreiberfirma Tepco – zu Kernschmelzen in mehreren Reaktorblöcken. Zur Kühlung musste schließlich sogar Meerwasser eingesetzt werden, und Teile des radioaktiv verseuchten Kühlwassers wurden ins Meer abgelassen. Dabei kam es für einige Wochen zu Überschreitungen der Grenzwerte für Cäsium- und Iod-Isotope, zeitweise um das 200 000-Fache. In einem Umkreis von 20 bis 30 km um die Reaktoren wurde die gesamte Bevölkerung evakuiert. Alle übrigen Atomreaktoren wurden anschließend für verstärkte Sicherheitskontrollen vom Netz genommen – insgesamt 54 Reaktoren, die bis dahin ein Drittel des japanischen Stroms produziert hatten. Einen kompletten Ausstieg aus der Atomenergie plant die Regierung aber nicht, und eine ganze Reihe Atomreaktoren sind inzwischen wieder in Betrieb. **Gesundheitliche Gefahren** ergaben sich außerhalb der Kernzone höchstens durch belastete Lebensmittel. Die Grenzwerte für Lebensmittel wurden aber nach der Katastrophe unter die in Europa gültigen Werte gesenkt, Lebensmittel aus Tōhoku wurden monatelang ganz gemieden. Die größte Gefahr stellte v. a. Fisch dar (weil sich ja kein unbedenklicher Ursprungsort feststellen lässt), wobei die Grenzwerte auf einen Jahreskonsum von 150 kg ausgelegt sind.

korea gibt es noch immer keinen Friedensvertrag). Dafür etablierte die japanische Wirtschaft im Rahmen von „Entschädigungen" Exportketten und Direktinvestitionen in wichtigen Märkten Südostasiens.

Ein erster Meilenstein auf dem Weg zur internationalen Anerkennung waren 1964 die **Olympischen Spiele in Tōkyō**. 1972 erhielt Japan die bisher noch von den USA als Militärbasis besetzte Provinz Okinawa (Ryūkyū) zurück. Bis in die 1980er-Jahre hatte das japanische Wirtschaftswunder eine der führenden Wirtschaftsnationen der Welt generiert. Das Platzen der Immobilienblase 1990 mit der darauffolgenden jahrelangen **Rezession** (S. 124) brachte nicht nur diesen rasanten Aufstieg ins Stocken, sondern veränderte auch Lebensentwurf und -gefühl der nachfolgenden Generationen. Die kollektiv orientierte Arbeitsethik der Nachkriegszeit weicht langsam individualistischeren Einstellungen. Umweltbewusstsein und politisches Engagement sind aber trotz eines kurzen Auflebens nach der **Erdbebenkatastrophe von 2011** (s. Kasten) viel weniger ausgeprägt als in westlichen Ländern. Eine deutliche Internationalisierung, die der Tourismus und ausländische Arbeitskräfte brachten, wurde durch die lange Abschottung während der Corona-Pandemie 2020–2022 unterbrochen.

| 11. März 2011 | 1. Mai 2019 | 2020–2022 |
|---|---|---|
| Ein starkes Seebeben vor Nordjapan löst einen Tsunami aus, der Tausende Menschenleben kostet und den Atomreaktor von Fukushima beschädigt. | Nach dem Rücktritt seines Vaters aus gesundheitlichen Gründen wird Naruhito neuer Tennō. Sein Ära-Name lautet Reiwa. | Während der Corona-Pandemie schottet Japan sich vom Rest der Welt ab. Die Olympischen Spiele 2020 finden in Tōkyō 2021 ohne Live-Publikum statt. |

# Regierung und Politik

**Verwaltung:** 47 Präfekturen
**Premierminister:** Kishida Fumio (LDP)
**Legislative:** Zweikammer-Parlament mit Ober- und Unterhaus
**Wahlbeteiligung:** 56 % (Unterhauswahlen 2021)

## Regierungsform

Japan ist eine parlamentarische Monarchie, formelles Staatsoberhaupt und „Symbol des japanischen Staates" ist der **Kaiser** (Tennō), übrigens heute der einzige Kaiser weltweit. Die Staatsgewalt geht vom Volk aus und liegt bei einer alle vier Jahre vom Parlament gewählten Regierung. Das **Parlament** besteht aus einem Ober- und einem Unterhaus. Beide Kammern werden nach etwas unterschiedlichen Systemen in freien und geheimen Wahlen gewählt: Für das Unterhaus gilt eine komplizierte Mischung aus Mehrheits- und Proporz-Wahlrecht, während das eher beratend tätige Oberhaus im Proporz-Verfahren über Listen gewählt wird. Wahlberechtigt sind alle japanischen Staatsbürgerinnen und -bürger ab dem Alter von 18 Jahren. Das Parlament ernennt den **Premierminister** (bisher keine Premierministerin), der wiederum sein Kabinett überwiegend, aber nicht notwendigerweise aus Parlamentsabgeordneten bildet.

## Parteienlandschaft

Erste Parteien bildeten sich in Japan bereits während der Meiji-Zeit gegen Ende des 19. Jhs., doch bis 1945 war der Einfluss politischer Parteien eher gering. Mit dem Ende des Zweiten Weltkriegs verboten die amerikanischen Besatzer alle bis dahin bestehenden Parteien, und viele Politiker wurden zumindest vorübergehend von der Politik ausgeschlossen. Als dann Parteineugründungen bzw. Wiedergründungen zugelassen waren, konnten aufgrund der inzwischen durch den Koreakrieg veränderten politischen Lage auch belastete Personen in die Politik zurückkehren. 1955 vereinigten sich zwei der wichtigsten Parteien, die Liberale Partei und die Demokratische Partei, die beide aus Vorkriegsparteien hervorgegangen waren, zur **Liberaldemokratischen Partei (LDP)**, die fortan die japanische Politik bestimmte.

Die Herrschaft der LDP schien nach lange gewachsener Unzufriedenheit 2009 gebrochen, als die damals größte Oppositionspartei, die **Demokratische Partei Japans** (DPJ, jap. Minshutō) einen überwältigenden Wahlsieg mit über 60 % der Sitze errang und zusammen mit zwei kleineren Parteien eine Koalitionsregierung bildete.

Die eher linksliberale DPJ – heute heißt sie nach weiteren Fusionen **Konstitutionelle Demokratische Partei Japans (CDPJ)** – , hatte zwar schon mehrmals Erfolge verbucht, aber noch nie deutliches politisches Profil gewonnen. Das mag zum Teil daran liegen, dass die DPJ von Anfang an keine wirklich neue politische Kraft in Ja-

### Die LDP

Die 1955 entstandene **Liberaldemokratische Partei** (jap. Jiyū Minshutō) hat mit kurzen Ausnahmen (1994–96, dabei zeitweise als Teil der Regierungskoalition, und 2010–2012) immer den Premierminister gestellt. Trotz der allgemein konservativen Einstellung der Partei werden Kandidierende eher nach persönlichen Loyalitäten als anhand einer klaren Parteilinie gewählt. So ist es auch zu erklären, dass etwa die Hälfte der LDP-Abgeordneten bereits in zweiter, dritter oder gar vierter Generation Abgeordnete für ihren Wahlkreis sind. Die LDP selbst ist in zahlreiche innerparteiliche Gruppierungen, sogenannte **Faktionen**, gespalten, an deren Spitze ein einflussreicher Patron steht und die oft eher gegen- als miteinander arbeiten. Lange Zeit erlaubte es das Wahlsystem sogar, dass LDP-Kandidaten unterschiedlicher Faktionen bei Wahlen gegeneinander antraten. Die LDP wählt traditionsgemäß alle zwei Jahre einen neuen Parteivorsitzenden, der dann fast automatisch zum Premierminister gewählt wird, d. h. auch der Premierminister wechselt sehr häufig. Die längste Amtszeit in den letzten Jahrzehnten war die von **Abe Shinzō** 2012–2020.

### Thronfolgeproblematik des japanischen Kaiserhauses

Die Thronfolge im Kaiserhaus erfolgt verfassungsgemäß in männlicher Erbfolge, was früher unproblematisch war – bis (im 19. Jh.) die Nebenfrauen abgeschafft und (nach dem Zweiten Weltkrieg) die Zugehörigkeit der zahlreichen Seitenlinien zum Kaiserhaus aufgehoben wurden. Da der heutige Tennō Naruhito 2001 als erstes Kind eine Tochter namens Aiko hatte und es in der Familie auch sonst keinen männlichen Thronfolger gab, wurde einige Jahre lang sehr intensiv über eine Verfassungsänderung in diesem Punkt diskutiert. Der damalige Premierminister berief sogar einen fünfköpfigen Weisenrat ein, der sich mit dem Problem befassen sollte. Aiko wäre nicht die erste Kaiserin der japanischen Geschichte geworden, doch in der Vergangenheit regierten Frauen offiziell nur anstelle ihrer minderjährigen Söhne oder anderweitig verhinderter männlicher Thronerben. Die Idee einer Reform ist aber eingeschlafen, seit Aiko 2006 einen Cousin bekam.



pan war. Viele ihrer Mitglieder, einschließlich der Spitzenpolitiker Ozawa Ichirō und Hatoyama Yukio, waren ursprünglich LDP-Mitglieder, die in den 1980er- und 1990er-Jahren selbst einflussreiche Positionen in der LDP-dominierten Politik bekleidet hatten. Ähnlich wie die LDP hatte aber auch die DPJ als Regierungspartei mit zahlreichen Skandalen zu kämpfen und verschliss von 2009 bis 2012 drei Premierminister. So musste Kan Naoto, einst einer der beliebtesten Politiker Japans, 2011 wegen eines Spendenskandals zurücktreten – aber auch wegen seines zögerlichen Umgangs mit dem Fukushima-Reaktorunfall.

Bei der nächsten Parlamentswahl 2012 erlangte die LDP einen Erdrutschsieg und wurde in allen Wahlen seitdem, zuletzt 2021 und 2022, wieder in beiden Häusern stärkste Kraft. Die übrigen Parteien sind klein und bis auf die buddhistische Partei **Kōmeitō** und die **Kommunistische Partei** unstetig, mit ständig wechselnden Namen und Belegschaften.

**Premierminister Kishida Fumio** stammt aus einer Politikerfamilie und gilt als konservativer Reformer. Wegen seines familiären Hintergrunds aus Hiroshima spricht er sich für die Abschaffung von Atomwaffen aus, befürwortet aber Atomenergie. Seine Wirtschaftspolitik ist weniger aggressiv neoliberal als die des langjährigen Vorgängers Abe Shinzō.

## Innenpolitik

Die Politik Japans nach dem Zweiten Weltkrieg war weitgehend geprägt von einer Vorrangstellung der Wirtschaftsinteressen mit großem Einfluss des Handels- und Industrieministeriums MITI.

Innenpolitik ist während der langen **Herrschaft der LDP** immer hauptsächlich als Klientelpolitik betrieben worden, was sich z. B. in den riesigen Bauprojekten zugunsten eben solcher Regionen ausdrückte, aus denen einflussreiche Politiker stammten – ein Beispiel ist die Shinkansen-Linie nach Niigata, die ab 1972 von Premierminister Tanaka Kakuei durchgesetzt wurde. Nach dem plötzlichen Ende des wirtschaftlichen Aufschwungs mit dem Platzen der Bubble Economy 1990 hat sich die japanische Wirtschaft nie erholt: Die Regierung versucht seit Jahrzehnten erfolglos, mit immer neuen Konjunkturprogrammen die **Wirtschaft** anzukurbeln.. Nach und nach sind neue, z. T. globale Probleme aufgetreten, mit denen sich die Politik eher zögerlich beschäftigt und die bislang ungelöst sind: von sozialer Gerechtigkeit über Klimawandel und Tourismusmanagement bis zur Überalterung der Gesellschaft. Ein Atomausstieg steht nicht zur Diskussion.

## Außenpolitik

In der japanischen Außenpolitik nehmen die **USA** seit dem Zweiten Weltkrieg einen überproportional wichtigen Platz ein: Das nach dem Krieg geschlossene Verteidigungsbündnis einschließlich atomaren Schutzschirms besteht weiterhin, auch wenn die LDP sich um ein eigenständigeres Auftreten Japans bemüht. Potentielle Gegner dieses Bündnisses sind v. a. **Nordkorea** und **China**, denn eine echte Aussöhnung mit den früheren Gegnern und Opfern hat nach dem Krieg nie stattgefunden, und so wird in den Nachbarländern jede Unstimmigkeit schnell zum Anlass für Kriegsrhetorik. Insbesondere das stalinistische und international isolierte Nordkorea, das früher als Kolonie zu Japan gehörte, ist mit seinen Atommacht-Ambitionen bedrohlich. Ansonsten überwiegen meist die Interessen der Außenwirtschaftspolitik, und da sind die meisten Nachbarn, wie China, Südkorea und die südostasiatischen Staaten, wichtige Handels- und Investitionspartner.

In den Wirtschaftsbeziehungen zu den USA kommt es immer mal wieder zu Spannungen, insbesondere wenn japanische **Exporte**, z. B. der Automobilindustrie und neuer Technologien, als Preisdrücker empfunden werden. Der amerikanische Vorwurf, als „Trittbrettfahrer" vom Schutzschild der USA zu profitieren, hat seit den 1990er-Jahren zu einer langsamen Stärkung der japanischen Verteidigungspolitik geführt; Japan baute die Beteiligung an **UNO-Friedensmissionen** aus. Als im Zweiten Golfkrieg 1991 Japan ein Fünftel der Gesamtkosten der Befreiung Kuwaits aus irakischer Besatzung zahlte, dieser Beitrag international aber als „Scheckbuchdiplomatie" lächerlich gemacht wurde, führte das zu einer **Debatte über eine Verfassungsänderung**. Seitdem wurden etliche neue Gesetze erlassen, um die Verfassung großzügig zugunsten von Auslandseinsätzen umzuinterpretieren. Eine Verfassungsänderung, wie sie insbesondere der frühere Premierminister Abe Shinzō anstrebte, ist aber bisher noch nie gelungen. Mit der stetig zunehmenden Bedrohung aus Nordkorea und internationalen Krisen wird die Frage nach einer eigenständigen Sicherheitspolitik aber drängender. Nicht zuletzt aus Sorge um die vergleichbare Situation Taiwans gegenüber China – vor der eigenen Haustür – hat die japanische Regierung ungewöhnlich schnell auf den russischen Angriff auf die Ukraine reagiert und sich gegen die Aggression positioniert.

### Yasukuni-Kontroverse

Da Staat und Religion verfassungsmäßig getrennt sein müssen, kommt es regelmäßig zu Skandalen, wenn konservative Politiker in ihrer Funktion als Minister oder Premierminister den umstrittenen Yasukuni-Schrein in Tōkyō (S. 164) besuchen. Dort werden seit der Meiji-Zeit die Seelen derer verehrt, die „für Japan" gestorben sind – einschließlich mehrerer verurteilter und hingerichteter Kriegsverbrecher. Die zuständigen Priester argumentieren, dass deren Seelen, einmal per Zeremonie aufgenommen, nicht mehr aus der spirituellen Verehrungsmasse herausgelöst werden können. Damit werden bei jedem Gebet für verstorbene Familienmitglieder formell auch die Kriegsverbrecher verehrt – vor allem am 15. August, dem Tag der Kapitulation. Dieses brisante Ereignis wird regelmäßig von Aufmärschen Rechtsradikaler und Protesten linker Gruppen begleitet.

## Verwaltungsstruktur und juristisches System

Japan ist insgesamt in 47 **Präfekturen** *(ken)* unterteilt. Innerhalb dieser Verwaltungseinheiten gibt es eine weitere Unterteilung für Städte *(shi)*, Kleinstädte (*chō* bzw. *machi)* und Landkreise *(son)*. Die Verwaltung erfolgt weitgehend zentralistisch von Tōkyō aus. Präfekturen und Kommunen haben über gewählte Gremien eine vergleichsweise begrenzte Verfügungsgewalt in Bereichen wie Gesundheit, Stadtplanung und Müllbeseitigung.

Das japanische **Rechtssystem** wurde nach der Meiji-Restauration im 19. Jh. nach deutschem und französischem Vorbild als kodifiziertes Recht gestaltet. Recht wird also nur anhand von Gesetzen und nicht nach Präzedenzfällen gesprochen.

Die 14 Mitglieder des Obersten Gerichtshofs werden vom Kabinett ernannt. Unter dem Obersten Gerichtshof gibt es noch vier juristische Ebenen. In Japan dauern Gerichtsverfahren oft sehr lange, da es nicht genügend Richter gibt. Vor allem in zivilrechtlichen Konflikten sind deshalb außergerichtliche Schlichtungsverfahren üblich. Zu Gerichtsverhandlungen

### Artikel 9 und die Selbstverteidigung

Die heute gültige **Verfassung** (Nihon Koku Kenpō) ist unter Mitwirkung der amerikanischen Besatzungsmacht nach dem Zweiten Weltkrieg formuliert worden und am 3. Mai 1947 in Kraft getreten. Der bekannteste Abschnitt darin ist der Artikel 9, der Krieg als legitimes Mittel der Politik ausschließt. Daraus ergibt sich folgerichtig das Verbot, eine Armee zu unterhalten. Seit 1954 verfügt Japan aber (auch unter dem Druck der amerikanischen Regierung, deren Einstellung zur japanischen Bewaffnung sich unter dem Einfluss des Koreakriegs gewandelt hatte) über sogenannte **Selbstverteidigungsstreitkräfte (SDF)** – de facto eine durchaus schlagkräftige Armee. Die Angehörigen der Selbstverteidigungsstreitkräfte sind formell Zivilisten, und es gibt auch kein Militärgericht. Umstritten ist insbesondere die Entsendung der SDF ins Ausland, hauptsächlich bei **UNO-Blauhelmeinsätzen** (seit 1992). Ein Hauptproblem auch bei rein friedenssichernden Einsätzen ohne Kampfhandlungen ist, dass in vielen Fällen Waffen zur Selbstverteidigung mitgeführt werden müssen oder logistische Operationen für bewaffnete Truppen anderer Nationen durchgeführt werden. Je nach Interpretation der Verfassung widerspricht das dem Grundsatz, der im Ausland selbst den Waffeneinsatz einzelner SDF-Angehöriger zum Schutz der Gruppe unterbindet.
Bis 2007 gab es auch kein Verteidigungsministerium, sondern nur ein Amt für Verteidigung, das inzwischen aber zum Ministerium aufgewertet worden ist.



kommt es letztendlich fast nur bei eindeutigen Fällen. Strafrechtsverfahren enden in den weitaus meisten Fällen (über 99,9 %) mit einer Verurteilung des oder der Angeklagten. Ein Angeklagter, der trotzdem auf seiner Unschuld beharrt, macht sich gewissermaßen gesellschaftlich zur Unperson, indem er behauptet, dass Polizei und Staatsanwaltschaft einem Irrtum unterliegen.

In Japan besteht die **Todesstrafe**, die mit kurzen Unterbrechungen auch regelmäßig ausgeübt wurde und wird. Seit dem Zweiten Weltkrieg sind über 700 Personen hingerichtet worden. Die Hinrichtung muss in jedem Einzelfall vom Justizminister genehmigt werden und erfolgt durch Erhängen, prägnant dargestellt in Ōshima Nagisas Film *Kōshikei* (auch: *Death by Hanging*; 1968). 2014 wurde ein Häftling nach 48 Jahren im Todestrakt entlassen, nachdem DNA-Tests ihn entlastet hatten. Die öffentliche Zustimmung für die Todesstrafe ist dennoch nach wie vor groß.

# Wirtschaft

**Wachstum**: 1,1 %
**Inflation**: 0,5 %
**BIP nominal**: 4230 Mrd. US$
**BIP pro Kopf** (PPP): 33 815 US$
**Agrarsektor**: 1 %
**Industriesektor**: 30 %
**Dienstleistungen**: 69 %
**Export**: 919,2 Mrd. US$
**Import**: 941,7 Mrd. US$

Japan ist die fünftgrößte Exportnation der Welt. Im Bereich der Elektronikindustrie nimmt das Land in vielen Bereichen die weltweite Führungsrolle ein.

## Aufstieg zur Wirtschaftsmacht

Die **Industrialisierung** begann in Japan nach der Meiji-Restauration in der zweiten Hälfte des 19. Jhs., als sich die ersten Firmenkonglomerate *(zaibatsu)* bildeten. Nach dem Zweiten Weltkrieg wurden diese einflussreichen monopolistischen Familienunternehmen von der amerikanischen Besatzungsmacht weitgehend zerschlagen bzw. reformiert. Die Unternehmensgruppen nennt man heute *keiretsu* (bekannte Namen sind Mitsui, Sumitomo und Mitsubishi).

In der Nachkriegszeit erlebte Japan mit teilweise zweistelligen Wachstumsraten einen beachtlichen wirtschaftlichen Aufschwung und vollzog endgültig einen Wandel zu einer modernen Industrienation. Als Ursache für diesen beispiellosen **Aufstieg** werden innovative Fertigungsmethoden wie beispielsweise die Just-in-Time-Produktion – die Fertigung genau nach Bedarf, um längere Lagerungszeiten zu vermeiden –, das Streben nach Qualität und kontinuierlicher Verbesserung sowie die hohe Leistungsbereitschaft der Angestellten mit langen Arbeitszeiten, das exzellente Ausbildungsniveau und hohe Investitionsraten genannt. Kritiker behaupten aber, dass auch Marktabschottung und Preisdumping beim Export eine gewisse Rolle spielten. Dabei übte das Industrieministerium MITI (Ministry of International Trade and Industry) einen gewissen Einfluss aus.

Ein weiterer Faktor ist die effiziente **duale Wirtschaftsstruktur**. Im Ausland bekannt sind vor allem die Großunternehmen wie Hitachi, Honda, Panasonic, Sony, Tōshiba und Toyota, doch sind circa 80 % der Japaner in unzähligen abhängigen klein- und mittelgroßen Zulieferbetrieben beschäftigt.

Der führenden Rolle in der **Elektronikindustrie** kommt sicherlich die große Aufgeschlossenheit der japanischen Bevölkerung für alle technischen Neuerungen zugute. Cafés mit Robotern, die sich mit den Gästen unterhalten, sind der neueste Schrei. Der heimische Markt treibt durch das Bedürfnis nach immer neuen technischen Produkten die Konkurrenz unter den Firmen an und führt somit zu ständigen Neu- und Weiterentwicklungen. Sehr weit entwickelt und umkämpft ist auch der **Mobilfunkmarkt**. Handys mit Kameras, E-Mail und Internet gab es in Japan schon weitaus früher als in Deutschland. Weil der Mobilfunkstandard in Japan jedoch nicht mit GSM in Europa kompatibel war, konnten sich die japanischen Handyhersteller auf internationaler Ebene nicht richtig durchsetzen, und heute hat Apple in Japan den weitaus größten Marktanteil bei Mobiltelefonen.

## Die Zeit der „Bubble Economy" und danach

Bedingt durch die beiden Ölkrisen verlangsamte sich das Wachstum in den 1970er-Jahren etwas, bevor dann in den 1980er-Jahren

Das Industrie-Museum in Nagoya gewährt Einblick in die wirtschaftliche Entwicklung der Region.

### Tourismusindustrie in Japan

Im Jahr 2019 kamen 31,9 Mio. Touristen aus dem Ausland nach Japan. Diese Zahl brach während der weltweiten Covid-19-Pandemie stark ein: 2021 besuchten wegen der strengen Einreisebeschränkungen lediglich 246 000 Gäste aus dem Ausland Japan. Doch bereits 2022 stieg die Zahl wieder auf 3,4 Mio. an, und es wird erwartet, dass bis 2025 die Besucherzahlen von vor der Pandemie erreicht werden. Ein Großteil der ausländischen Touristen kommt aus den benachbarten asiatischen Ländern. Der Umsatz macht aber nur einen geringen Anteil des gesamten Tourismusgeschäfts in Japan (unter 10 %) aus, da die Japaner auch Reiseweltmeister im eigenen Land sind. Die touristische Infrastruktur ist daher hervorragend ausgebaut, und es gibt vielfältige Angebote für jeden Geschmack.



ein erneuter Boom einsetzte, der jedoch hauptsächlich auf Spekulationen mit Grundstücken und Aktien basierte. Auf dem Höhepunkt dieser „Bubble Economy" war das Grundstück des Kaiserpalastes im Stadtzentrum von Tōkyō mehr wert als ganz Kalifornien. 1990 platzte die Blase und stürzte das Land in eine zehn Jahre andauernde Deflationsphase. Unter den westlichen Industrienationen ist Japan heute das Land mit der höchsten **Staatsverschuldung**. Während 2023 die Verschuldung in Deutschland bei 66 % des Bruttoinlandsprodukts lag, war in Japan der Wert mit 226 % mehr als dreimal so hoch. Diese Schulden sind Altlasten einer endlosen Folge von **Konjunkturprogrammen** zur Krisenbewältigung seit den 1990er-Jahren. Dabei wurde vorwiegend die bereits stark subventionierte Bauwirtschaft unterstützt. Anfang 2009 wählte Japan einen anderen Weg und bemühte sich, den privaten Konsum anzukurbeln, indem der Staat jedem Bürger einen Betrag von 12 000 ¥ auszahlte. Im Januar 2013 versuchte der neu gewählte Premierminister Abe durch weitere Konjunkturprogramme, flankiert von einer Geldschwemme und der Deregulierung des Finanzsektors, die Krise zu bewältigen – Maßnahmen, die unter dem Schlagwort „Abenomics" bekannt wurden. Die Anhebung der Mehrwertsteuer am 2014 von 5 % auf 8 % ließ die japanische Wirtschaft stark schrumpfen. Nichtsdestotrotz wurde 2019 die Mehrwertsteuer auf 10 % angehoben, wobei allerdings für Lebensmittel weiterhin der Satz von 8 % gilt.

Während der Boomphase gab es in Japan Vollbeschäftigung, doch seit den 1990er-Jahren sind die **Arbeitslosigkeit** sowie der steigende Anteil von freien Mitarbeitern ohne feste Anstellung ein Problem. Zwar ist die Arbeitslosenrate inzwischen von über 5 % (2010) auf 2,8 % (2021) gesunken, dennoch stehen die sozialen Sicherungssysteme angesichts der zunehmenden Überalterung der Gesellschaft vor großen Herausforderungen.

## Japan im Welthandel

Da Japan ein relativ rohstoffarmes Land ist, müssen Öl und viele andere **Rohstoffe** importiert werden. Beim Import führen China (24,1 %), USA (10,8 %), Australien (6,7 %) und Taiwan (4,4 %) die Liste an. Über die Hälfte der Nahrungsmittel werden eingeführt, wobei jedoch der **Reisanbau** subventioniert wird, um die Eigenversorgung zu gewährleisten. Parallel gibt es beim Reis noch Importbeschränkungen, um die japanischen Bauern vor billigem Reis aus dem Ausland zu schützen. Zur Versorgung mit **Fisch** betreibt Japan eine große Fischfangflotte, die fast 15 % des jährlichen Fangs in den Weltmeeren verantwortet.

Die wichtigsten **Exportgüter** Japans sind Kraftfahrzeuge, Werkzeugmaschinen, Halbleiter, Büro- und Heimelektronik sowie chemische Produkte. Der wichtigste Exportpartner ist China (21,6 %) gefolgt von USA (18 %), Taiwan (7,2 %), Südkorea (6,9 %). In Summe wird etwa die Hälfte in den asiatischen Raum exportiert. Die wohl bekanntesten Produkte im Elektronikbereich sind digitale Fotokameras, hier kommt Firmen wie Canon, Sony und Nikon die weltweite technologische Führungsrolle zu.

# Religion

Etwa 80 % der Japaner sind Shintoisten. Etwa 70 % der Japaner sind Buddhisten. Diese häufig zitierte Statistik, die sich auf die Angaben verschiedener religiöser Organisationen bezieht, zeigt bereits ein wichtiges Charakteristikum der Religion in Japan: Viele Japaner betrachten sich sowohl als Buddhisten als auch als Shintō-Anhänger und empfinden beides eher als Brauchtum. Obwohl die meisten Leute regelmäßig Schrein und Tempel aufsuchen und viele Familien zu Hause sowohl einen buddhistischen Altar als auch einen kleinen Shintō-Hausschrein haben, gaben zum Beispiel in einer Umfrage unter jungen Erwachsenen gerade mal 30 % an, dass Religion für sie irgendeine Bedeutung habe. Religiöse Aktivitäten werden allgemein sehr pragmatisch gesehen: Wer öfter mal am Shintō-Schrein betet oder an Shintō-Zeremonien teilnimmt, gilt damit als Shintoist. Und auch ausländische Besucher sind sowohl in Shintō-Schreinen als auch an buddhistischen Tempeln willkommen, auch zu Zeremonien.

## Frühe Religionen

Über die frühesten Religionen in Japan gibt es kaum Hinweise. Archäologische Funde lassen einerseits Rückschlüsse auf Mutterkulte zu, andererseits scheinen auch schon sehr früh Steine und Bäume kultisch verehrt worden zu sein. Grabschmuck aus den ersten nachchristlichen Jahrhunderten (ca. 3.–6. Jh.) sollte vermutlich dem Wohl der verstorbenen Seele oder auch als Wächter dienen. Wegen der häufigen Vogeldarstellungen nehmen Wissenschaftler an, dass die frühe Bevölkerung glaubte, die Seele ginge in einen Vogel über. Dargestellt wurden auch Schamaninnen, und Funde schamanistischer Ritualgegenstände und Krummjuwelen (Halbedelsteine in Kommaform) weisen ebenfalls auf eine frühe Verbreitung des Schamanismus in Japan hin. Schamanismus spielt heute in Japan (außer in der einheimischen Religion Okinawas) aber keine Rolle mehr.

## Shintō

Shintō – der Weg der Götter – ist die einheimische Religion Japans. Der Begriff Shintō für die japanische Naturreligion kam erst mit der Einführung des Buddhismus aus China auf, um die alte einheimische Religion gegen die neue importierte Lehre abzugrenzen.

Der Shintō ist eine polytheistische Religion. Entsprechend umfasst das Shintō-Pantheon Tausende von Göttern *(kami)*, die das japanische Inselreich beschützen. Bei der überwiegenden Mehrzahl dieser Götter handelt es sich um namenlose **Naturgötter**, deren Wohnsitz sich in besonders auffällig geformten Steinen, in Quellen oder auf Bergen, wie dem Fuji-san, befindet. Diese Naturorte gelten in Japan als Göttersitz und sind damit heilig.

Eine zweite Gruppe bilden die **Familiengötter und Clan-Ahnengottheiten**, meist ebenfalls ohne Namen. Die Ahnengeister der Familie wohnen im Herd oder in der Tür. Viele Familien haben einen kleinen Ahnenschrein oben an einer Wand aufgehängt; früher war der Dorfschrein der Ahnenschrein für den gemeinsamen Ahnherrn des Clans. Auch heute hat der Nachbarschaftsschrein eine große Bedeutung fürs Dorf- oder auch Stadtteilleben. Die Ahnherren einzelner Familien, die traditionsgemäß einen bestimmten Beruf ausübten, konnten zu Schutzgottheiten des ganzen Berufsstandes werden. So wird der Gelehrte Sugawara no Michizane (S. 535) seit seinem Tod als Gott der Gelehrsamkeit, Tenjin, verehrt.

Eine weitere, recht kleine Gruppe sind die **mythischen Götter**, die ähnlich wie die griechischen Götter personalisiert wurden. Die Göttermythen sind in den alten Überlieferungen des *Kojiki* und *Nihongi* (etwa 8./9. Jh. n. Chr.) aufgezeichnet und gehen auf noch ältere mündliche Überlieferungen zurück. Nicht immer sind Ahnengötter und mythische Götter klar voneinander abzugrenzen: So verehrte die einflussreiche Kriegerfamilie Minamoto (S. 110) den Kriegsgott Hachiman als ihren „Urahn".

Frühgeschichtliche Grabbeigaben lassen vermuten, dass man sich das **Leben nach dem Tod** einerseits als eine Art Paradies vorstellte, andererseits aber auch glaubte, dass die Toten in die

## Die bekanntesten Shintō-Götter

- **Izanagi und Izanami**: mythisches Urgötterpaar, dessen Kinder die japanischen Inseln und deren Götter sind (S. 568).
- **Amaterasu**: Sonnengöttin, aus dem Auge von Izanagi geboren. Sie ist die Urahnin des mythischen Jimmu Tennō, der als Vorfahr der japanischen Kaiserfamilie gilt. Bei einem Streit mit Susanoo versteckt sie sich in einer Höhle, aus der die übrigen Götter sie wieder herauslocken müssen (S. 568).
- **Susanoo**: Meeresgott und Bruder Amaterasus, aus der Nase von Izanagi geboren. Zum Zeichen der Unterwerfung überreicht er Amaterasu nach dem Streit sein Schwert (S. 310).
- **Ninigi**: Enkel Amaterasus. Er bekommt von der Sonnengöttin die „drei Kleinodien", die später als Symbole der kaiserlichen Herrschaft galten: einen Spiegel, ein Schwert und einen Edelstein. Damit soll er auf die Erde hinabsteigen und Japan besiedeln.
- **Jimmu Tennō**: Enkel von Ninigi, also Nachfahre Amaterasus und der legendäre erste Kaiser Japans (660 v. Chr.).
- **Yamato Takeru**: mythischer Sohn des zwölften Kaisers, der das Reich Yamato ausweitet und zahlreiche Heldentaten vollbringt.

Unterwelt abstiegen. Das Leben der Ahnen im Jenseits konnte durch Grabbeigaben und tägliche Ahnenopfer positiv beeinflusst werden. Unzufriedene Totengeister konnten hingegen in der Welt der Lebenden Unruhe stiften. Gründe für Unzufriedenheit konnten z. B. Rache für ein noch im Leben erlittenes Unrecht sein oder auch eine schlampig ausgeführte Zeremonie nach dem Tod. Einige der heute landesweit bekannten Feste, wie das Gion Matsuri (S. 393) in Kyōto, sind nur zur Beruhigung der Totengeister entstanden.

## Shintō-Riten

Der frühe Shintō kannte keine Kultidole. Erst mit der Einführung des Buddhismus und dessen Kultbildern im 6. Jh. wurden vereinzelt auch Shintō-Götter bildlich dargestellt. Selbst die mythologischen Götter stellte man sich ursprünglich nicht figürlich vor, sondern als allgegenwärtig in der Gesamtheit der Natur. Zu bestimmten Zeiten, an bestimmten Orten, wie bei einem religiösen **Fest** *(matsuri)* konnte die Anwesenheit der Götter bestenfalls anhand von Indizien angenommen werden. Bei diesen Fruchtbarkeits- und Erntefesten brachte sich der Priester mit kultischen Tänzen und Reiswein in eine religiöse Ekstase, und die Zeremonialgegenstände (wie Spiegel oder Schwerter) konnten dann vorübergehend Wohnsitze der Götter werden. Ursprünglich waren Kostüm und Musik vom Schamanismus geprägt, und auch die „Schreinmädchen" *(miko)* gehen auf die Tradition der Schamaninnen zurück.

Auch wenn heute die bekannten *matsuri* zu straff durchorganisierten, großen Touristen-Events geworden sind, lässt sich die Ekstase und wilde Rhythmik noch bei den unzähligen lokalen *matsuri* beobachten: Dutzende gleichgekleideter, von Stimmung und Sake berauschter Männer (oder auch Frauen), die singend und rufend durch die Straßen des Viertels ziehen und einen schweren *o-mikoshi* (einen tragbaren Schrein) immer wieder rhythmisch in die Luft werfen. Darin befindet sich vorübergehend der Gott, der Freude an der ihm erteilten Aufmerksamkeit hat. Neben dem Umzug gehören zu einem typischen *matsuri* kultischer Tanz, Gebetsrezitationen und Opfergaben von Pflanzen oder Sake am Schrein.

Shintō ist keine Religion, die bewusst angenommen wird oder für die ein Aufnahmeritual nötig ist. Für freudige Anlässe und Familienfeste, wie Hochzeiten, Neujahr und das Kinderfest zum 3., 5. und 7. Geburtstag, werden oft Shintō-Rituale gewählt.

Insgesamt existieren ungefähr 80 000–90 000 **Schreine** in Japan, die meisten davon sind privat geführt. Historisch bedingt gibt es aber auch einen **Staats-Shintō** mit eigenen Schreinen, denn der Tennō als Abkömmling Amaterasus ist ja religiöses Oberhaupt.

## Verhalten am Schrein

**Reinheit** ist eines der Grundprinzipien im Shintō. Zur rituellen Reinigung vor dem Schreinbesuch

## Einige wichtige und bekannte Schreine

- **Atsuta-Schrein** in Nagoya (S. 311): Hier wurde früher das Schwert des Susanoo aufbewahrt.
- **Dazaifu Tenman-gū** bei Fukuoka (S. 535): Hauptschrein für den zum Gott der Gelehrsamkeit, Tenjin, erhobenen Dichter, Gelehrten und Politiker Sugawara no Michizane.
- **Ise-Schrein** in Ise (S. 435): Schrein der Sonnengöttin Amaterasu.
- **Itsukushima-Schrein** bei Hiroshima (S. 472): Sitz der drei Töchter des Sturmgotts Susanoo, berühmt wegen seines fotogenen, im Wasser stehenden roten Torii.
- **Izumo-Schrein** bei Matsue (S. 486): Sehr alter Schrein, in dem sich einmal im Jahr alle Shintō-Götter versammeln.
- **Meiji-Schrein** in Tōkyō (S. 174): 1920 eingeweihter Schrein, in dem der Meiji-Kaiser und seine Frau Shōken-kōtaigo verehrt werden. Am Neujahrstag kommen mehrere Millionen Menschen hierher und bitten um ein glückliches neues Jahr.
- **Tōshō-gū** in Nikkō (S. 204): Sehr prachtvoll gestalteter, synkretistischer Schrein in Nikkō, in dem Tokugawa Ieyasu als Gott verehrt wird.
- **Yasukuni-Schrein** in Tōkyō (S. 122 und 164): Hier werden die Seelen der für den japanischen Kaiser gefallenen Krieger verehrt.



findet sich im Eingangsbereich ein Wasserbecken mit Schöpfkellen. Man nimmt die Kelle in die rechte Hand und füllt sie mit (am besten fließendem) Wasser. Mit einem Viertel des Wassers spült man nun die linke Hand, dann die Kelle in die linke Hand wechseln und mit einem weiteren Viertel die rechte Hand spülen. Jetzt wieder zurück in die rechte Hand wechseln, etwas Wasser in die hohle linke Hand gießen und damit den Mund ausspülen (auf den Boden ausspucken). Den letzten Wasserrest lässt man am Stil der Schöpfkelle herunterlaufen, um diese von der Berührung der Hände zu reinigen.

Am Schreingebäude selbst hängt meist eine Blechglocke mit Seil. Wer möchte, kann die **Glocke** anschlagen und/oder scheppernd einige kleine Münzen in den Holztrog werfen (die Fünf-Yen-Münze bringt familiäres Glück), um die Götter auf sich aufmerksam zu machen. Die korrekte Reihenfolge für das **Gebet** ist fast überall: zweimal verbeugen, zweimal in die Hände klatschen, noch einmal verbeugen.

Am Schrein gibt es kleine **Orakelzettel** *(o-mikuji)* und **Votivtäfelchen** *(ema)* zu kaufen. Auf die *ema* schreibt man eine Bitte und hängt sie an vorgesehenen Ständern auf. Die *o-mikuji* mit schlechten Vorhersagen werden zur Schadensbegrenzung im Schreingelände festgeknotet.

# Buddhismus

## Die Einführung des Buddhismus in Japan

Der Buddhismus entstand zwischen dem sechsten und vierten vorchristlichen Jahrhundert in Indien als eher philosophische Schule, die auf dem Glauben an den ewigen Kreislauf von Wiedergeburten beruhte. Da Leben aber Leiden sei, lehrte **Buddha**, solle man diesem Kreislauf zu entkommen versuchen. Weil das Leiden durch Begierden, die nicht gestillt werden können, verursacht wird, müssen diese Begierden durch Verzicht und Loslassen überwunden werden. Die neue Religion verbreitete sich von Indien aus zunächst nach Südostasien und dann in veränderter Form – als Mahayana-Buddhismus offener für die Partizipation von Laien – in Zentralasien und von dort nach China und Ostasien.

In **Japan** wurde der Buddhismus im 6. Jh. über Korea eingeführt und gewann im 8. Jh. unter Shōmu Tennō an Einfluss. Ein flächendeckendes System von **Staatstempeln** *(kokubunji)* wurde eingeführt, in denen Rituale zum Wohl des Staates und des Kaiserhauses durchgeführt wurden, die aber gleichzeitig auch administrative Aufgaben übernahmen. Um die Akzeptanz zu erhöhen, wurde die neue Religion bewusst nicht als Kontrahent des bestehenden

Götterglaubens (also des Shintō) dargestellt, sondern eher als eine andere Darstellungsform der gleichen Götter. Denn auch im buddhistischen Pantheon gab es eine Vielzahl von Buddhas, also Erleuchteten, Bodhisattvas (die eigentlich die Erleuchtung erlangt haben und als Buddha ins Nirvana eingehen könnten, aber aus Mitleid bewusst in der Welt bleiben, um anderen zu helfen) und untergeordneten Schutz- und Wächtergottheiten oft indischer Herkunft (S. 139), die kurzerhand den einheimischen *kami* zugeordnet wurden. Damit waren Überlagerungen von Buddhismus und Shintō, aber auch das Nebeneinanderbestehen beider Religionen angelegt, was sich bis heute bemerkbar macht.

## Die Entwicklung japanischer buddhistischer Schulen

Die sechs frühen buddhistischen Schulen des 8. Jhs. (von denen heute nur noch die **Kegon-Schule** existiert) hatten jeweils einen großen Zentraltempel in der Hauptstadt Nara, in dem sie vor allem Adlige zu Mönchen ausbildeten. Der Buddhismus war damals keine Religion für das einfache Volk, sondern dem Kaiserhaus und den höheren Schichten vorbehalten.

Anfang des 9. Jhs. gelangten dann die Lehren des esoterischen Buddhismus aus China nach Japan: die **Tendai-Schule** durch den Mönch Saichō und die **Shingon-Schule** durch den Mönch Kūkai. Die esoterischen Schulen vertraten die Meinung, dass die Erlösung aus dem ewigen Kreislauf der Wiedergeburt für jeden möglich sei, nicht nur für Mönche. Gleichzeitig waren aber geheime Riten und Kulthandlungen zentral für diese Glaubensrichtungen, womit Nichteingeweihte auf die Vermittlung durch Priester angewiesen waren.

Chinesische numerische Spekulationen hatten den Beginn des buddhistischen Endzeitalters auf das 11. Jh. datiert. Eine Folge der allgemeinen Stimmung des Untergangs und der Vergänglichkeit war die Einführung der **Amida-Schulen** des Buddhismus (Jōdō-Schule und Neue Jōdō-Schule). Diese neuen Schulen hoben gegenüber der strengen Mönchsaskese und Meditation den Gnadenaspekt als Weg zum Heil hervor. Auch ohne geheime Rituale, so die Versprechung, können normale Gläubige zur Erlösung kommen, selbst wenn die Selbstdisziplin nicht reicht, um strenge Regeln und Askese einzuhalten oder um sich von irdischen Wünschen zu befreien. Amida, ein himmlischer Buddha, hatte nämlich gelobt, allen Menschen bei ihrem Streben nach Erlösung zu helfen. Wer sich also gläubig mit diesem Wunsch an ihn wendet, wird nach dem Tod im „Reinen Land" im Westen wiedergeboren, einer Art Paradies, über das Amida herrscht. Dort sind die Bedingungen ideal, um Sutren zu studieren und die Gebote einzuhalten. Vor das weiterhin bestehende Fernziel, aus dem Wiedergeburtskreislauf auszuscheiden, schiebt sich in diesen Schulen also das unmittelbare Ziel, Aufnahme ins „Reine Land" zu erhalten.

## Zen-Buddhismus

Als eine Art Gegenbewegung wurden bald darauf die japanischen Zen-Schulen gegründet. Schon vorher hatten japanische Mönche von ihrem Studium in China auch Elemente des dort entwickelten Zen (Chan = „Versenkung") in Japan eingeführt, aber die starke japanische Ausprägung der Zen-Schulen entstand erst im 12./13. Jh.

Die Zen-Gründer **Eisai** und **Dōgen** waren beide ursprünglich buddhistische Mönche der esoterischen Tendai-Schule, die nach einem Studium in China von dort die zen-buddhistischen Lehren mitbrachten.

Beim Zen-Buddhismus steht wieder mehr die Selbsterlösung als Weg zum Heil im Mittelpunkt, allerdings weniger durch Askese als durch Meditation und Versenkung. Vor allem in der Kriegergesellschaft der Kamakura-Zeit (1185–1333) kam dieses Konzept gut an, ging es dabei doch um geistige Disziplin und Loslösung des Ichs von vergänglichen Phänomenen und Gewinnstreben. Für die elitären Samurai übersetzte sich diese Loslösung als Mut und Schicksalsergebenheit im Kampf.

Insbesondere die von Eisai gegründete **Rinzai-Schule** stand der Regierung des Kamakura-Regimes nahe. Die Rinzai-Schule ist heute in 14 Unterlinien gegliedert, die alle nach ihrem jeweiligen Haupttempel benannt sind (z. B. Myōshin-ji, Nanzen-ji, Daitoku-ji, Engaku-ji). Die 1228 von Dōgen gegründete **Sōtō-Schule** gilt als volksnäher und weniger elitär als die

Rinzai-Schule. Dōgen lehnte nicht nur eine Zusammenarbeit mit anderen buddhistischen Schulen (auch mit der Rinzai-Schule) ab, sondern auch jegliche Regierungsnähe. Er baute seinen Haupttempel Eihei-ji deshalb in einem abgelegenen Tal auf der Japanseeseite, der auch heute noch als einer der strengsten Zen-Tempel gilt (S. 359).

Grundsätzlich wird im Sōtō-Zen mehr Wert auf das Sitzen in Meditation *(zazen)* und den Zustand der Leere gelegt, in dem man auf die Erleuchtung *(satori)* wartet. Die Rinzai-Schule betont dagegen mehr das *kōan*, eine philosophische, oft irrationale, Frage, die den Geist so beschäftigt, dass er plötzlich ausschnappt und begreift – möglichst nicht nur die Lösung der Frage, sondern gewissermaßen alles. Diese Unterschiede zwischen Sōtō und Rinzai sind allerdings nicht absolut – in beiden Schulen wird jeweils auch die andere Meditationstechnik praktiziert.

Schließlich gründete im 13. Jh. der Mönch **Nichiren** eine weitere buddhistische Schule, die nach ihm benannte Nichiren-Schule. Sie konzentrierte sich auf die Rezitation eines einzigen Sutras als Weg zum Heil.

Die verschiedenen buddhistischen Schulen (und viele Splittergruppen) bestehen heute nebeneinander, und so ist Buddhist eigentlich nicht gleich Buddhist. Praktisch wissen allerdings viele Japaner, die sich einem Haustempel zugehörig fühlen, gerade einmal, zu welcher Schule er gehört, aber nicht so genau, wie sich „ihr" Buddhismus von dem der anderen Schulen unterscheidet.

Zahlreiche buddhistische **Pilgerwege**, wie der 33-Kannon-Weg in Kansai oder der 88-Tempel-Weg auf der Insel Shikoku (Kasten S. 500), erfahren in den letzten Jahren ein Revival, ganz unabhängig von der Zugehörigkeit zu einer bestimmten buddhistischen Schule.

## Vermischung von Shintō und Buddhismus

Bei der Einführung des Buddhismus in Japan wurde keine starke Trennlinie zwischen dem Buddhismus und der einheimischen Religion gezogen, und die daraus resultierende Vermischung beider Religionen (Synkretismus) setzte sich auch später fort. So entstanden zahlreiche Varianten, wie **Ryōbu-Shintō** oder **Hokke-Shintō**, die Shintō-*kami* als Manifestationen von Buddhas interpretieren. Was als intellektuelle oder theologische Spielerei gelten mag, hat allerdings den praktischen und für Touristen irritierenden Effekt, dass Symbolik und Architektur in vielen Tempeln und Schreinen vermischt sind. Zwar wurde in der Meiji-Zeit ab dem späten 19. Jh. offiziell eine Trennung von Buddhismus und Shintō vollzogen, doch auch heute finden sich auf Tempelgeländen oft kleine Schreine in einer Ecke, und Schreine können auch Tempeltore haben.

## Christentum

Das Christentum kam 1549 durch den Jesuitenpater **Francisco de Xavier** (Franz Xaver) nach Japan. In einer von Bürgerkriegen geprägten Zeit wurden die Missionare zunächst begrüßt, denn wie Jahrhunderte früher der Buddhismus brachten die **Jesuiten** neben der Religion neue Anstöße für Kultur, Wirtschaft und Wissenschaft mit und fungierten als Vermittler des lukrativen Handels mit den Portugiesen. Bis 1600 soll die Zahl der Gläubigen auf rund eine halbe Million angestiegen sein. Die Tokugawa-Regierung sah in den christlichen Missionaren Unruhestifter, waren doch die südlichen *daimyō*, die bis zur entscheidenden Schlacht von Sekigahara gegen Tokugawa Ieyasu kämpften, mehrheitlich Christen. Seit 1597 wurden die Christen daher zunehmend verfolgt. 1614 wurden Christen und Ausländer per Edikt ausgewiesen, und 1640 verbot die Tokugawa-Regierung endgültig nicht nur die christliche Religion, sondern auch den Kontakt mit Ausländern. Nur einzelne kleine Gemeinden überlebten im **Untergrund** als sogenannte *kakure kirishitan* („versteckte Christen") bis ins 19. Jh. Ab 1854 durften zwar vereinzelt wieder christliche Missionare das Land betreten, aber die Verfolgung endete offiziell erst 1873; Religionsfreiheit besteht seit 1889.

Mit der **Aufhebung des Christenverbots** kamen erstmals auch protestantische Missionare;

### Japanische Hochzeiten

Dank westlicher Filme werden Hochzeiten in Japan heute oft nach christlichem Ritus gestaltet, obwohl die Brautleute in der Regel gar keine Christen sind. Das Ritual und die zugehörige Kleidung gelten als romantisch und fotogen. Getraut wird das Paar von einem Laienschauspieler im Priestergewand. Professionelle Organisatoren bieten im „Wedding Parlor" alles aus einer Hand: die Bankethalle, Shintō-Zeremonie und christliche Trauung. Und wer es sich leisten kann, bucht das Event in Hawaii oder Paris.

1864 wurde der erste protestantische Konvertit getauft. Die christlichen Missionare waren oft gleichzeitig als Ärzte tätig oder betätigten sich sozial: Sie bauten Aussätzigenstationen, Waisenhäuser etc., besonders aber auch **Mädchenschulen**, die Ende des 19. Jhs. fast ausschließlich in christlichen Händen lagen.

Heute gibt es in Japan fast zwei Millionen Christen, darunter auch eine kleine russisch-orthodoxe Gemeinde. Die christlichen Kirchen sind weiterhin im Bildungssektor stark engagiert – einige **christliche Universitäten** gehören zu den renommiertesten des Landes.

## Neue Religionen

Unter den sogenannten Neuen Religionen versteht man in Japan religiöse Gemeinschaften, die im 19. und frühen 20. Jh. entstanden. Davon abgesetzt sind noch einmal die „Neuen Neuen Religionen", die etwa ab Mitte des 20. Jhs. aufkamen. Viele dieser Gemeinschaften sind durch einen charismatischen Religionsgründer entstanden; die Glaubensinhalte vermischen oft buddhistische Ideen mit christlichen und Shintō-Einflüssen. In Europa würde man viele dieser Gruppen als Sekten bezeichnen.

Bereits 1838 gegründet wurde die Religionsgemeinschaft **Tenrikyō**. Sie betont eine positive Einstellung zum Leben, das als ständiges Geben und Nehmen verstanden wird. In der Nähe von Nara hat die Tenrikyō eine eigene Stadt mit einem bedeutenden Religionszentrum und Universität.

Manche der neueren religiösen Gruppen sind sehr groß und einflussreich, wie die **Sōka Gakkai** („Wertevermehrungsgesellschaft"). Sie wurde 1951 ausgehend von einer 1937 gegründeten Laienorganisation der Nichiren-Schule gebildet. Die Gruppe ist sehr (bisweilen aggressiv) missionarisch, ihre buddhistische Philosophie sehr praxisorientiert: Materieller Gewinn gilt als positives Ziel. Die Sōka Gakkai ist mit mehreren Millionen Anhängern eine der größten Religionsgemeinschaften Japans. 1964 wurde eine Flügelorganisation zur politischen Partei, der Kōmeitō. Deren englischer Name „Clean Government Party" steht für die Ablehnung von Korruption. Gleichzeitig ist die Sōka Gakkai auch stramm antikommunistisch ausgerichtet und plädiert für mehr Nationalstolz, aber auch für die Beibehaltung einer pazifistischen Politik.

Zu den größeren (und reichsten) unter den Neuen Religionen gehört außerdem die Organisation **Kōfuku no Kagaku** (etwa: „Wissenschaft vom Glück"), die als Weg zum Glück u. a. die Selbstreflexion propagiert. Ähnlich ist die **PL Kyōdan**, die alles Leben als Kunst betrachtet und nach Weltfrieden strebt. Die Organisation **Seichō no Ie** („Haus des heiligen Lebens") lehnt sich nah an das Christentum an; zu ihren religiösen Schriften gehört u. a. das Johannesevangelium.

Touristen kommen mit den Neuen Religionen am ehesten in Kontakt, wenn sie von diesen eingerichtete Museen besuchen, wie das Miho-Museum bei Shigaraki (S. 416), das von Koyama Mihoko, der Gründerin der **Shūmeikai**, initiiert wurde. Die Shūmeikai strebt Glück und Wohlergehen im Diesseits durch Schönheit und spirituelle Heilungsriten an.

Einige der Neuen Religionen (besonders Sōka Gakkai und Tenrikyō) sind auch in anderen Ländern erfolgreich (v. a. in Südamerika, wo sie durch japanische Auswanderer Verbreitung fanden). Neue Religionen werden in Japan meist nicht problematisch gesehen, mit einigen dramatischen Ausnahmen. 1995 verübte die **Aum-Sekte** in der Tōkyōter U-Bahn Sarin-Giftgasanschläge, bei denen zwölf Menschen starben und etwa 1000 verletzt wurden. Die Gruppe wurde später in Aleph umbenannt und wird wegen weiterer Zwischenfälle überwacht. Die koreanische **Vereinigungskirche** geriet durch das tödliche Attentat auf den ehemaligen Premierminister Abe Shinzō 2022 in die Schlagzeilen. Der Attentäter beschuldigte die Organisation, seine Familie finanziell ruiniert zu haben, wofür Abe politisch verantwortlich sei. Die engen Verbindungen zwischen der Regierungspartei LDP und der Vereinigungskirche wurden anschließend untersucht und eine Aberkennung des Religionsstatus geprüft.

## Aberglaube

„Fushigi" oder „mysteriös" ist ein Zustand, der in Japan oft als durchaus normal hingenommen wird, auch Magie, Geisterglaube und Horoskope sind in gewissem Maß Bestandteile des Alltags. Für das Leben unmittelbar relevant ist das System der „guten" und „schlechten" Tage (S. 97, Zeit und Kalender), das mit dem Buddhismus in Verbindung gebracht wird. Eher zum Shintō gehören die beliebten *o-mikuji* (Orakelzettel), die an Schreinen (oft auch an Tempeln) verkauft werden und kryptische Zufallsaussagen zum Schicksal treffen. Handlesen (und seltener Kartenlegen) ist verbreitet und wird in belebten Einkaufsstraßen vor allem nach Anbruch der Dämmerung öffentlich praktiziert. Die Dienstleister sitzen auf Schemeln am Straßenrand, neben sich eine Papierlaterne mit einer aufgemalten Hand. Wer daran Interesse hat, sollte etwas Japanisch verstehen oder einen Dolmetscher mitnehmen. Das chinesische Horoskop ist nicht nur für die Gestaltung von Neujahrskarten mit dem jeweiligen Jahres-Tier wichtig, und anhand von Blutgruppen werden Persönlichkeitstypen bestimmt.

# Kunst und Kultur

Die traditionelle japanische Kultur übt auf Europa seit Jahrhunderten eine große Faszination aus, vermutlich gerade weil sie sich von der des Westens so deutlich abhebt: Streben nach Originalität oder Provokation stehen hier nicht im Vordergrund, stattdessen Harmonie *(wa)*, Ästhetik – besonders die Schönheit alles Vergänglichen *(mono no aware)*, wie sie in der Kirschblüte zum Ausdruck kommt – und der Ehrgeiz, Altbekanntes immer wieder, aber wenn möglich eine Idee besser als zuvor, neu zu erschaffen. Deshalb verwundert es nicht, dass sich die japanische Malerei auf wenige, immer wiederkehrende Motive konzentrierte und das Repertoire der darstellenden Künste vergleichsweise schmal ist.

Wer heute durch Japan reist, wird möglicherweise Mühe haben, inmitten lärmender Großstädte, greller Neonreklamen, hektisch umhereilender Menschen sowie Kitsch und Kommerz huldigender Warenhäuser aufzuspüren, was die japanische Kultur so anziehend macht: schlichte Eleganz, Naturverbundenheit und Zurückhaltung. Doch hin und wieder kommen diese Reize ganz unvermutet zum Vorschein, etwa als kleiner, ruhiger Tempel, versteckt zwischen Häuserfluchten, als aparte Japanerin im Brokat-Kimono in einer grauen Menge von Geschäftsleuten oder als raue, formschöne Teeschale. Man lernt zudem, den Blick zu fokussieren und den japanischen Garten zu genießen, ohne sich an den Oberleitungen zu stören.

## Architektur

### Shintō-Schreine

*Die Shinto-Schreine bieten alle einen höchst würdigen Anblick. In einem alten Forst oder sonst weit abgelegen und verborgen (…) atmen sie göttliche Entrücktheit.*

Yoshida Kenkō (1283?–1350),
*Betrachtungen aus der Stille*

Shintō-Schreine beeindrucken nicht so sehr durch ihr Alter, denn da sie aus Holz sind, werden sie regelmäßig (in Ise alle 20 Jahre) neu gebaut. Es ist vielmehr ihre Einbettung in die Natur, die ihnen mancherorts eine geradezu mystische Ausstrahlung verleiht.

Man betritt den heiligen Bezirk durch ein oder mehrere **Torii**, jene charakteristischen Torbögen, die die spirituelle von der säkularen Welt trennen. Sie waren ursprünglich durchweg aus Holz, später wurden sie aber auch aus Stein, Metall, Beton oder gar aus Porzellan (wie in Arita) angefertigt. Weltberühmt ist der rote, (bei Flut) im Wasser stehende Torii von Miyajima (S. 472).

Ein Weg, den – vom Buddhismus übernommen – Steinlaternen säumen, führt zum Schreinkomplex, vor dem man sich an einem Wasserbecken reinigt. Die Schreingebäude umfassen den **Hauptschrein** *(honden)*, die Gebetshalle *(haiden)*, die Halle für Opfergaben und Rituale *(heiden)* und bei größeren Schreinen außerdem Nebenschreine, Schreinbüros und eine Bühne für rituelle Tänze. Der Hauptschrein birgt das Allerheiligste, den Sitz des *kami*, z. B. einen Spiegel, der normalerweise nicht gesehen werden darf. Ebenso auffallend wie stimmungsvoll ist das dicke **Strohseil** *(shimenawa)*; es weist das Heiligtum als Ort der *kami* aus.

Die frühesten Schreine haben ihren Ursprung in prähistorischer Zeit und erinnern an Reisspeicher. Einer der ältesten Schreine ist der Izumotaisha in der Präfektur Shimane, der dem **Taisha-Stil** *(taisha-zukuri)* seinen Namen gab. Typisch dafür ist ein quadratischer Pfahlbau mit einem vorspringenden, mit Zypressenrinde gedeckten Satteldach. Der Eingang befindet sich hier in der rechten Hälfte der einen Giebelseite, ist also asymmetrisch.

Im **Shinmei-Stil** *(shinmei-zukuri)* ab dem 3. Jh. – zu sehen am Ise-Schrein (S. 435), einem der bedeutendsten Heiligtümer Japans – ist der Pfahlbau rechteckig und symmetrisch mit dem Eingang in der Mitte der Längsseite.

In der Heian-Zeit dringt der Einfluss des Buddhismus auch in die Shintō-Architektur vor: Belege dafür sind mehrstöckige Tortürme und die neu eingeführte Bemalung der Schreine.

In der Kamakura-Zeit werden **Hachiman-Schreine** (wie der Tsurugaoka-Schrein in Kamakura) beliebt, denn Hachiman, der Gott der Krieger, wurde vom Herrschergeschlecht der Minamoto als Ahnherr verehrt. Hier besteht der Hauptschrein aus zwei miteinander verbundenen identischen Gebäuden.

Aufs Engste miteinander verwoben sind Shintō und Buddhismus in Nikkō (S. 203). Der hiesige Tōshōgū-Schrein (errichtet 1610–17, heutige Form von 1636) bildet mit seinen reichen Verzierungen einen scharfen Kontrast zu den sonst schlichten, archaisch anmutenden Shintō-Schreinen. Die Gebetshalle steht hier vor der Haupthalle und ist über einen Korridor mit dieser verbunden. Dieser Stil ist als **Gongen-Stil** *(gongen-zukuri)* bekannt.

Ein landesweit sehr verbreiteter Baustil, der auch einen der letzten Schreine, den 1920 erbauten Meiji-Schrein in Tōkyō, charakterisiert, ist der **Nagare-Stil** *(nagare-zukuri)*. Das Dach ist hier auf der Eingangsseite portikusartig verlängert und leicht nach außen geschwungen.

## Buddhistische Tempel

Mit der Einführung des Buddhismus in Japan im 6. Jh. entstehen noch in der **Asuka-Zeit** (552–710) die ersten buddhistischen Tempel. 593 wird der Shitennō-ji in Ōsaka vollendet, angeordnet nach festländischem Vorbild auf der Nord-Süd-Achse – ein Prinzip, das beim Hōryū-ji in Nara, dem ältesten erhaltenen Holzgebäude der Welt (7. Jh.), bereits aufgegeben ist. Die Anlage umfasst eine fünfstöckige **Pagode** *(gojū-no-tō)*, deren fünf Dächer die Elemente Erde, Wasser, Feuer, Wind und Himmel repräsentieren; die **Haupthalle** *(hondō* oder *kondō)* mit Andachtsbild, das man im Uhrzeigersinn umwandelt; einen Glockenturm *(shōrō)* und eine Lehr- und Lesehalle *(kōdō)*.

Diese Gebäude charakterisieren buddhistische Tempelanlagen allgemein. Es gibt aber auch dreistöckige Pagoden und *tahōtō* („Vielschatzpagode") mit nur einem Ober- und einem Untergeschoss. Ein Beispiel für Letztere ist die Pagode des Kongōbu-ji auf dem Kōya-san (S. 431). Häufig ist der Tempelkomplex von einer Mauer umgeben, die in alle vier Himmelsrichtungen von einem **Tor** *(mon)* durchbrochen wird.

Das goldene Zeitalter des Buddhismus ist die späte **Nara-Zeit** (710–94). Es entsteht mit der Daibutsu-den des Tōdai-ji, der Halle mit dem Großen Buddha, das größte Holzgebäude der Welt (S. 422). Mit ihrer Größe und Pracht soll die Tempelanlage die neue Einheit der Nation unter dem Buddhismus versinnbildlichen.

In der **Heian-Zeit** kommt es teilweise zu einer Vermischung von Shintō und Buddhismus: Die *kami* werden dabei als Manifestationen von Buddhas und Bodhisattvas betrachtet. So werden auf Shintō-Schreingelände Pagoden errichtet und bei Tempeln Shintō-Schreine aufgestellt. Mit Aufkommen des Amida-Kults lassen Adelige nicht selten ihre Paläste in Tempel umwandeln, wie Fujiwara Yorimichi, der 1053 die berühmte Phönixhalle (Hōōdō, S. 419) in Uji in Auftrag gibt, eine im Grundriss an einen Vogel erinnernde dreiflügelige Anlage, die sich in einem Teich spiegelt.

In der **Kamakura-Zeit** (1192–1328) gelangt der Zen-Buddhismus nach Japan. Die Klöster und Tempel orientieren sich nun an chinesischen Vorbildern der Tang-Zeit, weshalb man von Karayō („chinesischem Stil") spricht. Schlichtheit, Strenge, Symmetrie und natürliche Materialien werden bevorzugt. Herausragende Beispiele sind der Daitoku-ji in Kyōto und die Tempel von Kamakura.

In der **Muromachi-Zeit** (1338–1573) entwickelt sich ein japanisch-chinesischer Mischstil, wie er im Kinkaku-ji in Kyōto zum Ausdruck kommt (S. 396). Dieser dreistöckige „Goldene Pavillon" wurde 1397 auf dem Gelände eines alten Tempels errichtet, diente aber ursprünglich als Ruhesitz für Shōgun Yoshimitsu, bevor er in einen Zen-Tempel umgewandelt wurde.

Mit dem Bedeutungsverlust des Buddhismus in der Folgezeit kam die Entwicklung der Tempelarchitektur zum Stillstand.

## Burgen

Die ersten Burgen Japans waren noch von grasbedeckten Wällen umgebene Fachwerkbauten. Steinburgen entwickelten sich in der zweiten Hälfte des 16. Jhs., als mit der Verbreitung von Feuerwaffen ein stärkerer Schutz notwendig wurde. Die erstarkten Feudalfürsten wollten zudem ihre Macht und ihren Reichtum zur Schau stellen. Sie errichteten ihre Burg daher gern auf einem Berg oder Hügel. Als Baumaterial diente oft Granit oder Andesit, ein Ergussgestein aus austretender Lava. Um die Burg wurden nun Gräben angelegt. Im Zentrum der Burgstädte *(jōka-machi)* stand natürlich die Burg des *daimyō*. Um sie herum residierten die Samurai. Hinter der Außenmauer siedelten die Kaufleute und Handwerker.

Charakteristisch für die japanische Burg ist der mehrstöckige **Hauptturm** *(tenshukaku)* auf einer steinernen, rechteckigen Basis mit einem Fußwalmdach *(irimoya)*, einer Mischung aus Sattel- und Walmdach. Von außen scheint er oft mehr Stockwerke zu besitzen, als er im Innern hat. Eine steinerne Mauer mit Türmen an strategisch wichtigen Punkten umgibt die Burg. Zickzackwege und überdachte Gänge führen zum Hauptkomplex, dem *honmaru*. Meist befand sich

### Traditionelles Wohnen

Die Grundlage der klassischen japanischen Wohnhausarchitektur ist der Baustil *shoin-zukuri*, für den die Kaiservilla Katsura in Kyōto ein Paradebeispiel ist. Ihn charakterisieren all jene Merkmale, die traditionelle japanische Häuser so anziehend machen:

Undurchsichtige **Schiebetüren** *(fusuma)* als flexible Raumteiler machen es möglich, je nach Bedarf unterschiedlich große Räume zu schaffen. Mit weißem Japanpapier bespannte Rasterholz-Schiebetüren *(shōji)* lassen viel Licht herein. Zur Veranda hin können sie beiseitegeschoben werden und sorgen so im Sommer für erfrischenden Durchzug. Holzwände und **Tatami-Matten** verströmen Wohlgeruch und viel Natürlichkeit.

In den Zimmern bieten **Schmucknischen** *(tokonoma)* Gelegenheit, Blumengestecke, Rollbilder oder Kalligrafien auszustellen. Solche Zimmer gehen auf die Studierzimmer *(shoin)* der Zen-Priester zurück und gaben dem Baustil seinen Namen. In **Einbauschränken** werden die Futons aufbewahrt, die man zum Schlafen herausholt. Auf dem buddhistischen **Hausaltar** (eine Minderheit bevorzugt einen Shintō-Hausschrein) stehen die Bilder der Ahnen.

Im **Eingangsbereich** *(genkan)* werden die Schuhe ausgezogen, bevor man den erhöhten Wohnbereich betritt.

Auch wenn heutzutage zumindest in den Städten die Mehrheit im westlichen Stil wohnt – die Möbel sind allerdings wegen des Platzmangels kleiner und leichter als im Westen –, legen doch viele Japaner Wert darauf, wenigstens ein Tatami-Zimmer zu haben, und die meisten schlafen nach wie vor auf **Futons** auf dem Boden.

Das Nationalstadion in Tōkyō entwarf Kuma Kengo anlässlich der Olympischen Sommerspiele 2020/21.



hier neben dem Hauptturm auch ein **Palast** mit Empfangsräumen, ein flacher Holzbau mit Umgängen und prachtvoll dekorierten Schiebetüren, besonders in der Eingangshalle, wo der Burgherr auf einer erhöhten Sitzfläche Audienz hielt.

Obwohl viele japanische Städte auf Burgstädte zurückgehen, sind heute leider nur wenige Burgen im Original erhalten. Einige der berühmtesten und größten Burgen Japans – die Burgen von Ōsaka (1582), Nagoya (1612) und Kumamoto (1601–07) – sind **Rekonstruktionen** aus den 50er- und 60er-Jahren, wobei der baufällige Hauptturm von Nagoya irgendwann abgerissen und anschließend nach Originalplänen wiederaufgebaut werden soll. Die vielleicht schönste Burg, jene von Himeji (1581), ist dagegen eines der seltenen **Originale**, ebenso wie die sechsstöckige Burg von Matsumoto (1594–97), die im Unterschied zu Himeji in der Ebene steht.

## Moderne Architektur

Nach der erzwungenen Öffnung Japans wurden auch in der Architektur westliche Einflüsse absorbiert. Einer der Ersten, der den neuen Baustil umsetzte, war **Tatsuno Kingo** (1854–1919), der die Bank von Japan (1896) und den Hauptbahnhof in Tōkyō (1914) entwarf. In den 1930er-Jahren ließen sich **Maekawa Kunio** (1905–86) und **Sakakura Junzō** (1904–69) von Le Corbusier inspirieren und **Yoshida Tetsurō** (1894–1956) schuf mehrere Post- und Telefonämter. Letzterer war mit Bruno Taut befreundet und bemühte sich, die japanische Architektur im Ausland bekannt zu machen.

Nach dem Zweiten Weltkrieg besannen sich die japanischen Architekten wieder mehr der eigenen Tradition. Eingeleitet wurde die einheimische Moderne von dem großen Architekten **Tange Kenzō** (1913–2005). Er schuf u. a. den Friedenspark mit Museum in Hiroshima (1946–56), die Sportstadien für die Olympischen Spiele in Tōkyō 1964 und die Präfekturverwaltung von Tōkyō im Bezirk Shinjuku (1991), laut eigenem Bekunden ein Sinnbild der modernen Informationsgesellschaft.

Tange beeinflusste einen der international bekanntesten japanischen Architekten: **Isozaki Arata** (1931–2022), der z. B. das Los Angeles Museum of Contemporary Art schuf. Viele Projekte verwirklichte er auf seiner Heimatinsel Kyūshū, etwa den Bahnhof von Yufuin; die Konzerthalle von Kyōto (1992–95) ist ebenfalls sein Werk. Isozakis Kennzeichen sind einfache geometrische Formen und ungewöhnliche Kombinationen aus Stein, Metall und Holz.

**Kurokawa Kishō** (1934–2007) wurde ebenfalls von Tange beeinflusst. Er ist einer der Begründer des Metabolismus, einer japanischen Architekturbewegung, die sich 1959 gründete, um nach neuen, flexiblen städtebaulichen Konzepten zu suchen. Kurokawa schuf u. a. das Museum für zeitgenössische Kunst der Stadt Hiroshima (1984–88) und den inzwischen abgerissenen Nakagin Capsule Tower in Tōkyō (1972), mit austauschbaren Wohnmodulen – Vorbild für die Kapselhotels.

Ein weiteres Gründungsmitglied der Metabolisten ist **Maki Fumihiko** (geb. 1928), der für seine eigenwilligen Formen bekannt ist. Hervorstechende Bauten sind z. B. das Nationalmuseum für moderne Kunst in Kyōto (1986) und das Four World Trade Center in New York (2013).

Kritik am Metabolismus übte **Shinohara Kazuo** (geb. 1926), für den Architektur nicht zu funktional sein sollte. Sein 1961 in Tōkyō errichtetes Umbrella House steht heute in Weil am Rhein.

**Hara Hiroshi** (geb. 1936) entwarf zwei berühmte moderne Bauten in Japan: das 40 Stockwerke hohe Umeda Sky Building in Ōsaka (1988–93) – zwei durch eine Stahlbrücke im 22. Stock miteinander verbundene Türme – und den neuen Bahnhof von Kyōto (1991–97). Bei beiden kam es ihm darauf an, den Besuchern viel Bewegungsfreiheit zu gewähren.

Einer der erfindungsreichsten zeitgenössischen Architekten ist **Andō Tadao** (geb. 1941), der von sich behauptet, Autodidakt zu sein. Kennzeichnend sind lichtdurchflutete, massive Betonbauten, nicht selten mit indirekten Zugangswegen. Sie sollen nicht nur funktional sein, sondern auch inspirierend. Einige seiner ungewöhnlichsten Werke sind der Honpuku-ji auf Awajishima von 1991, ein Tempel, der völlig überraschend unter einem Seerosenbecken liegt, und mehrere Kunstmuseen (1992–2010) auf Naoshima.

**Itō Toyō** (geb. 1941) und **Hasegawa Itsuyo** (geb. 1941) stehen demgegenüber für eine Architektur der Leichtigkeit, die viel Aluminium und Glas verwendet, während **Takamatsu Shin** (geb. 1948) mit futuristischen, maschinenartigen Entwürfen bekannt wurde.

Die Architektin **Sejima Kazuyo** (geb. 1956) zeichnet ein neomoderner, nüchterner Stil aus, wie im 2016 eröffneten Sumida Hokusai Museum in Tōkyō zu sehen. Zusammen mit **Nishizawa Ryūe** (geb. 1966) gründete sie das renommierte Architekturbüro SANAA, das u. a. für das Kunst-

## Ikebana

Die japanische **Kunst des Blumenarrangements** Ikebana ist 1300 Jahre alt und bis heute ein beliebtes Hobby vieler Japaner(innen) aller Altersgruppen. Anders als hierzulande, wo das Hauptaugenmerk auf Form und Farbe der Blüten liegt, spielt in Japan die Linie der Zweige eine zentrale Rolle, und Stängel, Blätter, Zweige sowie Vase werden ins Gesamtbild einbezogen. Ursprünglich standen die Arrangements in enger Verbindung zum Buddhismus und waren rituelle Opfergaben im Tempel.

Während Ikebana in den ersten Jahrhunderten noch auf buddhistische Tempel beschränkt blieb, wurde es im 15. Jh. dank dem Ashikaga-Shōgun Yoshimasa (1436–90), der zusammen mit dem Künstler Somai die Regeln vereinfachte, im Volk populär.

Grob gesagt, besteht jedes **Gesteck** aus drei Teilen:

- Der stärkste und höchste Zweig *(shin)* bildet die zentrale Linie und repräsentiert den Himmel.
- Der Nebenzweig *(soe)* ist etwa um ein Drittel kürzer und geht seitlich von dieser Linie ab. Er steht für den Menschen.
- Der kürzeste Zweig *(hikae)* wird vor bzw. gegenüber den anderen platziert und symbolisiert die Erde.

Bis heute gibt es vorgeschriebene Arrangements zu bestimmten **Feiertagen**. So werden z. B. zu Neujahr Kiefernzweige und Chrysanthemen verwendet.

Die **moderne Form** des Ikebana heißt *moribana* und entwickelte sich im 20. Jh. Sie gewährt mehr Freiheit bei der Wahl der Pflanzen und deren Arrangements als die älteren Varianten.

## Vom Weg des Tees

*Buddha lebt in der Teezeremonie.*
Zen-Priester Ikkyū Sojun (1394–1481)

Tee kam ungefähr im 8. Jh. aus China nach Japan. Er war damals sehr kostbar und wurde in erster Linie als Arzneimittel geschätzt. Das Teetrinken verbreitete sich zuerst unter den Zen-Mönchen und in der Oberschicht. Es wurde zum Zeitvertreib, Tee aus unterschiedlichen Anbaugegenden zu kosten und das Herkunftsgebiet zu erraten. Daraus entwickelte sich eine gesellige Runde mit Teegenuss und chinesischer Kunst – die Grundlage der Teezeremonie (*sadō*, „Weg des Tees", oder *cha-no-yu,* etwa „heißes Wasser für Tee").
Hinter der auf den ersten Blick simplen Handlung der Teezubereitung und -darreichung verbirgt sich ein kompliziertes Ritual, für dessen Erlernen gut und gern zehn Jahre nötig sind. Die Teezeremonie, deren Grundlagen im 16. Jh. von **Sen no Rikyū** festgelegt wurden, wurzelt im Zen-Buddhismus, der im 12. Jh. aus China kam. Vereinfacht gesagt, offenbart sich der Geist des **Zen** in der Teezeremonie, indem der Teemeister sich ruhig und mit der gebotenen Ernsthaftigkeit ganz auf den Handlungsablauf konzentriert. Jeder Schritt und jede Geste sind genau festgelegt, die wenigen Worte, die fallen, sind vorgeschrieben. Nichts ist dem Zufall überlassen. Mit dem Eintritt ins Teezimmer wird eine andere Welt betreten. Idealerweise streift man vor der Tür alle weltlichen Sorgen ab, erblickt die Schönheit des Einfachen im Augenblick und verlässt die Zeremonie geläutert.
Die Teezeremonie hatte großen Einfluss auf den japanischen Gartenbau, die Architektur, Kunst, Küche und Keramik.

### Ablauf

Eine traditionelle Teezeremonie dauert rund vier Stunden und läuft folgendermaßen ab:
Der Gastgeber geleitet die Gäste auf dem Gartenweg bis zum Eingang des Teehauses, wo sie sich am Bassin Mund und Hände waschen. Man betritt den Teeraum und kniet vor der Schmucknische nieder, um Bildrolle oder Blumenschmuck zu bewundern. Nach dem Einnehmen der Plätze und der Begrüßung wird das Essen *(kaiseki-ryōri)* serviert. Nach einer Ruhepause im Garten folgt das *goza-iri*, der Hauptteil mit dem Genuss von *koicha* („dickem Tee"). Der Teemeister bereitet mit dem Teequirl aus Bambus den *matcha* (pulverisierter grüner Tee) zu. Der Gast nimmt die Teeschale entgegen, würdigt die schöne Keramik, trinkt einen Schluck, lobt den Geschmack, wischt den Schalenrand mit einer kleinen Papierserviette ab und reicht dann die Schale an den Nächsten weiter. Den Abschluss bildet dasselbe Ritual mit *usucha* („dünnem Tee"), wobei jeder Gast eine eigene Portion *matcha* bekommt. Für ausländische Touristen werden in verschiedenen Orten sehr viel kürzere Versionen der Teezeremonie geboten.



museum des 21. Jhs. in Kanazawa verantwortlich zeichnet.

Architektur, die die Natur einbindet, ohne sie zu dominieren, entwirft **Kuma Kengo** (geb. 1954): „Meine Architektur ist eine Art Rahmen für die Natur", drückt er sein Konzept aus. So weist sein Nationalstadion für die Olympischen Spiele in Tōkyō (2019) viele Holzelemente und begrünte Decks auf. Gar nicht erst auf Dauer angelegt sind viele Arbeiten von **Ban Shigeru** (geb. 1957), der etwa in Christchurch nach dem schweren Erdbeben 2011 die Transitional Cathedral (2013) aus Kartonröhren und in Kumamoto Notunterkünfte für Opfer des Erdbebens 2016 schuf. Langfristig bewundert (und genutzt!) werden kann sein originelles Toilettenhaus in Tōkyō (2020), das im Rahmen des Tokyo Toilet Project, 💻 https://tokyotoilet.jp/en, entstand und in Wim Wenders' Film *Perfect Days* zu sehen ist.

Angesichts der hohen Bevölkerungsdichte in Tōkyō ist die zukunftsweisende raumeffiziente Architektur von **Ashizawa Keiji** (geb. 1973) interessant, der auch schon Möbel für Ikea entworfen hat.

## Buddhas, Bodhisattvas und andere göttliche Wesen

Ein kurzer Überblick über ihre Darstellung in der japanischen Kunst:

**Buddhas (Nyorai)** tragen schlichte Gewänder, haben lange Ohrläppchen, entspannte Gesichtszüge, ein Stirnmal und einen Schädelauswuchs als Sitz ihrer spirituellen Fähigkeiten. Meist sitzen sie im Lotussitz auf einer Lotusblüte, dem Symbol für Reinheit und Erleuchtung.

- **Shaka Nyorai** (Shakyamuni): der historische Buddha; typisch ist folgende Mudra (Geste): die rechte Hand ist erhoben, die Handfläche nach außen gekehrt (Bedeutung: „Fürchtet euch nicht"); die linke Hand weist nach unten, die Handfläche ist ebenfalls nach außen gekehrt (Bedeutung: „Ein Wunsch wird gewährt").

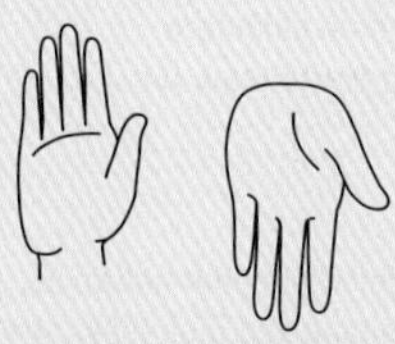

- **Dainichi** (Mahavairocana): Sonnen- oder kosmischer Buddha, der wichtigste Buddha der esoterischen Schulen; Mudra der Weisheitsfaust: Die rechte Faust umfasst den Zeigefinger der linken Hand, eine Geste, die für die Einheit aller Erscheinungen steht.

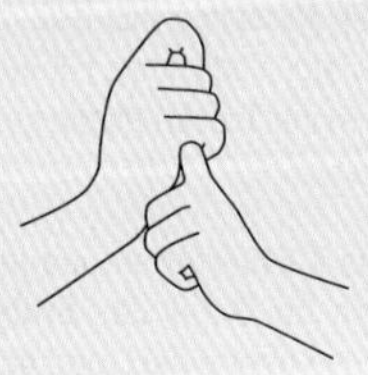

- **Amida** (Amitabha): Herrscher über das Westliche Paradies; meist in tiefer Meditation beide Hände im Schoß gefaltet oder mit der Mudra des Ingangsetzens des Rads der Lehre. Letztere symbolisiert die erste Lehrrede des historischen Buddha.

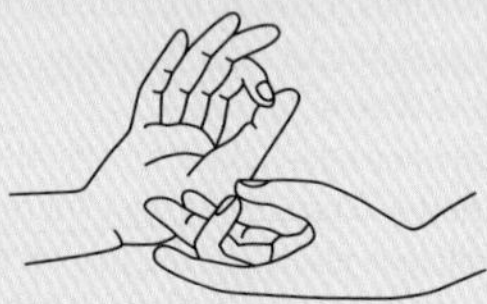

- **Yakushi** (Bhaishajya): der heilende Buddha, mit Medizinbehälter in der linken Hand.
- **Miroku** (Maitreya): Buddha der Zukunft, der letzte irdische Buddha und kommende Weltlehrer, meist dargestellt als Bodhisattva (s. u.).

**Bodhisattvas (Bosatsu)** sind prächtiger gekleidet als Buddhas. Sie tragen Schmuckstücke und andere Gegenstände bei sich. Manchmal haben sie mehrere Köpfe und Arme.

- **Kannon** (Avalokiteshvara): Bodhisattva der Barmherzigkeit, mit androgynen Zügen; es gibt viele verschiedene Erscheinungsformen, z. B. Batō-kannon (Hayagriva), die pferdeköpfige Kannon, und Senju Kannon, die „tausendarmige Kannon" (tatsächlich sind es 42 Arme).
- **Monju** (Manjushri): Bodhisattva der Weisheit, Attribute: Schwert der Weisheit (mit dem er das Dunkel der Unwissenheit zerteilt) und Buch (Sutren).
- **Jizō** (Kshitigarbha): Beschützer der Kinder, Frauen und Reisenden; Begleiter der toten Seelen; dargestellt als Mönch mit Pilgerstab oder Wunscherfüllungsperle; oft mit kindlichen Gesichtszügen.

# Gartenbau

In einem japanischen Garten wird nichts dem Zufall überlassen. Er bildet auf kleinstem Raum natürliche Landschaften idealtypisch ab – unter Verwendung der Gestaltungselemente Wasser, Bäume, Steine, Büsche und Moos. Man unterscheidet zwischen begehbaren Landschaftsbildern und Betrachtungsgärten, die man von einem bestimmten Punkt aus, meist einer Veranda, anschaut.

Die ältesten erhaltenen Gärten stammen aus der Heian-Zeit. In dieser Ära kamen mit der Amida-Verehrung **Paradiesgärten** *(jōdo-*

- **Miroku** (Maitreya): Buddha der Zukunft, der als Nachfolger Shakas auf die Erde kommen wird, um die Welt zu retten; meist dargestellt in sinnierender Haltung mit rechter Hand am Kinn und rechtem Fuß auf linkem Knie; manchmal mit einem Stupa auf dem Kopf oder in der Hand.
- **Fugen** (Samantabhadra): Schützer all jener, die die Lehre darlegen; oft zusammen mit Shaka und Monju, reitet auf einem sechszähnigen weißen Elefanten (der die alle Hindernisse überwindende Kraft der Weisheit symbolisiert).

**Vidyaraja (Myōō)** sind Licht- oder Weisheitskönige, zornige Erscheinungen von Buddhas und Bodhisattvas. Sie tragen Waffen, haben Raubtierzähne und manchmal ein drittes Auge.

- **Aizen-myōō** (Ragaraja): Lichtkönig der Liebe, der die irdischen Leidenschaften in spirituelle Erkenntnis verwandelt; feuerrot; mit sechs Armen, Pfeil und Bogen und Krone.
- **Fudō-myoo** (Acala): Feuergott, schwarz oder blau, mit einem Schwert in der einen und einem Seil (zum Einfangen von Dämonen) in der anderen Hand; ihn umgibt eine Aureole von Flammen.

**Devas (Tenbu oder -ten bzw. -ō, „Himmelskönige")** sind Schützer des Dharma und nicht so mächtig wie die Myōō.

- **Niō** („zwei Devas"): Sie sitzen als Torwächter in Nischen zu beiden Seiten von Tempeltoren: A-gyō = Beschützer des Tageslichts, rot, offener Mund; Un-gyō = Verteidiger der Nacht, schwarz, zusammengebissene Zähne; der eine sagt „A" (offener Mund), der andere „Un" (geschlossener Mund), also A-Un, was für Anfang und Ende, die Gesamtheit aller Dinge, steht.
- **Shitennō** („vier Himmelswächter"): Schützer der vier Himmelsrichtungen: **Zōchō-ten** (Virudhaka), Wächter des Südens, rot; **Kōmoku-ten** (Virupaksa), Wächter des Westens, weiß; **Tamon-ten** (auch Bishamon-ten; Vaisravana), Wächter des Nordens, schwarz; **Jikoku-ten** (Dhrtarastra), Wächter des Ostens, grün; oft stehen sie auf bezwungenen Dämonen und tragen chinesische Rüstungen.

**Die sieben Glücksgötter (Shichi Fukujin)** sind eine Mischung aus taoistischen, buddhistischen und Shintō-Gottheiten und kamen als Gruppe in der Edo-Zeit auf. Häufig werden sie in einem Schatzschiff dargestellt.

- **Benzai-ten** (Sanskrit: Sarasvati, eine Flussgöttin): Göttin der Musik, Redekunst und des Wissens; mit Biwa (Laute).
- **Daikoku-ten**: Gott des Reichtums, mit Reissack und Glückshammer (Symbol für Fleiß), Botentier: Maus.
- **Ebisu**: Gott des Fischfangs; mit Angel und Roter Meerbrasse *(tai)*, besonders beliebt bei Ladenbesitzern.
- **Hotei**: Gott der Zufriedenheit und des Glücks, rundlich und lachend; geht auf einen legendären chinesischen Mönch zurück.
- **Bishamon-ten** (Sanskrit: Vaisravana): Glücksgott, einer der Shitennō (s. o.); Feldherr mit Rüstung, Dreizack und kleiner Pagode; hilft, Wünsche zu erfüllen.
- **Fukurokuju und Jurōjin**: Beide sind Götter des langen Lebens, alte Männer, begleitet von Schildkröte, Kranich oder Hirsch – Symbolen für Langlebigkeit.

*teien)* auf. Sie sollten das Reine Land, die Vorstufe zum Nirwana, repräsentieren und als Ort der Kontemplation dienen. Die Insel im Teich steht dabei für den Mittelpunkt der Welt, den Sitz Buddhas auf der Lotusblüte im paradiesischen Teich der Gnade. Ihren Höhepunkt erreichte diese Gartenform im 11./12. Jh., z. B. im Byōdo-in in Uji (S. 419) und im Mōtsū-ji in Hiraizumi (S. 249).

In der Muromachi-Zeit waren **Stein- und Kiesgärten** beliebt. Sie sind die extremste Form der Betrachtungsgärten. Diese Trockengärten *(karesansui)* dienten im Zen-Buddhismus der Kontemplation. Hier taucht das Wasser nur durch ordentlich in Furchen geharkte Kieselsteine auf, die das Meer mit seinen Wellen symbolisieren können, während Flächen aus Moos für das Alter stehen, dazu gesellen sich ein paar Gesteinsbrocken und vielleicht ein bis zwei kleine Büsche, über deren Symbolik der Meditierende sinnieren kann. Für die Priester, die solche Gärten nicht selten entwarfen, darunter der große Zen-Meister Musō Sōseki (1275–1351), war die Gartengestaltung eine spirituelle Übung. Der berühmteste dieser Gärten ist der Ryōan-ji in Kyōto (S. 398), aber Steingärten sind bis heute beliebt.

Wer übrigens glaubt, es gäbe nicht viele Möglichkeiten, Kies zu arrangieren, irrt: Kleine Wellen, große Wellen, Fischschuppen, Spiralen, Zickzacklinien sind nur einige der bekannten Muster. Überhaupt spielen Steine eine wichtige Rolle im japanischen Garten, nicht zuletzt, weil manche Steine und Felsen im Shintō-Glauben als Sitz von *kami* betrachtet werden.

In der Edo-Periode wurden feudale **Wandelgärten** *(kaiyūshiki)* populär: Beim Flanieren auf gewundenen Pfaden um einen See, dessen Form manchmal ein Schriftzeichen darstellt, bieten sich dem Betrachter immer neue Anblicke. Hierbei wird auch die Umgebung z. B. in Form von Bergen, Buchten oder Flüssen als „geliehene Landschaft" *(shakkei)* einbezogen – ein Versuch, den Garten auszudehnen.

Ihr eigentlicher Vorläufer ist der **Teegarten** *(chaniwa* oder *roji)*, den man auf dem Weg zum Teehaus durchschreitet (s. auch Kasten „Vom Weg des Tees", S. 137). Klassische Elemente sind ein Pfad aus Trittsteinen (nie gerade angeordnet), ein steinernes Wasserbecken zur Reinigung sowie Steinlaternen.

Eine besondere Gartenform, die ebenfalls schon vor der Edo-Zeit verbreitet war, ist der **Hügelgarten** *(tsukiyama-teien)*. Er bildet real existierende Landschaften aus China oder Japan als Miniatur ab und kann entweder als Wandelgarten oder als Betrachtungsgarten angelegt sein. Immer gehören dazu ein Teich und künstlich aufgeschüttete Hügel als Berge. Schildkröten- und Kranichformen versinnbildlichen Langlebigkeit. Ein schönes Beispiel ist der Suizenji in Kumamoto (S. 560).

In Japan selbst gelten der **Kōraku-en** in Okayama (S. 461), der **Kenroku-en** in Kanazawa (S. 362) und der **Kairaku-en** in Mito (Präfektur Ibaraki) als die drei schönsten Gärten des Landes (*Nihon Sanmeien*, die „drei berühmten Gärten Japans").

## Kunst

### Buddhistische Kultplastik

Japanische Bildhauerei begann mit dem Wunsch, Werke der Andacht für die buddhistischen Tempel zu schaffen. Die frühesten buddhistischen Skulpturen sind die Shaka-Triade aus Bronze des **Hōryū-ji** in Nara (S. 427), die der koreanisch-chinesische Einwanderer Tori Bushii 623 schuf – der erste namentlich bekannte Bildhauer Japans. Sie zeigt den historischen Buddha Shaka mit Yakushi und Amida. Die Kultplastik befindet sich für gewöhnlich in der Haupthalle auf einer erhöhten Plattform, die den Weltenberg Sumeru symbolisiert. Die Buddha-Figuren sitzen meist auf einer Lotusblüte, dem Symbol der Reinheit, da der Lotus sich aus dem Sumpf erhebt.

Während die frühesten Skulpturen noch flächig und auf Frontalansicht ausgerichtet waren, wurden sie im Laufe der Nara-Zeit plastischer und anmutiger. Ein Beispiel ist die Yakushi-Trinität im **Yakushi-ji** bei Nara (S. 424), die ebenfalls aus Bronze ist. Yakushi wird hier flankiert von Nikkō (Suryaprabha), dem Bodhisattva des Sonnenglanzes, und Gakkō (Candraprabha), dem des Mondglanzes. Das größte Bronzebildwerk der Erde, der sitzende Dainichi (Vairocana) des **Tōdai-ji** (S. 422), stammt ebenfalls aus dieser Zeit. Allein sein Daumen misst 1,64 m.

In die späte Nara-Zeit fällt der Anfang der Porträtplastik. So entstand 763 im **Tōshō-daiji** von Nara (S. 424) ein herausragendes Sitzbild des Priesters Ganjin. Hergestellt wurde es im damals beliebten Trockenlackverfahren. Dabei wurde ein Holz- oder Tonmodell in mehreren Schichten mit Tüchern beklebt, die in Naturlack getränkt waren.

In der Heian-Zeit wurden die Skulpturen im Aussehen fremdartiger und sinnlicher; immer häufiger waren sie nun aus Holz statt aus Bronze oder Trockenlack, z. B. der vergoldete Amida-Buddha vom **Byōdō-in** in Uji (S. 419) des überragenden Bildhauers Jōchō (gest. 1057). Dabei wurden die Figuren nach der *yosegi*-Methode aus mehreren ineinander verzapften Holzblöcken geschaffen. Mit den esoterischen Schulen wurde auch die Senju Kannon („tausendarmige Kannon") beliebt. In der Tempelhalle **Sanjūsangen-dō** in Kyōto (S. 385) sind sage und schreibe 1001 vergoldete Figuren dieses Bodhisattvas versammelt.

Die großen Bildhauer der Kamakura-Zeit sind **Unkei** und **Kaikei**, die u. a. 1203 die individuell gestalteten, kolossalen Wächterfiguren des Tōdai-ji in Nara schufen. Die Bildhauereien wurden in dieser Epoche realistischer und volksnäher. In der Folgezeit verlor der Buddhismus an Bedeutung und es entstanden kaum noch großartige religiöse Statuen, abgesehen vielleicht von den Holzfiguren des Mönchs **Enkū** (ca. 1620–95), der in Erfüllung eines Gelöbnisses über 100 000 Skulpturen schnitzte.

## Yamato-e

Die japanische Malerei wurde stark von China beeinflusst, aber in der späten Heian-Zeit, als der offizielle Kontakt zum Reich der Mitte abbrach, entfaltete sich allmählich eine Malerei im japanischen Stil, die im Unterschied zur Kara-e (Malerei im chinesischen Stil) Yamato-e genannt wird. Dargestellt wurden nun nicht mehr berühmte Orte in China, sondern in Japan, und Szenen aus Werken der japanischen Literatur.

Yamato-e zierten nicht nur Schiebetüren und Stellwände, sondern auch *emaki-mono*, **Bildrollen**, die von rechts nach links aufrollend zu lesen sind. An ihrer Herstellung war neben mehreren Illustratoren auch ein Kalligraf beteiligt. Berühmt ist die Querrolle aus dem 12. Jh., die das *Genji Monogatari* („Die Geschichte vom Prinzen Genji") darstellt. Sie wird Fujiwara no Takayoshi zugeschrieben und befindet sich heute im Tokugawa-Museum in Nagoya (S. 309). Originell ist, dass auf den *emaki-mono* das Innere von Wohnungen aus der Vogelperspektive gezeigt wird. *Emaki-mono* konnten auch durchaus humorvoll sein, wie die *Chōjū Giga* des Priesters **Toba Sōjō** (1053–1114) beweisen: Sie karikieren Mönche in Gestalt von Tieren und gelten als Vorläufer der Manga (S. 144).

Seine Blütezeit erlebte das *emaki-mono* in der Kamakura-Zeit. Thema war nun oft die Entstehung und Geschichte bestimmter Tempel und Schreine sowie Heldenepen.

Ein beliebtes bildhauerisches Motiv sind die 500 *rakan* (Arhats) wie hier im Sekihō-Tempel in Kyōto.

Die Tradition des Yamato-e wurde von **Tosa Mitsunobu** (gest. ca. 1525) fortgeführt. Er gründete die Tosa-Schule, die bis zum Beginn der Edo-Zeit vom Kaiserhof favorisiert wurde. In leuchtenden Farben und mit Liebe zum Detail malte sie für den Hof Szenen aus literarischen Werken wie dem *Genji Monogatari*.

## Kalligrafie

Shodō – der „Weg der Schrift" – ist eine Kunst, die in Japan einen hohen Stellenwert genießt. Die Schreibweise der Schriftzeichen, d. h. die Reihenfolge der Striche, ist zwar festgelegt, nicht aber die Linienführung. In ihr kommen die Persönlichkeit und der Seelenzustand des Künstlers zum Ausdruck.

Die Kunst der Kalligrafie entwickelte sich in der Kamakura-Zeit, als der Zen-Buddhismus der Kultur starke Impulse gab. Im 14. Jh. wurden die Klöster die Triebfedern in der Entwicklung der Schriftkunst. Federführend war hier **Musō Sōseki** (1275–1351), der auch maßgeblichen Einfluss auf Teezeremonie und Gartengestaltung hatte.

Was die Kalligrafie von anderen Künsten unterscheidet, ist der Umstand, dass ein kalligrafisches Werk immer in einem Stück innerhalb weniger Sekunden erschaffen wird. Nachbesserungen sind nicht zulässig.

Zu den „vier Kostbarkeiten" des Kalligrafen zählen:

- der Pinsel *(fude)* aus Tierhaaren, in verschiedenen Größen und Härten
- die Tusche *(sumi)* in Form eines länglichen Blocks aus Ruß und Leim in Schwarz bis Grau
- der Reibstein *(suzuri)* aus Stein oder Ton. Auf ihn wird der Tuscheriegel unter Zugabe von Wasser gerieben.
- dünnes Papier *(washi)* mit einem leichten Glanz auf der Vorderseite. Die übliche Größe ist 24x34 cm *(hanshi)*, es gibt aber auch größere Formate.

Davon abgesehen braucht jeder Kalligraf einen Stempel, mit dem sein Werk signiert wird – sei es mit dem Namen, einem Pseudonym oder einem Motto.

Auch wenn (oder vielleicht gerade weil) man seit der Meiji-Zeit in Japan üblicherweise nicht mehr mit dem Pinsel schreibt, wird die Kalligrafie weiterhin geschätzt, in der Schule gelehrt und schon im Kindesalter in Wettbewerben gepflegt – und manch einer, wie die Künstlerin Sisyu, traut sich, sie spielerisch zu modernisieren.

## Tuschemalerei

Als in der Muromachi-Zeit (1336–1573) der Kontakt zu China wieder aufgenommen wurde, gelangten chinesische Kunstobjekte nach Japan und beeinflussten auch die hiesigen Maler. Unter Zen-Mönchen verbreitete sich die Pinselmalerei mit schwarzer Tusche, **Sumi-e**. Sie war eigentlich ein Hilfsmittel zur Befreiung des Geistes; die Hängerollen wurden im Kloster zur Meditation aufgehängt. Die Zeichnungen waren meist von einem Gedicht inspiriert. Die Darstellung ist auf das Wesentliche reduziert.

Bekannte Vertreter dieser Kunstrichtung sind der chinesische Einwanderer **Josetsu** (aktiv 1394–1428), sein Schüler **Shūbun** (gest. Mitte 15. Jh.), offizieller Maler des Shōgun, und vor allem dessen Schüler **Sesshū Tōyō** (1420–1506), ein Zen-Mönch und Gartengestalter. Sesshū brach mit der monochromen Tradition der Zen-Malerei und löste das Bild vom Gedicht. Als Erster malte er Landschaften um ihrer selbst willen, z. B. das berühmte Amanohashidate (S. 417).

Ein Zeitgenosse Sesshūs war **Kanō Masanobu** (1434–1530), der die renommierte Kanō-Schule gründete. Sie pflegte sowohl die monochrome Tuschemalerei als auch farbige Yamato-e (S. 141), ebenso wie der mit den Kanō-Malern konkurrierende **Hasegawa Tōhaku** (1539–1610).

Die Tuschemalerei bestand auch in der Edo-Zeit fort, denn insbesondere die Dichter und Gelehrten in Kyōto lehnten die damals populären kommerziellen Holzschnitte ab. Die Zen-Priester **Hakuin** (1685–1768) und **Sengai** (1750–1837) etwa schufen weiterhin Zen-Malereien *(zen-ga)*, und der Haiku-Dichter **Yosa Buson** (1716–83) versah seine Gedichte mit Tuschemalereien.

## Dekorative Kunst

Mit dem Erblühen der städtischen Kultur in der Momoyama-Zeit (1573–1603) wuchs das Interesse an Malereien auf Schiebetüren und Wandschirmen, *shōheiga* genannt. Sie zeigten neben

### Hokusai – ein Meister des japanischen Holzschnitts

Einer der bekanntesten und produktivsten japanischen Holzschnittkünstler ist Katsushika Hokusai. Geboren wurde er 1760 bei Edo (Tōkyō). Als Kind wurde er von der Familie eines Spiegelschleifers adoptiert. Mit 18 Jahren begann er sich der Malerei zu widmen und wurde ein Schüler von Katsukawa Shunshō. Nach dessen Tod musste er die Katsukawa-Schule jedoch 1786 als „Verräter" verlassen. (Er hatte heimlich Unterricht bei einem Meister der Kanō-Schule genommen.) 1789 gründete er sein eigenes Atelier. Hokusai nannte er sich erst seit 1798, nachdem er seinen Künstlernamen zuvor unzählige Male gewechselt hatte. Bis zu seinem Tod schuf er über 1000 Gemälde, mehr als 500 Buchillustrationen und etwa 30000 Holzschnitte! Allein den Fuji bildete er über 100 Mal ab, darunter die berühmte *Große Welle vor Kanagawa* (um 1831), die heute im Sumida Hokusai Museum in Tōkyō ausgestellt ist. Neben Landschaften malte er gern Menschen aus dem einfachen Volk wie Fischer, Handwerker, Hausierer und Schauspieler. Sein 15-bändiges Holzschnittwerk *Manga* (ab 1814) umfasst Karikaturen und realistische Darstellungen aus dem Alltag.

Zwar blieb es ihm nicht vergönnt, über 100 Jahre alt zu werden, wie er es sich gewünscht hatte, aber immerhin entschlief er 1849 im stolzen Alter von 89 Jahren in Sumida (heute ein Teil von Tōkyō).



berühmten Orten und Landschaften gern die vier Jahreszeiten. Unter reichen Kaufleuten waren besonders Wandschirme mit Genredarstellungen beliebt, vor allem solche, die Europäer („Südbarbaren", *nanban*) zeigten. In dieser Zeit kehrten Gold und Farbe in die Malerei zurück.

Auch die Kanō-Schule war weiterhin aktiv. **Kanō Tan'yū** (1602–74) bemalte u. a. die Wände und Schiebetüren im Nijō-Schloss in Kyōto mit Tigern, Vögeln und Pflanzen (S. 387). Dabei verwendete er, dem Zeitgeist entsprechend, großzügig Goldblatt, das Glanz und Licht in die dunklen Zimmer von Burgen, Tempeln und Palästen brachte.

Ein Zeitgenosse Kanō Tan'yūs war **Tawaraya Sōtatsu** (gest. um 1643), der insbesondere Wandschirme und Fächer dekorierte. Er arbeitete lange mit dem Kalligrafen **Hon'ami Kōetsu** (1558–1637) zusammen. Dieser vielseitige Künstler tat sich auch als Lackmeister, Maler, Teemeister und vor allem als Töpfer hervor. Kōetsu und Sōtatsu gelten als Gründer einer Schule, die als **Rinpa** bezeichnet wird. Deren Tradition der „goldlastigen" Yamato-e wurde später von **Ōgata Kōrin** (1638–1716) und **Itō Jakuchū** (1716–1800) aufgegriffen. Kōrin verzierte auch die Keramik seines Bruders Kenzan.

Im Verlauf der Edo-Zeit wendete sich die Kunst immer mehr dem Alltag der Städter *(chōnin)* zu. Das **Kunsthandwerk** (S. 47) blühte, besonders Keramik, Lackwaren und Schmiedekunst, und der Holzschnitt *(ukiyoe)* wurde populär.

## Holzschnitt

Die „Bilder aus der flüchtigen Welt" *(ukiyoe)* stellen die städtische Kultur von Edo und Ōsaka dar, insbesondere die Welt der Vergnügungsviertel: Kurtisanen, Theaterszenen, Schauspieler, Geishas, Sumō-Ringer. Beispielhaft dafür ist **Kitagawa Utamaro** (1753/54–1806), ein begnadeter Maler von Geishas und Kurtisanen, bekannt für seine Halbfigurenporträts und seine fließende Linienführung. **Torii Kiyonobu** (1664–1729), der Begründer der Torii-Schule, spezialisierte sich ganz auf Schauspielerporträts und Theaterplakate. Durch die Arbeiten von Torii kam auch der Maler **Okumura Masanobu** (1686–1764) zum *ukiyoe*. Er porträtierte ebenfalls Schauspieler, schuf aber auch Interieurs. Es war jedoch **Katsukawa Shunshō** (1726–92), der erstmals realistische Porträts individueller Schauspieler, keine Stereotypen mehr, erstellte.

1765 wandte **Suzuki Harunobu** (1725–70) zum ersten Mal den Vielfarbendruck an und steigerte damit die Qualität der Drucke erheblich. Offenbar hatte er ein Faible für schöne Frauen und *shunga* („Frühlingsbilder"), erotische Holzschnitte.

Geheimnisumwoben ist **Sharaku Tōshūsai**, der wahrscheinlich selbst Schauspieler war und Ende des 18. Jhs. meisterhafte – in den Augen seiner Kritiker zu realistische – Porträts schuf.

## Manga

MAURITIUS IMAGES/IMAGEBROKER/OLEKSIY MAKSYMENKO

Manga-Workshops, Cosplay-Wettbewerbe, Manga-Zeichenbücher und Fan-Blogs beweisen es: Japanische Comics haben längst auch den deutschsprachigen Markt erobert. In Japan selbst sind im Jahresdurchschnitt über ein Drittel aller neuen Druckerzeugnisse Mangas. Der erste Manga, der in Deutschland veröffentlicht wurde, war 1982 die bewegende autobiografische Geschichte *Barfuß durch Hiroshima* von **Nakazawa Kenji** (1939–2012). Die erste komplette Manga-Serie, die auf Deutsch erschien, war *Akira* von **Otomo Katsuhiro** (1991, Original 1982–90), ein 2019 in Neo-Tokio angesiedeltes Science-Fiction-Drama.

Der Urvater des Manga ist aber **Tezuka Osamu** (1928–89), der bereits in den 1950er-Jahren mit *Kimba, der weiße Löwe* und *Astro Boy* zwei Manga-Klassiker schuf. In den 60er-Jahren erfand **Fujimoto Hiroshi** die Roboterkatze *Doraemon*, die jedes japanische Kind kennt. **Taniguchi Jirō** (1947–2017) war einer der Ersten, der literarisch anspruchsvolle Manga für Erwachsene schrieb.

Inzwischen ist die Gruppe der Manga-Künstler (Manga-ka) schier unüberschaubar, und auch ausländische Zeichner versuchen sich in diesem Genre. Beliebte, überwiegend auch ins Deutsche übersetzte und teilweise bis heute fortlaufende **Serien** sind *Dragon Ball, Ghost in the Shell, Sailor Moon, Detektiv Conan, One Piece, KochiKame, Naruto, Slam Dunk* und *Golgo 13*. Die **Themen** sind vielfältig und reichen von Science-Fiction- und Fantasy-Geschichten über Krimis bis zu Pornografie. Viele Mangas erreichen als **Animationsfilme** (Anime) einen noch größeren Bekanntheitsgrad und sorgen für den Absatz aller möglichen Merchandising-Produkte – von Videospielen bis zu Waschlappen.

Erst die Künstler **Katsushika Hokusai** (s. Kasten S. 143) und **Andō Hiroshige** (1797–1858), die im Westen wohl berühmtesten Vertreter dieser Kunst, wandten sich Landschaften und ländlichen Szenen zu, Hokusai insbesondere dem heiligen Berg Fuji und dessen Umgebung, Hiroshige Ortsansichten entlang des alten Handelsweges Tōkaidō an der Ostküste von Honshū. Sein Alterswerk sind die *Hundert berühmten Ansichten von Edo* (1856–58). Zusammen mit **Keisai Eisen** (1791–1848) schuf Hiroshige die Reihe *Die 69 Stationen des Kisokaidō*. Eisen ist allerdings bekannter für seine erotischen *shunga* und Frauenporträts.

Einer der letzten großen Holzschnitt-Meister, der den historischen Umbruch Japans am Ende der Edo-Zeit erlebte, ist **Tsukioka Yoshitoshi** (1839–92), bekannt für seine *Hundert Ansichten des Mondes*.

Die Farbholzschnitte, die in Europa Künstler wie Monet, Gauguin, Manet, Degas, van Gogh oder Toulouse-Lautrec beeinflussten, waren in Japan so billig und zahlreich, dass man sie oft wegwarf oder als Packpapier benutzte, insofern waren sie also tatsächlich im doppelten Sinne „flüchtiger Natur".

## Moderne Kunst

Mit dem Ende der Isolation begann in Japan ab Mitte des 19. Jhs. die Malerei im westlichen Stil *(yōga)* Fuß zu fassen. Zu den Künstlern, die sich in der neuen Technik versuchten, gehören **Kuro-**

**da Seiki** (1866–1924) und **Asai Chū** (1856–1907). Daneben pflegten andere Künstler die Malerei im japanischen Stil *(nihonga)*, wie **Yokoyama Taikan** (1868–1958). Einer der Künstler, der beide Stile vereinte, war der Landschaftsmaler **Higashiyama Kaii** (1908–99), während **Shinoda Tōkō** (1913–2021) die traditionelle Tuschemalerei und Kalligrafie mit dem abstrakten Expressionismus verband.

Einflussreich für die Entwicklung der Nachkriegskunst in Japan war die 1954 gegründete avantgardistische Gutai-Gruppe, der u. a. **Shimamoto Shōzō** (1928–2013), **Tanaka Atsuko** (1932–2005) und **Shiraga Kazuo** (1924–2008) angehörten. Sie hatten zwar alle ihren ganz eigenen Stil, waren aber vereint in ihrer Experimentierfreude – so malte Shiraga zeitweise mit den Füßen –, dem Fokus auf Körperkontakt mit dem Material und Interaktion mit dem Publikum.

Unter den zeitgenössischen Künstlern sind viele von der Pop Art beeinflusst. **Murakami Takashi** (geb. 1962) etwa studierte zwar ursprünglich *nihonga*, fand diese Kunst aber für das moderne Leben irrelevant. Stattdessen ließ er sich von Manga und Anime inspirieren und schuf verschiedene comicartige Figuren wie Mr. DOB. In seiner Arbeit verbindet er Kunst mit Computertechnik und hat auch keinerlei Berührungsängste mit dem Kommerz – im Gegenteil: Sein Werk umfasst nicht nur Bilder und Skulpturen, sondern auch T-Shirts, Mousepads und Handtaschen.

**Nara Yoshitomo** (geb. 1959), der u. a. in Düsseldorf studierte, ist ebenfalls ein Kind der japanischen Pop-Art-Bewegung der 90er-Jahre. Seine Skulpturen, Bilder und Zeichnungen stellen oft Kinder oder Tiere dar – mit unerwartet bösen Zügen.

Schwerer zugänglich ist die Konzeptkunst von **On Kawara** (1933–2014), zumal der Künstler keine Interviews gab. Nicht einmal ein Foto findet sich von ihm. In seinem Langzeitprojekt ab 1966, den *Date Paintings*, verarbeitete er seine individuelle Erfahrung mit Zeit und Raum: Auf meist schwarzem Grund steht auf einer rechteckigen Bildtafel jeweils nur das Entstehungsdatum in der am Ort der Entstehung üblichen Schreibweise.

Ein Paradiesvogel in der japanischen und internationalen Kunstwelt ist die psychisch kranke **Kusama Yayoi** (geb. 1929), bekannt für ihre Polka Dots, große bunte Punkte. Mit ihren Happenings in den 60er-Jahren ebnete sie den Grund für die Performance-Kunst. Ihr Werk umfasst aber auch Skulpturen, Fotografien, auf denen sie selbst posiert, und Mode. 2017 eröffnete sie das Yayoi Kusama Museum in Tōkyō, www.yayoikusama-museum.jp (S. 172).

**Nakaya Fujiko** (geb. 1933) gründete 1980 die erste Galerie für Videokunst in Japan. Mit ihren Nebelinstallationen schafft sie buchstäblich „flüchtige" Werke. Das ehemalige Model **Mori Mariko** (geb. 1967) spielt in Fotos und Videos gern mit Kitsch und Klischees, beispielsweise jenem von der unterwürfigen japanischen Frau. Oft inszeniert sie sich auf computerbearbeiteten Fotos in verschiedenen Verkleidungen selbst oder greift japanische religiöse Kunst in Pop-Art-Manier auf.

## Dichtkunst

*Was … Himmel und Erde bewegt, die den Augen nicht sichtbaren Geister und Gottheiten zu Mitgefühl rührt, die Beziehungen zwischen Mann und Frau noch zärtlicher macht und auch das Herz des ungestümen Kriegers besänftigt, das ist das Gedicht.*

Ki Tsurayuki (882–945) in seinem Vorwort zur Gedichtsammlung *Kokinwakashū*

Die Dichtkunst ist so etwas wie die Krone der japanischen Literatur. Selbst im berühmten *Genji Monogatari,* dem klassischen Roman aus der Heian-Zeit, tauchen rund 800 Gedichte auf, von unzähligen zitierten Gedichten ganz zu schweigen. Die erste Anthologie, das **Man'yōshū**, entstand bereits im 8. Jh. und umfasst über 4500 Gedichte, die große Mehrheit darunter **Tanka**, Kurzgedichte in Wortgruppen von 5-7-5-7-7 Silben. Geschrieben waren sie von Männern und Frauen aller Schichten, vom Kaiser bis zum Bauern. Das Tanka war auch in der Folgezeit die dominante Gedichtform. In der Heian-Zeit war es nicht nur unter Liebenden üblich, einander anspielungsreiche Verse zu schicken. Gedichte schreiben zu können, war unerlässliches Bildungsgut der Aristokratie. 905 entstand auf kaiserlichen Befehl die Anthologie **Kokinwakashū**, der bis 1205 noch sieben weitere folgten. Eine Vielzahl der Tanka in diesen Sammlungen gibt persönlichen Empfindungen Ausdruck, sei es der Liebe oder der Rührung angesichts der Schönheit einer Landschaft.

Tennō und Hofadel veranstalteten regelrechte Dichterwettstreite. Dabei improvisierte der erste Dichter die Oberstrophe von 5-7-5 Silben, das sogenannte *hokku*. Zur Antwort verfasste der zweite Dichter die Unterstrophe zu 7-7 Silben usw. So entstand das **Kettengedicht**, *renga.* Im 16. Jh. spalteten sich die ersten drei Zeilen des Kettengedichts, also das *hokku,* zu einer eigenständigen Gedichtform ab, die später als **Haiku** bezeichnet wurde. Das Haiku fängt eine augenblickliche Stimmung ein, ausgelöst durch die Beobachtung der Natur, wobei es wegen seiner Kürze von der Suggestion lebt. Eine der Regeln des Haiku ist, dass durch bestimmte Schlüsselwörter *(kigo)* die Jahreszeit erkennbar werden muss. Eine Schwalbe steht z. B. für den Frühling, das Kohlebecken für den Winter. Mit diesen *kigo* werden wiederum bestimmte Stimmungen assoziiert.

**Matsuo Bashō** (S. 242) führte das Haiku im 17. Jh. zu seiner ersten Blüte. Er besang keine dichterischen Orte, sondern reiste tatsächlich durchs Land und entdeckte die Natur neu. Er war das Vorbild des anderen großen Haiku-Dichters, **Yosa Buson** (1716–83), der ebenfalls weit herumkam und seine Gedichte mit Malereien versah. Der Dritte unter den großen Haiku-Dichtern war der zeit seines Lebens bettelarme, aber dennoch alles andere als verbitterte **Kobayashi Issa** (1763–1828), der in seinen Haiku selbst den kleinsten Lebewesen Achtung zollte. So dichtete er beispielsweise „Kleine Schnecke! Musst du denn den Fuji besteigen? Dann aber ganz langsam!"

Die Berührung mit der westlichen Kultur in der Meiji-Zeit brachte Gedichte mit freier Vers- und Silbenzahl hervor *(shintaishi)* und führte insbesondere dank der Dichterin **Yosano Akiko** (1878–1942) zu einer neuen Blüte des Tanka. **Shiki Masaoka** (1867–1902) reformierte das Haiku, indem er es von seinem starren Metrik-Muster befreite. Streng genommen handelt es sich übrigens bei Tanka und Haiku gar nicht um Silben, sondern um Moren, aber wen interessiert das schon, solange das Gedicht berührt? Und Poeten genießen schließlich ohnehin, ob Amateure oder Profis, dichterische Freiheit.

Weitere Literaturempfehlungen siehe Bücherliste S. 635.

## Theater

Das traditionelle japanische Theater verbindet Musik, Tanz und Drama. Jede Theaterform ist eigenständig und hat eigene Bühnen – und jede ist einzigartig.

### Nō

Von Mishima Yukio bis Bertolt Brecht ließen sich moderne Dramatiker vom japanischen Nō-Theater inspirieren. Diese im 14. Jh. von dem Vater-Sohn-Gespann **Kan'ami Kiyotsugu** (1333–84) und **Zeami Motokiyo** (1363–1443) entwickelte Theaterform hat religiöse Wurzeln und ist daher von eher meditativem Charakter. Dahinter steht der Gedanke, die Spannung zwischen Vergangenheit und Gegenwart, Diesseits und Jenseits zu lösen, anders gesagt, die Fesseln irdischer Zeit- und Raumvorstellung zu sprengen. Folglich wird jeder Realismus vermieden: Das Nō verzichtet fast gänzlich auf Bühnenbild und Requisiten – von den berühmten Masken einmal abgesehen. Die Bühne bleibt hell erleuchtet, selbst wenn es Nacht sein soll. Die Bewegungen sind äußerst stilisiert. So wird Trauer nur durch eine zur Stirn geführte Hand angedeutet. Dramatische Gefühlsausbrüche sind dem Nō fremd.

Alle Rollen werden von männlichen Darstellern verkörpert. Die Darsteller einer Frauenrolle versuchen auch nie, die weibliche Stimme zu imitieren. Die **Masken** sollen die Individualität des Darstellers auslöschen. Der **Hauptdarsteller** *(shite)* stellt entweder den (Rache-)Geist eines Verstorbenen, einen Besessenen oder ein wildes Tier dar und trägt eine Maske. Sein Begleiter *(tsure)* trägt nur eine Maske, wenn er eine Frau verkörpert. Die Nebenrolle *(waki)* ist ein Vertreter der Gegenwart; mitunter hat auch er einen Begleiter *(waki-zure)*. Beide sind stets unmaskiert. Manchmal tritt auch ein *kokata* auf, der Darsteller eines Kindes. Das Kostüm des Hauptdarstellers ist immer das prächtigste, ganz gleich welche Rolle er verkörpert. Da das Gewand sehr steif ist, nimmt der Darsteller eine etwas vorgebeugte Haltung ein.

Die überdachte **Nō-Bühne** aus Zypressenholz ragt in den Zuschauerraum hinein. Die Rückwand, vor der die Musiker sitzen, ziert eine stilisierte Kiefer. Auf der linken Seite der Bühne führt ein Laufsteg *(hashigakari)* bis zum verhängten Eingang. Dahinter befindet sich das „Spiegelzimmer" *(kagami-no-ma)*, wo der Hauptdarsteller sich auf seine Rolle vorbereitet. Auf der rechten Seite der Bühne sitzt in zwei Reihen der einstimmig singende **Chor** von 5–12 Personen, der zum Tanz des Hauptdarstellers singt oder dessen Gedanken zum Ausdruck bringt. Begleitet wird er von einem Flötenspieler und drei Trommlern.

Unterteilt werden die **Nō-Stücke** in verschiedene Kategorien, je nachdem ob es sich etwa um im Kampf gefallene Krieger, in den Wahnsinn getriebene Frauen oder Göttergeschichten handelt.

Ursprünglich setzte sich eine Nō-Vorstellung aus fünf Stücken zusammen, unterbrochen von drei oder vier **Kyōgen** – possenartigen Zwischenspielen, die einen Kontrast zum Nō bilden. Heute werden meist nur zwei Nō-Stücke und ein Kyōgen aufgeführt, und Kyōgen werden mittlerweile auch als eigenständige Kunstform gezeigt.

Es gibt insgesamt 240 Nō-Spiele, von denen fast ein Drittel aus der Feder Kan'amis und Zeamis stammt. Von den fünf **Nō-Schauspielschulen** ist die bereits im 14. Jh. gegründete Kanze-Schule die größte.

## Bunraku

Das japanische Puppenspiel war während seiner Blütezeit Anfang des 18. Jhs. populärer als Nō und Kabuki. **Chikamatsu Monzaemon** (1653–1724), der „japanische Shakespeare", schrieb zusammen mit dem Sänger Takemoto Gidayū (1651–1714) unzählige Stücke für diese Theaterform. Die ersten Puppenspiele sollen auf das 7./8. Jh. zurückgehen. Im 16. Jh. wurden Puppenspiele auf religiösen Festen zur Unterhaltung der Tempelbesucher dargeboten. Sie wurden schließlich im späten 16. Jh. mit *jōruri*, der musikalischen Rezitation blinder Mönche, zu einer neuen Theaterform verbunden.

Bei den **Puppen** handelt es sich weder um Marionetten noch um Stabpuppen, sondern um 1–1,50 m große Puppen mit Holzkopf, Rumpf, Armen und Beinen, die von jeweils drei vermummten **Puppenspielern** bedient werden. Die wichtigste Rolle von den dreien hat dabei der *omo-zukai*, denn er trägt mit seinem linken Arm das ganze Gewicht der Puppe – immerhin zwischen 6 und 20 kg – und bewegt mit seinem rechten Arm den rechten Puppenarm sowie über Drähte Augen, Mund und Brauen der Puppe. Der Puppenspieler, der den linken Arm der Puppe bewegt, heißt *hidari-zukai*; der dritte Spieler *(ashi-zukai)* schließlich hat die undankbare Aufgabe, die Füße der Puppe zu bewegen. Selbstredend müssen die drei sich genauestens abstimmen, zugleich aber auch auf den **Erzähler** *(tayu)* und den **Shamisen-Spieler**, der das Stück musikalisch begleitet, achtgeben.

Der Name Bunraku kam erst im 19. Jh. auf, als **Uemura Bunrakuken** in Ōsaka ein Puppentheater namens Bunrakuken-Theater, später Bunraku-za, eröffnete, um das Puppenspiel wiederzubeleben. Heute gibt es nur noch zwei Bunraku-Theater, in Tōkyō und Ōsaka.

## Kabuki

Anfang des 17. Jhs. zur Unterhaltung der bürgerlichen Kaufmannsschicht entwickelt, ist das Kabuki-Theater heute die beliebteste klassische Theaterform in Japan. Es lebt von ausdrucksstarken Gesten, der Körpersprache, dem Tanz, prachtvollen Bühnenbildern, Make-up und Kostümen (Masken gibt es im Kabuki nicht) und der so erzeugten Stimmung. Die Zuschauer kommen und gehen im Laufe der mehrstündigen Aufführungen; sie haben Essen und Trinken dabei und begrüßen ihren Lieblingsschauspieler durch laute Zurufe, sobald er die Bühne betritt. Der **Schauspieler** ist hier gefeierter als der Autor. Mitunter wurden Stücke eigens für ihn geschrieben. Es gibt bekannte Schauspielerdynastien, die teilweise bis ins 17. Jh. zurückgehen.

Die Stücke sind ohnehin bekannt – Grundthema ist oft ein Konflikt zwischen Menschlichkeit und feudalistischem System –, sodass sich

## Takarazuka

Eine einzigartige Form des Musicaltheaters wurde 1913 in der japanischen Provinz geboren, als Kobayashi Ichizō (1873–1957) in Takarazuka bei Kōbe das Takarazuka-Revuetheater, 💻 https://kageki.hankyu.co.jp/english, gründete. Das Besondere ist, dass hier analog zu Kabuki und Nō alle Rollen von Frauen gespielt werden, wobei bestimmte Schauspielerinnen auf die *otoko-yaku* (männliche Rolle) festgelegt sind. Das Takarazuka-Theater ist vom französischen Revuetheater beeinflusst. Dementsprechend heißen die Schauspielerinnen hier *takarajiennu*, angelehnt an „Parisienne". Die Bandbreite der Shows reicht von historischen Dramen über Manga-Adaptionen bis zu westlichen Musicals (z. B. *Oklahoma* oder *West Side Story*).

Viele junge Mädchen träumen davon, an der 1919 gegründeten Takarazuka-Musikakademie angenommen zu werden. Und das, obwohl in dem Internat Drill und eiserne Disziplin herrschen. Doch wenn sie nach zweijähriger Ausbildung ihr Ziel erreicht haben, winkt ihnen landesweiter Ruhm und die Verehrung ganzer Fan-Clubs.

das Publikum ganz auf die Kostüme, das Make-up, die Ausstattung und vor allem die Qualität der Darbietung konzentrieren kann. Wie beim Nō strebt das Kabuki nicht nach Realitätsnähe, sondern nach vollendeter Ästhetik. Ein Beispiel dafür ist das *mie*, eine malerische Pose, die der Darsteller bei Höhepunkten und Schlussszenen einnimmt. Seine Redeweise ist idealisiert, und die Gestik erinnert eher an Tanz als an Schauspiel.

Die ersten Kabuki-Vorstellungen wurden von Frauentruppen dargeboten. Um die öffentliche Moral besorgt, erließ das Shogunat jedoch 1629 ein Verbot weiblicher Schauspieler. Eine Zeitlang wurden die weiblichen Rollen daraufhin von Jungen gespielt, aber auch das untersagten die Hüter der öffentlichen Moral bald. Seitdem spielen im Kabuki nur Männer. Die Darsteller, die Frauen verkörpern – und zwar ausschließlich –, heißen *onnagata*. Neben den Kabuki-Darstellern gehören auch die *kurogo* zum Ensemble: **Bühnenarbeiter**, die ganz in Schwarz gekleidet und mit Kapuze bei geöffnetem Vorhang ihre Arbeit verrichten und ggf. auch soufflieren.

Für die **musikalische Begleitung** sorgen in erster Linie Shamisen und Holzklappern. Letztere zeigen u. a. Beginn und Ende eines Stückes an. Das Kabuki erfand übrigens die Drehbühne – für den schnellen Szenenwechsel. Eine Besonderheit ist der lange Steg *(hanamichi)*, der von der **Bühne** zwischen den Zuschauern hindurch bis zum Ausgang des Saals führt und integraler Bestandteil der Bühne ist.

## Shingeki und moderner Tanz

Das Sprechtheater nach westlichem Vorbild hielt in Japan erst Anfang des 20. Jhs. Einzug und wurde daher als „neues Theater", **Shingeki**, bezeichnet. Eine führende Rolle spielte dabei das Tsukiji Shogekijō, das 1924 von Osanai Kaoru (1881–1928) gegründet wurde. Die älteste noch existierende Truppe ist die Bungaku-za von 1937. Bekannte Dramatiker, deren Stücke auch schon im Ausland aufgeführt wurden, sind Betsuyaku Minoru und Noda Hideki.

Im Westen bekannter als in Japan selbst ist **Butoh**, der japanische Beitrag zum modernen Tanz. Als Anfang der 60er-Jahre auch in Japan der Druck der Modernisierung parallel zur allgemeinen Verunsicherung und Zerrissenheit stieg, entstand eine experimentelle Stimmung, die insbesondere in der Studentenszene neue Theatergruppen hervorbrachte. Tänzer wie **Ōno Kazuo** (1906–2010) und **Hijikata Tatsumi** (1928–86) studierten in Tōkyō modernen Tanz. Sie brachen mit ihren Choreografien bewusst Regeln und wandten sich vom westlichen Realismus ab. Energieflüsse sollten spürbar werden und der Körper für sich selbst sprechen. Für Hijikata bedeutete Tanzen die „Enthüllung seines Innenlebens". Der Tanz sollte Wahrheiten offenbaren, der Mensch in seiner Groteskheit und Banalität aufgedeckt werden. Heute ist Butoh weniger provokativ als früher; die Betonung liegt mehr auf der Körpererfahrung.

Ein international renommierter Tänzer und Choreograf ist **Teshigawara Saburō** (geb. 1953), der einen ganz eigenen Stil schuf, aber wie die Butoh-Künstler keine Geschichten erzählt, sondern den Körper in Bezug zu äußeren Elementen setzt.

## Musik

### Klassische japanische Musik

Klassische japanische Musik ist für Europäer – vorsichtig ausgedrückt – gewöhnungsbedürftig. Selbst der große Japankenner Basil Hall Chamberlain urteilte Ende des 19. Jhs.: „Die japanische Musik besänftigt das europäische Herz nicht, sondern reizt es bis zur Unerträglichkeit".

Vermutlich hatte er dabei die japanische **Hofmusik** *(gagaku)* im Ohr, die heute zum immateriellen Weltkulturerbe der Unesco zählt. Sie hat ihren Ursprung im 5. und 6. Jh. und kam vom chinesischen Hof nach Japan. Sie verbindet Orchestermusik mit Tanz, wobei das Orchester sich aus Saiten-, Schlag- und Blasinstrumenten zusammensetzt. Dazu gehören u. a die Bambus-Mundorgel **Shō**, die selbst moderne Musiker aus dem Westen wie John Cage zu einigen Kompositionen anregte, und die Gakusō, eine Vorläuferin der **Koto**, der langen, 13-saitigen japanischen Zither, die vermutlich im 8. Jh. aus China nach Japan kam. Die Koto ist auch als Kammermusik mit Shamisen und Shakuhachi zu hören. Die **Shamisen** ist eine dreisaitige Laute, die aus China über Okinawa (hier heißt sie Sanshin) nach Japan gelangte, die **Shakuhachi** eine Bambusflöte mit vier Löchern vorn und einem hinten. Beide werden auch als Soloinstrumente geschätzt. Die Shakuhachi hat mit ihrem naturhaften Klang ein klassisches buddhistisch inspiriertes Repertoire hervorgebracht, das z. B. Tajima Tadashi (geb. 1942) und Yamamoto Hōzan (1937–2014) auch im Ausland bekannt machten.

In und außerhalb Japans sehr beliebt sind **Taiko**, große Trommeln, die mit zwei Stöcken geschlagen werden. Sie kommen seit jeher auf Shintō- und anderen traditionellen Festen zum Einsatz, sind aber auch im *gagaku*-Orchester vertreten. Heute gibt es eine Reihe bekannter Taiko-Gruppen wie Kodō, Yamato oder TAO, die Auftritte, Fans und Nachahmer in der ganzen Welt haben.

Weniger populär ist ein weiteres Instrument der klassischen Hofmusik, die **Biwa**, eine birnenförmige, ursprünglich aus China stammende Laute mit 4–5 Saiten. Bis in die Meiji-Zeit war sie das Begleitinstrument durchs Land ziehender, meist blinder Balladensänger. Der Komponist **Takemitsu Tōru** (1930–96) brachte sie in seinem Werk *November Steps* wieder in Erinnerung. Überhaupt entdeckt die moderne Musik die alten Instrumente wieder – und umgekehrt. So erfreut sich die Shamisen wachsender Beliebtheit, besonders in Nordjapan.

Jede Region hat zudem ihre eigenen Volkslieder, **Min'yō**, die ursprünglich zu Tänzen, auf Festen oder bei der Arbeit gesungen wurden.

### Moderne japanische Musik

Wenn man einen älteren Japaner in einer Karaokebar voller Inbrunst ein langsames, schwermütiges Lied von Liebesleid oder Sehnsucht nach dem Heimatort singen hört, kann man davon ausgehen, dass es sich dabei um einen *enka* handelt, einen balladenartigen japanischen **Schlager**, geboren in der Nachkriegszeit. Die unbestrittene Enka-Königin ist **Misora Hibari** (1937–89), die über 500 Platten einspielte. In ihre Fußstapfen trat Miyako Harumi, die mit *Sayonara Ressha* und *Ōsaka Shigure* japanische Evergreens schuf. Weitere bekannte Interpreten sind Mori Shin'ichi, Hashi Yukio, Aki Yashiro, Kobayashi Sachiko, Kitajima Saburō, Hikawa Kiyoshi und Miyama Hiroshi.

Ende der 1970er-Jahre gründete sich die Gruppe Yellow Magic Orchestra, zu der auch **Sakamoto Ryūichi** (1952–2023) gehörte. Sie machte in Japan den elektronischen Pop à la Kraftwerk bekannt und war seinerzeit sehr einflussreich. Der vielseitige Komponist und Pianist Sakamoto schrieb auch die Musik zu einer Reihe von Filmen. Auf dem Gebiet der elektronischen Musik hat sich daneben **Ikeda Ryōji** (geb. 1966) einen Namen gemacht, der digitale Klangkunst mit Videoinstallationen verbindet.

Die japanische **Popmusik** ist dagegen weitgehend massenproduziert. Neben den üblichen Boygroups wie Kanjani8 und Sandaime J Soul Brothers oder Girlie-Bands wie Nogizaka46 und NiziU sind die Bands Sekai no owari und Perfume noch immer populär. Seit Jahrzehnten im Geschäft sind Southern All Stars. Unter den Indie-Rockbands hat sich Dir en Grey auch international einen Namen gemacht.

Die **Jazzszene** ist sehr viel interessanter und qualitativ besser. Bereits zu Lebzeiten eine Legende ist die Arrangeurin und Pianistin Akiyoshi Toshiko (geb. 1929), die 2016 ihr 70-jähriges Bühnenjubiläum feierte. Sie brachte japanische Klänge in den Jazz ein und feierte große Erfolge in den USA. Auch der von Gary Burton beeinflusste Pianist Ozone Makoto pendelt wie viele japanische Jazzmusiker zwischen Japan und den USA. Die Pianistin Ōnishi Junko zählt Ellington und Monk zu ihren Vorbildern. Wie viele japanische Jazzgrößen tritt sie im Blue Note in Tōkyō auf. In seinem Stil sehr variabel ist der große Trompeter Hino Terumasa. Ihm verdankt der experimentierfreudige Miyake Jun gewissermaßen seine Karriere: Nachdem er Hino vorgespielt hatte, überredete dieser Miyakes skeptische Eltern, den Sohn zum Jazzstudium in die USA gehen zu lassen. Er lebt seit Langem in Paris. Eine große Bereicherung für die europäische Jazzszene ist schließlich die seit 1987 in Berlin lebende Pianistin Takase Aki, die sich besonders der Avantgarde verschrieben hat. Wer sich für die japanische Jazzszene interessiert, findet auf der Website 💻 www.jazzinjapan.com eine Einführung ins Thema.

## Film

Filme aus Japan gelten hierzulande als Geheimtipps für Cineasten, selbst für die in Asien und den USA erfolgreichen Animationsfilme interessieren sich in Deutschland meist nur Fans des Genres. Ein Megahit wie der Animationsfilm *Your Name* von **Shinkai Makoto** wurde in Deutschland 2018 an nur zwei Tagen gezeigt, bevor die DVD erschien. Dabei hatte die fantastische Geschichte von zwei Teenagern, die sich unversehens im Körper und Leben des anderen wiederfinden, weltweit über 350 Mio. US-Dollar eingespielt, mehr als jeder andere Zeichentrickfilm jemals zuvor.

Am bekanntesten sind bei uns die Animationsfilme von Studio Ghibli, das der Filmemacher **Miyazaki Hayao** 1985 gründete. Seit Miyazakis *Chihiros Reise ins Zauberland* 2003 einen Oscar gewann, finden seine Werke wie *Prinzessin Mononoke* oder *Mein Nachbar Totoro* auch hier viele Fans. Miyazaki begann seine Karriere in den 1960er-Jahren. Ab 1974 wirkte er an der populären TV-Serie *Heidi* mit. 2014 kam sein wiederum Oscar-nominiertes Werk *Wie der Wind sich hebt* in die deutschen Kinos, wo er allerdings wenig Erfolg hatte. Der Film handelt von dem jungen Flugzeugkonstrukteur Horikoshi, der davon träumt, Flugzeuge zu erschaffen – die sein Arbeitgeber Mitsubishi dann für die Marine zu Kriegszwecken produziert. Nach diesem Film zog Miyazaki sich (schon zum zweiten Mal) in den Ruhestand zurück, nur um 2023 mit 82 Jahren und seinem neuen Film *Der Junge und der Reiher* zurückzukehren. Darin geht es erneut darum, wie der Krieg in das Leben seines Protagonisten eingreift.

Japanische Filmemacher wie **Kitano Takeshi**, **Miike Takashi** oder **Kore-eda Hirokazu** genießen zwar Kultstatus bei ihrer Fangemeinde im Westen und auch Festivals zeigen immer wieder klassische Regisseure wie **Ozu Yasujirō** oder **Mizoguchi Kenji**, aber ins Kino nebenan verirrt sich kaum ein japanischer Film. Eine Ausnahme ist *Okuribito (Nokan – Die Kunst des Ausklangs)* von **Takita Yōjirō**, der 2009 den Oscar als bester ausländischer Film gewann. Die Hauptfigur des Films ist ein junger Mann, der seinen Job als Cellist in der Großstadt verliert und mit seiner Frau ein neues Leben als Leichenwäscher auf dem Lande beginnt. Ein ungewöhnlicher Film, dessen Hintergrund die Umbrüche der japanischen Wirtschaft bilden, in der das alte Modell der lebenslangen Anstellung in einer Firma zusehends an Bedeutung verliert.

Die anhaltende wirtschaftliche Stagnation in Japan hat dafür gesorgt, dass in den letzten Jahren insgesamt weniger Filme produziert wurden. Dabei hatte es noch zu Anfang des Jahrtausends eine ganze Reihe japanischer Filme gegeben, die so erfolgreich waren, dass US-Studios eilig Remakes produzierten. So wurde Suo Masayukis *Shall We Dance?* 2004 unter demselben Titel mit Jennifer Lopez und Richard Gere in den Hauptrollen nachgedreht. Nakata Hideos Horrorfilm *Ringu* von 1998, der in Asien ein Millionenpublikum in seinen Bann gezogen hatte, kam 2002 in der Regie von Gore Verbinski als *The Ring* mit Naomi Watts in die Kinos. **Shimizu Takashi** konnte seinen überaus erfolgreichen Horrorfilm *Juon* 2004 unter dem Titel *The Grudge* in Hollywood sogar persönlich gleich noch einmal drehen.

Das Abkupfern von Japan hat in Hollywood tatsächlich eine lange Tradition. Wer ahnt schon, dass die Western-Klassiker *Für eine Handvoll Dollar* und *Die glorreichen Sieben* auf Filmen von **Kurosawa Akira** *(Yojimbo der Leibwächter* bzw. *Die sieben Samurai)* basieren? Kurosawa selbst, der Altmeister des japanischen Films, bezog seine Inspiration gern aus dem Westen, allerdings wurde er eher in der Literatur und im Schauspiel fündig. So verfilmte er Shakespeares *Macbeth* und *King Lear (Das Schloss im Spinnwebwald, Ran)* ebenso wie Dostojewskis *Der Idiot* (jap. *Hakuchi*) und Gorkis *Nachtasyl* (jap. *Donzoko*).

Die **Nähe zum Theater** ist eine der Besonderheiten des frühen japanischen Kinos. Anders als im Westen, wo „die Bilder laufen lernten", Film also als eine Art Fortentwicklung der Fotografie gesehen wurde, galt das Kino in Japan als Bühnenkunst und wurde ebenso präsentiert. Wie Kabuki und Nō-Theater hatte das Kino einen Erzähler, der mit im Kinosaal saß und den Zuschauern das Gesehene erklärte. Diese Filmerklärer *(benshi)* waren oft beliebter als die Filme selbst, sodass die Zuschauer eher ins Kino gingen, um einen berühmten *benshi* zu erleben als einen bestimmten Film zu sehen. Die daraus resultierende Macht der *benshi* war einer der Gründe, warum der Tonfilm in Japan erst ab 1931 Fuß fasste.

Seit den 1920er-Jahren entwickelte sich auch eine andere Eigenheit des japanischen Kinos, die Aufteilung der Filmproduktion in die zwei Sparten **Historiendrama** und **Gegenwartsfilm**. Während die zeitgenössischen Filme lange Zeit nur einen sehr geringen Teil der Produktion ausmachten, erfreuten sich die Samuraifilme mit ihren Schwertkampfszenen großer Beliebtheit. Bis zum Ende des Zweiten Weltkriegs boten diese historischen Stoffe zudem die Möglichkeit, die Obrigkeit unter dem Deckmantel des historischen Settings zu kritisieren – eine Kritik, die die Zuschauer wohl verstanden, der die Zensur aber wenig anhaben konnte.

Nach 1945 verbot die amerikanische Militärregierung zunächst alle Filme, die eine feudalistische Gesinnung fördern und der demokratischen Umerziehung der Japaner abträglich sein könnten. Diese Zensur traf vor allem die Historiendramen, so auch *Die Männer, die dem Tiger auf den Schwanz traten* von Kurosawa. Der Film erzählt die Geschichte eines treuen Vasallen, der seinen Herrn mit List und großem Mut vor seinen Verfolgern rettet. 1945 gedreht, war der Film zunächst von den japanischen Zensoren kritisiert worden, weil Kurosawa das zugrunde liegende Kabuki-Stück verballhornt habe und überdies eine komische Figur eingefügt hatte, die das Missfallen der Zensoren erregte, weil sie die Autoritäten in Frage stellte. Nachdem der Krieg mitten in der Produktion mit der Kapitulation Japans endete, waren es dann aber die Amerikaner, die den Film verboten. So kam er erst 1952 in die Kinos. Zu dieser Zeit, dem Ende der amerikanischen Besatzung, erlebte das Historiendrama erneut einen großen Aufschwung.

Das Ende der Besatzung brachte auch ein Geschöpf ganz anderer Art in die japanischen Kinos: **Godzilla**, den Urvater aller Leinwandmonster. Seit über 60 Jahren treibt dieses Ungeheuer sein Unwesen auf den Leinwänden der Welt. Entstanden als kritische Antwort auf die amerikanischen Wasserstoffbombentests nahe dem Bikini-Atoll, war Godzilla ein Lebewesen aus der Dinosaurierzeit, das durch die Erschütterungen von Atomexplosionen aufgeschreckt und verstrahlt wurde. Ein Opfer der Atombombe sozusagen (aber auch eine atomare Bedrohung), das in seiner Wut Tōkyō dem Erdboden gleichmachte, indem es radioaktives Feuer spuckte. Godzilla erfuhr in den folgenden Filmen viele Wandlungen. Während er zu einer Kinderfilmfigur mutierte, kamen ihm seine antiamerikanische und Anti-Atomwaffen-Botschaft abhanden. Heute muten die frühen Godzilla-Filme, in denen die Riesenechse von einem Schauspieler im Gummianzug gespielt wird, unfreiwillig komisch an. Aber Godzilla geht mit der Zeit: Im Januar 2018 kam der neue Animationsfilm *Godzilla: Planet der Monster* auf Netflix heraus, und Ende 2023 hat die 33. Godzilla-Inkarnation die japanischen Kinos heimgesucht.
*(Ein Beitrag von Janine Hansen)*

LAND UND LEUTE

BLICK VOM SKY DECK AUF AZABUDAI HILLS MORI JP TOWER UND TŌKYŌ TOWER, ROPPONGI HILLS; © AXEL SCHWAB

# 3 Tōkyō und Umgebung

**Tōkyō mit seinen angrenzenden Städten ist die größte Metropolregion der Welt, eine dicht bebaute Megacity mit unzähligen Shoppingtempeln und einem schier unendlichen kulinarischen Angebot. Wer genug von der Großstadt hat, entflieht in die Tempelstadt Nikkō, zum heiligen Berg Fuji, den heißen Quellen von Hakone, dem Hafen von Yokohama oder zum Großen Buddha von Kamakura.**

## Stefan Loose Traveltipps

**JP Tower** Vom Dach der alten Zentralpost blickt man auf den historischen Hauptbahnhof. S. 158

**Hama-Rikyū-Park** Der zauberhafte Garten aus dem 17. Jh. liegt direkt an der Tōkyō-Bucht. S. 161

**Azabudai Hills** Tōkyōs neuester Wolkenkratzerkomplex mit dem legendären teamLab Borderless: MORI Building DIGITAL ART MUSEUM. S. 162

**Asakusa** Eine lange Ladenzeile führt vom eindrucksvollen Donnertor zum mit Weihrauch erfüllten Sensō-ji. S. 164

**Tōkyō Skytree Town** Souvenirs einkaufen und dazu tolle Aussichten genießen. S. 167

**Shibuya Sky** Eine tolle Aussichtsplattform direkt am Bahnhof Shibuya. S. 176

**4** **Nikkō** Malerisch in einem Gebirgstal liegt das Grabmal des ersten Tokugawa-Shōguns. S. 203

**5** **Kamakura** Eine 750 Jahre alte, riesige Bronzestatue sitzt in Meditation versunken vor einem Tempelhain. S. 220

KNEIPENZEILE VON TORANOMON HILLS; © AXEL SCHWAB

KIRSCHBLÜTE UND LATERNEN IM UENO-PARK; © AXEL SCHWAB

**Wann fahren?** Ganzjährig, am schönsten sind Frühling und Herbst

**Wie lange?** 5 bis 7 Tage

**Bekannt für** moderne Wolkenkratzer und belebte Fußgängerkreuzungen

**Beste Feste** Sanja Matsuri im Mai in Asakusa

**Outdoor-Tipp** Wanderung auf den Takao-san

**Unbedingt machen** Die gesamte Bandbreite der japanischen Kulinarik genießen

# Grossraum Tōkyō

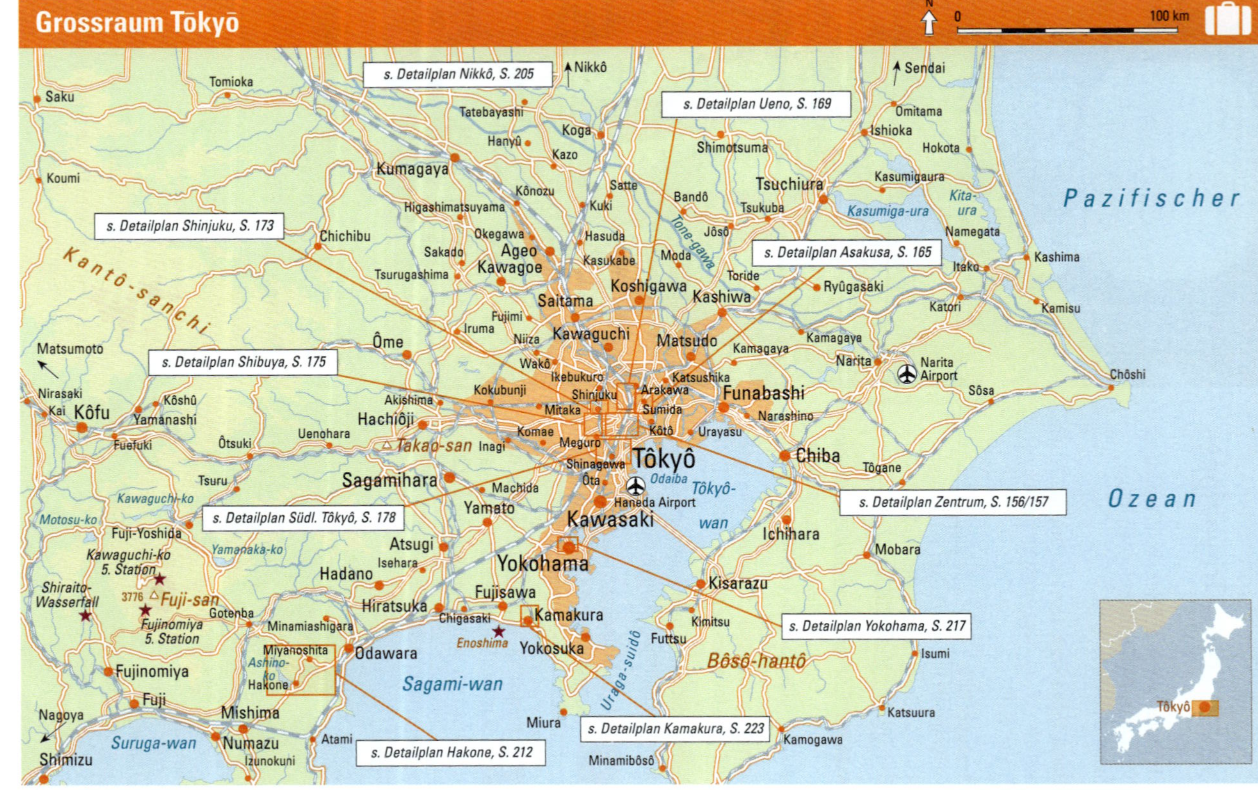

3 HIGHLIGHT

# Tōkyō 東京

Tōkyō ist in vielerlei Hinsicht eine Stadt der Superlative. Bereits in den 23 Bezirken der Kernstadt leben 9,4 Mio. Menschen auf einer Fläche, die nur doppelt so groß wie München ist. Die gesamte Metropolregion zählt sogar über 37 Mio. Einwohner.

Der Aufstieg des ehemaligen Fischerdorfes **Edo** begann 1603, als Tokugawa Ieyasu es zur Hauptstadt seines Shogunats bestimmte. Erst zu Beginn der Meiji-Restauration 1868 wurde die Stadt in Tōkyō umbenannt, was so viel wie „östliche Hauptstadt" bedeutet. In seiner langjährigen Geschichte wurde Tōkyō oftmals von Erdbeben und Feuern heimgesucht. Die letzten großen Zerstörungen gab es 1923 durch das große **Kantō-Beben** und 1944/45 durch die **Luftangriffe im Zweiten Weltkrieg**. Von den betroffenen Häusern und Tempeln blieb lediglich ein wenig Asche zurück, doch baute man sie danach schnell in der bewährten Holzbauweise wieder auf. Durch den späteren wirtschaftlichen Aufschwung wichen allerdings die meisten Gebäude neuen, zweckmäßigeren Stahlbetonbauten. Lediglich einige Tempel und Gärten verteilen sich wie Inseln im endlosen Häusermeer.

In keiner anderen Stadt der Welt existieren heute Tradition und Gegenwart in so enger Nachbarschaft. Für unsere europäischen Augen mag dieses Nebeneinander oft hässlich erscheinen. Japaner sind jedoch toleranter, wenn es darum geht, neben einem alten Shintō-Schrein einen postmodernen Wolkenkratzer zu bauen. Schon allein wegen der hohen Grundstückspreise gibt es ohnehin kaum Alternativen. Seit 2023 steht mit dem **Azabudai Hills Mori JP Tower** der höchste Wolkenkratzer Japans wieder in Tōkyō.

### Tōkyō für Anfänger

- Nach der Ankunft kauft man am Automaten des nächsten Bahnhofs gleich eine aufladbare Karte Suica oder PASMO und spart sich bei der **Nutzung des öffentlichen Nahverkehrs** lästiges Kleingeld und Grübeln über die Ticketpreise. Die Karte lädt man immer wieder mit Bargeld auf und bezahlt Fahrten mit allen öffentlichen Verkehrsmitteln kontaktlos durch Berührung an Ticketgates oder beim Einstieg in den Bus.
- Für erste Erkundungen der Vielfalt japanischer Küche eignen sich die **Restaurantetagen** in japanischen Kaufhäusern, z. B. im Marunouchi Building (S. 188), oder auch das weitläufige Untergeschoss im Hauptbahnhof.
- Wer gleich zu den beliebtesten **Hotspots** in Tōkyō aufbrechen will, hier unsere Shortlist: Asakusa und Tōkyō Skytree (S. 166), Shibuya mit Harajuku und Meiji-Schrein (S. 173), Kaiserpalast (S. 158), Ueno-Park und Yanaka (S. 168) und zum Shoppen Ginza (S. 159) und Akihabara (S. 196). Am Abend geht's dann nach Shinjuku oder Roppongi (S. 193).
- Einen guten **Überblick** über die Stadt hat man vom Tōkyō Tower (S. 162) oder der Aussichtsplattform des Wolkenkratzers Roppongi Hills (S. 163).

## Zentrum 東京中心部

Wenn man einen Japaner nach dem Stadtzentrum von Tōkyō fragt, bekommt man oft unterschiedliche Antworten. Ein Banker wird Marunouchi sagen, Jugendliche meistens Shibuya oder Harajuku, und wieder andere halten Shinjuku für das Zentrum. Oft wird auch das gesamte Gebiet innerhalb der Ringlinie Yamanote und die Umgebung der Yamanote-Bahnhöfe als Stadtzentrum angesehen. Wenn man sich jedoch auf einen eng begrenzten Ort einigen müsste, würde es wohl auf das Gebiet um den Kaiserpalast hinauslaufen, das auch historisch gesehen das Zentrum darstellt.

### Tōkyō Hauptbahnhof 東京駅

Der laute und stets gut besuchte Hauptbahnhof ist ein guter Ausgangspunkt für den Kaiserpalast und weitere Attraktionen. Verlässt man den Bahnhof über den **Marunouchi Central En-**

# Tōkyō Zentrum

**ÜBERNACHTUNG**

1. Tôkyô Central Youth Hostel
2. Hoshinoya Tôkyô
3. The Tokyo Station Hotel
4. Nine Hours Akasaka
5. Ajia Kaikan - Asia Center of Japan
6. Tôkyû Stay Tsukiji
7. Park Hotel Tôkyô
8. Shiba Park Hotel
9. Nine Hours Hamamatsuchô

**ESSEN**

1. Serafina New York
2. Numazu Uogashizushi, Tenmaru
3. Midori-zushi
4. Ginza Satô Yôsuke
5. Ginza Isomura
6. Ginza Wakamatsu
7. Yabaton
8. Soba Sasuga
9. Matakoiya
10. Sushi-Zanmai (Tsukiji)
11. Caretta, Dynamic Kitchen & Bar Hibiki Caretta Shiodome
12. Hanasanshô
13. Sushi-Zanmai (Roppongi)
14. Hard Rock Cafe Roppongi
15. Keyakizaka

**SONSTIGES**

1. Ozu-Washi
2. Coredo Muromachi
3. Mitsukoshi-Stammhaus
4. Oazo-Kaufhaus
5. Nationaltheater
6. Daimaru-Kaufhaus
7. Bic Camera
8. Japan Traditional Crafts Aoyama Square
9. OAG und Goethe-Institut
10. MUJI (Hauptgeschäft)
11. Itô-ya
12. Matsuya
13. Kimuraya
14. Mitsukoshi Ginza
15. Natsuno
16. Uniqlo Ginza
17. Kabuki-za
18. Hakuhinkan Toy Park
19. St. Luke's International Hospital
20. BAUHAUS
21. Motown House
22. Abbey Road
23. Tôkyô Medical and Surgical Clinic
24. Chinesische Botschaft
25. Österreichische Botschaft

Yasukuni-Schrein, Bunkyô
JCII-Kamera-Museum
Yotsua
Hanzômon
Kôjimachi
Jingû Gaien
Oberster Gerichtshof
Nagatachô
Akasaka-Mitsuke
Aoyama-dôri
Parlaments-gebäude
Hie-Schrein
Tameike-sannô
Aoyama-Itchôme
Akasaka
Honda Welcome Plaza
Nogizaka
Tôkyô Midtown
Roppongiitchôme
The National Art Center Tôkyô (NACT)
Aoyama-Friedhof
Roppongi
Kamiyachô
Gaien-Higashi-Dôri
Azabudai Hills
Azabudai Hills Mori JP Tower
Roppongi-dôri
Roppongi Hills
Jûban-Inari-Schrein
Azabu Jûban
Azabujûban
Akabanebashi
Zenpuku-ji

N
0
1000 m
KAISERPALAST
Science Museum
Tenshu-dai
Honmaru
Ni-no-Maru-Garten
Museum of the Imperial Collections
Ôte-mon
Kikyo-mon
Otemachi
Shin-Marunochi Building
Marunochi Building
Tôkyô Station Gallery
Tôkyô
Yaesu-Ausgang
JP Tower
Mitsubishi Ichigôkan
Nijûbashimae
Nijû-Brücke
JNTO
Tôkyô International Forum
Tôkyô Midtown Yaesu
Bank von Japan
Geld-museum
Mitsukoshimae
Nihon-bashi
Nihonbashi
Shinnihonbashi
Kyôbashi
Takarachô
Sakuradamon
Hibiya
Yûrakuchô
Hibiya-Park
Tôkyô Midtown Hibiya
Kasumigaseki
Ginzaitchôme
Yanagi-dôri
Chûô-dôri
Shôwa-dôri
Tôkyô Plaza Ginza
Ginza
Shintomichô
Higashiginza
Toranomon
Uchisaiwaichô
Toranomon Hills Business Tower
Toranomon Hills
Atago-dôri
Hibiya-dôri
Shinbashi
Old Shinbashi Station
Shiodome City Center
Dentsu Building
Advertising Museum Tokyo
Atago-jinja
Tsukiji
Tsukiji Jôgai Shijô (Außenmarkt)
Hongan-ji
Touristen-information Plat Tsukiji
Tsukiji Uogashi
Tsukijishijô
EINGANG
Shiodome
Onarimon
Hama-Rikyû-Park
TEEHAUS
Shioiri-no-ike
Toyosu
Kachidoki
Tôkyô Tower
Zôjô-ji
Shiba-Park
Daimon
Kyû-Shiba-Rikyû-Garten
Hamamatsuchô
Shibakôen
Takeshiba
TRANSPORT
1 Tôkyô Hauptbahnhof
2 JR-Bahnhof Yûrakuchô
3 JR-Bahnhof Shinbashi
4 Shinbashi (Yurikamome-Linie)
5 Anlegestelle Tôkyô Waterbus
6 Tôkyô Monorail Hamamatsuchô
7 JR-Bahnhof Hamamatsuchô

**trance**, bekommt man einen guten Eindruck von dem altehrwürdigen, roten Backsteingebäude. Als Vorbild für den 1914 erbauten Bahnhof diente dem Architekten Kingo Tatsuno der Zentralbahnhof in Amsterdam. Die **Tōkyō Station Gallery**, 🖳 www.ejrcf.or.jp/gallery, beim Marunouchi-Nordausgang zeigt sehenswerte zeitgenössische Kunst. 🕒 Di–So 10–18, Fr bis 20 Uhr, Eintritt variiert.

Vom Dachgarten (6F) des **JP Tower** (früher das zentrale Postamt) hat man einen herrlichen Blick über den Hauptbahnhof, den Vorplatz und die einfahrenden Züge. Drinnen gibt es vielfältige Shoppingmöglichkeiten und das kostenfreie Museum **Intermediatheque**, 🖳 www.intermediatheque.jp/en, ein Sammelsurium von Gegenständen aus den Archiven der Universität Tōkyō. 🕒 Di–So 11–18 Uhr, Fr und Sa bis 20 Uhr.

Auf der anderen Seite des Bahnhofs ragt seit 2023 der Wolkenkratzer **Tōkyō Midtown Yaesu**, 🖳 www.yaesu.tokyo-midtown.com, in den Himmel. Im 2. Untergeschoss ist der Bus Terminal Tōkyō Yaesu für Expressbusse untergebracht. Wegen einiger toller Geschäfte und Restaurants lohnt sich ein Besuch im Erdgeschoss und in den Stockwerken darüber und darunter.

Südwestlich vom Bahnhof bietet das **Tōkyō Midtown Hibiya**, 🖳 www.hibiya.tokyo-midtown.com, direkt am Hibiya Park nicht nur Läden, Restaurants und Cafés, sondern auch ein großes Kino und einen Dachgarten mit Blick auf den Park und das Areal des Kaiserpalastes.

## Kaiserpalast 皇居

Auch heute noch wohnt die japanische Kaiserfamilie auf dem 7,4 km² großen Gelände im Zentrum des historischen Edo, wo einst die größte Burganlage der Welt stand. Möchte man dem Kaiser selbst einen Besuch abstatten, sollte man sich den den 23. Februar (Kaiser-Geburtstag) sowie den 2. Januar (Neujahr) vormerken. An diesen beiden Tagen zeigt sich die kaiserliche Familie dem Volk, zeitgleich ist ein bestimmter Teil des Kaiserpalasts der Öffentlichkeit zugänglich. Das Gelände ist außerdem Di–Sa für eine 75-minütige Führung ab 10 oder 13.30 Uhr offen. Wer sich nicht vorher online registriert hat, erhält bei freien Plätzen noch Zugang über das **Kikyo-mon**. Ansonsten kann man den Ostgarten **Kōkyo Higashi-kōen** besuchen, der ohne Beschränkungen zugänglich ist.

Am besten startet man gleich um 9 Uhr am **Ōte-mon** mit einer Tour durch den Ostgarten, noch bevor der Ansturm der Touristengruppen beginnt. Am Eingang erhält man eine Plastikmarke, die man beim Verlassen wieder abgibt. Als Erstes kommt ein kleines Kunstmuseum, das **Museum of the Imperial Collections** (Sannomaru-Shōzōkan). Im überschaubaren Ausstellungsraum werden Kunstgegenstände und Gemälde aus ehemals kaiserlichem Besitz gezeigt. Vorbei an den beiden Wachhäusern **Dōshin-Bansho** und **Hyakunin-Bansho** geht es rechter Hand weiter zum im frühen 17. Jh. hübsch angelegten Garten **Ni-no-Maru** mit See, Steinlaternen, Brücke und dem großen Teehaus **Suwano-chaya**, das aber leider nur von außen zu bewundern ist. Anschließend geht es über den Anstieg **Bairin-zaka** (im Frühjahr herrliche Pflaumenblüten) in den etwas höher gelegenen Garten **Honmaru** mit seiner weiten freien Rasenfläche und dem **Tenshu-dai**. Dabei handelt es sich um die einzig verbliebenen Überreste des 1607 erbauten Turms der Edo-Burg. Besteigt man die alten Gemäuer, bekommt man einen guten Überblick über den Honmaru-Garten. Der beste Aussichtspunkt im ganzen Ostgarten liegt jedoch etwas versteckt rechts hinter dem kleinen Rasthaus, das sich auf der gegenüberliegenden Seite der großen Rasenfläche befindet.

Nach dem Rundgang im Honmaru-Garten verlässt man den Ostgarten in nördlicher Richtung über den Eingang **Kitahanebashi-mon** oder geht zurück zum Ōte-mon, um noch vor der berühmten **Nijū-Brücke**, einer zweibogigen Steinbrücke, das obligatorische Erinnerungsfoto zu machen. 🖳 www.kunaicho.go.jp, 🕒 Di–Do und Sa–So 9–16 Uhr, Eintritt frei.

Das nahe gelegene **Science Museum** (Kagaku Gijutsu-kan), 🖳 www.jsf.or.jp, mit seinen interaktiven Ausstellungsobjekten bereitet vor allem Kindern jede Menge Spaß. 🕒 Do–Di 9.30–16.50 Uhr (letzter Einlass 16 Uhr), 950 ¥, Kinder je nach Alter 500 ¥ bzw. 600 ¥.

## Nihonbashi 日本橋

Rund 1 km östlich vom Ōte-mon befindet sich kurz nach Unterquerung der Hochstraße (Expressway) das altehrwürdige Gebäude der 1896 erbauten **Bank of Japan**. Es war das erste Gebäude westlicher Art, das von einem japanischen Architekten allein entworfen wurde. Es geht wie der Hauptbahnhof auf den Architekten Kingo Tatsuno zurück. Gegenüber der Japanbank ist das **Geldmuseum** (Kahei Hakubutsukan) mit einer numismatischen Sammlung, 💻 www.imes.boj.or.jp/cm, 🕒 Di–So 9.30–16.30 Uhr, Eintritt frei.

Nicht weit entfernt davon überspannt die **Nihonbashi**, übersetzt „Japanbrücke", einen Seitenarm des Sumidagawa. Früher eine Holzbrücke, stammt die heutige steinerne Brücke von 1911. Sie ist seit der frühen Edo-Zeit Anfangspunkt des Tōkaidō, eines alten Handelswegs. Die beiden Einkaufstempel **Mitsukoshi** und **Coredo Muromachi** sind auf S. 195 näher beschrieben.

## Tōkyō International Forum 東京国際フォーラム

Direkt neben dem Bahnhof Yūrakuchō befindet sich das Tōkyō International Forum, 💻 www.t-i-forum.co.jp. Neben Tagungen werden hier verschiedene Ausstellungen, Konzerte sowie Theatervorführungen geboten. Zudem gibt es eine schöne Kunstgalerie und einige Läden. Allein schon wegen der modernen Architektur des amerikanischen Architekten Rafael Vinoly lohnt sich eine Besichtigung. Jeden ersten und dritten Sonntag im Monat findet der **Ōedo-Antikmarkt** statt, ein großer Flohmarkt mit zum Teil hochwertigen Antiquitäten, 💻 www.antique-market.jp.

## Mitsubishi Ichigōkan Museum 三菱一号館美術館

Das 1894 vom englischen Architekten Josiah Conder entworfene Gebäude wurde 1968 abgerissen und 2010 nach den Originalplänen an gleicher Stelle neu gebaut. Es beherbergte damals die Zentrale der Mitsubishi-Bank. Heute gibt es hier ein Museum mit Kunstausstellungen, den Museumsshop Store 1894, das Café 1894 und dahinter einen Rosengarten. 💻 http://mimt.jp, 🕒 Museum und Shop Di–So 10–18 Uhr, Fr bis 20 Uhr, Eintritt je nach Ausstellung; Restaurant 🕒 tgl. 11–23 Uhr.

**Hinweis:** Wiedereröffnung nach umfangreicher Renovierung im Herbst 2024.

## Ginza 銀座

Ein Bummel durch diese bekannte Einkaufsmeile könnte am nördlichen Ende an der Straßenkreuzung von Yanagi und Chūō-dōri beginnen. An beiden Straßenseiten sind viele alteingesessene Geschäfte angesiedelt. Am Wochenende wird die Straße für den allgemeinen Autoverkehr gesperrt, sodass die vielen Fußgänger vom Gehweg auf die Straße ausweichen können. Neben den exklusiven japanischen Geschäften sind in der Ginza auch die bekannten ausländischen Nobelmarken mit eigenen Filialen vertreten. In den Seitenstraßen sind seit Anfang der 1990er-Jahre viele kleine Kunstgalerien zu Hause. Auf jeden Fall lohnt sich der Besuch eines der großen Kaufhäuser, die auch bezahlbare Souvenirs für Touristen anbieten.

Das Kabuki-Theater **Kabuki-za**, 💻 www.kabuki-za.co.jp, besteht seit 1889. Wer eine komplette Vorstellung sehen will, muss allerdings Geduld aufbringen – mit Pausen zwischen den einzelnen Stücken dauert diese bis zu fünf Stunden. Möchte man nur ein einzelnes Stück sehen, kann man mit etwas Glück kurz vor Beginn noch eine günstige Restkarte ergattern. 🕒 Vorstellungen tgl. meistens ab 11 und 16 Uhr.

Ein Anziehungspunkt im Einkaufszentrum **Tōkyū Plaza Ginza**, 💻 http://ginza.tokyu-plaza.com, an der Sukiyabashi-Kreuzung ist der Event Square von Mitsubishi Electric, METoa Ginza, im Erdgeschoss und ersten Stock, 💻 www.metoa.jp. Mit wechselnden Ausstellungen vermittelt man den Besuchern Elektronik und Robotertechnologie (Eintritt frei). Wer sich nicht dafür interessiert, kann die Gelegenheit nutzen, im Find Japan Market im 6F und 7F hübsche japanische Souvenirs zu erwerben. 🕒 tgl. 11–21 Uhr.

## Tsukiji und Toyosu 築地・豊洲

Der alte Fischmarkt ist von Tsukiji nach Toyosu umgezogen. Glücklicherweise blieb der Außenmarkt **Tsukiji Jōgai Shijō**, 💻 www.tsukiji.or.jp/english, mit seiner einzigartigen Atmosphäre vom Umzug verschont. Daher kann Otto Normalverbraucher auch weiterhin günstig frischen Fisch und andere Lebensmittel in Tsukiji einkaufen. Einige Zwischenhändler sind vom alten Fischmarkt in die neuen Gebäude **Tsukiji Uogashi** umgezogen. Aktuelle Informationen be-

Die Thunfischauktion auf dem Tsukiji-Fischmarkt beginnt schon um 5.30 Uhr in der Frühe.

kommen Besucher bei der englischsprachigen Touristeninformation „Plat Tsukiji". ⌚ Mo–Di und Do–Sa 8–14, Mi und So 10–14 Uhr. Es sind zahlreiche Restaurants vorhanden, die preiswerte und schmackhafte Gerichte verkaufen. Am besten stellt man sich dort an, wo es eine lange Schlange gibt – das Warten lohnt sich.

Der nahe, 1617 gegründete **Hongan-ji**, 💻 www.tsukijihongwanji.jp, ist einer der größten buddhistischen Tempel in Tōkyō und fällt durch seine indische Architektur ins Auge. Im mit Weihrauch erfüllten Tempel verliest der Priester seine Sutren. Verehrt werden hier Amida Buddha und Prinz Shōtoku (574–622). Sehenswert ist der prächtige goldene Hauptaltar, der ein Abbild des Amida Buddha enthält. Das aktuelle Gebäude stammt wegen des Kantō-Bebens von 1934. ⌚ Andachten tgl. um 7 und 16 Uhr, in Englisch am letzten Sa im Monat (außer August) in der Kōdō Hall ab 17.30 Uhr – vorher die Website auf mögliche Änderungen prüfen!

Wer die berühmte **Thunfischauktion** zwischen 5.30 und 6.30 Uhr sehen will, die seit 2018 in **Toyosu** stattfindet, kann das auch ohne Reservierung von der dortigen Besuchergalerie aus machen. Dafür muss man früh raus und einen der ersten Züge der Yurikamome-Linie von Toyosu nach Shijō-mae nehmen. Danach am besten Sushi zum Frühstück in einem der vielen Restaurants oder die Läden für Marktbedarf besuchen. Wer später am Vormittag kommt, läuft zur Besuchergalerie des Gemüsemarktes.

## Shinbashi 新橋

Zunächst scheint dies nur ein langweiliger und lauter Bahnhof entlang der Yamanote-Linie zu sein. Doch auf östlicher Seite erheben sich hinter einem alten, grauen Gebäude die modernen Wolkenkratzer des Shiodome-Gebietes, und noch etwas weiter liegt der herrliche Hama-Rikyū-Park direkt an der Tōkyō-Bucht. Von Shinbashi aus gelangt man außerdem mit der führerlosen Bahn Yurikamome („Seemöwe") nach Odaiba. Vom Bahnhof in westlicher Richtung erstreckt sich der Gebäudekomplex Toranomon Hills.

### Toranomon Hills 虎ノ門ヒルズ

Der **Toranomon Hills Mori Tower**, 💻 www.toranomonhills.com, überragt die anderen Hochhäuser im gesamten Komplex. Das Bürogebäude **Toranomon Hills Business Tower** und der **Toranomon Hills Residential Tower** mit ihren begrünten Fassaden wurden vom Architekturbüro *ingenhoven associates* aus Düsseldorf entworfen. Sie fügen sich ideal zum dazugehörigen Park und dem nahen grünen Hügel **Atagoyama** ein.

Der Restaurantkomplex **Toranomon Yokochō** im 3F des Toranomon Hills Business Tower sticht durch eine überdimensionale Papierlaterne am Eingang ins Auge. Entlang zwei langer und einer kurzen Gasse reihen sich insgesamt 26 Kneipen aneinander. Je nach Geschmack kann man sich entweder für gegrillte Hühnerspieße (Yakitori), Schweinefleisch, gegrillt am Spieß oder frittiert als Tonkatsu, Meeresfrüchte, koreanische und chinesische Küche, Burger, Sushi, gegrillten Fisch, Gyōza, Rāmen, Takoyaki oder anderes mehr entscheiden.

### Shiodome 汐留

Sehenswert ist das wieder aufgebaute **Old Shinbashi Station Building**, 🖳 www.ejrcf.or.jp/shinbashi, in dessen Untergeschoss es eine Dauerausstellung mit zahlreichen Ausgrabungsfundstücken von 1869–1900 und freiem Blick auf die Originalfundamente des Bahnhofs gibt. Im ersten Stock werden wechselnde Ausstellungen zur Eisenbahngeschichte Japans gezeigt. Im Erdgeschoss ist ein Restaurant untergebracht. 🕒 Di–So 10–17 Uhr, bei Ausstellungswechsel zeitweise geschlossen, Eintritt frei.

Hinter dem Bahnhof liegt das moderne **Shiodome City Center** mit Geschäften, Restaurants und Büros.

Die beste Aussicht lässt sich jedoch von der Geschäfts- und Restaurantzeile mit Namen **Caretta** im weiter zur Tōkyō-Bucht gelegenen **Dentsu Building** genießen. Dort findet man in den oberen Stockwerken zur Mittagszeit leicht Zugang zu nicht ganz so teuren Restaurants.

Einen Besuch wert ist außerdem das **Advertising Museum Tōkyō**, 🖳 www.admt.jp, mit seiner permanenten Ausstellung zur Geschichte und Entwicklung der Werbung in Japan. Wechselnde Ausstellungen befassen sich mit dem Design von Werbeplakaten und zeigen prämierte Fernsehspots. 🕒 Di–Sa 12–18 Uhr, Eintritt frei.

### Hama-Rikyū-Park 浜離宮恩賜庭園

Der Park wurde ursprünglich im 17. Jh. als Wohnort eines Feudalherrn angelegt und als Jagdgebiet der Tokugawa-Shōgune genutzt. 1704 wurde er zum Zweitwohnsitz der Tokugawa-Shōgune. Besonders eindrucksvoll erscheint eine 300-jährige Pinie in der Nähe des Eingangs. Diese größte Pinie in Tōkyō wurde angeblich im 17. Jh. vom 6. Shōgun Ienobu persönlich gepflanzt. Erwähnenswert ist auch der Teich **Shioiri-no-ike**, bei dem der Wasserpegel den Gezeiten folgt, da er über einen Kanal mit der Tōkyō-Bucht verbunden ist. In der Mitte des Sees lockt eine Insel mit einem **Teehaus**, das Grüntee mit Süßigkeiten serviert.

Der Park ist am schönsten zur **Kirschblüte** im Frühjahr, denn dort wachsen sehr viele verschiedene Kirschbaumarten. 🕒 tgl. 9–17 Uhr, 300 ¥. Zusätzlich gibt es im Frühling zur Kirschblüte spezielle Nachtbeleuchtungen, bei denen der Park bis 21 Uhr geöffnet ist (letzter Einlass 20.30 Uhr). Wer auf Nummer sicher gehen will, sollte sich vorab unter ✆ 03-3541-0200 erkundigen.

## Hamamatsuchō 浜松町

Vom Bahnhof Hamamatsuchō startet die **Tōkyō Monorail**, die zum Flughafen Haneda führt. Im östlich vom Bahnhof gelegenen **Kyū-Shiba-Rikyū-Garten** kann man ein wenig dem Großstadttrubel entfliehen. Es handelt sich um einen der ältesten traditionellen Gärten in Tōkyō. Angelegt ist er im Stil eines typischen *daimyō*-Gartens der frühen Edo-Zeit. 🕒 9–17 Uhr, 150 ¥.

Knapp 700 m westlich des Bahnhofs liegt der **Shiba-Park** mit der ausgedehnten Tempelanlage des **Zōjō-ji**, 🖳 www.zojoji.or.jp/en. Der Tempel wurde 1393 gegründet und vertritt die buddhistische Lehre des Jōdo-shū. Der Zōjō-ji ist bis heute der Hauptsitz dieser Schule. Die Tempelanlage war einst ähnlich prunkvoll mit vielen Holzschnitzereien versehen wie in Nikkō, aber leider wurden die Gebäude im Zweiten Weltkrieg zerstört. Der Prunk kam daher, dass es sich am Anfang der Edo-Zeit um den Familientempel der Tokugawa-Shōgune handelte. Bis heute befinden sich die Gräber von sechs Shōgunen innerhalb der Anlage. Der beste Zeitpunkt, den Tempel zu besuchen, ist übrigens zur Kirschblüte oder zu einem der Tempelfeste.

Man betritt den Tempel durch das imposante Haupttor Sanedatsu-mon und läuft dann direkt auf das Hauptgebäude Daiden bzw. Hondō zu. Verlässt man die Tempelanlage über den Ausgang in Richtung Norden, fallen kleine steinerne Figuren auf, die mit Strickkäppchen und Lätzchen geschmückt sind. Dabei handelt es sich um sogenannte *jizō*, Steinfiguren des Bodhisattva Jizō, die für totgeborene, abgetriebene oder früh verstorbene Kinder geopfert werden. Laut einer Legende des Jōdo-Buddhismus steht Jizō ihnen in der Vorhölle bei, wo sie Steintürme bauen müssen, welche von bösen Dämonen wieder zerstört werden. ◷ Tempelgelände durchgehend offen, Eintritt frei, Museum Mi–Mo 10–16 Uhr, 700 ¥, Shōgun-Gräber 500 ¥, Kombiticket 1000 ¥.

## Tōkyō Tower 東京タワー

Unübersehbar steht seit 1958 der rot-weiß gestreifte Tōkyō Tower, 🖳 www.tokyotower.co.jp, in Tōkyō und erinnert irgendwie an eine Kopie des Pariser Eiffelturms. Wenn nun in Japan etwas kopiert wird, dann muss es selbstverständlich in allen Punkten besser sein als das Original. So ist der Tōkyō Tower mit 333 m um 3 m höher als der Eiffelturm und wiegt mit 4000 t nur die Hälfte des Originals. Möglich ist dies aufgrund von fast 70 Jahren Fortschritt im Stahlskelettbau Die Hauptplattform in 150 m Höhe ist über einen Fahrstuhl zu erreichen; der Eintritt kostet 1200 ¥. Es gibt noch eine weitere Plattform bei 250 m, die man über die 150-m-Plattform erreicht (nur mit erster Plattform als Kombiticket für 3000 ¥). Die bessere Fotoperspektive hat man auf 150 m. ◷ tgl. 9–22.30 Uhr.

## Azabudai Hills 麻布台ヒルズ

2023 wurde im Neubaukomplex Azabudai Hills, 🖳 https://project.azabudai-hills.com, Japans höchster Wolkenkratzer **Azabudai Hills Mori JP Tower** mit einer Höhe von 325,4 m fertiggestellt. Diesen Platz wird er allerdings nur bis 2027 einnehmen, um dann vom Torch Tower beim Hauptbahnhof Tōkyō um weitere 60 m überragt zu werden. Von der U-Bahnstation Kamiyachō wurde in Richtung Roppongi ein begrünter Weg angelegt, der den parkähnlichen **Central Square** vor dem Hauptgebäude kreuzt. Außer den Läden und Restaurants beeindruckt der riesige **Food Market** unterhalb des Central Square. Bei Japanern und Touristen beliebt ist das im Untergeschoss im Januar 2024 eröffnete **teamLab Borderless: MORI Building DIGITAL ART MUSEUM**, 🖳 www.teamlab.art/e/borderless_azabudai. Der Vorgänger dieses Publikumsmagnets mit eindrucksvollen projizierten Kunstwerken und fotogenen digitalen Erlebniswelten befand sich vorher in Odaiba. Tipp: Eintrittskarten unbedingt rechtzeitig vorher online erwerben. Falls verfügbar, einen Zeitslot gleich zur Öffnung am Morgen wählen. Die teamLab App auf dem Smartphone installieren und damit mehr über die Installationen in der Ausstellung zu erfahren.

## Azabu 麻布

Einen ganz eigenen Charme hat die von Bäumen gesäumte Straße **Azabu Jūban**. Hier ist Tōkyō nicht so überfüllt wie in Shinjuku oder Shibuya, und es gibt eine gute Mischung von alteingesessenen und neuen Restaurants sowie Läden mit lokalen Köstlichkeiten. Zu nennen ist beispielsweise gegrillter Aal *(unagi)*, Soba und *taiyaki* (mit süßer Bohnenpaste gefüllte Küchlein in Fischform).

Der **Jūban-Inari-jinja**, 🖳 www.jubaninari.or.jp, ist ein kleiner, zwischen zwei Häusern eingeklemmter Schrein, berühmt für einen steinernen Frosch, der Menschen vor Feuer bewahren soll. Nach einer Legende hatte der Frosch einst ein großes Feuer mit Wasser aus einem nahen Teich gelöscht. Am Schrein kann man deshalb einen Talisman kaufen, der den Träger vor Feuer schützt.

Der ehrwürdige **Zenpuku-ji**, 🖳 www.azabu-san.or.jp, ist zum einen für seinen 750 Jahre alten Gingko-Baum bekannt, zum anderen ist dort das Grab des berühmten Gelehrten und Gründers der Keiō-Universität Fukuzawa Yukichi. Der Tempel war außerdem die erste Residenz des amerikanischen Konsuls Townsend Harris nach der Öffnung Japans. Im weiteren Geschichtsverlauf haben sich im Gebiet Azabu und Hiro-o zahlreiche andere Konsulate sowie Botschaften niedergelassen.

Der **Prince Arisugawa Memorial Park** (Arisugawa-no-miya Kinen-kōen, siehe Karte Südliches Tōkyō, S. 178) diente im 19. Jh. als Tōkyō-

Residenz des gleichnamigen Prinzen. Auf dem Gelände befindet sich außerdem die **Zentralbibliothek der Stadt Tōkyō** (Tōkyō-toritsu Toshokan), 🖳 www.library.metro.tokyo.jp/english. Diese öffentliche Präsenzbibliothek umfasst auch 160 000 nicht japanische Titel. 🕒 Mo–Fr 10–21, Sa, So und feiertags 10–17.30 Uhr, jeden 1. Do und 3. So im Monat geschlossen.

## Roppongi 六本木

Auf den ersten Blick ist Roppongi nicht schön. Entlang der Roppongi-dōri hallt der Straßenlärm unterhalb der Hochstraße und es reiht sich eine bunte Mischung zumeist alter, mehrstöckiger Gebäude aneinander. Doch hat sich das Stadtbild durch einige neue Hochhausbauten gewandelt. Am Abend erwacht das Nachtleben im Tokyoter „Ausländerviertel" – so genannt, weil sich dort viele Kneipen, Restaurants und Clubs befinden, die von Nicht-Japanern besucht werden.

Eine Hauptattraktion ist der 2003 fertiggestellte hochmoderne Gebäudekomplex **Roppongi Hills**. Im 238 m hohen **Mori Tower** gibt es eine Aussichtsplattform namens Tōkyō City View sowie das Mori Art Museum. Daneben verteilt sich auf die 54 Stockwerke eine Vielzahl von teuren Restaurants, Geschäften und Büros. Für zahlreiche wechselnde Veranstaltungen lohnt ein Blick auf die Homepage von Roppongi Hills, die auch in Englisch immer auf dem neusten Stand gehalten wird, 🖳 https://tcv.roppongihills.com/en. Der Eintritt für die Aussichtsplattform ist mit 2200 ¥ teuer, und leider ist das Fotografieren mit Stativ vom Dach (Sky Deck, 500 ¥ zusätzlich) untersagt. 🕒 tgl. 10–22, Sky Deck 11–20, im Sommer 13–22 Uhr. Das **Mori Art Museum**, 🖳 www.mori.art.museum, hat keine permanente Ausstellung, deshalb ist es mitunter geschlossen, weil die Wechselausstellungen nicht immer nahtlos aufeinanderfolgen. 🕒 Mi–Mo 10–22 und Di 10–17 Uhr, Eintritt variiert je nach Ausstellung.

Hinsichtlich der Höhe wird der Mori Tower vom nahen Wolkenkratzer im Gebäudekomplex **Tōkyō Midtown**, 🖳 www.tokyo-midtown.com/en, überragt. Nur ein Teil der Läden ist auch für Touristen interessant, dafür entschädigt ein kleiner Park hinter dem Gebäudekomplex. Sehenswert ist der **Fujifilm Square**, 🖳 https://fujifilmsquare.jp/en. Hier finden Fotoausstellungen statt, und ein kleines Fotomuseum zeigt alte Kameras und Aufnahmen. 🕒 tgl. 10–19 Uhr, Eintritt frei. Außerdem befindet sich innerhalb des Gebäudekomplexes Tōkyō Midtown das **Suntory Museum of Art**, 🖳 www.suntory.com/sma, 🕒 Mi–Mo 10–18 Uhr, Fr, Sa bis 20 Uhr, Eintritt variiert. Im Park davor steht das von Andō Tadao entworfene Museumsgebäude **21_21 Design Sight**, 🖳 www.2121designsight.jp. Die Wechselausstellungen zu den unterschiedlichsten Themen sind didaktisch sehr gut aufbereitet. 🕒 Mi–Mo 10–19 Uhr, 1400 ¥.

Kunstinteressierte sollten einen Besuch im **NACT (National Art Center Tōkyō)**, 🖳 www.nact.jp, einplanen. Auf drei Stockwerken präsentiert das Museum keine permanente, sondern wechselnde Ausstellungen mit Schwerpunkt auf moderner Kunst und Gemälden des 20. Jhs., wobei hier auch Sammlungen aus den renommiertesten Museen der Welt gezeigt werden. Sollte gerade keine interessante Ausstellung stattfinden, lohnt es sich, das NACT wegen des tollen Glasbaus zu besichtigen, in einem der Cafés zu verweilen oder im Museumsshop nach einem Souvenir zu suchen. 🕒 So, Mo und Mi, Do 10–18, Fr, Sa 10–20 Uhr, Bibliothek nur 11–17 Uhr, Eintritt je nach Ausstellung.

Der **Aoyama-Friedhof** (Aoyama Reien) ist der größte Friedhof im Zentrum Tōkyōs. Viele berühmte japanische Persönlichkeiten und auch deutsche Professoren aus der Meiji-Zeit liegen hier begraben. Wegen der vielen Kirschbäume lohnt sich ein Besuch besonders im Frühjahr. Japaner feiern selbst auf einem Friedhof ihre Hanami-Partys, denn aus japanischer Sicht ist ein öffentlicher Friedhof so etwas wie ein Park.

Auto- und Motorradbegeisterte werden sicherlich die **Honda Welcome Plaza**, 🖳 www.honda.co.jp/welcome-plaza, besuchen. Neben den aktuellen Produkten gibt es eine Ecke mit Fan-Artikeln und das MILES Honda Cafe. Der Showroom in der Honda-Zentrale befindet sich an der Aoyama-dōri direkt bei der U-Bahnstation Aoyama-Itchōme, 🕒 tgl. 10–18 Uhr, Eintritt frei.

Ab der Honda-Zentrale lädt die **Aoyama-dōri** in westlicher Richtung zu einem kleinen Schaufensterbummel bis zur Omote Sandō (S. 174) ein. Hier gibt es Designerboutiquen, edle Einrichtungshäuser und einige Cafés.

## Akasaka 浅草

Ein guter Startpunkt ist der Bahnhof Akasaka-Mitsuke oder auch der Tameike-sannō, wo sich vier U-Bahn-Linien kreuzen. Der beschauliche Schrein **Hie-jinja**, 💻 www.hiejinja.net, steht auf einem kleinen Hügel, der Hoshi-ga-oka genannt wird. Er wurde für Ōyamakuni-no-kami, den Schutzgott des Hie-Bergs in der Präfektur Shiba errichtet (daher auch Hie-no-kami genannt). Ursprünglich wurde der Schrein von Ōta Dōkan, Fürst von Kawagoe, 1478 beim Bau der Burg von Edo auf dem Burggelände errichtet. An seinem heutigen Standort ist dieser Shintō-Schrein „erst" seit 1659. Während der Edo-Zeit war er der bekannteste Schrein in der Hauptstadt. Am Schreinfest, dem **Sannō Matsuri**, das Mitte Juni zelebriert wird, nahmen selbst die Tokugawa-Shōgune teil. Höhepunkt des Festes ist die Parade Shinkō Gyōretsu am 15. Juni. An diesem Tag werden zwei kaiserliche *mikoshi* von einem 400-köpfigen Gefolge in Kostümen der Heian-Zeit (9.–12. Jh.) durch die Straßen getragen. Das Sannō Matsuri findet alternierend mit dem Kanda Matsuri (am Kanda-Myōjin-Schrein) nur alle zwei Jahre in geraden Jahren statt. 🕒 tgl. 6–17 Uhr.

Im eher sterilen Regierungsviertel Kasumigaseki steht das **Parlamentsgebäude** (Kokkai Gijidō), das 1936 fertiggestellt wurde. Mit 65 m Höhe war es einst das höchste Gebäude Japans. Es hat zwei Flügel, im linken ist das Unterhaus *(shūgi-in)* und im rechten das Oberhaus *(sangi-in)* untergebracht.

Der **Oberste Gerichtshof** (Saikō Saibansho) besteht aus einem monumentalen Granitgebäude, das 1974 vom Architekten Okada Shin'ichi entworfen wurde. Neben dem Obersten Gerichtshof steht das 1966 eröffnete **Nationaltheater** (Kokuritsu Gekijō). Es beinhaltet ein großes Theater für Kabuki-Vorstellungen und ein kleineres für Bunraku. (Im Umbau seit Nov. 2023.)

Das **JCII-Kamera-Museum**, 💻 www.jcii-cameramuseum.jp, besitzt mehrere tausend Kameras und widmet sich in seiner Ausstellung ganz der Geschichte der Fotografie. Des Weiteren gibt es wechselnde Ausstellungen von Fotografien sowie eine Bibliothek. JCII steht für Japan Camera Industry Institute, ein Institut, das ursprünglich die Qualität exportierter Kameras sicherstellen sollte und somit zum weltweiten Erfolg der japanischen Fotoindustrie beitrug. 🕒 Di–So 10–17 Uhr, Eintritt 300 ¥.

## Yasukuni-Schrein 靖国神社

Der **Yasukuni-Schrein** (übersetzt „friedliches Land"), 💻 www.yasukuni.or.jp, ist seit 1869 den 2,5 Mio. Menschen geweiht, die im Kampf für Japan gefallen sind. Er beheimatet die Seelen einiger Führer der Meiji-Restauration von 1868, Soldaten der beiden Bürgerkriege 1869 und 1877, der Kriege gegen China (1894–95) und Russland (1904–05) und der beiden Weltkriege. Familien, die in den Kriegen Vermisste zu beklagen hatten, dient der Yasukuni-Schrein somit als Ersatz einer Grabstätte. Die Kamikaze-Piloten des Zweiten Weltkriegs sollen sich von ihren Kameraden mit den Worten „Man sieht sich in Yasukuni" verabschiedet haben. Weil unter den toten Seelen auch die einiger Kriegsverbrecher des Zweiten Weltkriegs sind, löst der Schreinbesuch ranghoher Politiker in den Nachbarstaaten Korea und China jedes Mal Proteste aus (S. 122). Vor dem Schrein steht eine Bronzestatue von Ōmura Masujirō, Japans erstem Kriegsminister, der 1869 einem Anschlag zum Opfer fiel. Jährlich finden vom 21. bis 23. April und vom 17. bis 19. Oktober auf dem Gelände Schreinfeste statt.

Hinter dem Schrein erstreckt sich ein schöner kleiner Garten. Beeindruckende Exponate des seit 1882 bestehenden **Militärmuseums** (Yūshūkan) neben dem Schrein sind der Nachbau eines Kamikaze-Flugzeugs sowie ein bemannter Torpedo. Die nächstgelegene Bahnstation ist Kudanshita (Hanzōmon-, Tōzai und Toei-Shinjuku-Linie). 🕒 9–16.30 Uhr, Eintritt Museum 1000 ¥. Der Schrein selbst öffnet um 6 Uhr und schließt von Mai–Aug um 19, Nov–Feb um 17 und während der restlichen Monate um 18 Uhr.

# Asakusa und Shitamachi 浅草・下町

„Downtown" trifft nicht den Kern der Bedeutung von *shita-machi*, auch wenn es wörtlich „Unterstadt" heißt. Früher lebten im flachen Gebiet nahe dem Sumida-Fluss, zwischen Ueno, Asa-

N
0
500 m
ÜBERNACHTUNG
1 Asakusa View Hotel
2 Richmond Hotel Premier Asakusa
3 Ryokan Asakusa Shigetsu
4 Asakusa Central Hotel
ESSEN
1 Tenpura Daikokuya
2 Asadori
3 Sobadokoro Kamimura
4 Hosokawa
5 Chanko Kawasaki
SONSTIGES
1 Mokuhankan
2 Sakura Photo Studio
3 Morihachi Honpo
TRANSPORT
1 Anlegestelle Tôkyô Waterbus
Edo Taitô Traditional Crafts Center
Hanayashiki-Vergnügungs-park
Asakusa-jinja
Sensô-ji
Fünfstöckige Pagode
Rokku Broadway
Kototoi-dôri
Umamichi-dôri
Denbô-in
Asakusa
Rox Building
Denbôin-dori
Shin-Nakamise dôri
Nakamise-dôri
Kokusai-dôri
Kaminarimon-dôri
Kaminari-mon (Donnertor)
Asakusa Culture Tourist Information Center
Sumida River Walk
Tôbu-Asakusa
Ushima-Schrein
Tôbu-Skytree-Linie
Tôkyô Mizumachi
Tôkyô Skytree
Tôkyô Skytree Town (Solamachi)
Asahi Beer Hall
Bokutei-dôri
Kappabashi-dôri, Ueno
Honjo-azumabashi
Asakusa-dôri
Kiyosumi-dôri
Sumida
Sumidagawa
Mitsume-dôri
Kuramae
Edo-dôri
Kameido-Tenjin-Schrein
Kasuga-dôri
Shuto-Expressway Nr. 6
Kuramebashi-dôri
Kyû-Yasuda-Garten
Sumô-Stadion (Kokugikan) & Museum
Edo-Tôkyô Museum
Ryôgoku
Sumida Hokusai Museum
Sôbu-Linie
Fukagawa Edo Museum (2 km)
Keiyô-dôri

kusa und Ryōgoku, hauptsächlich einfache Leute, Händler und Handwerker. Die höheren Stände wohnten in Yamanote, d. h. der zum Berg gewandten Seite von Edo. Die belebten Wohn- und Vergnügungsviertel von Shitamachi waren unter den Bewohnern von Edo beliebt, doch ist nach dem Kantō-Beben und den Luftangriffen des Zweiten Weltkriegs der alte Charakter nicht erhalten geblieben. Auch das einstige Prostituiertenviertel Yoshiwara nördlich des Tempelbezirks von Asakusa ist verschwunden. Am ehesten ist die alte Atmosphäre noch im Gebiet um den Sensō-ji und in den Nebenstraßen der Nakamise-dōri zu erahnen.



## Asakusa 浅草

Die **Nakamise-dōri**, übersetzt „Straße zwischen Geschäften", 💻 www.asakusa-nakamise.jp, beginnt gleich hinter dem **Kaminari-mon** („Donnertor"). Das Eingangstor des Sensō-ji fällt durch eine übergroße Papierlaterne auf. In der 250 m langen Fußgängerzone gibt es fast 90 Geschäfte, die Souvenirs, Süßigkeiten und vieles mehr anbieten.

Nach Passieren der Einkaufsbuden nähert man sich der mit Weihrauch geschwängerten Luft des **Sensō-ji**, der auch **Asakusa-Kannon-Tempel** genannt wird. Die Geschichte geht zurück bis ins Jahr 628, als zwei Fischer eine Kannon-Statue aus dem Fluss zogen. Eigentlich wollten die beiden die Statue wieder zurück in den Fluss werfen, was jedoch misslang. Sie brachten sie daraufhin ihrem Herrn, der für die Kannon ein Gebäude errichten ließ. Anstelle dieses Baus wurde 1692 der Asakusa-Kannon-Tempel erbaut.

Neben dem buddhistischen Sensō-ji steht der kleinere Shintō-Schrein **Asakusa-jinja**, der von Tokugawa Iemitsu errichtet wurde. Hier steigt am Wochenende des 3. Sonntags im Mai das Sanja Matsuri, das größte Schreinfest in Tōkyō. Als Höhepunkt werden über 100 *mikoshi* durch die Straßen getragen. Das Ganze wird von Tänzen, Trommeln und Flötenmusik begleitet. Im südwestlich vom Sensō-ji gelegenen **Denbō-in** wohnen die Mönche des Sensō-ji; er ist der Öffentlichkeit normalerweise nicht zugänglich. 🕒 Tempelgelände durchgehend, Haupthalle Sensō-ji 6.30–17 Uhr, Eintritt frei.

Beim **Hanayashiki-Park**, 💻 www.hanayashiki.net/en, handelt es sich um einen reizenden kleinen Vergnügungspark, der auf einer sehr begrenzten Fläche versucht, alles herauszuholen. Für Kinder wie auch jung gebliebene Erwachsene sind die 24 verschiedenen Attraktionen sicher sehenswert. 🕒 tgl. 10–18 Uhr, 1200 ¥ (Kinder 600 ¥).

Im **Edo Taitō Traditional Crafts Center** dreht sich alles um traditionelle Gegenstände und Kunst aus der Edo-Zeit sowie deren Herstellung. Nach Besuch der Nakamise-dōri ist dieses kleine Museum eine Besichtigung wert, weil man dort einen sehr guten Überblick über Holz-, Eisen- und Lackwaren bekommt. Am Wochenende finden Vorführungen traditioneller Handwerkskünste statt. 🕒 tgl. 10–18 Uhr, Eintritt frei.

Südlich vom Handwerksmuseum beginnt der **Rokku Broadway**. Hier gibt es zahlreiche Kinos, und einige Statuen bekannter japanischer Sänger säumen die Straße. Ein großer Shoppingkomplex ist im **Rox Building** untergebracht. Biegt man von dem Gebäude nach links ab, führt eine 500 m lange, überdachte Einkaufsstraße, die **Shin-Nakamise-dōri**, bis zum Bahnhof Tōbu-Asakusa. Hier gibt es auch einige günstige Souvenirläden und Restaurants.

Etwas weiter westlich erstreckt sich die **Kappabashi-dōri**, an der sich Läden mit Küchen- und Restaurantbedarf aneinanderreihen. Für Touristen dürften vor allem die Geschäfte mit den Plastikmodellen für Sushi und andere japanische Köstlichkeiten interessant sein.

Zum Abschluss eines Besuchs in Asakusa sollte man über die Azuma-Brücke den **Sumida-gawa** überqueren, um ein interessantes Gebäude aus der Nähe zu betrachten: Die 1989 errichtete **Asahi Beer Hall** wurde vom Stardesigner Philippe Starck entworfen. Die goldene Verzierung soll eine Flamme darstellen, deshalb der Name La Flamme. Japanische Spötter nennen das ganze „Goldenes Häufchen".

Wer zum Tōkyō Skytree will, läuft besser über den **Sumida River Walk**. Der mit Holzbohlen ausgestattete barrierefreie Weg verläuft unterhalb einer Eisenbahnbrücke. An manchen Stellen sind Glasscheiben im Boden eingelassen, und ein Zaun ist für die Anbringung von Liebesschlössern vorgesehen. Auf der anderen Seite befinden sich ein Park mit einer familienfreundlichen Toilettenanlage und unterhalb der Tōbu-Isesaki-Bahnlinie die Gebäude des **Tōkyō Mizumachi**, 💻 www.tokyo-mizumachi.jp. Bei schönem Wetter kann man dort im Freien direkt am Wasser sitzen oder die Läden, Restaurants und Cafés besuchen.

## Tōkyō Skytree Town
## 東京スカイツリータウン

Westlich vom Bahnhof Oshiage wurde 2012 das große Erlebnisareal Tōkyō Skytree Town eröffnet. Weithin sichtbares Highlight ist der mit 634 m weltweit höchste frei stehende Fernsehturm **Tōkyō Skytree**, 💻 www.tokyo-skytree.jp, der den Tōkyō Tower um fast das Doppelte überragt. Bei klarem Wetter hat man von den beiden Aussichtsplattformen in 350 m und 450 m Höhe eine tolle Weitsicht bis Yokohama und zum Berg Fuji. Doch selbst wenn man nicht die Geduld zum mehrmaligen Anstehen für Ticketkauf und Fahrstühle aufbringt, lohnt ein Besuch im Einkaufsparadies **Solamachi**. In einem der 300 Geschäfte findet sich sicher ein passendes Souvenir. Technikfreaks besuchen vor 18 Uhr im 8F den **Tōkyō Skytree Town Campus**, eine kostenlose Dauerausstellung des Chiba Institute of Technology. 🕒 tgl. 10–21 Uhr, Eintritt Aussichtsplattform auf 350 m 2300 ¥ und für die auf 450 m nochmals 1100 ¥.

**Tipp:** Wer vorher keine Tickets online gekauft hat und auch keine Tagestickets mehr bekommt, besucht ein **Restaurant im East Tower** (30F/31F), um dort die Aussicht zu genießen.

## Ryōgoku 両国

Das **Edo-Tōkyō Museum** (Edo-Tōkyō Hakubutsukan), 💻 www.edo-tokyo-museum.or.jp, ist durch sein markantes Gebäude bereits von der Plattform des Bahnhofs Ryōgoku aus unübersehbar. Für die äußere Form standen die früher üblichen, auf Stelzen erbauten Lagerhäuser Pate. Die maximale Höhe von 62 m entspricht ungefähr der Höhe der alten Edo-Burg. Das Museum ist über eine lange Rolltreppe zu betreten. Die Dauerausstellung ist in drei Hauptbereiche unterteilt: Die Edo-Zone widmet sich dem Lebensstil, dem Wirtschaftssystem und der Kultur der Edo-Zeit. In der Tōkyō-Zone geht es um die Wandlung von Edo zu Tōkyō durch den amerikanischen und europäischen Einfluss in Japan. Die Zeit während und nach dem Zweiten Weltkrieg wird ebenfalls betrachtet. Zu guter Letzt gibt die Geschichts-Zone einen schnellen Überblick über die Entwicklung von der Steinzeit bis in die Neuzeit.

🕒 Di–So 9.30–17.30, Sa 9.30–19.30 Uhr, 600 ¥ (nur für die Dauerausstellung, Sonderausstellungen kosten extra). Hinweis: Wiedereröffnung nach einer dreijährigen Sanierung voraussichtlich im April 2025 – Updates auf der Website beachten.

Im **Sumō-Stadion Kokugikan** finden drei der jährlich sechs offiziellen Sumō-Wettkämpfe Japans statt. Diese werden auch im Fernsehen übertragen (Tōkyō Grand Sumō Tournament). Wer einmal live als Zuschauer dabei sein möchte, sollte sich vorab ein Ticket reservieren. Auskünfte gibt die Homepage der japanischen Sumō-Vereinigung auch auf Englisch: 💻 www.sumo.or.jp. Alternativ bietet es sich an, das kleine **Sumō-Museum** zu besuchen. Dort bekommt man einen Überblick über mehrere Jahrhunderte Sumō-Geschichte. 🕒 Mo–Fr 12.30–16 Uhr, Eintritt frei. Während der Zeit der drei jährlichen Wettkämpfe hat das Museum auch am Wochenende geöffnet, ist dann aber nur den zahlenden Zuschauern zugänglich. Etwas Ruhe findet man hinter dem Sumō-Gelände im **Kyū-Yasuda-Garten**, der 1691 von einem Feudalherrn angelegt wurde.

Wer außerhalb der Zeiten offizieller Sumō-Wettkämpfe Sumō-Ringer in Aktion erleben möchte, hat die Möglichkeit, in einem Sumō-Haus beim Morgentraining zuzuschauen. Bucht man dies über einen Tourveranstalter (S. 74), kann man zusätzlich an einer Sumō-Mahlzeit teilnehmen.

Das **Sumida Hokusai Museum**, 💻 www.hokusai-museum.jp, würdigt in seinen Ausstellungen Wirken und Schaffen des berühmten Künstlers Katsushika Hokusai, der in diesem Viertel geboren wurde (S. 143). Der höhere Eintritt für Sonderausstellungen lohnt sich, denn oft werden Kunstwerke gezeigt, die man sonst nur selten zu Gesicht bekommt. 🕒 Di–So 9.30–17.30 Uhr, Dauerausstellung 400 ¥, Kombiticket 1200 ¥.

Im **Fukagawa Edo Museum**, 💻 www.kcf.or.jp/fukagawa, wurde ein Stadtteil im Edo-Stil des 19. Jhs. originalgetreu aufgebaut. In einer Straßenzeile gibt es Läden, Lagerhäuser, einen Bootssteg und einen Feuerturm, während sich die Beleuchtung im Tagesrhythmus ändert. 🕒 tgl. außer 2. und 4. Mo 9.30–17 Uhr, 400 ¥. Das Museum liegt zwei Minuten vom Ausgang A3 des U-Bahnhofs Kiyosumi Shirakawa (Hanzōmon- und Ōedo-Linie) entfernt.

### Kameido-Tenjin-Schrein 亀戸天神社

Wer zwei weitere Stationen mit der Sōbu-Linie fährt, erreicht vom Nordausgang des Kameido-Bahnhofs in einer Viertelstunde den schön angelegten Kameido-Tenjinja, 💻 www.kameidotenjin.or.jp. Dieser Schrein ist berühmt für seine Glyzinienblüte und eine Rundbogenbrücke. Seit 1820 findet dort jedes Jahr am 24. und 25. Januar (ab 8.30 Uhr) das **Schreinfest Usokae Shinji** statt. *Uso* ist der japanische Name für den Dompfaff, heißt aber auch Lüge bzw. Unwahrheit, *kae* steht für Wechsel. Die Besucher bringen ihre Holzfigur eines Vogels vom Vorjahr zurück und kaufen eine neue. Man glaubt, durch dieses Ritual das Pech des letzten Jahres in eine Lüge zu verwandeln und es durch Glück im neuen Jahr zu ersetzen. Weitere Feste im Jahresverlauf sind das **Pflaumenblütenfest** (Ume Matsuri) von Mitte Februar bis Mitte März, das **Fuji Matsuri** von Mitte April bis Anfang Mai – Fuji hat hier nichts mit dem Berg zu tun, sondern bezieht sich auf die Glyzinienblüte – und das **Chrysanthemenfest** (Kiku-Matsuri) vom 4. Sonntag im Oktober bis zum 4. Sonntag im November. Das Hauptfest **Kameido Tenjin Sai** findet jährlich Ende August statt. Leider nur alle vier Jahre wird dieses Fest von einer großen Prozession begleitet. Die nächste findet 2026 statt.

## Ueno und Yanaka 上野・谷中

In diesen beiden Stadtvierteln ist das Flair des alten Tōkyō noch am ehesten erhalten geblieben. Ueno-Park, Tempel und Friedhöfe stehen im Kontrast zum geschäftigen Treiben in den engen Gassen um den Ueno-Bahnhof, der Tōkyō mit dem Norden Japans verbindet. Auf diesem großen Bahnhof kann man sich leicht verlaufen. Mit der Yamanote-Linie vom Tōkyō-Hauptbahnhof kommend, empfiehlt es sich daher, den Bahnsteig im hinteren Bereich des Zuges zu verlassen und dann den Shinobazu-Ausgang anzusteuern. Direkt unter der Eisenbahnbrücke donnert der Verkehr, doch betritt man nach etwa 50 m über zwei Steintreppen den mit Vogelgezwitscher erfüllten Ueno-Park.

### Ueno-Park 上野公園

Die beste Jahreszeit, den Ueno-Park zu besuchen, ist zur Kirschblüte im April sowie zum Sommerfest, das jährlich zwischen Mitte Juli und Anfang August (zur Lotusblüte) gefeiert wird. Parallel findet zu diesen Zeiten ein Antikmarkt statt. Am Eingang des Ueno-Parks steht rechter Hand eine Statue des einflussreichen Samurai Saigō Takamori (S. 570). Sie soll an die letzte Schlacht zur Vernichtung des Tokugawa-Shogunats und Einsetzung der Meiji-Regierung 1868 erinnern. Am Ort dieses blutigen Gemetzels ließ Kaiser Meiji 1873 den Ueno-Park errichten. Die erste Anlaufstelle ist der auf einer Insel im See **Shinobazu-no-ike** gelegene Tempel **Benten-dō**, der zu Ehren der Gottheit Benten errichtet wurde. Während des Spaziergangs um den See fallen einem sofort die kitschig bunten **Tretboote** auf. Einige davon haben die Form eines riesigen Schwans, 🕒 Do–Di 9–18 Uhr.

Der **Tōshō-gū** wurde 1627 zu Ehren von Tokugawa Ieyasu, dem Gründer des Tokugawa-Shogunats, errichtet. Er besticht durch sein Haupt-Torii sowie eine Vielzahl den Weg säumender Stein- und Bronzelaternen. Der Eintritt für den inneren Schreinbezirk und das Hauptgebäude beträgt 500 ¥. Der **Ueno-Zoo** ist bei Familien mit Kindern insbesondere wegen seiner Panda- und Eisbären beliebt. 🕒 Di–So 9.30–16 Uhr, 600 ¥ (Kinder 200 ¥).

Das **Tōkyō Nationalmuseum** (Tōkyō Kokuritsu Hakubutsukan), 💻 www.tnm.jp, ist zweifelsfrei eines der besten Museen in ganz Japan. Es besitzt die weltweit größte Sammlung asiatischer Kunst. Die Ausstellungsobjekte gehen weit zurück in der Erdgeschichte. Für die umfangreichen Sammlungen sollte man viel Zeit mitbringen. Neben der Dauerausstellung gibt es immer wieder interessante wechselnde Ausstellungen.

N
0
500 m
Arakawa
Nippori
Yanaka-Ginza
Asakura-Chôso-Museum
Tennô-ji
Sendagi
C 15
Mori-Ôgai-Gedenkstätte
Yanaka-Friedhof
FRIEDHOFSBÜRO
Jômyô-in
Shitamachi Museum Annex
Uguisudani
Nezu-Schrein
Kototoi-dôri
Tôkyô National-museum
Kunstmuseum der Stadt Tôkyô
Bunkyô
Nezu
C 14
Ueno-Zoo
EINGANG
Ueno-Park
Tôshô-gû
ÜBERNACHTUNG
① Hoshino Resorts OMO5 Tôkyô Ôtsuka
② Annex Katsutarô Ryokan
③ Ryokan Sawanoya
④ Nohga Hotel Ueno Tokyo
ESSEN
1 Kawamura
2 Yoshibô Rin
3 Hantei Kushiage
SONSTIGES
1 Shinsendô
2 Kikumi Senbei
3 Isetatsu
Ueno
G 16
H 18
Bike Town
Shôwa-dôri
Saigô-Takamori-Statue
Benten-dô
Shinobazu-no-ike
Keiseiueno
Museum für Alltagskultur in Shitamachi
Shinobazu-dôri
Ameyoko-dôri
Chûô-dôri
Shuto-Expressway Nr.1
Yushima
Hongô-sanchôme
E 08
M 21
Yushima-Tenjin-Schrein
C 13
Uenohirokôji
E 09
G 15
Ueno-okachimachi
JR Okachimachi
H 17
Naka-okachimachi
Taitô

© AXEL SCHWAB

Buntes Treiben zur Kirschblüte im Ueno-Park

⌚ Di–So 9.30–17 Uhr (letzter Einlass 16.30 Uhr), 1000 ¥.

Das **Kunstmuseum der Stadt Tōkyō** (Tōkyō-to Bijutsukan), 💻 www.tobikan.jp, bietet wechselnde Ausstellungen zeitgenössischer japanischer Künstler. ⌚ Di–So 9.30–17.30 Uhr.

Im **Museum für Alltagskultur in Shitamachi** (Shitamachi Fūzoku Shiryōkan), 💻 www.taitogeibun.net/shitamachi, bekommt man einen guten Eindruck, wie die Menschen um die Jahrhundertwende in Tōkyō lebten. Dazu wurde unter anderem eine kleine Straßenszenerie aus der Taishō-Zeit nachgebildet. ⌚ Di–So 9.30–16.30 Uhr, 300 ¥. Hinweis: Bis Ende 2024 für Renovierungsarbeiten geschlossen.

Gegenüber dem Shinobazu-Ausgang am Ueno-Bahnhof ist zwischen Bahnlinie und Häuserblock die **Ameyoko-dōri** eingepfercht. Nach dem Zweiten Weltkrieg war hier ein Schwarzmarkt. Heute werden hier günstig Bekleidung, Taschen, Kosmetik, Lebensmittel wie frischer Fisch, Gewürze und allerlei Getrocknetes verkauft.

Der **Yushima-Tenjin**, 💻 www.yushimatenjin.or.jp, etwas südwestlich vom Shinobazu-no-ike, ist Tenjin gewidmet, dem Gott des Lernens und der Wissenschaft. Zum Schrein kommen viele japanische Schüler, um dem Gott ein Opfer zu bringen, in der Hoffnung, an einer angesehenen Universität die Aufnahmeprüfung zu schaffen. Üblicherweise schreibt man seine Wünsche auf eine Holztafel (japanisch *ema*) und hinterlässt diese am Schrein. Zur Zeit der Eingangsprüfungen an den Universitäten sind die Ständer so voll mit Holztafeln wie an keinem anderen Schrein. Ende Februar ist wegen der Pflaumenblüte ein guter Zeitpunkt für einen Besuch. Dann findet das Ume Matsuri statt mit zahlreichen Verkaufsständen auf dem Tempelgelände und in den angrenzenden Straßen.

## Yanaka 谷中

Der Bahnhof Nippori ist ein guter Ausgangspunkt für eine Erkundung der alten Tempelstadt Yanaka. Das auf einer kleinen Anhöhe liegende Gebiet wurde von den Luftangriffen des Zweiten Weltkriegs verschont. Eine Vielzahl kleiner, alter Tempel liegt verstreut im ruhigen Wohngebiet. Nur wenige Autos verirren sich in die verwinkelten Gassen und stören das Vogelgezwitscher.

Das **Asakura-Chōso-Museum**, 💻 www.taitogeibun.net/asakura, ist im Privathaus des Bildhauers Asakura Fumio (1883–1964) untergebracht. Seine Skulpturen sind im dreistöckigen Betonhaus ausgestellt. Sehenswert sind neben seinem Atelier auch der Dachgarten sowie der Teich im Innenhof des traditionellen Holzhauses. ⌚ Di, Mi, Fr–So 9.30–16.30 Uhr, 500 ¥.

Die **Yanaka-Ginza**, 💻 www.yanakaginza.com, ist eine enge Einkaufsstraße mit vielen kleinen Häusern. Dort gibt es vorwiegend Lebensmittel, Dinge für den täglichen Bedarf, kleine Restaurants sowie einige Andenkenläden.

Nicht weit von der Yanaka-Ginza erinnert die **Mori-Ōgai-Gedenkstätte**, 💻 www.moriogai-kinenkan.jp, an den Arzt und Schriftsteller Mori Ōgai (1862–1922), der auch vier Jahre in Deutschland lebte. Leider sind die Erklärungen nur japanisch. ⌚ tgl. außer 4. Di im Monat 10–18 Uhr, 300 ¥.

Der **Nezu-jinja**, 💻 www.nedujinja.or.jp, wurde 1706 vom 5. Tokugawa-Shōgun erbaut. Er ist vor allem für seine Azaleenblüte berühmt. Anlässlich dieser Blüte findet jährlich vom 14. April bis zum 5. Mai ein Fest statt. Neben Ess- und Spielbuden sind dann auch öffentliche, traditionelle Kampfvorführungen (Budō) zu sehen.

Das **Shitamachi Museum Annex** ist eine Außenstelle des Shitamachi-Museums in Ueno (S. 170). Das altehrwürdige, renovierte Gebäude war früher ein Sake-Geschäft. ⌚ Di–So 9.30–16.30 Uhr, Eintritt frei.

Der **Jōmyō-in** ist für seine Vielzahl von Jizō-Steinfiguren bekannt. Über 84 000 sind auf dem Tempelgelände heute nebeneinander aufgereiht. Teilweise sind sie schon sehr verwittert und mit Moos bewachsen.

Der **Yanaka-Friedhof** (Yanaka Reien) ist einer der größten und ältesten Friedhöfe Tōkyōs; unter anderem sind dort der letzte Shōgun Tokugawa Yoshinobu, der Maler Yokoyama Taikan sowie der Unternehmer Shibusawa Eiichi begraben. Beim Friedhofsbüro (⌚ tgl 8.30–17 Uhr) erhält man eine japanische Karte, auf der die Grabstätten weiterer berühmter Persönlichkeiten verzeichnet sind.

Der vor 500 Jahren gegründete **Tennō-ji** war einst wesentlich prächtiger und ungefähr zehnmal so groß wie heute. Der Tempel wurde bei den Revolutionskämpfen 1868 zerstört. Sehenswert ist ein 3 m hoher Bronzebuddha von 1690.

## Shinjuku 新宿

Den weitverzweigten Bahnhof Shinjuku im Nordwesten des Zentrums benutzen täglich 2–3 Mio. Pendler. Er ist somit der meistfrequentierte Bahnhof der Welt. Ununterbrochen schieben sich die Menschen durch den Bahnhof, und von den Bahnsteigen schallt der Lärm von Zügen und Lautsprecherdurchsagen. Auf der westlichen Seite des Bahnhofs erstreckt sich das Wolkenkratzerviertel, während auf der Ostseite der ruhige und riesige Park Shinjuku Gyoen, aber auch das Rotlichtviertel Kabuki-chō liegen.

### Rathaus Tōkyō 東京都庁

Das Tokyoter Rathaus (Tōkyō Metropolitan Government), streng genommen der Verwaltungssitz der Präfektur Tōkyō, wurde vom japanischen Architekten Tange Kenzō entworfen. Die äußere Form erinnert mit ihren zwei Türmen an eine Kathedrale, während die Oberfläche aus Granit und Stahl der Optik eines Halbleiterchips ähnelt. Zum 45. Stock des Südturms und des Nordturms haben Besucher kostenfreien Zutritt sowie einen der herrlichsten Blicke über Tōkyō, wobei an klaren Tagen (vor allem im Winter) sogar der Fuji-san zu sehen ist. Die Öffnungszeiten beider Türme variieren, aber zwischen 9.30–22 Uhr ist immer mindestens einer der beiden Türme geöffnet. Nur zum Jahreswechsel (29.–31. Dez und 2.–3. Jan) sind beide Aussichtsplattformen geschlossen.

### Shinjuku Park Tower 新宿パークタワー

Der Shinjuku Park Tower wurde ebenfalls von Tange entworfen. Das Gebäude beherbergt auch das Hotel **Park Hyatt**, bekannt durch den Kinofilm *Lost in Translation*. Der Shinjuku Park Tower hat für jeden etwas zu bieten. Im Untergeschoss befinden sich normalpreisige Restaurants, während man im 52. Stock beim **New York Grill** die allerbeste Aussicht, allerdings mit entsprechend hohen Preisen hat. Ein guter Kompromiss ist es, einen Kaffee in der **Peak Lounge** im 41. Stock zu trinken. Im **Living Design Center Ozone** gibt es neben traditionellen japanischen Einrichtungsgegenständen einen großen **Conran Shop**.

### Tōkyō Opera City
### 東京オペラシティ

500 m vom Shinjuku Park Tower entfernt befindet sich die Tōkyō Opera City, 💻 www.operacity.jp/en. Neben Theatern und Opernhaus sind dort einige Restaurants sowie verschiedene Modegeschäfte angesiedelt. Am sehenswertesten ist jedoch das **ICC (NTT Inter Communication Center)**, 💻 www.ntticc.or.jp, eine recht modern gehaltene Kunstausstellung mit wechselnden Ausstellungen zeitgenössischer Künstler. Zusätzlich gibt es dort die Dauerausstellung ICC Annual mit Hightechkunst zum Anfassen. 🕒 Di–So 11–18 Uhr, Eintritt Dauerausstellung 500 ¥. Wenn man nicht den ganzen Weg zum Bahnhof Shinjuku zurücklaufen will, kann man einen kostenlosen Shuttlebus nutzen. Der Bus wartet am südlichen Ausgang des Shinjuku Park Tower und hält in Bahnhofsnähe vor dem Shinjuku L Tower.

### Shinjuku L Tower 新宿エルタワー

Im 28. Stock des L Tower hat Nikon einen Ausstellungsraum. Die **Nikon Plaza**, 💻 www.nikon-image.com/support/showroom/tokyo, zeigt nicht nur Fotografien, sondern hält auch Kameras, Fernrohre und Scanner zum Ausprobieren bereit. Das dortige Service-Center hilft zudem Touristen, falls sie Probleme mit ihrer Nikon-Kamera haben. 🕒 tgl. 10.30–18.30 Uhr.

### Tōkyū Kabukichō Tower
### 東急歌舞伎町タワー

Im Ausgehviertel Kabukichō östlich vom Bahnhof Shinjuku eröffnete 2023 der Tōkyū Kabukichō Tower, 💻 https://tokyu-kabukicho-tower.jp. Japans größter Hotel- und Unterhaltungskomplex erstreckt sich über 48 Stockwerke und fünf Untergeschosse. Die bunten Leuchtreklamen im Retrolook locken mit zehn Restaurants im Izakaya-Stil, die fast rund um die Uhr geöffnet haben. Darüber hinaus umfasst das Gebäude Spielhallen, Bars, Luxuskinos, Bühnen für Theater und Livekonzerte, einen Club und zwei Hotels.

### Shinjuku Gyoen 新宿御苑

Tōkyōs grüne Lunge bietet zu jeder Jahreszeit Erholung vom lauten und hektischen Großstadtleben. Die weitläufige Parkanlage, 💻 www.env.go.jp/garden/shinjukugyoen, umfasst neben einem traditionellen Japangarten auch Gärten im europäischen Stil sowie weitläufige Rasenflächen, auf denen sich Familien mit Kindern vergnügen und Rentner im Schatten der Bäume dem Vogelgezwitscher lauschen. 🕒 Di–So 9–16.30 Uhr (im Sommer länger), 500 ¥.

### Yayoi Kusama Museum
### 草間彌生美術館

Kunstbegeisterte sollten einen Besuch des Yayoi Kusama Museums, 💻 www.yayoikusamamuseum.jp, einplanen, das 2017 an der Gaien-Higashi-dōri im Osten Shinjukus eröffnete. Es zeigt auf vier Stockwerken Werke der weltweit bekannten und gefeierten Avantgarde-Künstlerin. Nicht den kleinen abgedunkelten Raum im obersten Stockwerk verpassen und danach vom großen Fenster aus die Aussicht auf Shinjuku genießen! Selbst die verspiegelten Wände des Fahrstuhls sind ganz im Stil von Kusama gestaltet. Wichtig: Die Eintrittskarten müssen vorab über die Website gekauft werden, direkt im Museum erhält man generell keine Tickets. Der Verkauf startet immer zwei Monate vorher – also unbedingt rechtzeitig reservieren! 🕒 Do–So 11–17.30 Uhr, 1100 ¥.

### Ghibli Museum
### 三鷹の森 ジブリ美術館

Ein absolutes Muss für Fans der Zeichentrickfilme von Miyazaki Hayao ist das Ghibli Museum, 💻 www.ghibli-museum.jp. Berühmt wurde Miyazaki in Deutschland mit seinen Filmen *Prinzessin Mononoke* und *Chihiros Reise ins Zauberland*. Weitere unter Anime-Fans längst bekannte Filme sind *Nausicaä aus dem Tal der Winde*, *Mein Nachbar Totoro* und *Kikis kleiner Lieferservice*. Sehenswert sind einige Originalmodelle und -entwürfe, das Saturn-Kino und Miyazakis altes Designstudio. Auf dem Dach ist ein riesiger Roboter aus dem Film *Ein Schloss im Himmel* zu bewundern, vor dem Schulklassen gerne zum Gruppenfoto posieren. Kinder werden vom riesigen Plüsch-Katzenbus aus *Totoro* begeistert sein. Wegen des immer noch großen Andrangs auf das 2001 eröffnete Museum ist die tägliche Zahl der Eintrittskarten, die man nur im Voraus kaufen kann, begrenzt. Die Tickets geben

außerdem eine bestimmte Eintrittszeit vor. Daher ist es unumgänglich, sich vorab Eintrittskarten online über Lawson Ticket zu kaufen. Hinweise dazu auf der Website des Museums, 🖳 www.ghibli-museum.jp.

Das Museum liegt etwas außerhalb des Stadtzentrums, ist aber mit der Chūō-Linie von Shinjuku aus in 20 Minuten Zugfahrt und 15 Minuten Fußweg gut zu erreichen. Die vom Museum vorgeschlagene Route geht über den Bahnhof Mitaka; von dort besteht auch eine Busverbindung. Schöner ist es jedoch, vom Bahnhof Kichijō-ji aus durch den Inokashira-Park zu laufen. Der Weg durch den Wald versetzt Besucher bereits in die richtige Stimmung und erinnert ein wenig an den *Totoro*-Film.

🕒 Mi–Mo 10–18 Uhr, 1000 ¥ (Kinder 4–6 J. 100 ¥, 7–12 J. 400 ¥, 13–18 J. 700 ¥).

## Harajuku und Shibuya
## 原宿・渋谷

Harajuku und Shibuya sind bei japanischen Jugendlichen sehr beliebte Treffpunkte. Dabei ist Harajuku noch etwas abgedrehter als Shibuya, was vor allem auch am Outfit mancher Passanten zu erkennen ist. Cosplay ist das Wochenendvergnügen einer kleinen Gruppe von Japanerinnen und Japanern, und die Straßen von Harajuku sind ihre Bühne.

## Ein Bummel durch Harajuku

Die sogenannte **Killer Street** ist eine Mischung aus Galerien, Boutiquen, stylischen Restaurants und Wohnanlagen. Besonders zu empfehlen ist das **Watarium Museum**, ein Museum für zeitgenössische Kunst, das sich kurz nach dem Einbiegen in die Killer Street befindet, 💻 www.watarium.co.jp, 🕒 Di–So 11–19 Uhr, 1500 ¥. Über die **Cat Street** nähert man sich langsam dem verrückten Harajuku, wie es weit über seine Grenzen hinaus bekannt ist. Die Cat Street bietet kleinere Geschäfte und coole Cafés in einer relativ ruhigen Umgebung. In früheren Zeiten war diese Straße ein Bach, der nun kanalisiert ist. Abschließend biegt man nach rechts in die **Takeshita-dōri** ein, wo das „originale Harajuku" mit seinen verrückten Kids und total ausgeflippten Modeläden angesiedelt ist und neue Trends erzeugt und verbreitet werden. Früher gaben sich hier viele Livebands ein Stelldichein, was heute nur noch sehr vereinzelt zu sehen ist. Umso interessanter sind dagegen die Kostüme mancher Mädchen, die sich wie ihre Comic-Idole verkleiden.



## Meiji-Schrein 明治神社

Der von einem Wald umgebene Meiji-Schrein wurde 1920 zu Ehren von Kaiser Meiji und seiner Frau Shōken errichtet. Am Eingang der Anlage wird man vom ersten Tor, **Ichi-no-Torii**, begrüßt. Das Originalgebäude des Schreins wurde 1945 durch einen Luftangriff zerstört und 1958 wieder im gleichen Stil aufgebaut. Als Baumaterial wurde vorwiegend japanisches Zypressenholz verwendet. Das ganze Jahr über gibt es verschiedene Veranstaltungen und Feste. Die aktuellen Termine kann man auf der Homepage des Schreins einsehen, 💻 www.meijijingu.or.jp/en, 🕒 nur bei Tageslicht, im Sommer bis 18.30, im Winter bis 16 Uhr. Der meiste Betrieb herrscht zu Neujahr: In der Silvesternacht begeben sich Japaner nach Mitternacht zum Schrein, um für Glück im neuen Jahr zu beten.

Dem Trubel auf dem Schreingelände entkommt man durch den Besuch des inneren Gartens **Meiji-jingū Gyoen**. Im Juni ist die Blüte im hiesigen Irisgarten ein besonders Highlight. 🕒 tgl. 9–16 Uhr, 500 ¥.

Im vom Architekten Kengo Kuma entworfenen **Meiji-jingū-Museum** werden im Obergeschoss einige Besitztümer des Kaiserpaares gezeigt. Im Erdgeschoss erhält man einen guten Überblick über die im Jahresverlauf stattfindenden Feste am Meiji-Schrein sowie über historische und kulturelle Hintergründe. 🕒 Fr–Mi 10–16.30 Uhr, 1000 ¥.

## Yoyogi-Park 代々木公園

Der Yoyogi-Park ist der größte Park in Tōkyō. Er wurde auf dem Gelände errichtet, wo 1964 ein Großteil der Olympischen Spiele abgehalten wurde. Er ist einer der wenigen Parks in Tōkyō, in denen das Betreten der Grünflächen erlaubt ist, was zu einem Picknick einlädt. Am südlichen Ende befinden sich zwei der von Tange Kenzō entworfenen Stadien. Das National Yoyogi Stadium wird im Sommer unter anderem als Schwimmbad und im Winter zum Eislaufen genutzt.

## Omote Sandō 表参道

Vor dem Park- und Schreingelände verläuft die Straße Omote Sandō, was übersetzt „Straße vor dem Schrein" heißt. An dieser Straße reihen sich einige exklusive Läden, Restaurants sowie Cafés aneinander. Dank des breiten Gehwegs und der vielen Bäume, die im schwülheißen Sommer Schatten spenden, ist dies eine bevorzugte Einkaufsmeile. Sehenswert ist der Komplex **Omote Sandō Hills**, 💻 www.omotesandohills.com. Die von Andō Tadao entworfenen Gebäude beherbergen Shops für Mode, Lifestyle, Einrichtung und Kunst sowie trendige Cafés und Restaurants. Am südlichen Ende befindet sich der sogenannte Dōjun Wing. Hier

## Earth Day Market

Einmal im Monat findet an einem Sonntag in der Keyaki-dōri beim Yoyogi-Park der **Earth Day Market**, 💻 www.earthdaymarket.com (nur Japanisch), statt. Neben Gemüse und Obst, das von lokalen Bauern verkauft wird, sind auch Handwerker, Künstler, NPOs und Recycling-Initiativen vertreten. 🕒 10–16 Uhr.

# Tōkyō Harajuku und Shibuya

wurde ein Teil der 1927 erbauten Dōjunkai Aoyama Apartments erhalten, die sich ehemals über die gesamte Front der heutigen Omote Sandō Hills erstreckten.

Das **Ōta Ukiyo-e Museum**, 💻 www.ukiyoe-ota-muse.jp, zeigt die private Holzschnittsammlung von Ōta Seizō. ⌚ Di–So 10.30–17.30 Uhr, Eintritt 800–1200 ¥.

Nicht nur wegen seiner ausgezeichneten Ausstellungen alter asiatischer Kunst ist das **Nezu-Museum**, 💻 www.nezu-muse.or.jp/en, einen Besuch wert: Auch der traditionelle japanische Garten und die moderne, zeitlose Architekur sind bemerkenswert. ⌚ Di–So 10–17 Uhr, Eintritt 1300–1600 ¥, immer vorab Online-Tickets kaufen.

Kunstliebhaber besuchen auch das kleine **Okamoto Tarō Museum** im ehemaligen Wohnhaus des Künstlers (1911–1996), 💻 www.taro-okamoto.or.jp, ⌚ Mi–Mo 10–18 Uhr, 650 ¥. Eines seiner größten Gemälde ist aber auch kostenfrei am Bahnhof Shibuya im Übergang zwischen den JR-Linien und der Inokashira-Linie (2F) zu bewundern.

### Shibuya 渋谷

Stößt man vom nordwestlichen Hachikō-Ausgang in das Getümmel auf dem Bahnhofsvorplatz, steuert man direkt auf den beliebten Treffpunkt an der bronzenen Statue des Hundes **Hachikō** zu. Dieser Hund lebte Anfang des 20. Jhs. und holte jeden Tag sein Herrchen, einen Universitätsprofessor, vom Bahnhof ab. Nachdem der Professor starb, ging der treue Hund weiterhin jahrelang jeden Tag zur üblichen Zeit zum Bahnhof Shibuya und wartete auf sein Herrchen. Dem treuen Hund zu Ehren wurde 1934 dieses Denkmal errichtet.

Entlang der **Kōen-dōri** (übersetzt „Parkstraße"), 💻 www.koen-dori.com, befinden sich Modeboutiquen und eine MUJI-Filiale. In der engen Straße **Center Gai**, 💻 www.center-gai.jp, reihen sich Kleider-, Musikläden und Videospielhöllen aneinander.

Neben der Takeshita-dōri in Harajuku ist auch diese Straße eine Brutstätte neuer Trends. Beobachtet man für eine Weile die Passanten, lässt sich immer wieder ein extravagantes Outfit entdecken.

Auf dem Rückweg zum Bahnhof über die Bunkamura-dōri führt rechter Hand die Straße **Dōgen-zaka** hinauf zum gleichnamigen Hügel mit einer großen Anzahl von Love-Hotels.

Die östliche Seite des Bahnhofs ist seit Fertigstellung einiger neuer Wolkenkratzer stark im Aufwind begriffen. Das 230 m hohe **Shibuya Scramble Square** überragt alles und lockt Besucher mit seiner genialen Freiluftaussichtsplattform **Shibuya Sky**, 💻 www.shibuya-scramble-square.com/sky. Bei guter Weitsicht und klarem Wetter sieht man sogar den Fuji in der Ferne. Viele Besucher kommen zum Sonnenuntergang, und auch nachts hat man von hier einen der besten Blicke auf die bekannte Shibuya-Kreuzung. ⌚ tgl. 10–22 Uhr, Eintritt 2500 ¥, online nur 2200 ¥, besser einige Tage vorher kaufen.

Gegenüber im **Hikarie Building**, 💻 www.hikarie.jp, lohnt ein Besuch im **d47 Museum** (Design und Alltagskunst) und in der Holzpuppenausstellung **Puppet Master** (beide im 8F). Von der **Sky Lobby** (11F) eröffnet sich eine kostenlose Sicht auf die berühmte Shibuya-Kreuzung und die Skyline von Shinjuku. ⌚ tgl. 10–21 Uhr.

## Der Süden Tōkyōs 東京南部

Viele Reiseführer gehen über den südlichen Teil von Tōkyō hinweg, doch gibt es hier einiges Interessantes zu sehen. Gerade das Gebiet um den Bahnhof Shinagawa hat sich in den letzten Jahren sehr positiv verändert.

### Ebisu 恵比寿

Über den Ostausgang des Bahnhofs Ebisu gelangt man direkt zum **Skywalk**, der an ein Flughafenlaufband erinnert und den weiten Weg zum **Ebisu Garden Place**, 💻 www.gardenplace.jp, verkürzt. An der Stelle des Ebisu Garden Place war früher das Industrieareal der Bierbrauerei Yebisu beheimatet. Nun befinden sich dort unter anderem die Zentralverwaltung der Sapporo-Brauerei, ein Einkaufszentrum von Mitsukoshi, ein Kino, zahlreiche Restaurants und sogar eine große Bierhalle sowie einige Museen.

Fährt man im **Garden Place Tower** mit dem Fahrstuhl bis zum 37. oder 38. Stockwerk, lässt sich eine kostenlose Aussicht über Tōkyō genießen. Eine reiche Auswahl unterschiedlichster Restaurants lädt zum längeren Verweilen ein.

Ein etwas kurioses Museum ist das **Biermuseum** von Yebisu, 💻 www.sapporobeer.jp/brewery/y_museum. Hier geht es nur um Bier und die Geschichte der Yebisu-Brauerei. Zwar ist der Eintritt frei, die Bierprobe ist aber leider nicht gratis. 🕒 Di–So 11–19 Uhr, Einlass bis 18.30 Uhr.

Das gut ausgestattete **Museum für Fotografie** (Tōkyō-to Shashin Bijutsukan), 💻 www.topmuseum.jp, widmet sich ganz der Fotografie und lockt das fotobegeisterte Publikum mit ausgezeichneten, immer wieder wechselnden Ausstellungen an. Geboten wird ein breites Spektrum von historischen Aufnahmen aus den Anfängen der Fotografie in Japan über international anerkannte Fotografen bis hin zu modernster Computer- und Videokunst. 🕒 Di–So 10–18, Do–Fr 10–20 Uhr, wechselnder Eintritt.

## Daikan'yama 代官山

Daikan'yama ist nicht nur ein exklusives Wohnviertel um den gleichnamigen Bahnhof mitten in Tōkyō, sondern auch ein Stadtteil, der viele edle Modegeschäfte und Designerstores beheimatet. Daneben gibt es kleine Kunstgalerien und Musikläden. Bei einem Spaziergang durch Daikan'yama kommt man zunächst zur **Hachiman-dori**. Abschließend lohnt ein Bummel durch die breite **Kyū-Yamate-dōri**. Am berühmtesten sind hier die seit 1969 über einen Zeitraum von 30 Jahren entstandenen Gebäude der **Hillside Terrace**, 💻 www.hillsideterrace.com. Sie wurden vom Architekten Maki Fumihiko entworfen. Neben Geschäften, Cafés und Restaurants sind hier auch einige Galerien angesiedelt. Etwas weiter die Kyū-Yamate-dōri entlang erreicht man das Straßencafé **Caffè Michelangelo** mit französischem Flair. Hier trifft sich die Schickeria von Tōkyō. Sehen und Gesehenwerden heißt das Motto. Ein Ort der Ruhe ist das etwas versteckte **Kyū-Asakura-Haus** (Kyū Asakura-ke Jūtaku), 💻 www.city.shibuya.tokyo.jp/shisetsu/bunka-shisetsu/asakura/asakura_00004.html, ein wichtiges kulturelles Denkmal aus der Taishō-Zeit. Das Haus liegt in einem hübsch angelegten Garten. 🕒 Di–So 10–18, Nov–Feb nur bis 16.30 Uhr, 100 ¥.

## Meguro 目黒

Vom Meguro-Bahnhof gelangt man nach 600 m Fußweg entlang der Meguro-dōri zu einer großen, umzäunten Parkanlage. Im hiesigen **Teien-Kunstmuseum**, 💻 www.teien-art-museum.ne.jp, wohnte einst Prinz Asaka. Er hatte mit seiner Frau (Prinzessin Nobuko, 8. Tochter des Kaisers Meiji) Europa bereist und sogar drei Jahre in Paris gelebt. Beeindruckt vom Art-déco-Stil ließ er sich 1933 eine prunkvolle Villa in diesen schön gelegenen Park bauen. Entworfen wurde die Villa vom Franzosen Henri Rapin. Teile des Innenausbaus wurden extra von Frankreich eingeführt. Weil aber das kaiserliche Hofamt die Planung und Innenausstattung durchführte, ist das Gebäude bemerkenswert für seine Kombination von Stilelementen des Art déco mit traditioneller japanischer Architektur. Seit 1983 dient das Gebäude als Raum für verschiedene wechselnde Kunstausstellungen. Ein Besuch lohnt schon allein wegen der schönen Parkanlage mit See und japanischem Garten. 🕒 tgl. 10–18 Uhr. Der Eintritt variiert je nach Ausstellung, für nur 200 ¥ kann man auch nur den Garten besuchen.

50 m weiter liegt der Eingang des **National Park for Nature Study** (Fuzoku Shizen Kyōikuen), 💻 www.ins.kahaku.go.jp. Einst war Tōkyō ein Urwald – irgendwie so fängt wohl die Stadtgeschichte an, und hier ist tatsächlich das einzige Stück Wald in seiner ursprünglichen und wenig vom Menschen beeinflussten Form erhalten geblieben. Das 200 000 m² große, zum National Science Museum gehörige Gebiet dient Studienzwecken und ist Naturfreunden gegen Zahlung eines Eintrittsgeldes zugänglich. Hier wachsen über 8000 Bäume, von denen einige bis zu 500 Jahre alt sind. Die Anzahl der Besucher, die sich gleichzeitig im Park aufhalten dürfen, ist auf 300 begrenzt. Auf dem Gelände gibt es neben viel Wald einen See, Tümpel und Moore. 🕒 Di–So 9–16.30 Uhr (Mai–Aug 9–17 Uhr), 320 ¥.

Keine 200 m vom Eingang des Parks entfernt beginnt die **Gaien-Nishi-dōri**. Die von viel Grün umgebene, breite Straße mit Modeboutiquen, exklusiven Restaurants und Cafés zieht sich 4 km lang über Hiro-o und Aoyama bis nach Shinjuku. Bei gutem Wetter kann man in Straßencafés sitzen und das Geschehen beobachten.

Südliches Tōkyō
N
0
500 m
ÜBERNACHTUNG
1 Shinagawa Prince Hotel
2 InterContinental The Strings Tôkyô
3 Tôyoko Inn Shinagawa-Eki Takanawaguchi
ESSEN
1 Caffè Michelangelo
2 Torikô (Garden Place Tower)
3 La Bohème
4 Toshian
5 Ryôma Kaidô
SONSTIGES
1 Schweizer Botschaft
2 Zentralbibliothek der Stadt Tôkyô
3 Deutsche Botschaft
Minato
Prince Arisugawa Memorial Park
Hiro-o
Hinode Pier
Hinode
Mita
Tamachi
Kyû-Yamate-dôri
Hachiman-dôri
Hillside Terrace
Kyû-Asakura-Haus
Daikan'yama
Ebisu
SKYWALK
Meiji-dôri
Nakameguro
Tôkyû-Tôyoko-Linie
Ebisu Garden Place
Bier-museum
Städt. Museum für Fotografie
Shirokanetakanawa
Gaien-Nishi-dôri
National Park for Nature Study
Shirokanedai
Happô-en
Teien-Kunst-museum
Sengakuji
Sengaku-ji
Takanawa Gateway
Sakurada-dôri
Yamate-dô ri
Meguro-dôri
Meguro
Hatakeyama Collection
Daien-ji
Ikedayama-Park
Takanawadai
Shinagawa
Nationalstr. Nr. 1
Yatsuyama-dôri
Fudômae
Gotanda
Grand Commons
Canon S Tower
Ôsakihirokôji
Shinagawa
Kitashinagawa
Tôkaidô
Kita-Shinagawa-Brücke
Hara-Museum
Ôsaki
Musashikoyama
Rainbow Bridge, Odaiba

Rund 200 m westlich vom Bahnhof Meguro befindet sich der 1624 erbaute **Daien-ji**. Die Attraktion des Tempels sind 519 Steinstatuen Buddhas und seiner Schüler, die zur Buße für ein 1772 dort ausgebrochenes Feuer errichtet wurden. Keine der Statuen gleicht der anderen. Die hölzerne Buddhastatue von Shaka Nyorai wird nur bei speziellen Anlässen (wie zum Jahresanfang) gezeigt. ⌚ tägl. 9–17 Uhr, Eintritt frei.

## Shinagawa 品川

Vor der Industrialisierung Japans war Shinagawa eine Vorstadt von Tōkyō und zugleich die erste Poststation auf dem **Tōkaidō**, dem Handelsweg nach Ōsaka. Solch eine Poststation zeichnete sich durch eine Anzahl von Herbergen und Kaufläden aus, weshalb es hier bis heute viele Hotels gibt. Am östlichen Bahnhofsausgang (Kōnan Exit) ist durch zahlreiche Neubauprojekte eine moderne und geschäftige Bürostadt mit dem Namen **Grand Commons** entstanden. Im **Canon S Tower** ist die Vertriebszentrale des bekannten Drucker- und Fotoherstellers untergebracht. Im unteren Stockwerk zeigt die Canon Gallery S wechselnde Fotografieausstellungen. ⌚ Canon Plaza S Mo–Sa 10–17.30 Uhr, Eintritt frei.

Die alte Stadt Shinagawa lag etwa 1 km südlich des heutigen Bahnhofs, und obwohl sich das Stadtbild durch viele Neubauten gewandelt hat, ist dort bis heute die Atmosphäre der guten alten Zeit zu spüren. Von der **Kita-Shinagawa-Brücke**, die sich über einen leicht modrigen Kanal spannt, blickt man auf Fischerboote und Reihen alter Holzhäuser. Es heißt, dies sei eine der schönsten Aussichten in Shinagawa. Selbst der alte Tōkaidō besteht in Abschnitten bis heute in seiner Originalbreite, während er teilweise von den verschiedensten Läden gesäumt wird.

## Sengaku-ji 泉岳寺

Berühmt geworden ist dieser Tempel, 💻 www.sengakuji.or.jp, am gleichnamigen Bahnhof durch die Geschichte der 47 *rōnin*, eine der bekanntesten Samuraigeschichten überhaupt. Es war 1701, als der temperamentvolle Asano, der junge Fürst von Akō (bei Kōbe), wegen einer Kränkung in der Burg von Edo sein Schwert gegen den Fürsten Kira zog. Da das Ziehen eines Schwertes in der Burg von Edo eine Verletzung des Hofprotokolls darstellte, wurde er zum Tode durch *seppuku* (rituelle Selbsttötung durch Bauchaufschlitzen) verurteilt. Durch diesen Vorfall wurden die

Von der Kita-Shinagawa-Brücke blickt man auf alte Holzboote.

© AXEL SCHWAB

TŌKYŌ UND UMGEBUNG

Gefolgsleute von Asano zu herrenlosen Samurai *(rōnin)*, die ihre Ehre nur durch Ermordung von Fürst Kira wiederherstellen konnten. Um diesen in Sicherheit zu wiegen, zerstreuten sich die 47 *rōnin* in alle Winde und lebten fast zwei Jahre lang ein lasterhaftes Leben. Dann fanden sie sich wieder zusammen, um Fürst Kira zu töten, der inzwischen gar nicht mehr mit einem Angriff rechnete. Den abgeschlagenen Kopf brachten die Samurai ans Grab von Asano – die Ehre war wiederhergestellt. Die 47 *rōnin* wurden zum Tod verurteilt und begingen rituellen Selbstmord. Im Sengaku-ji befindet sich die Grabstätte des Fürsten Asano und seiner Samurai. ⌚ tgl. 7–18 Uhr.



### Shirokanedai 白金台

Einer der schönsten japanischen Gärten im Herzen Tōkyōs ist der **Happō-en**, 💻 www.happo-en.com, nahe dem U-Bahnhof Shirokanedai. Der Garten gehört zum Happō-en Yōkan, das neben Restaurants schwerpunktmäßig Hochzeiten betreibt. Es gibt außerdem oberhalb des Teiches ein historisches Teehaus, wo man auch ohne Voranmeldung einen *matcha* mit Süßigkeit bekommt. Es lohnt sich, den schön gestalteten Garten, den Teich mit vielen Koi-Karpfen und vor allem die alten Bonsai in aller Ruhe zu erkunden und zum krönenden Abschluss einen *matcha* im Teehaus Muan einzunehmen oder eines der beiden Restaurants zu besuchen. Sollte man am Eingang gefragt werden, wohin man möchte, antwortet man am besten „zum Teehaus Muan". ⌚ Teehaus Sa–Mo 11–15 Uhr.

Der kleine **Ikedayama-Park** fügt sich besonders hübsch in die vorhandenen geografischen Begebenheiten von Berg und Tal ein (Chisen-Kaiyū-Stil). Der Garten gehörte früher zur Edo-Residenz der Familie Ikeda (*daimyō* von Bizen, heute Okayama-Präfektur). Besonders schön ist er im Herbst, wenn sich die Blätter der Ahornbäume rot verfärben. ⌚ tgl. 7.30–17, im Juli und August bis 18 Uhr, Eintritt frei.

## Bunkyō 文京

Der nördlich vom Zentrum gelegene Stadtteil Bunkyō ist geprägt von Wohnhäusern und kleinen Industriebetrieben, vor allem Druckereien. Daneben sind hier einige Universitäten, Gärten und das bekannte Stadion Tōkyō Dome angesiedelt. Um hin zu gelangen, fährt man mit der Toei-Mita- oder Toei-Ōedo-Linie bis zum Bahnhof Kasuga oder aber mit der Marunouchi- oder Nanboku-Linie bis zum nahen Kōrakuen-Bahnhof.

Folgt man der Beschilderung am Ausgang der beiden genannten U-Bahnhöfe, so führt der Weg direkt ins Untergeschoss des **Bunkyō Kuyakusho** oder Bunkyō Civic Center, der Stadtverwaltung von Bunkyō-ku, einem der 23 Stadtbezirke von Tōkyō. Die Aussichts-Lobby im 25. Stockwerk bietet eine herrliche Rundumsicht, und bei klarem Wetter kann man sogar den Fuji-san eingerahmt von den Wolkenkratzern in Shinjuku sehen. ⌚ tgl. 9–20.30 Uhr, Eintritt frei.

Südlich der Bunkyō-Stadtverwaltung liegt die **Tōkyō Dome City**, berühmt durch den Tōkyō Dome, 💻 www.tokyo-dome.co.jp/e, der wegen seines Aussehens auch Big Egg genannt wird. Dort finden Großveranstaltungen wie Baseball, Konzerte usw. statt. Neben dieser Großhalle sind hier noch jede Menge andere Vergnügungsstätten angesiedelt, darunter La Qua mit großem Bad (teuer: je nach Wochentag und Zeit 3230–6310 ¥) und Fitnessclub, das Big O, ein Riesenrad ohne Speichen, und die Achterbahn Thunder Dolphin. ⌚ Fahrgeschäfte tgl. 10–22 Uhr, das Bad schließt nur von 9–11 Uhr.

Ein Besuch des herrlichen Gartens **Koishikawa Kōrakuen** sollte unbedingt eingeplant werden. Seine Geschichte beginnt 1629, als er von Tokugawa Yorifusa angelegt wurde. Abgeschlossen wurde der Garten vom Tokugawa-Shōgun Mitsukuni, der sich vom chinesischen Gelehrten Shun-Sui beeinflussen ließ. Dadurch mischen sich im Garten japanische und chinesische Stilelemente. So ist der See inmitten des Gartens typisch für japanische Landschaftsgärten, während die Nachahmung berühmter Landschaften auf chinesische Vorbilder zurückgeht. Der Garten ist besonders schön zur Kirschblüte im Frühjahr sowie zur Laubfärbung im Herbst. In der Zeit dazwischen blühen unter anderem Glyzinien, Azaleen und Iris. Der Garten gehört zu den sieben offiziell als besonders sehens- und schützenswert klassifizierten Naturdenkmälern in Japan. ⌚ tgl. 9–17 Uhr, 300 ¥.

Das restaurierte Kara-mon bildete einst den Eingang zum Koishikawa Kōrakuen.



Das **Druckereimuseum** (Insatsu Hakubutsukan), www.printing-museum.org/en, wird von der Firma Toppan Printing betrieben. Die Dauerausstellung gibt einen sehr guten Überblick über die gesamte Geschichte der Druckerei. Dabei werden Technologien, gesellschaftliche Auswirkungen und Arten künstlerischer Ausdrucksformen berücksichtigt. Neben der Dauerausstellung werden wechselnde Ausstellungen mit recht interessanten Themen abgehalten. Zusätzlich findet alljährlich eine Ausstellung der schönsten japanischen und deutschen Bücher statt. Di–So 10–18 Uhr, 400 ¥.

## Ikebukuro 池袋

Ikebukuro ist ein großer Umsteigebahnhof für die zahlreichen Pendler, die nordwestlich von Tōkyō wohnen. Zwei private Bahnlinien – Seibu Ikebukuro und Tōbu Tōjō – enden hier. Über diesen Kopfbahnhöfen haben die Bahnbetreiber zwei riesige Einkaufszentren erschaffen. Über den Ostausgang geht man durch eine schmale Einkaufsstraße mit dem Namen **Sunshine 60** in Richtung Sunshine City. Der Weg ist gesäumt von typisch japanischen Ketten wie **Bic Camera** und **Uniqlo**.

Am Ende befindet sich rechts der Eingang zum großen **Sunshine-City-Komplex**, www.sunshinecity.jp. Er ist vor allem wegen seines Wolkenkratzers, des 245 m hohen Sunshine 60 Building, nicht zu übersehen. In Sunshine City ist für jeden etwas geboten: Es gibt den Alpa-Einkaufskomplex, ein Theater, ein Planetarium, ein Aquarium und das Orientmuseum. Die Aussichtsplattform bietet eindrucksvolle Blicke über Tōkyō, tgl. 11–21 Uhr, 1200 ¥. Das **Aquarium** zeigt neben den verschiedensten Meeres- und Süßwasserfischen auch Frösche, Schlangen, Pinguine, Robben und Otter. Es ist im 10. Stock des World Import Mart Building untergebracht; Mo–Fr 10–18 Uhr (Juli–Sept. bis 21 Uhr), 2800 ¥. Es gibt ein Kombiticket für Aussichtsplattform und Aquarium. Das **Museum zum Alten Orient** (Kodai Oriento Hakubutsukan) zeigt unter anderem Artefakte aus dem alten Ägypten und Mesopotamien; tgl. 10–17 Uhr, 600 ¥.

Der **animate Ikebukuro Flagship Store**, https://ex.animate.co.jp/shop/ikebukuro, ist das weltweit größte Geschäft für Anime und

Manga und erstreckt sich über ganze zehn Etagen. Hier finden Anime- und Manga-Fans eine riesige Auswahl an Produkten zu ihren Lieblingsserien. Kostenpflichtige Ausstellungen in der Space Galleria und Livevorstellungen im Keller runden das Angebot ab. ⌚ Mo–Fr 11–21, Sa, So 10–20 Uhr.



## Odaiba お台場

Die künstlich im Meer aufgeschüttete Insel ist am leichtesten über die führerlose Bahnlinie Yurikamome, die am Bahnhof Shinbashi beginnt, zu erreichen. Beabsichtigt man Hin-, Rück- und eine weitere Fahrt innerhalb Odaibas damit, lohnt der Kauf eines One-day Open Pass für 820 ¥. Die Fahrt führt über die berühmte **Rainbow Bridge** am künstlichen Strand vorbei (Baden im Meer verboten). Zu erreichen ist Odaiba aber auch auf dem Wasserweg (S. 201).

Am Eingang von Odaiba befindet sich **Decks Tōkyō Beach**, 💻 www.odaiba-decks.com. Der Stil des Gebäudes und vor allem die holzbeplankten Balkone erinnern an ein Schiffsdeck. Dieser Komplex beheimatet jede Menge unterschiedlichster Geschäfte, Cafés und Restaurants. Das 3.–5. Stockwerk nimmt **Joypolis** ein, der größte Vergnügungspark des Unternehmens Segas, 💻 http://tokyo-joypolis.com. ⌚ tgl. 11–21 Uhr, Joypolis 10–20 Uhr.

Auch **Aqua City**, 💻 www.aquacity.jp, lädt vorwiegend zum Einkaufen und Schlemmen ein. Geworben wird mit einer 300 m langen Mall. Hochwertige Restaurants sowie ein großes Multiplexkino laden zum Verweilen ein. Den Seepark vor dem Gebäude ziert eine kleine Kopie der amerikanischen Freiheitsstatue. Auf der gegenüberliegenden Seite steht das futuristische Gebäude von Fuji-TV.

Weiter südlich lockt das **National Museum of Emerging Science and Innovation (Miraikan)**, 💻 www.miraikan.jst.go.jp/en. Sehenswert ist vor allem das 3-D-360°-Theater – am besten gleich ein Ticket für die nächste Vorstellung holen, um Wartezeiten zu vermeiden. Die Ausstellungen richten sich eher an ein jüngeres Publikum, was schon die Montagehöhe der Ausstellungsstücke und der interaktiven Monitore verrät. ⌚ Mi–Mo 10–17 Uhr, 630 ¥, mit Theater 940 ¥.

**Tōkyō Big Sight** (offiziell auf Englisch Tokyo International Exhibition Center), 💻 www.bigsight.jp/english, ist ein großes Messezentrum. Das ganze Jahr über finden hier verschiedenste Messen statt. Die Architektur des 1995 erbauten Hauptgebäudes (es beherbergt das Kongresszentrum) soll den Betrachter in seiner Form an eine Bohrinsel erinnern. Die meisten Messen sprechen ein Fachpublikum an, es gibt aber auch etwas stärker verbraucherorientierte Messen wie beispielsweise die Super Comic City für Comicfreunde.

Der Miniatur-Themenpark **Small Worlds Tokyo**, 💻 www.smallworlds.jp, ist schnell zu Fuß von der Haltestelle Ariake-Tennis-no-mori (U-13) erreicht. Er wurde 2020 eröffnet und zeigt verschiedene Welten im Maßstab 1:80. Die einzelnen Bereiche heißen: Space Center, Global Village, Pretty Guardian Sailor Moon, Kansai International Airport; zwei Bereiche beziehen sich auf die Anime-Serie *Neon Genesis Evangelion*. Nostalgiker dürften sich insbesondere über das Gebiet um Azabu Jūban freuen, das im Zustand der 90er-Jahre aufgebaut wurde, als dort die Handlung von *Pretty Guardian Sailor Moon* spielte. ⌚ tgl. 9–19 Uhr, Eintritt 2700 ¥.

### ÜBERNACHTUNG

#### Zentrum

Karte S. 156/157

**Untere Preisklasse**

**Nine Hours Akasaka**, Minato-ku, Akasaka 4-3-14, ✆ 03-5545-1565, 💻 www.ninehours.co.jp/akasaka_sleeplab. Das moderne Kapselhotel in einer ruhigen Seitenstraße von Akasaka liegt unweit der gleichnamigen U-Bahnstation sowie der beliebten Kneipengasse beim U-Bahnhof Akasaka-Mitsuzuke. Als besonderen Service kann hier eine Schlafanalyse gebucht werden. Schlafkapseln ab 3800 ¥, 10 % Rabatt für Mitglieder (Registrierung kostenlos).

**Nine Hours Hamamatsuchō**, Minato-ku, Hamamatsu-chō 1-25-10, ✆ 03-6432-4256, 💻 www.ninehours.co.jp/hamamatsucho.

## Ryokan – eine typisch japanische Herberge

Ein besonderes Erlebnis verspricht ein Aufenthalt in einem Ryokan. Wer sich nicht scheut, mit Futon auf hartem Tatami-Boden zu schlafen, und nur Tōkyō besucht, sollte es sich nicht entgehen lassen, einmal in einem Ryokan in Asakusa oder Yanaka zu übernachten.

**Ryokan Sawanoya**, Taitō-ku, Yanaka 2-3-11, s. Karte S. 169, ✆ 03-3822-2251, 💻 www.sawanoya.com. Wer etwas abseits vom Großstadttrubel das typische japanische Leben in einem ruhigen Wohngebiet erfahren will, ist in diesem kleinen und familiären Ryokan hervorragend aufgehoben. ❸

**Annex Katsutarō Ryokan**, Taitō-ku, Yanaka 3-8-4, s. Karte S. 169, ✆ 03-3828-2500. Neues und modern im japanischen Stil eingerichtetes Ryokan direkt in einem Wohngebiet in Yanaka. ❸–❹

**Ryokan Asakusa Shigetsu**, Taitō-ku, Asakusa 1-31-11, s. Karte S. 165, ✆ 03-3843-2345, 💻 www.shigetsu.com. Mitten in Asakusa in einer Seitenstraße der Nakamise-dōri befindet sich dieses nette kleine Ryokan. Man kommt hier auch mit Englisch gut zurecht und kann vom kleinen japanischen Bad aus Holz die 5-stöckige Pagode sehen. Neben Tatami-Räumen hat es auch westlich eingerichtete Einzelzimmer. ❺–❻

Modernes Kapselhotel in einer Seitenstraße direkt am U-Bahnhof Daimon bzw. dem Bahnhof Hamamatsuchō und somit optimal erreichbar vom Flughafen Haneda. Schlafkapseln ab 4500 ¥, 10 % Rabatt für Mitglieder (Registrierung kostenlos).

**Tōkyō Central Youth Hostel**, Shinjuku-ku, Kagurakashi 1-1, Central Plaza 18F, ✆ 03-3235-1107, 💻 www.jyh.gr.jp/tcyh. Eine der günstigsten Gelegenheiten, in Tōkyō zu übernachten; keine Altersbeschränkung. Wer Jugendherbergen gewohnt ist, wird sich hier wohlfühlen. Das Hostel ist im 18. und 19. Stock eines Bürohochhauses untergebracht, das sich in der Nähe des Bahnhofs Iidabashi befindet. Mitglieder 3740 ¥ p. P., sonst 4440 ¥.

### Mittlere Preisklasse

**Ajia Kaikan – Asia Center of Japan**, Minato-ku, Akasaka 8-10-32, ✆ 03-3402-6111, 💻 www.asiacenter.or.jp. Das Hotel liegt in einer ruhigen Seitenstraße in Akasaka, ca. 5 Min. vom U-Bahnhof Aoyama Itchōme. Ideal für Nachteulen, weil in Gehweite zu Roppongi. Preiswertes Hotel ohne Luxus. Zimmer ohne Bad sind günstiger. Die DZ im neuen Gebäudeteil sind begehrt, daher am besten schon mehrere Monate vorher buchen. ❷–❹

**Park Hotel Tōkyō**, Minato-ku, Higashi Shinbashi 1-7-1, ✆ 03-6252-1111, 💻 www.parkhoteltokyo.com. Das Designhotel befindet sich im 25.–34. Stockwerk des Shiodome Media Tower und ermöglicht somit einen herrlichen Blick auf Tōkyō Tower, Tōkyō-Bucht oder Ginza. Jedes Zimmer auf dem „Artist Floor" wurde von einem anderen Künstler gestaltet. Zusätzlich kann man auf den Fluren jedes Stockwerks und im Atrium wechselnde Kunstaustellungen betrachten. Berücksichtigt man Zimmergröße und Lage, so ist das Hotel auf jeden Fall seinen Preis wert. Man sollte auf spezielle Rabattaktionen achten. ❹–❻

**Shiba Park Hotel**, Minato-ku, Shiba-kōen 1-5-10, ✆ 03-3433-4141, 💻 www.shibaparkhotel.com. Das Hotel liegt – wie am Namen unschwer zu erkennen ist – in der Nähe des Shiba-Parks und der Tempelanlage des Zōjō-ji. Die Zimmer sind ruhig und sauber. Freundliche Rezeption mit Englischkenntnissen. ❹–❻

**Tōkyū Stay Tsukiji**, Chūō-ku, Tsukiji 4-11-5, ✆ 03-5551-0109, 💻 www.tokyustay.co.jp/e/hotel/HIG. Kleines, günstiges Hotel nahe am alten Tsukiji-Fischmarkt und in Gehweite zur Ginza. Zimmergrößen zwischen 15 und 26 m². Durch den riesigen Karpfen an der Fassade kann man das Hotel gar nicht verfehlen. ❸–❹

### Obere Preisklasse

**Hoshinoya Tōkyō**, Chiyoda-ku, Ōtemachi 1-9-1, ✆ 050-3134-8091, 💻 www.hoshinoya.com/tokyo. Ein sehr exklusives Hotel mitten im Finanzdistrikt in der Nähe des Kaiserpalastes.

# Wanderung auf den Takao-san



- **Länge:** 7 km
- **Dauer:** 3 Std. (mit Seilbahn 2 Std.)
- **Schwierigkeitsgrad:** leicht
- **Informationen:** www.takaosan.or.jp/english, www.takaotozan.co.jp
- **Hinweis:** Generell empfiehlt sich die Tour zum Takao möglichst an einem Werktag, weil die Wochenenden noch stärker frequentiert sind und man u. U. über eine Stunde an der Talstation der Seilbahn warten muss. Werktags sind in der Hauptsache Rentner unterwegs. Der Berg wird jedes Jahr von 2,6 Mio. Menschen besucht.

Die Gegend um den lediglich 599 m hohen Berg Takao ist Tōkyōs nächstgelegenes Wandergebiet. Man erreicht es in knapp einer Stunde von Shinjuku. Zunächst geht es mit der Keiō-Linie (390 ¥) Richtung Westen durch die Vororte Tōkyōs. Ab Nakagawara erscheint auf der rechten Seite bereits der Fuji-san und nach Takahata-fudō wird es langsam hügeliger, doch erst hinter Takao lichtet sich das Häusermeer, bevor man schließlich den Bahnhof Takaosan-guchi erreicht. Der Bahnhof ist der Ausgangspunkt der Wanderung. Gute kostenlose Wanderkarten und Infomaterial gibt es im Infobüro (auf dem Bahnhofsvorplatz linker Hand).

## Der Aufstieg

Auf den Berg kommt man entweder komplett zu Fuß, oder man wählt zunächst die bequeme Seilbahn bis zur ersten Station (490 ¥). Bereits von der Bergstation der Seilbahn kann man einen herrlichen Blick zurück auf die fernen Wolkenkratzer von Tōkyō genießen. Am dortigen Kiosk

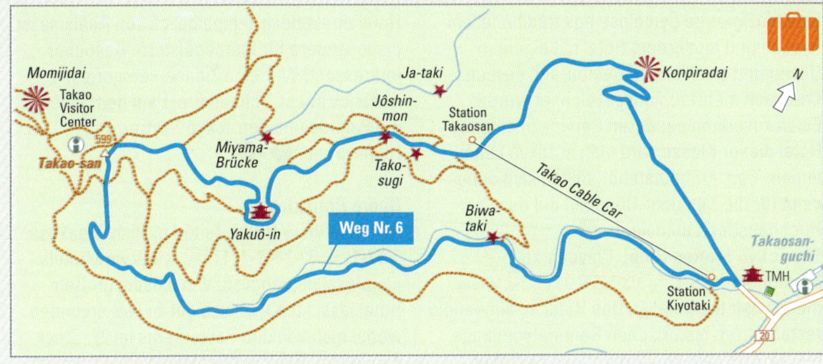




gibt es gegrillte Reisklöße. Weiter geht es zu Fuß auf einem gut befestigten Weg, der abgesehen von einer großen Treppe zunächst fast ebenerdig weiter verläuft, bis zum **Yakuō-in**. Für den Weg vom Tempel zum Berggipfel empfiehlt sich jedoch gutes Schuhwerk, vor allem wenn es zuvor geregnet hat und der Boden etwas aufgeweicht ist. Am Gipfel angekommen, entschädigt der Anblick des bis auf wenige Sommermonate schneebedeckten Fuji-san. Die dortigen Holzbänke sind stets gut besucht und laden zu einer Verschnaufpause ein.

## Der Rückweg

Zurück empfiehlt sich der **Rückweg Nr. 6**, der durch Wald führt. Der Pfad ist stellenweise wegen eines kleinen Baches etwas feucht und rutschig, was aber mit festem Schuhwerk kein Problem darstellt. Der Abstieg zurück bis zum Bahnhof Takaosan-guchi dauert circa 70 Minuten. Vom Bahnhof Takaosan-guchi kann man die nächste Lokalbahn nehmen, falls der Semi-Express erst später fährt (Letzterer benötigt lediglich 55 Min. bis Shinjuku). Am Bahnhof Kitano wechselt man dann in den nächsten Express oder Semi-Express.

Eine einzigartige Symbiose aus traditionellem Ryokan und modernem Hotel mit eigenem Onsen und exzellentem Restaurant, dessen Chefkoch mehrfach ausgezeichnet wurde. Einen zuvorkommenderen Service in einem Hotel dieser Klasse wird man in Tōkyō kaum finden. Tipp: Frühaufsteher sollten sich unbedingt für die Kenjutsu-Übungen auf dem Hochhausdach anmelden. ❻

**The Tokyo Station Hotel**, Chiyoda-ku, Marunouchi 1-9-1, ✆ 03-5220-1111, 🖳 www.thetokyostationhotel.jp. Das Hotel im aufwendig restaurierten historischen Bahnhofsgebäude feierte 2015 sein hundertjähriges Bestehen. Als Gast sollte man sich unbedingt auch das reichhaltige Frühstücksbuffet im Atrium gönnen. ❻



## Asakusa und Ueno

Asakusa liegt etwas abseits vom Zentrum, weshalb es hier viele vergleichsweise günstige Hotels gibt. Ueno ist ebenfalls keine Gegend für Luxushotels und zeichnet sich durch seinen besonderen Charme aus. In diesem Stadtteil befinden sich außerdem einige gute und bezahlbare Ryokans. Karte S. 165 und S. 169.

### Mittlere Preisklasse

**Asakusa Central Hotel**, Taitō-ku, Asakusa 1-5-3, ✆ 03-3847-2222, 🖳 www.pelican.co.jp/asakusacentralhotel. Günstig gelegen für Erkundungen in Asakusa. ❸–❹

**Hoshino Resorts OMO5 Tōkyō Ōtsuka**, Toshima-ku, Kitaōtsuka 2-26-1, ✆ 050-3134-8095, 🖳 https://omo-hotels.com/otsuka. Das Hotel mit 125 Räumen im traditionellen Stil japanischer Holztürme bietet erstaunlich viel Platz auf kleiner Fläche. Auf Tatami und mit viel Holz fühlt man sich sehr wohl, und das Ausgehviertel Ōtsuka Norenkai liegt auch gleich um die Ecke. Sehr lobenswert ist, dass die Hoshino-Gruppe komplett auf Plastikverpackungen verzichtet. Das OMO Café bietet ein hervorragendes American Breakfast an. Tipp: Unbedingt eine Erlebnistour zu Fuß mit einem OMO Ranger buchen. ❸–❺

**Richmond Hotel Premier Asakusa**, Taitō-ku, Asakusa 2-7-10, ✆ 03-3847-1111, 🖳 www.richmondhotel.jp/asakusa. Das preisgünstige Hotel direkt beim Tempelbezirk von Asakusa ist insbesondere für fotobegeisterte Besucher interessant. Wer eine Zimmerkategorie mit Ausblick bucht, schaut direkt auf den Sensō-ji, die Pagode und den Tōkyō Skytree im Hintergrund. ❸–❹

### Obere Preisklasse

**Asakusa View Hotel**, Taitō-ku, Nishi-Asakusa 3-17-1, ✆ 03-3847-1111, 🖳 www.viewhotels.co.jp/asakusa/english. Von diesem großen Hotel lässt sich Asakusa gut zu Fuß erkunden, wobei man von den Restaurants im 27. Stock den besten Blick auf Asakusa genießt. Im Restaurant gibt es ein Frühstücksbuffet. ❹–❻

**Nohga Hotel Ueno Tokyo**, Taitō-ku, Higashi-Ueno 2-21-10, ✆ 03-5806-0255, 🖳 www.nohgahotel.com/ueno. Ganz praktisch in unmittelbarer Nähe zum Bahnhof Ueno gelegen, bietet das Hotel vergleichsweise geräumige Zimmer in seiner Preisklasse. Leider sind die Matratzen recht hart, dafür entschädigen aber die tolle Regenbrause in der Dusche und ein hervorragendes Frühstück. ❺–❻

## Shinjuku

Karte S. 173, sofern nicht anders angegeben.

### Untere bis mittlere Preisklasse

**Hotel Gracery Shinjuku**, Shinjuku-ku, Kabukichō 1-19-1, ✆ 03-6833-1111, 🖳 https://gracery.com/shinjuku. Das Hotel im Ausgehviertel Kabukichō ist zu Fuß vom Bahnhof Shinjuku schnell zu erreichen. Dank des berühmten Godzilla-Kopfes auf dem Dach leicht zu erkennen. Ab ❹

**Hotel Rose Garden Shinjuku**, Shinjuku-ku, Nishi-Shinjuku 8-1-3, ✆ 03-3360-1533, 🖳 www.hotel-rosegarden.jp. Gemütliches, kleines Hotel in direkter Nähe zum Wolkenkratzerviertel in Shinjuku. ❸–❹

**Onsen Ryokan Yuen Shinjuku**, Shinjuku-ku, Shinjuku 5-3-18, ✆ 03-5361-8355, 🖳 www.uds-hotels.com/yuen/shinjuku. Wer in Tōkyō eine traditionell eingerichtete Bleibe sucht, bucht das neu gebaute Hotel etwas weiter östlich vom Bahnhof Shinjuku. Nach dem Check-in geht man gleich im 18. Stock ins heiße Bad auf dem Dach – mit etwas Glück

Blick von der Plattform Shibuya Sky über den Yoyogi Park bis zum Wolkenkratzermeer von Shinjuku

sieht man von dort kurz nach Sonnenuntergang sogar die rechte Flanke des Mt. Fuji neben dem Shinjuku Park Tower. Eine grandiose Sicht auf die Skyline von Shinjuku gibt es aber auf jeden Fall. ❷–❻

**Tōkyū Stay Shinjuku Eastside**, Shinjuku-ku, Kabukichō 2-3-24, ✆ 03-3205-0109, 💻 www.tokyustay.co.jp/hotel/SE. Dieses modern eingerichtete Hotel der bekannten Kette liegt verkehrsgünstig beim U-Bahnhof Higashi-Shinjuku. Am besten bucht man hier ein größeres Zimmer mit der Bezeichnung „Residential". Dort gibt es etwas mehr Platz und eine Waschmaschine mit Trocknerfunktion samt kleiner Küchenzeile. Ab ❸

€ **UNPLAN Shinjuku**, Shinjuku-ku, Shinjuku 5-3-15, ✆ 03-6384-1297, 💻 www.unplan.jp. Hauptsächlich fokussiert auf Touristen aus aller Welt, bietet das Kapselhotel neben kompakten Schlafkojen auch ein Stockwerk nur für Frauen sowie Privaträume für Familien und Paare. Schlafkojen ab 4300 ¥ mit Frühstück.

**Obere Preisklasse**

**Hotel Century Southern Tower**, Shibuya-ku, Yoyogi 2-2-1, ✆ 03-5354-0111, 💻 www.southerntower.co.jp. In unmittelbarer Nähe zum Bahnhof Shinjuku. Von der Lobby im 20. Stock hat man einen weiten Blick über den Bahnhof und den Shinjuku-kōen in der Ferne. ❻

**Hyatt Regency Hotel**, Shinjuku-ku, Nishi-Shinjuku 2-7-2, ✆ 03-3348-1234, 💻 www.tokyo.regency.hyatt.com. Direkt neben dem Rathaus gelegen, kostet dieses Hyatt „nur" ungefähr halb so viel wie das nahe Park Hyatt. ❻

**Mitsui Garden Hotel Jingūgaien Tōkyō Premier**, Shinjuku-ku, Kasumigaoka-machi 11-3, Karte S. 175, ✆ 03-5786-1531, 💻 www.gardenhotels.co.jp/jingugaientokyo-premier. Modernes Hotel gleich nördlich am neuen Japan National Stadium. Tipp: Auf keinen Fall die billigste Zimmerkategorie buchen, weil diese zur lauten Nordseite mit Blick auf Bahn und Hochstraße liegt. Die Seite mit tollem Blick aufs Olympiastadion ist nachts eher ruhig. ❺–❻

## Shibuya

Karte S. 175

**Cerulean Tower Tōkyū Hotel**, Shibuya-ku, Sakuragaoka-chō 26-1, ✆ 03-3476-3000, 💻 www.ceruleantower-hotel.com/en. Dieses exzellente Luxushotel liegt in der Nähe des

Bahnhofs Shibuya. Englischsprachige, sehr hilfsbereite Rezeption, außerdem gibt es einige hervorragende Restaurants und Bars. Außergewöhnlich ist das (kostenpflichtige) Betreuungsangebot für Familien mit kleinen Kindern im Alter von 2 Monaten bis 12 Jahren durch den Poppins Kids Room. ❻

**Hotel Mets Shibuya**, Shibuya-ku, Shibuya 3-29-17, ✆ 03-3409-0011, 💻 www.jrhotelgroup.com/en/126.html. Für die Gegend preiswertes Hotel direkt am südöstlichen Ausgang des Bahnhofs Shibuya, gehört zur Hotelgruppe der Japanischen Eisenbahn JR. ❹–❻

**Shibuya Stream Excel Hotel Tōkyū**, Shibuya-ku, Shibuya 3-21-3, ✆ 03-3406-1090, 💻 www.tokyuhotels.co.jp/stream-e. Gleich am südlichen Ende des Bahnhofs Shibuya zahlt man hier üblicherweise ein wenig mehr für die Zimmer. Lobenswerterweise wird hier auf Pet-Flaschen verzichtet, stattdessen werden wiederverwendbare Trinkflaschen und Wasserspender bereitgestellt – leider gibt es aber trotzdem noch einige Dinge in Plastikverpackungen. Kurious: Wer sich Getränke oder Speisen aufs Zimmer bestellt, wird von einem Roboter beliefert. ❻

**Tōkyū Stay Shibuya Shin-Minamiguchi**, Shibuya-ku, Shibuya 3-26-21, ✆ 03-5466-0109, 💻 www.tokyustay.co.jp/e/hotel/SIM. Zimmer mit kleiner Küche und Waschmaschine, der kostenfreie Kaffee in der Lobby schmeckt glücklicherweise besser als im Jonathan's Cafe, für das die Frühstückscoupons gelten. ❸–❺

### Südliche Stadtteile

Karte S. 178.

**InterContinental The Strings Tōkyō**, Minato-ku, Kōnan 2-16-1, Shinagawa East One Tower 26F–32F, ✆ 03-5783-1111, 💻 www.ihg.com/intercontinental/hotels/de/de/tokyo/tyose/hoteldetail. Die beeindruckende hohe Lobby erstreckt sich atriumartig zwischen dem 26. und 32. Stock des Shinagawa East One Tower. Quasi direkt am Bahnhof Shinagawa, sodass man von hier aus die ganze Stadt über die Yamanote-Linie erkunden kann. ❻

**Shinagawa Prince Hotel**, Minato-ku, 10-30 Takanawa 4-chōme, ✆ 03-3440-1111, 💻 www.princehotels.co.jp/shinagawa. Mit 3679 meist recht klein geschnittenen Zimmern handelt es sich um das „größte" Hotel in Tōkyō. Im gesamten Gebäudekomplex gibt es auch Kinos, ein Bowling-Center und viele andere Freizeitangebote. ❹–❻

**Tōyoko Inn Shinagawa-Eki Takanawaguchi**, Minato-ku, Takanawa 4-23-2, ✆ 03-3280-1045, 💻 www.toyoko-inn.com. Günstiges Businesshotel in Bahnhofsnähe. Einchecken erst ab 16 Uhr, auschecken bis 10 Uhr. ❷

## ESSEN

### Zentrum

Karte S. 156/157

#### Beim Hauptbahnhof

**Numazu Uogashizushi**, Chiyoda-ku, Marunouchi 2-4-1, Marunouchi Building 6F, ✆ 03-5220-5550. Allen Thunfisch-Freunden sei hier das *tekkadon* empfohlen – oder die fettere und auch teurere Variante *chūtoro-tekkadon*.

Es befinden sich über 20 weitere Restaurants im 5. und 6. Stock des **Marunouchi Building**, 💻 www.marunouchi.com, 🕒 Mo–Sa 11–23, So und feiertags 11–22 Uhr.

**Serafina New York**, Chiyoda-ku, Marunouchi 1-1-1, Palace Building B1F, ✆ 03-5220-5522, 💻 www.serafina.asia/marunouchi. Authentische, knusprige Pizza aus dem Steinofen. Das Restaurant befindet sich im Untergeschoss des Palace Hotel. 🕒 Mo–Sa 11–22 Uhr.

**Tenmaru**, Chiyoda-ku, Marunouchi 2-4-1, Marunouchi Building 6F, ✆ 03-3240-6033. Die Spezialität ist hier Tenpura: Immer frisch frittierte Meeresfrüchte und Gemüse. Dazu gibt es Reis, Miso-Suppe und eingelegtes Gemüse. Den Eingang zum Restaurant erkennt man am weißen Vorhang mit dem großen schwarzen Kreis. 🕒 Di, Do–So 11–15 und 17–22 Uhr.

#### Ginza

**Ginza Isomura**, Chūō-ku, Ginza 5-8-17, Ginza Plaza 6F, ✆ 03-3571-2564, 💻 www.ginza-isomura.co.jp. Das Kushiage-Restaurant mitten in der Ginza ist ein Geheimtipp. Die frittierten Spieße schmecken nicht fettig und werden immer frisch und heiß serviert. Reservierung empfohlen! Abends nicht ganz billig, aber man isst so lange, bis man satt ist, und bekommt dann die verzehrte Menge berechnet. ⌚ tgl. 11.30–15 und 17–22 Uhr.

**Ginza Satō Yōsuke**, Chūō-ku, Ginza 6-4-17, ☏ 03-6215-6211, 💻 www.sato-yoske.co.jp. In dem schicken Restaurant gibt es *inaniwa-udon* – dünne Udon-Nudeln, wie sie in Akita zubereitet werden, in einem Gebäude mit Ziegelfassade in einer Seitenstraße; der Eingang fällt durch einen traditionellen weißen Vorhang auf. Abends besser reservieren. ⌚ tgl. 11.30–14.30, Mo–Fr 17–21 und Sa–So 17–20 Uhr.

**Ginza Wakamatsu**, Chūō-ku, Ginza 5-8-20, Ginza Core 1F, ☏ 03-3571-0349, 💻 http://ginza-wakamatsu.co.jp. Seit 1894 hat sich das kleine Geschäft, das etwas versteckt im Durchgang des Ginza-Core-Gebäudes liegt, auf Süßspeisen spezialisiert. Ganz traditionell isst man *shiruko,* eine süße Suppe aus Azukibohnen mit kleinen Reiskuchen *(mochi). Anmitsu* wurde hier 1930 erfunden und bietet etwas mehr Vielfalt: Neben einem Bällchen aus süßer Bohnenpaste und Gelee-Würfeln aus Algen gibt's noch verschiedene Früchte. Wer etwas Eiscreme dazu will, bestellt *cream anmitsu.* ⌚ Mi–So 11–17.30 Uhr.

**Midori-zushi**, Chūō-ku, Ginza 7-2 1F, ☏ 03-5568-1212, 💻 www.sushinomidori.co.jp. Sehr gutes Sushi zu noch akzeptablen Preisen, immer sehr voll, mit entsprechender Wartezeit. Sollte die Schlange doch zu lang sein, gibt es zwei Filialen von **Sushi-Zanmai** in der Nähe. ⌚ Mo–Fr 11–15 und 17–21, Sa–So 11–21 Uhr.

**Soba Sasuga**, Chūō-ku, Ginza 2-13-6, Higashini Building 2F, ☏ 03-3543-0404, 💻 http://ginza-sasuga.jp. Hier gibt es vorzügliche Sobanudeln, aber auch andere Gerichte. Zu empfehlen ist *kamo-negi soba* (Soba mit Lauch und Entenfleisch) im Winter und *mori* (kalte Soba) im Sommer. Das Restaurant ist etwas teurer und hat eine reiche Auswahl an gutem Sake und Wein. Unbedingt reservieren! ⌚ Mo–Fr 11.30–14 und 17.30–21 Uhr, am Wochenende und an Feiertagen geschlossen.

**Yabaton**, Chūō-ku, Ginza 2-11-2, ☏ 03-3546-8810, 💻 www.yabaton.com. *Miso-katsu* ist ein typisches Gericht aus Nagoya, die frittierten Schnitzelstücke mit köstlicher Soße schmecken aber natürlich auch in Tōkyō. Die Köche helfen anhand der zwar bebilderten, aber rein japanischen Karte gerne mit der Bestellung. Das Restaurant befindet sich an einer Straßenecke der Shōwa-dōri und ist dank eines großen Schweins an der Fassade nicht zu verfehlen. ⌚ Di–So 11–22 Uhr.

### Tsukiji

€ **Matakoiya**, Chūō-ku, Tsukiji 4-8-7, ☏ 03-3541-7311, 💻 www.megumi-food.com/matakoiya. Preisgünstiges und hervorragendes Restaurant für *tekkadon* – eine Reisschale, auf die viele Scheiben roher Thunfisch gebettet sind. Der hochwertigste, fette Thunfisch befindet sich auch auf dem *matakoi-don* und kostet ab 1600 ¥; für eine Schale mageren Thunfisch zahlt man weniger. Von Weitem fällt das Gebäude durch einen riesigen Thunfisch auf dem Dach auf; befindet man sich bereits in der überdachten Ladenzeile, erkennt man es an dem großen roten Schild. Zunächst muss man am Automaten ein Ticket kaufen. ⌚ tgl. 8–15 Uhr.

**Sushi-Zanmai**, Chūō-ku, Tsukiji 4-10-2, ☏ 03-5550-8010, 💻 www.kiyomura.co.jp. Ingesamt betreibt Kimura Kiyoshi, Eigentümer der Kette Sushi-Zanmai, sechs Restaurants in Tsukiji. Empfehlenswert und preiswert ist die Tsukiji Revolving Sushi Bar, die sich direkt im Zentrum der Läden und Restaurants von Tsukiji befindet. ⌚ Mo–Fr 11–20.30, Sa, So und feiertags 10.30–20.30 Uhr.

### Shinbashi

€ **Dynamic Kitchen & Bar Hibiki Caretta Shiodome**, Minato-ku, Higashi-Shinbashi 1-8-2, Caretta Shiodome 46F, ☏ 050-3200-0679, 💻 https://hibiki.dynac-japan.com/shiodome. Das Restaurant liegt im 46. Stock von Caretta Shiodome und bietet einen herrlichen Blick über die Bucht von Tōkyō, die Rainbow Bridge und den Hama-Rikyū-Park. Am Abend muss man hier mit mindestens 5000 ¥ pro Person rechnen, doch kann man unter der Woche sehr günstig zu Mittag essen. Bereits ab 1300 ¥ erhält man ein vollwertiges Mittagsmenü *(Chicken Nanban).* Andere Gerichte mit Fisch wechseln jede Woche und kosten auch nur 1400 ¥. ⌚ tgl. 11.30–14.30 und 17–22 Uhr.

**Hanasanshō**, Minato-ku, Higashi-Shinbashi 1-7-1, Shiodome Media Tower 25F, im Park Hotel, ✆ 03-6252-1177. Traditionelle japanische *kaiseki*-Menüs gibt es hier, wobei mittags die Lunchbox *shōkado* empfehlenswert ist. Reservierung unbedingt empfohlen, die Lunchbox muss mindestens am Tag zuvor bestellt werden. Das Restaurant hat eine reichhaltige Auswahl an Shōchū (japanischem Schnaps). 🕒 Di–So 11.30–14 und 17.30–21 Uhr.



### Roppongi

**Hard Rock Cafe Roppongi**, Minato-ku, Roppongi 5-4-20, ✆ 03-3408-7018, 💻 www.hardrockjapan.com. In einer kleinen Seitenstraße bietet das Restaurant des Hard Rock Café bis spät in die Nacht die weltweit bekannten Gerichte, falls man einmal das Bedürfnis verspüren sollte, der japanischen Küche zu entfliehen. 🕒 tgl. 11.30–22 Uhr.

**Keyakizaka**, Minato-ku, Roppongi 6-10-3, ✆ 03-4333-8782. In dem exklusiven Teppanyaki-Restaurant bereiten die Köche mit flinken Händen sämtliche Speisen vor den Augen der Gäste zu. Die Zutaten sind marktähnlich im Hintergrund arrangiert. Das Essen ist teuer, ein Mittagsmenü kostet allerdings lediglich ein Drittel im Vergleich zu abends. Das Restaurant ist im 4. Stock des Grand Hyatt Hotel zu finden und wurde mit einem Michelin-Stern ausgezeichnet. 🕒 Di–So 11.30–14.30 und 18–21.30 Uhr.

**Sushi-Zanmai**, Minato-ku, Roppongi 6-1-24, ✆ 03-5771-1005, 💻 www.kiyomura.co.jp. Vom Tresen des großräumigen und modern eingerichteten Restaurants kann man den Köchen bei der Zubereitung des Sushis zuschauen. Für den knappen Geldbeutel ist das *chirashi-don* (verschiedene rohe Fischstücke auf dem Reisbett) zu empfehlen, eine Schüssel Miso-Suppe gibt es mit dazu. 🕒 tgl. rund um die Uhr geöffnet.

## Asakusa und Shitamachi

Das Gebiet um den Sensō-ji und die Ladenzeile ist ideal, um die verschiedenen Ausprägungen der japanischen Küche kennenzulernen. Karte S. 165.

**Asadori**, Taitō-ku, Asakusa 1-31-2, ✆ 03-3844-8527. Empfehlenswert ist hier die Spezialität *kama-meshi*, im Eisentopf gedünsteter Reis, darüber wahlweise Lachs, Hühnchen, Garnelen, Muscheln, Krabbenfleisch oder Pilze. Da es immer frisch zubereitet wird, beträgt die Wartezeit 20–30 Min. Das Beste ist die braune Reiskruste. 🕒 tgl. 11–20.30 Uhr (letzte Bestellung 20 Uhr).

**Chanko Kawasaki**, Sumida-ku, Ryōgoku 2-13-1, ✆ 03-3631-2529. *Chanko nabe* ist das nahrhafte Eintopfgericht der Sumō-Ringer. Tische ab vier Personen nur mit Reservierung. Das Restaurant befindet sich in einem schwarzen Holzhaus und trägt ein auffälliges Schild, das den Kopf eines Sumō-Ringers zeigt. Nur abends geöffnet. Gerichte ab rund 3000 ¥. 🕒 Mo–Sa 17–21 Uhr.

**Hosokawa**, Sumida-ku, Kamezawa 1-6-5, ✆ 03-3626-1125, 💻 www.edosoba-hosokawa.jp. Eines der besten Soba-Restaurants in Tōkyō und mit einem Michelin-Stern ausgezeichnet. Leider gibt es keine englische Speisekarte und keine Bilder; am besten bestellt man die Spezialität *anago-ten-seiro*. Man erhält dann vorzügliche und bissfeste Sobanudeln und Tenpura aus Gemüse, Fisch und Kräutern. In diesem im nüchternen Edo-Stil geschmackvoll eingerichteten Restaurant sitzt man an großen Holztischen und schaut auf einen kleinen Garten vor dem Fenster. Das Restaurant befindet sich in einer schmalen Seitengasse. 🕒 Mi–So 11.45–14.30 und 17.30–19.30 Uhr.

**Sobadokoro Kamimura**, Sumida-ku, Narihira 1-18-13, ✆ 03-3625-1325. Kuriose Spezialität ist „Tendon Tower Style", drei aufrecht gestellte frittierte Garnelen auf Reis. Günstiger sind Soba oder Oden. 🕒 Mo–Mi, Fr, Sa 11–20, So 11–15 Uhr.

**Tenpura Daikokuya**, Taitō-ku, Asakusa 1-38-10, ✆ 03-3844-2222, 💻 www.tempura.co.jp/english. Hier wird das für Asakusa typische Tenpura serviert. Günstig ist *tendon*, bestehend aus frittierter Garnele und Fisch auf Reis. Sollte das Hauptgeschäft überfüllt sein, gibt es noch das Nebengebäude. 🕒 tgl. 11.30–20 Uhr.

## Ueno und Yanaka

Karte S. 169

**Hantei Kushiage**, Bunkyō-ku, Nezu 2-12-15, ✆ 03-3828-1440, 💻 www.hantei.co.jp.

Hühnerspieße (Yakitori) sind die Spezialiät im Torikō in Ebisu.



Das bekannte Restaurant für *kushiage* (frittierte Spieße) befindet sich in einem dreistöckigen altehrwürdigen Holzhaus von 1917. Wer hier am Abend essen möchte, sollte auf jeden Fall reservieren. Tipp: Nur in den oberen beiden Stockwerken sitzt man traditionell am Boden auf Tatami. Mittags kann man auch einfach so vorbeikommen (aktueller Preis für ein Mittagsmenü 3520 ¥). Am Abend beginnen die Preise für ein Set mit 12 Spießen bei über 5000 ¥. ⌚ Di–So 11.30–14 und 17–22 Uhr.

**Kawamura**, Arakawa-ku, Nishi-Nippori 3-2-1, ✆ 03-3821-0737. Das Soba-Restaurant passt seine Gerichte an die saisonal erhältlichen Zutaten an. Im Winter sind die Austern sehr beliebt, im Frühling gibt es beispielsweise Soba mit Rapsblüten. Preise um 1000 ¥. ⌚ Fr–Mi 11.30–20 Uhr.

**Yoshibō Rin**, Bunkyō-ku, Nezu 2-36-1, ✆ 03-3823-8454. Ganz ausgezeichnete Soba und Tenpura bietet dieses kleine Restaurant, weshalb sich oft eine Warteschlange bildet. Zu empfehlen: gemischte Tenpura mit kalten Soba *(ten seiro)* für 2000 ¥. Keine englische Karte. ⌚ Mi–Mo 11.30–14.30 und 17.30–20.30 Uhr, So nur mittags.

### Shinjuku

In Shinjuku, Karte S.173, gibt es unzählige Restaurants mit japanischer und internationaler Küche. Der **Shinjuku Park Tower**, 💻 www.shinjukuparktower.com, bietet für jeden etwas. Im Untergeschoss befinden sich viele eher günstige Restaurants, z. B. **Saboten** mit *tonkatsu* für Schnitzelfreunde, während man im 52. Stock beim **New York Grill** die allerbeste Aussicht, allerdings bei entsprechend hohen Preisen, hat (Reservierung notwendig). Ein guter Kompromiss ist es, einen Kaffee in der **Peak Lounge** im 41. Stock zu trinken.

**Hokkaidō**, Shinjuku-ku, Nishi-Shinjuku 1-10-2, 110 Building 9F, ✆ 03-5322-7155, 💻 www.hokkaido-aji.com. Diese große und günstige *izakaya* liegt am Westausgang des Bahnhofs Shinjuku. Es gibt keine englische Speisekarte, dafür kann man in den Tatami-Zimmern aber über Webpads mithilfe von Bildern selbst bestellen – die übliche *izakaya*-Kost. ⌚ Mo–Fr 11–14.30 und 16–23, Sa–So 11–23 Uhr.

**Nakajima**, Shinjuku-ku, Shinjuku 3-32-5, ✆ 03-3356-4534, 💻 www.shinjyuku-nakajima.com. Vom Südausgang des Bahnhofs kommend, biegt man gleich nach dem IDC links in die

Seitenstraße ein. Das Restaurant liegt kurz vor BEANS rechts unten im Keller. Der Koch bereitet vor allem Fischgerichte zu und wurde für sein Können mit einem Michelin-Stern bedacht. Mittags gibt es Menüs bereits ab 1100 ¥, und es wird darauf Wert gelegt, dass der Gast auch satt wird. ⌚ Mo–Sa 11.30–13.45 und 17.30–20 Uhr.

**Tsunahachi**, Shinjuku-ku, Shinjuku 3-31-8, ✆ 03-3352-1012, 💻 www.tunahachi.co.jp. Eines der besten Tenpura-Restaurants der Stadt. Wie die Gäste am Tresen schauen auch die Garnelen auf dem Grund des Aquariums den Köchen bei der Arbeit zu und sehen so ihrem nahen Ende entgegen. Vegetarier können das Set „Tenpura Zen" auch nur mit Gemüse haben, lediglich die Miso-Suppe gibt es nicht ohne kleine Muscheln. ⌚ tgl. 11–21 Uhr.

## Harajuku und Shibuya

Karte S. 175

**Maisen Tonkatsu**, Shibuya-ku, Jingū-mae 4-8-5, ✆ 03-3470-0071. Das Maisen ist berühmt für seine Schweineschnitzel *tonkatsu*. Wer allerdings kein Schweinefleisch möchte, kann auch frittierte Austern, Shrimps oder Hühnchen bestellen. Das Restaurant ist immer gut besucht, Eilige können außen am Verkaufsstand auch eine Lunchbox kaufen. ⌚ tgl. 11–21 Uhr.

**Mominoki House**, Shibuya-ku, Jingū-mae 2-18-5, YOU Bldg., ✆ 03-3405-9144, 💻 www.mominoki-house.net. Seit 1976 betreibt Yamada Eichirō, ein Meister für makrobiotisches Kochen, dieses gemütliche Naturkostrestaurant. Alle Zutaten sind garantiert aus hochwertigem biologischem Anbau, es gibt vegane und vegetarische Gerichte und für alle Nichtvegetarier beispielsweise Gerichte mit Fleisch von frei laufenden Hühnern. Werktags stehen einige günstige Mittagsmenüs zur Auswahl. ⌚ tgl. 11–14.30 und 17–21 Uhr.

**Nataraj Harajuku Omote Sandō**, Shibuya-ku, Jingū-mae 6-28-6, Q plaza Harajuku 8F, ✆ 03-6427-7515, 💻 www.nataraj.co.jp. Indisches vegetarisches Restaurant, das viel Wert auf die Qualität der verwendeten Lebensmittel legt. Das Restaurant befindet sich im Q plaza Harajuku, das durch seine farbenfrohe Fassade auffällt. Mit etwas Glück ergattert man einen Fensterplatz mit Blick über die Stadtlandschaft. ⌚ tgl. 11.30–22.30 Uhr.

**Tōjirō**, Shibuya-ku, Shibuya 2-21-1, Hikarie 7F, ✆ 03-6434-1483. Von einem Fensterplatz überblickt man den Bahnhof Shibuya. Appetitliche Kuchen und Desserts, zu denen Kaffee, kalte Softdrinks oder alkoholische Getränke zur Wahl stehen. Im Sommer wird auch das beliebte geschabte Eis *kakigōri* verkauft. ⌚ Mo–So 11–22.30 Uhr.

## Südliche Stadtteile

Karte S. 178

**Caffè Michelangelo**, Shibuya-ku, Sarugaku-chō 29-3, ✆ 03-3770-9517, 💻 www.hiramatsu restaurant.jp/michelangelo. Ein Café in Daikan'yama mit französischem Flair. Hier trifft sich die Schickeria von Tōkyō. Sehen und gesehen werden heißt das Motto. Besonders schön lässt es sich auf der Straße sitzen. ⌚ tgl. 11–22.30 Uhr.

**La Bohème**, Minato-ku, Shirokanedai 4-19-17, ✆ 03-3442-4488, 💻 www.boheme.jp/shirogane. Das italienische Restaurant befindet sich die Gaien-Nishi-dōri hinunter (noch hinter dem Toshian) auf der rechten Seite. Mittags gibt es günstige Pasta bereits ab circa 1000 ¥. ⌚ tgl. 11.30–3.30 Uhr.

**Ryōma Kaidō**, Minato-ku, Kōnan 2-16-1, Shinagawa East One Tower B1F, ✆ 03-5461-9148. Gerichte von der Insel Shikoku. Unbedingt den auf offenem Holzfeuer angegrillten Bonito probieren. Am Abend besser reservieren – mit viel Glück gibt es, wenn man sehr früh kommt, für zwei Personen am Tresen noch Platz. ⌚ Mo–Fr 11.30–14 und 17–22, Sa 17–22 Uhr.

**Toshian**, Minato-ku, Shirokanedai 5-17-2, ✆ 03-3444-1741. Sehr bekanntes Soba-Restaurant, weshalb sich am Wochenende immer lange Schlangen am Eingang bilden. Gerichte gibt's bereits ab 1150 ¥. Die Inneneinrichtung passt perfekt zu den traditionell zubereiteten Buchweizennudeln. ⌚ Mi–So 11.30–19 Uhr.

**Torikō**, Shibuya-ku, Ebisu 4-20-3, Yebisu Garden Place Tower 38F, ✆ 03-6455-7458, 💻 www.gardenplace.jp. Vorzügliches Yakitori (Spieße mit Hühnchenfleisch). Mittags günstige Menüs, abends teurer. ⌚ Di–So 11.30–14 und 17–22.30 Uhr.

## UNTERHALTUNG

### Kneipen, Bars und Clubs

#### Roppongi

In Roppongi trifft sich Japan mit der internationalen Community. Hier gibt es deshalb auch die meisten Bars und Clubs in Tōkyō, zu denen Ausländer ohne Einschränkungen Zutritt haben. Karte S. 156/157.

**Abbey Road**, Minato-ku, Roppongi 5-16-52, Imperial Roppongi II B2F, ✆ 03-5544-9817, 💻 www.abbeyroad.ne.jp. Für Beatles-Fans wird hier täglich in vier Vorstellungen ab 19 Uhr jeweils 30 Minuten Livemusik gespielt. Wer gleich zu Beginn kommt, kann alle Vorstellungen hören. Es gilt ein Mindestverzehr (zwei Positionen von der Getränke- bzw. Speisekarte). Songwünsche können geäußert werden, leider sind Fotos während der Vorstellung nicht erlaubt. Reservierung empfohlen. 🕒 tgl. 18–23 Uhr, Eintritt 4000 ¥.

**BAUHAUS**, Minato-ku, Roppongi 7-13-2, Urban Builing B1F, ✆ 03-5544-8253, 💻 www.rockbarbauhaus.com. Eine Musikbar für Liebhaber von Rockmusik aus den 1970ern. Die Liveband besteht aus den Barangestellten, die abwechselnd in der Küche stehen, Getränke ausschenken und in unterschiedlichen Besetzungen auf der Bühne auftreten. Sobald die Jungs und Mädels in die Saiten bzw. Tasten hauen, bebt der Raum. Gelegentlich dürfen Gäste auf Wunsch mit auf die Bühne, und so mancher berühmte Schlagzeuger hatte hier schon einen spontanen Sonderauftritt, wovon die Fotos von beispielsweise Lars Ulrich und Carmine Appice an der Wand zeugen. Die Bar liegt jetzt im Untergeschoss und leider ist aufgrund der Betonwände die Akustik nicht mehr so gut wie am alten Standort. 🕒 Di–Sa 18–24 Uhr, Eintritt 3900 ¥ – wer mit seinem Reisepass kommt, zahlt als Tourist nur 3500 ¥ Eintritt.

**Motown House**, Minato-ku, Roppongi 3-11-6, 21 Taimei Bldg. 4F, ✆ 05474-4605, 💻 www.motownhouse.com. Die Bar ist fast schon eine Institution. Hier wird typische Disco-Musik gespielt, und zum Wochenausklang herrscht am langen Tresen dichtes Gedränge, was die Kontaktaufnahme erleichtert. Drinks um 1000 ¥. 🕒 tgl. 18–4.50 Uhr.

#### Gaybars

**Arty Farty**, Shinjuku-ku, Shinjuku 2-11-7, ✆ 03-5362-9720, 💻 www.artyfarty.jp. Hier ist immer Party. Das vorwiegend junge Publikum tummelt sich auf der Tanzfläche. 🕒 Mi–Do und So 20–3, Fr–Sa 20–5 Uhr.

**Dragon Men**, Shinjuku-ku, Shinjuku 2-11-4, ✆ 03-3341-0606. Die Bar ist vielleicht auch deshalb bei beiden Geschlechtern beliebt, weil hinter der Bar muskelbepackte Männer die Gäste bedienen. 🕒 So–Do 18–3, Fr–Sa 18–5 Uhr.

**GB**, Shinjuku-ku, Shinjuku 2-12-3, B1F, ✆ 03-3352-8972, 💻 www.gb-tokyo.com. In diese kleine Bar im Keller haben nur Männer Zutritt. Das Alter ist gemischt, und es gibt sowohl japanische Stammgäste als auch ausländische Besucher. 🕒 Di–Do 19–1, Fr–Sa 19–2 Uhr.

#### Shinjuku

Östlich des Bahnhofs Shinjuku breitet sich das Rotlichtviertel **Kabuki-chō** aus mit vielen Nachtclubs, Hostessenbars und anderen Unterhaltungslokalen, die für gewöhnlich nur Japanern Zutritt gewähren. Es gibt hier aber auch einige Kinos, unzählige Restaurants und Karaokebars. Etwas weiter östlich liegt im Stadtteil Shinjuku Ni-chōme das Gay-Viertel (s. Kasten, Karte S. 173).

#### Shibuya

Karte S. 175

**Blue Note Tōkyō**, Minato-ku, Minami-Aoyama 6-3-16, ✆ 03-5485-0088, 💻 www.bluenote.co.jp. Jazz-Fans sollten unbedingt rechtzeitig den Spielplan prüfen und Karten buchen, um sich die einmalige Gelegenheit, bekannte Jazzgrößen in diesem hervorragenden Ambiente zu erleben, nicht entgehen zu lassen.

**The Room**, Shibuya-ku, Sakuragaoka-chō 15-19, Daihachi-Totō Bldg. B1F, ✆ 03-3461-7167, 💻 www.theroom.jp. Wie der Name nahelegt, nur ein Raum, der in eine Bar und die Bühne aufgeteilt wurde. Am Abend kommen hier

Freunde des Jazz, House und Crossover voll auf ihre Kosten. Ein einfacher Club für Leute, die Wert auf gute Livemusik legen und ein wenig abrocken möchten. Das aktuelle Programm und die jeweiligen Öffnungszeiten sollte man vorher auf der Internetseite überprüfen.

### Kulturveranstaltungen

**Kabuki-za**, Chūō-ku, Ginza 4-12-5, 💻 www.kabuki-za.co.jp (S. 159). Hier wird das volkstümliche Kabuki-Theater gespielt, in dem nur männliche Schauspieler auftreten.
**Nationaltheater**, Chiyoda-ku, Hayabusa-chō 4-1, 💻 www.ntj.jac.go.jp/english. Das Nationaltheater unweit des Regierungsviertels Nagatachō beinhaltet ein großes Theater mit 1610 Sitzen vorwiegend für Kabuki-Vorstellungen und ein kleines Theater mit 590 Sitzen für Bunraku. Seit Nov. 2023 im Umbau.
**Tōkyō Opera City**, Shinjuku-ku, Nishi-Shinjuku 3-20-2, 💻 www.operacity.jp. Im Gebäude der Tōkyō Opera City gibt es einen großen und einen kleinen Konzertsaal. Schwerpunktmäßig steht hier klassische Musik auf dem Spielplan.

## FESTE

### Januar

**Hatsumōde**, 1.1.: Neujahrsbesuch eines Schreins, Empfehlung: Meiji-Schrein (S. 174)
**Shinnen Ippan Sanga**, 2.1.: Neujahrsempfang am Kaiserpalast durch die Kaiserfamilie (S.158)
**Usokae Shinji**, 24./25.1.: Schreinfest am Kameido-Tenjin-Schrein (S. 168)

### Februar/März

**Ume Matsuri**, 8.2.–8.3.: Pflaumenblütenfest am Yushima-Tenjin-Schrein in Kanda (S. 170)
**Camera & Photo Imaging Show**, Ende Februar im Messezentrum Pacifico Yokohama (S. 214)
**AnimeJapan**, Ende März, 💻 www.anime-japan.jp/en: Internationale **Anime-Messe** in Odaiba, Tōkyō Big Sight (S. 182)

### April/Mai

**Gyokidaie**, Anfang April: Tempelfest am Zōjō-ji mit großem Umzug (S. 161)
**Hanami**, zur Kirschblüte: Nachtbeleuchtung und Musik im Hama-Rikyū-Park (S. 161)
**Yabusame**, Mitte April: **Reiterspiel** im Sumida-kōen in Asakusa
**Tsutsuji Matsuri**, 14. 4.–5.5.: Fest zur **Azaleenblüte** am Nezu-Schrein (S. 171)
**Fuji Matsuri**, Mitte April–Anfang Mai: **Glyzinienblüte** am Kameido-Tenjin-Schrein (S. 168)
**Haru no Taisai**, Anfang Mai: **Frühlingsfest** im Meiji-Schrein (S. 174)
**Kanda Matsuri**, Mitte Mai (alle zwei Jahre in ungeraden Jahren): Prozessionen um den Kanda-Myōjin-Schrein
**Sanja Matsuri**, 3. So im Mai: Fest des Asakusa-Schreins mit über 100 Trageschreinen (S. 166)
**Tōkyō Minato Matsuri**, Ende Mai: Hafenfest in Harumi, am Terminal für Passagierschiffe (Harumi Futō) mit eindrucksvoller Vorführung der Hafenfeuerwehr

### Juni

**Ayame Matsuri**, Anfang–Mitte Juni: Die **Irisblüte** ist u. a. am Koishikawa Kōraku-en, Meiji-Schrein und Yasukuni-Schrein zu bewundern.
**Sannō Matsuri**, 10.–16.6. (alle 2 Jahre in geraden Jahren): Fest am Hie-Schrein (S. 164)
**Shinkō Gyōretsu**, 15.6.: Parade während des Sannō Matsuri am Hie-Schrein

### Juli/August

**Tanabata**, 7.7.: Sternenfest, wird an verschiedenen Orten gefeiert. Besonders zu empfehlen ist das Tanabata-Fest in Hiratsuka (1 Std. vom Hauptbahnhof Tōkyō mit der Tōkaidō-Linie).
**Natsu Matsuri**, Mitte Juli–Anfang Aug: Sommerfest am Shinobazu-no-ike in Ueno (S. 168)
**Sumidagawa Hanabi Taikai**, letzter Sa im Juli: spektakuläres Feuerwerk am Sumida-Fluss bei Asakusa. Bei starkem Regen wird der Termin verschoben.
**Fujisawa Enoshima Hanabi Taikai**, im Aug: **Feuerwerk** am Katase-Strand in Enoshima (S. 222, Kamakura)
**Nōryō Matsuri**, Ende Aug: Sommerfest in Azabu-Jūban

### September

**Nezu Gongen Matsuri**, Ende Sep: Fest am Nezu-Schrein in Yanaka (S. 171)

Beim Kanda Matsuri am Kanda-Myōjin-Schrein kommen rund 200 tragbare Schreine zum Einsatz.

### Oktober/November

**Yabusame**, 2. Mo im Okt: **Reiterspiel** des Ana-Hachiman-Schreins im Toyama-Park in der Nähe des Bahnhofs Takadanobaba (Yamanote-Linie)

**Reisai**, 3.11.: Fest am Geburtstag des Meiji-Kaisers am Meiji-Schrein, u. a. mit Reiterspiel (Yabusame)

**Kiku Matsuri**, 4. So im Okt–4. So im Nov: **Chrysanthemenfest** am Kameido-Tenjin-Schrein (S. 168)

### Dezember

**Gishi-sai**, 14.12.: Fest am Sengaku-ji zu Ehren der 47 Samurai (S. 179)

**Hagoita-Ichi**, 17.–19.12.: Jahrmarkt der Federballschläger am Sensō-ji in Asakusa (S. 166)

## EINKAUFEN

### Zentrum

In Spaziernähe zum Hauptbahnhof Tōkyō gibt es eine Vielzahl von großen Kaufhäusern. Bücherfreunde steuern gleich das Kaufhaus **Oazo** am nördlichen Marunouchi-Ausgang an, weil dort neben verschiedensten Geschäften die Buchhandlung **Maruzen** den meisten Platz einnimmt. Mit ungefähr 1,2 Mio. verfügbaren Titeln ist es der größte Buchladen in Tōkyō. Auf der anderen Seite liegt am Yaesu-Ausgang des Hauptbahnhofs das Hochhaus **Gran Tōkyō North Tower** mit dem Kaufhaus **Daimaru**.

Von dort sind es nur knapp 10 Min. Fußweg zum Stammhaus von **Mitsukoshi**, 🖳 www.mitsukoshi.co.jp. Das Mitsukoshi ist das wohl exklusivste japanische Kaufhaus mit über 400-jähriger Geschichte, manche sprechen sogar vom „Harrods Japans". Besonders zu empfehlen ist die Feinkostabteilung im Untergeschoss. Imposant ist auch eine kunstvoll aus einer 500 Jahre alten Zypresse geschnitzte riesige Statue im Atrium. Im obersten Stockwerk werden wechselnde Kunstausstellungen gezeigt. Ein Besuch des Dachgartens ist im Sommer wegen des vielen Grüns und der Ruhe sicher lohnend. Wer bereits am Morgen kurz vor Öffnung da ist, kann die alltägliche Begrüßungszeremonie erleben. 🕒 tgl. 10–19 Uhr.

**Coredo Muromachi**, schräg gegenüber, wurde 2010 eröffnet, 2014 kamen Coredo 2 und 3 hinzu. Neben den Restaurants

(2F–4F) lohnt es sich, die Läden Kiya, Ninben und Tsuruya Yoshinobu im Erdgeschoss zu besuchen. Der Eisenwaren- und Messerhändler **Kiya**, 💻 www.kiya-hamono.co.jp, ist seit 1792 in dieser Straße und der *katsuobushi*-Händler **Ninben**, 💻 www.ninben.co.jp, sogar schon seit 1699. Bei Ninben kann man an einem Take-out-Counter (Dashi-Bar) verschiedene Suppen und Gerichte mit diesen getrockneten Thunfischflocken bestellen. **Tsuruya Yoshinobu** aus Kyōto stellt seit 1803 japanische Süßigkeiten her; im Tōkyō Mise, 💻 www.tokyo-mise.jp, kann man den Meistern an einem Tresen bei der Herstellung zuschauen. 🕒 tgl. 10–19 Uhr.
**Bic Camera**, direkt am Bahnhof Yūrakuchō. Das Hauptgeschäft der Elektronikkette ist an Wochenenden stark frequentiert. Es gewährt beim Einkauf Rabatte auf den nächsten Einkauf. Dazu muss man die angebotene Kundenkarte annehmen. Die gewährten Punkte kann man übrigens noch am selben Tag einlösen. 🕒 tgl. 10–22 Uhr.
Läuft man vom Bahnhof Yūrakuchō zur Ginza, findet man in der Namiki-Straße (einer Parallelstraße der Chūō-dōri) das Hauptgeschäft der Handelskette **MUJI**, 💻 www.muji.com/jp. Der Name ist die Kurzform von Mujirushi Ryōhin, was übersetzt „Qualitätsprodukte ohne Markennamen" bedeutet. Der Schwerpunkt der Produktpalette liegt auf Büroartikeln, Einrichtungsgegenständen und Kleidung. Im neuen Hauptgeschäft gibt es im Erdgeschoss eine Bäckerei und im Untergeschoss das Restaurant MUJI Diner. 🕒 tgl. 11–21 Uhr.

### Ginza

Die Chūō-dōri ist in der Ginza auf beiden Straßenseiten von einer Vielzahl Geschäften gesäumt. Hervorzuheben sind das Schreibwarengeschäft **Itō-ya** sowie die Warenhäuser **Matsuya** und **Mitsukoshi**. Ein Geheimtipp ist die 1874 gegründete Bäckerei **Kimuraya**, wo man frisches Brot und Kuchen kaufen kann. Am südlichen Ende wartet auf Kinder der **Hakuhinkan Toy Park**, ein riesiges Spielwarengeschäft über mehrere Stockwerke. Essstäbchen kauft man bei **Natsuno**, in einer Seitenstraße (6-7-4 Ginza). Auf keinen Fall sollte man es verpassen, dem sehr modern und futuristisch eingerichteten Bekleidungsgeschäft **Uniqlo Ginza** einen Besuch abzustatten.

### Roppongi

Eine große Auswahl an traditionellen japanischen Handwerksprodukten findet man im **Japan Traditional Crafts Aoyama Square**, 💻 http://kougeihin.jp. Neben gewebten und gefärbten Stoffen sowie traditionellen Puppen sind hier viele Produkte aus Holz, Papier, Ton, Porzellan, Lack, Bambus und Metall im Angebot. 🕒 tgl. 11–19 Uhr.

## Akihabara 秋葉原

„Akihabara Electric Town" begrüßt einen bereits das Schild zum Ausgang auf dem engen Bahnsteig in Akihabara (Yamanote-Linie). Dieser Stadtteil ist vielen bekannt als das Elektronikmekka, in dem über 500 Geschäfte schlichtweg alles anbieten, angefangen vom kleinsten Ersatzteil bis hin zu Klimaanlagen, Waschmaschinen und anderen Großgeräten. Direkt in Bahnhofsnähe konzentrieren sich Duty-free-Geschäfte wie **Onoden** oder **Takarada**. Das Personal spricht häufig Englisch, und es werden ausländische Varianten elektronischer Produkte geführt.
Meist sind die angebotenen Produkte trotz Zollfrei-Rabatt teurer als die Originalprodukte in den Läden für den japanischen Heimmarkt. Wer also nach Akihabara kommt, um ein Schnäppchen zu machen, sollte wissen, was er sucht, und die Preise in Deutschland kennen. Unproblematisch sind beispielsweise **Digitalkameras** der führenden Hersteller. Die Menüsprache der japanischen Version lässt sich meist auf Deutsch umstellen (einfach im Geschäft probieren oder vom Personal zeigen lassen). Besondere Schnäppchen sind übrigens bei Auslaufmodellen zu machen. Diese werden oftmals zu einem Bruchteil des Normalpreises verramscht. Zwei wichtige Sachen muss man beim Kauf von Elektronikgeräten auf jeden Fall bedenken: Die Garantie wird teilweise nur in Japan gewährt, d. h. zurück in Deutschland steht man ggf. ohne Garantie im Regen. Außerdem muss für Waren über einem Wert von 430 € bei der Einreise in Deutschland die Einfuhrumsatzsteuer und Zollgebühr entrichtet werden.

**Aki-Oka Artisan (2k540)**, 💻 www.jrtk.jp/2k540, ist eine Ansammlung von Geschäften mit Schmuck, Kunsthandwerk und schönen Dingen aus Holz. Hier findet sich manch ausgefallenes Mitbringsel. Die Geschäfte liegen unterhalb der Eisenbahnlinie gleich nach Überquerung der breiten Straße Kuramaebashi-dōri. 🕒 Do–Di 11–19 Uhr.
Entlang der breiten Hauptstraße **Chūō-dōri** sind verschiedene Händler mit einem großen Spektrum an Produkten sowie bekannte Computerketten angesiedelt. Die Anzahl der Geschäfte mit Computerspielen und Anime-Produkten hat in den letzten Jahren stark zugenommen. Diese haben leider einige alteingesessene Geschäfte für gebrauchte Kameras und Fotoobjektive verdrängt. Wer Anime-Sammlerobjekte sucht, wird oft in den Obergeschossen einiger Elektronikhändler in Bahnhofsnähe fündig. Am Wochenende ist die Chūō-dōri sehr stark frequentiert, weshalb sich ein Besuch an einem Werktag empfiehlt.
In den Seitenstraßen nordwestlich des Bahnhofs konzentrieren sich kleine **Computerläden**, die neben Neuware oftmals gebrauchte Geräte und Computerteile verkaufen. Häufig unterscheiden sich die Preise sehr von Geschäft zu Geschäft, sodass sich ein Preisvergleich lohnt. Elektronikbegeisterte besuchen noch den direkt am Bahnhof unter der Bahntrasse liegenden Kleinteilemarkt **Radio Center** mit seinen kleinen, über Gässchen erreichbaren Geschäften.

## Maid Cafes

In den Straßen von Akihabara werben junge Frauen in Dienstmädchen- oder Schulmädchenuniformen für sogenannte Maid Cafes, 💻 www.moeten.info/maidcafe (japanisch). Dort werden den Gästen Getränke und kleine Gerichte angeboten. Die „Maids“ bedienen die Gäste sehr zuvorkommend, man bekommt beispielsweise den Kaffee umgerührt. Extra bezahlt werden müssen Polaroid-Fotos mit den Bedienungen. Die Maid Cafes sind nichts Anrüchiges, weshalb auch Anime-Fans und an Cosplay interessierte ausländische Besucher diese Cafés gerne besuchen. Hinweis: Die Maids möchten auf der Straße nicht fotografiert werden.

### Jinbō-chō 神保町

Entlang der Yasukuni-dōri erstreckt sich die sogenannte **Kanda Shōtengai** mit unzähligen kleinen Buchläden. Hier bekommt man angefangen von teuren, raren alten Büchern bis hin zu billigen, gebrauchten Groschenheften einfach alles. Außerdem finden Liebhaber von Holzschnitten alteingesessene Geschäfte mit reicher Auswahl und im Vergleich zu Europa günstigeren Preisen. **Hara Shobō** gibt es seit über 70 Jahren. Ein weiterer Händler mit großer Holzschnittauswahl ist **Ōya Shobō**. Am einfachsten erreicht man die Buchläden vom Bahnhof Jinbōchō aus. 🕒 Di–Sa, üblicherweise 10–18 Uhr.

### Asakusa und Shitamachi

Die Einkaufsstraßen **Nakamise** und **Kappabashi-dōri** (S. 166) sind ideal zum Kauf von Souvenirs und japanischen Gebrauchsgegenständen in eher traditionellem Ambiente. Im Kontrast dazu findet sich im **Solamachi (Tōkyō Skytree Town)**, das einem riesigen Megastore gleicht, am Tōkyō Skytree (S. 167) für jeden Geschmack etwas: Süßigkeiten, Kleidung, Schmuck, Spielzeug, Räucherstäbchen, Porzellan, Plastik-Sushi und Baseball-Fanartikel, um nur einige zu nennen. 🕒 tgl. 10–21 Uhr.
**Morihachi Honpo**, Sumida-ku, Narihira 1-3-6, 💻 www.morihati.co.jp. Leckere, mit roter Bohnenpaste und Kastanien gefüllte Süßigkeiten sind hier die Spezialität. Das Geschäft erinnert von außen an eine japanische Burg. 🕒 tgl. 9–18 Uhr (außer 3. Mo im Monat).

### Ueno und Yanaka

Östlich vom Bahnhof Ueno erstreckt sich unter der Stadtautobahn entlang der Shōwa-dōri die sogenannte Motorcycle Town oder kurz **Bike Town**. Hier reihen sich Läden mit Motorrädern, Rollern sowie Zubehör dicht an dicht. Für Interessierte ein wahres Paradies.
Die **Ameyoko-dōri** verläuft parallel zu den Bahngleisen der Yamanote-Linie in Richtung Bahnhof Okachi-machi. Nach dem Zweiten Weltkrieg war hier ein Schwarzmarkt. Heute

kauft man günstig Bekleidung, Taschen, Kosmetik und Lebensmittel wie frischen Fisch, Gewürze und allerlei Getrocknetes.

Die enge Einkaufsstraße **Yanaka Ginza** besteht aus winzigen Kaufläden wie schon vor 100 Jahren. Es gibt japanischen Tee, Süßigkeiten, Reiskräcker *(senbei)*, getrockneten Fisch, Seetang und eingelegtes Gemüse.

**Isetatsu**, Taitō-ku, Yanaka 2-18-9, ✆ 03-3823-1453, 💻 www.isetatsu.com. Papierladen etwas weiter abseits der Yanaka-Ginza. Man kann hier die unterschiedlichsten, im alten japanischen Stil bedruckten Papierbögen kaufen. 🕒 tgl. 10–18 Uhr.

**Kikumi Senbei**, Taitō-ku, Sendagi 3-37-16. Eine reichhaltige Auswahl an japanischen Reiskräckern *(senbei)*. Das Gebäude ist ein typischer japanischer Kaufladen aus Holz mit offener Front und blickt auf eine über hundertjährige Geschichte zurück. 🕒 Di–So 10–19 Uhr.

**Shinsendō**, Taitō-ku, Yanaka 7-18-18, ✆ 03-3821-6421. Auch hier gibt es die für Yanaka typischen Reiskräcker. 🕒 Mi–Mo 10–17.30 Uhr.

### Ikebukuro

Über den Kopfbahnhöfen der privaten Bahnlinien Seibu Ikebukuro und Tōbu Tōjō haben die Bahnbetreiber zwei riesige Einkaufszentren erschaffen. Das Kaufhaus **Seibu** mit elf Stockwerken ist eines der größten Kaufhäuser in Tōkyō, eine Zeit lang konnte es sich sogar das größte Kaufhaus der Welt nennen. Einen Besuch wert ist der Dachgarten mit Monets Seerosenteich und Essensbuden; im Sommer öffnen eine Grillterrasse und ein Biergarten. 🕒 tgl. 10–21 Uhr, Biergarten Mo–Fr 17–23, Sa 16–23, So 16–22 Uhr.

Auch das Kaufhaus **Tōbu** hat eine Dachterrasse mit Biergarten und zählt zu den größten Kaufhäusern in Tōkyō. Durch seine riesige Lebensmittelabteilung sticht es besonders hervor. Hier wird ein wenig versucht, Mitsukoshi nachzueifern. Obendrein gibt es ein Stockwerk mit wechselnden Kunstausstellungen, um zusätzliche Kunden ins Haus zu locken. 🕒 Kaufhaus und Kunstausstellung tgl. 10–20 Uhr, Biergarten Mo–Fr 17–23, Sa 16–23, So 16–22 Uhr.

### Eindrucksvolle Bonsai

Das **Shunkaen Bonsai Museum**, 💻 www.kunio-kobayashi.com/en, ist der beste Platz in Tōkyō, um etwas über die Philosophie des Bonsai zu erfahren. In einem eindrucksvollen japanischen Haus mit vielen Zimmern werden die wertvollen Bonsai traditionell in der Schmucknische *(tokonoma)* präsentiert. Der Eigentümer Kobayashi Kunio ist einer der größten japanischen Bonsai-Meister. Sonntags finden zusätzlich Lehrgänge statt. Das Museum liegt leider etwas außerhalb in Edogawa-ku im Osten von Tōkyō und ist deshalb nicht leicht zu finden. 🕒 Di–So 10–17 Uhr, 1000 ¥.

### Shinjuku

In der näheren Umgebung des Bahnhofs bieten sich jede Menge Einkaufsgelegenheiten. Neben einer Filiale von **Bic Camera** empfiehlt es sich, das Hauptgeschäft der Elektronikkette **Yodobashi Camera** zu besuchen. Die Läden sind, nach Themen sortiert, auf mehrere Gebäude verteilt (Multimedia, Kamera, Drucker, Videospiele und Service).

Südöstlich vom Bahnhof Shinjuku befindet sich **Takashimaya Times Square**. Auf 10 Stockwerke verteilt kann man hauptsächlich Kleidung kaufen. Außerdem sind dort Restaurants und eine Filiale von **Tōkyū HANDS** angesiedelt, wo es alles für den Heimwerker gibt.

Im 6. Stock des Gebäudes südlich vom Takashimaya Times Square befindet sich der große, gut sortierte Buchladen **Books Kinokuniya Tōkyō**, der in dieser Filiale vorwiegend deutsch- und englischsprachige Bücher verkauft.

**Isetan**, östlich vom Bahnhof, ist ein exklusives Kaufhaus, in dem man unbedingt auch die Lebensmittelabteilung im Untergeschoss aufsuchen sollte. Im Seitengebäude Isetan Men's gibt es Herrenbekleidung auf allen Stockwerken. 🕒 alle Kaufhäuser tgl. 10–20 Uhr, Yodobashi Camera tgl. 9.30–22 Uhr.

### Harajuku und Shibuya

Die Straße Omote Sandō bietet gute Einkaufsmöglichkeiten. Vom Bahnhof Harajuku kommend, befindet sich auf der rechten Seite

am Anfang der kleinen Straße zwischen Chanel und Dior der **Oriental Bazaar**, orientalbazaar.co.jp, mit günstigen asiatischen Souvenirs. Fr–Di 11–18.30 Uhr.
Der gegenüberliegende **Omote-Sandō-Hills-Komplex** ist unter Sehenswürdigkeiten ausführlich beschrieben (S. 174).

**Sou Sou**, gleich um die Ecke vom Okamoto Tarō Museum, www.sousou.co.jp, aus Kyōto bietet herrlich bedruckte Stoffe und die beliebten Socken und Schuhe. tgl. 12–20 Uhr.

## AKTIVITÄTEN

### Taiken

Die japanische Kultur lässt sich in Tōkyō auf vielfältige Weise erleben. Eine ganze Reihe von Hotels bietet eine traditionelle Teezeremonie. Für andere Dinge empfiehlt es sich oft, die Angebote der verschiedenen Tourveranstalter zu vergleichen.

**Mokuhankan**, Taitō-ku, Asakusa 1-41-8, 070-5011-1418, www.mokuhankan.com. David Bull leitet mit seinen Mitarbeitern Kursteilnehmer an, wie ein Holzschnittdruck mit verschiedenen Platten für jede Farbe entsteht. Was gibt es Schöneres, als einen selbst gemachten Holzschnitt mit nach Hause zu bringen? Mi–Mo 10–17.30 Uhr.

**Ochanomizu Origami Kaikan**, Bunkyō-ku, Yushima 1-7-14, 03-3811-4025, www.origamikaikan.co.jp. Der beste Ort, um sich über die traditionelle japanische Kultur des Origami zu informieren. Mit Ausstellung und Workshops. Der Laden hat ein großes Papierangebot. Mo–Sa 9.30–16.30 Uhr.

**Ozu-Washi**, Chūō-ku, Nihonbashi-Honchō 3-6-2, 03-3662-1184, www.ozuwashi.net. Hier kann man unter Anleitung Japanpapier selbst herstellen. Der einstündige Kurs kostet lediglich 500 ¥, eine Reservierung ist notwendig. Es gibt einen großen Verkaufsraum sowie im Obergeschoss ein kleines Museum. 5 Min. Fußweg von der U-Bahnstation Mitsukoshi-mae und 2 Min. Fußweg vom Bahnhof Shin-Nihonbashi. Mo–Sa 10–18 Uhr.

**Sakura Photo Studio**, Taitō-ku, Kaminarimon 1-12-12, 070-5365-1551, www.sakuraphotokimono.com. Terauchi Hiroshi verleiht Kimonos und Hakamas vorwiegend an ausländische Touristen und hat dafür eine große Auswahl für Frauen und Männer sogar in Übergrößen. Auch zusätzliche Services wie Make-up auftragen, die Frisur traditionell richten oder Fotos durch den Fotografen im Studio oder in Verbindung mit einer persönlichen Führung durch Asakusa werden angeboten. tgl. 10–18 Uhr.

### Tōkyō Marathon

Seit 2007 findet einmal jährlich im Februar der große Stadtmarathon mit über 30 000 Teilnehmern aus der ganzen Welt statt. Details zu den Bewerbungs- und Teilnahmebedingungen findet man im Internet, www.tokyo42195.org.

## SONSTIGES

### Botschaften

In Tōkyō befinden sich im Stadtteil Azabu die Botschaften von Deutschland, Österreich, der Schweiz und weiteren Staaten, Details S. 45, Karte S. 156/157 und 178.

### Geld

Am einfachsten und günstigsten kommt man mit der Kreditkarte am **Geldautomaten** der Postämter oder im 7-Eleven-Shop an Bargeld. Die Geldautomaten der Hauptpostämter in Shinjuku und Shibuya sind Mo–Sa 24 Std. verfügbar. Lediglich an Sonn- und Feiertagen kann man nur bis 20 Uhr Geld abheben.

### Informationen

**Tōkyō Tourist Information Center**, Tōkyō Metropolitan Government Bldg. Main Office 1F, 03-5321-3077, www.gotokyo.org. Die Stadtverwaltung von Tōkyō betreibt im Rathaus von Shinjuku eine Touristeninformation. Hier kann man sich über aktuelle Veranstaltungen informieren und bekommt sehr viele Unterlagen, z. B. den *Minkuru Guide* (Toei Bus Route Guide) und einen Führer für den Tōkyō Shitamachi Bus. tgl. 9.30–18.30 Uhr.

**Tourist Information Center (TIC)**, Chiyoda-ku, Marunouchi 3-3-1, Shin-Tōkyō Bldg., 03-3201-3331, www.japan.travel. Die Touristeninformation der Japanischen Fremdenverkehrszentrale (JNTO). Hier gibt es jede Menge Infos zu einzelnen Reisezielen in Japan und kostenlose Lektüre. ⏲ tgl. 9–17 Uhr.

**Asakusa Culture Tourist Information Center**, Taitō-ku, Kaminari-mon 2-18-9, ✆ 03-3842-5566. Direkt an der Kreuzung am Eingang zur Nakamise-dōri fällt das Informationszentrum durch seine außergewöhnliche Architektur auf. Ganz oben gibt es ein Café und eine kostenlose Aussichtsplattform mit toller Sicht über Asakusa und hinüber zum Skytree. ⏲ tgl. 9–20 Uhr.

**Narita Tourist Information Center (TIC)**, New Tōkyō International Airport Narita, Arrival Floor, Passenger Terminal 1+2 Bldg., ✆ 0476-30-3383 und 0476-34-5877. Die Japanische Fremdenverkehrszentrale betreibt in den Ankunftshallen beider Flughafenterminals eine Touristeninformation. Besonders empfehlenswert ist ein kostenloser, faltbarer deutscher Reiseführer, der neben Stadtplan und Bahnnetzkarte auch Coupons enthält, für die es in einigen städtischen und nationalen Museen 20 % Ermäßigung gibt. ⏲ tgl. 8–20 Uhr.

### Kulturinstitute

**Goethe-Institut**, Minato-ku, Akasaka 7-5-56, ✆ 03-3584-3201, 🖳 www.goethe.de/tokyo. Bietet Veranstaltungen und eine Bücherei.

**OAG (Deutsche Gesellschaft für Natur- und Völkerkunde Ostasiens)**, Minato-ku, Akasaka 7-5-56, OAG-Haus, ✆ 03-3582-7743, 🖳 www.oag.jp. Die OAG ist ein Treffpunkt für alle Deutschsprachigen, die an Japan und Ostasien interessiert sind. Regelmäßig finden Vorträge, Seminare und Gesprächsabende statt.

### Medizinische Hilfe

**Tōkyō Metropolitan Health Medical Information Center**, ✆ 03-5285-8181. Für Informationen über das japanische Gesundheitssystem und zu Ärzten, die Ausländer behandeln, kann man hier (nur) telefonisch in Kontakt treten. ⏲ tgl. 9–20 Uhr.

**Tōkyō Medical and Surgical Clinic**, Minato-ku, Shiba-kōen 3-4-30, 32 Shiba Kōen Bldg. 2F, ✆ 03-3436-3028, 🖳 www.tmsc.jp. In dieser Arztpraxis direkt unter dem Tōkyō Tower praktizieren international erfahrene Ärzte. ⏲ Mo–Fr 8.30–17.30, Sa 8.30–12 Uhr.

**St. Luke's International Hospital (Seiruka Kokusai Byōin)**, Chūō-ku, Akashi-chō 9-1, ✆ 03-3541-5151, 🖳 http://hospital.luke.ac.jp. Eine große Klinik für ambulante wie stationäre Behandlung und Notfälle.

### Post

Postämter in Tōkyō haben üblicherweise Mo–Fr 9–17 Uhr geöffnet. Einen besonderen Service bieten die Hauptpostämter in Shinjuku und Shibuya: Diese sind täglich, d. h. auch an Sonn- und Feiertagen, geöffnet, in Shinjuku tgl. 9–21 Uhr, in Shibuya Mo–Fr 9–21, Sa, So 9–19 Uhr.

## NAHVERKEHR

Tōkyō hat ein weltweit einmalig ausgebautes S- und U-Bahnnetz (siehe Umschlagklappe hinten). Tages-, Wochen- oder Monatskarten lohnen wegen der vielen unterschiedlichen städtischen, staatlichen und Privatlinien nur in wenigen Fällen. Wegen des hervorragenden öffentlichen Nahverkehrs und der teuren Parkplätze macht ein Mietwagen für Touristen in Tōkyō kaum Sinn. Größere, schwer zu transportierende Einkäufe lässt man sich einfach direkt vom Geschäft nach Hause oder ins Hotel schicken. Die dafür berechneten Gebühren sind gering, und der Service ist schnell und zuverlässig. Unbeschwert nutzen lassen sich S- und U-Bahnen in Tōkyō mit den aufladbaren Karten Suica oder PASMO (S. 155).

### Ringbahn

Die beste Bahnlinie für eine erste Tōkyō-Erkundung ist die zwischen 1885 und 1925 erbaute **Ringlinie Yamanote**. Für die ca. 35 km lange Strecke benötigt man eine knappe Stunde, während man 30 Bahnhöfe passiert. Die Züge der Yamanote-Linie fahren während der morgendlichen und abendlichen Rushhour im 2-Minuten-Takt, tagsüber ansonsten alle 3–4 Min., wodurch sich ein Fahrplan erübrigt. Nach Mitternacht fahren üblicherweise keine Züge mehr, und man ist dann auf ein Taxi angewiesen.

### U-Bahnen

In Tōkyō gibt es 13 U-Bahnlinien, die von zwei Gesellschaften, **Toei und Tōkyō Metro**, betrieben werden, 💻 www.tokyometro.jp/en. Um die Nutzung zu vereinfachen, haben die Betreiber zusätzlich zum Namen der U-Bahn-Stationen einen Bezeichnungscode eingeführt. Er besteht aus einem Buchstaben für die Linie und zwei Ziffern für die Station. Für eine Kurzstrecke zahlt man am Automaten 180 ¥ bzw. mit Suica oder PASMO 178 ¥. Je nach Station und Linie fährt die letzte Bahn zwischen Mitternacht und 0.30 Uhr.

### Busse

Eine einfache Busfahrt kostet immer einheitlich 210 ¥ (Kinder 110 ¥), unabhängig von der Fahrtdauer. Außerdem gibt es den *Toei Bus One-day Pass* für 500 ¥ (Kinder 250 ¥). Man zahlt den Fahrpreis beim Einstieg in den Bus entweder mit Münzen, einem 1000-¥-Schein oder mit der Suica- bzw. PASMO-Karte. Da die Busschilder und Fahrpläne normalerweise nur auf Japanisch sind, sollte man sein Busabenteuer nicht ohne den *Toei Bus Route Guide (Minkuru Guide)* starten, den man im Tōkyō Tourist Information Center bekommt.

### Tōkyō Waterbus

Die Sehenswürdigkeiten entlang des Sumidagawa und der Tōkyō-Bucht lassen sich sehr gut über eine Fahrt mit dem Tōkyō Waterbus erkunden. Am besten startet man seine Tour von **Asakusa** aus. Die Bootsanlegestelle liegt direkt vor Ausgang 5 am Bahnhof Asakusa der Ginza-Linie. Von dort kann man eine Rundfahrt unternehmen, oder man bucht die etwas günstigere einfache Fahrt zum **Hama-Rikyū-Park**. Telefonische Reservierung gebührenfrei auf Englisch, ✆ 0120-977311 (9.30–17.30 Uhr), 💻 www.suijobus.co.jp.

### Taxis

Der Mindestbetrag für eine Taxifahrt liegt zwischen 500 und 730 ¥ und beinhaltet den ersten Kilometer Fahrt. Der Preis steigt dann in 80-¥-Schritten alle 237 m. Zusätzlich zahlt man von 22–5 Uhr einen Nachtzuschlag von 20 %. Somit ist das Taxifahren in Tōkyō ein recht teures Vergnügen: Eine Fahrt vom Flughafen Narita kostet bis zu 30 000 ¥.

## TRANSPORT

### Busse

Einige Überland- und Nachtbusse verbinden Tōkyō mit anderen japanischen Städten, wobei die Fahrpreise kaum geringer sind als mit der Bahn. Die Strecke Tōkyō–Kyōto kostet z. B. ab 6000 ¥, Nachtbus ab 7000 ¥ (Wochenende und Feiertage 1000 ¥ Aufschlag), und dauert etwa 7 1/2 Std.
Die Busse fahren vom **Bahnhof Tōkyō** (Yaesu-Ausgang) und **Shinjuku** (Westausgang) ab. Am ehesten lohnt sich noch die Verbindung zwischen Shinjuku und der 5. Bergstation des Fuji-san (S. 211, Fuji-san).

### Vom Flughafen Narita nach Tōkyō

Der Flughafen liegt 70 km östlich des Stadtzentrums. Am bequemsten und gleichzeitig relativ günstig kommt man mit dem **Airport Limousine Bus**, 💻 www.limousinebus.co.jp/en, zu seinem Hotel. Die Tickets gibt es zu 3200 ¥ direkt am Schalter in der Ankunftshalle; der Bus fährt innerhalb von 1–2 Std. zu den wichtigsten Hotels und Verkehrsknotenpunkten.

€ Ungefähr gleich viel kostet der Zug **Narita Express**, 💻 www.jreast.co.jp/e/nex, der bis zum Bahnhof Tōkyō (3070 ¥) oder Shinjuku (3250 ¥) fährt (ca. 1 Std.), doch muss man sich selbst um sein Gepäck kümmern. Wenn man gleich das Rückfahrtticket kauft, spart man ca. 33 % auf den Ticketpreis (4070 ¥ statt 6140 ¥ zum/vom Bahnhof Tōkyō).
Sollte man in einem Hotel in der Gegend um Ueno oder Nippori übernachten, ist die Verbindung nach Ueno mit dem **Keisei Skyliner**, 💻 www.keisei.co.jp/keisei/tetudou/skyliner/us, für 2570 ¥ (bzw. 2300 ¥ bei vorherigem Online-Kauf über die Website) in nur 41 Min. sehr gut geeignet.
Beide Züge fahren mindestens stündlich, zu Stoßzeiten sogar alle halbe Stunde.
Die teuerste Variante mit dem **Taxi** kostet bis zu 30 000 ¥.

## Fahrplan Eisenbahn

| Ziel | Zug | Fahrtdauer | km von Tōkyō | Preis (Grundpreis + Express-Zuschlag) |
|---|---|---|---|---|
| **AKITA** | Akita-Shinkansen | 4 Std. | 663 km | 10 010 ¥ + 8210 ¥ |
| **HAKATA** | Tōkaidō-San'yō-Shinkansen | 5 Std. 10 Min. | 1175 km | 14 080 ¥ + 8140–9310 ¥ |
| **HAKONE** | S. 216 | | | |
| **HIROSHIMA** | Tōkaidō-San'yō-Shinkansen | 4 Std. | 894 km | 11 880 ¥ + 6500–7560 ¥ |
| **KAMAKURA** | S. 225 | | | |
| **KANAZAWA** | Hokuriku-Shinkansen | 2 1/2 Std. | 451 km | 7480 ¥ + 7100 ¥ |
| **KŌBE** | Tōkaidō-San'yō-Shinkansen | 3 1/4 Std. | 590 km | 9460 ¥ + 4960–6120 ¥ |
| **KYŌTO** | Tōkaidō-San'yō-Shinkansen | 2 1/2 Std. | 514 km | 8360 ¥ + 4960–6010 ¥ |
| **MORIOKA** | Tōhoku-Shinkansen | 2 1/2 Std. | 535 km | 8580 ¥ + 5380–6630 ¥ |
| **NAGANO** | Nagano-Shinkansen | 1 3/4 Std. | 222 km | 4070 ¥ + 3740–4470 ¥ |
| **NAGOYA** | Tōkaidō-San'yō-Shinkansen | 1 3/4 Std. | 366 km | 6380 ¥ + 4180–5120 ¥ |
| **NIIGATA** | Jōetsu-Shinkansen | 2 Std. | 334 km | 5720 ¥ + 4510–5240 ¥ |
| **NIKKŌ** | Tōbu Nikkō-Linie | 1 Std. 50 Min. | 136 km | 1400 ¥ + 1650 ¥ |
| **ŌSAKA** | Tōkaidō-San'yō-Shinkansen | 2 3/4 Std. | 553 km | 8910 ¥ + 4960–6010 ¥ |
| **SAPPORO** | Tōhoku-Hokkaidō-Shinkansen | 8 1/2 Std. | 1163 km | 14 520 ¥ + 11 530 ¥ |
| **SENDAI** | Tōhoku-Shinkansen Hayabusa | 1 Std. 40 Min. | 352 km | 6050 ¥ + 5560 ¥ |
| | Tōhoku-Shinkansen Yamabiko | 2 Std. | 352 km | 5940 ¥ + 4510–5240 ¥ |
| **YAMAGATA** | Yamagata-Shinkansen | 2 3/4 Std. | 360 km | 6050 ¥ + 4510–5600 ¥ |
| **YOKOHAMA** | Tōkaidō-Linie | 25 Min. | 29 km | 480 ¥ |

**Anmerkung**: Die Zeiten beziehen sich immer auf die schnellste Verbindung. So kann beispielsweise der *Nozomi* die Strecke Tōkyō–Ōsaka in 2 Std. 40 Min bewältigen, während der *Kodama* aufgrund der vielen Zwischenstopps fast 4 Std. benötigt. Die Zuschläge u. a. für den Tōkaidō-San'yō-Shinkansen sind abhängig von der Zugart. Am günstigsten ist ein „Non-Reserved Seat" im *Kodama*, am teuersten eine Reservierung für den *Nozomi* während der Hauptreisezeiten (der Aufschlag von 200 ¥ ist in dieser Liste bereits inkludiert).

### Eisenbahn

Der Hochgeschwindigkeitszug Shinkansen verbindet Tōkyō mehrmals stdl. mit allen Landesteilen. Die Züge werden von **JR** (Japan Railways Group) betrieben. Alle Schnellzugverbindungen starten vom Hauptbahnhof Tōkyō, wobei es Richtung Süden auch Zusteigemöglichkeiten in Shinagawa gibt bzw. einige Züge nach Kyōto und Ōsaka in Shinagawa starten. Tōhoku- und Jōetsu-Shinkansen halten noch am Ueno-Bahnhof. Fahrpläne und weitere Infos: 💻 www.jrpass.com.

Es gibt außerdem unzählige **Privatlinien**, die überwiegend Pendler in die Wohngebiete des riesigen Einzugsgebietes von Tōkyō bringen. **Tōbu**, 💻 www.tobu.co.jp/en, verbindet Asakusa mit Nikkō. **Odakyū**, 💻 www.odakyu.jp/english, verkehrt zwischen Shinjuku, Hakone und Enoshima.

### Flüge

Die meisten internationalen Flüge gehen über den **Narita-Flughafen**, 💻 www.narita-airport.jp/en, doch wird inzwischen der stadtnahe **Haneda-Flughafen**, 💻 www.tokyo-airport-bldg.co.jp/en, nicht nur als Drehscheibe für die meisten nationalen Flüge, sondern auch für immer mehr internationale Flüge genutzt. Auch die Lufthansa fliegt den Flughafen Haneda direkt an. Vom internationalen Terminal des Flughafens Haneda führt die **Tōkyō Monorail**, 💻 www.tokyo-monorail.co.jp/english, in nur 13–18 Min. zum Bahnhof Hamamatsuchō an der JR-Yamanote-Linie (500 ¥). Alternativ gibt es den Service des **Airport Limousine Bus** sowohl ins Stadtgebiet als auch zum Narita Airport und die private Bahnlinie **Keikyū Airport Line** nach Shinagawa (300 ¥).

# Die Umgebung von Tōkyō 東京周辺

Will man der Hektik von Tōkyō entkommen, bieten sich in der näheren Umgebung vielfältige Möglichkeiten und Orte, die man leicht mit dem Zug erreichen kann.

Nördlich von Tōkyō liegt in den Bergen **Nikkō**, wo sich der Tōshōgū-Schrein, die schönste Schreinanlage Japans, in einen Zedernwald bettet. In der Umgebung liegen der beeindruckende Kegon-Wasserfall und der Chūzenji-See, in dessen Nähe der Onsen-Ort Yumoto und ein Sumpfgebiet mit erschlossenen Wanderwegen locken.

Der heilige Berg **Fuji-san** (nicht Fuji-yama, wie hierzulande oft fälschlicherweise genannt) südwestlich von Tōkyō kann nur in den Sommermonaten erklommen werden. Das ganze Jahr über ist aber seine Umgebung mit den fünf Seen ein beliebtes Naherholungsgebiet.

Für intensive Naturerlebnisse eignet sich das Gebiet um **Hakone** besser. Hier erwartet Besucher neben dem Blick auf den Fuji-san noch eine schöne Berglandschaft, und nach einer Wanderung kann man in heißen Quellen entspannen.

Die pulsierende Hafenstadt **Yokohama** südlich von Tōkyō bietet Gelegenheit zum Einkaufen und zu einem Bummel im berühmten Hafen. Den Tag kann man dann mit einem ausgiebigen Abendessen in Chinatown abschließen.

In **Kamakura** geht es dagegen gemächlich zu. Neben den vielen Tempeln ist der beeindruckende große Buddha, eine über 750 Jahre alte, riesige Bronzestatue, unbedingt sehenswert. Die nahe gelegene Halbinsel **Enoshima** lohnt ebenfalls einen Besuch.

4 HIGHLIGHT

## Nikkō 日光

Nikkō ist eine im 17. Jh. erbaute Schreinanlage 125 km nördlich von Tōkyō. Über 40 herrliche Tempel, Schreine und Mausoleen liegen hier in einem malerischen Gebirgstal. Ein japanisches Sprichwort lautet: „Nikkō wo minakeraba, kekkō to iu na“, was so viel heißt wie: „Sage nicht prachtvoll, bevor du nicht Nikkō gesehen hast.“

Ein Tag genügt, um die Hauptattraktionen zu besichtigen. Möchte man sich zusätzlich die nähere Umgebung wie den Chūzenji-See und den Kegon-Wasserfall ansehen, ist eine Übernachtung zu empfehlen. Selbst wenn zu den Hauptreisezeiten mit Fähnchen bewaffnete Reiseleiter die Touristengruppen im Minutentakt durch die Tempelanlagen schleusen, ist Nikkō ein guter Ort, um etwas Ruhe zu finden und der Sommerhitze von Tōkyō zu entfliehen. Die Bedeutung mehrerer Tempel und Schreine hat die Unesco durch die Ernennung zum Weltkulturerbe gewürdigt.

Die Schreinanlagen erreicht man vom Bahnhof aus nach gut 20 Minuten Fußweg, der durch die Kleinstadt Nikkō führt. Entlang des Wegs befinden sich Restaurants und Souvenirgeschäfte. Die lokale Spezialität ist *yuba-soba*, eine Buchweizennudelsuppe mit *yuba*, das aus der Haut der Sojamilch gewonnen wird. *Yuba* ist sehr proteinreich und eine typische Nahrung für die vegetarischen Mönche.



## Shinkyō 神橋

Die Stadt Nikkō wird von den Schreinanlagen durch den Gebirgsbach Daiyagawa getrennt. Beim Überqueren des Baches liegt linker Hand gleich die erste Sehenswürdigkeit, die Shinkyō genannte heilige Brücke, 💻 www.shinkyo.net/english. Sie durfte früher nur vom Kaiser oder einem kaiserlichen Abgesandten betreten werden und gehört zu den drei schönsten Brücken in ganz Japan. Sie kann für ein Eintrittsgeld betreten und aus der Nähe besichtigt werden. 🕒 April–Sep 8–17, Okt–März 9–16 Uhr, 300 ¥.

## Tōshō-gū 東照宮

Dieser Schrein, 💻 www.toshogu.jp, wurde zu Ehren und als letzte Ruhestätte des Shōguns Tokugawa Ieyasu (1542–1616) erbaut. Er war der Gründer des über 250-jährigen Tokugawa-Shogunats (1603–1868), der längsten Friedenszeit in Japans Geschichte. Sein Sohn Hidetada gründete den Schrein 1617, aber 1636 ließ der dritte Shōgun, Tokugawa Iemitsu, die Anlage erheblich umbauen.

Geht man die breite Straße den Berg hinauf, stößt man zunächst auf das **steinerne Torii** *(ichi-no-torii)*, das mit seinen 9 m Höhe Japans größtes Stein-Torii ist. Links steht die **fünfstöckige Pagode** *(gojū-no-tō)*. Nach Durchschreiten eines hölzernen Eingangstors gelangt man zunächst in einen Vorhof. Hier befinden sich rechts drei Lagerhäuser für den Tempelschatz, die **Sanjinko**. Auf der Stirnseite des einen Gebäudes ist eine berühmte Schnitzerei zu sehen, die auf einer Zeichnung des Künstlers Kanō Tan'yū basiert. Sie werden „Elefanten der Fantasie" genannt, weil der Künstler nie einen echten Elefanten gesehen hat, aber die beiden Elefanten trotzdem sehr realistisch dargestellt sind. Beim ersten Gebäude links im Vorhof handelt es sich um den **heiligen Pferdestall**. Berühmt ist er für seine **Affenschnitzereien**, welche die Prinzipien der Tendai-Sekte widerspiegeln: „Sieh nichts Böses, sage nichts Böses und höre nichts Böses".

Links von einem Bronze-Torii *(ni-no-torii)* reinigen sich die Besucher Mund und Hände an der heiligen Quelle, bevor sie über das **Yōmei-mon** („Sonnenlichttor") den inneren Schreinbezirk betreten. Das Tor wird auch „Dämmerungstor" genannt, weil man es so lange betrachten will, bis man von der Dämmerung übermannt wird. Das Yōmei-mon ist ein Wunderwerk japanischer Baukunst und gleichzeitig das kostbarste Bauwerk innerhalb der Schreinanlage von Nikkō. Zum Verbinden der Balken wurde kein einziger Nagel verwendet; alle Teile sind sorgfältig zusammengefügt. Um böse Geister abzuhalten und zu verwirren, wurde eine Säule bewusst falsch herum montiert. Bemerkenswert ist die Schnitzerei zweier Tiger. Die Streifen des Tigerfells sind nicht geschnitzt, sondern werden von der natürlichen Maserung des Holzes gebildet.

Den inneren heiligen Schrein erreicht man durch das **Sakashita-mon**, ein Tor, das eine von Hidari Jingorō geschnitzte schlafende Katze ziert. 207 Treppenstufen führen zunächst zum heiligen Schrein, hinter dem sich das eigentliche Grabmal Tokugawa Ieyasus befindet. Die menschlichen Überreste des Shōguns sind in einer kleinen bronzenen **Pagode** aufbewahrt. Vor dieser Pagode befinden sich die *mitsu-gusoku,* drei Gegenstände, die den traditionellen buddhistischen Altarschmuck bilden: eine Blumenvase (in Lotusblütenform), ein Räuchergefäß (mit einem chinesischen Löwen) und ein Kerzenhalter (mit einem Storch, der auf einer Schildkröte steht).

Verlässt man den Hauptschreinbezirk über das Yōmei-mon, führt rechts ein kurzer Weg zum buddhistischen Tempel **Yakushi-dō**. In dessen Tempelhalle *(honji-dō)* kann ein an die Decke gemalter Drache bewundert werden, der *naki-ryū* („heulender Drache") genannt wird: Klatscht man in die Hände oder schlägt zwei Holzstücke zusammen, so entsteht ein Echo, das sich anhört, als würde der Drache aufheu-

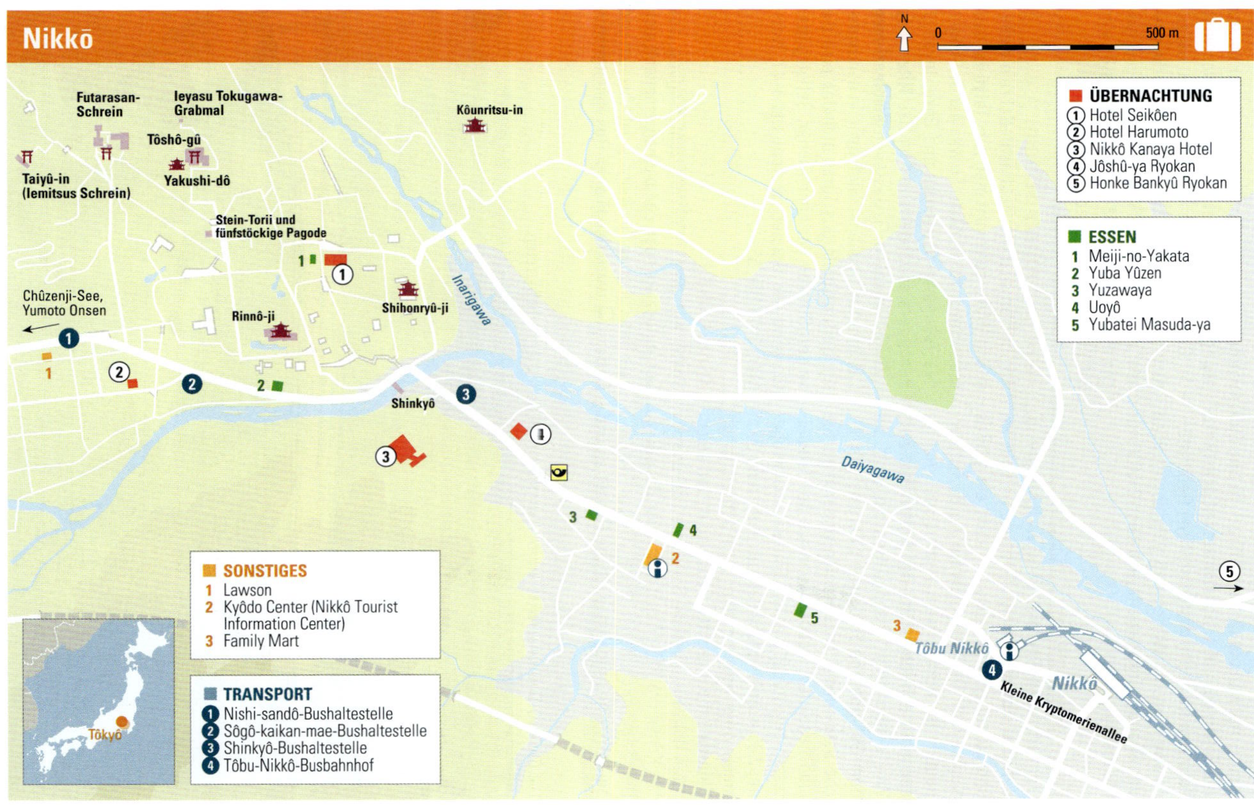

Nikkō
N
0
500 m
Futarasan-Schrein
Ieyasu Tokugawa-Grabmal
Tôshô-gû
Yakushi-dô
Taiyû-in (Iemitsus Schrein)
Kôunritsu-in
Stein-Torii und fünfstöckige Pagode
Chûzenji-See, Yumoto Onsen
Rinnô-ji
Shihonryû-ji
Inarigawa
Shinkyô
Daiyagawa
Tôbu Nikkô
Nikkô
Kleine Kryptomerienallee
Tôkyô
■ ÜBERNACHTUNG
① Hotel Seikôen
② Hotel Harumoto
③ Nikkô Kanaya Hotel
④ Jôshû-ya Ryokan
⑤ Honke Bankyû Ryokan
■ ESSEN
1 Meiji-no-Yakata
2 Yuba Yûzen
3 Yuzawaya
4 Uoyô
5 Yubatei Masuda-ya
■ SONSTIGES
1 Lawson
2 Kyôdo Center (Nikkô Tourist Information Center)
3 Family Mart
■ TRANSPORT
1 Nishi-sandô-Bushaltestelle
2 Sôgô-kaikan-mae-Bushaltestelle
3 Shinkyô-Bushaltestelle
4 Tôbu-Nikkô-Busbahnhof

len. ⏲ April–Okt 9–17, Nov–März 9–16 Uhr, Eintritt Tōshō-gū 1300 ¥, Kombiticket mit dem Nikkō Tōshō-gū Museum, das persönliche Gegenstände wie Rüstung, Waffen und Schreibutensilien des Shōguns Tokugawa Ieyasu zeigt, 2100 ¥ (nur Museum 1000 ¥).

## Futarasan-Schrein 二荒山神社

Der Futarasan-Schrein, 🖳 www.futarasan.jp, befindet sich nur wenige Gehminuten vom Tōshō-gū entfernt. Am Eingang steht ein großes Kupfer-Torii. Der **Hauptschrein** wurde 1619 erbaut. Er ist nicht so stark verziert und steht für den eher schlichten Stil der frühen Edo-Zeit. Wie schon beim Tōshōgū-Schrein sind auf dem Gelände des Futarasan-Schreins zahlreiche Stein- und Bronzelaternen versammelt. Sie sind besonders schön, wenn sie bei Tempelfesten beleuchtet werden. Eine sagenumwobene, 2,30 m hohe Bronzelaterne steht rund 50 m hinter dem Ticketschalter zum Schreingarten **Shin-en** auf der rechten Seite und ist von einem roten Holzzaun umrahmt. Sie wurde 1292 im späten Kamakura-Stil erstellt und heißt **Bakedōrō**. Der Sage nach nahm diese „Geisterlaterne" bei Dunkelheit eine unheimliche Gestalt an und wurde einst von einem Samurai, der ihr nachts begegnete, verwundet. Daraufhin verschwand der Geist, und es blieb nur die Bronzelaterne zurück. Bis heute kann man die tiefen Kerben sehen, die der Samurai mit dem Schwert geschlagen hat. ⏲ April–Okt 8–17, Nov–März 9–16 Uhr, 200 ¥ Shin-en mit Bakedōrō.

## Taiyū-in (Iemitsus Schrein) 大猷院

Begibt man sich vom Futarasan-Schrein weiter in den Wald, so kommt man zum **Taiyū-in**, dem Mausoleum für Iemitsu. Er war der 3. Shōgun des Tokugawa-Shogunats und Enkel Ieyasus. Besonders erwähnenswert ist das **Niten-mon** („Zwei-Himmel-Tor"), das auch **Kaminari-mon** („Donnertor") genannt wird, denn in den hinteren Seitenflügeln des Tores befinden sich die beiden Statuen der himmlischen Schutzgötter für Wind und Donner. ⏲ April–Okt 8–17, Nov–März 8–16 Uhr, 550 ¥.

## Rinnō-ji 輪王寺

Sollte auf dem Rückweg zum Eingang des Schreinbezirks noch Zeit bleiben, empfiehlt sich eine Besichtigung des Rinnō-ji mit Museum und Garten, 🖳 www.rinnoji.or.jp. Das Hauptgebäu-

Die Shinkyō-Brücke in Nikkō durften Normalsterbliche früher nicht betreten.

© AXEL SCHWAB

de des Tempels heißt **Sanbutsu-dō** und ist das größte Tempelgebäude im Nikkō-Gebiet. Der Name bedeutet „Drei-Buddha-Halle" und steht für die drei Statuen im Inneren: Die tausendhändige Kannon (Göttin der Barmherzigkeit), Amida Buddha und die Pferdekopf-Kannon.

Der Garten **Shōyō-en** ist im typischen Edo-Stil angelegt und zu jeder Jahreszeit verlockend. ⏲ tgl. 8–17, Nov–März 8–16 Uhr, Eintritt Rinnō-ji 400 ¥, Museum und Garten 300 ¥. Kombiticket Sanbutsu-dō und Taiyū-in 900 ¥.

## Shihonryū-ji 四本竜寺

Ein Geheimtipp ist der Shihonryū-ji, zu dem sich kaum Touristen verirren. Vom ersten Tempel in Nikkō sind nur die Halle Kannon-dō (807) und die dreistöckige Pagode Sanjū-no-tō (13. Jh.) mit ihren hübschen Schnitzereien der zwölf chinesischen Tierkreiszeichen übrig geblieben.

## Chūzenji-See und Kegon-Wasserfall 中禅寺湖・華厳の滝

Zu den Naturschönheiten des Nikkō-Gebiets zählt der Chūzenji-See mit dem **Kegon-Wasserfall**, 45 Busminuten von Nikkō entfernt. Die Basis des fast 100 m hohen Wasserfalls erreicht man über einen in den Felsen gehauenen Fahrstuhl (570 ¥). Im Sommer besticht der Kegon-Wasserfall durch seine in einen Wassernebel gehüllte Schönheit, im Winter durch die vielen Eiszapfen. Bei schlechtem Wetter ist der Wasserfall leider oft nicht sichtbar. ⏲ März–Nov 8–17, Dez–Feb 9–16.30 Uhr.

Der **Chūzenji-See** liegt 1269 m über dem Meeresspiegel. Er erhielt seinen Namen vom Tempel Chūzen-ji, der 784 vom Mönch Shōtō gegründet wurde. Besonders schön ist die Gegend Anfang Mai zur Kirschblüte und im Oktober zur Herbstlaubfärbung. Eine Bootsfahrt auf dem See beginnt am Chūzenji-Fährterminal (5 Min. Fußweg von der Bushaltestelle Chūzenji Onsen) und geht in 20 Min. bis nach Shōbugahama (nur April–Nov, 570 ¥).

## Yumoto Onsen 湯本温泉

Tiefer in den Bergen (1478 m) befindet sich der Onsen-Ort Yumoto. Es gibt einen See, den **Yuno-ko**, der von prächtig bewaldeten Bergen umgeben und nur von der südlichen Seite zugänglich ist. Hier haben sich einige luxuriöse Onsen-Hotels angesiedelt. Zwischen den beiden Seen Chūzenji und Yuno-ko erstreckt sich ein großes Sumpfgebiet, das über erschlossene Wanderwege zur Erkundung einlädt.

### ÜBERNACHTUNG

**Honke Bankyū Ryokan**, Yunishigawa 749, ✆ 0288-98-0011, 💻 www.bankyu.co.jp/en. Eins der exklusivsten und teuersten Ryokans im Nikkō-Gebiet. Die *rotenburo* versprechen ein ganz besonderes Naturerlebnis, was einen für die weite Anfahrt (ca. 80 Min. von Nikkō) entschädigt. Ab ca. 26 000 ¥ p. P. mit HP (bei 2–4 Pers. im Zimmer).

**Hotel Harumoto**, Yasukawa-chō 5-13, ✆ 0288-54-1133, 💻 www.harumoto.net. Man spricht hier zwar nur wenig Englisch, doch ist dieses Hotel etwas persönlicher und zudem günstiger als das gegenüberliegende Senhime-monogatari Inn. ❹–❺

**Hotel Seikōen**, Sannai 2350, ✆ 0288-53-5555, 💻 www.hotel-seikoen.com/en. In unmittelbarer Nähe des Schreinbezirks liegt dieses saubere und schöne traditionelle Onsen Hotel Neben den vielen Tatami-Räumen gibt es drei Zimmer mit Betten. Das Essen besteht wie für Ryokans typisch aus mehreren Gängen und ist vorzüglich. Ab 15 000 ¥ p. P. mit HP (bei 4 Pers. im Zimmer).

**Jōshū-ya Ryokan**, 911 Nakahatsuishi, ✆ 0288-54-0155, 💻 www.johsyu-ya.co.jp/en. Das einfache kleine Ryokan hat acht Räume und liegt bequem direkt an der Hauptstraße keine 300 m von der heiligen Brücke entfernt. Ab 7850 ¥ p. P. mit HP, nur Übernachtung ab 5000 ¥ p. P. Das Essen kann auch separat bestellt werden (Abendessen 2000 ¥), und es gibt sogar westliches Frühstück (1000 ¥).

**Nikkō Kanaya Hotel**, Kamihatsuishi-machi 1300, ✆ 0288-54-0001, 💻 www.kanayahotel.co.jp. Das geschichtsträchtige Hotel wurde 1873 eröffnet und war damit das erste Hotel Japans im westlichen Stil. Wenn man sich in einem der alten Ledersessel in der Lobby niederlässt, gewinnt man für einen Augenblick den Eindruck, dass hier die Zeit stehen geblieben ist. Das besondere Flair dieses Hotels, in dem schon Albert Einstein nächtigte, sollte man sich auf keinen Fall entgehen lassen. ❺–❻

## ESSEN

**Meiji-no-Yakata**, 2339-1 Sannai, ✆ 0288-53-3751, 💻 www.meiji-yakata.com. Das empfehlenswerte, aber nicht gerade günstige Restaurant liegt nahe den Schreinen direkt gegenüber dem Hotel Seikōen. Ganz im Stil der Meiji-Zeit ist die Inneneinrichtung, und die Karte hat einen westlichen Einschlag mit Steaks in verschiedenen Qualitäten und Preislagen. ⏲ 11–19 Uhr, wechselnde Ruhetage.
**Uoyō**, Gokō-machi 593, ✆ 0288-54-0333, 💻 www.uoyou-soba.com. in der Hauptstraße in Richtung des Schreinbezirks. Hier gibt es vorzügliches *yuba-soba*, wobei die Nudeln aus selbst gemahlenem Buchweizen hergestellt werden. Die Mühle ist im Restaurant zu bewundern, und als Andenken gibt es zur Visitenkarte gleich ein paar Samenkörner mit dazu. ⏲ 11–15 Uhr, Ruhetage unregelmäßig.
**Yuba Yūzen**, Yasukawa-chō 1-22, ✆ 0288-53-0355, 💻 www.nikko-yubayuzen.com. Unterhalb der Schreinanlage gibt es – wie der Restaurantname schon verrät – Menüs aus *yuba*; diese proteinreiche Spezialität wird aus der Haut von Tofu hergestellt, die sich beim Erhitzen an der Oberfläche bildet. ⏲ Do–Di 11.30–15 Uhr.
**Yubatei Masuda-ya**, Ishiya-machi 439-2, ✆ 0288-54-2151, 💻 www.nikko-yuba.com. Das Restaurant liegt auf dem Weg vom Bahnhof Tōbu Nikkō in Richtung des Schreinbezirks und bietet verschiedene Variationen von *yuba*. Ein komplettes Menü heißt *kaiseki-ryōri* und kostet 4290 ¥. Vegetarier sollten die gegrillte Forelle *masu-no-shioyaki* weglassen. Das Restaurant schließt, sobald das *yuba* ausverkauft ist. ⏲ Fr–Mi 11–15 Uhr.
**Yuzawaya**, Gokō-machi 946, ✆ 0288-54-0038, 💻 www.yuzawaya.jp. Ein Geschäft für *manjū* (mit Bohnenpaste gefüllte kleine Kuchen) mit einem kleinen Café. Man sitzt dort rustikal auf Holzstümpfen und kann zwischen den verschiedensten japanischen Süßspeisen wählen. ⏲ Mi–Mo 9–18, Café 10–16.30 Uhr.

## SONSTIGES

### Einkaufen

Der Weg vom Bahnhof Tōbu Nikkō zum Schreinbezirk ist von mehreren Souvenirgeschäften gesäumt. Mehr dieser ganz auf den Geschmack japanischer Touristen ausgerichteten Läden finden sich zwischen dem Kegon-Wasserfall und der Bushaltestelle Chūzenji Onsen.

### Feste

**Yayoi Matsuri**, 16.–17.4.: Bei diesem Frühlingsfest in Nikkō werden mit Kirschblüten verzierte Schreinwagen *(hana-yatai)* durch die Straßen von Nikkō und zum Futarasan-Schrein hinaufgezogen.
**Tempelfest am Tōshō-gū**, 17.–18.5.: Der Höhepunkt des Festes zu Ehren des Shōguns Tokugawa Ieyasu ist die Parade **Hyakumonozoroi Sennin Musha Gyōretsu** am 18.5. in Nikkō.
**Herbstfest**, 17.10.: Parade am Tōshō-gū in Nikkō.

### Informationen und Internet

Das **Tōbu Sightseeing Service Center** befindet sich 135 m hinter dem Bahnhof Tōbu-Asakusa in Tōkyō und hilft Touristen auf Englisch. ⏲ tgl. 7.20–19 Uhr.

### Nikkō-kaidō

Fährt man mit der Nikkō-Linie von Utsunomiya nach Nikkō, erblickt man kurz nach dem Bahnhof Shimotsuke Ōsawa linker Hand riesige **Japanische Zedern** *(sugi)* entlang einer Straße. Bevor die Eisenbahn Japan eroberte, kamen die Reisenden gewöhnlich auf dieser alten Straße, dem Nikkō-kaidō, hierher. Von Utsunomiya aus führte die Kryptomerien-Allee rund 30 km bis nach Nikkō zur heiligen Brücke. Die 300 Jahre alten Bäume waren den Reisenden ein willkommener Schattenspender im Sommer und verbreiteten gleichzeitig eine mystische Stimmung auf dem **Pilgerweg** nach Nikkō. Einige Zedern stehen auch entlang der Hauptstraße unterhalb des Busbahnhofs Tōbu-Nikkō, doch sind diese kleiner und nicht so alt.

Am Schalter der Touristeninformation im **Bahnhof Tōbu-Nikkō** gibt es ebenfalls etwas Unterstützung und einige Unterlagen.
⌚ tgl. 8.30–17 Uhr.
**Nikkō Tourist Information Center** im Kyōdo Center in der Hauptstraße direkt an der größeren Straßenabzweigung nach links, ✆ 0288-53-3795, 💻 www.mekke-nikko.com.
⌚ tgl. 9–17 Uhr.

### Post und Geld

Das **Hauptpostamt** liegt in der Hauptstraße zum Schreinbezirk ca. 400 m vor der Brücke über den Daiyagawa. Hier kann man mit Kreditkarte Bargeld abheben. ⌚ Mo–Fr 9–17 Uhr, ATM auch am Wochenende zugänglich.

## NAHVERKEHR

Vom Bahnhof Tōbu-Nikkō fährt man in 5 Min. mit dem Bus zum **Schreingelände**, Abfahrt direkt vor dem Bahnhof an den Bushaltestellen Nr. 1 und 2, Ausstieg an der Haltestelle Shinkyō, Sōgō-kaikan-mae oder Nishi-sandō. Alternativ läuft man in gut 20 Min. zur Schreinanlage und erhält dabei einen guten Überblick über die vorhandenen Geschäfte und Restaurants.
Zum **Chūzenji-See und Kogon-Wasserfall** fährt man in 45 Min. bis zur Bushaltestelle Chūzenji Onsen (Aufschrift am Bus: „Chūzenji Onsen“ oder „Yumoto Onsen“); an Wochenenden kann die Fahrt wegen Staus länger dauern. Die Busse halten auf ihrem Weg vom Tōbu-Bahnhof Nikkō an der Shinkyō-Brücke und unterhalb des Schreinbezirks an der Haltestelle Nishi-sandō. Sie verkehren etwa alle 30 Min. (1250 ¥). Von der Bushaltestelle Chūzenji Onsen sind es 5 Min. zu Fuß zum Kegon-Wasserfall.
Die Busse mit der Aufschrift „Yumoto Onsen“ fahren nach Ankunft am Chūzenji Onsen in 30 Min. weiter zum **Yumoto Onsen** (1000 ¥).

## TRANSPORT

Die Anreise aus TŌKYŌ erfolgt am besten mit der Nikkō-Linie der **Tōbu Railway**, 💻 www.tobu.co.jp/en, vom Bahnhof Tōbu-Asakusa (Abfahrt 5.58 Uhr, Umstieg 7.01 Uhr in Minami-Kurashi, Ankunft 8.18 Uhr in Nikkō, 1400 ¥). Danach fahren nur noch Limited Express mit reservierten Sitzen (1 Std. 50 Min., 3050 ¥), kein Umstieg notwendig.
Alternativ fährt man mit **JR** vom Hauptbahnhof Tōkyō oder Shinjuku nach Utsunomiya (Shinkansen 50 Min., Rapid von Shinjuku 1 3/4 Std.). Von dort sind es nochmals 45 Min. nach Nikkō. Diese Variante ist jedoch teurer als mit der Tōbu-Linie und lohnt sich daher nur, wenn man einen Japan Rail Pass besitzt.

# Fuji-san 富士山

Der Fuji-san (3776 m) ist der höchste Berg Japans und gleichzeitig der symmetrischste Vulkankegel der Welt. Geologisch gilt er als noch aktiv – bei seinem letzten Ausbruch im Jahr 1707 verstreute er seine Asche bis nach Tōkyō. Die Unesco nahm den Berg aufgrund seiner Bedeutung für Kunst, Poesie und Religion 2013 in die Liste des Weltkulturerbes auf.

Die Umgebung des Fuji-san ist wegen ihrer landschaftlichen Reize ein beliebtes Naherholungsgebiet für die Bevölkerung von Tōkyō. Ein Besuch der Gegend lohnt sich das ganze Jahr über. Für einen Tagesausflug leiht man sich am besten einen Mietwagen oder bucht rechtzeitig über 💻 www.veltra.com eine organisierte Bustour. Für die Besteigung des Fuji-san nimmt man besser von Shinjuku aus einen Linienbus. Die offizielle Saison zur Gipfelbesteigung für alle Wege geht vom 10. Juli bis zum 10. September, dieser Zeitraum sollte auch eingehalten werden, da es außerhalb der Saison schon Todesfälle unter ausländischen Bergsteigern gegeben hat.

## Yamanaka-See 山中湖

Fährt man von Tōkyō auf dem Chūō-Expressway, dann ist der **Yamanaka-ko** der erste Stopp im Gebiet um den Fuji-san. Der See ist mit 6,7 km² der größte der fünf Fuji-Seen. Es bietet sich an, dort Boot zu fahren oder am Ufer zu zelten. Am 1. August findet ein Fest mit großem Feuerwerk statt. Im Winter ist der See fürs Eislochangeln (Gründlinge) und Schlittschuhlaufen bekannt.

### Fujinomiya 5. Station 富士宮五合目

Die 5. Bergstation von Fujinomiya ist mit 2380 m die höchste mit dem Auto erreichbare Station. Bei klarem Wetter hat man einen herrlichen Blick in die Ferne. Ist der Fuji aber in Wolken gehüllt, beträgt die Sicht oft nur 50 m. Wer nicht den Gipfel besteigen möchte, kann von hier einen Rundweg laufen, der 50 Minuten dauert.

### Shiraito-Wasserfall 白糸の滝

Südwestlich vom Fuji-san liegt dieser zwar nur 26 m hohe, aber durch seine Breite (200 m) recht schöne Wasserfall. *Shira-ito-no-taki* heißt übersetzt „Weiße-Fäden-Wasserfall". Er wird vom Regen- und Schmelzwasser des Fuji-san gespeist.

### Kawaguchi-See 河口湖

Vom Nordufer des **Kawaguchi-ko** hat man angeblich den schönsten Blick auf den Fuji-san, und mit etwas Glück spiegelt sich der Berg im Wasser. Alternativ kann man vom Ostufer des Sees mit einer Seilbahn den 1080 m hohen Berg Tenjō erklimmen und von dort die schöne Aussicht genießen. Die Seilbahnfahrt kostet 900 ¥, 💻 www.mtfujiropeway.jp, 🕒 tgl. 9.30–16.20 Uhr, Wochenende eine Stunde länger.

### Besteigung des Fuji-san 富士登山

Ein japanisches Sprichwort besagt, dass es weise sei, den Fuji einmal zu besteigen; wer ihn aber zweimal besteige, sei ein Dummkopf. Der eigentliche Grund, weshalb Japaner den Berg erklimmen, ist eigentlich nicht, um ihn zu bezwingen, sondern es handelt sich eher um eine Art Wallfahrt, denn der Berg gilt als heilig.

Den Aufstieg beginnt man üblicherweise von der 5. Bergstation **Kawaguchi-ko Gogōme**. Aufgrund seiner Höhe ist auf dem Gipfel eine um 20 °C geringere Temperatur als auf Meereshöhe zu erwarten. Hinzu kommen zum Teil sehr starke Winde. Selbst im Sommer wird deshalb unbedingt warme Kleidung (wind- und regendichte Jacke, Mütze und Handschuhe) benötigt. Zusätzlich sollte man auf jeden Fall genügend Flüssigkeit (Empfehlung: 3 Liter) und auch etwas Verpflegung mitbringen. Man kann sich zwar etwas in den Hütten kaufen, dort ist es allerdings teuer. Bei der Besteigung des Fuji können bei einigen Menschen durchaus Symptome der Höhenkrankheit auftreten. In dem Fall sollte man besser wieder hinabsteigen. Am beliebtesten sind die Nachtaufstiege, wozu eine Taschenlampe mit Ersatzbatterien empfehlenswert ist. Kommt man rechtzeitig zum Sonnenaufgang auf dem Gipfel an, erwartet einen bei gutem Wetter ein unvergessliches Naturschauspiel.

Für den Aufstieg sind je nach Verfassung 4–6 Stunden zu veranschlagen, der Abstieg kann in 2–3 Stunden bewältigt werden, wobei man wegen des weichen Lava-Sandes regelrecht den Berg „hinunterrutschen" kann. Bei guter Fernsicht lohnt es sich, auf jeden Fall zusätzlich noch den Kraterrand zu umrunden (ca. 1 Std.). Auf dem Gipfel gibt es einen Shintō-Schrein, ein Postamt, eine Wetterstation sowie mehrere Lokale.

#### ÜBERNACHTUNG UND ESSEN

**Fujikyū Unjō-kaku**, ✆ 0555-72-1355, 💻 www.fujiyama-navi.jp/unjyokaku. Haus im Fachwerkstil direkt an der Kawaguchi-ko 5. Station, mit Unterbringung in modernen Kapseln, großem Souvenirladen und Restaurant in 2305 m Höhe. Hier kann man nur vom 1. Juli bis 9. Sep übernachten. 7700 ¥ p. P.

**Fujiyoshida Youth Hostel**, Fujiyoshida-shi, Shimoyoshida-honchō 2-339, ✆ 0555-22-0533, 💻 www.jyh.or.jp. Die Herberge befindet sich in einer kleinen Seitenstraße in einem alten Haus, knapp 10 Min. Fußweg vom Bahnhof Shimo-Yoshida und 20 Min. vom Bahnhof Fuji-Yoshida entfernt. Einen tollen Blick auf den Fuji-san hat man von einem nahen Hügel. Vom 30. Dez–31. Jan geschlossen. 3500 ¥ p. P., Nichtmitglieder zahlen 4100 ¥.

#### INFORMATIONEN

**Fuji-Kawaguchi-ko Tourist Information**, ✆ 0555-72-6700, 💻 www.fujisan.ne.jp. Das Touristeninformationszentrum befindet sich direkt vor dem Bahnhof Kawaguchi-ko (Fuji-Kyūkō-Linie). Hier sollte man sich die englische Umgebungskarte der Seen Kawaguchi-ko und Sai-ko geben lassen. 🕒 tgl. 9–17 Uhr.

Ein Postkartenmotiv – die Chūreitō-Pagode vor dem Fuji-san zur Kirschblüte

**Fuji-Yoshida Tourist Information Service**, ✆ 0555-22-7000, 💻 www.fujiyoshida.net. Touristeninformation am Bahnhof Mt. Fuji (Fuji-Kyūkō-Linie). 🕒 tgl. 9–17 Uhr.

## NAHVERKEHR

Vom Bahnhof Kawaguchi-ko starten verschiedene **Buslinien** (Red, Green und Blue Line) zu den Seen Kawaguchi-ko, Sai-ko und Shōji-ko. Mit einer Zweitagekarte kann man auf allen drei Linien beliebig oft ein- und aussteigen (1500 ¥), 💻 http://bus-en.fujikyu.co.jp.

## TRANSPORT

Zur Besteigung des Fuji-san empfiehlt sich eine direkte **Busverbindung** ab TŌKYŌ (2 1/2 Std., einfach 2950 ¥), die zwischen dem Shinjuku Highway Bus Terminal und der 5. Bergstation Kawaguchi-ko besteht. Mehr Verbindungen bestehen zwischen Shinjuku und Kawaguchi-ko (1 3/4 Std., einfach 1850 ¥). Näheres unter 💻 https://highway-buses.jp.

Eine **Zugfahrt** kostet mehr, dafür steht man an Wochenenden nicht im Stau: Mit der JR-Chūō-Linie geht es von Shinjuku nach Ōtsuki (Express: 1 Std., 2360 ¥ – Achtung nur reservierte Plätze; sonst 1 1/2 Std., 1340 ¥) und steigt dort in die private Fuji-Kyūkō-Linie um, die bis zum Bahnhof Kawaguchi-ko fährt (50 Min., 1170 ¥).

# Hakone 箱根

Ein Ausflug nach Hakone gehörte wegen der schönen Berglandschaft, der heißen Quellen und verschiedenen Sehenswürdigkeiten schon im 19. Jh. zu einem Japanbesuch unbedingt dazu. Das Hakone-Gebiet liegt 90 km westlich von Tōkyō und erstreckt sich innerhalb eines Dreiecks, dessen Eckpunkte durch den **Fuji-san** sowie die Städte **Odawara** und **Atami** gebildet werden. In diesem Gebiet lassen sich die Aktivitäten der Erdkruste besonders anschaulich erleben.

## Hakone-Yumoto 箱根湯本

Hakone-Yumoto ist der erste Stopp und zugleich das Tor zu den heißen Quellen des Hakone-Gebietes. Vom Bahnhof dieses Thermalbadeortes aus reihen sich jede Menge Restaurants und Souvenirshops entlang der Straße den Berg hin-

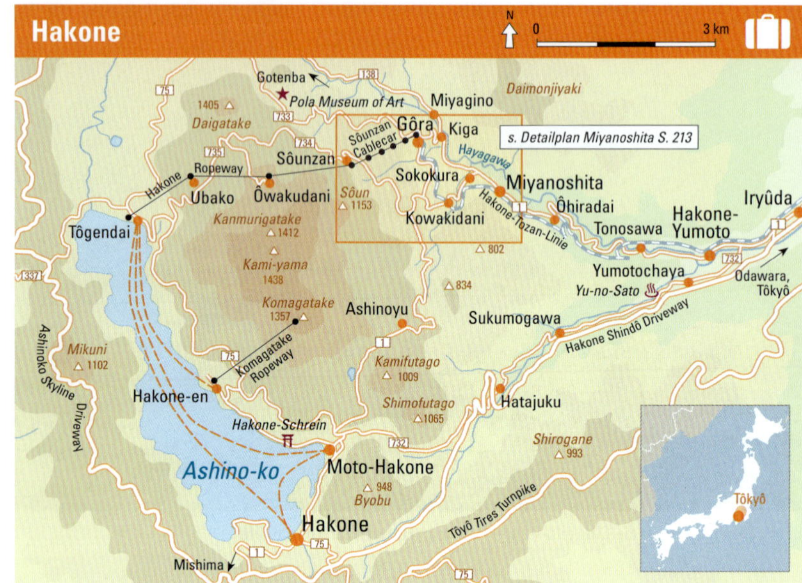


auf. Berühmt ist Yumoto für seine vielen Herbergen mit eigenem Onsen. Es gibt außerdem einige Onsen nur für Tagesausflügler. Beim Bahnhof Tonozawa liegt das **Hakone Yuryō**, 💻 www.hakoneyuryo.jp, 🕒 tgl. 10–20 Uhr, 1900 ¥, wochentags nur 1600 ¥. Ein sehr schönes Onsen, aber leider etwas weiter entfernt, ist das **Tenzan**, 💻 www.tenzan.jp/tenzan. Vom Bahnhof verkehrt ein kostenloser Shuttlebus. 🕒 tgl. 9–22 Uhr, 1450 ¥.

## Miyanoshita 宮ノ下

Der Gebirgsort Miyanoshita ist leicht mit der Hakone-Tozan-Linie zu erreichen. Da er einige empfehlenswerte Restaurants und Hotels bietet, empfiehlt es sich, hier eine Übernachtung einzuplanen, um die Läden entlang der Hauptstraße und die Landschaft der Umgebung näher zu erkunden.

## Um Gōra 強羅

Nach Gōra gelangt man ebenfalls mit der Hakone-Tozan-Linie. Eine Station vor Gōra, am Bahnhof Chōkoku-no-mori, zeigt das **Hakone-Freiluftmuseum**, 💻 www.hakone-oam.or.jp, Werke in- und ausländischer Bildhauer des 19. und 20. Jhs., darunter Rodin, Bourdelle, Moore, Zadkine und Picasso. 🕒 tgl. 9–17 Uhr, 1600 ¥. Mit einer Drahtseilbahn (Sōunzan Cablecar) geht es von Gōra weiter bis zum Gipfel Sōunzan.

### Ein Onsen zum Entspannen

**Yu-no-Sato**, 191 Yumoto-chaya, Hakone-machi, 💻 www.yunosato-y.jp/english. Das große und saubere Onsen besitzt einen sehr schönen Außenbereich mit unterschiedlichen Bädern, z. B. kann man sich von einem aus 2 m Höhe hinabfallenden Wasserstrahl die Schulter massieren lassen. Das Restaurant Yamabiko hat gemäßigte Preise, und vom Wartebereich im 4. Stock eröffnet sich ein schöner Blick über das Flusstal.

Man erreicht das Onsen vom Bahnhof Hakone-Yumoto entweder nach halbstündigem Fußweg entlang des Flusses oder mit dem Shuttlebus (100 ¥) bis zum Hotel Okada. 🕒 tgl. 11–23 Uhr, Eintritt 1450 ¥, Leihgebühr für Handtücher 200 ¥.

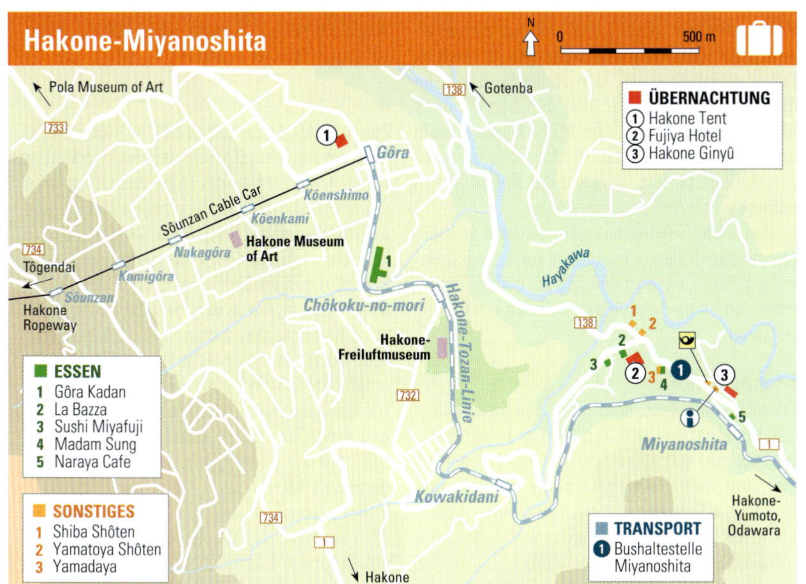


Wer genügend Zeit hat, sollte auf der Fahrt mit der Drahtseilbahn noch einen Stopp an der Haltestelle Kōen-kami einlegen, um dort das **Hakone Museum of Art**, 🖳 www.moaart.or.jp/hakone, zu besuchen. Dort ist Keramikkunst aus vorchristlicher Zeit bis zur Edo-Zeit ausgestellt. Selbst wenn man sich nicht für Keramik interessiert, lohnt das Eintrittsgeld allein schon wegen des tollen japanischen Gartens mit Moosen, Wasserfällen und Teehäusern. 🕒 Fr–Mi 9.30–16 Uhr, 1300 ¥.

Leider nur mit Bus (13 Min.) oder Taxi (10 Min.) vom Bahnhof Gōra aus ist das **Pola Museum of Art**, 🖳 www.polamuseum.or.jp, zu erreichen. Der moderne Museumsbau fügt sich ideal in die Waldlandschaft von Hakone ein und bietet abwechslungsreiche Wechselausstellungen mit dem Schwerpunkt moderne Kunst vorwiegend aus der Sammlung der Kosmetikfirma Pola. 🕒 tgl. 9–17 Uhr, 1800 ¥.

## Sōunzan und Ōwakudani 早雲山・大涌谷

**Sōunzan** ist der Umsteigeort auf die Hakone Ropeway. Zunächst empfiehlt es sich, mit dieser Seilbahn bis nach **Ōwakudani** zu fahren, um dort die Schwefelquellen zu besuchen. Ōwakudani liegt im alten Krater des Berges Kamiyama. Schon von der Seilbahn aus sieht man die zahlreichen brodelnden Quellen, es riecht unangenehm nach Schwefelverbindungen. Eine Spezialität sind Eier, die in dem heißen, brodelnden Schlamm gekocht werden. Dabei wird die Schale der Eier schwarz. Angeblich soll sich das Leben pro verzehrtem Ei um sieben Jahre verlängern. Neben einem Restaurant und dem obligatorischen Souvenirladen gibt es hier noch das neue **Hakone Geomuseum**, 🖳 www.hakone-geomuseum.jp. Es ist auf die Erdgeschichte des Hakone-Gebietes und Vulkanologie spezialisiert. 🕒 tgl. 9–16 Uhr, Eintritt 100 ¥.

**Tipp:** Auf der Website des Geomuseums prüfen, ob dieses wegen vulkanischer Aktivitäten geschlossen ist. Dann fährt nämlich auch die Seilbahn nicht und der *Hakone Free Pass* (S. 216) lohnt sich nicht.

## Tōgendai 桃源台

Die Seilbahn endet in Tōgendai am See von Hakone, dem **Ashino-ko**, in dem sich bei gutem

Wetter der Fuji spiegelt. Der See hat sich in einem alten Vulkankrater gebildet und ist reich an Forellen und Brassen. Von Tōgendai aus kann man mit dem Boot quer über den See bis nach **Moto-Hakone** fahren. Bei Moto-Hakone steht der **Hakone-Schrein** (ca. 15 Min. Fußweg – das rote Torii ist bereits während der Bootsfahrt zu sehen), 💻 www.hakonejinja.or.jp.

Von Moto-Hakone aus geht es dann am besten mit dem Hakone-Tozan-Bus zurück nach Hakone-Yumoto, um dort den Tag mit einem Abendessen und dem Besuch eines Onsen ausklingen zu lassen.



## Komagatake 駒ヶ岳

Etwas abseits der touristischen Hauptroute liegt der Komagatake. Auf den 1357 m hohen Berg gelangt man mit einer Seilbahn von Hakone-en aus. Auf dem Berggipfel steht der **Hakone-Motomiya-Schrein** und man hat einen herrlichen Blick auf See und Fuji-san. Von der oberen Seilbahnstation des Komagatake blickt man in nördlicher Richtung zum **Kami-yama**, der mit 1438 m der höchste Berg im Hakone-Gebiet ist.

Zur Seilbahnstation Hakone-en geht es entweder per Boot von Tōgendai aus oder direkt mit dem Bus von Hakone-Yumoto zum Hakone-en-Aquarium. Da nur wenige Busse verkehren, empfiehlt es sich, die Abfahrtszeiten vorher herauszusuchen.

## ÜBERNACHTUNG

Die Hotels und Ryokan in Hakone sind alle teuer, weil sie vorwiegend auf japanische Touristen ausgerichtet sind, die nur wenige Tage oder ein Wochenende hier verbringen. Für ausländische Touristen bietet sich der Ort **Miyanoshita** an. Im Hakone-Gebiet gibt es auch Jugendherbergen, die aber z. T. etwas abseits liegen. Für Budget-Reisende ist es daher oft günstiger, in Yokohama zu übernachten und in 90 Min. mit dem Zug anzureisen.

### Yumoto

**Hakone Pax Yoshino**, Yumotochaya 129-5, ✆ 0460-85-8111, 💻 www.pax-yoshino.com. Vergleichsweise preiswertes Onsen-Hotel direkt am Fluss in Yumoto. Ab 21 000 ¥ p. P. mit HP (bei 2 Pers. im Zimmer).

### Miyanoshita

**Fujiya Hotel**, Miyanoshita 359, ✆ 0460-82-2211, 💻 www.fujiyahotel.jp. Ein geschichtsträchtiges Hotel in hervorragender Lage, das sowohl von Japanern als auch ausländischen Touristen aufgrund seines vorzüglichen Service gerne besucht wird. Bei der Planung für die Hakone-Erkundungen erhält man eine vorbildliche Unterstützung durch vom Hotelpersonal erstellte englischsprachige Beschreibungen. Auch wenn man hier nicht übernachtet, empfiehlt sich ein kurzer Besuch, um die Holzschnitzereien in der Lobby zu bewundern und in der Tea Lounge sitzend den schönen Blick auf den Garten hinter dem Gebäude zu genießen. ❻

**Hakone Ginyū**, Miyanoshita 100-1, ✆ 0460-82-3355 💻 www.hakoneginyu.co.jp. Die Lobby empfängt den Gast mit balinesischen Klängen, der hölzerne Dachfirst liegt offen, und von einer großen Glasfront überblickt man das Tal. Das moderne Ryokan hat sich vor allem auf Gäste spezialisiert, die Ruhe und Entspannung suchen. Ab 33 150 ¥ p. P. mit HP (bei 4 Pers. im Zimmer).

### Gōra

€ **Hakone Tent**, Gōra 1320-257, ✆ 0460-83-8021, 💻 http://hakonetent.com. Das 2014 eröffnete Gästehaus liegt gut erreichbar beim Bahnhof Gōra und verfügt über zwei kleine Onsen. Ab 3500 ¥ p. P. in gemeinschaftlichen Tatami-Zimmern (max. 4 Personen).

## ESSEN

### Yumoto

**Hatsuhana Soba**, Yumoto 635, ✆ 0460-85-8287, 💻 www.hatsuhana.co.jp. Eine reichhaltige Auswahl an Soba-Gerichten (englische Karte) bietet Hatsuhana Soba. Wie der Name verrät, ist die Spezialität Soba mit geriebenen Yamswurzeln, aber auch das Set aus Soba und Tenpura ist sehr zu empfehlen. Zu finden ist das Restaurant wie folgt: Vom Bahnhof Hakone-Yumoto läuft man 300 m den Berg hinauf und biegt 50 m vor der zweispurigen Autobrücke links ab. Das Restaurant befindet sich gleich links nach Überquerung des Flusses. 🕒 Do–Di 10–19 Uhr, Annex am Mi geöffnet.

### Miyanoshita

Die folgenden Restaurants (außer Naraya Cafe und Sushi Miyafuji) liegen alle direkt an der Hauptstraße im Ort.

**La Bazza**, ✆ 0460-87-9223, 💻 www.labazza.jp. Das Essen dieses italienischen Restaurants schmeckt besser, als der erste Eindruck der in die Jahre gekommenen Einrichtung erwarten lässt. 🕒 Mi–Mo 11–15 und 17.30–20 Uhr.

**Madam Sung**, ✆ 0460-82-2122. Das koreanische Restaurant fällt durch seine moderne und stilvolle Einrichtung auf. Das Essen ist nicht schlecht, reißt einen aber auch nicht vom Hocker. 🕒 Di–So 11–14 und 18–20 Uhr.

**Naraya Cafe**, ✆ 0460-82-1259, 💻 www.naraya-cafe.com. Geht man vom Bahnhof Miyanoshita den Berg hinunter zur Hauptstraße, kann man sich auf halbem Weg im Café mit Fußbad eine Pause gönnen. 🕒 Do–Di 10.30–17 Uhr.

**Sushi Miyafuji**, Miyanoshita 310, ✆ 0460-82-2139. Der nette, familiäre Sushi-Laden liegt in der kleinen Seitenstraße an der Ecke des Tenpura Juraku. Seine Spezialität ist *aji-don* – die Makrelenart *aji* kommt immer frisch aus der nahen Sagami-Bucht. Es gibt eine englische Speisekarte. 🕒 Fr–So 11.30–14.30 und 17.30–19.30 Uhr.

### Gōra

**Gōra Kadan**, Gōra 1300, ✆ 0460-82-3333, 💻 www.gorakadan.com. Das exklusive Ryokan entstand um ein Fachwerkhaus, das 1930 von einem Mitglied der kaiserlichen Familie als Sommerhaus errichtet wurde. Das Gebäude wird heute noch als Restaurant für Tagesgäste genutzt – falls man sich ein mehrgängiges Kaiseki-Menü gönnen möchte, ohne hier gleich zu übernachten, was sehr teuer ist. 🕒 tgl. 11.30–15.30 und 17.30–21 Uhr (*last order* 14.30 bzw. 19.30 Uhr).

## EINKAUFEN

### Yumoto

**Manjūya Nanohana**, Hakone-machi, Yumoto 705, ✆ 0460-85-7737, 💻 www.nanohana.co.jp. Regional und saisonal wechselnde *manjū* und andere leckere Süßigkeiten. Es handelt sich gleich um das erste Geschäft auf der rechten Seite der Ladenzeile, wenn man vom Bahnhof Hakone-Yumoto kommt. 🕒 tgl. 8.30–17.30 Uhr.

### Miyanoshita

**Shiba Shōten**, Hakone-machi, Miyanoshita 223, ✆ 0460-82-2120. Der große Laden direkt an der Straßenkreuzung hat ein reichhaltiges Angebot an unterschiedlichsten Antiquitäten. 🕒 Do–Di 10–18 Uhr.

**Yamadaya**, Hakone-machi, Miyanoshita 368, ✆ 0460-82-2019. Gleich neben der Auffahrt zum Fujiya Hotel sollte man hier die Gelegenheit nutzen und beispielsweise eine *karakuri bako* (eine hölzerne Schachtel, die sich nur mit einem Trick öffnen lässt) oder einen anderen schön verzierten und für die Region typischen Holzartikel erwerben. 🕒 Mi–Mo 9–16.30 Uhr.

**Yamatoya Shōten**, Hakone-machi, Miyanoshita 223, ✆ 0460-82-2101. Wer sich für Holzschnitte interessiert, erhält hier eine sehr fachkundige Beratung. 🕒 tgl. 11–16 Uhr.

## SONSTIGES

### Feste

**Hakone Daimyō Gyōretsu**, 3.11.: Feudalherren-Prozession in Yumoto. Der Umzug beginnt um 10 Uhr am Sōun-ji und endet um 14 Uhr am Yumoto Fujiya Hotel.

### Informationen

**Hakone Tourist Information Center**, Yumoto 706, ✆ 0460-85-5700, 💻 www.hakone-japan.com. Die Touristeninformation befindet sich in Hakone-Yumoto direkt gegenüber dem Bahnhof auf der anderen Straßenseite gleich links von der unteren der beiden Fußgängerüberführungen. 🕒 tgl. 9–17.45 Uhr.

**Miyanoshita Tourist Information Center**, Hakone-machi, Miyanoshita 113-1, ✆ 0460-82-1311, zwei Häuser vom Postamt in Miyanoshita entfernt. 🕒 tgl. 10–16 Uhr.

### Post und Geld

Das **Postamt** in Hakone-Yumoto (mit Geldautomat) liegt leider etwas weit entfernt vom

Bahnhof, dafür gibt es aber eine kleine Filiale in Miyanoshita direkt im Ort nahe der Touristeninformation – allerdings ohne Geldautomat. 🕒 Mo–Fr 9–15.30 Uhr.

### TRANSPORT

Um nach Hakone zu kommen, fährt man von TŌKYŌ zunächst mit dem **Zug** nach ODAWARA. Dafür bietet sich die JR-Tōkaidō-Linie ab Tōkyō (Hauptbahnhof) oder die private Odakyū-Linie ab Shinjuku an. Bei Fahrt mit der Tōkaidō-Linie steigt man in Odawara (Tōkyō–Odawara 1 Std. mit Express, sonst 1 1/2 Std.) in die Hakone-Tozan-Linie um und fährt dann bis **Hakone-Yumoto** (15 Min.). Diese Variante ist aber nur für Inhaber des Japan Rail Pass günstiger. Vorteil der Odakyū-Linie ist, dass manche Züge sogar bis Hakone-Yumoto durchfahren. Besonders bequem reist man mit dem **Odakyū Romance Car**, der ohne viele Zwischenstopps von Shinjuku nach Hakone-Yumoto fährt (85 Min.; 1200 ¥ Aufschlag zum regulären Ticketpreis von 1270 ¥ für die einfache Fahrt). Neben sehr geräumigen, reservierungspflichtigen Sitzen gibt es einen Bordservice, der Getränke und Snacks verkauft. Der Odakyū Romance Car ist am Wochenende und zur Hochsaison häufig ausgebucht, weshalb sich eine Reservierung empfiehlt. Man kann aber auch sein Glück versuchen und beispielsweise als Inhaber des *Hakone Free Pass* (s. u.) nach einer anstrengenden Wanderung den komfortableren Romance Car kurzentschlossen am Bahnhof nur für die Rückfahrt buchen.

€ Für eine Rundreise im Hakone-Gebiet empfiehlt sich der **Hakone Free Pass**. Ein 2 Tage gültiger Pass kostet für Erwachsene ab Shinjuku 6100 ¥ (3 Tage 6500 ¥) und beinhaltet neben der Anfahrt mit der Odakyū-Linie folgende weitere Verkehrsmittel: Hakone Tozan Bus, Sōunzan Cablecar, Hakone Ropeway, Hakone Sightseeing Cruise (Schiff auf dem Hakone-See) sowie die weiteren Buslinien Odakyū Hakone Highway Bus und Numazu Tozan Tōkai Bus. Inhaber eines Japan Rail Pass kaufen den *Hakone Free Pass* erst ab Odawara (5000 ¥). Für die typische Rundfahrt in Hakone mit Bahn, Zahnradbahn, Seilbahn, Schiff und Bus spart man durch den *Hakone Free Pass* bei Anfahrt von Shinjuku ca. 1300 ¥. Man kauft ihn sich am besten am **Schalter von Odakyū** am Bahnhof Shinjuku, 💻 www.odakyu.jp/english, 🕒 tgl. 8–18 Uhr.

## Yokohama 横浜

Im Jahr 1859 wurde in Yokohama, einem damals unbedeutenden Fischerdorf, der Hafen für ausländische Schiffe geöffnet, und man erlaubte bald auch die Ansiedlung von Ausländern, wovon die größte Chinatown in Asien bis heute zeugt. In der Gegend um den Ausländerfriedhof und Harbour View Park sind noch einige westliche Holzgebäude mit großen Gärten erhalten geblieben. Am ehesten findet man die Hafen-Atmosphäre noch am Pier im Yamashita-Park.

Der Bahnhof **Sakuragichō** hieß zur Meiji-Zeit „Bahnhof Yokohama"; die Strecke ging nach Tōkyō bis zum Bahnhof Shinbashi. Leider ist vom alten Bahnhof nichts mehr erhalten. An derselben Stelle steht ein neues Bahnhofsgebäude. Der Bahnhof Sakuragichō ist ein guter Ausgangspunkt für den Hafen und weitere Sehenswürdigkeiten. Der heutige Bahnhof Yokohama liegt eine Station weiter nördlich.

### Geschichtsmuseum der Präfektur Kanagawa 神奈川県立歴史博物館

Verteilt auf mehrere Stockwerke im Gebäude der früheren Yokohama Shōkin Bank, vermittelt die Ausstellung einen guten Überblick über die Geschichte der Gegend um Yokohama (heute die Präfektur Kanagawa). Das Museum, 💻 http://ch.kanagawa-museum.jp, ist in fünf Hauptbereiche gegliedert. Beginnend mit den Ureinwohnern der Sagami-Bucht (30 000 v. Chr.) über die Kamakura- und Edo-Zeit bis zur Öffnung des Hafens Yokohama und der damit beginnenden Modernisierung. Der letzte Bereich widmet sich der Zeit von 1923 bis heute. 🕒 Di–So 9.30–17 Uhr, 300 ¥.

### Akarenga Sōko 赤レンガ倉庫

Diese knapp 100 Jahre alten, reizvollen Backsteingebäude, 💻 www.yokohama-akarenga.jp, wurden innen umfassend modernisiert. Im kleineren, rechten Gebäude (Nr. 1) finden Ausstellungen, Messen und diverse andere Veranstal-

tungen statt. Im größeren, linken Gebäude (Nr. 2) sind über 30 Geschäfte, Cafés, Restaurants und ein Biergarten untergebracht. Es lohnt sich auf jeden Fall, das Gebäude Nr. 2 einmal in seiner vollen Länge zu durchlaufen. ◷ Geschäfte tgl. 11–20, Restaurants 11–23 Uhr.

## Minato Mirai 21 みなとみらい 21

Das Gebiet von Minato Mirai 21 ist das größte Stadtentwicklungsprojekt in Yokohama, das nach dem Platzen der Immobilienblase jedoch ein wenig ins Stocken geriet. Neben einem Konferenzzentrum gibt es Hotels, Shopping-Malls und Restaurants. Früher waren hier die Docks und Hafenanlagen der Schiffswerften zu finden. Ein Teil ist dem Meer abgerungenes Neuland.

### Yokohama-Kunstmuseum 横浜美術館

Kunstinteressierten sei ein Besuch im Yokohama-Kunstmuseum, 💻 https://yokohama.art.museum, empfohlen. Das Museum zeigt vorwiegend moderne Kunst des 20. Jhs. Sehenswert ist außerdem die umfangreiche Fotoausstellung. Das Museumsgebäude wurde von Tange Kenzō entworfen. Es soll nach einer mehrjährigen Renovierung ab März 2024 wieder geöffnet sein.

### Landmark Tower Yokohama ランドマークタワー横浜

Der Landmark Tower, 💻 www.yokohama-landmark.jp, hat 70 Stockwerke und ist 296 m hoch. Von 1993 bis 2014 war es das höchste Gebäude Japans. Untergebracht sind Büros, ein Hotel sowie ein sich über fünf Stockwerke erstreckender Einkaufskomplex. Mit dem schnellsten Aufzug in Japan gelangt man in 40 Sekunden zum sogenannten **Sky Garden** im 69. Stock und hat dort eine herrliche Aussicht auf Yokohama samt Hafen; bei klarem Wetter sieht man sogar bis nach Tōkyō und zum Fuji-san. ◷ tgl. 10–21 Uhr (Sa und Juli–Aug 10–22 Uhr), Eintritt zum Sky Garden 1000 ¥.

### Queen's Square Yokohama クイーンズスクエア横浜

Vom Landmark Tower bis zum Messezentrum Pacifico kann man die Reihe der Gebäude in Minato Mirai durchschreiten, ohne auch nur ein Mal den Himmel zu sehen. In der Mitte liegt der Queen's Square, 💻 www.qsy-tqc.jp, mit einer Auswahl an Geschäften und Restaurants. Fährt man im Atrium mit der Rolltreppe nach oben, sieht man Worte Schillers auf Deutsch und Japanisch an die Wand geschrieben. 🕒 Geschäfte tgl. 11–20, Restaurants bis 22 Uhr.

### Cupnoodles Museum カップヌードルミュージアム

Wer sich für Instant-Nudelsuppen interessiert, kann hier seine eigenen Cupnoodles kreieren und als originelles Souvenir mit nach Hause nehmen. Ansonsten zeigt die Ausstellung die Geschichte und Hintergründe zur Erfindung der Cupnoodles durch Andō Momofuku Ende der 1950er-Jahre. 💻 www.cupnoodles-museum.jp, 🕒 Mi–Mo 10–18 Uhr, 500 ¥.

## Yamashita-Park 山下公園

Der direkt am Ufer gelegene Yamashita-Park, 💻 www.yamashitapark.net, bietet eine herrliche Sicht auf die **Bay Bridge**, das neue Passagierterminal sowie das Treiben im Hafen von Yokohama. Der Park wurde zum Gedenken an die Opfer des großen Kantō-Bebens 1923 angelegt. Im Park sind zahlreiche Statuen aufgestellt. 🕒 10–19 Uhr, Eintritt frei.

Direkt vor dem Park ankert das umfassend sanierte Passagierschiff **Hikawa-maru**, 💻 www.nyk.com/rekishi/e, früher auch bekannt als *The Queen of the Pacific*. Das Schiff, das die gute alte Zeit der Ozeanriesen wiederaufleben lässt, war 1930–60 in Betrieb, wobei Charlie Chaplin einer der bekanntesten Passagiere war. Man kann das Schiff besichtigen. Besonders schön sind die im Art-déco-Stil ausgestatteten Kabinen der 1. Klasse. 🕒 Di–So 10–17 Uhr, 300 ¥.

In Spazierweite befindet sich der **Marine Tower**, 💻 www.marinetower.jp, der mit 106 m Höhe einer der höchsten Leuchttürme Japans ist. Errichtet wurde er 1961 zum hundertjährigen Hafenjubiläum. Von der zweistöckigen Aussichtsplattform hat man einen schönen Blick über den Hafen und die nähere Umgebung. 🕒 tgl. 10–22 Uhr, Eintritt bis zu 1400 ¥, an Werktagen und vor 18 Uhr ist es günstiger.

## Ausländerfriedhof Yokohama 横浜外国人墓地

Der Ausländerfriedhof, 💻 www.yfgc-japan.com, besteht seit der Öffnung Japans im 19. Jh. Heute sind hier 4500 Menschen aus über 40 Ländern begraben. Ein Ausstellungsraum in der kleinen Kapelle bietet einen Geschichtsrückblick. Eine schöne Aussicht auf Yokohama und den Friedhof lässt sich von der Straße aus genießen. Zutritt und eine Karte mit Bemerkungen zu den Gräbern gibt es gegen eine Spende von mindestens 500 ¥. 🕒 Sa, So und feiertags 12–16 Uhr.

## Chinatown 中華街

In der 1863 gegründeten Chinatown von Yokohama, 💻 www.chinatown.or.jp, einer der größten weltweit, reihen sich über 500 Restaurants und Läden dicht aneinander. Hierher kommt man hauptsächlich, um gut zu speisen und günstig einzukaufen. Heute leben hier rund 2000 Chinesen und geben diesem Stadtteil sein besonderes Flair. Am Wochenende schaffen es nur wenige Autos, sich in den engen Straßen ihren Weg durch die Menschenmassen zu bahnen, und unzählige Maronenverkäufer versuchen an jeder Ecke mit Kostproben Kunden anzulocken. Sehenswert sind auch die insgesamt zehn Eingangstore von Chinatown, wobei das **Zen-rin-mon** das prächtigste ist.

### ÜBERNACHTUNG

**InterContinental Yokohama Grand**, Nishi-ku, Minato Mirai 1-1-1, ☎ 045-223-2222, 💻 www.interconti.co.jp/yokohama. Das Hotel mit seinem auffälligen dreieckigen Gebäude dominiert das Messe- und Kongresszentrum Pacifico Yokohama. Hervorzuheben sind das große Fitness- und Wellnesszentrum. ❹–❻

**Sakuragichō Washington Hotel**, Naka-ku, Sakuragichō 1-1-67, ☎ 045-683-3111, 💻 http://en.washington-hotels.jp. Das typische Businesshotel liegt bequem direkt vorm Bahnhof Sakuragichō. Die Zimmer mit Blick auf den Hafen kosten etwas mehr als jene zur Stadt hin. Leider spricht das Personal nur sehr beschränktes Englisch. ❷–❻

**Yokohama Bay Hotel Tōkyū**, Nishi-ku, Minato Mirai 2-3-7, ✆ 045-682-2222, 💻 http://ybht.co.jp/en. Das Hotel wird gern für Hochzeiten genutzt. Außergewöhnlich sind die Zimmer „Luxury Ocean Twin", weil sie vom Badezimmer aus einen Blick auf Hafen und Riesenrad ermöglichen. ❸–❻

€ **Yokohama Hostel Village**, Naka-ku, Matsukage-chō 3-11-2, ✆ 045-663-3696, 💻 www.yokohama.hostelvillage.com/en. Das Yokohama Hostel Village besteht aus mehreren zusammengehörigen einfachen Herbergen, in denen man schon ab 2600 ¥ p. P. übernachtet. Alle Zimmer sind mit Klimaanlage und TV ausgestattet. Das Personal ist immer hilfsbereit und freundlich. Das **Hayashi Kaikan** direkt gegenüber dem Rezeptionsgebäude hat einen sehr schönen Dachgarten und besteht aus einzelnen kleinen Zimmern (Fläche 3 Tatami), in denen man in japanischer Weise mit Futon auf dem Boden schläft. Im **Suimei-sō** gibt es 6 m² große Zimmer mit Einzelbetten, und im **Shin'ei-kan** übernachtet man als Alleinreisender besonders günstig im Etagenbett. Die Herbergen liegen nur 5 Min. entfernt vom Bahnhof Ishikawachō (Negishi-Linie) und somit in Spazierweite zur Chinatown.

**Yokohama Royal Park Hotel**, Nishi-ku, Minato Mirai 2-2-1-3, ✆ 045-221-1111, 💻 www.yrph.com. Im oberen Teil des Landmark Towers (52.–67. Stock) bietet das Hotel Luxus pur mit einer vor allem bei Nacht atemberaubenden Sicht. Im 68. Stock servieren drei exklusive Restaurants japanische, chinesische und französische Küche. ❺–❻

## ESSEN

€ **Ma-san no Mise Ryūsen**, Naka-ku, Yamashita-chō 218-5, ✆ 045-651-0758, 💻 www.ma-fam.com. Bei Frau Ma ist es immer sehr voll, denn es schmeckt, ist günstig und man wird satt. Frau Ma hat das Restaurant von ihrem Vater übernommen und betreibt auch eine Kochschule. 🕒 tgl. 7–23 Uhr.

**Renkōen**, Naka-ku, Yamashita-chō 190-2, ✆ 045-680-0386. Mehrgängige preiswerte Menüs ab zwei Personen mit bekannten chinesischen Spezialitäten wie Dim Sum und Dumplings. Die bebilderte englische Karte erleichtert die Auswahl. 🕒 tgl. 11–22 Uhr.

Mehrere bunte Tore markieren die Eingänge zur Chinatown von Yokohama.

**Tachibanatei**, Naka-ku, 1-1-2 Shinkō, ✆ 045-650-8752, 🖳 www.yokohama-tachibana.net. In dem Selbstbedienungsrestaurant im Akarenga Sōko ist der Klassiker *omurice* zu empfehlen. Dabei handelt es sich um ein mit Reis gefülltes Omelette mit viel brauner Soße oder alternativ die Variante mit Ketchup. ⌚ Mo–So 11–21 Uhr.

## SONSTIGES

### Einkaufen

Das **Yokohama World Porters** auf der künstlich im Meer geschaffenen Insel ist mit 200 Geschäften eines der größten Einkaufszentren Japans. Hier bekommt man alles, angefangen von Einrichtungsgegenständen bis hin zu einer riesigen Auswahl an Lebensmitteln aus der ganzen Welt. Kein Einkaufszentrum ohne die obligatorischen Cafés und Restaurants. Obendrein gibt es im 5. Stock noch ein großes Kino mit acht Sälen, das Aeon Cinema Minatomirai. 🖳 www.yim.co.jp, ⌚ tgl.; Geschäfte 10.30–21 Uhr; Restaurants 11–23 Uhr; Kino 9–24 Uhr.

Die **Motomachi-Einkaufsstraße**, 🖳 www.motomachi.or.jp, besteht seit Öffnung des Hafens Yokohama im Jahre 1858. Heute sind dort vorwiegend Kleiderläden sowie Haushaltswarengeschäfte angesiedelt. Ausverkäufe werden im Februar und September abgehalten.

### Feste

Sehenswert ist jedes Jahr am 3. Mai ein internationaler Trachtenumzug, der während des Hafenfestes **Yokohama Minato Matsuri** stattfindet, um den Jahrestag der Hafeneröffnung zu feiern.

### Informationen

**Sakuragicho Station Tourist Information Center**, Naka-ku, Sakuragi-chō 1-1, ✆ 045-211-0111, 🖳 www.yokohamajapan.com. Diese Touristeninformation befindet sich direkt gegenüber dem südlichen Ticket Gate im Bahnhof Sakuragichō. ⌚ tgl. 10–17 Uhr.

### Post und Geld

Das **Yokohama-Sakuragi-Postamt** südlich vom Bahnhof Sakuragichō ist am einfachsten über den östlichen Ausgang zu erreichen. ⌚ Post nur Mo–Fr 9–17 Uhr, Geldautomat Mo–Fr 8–21, Sa, So 9–19 Uhr.

## NAHVERKEHR

Die **Minatomirai-Linie** erleichtert das Fortkommen innerhalb von Yokohama. Diese U-Bahn startet am Bahnhof Yokohama und führt zum Bahnhof Motomachi-Chūkagai, der sich in der Nähe der Chinatown und Motomachi-Einkaufsstraße befindet (230 ¥).

## TRANSPORT

Von TŌKYŌ kommt man am schnellsten ohne viele Zwischenstopps mit der **JR-Tōkaidō-Linie** vom Hauptbahnhof nach Yokohama (25 Min., 490 ¥). Möchte man jedoch ohne umzusteigen bis nach Sakuragichō durchfahren, empfiehlt es sich, gleich die **Keihin-Tōhoku-Linie** in Tōkyō oder spätestens in Shinagawa zu besteigen (Tōkyō–Sakuragichō: 45 Min., 580 ¥). Kommt man von Shibuya, nimmt man die Privatbahn **Tōkyū-Tōyoko-Linie** (30 Min., 510 ¥), bei der manche Züge auch bis Motomachi-Chūkagai durchfahren. Mit der **Fukutoshin-Linie** gelangt man damit sogar von Ikebukuro oder Shinjuku ohne umzusteigen bis zur Endstation der Minatomirai-Linie (Motomachi-Chūkagai).

Vom FLUGHAFEN NARITA fährt man entweder mit dem Narita Express (90 Min., 4370 ¥) oder dem Airport Limousine Bus bis zum Bahnhof Yokohama (110 Min., 3700 ¥).

Vom FLUGHAFEN HANEDA ist die beste Verbindung mit der Keihin-Kyūkō-Linie bis zum Bahnhof Yokohama (26 Min., 340 ¥).

# Kamakura 鎌倉

Kamakura an der Sagami-Bucht, am Fuße der Halbinsel Miura, war während des Kamakura-Shogunats (1185–1333) die Hauptstadt Japans. Von hier aus regierte der Minamoto-Clan über ganz Japan. Wer sich etwas mehr für die Geschichte Japans interessiert, dem sei das Museum für Geschichte der Präfektur Kanagawa in Yokohama empfohlen.

Am Wochenende wimmelt es in der stimmungsvollen Stadt mit ihren vielen Tempeln von Tagesausflüglern aus Tōkyō, und unzählige Busse und Taxis beleben den sonst eher tristen Vorplatz des Bahnhofs Kamakura. Will man es etwas ruhiger angehen, sollte man bereits am Bahnhof Kita-Kamakura aussteigen und mit der Besichtigung des Engaku-ji beginnen. Der größte Ansturm herrscht am Tsurugaoka Hachimangū, beim Großen Buddha und entlang der Straßen Komachi-dōri und Wakamiya-Ōji.

## Engaku-ji 円覚寺

Dieser Tempel, 💻 www.engakuji.or.jp, wurde 1282 von Hōjō Tokimune, dem 8. Regenten (Shikken) des Kamakura-Shogunats erbaut. Beim großen Erdbeben 1923 wurden viele Gebäude zerstört. Die Reliquienhalle **Shariden** ist das einzige noch original erhaltene Gebäude und damit das älteste Zen-Gebäude in Japan. Sie enthält einen aus China stammenden Zahn Buddhas und ist nur zu besonderen Anlässen für die Öffentlichkeit zugänglich. Außerdem ist eine schöne Tempelglocke von 1301 erhalten, es handelt sich um die größte Glocke in Kamakura. 🕒 tgl. 8.30–16.30 Uhr (Dez–Feb nur bis 16 Uhr), 500 ¥.

## Kenchō-ji 建長寺

Vom Engaku-ji läuft man einen knappen Kilometer zum Kenchō-ji, dem bedeutendsten der fünf großen Zen-Tempel in Kamakura. Er wurde 1253 vom 7. Regenten, Hōjō Tokiyori, für den aus China geflohenen Priester Tao Lung gegründet. Neben den Gebäuden beeindrucken hier vier über 700 Jahre alte Wacholderbüsche, die angeblich von Tao Lung aus China mitgebracht wurden. Hinter der Haupthalle Hōjō erstreckt sich ein großer, vom Zen-Meister Musō Kokushi entworfener Garten. Er umfasst einen See in der Form des chinesischen Schriftzeichens für „Seele". Der Tempel hat außerdem eine lange Tradition für Zen und bietet sogar Zazen-Training in Englisch für Ausländer an. Details und Termine stehen auf der Homepage 💻 www.kenchoji.com. 🕒 tgl. 8.30–16.30 Uhr, 500 ¥.

## Tsurugaoka Hachimangū 鶴岡八幡宮

Der Tsurugaoka Hachimangū, 💻 www.hachimangu.or.jp, ist der wichtigste Schrein in Kamakura, was schon seine exponierte Lage am Ende einer vom Meer kommenden Allee zeigt. Der Schrein ist Kaiser Ōjin (270–310) gewidmet, der auch als Kriegsgott Hachiman verehrt wurde, obwohl er zu Lebzeiten recht friedfertig war. Der Minamoto-Clan, Begründer des Kamakura-Shogunats, verehrte Hachiman als seinen mythischen Ahnen und in der Folge wurde er zum Schutzgott der Krieger *(bushi)*, die in der Kamakura-Zeit eine so zentrale Rolle spielten. 🕒 tgl. 6–20.30 Uhr, Eintritt frei; Schatzkammer 9–16 Uhr, 200 ¥; Museum Di–So 10–16.30 Uhr, Eintritt variiert.

## Hōkoku-ji 報国寺

Hat man genügend Zeit, empfiehlt sich wegen des hübschen Bambushains ein Besuch des Hōkoku-ji, 💻 www.houkokuji.or.jp. Der Tempel gehört wie der Kenchō-ji zur Zen-Schule Rinzai. Im Bambusgarten verkauft ein Teehaus Matcha-Tee mit Süßigkeiten. 🕒 tgl. 9–16 Uhr, 300 ¥. Zum Tempel führt ein schöner Fußweg am Bach entlang.

## Wakamiya-Ōji 若宮大路

Wakamiya-Ōji, die knapp 2 km lange Hauptstraße durch Kamakura, beginnt am Meer und endet am Eingang des Hachimangū. Die Straße ist gesäumt von vielen Souvenirgeschäften und Restaurants. Besonders hervorzuheben sind die Kamakura-bori, d. h. Schnitzereien im Kamakura-Stil. In der Mitte der breit angelegten Straße verläuft ein von Kirschbäumen gesäumter Fußweg. Vom Ende dieses mittleren Wegs am 2. Schreintor *(ni-no-torii)* sind es etwa 100 m bis zum Bahnhof Kamakura. Von hier fährt man mit der bedächtigen, nostalgischen Schmalspurbahn Enoden drei Stationen bis Hase, Ausgangspunkt für den Hase-dera und den Großen Buddha.

## Hase-dera 長谷寺

Der Hase-Tempel, 💻 www.hasedera.jp, ist berühmt für die sogenannte Hase Kannon, die mit über 9 m eine der größten und schönsten Kannon-Statuen in ganz Japan ist. Diese elfköpfige Holzstatue stammt aus dem Jahr 721, die

Vergoldung wurde aber erst 1342 aufgebracht. Der Tempel mit dieser hölzernen Gottheit der Barmherzigkeit liegt an einem Hügel. Von dort hat man einen sehr schönen Blick über Kamakura sowie den nahen Meeresstrand. Der Treppenaufgang zum Tempel ist von vielen Jizō-Figuren gesäumt. ⌚ tgl. 8–17 Uhr (Okt–Feb nur bis 16.30 Uhr), 400 ¥.

## Großer Buddha – Daibutsu 大仏

Etwa 600 m weiter nördlich wartet im **Kōtoku-in**, 💻 www.kotoku-in.jp, die wohl bekannteste Attraktion von Kamakura: der Große Buddha. Die Bronzestatue ist über 750 Jahre alt und 121 Tonnen schwer. Einst war sie mit Blattgold belegt und stand in einer hölzernen Tempelhalle. Diese stürzte jedoch bereits im 14 Jh. zweimal ein und wurde 1498 von einer riesigen Flutwelle weggerissen, weshalb die Statue seither im Freien steht. Wer möchte, kann das Innere der 13,35 m hohen Statue besichtigen (⌚ tgl. 8–16.30 Uhr), dazu gibt es hinten rechts eine Tür, an der man 20 ¥ Eintritt zahlt. Von innen kann man gut erkennen, wie die Statue kunstvoll aus mehreren Elementen zusammengefügt wurde. Beim Erdbeben 1923 wurde der Sockel beschädigt. ⌚ tgl. 8–17.30 Uhr (Okt–März nur bis 17 Uhr), 300 ¥.

## Enoshima 江ノ島

Falls man nach dem Besuch von Kamakura noch Zeit hat, bietet es sich an, in Enoshima vorbeizuschauen. Von dieser kleinen Insel aus kann man zu jeder Jahreszeit mit etwas Glück einen herrlichen Sonnenuntergang mit dem Fuji-san genießen. Enoshima ist über eine 600 m lange Brücke mit dem Festland verbunden. Auf der Insel angelangt, erstreckt sich auf der linken Seite ein großer Jachthafen. Hält man sich rechts, durchschreitet man zunächst ein **Torii**. Ein von Läden, Restaurants sowie kleinen Hotels flankierter Weg führt den Berg hinauf. Alternativ kann man drei Rolltreppen benutzen (360 ¥).

Oben angelangt, stößt man auf den **Enoshima-Schrein**, 💻 www.enoshimajinja.or.jp. Gewidmet ist er der weiblichen Gottheit Hadaka-Benten; sie ist die Gottheit der Liebe, des Glücks und der Schönheit. Deshalb lockt dieser Schrein vor allem Liebespaare nach Enoshima. An einem großen Baum, dem **Musubi-no-ki**, können Verliebte eine Wunschtafel *(ema)* anbringen. Im Schrein wird eine 600 Jahre alte Benten-Statue ausgestellt, die ungewöhnlicherweise nackt ist. ⌚ tgl. 8.30–16.30 Uhr, 200 ¥.

Auf der Insel gibt es noch weitere zum Enoshima-Schrein gehörige Gebäude, einen **Botanischen Garten** mit tropischen Pflanzen und einem **Aussichtsturm**, von dem man einen schönen Rundblick genießt. Bei klarem Wetter sind u. a. der Fuji-san und die Vulkaninsel Ōshima zu sehen. ⌚ tgl. 9–20 Uhr, Eintritt Aussichtsturm 500 ¥.

Wer noch Zeit hat, läuft man weiter bis zur westlichen Spitze der Insel, wo man über 220 Treppenstufen hinunter zu zwei **Grotten** gelangt. ⌚ tgl. 9–17 Uhr (Nov–Feb nur bis 16 Uhr), 500 ¥.

## Katase-Strand 片瀬海岸

Beim Verlassen der Insel Enoshima stößt man direkt auf den Katase-Strand. Hier tummelt sich im Sommer die Jugend Japans im Meer; Surfer und Windsurfer sind das ganze Jahr hindurch anzutreffen. Am 1. Dienstag im August wird ein schönes Feuerwerk veranstaltet, das man vom Strand aus betrachten kann. Zu solchen Zeiten kommt es zu sehr großen Menschenansammlungen, und für den Fußweg zwischen Bahnhof und Strand muss dann ausreichend Zeit eingeplant werden (bis zu einer Stunde statt fünf Minuten).

## Enoshima-Aquarium 新江ノ島水族館

Überquert man am Katase-Strand den Katasegawa, liegt das Enoshima-Aquarium, 💻 www.facebook.com/enosui, etwa nach 200 m linker Hand direkt an der Hauptstraße. Es besteht seit 1954; 2004 wurde es umfassend renoviert und erneuert. Einzigartig ist die umfangreiche Sammlung verschiedenster Quallen. Außerdem gibt es eine Ausstellung von Studienobjekten der Kaiser Hirohito und Akihito – beide studierten Meeresbiologie. ⌚ tgl. 9–17, Dez–Feb 10–17, im Sommer 9–19 Uhr, 2500 ¥.

### ÜBERNACHTUNG

**Hotel Kamakura Mori**, Ko-machi 1-5-21, ✆ 0467-22-5868, 💻 https://kamakuramori.net.

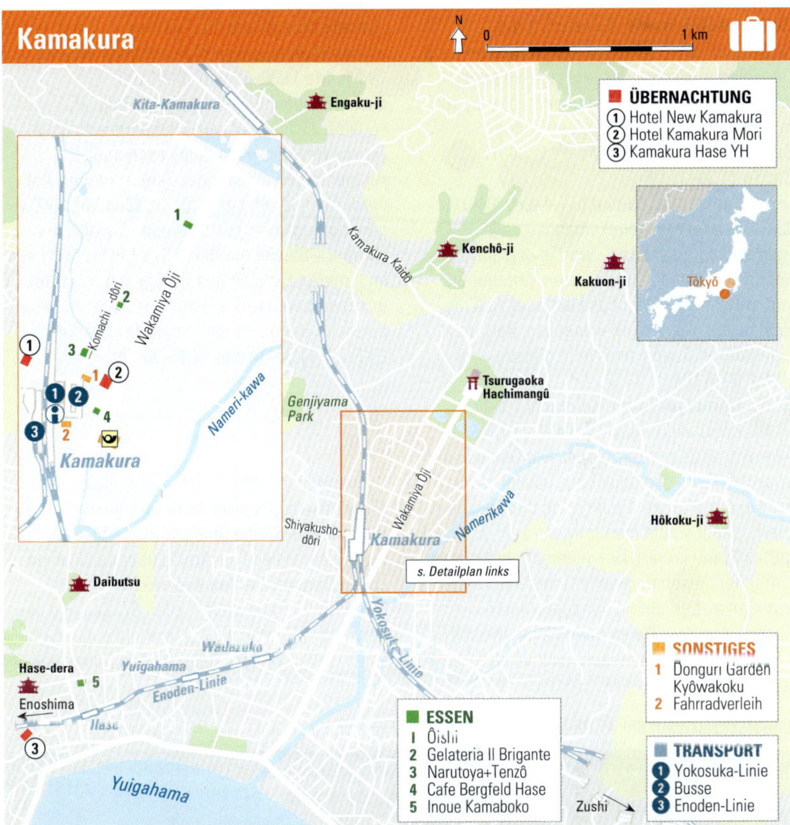


Typisches Businesshotel in zentraler Lage unweit vom Bahnhof Kamakura. ❺

**Hotel New Kamakura**, Onari-machi 13-2, ✆ 0467-22-2230, 💻 www.newkamakura.com. Ein stilvolles Hotel mit Geschichte, das noch vor dem Krieg errichtet wurde. Von außen fallen die schönen hölzernen Sprossenfenster sofort auf, und auch innen wurde versucht, den unverwechselbaren Stil beizubehalten. Zimmer im westlichen Stil. ❸–❹

**Kamakura Hase YH**, Sakanoshita 5-11, ✆ 0467-24-3390, 💻 http://hase-yh.cafe.coocan.jp/main_eng.htm. Die gemütliche und saubere Jugendherberge mit hölzernen Stockbetten wird von netten Leuten betrieben. Zwar nur 3 Min. vom Bahnhof Hase (Enoden-Linie) entfernt, ist sie trotzdem etwas schwierig zu finden, weshalb man sich unbedingt die Karte ansehen sollte. 3000 ¥ p. P. im Mehrbettzimmer.

## ESSEN

**Cafe Bergfeld Hase**, Hase 2-13-47, ✆ 0467-24-9843, 💻 www.bergfeld-kamakura.com. Tollen Kuchen und Sandwiches kann man bei Kaffee und Tee genießen, im Laden wird außerdem deutsches Brot verkauft. Im Café selbst sitzt man an schönen alten Holztischen; die Decke ist mit Holzbalken gestaltet. 🕒 Mi–So 11–17 Uhr.

**Gelateria Il Brigante**, Ko-machi 2-9-6, ✆ 0467-55-5085, 🖳 www.ilbrigantejapan.co.jp. Da sich nur Wenige das leckere und echt italienische Eis von Emiliano entgehen lassen möchten, bildet sich hier oft eine lange Schlange (ab 500 ¥). ⌚ Mo–Fr 11.30–17, Sa, So 11.30–18 Uhr.

**Inoue Kamaboko**, Ko-machi 1-4-4, ✆ 0467-23-3111, 🖳 www.inouekamaboko.co.jp. *Kamaboko*, „Fischkäse", wird in diesem Laden im Erdgeschoss in vielen Variationen verkauft; im Obergeschoss befindet sich ein Restaurant. Menüs mit *kamaboko*, Reis und einer klaren Suppe sind recht günstig. ⌚ tgl. 9–18 Uhr.

**Narutoya+Tenzō**, Ko-machi 1-6-12, Kotobuki Bldg. 2F, ✆ 0467-23-7666, 🖳 www.narutoya-tenzo.com. Mit Gemüse aus ausschließlich ökologischem, lokalem Anbau wird in der offenen Küche ruhig und konzentriert, ja fast schon meditativ, ein sehr schmackhaftes Menü kreiert. Bei gedämpftem Licht und einfacher, geschmackvoller Inneneinrichtung isst man aus schönen, handgefertigten Keramikschalen. Da es nur eine japanische Karte ohne Bilder gibt, empfiehlt es sich, das aktuelle Monatsmenü zu wählen, das man leicht an der Monatszahl im Menü-Namen erkennt. ⌚ Mi–Mo 11.30–15 und 18–21 Uhr.

**Ōishi**, Yukinoshita 1-9-24, Koike Bldg. 2F, ✆ 0467-23-7500, 🖳 www.tempura-oishi.com. Teures Restaurant, in dem in schönem Ambiente hervorragendes Tenpura zubereitet wird. Abends zahlt man für ein Menü ab 8800 ¥, günstiger ist mittags das *tendon* für 4000 ¥ (Tenpura-Stücke auf Reis). Das Restaurant liegt im hinteren Bereich des Obergeschosses des unscheinbaren Koike Bldg., das nur durch eine britische Flagge an der Fensterfront auffällt. ⌚ Fr–Di 11.30–14 und 17.30–20 Uhr.

## SONSTIGES

### Einkaufen

Souvenirgeschäfte mit den immer gleichen Mitbringseln gibt es in Kamakura genug. Filmfans des Studio Ghibli dürften sich aber wegen der vielen Fan-Artikel über den kleinen Laden **Donguri Garden Kyōwakoku** freuen. Neben Totoro aus Stoff in allen Größen und den bekannten Figuren als Kühlschrankmagnet gibt es unzählige weitere Dinge zu den Filmen von

Eine Hochzeit nach Shintō-Ritual im Hachimangū-Schrein von Kamakura

Miyazaki Hayao. Der Laden befindet sich gleich am Beginn der Komachi-dōri, die vom Busbahnhofsvorplatz Richtung Norden führt. Nachdem man unter dem großen roten Torii durchgelaufen ist, liegt der Shop auf der rechten Seite im Keller.

### Fahrradverleih

**Station Rent-A-Cycle**, ✆ 0467-24-2319. Am südlichen Ende des Busbahnhofs werden Fahrräder verliehen. Die Preise beginnen bei 600 ¥ für 1 Std., pro Tag kostet ein einfaches Rad ohne Gangschaltung 1600 ¥ und ein E-Bike 2150 ¥. Informationen sind auch auf Englisch verfügbar. ⌚ tgl. 8.30–17 Uhr.

### Feste

Kamakura ist bekannt für das Reiterspiel Yabusame, das im Frühjahr und Herbst vor dem Hachimangū-Schrein während eines Schreinfestes vorgeführt wird. Dabei wird im vollen Galopp mit Pfeil und Bogen auf eine Zielscheibe geschossen.

**Kamakura Matsuri**, 2.–3. So im April am Hachimangū: Am 2. Sonntag Tanz „Shizuka no mai", am 3. Sonntag Reiterspiel (Yabusame).

**Reitaisei des Hachimangū**, 14.–16.9.: Am 15. Parade mit drei *mikoshi*, am 16. Reiterspiel (Yabusame).

### Informationen

**Kamakura City Tourist Information Center**, ✆ 0467-22-3350. Wenn man im Bahnhof durch die Ticketgates geht, befindet sich gleich rechts – noch bevor man das Gebäude Richtung Busvorplatz verlässt – ein Schalter mit der Aufschrift „Tourist Information Service". ⌚ tgl. 9–17 Uhr.

## NAHVERKEHR

Innerhalb von Kamakura pendelt man mit der Schmalspurbahn, der **Enoden-Linie**, zwischen dem Bahnhof Kamakura und Hase (5 Min., 200 ¥). Außerdem gibt es **Busse**, doch lässt sich die Gegend besser zu Fuß oder mit dem Rad erkunden.

## TRANSPORT

### Kamakura

Mit der **JR-Yokosuka-Linie** fährt man von TŌKYŌ nach Kita-Kamakura (52 Min., 830 ¥) oder bis Kamakura (55 Min., 950 ¥). Alternativ kann man auch mit der **JR-Tōkaidō-Linie** Richtung Odawara fahren und in Totsuka (oder Ōfuna) in die Yokosuka-Linie umsteigen. Verbindung vom Bahnhof YOKOHAMA mit der Yokosuka-Linie nach Kita-Kamakura (21 Min., 320 ¥) und Kamakura (25 Min., 360 ¥).

### Enoshima

Vom Bahnhof Kamakura fährt man mit der Enoden-Linie bis zum Bahnhof Enoshima (24 Min., 200 ¥). Wer direkt von TŌKYŌ aus anreist, nimmt die **JR-Tōkaidō-Linie** bis Fujisawa (50 Min., 990 ¥), von dort sind es 5 Min. zu Fuß zur Enoden-Linie, mit der es noch 5 Stationen bis nach Enoshima sind (11 Min., 220 ¥). Von Shinjuku aus kann man mit der **Odakyū-Linie** bis Katase-Enoshima fahren (70 Min., 650 ¥). Hierbei muss man jedoch darauf achten, den richtigen Zug (z. B. den Express nach Katase-Enoshima) zu erwischen und in den richtigen Zugteil einzusteigen, da dieser auf der Fahrt unter Umständen abgetrennt wird.

TAMAGAWA ONSEN; © WESTWARDS

# Tōhoku 東北

**„Hinter den Bergen liegt ein anderes Japan", sagte schon der Japanologe und ehemalige US-Botschafter Edwin Reischauer. Und obwohl Tōhoku, der „Nordosten", heutzutage in wenigen Stunden von Tōkyō aus erreichbar ist, liegen tatsächlich Welten zwischen dem modernen, bevölkerten Japan der touristischen Hauptroute und den urigen Bergregionen Tōhokus mit ihren traditionsverbundenen Menschen und schneereichen Wintern.**

# Stefan Loose Traveltipps

**6 Matsushima** Die Bucht mit den kiefernbestandenen Felsinselchen zählt zu den schönsten Landschaften Japans. S. 238

**7 Dewa Sanzan** 2446 Stufen führen zum Bergtempel der *yamabushi*. S. 244

**Hiraizumi** Das kleine Provinznest glänzt mit einer tausendjährigen Geschichte – und einem vollständig vergoldeten Tempel! S. 247

**Nyūtō Onsen** Auf ländlichen Pfaden von einer natürlichen Thermalquelle zur nächsten spazieren – eine Zeitreise für alle Sinne. S. 257

**Sannai-Maruyama-Jōmon-Ausgrabungsstätte, Aomori** Selten sind prähistorische Ausgrabungen so anschaulich und spannend wie in diesem Freilichtmuseum. S. 263

**Hanami in Hirosaki** Wenn der nördliche Winter endlich vorbei ist, steigt eine Kirschblütenparty vor dem schneebedeckten Iwaki-Gipfel. S. 265

TSUGARU-HAN NEPUTA-MURA, HIROSAKI; © WESTWARDS

KAKI-FRÜCHTE; © WESTWARDS

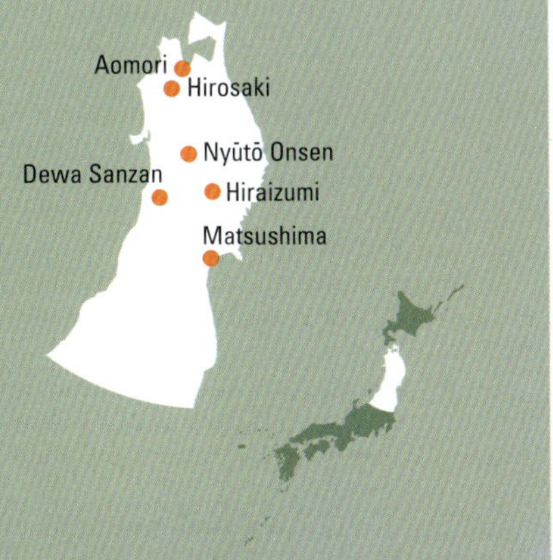


**Wann fahren?** Im Sommer und Frühherbst ist das Klima angenehm. Im Winter fällt sehr viel Schnee.

**Wie lange?** Allein die Anfahrt kann langwierig sein – deshalb mindestens ein paar Tage zum Schnuppern einplanen.

**Bekannt für** wilde Natur, wilde Feste und deftiges Essen.

**Beste Feste** Nebuta/Neputa Matsuri in Aomori und Hirosaki

**Outdoor-Tipp** Das Berggebiet Hakkoda bei Aomori

**Unbedingt probieren** *kiritanpo* (Reis am Stiel)

Die sechs Präfekturen, die Tōhoku ausmachen, sind gebirgig, wenig besiedelt und von Touristen nicht gerade überlaufen. Es gibt viel Natur, wie die Welterberegion Shirakami Sanchi, die spektakuläre Küstenlandschaft bei Matsushima und die Bergregionen Ura-Bandai und Hachimantai. Dazwischen sind Samurai-Städtchen wie Aizu-Wakamatsu, Kakunodate oder Hirosaki verstreut, aber auch prähistorische Siedlungen (bei Aomori) oder Bergheiligtümer wie Dewa Sanzan und Yamadera. Hinzu kommen heiße Quellen, intensiver Sake und deftiges Essen.

Die Nachwirkungen der Erdbebenkatastrophe von 2011 sind in der Region weiterhin präsent: Am verheerendsten war der Tsunami mit geschätzt etwa 20 000 Opfern und zeitweise Millionen Betroffenen entlang der Pazifikküste. Die meisten Schäden sind aber mittlerweile beseitigt. Nur unmittelbar um das damals beschädigte Atomkraftwerk Fukushima ist der Aufenthalt heute bedenklich.

## Transport

Der **Tōhoku-Shinkansen** von Tōkyō über Sendai und Morioka fährt bis Aomori. Von der Strecke zweigen in Fukushima eine Zweiglinie Richtung Yamagata und in Morioka eine nach Akita ab. Ergänzt wird das Shinkansen-Netz durch zahlreiche **Regionalzüge**, die aber z. T. nur in größeren Abständen verkehren. Infos zu Fahrplänen und Routen auf Englisch (ohne Sitzplatzreservierung) gibt's von 10–18 Uhr bei der JR East Infoline, ✆ 050-2016-1603, oder z. B. bei Jorudan (S. 67). Achtung: Die Shinkansen-Züge Hayate, Komachi und Tsubasa sind reservierungspflichtig.

Zusätzlich zu den Zügen gibt es ein relativ dichtes Netz von **Fernbusverbindungen**, eine kostengünstigere Alternative zum Shinkansen. Die Busbahnhöfe befinden sich fast immer in Bahnhofsnähe. Noch billiger sind Discount-Busse, v. a. von Willer Express; die Busse dieser Firma fahren manchmal nicht direkt vom Busbahnhof ab. Buchen kann man sie direkt über die Homepage 💻 https://willerexpress.com oder Portale wie Rakuten, 💻 https://bus.travel.rakuten.co.jp / 💻 https://travel.rakuten.com/. Abgelegene Orte sind oft nur mit **Nahverkehrsbussen** zu erreichen, manche nur im Sommerhalbjahr. Viele dieser Busse fahren nur wenige Male am Tag, man sollte sich also vorab online oder (sicherer) bei der Touristeninformation nach den Abfahrtszeiten erkundigen.

### JR East Pass

Wer vorhat, das nordöstliche Honshū ausgiebiger zu bereisen, für den lohnt sich vielleicht der JR East Pass Tōhoku, der auch Privatbahnen und einige Linien in Tōkyō einschließt, außerdem die JR-Busse in der Region, z. B. zum Towada-See. Für 20 000 ¥ gilt der Pass an 5 aufeinanderfolgenden Tagen. Er kann auch in Japan sowie von in Japan lebenden Ausländern erworben werden, Voraussetzung ist ein ausländischer Pass. 💻 https://www.jreast.co.jp/multi/de/pass/eastpass_t.html.

**Autovermietungen** finden sich an den etwas größeren Bahnhöfen, mit Englischkenntnissen darf aber nicht gerechnet werden. Man sollte bedenken, dass im Winter (teilweise bis in den Mai hinein) diverse Straßen wegen Schneefalls gesperrt sind und zu Miete, Versicherung und Kraftstoff hier und da noch Mautgebühren hinzukommen. Für viele kleine Orte in Tōhoku ist ein Mietwagen die praktikabelste Option – für weite Strecken und große Städte aber nicht: Also am besten Autos punktuell vor Ort mieten!

# Aizu Wakamatsu 会津若松

Die recht weitläufige alte Burgstadt ist in gut 2 1/2 Std. von Tōkyō aus erreichbar und damit ein beliebtes Wochenendziel für Tokyoter. Dabei wartet sie weniger mit hochkarätigen Sehenswürdigkeiten als mit ihrer angenehm ruhigen Atmosphäre und bewegten Geschichte auf – sie war eine der letzten Bastionen der Samurai im Kampf gegen die Meiji-Restauration. Dieser geschichtliche Hintergrund ist dank mehrfacher Thematisierungen in Fernsehserien vielen Japanern vertraut; vor allem nach der Tsunami-Katastrophe 2011 wurde so gezielt der Tourismus in der Region wieder angekurbelt.

Um den Hauptbahnhof Aizu-Wakamatsu ist die Stadt eher modern und gesichtslos, die alten Häuserzeilen liegen 2–3 km südlich zwischen

N
0
100 km
Tôkyô
HOKKAIDÔ
Ô-SHIMA
Fukushima
Matsumae
Tsugaru-kaikyô
Ôma
Shimokita-hantô
Yagen Onsen
Ôhata
Sai
879
Osore-zan
Shimokita
Mutsu
Hotokegaura
Minmaya
Kawauchi
Wakinosawa
Kanita
Yokohama
Mutsu-wan
Jusan-ko
Nakasato
Hiranai
Rokkasho
Aomori
Noheji
Goshogawara
Ajigasawa
Ogowara-ko
Shichinoe
Misawa
Namioka
Hakkôda-san
1585
Fukaura
1625
Iwaki-san
Kurioshi
Towada
Hachinohe
Jûniko
Hirosaki
Gonohe
Shirakami Sanchi
UNESCO Natural Heritage
Towada-ko
Sannohe
Taneichi
Hachimori
Takko
Japanisches
Takanosu
Odate
Ninohe
Karumai
Kuji
Noshiro
Kazuno
Ashiro
Kuzumaki
Fudai
Oga-hantô
Iwate
Hachimantai
Gojôme
Iwate-san
2041
Meer
Tamagawa Onsen
Iwaizumi
Oga
Nyûtô
Akita
Kawabe
Morioka
Miyako
Tazawa-ko
2237
Kawai
Kakunodate
Hayachine-san
Yamada
Ômagiri
Hanamaki
Ôu-sanmyaku
Honjô
Tôno
Yokote
Kitakami
Kamaishi
Esashi
Yashima
1341
Kisakata
Mizusawa
Ôfunato
TOBI-SHIMA
Yuzawa
Geibikei
2237
Ogachi
Hiraizumi
Ichinoseki
Rikuzen-Takata
Chôkai-san
1628
Kesenuma
Sakata
Kaneyama
Kurikoma-yama
Kitakami-gawa
Shinjo
Isurugka
Hasama
Obanazawa
Shizugawa
Haguro
Atsumi
Furukawa
Gas-san
1980
Ishinomaki
Oshika-hantô
Sanpoku
Higashino
Murayama
Bandai Asahi Nationalpark
AWA-SHIMA
Tendo
Tagajô
Matsushima
Sagae
Shiogama
SADO
Yamagata
Sendai
Yamadera
Natori
Murakami
Nagai
Sendai-wan
Kaminoyama
Aikawa
Ryôtsu
Arakawa
Nan'yô
Iwanuma
Shiroishi
Bandai Asahi National-park
Niigata
Shibata
Yonezawa
Kakuda
2105
Akadomari
Toyosaka
Iide-san
Sôma
Niitsu
Bandai-kôgen
Azuma-san
Fukushima
Ogi
Shirone
Gosen
2035
Tsubanie
Kamo
Kitakata
Haramachi
Tsugawa
1819
Bandai-san
Sanjo
Nihonmatsu
Mitsuke
Namie
Aizu-Wakamatsu
Kernkraftwerk Fukushima Daiichi
Nagaoka
Tochio
1538
Inawashiro-ko
Kôriyama
Kashiwazaki
Tomioka
Ojiya
Sukagawa
Pazifischer
Tajima
Koide
Tôkamachi
Shirakawa
Ishikawa
Jôetsu
Kuroiso
Iwaki
Muika
Itoigawa
Hirichiga-take
2346
Naka-gawa
Ozean
Arai
Ôtawara
2440
Shinano-gawa
Iiyama
Kita-Ibaraki
Shirane-san
Yaita
Daigo
Nikkô
2578
Takahagi
Nagano
Nakano
Imaichi
Utsunomiya
Suzuka
Numata
Kanuma
Hitachi-Ôta
Hitachi

der Burg und dem Bummelzug-Bahnhof Nanukamachi, die edo-zeitlichen Sehenswürdigkeiten 2–3 km östlich am Berghang, per Bus oder Fahrrad sind sie aber leicht zu erreichen. Die Nanukamachi-dōri war einst die Hauptgeschäfts- und Ausgehstraße; heute werden viele der Holzhäuser und steinernen Speicher aus der Zeit um 1900 wieder für den Verkauf von lokalen Produkten oder als Cafés genutzt.

## Iimori-yama 飯盛山

Ein Hauptgrund für Aizus Berühmtheit ist die tragische Geschichte einer Gruppe junger Samurai, deren Gräber man auf dem Berg Iimori-yama, ca. 3 km östlich des Bahnhofs immer geradeaus, findet. Diese 20 Soldaten, gerade mal 17 Jahre alt, wurden im Boshin-Krieg 1868 in der Schlacht gegen die kaiserlichen Truppen von ihrer „Weiße-Tiger-Brigade" *(byakko-tai)* getrennt und fanden Zuflucht auf dem Berg Iimori-yama. Von dort meinten sie, die Burg in Flammen aufgehen zu sehen, und begingen daher kollektiv Selbstmord *(seppuku)*. Das Ganze war ein tragisches Missverständnis, denn das Feuer loderte nur außerhalb und die Burg war (noch) nicht eingenommen.

Eine lange Treppe oder alternativ eine Rolltreppe (250 ¥) führt zum Friedhof hinauf. Die Gräber sind noch immer ein Ort der Ehrerbietung; besonders verehrt wurden die jungen Krieger der *byakko-tai* aber in der militaristischen Zeit bis zum Zweiten Weltkrieg. Dazu passen einige Geschenke auf dem obersten Treppenabsatz: u. a. eine Gedenktafel des deutschen Attachés Hasso von Etzdorf von 1935.

Auf halber Höhe des Berges gelangt man zu einem etwas merkwürdigen Holzgebäude, dem **Sazae-dō** („Schneckenhaus"), das 1796 als Teil eines buddhistischen Tempelkomplexes gebaut wurde. Eine spiralförmige Rampe führt innen hinauf. ⌚ April–Nov tgl. 8.15 Uhr bis Sonnenuntergang, Dez–März 9–16 Uhr, 400 ¥.

Eine Gasse führt auf dem Rückweg nach Norden zum **Kyū Takizawa Honjin**. In der Edo-Zeit wurde diese Residenz auch als Unterkunft für durchreisende Würdenträger genutzt, heute werden in dem großen historischen Gebäude Alltagsgegenstände aus jener Zeit gezeigt. Hier fanden aber während der Belagerung auch Kämpfe statt, und ein paar Schnittspuren von Schwertern und Löcher von Gewehrkugeln sind noch zu sehen! ⌚ April–Okt tgl. 9–17, Okt/Nov bis 16 Uhr, Dez–März geschl.; 400 ¥ (keine englischen Erklärungen, oft kein Ticketschalter, sondern nur eine Box).

## Tsuruga-jō 鶴ヶ城

Südlich und näher am Bahnhof Nishi-Wakamatsu liegt die Burg Tsuruga-jō, 💻 www.tsurugajo.com. Die „Kranichburg" geht auf das Jahr 1384 zurück und wurde danach vielfach verändert. Im Boshin-Krieg 1868 kämpften die Shogunatstreuen zunächst mit neuen amerikanischen Gewehren erfolgreich gegen die Restaurationstruppen. Erst nach einmonatiger Belagerung wurden Burg und Stadt weitgehend zerstört – nur die mächtigen Festungsmauern und -gräben blieben erhalten. Die heutige Burg ist ein realistischer Betonnachbau von 1965. Heute beherbergt sie eine Art Heimatmuseum mit einigen kunsthistorischen Exponaten und einer Ausstellung, die Geschichte anschaulich vermitteln soll. Im 5. Stock befindet sich eine Aussichtsplattform. Im Burgpark kann man auf den Festungsmauern herumkraxeln oder den Rinkaku, den Teepavillon der Feudalherren, samt kleinem Teegarten besuchen. ⌚ tgl. 8.30–17 Uhr, 520 ¥, der Eintritt zum Teehaus mit Garten ist im Burgticket enthalten; ohne Burg 200 ¥.

## Buke-yashiki 武家屋敷

Da die meisten Samurai-Häuser in Aizu den Bürgerkriegswirren zum Opfer gefallen waren, rekonstruierte man 1975 nach Originalplänen das Buke-yashiki, die Residenz des ersten Gefolgsmannes des Aizu-Clans. Das schön präsentierte Anwesen mit 38 Zimmern umfasst neben Wohngebäuden auch Speicher, Gebäude zur Seidenraupenzucht, eine 150 Jahre alte Reismühle aus Shirakawa und einen Nachbau des zur Burg gehörenden Teepavillons Rinkaku. Mit lebensgroßen Puppen wird der Alltag der Samurai nachgestellt: Als der Hausherr in den Krieg zog, begingen seine Frau und Töchter Selbstmord, um nicht dem Feind in die Hände zu fallen, während er noch 35 Jahre lebte. Im Garten gibt es ein historisches Teehaus und man kann Bogenschießen ausprobieren (200 ¥). Mehrere Restaurants, großer Shop, ⌚ tgl. 8.30–17, Dez–März 9–16.30 Uhr, 850 ¥. Vom Burgeingang nach Osten, bis die Straße links abknickt, dort rechts abbiegen.

### Oyaku-en 御薬園

In Laufentfernung zur Burg befindet sich der kleine Garten Oyaku-en (wörtlich: „Medizingarten"), eine der wenigen Anlagen in Sendai, die nicht in Kriegen zerstört wurde. Die Matsudaira-Fürsten ließen hier Gemüse und Heilpflanzen anbauen, so war Aizu Wakamatsu Mitte des 17. Jhs. weithin für den Ginseng-Anbau bekannt. ⌚ tgl. 8.30–17 Uhr, im Winter z. T. wesentlich kürzer, 330 ¥, Kombiticket Burg und Oyaku-en 730 ¥.

## ÜBERNACHTUNG

**Hotel Takakoh**, Higashi-Sakaemachi 3-35, ✆ 0120-14-3189, 💻 www.takakoh.com. Das freundliche private Businesshotel mit 54 westlichen und japanischen Zimmern liegt praktisch in der Nähe der Burg und zahlreicher Restaurants und Geschäfte. Waschmaschine und Fahrradverleih. ❶–❷

**Mooi GH**, Nisshinmachi 10-17, ✆ 050-5363-2824, 💻 https://mooi.jp. Einfaches, sehr kleines Hostel in Nanukamachi. Der reiselustige Inhaber Asa spricht gut Englisch und hat viele Tipps für seine Gäste – fast wie im Homestay. ❶–❷

## ESSEN

Japanweit ein Synonym für leckere Rāmen ist der 15 Bahnminuten entfernte Ort **Kitakata** – neben Dutzenden weißgekalkten alten Speicherhäusern gibt's dort fast 50 Traditions-Rāmen-Restaurants. Ansonsten ist die Region bekannt für Pferdefleisch und *dengaku* (u. a. Tōfu-, Mochi- oder Fischspießchen mit süßem Miso bestrichen). Die meisten Restaurants in Aizu-Wakamatsu finden sich in der Umgebung von Nanukamachi-dōri und Chūō-dōri.

**Aizu Ichiban kan Café**, Naka-machi 4-18, bei der Bushaltestelle Noguchi Hideyo Seishun-kan mae, ✆ 0242-27-3750. Im EG der früheren Kayo-Klinik, wo der berühmte japanische Arzt Noguchi Hideyo (1876–1928) eine Zeitlang lernte, ist heute ein Café. Das Dekor erinnert ans frühe 20. Jh., und es gibt frisch aufgebrühte Single-Origin-Kaffees. Im ersten Stock ist ein kleines Museum über Noguchi Hideyo mit sparsamer englischer Beschriftung untergebracht. Noguchi Hideyo ist übrigens auf dem 1000-¥-Schein abgebildet. ⌚ tgl. 8–20 Uhr, Museum 200 ¥ Eintritt.

**Kagota**, Sakae-machi 8-49, ✆ 0242-32-5380, 💻 www.kagota.co.jp, Zwei Blocks östlich vom Rathaus auf der gegenüberliegenden Seite. *Izakaya* mit lokalen Spezialitäten von Pferde-Sashimi bis zu Kartoffel-*dengaku*, regionale Zutaten, z. T. aus Öko-Anbau. ⌚ tgl. 17–23 Uhr, unregelmäßige Ruhetage (s. Website).

**Mitsutaya Dengaku**, Omachi 1-1-25, ✆ 0242-27-1345. In dem gemütlichen Restaurant mit Tischen und Tatami-Sitzgelegenheit schmecken die *dengaku*-Spieße nach einem ausgiebigen Besichtigungsprogramm so richtig gut. Und die Misopaste kann man im angeschlossenen Laden auch gleich kaufen. Pro Spieß 300 ¥. ⌚ Do–Di 9–16.30 Uhr.

**Takino**, Sakae-machi 5-31, ✆ 0242-25-0808. Hübsches altes Bauernhaus in einer der Nebenstraßen zwischen Hauptpost und Rathaus; die Institution für *wappa meshi*, im Holzkörbchen gedünsteter Reis mit Beilagen. Besser reservieren, es ist oft ausgebucht. ⌚ tgl. 11–21 Uhr.

**Uende**, Nishisakaemachi 2-17, ✆ 0242-36-5078, 💻 https://uende.jp. Ganz einfacher Rāmen-Laden, aber Kult: Anstehen und zügig essen! ⌚ Mi–Mo 9–15 Uhr.

## SONSTIGES

### Einkaufen

Souvenirjäger werden insbesondere in der **Nanukamachi-dōri** und ihren Seitenstraßen fündig. Es gibt relativ bunte Lackwaren und Keramik, bemalte Kerzen und natürlich das Aizu-Maskottchen *aka-beko*, die örtliche Variante des Wackeldackels: eine rote Kuh, die Krankheiten abwehren soll. Außerdem Süßigkeiten, Sake und Samurai-Spielzeug.

**Shōwa Natsukashikan**, Omachi 1-1-46, ✆ 0242-27-0092. Der nostalgische Trödelladen liegt ganz in der Nähe der Noguchi-Gedenkstraße. Im Erdgeschoss gibt es nette Sachen aus der Shōwa- und Taishō-Zeit, im 2. Stock können Besucher in dem kleinen Museum sehen, wie es in Japan etwa in den 1960er-Jahren aussah. ⌚ tgl. 10–18 Uhr, Museum 200 ¥.

### Aktivitäten

**Kanmasu**, Omachi 1-2-54, ✆ 0242-37-0123, ⌚ Mo–Di, Do–Fr 15–21, Sa 11–21, So 11–15 Uhr. In dem modernen Sake-Geschäft mit Tasting-Spendern kann man 6 regionale Sake-Sorten für 1000 ¥ probieren.

### Informationen

Die **Touristeninformation** hat mehrere Filialen: u. a. im Bahnhof, ✆ 0242-32-0688, ⌚ tgl. 9–17 Uhr, und vor dem Iimori-yama, ⌚ tgl. 8.30–17.15 Uhr, halten beide einen guten Stadtplan auf Englisch bereit.

## NAHVERKEHR

Zwei **Sightseeing-Busse** fahren gegenläufige Runden über alle wichtigen Sehenswürdigkeiten und die Bahnhöfe. Tageskarte (Vorverkauf nur am Bahnhof und an der Touristeninformation Iimoriyama) 600 ¥, einfache Fahrt 210 ¥. **Fahrräder** werden am Bahnhof verliehen (E-Bike, 1000 ¥/Tag), oder in den Informationsstellen in Iimoriyama, Oyakuen und der Burg (600 ¥/Tag, man kann sie auch an den anderen Stellen zurückgeben).

## TRANSPORT

### Busse

Vom Busbahnhof gegenüber dem Bahnhof fahren regelmäßig Fernbusse, u. a. sehr häufig nach Tōkyō und Sendai.

### Eisenbahn

Mit dem Bummelzug etwa stdl. nach KORIYAMA (gut 1 Std., 1170 ¥), von dort Anschluss mit dem Shinkansen nach SENDAI, 40 Min., 5280 ¥, TŌKYŌ, 1 1/4 Std., 8140 ¥, und YAMAGATA, 80–90 Min., 4650 ¥.

# Sendai 仙台

Die Präfekturhauptstadt Sendai ist mit etwa einer Million Einwohnern die größte Stadt und das politische und wirtschaftliche Zentrum Tōhokus. Von der Tsunami-Katastrophe 2011, die wohl über 18 000 Menschen tötete, war Sendai selbst nicht so stark betroffen, aber an der umliegenden Küste sind ganze Vororte neu bebaut. Die damals komplett weggespülte Bahnlinie von Matsushima nach Norden (von der mehrere Regionalzüge im Meer verschwanden) ist mittlerweile wieder in Betrieb.

Das zerstörte Kernkraftwerk Fukushima liegt in der nächsten Präfektur etwa 100 km südlich von Sendai. Die doppelte Katastrophe hat nicht nur wegen der Infrastrukturschäden den Tourismus in der Region zumindest zeitweise geschädigt. Die Stadt hat im Bahnhof Arai der Tōzai-U-Bahnlinie im Osten der Stadt ein kleines Erinnerungszentrum, **Sendai 3/11 Community Center Memorial Hall**, mit vielen Fotos und auch englischen Erklärungen (auf einem Extra-Blatt) eingerichtet. ⌚ tgl. 10–17 Uhr, Eintritt frei.

Die Stadt Sendai hat eine recht hohe Lebensqualität. Die Bewohner sind stolz auf ihre „Stadt der Bäume"; es gibt reichlich Einkaufs- und Ausgehmöglichkeiten, und das alles bei gemäßigten Preisen und einem gut ausgebauten Nahverkehrsnetz. Einige Sehenswürdigkeiten hat Sendai ebenfalls zu bieten. Die meisten davon hängen mit dem noch heute sehr verehrten Stadtgründer **Date Masamune** zusammen, der u. a. für die Beauftragung der Keichō-Mission (s. Kasten S. 235) bekannt ist. Der *daimyō* hatte von Shōgun Tokugawa Ieyasu für seine Unterstützung ein großes und ertragreiches neues Lehen zugeteilt bekommen, woraufhin er das zentral gelegene Fischerdorf Sendai an der Handelsstraße nach Edo wählte, um eine neue Burg und eine Stadt dazu anlegen zu lassen. 1604 verlegte er zusammen mit über 50 000 Gefolgsmännern und deren Familien seinen Sitz hierher.

Der „einäugige Drache" *(dokuganryū)*, so sein Spitzname, da ihm seit einer Pockeninfektion in Kindheitstagen ein Auge fehlte, war ein gefürchteter Feldherr und geschickter Stratege und erweiterte seinen Einflussbereich stetig. Gleichzeitig förderte er Wirtschaft und Kultur und hinterließ architektonische Spuren. Leider haben Erdbeben, Brände, Meiji-Restauration und schließlich der Zweite Weltkrieg dafür gesorgt, dass von den unter seiner Herrschaft entstandenen Bauten in Sendai nicht viel erhalten ist – Ausgrabungen und originalgetreue Rekonstruktionen erlauben aber einen Einblick in die einstige Pracht.

## Zuihō-den 瑞鳳殿

Quasi als Antrittsbesuch empfiehlt sich zunächst eine Visite beim **Date-Mausoleum** Zuihō-den, 🖳 www.zuihoden.com, das 1637 nach Masamunes Tod im opulenten Momoyama-Stil gebaut wurde. Nachdem es 1945 Luftangriffen zum Opfer gefallen war, wurde es 1979 wieder aufgebaut und 2001 der Originalzustand mit geschnitzten Figuren, Vögeln und Blumen sowie reichlich Gold und kräftigen Farben rekonstruiert. Eine alte Steintreppe mit mächtigen Sicheltannen führt auf das Gelände, wo sich noch weitere eindrucksvolle Gräber der Date-Familie befinden. 🕒 tgl. 9–16.30, Dez–Jan 9–16 Uhr, 570 ¥ inkl. Museum, erreichbar mit Bus 11 vom Bahnhof.

## Aoba-jō 青葉城

Von hier gelangt man zu Fuß (oder kürzer per Bus) in etwa einer halben Stunde zum **Burggelände**. An dieser Stelle, in etwa 130 m Höhe, ließ Date 1604 seine neue Burg Aoba-jō anlegen, mit dem Hirosegawa als natürlichem Festungsgraben. Zu sehen sind jedoch nur noch die Außenmauern, einige Grundmauern sowie ein rekonstruierter Wachturm, da im Zuge der Kämpfe während der Meiji-Restauration 1869 sämtliche Gebäude zerstört wurden. Aufwendige multimediale Rekonstruktionen im **Museum** vermitteln einen guten Eindruck von der Anlage zu Date-Zeiten. Vom Reiterstandbild des *daimyō* von Sendai hat man eine gute Aussicht auf die Stadt. 🕒 Museum tgl. 9–16 Uhr, 700 ¥, Gelände Eintritt frei.

## Stadt- und Kunstmuseum 仙台市博物館・宮城県美術館

Das **Stadtmuseum Sendai** (Sendai-shi Hakubutsukan am Fuß des Aoba-yama stellt Geschichte und Künste von Stadt und Region mit Schwerpunkt des Erbes der Date-Familie sowie der Keichō-Mission nach Europa (s. Kasten S. 235) dar. Englischer Flyer und Audioguide;

Im Viertel Kokubun-chō drängen sich Restaurants und Bars.

Sendai
N
0
500 m
Ôsaki Hachiman-gû
ÜBERNACHTUNG
1 Bansuitei Ikoi-sô
2 Keyaki Guesthouse
3 Richmond Hotel Sendai Ekimae
1, Rinnô-ji
Sendai Mediathek
Kunstmuseum Miyagi
Kokubunchô-dôri
Inari-koji
Ichiban-chô
Kôtôdai Park
Mitsukoshi
Nishikicho Park
Kakyoin-dôri
Atago-kamisugi-dôri
Ekimae-dôri
Morioka, Yamagata
Tôkyô
Jôzenji-dôri
Bansui-dôri
Nishikoen-dôri
Hirosegawa
Nishi-Park
Hirose-dôri
Forus
(Vlandome)
Mitakisan-Fudôin
Chûô-dôri (Clis Road)
Hapina Nakake-chô
AER
Parco
Bars Sakurano
Bahnhof Sendai
Matsushima
Miyagino-dôri
Fujisaki
Aoba-dôri Ichibancho
Bahnhof Aoba-dôri
Yamada Denki LABI
S-PAL
Yodobashi Camera
ESSEN
1 Tantanmen Ichiryû
2 Blue Leaf Café
3 Eggs 'n Things
4 Umai Sushikan
5 Abe Kamaboko-ten
6 Rikyû
7 Taikichi
8 Zunda Saryô
9 O-hisamaya
Sendai International Center
Sternwarte
Ômachi-Nishi Kôen
Aoba-dôri
Bunka Yoko-chô
Iroha Yoko-chô
Bars u. Restaurants
(Sun Mall)
Higashi-nibanchô-dôri
Minamimachi-dôri
Bars u. Restaurants
Asa-ichi (Morgenmarkt)
Yanagimachi-dôri
Aobayama Park
Itsutsubashi-dôri
SS30
Kitamemachi-dôri
Shintera-dôri
Stadtmuseum Sendai
Botanischer Garten
Hauptpost
Polizei
SONSTIGES
1 Rock Café Peter Pan
2 Shimanuki
3 Vilevan
4 Taishô-en
5 Maruzen
6 Craft Beer Market
Universität Tôhoku
Burggelände Aoba-jô
Gokoku-Schrein
Zuihô-den
TRANSPORT
1 Nissan Rentacar
2 Eki Rentacar
Itsutsu-bashi
Sendai City Hospital
Tôkyô
Mutsu Kokubun-ji

### Expedition ins exotische Europa

**Date Masamune** schickte 1613 eine Gesandtschaft nach Europa, offiziell, um weitere christliche Missionare nach Japan einzuladen, tatsächlich wohl, um Handelsbeziehungen zu spanischen Kolonien in Südamerika aufzubauen. Geführt wurde die Expedition vom Date-Gefolgsmann **Hasekura Tsunenaga**. Als Berater war der spanische Franziskanermönch **Luis Sotelo** an Bord der *San Juan Bautista*. Man segelte über Mexiko nach Spanien und Rom, wurde auch von Papst Paul V. freundlich empfangen, blieb aber gänzlich erfolglos in Bezug auf die ursprünglichen Ziele der Reise. Die Rückreise führte über die Philippinen und endete nach beinahe sieben Jahren wieder in Japan. Dort hatte sich inzwischen das politische Klima gänzlich verändert, die isolationistische Politik des Tokugawa-Shogunats hatte Christentum und Auslandshandel unter Strafe gestellt. Dennoch ging diese Expedition in die Annalen ein, und Hasekura Tsunenaga gilt als erster Botschafter Japans in Europa und Amerika.



die englischen Beschriftungen sind ein bisschen knapp, aber okay. Sehenswert sind auch die Jōmon-Töpferwaren und Haniwa-Figuren. 🕒 Di–So 9–16.15 Uhr, 460 ¥ (Wiedereröffnung nach Renovierung für 2024 geplant).

Einen knappen Kilometer weiter nördlich bietet das moderne, von Architekt Maekawa Kunio entworfene **Kunstmuseum Miyagi** (Miyagi-ken Bijutsukan), 💻 www.pref.miyagi.jp/site/mmoa, neben der Sammlung japanischer Malerei mit regionalem Bezug ab der Meiji-Periode auch einige europäische Expressionisten. 🕒 Di–So 9.30–17 Uhr, 300 ¥.

## Sendai Mediathek メディアテーク

Die Sendai Mediathek an der Jōzenji-dōri zwischen Kōtōdai-Park und Hirose-Fluss beherbergt die Stadtbibliothek und mehrere Galerien (für Sonderausstellungen). Der Glaskubus wurde vom Pritzker-Preisträger Itō Toyō entworfen und 2001 fertiggestellt. Besonders abends mit Beleuchtung ist das Gebäude eindrucksvoll. 💻 www.smt.jp/en. 🕒 tgl. 9–22 Uhr, manche Bereiche kürzer.

## Ōsaki-Schrein und Rinnō-Tempel 大崎八幡宮・輪王寺

Die interessantesten Heiligtümer Sendais liegen nicht sehr zentral, sind aber mit öffentlichen Bussen gut erreichbar. Der **Ōsaki Hachiman-gū** ist mit seiner bunten Bemalung und den goldenen Beschlägen auf schwarzem Lack besonders prächtig. Den Schrein für die Schutzgottheit Sendais und des Date-Clans ließ Masamune 1607 im prächtigen Momoyama-Stil bauen. Als Modell diente der Toyokuni-Schrein in Kyōto. Besonders hübsch sind die Pflanzenmalereien auf der vergoldeten Kassettendecke des *ishinoma*, der Verbindung zwischen Haupt- und Gebetshalle. 🕒 9–16 Uhr, Eintritt frei, englischer Flyer. Vom Bahnhof erreichbar u. a. mit Bus 815 oder 999, 20 Min., 230 ¥.

Ein Besuch beim Familientempel der Dates, dem **Rinnō-ji**, lohnt sich vor allem wegen seines ausgesprochen hübschen Wandelgartens mit einem Lotusteich, knorrigen Kiefern, Bambus, Azaleen und Iris sowie einem Teepavillon. Der Tempel selbst, nach mehreren Umzügen mit dem Date-Clan seit 1602 an dieser Stelle, brannte 1876 beinah vollständig ab – nur das Tempeltor blieb erhalten. Nach und nach wurden die einzelnen Gebäude wieder aufgebaut. 🕒 tgl. 8–17 Uhr, 300 ¥. 10 Min. vom Bahnhof Kita-Sendai.

### ÜBERNACHTUNG

**Bansuitei Ikoi-sō**, Aoba-ku, Kimachi-dōri 1-8-31, ✆ 022-222-7885, 💻 www.ikoisouryokan.co.jp. Hübsches und einladendes Ryokan mit sehr sauberen Zimmern ohne Bad, dafür gibt's natürlich ein Gemeinschaftsbad. Etwas ab vom Schuss nahe der U-Bahnstation Kita-Yobanchō, vorwiegend japanisches Publikum. Ab ❷

**Keyaki GH**, Tachimachi 13-4, ✆ 022-796-4946, 💻 www.keyaki2014.com. Gemütliches und relativ geräumiges Hostel im japanischen Stil, gut gelegen. Schlafsaalbetten und DZ. ❶

**Richmond Hotel Premier Sendai Ekimae**, Chūō 2-1-1, ✆ 022-716-2855, 💻 www.richmondhotel.jp. Dieses gehobenere, sehr westliche Businesshotel bietet geschmackvoll eingerichtete Zimmer mit gekacheltem Bad und liegt praktisch in Bahnhofsnähe. Inkl. westlichen Frühstücks. Sehr unterschiedliche Preise. ❷–❹

## ESSEN

Lokale Spezialitäten sind *gyūtan*, gegrillte Rinderzunge, *sasa-kamaboko*, eine Art längliche Fischfrikadelle, und *zunda*, eine süße, knallgrüne Paste aus Edamame-Bohnen. Die Fischfrikadellen kann man z. B. bei **Abe Kamaboko-ten** in der Chūō-dōri, 🕒 tgl. 10–19 Uhr, kaufen, die Rinderzunge in der Restaurantgasse **Gyūtan-dōri** im Bahnhof oder in einem der zahlreichen hierauf spezialisierten Restaurants (s. u.). *Zunda mochi*, in *zunda* eingehüllte Reisküchlein, gibt's bei **Zunda Saryō** im Bahnhof – der Zunda-Shake ist hier der Renner. 🕒 tgl. 9–21 Uhr.

Die meisten Restaurants und Cafés sind in der Chūō-dōri, Ichiban-chō, Kokubun-chō und Nebenstraßen angesiedelt.

**Blue Leaf Café**, Ichibancho 3-8-8, ✆ 022-216-3235, 💻 https://blueleafcafe.jp. Modernes, helles In-Café mit viel Platz, die Spezialität sind üppige French Toasts mit Matcha-Eis. 🕒 tgl. 10–20 Uhr.

**Eggs'n Things**, Chūō 2-6-10, ✆ 022-397-7121. Die hawaiianische Kette bietet alles mit Ei an: Pfannkuchen, Waffeln, Omelett, Egg Benedict, aber auch Fisch und Fleisch, immer mit Rührei oder Spiegelei, versteht sich. 🕒 tgl. 9–20 Uhr.

**O-hisamaya**, Chūō 4-8-17, ✆ 022-224-8540. Eine Oase für Vegetarier ist dieses kleine Lokal, das ausschließlich vegane organische Gerichte führt (abgesehen von Keksen mit Honig). Die Chefin hat ein makrobiotisches Kochbuch veröffentlicht und bietet Kochkurse an. 🕒 Mo–Fr 11.30–18, Sa bis 17 Uhr.

**Rikyū**, Chūō 2-2-16, ✆ 022-716-9233. Die *gyūtan*-Restaurantkette betreibt inzwischen 20 Filialen in Sendai. Günstige *teishoku*, abends etwas teurer, es gibt auch Sushi und Sashimi. 🕒 tgl. 11.30–15 und 17–22.30 Uhr.

**Taikichi**, Chūō 2-1-30, neben dem Eingang zur Clis Road, ✆ 022-224-7233, 💻 www.taiankichijitsu.com. Süße *taiyaki* in fast industrieller Fertigung und auch mal mit Füllungen wie Zunda oder Rinderzunge; sehr beliebter Stand. 🕒 tgl. 10.30–19.30 Uhr.

**Tantanmen Ichiryū**, Kokubunchō 3-2-2, 💻 https://1dragon.jp, 🕒 tgl. 11–15 und 17–20.30 Uhr. Kleines chinesisches Lokal, das auf sehr cremige Tantanmen mit Garnelen spezialisiert ist, Nudeln mit scharfer Sesam-Sauce.

**Umai Sushikan**, Ichiban-chō 4-5-6, ✆ 022-722-0300. Empfehlenswerter Sushi-Laden rechts neben der Spielhalle Vegas Vegas. Frische und schmackhafte Sushi, große Auswahl zu vernünftigen Preisen, Sushi à la carte oder als Set. 🕒 tgl. 11.30–22 Uhr.

## UNTERHALTUNG

Neben dem klassischen Ausgehviertel **Kokubunchō**, wo sich Restaurants, Bars und Clubs im wahrsten Sinne des Wortes stapeln (viele sind in den oberen Stockwerken), gibt es ein paar Seitenstraßen, in denen fast jedes Haus eine Kneipe oder Bar ist. **Bunka Yokochō** am Südende der Ichiban-chō gehört dazu. Einen Block weiter südlich liegt das Retro-Kneipenviertel **Iroha Yoko-chō**. Nach dem Krieg ein spontaner Nightmarket auf einer Brache, wurde daraus 1946 der „Zentrale Markt" in zwei überdachten Gassen von Baracken. Noch heute sind die Läden eher winzige Buden, so manches Blech-Ladenschild ist noch von damals. Aber inzwischen sind viele Kneipen richtig hip, dazwischen gibt es vereinzelt Designerläden oder Cafés.

**Craft Beer Market**, Chūō 3-7-25, gegenüber vom Morgenmarkt-Eingang, ✆ 022-796-6366. Moderne, eher helle Bar mit Riesenauswahl an japanischen Craftbieren und einigen Gerichten. Filiale in Kokubunchō. 🕒 Mo–Fr 11.30–14.30 und 17–23, Sa und So 11.30–23 Uhr.

**Rock Café Peter Pan**, Kokubun-chō 2-6-1, Takemaru Bldg. 3F. Gemütliche Wohnzimmerbar mit gemischtem Publikum und fast nur Getränken. Der Chef, der nebenher mit Platten handelt, liebt britische und amerikanische Rockmusik. 🕒 tgl. außer Mo 15–24 Uhr.

## Glücksbringer für gute Geschäfte

Falls jemand über den kleinen Tempel **Mitakisan Fudō-in** mitten in der Einkaufspassage der Clis Road stolpert – der macht genau hier durchaus Sinn, denn es ist der Tempel der Ladenbesitzer. Verehrt wird hier neben Fudō Myōō auch **Sendai Shirō**, ein wahrscheinlich geistig behindertes Sendaier Original des späten 19. Jhs., der nicht viel sprach, immer lächelte, mit Kindern spielte und Läden besuchte – und diesen anscheinend gute Geschäfte bescherte, weshalb die Kleinhändler dazu übergingen, ihn mit Geschenken und Essen in ihre Läden zu locken. In manche mochte er nicht gehen, und die machten dann irgendwann Pleite. Um dem vorzubeugen, hängen sich Ladeninhaber bis heute Fotos von Sendai Shirō und andere Glückbringer, die man beim Mitakisan Fudō-in erstehen kann, in ihre Läden. ⌚ tgl. 10–18 Uhr.

**Vilevan**, Chūō 1-8-22, Sunsquare-Shōji Bldg. 3F, ✆ 022-225-2222. Die Einrichtung ist gediegen, und die Kellner in dieser Jazzbar tragen Fliege. Speisekarte und Publikum sind international, am Wochenende öfters Livemusik. ⌚ Mo–Do 17–1, Fr und Sa bis 2, So bis 24 Uhr.

## SONSTIGES

### Autovermietungen

Für das ländliche Tōhoku ist – anders als für die großen Städte – ein Auto nützlich. Sendai bietet sich als Ausleihbasis an. Mehrere Anbieter am Bahnhofsostausgang, z. B. **Eki Rentacar**, ✆ 022-292-6501, ⌚ tgl. 7.30–21 Uhr, **Nissan Rentacar**, ✆ 022-257-4123, ⌚ tgl. 7–21 Uhr.

### Einkaufen

Sendai ist das Konsumparadies Tōhokus. Gleich am Bahnhof gibt es diverse Shoppingcenter und Kaufhäuser; Haupteinkaufsstraßen sind die überdachten **Chūō-dōri** und **Ichiban-chō**. Frisches (englisches) Lesefutter bekommt man bei **Maruzen** im Erdgeschoss des AER-Gebäudes, ⌚ Mo–Sa 10–21, So bis 20 Uhr; Elektronikartikel z. B. bei **Yamada Denki LABI** gegenüber vom Bahnhof, ⌚ tgl. 10–22 Uhr. Wer Souvenirs sucht, wird evtl. bei **Taishō-en** mit *matcha*, Teeutensilien und Kunsthandwerk, ⌚ tgl. 10.30–18.30 Uhr, oder **Shimanuki** mit regionaltypischem Kunsthandwerk, ⌚ tgl. 10.30–19 Uhr (2. Mi im Monat Ruhetag), fündig (beide in der Chūō-dōri). In der Mediathek (s. o.) bietet der Kaneiri-Museumsshop Schreibwaren, Tenugui-Tücher und Kunsthandwerk aus Tōhoku an, eher kleine Auswahl, aber geschmackvoll ⌚ tgl. 10–20 Uhr.

### Feste

**Matsutaki Matsuri**, 14.1., anderswo als *dontosai* bekannt: Spärlich bekleidete Männer mit Laternen und Glocken marschieren zum Abschluss der Neujahrsfeierlichkeiten in einer Prozession zum Schrein Ōsaki Hachiman-gū.
**Aoba Matsuri**, 3. Mai-Wochenende: Samstags nimmt die halbe Stadt am „Spatzentanz"-Wettbewerb teil, der auf den Freudentanz der Steinmetze nach Fertigstellung der Burg zurückgehen soll. Am Sonntag gibt es eine Samurai-Prozession.
**Tanabata Matsuri**, 6.–8.8.: Eins der bekanntesten Tanabata-Feste in Japan. Das jährliche Zusammentreffen der Sterne Wega und Altair, des verhinderten Liebespaars der chinesischen Sage, wird mit Dekorationen aus farbenfrohen, an Bambusstangen befestigten Papierstreifen und abendlichen Paraden gefeiert. Am Vorabend großes Feuerwerk im Nishi-Park.
**Jōzenji Street Jazz Festival**, 2. Septemberwochenende: Freiluft-Musikfestival mit über 500 Bands rund um die Jōzenji-dōri.

### Informationen und Internet

Die **Touristeninformation** im Bahnhof, 2F, ✆ 022-222-4069, hat Englisch sprechende Mitarbeiter, Karten, Broschüren und Busfahrpläne und hilft bei Hotelbuchungen. ⌚ tgl. 8.30–19 Uhr.

## NAHVERKEHR

Der billigste Tarif für die zwei **U-Bahnlinien** ist 210 ¥.
**Stadtbusse** fahren vom westlichen Busterminal vor dem Bahnhof ab, einige Linien sind

bei den Sehenswürdigkeiten erwähnt, ansonsten hilft die Touristeninformation beim Finden des richtigen Busses. Buspreise variieren nach Strecke, ab 190 ¥.
Am westlichen Busterminal startet auch der **Loople Bus** (Sightseeing-Bus mit auch englischen Ansagen) seine Rundtour über Mausoleum, Stadtmuseum, Burggelände, Kunstmuseum, Mediathek, tgl. 9–16 Uhr, alle 15–20 Min., Tageskarte 630 ¥, einfache Fahrt 260 ¥.
**Kombitickets** gibt es für Loople & U-Bahn (920 ¥/Tag) oder für Loople, U-Bahn, Stadtbusse und Züge in einem weiteren Gebiet (bis Yamadera und Matsushima Kaigan). Dieser Pass heißt Sendai Area Pass (1 Tag, 1320 ¥, nur mit Touristenvisum) bzw. Sendai Marugoto Pass (2 Tage, 2720 ¥).



## TRANSPORT

### Busse

Der **Busbahnhof Sendai** besteht aus einer Vielzahl von Bussteigen rings um den Bahnhof mit mehreren verschiedenen Informationsbüros. An welchem Steig man abfährt, hängt weniger vom Ziel als von der genutzten Busgesellschaft ab, dabei gibt es außer nach Tōkyō kaum Preisunterschiede zwischen den verschiedenen Anbietern. Einige Busse nach Tōkyō fahren auch von der U-Bahn Haltestelle Izumi oder vom JR-Bahnhof Nagamachi ab.
AIZU WAKAMATSU, 4x tgl., 3 Std., 3300 ¥
AKITA, häufig, knapp 4 Std., ab 4500 ¥
MORIOKA, etwa stdl., 2 1/2 Std., 3100 ¥
TŌKYŌ, häufig, 5 1/2–6 Std., ca. 3000–5000 ¥
YAMAGATA, häufig, 1 1/4 Std., 1000 ¥
Die Discount-Busgesellschaft **Willer Express** bietet die Strecke SENDAI–TŌKYŌ ab 3100 ¥ an, knapp 6 Std. (als Nachtbus etwas länger), buchbar auf der englischen Website
💻 https://willerexpress.com.

### Eisenbahn

Sendai liegt an der Tōhoku-Shinkansen-Strecke. Die superschnellen Shinkansen *Komachi* von/nach AKITA (2 1/4 Std., 10 260 ¥) und *Hayabusa* von/nach SHIN-AOMORI (1 1/2 Std., 11 220 ¥) sind reservierungspflichtig. Beide halten auch in MORIOKA (40 Min., 6590 ¥). Langsamere Shinkansen enden dort (75 Min., ab 3410 ¥ ohne Reservierung) und halten auch in ICHINOSEKI (dort umsteigen nach Hiraizumi). In die andere Richtung fahren alle weiter nach TŌKYŌ (1 1/2–2 1/4 Std., ab 6050 ¥ ohne Platzreservierung).
Häufige Regionalzüge fahren nach MATSUSHIMA-KAIGAN (1/2 Std., 420 ¥). Etwa stdl. geht's über YAMADERA (1 Std., 860 ¥) nach YAMAGATA (1 1/4 Std., 1170 ¥).

### Schiffe

**Taiheiyō Ferry**, ✆ 022-259-0211, 💻 www.taiheiyo-ferry.co.jp, betreibt tgl. eine abendliche Autofähre vom Hafen Sendai nach TOMAKOMAI auf Hokkaidō, 15 Std., ab 9000 ¥ (im „Schlafsaal" mit Teppich; auch reine Frauenschlafsäle), und alle 2 Tage eine morgendliche Fähre nach NAGOYA, 21 Std., ab 7800 ¥ (im Winter Ruhetage). Zum Hafen Sendai-kō gelangt man mit dem Nahverkehrszug auf der Senseki-Linie bis Tagajō und von dort 10 Min. Bus oder Taxi.

## Matsushima 松島

Direkt vor den Toren Sendais, nur eine gute halbe Stunde mit dem Zug entfernt, liegt eine der „drei schönsten Landschaften" Japans *(Nihon sankei)*: die Bucht von Matsushima, deren Name mit *matsu* (Kiefer) und *shima* (Insel) schon auf ihre Besonderheit hinweist, nämlich die über 250 mit Kiefern bewachsenen Felsen und Inselchen. Die Bucht Matsushima, eine untergetauchte Küstenlandschaft, erstreckt sich 17 km in west-östlicher und 13 km in nord-südlicher Richtung. Sie ist nur wenige Meter tief und wird seit über 300 Jahren zur Austernzucht genutzt. Haiku-Dichter Bashō (S. 242) soll vom Anblick dieser malerischen Küstenlandschaft derart begeistert gewesen sein, dass es ihm förmlich die Sprache verschlug und er das Dichten seinem Begleiter Sora überlassen musste.

Obwohl die umliegende Küste 2011 von meterhohen Wellen überflutet wurde, blieb Matsushima nahezu unversehrt: Die vielen vorgelagerten Inseln hatten die Wucht des Tsunami anscheinend abgebremst. Inzwischen macht der Touristenort längst wieder *business as usual*, und auch die „klassischen" Aussichtspunkte sind alle wieder zugänglich.

Der kleine Ort Matsushima ist insbesondere an Wochenenden und Feiertagen gut mit Touristenbussen gefüllt, auf die auch die Infrastruktur ausgelegt ist. Doch auch wenn sich heute alles um die Touristen dreht: Anfang des 18. Jhs. befand sich hier ein bedeutendes religiöses Zentrum mit über 30 Tempeln, von denen man noch einige bewundern kann.

## Zuigan-ji 瑞巌寺

Der bedeutendste Tempel ist der heute zum zenbuddhistischen Rinzai-Orden gehörige Zuigan-ji 5 Min. zu Fuß nördlich des Bahnhofs Matsushima-kaigan. Tendai-Mönch Ennin soll ihn 828 gegründet haben. Der Feudalherr von Sendai, Date Masamune, ließ das zwischenzeitlich zerstörte Gebäude 1604–09 im *shoin-zukuri*-Stil als Familientempel wieder aufbauen und engagierte dafür eigens Handwerker und Künstler aus Kyōto. Das Tempelhauptgebäude mit wunderbaren Malereien auf Blattgold wurde bis 2017 renoviert und seitdem wieder zugänglich; u. a. wurde das Gebäude mehrere Meter angehoben, um die Fundamente zu erneuern (Fotografieren innen verboten). Zudem ist die enorme Tempelküche mit einer großartigen Deckenkonstruktion zu besichtigen – wie das Hauptgebäude ein Nationalschatz.

Die schönsten Kunstschätze sind jedoch im Tempelmuseum **Seiryū-den** aufbewahrt, u. a. mit chinesischer Landschaftsmalerei gestaltete *fusuma* (Schiebetüren), ein wolkenförmiger Küchengong *(unpan)* aus dem 14. Jh. – in brandgefährdeten Tempelküchen suggeriert das Wolkenbrett Regen, also Schutz vor dem Feuer – und eine fast lebensgroße Holzstatue von Date Masamune in kompletter Rüstung. Spannend für Europäer ist auch das Rollbild von Hasekura Tsunenaga (s. Kasten S. 235) in portugiesischer Kleidung mit Kreuz.

⌚ Sommer tgl. 8.30–17 Uhr, Winter gestaffelt kürzer, 700 ¥ inkl. Tempelmuseum.

## Entsū-in 円通院

Hauptsehenswürdigkeit auf dem Gelände dieses Tempels ist **Sankeiden**, das Mausoleum für den Date-Enkel Mitsumune, das Masamunes Sohn und Nachfolger Date Tadamune 1646 erbauen ließ, nachdem sein Sohn im Alter von nur 19 Jahren in Edo gestorben war. Mitsumune soll ein hochbegabter und militärisch geschickter junger Mann gewesen sein, weshalb gemutmaßt wird, er sei vom Tokugawa-Shogunat vergiftet worden. Die Innenwände des Schreins sind vollständig vergoldet, hinter Mitsumunes Reiterstandbild kann man die Statuen des Bodhisattva Kannon sowie sieben Gefolgsleuten erkennen, die *seppuku* begingen, um ihrem Herrn in den Tod zu folgen.

Bemerkenswert sind neben Rosen- und Narzissenmotiven auch versteckte christliche Symbole wie diagonal verbundene Kreuze. Die Dates waren dem christlichen Abendland gegenüber sehr aufgeschlossen und hatten auch einen Gesandten nach Europa geschickt (s. Kasten S. 235). Auch hier gibt es Felshöhlen zur Meditation, in denen heute Buddha-Statuen stehen, und der Garten ist besonders im Herbst zur Laubfärbung sehr sehenswert. ⌚ Sommer tgl. 8.30–17, Dez–Feb 8.30–16 Uhr, im Herbst manchmal abends Sonderöffnungszeiten bei Beleuchtung, 500 ¥.

Direkt nebenan lohnt der Tempel **Tenrin-in** einen Blick wegen seines Jizō-Altars für verstorbene und abgetriebene Kinder – ein kleines offenes Gebäude voller Jizō-Statuen, Spielsachen und Süßigkeiten. ⌚ tgl. 8.30–17 Uhr, im Winter kürzer, Eintritt frei.

## Uferpromenade 松島海岸

Ebenfalls eine Date-Rekonstruktion einer viel älteren, ursprünglich Bishamon gewidmeten Gebetshalle ist der kleine Tempel **Godai-dō** auf einem über zwei kurze rote Brücken mit der Uferpromenade verbundenen Inselchen. Die Gruppe der *godai myōō* (Fünf Weisheitskönige), die Ennin hier anlässlich der Gründung des Zuigan-ji eingeschlossen haben soll, kann man zwar erst 2039 wieder bewundern – der Tempel wird nur alle 33 Jahre geöffnet –, aber auch von außen ist er sehr hübsch und gilt als *das* Wahrzeichen Matsushimas. ⌚ tgl. 8 Uhr bis Sonnenuntergang.

Auch die östliche Nachbarinsel **Fukuura-jima** ist per Brücke erreichbar. Hier kann man dem Trubel ein bisschen entfliehen und durch einen hübschen Garten spazieren. ⌚ Sommer tgl. 8.30–17, Winter 8.30–16.30 Uhr, 200 ¥ Brückenmaut.

Der Teepavillon **Kanrantei** auf der kleinen Felsklippe südlich des Anlegers war ein Geschenk Toyotomi Hideyoshis an Masamune, dessen Sohn Tadamune ihn 1645 von Kyōto hierher umsetzen ließ. Heute kann man es den Feudalherren von einst gleichtun und die gekräuselten Wellen und die herrlich bemalten *fusuma* betrachten. Angeschlossen ist das Museum **Matsushima Hakubutsukan** mit Alltagsgegenständen der Date-Familie, ⌚ Sommer tgl. 8.30–17, Winter 8.30–16.30 Uhr, 200 ¥. Noch anschaulicher wird der große Date Masamune im **Date Masamune Rekishikan** (Date Masamune Geschichtsmuseum) präsentiert, wo seine Lebensgeschichte in über 30 Panoramaszenen mit lebensgroßen Figuren dargestellt ist (gute englische Beschriftung). ⌚ tgl. 9–17 Uhr, 1000 ¥. Darüber hinaus gibt es eine Trick-Art-Ausstellung, ein Drehorgelmuseum und eine Retro-Ausstellung.

Am besten lässt sich die Inselwelt natürlich auf einer Bootstour durch die Bucht genießen, idealerweise bis zu den etwas entfernteren Inseln von Oku-Matsushima. Alternativ gibt es mehrere **Aussichtspunkte** am Ufer. Zu Fuß sind Sōkanzan (etwa 2 km südlich auf einem Fußweg) und die Ōgidani-Plattform noch ein kleines Stück weiter (aber 500 m direkt auf der Straße) einigermaßen gut zu erreichen.

## ÜBERNACHTUNG

Übernachtungen in Matsushima sind v. a. in der HS von Mai–Okt recht teuer, und zu den Festen im August ist oft schon sechs Monate im Voraus alles ausgebucht.

**Hotel Daimatsusō**, gleich am Bahnhof, ✆ 022-354-3601. Sichtlich nicht mehr das Neuste, aber dafür vergleichsweise günstig. Die billigsten Zimmer, westliche wie japanische, haben weder Bad noch Aussicht, aber ansonsten die übliche Ausstattung, in den höheren Stockwerken gibt es auch ein paar geräumigere mit Balkon. Ohne Frühstück ab ❸

**Taikansō**, Inuta 10-76, ✆ 022-354-2161, 💻 www.taikanso.co.jp. Das größte (Ryokan-) Hotel in Matsushima mit 256 Zimmern, etwas abseits in den mit Kiefern bewachsenen Hügeln gelegen, japanische, westliche und Kombi-Zimmer, Erstere alle mit Meerblick, die billigsten 1- und 2-Bett-Zimmer gehen nach hinten raus. Innen- und Außenbadebereich mit Aussicht, Wochenend- und Saisonzuschläge. ❻

## ESSEN

Mitte Okt–Mitte März ist Austernsaison, dann gibt's die glibberige Delikatesse in diversen Zubereitungen, von roh bis frittiert oder als Eintopfbestandteil.

**Fischmarkt Matsushima Sakana Ichiba**, ⌚ tgl. 8–17 Uhr. Zwischen den Marktständen werden auch Sashimi-Bowls oder Austern-Burger verkauft, die man vor dem Markt an Picknicktischen essen kann. Im Yakigaki House daneben bekommt man (auch im Sommer) Austern, Schürze und Handschuhe an den Grill geliefert.

**Matsukama Sohonten**, Chonai 120, ✆ 022-354-4016, ⌚ 9.30–17 Uhr. Auch im Kamaboko-Fachgeschäft dürfen die Gäste selbst grillen, pro Fischpasten-Spieß 300 ¥.

**Ungai**, auf dem Gelände des Entsū-in, ✆ 022-353-2626. Buddhistische vegetarische Menüs, Blick auf den hübschen Tempelgarten, gehobene Preise (4000–8500 ¥). Einen Tag im Voraus reservieren. ⌚ tgl. 11.30–14 Uhr.

## SONSTIGES

### Einkaufen

**Naohide Kokeshi**, Chonai 80, ✆ 022-354-3216. Die schlichten Holzpuppen, die typisch für Tōhoku sind, gibt es in etlichen Varianten direkt vom Drechsler. Und man kann sie selbst bemalen, in den traditionellen Farben rot, gelb und schwarz (1000 ¥). ⌚ 8.30–17 Uhr.

### Fahrradverleih

**Aihara Shōten**, nahe dem Bahnhof gegenüber vom Hotel Daimatsusō, ✆ 022-354-2621, ein Lebensmittelgeschäft, das auch einige Fahrräder verleiht. 500 ¥ für 2 Std., Kaution 1000 ¥; Gepäckaufbewahrung 500 ¥. ⌚ tgl. 8–17 Uhr.

## Matsushima

### Feste

**Matsushima Kaki Matsuri**, 1. Februar-Wochenende: Austernfest mit Austern bis zum Abwinken.
**Zuigan-ji Tōdō**, 6.–8. Aug: Zum Tempelfest wird die Allee vor dem Tempel mit unzähligen Kerzen erleuchtet, dazu erklingt die *shakuhachi* (Bambusflöte).
**Matsushima Tōrō Nagashi Hanabi Taikai**, 15. Aug: Zum Matsushima O-bon gibt's ein großes Feuerwerk, und auf dem Meer schwimmen 8000 Papierlaternen.

### Informationen und Gepäckaufbewahrung

Sehr engagierte **Touristeninformation** am Schiffsanleger, ✆ 022-354-2263. ⌚ tgl. 8.30–17 Uhr, im Winter kürzer. Schließfächer am Bahnhof, in der Touristeninformation und beim „Umi no Eki" gegenüber, einer Art Raststätte mit Aufenthaltsraum und mehreren Café-Theken.

### Touren

Verschiedene Anbieter führen **Bootstouren** in der Bucht von Matsushima durch. Sie starten von 9.30–16 Uhr (im Winter bis 15 Uhr) vom Touristenanleger Matsushima, 50-minütige Rundfahrten kosten 1500 ¥, plus 600 ¥, falls man auf das obere Deck will.
Alternativ kann man auch nach Shiogama an derselben Bahnlinie fahren (so sieht man mehr von der Landschaft, allerdings ist Shiogama industriell geprägt).

## TRANSPORT

### Eisenbahn

Die Senseki-Linie verkehrt alle 30 Min. zwischen SENDAI und Matsushima-kaigan (Achtung, der Bahnhof Matsushima an der Tōhoku-Hauptlinie ist ein ganzes Stück entfernt), 35 Min., 420 ¥.

# Yamadera und Yamagata
山寺・山形

Ein weiterer lohnender Ausflug führt von Sendai über die Berge in das Örtchen Yamadera gleich bei Yamagata, der Hauptstadt der gleichnamigen Präfektur. Die Attraktionen hier sind der Bergtempel **Risshaku-ji** und das **Bashō Memorial Museum**. Von Yamagata aus kann man auch weiterfahren nach Dewa Sanzan (S. 244).

TŌHOKU

## Risshaku-ji 立石寺

Sehenswert ist der Tempelkomplex Hoju-san Risshaku-ji insbesondere wegen seiner fantastischen Lage an einem mit Klippen durchsetzten Berghang, daher auch sein Name („stehender Fels"). Der Komplex wurde 860 vom buddhistischen Mönch Ennin als Ableger des Enryaku-ji in Kyōto und als Haupttempel des Tendai-Ordens in Tōhoku gegründet und besteht heute aus 40 Gebäuden, die entlang einer sich über 1000 Stufen zwischen Bäumen emporwindenden Treppe verstreut liegen – insbesondere zur Laubfärbung im Herbst ein wunderschöner Anblick. Um zum Risshaku-ji zu gelangen, überquert man vom Bahnhof aus die Brücke und folgt rechts der Straße etwa 5 Min. Der Eingang zum Tempelkomplex ist ausgeschildert; für den Besuch braucht man höchstens zwei Stunden.

Gleich als Erstes passiert man das Hauptgebäude **Konpon Chūdō**. Drinnen befinden sich die Ewige Flamme, die ursprünglich aus China stammen und vor Jahrhunderten aus dem Tempel Enryaku-ji hierhergebracht worden sein soll, und eine 800-jährige Holzstatue des heilenden Buddha Yakushi Nyorai. Gleich nebenan erinnern ein Gedenkstein und Statuen von **Bashō** und seinem Schüler Sora an den Besuch des Wanderpoeten (s. Kasten), der hier anno 1689 schwärmte: „Stille…! / Tief bohrt sich in den Fels / das Sirren der Zikaden …"

Vorbei an einigen weiteren Gebäuden gelangt man zum Kassenhäuschen. Gleich dahinter beginnt der Aufstieg vorbei an majestätischen Sicheltannen, bemoosten Jizō-Figuren, Steinlaternen und *sotoba* (hölzerne Namenstafeln) mit Gebetsmühlen hinauf zum höchstgelegenen

### Auf schmalen Pfaden durchs Hinterland – Heimat der Haiku

5-7-5: nur 17 Silben hat ein Haiku – und die berühmtesten Haiku hat der Dichter Bashō auf seiner Reise durch Tōhoku geschrieben.

**Matsuo Munefusa**, so der bürgerliche Name Bashōs, wird 1644 als Sohn einer niederrangigen Samurai-Familie in Ueno geboren. Als Junge tritt er in die Dienste der herrschenden *daimyō*-Familie ein. Sein junger Herr verfasst unter dem Künstlernamen Sengin Verse und nimmt ihn mit zu seinem Dichterlehrer Kigin in Kyōto, aber erst mit 23, nach seinem Dienst bei Sengin, wird Bashō selbst Dichter. Er zieht nach Edo, schlägt sich mit Gelegenheitsjobs durch, findet einen Förderer und feilt an seinem Stil. Sein Ruf als Dichter und Lehrer verbreitet sich, und die Zahl seiner Anhänger wächst. 1680 zieht er nach Fukugawa. Ein Schüler schenkt ihm eine **Bananenstaude** *(bashō)*, die vor seine Hütte gepflanzt wird und die er offenbar sehr schätzt – so kommt er zu seinem endgültigen Künstlernamen. Bei allem Erfolg verspürt er eine Unruhe, die ihn zunächst zur Zen-Meditation führt und ihn ab 1684 zu immer neuen Wanderungen aufbrechen lässt. Sein größtes Abenteuer ist schließlich die fünfmonatige Reise „durchs Hinterland", nach Tōhoku, die ihn 1689, begleitet von seinem Schüler **Kawai Sora** u. a. nach Nikkō, Matsushima, Hiraizumi, Yamadera, Dewa Sanzan und Kanazawa führt. Die beiden legen 2400 km zurück. Das **Reisetagebuch**, das dabei entsteht, kombiniert Prosa mit eingestreuten Haiku von Bashō und Sora; Bashō bearbeitet und redigiert es nach der Rückkehr fünf Jahre lang, bevor er es zur Abschrift an einen Freund weitergibt. Die erste gedruckte Fassung erscheint erst 1702, acht Jahre nach Bashōs Tod 1694. Das Buch wird sofort ein großer Erfolg. Es wird auch heute noch als sein wichtigstes Werk betrachtet, als dasjenige, in dem er seinen Stil vollendet und durch die Beschreibung des Alltäglichen den Geheimnissen des Seins nachspürt. Erst seit der Entdeckung von Soras Tagebüchern 1943 ist bekannt, dass es durchaus auch fiktionale Elemente enthält.

Der Tempel Risshaku-ji heißt nicht ohne Grund „stehender Fels".



**Oku-no-in** (inneren Tempel). Kurz vorher biegt links ein Weg zur **Godai-dō** ab (Halle der Fünf Gesandten Buddhas), von deren Veranda man eine herrliche Aussicht auf das Tal hat. Oku-no-in und Godai-dō, 🕒 tgl. 8–17 Uhr, 300 ¥.

## Bashō-Museum 山寺芭蕉記念館

Abrunden kann man den Ausflug mit einem Abstecher in das ehemalige Hotel Yamadera von Anfang des 20. Jhs., in dessen alten Banketträumen Zeichnungen historischer Gebäude ausgestellt sind (Eintritt frei), oder einem Besuch im Yamadera Bashō Kinenkan, ✆ 023-695-2221, 💻 www.yamadera-basho.jp, auf der gegenüberliegenden Seite des Tals. Hierzu geht man zurück über die Brücke und folgt einfach der Straße den Hang hinauf. Das Museum zeigt Materialien mit Bezug zu Bashōs Leben und veranstaltet Haiku-Wettbewerbe. Ein paar Informationen und Bashōs Reisekarte gibt es auch auf Englisch. 🕒 tgl. 9–16.30 Uhr, 400 ¥.

Die Touristeninformation hat einfache Karten mit Wandervorschlägen, auch auf Englisch: Je zwei Stunden dauert ein Rundweg hinter den Felsspitzen des Yamadera bzw. ein Ausflug zu einem felsigen Aussichtspunkt auf der gegenüberliegenden Talseite. Vom nächsten Bahnhof, Omoshirokogen, führt ein Fußweg mit Hängebrücken durch die Schlucht – etwa zwei Stunden als Rundweg oder 3 Stunden bis zum Bahnhof Yamadera, dann allerdings teils auf der Straße.

## ÜBERNACHTUNG UND ESSEN

In **Yamadera** selbst gibt es einige Ryokan und Minshuku, die jedoch weitgehend auf einheimische und v. a. angemeldete Gäste ausgerichtet sind.

Ansonsten findet man in **Yamagata** diverse Businesshotels gleich am Bahnhof, besonders vor dem Westausgang.

Der klassische Snack für den Aufstieg zum Tempel sind *chikara konnyaku*, deftige stärkehaltige **Spießchen** mit Senf, die schon Bashō hier gegessen haben soll (100/Spieß, überall erhältlich).

## SONSTIGES

**Touristeninformation Yamadera**, Yamadera 4495-10 (auf dem Weg zum Tempel hinter

der Brücke rechts), ✆ 023-695-2816, ⌚ tgl. 9.30–16, Dez–März 10–15 Uhr.
Große **Schließfächer** befinden sich am JR-Bahnhof Yamadera; das Lokal Enzo vor dem Bahnhof (u. a. Soba aus 100 % Buchweizen) bietet für Gäste Gepäckaufbewahrung gratis an (11–17 Uhr, manchmal kürzer).

### TRANSPORT

#### Busse

Der **Busbahnhof von Yamagata** befindet sich in der Ekimae-dōri, die meisten Busse halten zusätzlich am Bahnhof.
SENDAI, sehr häufig, 1 Std., 1000 ¥.
TŌKYŌ, Nachtbus, 7 Std., ab 5300 ¥.
TSURUOKA (für Dewa Sanzan), 8x tgl., 2 Std., 2600 ¥.

#### Eisenbahn

TŌKYŌ, von Yamagata stdl. mit dem Shinkansen, 2 1/2 Std., 11 250 ¥.
SENDAI, von Yamagata Regionalzug über YAMADERA, 80 Min., 1170 ¥.

7 HIGHLIGHT

## Dewa Sanzan 出羽三山

Bei Dewa Sanzan, den drei Bergen der historischen Provinz Dewa, handelt es sich um ein ganz besonderes Fleckchen Erde. Abgesehen von der relativ unberührten Berglandschaft, die Teil des Bandai-Asahi-Nationalparks ist, gilt es als heiliger Ort und ist weithin bekannt für den hier ansässigen Zweig des Shugendō, des synkretistischen Bergasketen-Ordens der sogenannten *yamabushi* (s. Kasten S. 245). Der **Haguro-san** (414 m) ist der niedrigste der drei Gipfel und damit als einziger das ganze Jahr über zugänglich, der **Gas-san** (1984 m) ist der höchste und versinkt im Winter unter meterhohen Schneemassen, während der **Yudono-san** (1504 m) als das Herz und der heiligste der drei Berge gilt.

Der Hauptschrein **Sanshin Gōsai-den** befindet sich auf dem Haguro-san. Hier werden praktischerweise die Gottheiten aller drei Berge gemeinsam verehrt. Nur den Sommer über geöffnet und zugänglich sind die Schreine **Gassan-jinja** und **Yudonosan-jinja** auf den beiden anderen Gipfeln. Am Fuß des Haguro-san befindet sich der Ort Haguro, dessen hinterster Teil als eine Art Basislager für Pilger und Touristen fungiert. Auch wenn die Anreise über Tsuruoka etwas langwierig ist, lohnt sie sich allein für den wunderbar atmosphärischen Aufstieg zum Haguro-san, den man idealerweise mit einer Nacht in einer *shukubō* kombiniert.

### Haguro-san 羽黒山

Direkt vor dem Eingang zum Haguro-san kann man sich zunächst im Museum **Ideha Bunka Kinenkan** ausführlich über die Geschichte von Dewa Sanzan und Shugendō informieren. Es gibt englischen Text und auch eine englischsprachige Information. ⌚ Mi–Mo (Juli, Aug tgl.) 9–16.30, Dez–März 9.30–16 Uhr, 400 ¥.

Nachdem man dann das Tor **Zuishin-mon** durchquert hat, geht's erst mal ein paar Stufen abwärts zur leuchtend roten Brücke über den Haraigawa. Kurz danach taucht geheimnisvoll die fünfstöckige Pagode **Gojū-no-tō** aus dem 14. Jh. zwischen den majestätischen Sicheltannen auf, und dann beginnt der Aufstieg über 2446 unerwartet freundliche steinerne Stufen, deren Anlage den 50. Hauptpriester Ten'yu Bettō im 17. Jh. ganze 13 Jahre kostete. In die Stufen sollen insgesamt 33 Symbole wie Sake-Tassen oder Lotusblätter eingemeißelt worden sein (viele sind verwittert, dafür vielleicht neue dazugekommen). Wer alle findet, dessen Wünsche sollen in Erfüllung gehen. Etwa auf halber Strecke lädt der **Teepavillon** Ninosaka-chaya zur Rast mit Aussicht ein, dazu gibt es *matcha* und süße *chikara dango* („Kraftklößchen") aus Klebreis, ⌚ Ende April–Anfang Nov 8.30–16.30 Uhr. Vor dem dritten und letzten Treppenabschnitt führt ein kleiner Abstecher nach rechts zur Stätte des ehemaligen Tempels, in dem Haiku-Dichter Bashō (s. Kasten S. 242) einst Quartier nahm: „Dankbar genießt man im Südtal / den Wind: er weht seinen Duft / über den Schnee …"

Auf dem Gipfel schließlich beeindruckt der 1818 rekonstruierte, leuchtend rote Drei-Götter-Schrein **Sanshin Gōsai-den** mit seinem

## Shugendō – Selbsterfahrung für Hartgesottene

Shugendō – in etwa „Weg der Übungen zum Erreichen spiritueller Kräfte" – ist ein lockerer Zusammenschluss von Mönchen und Laien, der animistisch-shintoistische und esoterisch-buddhistische Elemente kombiniert und seine Anhänger mit asketischen Riten auf den Pfad der Erleuchtung bringen will. Die Gläubigen werden *shugenja* oder *yamabushi*, „die sich in den Bergen verbergen", genannt, und Berge spielen eine große Rolle, einerseits als Sitz der *kami*, andererseits als Ort, an dem auf Pilgerwanderungen „sportliche" Übungen zu absolvieren sind. Durch Schlafentzug, Fasten und körperliche Grenzerfahrungen – man steht unter eiskalten Wasserfällen oder läuft barfuß durch glühende Asche – sollen Angst, Schmerz und Müdigkeit überwunden werden.

gewaltigen, 2,10 m dicken Reetdach. An einem der vielen kleinen Schreine dahinter werden dem Schutzgott der Reisenden Schuhe und Strohsandalen geopfert – sehr fotogen! Unweit davon befindet sich das Historische Museum **Dewa Sanzan Rekishi Hakubutsukan**, das als Tempelschatzkammer fungiert und u. a. Buddha-Statuen und Schriftstücke zeigt. ⌚ Ende April–Mitte Nov Fr–Mi (Juli, Aug tgl.) 10–16.30 Uhr, 500 ¥. Von dort führt der alte Pilgerweg wieder bergab zum stimmungsvollen Kannon-Tempel **Kōtaku-ji**, der – ganz synkretistisch – auch als buddhistischer „hinterer Tempel" *(okuno-in)* zum Shintō-Schrein des Dewa Sanzan gehört und wo die asketischen Praktiken des Shugendō im 6. Jh. begründet wurden. Hier kreuzt der Pilgerweg auch wieder die Straße (Bushaltestelle Gassan Visitor Center-mae).

Wer sich den etwa einstündigen Aufstieg (oder den Abstieg) ersparen möchte, erreicht den Gipfel auch per Bus über eine Mautstraße; die Bushaltestelle befindet sich am großen Parkplatz.

### Gas-san und Yudono-san
### 月山・湯殿山

Wer im Sommer zum Dewa Sanzan kommt und gut zu Fuß ist, kann an einem weiteren Tag in der Nähe auch noch eine separate Wanderung auf die anderen beiden Gipfel unternehmen. Die klassische Reihenfolge der Pilger ist Haguro-san, Gas-san, Yudono-san, da die Berge Geburt, Tod und Wiedergeburt repräsentieren. Der Schildvulkan des Gas-san ist wegen seiner winterlichen Schneemassen nur von Juli bis etwa Mitte Oktober zum Wandern geöffnet, und auch dann liegt noch Schnee – die Skisaison geht von April bis Juli. Von der 8. Station **Hachi-gōme**, die man über Haarnadelkurven per Bus von Tsuruoka oder Haguro erreicht, führt ein relativ lockerer, etwa 3-stündiger Wanderweg über alpine Wiesen und Moore bis zum Gipfel des **Gas-san**, von dem aus man bei gutem Wetter eine fantastische Aussicht auf die Shōnai-Ebene und die umliegenden Berge hat.

Von hier kehrt man entweder zur 8. Station zurück oder wandert weiter am Yudono-san vorbei – es gibt keinen Weg auf den eigentlichen Gipfel – zum **Yudonosan-jinja**, ⌚ von etwa Juni–Okt 8.30–16.30 Uhr, 500 ¥. Hierfür benötigt man noch mal etwa 2 1/2 Std., die Strecke ist anspruchsvoller, weil es z. T. steil bergab geht. Von hier ist es nicht mehr weit zur Bushaltestelle, von der aus Busse die Mautstraße hinunter zum Yudono-san Hotel und weiter nach Tsuruoka fahren.

## ÜBERNACHTUNG UND ESSEN

### Dewa Sanzan

Für die ultimative Tempelbergerfahrung kann man eine Übernachtung in einer der über 30 **Shukubō** in Haguro buchen, die eigentlich für Pilger gedacht sind, aber auch (angemeldete) Touristen aufnehmen. In den meisten von ihnen wird kein Englisch gesprochen, aber mit schriftlichen Anfragen können sie in der Regel umgehen. Alle verköstigen ihre Gäste mit *shōjin-ryōri*, äußerst delikater, vegetarischer buddhistischer Küche (z. T. ist Fisch dabei), und alle sind an einen Schrein angeschlossen; die meisten erwarten Beteiligung bzw. Interesse an den religiösen Zeremonien. Die Unterkünfte sind alle in einer Gasse am Bergfuß beim

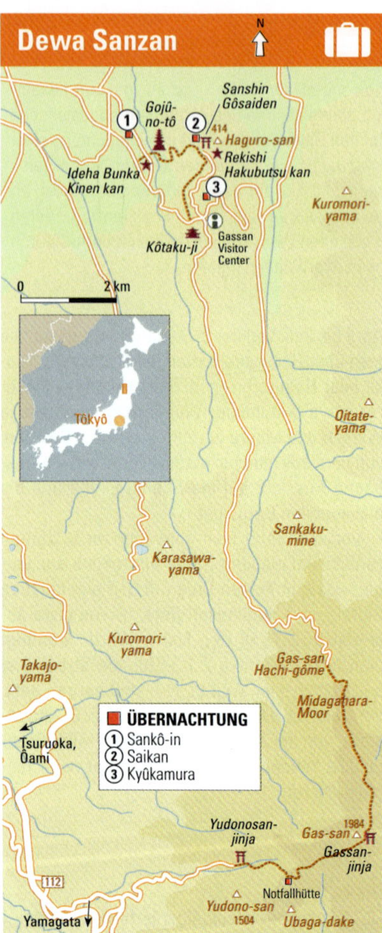


Zuishinmon, dort gibt es auch zwei Andenkenläden mit einfachen Gerichten, ansonsten keine Verpflegung. Auf dem Parkplatz am Gipfel dagegen stehen etliche Lunch-Lokale.

**Kyūkamura**, ✆ 0235-62-4270, 💻 www.qkamura.or.jp. Etwas in die Jahre gekommene Freizeit-Unterkunft nicht weit vom Gipfel in der Nähe des Kōtaku-ji (eigene Bushaltestelle), guter Blick. Dazu gehört ein großer Campingplatz. Ab ❸, Camping auch in fest installierten Zelten ❶

**Saikan**, ✆ 0235-62-2357, 💻 www.dewasanzan.jp/publics/index/64. Das Beste an dieser vom Hauptschrein betriebenen *shukubō* ist die Lage direkt auf dem Haguro-Gipfel. Wer hier übernachtet, kann nach dem Aufstieg die abendliche Ruhe genießen und zuhören, wenn die Muschelhörner der *yamabushi* zum Einsatz kommen. Das weitläufige Holzgebäude von 1697 ist die einzige erhaltene Pilgerunterkunft auf dem Haguro-san – in der Edo-Zeit, also bevor mit der Meiji-Restauration Shintō und Buddhismus voneinander getrennt wurden, gab es hier noch 30 *shukubō*. Die Inneneinrichtung ist eher spartanisch, das Essen ein wahres Geschmackserlebnis, allerdings herrscht keine übermäßig familiäre oder spirituelle Atmosphäre, man überlässt die Gäste ganz sich selbst – wer sich für die Teilnahme an der Morgenzeremonie im Sanshin Gōsai-den interessiert, muss Bescheid sagen. Mit Halbpension ab 11 000 ¥ p. P.

Für diejenigen, die das fromme Treiben lieber mit etwas Distanz beobachten möchten, gibt es auch weltliche Unterkünfte in Haguro, z. B. das **Tamonkan Ryokan**, ✆ 0235-62-2201, 💻 www.tamonkan.net, in der *shukubō*-Gasse am Bergfuß (an der nächsten Ecke ca. 600 m hinter dem **Sankō-in**). Wahlweise auch mit *shōjin-ryōri*. Der Inhaber spricht etwas Englisch. ❸

## SONSTIGES

### Aktivitäten

**Megurun**, 120-2 Konkōji, Yabase, Tsuruoka, 💻 https://yamabushi.jp. Yamabushi-Aktivitäten, also spirituelle Exerzitien, als mehrtägige Paket-Angebote auch für Ausländer mit englischer Übersetzung, jeweils wenige Termine im Jahr. 6-tägiges Intensivprogramm Masters Yamabushi Training 380 000 ¥.

### Autovermietungen

**JR Ekiren**, direkt im Bahnhof Tsuruoka, ✆ 0235-24-2670, oder 5 Min. entfernt: **Nippon**, ✆ 0235-23-5573, und **Toyota**, ✆ 0235-28-0100.

### Feste

**Hassaku Matsuri**, 31.8.–1.9.: Das Feuerritual der *yamabushi* auf dem Haguro-san soll für reiche Ernten ohne Taifune und andere Kalamitäten sorgen.

**Shōrei-sai**, 31.12.–1.1.: Eins der drei größten Feuerfeste Japans, riesige Sandflöhe aus Stroh werden in Haguro verbrannt – für den Schutz vor Insektenbefall und eine gute Ernte.

### Informationen

Bei der **Touristeninformation** am Bahnhof in Tsuruoka, ✆ 0235-25-7678, bekommt man Infos zum Dewa Sanzan und Busfahrpläne und kann sich eine Unterkunft organisieren lassen. April–Nov Gratis-Leihräder. ⌚ tgl. 9–17.30 Uhr.
Am Empfang des **Ideha Bunka Kinenkan** (S. 244) kann man sich ebenfalls bei der Suche nach einer *shukubō* helfen lassen.
**Online**: 🖳 www.dewasanzan.jp.

## NAHVERKEHR

Ab TSURUOKA, Bussteig 2, etwa stdl. Busse nach **Haguro**, 40 Min., 820 ¥, meist fahren sie weiter zum Gipfel Haguro-Sanchō, 55 Min., 1180 ¥. Juli, Aug und an Wochenenden im Sep 4x tgl. von Haguro-Sanchō bis **Gassan Hachi-Gōme**, 55 Min., 1560 ¥. Der letzte Bus zurück fährt um 16 Uhr, mit Anschluss von/nach Tsuruoka.
Nur an Wochenenden von Juni–Nov fährt 3x tgl. ein Shuttlebus von Tsuruoka zum **Yudono-san**, 1 Std., (Tagesticket 3000 ¥). Der letzte Bus zurück fährt um 16.50 Uhr.
Da der Busverkehr zu Gas-san und Yudono-san recht spärlich ist, sollte man vor Aufbruch die aktuellen Abfahrtszeiten in Erfahrung bringen!

## TRANSPORT

### Busse

Der **Busbahnhof Tsuruoka** liegt 5 Min. westlich vom Bahnhof hinterm Dai-ichi-Hotel, die meisten Busse halten aber auch am Bahnhof.
SENDAI, 8x tgl., 3 Std., 3000 ¥
TŌKYŌ, Nachtbus, 🖳 www.bus.or.jp/bus/map_e/15001701.gif, 9 Std., ab 5000 ¥
YAMAGATA, 8x tgl., 2 Std., 2600 ¥

### Eisenbahn

AKITA, meist mit Umsteigen in SAKATA, 2 1/2 Std., 2310 ¥
TŌKYŌ, über NIIGATA (SHINKANSEN), 4 Std, 13 380 ¥

# Hiraizumi 平泉

Das heute beschauliche Kleinstädtchen war in der Heian-Zeit das kulturelle Zentrum des nördlichen Japans. Fujiwara Kiyohira, ein erfolgreicher Kriegsherr aus Iwate, wählte diese strategisch günstige Stelle als Sitz der von ihm begründeten Herrscherdynastie der Ōshū (Nördlichen) Fujiwara, die der Stadt vier Generationen lang, von 1087–1189, zu Ansehen und Bedeutung verhalf. Die Ōshū-Fujiwara waren wegen der enormen Entfernung recht autonom von Kyōto, wo der Hauptzweig der Fujiwara-Familie zur gleichen Zeit eine maßgebliche Rolle spielte. Vom alten Glanz zeugen heute noch das Kronjuwel buddhistischer Kunst, die **Goldene Halle Konjiki-dō**, die allein schon einen Abstecher nach Hiraizumi wert ist, sowie einige weitere Überreste der beiden Tempelkomplexe **Chūson-ji** und **Mōtsū-ji**.

## Chūson-ji 中尊寺

Vom Bahnhof aus erreicht man zu Fuß in einer halben Stunde, mit dem Bus in 10 Min., die Hauptattraktion von Hiraizumi, die Tempelanlage Chūson-ji. Der Aufstieg über den von 300-jährigen Sicheltannen gesäumten Weg **Tsukimi-zaka** („Hang zur Betrachtung des Mondes") stimmt auf eines der bedeutendsten architektonischen Zeugnisse der Heian-Zeit ein. 850 vom Tendai-Mönch Ennin gegründet, wurde der Chūson-ji 1108–1126 von Fujiwara Kiyohira zu einem Komplex mit 40 Tempeln und Pagoden sowie Dormitorien für 300 Mönche erweitert. 1337 brannten beinahe sämtliche Gebäude nieder, nur die Goldene Halle Konjiki-dō und die Sutrenhalle Kyōzō blieben damals erhalten.

Gleich das zweite Gebäude links ist Benkei, dem sagenhaft treuen Gefolgsmann Yoshitsunes, des berühmten Feldherrn aus dem 12. Jh., gewidmet und enthält neben Statuen der beiden eine Jizō-Skulptur von 1571. Vorbei an Hon-dō, Glockenturm und diversen kleineren Tempeln gelangt man zum **Schatzhaus Sankōzō**, (Eintritt ab hier; das Ticket gilt auch für die Konjiki-dō). Im Schatzhaus werden große Buddha-Statuen, eine 1000-armige Kannon-Statue, Sutren und Objekte aus den Gräbern der Fürsten gezeigt, fast alles aus dem 12. Jh.

© WESTWARDS

Zum Mōtsū-ji gehört ein zauberhafter Garten, in dem im Herbst die Ahornbäume leuchten.



Dahinter liegt das Kleinod von Chūson-ji, die **Konjiki-dō**, die Goldene Halle. Diese 1124 vollendete Halle zu Ehren Amidas ist komplett mit Blattgold überzogen, versetzt mit etwas schwarzem Lack, Perlmuttintarsien und filigranen Bronzereliefs; auf drei Altären steht eine ganze Kompanie von Buddhas und Boddhisattvas, direkt unter den Altären waren die Gräber der bedeutendsten Fürsten. Die Halle wurde schon im 13. Jh. mit einem größeren Holzgebäude vor Witterungseinflüssen geschützt (Kyū-Ōidō, ein Stück weiter hinten auf dem Gelände noch zu sehen) und ist seit der Restaurierung in den 1960er-Jahren von einer Hülle aus Beton und Glas umgeben.

Das älteste erhaltene Gebäude, die Sutrenhalle **Kyōzō** von 1108, wirkt im Vergleich sehr schlicht. Sie enthielt jedoch einst mit 5300 Schriftrollen eine der größten Sutrensammlungen Japans. Einige dieser mit goldener und silberner Tusche auf Indigopapier geschriebenen Rollen werden im Sankōzō (s. o.) gezeigt. 🕒 tgl. 8.30–17, Nov–Feb bis 16.30 Uhr, 800 ¥, innen keine Fotos.

Weiter hinten auf dem Gelände kommt man noch an einer Statue des Dichters Bashō (s. Kasten S. 242) vorbei und zu einem Aussichtspunkt mit einer (zuweilen noch verwendeten) Nō-Bühne, einer Kantine und einem Dutzend kleiner Schreine mit großer Amulettauswahl.

Der Weg durch den Ort zum Mōtsū-ji führt am **Hiraizumi Cultural Heritage Center** (Hiraizumi Bunka Isan Sentā) vorbei, einem neuen Ausstellungsgebäude zur Geschichte Hiraizumis, mit wenigen Exponaten, aber vielen detaillierten Infotafeln auch auf Englisch, eher zur Vertiefung denn als Überblick geeignet. 🕒 tgl. 9–17 Uhr, Eintritt frei.

## Takadachi Gikeidō 高館義経堂

Der kleine Pavillon auf einem Hügel auf der anderen Seite der Bahnlinie ist eine Gedenkstätte für den historischen Helden Minamoto no Yoshitsune, der hier Harakiri beging, mit gutem Ausblick und einer Bashō-Stele: „Sommergras …! / Von all den Ruhmesträumen / die letzte Spur …“, sann der Dichter über den verlorenen Glanz der Nördlichen Fujiwara. 🕒 April–Okt tgl. 8.30–16.30, Nov–März geschl., 300 ¥.

## Mōtsū-ji 毛越寺

Im Südwesten des Ortes, 700 m vom Bahnhof, liegt der Tempel Mōtsū-ji, 💻 www.motsuji.or.jp. Seine Gründung wird ebenfalls Ennin zugeschrieben. Im 12. Jh. wurde er von den Fujiwara Motohira und Hidehira zum größten Tempelkomplex des Nordens mit 40 Pagoden und Hallen sowie Dormitorien für über 500 Mönche erweitert. Am Eingang steht das Schatzhaus mit überwiegend japanisch beschrifteten Objekten aus dem 12.–16. Jh., dahinter die eigentlichen Tempelgebäude mit Gründerhalle (Kaizandō). Das Highlight des Mōtsū-ji ist allerdings der wunderbare Paradiesgarten **Jōdo-teien**, der mit einem zentralen Teich und einem künstlichen Bach verschiedene Landschaften Japans wie Felsküste, Strand oder Halbinsel nachbildet und dabei den Berg Tōyama im Hintergrund als Kulisse mit einbezieht. Gleich vorn am Eingang darf auch das Bashō-Denkmal nicht fehlen, 1689 besuchte der Haiku-Dichter (s. Kasten S. 242) den geschichtsträchtigen Ort. 🕒 April–Okt tgl. 8.30–17, Nov–März 8.30–16.30 Uhr, 700 ¥.

## Takkoku no Iwaya Bishamon-dō 達谷の窟毘沙門堂

Etwa 5 km südöstlich des Mōtsū-ji an der Straße, die zur Schlucht Gonbikei führt, befindet sich der Höhlentempel **Takkoku no Iwaya Bishamon-dō**. Die in den Felsen hinein gebaute Holzkonstruktion ist ein originalgetreuer Nachbau von 1961 des wiederholt durch Feuer zerstörten Tempels. Sakanoue no Tamuramaro hatte im 9. Jh. die einheimischen Ezo für den japanischen Hof unterworfen. Zum Dank ließ er an der Stelle, wo zuvor der Ezo-Herrscher residiert hatte, nach dem Vorbild des berühmten Kiyomizu-dera in Kyōto einen Tempel errichten und widmete ihn Bishamon, dem Schutzgott der Krieger.

Direkt neben dem Höhlentempel starrt aus der Felswand heraus ein riesiges Gesicht herab – die Überbleibsel des **Ganmen Daibutsu**, des nördlichen Felsbuddha, eines der fünf großen Buddha-Felsbilder Japans, dessen Körper leider 1896 einem Erdbeben zum Opfer fiel. Busse zum Höhlentempel brauchen etwa 20 Minuten, mit dem Fahrrad oder E-Bike dauert es nicht viel länger und ist ein hübscher Ausflug durch ein ländliches Tal mit Reisterrassen. 🕒 April–Nov tgl. 8–17, Dez–März 8–16.30 Uhr, 500 ¥.

## Heian-Kulissenpark in Esashi

Wenige Stationen nördlich von Hiraizumi wird die mittelalterliche Geschichte der Region zum Anfassen aufbereitet: Im **Esashi Fujiwara no Sato** (Esashi-Fujiwara Heritage Park, 💻 www.fujiwaranosato.com, tgl. 9–17 Uhr, 1000 ¥) sind Palastgebäude aus der Heian-Zeit als Kulissen für historische Filme nachgebaut – auch Anime- und Game-Verfilmungen z. B. von *Onmyōji* oder *Tōken Ranbu* sind hier gedreht worden. Historische Gewänder und Rüstungen liegen bereit, man kann sich damit verkleiden und in den Gebäuden Fotos machen. Einen Nachbau der goldenen Konjiki-dō-Halle von Hiraizumi gibt es auch.

TŌHOKU

### Ausflug zur Schlucht Geibikei 猊鼻渓

Ein sehr japanisches Erlebnis ist ein Ausflug zur 2 km langen Schlucht Geibikei rund 20 km östlich von Hiraizumi, die der Fluss Satetsu in den Kalkstein gegraben hat. Sie ist nicht zu verwechseln mit der ebenfalls hübschen, aber weniger spektakulären Schlucht Genbikei südwestlich von Hiraizumi. Am Bootsanleger mit ein paar Restaurants und Souvenirläden wartet man zusammen mit Schulklassen, Familien und Rentnergruppen auf die nächste Abfahrt zu einer 90-minütigen Tour durch die Schlucht. Die Boote werden von einem hinten stehenden Bootsmann (oder einer Bootsfrau) gestakt, der gleichzeitig seine Fahrgäste (auf Japanisch) mit allerlei Anekdoten unterhält. Im Winter hat das Boot eine traditionelle Tischheizung *(kotatsu)*. Je nach Wetter an Sonnenschutz denken! 🕒 tgl. 8.30–16.30 Uhr, im Winter gestaffelt kürzer, 1600 ¥.

Man erreicht die Schlucht mit der ca. stdl. fahrenden Bahn von Ichinoseki bis Geibikei, 1/2 Std., 510 ¥, oder sehr seltenen Bussen. Zum Anleger geht man vom Bahnhof die schmale Straße rechts hinunter und am Ende wieder rechts unter der Bahnbrücke hindurch.

## ÜBERNACHTUNG

**Ryokan Maizuru**, 23-1 Shirayama, ✆ 0191-78-4070, 💻 http://www.maizuru-hiraizumi.com, vom Bahnhof geradeaus und vor dem Mōtsū-ji rechts. Neues Haus eines Traditionsbetriebs mit gutem Essen und westlichen oder japanischen Zimmern. Ab 9000 ¥ p. P. mit HP.
**Iris Yu**, Shirayama 116-1, ✆ 0191-46-3323. Relativ günstige, sehr nette Pension mit unterschiedlichen Zimmern, die man auch ohne Mahlzeiten buchen kann. Vorsicht – in Hiraizumi gibt es nach 17 Uhr praktisch nichts mehr zu essen. ❷

## ESSEN

Die meisten Restaurants in Hiraizumi sind auf Tagesausflügler eingestellt und nur mittags geöffnet. In Bahnhofsnähe gibt's mehrere Lokale mit günstigen Soba oder Teishoku, z. B. zwei Filialen von **Bashō-kan**, ⌚ tgl. 10–17 Uhr.
**Koenji Café**, Hiwatashi 50-2, Hiraizumi, ✆ 0191-46-3066. Selbstgemachtes Eis und Sorbet – v. a. Blaubeer-Variationen, auch *zunda* (aus Edamame, S. 236) oder Maulbeerblätter. Etwa 1 km südlich außerhalb des Ortes. ⌚ tgl. 10–18 Uhr.

## SONSTIGES

### Fahrradverleih

**Swallow Tours**, vorm Bahnhof, 700 ¥/4 Std., 1300 ¥/Tag; Pedelec 900 ¥ bzw. 1600 ¥.
⌚ April–Okt 8.30–17, Nov bis 16 Uhr (dann Gratis-Gepäckaufbewahrung).

### Feste

**Gokusui-no-en**, 4. So im Mai: Im Mōtsū-ji wird eine heian-zeitliche Party nachgestellt, mit prächtigen Kostümen und einem Dichtwettbewerb, bei dem die Teilnehmer für die nächste Zeile so viel Zeit haben, wie ein Floß mit Sake-Becher auf dem Wasserlauf treibt, an dem sie sitzen.

### Informationen und Gepäckaufbewahrung

Die **Touristeninformation Hiraizumi** vor dem Bahnhofsgebäude, ✆ 0191-46-2110, hält Material auf Englisch bereit und hilft bei der Unterkunftssuche, Audioguide-Ausleihe mit

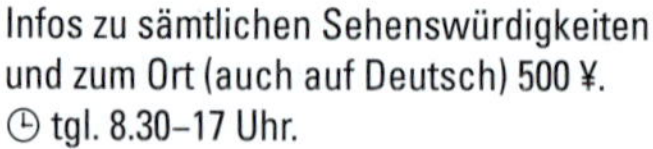

Infos zu sämtlichen Sehenswürdigkeiten und zum Ort (auch auf Deutsch) 500 ¥.
⌚ tgl. 8.30–17 Uhr.
Am Bahnhofsvorplatz bietet ein Andenkenladen **Gepäckaufbewahrung** für 200 ¥/Stück an.

### Sightseeing-Busse

Ende April–Anfang Sep dreht alle 15 Min. ein **Loop Bus** seine Runden vom Bahnhof über Mōtsū-ji zum Chūson-ji und zurück, einfache Fahrt 200 ¥, Tageskarte 550 ¥.

## TRANSPORT

Von SENDAI erreicht man mit dem Shinkansen stdl. ICHINOSEKI, 1/2 Std., 3890 ¥, dort umsteigen nach Hiraizumi, 10 Min., 200 ¥, oder mit dem etwa halbstdl. verkehrenden Bus 21 via Bahnhof Hiraizumi direkt zum Chūson-ji, 20 Min., 370 ¥.
Von Ichinoseki nach MORIOKA mit dem Tōhoku Shinkansen, stdl., 40 Min., 3890 ¥.

# Morioka 盛岡

Auch wenn die Unistadt wenige Sehenswürdigkeiten aufweist, herrscht dank radelnden und ausgehfreudigen Studierenden eine angenehme Atmosphäre. Zudem ist der Verwaltungssitz von Tōhokus größter Präfektur Iwate ein Verkehrsknotenpunkt, sodass Morioka sich als Standort für Ausflüge in die Umgebung, z. B. zum Hachimantai, anbietet.

Gegründet wurde die Stadt vom örtlichen *daimyō* Nanbu Nobunao, der 1597 am Zusammenfluss von Nakatsugawa und Kitakamigawa mit dem Bau einer neuen Burg begann. Durch den Handel mit Gold und Pferden wurde die Stadt bald ein wichtiges wirtschaftliches und politisches Zentrum. Während der Meiji-Restauration wurde die Burg 1874 bis auf die Grundfesten geschleift. Heute befindet sich an ihrer Stelle der Park **Iwate-kōen** mit ein paar übrig gebliebenen Festungsmauern und -gräben und dem **Geschichts- und Kulturmuseum**, 💻 www.morireki.jp, dessen Dauerausstellung anschaulich mit digitalem Wandbild und lebensgroßen Installationen über die Stadtgeschichte informiert. ⌚ tgl. 9–19, Nov–März bis 18 Uhr, jeden 3. Di geschl., 300 ¥. Im Erdgeschoss gibt es eine Gratis-Ausstellung zu den lokalen Festen.

Nordöstlich davon, auf der anderen Seite des Nakatsugawa, liegt das Handwerkerviertel **Konyachō**. Hier werden *nanbu tetsubin* (Gusseisernes wie Teekannen) und *nanbu shikonzome* (mit Naturfarben rot oder violett gefärbter Batikstoff) produziert, Sake gebraut, und in der Senbei-Bäckerei Shirasawa kann man 30 verschiedene Reiscrackersorten erwerben, ⌚ tgl. 9–17.40 Uhr.

Die meisten Läden schließen früh und viele sind ein bisschen versteckt. Im Handwerksviertel blieben zudem noch einige historische Gebäude erhalten, wie der **Konyachō Ban'ya**, ein hölzerner Feuerwachtturm, und das rote Backsteingebäude der 1911 erbauten **Iwate Bank**.

Nördlich des Zentrums befindet sich das Tempelviertel Teramachi mit Moriokas Sightseeing-Highlight, dem Tempel **Hōon-ji**. Der Zen-Tempel ist für seine stimmungsvolle Rakan-dō bekannt, die Halle der 500 Buddha-Jünger – tatsächlich sind es nur 499. Die etwa 50 cm hohen, reich verzierten Holzfiguren wurden 1735 von mehreren namentlich bekannten Künstlern geschnitzt, ein damals großer (und kostspieliger) Auftrag. Ungewöhnlich sind auch die unterschiedlichen Posen und Gesichtszüge der Figuren: Viele erscheinen albern, mürrisch oder verschroben, einige wirken chinesisch oder gar europäisch. Die Moral ist: Jeder kann ein Heiliger sein. ⌚ tgl. 9–16 Uhr, 300 ¥.

Zurück im Zentrum gibt es in der Chūō-dōri den **Stein spaltenden Kirschbaum** zu bewundern, der mitten in einem großen Granitblock wächst und seit fast 400 Jahren im Frühjahr Blüten trägt.

## Iwate-san 岩手山

Moriokas Hausberg, der Schichtvulkan **Iwate-san** (2041 m), zeigt besonders von Osten eine wunderbar symmetrische Kegelform. Wegen des winterlichen Schneereichtums ist er nur von Juli bis Oktober ohne Ausrüstung begehbar. Auf jeden Fall sollte man sich vor dem Besuch nach vulkanischer Aktivität erkundigen. Mehrmals täglich fährt ein Bus ab dem Bahnhof Morioka (Ostausgang) nach Matsukawa Onsen (2 Std., 1640 ¥, Iwate Kenpoku Bus); von dort ist die Besteigung über den Matsukawa Trail in einem langen Tag möglich. Wegen der seltenen Busverbindungen ist meist vorher oder nachher eine Übernachtung in Matsukawa Onsen erforderlich.

### ÜBERNACHTUNG

Am besten übernachtet man am Bahnhof.

**Hotel Metropolitan Morioka**, Ekimae-dōri 1-44, ✆ 019-625-1211, 💻 www.metro-morioka.co.jp. Zu JR East gehörendes Hotel mit Direktzugang zum Bahnhof, relativ große Zimmer mit allen Annehmlichkeiten, große Auswahl unterschiedlicher Zimmer. Mit Rail Pass Preisnachlass. ❹

**Ryokan Kumagai**, Ōsawakawara 3-2-6, ✆ 019-651-3020, 💻 www.kumagairyokan.com, 10 Min. vom Bahnhof. In dem einfachen, sehr gemütlichen Ryokan mit 8 Tatami-Zimmern ohne Bad fühlt man sich wie in einem Privathaus. Die freundlichen Betreiber sprechen etwas Englisch. Ab 6600 ¥ p. P. ohne Frühstück.

**Unizo Inn Express**, Morioka Ekinishi-dōri 2-10-25, ✆ 019-604-7311, 💻 www.unizo-hotel.co.jp/

### Dreimal Nudeln

Morioka ist berühmt für *wanko soba*: Man leert um die Wette so viele Lackschüsselchen mit jeweils einem Happen Soba, wie man schafft, während immer wieder aufgefüllt wird. Weitere lokale Spezialitäten sind *reimen*, kalte bissfeste, koreanische Nudeln mit scharfem *kimchi*, hart gekochtem Ei, Gurke, 1–2 Scheiben Fleisch und einem Stück Wassermelone, und *ja-ja-men*, Udon-artige Nudeln mit würziger Miso-Soße mit Hackfleisch, Gurke und Ingwer; wer fertig ist, verrührt die Reste mit einem rohen Ei, ein Kellner gießt kochendes Wasser auf – fertig ist das Süppchen.

*(Wanko) soba* gibt's z. B. im geschichtsträchtigen **Azumaya**, Nakanobashi-dōri 1-8-3, ✆ 019-622-2252, 💻 www.wankosoba-azumaya.co.jp, ab 3000 ¥, ⌚ tgl. 11–20 Uhr, eine weitere Filiale befindet sich in Bahnhofsnähe; *reimen* z. B. im **Jujuen** am Bahnhof, Fesan-Gebäude B1, Ekimae-dōri 1-44, ✆ 019-652-7722, um 1000 ¥, ⌚ 10–22 Uhr; *ja-ja-men* sind legendär im **Pairon**, Uchimaru 5-1-5, ✆ 019-624-2247, 💻 https://www.pairon.iwate.jp, ⌚ Mo–Sa, 9–21 Uhr, mehrere Filialen in der Stadt.

en/express-morioka. Das recht neue Businesshotels befindet sich auf der etwas weniger belebten Rückseite des Bahnhofs (Westausgang) und ist daher günstiger. ❶–❷

## ESSEN

**Fukuda Pan Hauptgeschäft**, Nagatachō 12-11, ✆ 19-622-5896. Die weichen Milchbrötchen aus Morioka sind in ganz Japan bekannt. Man stellt sich aus unzähligen Aufstrichen und Belägen seine Wunschkombination zusammen. Klassisch ist *anbatta*, mit Butter und süßem Bohnenmus, 163 ¥, nur zum Mitnehmen, ⌚ tgl. 7–17 Uhr, oder bis die Brötchen alle sind.
**Sarou Shamon Cafe**, Sakano-chō 5-7, ✆ 019-651-5562. Stylishes Café in einem alten Speicherhaus in der Innenstadt. Im Hintergrund spielt leise Jazzmusik, es gibt guten Kaffee, Kuchen, Eisbecher und kleine Gerichte wie Pizzatoast. ⌚ tgl. 11–19 Uhr.

## INFORMATIONEN

**Touristeninformation Nord-Tōhoku**, ✆ 019-625-2090, im Bahnhof Morioka, 2F. Umfangreiches Material und Infos über die ganze Region, fließend Englisch, sehr hilfreich. ⌚ tgl. 9–17.30 Uhr.

## NAHVERKEHR

Der Touristenbus **Dendenmushi** mit Schneckensymbol dreht eine Runde im Uhrzeigersinn von Bussteig 15 am Bahnhof, gegen den Uhrzeigersinn von Bussteig 16, Mai–Nov 9–19 Uhr, 120 ¥/Fahrt, Tagesticket 350 ¥. Zum Hōon-ji: mit dem Touristenbus bis Haltestelle Iwate Idai-mae, dann 10 Min. zu Fuß.

## TRANSPORT

### Busse

Die meisten Busse fahren vom Busbahnhof am Ostausgang des Bahnhofs ab, einige aber auch am neueren Terminal am Westausgang; Informations- und Ticketschalter am Ostterminal.
HACHIMANTAI-CHŌJŌ, 1x direkt, 2x mit Umsteigen im Higashi Hachimantai Kōtsū Center, Mai–Okt, 2 Std., 1360 ¥, hin und zurück 2700 ¥.
SENDAI, stdl., 2 1/2 Std., 3000 ¥
TŌKYŌ, 2 Nachtbusse, 7 1/2 Std., 8300 ¥. Auch der Willer Express-Bus von AOMORI nach Tōkyō, Buchung unter 💻 https://willerexpress.com, hält (nachts) am Bahnhof Morioka, 7 Std., ab 4800 ¥.

### Eisenbahn

Morioka liegt an der Tōhoku-Shinkansen-Strecke.
AKITA, mit Komachi-Shinkansen,1 1/2 Std., 4420 ¥, über TAZAWA-KO, 30 Min., 1860 ¥, und KAKUNODATE, 50 Min., 2630 ¥
SHIN-AOMORI, mit Hayate-Shinkansen, 50 Min., 6050 ¥, über HACHINOHE (für Towada-ko, Shimokita-Halbinsel), 35 Min., 3890 ¥
Diese Shinkansen sind reservierungspflichtig. Nach Süden fahren beide weiter nach TŌKYŌ, ebenso wie die langsameren Yamabiko-Shinkansen, ab 2 1/4 Std., ab 14 810 ¥, über SENDAI, 55 Min., 6590 ¥.

# Akita 秋田

Akita, Hauptstadt der gleichnamigen Präfektur, ist Eingangstor und Basis für eine der entlegensten Regionen Japans, mit wilden Küsten, uralten Buchenwäldern, Bergen und Reisfeldern. Hier ist das „Schneeland", wo jeden Winter Greisinnen beim Schneeschippen von den Dächern rutschen und Dutzende Brauereien hochgerühmten Sake herstellen, wo im Sommer alles gleichzeitig blüht und bombastische Matsuri gefeiert werden. Dank Shinkansen ist Akita selbst recht gut zu erreichen; von hier geht es mit nostalgischen Lokalzügen weiter, die Attraktionen in sich sind. Mit öffentlichen Transportmitteln muss man gut planen, um die Umgebung im Norden zu erkunden, mit dem Mietwagen hingegen kann man in ein, zwei Tagen schon ziemlich viel ländliches Japan entdecken.

Die Stadt Akita selbst ist weitläufig, die touristischen Einrichtungen und Sehenswürdigkeiten sind aber alle vom Bahnhof aus zu Fuß ganz gut zu erreichen. Im **Senshu Park** sind Teile der

Provinzburg Kubota wieder aufgebaut, südlich davon steht das **Kunstmuseum**, entworfen vom Pritzker-Preisträger Andō Tadao. Der bedeutendste Künstler Akitas, Fujita Tsuguharu, war in den 1920er-Jahren in Paris recht bekannt und malte u. a. ein enormes Wandbild mit Festen und Traditionen aus Akita. ⌚ tgl. 10–18 Uhr, 310 ¥.

Westlich des Asahi-Flusses befindet sich das **Akita City Folk Performing Arts Heritage Center**, **Neburinagashi-kan**, eine Ausstellungshalle zum japanweit bekannten Kantō Matsuri. Bei diesem Matsuri werden bis zu 12 m hohe und 50 kg schwere Bambusstangen mit etlichen Papierlaternen durch die Straßen balanciert (man kann das im Museum ausprobieren). Zum Museum gehört außerdem das gut erhaltene Handelshaus eines Kimonohändlers (Old Kaneko Family House). ⌚ tgl. 9.30–16.30 Uhr, 100 ¥, Sammelticket mit dem Backsteinhaus **Akarenga-kan** 260 ¥.

Die Provinz Akita ist namensgebend für die niedlichen Akita-Hunde. Als Zentrum der **Akita-Hunde** gilt zwar Odate in der Provinz Akita, aber auch in der Stadt Akita gibt es Gelegenheiten, die Hunde zu sehen. Gleich am Bahnhof begrüßt eine riesige Hunde-Statue die Touristen. Echte Hunde kann man im **Akita Dog Fureai-dokoro** in Senshu Park und in der Nähe des Bahnhofs in der **Akita Dog Station** betrachten. Allerdings sind sie nur stundenweise vor Ort; die genauen Zeiten am besten in der Touristeninformation erfragen.

Etwas weiter entfernt kann man die **Sake-Brauerei Takashimizu**, Kawamoto Mutsumi-chō 4-12, ✆ 018-864-7331, besichtigen, die während des Krieges aus Ressourcenmangel als Zusammenschluss von 12 Familienbrauereien entstand. Es gibt einen englischen Film, eine Ausstellung traditioneller und moderner Braugeräte und eine Sake-Verkostung. ⌚ Mo–Fr 9–11 und 13–16 Uhr, Führungen um 10.30, 13.30 und 15 Uhr, Eintritt frei, Anmeldung erbeten; Busse 720–723 nach Shiritsu Byōin Nishiguchi.

## ÜBERNACHTUNG

Die meisten Businesshotels befinden sich rund um den Bahnhof. Von dort ist es nicht weit zu den Sehenswürdigkeiten.

**Alpha One**, Naka-dōri 4-16-2, ✆ 018-836-5800. Preiswertes Businesshotel gegenüber vom Bahnhof. ❸

**Naniwa**, Naka-dōri 6-18-27, ✆ 018-832-4570, 💻 www.hotel-naniwa.jp. In einer Wohngegend 5 Min. südlich vom Bahnhof. Ab 7330 ¥ p. P. mit Halbpension.

## ESSEN UND UNTERHALTUNG

Eine lokale **Spezialität** der Präfektur Akita ist *kiritanpo nabe*, ein leckeres (eher winterliches) Eintopfgericht mit Huhn und Pilzen, Gemüse der Saison und v. a. natürlich *kiritanpo* – hierfür wird klebriger, gekochter Reis auf Spieße gedrückt und über Holzkohlefeuer festgebacken. Andere lokale Gerichte sind *inaniwa udon* (vergleichsweise dünne, stabile Weizennudeln) und der „B-Gourmet"-Klassiker *yokote yakisoba* (gebratene Buchweizennudeln mit Spiegelei).

**Akita Kawabata Isariya Sakaba**, Omachi 4-2-35, ✆ 018-865-8888. Die Kneipe mit der Strohpuppe vorm Haus wirbt mit über 30 unterschiedlichen Sake-Sorten aus der Präfektur und allen lokaltypischen Spezialitäten. Außen kein englisches Schild. ⌚ tgl. 17–24 Uhr.

**Aqula Brauhaus**, gegenüber dem Akita City Folk Performing Arts Heritage Center, ✆ 018 883-4366, 018-864-0141, 💻 www.aqula.co.jp. Uriges Restaurant in einem Speicherhaus aus dem 19. Jh., daneben Biergarten und Kneipe über der Mikrobrauerei. Craft Beer nach deutschem Rezept. ⌚ tgl. 17–23 Uhr.

**Nakakoji Coffee & Wine**, Naka-dōri 2-1-48, ✆ 018-853-0730. Helles, freundliches Eckcafé in der Nähe des Bahnhofs. Guter Kaffee und Kuchen, abends Bier, Wein und Fingerfood. ⌚ Di–So 11–18 Uhr.

**Satō Yosuke**, Naka-dōri 2-6-1, Seibu-Kaufhaus B1, ✆ 018-834-1720. Udon in allen Variationen. Der Klassiker und enorm lecker sind die kalten *futatsu aji seiro* („2 Geschmacksrichtungen"), mit Soja- und Sesamsoße zum Stippen. ⌚ tgl. 11–21 Uhr (unregelmäßige Ruhetage).

€ **Shimin Shijō**, im Zentrum. Besonders morgens lebhafter, sehr billiger Bauernmarkt mit Restaurants. ⌚ Mo–Sa 5–18 Uhr.

## SONSTIGES

### Feste

**Kamakura Matsuri**, 15.–16. Feb: Im Ort Yokote, 70 km südöstlich von Akita, werden etwa 100 Schneehütten gebaut, in denen Kinder Süßigkeiten und süßen Sake anbieten.
**Kantō Matsuri**, 3.–6. Aug: tägliche Paraden und Wettbewerbe, bei denen riesige Laternen durch die Straßen getragen werden.

### Informationen

**Touristeninformation** im Bahnhof, ✆ 018-832-7941. ⏲ tgl. 9–19 Uhr.

## NAHVERKEHR

Der **Gururu Loop Bus** dreht tgl. 9–17 Uhr etwa 3x stdl. eine Runde an allen Sehenswürdigkeiten vorbei (100 ¥/Fahrt).

## TRANSPORT

Mit der **Bahn** nach AOMORI, über HIROSAKI, 5x tgl. direkt, ca. 2 1/2 Std., 5500 ¥
TŌKYŌ, stdl. per Shinkansen, reservierungspflichtig, knapp 4 Std., 17 820 ¥, nach MORIOKA mit demselben Zug, 1 1/2 Std., 4220 ¥, es gibt auch langsamere, billigere Züge.
TSURUOKA (für Dewa Sanzan), Schnellzug, teils mit Umsteigen in Sakata, 2–3 Std., ab 2310 ¥

# Shirakami Sanchi 白神山地

Etwa 100 km nördlich von Akita liegt im Grenzgebiet zur Nachbarpräfektur Aomori das riesige Naturschutzgebiet Shirakami Sanchi mit mehreren Wander- und Erholungsgebieten. Wegen seiner Buchen-Primärwälder ist es als Unesco-Weltnaturerbe gelistet. Allerdings ist die Kernzone für Besucher gesperrt, Wanderwege und Besucherzentren befinden sich nur an den Rändern des Gebiets.

Von Akita aus ist Shirakami Sanchi am leichtesten über die Küsten-Bahnlinie zugänglich: In zwei bis drei Stunden erreicht man den Bahnhof **Jūniko**, von wo April–Nov 7x tgl. ein Bus zu den „12 Seen" *(jūniko)* fährt (4 km). An der Endhaltestelle informiert ein kleines Besucherzentrum über die Besonderheiten der Flora und Fauna, zudem gibt's eine Übersicht zu möglichen Wanderungen. Auf gut ausgebauten Wegen lassen sich die malerischen Teiche leicht erkunden. Die einzige längere Wanderung (eine sehr lange Tagestour) führt auf den 1232 m hohen **Shirakami-dake** und ist von Jūniko oder vom Bahnhof Shirakami-dake Tozanguchi bzw. als Rundtour möglich.

In Jūniko gibt es unterschiedliche Übernachtungsmöglichkeiten, die über Awone vermittelt werden: ✆ 0173-77-3311, 💻 https://shirakami-jyuniko.jp/.

# Kakunodate 館角

Das Burgstädtchen Kakunodate, das sich als „kleines Kyōto" vermarktet, ist mit seinen traditionellen Samurai-Häusern vor allem zur Zeit der Kirschblüte einen Abstecher wert. Die Stadt wurde 1620 nach den Plänen des Feudalherrn Ashina Yoshikatsu gegründet, der sich die günstige Lage am Fluss und den Schutz der umliegenden Hügel zunutze machte. Unterteilt war sie in ein **Samurai**- und ein **Kaufmannsviertel**. Während von der Burg auf dem Berg Furushiro und vom südlich gelegenen Kaufmannsbezirk nur wenig erhalten blieb, ist der nördliche Samurai-Bezirk noch weitgehend intakt und steht seit 1976 unter Denkmalschutz.

Ende April stehen die zahlreichen, über 300-jährigen Hängenden Nelkenkirschen in der Bukeyashiki-dōri in voller Blüte und bilden einen hübschen Kontrast zum dunklen Holz der alten Häuser. Zusätzlich pflanzte man 1934 zur Geburt des Kronprinzen Akihito am Ufer des Flusses Hinokinai eine 2 km lange Allee aus Yoshino-**Kirschbäumen**, die zwischenzeitlich noch einmal verlängert wurde, sodass sie nun einen fast 4 km langen rosa Tunnel ergibt.

### Samurai-Häuser 武家屋敷

Mehrere Samurai-Häuser im Samurai-Viertel sind öffentlich zugänglich, das älteste von ihnen ist das **Ishiguro-ke**. Das reetgedeckte Hauptgebäude und das Tor werden auf das Jahr 1809 datiert, daneben befinden sich einige Speicherhäuser und ein kleiner Steingarten. ⌚ tgl. 9–17 Uhr, 500 ¥.

Aus der zweiten Hälfte des 19. Jhs. stammt das **Rekishimura Aoyagi-ke**, 💻 www.samurai world.com. Nachdem bis 1985 noch Nachkommen der Aoyagis das Hauptgebäude bewohnt hatten, eröffnete 1989 der heutige Komplex aus diversen Museen und Galerien mit Restaurant und Teestube. Neben Ausstellungsstücken aus der Samurai-Vergangenheit werden vor Ort auch *kabazaiku* (Produkte mit Kirschbaumrindenfurnier) und *itaya* (Ahornrindenflechtwerk) gefertigt. ⌚ April–Nov tgl. 9–17, Dez–März 9–16.30 Uhr, 500 ¥.

Darüber hinaus öffnen den Sommer über noch weitere Samurai-Häuser ihre Tore: **Matsumoto-ke**, **Iwahashi-ke**, **Kawarade-ke**, **Odano-ke** und das **Nishinomiya**-ke (im südlichen Kaufmannsbezirk). Diese Museumshäuser sind nicht leicht von den normalen Häusern an der Straße zu unterscheiden, z. T. kann man nur von außen hineinsehen. ⌚ Mitte April–Nov tgl. 9–16.30 Uhr, Eintritt frei.

## Kirschrindenmuseum und Kaufmannshaus 樺細工伝承館・安藤家

Im Kirschrindenmuseum **Kabazaiku Denshōkan (Heritage Center)** sind mehrere Gegenstände aus Kirschbaumrinde inkl. Live-Demonstration zu sehen, daneben gibt es Keramik und Ausstellungsstücke zur Lokalgeschichte. ⌚ April–Nov tgl. 9–17, Dez–März 9–16.30 Uhr, 500 ¥.

Im ehemaligen Kaufmannsbezirk befindet sich Tōhokus ältestes erhaltenes *kura-zashiki* (kombiniertes Wohn- und Lagerhaus), das **Andō-Haus**. Es gehörte dem **Sojasoßenhersteller Andō** und wurde 1891 aus Ziegeln gebaut, nachdem wiederholt Feuer im Viertel die Holzhäuser zerstört hatte. Hier werden heute noch nach traditioneller Methode produzierte Sojasoße und Miso verkauft. Eine wiederentdeckte Spezialität der Region Akita ist Iburi-gakko, geräucherter und eingelegter Rettich, der hier auch verkostet werden kann, ⌚ tgl. 8.30–17 Uhr, Eintritt frei.

## Die Umgebung von Kakunodate

Im Vorort Daisen befindet sich eine der ältesten Sake-Brauereien der Präfektur Akita, die **Hideyoshi Sake-Brauerei**. Führungen durch Teile der Brauerei und das kleine Museum sind nach Voranmeldung auch auf Englisch möglich. Futsukamachi 9, Daisen, ☏ 0187-56-2121, 💻 http://www.hideyoshi.co.jp, Eintritt frei, vom Bahnhof Ugo-Nagano 10 Min. Fußweg.

Etwa 10 km von Bahnhof entfernt und gerade außerhalb des Ortes Kakunodate liegt die malerische und wilde **Dakigaeri-Schlucht**. Ein 1,5 km langer Wanderweg führt an etlichen Aussichtspunkten und Wasserfällen vorbei; zurück geht es über den gleichen Weg. Schon am Eingang des Wanderwegs hat man von der roten Hängebrücke einen tollen Blick in die Schlucht. Besonders schön ist der Spaziergang im Herbst zur Laubfärbung, erfrischend im Sommer.



## ÜBERNACHTUNG

Wer sich nicht daran stört, dass am Spätnachmittag die Bürgersteige hochgeklappt werden, hat in Kakunodate eine Handvoll Übernachtungsoptionen. Die Preise ziehen insbesondere im Frühjahr zur Kirschblüte stark an. Kakunodate ist aber bequem in einem Tagesausflug von Akita oder Morioka aus zu erreichen.

**Machiya Hotel**, Nanokamachi 1-1, ☏ 0187-55-2001, 💻 http://machiyahotel.jp/. Helles, modernes und gemütliches Hotel im Stadtzentrum. Für Kakunodate eine gute Wahl. ❹

**Tamachi Bukeyashiki Hotel**, Tamachi-Bukeyashiki-dōri, ☏ 0187-51700, 💻 www.buke yashiki.jp. Elegantes kleines Hotel, das sich mit dunklen Balken und weiß getünchten Wänden perfekt in die Umgebung einfügt. Japanische und westliche Zimmer, stilvolles Restaurant mit Gartenblick. ❻

## ESSEN

In der **Bukeyashiki-dōri** befinden sich mehrere günstige Nudelläden, sehr lecker sind z. B. *inaniwa udon* (bissfeste Udon mit Berggemüse). Die meisten Restaurants haben nur tagsüber geöffnet.

**Hyakusui-en**, Kawaramachi 23, ☏ 0187-55-5715. In einer Parallelstraße der Bukeyashiki-dōri am äußersten Rand des Samurai-Viertels befindet sich in einem alten Holzhaus ein weithin bekanntes Restaurant, in dem man äußerst

In Kakunodate sind noch eine Reihe alter Samurai-Häuser erhalten.

gediegen zwischen dunklen Balken und Perserteppichen speisen kann, z. B. ein *teishoku* mit *kuri-okowa* (Kastanienreis), eingelegtem Gemüse und Misosuppe. 🕒 tgl. 11–15, im Winter nur bis 14 Uhr, abends ab 17 Uhr mit Voranmeldung.

**Sakuramaru Coffee**, Okachimachi 24-1, ☏ 0187-49-7339. Westlicher Coffeeshop mit Latte, Iced coffee, Cakes, Muffins und sogar Alkohol. 🕒 tgl. 10–17 Uhr.

**Sobakiri Chosuke**, Kobitamachi 28-6, ☏ 0187-55-1722. Superleckere handgemachte Sobanudeln, die auch bei den Einheimischen beliebt sind. Daher muss man auch oft anstehen, 🕒 Mi–Mo 11–15 Uhr.

## SONSTIGES

### Fahrradverleih und Rikschas

Hinter der Touristeninformation am Bahnhof gibt es einen Fahrradverleih, 300 ¥/Std. Außerdem Fahrradrikscha-Service im Samurai-Viertel, ca. 3000 ¥/20 Min.

### Feste

Seit 2016 gehören 33 Schreinfeste Japans zum Unesco-Welterbe, darunter das **Kakunodate Matsuri**, das jährlich Anfang September stattfindet.

### Informationen und Gepäckaufbewahrung

**Touristeninformation** vor dem Bahnhof Kakunodate, ☏ 0187-54-2700. Hier bekommt man einen guten englischen Ortsplan. Gepäckaufbewahrung (500 ¥/Stück), zu den Öffnungszeiten. 🕒 April–Sep tgl. 9–18, Okt–März tgl. 9–17.30 Uhr. Zudem gibt es sowohl hier als auch im Bahnhof **Schließfächer**.

## NAHVERKEHR

Zur Dakigaeri Schlucht gelangt man am besten mit dem **Ruftaxi** „Yobunor Kakunodate", ☏ 070-7051-6172, 🕒 8.30–17.30 Uhr, Einheitspreis 400 ¥. Reservierungen für denselben Tag oder einen Tag im Voraus möglich.

## TRANSPORT

Kakunodate liegt am Akita-Zweig der **Tōhoku-Shinkansen-Strecke**. Die superschnellen, reservierungspflichtigen Komachi-Züge fahren stdl. über TAZAWA-KO nach MORIOKA (50 Min., 2830 ¥, Schnellzug 1 Std. 10 Min., 1270 ¥) und

weiter nach TŌKYŌ (3 Std., 17020 ¥), und in die andere Richtung nach AKITA, 3/4 Std., 3000 ¥, Schnellzug, 1 Std. 15 Min., 1340 ¥.
Zwischen Kakunodate und TAZAWA-KO verkehren auch Regionalzüge, 20 Min., 330 ¥. Nachtbusse der Strecke Akita/Tōkyō halten meist auch in Kakunodate (einfache Fahrt um 10 000 ¥).

## Um den Tazawa-See 田沢湖

Der große runde Tazawa-See (Tazawa-ko) zwischen Morioka und Akita ist nicht nur der tiefste See Japans, sondern er ist auch ungewöhnlich blau. Vom JR-Bahnhof Tazawako liegt der See mehrere Kilometer entfernt; ein Bus fährt zum Badestrand und um den See. Am Westufer steht die vergoldete Bronzestatue eines Mädchens im See: Tatsuko, so die Legende, wollte ihre jugendliche Schönheit für immer bewahren und wurde daraufhin von einer Gottheit in einen Schutzdrachen verwandelt, der heute noch tief im See lebt. Im Goza-no ishi-Schrein am Nordufer wird Tatsuko selbst als Gottheit verehrt – Gebet und Amulette verhelfen entsprechend zu bleibender Schönheit.

### Tamagawa Onsen 玉川温泉

Die Hölle als Kurort? Jedenfalls kommen Erholungssuchende an diesen infernalisch lauten und stinkenden Ort, um ihrer Gesundheit etwas Gutes zu tun. Die schwefelhaltigen **heißen Quellen** von Tamagawa sprudeln an verschiedenen Stellen, teils mit 98 °C und zischendem gelbem Dampf, aus dem Berghang und formen einen heißen Bach, dessen Bachbett wegen des hohen Schwefelgehalts ebenfalls gelb ist. Das Gelände ist mit einem ca. 1 km langen breiten Rundweg erschlossen, nicht nur für Selfies mit spektakulären Schwefel-Fumarolen. An vielen Stellen ist der Boden heiß, und viele Tagesgäste bringen Matten mit, um auf den Wegen oder speziellen überdachten Plattformen zu liegen und mit dem heißen Stein und den Onsen-Dämpfen Krankheiten zu lindern. Von Bluthochdruck über Haut- und Nervenkrankheiten bis hin zu Krebs soll der Aufenthalt in Tamagawa Onsen Heilung bieten. **Wanderwege** führen auf den Vulkan Yakeyama und weiter zum Hachimantai-Plateau, S. 258.

Das **Tamagawa Onsen Visitor Center** am Besucherparkplatz hat eine Ausstellung auch auf Englisch zu den Quellen und der umgebenden Natur: so kommt im Quellgebiet das seltene Radium-haltige Hokutolith-Gestein vor. ✆ 0187-49-2277, Ende April–Anfang Nov tgl. 8.30–17 Uhr, Eintritt frei.

Beim Parkplatz unterhalb der Fumarolen wird das heiße Wasser in das Bad des Kurhotels Tamagawa Onsen geleitet; das neuere öffentliche Bad **Shintamagawa Onsen** befindet sich 1 km weiter bachabwärts. Das große Becken mit viel Holz wirkt trotzdem altehrwürdig und ist sehr stimmungsvoll. Achtung bei Schrammen oder Mückenstichen: Das Wasser ist mit einem pH-Wert von nur 1.2 äußerst sauer – genau das soll sehr gesund sein, brennt aber in Wunden! ⌚ Tagesgäste Mitte April–Nov 9–16, sonst nur bis 13 Uhr, 800 ¥.

### Nyūtō Onsen 乳頭温泉

Der in Japan weithin bekannte Kurort Nyūtō mit einer guten Handvoll *rotenburo* und angeschlossenen Ryokan liegt an den Hängen des Nyūtō-san im südwestlichen Teil des Towada-Hachimantai-Nationalparks. Auf dem Weg vom Tazawa-See passiert man die großen Ski-Hotels von Tazawa-Kōgen. Nyūtō Onsen selbst ist eigentlich kein Ort, sondern besteht nur aus sieben etwas verstreut liegenden Onsen-Hotels höchst unterschiedlichen Alters und Standards, die jeweils einige hundert Meter voneinander entfernt liegen.

Zu einem ordentlichen Besuch in Nyūtō gehört das *yu-meguri* (Onsen-Hopping) – fast alle *rotenburo* kann man auch als Tagesgast besuchen, etwa in der Zeit von 10 bis 15 Uhr. Der Eintritt für die Tagesnutzung kostet jeweils etwa 600–1000 ¥, die Sammelkarte für alle Onsen 1800 ¥ (nur für Übernachtungsgäste, mit Shuttle-Bus). Wer nur als Tagesgast kommt, verpasst einen guten Teil der Atmosphäre und das fantastische Essen im Ryokan, das oft aus gegrilltem Fisch, Jakobsmuscheln, Wild und „Berggemüse" (diverse Wildkräuter, Farne und Knollen aus den umliegenden Wäldern) besteht.

Die verschiedenen Onsen sind durch Wanderwege miteinander verbunden (meist 5–20 Min., nur Tsurunoyu ist 1 Std. vom nächsten Onsen entfernt).

## ÜBERNACHTUNG

### Tamagawa Onsen

**Shintamagawa Onsen**, Shibukurozawa, Tamagawa-Aza, ✆ 0187-58-3000, 💻 www.shintamagawa.jp. Modernes Ryokan und Kurhaus mit großem Onsen im Haus. HP inkl. ❻

### Nyūtō

Trotz der unterschiedlichen Standards der Ryokans in Nyūtō sind die Preise alle ähnlich (hoch), HP jeweils inkl. Das Tsurunoyu, Kuroyu oder Magoroku (✆ 0187-46-2224) haben eine besonders urige Atmosphäre, Ganiba, Kyukamura, Ōgama (✆ 0187-46-2438) und Taenoyu etwas mehr modernen Komfort.

**Ganiba Onsen**, an der Bus-Endhaltestelle, ✆ 0187-46-2021. Modernes Ryokan, hübsch am Waldrand gelegen, großes gemischtes *rotenburo* im Wald (19.30–20.30 Uhr nur für Frauen), mehrere getrennte Innenbecken, die über einen gemeinsamen Flur zu erreichen sind (man muss sich zwischen unterschiedlichen Becken also anziehen). Tatami- oder westliche Zimmer mit Bad. Tagesgäste 🕒 9–16 Uhr. ❻

**Kuroyu Onsen**, ✆ 0187-46-2214. Das zweitälteste Onsen von Nyūtō. Diverse Außen- und Innenbäder, einfache Unterkünfte vom spartanischen Tatami-Zimmer bis zum umgebauten Bauernhaus. Anfang Nov–Mitte April geschl. Tagesgäste 🕒 9–16 Uhr. ❻

**Kyūkamura Nyūto-Onsen-kyō**, eigene Bushaltestelle, ✆ 0187-46-2244. Moderneres großes Haus, ein bisschen wie ein Sanatorium. Auch Campingplatz. Tagesgäste 🕒 11–17 Uhr. ❻

**Taenoyu Onsen**, eigene Bushaltestelle, ✆ 0187-46-2740, 💻 www.taenoyu.com. Modernes Ryokan im stilvoll eingerichteten Fachwerkhaus, gemischtes Außenbecken direkt am Flüsschen Sendatsu, getrennte Innenbereiche, 🕒 Tagesgäste 10.30–15 Uhr. ❻

**Tsurunoyu Onsen**, ✆ 0187-46-2139, 💻 www.tsurunoyu.com. Das mit gut 350 Jahren älteste Gasthaus in Nyūtō liegt abseits der Hauptstraße. Über edo-zeitlich dunklen Holzgebäuden und einer alten Wassermühle hängt ein leichter Schwefelgeruch. Die Bäder – mit milchig-weißem Quellwasser – kann man rund um die Uhr nutzen, im Schein von Mond und Öllampen ist es nachts besonders stimmungsvoll. Übernachtungsgäste werden an der Bushaltestelle Alpa Komakusa abgeholt. Tagesgäste Di–So 10–15 Uhr. ❻

## INFORMATIONEN

**Touristeninformation** am Bahnhof Tazawa-ko, ✆ 0187-43-2111, 🕒 tgl. 8.30–18.30 Uhr.

## TRANSPORT

Nach NYŪTO ONSEN ca. 7–18 Uhr etwa stdl. **Busse** vom Bahnhof TAZAWA-KO 3/4 Std., 840 ¥. Die nicht direkt mit dem Bus erreichbaren Ryokan holen angemeldete Übernachtungsgäste von der nächsten Bushaltestelle ab. Nach TAMAGAWA ONSEN 7 Busse tgl., etwa zwischen 9 und 17 Uhr, 1 1/4 Std., 1490 ¥. Im Winter ist Tamagawa Onsen nur per Schneepflug zu erreichen.

# Hachimantai 八幡平

Im Gegensatz zum Iwate-san mit seiner klassischen Kegelform handelt es sich beim Hachimantai um einen **Schildvulkan**, d. h. ein ausgedehntes Lava-Plateau, aus dessen hügeliger Moorlandschaft etwa 40 einzelne Gipfel herausragen. Überall machen sich noch Reste geologischer Aktivität in Form von Schlammtöpfen, Austritten von Wasser- und Schwefeldampf und heißen Quellen bemerkbar, die traditionell in Form von Onsen genutzt werden. In der ansonsten weitgehend unbesiedelten Berglandschaft, die zusammen mit dem See Towada-ko den **Nationalpark Towada-Hachimantai** bildet, gibt es noch ursprüngliche Wälder, alpine Wiesen und Moore. Diverse **Wanderwege**, z. B. auf die Gipfel von Hachimantai (1613 m), Gentamori (1595 m) und Mokkō-dake (1578 m), um den See Hachimannuma oder durch das Kuroyachi-Moor, laden zur Erkundung ein (1–4 Std., je nach Route. Eine Karte gibt's in der Touristeninformation in Morioka oder im Laden auf dem Hachimantai Plateau.

Ab circa Ende Mai verwandelt die Schneeschmelze den Kagami-Teich auf dem Hachimantai Plateau in das über Social Media bekannt gewordene sogenannte „Drachenauge“. Der Schnee schmilzt ringförmig und der Teich sieht tatsächlich ein wenig aus wie ein großes hellblaues Auge.

Im Winter gibt es in der Gegend *juhyō* („gefrorene Bäume“), auch Schneemonster genannt, zu bewundern: Bei Temperaturen unter -5° C „kämmen“ die Tannen mit ihren Nadeln die feuchten Luftmassen, die vom Japanischen Meer aufsteigen, aus und bilden einen dicken Schneepanzer. Vor Aufbruch sollte man sich in der Touristeninformation Nord-Tōhoku im Bahnhof Morioka über Wandermöglichkeiten, Unterkünfte und vor allem über die genauen Abfahrtszeiten der seltenen Busse informieren.

### TRANSPORT

Von Morioka aus führen zwei Straßen zum Hachimantai, die Aspite und die Jukai Line. Die **Aspite Line** mündet im Westen in die Nationalstraße 341 (Aspite Entrance), die südlich zum Tazawa-ko und nördlich zum Towada-ko führt. Die meisten Straßen sind im Winter wegen der großen Schneemengen gesperrt.

**Busse** fahren nur Mitte April–Anfang Nov von/nach Hachimantai-Chōjō.

Nach MORIOKA 3x tgl., 2 Std., 1360 ¥, 1x direkt, plus 2x mit Umstieg im Higashi Hachimantai Kōtsū Center. Der Busverkehr zum Tazawa-ko war bei der Recherche 2023 eingestellt.

## Towada-See 十和田湖

Der größte Caldera-See Honshūs ist besonders im Sommer und Herbst eine Top-Attraktion. Viele einheimische Touristen kommen extra zum *momiji-gari*, dem Betrachten der herbstlichen Laubfärbung. Dann bilden die leuchtenden Gelb- und Rottöne von Kerbbuchen, Katsurabäumen, Ahorn und Japanischen Eichen mit dem tiefblauen Wasser des Sees einen wunderschönen Kontrast. Auch zum Wandern lohnt sich ein Ausflug an den mit 327 m dritttiefsten See Japans mit seinem glasklaren Wasser. Die touristische Infrastruktur ist auf den Urlaubsort **Yasumiya** am Südostende des Sees konzentriert, dort gibt es Hotels und Restaurants, dort befindet sich der Busbahnhof und starten die Sightseeing-Boote. Am Ortsrand führt ein Spazierweg zu einer Statue von zwei Frauen und zum idyllischen Towada-Schrein; gewandert wird allerdings (fast) nur im Oirase-Tal.

Gut 10 km nördlich von Yasumiya liegt **Nenokuchi**, kaum mehr als Bushaltestelle und Souvenirladen mit Kantine, am Eingang des **Oirase-Tals**. Der Oirasegawa ist der einzige Abfluss aus der Caldera. Die ersten 14 km des Baches in der oft feuchten und nebligen Schlucht bis **Yakeyama** sind mit ihren moosbewachsenen Felsen und zahlreichen Wasserfällen im frischen Laubwald landschaftlich besonders reizvoll; auf der ganzen Strecke verläuft ein Fußweg parallel zum Bach.

Die beliebteste **Wanderung** ist die von **Ishigedo** („Steinhütte“) nach **Nenokuchi** (9 km), bei nur gut 100 m Höhenunterschied schöner gegen die Fließrichtung des Bachs, weil man die Stromschnellen und Wasserfälle besser sieht. Wer mehr gehen will, steigt schon in Yakeyama ein, als kurze Spaziergänge empfehlen sich das Teilstück zwischen Makado und Kumoi (1,3 km) mit vielen Stromschnellen oder das Stück zwischen Kumoi und Chōshi Ōtaki (5 km) mit etlichen Wasserfällen im Oirasegawa selbst und seitlichen Zuflüssen. Der Weg ist gut ausgebaut, aber nicht asphaltiert und oft etwas schlammig. Unterwegs gibt es außer ein paar WCs keine Infrastruktur. Ein Laden beim Infozentrum Ishigedo verkauft Nudelsuppen und Snacks.

Alle Busse nach Aomori und Hachinohe fahren durchs Oirase-Tal (8 Bushaltestellen im Tal) bis Yakeyama, erst dort teilt sich die Route. Mit kleinem Gepäck ist es sehr gut möglich, die Wanderung auf dem Weg zu machen und in Nenokuchi wieder in einen Bus nach Yasumiya zu steigen.

### ÜBERNACHTUNG UND ESSEN

Bis 1903 Rotlachse aus Hokkaidō ausgesetzt wurden, war der Towada-ko wegen seiner isolierten Lage fischfrei, heute sind die *hime-masu* („Prinzessinnen-Forellen“) genannten Fische die wichtigste lokale Spezialität. Am Seeufer gibt es ein paar Cafés und Restaurants, die aber eher nur mittags öffnen, daher empfiehlt es sich, die Unterkunft inkl. Verpflegung zu buchen.

**Minshuku Nagomi**, gegenüber vom Lakeview Hotel am See, ✆ 0176-75-2418, 💻 www.kohannoyado-nagomi.com. Alle Zimmer mit Seeblick, Gemeinschaftsbad mit natürlichem Onsen. Hauseigenes Café. ❷

€ **Towadako Backpackers**, im Ort etwas abseits vom See gelegen, ✆ 0176-75-2606, 💻 www.laketowada.wordpress.com. Geräumiges Hostel mit mehreren Küchen und Aufenthaltsräumen, Schlafsälen und Zweierzimmern, auch Camping; günstiges Abendessen. ❶–❷

**Marine Blue**, ✆ 0176-75-3025. Café mit Seeterrasse knapp außerhalb des Ortes. Apfelkuchen und ein paar kleine Gerichte, 🕒 tgl. 8–18 Uhr.

## SONSTIGES

### Boote und Fahrradverleih

**Towadako Yūransen**, ✆ 0176-75-2909. Das Ausflugsboot fährt je nach Saison (häufiger im Herbst) etwa 9–15 Uhr stdl. oder halbstündlich in die nächste Bucht, 50 Min., 1650 ¥.

Tretboote verleihen mehrere ähnliche Anbieter; u. a. **Towadako Marina**, ✆ 0176-75-2156, mit gemütlichem Café direkt am See, dort auch Fahrradverleih.

### Einkaufen

**Kimura Store**, schräg gegenüber von Towadako Backpackers, hat alles, was man braucht. 🕒 tgl. 8–18 Uhr.

### Informationen

**Touristeninformation Towada-ko**, am Busbahnhof Yasumiya, ✆ 0176-75-2425. Hilft bei der Unterkunftssuche, begrenzte Ressourcen, kein Englisch. 🕒 tgl. 8–17 Uhr.

## TRANSPORT

Von MORIOKA aus mit der Bahn nach HACHINOHE, von dort 2–3x tgl. **JR-Bus** zum Towadako (2 1/4 Std., 3050 ¥). Sitzplatz reservieren auf 💻 https://www.jrbustohoku.co.jp/towadako-oirase, oder an jedem JR-Bahnhof. Von AOMORI 4–5x tgl. JR-Bus (2 3/4 Std., 3480 ¥); außerdem fahren immer Busse zwischen Takeyama und Yasumiya.

# Hakkōda-Massiv 八甲田山

Die Busstrecke vom Towada-See nach Aomori ist zwar länger, aber landschaftlich reizvoller über das bei Wanderern beliebte Bergmassiv des **Hakkōda-san**. Der Bergpass Kasamatsu Tōge ist 1040 m hoch: Im April wird die im Winter heftig verschneite Straße als „Schneetunnel" mit meterhohen Schneewänden wiedereröffnet. Einige Kilometer dahinter bildet das Onsen-Hotel Sukayu mit Besucherzentrum, Campingplatz und Wanderparkplatz eine Mini-Siedlung. Man kann hier durch einen etwas überwucherten botanischen Garten einen schönen Rundgang machen, der um ein Sumpfgebiet zu einem heißen Bach und einem „Höllenteich" mit heißen Quellen führt. An der fast kochend heißen Quelle „Manjū Fukashi" gibt es sogar eine Holzbox, um darin Manjū (Knödel) zu dämpfen.

Das öffentliche **Sukayu Onsen** selbst ist als „Tausend-Mann-Bad" *(senninburo)* bekannt. Da würde es vielleicht wirklich sehr eng, aber das riesige Badebecken in einem hohen Holzhaus ist absolut sehenswert. Abgesehen von der Frauenbadezeit (8–9 Uhr) ist es ein Gemeinschaftsbad: Die Umkleiden sind getrennt, und eine Holzwand trennt den Waschbereich der Frauen und ihren Einstieg ins Bad ab – Frauen können also ungesehen bis zum Hals in das milchig-trübe Wasser steigen und dann in den gemeinsamen Badebereich weiterziehen. Nur eine Linie auf der Hälfte teilt das große Becken in einen Männer- und Frauenbereich, daher können Paare unproblematisch gemeinsam im Bad sein.

Einige Kilometer weiter in Richtung Aomori geht's mit der **Hakkōda-Seilbahn** auf das Bergmassiv. Die Gipfelstation ist auf 1300 m, von hier verlaufen zwei kombinierbare Spazierwege in 30 bzw. 60 Min. zu Sumpfgebieten und Aussichtsplattformen. Richtige Wanderwege führen weiter auf den Akakuradake (1548 m) oder über den Hauptgipfel Ōdake (1585 m) wieder nach Sukayu Onsen.

## ÜBERNACHTUNG

**Sukayu Onsen**, Minamiarakawayama, Sukayu 50, ✆ 017-738-6002, 💻 https://sukayu.jp. Weitläufiges Onsen-Hotel mit mehreren Bädern, neben dem „Tausend-Mann-Bad" gibt es auch separate Bäder für Männer und Frauen. Ab ❺. Tageseintritt 1000 ¥, 🕒 7–18 Uhr.

# Shimokita-Halbinsel 下北半島

Den nördlichsten Zipfel Honshūs bildet die Halbinsel Shimokita mit ihrer rauen, von Wind und Wellen geprägten Landschaft. Die axtförmige Landzunge zwischen Pazifik und Tsugaru-Straße hat durch ihre Abgeschiedenheit und dünne Besiedlung einige ökologische Besonderheiten aufzuweisen. An ihrer westlichen Klippenküste lebt eine Affenkolonie in ihrem weltweit nördlichsten Habitat, und auch den Japanischen Serau, einen Verwandten der Ziege mit einem eleganten silbergrauen Zottelfell, kann man hier beobachten. Vor allem aber befindet sich im Zentrum der Halbinsel der Geisterberg **Osore-zan**, ein 879 m hoher Vulkan, der oft als einer der drei heiligsten Orte Japans genannt wird, neben den Bergen Hiei und Kōya.

## Mutsu むつ

**Mutsu** ist das wirtschaftliche und administrative Zentrum der Halbinsel – und ein ziemlich graues, unspektakuläres Städtchen. Es dient jedoch als Verkehrsknotenpunkt, von hier fahren Busse am Aussichtsberg Kamabuse vorbei zum Osore-zan, nach Wakinosawa und an die Nordküste.

Das kleine **Kap Shiriyazaki** liegt etwa 25 km von Mutsu entfernt und ist sehr einsam (kein öffentlicher Verkehr). Die letzten 2 km vor dem Kap sind zwischen 17 und 10 Uhr für Autos gesperrt – in der Dämmerung ist die richtige Zeit für einen Spaziergang, um Wildtiere wie Affen, Dachse oder Füchse zu sehen.

## Osore-zan 恐山

Der „grausige Berg" Osore-zan liegt abgelegen hinter nebelverhangenen Serpentinen, im Bus spielt schwermütige Pilgermusik. Inmitten einer kargen Mondlandschaft mit schütterer Vegetation liegen umringt von acht Gipfeln (symbolisch für die Blütenblätter des Lotus) der Kratersee **Usori-yama** und nahe seinem Ufer der Tempel **Osore-zan Bodai-ji**. Überall dringen Schwaden stinkenden Schwefeldampfs und giftiggelbe Ausblühungen aus dem Boden – 108 Quellen sollen es sein analog zu den 108 weltlichen Begierden und den ihnen zugeordneten Höllen. Auf diese unwirtliche Szenerie stieß der Legende nach der Gründer des Tempels Osore-zan Bodai-ji, Tendai-Mönch Ennin, im Jahr 862, als er einem prophetischen Traum folgte, in dem ihm aufgetragen wurde, von Kyōto aus 30 Tage gen Osten zu wandern, bis er einen heiligen Berg fände, dort eine Jizō-Figur zu schaffen und von hier aus den Buddhismus zu verbreiten.

Zwischen Tempel und Seeufer führen Wege zu Steinhäufchen und Hunderten von ernsten **Jizō-Figuren** in allen Größen, daneben in seltsamem Kontrast bunte Plastikwindrädchen. Der Bodhisattva Jizō erbarmt sich nämlich besonders der früh gestorbenen (bzw. abgetriebenen) Kinder, die so lange am steinigen Flussufer herumirren und Steinhäufchen aufschichten müssen, bis ihre Mutter – oder eben Jizō – kommt und ihnen über den Fluss ins Totenreich hilft. Der Ort hat eine besondere Atmosphäre und man kann gut nachvollziehen, warum er als eine Art Vorhölle und der See als Übergang in die Totenwelt gilt. 🕒 Mai–Sep 6–18, Okt 6–17 Uhr, 500 ¥.

## Yagen Onsen 薬研温泉

Keine 10 km nördlich des Osore-zan liegen die heißen Quellen von Yagen Onsen: In einem steilen Tal finden sich zwischen ein paar alternden Onsen-Hotels zwei wunderbare öffentliche *rotenburo*. Hin kommt man entweder vom Osore-zan aus über eine sehr gewundene, einsame Gebirgsstraße oder vom Küstenort Ōhata 9 km talaufwärts.

€ Der Clou ist **Kappa-no-yu**, ein direkt in bzw. über den Bach gebautes *rotenburo*, das mehrere heiße Rinnsale aufstaut, die dort aus dem Felsen sprudeln. Es gibt einen einfachen Umkleideraum, sogar mit Schließfächern, und ein Waschbecken, sonst aber keine Bad-Einrichtungen, der Gebrauch von Shampoo und Seife ist verboten. Seit nach Geschlechtern ge-

## Sprachrohr für die Unterwelt

*Itako* sind von Geburt an blinde Frauen, die sich einer langen Ausbildung unterziehen, an deren Ende eine Pilgerfahrt und die symbolische Heirat mit einem *kami*, einer ihre Tätigkeit als **Medium** unterstützenden Gottheit, steht. Früher eine Institution in nordjapanischen Dörfern, wurden sie während der Meiji-Restauration verfolgt und suchten Zuflucht in einer der entlegensten Ecken Japans, am Osore-zan. Obwohl eher einer shintō-animistischen Tradition zugehörig, sind sie regelmäßig am Tempel **Bodai-ji**, sicher zu den Tempelfesten im Juli und Oktober und oft an Sommerwochenenden anzutreffen. Wenn die gewünschte Seele herbeigerufen ist, folgt ein auch für Japaner schwer verständlicher Sprechgesang, in dem sich der Verstorbene über das Medium artikuliert – oder wahlweise, in dem eine psychologisch geschulte Frau dem Klienten ein paar gut verpackte Lebensweisheiten mitgibt …

trennte Badezeiten eingeführt worden sind, 🕒 Männer 7–9, 11.30–13 und 15.10–17, Frauen 9.10–11 und 13.10–15 Uhr, Eintritt frei, bietet das nahe gelegene **Fūfu Kappa-no-yu**, ✆ 0175-34-2008, eine ähnliche Alternative mit zwei separaten Becken für Männer und Frauen, 🕒 tgl. 9–17 Uhr, 230 ¥.

Ein leichter, aber durchaus wilder **Wanderweg** führt in ca. 6 km vom Campingplatz in Shin-Yagen Onsen am Fluss entlang zum Kappa-no-yu und zurück, teils über alte Bahnschienen und durch einen Tunnel.

## Der Norden und Westen

Vom Osore-zan geht es über das Dorf Shimofuro Onsen mit sehr heißen Quellen im öffentlichen Bad zur Nordspitze. Das nördliche **Kap Ōma** ist windumtost und der einzige Ort Japans, an dem Thunfische mit der Angel gefangen werden, weshalb gleich mehrere Restaurants am nördlichsten Zipfel von Honshū mit Thunfisch-*donburi* aufwarten (die meisten aber nur bis 17 Uhr!). Im örtlichen Souvenirshop gibt es großartige Thunfischandenken, wie Taschen oder 3-D-Puzzles.

Vom Hafenort Ōma fahren Fähren nach Hokkaidō, vom etwas westlich gelegenen Sai (und von Wakinosawa) gibt es ein Ausflugsboot zur eindrucksvollen Felsformation der **Hotokegaura** oder Buddha-Küste. An dieser Stelle sehen die Küstenklippen nämlich besonders wie riesige Figuren aus. Von der einsamen Küstenstraße führen alternativ auch Stufen hinunter. **Wakinosawa** ist ein sympathisches Örtchen an der Südwestspitze der Halbinsel und am nächsten an Aomori gelegen. Von hier fährt eine Fähre nach Kanita bei Aomori. Wer die Küstenstraße nicht komplett ausfährt, kommt entweder über die waldige Bergstraße Kamoshika Line oder über den Kawauchiko-Staudamm und das **Kawauchi-Tal** (mit Wasserfall-Spaziergängen vom Wanderparkplatz) zur Südküste und zurück nach Mutsu.

### ÜBERNACHTUNG UND ESSEN

**Murai Ryokan**, Mutsu, Tanabu-chō 9-30, ✆ 0175-22-5581, 💻 https://murairyokan.com. Gleich neben dem JR-Busbahnhof gelegenes Ryokan, geräumige japanische Zimmer mit Gemeinschaftsbad. ❷–❸

**Ōmanzoku**, Ōmataira 17-377, Ōma, ✆ 0175-37-5633, 💻 https://miyosimarusuisan.jp/. Der frische Ōma-Thunfisch ist wirklich extrem lecker! Maguro-Sashimi ab 3500 ¥. 🕒 tgl. 8–18 Uhr.

**Shukubō Osore-zan**, Osore-zan, Tanabe 3-2, ✆ 0175-22-3825. Relativ luxuriöse Tempelunterkunft, aber mit Schwefelgeruch; Reservierung mindestens einen Tag vorher. Nur Mai–Okt, mit Halbpension 12 000 ¥ p. P.

**Camping** ist direkt am Kap Ōma möglich, mit Küche/Aufenthaltsraum und WCs, kostenlos und recht beliebt. Yagen Onsen, einfacher Waldcampingplatz, 570 ¥ p. P.

### SONSTIGES

#### Autovermietungen

Mehrere Autovermietungen direkt am Bahnhof Shimokita, wie **Nippon**, ✆ 0175-34-0919, und **Toyota**, ✆ 0175-23-0100.

#### Informationen

**Touristeninformation**, am JR-Bahnhof Shimokita, ✆ 0175-34-9095. 🕒 tgl. 9–19 Uhr.

### Touren

Sightseeing-Boote ab Sai mit **Sai Teiki Kankō**, ✆ 0175-38-2244. 90 Min. einschließlich Fotostopp in Hotokegaura, Ende April–Okt tgl. um 10.30 und 14 Uhr, 2700 ¥.

## NAHVERKEHR

Zwischen den JR-Bahnhöfen Shimokita sowie Ōminato und **Mutsu** (ab Shimokita ca. 3 km) verkehren tgl. bis zu 8 Busse, 10 Min., 200 ¥. Vom JR-Bahnhof Shimokita fahren Busse von Mai–Sep 5x, im Okt 2x tgl. über Mutsu zum **Osore-zan** (40 Min., 810 ¥), und über die Ostküste, **Ōhata** und das **Kap Ōma** bis zu 7x tgl. Vom JR-Bahnhof Ōminato fahren 5x tgl. Busse nach **Wakinosawa**, gut 1 Std., 1680 ¥.

## TRANSPORT

### Busse

Von Mutsu nach AOMORI 2x tgl., 2 3/4 Std., 2640 ¥.

### Eisenbahn

Von Süden kommend mit dem Shinkansen bis HACHINOHE (Reservierungspflicht!), dort umsteigen Richtung Aomori bis NOHEJI, 45 Min., 1360 ¥, und noch mal umsteigen in die Ōminato-Linie bis Shimokita, 50–60 Min., 1170 ¥. Meistens gibt es eine sehr knappe Umsteigeverbindung, manche Züge fahren durch.
In Richtung AOMORI steigt man wiederum in NOHEJI um und braucht von dort noch 30–45 ¥/Min., 1050 ¥.

### Schiffe

**Mutsuwan-Ferry**, 💻 www.mutsuwan-ferry.jp, betreibt zwei Autofähren tgl. von Wakinosawa nach KANITA bei Aomori), 1 Std., 1950 ¥.
Von Ōma nach Hakodate 2x tgl, 1 1/2 Std., 💻 https://www.tsugarukaikyo.co.jp, ab 2320 ¥.

# Aomori 青森

Aomori ist eine große Stadt aus der Nachkriegszeit. Die Hauptsehenswürdigkeiten, das Kunstmuseum und die Sannai-Maruyama-Jōmon-Ausgrabungsstätte, befinden sich etwa 4 km außerhalb der Innenstadt, näher am Shinkansen-Bahnhof Shin-Aomori. In der Nähe des JR-Bahnhofs Aomori gibt es im Zentrum Hotels und eine touristische Infrastruktur. Hauptattraktion ist hier das **Wa rasse Nebuta Museum**, 💻 www.nebuta.or.jp/warasse, eine Ausstellungshalle zum bekannten Nebuta Matsuri. Auch wenn man nicht beim Fest im August dabei sein kann, hat man hier Gelegenheit, etliche der beleuchteten Festwagen anzusehen, die ähnlich wie Karnevalswagen jedes Jahr neu gestaltet werden. Dank digitaler Technik kann man eine riesige leuchtende Gesichtsmaske mit dem eigenen Entwurf versehen. 🕒 Mai–Aug 9–19, Sep–April 9–18 Uhr, während des Nebuta Matsuri geschlossen, 600 ¥.

In der Markthalle **A Factory** nebenan an der Promenade gibt es offene Restaurant-Stände, Andenkenläden und eine Cider-Fabrik (Verkostung im 1. OG ab 400 ¥ für zwei Sorten, 🕒 tgl. 9–20.30 Uhr), in die andere Richtung kommt man zur markanten dreieckigen Tourismusbehörde der Präfektur, dem **Aspam-Gebäude**, ebenfalls mit reichlich lokaltypischen Verkaufsständen.

Das gegenüber vertäute gelbe **Fährschiff Hakkōda-Maru** war bis 1988 als Eisenbahnfähre nach Hokkaidō im Einsatz und kann besichtigt werden. Neben dem Maschinenraum, der Brücke, dem Auto- und Eisenbahndeck und einigen Kabinen sind auch Dioramen vom Leben in Aomori um 1950 zu sehen, 🕒 tgl. 9–19, Nov–März bis 17 Uhr, 510 ¥.

## Sannai-Maruyama-Jōmon-Ausgrabungsstätte 山内丸山遺跡

Etwa 4 km südwestlich des Zentrums (6 km auf der Straße) befindet sich die größte und bedeutendste Fundstätte von Siedlungen aus der gesamten Jōmon-Zeit, der japanischen Steinzeit, die für ungewöhnliche Tontöpfe bekannt ist: Mit Schnüren wurden aufwendige Verzierungen in die Keramik gedrückt. Die Funde von Sannai Maruyama sind etwa zwischen 5200 und 4000 Jahre alt. 💻 www.sannaimaruyama.pref.aomori.jp. Neben Steinwerkzeugen und scharfen Obsidianklingen sind zahlreiche Keramiktöpfe zu sehen, darunter solche, die für Kinderbestattungen benutzt wurden. Es gibt schamanistische Amulette in Form von Tigerkrallen und flache Fruchtbarkeitsfiguren, die ein wenig an Printenfiguren erinnern.

Besonders spannend ist das Außengelände, wo die Ausgrabungen so anschaulich gemacht werden, wie das eben bei frühgeschichtlichen Funden geht: mit überdachten Gruben und Querschnitten, aber auch rekonstruierten Langhäusern und halb eingegrabenen Hütten. Zusammen mit etlichen anderen Fundstellen der Jōmon-Zeit ist die Sannai-Ausgrabungsstätte 2021 zum Unesco-Weltkulturerbe ernannt worden. 🕒 Golden Week bis Sep tgl. 9–18, Okt–April 9–17 Uhr, 410 ¥. Anfahrt Nebutango-Bus (300 ¥) oder Stadtbus 6 bis Sannai Maruyama (310 ¥).

TŌHOKU

## Kunstmuseum der Präfektur Aomori 青森県立美術館

Gleich neben der Ausgrabungsstätte (zu Fuß 10 Min.) steht das neue Kunstmuseum der Präfektur, 💻 www.aomori-museum.jp, große weiße kubische Räume vom Architekten Aoki Jun. Die Bauweise halb im Boden nimmt Bezug auf die Jōmon-Architektur nebenan. Sammlungshighlights sind Werke des einheimischen expressionistischen Holzschnittkünstlers Munakata Shikō und des bekannten modernen Künstlers Nara Yoshitomo, dessen riesige Hundeskulptur ein Wortspiel aus „Aomori-Präfektur" und „Aomori-Hund" ist (beides heißt Aomori-ken). Außerdem gibt es oft gute Sonderausstellungen. 🕒 Juni–Sep tgl. 9–18, Okt–Mai 10–17 Uhr, jeden 2. und 4. Mo (bei Feiertagen der folgende Di) sowie unregelmäßig zum Ausstellungswechsel geschlossen, 510 ¥. Anfahrt wie nach Sannai Maruyama (Bushaltestelle Kenritsu Bijutsukan-mae).

## Großer Shōwa-Buddha 昭和大仏

In den südlichen Außenbezirken der Stadt steht im Seiryū-ji-Tempel der Shōwa-Daibutsu. Erst 1984 errichtet, gilt er mit gut 21 m als größte, sitzende Bronze-Buddha-Statue in Japan. Der geschäftstüchtige Tempel hat außerdem eine 39 m hohe Holzpagode und einen modernen Steingarten. Eine Kannon-Bodhisattva-Statue in der weitläufigen Anlage soll speziell gegen Alzheimer helfen. Bei Gewissensbissen nach einer Abtreibung empfehlen sich komplette Votivpakete mit bunten Windrädern, Kerzen und Jizō-Figuren. 🕒 tgl. 8–17.30, Nov–März 9–16.30 Uhr, 400 ¥.

## ÜBERNACHTUNG

Für eine relativ große Stadt ist die Zimmerauswahl in Aomori ziemlich überschaubar.

€ **APA Hotel**, Yasukata 1-11-2, 📞 017-722-1100. Kleine Zimmer mit großen Plasmafernsehern. ❷

**Hotel Passage II**, Shinchō 1-8-2, 📞 017-752-6670, 💻 https://www.passage2.co.jp. Nur 3 Min. zu Fuß vom Bahnhof bietet das Hotel Passage ordentliche und saubere Zimmer. Frühstücksbuffet inkl. ❷–❸

€ **Iroha Ryokan**, Yasukata 1-3-21, 📞 017-722-8689. In einer Gasse gegenüber vom Bahnhof gleich neben dem Grand Hotel. Einfaches Ryokan mit japanischen Zimmern, das von einer superfreundlichen Japanerin geführt wird. Gemeinschaftsbad und WC. ❶–❷

## ESSEN

**Ajinosapporo-ōnishi**, Furukawa 1-15-6, 📞 017-723-1036. Fast alle Gäste kommen wegen der Miso-Currymilk-Rāmen (980 ¥): Nudelsuppe mit Miso, Curry und einem Schuss Milch, und zum Schluss kommt noch ein Stück Butter drauf. Wem das zu gewagt ist: Es gibt auch normale Miso-Rāmen. 🕒 Do–Mo 11–18 Uhr.

**Aomori Gyosai Center**, Furukawa 1-11-16, 📞 017-763-0085. Sashimi-*donburi* zum Selberzusammenstellen *(nokkedon)*. Man kauft an der Kasse Coupons (pro Coupon 170 ¥, 12 Stück 2000 ¥), dann geht's los: zuerst eine Schüssel mit Reis (1 Coupon) und weiter an den Fischständen entlang. 🕒 Mi–Mo 7–15 Uhr.

**Kawayoshi**, Honchō 3-2-4, 📞 017-776-3480. Spezialität ist Unagi (Süßwasseraal), und dafür kommen die Gäste von weit her (nahe dem Aspam-Gebäude). Kleines Holzhaus, Schild nur auf Japanisch. 🕒 tgl. 11–14 und 16–20 Uhr.

**Taji**, Shinchō 1-12-11, Maruyama Bldg, 📞 017-752-6271, in der Nikoniko-dōri (eine Parallelstraße südlich der Shinchō-dōri). Freundliches indisches Restaurant mit günstigen Angeboten und diversen Schärfestufen, lecker, Set ab 900 ¥, Lunch günstiger. 🕒 tgl.11–15 und 17–22 Uhr.

**Tsugaru Joppari Isariya Sakaba**, Honchō 2-5-14, 📞 017-722-3443, 💻 https://marutomisuisan.jpn.com/isariya-tugaru. Die kleine Eckkneipe ist leicht an den beleuchteten Nebuta-Masken zu erkennen. Auf der Karte stehen traditionelle Gerichte der Region Aomori sowie lokale Sake. Tgl. um 19 Uhr gibt es für 30 Min. Sanshin-Livemusik. Sehr urig. ⌚ tgl. 17–24 Uhr.

## SONSTIGES

### Einkaufen

Eine gute Souvenirauswahl findet sich in der **A-Factory** (s. o.), im **Aspam Gebäude** (s. o, 1F) sowie in der **Mall Three** (1F), Shinmachi 1-7-1, ⌚ tgl. 11–20 Uhr, unregelmäßige Ruhetage.

### Feste

**Nebuta Matsuri**: 2.–7. Aug: Parade von beleuchteten Festwagen. Die Wagen sind z. T. 20 m hoch, entlang der Paraderoute wurden die Stromleitungen daher unterirdisch verlegt.

### Informationen

**Touristeninformation**, vor dem Bahnhof Aomori, links vom Bahnhofsausgang, ✆ 017-723-4670, ⌚ tgl. 8–19 Uhr, und im Shinkansen-Bhf Shin-Aomori (2F), ✆ 017-52-6311, ⌚ tgl. 8.30–19 Uhr. Eine weitere Touristeninformation für die gesamte Präfektur Aomori befindet sich im markanten dreieckigen Aspam-Gebäude beim Anleger für Kreuzfahrtschiffe, ✆ 017-735-5311. Neben Infomaterial auf Englisch auch eine kleine Ausstellung zum Essen und den Festen sowie ein 3D Film zum Nebuta-Matsuri (Film 600 ¥), ⌚ 8.30–19 Uhr.

## NAHVERKEHR

Der **Nebutango Shuttle Route Bus** fährt alle 1–2 Std. und verbindet die beiden Bahnhöfe (in Shin-Aomori: Südausgang Bussteig 1, Aomori: Bussteig 7) mit dem Kunstmuseum und der Jōmon-Ausgrabungsstätte. 300 ¥/Fahrt, Tagesticket 700 ¥.

## TRANSPORT

### Busse

Verschiedene Fernbusverbindungen weitgehend entlang der Shinkansen-Strecke; nach TŌKYŌ ab ca. 5000 ¥ (Nachtbus), SENDAI ebenfalls ab ca. 5000 ¥. Auch Willer-Express-Busse, 🖳 https://willerexpress.com.

### Eisenbahn

HAKODATE (Hokkaidō), Shinkansen ab Shin-Aomori ca. stdl., 1 Std., 7720 ¥
HIROSAKI, 50 Min., 670 ¥
SHIMOKITA (Ōminato), über Noheji, knapp 2 Std. Fahrtzeit, oft längere Wartezeiten in Noheiji 2180 ¥. Die Aoimori-Privatbahn zwischen Aomori und Noheji darf man mit dem Japan Rail Pass benutzen, sofern man an deren Bahnhöfen nicht aussteigt.
TŌKYŌ, Shinkansen etwa stdl. ab Shin-Aomori, 3 1/2 Std., 17 670 ¥.

### Schiffe

HAKODATE (Hokkaidō), mit der Fähre, ✆ 017-766-4733, 🖳 www.tsugarukaikyo.co.jp, 8x tgl., 3 3/4 Std., ab 2860 ¥, in der Hauptsaison ca. 30 % teurer.



# Hirosaki 弘前

Auch wenn es nicht so verkehrsgünstig liegt wie sein moderner Nachbar Aomori, hat Hirosaki neben seiner zwar kleinen, aber durchaus fotogenen Burg auch zwei Tempelbezirke und ein paar erhaltene Samurai-Häuser aus der Edo-Zeit und einige Gebäude aus der Meiji-Zeit zu bieten. Besonderes Highlight für Einheimische wie Touristen sind die örtlichen *matsuri*, insbesondere das **Sakura Matsuri** im Frühjahr und das **Neputa Matsuri** Anfang August. Da die Kirschblüte in Hirosaki mit der Golden Week zusammenfällt, nutzt jährlich über eine Million Menschen die Feiertage für einen Besuch. Dann kann man zusehen, wie sich das Burggelände in eine große *hanami*-Wiese mit picknickenden Familien und Gruppen von Jugendlichen verwandelt. Abends treffen sich dann alle in den Lokalen mit *Tsugaru jamisen*-Konzerten, der nordostjapanischen Variante der Shamisen-Musik.

## Hirosaki-jō 弘前城

Der öffentliche Park ist in seiner ursprünglichen Anlage mit drei konzentrischen Befestigungsringen aus Gräben und Erdwällen weitgehend erhalten geblieben. Ende des 19. Jhs. wurden 2600 Zierkirschen gepflanzt, die für die hübsche *hanami*-Kulisse sorgen; speziell der Burggraben ist auch zur herbstlichen Laubfärbung sehr sehenswert. Der ursprünglich fünfstöckige *tenshukaku* (Donjon) der Burg wurde 1627 durch Blitzschlag zerstört, der dreistöckige Ersatz, heute das Symbol der Stadt, stammt von 1811 und ist einer der wenigen erhaltenen aus der Edo-Zeit. Er beherbergt ein Museum mit Schwertern und Rüstungen. Erhalten sind noch drei *yagura* (Wachttürme) und fünf Burgtore. ⌚ April–Nov tgl. 9–17 Uhr (zur Kirschblüte 7–21 Uhr), 320 ¥ Eintritt für *honmaru* (innerster Befestigungsring), Museum und Arboretum, für das restliche Burggelände Eintritt frei.

## Um die Burg

Wer nicht zur passenden Zeit für das Neputa Matsuri nach Hirosaki kommt, kann sich im „Neputa-Dorf" **Tsugaru-han Neputa-mura** einen Eindruck von den Dimensionen des Festumzugs verschaffen. Festwagen, Trommeln, Drachen und andere Utensilien beziehen zwischen den Umzügen, sofern sie nicht in der Neputa-Halle am Ōtemon-Platz gezeigt werden, in diesem umgebauten edo-zeitlichen Miso-Speicher ihr Quartier. Im Museum gibt es Taiko- und Shamisen-Vorführungen und Besucher haben die Gelegenheit, einmal eine Taiko-Trommel selbst zu schlagen. Das Museum liegt direkt nordöstlich des Burgparks. ⌚ tgl. 9–17 Uhr, 600 ¥.

Gegenüber dem Ōtemon-Burgtor befindet sich das Sightseeing Information Center, zu dem eine weitere kleine **Neputa-Ausstellung** mit einigen Festwagen gehört. ⌚ tgl. 9–18 Uhr, Eintritt frei.

Schräg gegenüber dem Ōtemon-Burgtor ließ der wohlhabende Geschäftsmann Fujita Ken'ichi 1919 eine Villa im europäischen Stil der Taishō-Zeit bauen und dazu einen eleganten, 21 800 m² großen Garten anlegen, der als **Fujita Kinen Tei-en** öffentlich zugänglich ist. ⌚ nur im Sommerhalbjahr tgl. 9–17 Uhr, 320 ¥.

## Samurai-Viertel Naka-chō 仲町

Nördlich des Burgparks steht ein kleines Wohnviertel unter Denkmalschutz. Hier befand sich eines der Wohngebiete der direkten Gefolgsleute des Feudalherrn, der vor der Burg mehrere Quartiere für eher rangniedere Samurai-Familien anlegen lassen hatte, um das Nordtor, damals das Haupttor, zu schützen. Vier der edo-zeitlichen Samurai-Häuser sind erhalten bzw. restauriert und heute im Besitz der Stadt: die **Häuser der Familien Iwata, Sasamori, Ito und Umeda**. ⌚ im Sommer sind alle Häuser an den Wochenenden von 10–16 Uhr geöffnet, wochentags zumindest einige, im Winter wesentlich seltener, Eintritt frei.

Im selben Viertel, direkt gegenüber dem Nordtor der Burg, findet man auch das **Haus der Kaufmannsfamilie Ishiba** (Kyū Ishiba-ke Jūtaku) aus der späten Edo-Zeit. Die Ishiba handelten mit Haushalts- und Strohwaren und produzieren heute Sake und Obstwein. ⌚ tgl. 9–17 Uhr, 100 ¥.

## Zenrin-gai 禅林街

Südwestlich des Burgparks befindet sich das Tempelviertel Zenrin-gai, das aus einer geraden, beiderseits mit Tempeln und Sicheltannen gesäumten Straße besteht. Die 33 Tempel der zen-buddhistischen Soto-Richtung sorgen seit dem Bau der Burg für deren geistlichen Schutz. Der **Chōshō-ji** am Ende der Straße diente dem Tsugaru-Clan als Familientempel. Auf seinem Gelände befinden sich die Mausoleen von fünf der Feudalherren. Vorbei an einer bronzenen Tempelglocke aus dem 14. Jh. gelangt man links zur Halle der 500 *rakan*, in der sich rund 100 farbenfrohe Statuen der Buddha-Jünger befinden. ⌚ tgl. 9–17 Uhr. Zwischen dem Tempelviertel und dem Bahnhof steht beim Tempel **Saichō-in** eine sehenswerte Pagode.

### ÜBERNACHTUNG

**Ishiba Ryokan**, Mototera-machi 55, ☏ 0172-32-9118, 💻 www.ishibaryokan.com, 5 Min. vom Osttor der Burg neben einer alten Kirche der United Church of Japan. Das traditionsreiche Ryokan, 1879 eröffnet, ist ein Labyrinth aus dunklem Holz und *shōji* mit hübschem kleinen Garten. Je 9 geräumige Tatami-Zimmer mit/ohne Bad. Der freundliche Betreiber spricht Englisch. ❷

### ESSEN UND UNTERHALTUNG

In einigen Lokalen kann man sein Abendessen bei *Tsugaru-jamisen*-Musik genießen. Diese

Shamisen ist größer als die herkömmliche, mit Hunde- statt Katzenhaut bespannt und hat einen kräftigeren Klang.

**Anzu**, Oyakata-machi 1-44, ✆ 0172-32-6684, 5 Min. südöstlich des Burgparks. Regionale Spezialitäten der Saison, Fischgerichte und Eintöpfe, dazu um 19.30, manchmal auch 21.30 Uhr jeweils halbstündige *Tsugaru-jamisen*-Vorführungen (1500 ¥), in der Hauptsaison reservieren. ⌚ Mo–Sa 18–22 Uhr.

Einheimische trifft man vermutlich eher im **Aiya**, Tomita 2-7-3, ✆ 0172-32-1529, einer weiteren *Tsugaru jamisen izakaya*, vom Bahnhof etwa 15 Min. am Yamauta vorbei immer geradeaus, auf der rechten Seite. ⌚ tgl. 18–23 Uhr, Livemusik ab 19 Uhr.

**Himawari**, Sakamoto-chō 2, ✆ 0172-35-4051. Im „Sonnenblumen"-Café kann man gemütlich in Retro-Atmosphäre bei klassischer Musik selbst gerösteten Kaffee und hausgemachten Kuchen genießen. Überwiegend regionale Zutaten. ⌚ Fr–Mi 11–18 Uhr.

**Starbucks**, Kamishirogane-chō 1-1, ✆ 0172-39-4051. Die Filiale in der Nähe der Burg befindet sich in einem denkmalgeschützten Haus aus dem Jahr 1917. ⌚ tgl. 7–21 Uhr.

**Takasago**, Oyakata-machi 1-2, ✆ 0172-32-8025. Beliebtes Soba-Restaurant in Burgnähe, 5 Min. südöstlich vom Ōtemon-Tor in einem hübschen alten Holzhaus. Menü ab 1200 ¥. ⌚ Di–So 11–17 Uhr.

**Taishō Roman Café**, im Fujita Kinen Teien, ✆ 0172-37-5690. Für das westliche Gebäude, das zum Fujita-Garten (S. 266) gehört, ist kein Eintritt nötig; vom „romantischen Café der Taishō-Zeit" aus hat man aber auch einen guten Blick auf den Garten. Es gibt diverse Apfelkuchen und kleine Gerichte, auch vegan. ⌚ tgl. 9.30–16 Uhr.

## SONSTIGES

### Einkaufen

Typische Produkte der Region sind die eleganten *Tsugaru nuri*-Lackwaren, bei deren Herstellung in einem langwierigen Prozess 40 Schichten Lack aufgetragen werden, *akebi*-Korbwaren aus wildem Wein oder *kogin*-Stickereien, geometrische Muster, die ursprünglich als Verstärkung für Arbeitskleidung verwendet wurden. Man findet sie z. B. beim Neputa-mura und im Sightseeing Information Center (s. u.).

### Taiken

Im **Neputa-mura** kann man nicht nur lokalen Handwerkern bei der Arbeit zusehen, sondern es werden auch verschiedene **Workshops** angeboten, vom Lampion- oder Kokeshi-Bemalen bis zum Shamisen-Spielen. Meist ab 1500 ¥, für manche ist eine Anmeldung nötig, Infos auf der Homepage: 💻 http://neputamura.com/.

### Fahrradverleih

€ Von Mai bis November bekommt man Leihräder (500 ¥) und Pedelecs (1000 ¥/Tag) bei den Touristeninformationen am Bahnhof und an der Burg. ⌚ Mai–Nov tgl. 9–16 Uhr (Rückgabe bis 17 Uhr).

### Informationen

**Touristeninformation** im Bahnhof Hirosaki, ✆ 0172-26-3600. ⌚ tgl. 8.45–18 Uhr.

**Hirosaki Sightseeing Information Center**, am Ōtemon-Platz, ✆ 0172-37-5501. ⌚ tgl. 9–18 Uhr.

## NAHVERKEHR

Der **Dotemachi-Loop-Bus** (100 ¥/Fahrt) dreht etwa von 10–18 Uhr alle 10 Min. eine praktische Runde zwischen Bahnhof und Burg (Haltestelle Shiyakusho-mae am Ōtemon-Burgtor und Haltestelle Bunka Center-mae am Osttor). Näher zum Tempelviertel Zenrin-gai fährt der seltenere **Tamenobu Bus** (200 ¥, Bussteig 6) Richtung Apple Park.

## TRANSPORT

### Eisenbahn

AKITA, 8x tgl. mit dem Express, 2 1/4 Std., 4330 ¥
AOMORI, mit der Ōu-Linie, 45 Min., 680 ¥.

### Busse

Der **Busbahnhof** liegt hinter dem Kaufhaus Itō Yōkadō, 5 Min. westlich vom Bahnhof.
MORIOKA, etwa stdl., 2 1/4 Std., ab 3400 ¥
SENDAI, 9x tgl., 4 1/4 Std., 5700 ¥
TŌKYŌ, Nachtbus, 9 Std., ab ca 4000 ¥.

UNTERWEGS AUF DER INSEL RISHIRI; © BIRGIT BIANCA FÜRST

# Hokkaidō 北海道

**Es gibt zwei Arten, Hokkaidō zu erleben: weiß und grün. Im Winter kann man den ausgezeichneten Schnee genießen – im Jetset-Trubel auf Nisekos Pisten oder ruhiger beim Eisfischen oder Schneeschuhlaufen – und in einer heißen Quelle relaxen. Die grüne Saison von Ende Mai bis Oktober bietet Naturschönheiten wie aktive Vulkane, klare Bergseen und wild lebende Tiere. Und das ganze Jahr über lockt das pralle Leben in Sapporo, der Hauptstadt des Nordens.**

## Stefan Loose Traveltipps

**Winter in Hokkaidō** Schneevergnügen wie sonst nirgends. S. 273

**Pirka Kotan** Begegnung mit der Kultur der Ainu. S. 281

**Rishiri-tō** Auf der Insel lässt sich der majestätische Rishiri-dake rundum bewundern. S. 283

8 **Shiretoko-Nationalpark** Auf einer Bootsfahrt entlang der Küste sieht man grandiose Wasserfälle und seltene Tierarten. S. 291

**Akan-Nationalpark** Der Blick auf Mashū-See und Akan-See ist unvergesslich. S. 294

**Tōya-See** Ein malerischer See vor der Kulisse eines aktiven Vulkans. S. 297

AINU-ZEREMONIE; © AINU-GESELLSCHAFT SAPPORO

KRANICHE BEIM BALZTANZ; © MASATO HATTORI

**Wann fahren?** Im Februar zum Schneevergnügen, im Mai–Okt für Naturerlebnisse

**Wie lange?** 10 Tage oder länger

**Bekannt für** wild lebende Braunbären, Pulverschnee, Natur und leckeres Essen aus frischen Zutaten

**Beste Feste** Yosakoi-Tanzfest (Juni), Schneefest (Februar), beide in Sapporo

**Outdoortipp** Radtour um den Toyako-See oder um die Insel Rishiri, herbstliche Wanderung im Daisetsuzan-Gebirge

**Unbedingt probieren** Soup Curry, Riesenkrabben, Dschinghis Khan (Tischgrillen)

# Hokkaidō

La-Perouse-Straße
Rishiri Rebun Sarobetsu-Nationalpark
REBUN-TÔ
Oshidomari Hafen
Wakkanai
Sarufutsu
Rebun-suidô
Rishiri-suidô
RISHIRI-TÔ
Hamatonbetsu
Toyotomi
Nakatonbetsu
Esashi
Teshio
Nakagawa
Enbetsu
Otoineppu
Ômu
Kitami-sanchi
Shosanbetsu
YAGASHIRI-TÔ
TEURI-TÔ
Bifuka
Teshio-sanchi
Nayoro
Okoppe
Monbetsu
Haboro
Yûbetsu
Tomamae
Takinoue
Tokoro
Shibetsu
Engaru
Saroma
Obira
Horokanai
Wassamu
Shirataki
Kitami
Rumoi
Kamikawa
Rubeshibe
Mashike
Numata
Asahikawa
Sôunkyo Onsen
Tsubetsu
Fukagawa
2290
1984
Asahi-dake
Mt. Kurodake
Hamamasu
Akabira
Rikubetsu
Takikawa
Shibetsu
Biei
Tenninkyô Onsen
Daisetsuzan-Nationalpark
Akan Onsen
Atsuta
Sunagawa
Utashinai
Ishikari-wan
Tokachi Onsen
1499
Meakan
Tokachi-dake 2077
Tsukigata
Bibai
Furano
Ashoro
Mikasa
s. Detailplan Daisetsuzan NP S. 288
Furubira
Otaru
Tôbetsu
Kami-Shihoro
Honbetsu
1298
Ishikari
Iwamizawa
Yûbari
Yoichi
Shintoku
Shiranuka
Kamuennai
Sapporo
Ebetsu
Shimizu
Obihiro
Onbetsu
Jôsankei
Iwanai
Eniwa
Hidaka
Ikeda
Kutchan
Oiwake
Hidaka-sanmyaku
Urahoro
Niseko
1898
Kimobetsu
1320
Chitose
Nibutani (Ainu-Dorf und Museum)
Suttsu
Yôtei-zan
Shikotsu-ko
Nakasatsunai
2052
Kunomatsunai
Shikotsu-Toya-Nationalpark
Tomakomai
Biratori
1520
Toyoura
Oshamanbe
Abuta
Tôya-ko
Upopoy Ainu Museum
Taiki
Setana
Imagane
Shiraoi
Date
Noboribetsu
Shizunai
Kunnui
Uchiura-wan
Hiroo
Katahiyama
s. Detailplan Shikotsu-Tôya NP S. 296
Muroran
Yakumo
Mitsuishi
Samani
Urakawa
Taisei
Oshima-hantô
Mori
Erimo
Kumaishi
Shikabe
OKUSHIRI-TÔ
Yokotsu-dake
1167
Minami-Kayabe
Nanae
Esashi
Kamiisu
Kaminokuni
Hakodate
Kikonai
Tsugaru-kaikyô
Ôma
Fukushima
Ô-SHIMA
Shimokita-hantô
Ôhata
Matsumae
879
Osore-san
Mutsu
Minmaya
Kawauchi
Wakinosawa
Kanita
Mutsu-wan
Yokohama
Jusan-ko
Nakasato
Hiranai
Rokkasho
Aomori
Noheji
Ogowara-ko
Goshogawara
Ajigasawa
Namioka
Shiechinoe
Misawa

Japaner, die in Hokkaidō zu Gast sind, fühlen sich wie im Ausland, Deutsche wie in Amerika, Amerikaner wie in Europa. Wie kommt das? In Hokkaidō, so könnte man meinen, hätten Amerikaner die Städte geplant, Bayern und Skandinavier die Landschaft gestaltet und Japaner alles mit Leben gefüllt. Einen Hauch von Freiheit und Anderssein meint man hier zu spüren und denkt im nächsten Moment wieder: „typisch Japan".

Hokkaidō, mit 83 456 km² Fläche die zweitgrößte Insel Japans, wurde erst vor 150 Jahren von den Japanern „erschlossen". Hier siedelten sich Menschen an, die ihre Heimatregion verlassen wollten oder mussten. Vor der offiziellen Besiedlung durch die Japaner in der Meiji-Zeit war die Insel vom Volk der Ainu bewohnt und wurde *Ezo* genannt. Auch heute leben hier unter 5,7 Mio. Einwohnern rund 25 000 Ainu. Fast alle sind in der japanischen Gesellschaft aufgewachsen, versuchen aber, ihre Tradition, so gut es geht, zu bewahren oder auch neu zu entdecken.

Die von Landwirtschaft und Dienstleistung geprägte Insel ohne nennenswerte Industrie bietet einmalige Blicke auf Berge – der höchste Berg ist mit 2291 m der Asahi-dake –, klare Flüsse, Seen, Küsten, wild lebende Tiere und aktive Vulkane.

Sechs Nationalparks laden zu einmaligen Naturerlebnissen ein, obwohl Hokkaidō auch sonst überall mit den vielfältigen Bildern seiner Landschaft verzaubert.

Frische Nahrungsmittel vom Feld und aus dem Meer runden das Vergnügen kulinarisch ab. Zahlreiche Onsen bieten Gelegenheit für Wellness-Genuss.

## Reisezeit

Hokkaidō hat vier ausgeprägte Jahreszeiten: Einem angenehmen Sommer folgt der bunte Herbst. Nach schneereichem Winter wartet ein farbenfroher Frühling. Die beste Reisezeit sind der Winter (Jan/Feb) sowie die „grüne" Jahreszeit von Ende Mai bis Anfang Oktober.

## Outdoor-Tipps

Auf Hokkaidō wird es im Sommer sehr früh hell. Im Juni geht die Sonne gegen 4 Uhr auf, dunkel wird es aber schon um 19 Uhr. Europäische Urlauber müssen sich darauf einstellen, wenn sie z. B. vor Einbruch der Dunkelheit noch ein Zelt aufstellen möchten. In jedem Fall ernst nehmen sollte man Bärenwarnungen und bei Aktivitäten in der Natur entsprechende Vorsichtsmaßnahmen treffen (Glocken bzw. Bärenspray bei Bergtouren, Essen verpacken beim Zelten etc.). Für Bergwandertouren sind ausreichend Wasser und wetterfeste Kleidung unbedingt erforderlich! Unerwartete Schneefälle und Wetterumschwünge überraschen selbst erfahrene Outdoor-Liebhaber.

### Essen

Zu den kulinarischen Spezialitäten aus dem Meer gehören die Riesenkrebse **Kani** und der rote Kaviar **Ikura** (eigentlich ein russisches Wort – was vielen Japanern nicht bewusst ist) sowie **Hokke-Makrelen** und die **Hotate-Kammmuscheln** auf Sushi wie auch vom Grill. Mit frischem, lokalem Gemüse wird pikantes **Soup Curry** bereitet, das sich als Gericht in der japanischen Küche etabliert hat.

Dauerbrenner der Hokkaidō-Küche sind **Hokkaidō-Rāmen** (Nudelsuppen) sowie ein als **Dschinghis Khan** bekanntes Gericht: am Tisch über Sojasprossen und Gemüse gegrilltes Lammfleisch.

### Transport

Eine stark frequentierte **Flugstrecke** verbindet die Präfekturhauptstadt Sapporo in anderthalb Stunden mit Tōkyō.

Zur Hauptinsel Honshū besteht eine 54 km lange Tunnelverbindung, der Seikan-Tunnel. Der Shinkansen fährt bis nach Hakodate. Hokkaidō bietet einen eigenen Railpass, den **JR Hokkaidō Rail Pass**, an. Es gibt Fünf- oder Siebentagetickets zu 20 000 ¥ bzw. 26 000 ¥. Kinder zwischen 6 und 11 Jahren zahlen in etwa die Hälfte. Der 6 Tage gültige **JR East-South Hokkaidō Rail Pass** (27 000 ¥) umfasst neben dem südlichen Hokkaidō bis Sapporo die Region Tōhoku und den Großraum Tōkyō. Auf der englischsprachigen Website JR Hokkaidō, 💻 www.jrhokkaido.co.jp, finden sich außer dem **Fahrplan** auch Routenvorschläge nach Jahreszeiten.

**Fernbusse** sind für gewöhnlich etwas billiger als Züge und erschließen mehr Ziele. Die Abfahrtszeiten und Routen der unterschiedlichen Busunternehmen erhält man in den Touristeninformationen vor Ort. Für längere Strecken sind komfortable Nachtbusse zu empfehlen. Immer breiter wird das Angebot an **Tagestouren** ab Sapporo (s. dort), z. B. in Nationalparks. Sie sind spontan buchbar und haben ein gutes Preis-Leistungs-Verhältnis.

Touristen mit **Mietwagen oder -motorrad** finden sich trotz Linksverkehr in Hokkaidō mit Navi und einer englischsprachigen Straßenkarte gut zurecht, obwohl die Straßenschilder nicht durchgehend englisch beschriftet sind. Sehr gut ausgebaute Straßen locken in den Sommermonaten viele Motorradfahrer nach Hokkaidō. Eine Reise entlang einer der ausgearbeiteten Panoramarouten empfiehlt sich. Gute Informationen hierzu in englischer Sprache findet man im Internet unter 💻 www.scenicbyway.jp. Vorsicht: Man neigt dazu, die Entfernungen zu unterschätzen! Für 40 km braucht man in der Regel eine ganze Stunde. Wer im Winter ein Auto leiht, muss auf Eis und Schnee sicher fahren können – es wird kaum Salz gestreut.

Das Wetter im Sommer bietet sich für **Radtouren** an. Der Zustand der Straßen ist gut, aber es gibt nicht viele ausgewiesene Radwege. Die Beschilderung ist nicht durchgehend und das Kartenmaterial wenig ergiebig. Die Leihfahrräder haben oft keine Topqualität. Gut durchorganisiert sind hingegen Radsportveranstaltungen wie das Radrennen am Ochotskischen Meer oder Mountainbiketouren in Niseko.

## Sapporo 札幌

Als Sapporo 1972 mit den Olympischen Winterspielen erstmals weltweit im Rampenlicht stand, war es noch überschaubar klein. Heute ist der Verwaltungssitz der Präfektur Hokkaidō mit 1,96 Mio. Einwohnern die fünftgrößte Stadt Japans und dehnt sich auf einer Fläche von 1122 km² aus – damit ist Sapporo etwa doppelt so groß wie die 23 Bezirke Tōkyōs. Durch Zuwanderer vom Land hatte die Stadt in den Nachkriegsjahren ein beispiellos rasantes Bevölkerungswachstum zu bewältigen. Heute gehört sie zu den beliebtesten Metropolen Asiens. Mit ei-

## Winter in Hokkaidō: Traum in Weiß

Von Januar bis März und länger prägt die Farbe Weiß das Bild der ganzen Insel. An den Wegrändern türmen sich hohe Schneeberge, die sogar das sonst asphaltgraue Stadtbild Sapporos märchenhaft verzaubern: festgefahrene Schneedecke auf vielen Straßen, Hohlwege in scheinbar unberührtem, reinem Weiß, dazu trockene Schneeluft. Ein Spaß zumindest für alle, die nicht selbst fürs Schneeräumen verantwortlich sind. Glücklich darf sich schätzen, wer dies als Winterurlauber auf der Piste, beim Eisfischen oder Hundeschlittenfahren genießen und den Tag bei einer Rāmen-Suppe und/oder im Onsen ausklingen lassen darf.

**Sapporo** ist die schneereichste Großstadt der Welt. Jährliche Schneemengen von durchschnittlich 6,30 m stellen eine Herausforderung für den Räumdienst und somit für den Etat der Stadt dar. Doch das Leben pulsiert trotz Eis und Schnee. Die professionelle Arbeit der Räumdienste und die Vielseitigkeit der Fahrzeugflotte sind einen Besuch auf Hokkaidō im Winter wert. Der Schnee muss auf Lastwagen aus der Stadt hinaustransportiert werden. Wer es sich leisten kann, gönnt sich eine Straßenheizung vor dem Haus. Die meisten Dächer sind mit Schneeschmelzanlagen ausgestattet, was aber nur bei Flachdächern möglich ist. Wer ein Haus mit Giebeldach bevorzugt, braucht im Garten Platz genug, um den sich auftürmenden Schnee vom Dach zu lagern.

Was den **Wintersport** anbelangt, wird Hokkaidō gern als „Aspen Japans" bezeichnet. Die Skigebiete um Niseko haben sich zum Treffpunkt der Schönen und Reichen aus der ganzen Welt entwickelt. Dank Schneesicherheit und bestem Pulverschnee ist die weiße Jahreszeit – insbesondere der Februar – Hochsaison, obwohl ungewöhnliche Wetterturbulenzen jüngst manchen Streich gespielt haben.

### Praktische Hinweise

Wer mit dem Auto in einen **Schneesturm** gerät, muss sich an die roten Pfeile halten, die über den Straßen angebracht sind, um den Fahrbahnrand zu markieren. Außerdem auf **Wintersperren** für Pässe oder Bergstraßen achten, die mancherorts sogar bis Mai andauern! Für sicheren Tritt auf vereisten Wegen bieten Schuhgeschäfte **Winterschuhe** mit ausklappbaren Spikes oder an die Schuhe zu schnallende Anti-Rutsch-Grips *(supaiku-bisu)* an. Wenn auch allerorts Taschenheizungen *(kairo)* feilgeboten werden, **warme Kleidung** ist nötig, um Eis- und Schneefeste (S. 279) richtig genießen zu können. Man trifft zwar mit hochhackigen Schuhen im Minirock durch die Kälte stolzierende Schönheiten – das Geheimnis dieser Kältetauglichkeit bewahren sie allerdings für sich.

nem klar strukturierten Stadtkern, modernen Geschäften und gut besuchten Kneipen ist Sapporo zunehmend auch als internationale Konferenzstadt mit gutem Nachhaltigkeitsindex interessant geworden. Ferner wurde es zu einer der drei besten „Nightscapes" (Nachtansichten) Japans gekürt, neben Kōbe und Nagasaki.

Seit den Olympischen Spielen von 1972 pflegt Sapporo eine Städtepartnerschaft zu München. Ein Maibaum im Ōdōri-Park, eine sogenannte Münchner Brücke, eine Straßenbahn aus München und der Münchner Weihnachtsmarkt im Ōdōri-Park sind Zeichen dieser Verbindung.

Sapporo ist beliebt für seinen trockenen, moderaten Sommer. Besonders stolz sind die Bewohner auf ihr klares Wasser und ihr gutes Bier.



## Orientierung

Das Stadtzentrum Sapporos ist flach und schachbrettartig angelegt. Mit den Koordinaten der Himmelsrichtungen, deren ungefähren Mittelpunkt der Fernsehturm Terebi-tō bildet, findet man sich leicht zurecht. Mit den Abkürzungen der englischsprachigen Himmelsrichtungen werden Ortsangaben im Stadtkern angegeben: N – Nord (Kita), 💻 – West (Nishi), E – Ost (Higashi) und S – Süd (Minami). Das Rathaus findet man z. B. an der Ecke Nord 1 und West 2, abgekürzt N1 W2. Der Ōdōri-Park bildet die Nord-Süd-Grenze, der begrünte Soseigawa-Kanal trennt Ost und West.

## Das Zentrum

Das Wort Sapporo kommt aus der Ainu-Sprache *(sat poro pet)* und bedeutet „trockenes, breites Flussbett". Die klassischen Sehenswürdigkeiten der Stadt sind die Gebäude aus der Zeit, als die Japaner mit der Besiedelung Hokkaidōs begannen (1869).

Der Uhrturm **Tokeidai** (N1 W2) ist das Wahrzeichen Sapporos. Er wurde 1878 als Trainingseinrichtung der landwirtschaftlichen Universität gebaut und wird heute für Konzerte und Versammlungen genutzt. Neben dem 1881 aus Boston importierten Uhrwerk sind hier Exponate zur Stadtgeschichte zu sehen. 🕒 tgl. 8.45–17 Uhr, 200 ¥.

Das alte Regierungsgebäude Hokkaidōs, **Akarenga** (N3 W6), ist ein roter Ziegelbau, der 1888 nach amerikanischem Vorbild errichtet wurde. Er birgt Schriftstücke und Dokumente aus der Zeit der Erschließung und wird heute für Veranstaltungen genutzt. 🕒 tgl. 8.45–18 Uhr, Eintritt frei.

Das ehemalige Oberlandesgericht **Shiryōkan**, ein Steinbau am Westende des Ōdōri-Parks (Ōdōri W13), ist heute das Dokumentationszentrum der Stadt mit Räumen für wechselnde Ausstellungen. 🕒 tgl. außer Mo 9–19 Uhr.

Keines dieser Bauwerke mutet japanisch an, vielmehr zeigen Sapporos Sehenswürdigkeiten den starken westlichen Einfluss in der Meiji-Zeit (1868–1912). Japaner aus Honshū fühlen sich hier nicht von ungefähr wie im Ausland. Ein interessantes Beispiel für die Kombination von japanischem und amerikanischem Baustil ist das **Seikatei** von 1880 (N7 W7), ein Haus zum Empfang von Ehrengästen. 🕒 tgl. 9–16 Uhr, Eintritt frei.

Der **Ōdōri-Park** – ein Grünstreifen, der die Stadt in Nord und Süd teilt – ist Schauplatz vieler Veranstaltungen im Jahreskalender, darunter das weltberühmte Schneefest (S. 279), das fröhlich farbenfrohe Yosakoi-Tanzfest Anfang Juni und das sommerliche Bierfest im August, um nur einige zu nennen. Auch sonst lädt der Park mit Wasserspielen, Grünanlagen, Maiskolbenverkauf etc. zum Bummeln und Flanieren ein. Vom Bahnhof bis ins Vergnügungsviertel erstreckt sich eine modern gestaltete **unterirdische Passage** *(chikagai)*. Die traditionsreiche, überdachte Einkaufspassage **Tanuki Kōji** (S2–3 W1–7) lädt wetterunabhängig zum Shoppen und Schlemmen ein und ist 2023 mit dem Aquarium AOAO um eine Attraktion reicher geworden.

### Der Hokkaido-Kürbis

Der Begriff Hokkaidō ist in Form eines kleinen Speisekürbis mit weich kochender Schale und nussigem Geschmack auf jedem deutschen Wochenmarkt vertreten. Als Hokkaido-Kürbis ist er aber vor Ort nicht bekannt. Wer einen Kürbis sucht, sollte nach *kabocha* fragen. Die deutsche Betonung auf dem „i" von Hokkaidō wirkt auf Japaner übrigens erheiternd – richtig heißt es *kai* wie im gleichlautenden deutschen Namen.

Einen tollen Blick über Stadt und Umgebung – bei gutem Wetter sogar bis ans Meer – bekommt man vom 147 m hohen **Fernsehturm** (Terebi-tō), ⌚ tgl. 9–22 Uhr, 1000 ¥. Kostenlos gibt es die Aussicht vom 19. Stock des **Rathauses** (N1 W1), ⌚ nur im Sommer während der Bürozeiten. Auch der **JR Tower** am Bahnhof bietet eine Aussichtsplattform, „T38“, auf 160 m Höhe, ⌚ tgl. 10–22 Uhr, 740 ¥.

Für kleine Großstadtpausen im Grünen empfehlen sich der nahe gelegene **Botanische Garten** (Hokkaidō Shokubutsu-en, N3 W6) mit einer kleinen Ainu-Ausstellung, ⌚ Mai–Okt. Di–So 9–16 Uhr, 420 ¥, und der Campus der **Hokkaidō**

**Universität** (N9 W5) mit Pappelallee und historischem Furukawa Kinenkan, dem ersten im Neo-Renaissance-Stil erbauten Gebäude Hokkaidōs.

Der **Nakajima-Park** liegt südlich des Zentrums am unteren Ende der Ekimae-dōri (S9 W3). Im Park befindet sich das renovierte **Hōheikan**, ein Gebäude von 1880 im westlichen Stil. 🕒 tgl. 9–17 Uhr (jeden 2. Di im Monat geschl.), 300 ¥. Im japanischen Garten daneben lassen sich Brautpaare gern im Kimono fotografieren – zunehmend Ausländer aus Südostasien. Am See werden Boote verliehen. Im Südteil des Nakajima-Parks liegt die Konzerthalle Kitara. U-Bahn (Nanbokusen) bis Nakajima-kōen.

## Der Westen

Bei einem Besuch des **Hokkaidō-Schreins** im **Maruyama-Park** (U-Bahnhof Maruyama-kōen, Tōzai-Linie) mit seinen 1200 japanischen Kirschbäumen kann man mit etwas Glück eine japanische Hochzeit oder eine Autoweihe durch einen Shintō-Priester erleben. Ebenfalls im Bezirk Maruyama liegt die **Okurayama-Schanze**, die Sportfreunden als Austragungsort für Skisprungwettkämpfe ein Begriff sein dürfte. Sie lohnt aber auch im Sommer einen Besuch wegen ihres grandiosen Blicks über Sapporo (Auffahrt im Sessellift 1000 ¥). Hier befindet sich auch das **Wintersportmuseum** mit Exponaten zu den Olympischen Winterspielen von 1972, einem Skisprungsimulator und anderen Elementen zum Ausprobieren. 🕒 Sommer 9–18, Winter bis 17 Uhr, 600 ¥.

## Der Osten

Der **Nijō-Fischmarkt** (S3 E1) präsentiert die farbenfrohe kulinarische Vielfalt des Meeres, darunter frisch gefangene Seeigel, Riesenkrabben und Tintenfische.

Eine wetterunabhängige Einkaufstour ermöglicht die **Sapporo Factory** (N2 E4), eine originell zur Shopping Mall umgebaute ehemalige Brauerei – die Geburtsstätte japanischer Braukunst.

Im **Biermuseum** der Stadt (N7 E9), 💻 www.sapporobeer.jp/english/brewery/s_museum, kann man sich vom deutschen Einfluss auf die japanische Braukunst überzeugen. 🕒 tgl. 11–18 Uhr, Eintritt frei, Führung mit Bierprobe 500 ¥.

Für Sportfreunde lohnt ein Besuch im Stadion **Sapporo Dome**, 💻 www.sapporo-dome.co.jp, im Südosten der Stadt, das zur Fußballweltmeisterschaft 2002 mit allen technischen Raffinessen errichtet wurde. Es ist das einzige geschlossene Stadion Japans mit Naturrasen für Fußball. Dieser kann verschoben werden und einem Kunstrasenplatz für Baseball weichen. Anfahrt zum Sapporo Dome vom Stadtzentrum mit der Tōhō-Linie bis U-Bahnhof Fukuzumi (Endstation, 15 Min.), dann 10 Min. zu Fuß.

## Moiwa-yama 藻岩山

Ein ganzes Stück südlich liegt der 531 m hohe Moiwa-yama. Er ist der Aussichtsberg und Dating-Spot Sapporos. Von oben überblickt man das gesamte Stadtgebiet bis zum Japanischen Meer. Abends lockt das Lichtermeer der Millionenstadt. Man erreicht den Berg mit der Straßenbahn bis Haltestelle Ropeway Iriguchi; von dort verkehrt alle 15 Min. ein kostenloser Shuttlebus zur Talstation der **Seilbahn**, 💻 https://mt-moiwa.jp/en, 🕒 tgl. 11–22 Uhr (je nach Jahreszeit auch länger), Kombiticket hin und zurück 2100 ¥.

### ÜBERNACHTUNG

**Guest House Nonaka Sapporo**, Chūō-ku, S 5 W 9, ☎ 011-521-1010, 💻 www.healingweb.net/nonaka. 6 Zimmer im japanischen Stil. Private Atmosphäre im Kontakt mit Ehepaar Nonaka. 4000 ¥ p. P. ❶

**Hotel Shō Sapporo**, Chūō-ku, S 9 W 3, ☎ 011-511-2221, 💻 http://sho.sapporohotels24.com/en. Stilvolles und günstiges Businesshotel nahe dem Nakajima-Park. ❷

**Onsen Ryokan Yuen Sapporo**, N1 W7, ☎ 011-271-1126, 💻 www.uds-hotels.com/en/yuen/sapporo. Wer sich etwas gönnen möchte: Das Hotel kombiniert Hokkaidō-Design mit japanischem Stil und Gastfreundschaft und bietet neben lokalen Köstlichkeiten auch Onsen-Wasser aus Noboribetsu. Ab ❹

**Sapporo International Youth Hostel**, Toyohira-ku, Toyohira 6-jō 6-5-35, ☎ 011-825-3120, ✉ kokusai@youthhostel.or.jp. Modern ausgestatteter Ort internationaler Begegnung. U-Bahnhof Gakuen-mae (Tōhō-Linie). Schlafsaal 3200 ¥ p. P. ❶

Vom Fernsehturm in Sapporo schweift der Blick über den Ōdōri-Park.



**The Royal Park Canvas - Sapporo Odori Park**, Odori W1, 011-208-1555, www.royalparkhotels.co.jp/canvas/sapporoodoripark. Ein nach Nachhaltigkeitsaspekten gestaltetes Hotel im Odori Park mit Blick auf den TV Tower, das in jedem der mit lokalem Holz gestalteten Zimmer einen Plattenspieler bereitstellt und auf dem Dach im Sommer eine Bar mit Lagerfeuer betreibt. Ab ❹

€ **The Stay Sapporo**, Chūō-ku 1008-10, S 5, W 9, 011-252-7401,i http://thestaysapporo.com. 8 Min. zum Vergnügungsviertel Susukino. Bei Travellern beliebtes, modern gestaltetes Quartier mit Schlafsälen und Lounge. Ab 2000 ¥ p. P. im Schlafsaal. ❶

## ESSEN

In Sapporo sollte man unbedingt essen gehen, denn die Zutaten sind verlockend frisch. Zu empfehlen sind für unterwegs zwei Hokkaidō-Family-Restaurantketten:

**Bikkuri Donkey**, z. B. Ōdōri W3, Hokuyō Bldg. B2, www.bikkuri-donkey.com/en. Bekannt für eher westliches Essen und sein bemerkenswertes ressourcenschonendes Management. Biomüll wird z. B. kompostiert. tgl. 9–21 Uhr.

**Tonden**, z. B. S16 W11, in der Ishiyama-dōri. Gut und günstig, japanisch. tgl. 11–22.30 Uhr.

**Aburiya**, S4 W4, Suzuran Bldg. 6F, 011-530 6666. Japanische Grillgerichte (Fisch und Gemüse) in einem Restaurant mit Stil und Flair. Reservierung empfohlen. tgl. 17–23.30 Uhr.

**Garaku**, S2 W2, Okumura Bldg. B1, https://s-garaku.com. Eine gute, rustikale Adresse für die Hokkaidō-Spezialität Soup Curry. tgl. 11.30–15.30 und 17–21 Uhr.

Wenn man sich etwas Besonderes gönnen möchte, empfehlen sich „King Crabs" – etwas vornehm als Menüfolge z. B. bei **Kani Honke**, N3 W2, 011-222-0018, Nähe JR-Bahnhof Sapporo, Exit 13, Lunch-Menü ab 3500 ¥, und **Ebigani-Gassen**, S4 W5, F-45 Bldg. 12 F, 011-210-0411, im 90-minütigen *tabehōdai* (All-you-can-eat)-Arrangement ab 8500 ¥; Reservierung nötig!

Auf dem Fischmarkt **Nijō-ichiba**, O1 S3, erhält man ein üppiges und frisches *ikura-don* (Reistopf mit rotem Kaviar) für rund 1500 ¥. tgl. 7–18 Uhr.

### Gegen Katerstimmung

Rāmen-Lokale findet man überall. Sie wirken übrigens hervorragend einem Kater entgegen, weshalb so manche Trinkrunde mit dem Besuch in einer Rāmen-Bar ihren Abschluss findet. Beliebt bei Einheimischen wie Touristen ist ein Besuch in der **Rāmen-Gasse** in Susukino, S5 W3 (ab 800 ¥).

**Sapporo Beer Garden** (kein Garten!), N7 O9, am Biermuseum, 🖳 www.sapporo-bier-garten.jp/global/english.html, bietet das für Hokkaidō typische, am Tisch gebratene Lammfleischgericht Dschingis Khan für rund 3000 ¥. 🕒 tgl. 11.30–21 Uhr.
Günstiger bekommt man es in der Ausflugsatmosphäre einer Obstplantage mit Biergartenbetrieb am Stadtrand, dem **Hakkenzan Kajūen**, ✆ 011-596-2280, 🖳 www.hakkenzan.jp, übrigens auch Ausgangspunkt für eine spektakuläre kleine Bergtour auf den Hakkenzan (498 m) unweit vom Koganeyu Onsen. Erreichbar mit dem Auto vom Stadtkern in 40 Min., mit dem Bus Kappa Liner direkt in rund 1 Std. 🕒 tgl. außer Mi 11–17 Uhr.
**Sky- J**, im JR Tower beim Bahnhof, 🖳 www.jrhotels.co.jp/tower/english/restaurant. Ein romantisches Erlebnis ist ein vornehmes modern-japanisches Menü in diesem Restaurant mit Blick auf das Lichtermeer Sapporos. Dinner-Menü ab 5000 ¥. 🕒 Essen tgl. 17.30–21.30 Uhr, Barbetrieb bis 22.30 Uhr.

## UNTERHALTUNG

Nach Einbruch der Dunkelheit beginnt das Treiben in **Susukino**, dem größten Vergnügungsviertel nördlich von Tōkyō. Viele der Bars und Kneipen befinden sich auf etlichen Etagen mehrstöckiger Häuser. In Sapporo geht man häufig gleich nach der Arbeit, also für deutsche Verhältnisse recht früh, gegen 18 oder 19 Uhr zum Essen und anschließend zur sog. „zweiten Runde" *(nijikai)* in Bars und Kneipen. Ein aktueller Vergnügungs-Hotspot in Susukino ist der Gebäudekomplex **COCONO** (W5 S5). Gegen Mitternacht stellen die öffentlichen Verkehrsmittel ihren Betrieb ein. Bis nach Mitternacht geöffnet haben Clubs und Snackbars sowie Rāmen-Buden.
**Locotonte**, S7 W4, Susukino Kaikan Bldg. 4F, ✆ 011-533-3728. Disco-Tanzbar mit Dachterrasse: Oldies, Reggae, Soul. 🕒 tgl. 20–5 Uhr.
**Rad Brothers**, S7 W3, 🖳 auf Facebook. Beliebte Shot Bar mit vielen westlichen Gästen und lauter Musik. Hier geht's erst spät ab.
Bekannte Live-Häuser sind: **Bessie Hall**, S4 W6, ✆ 221-6076, 🖳 http://bessiehall.jp, **Club Counter Action**, S2 W1, ✆ 011-222-1413, und **Zepp Sapporo**, S9 W4, 🖳 www.zepp.co.jp/hall/sapporo.
Freunde klassischer Musik kommen in der **Konzerthalle Kitara**, 🖳 www.kitara-sapporo.or.jp, die sich im Nakajima-Park befindet, auf ihre Kosten. Sie hat neben einer hervorragenden Akustik auch eine eigens aus Frankreich importierte Orgel zu bieten, die jeweils ein Organist aus Frankreich musikalisch betreut. Das Theater für Kunst und Kultur, **Hitaru**, N1 W1, 🖳 www.sapporo-community-plaza.jp/theater.html, bietet internationalen Kulturgenuss.

## FESTE

### Februar

5.–11. Feb: **Schneefest**, s. Kasten.

### Mai

Ende Mai: **Fliederfest (Sapporo Lilac Matsuri)**, mit bunten Veranstaltungen und kulinarischen Angeboten untermalte Blütenschau unter 400 Fliederbäumen im Ōdōri-Park.

### Juni

Anfang Juni: **Yosakoi-Tanzfest**. Das farbenfrohe Fest mit traditionellen und modernen Elementen motiviert seit 1992 Jung und Alt zum Tanzen. Zuletzt nahmen 270 Teams aus dem In- und Ausland mit insgesamt 27 000 Tänzern an dem Spektakel teil und 2 Mio. Besucher strömten in die Stadt. Aufwendige Kostüme begeistern die Zuschauer, während die Musik die Soran-Melodien aus dem Kulturschatz Hokkaidōs mit den Naruto-Klappern der Präfektur Kōchi verbindet. Getanzt wird auf einem Straßen-

umzug und auf der Hauptbühne im Ōdōri-Park, wo eine Jury die Sieger bestimmt.
14.–16. Juni: **Hokkaidō-Schreinfest**, bunter traditioneller Umzug vom Nakajima-Park zum Hokkaidō-Schrein. Im Nakajima-Park herrscht dann Volksfeststimmung, und am Hokkaidō-Schrein werden Buden und Stände aufgebaut.

### Juli

Anfang Juli–Anfang Aug: **Pacific Music Festival (PMF)**, 💻 www.pmf.or.jp/en. Gegründet 1990 von Leonard Bernstein zur Förderung von Nachwuchstalenten. Klassische Konzerte mit Spitzenmusikern aus rund 20 Ländern.
**Sapporo City Jazz**, 💻 https://sapporocityjazz.jp, Japans größtes Jazzfestival mit Künstlern aus dem In- und Ausland.

### August

Ende Juli–Mitte Aug: **Sommerfest** (Sapporo Natsu Matsuri), der größte Freiluft-Biergarten Japans mit 13 000 Sitzplätzen. Im Ōdōri-Park bieten zahlreiche Brauereien verschiedene Biersorten und kulinarische Spezialitäten an, begleitet von Musik- und Bühnenprogramm.

### November–Februar

**White Illumination**, Beleuchtung und Lichtskulpturen vom Bahnhof via Ōdōri-Park bis Susukino. Das romantische Spektakel begann 1981 als erste Winterbeleuchtung in Japan. Kreative Licht-Motive erwärmen die gefrorene Stadt. Auch die Beleuchtung der Straßenbäume z. B. an der Ekimae-dōri zum Bahnhof ist eine beliebte Kulisse für Verliebte.

### Dezember

Bis 25. Dez: Auf dem **„Münchner Weihnachtsmarkt"**, (Ōdōri-Park W2) gibt es neben Glühwein, Würstchen und Verkaufsständen ein buntes Rahmenprogramm auf der Open-Air-Bühne und im Weihnachtspavillon. Mit etwas Glück trifft man einen „Santa-san"-Nikolaus.

## SONSTIGES

### Einkaufen

Vielfältige Einkaufsmöglichkeiten bieten sich in Bahnhofsnähe rund um den JR Tower, von den Einheimischen **Satsueki** genannt, in den Untergrundpassagen und in der überdachten Einkaufspassage **Tanuki Kōji** (S3 W1-7). Die großen **Kaufhäuser** liegen zwischen Ōdōri-Park und Susukino (S2 W1).

**Cous Cous Oven + Hoppers**, S3 W26 2-23 Mominokiso Bldg., in der Einkaufsstraße Ura Sandō, ✆ 011- 614-2753, 💻 www.couscoushoppers.com. Der Bioladen mit leckeren, selbst gemachten Kuchen ist ein Umschlagplatz für jede Art von Umweltinfos. ⏲ tgl. außer Mo 11–17 Uhr.

### Schneefest in Sapporo

Ende Januar beginnen professionelle Teams mit der Gestaltung der Schnee- und Eisburgen für das **Sapporo Yuki Matsuri** (Schneefest), das auf eine 70-jährige Tradition zurückblickt und jedes Jahr im Februar über 2 Mio. Besucher aus aller Welt anlockt. Auch der internationale Schneeskulpturen-Wettbewerb mit zehn teilnehmenden Ländern wird bereits seit 40 Jahren ausgetragen.
Alles begann mit ein paar Schülern, die sechs Schneeskulpturen bauten. Heute wird die Ladung von 6000 LKWs zu bis zu 15 m hohen Schneeburgen verarbeitet. Auf dem 1,5 km langen „Grünstreifen" im Stadtkern, dem Ōdōri-Park, reihen sich über 200 Schneekunstwerke aneinander. Eine japanische Burg aus Eis, die Dresdner Frauenkirche aus Schnee ... jedes Jahr wechseln die Motive. Die Schneeburgen dienen als Kulisse für Eventbühnen, auf denen Popstars und traditionelle Trommelkünstler ein buntes Programm darbieten. Bunt erleuchtet, wirkt die künstliche Welt aus Schnee und Eis am Abend sehr romantisch. Für das kulinarische Wohl ist ausreichend gesorgt. Programmheft und Erklärungen der Skulpturen auf Englisch sind bei der Touristeninformation erhältlich: 💻 www.snowfes.com/en.

### Fahrradverleih

**Porocle**, ✆ 011-242-4696, bietet an 40 Stellen in der Innenstadt Leihfahrräder zum Tagessatz von 1650 ¥ an. Registrierung mit Handynummer erforderlich. Tickets gibt es online, oder auch an der Touristeninformation.

### Informationen

Ein breites Angebot an englischsprachigen Prospekten erhält man bei den **Touristeninformationen** am Flughafen, im Bahnhof Sapporo ✆ 011-213-5088, am Fernsehturm und in der Tanuki-Kōji-Einkaufspassage sowie beim **Sapporo Kokusai Plaza** gegenüber dem Uhrturm, MN Bldg. 3F, 🖳 www.plaza-sapporo.or.jp/en. Hier arbeitet auch stets ein(e) Deutsche(r) als „Koodinator(in) für internationale Beziehungen" (CIR) im Team mit.
Die Stadt Sapporo bietet die kostenlose **App Sapporo Info** sowie eine Website mit aktuellen Informationen, 🖳 www.sapporo.travel/en.

HOKKAIDŌ

## NAHVERKEHR

Fast alle Sehenswürdigkeiten können mit öffentlichen Verkehrsmitteln erreicht werden. Sapporo verfügt über drei **U-Bahnlinien**, eine **Straßenbahn** und mehrere **Busunternehmen**. Die praktischste Art zu zahlen sind Plastik-Geldkarten, z. B. die SAPICA (Sapporo Municipal Transportation), Suica (JR East) oder Kitaca (JR Hokkaidō), die man am Automaten oder Schalter kaufen kann. Allerdings kosten sie 500 ¥ Pfand.
Eine **Tageskarte für Busse, U- und Straßenbahnen** im Innenstadtgebiet kostet 1000 ¥. Tageskarten nur für die U-Bahn gibt es für 830 ¥. An Wochenenden ist das *Donichika-Kippu* günstig: Tageskarte 520 ¥.

## TRANSPORT

### Busse

Verschiedene Busunternehmen organisieren den Transport zwischen den größeren Städten Hokkaidōs. Oft sind sie billiger als die Bahn und erschließen bequem auch andere Ziele. Im Winter unterliegen sie allerdings stärker den Wetterverhältnissen. Wegen Schneesturms wird hin und wieder eine Autobahn gesperrt.
Reservierungen der Fernbusse bei **Hokkaidō Chūō Bus**, 🖳 www.chuo-bus.co.jp/language/en.html, und **Dōnan Bus**, 🖳 www.donanbus.co.jp.
ABASHIRI, 8x tgl. sowie 1 Nachtbus, 6 Std., 6800 ¥
ASAHIKAWA, 7x tgl., 2 Std., 2300 ¥
FURANO, 10x tgl., 2 1/2 Std., 2860 ¥
HAKODATE, 7x tgl. sowie 1 Nachtbus, 5 1/2 Std., 4900 ¥
KUSHIRO, 4x tgl. sowie 1 Nachtbus, 6 1/2 Std., 5880 ¥

### Eisenbahn

Die Shinkansen-Linie führt von Aomori bis Hakodate. Eine Verlängerung der Strecke bis Sapporo ist bis 2035 vorgesehen.
**Lokale Schnellzüge** von Sapporo nach:
ABASHIRI, 5 1/2 Std., 10 010 ¥
ASAHIKAWA, 1 1/4 Std., 5550 ¥
HAKODATE, 3 Std., 8910 ¥
KUSHIRO, 3 3/4 Std., 9460 ¥
OBIHIRO, 2 1/2 Std., 7260 ¥
WAKKANAI, 5 Std., 10 560 ¥

### Schiffe

Sapporo hat keinen eigenen Hafen. Vom Hafen **Otaru** (S. 282) aus verkehren Fähren nach Akita, Niigata, Maizuru und Tsuruga. Näheres bei **Shin Nihonkai Ferry**, 🖳 www.snf.jp.
Vom Hafen **Tomakomai** verkehren Fähren nach Tsuruga, Sendai und Nagoya. Informationen bei **Taiheiyō Ferry**, 🖳 www.taiheiyo-ferry.co.jp/english.
Von **Muroran** aus fährt tgl. außer So eine Fähre von **Tsugaru Kaikyō Ferry**, ✆ 0143-83-4080, 🖳 www.tsugarukaikyo.co.jp/global/en, um 20 Uhr nach AOMORI (7 Std./ab 5090 ¥ p. P. je nach Jahreszeit und Klasse).

### Flüge

Sapporo verfügt zwar über einen innerstädtischen Flughafen (Okadama), von dem aus man diverse Ziele in Hokkaidō erreichen kann, der Hauptverkehr wird jedoch über den Flughafen **Shin Chitose Airport**, 🖳 www.new-chitose-airport.jp/en/airport, abgewickelt. Vom/zum

Flughafen verkehrt alle 15 Min. der Zug *Rapid Airport,* 37 Min., 1150 ¥. Von dort aus bedienen mehrere Busunternehmen verschiedene Ziele auf Hokkaidō.

## Die Umgebung von Sapporo

### Sapporo Ainu Culture Promotion Center Pirka Kotan ピリカコタン

Dieser touristisch interessante Ort zur Begegnung mit der Ainu-Kultur liegt im Südwesten Sapporos, gleich neben dem Koganeyu Onsen, Minami-ku, Koganeyu 27. Hier kann man nachgebaute *chise* (Ainu-Häuser) sowie eine Ausstellung mit rund 200 Exponaten besichtigen und darf fast alles anfassen. Es gibt Holzschnitzerei, Ainu-Stickerei oder Mukkuri-Spiel kostenlos zum Ausprobieren, und man kann Ainu-Kimonos anprobieren. ⌚ Di–So außer feiertags und jeden letzten Di im Monat 8.45–22 Uhr (Ausstellung bis 17 Uhr), Eintritt 200 ¥. Anfahrt mit dem Jōtetsu Bus Nr. 7 und 8 vom Bahnhof Sapporo in Richtung Jōsankei (Haltestelle bei Koganeyu Hakkenzan Tozanguchi, ca.1 Std.) oder von der Endstation Makomanai der U-Bahn-Linie Nanboku auc mit Bus Nr. 12 (ca. 40 Min).

### Jōsankei Onsen 定山渓温泉

Im Kurort Jōsankei, rund eine Stunde vom Zentrum Sapporos in südwestliche Richtung, auf dem Weg zum Nakayama-Pass, drängeln sich am Toyohira-Fluss zahlreiche Hotelanlagen; auch kostenlose Fußbäder im Freien warten auf Besucher.

Der Kurort mit Tradition seit 1866 liegt inmitten von bewaldeten Bergen mit Möglichkeiten für kleine Wanderungen und Spaziergänge. Zu erreichen ist Jōsankei Onsen mit dem Pkw in einer knappen Stunde, vom Bahnhof Sapporo mit dem öffentlichen Jōtetsu-Bus Kappa Liner direkt in 1 Std. In den Sommermonaten wird ein Spazierpfad am Fluss im Rahmen des Projekts „Nature Luminarie" künstlerisch beleuchtet. Anfang Februar verzaubert das Eiskerzenfest die Besucher.

### Hōheikyō Onsen 豊平峡温泉

Wenige Autominuten hinter Jōsankei Onsen lädt Hōheikyō Onsen zu einem Tagesausflug ein – oder zu einem Abstecher auf dem Weg zum Tōya-See oder nach Niseko. Vom riesigen Außenbecken hat man zu allen Jahreszeiten einen bezaubernden Ausblick in die Natur.

Es ist eines der wenigen Onsen Japans mit 100 % Thermalwasser ohne Temperaturveränderung. Im dazugehörigen Restaurant gibt es neben der Hokkaidō-Spezialität Dschinghis Khan auch japanische Nudelgerichte oder nepalesisches Curry. ⌚ tgl. 10–22.30 Uhr, Eintritt Onsen 1000 ¥ (Kinder 500 ¥).

€ An Werktagen verkehrt ein **kostenloser Shuttlebus** vom Kaufhaus Mitsukoshi (Abfahrt 9.25 Uhr, Rückfahrt 15 Uhr), 💻 www.hoheikyo.co.jp/en. Ansonsten nimmt man den Jōtetsu Bus vom Bahnhof Sapporo oder von der U-Bahn-Station Makomanai (unregelmäßig) nach Hōheikyō Onsen. Verbilligte Rückfahrkarten inkl. Onsen-Eintritt sind als sogenannter *Onsen Pack* für 1800 ¥ erhältlich.

### Sapporo Art Park 札幌芸術の森

Kunstfreunde sollten einen Ausflug zum Sapporo Geijutsu no Mori, 💻 www.artpark.or.jp, machen, einem Kunstpark, der auf 7,5 ha Fläche mit vielen Angeboten im Grünen aufwartet. Neben einem Kunstmuseum mit wechselnden Ausstellungen, diversen Ateliers, einer Töpferwerkstatt, gibt es einen Konzertsaal und eine Open-Air-Bühne, auf der alljährlich das PMF (Pacific Music Festival) eröffnet wird, sowie ein Freilicht-Skulpturenmuseum, das in ganz Japan seinesgleichen sucht. ⌚ Di–So 9.45–17 Uhr (im Sommer tgl.), Eintritt Skulpturengarten im Sommer 700 ¥, im Winter frei und kostenloser Verleih von Schneeschuhen. Anfahrt mit Art Park Bus ab U-Bahnhof Makomanai (Nanboku-Linie) von Bussteig Nr. 2 (Takinosen), 20 Min., U-Bahn und Bus ab Sapporo ca. 500 ¥.

### Kaitaku no Mura 開拓の村

In dem historischen Museumsdorf östlich von Sapporo, Konopporo, Atsubetsu-chō 50-1, 💻 www.kaitaku.or.jp/info/info.htm, sind unter freiem Himmel rund 60 Gebäude aus verschiedenen Orten Hokkaidōs aufgebaut und nach den Themen Stadt, Bergdorf, Fischerdorf gegliedert. Es verkehrt eine von Pferden gezogene Straßenbahn. Anschaulich werden historische Berufe vorgestellt. ⌚ tgl. 9–16.30 Uhr, Okt–April Mo geschl., Eintritt 800 ¥. Anfahrt vom Bahnhof Sapporo mit der JR-Hakodate-Linie bis Shinrin-kōen Eki (20 Min., 280 ¥), von dort 5 Min. mit dem Bus oder 15 Min. zu Fuß. Auch vom U-Bahnhof Shin-Sapporo (Endstation der Tōzaisen-Linie) mit Bus Nr. 22 erreichbar (Fahrt bis Endstation).

## Otaru und Umgebung 小樽

Die Stadt (115 000 Einwohner) 30 km nördlich von Sapporo war im 19. Jh. ein bedeutender Fischereihafen und bis in die 1950er-Jahre das ehemalige wirtschaftliche und kulturelle Zentrum Hokkaidōs. In der nördlichen **Wall Street** finden sich noch heute Gebäude von damals wichtigen Banken und Handelsvertretungen. Heute ist Otaru touristisch geprägt. Den 1,4 km langen **Kanal** aus den 1920er-Jahren säumen alte, steinerne Lagerhäuser, die zu urigen Restaurants umgestaltet wurden, und romantische Gaslampen. Weit über die Stadtgrenzen hinaus bekannt für ihr Hefe-Weizen und dunkles Bier ist die lokale Brauerei **Otaru Beer** (mit deutschem Braumeister).

In Otaru gibt es Kunsthandwerk aus Glas und Spielorgeln. Eine dampfbetriebene Uhr gehört zu den touristischen Treffpunkten an der Flaniermeile **Denuki Kōji**. Auch hier prägen die alten Lagerhäuser die Atmosphäre.

In Hafennähe findet sich ein riesiges, modernes Shopping- und Vergnügungszentrum namens **Maical**. An der Ausfahrtstraße Richtung Sapporo bietet die **Sake-Brauerei Tanaka Kikkōgura**, Nobuka-chō 2-2, 💻 www.tanakashuzo.com, im netten Ambiente eines alten, steinernen Lagerhauses die Möglichkeit, sich über die Kunst der Sake-Herstellung zu informieren. ⌚ tgl. 9.05–17.30 Uhr, Eintritt frei.

Bei schönem Wetter ist eine Rundfahrt mit dem **Ausflugsboot** entlang der steilen Felsenküste bis Otamoi reizvoll. Abfahrt im Hafen Otaru in der Nähe des Kanals (90 Min., 3300 ¥).

Die **Touristeninformation** Otaru befindet sich am Bahnhof.

Von Sapporo ist Otaru mit der JR-Bahn in 40 Minuten zu erreichen (750 ¥).

### Nikka Whisky-Brennerei 余市町

Seit die TV-Serie *Massan* 2014 die Geschichte der japanischen Whiskyherstellung filmisch aufbereitet hat, zieht die kleine Stadt **Yoichi** westlich von Otaru Touristen an.

Yoichi ist leicht mit dem Zug zu erreichen. Hier findet man nicht nur die historischen Stätten, die als Filmkulisse dienten, sondern man kann auch Whisky kaufen. ⌚ tgl. 9.15–16.15 Uhr, Eintritt frei. Für die kostenlose Führung durch die Destillerie mit drei Gratis-Kostproben ist eine Voranmeldung erforderlich, 💻 www.nikka.com/eng.

### Ausflug nach Shukutsu

Vom Hafen Otaru verkehren Boote nach Shukutsu (20 Min.,1000 ¥). In diesem ca. 6 km entfernten Hafenort locken zwei interessante Sehenswürdigkeiten. Über den historischen Fischfang und das Leben der Fischer informiert eindrucksvoll das **Nishin Goten**, eine alte Fischverarbeitungsanlage von 1897 am Meer, ⌚ April–Nov tgl. 9–17 Uhr, Eintritt 300 ¥. Den Untergang des Heringreichtums hat die Fischindustrie übrigens selbst verursacht: Für die Verarbeitung des Fisches wurde Holz gebraucht, so wurden nach und nach die umliegenden Wälder abgeholzt – und damit die Küstengewässer ihrer Nährstoffspender beraubt.

Den einstigen Reichtum Otarus durch den Heringsfang erahnt man beim Besuch der ehemaligen **Aoyama Villa** (Otaru Kihinkan) von 1923, einem Unternehmer-Wohnhaus mit lackierten Dielen und Türen im japanischen Stil unweit des Nishin Goten, 💻 www.otaru-kihinkan.jp/en, ⌚ tgl. 9–17 Uhr, Eintritt 1080 ¥. Hier werden auch sehr vornehm Heringsgerichte im japanischen Stil angeboten (Mittagessen ab 1000 ¥).

Zu erreichen ist Shukutsu auch auf dem Landweg mit dem Chūō Bus Nr. 11 vom Bahnhof Otaru in Richtung Aquarium oder mit dem Pkw in 10 Min. (durch drei Tunnel).

Im Einklang mit der Natur: Radeln an der Küste im Rishiri-Rebun-Nationalpark



## Nibutani 二風谷

Zwei Autostunden südlich von Sapporo liegt der kleine Ainu-Ort Nibutani, in dem zwei Ainu-Museen angesiedelt sind. Das **Nibutani Museum zur Ainu-Kultur** (Ainu Bunka Hakubutsukan), Biratori-chō, 🖳 www.town.biratori.hokkaido.jp/biratori/nibutani, ist eine ständige Ausstellung mit rund 1000 Exponaten zur Kultur und Geschichte der Ainu (Sprach- und Kunsthandwerkskurse möglich). 🕒 Mitte April–Mitte Nov tgl. außer Mo 9–16.30 Uhr, 400 ¥.

Die **Kayano Shigeru: Nibutani Ainu Shiryōkan**, Biratori-chō, 🖳 https://kayano-museum.com, ist eine private Sammlung von wichtigen Kulturgegenständen, Handarbeiten, landwirtschaftlichen Gebrauchsgütern der Ainu und anderer Urvölker weltweit. 🕒 tgl. 9–17 Uhr (Mitte Nov–Mitte April nach Anmeldung), 400 ¥.

Nach Nibutani gelangt man von Sapporo aus am besten mit dem eigenen Pkw (1 1/2 Std.). Die Anreise mit öffentlichen Verkehrsmitteln geht mit dem Dōnan-Bus ab Sapporo Richtung Hidaka Terminal (Haltestelle Shiryōkan-mae), mit 2x Umsteigen in Tomikawa und Biratori, 3 1/4 Std., 3020 ¥. Wer echtes Interesse an der Ainu-Kultur mitbringt, wird hier nicht enttäuscht.

## Rishiri-Rebun-Sarobetsu-Nationalpark 利尻礼文サロベツ国立公園

An der Nordspitze Hokkaidōs liegen die beiden Inseln Rishiri und Rebun, die mit Sarobetsu den nördlichsten Nationalpark Japans (24 166 ha) bilden. Die Insel Rishiri ist geprägt vom majestätischen Rishiri-san (1718 m), der wegen seiner perfekten Kegelform auch „Rishiri Fuji" genannt wird. Die Insel Rebun ist ein Paradies für Pflanzenfreunde, da viele seltene alpine Pflanzen auf der Insel zu bewundern sind. Den dritten Teil des Parks bildet das touristisch wenig erschlossene Feuchtgebiet um die Mündung des Sarobetsu-Flusses auf dem Festland von Hokkaidō.

### Die Insel Rishiri 利尻島

Auf der Insel Rishiri leben 5800 Menschen. Rishiri-tō teilt sich in den Westteil Rishiri mit dem Hafen Kutsugata und den Ostteil Rishiri-Fuji mit dem Haupthafen Oshidomari. Auf der rund 60 km langen Küsten-Ringstraße kann man den Berg Rishiri-san von allen Himmelsrichtungen aus betrachten. Bei einer Inselrundfahrt kommt man an fast allen Sehenswürdigkeiten vorbei. Sportlich

## Die Ainu

Deutsche kennen sie vom Kreuzworträtsel als „Urvolk Japans mit vier Buchstaben" – Ainu. In der Ainu-Sprache heißt das schlicht „Mensch". Nichtsdestotrotz wurde es viele Jahre auch als Schimpfwort benutzt. Denn mit vielen Urvölkern teilen die Ainu eine lange Geschichte der Diskriminierung und erzwungenen Assimilation.

Die Ainu besiedelten seit Jahrhunderten die Kurilen, Sachalin, Hokkaidō und Nord-Honshū (Tōhoku). Mit der **Kolonialisierung** der Insel Hokkaidō durch die Japaner vor rund 150 Jahren wurden den Ainu u. a. japanische Namen aufgezwungen und die Ainu-Sprache verboten. Man nahm ihnen die Jagd- und Fischfangrechte und machte so aus Jägern und Sammlern kurzerhand Bauern. Viele Ainu starben an Armut oder Krankheiten. Noch heute sind die Ainu sozial häufig schwächer gestellt als der Durchschnitt der japanischen Bevölkerung. Bis in die 1980er-Jahre leugnete die Regierung gar die Existenz von Ureinwohnern in Japan; die Ainu-Tradition wurde lediglich zu touristischen Zwecken gepflegt. Mit Aufkommen der Diskussion um Umweltthemen in den 1990er-Jahren entstand jedoch ein neues Interesse und Respekt für den traditionellen Lebensstil der Ainu im Einklang mit der Natur. Nach Jahren des Versteckens ist unter den Ainu ein **neues Selbstbewusstsein** erwacht, und immer mehr junge Menschen trauen sich, zu ihrer Identität zu stehen. Der Austausch mit anderen indigenen Völkern ermutigt die Ainu dazu, in Vergessenheit geratene Traditionen wiederzubeleben.

Im Juni 2009 wurden die Ainu vom japanischen Parlament als **indigenes Volk** anerkannt. Ein Expertengremium berät seitdem über Förderungsmaßnahmen. In Hokkaidō leben noch rund 25000 Ainu – sagen die Statistiken. Tatsächlich dürften es weit mehr sein. Auf dem sogenannten „Ainu-Gipfel" im Rahmen des G8-Gipfels auf Hokkaidō 2008 kamen junge Menschen zu Wort, die erst jüngst erfahren hatten, dass sie Ainu-Blut in sich trugen. Eltern und Großeltern hatten in der Hoffnung auf bessere Berufs- oder Ausbildungschancen versucht, die Ainu-Identität durch Umzüge etc. zu verschleiern.

Die **Ainu-Kultur** wurde u. a. von Musikerinnen wie Sakai Mina neu belebt, Sängerin der Ainu Rebels, die die Ainu-Tradition mit positiven Bildern belegten. Diese Fusion-Band warb bis zu ihrer Auflösung 2010 mit einer Mischung aus traditioneller Kleidung, Tänzen, Sprache, Techno und Rap für ein neues Verständnis für die Tradition der Ainu und machte v. a. jungen Menschen Mut, zur eigenen Herkunft zu stehen. 2011 gründete sie die Gruppe IMERUAT (Ainu für „Leuchten"). Sie tritt auch mit der Gesangsgruppe Marewrew („Schmetterling") international auf und setzt so ihr Engagement als Kulturbotschafterin der Ainu fort.

Die **Manga-Serie** *Golden Kamui* erzählt die Geschichte der Begegnung der Wajin (Japaner) mit den Ainu und gibt anschauliche Einblicke in die Alltagskultur der Ainu. Noda Satoru erhielt dafür 2016 den



Aktive nehmen ein Fahrrad. Hierfür sollte man mindestens 7 Std., besser aber zwei Tage einplanen. Saison ist von Juni bis Oktober. Viele Touristen genießen die Reize der Insel auch von einem Onsen aus. **Rishiri-Fuji Onsen**, ✆ www.town.rishirifuji.hokkaido.jp/rishirifuji/1204.htm, liegt 30 Min. zu Fuß vom Hafen Oshidomari und ist ein moderner Badetempel mit vielfältigen Becken und tollem Blick auf den Rishiri-san. ◷ tgl. 12–21 Uhr, im Winter Mo geschl., 500 ¥.

Der **Rishiri-san** ist im Juli und August ein beliebtes Ziel für alpine Bergsteiger. Zwei Routen führen auf den Gipfel, die längere Kutsugata-Route (Einstieg bei Mikaeridai) und die für Erstbesucher empfohlene Oshidomari-Route. Letztere (8–10 Std.) hat den Einstieg am Hokuroku-Campingplatz, einem beliebten Treff für Bergsteiger inmitten eines der schönsten Wälder Japans. Man erreicht den Campingplatz vom Oshidomari-Hafen aus in 30 Min. mit dem Fahrrad oder in 10 Min. mit dem Taxi. In unmittelbarer Nähe des Campingplatzes fließt die Mineralquelle Kanrō Sensui, deren Mineralwasser zum besten in Japan gekürt wurde. Vom Gipfel des Rishiri-san hat man einen spektakulären Ausblick auf Sachalin und das Festland Hokkaidōs.

Das östliche Zentrum Rishiris ist **Rishiri Fuji** mit dem Hafen Oshidomari, wo die Fähren aus

*Manga Taishō* (Manga-Preis). Die Serie wurde verfilmt und ist auch auf Englisch und mit deutschen Untertiteln erhältlich.
Auf breites Interesse stieß die Eröffnung des **Nationalen Ainu-Museums Upopoy** im Jahr 2020.

### Ainu-Traditionen

Typisches **Kunsthandwerk** sind Schnitzereien und gewebte Kleidungsstücke mit verschlungenen, symmetrischen Mustern in Blau, Rot und Weiß. Diese schmuckvollen Muster auf Gewändern sollen u. a. böse Geister abwehren. Bei der Gestaltung öffentlicher Plätze finden solche Schmuckelemente aus der Ainu-Kultur inzwischen häufig Verwendung.
Traditionelle **Ainu-Häuser** *(chise)* sind aus reinen Naturmaterialien wie Holz und Stroh gebaut und innen mit einer Feuerstelle ausgestattet.
Mit Tänzen und Liedern wird den Göttern gedankt und gehuldigt. Mit **rituellen Handlungen**, genannt *kamuy-nomi*, bitten die Ainu die Götter um Unterstützung für ein friedliches Leben. Kunstvoll geschnitzte Stöcke *(inaw)* gehören zu den typischen Opfergaben bzw. Kultgegenständen.

### Ainu-Sprache

Die Ainu-Sprache, heute nur noch von wenigen Menschen als Muttersprache gesprochen, erlebt in Sprachkursen eine neue Blüte. Sie zeichnet sich durch eine lebendige Erzähltradition aus und kennt keine Schrift. Als Reisender findet man viele Wörter der Ainu-Sprache in Ortsnamen wieder:

| | | | |
|---|---|---|---|
| *Kamuy* | Gott | *Wakka* | Wasser |
| *Nupuri* | Berg | *Iyairaikere* | Danke |
| *Pet, Nai* | Fluss | *Rankarapte* | Guten Tag |
| *Poro* | Brücke | *Saranpa* | Auf Wiedersehen |
| *Kotan* | Dorf, Siedlung | | |

### Informationen

Informationen zur Ainu-Kultur bekommen Touristen in Sapporo im Sapporo Ainu Culture Promotion Center Pirka Kotan (S. 281), im Nationalen Ainu-Museum Upopoy in Shiraoi (S. 300), im Nibutani Ainu Culture Museum und im Kayano Shigeru: Nibutani Ainu Shiryōkan (S. 283) sowie im Museum der Völker des Nordens in Hakodate (S. 303). Ein weiteres Zentrum der Ainu-Kultur auf Hokkaidō ist die Akan-Region.

Wakkanai einlaufen. Ein kleiner, etwas steiler Spazierweg führt zur Aussichtsplattform am **Kap Peshi** (20 Min.). Etwas nördlich des Hafenstädtchens liegt der Aussichtspunkt **Yūhigaoka**, der bei klarem Wetter der ideale Ort zum Betrachten des Sonnenuntergangs ist.

Immer weiter südlich reisend kommt man durch den kleinen Hafen Oniwaki und weiter zum **Otatomari-See**, dem größten See auf Rishiri. Jeder Besucher spekuliert auf ein Foto, wenn sich der Berg Rishiri im See spiegelt und quasi Kopf steht.

Einen guten Blick hat man vom Aussichtspunkt **Numaura Tenbōdai**.

Folgt man der Küstenstraße weiter Richtung Süden, gelangt man zum Hochmoor **Minamihama Shitsugen**. Im Park am **Kap Senpōshi** bietet sich der schönste Blick auf den Rishirisan. Etwas weiter nördlich trifft man auf die Quelle **Reihō Yūsui** mit klarem Wasser, das sich 30 Jahre lang einen Weg durch die Felsschichten gebahnt hat. Der Küstenstraße weiter nördlich folgend erreicht man die Küste **Kamui-kaigan** mit bizarr geformten Felsen wie dem Neguma no Iwa („schlafender-Bär-Fels"), wo sich auch der Kita no Itsukushima Benten Jingū befindet, ein Schrein für Benten, den Gott der Seefahrer.

© BIRGIT BIANCA FÜRST

Der kleine Hafen der Insel Rebun im hohen Norden von Hokkaidō



Der Hafen von **Kutsugata** hat eine Fährverbindung zu Rebun. Vom Park am **Kap Kutsugata** ist die Insel Rebun und der Rishiri-san zu sehen.

Wer in Rishiri zu Gast ist, sollte so mutig sein, Seeigel *(uni)* zu kosten. Der schmeckt zwar recht ungewöhnlich, gilt aber als absolute Spezialität unter den Seafood-Delikatessen.

## Die Insel Rebun 礼文島

Rebun, rund 60 km westlich von Wakkanai, bietet zahlreiche seltene alpine Blumen und Hochgebirgspflanzen – über 300 wilde Arten sollen hier wachsen – sowie spektakuläre Aussichten über Berge und Küsten. Der Hochgebirgspflanzen-Garten **Kōzan Shokubutsu-en** stellt Besuchern bei freiem Eintritt alpine Pflanzen vor. Der Momo-iwa („Pfirsich-Fels") und Neko-iwa („Katzen-Fels") sind beliebte **Aussichtspunkte** für Blicke über bizarre Küstenfelsen. Die wilde Orchideenkolonie **Atsumorisō** im Westen und die Edelweißkolonie **Usuyukisō** im Süden locken Pflanzenliebhaber an. Die Hauptsaison ist im Juni und Juli.

Rebuns höchste Erhebung ist der **Rebundake** (490 m). Die ganze Insel ist mit Wanderwegen durchzogen. Eine Wanderung auf den Rebun-dake (9 km., ab Nairo 4 Std.) beschert einen Rundum-Panoramablick. Weit anstrengender ist die achtstündige Inseldurchquerung.

Wer individuell reist, sollte gut planen und frühzeitig an Proviant und Wasser denken. Die Einkaufsmöglichkeiten sind begrenzt.

### ÜBERNACHTUNG

#### Rishiri-tō

**Rishiri Greenhill Inn**, Fujino 35-3, Oshidomari, Rishirifuji-chō, Rishiri-gun, ✆ 0163-82-2507. Gästehaus und Jugendherberge mit geselliger Atmosphäre. 30 Betten, Radverleih. Idealer Ausgangspunkt für die Rishiri-Besteigung. 2 km vom Hafen, bei Voranmeldung Abholung. Kostenloses WLAN. Ab 3900 ¥ p. P.

**Campingplatz Rishiri Hokuroku Yaeijō**, ✆ 0163-82-2394, nahe Rishiri Fuji Onsen, 3 km vom Fährterminal Oshidomari (Taxi ca. 1800 ¥). 300 ¥ p. P., Hütte 3000 ¥.

#### Rebun-tō

**Momoiwa-sō**, ✆ 0163-86-1421. Jugendherberge im japanischen Stil in einem über 100 Jahre alten Haus mit *irori*. 10 Min. vom Hafen (Abholung möglich). Die Jugendherberge kann über den „Momoiwa Hiking Course" auf diversen Routen auch erwandert werden. 3960 ¥ p. P.

## ESSEN

Die lokalen **Spezialitäten** *uni* (Seeigel), z. B. als *unidon* (Seeigel auf Reis), und andere Gerichte aus frischem Fisch, Meeresfrüchten und *konbu* (Algen) findet man in den folgenden kleinen Lokalen auf Rishiri:

**Kobushi**, Rishiri Fuji-chō, Oshidomari Honchō (gegenüber der Feuerwehr), ✆ 0163-82-1891, überwiegend von Einheimischen frequentiert; und **Rikimaru**, Oshidomari Sakai-machi, ✆ 0163-82-2488, neben dem *konbini* Seikomato.

## SONSTIGES

### Fahrradverleih

Fahrradverleih findet man auf beiden Inseln direkt bei den Fährteminals. Auf Rishiri-tō bieten auch viele Quartiere Leihfahrräder an, z. B. das **Greenhill Inn**, 4 Std./1000 ¥, 8 Std./1500 ¥, inkl. Helm.

### Informationen

**Touristeninformation Rishiri** im Hafen Oshidomari und im Kutsugata-Fährterminal, ⌚ meist April bis Okt.

**Touristeninformation Rebun**, 💻 www.rebun-island.jp, im Hafen von Kafuka. ⌚ April–Okt.

## TRANSPORT

Die Inseln erreicht man entweder mit dem **Flugzeug** von SAPPORO aus in 50 Min. oder mit der **Fähre** von WAKKANAI. Nach Wakkanai kommt man von Sapporo mit der JR-Bahn in 5 Std. (10 560 ¥) oder mit dem SOYA-Bus in knapp 6 Std. (6700 ¥).

**Heart Land Ferry**, 💻 www.heartlandferry.jp, fährt von Wakkanai im Sommer 3x tgl. nach Rishiri (1 3/4 Std, 2660 ¥) und nach Kafuka auf Rebun (2 Std., 2960 ¥). Zwischen den beiden Inseln verkehrt 3x tgl. eine Fähre (3/4 Std., 980 ¥).

# Daisetsuzan-Nationalpark 大雪山国立公園

„Spielplatz der Götter" (Kamuy-mintara) nannten die Ainu die Daisetsuzan-Gegend, die die höchste Berggruppe Hokkaidōs umfasst. Die alpine Landschaft hat diese Bezeichnung wohl verdient, denn auf 226 000 ha Fläche finden sich in diesem größten Nationalpark Japans atemberaubende Landschaftspanoramen und Bergketten mit vielen Hochgebirgspflanzen, Wäldern, Seen, spektakulären Wasserfällen, Wildtieren, phänomenalen Schluchten sowie zahlreichen heißen Quellen. Im Park entspringen zwei Hauptflüsse Hokkaidōs, der Ishikari und der Tokachi. Außerdem ragt hier der höchste Berg Hokkaidōs empor, der **Asahi-dake** (2290 m). Südwestlich erstreckt sich die Tokachi-Bergkette mit dem **Tokachi-dake** (2077 m), einem aktiven Vulkan, als höchstem Gipfel. Der japanische Name Daisetsuzan bedeutet denn auch „große schneebedeckte Berge". Das Gebirge ist das „Dach Hokkaidōs" und lockt jährlich rund sechs Millionen Besucher an.

Im Daisetsuzan-Nationalpark gibt es mehrere touristische Zentren: **Omote Daisetsu**, die Gegend um die Seilbahnen zum Asahi-dake und zum Kuro-dake in der Sōunkyo-Schlucht, und die Gegend um den **Tokachi-dake**. Der östliche Teil des Parks, **Higashi Daisetsuzan**, umfasst die Seen Shikaribetsu-ko und Nukabira-ko sowie dichte Wälder und Berge mit alpinen Pflanzen und eindrucksvollen Aussichten auf das Tokachi-Plateau und die Hidaka-Bergkette.

## Sōunkyō 層雲峡

Von Asahikawa via Kamikawa erreicht man auf der Route 39 in ca. 2 Std. Sōunkyō Onsen, einen Thermalbadeort im Nordosten des Parks inmitten der **Sōunkyō-Schlucht**, durch die sich der Ishikari, einer der Hauptströme Hokkaidōs, schlängelt. Die hohen, steilen Felswände und die vielen Wasserfälle entlang der Schlucht sind ihr unverwechselbares Kennzeichen.

Im Kurort **Sōunkyō Onsen** sorgt ein Besucherzentrum in der Nähe der Seilbahn für Informationen aller Art. Die Seilbahn, 💻 www.rinyu.co.jp/kurodake, ⌚ tgl. 6–18 Uhr, bietet für 2600 ¥

HOKKAIDŌ

bequemen Zugang zum **Kuro-dake** (1984 m) mit fantastischen Ausblicken über das Daisetsuzan-Gebirge sowie erleichterten Zugang zu einigen Bergtouren der Region. Die zweistündige Bergtour auf den Gipfel ist zur Zeit der Laubfärbung Mitte/Ende September sehr beliebt (warme Kleidung nötig!).

Rund 50 Autominuten von Sōunkyō liegt 10 km entfernt von der Straße Nr. 273 auf 1260 m Höhe **Kōgen Onsen**, das insbesondere im Herbst für seinen Rundwanderweg Numa-meguri (4 Std.) durchs Sumpfgebiet bekannt ist. Ein Bäreninformationszentrum – eine schlichte Hütte – informiert über die nötigen Schutzmaßnahmen. Zur Zeit der Herbstfärbung wird die Zufahrtstraße für den Pkw-Verkehr gesperrt, vom ausgeschilderten Parkplatz im Wald verkehrt dann ein Shuttle-Bus zum Sumpfgebiet. Die Wanderungen auf die nahen Gipfel **Midori-dake** und **Shirokumo-dake** mit ihren bunten Wäldern und alpinen Blumenteppichen eröffnen unvergessliche Ausblicke.

## Asahi-dake 旭岳

Aus Richtung Asahikawa erreicht man via Higashikawa den Ort Asahidake Onsen. Von diesem kleinen Kurort führt die Seilbahn **Asahidake Ropeway**, 💻 https://asahidake.hokkaido.jp/en, zur Sugatami-Station auf 1600 m Höhe (in der Hochsaison 3200 ¥ hin und zurück). Von dort sieht man direkt vor sich den Gipfel des Asahi-dake (2290 m) sowie klare Gebirgsseen und schwefelige, dampfende Vulkankrater. Von der Gipfelstation der Seilbahn kann man wahlweise einen 30 oder 60 Min. dauernden Rundweg gehen. Bergsteiger machen sich hier auf zum Gipfel oder auch zur zweitägigen Überschreitung über den Asahi-dake bis zum Kurodake. Für Onsen-Freunde empfehlen sich das beeindruckende *rotenburo* der Lodge Nutapu-Kaushipe oder das riesige Indoorbad des Hotels Bearmonte, die beide in der Nähe der Talstation der Seilbahn Tagesgästen offenstehen.

Die **Tenninkyō-Schlucht** liegt am Endpunkt eines Abzweigs der Straße Nr. 160 und wird vom Chūbetsu-Fluss, einem Zufluss des Ishikari, geformt. Das Tenninkyō Onsen ist eines der ältesten Thermalbäder Hokkaidōs. Mit seinem schwefelhaltigen Wasser blickt es auf eine über 100-jährige Tradition zurück und bietet einen idealen Ausgangspunkt für Erkundungen der Schlucht. Ein kurzer Fußpfad führt zum **Hagoromo-Wasserfall**.

## Tokachi-Bergkette 十勝山脈

Besonders zur Zeit der Herbstfärbung ist die Gegend ein beliebtes Ausflugsziel für Fotografen und Ausgangspunkt für Wanderungen und Bergtouren. Das auf 1200 m am höchsten gelegene **Tokachidake Onsen** bietet anschließend die verdiente Entspannung. Das **Fukiage Onsen**, ein frei zugängliches „wildes" Onsen in der Natur, liegt direkt am Rand der Passstraße zum Tokachidake Onsen und ist ein Wellness- und Naturerlebnis besonders uriger Art. In den Sommermonaten führt eine Panoramastraße von Tokachi Onsen über die Bogakudai-Aussichtsplattform zum **Shirogane Onsen**. Dort oben kann man den rauchenden Krater des Tokachi-dake bestaunen und auf sandigem, vulkanischem Gestein spazieren gehen. Hier beginnen auch Bergtouren zum Tokachi-dake und Biei-dake.

## Higashi Daisetsu 東大雪

Der **Nukabira-Stausee** auf 600 m Höhe mit dem am See gelegenen Nukabira Onsen ist ein beschauliches Ausflugsziel. 23 km weiter südwestlich trifft man auf den 798 m hoch gelegenen **Shikaribetsu-See**, der im Wald liegt und daher zur Zeit der Herbstfärbung im September bei Wanderern und Onsen-Urlaubern beliebt ist. Er ist auch von Obihiro aus in 2 Std. zu erreichen.

## ÜBERNACHTUNG UND ESSEN

### Sōunkyō

**Onsen Pension Ginga**, Nähe Talstation der Bergbahn, ✆ 01658-5-3775, 💻 www.sounkyo-ginga.com (nur Jap.). 18 Zimmer (2 Zimmer mit Betten, sonst Tatami) für 50 Gäste. Gemüse aus eigenem Anbau. Unbehandeltes Onsen im Haus. 6050 ¥ p. P. oder 7700 ¥ p. P. im Zimmer mit Bad/WC.

**Sōunkyō Hostel**, am Hang in der Nähe des Prince Hotels, ✆ 080-2862-4080, 💻 www.sounkyo-hostel.com. Ideal für Bergwanderer, 8-Bett-Zimmer mit Stockbetten und Tatami-Zimmer für 1-4 Personen, Gemeinschaftsbad, aber kein Onsen. Unkomplizierte, internationale und familiäre Atmosphäre. Ab 3600 ¥ p. P. im Schlafsaal, Einzelzimmer. 7000 ¥ p. P. ❷

**Beer Grill Canyon**, im Ortszentrum, ✆ 01658-5-3361, 💻 auf Facebook. Rāmen, Curry-Reis, Pasta, Pizza … Originell, gut und günstig. ⏲ Mai–Okt tgl. außer Mi 11.30–21 Uhr.

**Rest House Kurodake**, an der Gipfelstation der Seilbahn, ✆ 01658-5-3031. Rāmen mit Maitake-Pilztopping – toller Blick. ⏲ tgl. 8.30–16 Uhr.

### Asahi-dake

**Hotel Bearmonte**, Asahidake Onsen, ✆ 0166-97-2321, 💻 www.bearmonte.jp. Holzhaus mit großem Giebeldach, 30 Zimmer, bekannt für sein Indoor-Onsen, das rund 100 Leute fasst. Übernachtung nur mit Halbpension buchbar. Nur Onsenbesuch 1140 ¥. ❻

**Lodge Nutapu-Kaushipe**, Yukomanbetsu, 500 m von der Asahidake-Seilbahn entfernt, ✆ 0166-97-2150. Rauchverbot im ganzen Haus. Die Lodge hat 5 Zimmer, bietet von Mai–Okt ein *rotenburo*, von dem man einen tollen Blick über die Berge genießt. Nur Onsenbesuch 700 ¥ (13–16 Uhr). Übernachtung 10 000 ¥ p. P. mit HP.

### Tokachi

**Kokuminshuku-sha Kamihoro-sō**, Tokachidake Onsen, an der Fukiage–Kamifurano-Straße, ✆ 0167-45-2970. Japanisches Hotel mit 29 Zimmern, kulinarische Spezialitäten und Onsen, *rotenburo* mit Blick auf das Tokachi-Gebirge. Im DZ ab 15 000 ¥ p. P. mit HP.

## SONSTIGES

### Geld

In Sōunkyō gibt es eine Post im selben Gebäude wie die Touristeninformation und einen *konbini* mit Geldautomaten.

HOKKAIDŌ

### Informationen

**Sōunkyō Besucherzentrum** in Sōunkyō Onsen an der Seilbahn, ⌚ tgl. 8–17.30 Uhr.
**Sōunkyō Touristeninformation** auf der anderen Flussseite am Busterminal. ⌚ tgl. 10.30–17 Uhr.
**Asahidake Besucherzentrum** in Asahidake Onsen, 💻 www.asahidake-vc-2291.jp/foreign, ⌚ tgl. 9–17 Uhr.

## TRANSPORT

### Auto

Asahidake Onsen erreicht man mit dem Auto von FURANO aus in 80 Min. und vom Bahnhof ASAHIKAWA aus in 70 Min.

### Busse

**Dōhoku Bus**, ✆ 0166-23-4161, fährt ca. 7x tgl. vom Bahnhof ASAHIKAWA nach Sōunkyō (2 Std., 2140 ¥).
Vom Bahnhof ASAHIKAWA aus verkehrt außerdem 3–4x tgl. der Bus **Ideyugō** nach Asahidake Onsen (1 1/2 Std., 1800 ¥).

### Eisenbahn

JR-Züge aus SAPPORO fahren nach Asahikawa (1 1/4 Std., 4800 ¥) und Kamikawa (2 1/4 Std., ca. 5830 ¥).

# Furano und Biei 富良野・美瑛

Das Städtchen **Furano** im Zentrum Hokkaidōs ist bekannt als Skigebiet im Winter. Im Juli, wenn ganze Hügel mit Lavendel lila erblühen, sind Reisebusse mit Gästen aus dem In- und Ausland unterwegs, die die riesigen, zu farbenfroher „Land Art" gestalteten Blumenteppiche bestaunen. Auch der in Japan seltene Blick auf den Horizont zu Land *(chiheisen)* ist ein beliebtes Fotomotiv. Zwei Shuttlebus-Linien verbinden im Sommer die touristisch interessanten Punkte miteinander.

Der Ort **Biei** inspiriert mit seiner hügeligen Landschaft viele Künstler. Galerien, wie jene mit Werken des 1998 verstorbenen Fotografen Maeda Shinzō, locken zahlreiche Besucher an. Zu einer deutsch-japanischen Rast lädt das Land Café (s. Essen).

## ÜBERNACHTUNG UND ESSEN

**YuiGaDokuSon**, Furano, ✆ 0167-23-4784, 💻 http://doxon.jp. Dieses Curry-Lokal in einem alten Haus direkt am Bahnhof kennt selbst in Sapporo jeder. Es ist Treffpunkt von lokalen Musikern, Künstlern und Reisenden aus aller Welt. Der Eigentümer Miyata-san hat in Deutschland die Wurstherstellung studiert. Geboten wird Curry mit Wurst nach Wahl. ⌚ tgl. außer Mo 11–21 Uhr.

**Land Café**, Aza Mita Dai 2, ✆ 0166-92-5800. Hier kann man im Rahmen eines Kuchen-Sets *(keki setto)* auf der Terrasse Obsttorten der Saison oder deutschen Käsekuchen genießen. Ein hauseigener Wanderweg von 2 km führt durch das 20 ha große Gelände des ökologisch bewirtschafteten Hofs. Das Ehepaar Koester-Hirose bietet auch einen Mittagstisch sowie jahreszeitlich variierende Gerichte. ⌚ tgl. außer Di und Mi 10–17 Uhr. Auch ein Cottage für Feriengäste (bis 6 Personen, ab 3 Nächten) steht zur Verfügung. Ab Bahnhof Biei 10 Min. mit dem Auto (Taxi ca. 2000 ¥).

## INFORMATIONEN

**Touristeninfo** im JR-Bahnhof Furano, ✆ 0167-23-3388, 💻 www.furanotourism.com/en, ⌚ tgl. 9–18 Uhr.

## TRANSPORT

Der **Furano-Zug** verbindet Furano und ASAHIKAWA (1 Std., 1070 ¥) mit Halt an vielen pittoresken Orten. Im Sommer verkehrt eine Touristenbahn („Noro Kogo") mit offenen Fenstern.
BIEI–FURANO im Sommer stdl., 750 ¥.
Von SAPPORO verkehrt im Sommer (Juni–Aug) der **JR Lavender Express** in 2 Std. nach Furano, 5220 ¥, ansonsten sind die **Zugverbindung** mit Umstieg in Takikawa (5900 ¥) und der **Autobahnbus Furano-gō** (7x tgl., 2 1/2 Std., 2500 ¥) Alternativen.

# Shiretoko-Nationalpark
# 知床国立公園

Im Jahr 2005 wurde die rund 70 km lange, schmale Halbinsel von Shiretoko wegen ihrer einmaligen Biodiversität und des intakten Ökosystems sowie für ihren Bestand an wilden Tieren zum Unesco-Weltnaturerbe erklärt. Der Ortsname Shiretoko leitet sich von Sir Etok ab, was in der Ainu-Sprache „Ende der Welt" bedeutet. Vor der Küste wird das Treibeis aus Russland angetrieben. Der **Riesen-Fischuhu** *(Bubo blakistoni)*, eine der größten Eulenarten der Welt, in der Ainu-Sprache *kamuy* („Gott") genannt, lebt hier. Wilde **Braunbären**, die größten Landtiere Japans, laufen auf Fischfang an der Meeresküste entlang. **Seeadler** *(Haliaeetus albicilla)* leben und brüten hier rund ums Jahr, andere kommen zum Überwintern aus Russland zu Gast. In den reichen Küstengewässern des Ochotskischen Meeres leben die großen **Stellerschen Seelöwen** (*Eumetopias jubatus*, auf Japanisch *todo)*. Sie sind auf der Roten Liste der vom Aussterben bedrohten Tiere, fügen aber andererseits den lokalen Fischern Schäden an den Netzen zu, sodass ein friedliches Zusammenleben gefunden werden muss. Auch 10 m lange **Orcas**, die mit ihrem stolzen Gewicht von zehn Tonnen 80 km/h schnell schwimmen können, leben ganzjährig in den Gewässern von Shiretoko. Die kleinsten bewunderten Lebewesen sind die **Clione** (Schnecke ohne Haus), die unter den Eisschollen schwimmen und liebevoll als „See-Engelchen" bezeichnet werden.

## Shiretoko-Seen und Kamui Wakka
## 知床五湖・カムイワッカの滝

Auf einem Spaziergang durch das Gebiet der fünf Seen von Shiretoko, der **Shiretoko-goko**, bieten sich unvergessliche Blicke auf landschaftliche Schönheiten. Ein kurzer Rundweg (40 Min.) auf gesicherten und rollstuhlgeeigneten Holzwegen ist im Sommer immer zugänglich. Für die 3 km lange Wanderstrecke, die alle Seen umschließt, braucht man etwa 1 1/2 Stunden. Von Mai bis Juli ist sie nur mit Voranmeldung unter 💻 www.goko.go.jp/multilingual_eng/ground_pathway.html, als geführte Tour zu begehen. Ab August bis Oktober muss man an einer Schulung vor Ort teilnehmen, um eingelassen zu werden.

Wer gut zu Fuß ist, sollte sich unbedingt die kleine Wanderung zum **Kamui Wakka-Wasserfall** vornehmen – ein Onsen in freier Natur, dessen warmes Quellwasser sich als Bach den Weg ins Meer sucht. Das Onsen ist nur durchs Flussbett zu erreichen. Barfuß ist die Kletterei über große Steine recht glitschig, aber die Mühe lohnt. Am Ziel angekommen, kann man dann in Naturbottichen ein heißes Bad genießen. Seit Jahren ist wegen Steinschlags nur die 20-minütige Strecke bis zum ersten Wasserfall begehbar. Rutschfeste Schuhe, Badeanzug und Rucksack sind nützlich.

Zum Ausgangspunkt der Wanderung gelangt man in der Hochsaison Mitte August nur per Shuttlebus (1300 ¥). Dieser startet am Naturzentrum des Nationalparks (an der Küstenstraße, kurz bevor die Passstraße Nr. 334 nach Rausu abbiegt). Er fährt über die fünf Seen Shiretoko goko (20 Min.) bis zum Wasserfall von Kamui Wakka (weitere 20 Min.). Zu den anderen Zeiten ist die Straße für den privaten Autoverkehr geöffnet, allerdings verkehrt dann kein öffentlicher Bus.

## Shiretoko-Passstraße 知床峠

Die Shiretoko-Passstraße von Utoro nach Rausu bietet eindrucksvolle Panoramablicke. Der **Rausu-dake** (1660 m) ist von beiden Seiten der Shiretoko-Passhöhe her für Geübte in einer Tagestour zu besteigen (6 1/2 Std. hin und zurück) und gehört zu den 100 schönsten Bergen Japans (Ausgangspunkte der Touren sind Rau-

### Ausflugsboote

Shiretokos 100–200 m hohe Steilküste, von der sich Wasserfälle ins Meer stürzen, kann ebenso wie der Rausu-dake vom Ausflugsboot aus bewundert werden. Verschiedene Unternehmen bieten Bootstouren (1–4 Std.) ab Utoro und Rausu.

su Onsen und Iwaobetsu Onsen). Auch andere Wanderungen zu Seen und Wasserfällen sind möglich. An der Passstraße liegt auch das Natur-Onsen **Kumanoyu** („Bären-Onsen").

Von November bis April ist die Passstraße nicht passierbar! Unterwegs gibt es keine Geschäfte, deshalb sollte man Einkäufe bereits in Shari oder Utoro erledigen.

Von Rausu führt ein lohnender Abstecher an der Küste entlang nach Norden zum **Seseki Onsen** – besonders bei Flut im Meer ein Erlebnis.

## ÜBERNACHTUNG

**Rausu Onsen-Campingplatz**, ✆ 0153-87-2126, 3 km Richtung Shiretoko-Pass, gegenüber von

Kumanoyu Onsen, nahe dem Aufstieg zum Rausu-dake. ⌚ Juni–Sep, 300 ¥.

**Shiretoko-Campingplatz**, ✆ 0152-24-2722, 15 Min. zu Fuß von Utoro zum Campingplatz bei der Aussichtsplattform Yūhidai mit schönem Blick auf den Sonnenuntergang im Ochotskischen Meer. ⌚ Juni–Sep, 500 ¥. Hütten für 2 Personen 3200 ¥, für 4 Personen 4000 ¥.

**shiretoko HOSTEL hanare**, 125, Utoro-Nakajima, Shari-chō, Shari-gun, ✆ 0152-24-2421, 💻 www.shiretoko-guesthouse.com/lg_en. Individuell gestaltetes Hostel mit eigenem Onsen. Im Schlafsaal ab 3800 ¥ p. P., auch DZ. ❷

## ESSEN

Spezialität sind *chan-chan-yaki*, auf Kohlgemüse gegarter Lachs mit Miso-Soße – lecker! – und *kaisendon* (Seafood auf Reis). Im Restaurant in der **Raststätte** *(michi no eki)* an der Nationalstr. 334 bei Utoro, Utoro Nishi 186 banchi, werden diverse Gerichte aus lokalen Zutaten nach heimischen Rezepten angeboten, z. B. *shake no oyakodon* (Lachs und roter Kaviar auf Reis ab 1300 ¥). ⌚ tgl. 10–15 Uhr.

## SONSTIGES

### Aktivitäten und Touren

Anbieter von **Bootsausflügen** (u. a. zur Tierbeobachtung) ab Hafen Utoro oder Eisschollen-Wanderungen im Treibeis (Ende Jan–Anfang März, 1 1/2 Std., ab 5000 ¥) in Shari. Das Touristenboot **Aurora**, ✆ 0152-24-2146, 💻 www.ms-aurora.com/shiretoko/en, fährt von April–Okt, wenn das Wetter es zulässt, ab 3500–6800 ¥, je nach Dauer der Tour.

### Informationen

**Shiretoko World Heritage Conservation Center**, am Eingang des Nationalparks, gleich neben der Utoro Roadside Rest Area (Michi no Eki), 💻 http://shiretoko-whcc.env.go.jp/english, ⌚ tgl. außer Di 8.30–17.30 Uhr (Winter 9–16.30 Uhr).

**Rausu Visitor Center**, ✆ 0153-87-2828, ⌚ Sommer tgl. außer Mo 9–17, Winter 10–16 Uhr.

### Reisezeit

Die Reisezeit ist von Ende Mai bis Mitte Okt, die Hochsaison von Anfang Aug bis Mitte Sep. Das Treibeis landet meist im Februar an der Küste.

## TRANSPORT

### Auto

Nach **Utoro** von SAPPORO ca. 430 km (8 Std.), von SHARI 40 km (50 Min.), vom FLUGHAFEN MEMANBETSU 100 km (2 1/4 Std.). Von **Rausu** nach Utoro 30 km (50 Min.).

### Busse

Zwischen Shari und Utoro ist der **Airport Liner** mit 45 Min. die schnellste Verbindung.

### Eisenbahn

Um von SAPPORO nach **Shari** zu gelangen, fährt man 5 1/2 Std. bis ABASHIRI und von dort mit der Lokalbahn (45 Min.).

# Monbetsu und Abashiri
紋別・網走

Die beiden Hafenstädte am Ochotskischen Meer sind touristisch bekannt für das Treibeis aus Russland. Wer Hokkaidō im Sommer kennt, wird es kaum glauben: Vom Fluss Amur angespült, treiben alljährlich breite Matten von Eisschollen im Ochotskischen Meer.

**Ausflugstouren durch das Treibeis** bieten von Mitte Januar bis Ende März die Eisbrecher *Garinko II*, ✆ 0158-24-8000, 💻 https://o-tower.co.jp/garinkogo.html, ab Monbetsu (4x tgl., 1 Std., ab 5000 ¥) und *Aurora*, ✆ 0152-43-6000, 💻 https://ms-aurora.com/abashiri/en, ab Abashiri (4–8x tgl., 1 Std., 4000 ¥). Reservierung telefonisch oder via Homepage erforderlich.

## TRANSPORT

Anreise von SAPPORO nach Monbetsu mit dem **Bus Drift Ice Express**, 💻 www.jrhokkaidobus.com/en/express/monbetsu.html, ca. 4 1/4 Std., 5270 ¥; oder mit dem Highway Bus von **Chūō Bus** nach Abashiri, 8x tgl., 6 Std., 6800 ¥. Der

**Schnellzug** von Sapporo nach Abashiri braucht 5 1/2 Std., 10 540 ¥.
**Inlandsflüge** zum Monbetsu Airport oder Memanbetsu Airport.
Für Treibeistouren gibt es ein großes Angebot an **organisierten Touren** mit gutem Preis-Leistungs-Verhältnis ab Sapporo.

## Akan-Nationalpark 阿寒国立公園

Der Akan-Nationalpark ist der älteste Nationalpark Hokkaidōs. Er umfasst auf 90,481 ha Fläche dichte Laub- und Mischwälder, die zu den ursprünglichsten Wäldern Japans zählen, aktive Vulkane und drei heiße Quellen, die Besucher die Erdenergie spüren lassen. Der Akan-Nationalpark beheimatet zahlreiche fantastische Vulkanseen, darunter den **Mashū-ko**, der für seine Wasserklarheit bekannt ist, den **Akan-ko**, den sechstgrößten See Japans, mit seinen grünen Mooskugeln *(marimo)* und den **Kussharo-ko**, von dem aus der Fluss Kussharo in den Kussharo-Nationalpark fließt. Heiße Quellen laden allerorts zu Wellness-Vergnügen ein. **Kawayu** und **Akan** sind die beiden zentralen Ausgangspunkte für Exkursionen im Park.

### Marimo

Im Akan-See des Akan-Nationalparks wachsen eigenartige Algenbälle bzw. Mooskugeln, auf Japanisch *marimo*, die sonst weltweit nur in Island und Estland gefunden wurden, dort aber durch Umwelteinflüsse zugrunde gingen. Es handelt sich um fadenförmige Algengewächse, die sich durch sanfte Wellenbewegung zu grünen Kugeln mit samtiger Oberfläche verweben. Entdeckt wurden sie 1898 von Kawakami Tasuhiko. Heute stehen sie unter Naturschutz. Ihr Wachstum beträgt 5 mm im Jahr. Auf dem Grund des Akan-Sees leben ganze *marimo*-Kolonien. Der bislang größte Algenball mit rund 30 cm Durchmesser wurde 1997 entdeckt. Informationen und eine Ausstellung zu den *marimo* findet man im **Akankohan Eco-Museum Center** im Kurort Akan Onsen nahe dem Hotel Akankosō, ✆ 0154-67-4100, ⏲ tgl. außer Di 9–17 Uhr, Eintritt frei, und im **Marimo Exhibition and Observation Center** auf der Insel Chūrui im Akan-See – erreichbar nur mit dem Boot (1 1/2 Std., 2000 ¥); Ausflugsboote verkehren von Ende April bis Mitte Nov (die Öffnungszeiten des Museums sind an den Schiffsverkehr angepasst).

### Akan-See 阿寒湖

Am **Akan-ko** geben Ainu Einblick in ihre Kultur und verkaufen Kunsthandwerk. Man hat hier auch die Möglichkeit, die Besonderheiten der seltenen Algenbälle *(marimo)* zu bestaunen. Ein Ausflugsboot bietet 50-minütige Rundfahrten auf dem See an, der als ein interessanter Platz für Fischfang in Japan gilt – Angeltouren sind über das Visitor Center buchbar. Die Region Akan und Kushiro ist ein beliebtes Ziel für Vogelbeobachtungen, von Oktober bis März insbesondere, um **Kraniche** *(tanchō)* zu sehen.

Lohnend ist ein Besuch im **Onsen** des Hotels New Akan, das auch Tagesgäste in seine luxuriöse Badelandschaft mit Blick auf den See lässt (1300 ¥).

### Mashū-See 摩周湖

Der **Mashū-ko** ist weltbekannt für seine hohe Wasserklarheit – neben dem Baikal-See in Russland soll er der See mit der höchsten Unterwassertransparenz sein. Er liegt 315 m über dem Meeresspiegel und entstand durch eine Vulkaneruption vor rund 7000 Jahren. Er hat keinen Zu- oder Abfluss, ist weder befahrbar noch zugänglich, weshalb seine Oberfläche sich oft beeindruckend glatt zeigt. Der Mashū-ko wurde von den Ainu als *kamuy tou*, „See der Götter", verehrt und auch heute noch gilt er als geheimnisvoll, weil er sich oft in Nebel hüllt.

Um den See gibt es drei Aussichtspunkte mit Souvenirständen. Im August herrscht an diesem touristischen Highlight intensiver Reisebusverkehr. Gleich in der Nähe liegt der **Io-zan** (oder Atsoe-nuppuri), ein gelber Schwefelberg (512 m), an dem es kocht und brodelt und natürlich auch riecht – ein Ort also, an dem man die Vulkantätigkeit der Region hautnah spüren kann.

## Wanderungen

Zum Bergsteigen mit Panoramablicken über die Landschaft empfehlen sich der Meakan und der Oakan in der Akan-Region sowie der Nishibetsu und der Mokoto in der Kawayu-Region. Zudem bieten acht ausgearbeitete Spazier- und Wanderrouten die Möglichkeit, die Naturschönheiten zu erkunden. Bei den Touristeninformationen sind englische Bergsteiger- und Wanderkarten erhältlich. Die Wege sind gepflegt und ausgeschildert.

Der Einstieg zum **Oakan** (1370 m) befindet sich ca. 5 km (10 Autominuten) an der Nationalstraße Nr. 241 östlich von Akan am Seeufer. Für die Tour muss man rund 6 Std. einplanen. Bei klarem Wetter kann man bis auf die Daisetsu-zan-Bergkette blicken.

Zum **Meakan** (1499 m) werden zwei Aufstiegsrouten empfohlen: Die Tour vom Meakan Onsen dauert etwa 5 1/2 Std., für die anstrengendere Tour vom Onneto-See aus benötigt man ca. 4 1/2 Std., wird aber nach dem steilen Aufstieg mit wunderbaren Ausblicken über aktive Vulkane belohnt.

### ÜBERNACHTUNG UND ESSEN

**Akan Lakeside Campsite**, ✆ 0154-67-3263, am Seeufer des Akan-Sees in direkter Nähe des Onsen-Kurortes Akan. Mit eigenem Fußbad. 630 ¥.

**Sunayu Campsite**, 💻 www.nap-camp.com/hokkaido/13247. Liegt an einer heißen Quelle am Sandstrand des Kussharo-Sees. Zelte dürfen am Strand oder im Wald aufgeschlagen werden. Ab 1000 ¥.

**Wakoto Lakeside Campsite**, 💻 www.nap-camp.com/hokkaido/14159. In unmittelbarer Onsen-Nähe auf einer kleinen Insel – man kann nach einem Bad im Kussharo-See direkt ins Onsen. Ab 1500 ¥.

**Heart'n Tree**, Aza Setsuri, Tsurui-Village, Akan-gun, ✆ 0154-64-2542, 💻 https://heartntree.jimdo.com. Farm-Restaurant mit Gästehaus und weltoffenem Flair. Workshop-Programm, idealer Ausgangspunkt für Kranich-Beobachtungen. 40 Min. von Kushiro. Übernachtung im Guesthouse inkl. zwei Mahlzeiten ab 11 880 ¥ p. P.

### INFORMATIONEN

**Akankohan Eco-Museum Center**, in Akan Onsen nahe dem Hotel Akanko-sō, ✆ 0154-67-4100. 🕒 tgl. außer Di 9–17 Uhr.

**Kawayu Visitor (Eco-Museum) Center**, in Kawayu Onsen in der Nähe der Post, ✆ 0154-83-4100. 🕒 tgl. außer Mi 8–17 Uhr.

**Infos im Netz:** 💻 http://en.kushiro-lakeakan.com.

### TRANSPORT

Akanko und Kawayu liegen 60 km (ca. 1 1/2 Std.) voneinander entfernt. Zwischen beiden Zentren besteht keine Verbindung mit öffentlichen Verkehrsmitteln. Die Kawayu nächstgelegenen Flughäfen sind Memanbetsu und Nakashibetsu. Im Sommer ist ein Mietwagen die beste Wahl.

#### Auto

Akanko Onsen erreicht man von SAPPORO aus in knapp 7 Std. (330 km), vom Flughafen KUSHIRO in 1 Std. (50 km) und vom Flughafen OBIHIRO in gut 3 Std. (160 km) mit dem Auto.

#### Busse

**Akan Bus**, ✆ 0154-37-2221, 💻 www.akanbus.co.jp (nur Jap.), fährt von KUSHIRO im Sommer 4x tgl. nach Akanko Onsen (ca. 2 Std., 2750 ¥).

#### Eisenbahn

Nach Mashū bzw. Kawayu Onsen verkehrt die JR-Senmō-Linie, die Kushiro mit Shari verbindet. Von KUSHIRO nach Mashū 5x tgl. (1 1/2 Std., 1890 ¥). Von SHIRETOKO-SHARI zum Bahnhof Mashū 5x tgl. (1 Std., 1490 ¥).

## Shikotsu-Tōya-Nationalpark
## 支笏洞爺国立公園

Der Shikotsu-ko ist der im Winter nördlichste eisfreie See Japans, der Tōya-ko ein doughnut-förmiger Kratersee am hochaktiven Vulkan Usu-zan. Der Shikotsu-Tōya-Nationalpark im Südwesten Hokkaidōs teilt sich in zwei Hauptregionen um diese beiden Seen.

Shikotsu-Tōya-Nationalpark
N
0
20 km
Otaru, Kutchan
Hirafu
Kyogoku
Nakayama Pass
836
Sapporo
Sapporo
Eniwa
Chitose
1898
Yōtei-zan
Niseko
Soranuma-dake
Okotanpe-ko
Poropinai-Rastplatz mit Bootsverleih
Monbetsu-zan
1320
Eniwa-dake
Kimobetsu
Suzakawa
Makkari
Shiribetsu-dake
Futaba
Marukoma Onsen
Shikotsuko Onsen
Shikotsuko
Besucherzentrum
Morappu-zan
AIRPORT
Bibi
Izumisawa
Bifue-Campingplatz
Shikotsu-ko
Morappu-Campingplatz
Bifue-Wasserfall
Kyoboku-no-mori
Rusutsu
Fuppushi-dake
Kuchinashi-ike
Bifue-Pass
Koke-no-dômon
Tarumae-zan
Hokkaido Expressway
Uenae
Numnohata
Tôya
Takarada-Zeltplatz
1
Otaki
Hakodate
2
Aussichtspunkt Silo
Tôya-ko
1
NAKA-JIMA
Horohoro-dake
Aoba
Tomakomai
Itoi
Yufutsu
Poromai
Okishi
Nishikioka
Toyoura
Tôyako Onsen
Sobetsu Onsen
Besucher-zentrum
Shadai
Upopoy Ainu Museum
Seilbahn
Sobetsu
Tôya
Usu-zan
Shôwa Shinzan
Shiraoi
Noboribetsu Onsen
Kuttara-ko
Hagino
Usu
Nagawa
Kuma Bokujô (Bärenpark)
Kitayoshihara
Takeura
Uchiura-wan
Jidai Mura (Ninja-Dorf)
Date
Hokkaido Expressway
Kojôhama
Washibetsu-dake
Marine Park Nixe
Noboribetsu
Marepu
Muroran
Horobetsu
ESSEN
1 Holzofen-Bäckerei Lamyado
2 Farm-Restaurant Sakkuru
SONSTIGES
1 Lake Hill Farm
Tôkyô

## Shikotsu-See 支笏湖

Der **Shikotsu-ko** entstand vor 30 000 Jahren durch vulkanische Eruptionen und ist mit 360 m der zweittiefste See Japans. Er ist umrankt von imposanten aktiven Vulkanen wie dem Eniwa-dake und dem Tarumae-zan. An seiner Küste finden sich heiße Quellen.

Aus Sapporo empfiehlt sich die Anreise über die Nationalstraße Nr. 453. Kurz nachdem man den Sapporo Art Park hinter sich gelassen hat, taucht man in eine unberührte Berglandschaft ein. Knorrige Silberbirken lassen auch bei bestem Wetter ihren Kampf mit dem rauen Winterklima ahnen. Ein rund 2 km langer Abstecher auf der Straße 76 rechter Hand zum **Okotanpe-ko**, einem türkisblauen Kratersee, lohnt sich in jedem Fall. Vorsicht, die Straße führt nicht weiter zum Bifue-Pass. Durch einen Erdrutsch ist sie seit Jahren verschüttet. Zurück auf der Nationalstraße 453 erhält man am Fuße des Berges **Eniwa-dake** den ersten Blick auf den Shikotsu-See, bevor man die Serpentinen hinab fährt, wo das abgeschiedene Bad **Marukoma Onsen** liegt. Bis zum frühen Nachmittag erhält man auch als Tagesgast Zutritt zu den herrlichen *rotenburo* (Freiluftbädern) direkt am Seeufer mit schönem Panorama.

Nach 15-minütiger Fahrt am nördlichen Seeufer entlang erreicht man den kleinen Kurort **Shikotsuko Onsen** am Ostufer. Hier informiert ein Besucherzentrum über die Entstehung des Sees und die typische Tier- und Pflanzenwelt. Zahlreiche Restaurants und Souvenirläden bieten Fischgerichte und Holzschnitzereien an. Von Shikotsuko Onsen starten in den Sommermonaten **Ausflugsboote**. Im Winter lockt das Eisfest Hyōtō Matsuri (s. Kasten S. 299) zahlreiche Besucher an. Der Ort Shikotsuko Onsen ist auch vom Flughafen Chitose gut zu erreichen (s. Transport).

Der Straße Nr. 276 ans südliche Seeufer folgend, findet man linker Hand das Hinweisschild „Tarumae-zan Tozanguchi". Wenn die 7 km lange Straße bis zum Parkplatz beim Beginn des Wanderwegs geöffnet ist, lohnt sich ein Abstecher. Vom Parkplatz dauert der Aufstieg zur ersten **Aussichtsplattform** nur wenige Minuten. Hier wird man mit einem unvergesslichen Blick auf den Shikotsu-ko belohnt. Wer noch 40 Min. weitergeht, bekommt einen Einblick in die rauchende Vulkankraterlandschaft des **Tarumae-zan**.

Über den **Bifue-Pass** gelangt man via Ōtaki in etwa 1 1/2 Std. zum Tōya-See.

## Tōya-See 洞爺湖

Der **Tōya-ko** ist ein runder Kratersee mit einer runden Insel mitten im See. Sein Name kommt aus der Ainu-Sprache und bedeutet „Seehügel". Er ist einer der wenigen Seen Hokkaidōs, die selbst im Winter nicht gefrieren.

Um den See führt eine 38 km lange Straße, die liebevoll mit 58 Kunstobjekten versehen ist. Hier verkehrt ein öffentlicher Bus. Der Autoverkehr hält sich in Grenzen, sodass sich als Tagesausflug eine etwa fünfstündige Umrundung des Sees per Fahrrad anbietet. Fünf Campingplätze sowie einige Erlebnisfarmen verteilen sich um den See. Auf den vielen Obstfarmen der Gegend werden Äpfel, Pflaumen, Trauben u. a. kultiviert.

Umrankt von Bergen, verwöhnt der See mit überwältigenden Anblicken, ganz gleich von welcher Seite. Vom Thermalbad **Tōyako Onsen** im Süden des Sees blickt man über den See und darüber hinaus bis zum Yōtei-zan, auch Hokkaidō oder Ezo-Fuji genannt. Von der Nordseite des Sees, wo bei Tōya auch ein kleineres Onsen und eine Schiffsanlegestelle (Mizuumi-no-eki) angesiedelt sind, sieht man die Insel, die sich im See spiegelt. An der westlich des Sees verlaufenden Nationalstraße 230 befindet sich der **Panorama-Aussichtspunkt Silo** (gesprochen Sairo).

Zu den faszinierenden Anblicken um den Tōya-See gehört zudem der **Shōwa Shinzan** (290 m), ein erst 1943 durch ein Erdbeben neu gewachsener, rötlicher Berg. Vom Fuße des Shōwa Shinzan führt eine Seilbahn in 7 Minuten (1800 ¥) auf den Vulkan **Usu-zan**. Von oben aus überblickt man auf Spazierwegen alle Schönheiten des Sees und gleichzeitig die Meeresbucht Uchiura. Der rauchende Usu-zan ist einer der aktivsten Vulkane Hokkaidōs. Bei seinem Ausbruch im Jahr 2000 veränderte er die Landschaft und das Bild von Tōyako Onsen abermals.

An der Westseite des Sees thront oben auf dem Berg **Poromai** (625 m) das futuristisch anmutende Windsor Hotel, in dem sich anlässlich des G8-Gipfels 2008 die Staatsoberhäupter der Großmächte berieten. Das vornehme Hotel ist übrigens öffentlich zugänglich. Ohne einen Yen auszugeben, kann man die Aussicht genießen und die luxuriöse Konferenz-Atmosphäre schnuppern.

**Tōyako Onsen** ist ein Kurort, der jährlich über 3 Mio. Besucher anzieht. Der Ort ist in ständiger Wachsamkeit im Hinblick auf den zu erwartenden nächsten Ausbruch des Vulkans. Da in den letzten Jahren der internationale Tourismus stark zugenommen hat, ist die Gemeinde engagiert dabei, die Evakuierungspläne für den Katastrophenfall für internationale Besucher verständlich zu gestalten. Zwar hat der Ausbruch im Jahr 2000 große Schäden angerichtet, z. B. eine Hauptverkehrsader in einen See verwandelt, eine Brücke weggespült und eine Wohnanlage verwüstet, aber dank des gut funktionierenden Katastrophenschutzes gab es keine Todesopfer.

Ein modernes **Besucherzentrum** gibt kostenlos Einblicke in die Entstehung der vulkanischen Region sowie ihre Flora und Fauna, 💻 www.toyako-vc.jp/en, 🕒 tgl. 9–17 Uhr. Im selben Gebäude ist ein wissenschaftliches Vulkanmuseum untergebracht. Gleich hinter dem Haus beginnt die **Konpira-Promenade**, ein kostenloser, eindrucksvoller Rundweg durch das ehemalige Katastrophengebiet des Vulkanausbruchs von 2000. Der zweistündige **Nishiyama-Wanderweg** führt vom Visitor Center zu den Kraterseen.

Ein Ausflugsboot verkehrt in den Sommermonaten alle halbe Stunde (im Winter stdl.) und ermöglicht einen Besuch auf der Insel **Nakajima**. Sie lädt zum Wandern, einem Besuch im Waldmuseum und zur Begegnung mit zahlreichen Rehen ein. Von Ende April bis Ende Oktober steigt vom Boot aus an der Küste vor Tōyako Onsen jeden Abend ein 20-minütiges, imposantes Feuerwerk in den Himmel.

## ÜBERNACHTUNG

### Shikotsu-ko

**Bifue-Campingplatz**, im Wald Kyoboku no Mori am Westufer des Sees, ☎ 090-5987-1284. Selbstversorger 2000 ¥ p. P.

**Marukoma Onsen**, direkt am nördlichen Seeufer ✉ ☎ 0123-25-2341, 💻 www.marukoma.co.jp. Traditionsreiches Onsen-Hotel

Auf einer Bergtour zum Tarumae-san eröffnen sich Ausblicke über den Shikotsu-See.

HOKKAIDŌ

in romantischer Lage am See mit *rotenburo*. Ab 16 200 ¥ p. P. mit HP.
**Misu no Uta,** Shikotsuko Onsen, ✆ 0123-25-2211, 💻 www.mizunouta.com. Modernes, vornehmes Hotel mit luxuriösem Bad. Das Fußbad im Garten ist kostenlos. 25 600 p. P. mit HP.

### Tōya-ko

**Daiwa Ryokan Annex**, Tōyako Onsen, ✆ 0142-75-1085, 💻 https://daiwa-ryokan.jp/annex. 10 Min. zu Fuß vom Busterminal in Richtung Berg. Private Atmosphäre. Innenbad mit 100 % Thermalwasser, offen für Tagesgäste. ❸
**Takarada-Zeltplatz**, an der nördlichen Seeseite, ✆ 0142-82-5777. 🕒 April–Mitte Okt, 700 ¥ für den Platz und ¥ 800 p. P. Bushaltestelle Takarada oder Mizu-no-eki. Mit Fahrradverleih und Tennishalle.

## ESSEN

### Shikotsuko Onsen

Mehrere Lokale bieten *himemasu lunch*, frittierte Lachsforellen aus dem See, an.

### Tōya-ko

**Holzofen-Bäckerei Lamyado**, direkt gegenüber der Schiffsanlegestelle Mizu-no-eki am Nordufer des Sees, ✆ 0142-87-2250. Ausgezeichnetes Bio-Brot!
**Sakkuru**, 8 Min. Autofahrt vom Aussichtspunkt Silo oder der Lake Hill Farm Richtung Westen, ✆ 0142-87-2521, 💻 www.sakkuru.jp. Slow-Food-Restaurant mit Bio-Gemüse vom eigenen Hof. Mittagstisch und Abendessen, Reservierung erbeten. Bei klarem Wetter mit Blick auf den Yōtei-zan. 🕒 tgl. 11.30–14 Uhr, 18–21 Uhr.
**Sendōan**, Tōyako Onsen, an der Promenade nahe dem Bootssteg, im 2. Stock über einem Souvenirladen, ✆ 0142-75-2782. Einfache, preiswerte Gerichte, mit Seeblick. 🕒 tgl. 11–19 Uhr.
**Sobakura**, Tōyako Onsen, ✆ 0142-75-2345. Handgemachte Soba. 🕒 tgl. 11–17 Uhr (oder früher, wenn die Nudeln ausverkauft sind).
**Yumoa-tei**, Tōyako Onsen, ✆ 0142-75-2156. Lokale Fischspezialitäten wie *sakuramasu* und *himemasu* (Lachsforellenarten) aus dem Tōya-ko.

### Eisfest am Shikotsu-See

Das Eisfest *(hyōtō matsuri)* am Ufer des Shikotsu-ko gehört zu den bekanntesten Winterattraktionen Hokkaidōs. Skurrile Anblicke bieten sich in dieser künstlichen Landschaft aus bläulichem Eis. Bereits im Dezember beginnt man, mit Sprinkleranlagen das klare Seewasser zu Rutschen, Tunneln, Monumenten etc. gefrieren zu lassen. Die rund 40 Eis-Bauwerke sind eingerahmt von der vulkanischen Landschaft des Shikotsuko-Nationalparks. Abends werden sie in bunten Farben angestrahlt.
**Termin**: Ende Jan–Mitte Feb, 🕒 8.30–22 Uhr, am Wochenende mit Feuerwerk um 18.30 Uhr.
**Auskünfte**: ✆ 0123-23-8288, 💻 https://hyoutou-special.asia.
**Anreise**: Vom Flughafen Chitose 55 Min. im Taxi (7000 ¥), mit dem Bus 55 Min. (1050 ¥). Von Sapporo aus mit dem Auto 90 Min. Vorsicht: Bei schwerem Schneefall wird die Passstraße nach Sapporo nachts gesperrt! An Wochenenden ist die Zugangsstraße von Chitose aus häufig hoffnungslos verstopft.

## AKTIVITÄTEN UND TOUREN

### Aktivitäten

**Lake Hill Farm**, am westlichen Seeufer, ✆ 0142-83-3376. Von hier hat man einen grandiosen Blick auf den Yōtei-zan. Kostenloser Spiel- und Sportgeräteverleih an der Wiese. Köstliches Bauernhofeis in exotischen Geschmacksrichtungen!
**Tōya Guide Center**, ✆ 0142-82-5002, 💻 www.toya-guide.com. Ogawa-san bietet seit 20 Jahren auch in fließendem Englisch geführte Wanderungen, Kanufahrten u. a. Erlebnistouren rund ums Jahr an. Reservierung via Homepage erbeten.

### Bootstouren

**Ausflugsboote ab Shikotsuko Onsen**, ✆ 0123-25-2031, 💻 shikotsu-ship.co.jp, 2x stdl., 30 Min., 1650 ¥. Nur in den Sommermonaten.
Ausflugsfahrten **ab Tōyako Onsen**, ✆ 0142-75-2137, 💻 www.toyakokisen.com/en, von der Südseite des Sees im Sommer alle 30 Min. von

8.30–16.30 Uhr und eine Nachtfahrt zum Feuerwerk um 20.30 Uhr (1600 ¥), im Winter stdl. von 9–16 Uhr, Tourdauer 50 Min., 1500 ¥. Lunchkreuzfahrten für 2500 ¥ mit Halt auf der Insel Nakajima.

### SONSTIGES

Rund um den Shikotsuko gibt es so gut wie keine Geschäfte, auch keinen *konbini* mit Geldautomat. Die Post in Shikotsuko Onsen hat am Wochenende ab Samstagmittag geschlossen.

#### Informationen

**Shikotsuko-Besucherzentrum**, Shikotsuko Onsen, ✆ 0123-25-2404, ⌚ tgl. 9–17.30 Uhr (Winter tgl. außer Di 9.30–16.30 Uhr).
**Touristeninformation Tōyako**, Tōyako Onsen, im Busterminal, ✆ 0142-75-2446, 💻 www.laketoya.com, ⌚ Mo–Fr 9–18, Sa, So und im Winter 9–17 Uhr.



### TRANSPORT

#### Nach Shikotsuko Onsen

Von SAPPORO mit dem Hokkaidō Chūō Bus via Chitose. Diese Region ist mit dem Mietwagen am besten zu erkunden.

#### Nach Tōyako Onsen

Mit dem **JR Limited Express** *Hokutō* oder *Super Hokutō* von SAPPORO bis Bahnhof Tōya (12x tgl., 2 Std., 3630 ¥), von dort weiter mit dem Dōnan Bus bis Tōyako Onsen (25 Min., 330 ¥).
Oder direkt vom Busbahnhof am Bahnhof SAPPORO mit dem **Dōnan Bus** (4x tgl., 2 3/4 Std., 2830 ¥), Reservierungspflicht: ✆ 011-865-5511.

## Shiraoi 白老

Mit dem Lokalzug von Sapporo Richtung Hakodate erreicht man in rund einer Stunde den Bahnhof Shiraoi. Ein kleiner Fußmarsch führt zum ehemaligen Ainu-Dorf Shiraoi Poroto Kotan, das zum **Nationalen Ainu-Museum Upopoy** ausgebaut und 2022 neu eröffnet wurde, 💻 https://ainu-upopoy.jp/en. Auf dem riesigen Parkgelände finden sich neben dem Nationalmuseum eine Ainu-Gedenkstätte, traditionelle Strohhäuser und eine Open-Air-Bühne am See. Das Nationalmuseum stellt die Dinge aus der Sicht der Ainu dar. Die Ausstellung umfasst Geschichte, Sprache, Glaube und Rituale, Alltag und Austausch mit anderen Völkern – in diesem Bereich ist das restaurierte Hochseeboot *Itaomacip* das Highlight. Viele erlebnispädagogische Angebote (Schnitzen, Sticken, Vorführungen), Restaurants und ein moderner Museumsshop vervollkommnen den Park. ⌚ tgl. 9–18, Hochsaison bis 20 Uhr, Winter tgl. 9–17 Uhr, Eintritt 1200 ¥.

## Noboribetsu Onsen 登別温泉

Dieses in ganz Japan bekannte traditionelle Onsen ist von Sapporo über die Autobahn oder mit der JR-Bahn in eineinhalb Stunden zu erreichen. Ein typischer Schwefelgeruch prägt den ganzen Ort. Im sogenannten „Höllental" **Jigoku no tani** entspringt 200 m über dem Meeresspiegel eine der wasserreichsten Thermalquellen: Zehntausende Tonnen zwischen 45 und 90 °C heißes Wasser pro Tag, mit dem die Hotels und Badehäuser gespeist werden. Das Besondere ist, dass die Quellen ganz unterschiedliche Mineralien enthalten – eine Vielfalt, die weltweit ihresgleichen sucht und den Kurort so bekannt gemacht hat.

Rund um Noboribetsu Onsen laden mehrere Spazierwege dazu ein, die Naturschönheiten zu erkunden. Für den **Funamiyama-Rundweg** benötigt man 40 Min., für den **Oyunuma-Rundweg** eine halbe Stunde und für den **Jigoku-dani-Rundweg** nur 10 Min. Entlang der Wege sind Aussichtsplattformen eingerichtet. Auf rund 11 ha Fläche toben Gas und Rauch und brodelndes Wasser.

Neben den heißen Quellen bietet Noboribetsu den Themenpark **Noboribetsu Date Jidai Mura**, 💻 www.edo-trip.jp. Hier wurde ein Dorf mit 94 Holzgebäuden aus der Edo-Zeit authentisch rekonstruiert. Mit Ninja- und Samurai-Vorführungen. ⌚ April–Okt tgl. 9–17, Nov–März 9–16 Uhr, 3300 ¥.

## ÜBERNACHTUNG

**Hotel Mahoroba**, Noboribetsu Onsen-chō, ✆ 0143-84-2211, 💻 www.h-mahoroba.jp. Das Luxushotel hat über 30 Bäder, darunter das größte *rotenburo* in Noboribetsu. Nicht für Tagesgäste offen. ❺

## INFORMATIONEN

**Touristeninformation Noboribetsu**, im JR-Bahnhof Noboribetsu und nahe dem Busterminal in Noboribetsu Onsen, 💻 www.noboribetsu-spa.jp. 🕒 tgl. 9–18 Uhr.

## TRANSPORT

### Busse

Vom Busbahnhof SAPPORO mit diversen Highway-Bussen: häufig, 1 3/4 Std., 2070–2500 ¥, Reservierung unter ✆ 011-865-5511.
Vom NEW CHITOSE AIRPORT 3x tgl. nachmittags (1 Std.) mit Dōnan Bus (1800 ¥) und 2x tgl. mit dem *Hayabusa-gō* (1950 ¥).

### Eisenbahn

Mit der JR *(Hokutō/Super Hokutō/Suzuran)* von SAPPORO zum Bahnhof Noboribetsu 14x tgl., 1 1/4 Std., 4780 ¥. Von dort mit dem Dōnan-Bus in einer guten Viertelstunde bis Noboribetsu Onsen, 330 ¥.

# Niseko ニセコ

Bekannte Skigebiete auf Hokkaidō gibt es viele: Furano, Kiroro, Rusutsu, Tomamu, Sapporo Kokusai, Teine und andere Berge um Sapporo. Das größte und bekannteste aber ist unbestritten **Niseko Grand Hirafu** mit über 60 Pisten und der längsten Abfahrt (5700 m), auch das „Aspen Japans" genannt. Hier treffen sich die Reichen und Schönen aus aller Welt. Das Skigebiet Niseko setzt sich aus den in der Gipfelregion miteinander verbundenen Resorts Niseko Annupuri, Niseko Village, Niseko Grand Hirafu, und Hanazono zusammen und ist bekannt für seinen einmaligen Pulverschnee. Kutchan, auch K-Town genannt, ist 10 Busminuten entfernt und bietet die meisten Einkaufsmöglichkeiten.

Eine atemberaubende Entwicklung hat die Gegend in den letzten Jahren vollzogen. Als kleine Gemeinde mit 2600 Einwohnern am Shiribetsu-Fluss empfängt Niseko inzwischen 1,5 Mio. Besucher jährlich – Herausforderung und Chance zugleich. In den letzten Jahren wurde viel investiert, vor allem von Geschäftsleuten aus Hongkong, China und Australien. Cafés, Kneipen und Restaurants beleben die Straßen. Eine bunte Mischung aus jungen Australiern und weltoffenen Japanern schafft ein internationales Flair. Überall in Niseko-Hirafu finden sich internationale Beschriftungen. Inzwischen gibt es sogar eine internationale Grundschule.

Die Landschaft ist geprägt von einem grandiosen Blick auf den Berg **Yōtei-zan** (1898 m), auch Ezo-Fuji genannt. Von Mai bis Oktober ist Niseko Ziel für Rafter, Mountainbiker, Bergwanderer und Kletterer. Während der internationale Skitourismus auf die nächste Saison wartet, wirkt die Gegend ländlich verträumt und der Ort trotz vieler Sommersportangebote fast ausgestorben. Den Besucheransturm der „weißen Saison", in der man trotz astronomischer Hotelpreise froh sein muss, überhaupt einen Schlafplatz zu finden, kann man sich im Sommer kaum vorstellen.

**Tipp:** An Wochenenden in der grünen Saison verkehrt ein Wanderbus zum Visitor Center nach **Goshiki Onsen**. Von dort kann man im Rahmen einer leichten **Tagestour** z. B. auf den Annupuri oder Iwaonupuri steigen, die Bergwelt Nisekos mit Blick auf den Yōtei-zan (Ezo Fuji) erkunden und den Tag mit einem tollen Bad im Onsen abschließen.

## ÜBERNACHTUNG

**Black Diamond Lodge**, Higashiyama 24-3, ✆ 0136-441144, 💻 www.bdlodge.com. Hostel mit japanischen und westlichen Zimmern. Ab 5510 ¥ p. P. im Schlafsaal, auch DZ. Treffpunkt junger aktiver Leute am Skigelände Niseko Higashiyama. Abholservice vom JR-Bahnhof Niseko. Englisch okay. Kostenlose Shuttlebusse zum Skigelände und zum Onsen. ❷

Der Yōtei-zan bei Niseko bietet auch im Sommer einen majestätischen Anblick.

€ **Niseko Ski Lodge**, ✆ 070-47984593 und ✆ 0136-556952, 💻 www.nisekoskilodge.com. Unterkunft in Niseko Hirafu und Higashiyama. Frühbucherrabatt. Arrangements mit Outdoor-Aktivitäten möglich. ❸

**Pension Sharōmu**, Niseko-chō, Niseko 431-5, ✆ 0136-58-3190. Sehr persönliche Atmosphäre in einem Blockhaus bietet das Ehepaar Morita. Die Betten sind schlicht, die Bewirtung ist herzlichst und das Ambiente verzaubernd. Zur Talstation vom Skigebiet Annupuri bringt einen der Gastvater in ein paar Minuten im Pkw, auf Wunsch auch am Abend zum Onsen. Ohne Japanischkenntnisse könnte es hier allerdings schwierig werden. ❸

## ESSEN UND UNTERHALTUNG

**BangBang**, Kutchan-chō, Niseko-Hirafu Ski Ground, ✆ 0139-22-4292. Sehr beliebte *izakaya*. Yakitori aus fünf verschiedenen lokalen Fleischsorten auf Kohle gebraten. 🕒 Do–Di 17.30–23 Uhr.

€ **Jam Bar**, in Hirafu, ✆ 0136-23-0700. In-Treff mit lockerer Atmosphäre und günstigen Preisen. Chili con carne, Pizza, Teriyaki-Burger. 🕒 tgl. Di–Sa 11–14.30 und 18–24 Uhr.

€ **Jirōchō**, Niseko-chō, Hondo 83, ✆ 0136-44-2521. *Izakaya,* japanische Kneipe, mit günstigen japanischen Speisen. 🕒 tgl. 18–24 Uhr.

**JoJo's Cafe & Bar**, Kutchan-chō, ✆ 0136-23-2220. Leicht zu finden, an der Straße 343 über dem NAC (Nature Adventure Center). Einer der In-Treffpunkte in Kutchan/Niseko. Es gibt amerikanisches Essen mit Burgern, Pizza oder Steaks und Kuchen. Terrasse mit Blick auf den Yōtei-zan. 🕒 tgl. 9.30–21 Uhr.

## SONSTIGES

### Informationen

**Touristeninformationen** im Bahnhof Niseko, im View Plaza Niseko und im Bahnhof Kutchan, ✆ 0136-21-2551, 💻 www.nisekotourism.com, 💻 www.powderlife.com, 💻 www.grand-hirafu.jp.

### Lift-Tickets und Ausrüstung

**Tageskarte** 7800 ¥ für die gesamte Region; Teilbereiche, z. B. Grand Hirafu–Hanazono ab

5500 ¥, www.grand-hirafu.jp/winter/en. Der Kauf eines Online-Tickets wird empfohlen.

€ Interessante **Lift-Ticket-Angebote**, z. B. in Kombination mit Restaurant-Gutscheinen, findet man häufig an den Automaten der *konbini*.

Es gibt zahlreiche Verleihstationen für **Ski- oder Snowboardausrüstung**.

### Aktivitäten und Touren

**Nature Adventure Centre (NAC)**, 0136-23-2093, www.nacadventures.jp. Outdoor-Aktivitäten aller Art, wie privater Skiunterricht, Schneeschuhwanderungen oder Klettern.

**IMAGINE Japan**, https://imagine-japan.com, bietet mit seinem internationalen Team neben Ski-Arrangements auch individuell gestaltete, englischsprachig geführte Touren jenseits des Pistenrummels.

## TRANSPORT

### Busse

Von SAPPORO (Tokeidai mae) nach Niseko mitChūō Bus 3x tgl., 3 Std., 2130 ¥. Vom FLUGHAFEN CHITOSE verkehren im Winter diverse **Skibusse**, z. B. der *Resort Liner* (7x tgl., 3 Std., 4500 ¥).

### Eisenbahn

Vom FLUGHAFEN CHITOSE mit dem Schnellzug (1 1/4 Std., 4030 ¥), von SAPPORO mit JR Sapporo via Otaru (1 1/2 Std., 3260 ¥).

# Hakodate 函館

Die Hafenstadt Hakodate ist die älteste japanische Siedlung der Insel. Bereits im 15. Jh. gab es hier, in der Meerenge von Tsugaru im Südwesten Hokkaidōs, einen befestigten japanischen Außenhandelsposten. Hakodate ist bekannt für seine zahlreichen westlichen Einflüsse – von denen noch heute historische Gebäude und Kirchen zeugen. Mit rund 272 000 Einwohnern ist Hakodate die drittgrößte Stadt Hokkaidōs nach Sapporo und Asahikawa. Berühmt ist die eindrucksvolle Nachtansicht vom Hakodate-Berg auf das Lichtermeer der Stadt.

Das historische Schiff **Mashū Maru**, das einst Honshūs nördlichste Stadt Aomori mit Hokkaidō verband, ist heute ein Museum, in dem man Technik und Luxus vergangener Zeiten bewundern kann. tgl. 8.30–18 Uhr, 500 ¥. Im roten Ziegellagerhaus **Akarenga Sōko** vom Anfang des 20. Jhs. befindet sich heute ein belebtes Shoppingcenter.

Der Morgenmarkt, **Asa-ichi**, ein Fischmarkt in Bahnhofsnähe, stellt jeden Morgen von 6–12 Uhr mit rund 360 Ständen und vielen Restaurants eine Pracht von Meeresfrüchten zur Schau. Es empfiehlt sich, hier die Spezialität Hakodates, *ika-sōmen* (dünn geschnittener roher Tintenfisch), zu probieren.

Im Viertel **Motomachi** befindet sich die alte Stadthalle von Hakodate, **Kyū Hakodate Kōkaidō**, ein westliches Holzgebäude von 1910 (heute mit Kostümverleih für Fototermine). tgl. 9–18, Sa, So, Mo bis 19, im Winter bis 17 Uhr, 300 ¥. In diesem Viertel findet man zudem fast nebeneinander die **Russisch-Orthodoxe Kirche**, die erste Kirche Japans, aus dem 19. Jh., 10–17, Sa, So bis 16 Uhr, Spende von 200 ¥ erbeten, die **Römisch-Katholische Kirche**, tgl. 10–16 Uhr, Eintritt frei, die **Episkopalkirche**, die nur von außen zu besichtigen ist, und den **Higashi-Hongan-ji**, tgl. 7–17 Uhr.

Der ausländische **Friedhof** (Gaikokujin Bochi) ist frei zugänglich und liegt etwas außerhalb im Westen.

Der **Hakodate-yama** ist der Hausberg – von hier aus kann man das Lichtermeer der Stadt bei Nacht genießen. Man kann ihn in rund 1 1/2 Std. besteigen oder mit Pkw oder Bus hinauffahren. Reizvoll ist auch die Fahrt mit der Seilbahn, https://334.co.jp/en/en. Die Talstation befindet sich 10 Min. von der Straßenbahnhaltestelle Jūji-gai. tgl. 10–22, im Winter bis 21 Uhr, Berg- und Talfahrt 1800 ¥.

Das **Museum der Völker des Nordens** (Hakodate-shi Hoppō Minzoku Shiryōkan), www.zaidan-hakodate.com/hoppominzoku/#sisetu, beherbergt interessante Exponate zur Ainu-Kultur. tgl. 9–19, im Winter bis 17 Uhr, 300 ¥. Straßenbahnhaltestelle Suehiro-chō.

Etwas abgelegen in östlicher Richtung befindet sich der **Goryōkaku**, ein sternförmiger Park mit Aussichtsturm und Museum, www.goryo

Hakodate
N
0
500 m
Hafen
Bucht von Hakodate
Westpier
Hakodate
Museumsschiff
Mashû Maru
Hakodate-dokkumae
MIDORI-NO-SHIMA
Ômachi
Teramachi-dôri
Saiwai-zaka-dôri
Altes russisches Konsulat
Ausländischer Friedhof
Yayoi-zaka-dôri
279
Motoi-saka-dôri
Suehiro-chô
Motomachi Park
Touristeninformation Motomachi
Alte Stadthalle
Hachimansaka-dôri
Russisch-Orthodoxe Kirche
Higashi-Hongan-ji
Episkopal-kirche
Römisch-Katholische Kirche
Motomachi
Museum der Völker des Nordens
Hakodate Meijikan (Altes Postgebäude)
GROSS-MARKT
Akarenga – Shoppingzentrum
MORGEN-MARKT
Hakodate-ekimae
Shinonome-hiroji
Nijikkenzaka-dôri
Shiyakushomae
Uoichiba-dôri
Kaikyo-dôri
Jûjigai
Ginza-dôri
Nishihongan-ji
Sakae-dôri
Omorihama-dôri
Hôrai-chô
Suehiro-sakaechô-dôri
Takataya-dôri
Nanbu-zaka
Higurashi-dôri
Seilbahn
334
Hakodate
Gokoku-jinja
Hakodate-Park
Aoyagi-chô
Yachigashira
5
Hachiman-dôri
Takasago-dôri
Wakamatsu-hirokoji
Matsukaze-chô
RATHAUS
Asahi-hiroji
Asahimori-dôri
278
Isaribi-dôri
Chitose-chô
Shinkawa-chô
Goryôkaku
Yunokawa Onsen
Tsugaru-Straße
Tôkyô
ÜBERNACHTUNG
1 Jôkura Pension
2 Hakodateyama Guest House
ESSEN
1 Ikasei
2 Luckey Pierrot

kaku-tower.co.jp. Er birgt die Reste des ersten modernen Forts in Japan von 1853. Im Zuge der Auseinandersetzungen um die Meji-Restauration, die das Edo-Shogunat stürzte, flohen die Shogunatstruppen nach Hokkaidō und errichteten im Fort Goryōkaku ihr Hauptquartier nach westlichen Vorbildern. Die Festung war damit ehemals Regierungssitz der kurzlebigen Republik Ezo. Mit der Seeschlacht von Hakodate 1869 ging die Macht endgültig an die Kaiserlichen Truppen zurück. Heute ist die Festung ein beliebter Ort zur Kirschblüte.

⌚ tgl. 8–19, im Winter bis 18 Uhr, Aussichtsturm 1000 ¥. Straßenbahnhaltestelle Goryōkaku Kōen-mae.

## ÜBERNACHTUNG

€ **Hakodateyama Guest House**, Sumiyoshi-chō 17-5, ✆ 080-4503-9044, 💻 http://hakog-e.cloud-line.com. Zimmer im japanischen Stil, toller Blick aufs Meer und nachts aufs Lichtermeer. Betrieb nur vom 20. April bis Ende Okt. Taxi vom Bahnhof ca. 1000 ¥ oder 10 Min. zu Fuß ab Haltestelle Yachigashira. Ab 3000 ¥ im Schlafsaal. ❶

**Jōkura Pension**, Ōmachi 9-10, ✆ 0138-27-6453, 💻 http://j-kura.com. Stilvoll umgebautes ehemaliges Lagerhaus, persönliche Atmosphäre mit netten Gastgebern, Zimmer westlich oder japanisch. ❷

## ESSEN

**Ikasei**, Hakodate Motomachi 2-14, ✆ 050-5485-4741. *Izakaya* in Bahnhofsnähe, Spezialität Tintenfisch. ⌚ tgl. 17–24 Uhr.

**Luckey Pierrot** ist eine lokale Kette von 14 Hamburgerlokalen in Hakodate mit recht auffälligen Designs. In ungezwungener Atmosphäre werden günstig lokale Kreationen von Hamburgern und Currygerichte mit Zutaten aus der Region angeboten. ⌚ tgl. 10–0.30, Sa bis 1.30 Uhr. Filialen: BayArea Honten, Suehiro-chō 23-18; Hakodate Ekimae-ten, Wakamatsu-chō 17-12; Motomachi-ten, Motomachi 4-18.

## INFORMATIONEN

**Touristeninformation** im Bahnhof Hakodate und in Motomachi, ⌚ beide tgl. 9–19 Uhr.

**Infos im Netz**, 💻 hakodate-kankou.com/en, 💻 www.hakodate.travel/en.

## NAHVERKEHR

Die meisten Sehenswürdigkeiten erreicht man gut zu Fuß von den Straßenbahnhaltestellen. Eine Tageskarte für die **Straßenbahn** gibt es für 600 ¥, für Busse und Straßenbahn für 1000 ¥.

## TRANSPORT

### Busse

**Chūō Bus**, 💻 www.chuo-bus.co.jp/language/en.html, 4x tgl. sowie ein Nachtbus von SAPPORO, 5 Std., 4810 ¥. Reservierungspflicht! Auch **Hokuto Kōtsū**, ✆ 011-522-8000, 💻 www.hokto.co.jp/sapporo-hakodate, fährt 4x tgl. für 4110 ¥ und der **New Star Bus** 1x tgl. ✆ 011-889-0800, 💻 www.hokkaidoubus-newstar.jp, 4800 ¥.

### Eisenbahn

SAPPORO, mit JR 12x tgl., ca. 4 Std., 9440 ¥. **Shinkansen** von Shin-Hakodate nach TŌKYŌ (4 Std., 23 960 ¥), SENDAI (2 1/2 Std.,18 370 ¥) und AOMORI (1 Std., 5020 ¥). Anbindung an den Shinkansen-Bahnhof bietet der *Hakodate Liner* in 15 Min., 260 ¥.

### Schiffe

**Seikan Ferry**, 💻 www.seikan-ferry.co.jp, bedient mind. 5x tgl. die Strecke Hakodate–AOMORI, 4 Std., 2700 ¥.

**Tsugaru Kaikyō Ferry**, ✆ 0138-43-4545, 💻 www.tsugarukaikyo.co.jp, fährt 8x tgl. nach AOMORI (3 3/4 Std., 2860–3850 ¥ je nach Saison) und 2x tgl. nach OMA (1 1/2 Std., 2320–3130 ¥ je nach Saison).

### Flüge

Der **Airport-Bus** benötigt vom Bahnhof Hakodate bis zum Flughafen, 8 km östlich der Stadt, 20 Min., 450 ¥. Er fährt 7.30–18.30 Uhr alle 15 Min.

BURG VON MATSUMOTO; © WESTWARDS

# Chūbu 中部

**Hohe Berge, einsame Dörfer und Städtchen, in denen die Zeit stehengeblieben scheint – im „Mittelteil" der Hauptinsel Honshū kann man den Metropolen entfliehen und sich auf die Suche nach dem alten Japan machen. Die Berge bieten tolle Wanderoptionen, und an der nördlichen Küste locken steile, unverbaute Klippen und viel frischer Fisch.**

# Stefan Loose Traveltipps

**9** **Shirakawa und Gokayama** Steile, dicke Strohdächer schützen die historischen Häuser der Bergdörfer vor winterlichen Schneemassen. S. 329

**Tsumago und Magome** In den wunderbar erhaltenen Straßendörfern lässt sich das Leben der Feudalzeit nachempfinden. S. 332

**Matsumoto** Die freundliche Kleinstadt mit Burg ist die ideale Sommerfrische. S. 335

**Skifahren in Hakuba** Das große Skigebiet der Nordalpen wurde durch die Olympischen Spiele von Nagano bekannt. S. 341

**Kamikōchi** Wenn im Tal längst Sommer ist, leuchtet von den Bergen der Nordalpen noch der Schnee. S. 342

**Jigokudani Monkey Park** Nach einem Waldspaziergang kann man hier Japanmakaken beim Baden beobachten. S. 354

**Kanazawa** Die Samurai Stadt mit dem berühmten Garten Kenroku-en gilt als das „Kyōto der Krieger". S. 362

BLATTGOLDMUSEUM, KANAZAWA © WESTWARDS

JIGOKUDANI MONKEY PARK © WESTWARDS

**Wann fahren?** Manche Bergregionen sind nur von April bis Nov zugänglich und erst ab Juli schneefrei.

**Wie lange?** Ab etwa 4 Tagen lohnt sich die Fahrt ins Gebirge: Busse verkehren selten, und für Wanderungen braucht man einen Wetter-Puffer.

**Bekannt für** wilde Natur und viel Schnee

**Beste Feste** Takayama Matsuri (April und Okt)

**Outdoor-Tipp** Aufstieg auf den Yakedake als Tageswanderung von Kamikōchi

**Unbedingt probieren** Soba-Nudeln herstellen

Chūbu
N
0
50 km
Privat-Bahnlinie
Tôkyô
SADO
Aikawa
Ryôtsu
Akadomari
Ogi
Niigata
Toyosaka
Niitsu
Shirone
Tsubanie
Sanjô
Gosen
Kamo
Mitsuke
Tochio
Nagaoka
Japanisches
Meer
Kashiwazaki
Ojiya
Koide
Tôkamachi
Muika
Jôetsu
Arai
Itoigawa
HEGURA-JIMA
Okunoto
Enden Mura
Leuchtturm
Wajima-Shio
Senmaida
Sosogi
Suzu
Mawaki Jomon Museum
Wajima
Noto-hantô
Noto
NOTO-JIMA
Noto-Kongô-Küste
Togi
Wakura Onsen
Nanao
Toyama-wan
Asahi
Kurobe
Uozu
Hakui
Chirigahama Beach
Himi
Shinminato
Takaoka
Oyabe
Toyama
Tsubata
Tonami
Kanazawa
Jôhana
Gokayama
Shô-gawa
Komatsu
Kaga
Tôjinbô
Mikuni
Awara Onsen
Maruoka
Eihei-ji
Fukui
Sabae
Echizen
Dinosauriermuseum
Katsuyama
Ôno
Takefu
Haku-san
2702
Shirakawa
Furukawa
Kamioka
Takayama
Shirotori
Hachiman
Imajo
1617
Nôgôhaku-san
Tsuruga
Kanayama
Gero
Seki
Mino
Imazu
Nagahama
Gifu
Inuyama
Biwa-ko
Ôgaki
Hikone
Ichinomiya
Ômi-Hachiman
Tsushima
Yokaichi
Kusatsu
Kuwana
Nagoya
Yokkaichi
Kameyama
Tokoname
Ueno
Suzuka
Ise-wan
Nabari
Tsu
Hisai
Matsusaka
Ise
Toba
Owari
Seto
Mizunami
Toyota
Shitara
Okazaki
Shinshiro
Nishio
Gamagôri
Toyokawa
Mikawa-wan
Tahara
Toyo-hashi
Hamana-ko
Yahagi-gawa
Tenyirû
Hamakita
Iwata
Hamamatsu
Kakegawa
Shimada
Yaizu
Fujieda
Shizuoka
Shimizu
Honkawane
Suruga-wan
Fujinomiya
Fuji
Mishima
Numazu
Odawara
Hakone
Atami
Itô
Toi
Amagi-san
1406
Izu-hantô
Higashi-Izu
Matsuzaki
Shimoda
Gotemba
Fuji-san
3776
Fuji-Yoshida
Ôtsuki
Katsunuma
Enzan
Kôfu
Nirasaki
Minobu
Akaishi-dake
3120
Shirane-san
3192
Akaishi-sanmyaku
Kiso-sanmyaku
Tenryû-gawa
Iida
Komagana
Ina
Chino
Narai
Nord-Alpen
Nakatsûgawa
Tsumago
Nagiso
Magome
Ontake-san
3063
Norikura-dake
3026
Shirahone Onsen
Tatamidaira
Norikura Kogen
Yake-dake
2455
Hotaka-dake
3190
Yariga-take
3180
Tate-yama
3015
Muro-dô
Tateyama
Tateyama-Kurobe-Alpenroute
Kurobe-Damm
Kurobe-Schlucht
Tsurugidake
2932
1955
Hakuba
Hime-gawa
Ômachi
Azumino
Kamikôchi
Matsumoto
Shiojiri
Okaya
Suwa
2899
Utsukushigahara
Togakushi
2440
Shinkansen
Nagano
Obuse
Iiyama
Shinano-gawa
Jigokudani Monkey Park
Yudanaka Onsen
Shiga-kôgen
Kôshoku
Ueda
Komoro
Saku
Koumi
Kanto-sanchi
Ogawayama
Chichibu
Numata
Shibukawa
Maebashi
Takasaki
Isesaki
Tomioka

Der zentrale Teil der Hauptinsel Honshū ist von Bergen geprägt. Den Einstieg von der typischen Touristenroute Tōkyō–Kyōto bildet die Großstadt Nagoya mit den Sehenswürdigkeiten der Umgebung oder die Kleinstadt Takayama.

Zwischen Pazifikküste und Japanischem Meer liegt das große Massiv der Japanischen Alpen mit traditionellen Bergdörfern wie Shirakawa und Gokayama und hochalpinen Wander- oder Skigebieten wie Tateyama, Hakuba oder Kamikōchi. Das klare Bergwasser ist der Rohstoff für viele Sake-Brauereien in den Alpen. Zugangsorte sind die Olympia-Stadt Nagano und Matsumoto mit seiner gut erhaltenen Burg.

Die wichtigste Stadt auf der dem Japanischen Meer zugewandten Seite ist die alte Burgstadt Kanazawa, ein kulturelles Zentrum in der ansonsten ländlichen Abgeschiedenheit dieser Region. Auf der „Rückseite Japans" gibt es alte Bergtempel wie den Eihei-ji, wilde Küstenformationen, Morgenmärkte und Reisterrassen auf der Noto-Halbinsel und überall viel Fisch und Krabben.

# Tōkai – Die Pazifikseite 東海地方

Vom Fuji-san bis Kyōto brausen viele nur durch, dabei gibt es dazwischen viel zu entdecken, etwa historische (Wander-)Wege und Samurai-Geschichte. Auch die untouristische Metropole Nagoya ist als Standort und Reiseziel völlig unterschätzt.

## Nagoya 名古屋

Die Großstadt Nagoya hat kaum Top-Attraktionen und ist auch nicht besonders pittoresk, dafür aber eine gute und bequeme Ausgangsbasis für Erkundungen in der Umgebung und um den „normalen" japanischen Alltag zu erleben. Bis zur Meiji-Restauration 1868 war Nagoya Sitz einer der drei Zweigfamilien der herrschenden Tokugawa-Dynastie und entwickelte sich danach zu einer bedeutenden Industriestadt. Im Krieg sehr zerstört, wurde das gesamte Stadtzentrum mit bis zu 100 m breiten Boulevards und rechtwinkligem Straßenmuster wiederaufgebaut. Neben viel Kommerz gibt es aber auch mehrere Industrie- und Technikmuseen, ein pralles Nachtleben und gar nicht wenig Kunst.

### Nagoya-jō 名古屋城

Die etwas nördlich der Innenstadt gelegene Burg hatte der erste Shōgun Tokugawa Ieyasu 1612 für seinen neunten Sohn Yoshinao bauen lassen, 1634 wurde noch ein besonders luxuriöser Trakt für den Besuch des Shōguns Iemitsu angebaut. Die Originalgebäude wurden alle im Zweiten Weltkrieg zerstört. Der kurz danach in Beton wiedererrichtete Hauptturm ist imposant, aber inzwischen wegen Baufälligkeit gesperrt und soll vielleicht (frühestens in den 2030er-Jahren) durch eine historisch korrektere Rekonstruktion ersetzt werden. Dafür ist das opulente Palastgebäude unterhalb des Burgturms bis 2018 praktisch originalgetreu wiederaufgebaut worden und erinnert an den berühmten Nijō-Palast in Kyōto (S. 387). Schön ist, dass man hier fotografieren darf (ohne Blitz und Stativ).

⏲ tgl. 9–16.30 Uhr, 500 ¥, Bushaltestelle Shiyakusho. Auf dem Gelände liegt außerdem ein Nō-Theater mit einem kleinen Museum.

### Tokugawa-Kunstmuseum 徳川美術館

Unbedingt sehenswert ist das **Tokugawa Bijutsukan**, Higashi-ku, Tokugawa-chō 1017, 💻 www.tokugawa-art-museum.jp. Immerhin beherbergt es die Sammlung jener Dynastie, die Japan fast 300 Jahre lang beherrschte, insbesondere die Waffen und Rüstung sowie private Gegenstände Tokugawa Ieyasus sowie die Sammlung seines Sohnes Tokugawa Yoshinao. Dessen Familie hatte später als Owari-Zweig der Tokugawa-Sippe Anspruch auf den Shōgun-Titel. In weitläufigen Ausstellungsräumen sind u. a. das Teezimmer eines *daimyō*, ein Empfangszimmer der Burg Nagoya und eine Nō-Bühne nachgebaut. Die berühmte illustrierte Schriftrolle des *Genji Monogatari* (S. 635) aus dem 12. Jh. wird nur in kurzen Sonderausstellungen gezeigt, aber Reproduktionen und Videos vermitteln einen guten Eindruck. Das

Museum liegt neben dem Landschaftsgarten **Tokugawa-en**. ⌚ Di–So 10–17 Uhr, 1600 ¥ einschl. Hosa-Bibliothek, mit Tokugawa-en 1750 ¥. Anfahrt: Mēguru-Sightseeingbus von Meitetsu (Busterminal im 3. Stock des Meisa-Gebäudes am Bahnhof) oder Stadtbusse bis Haltestelle Tokugawa-en Shindeki. Alternativ JR- oder U-Bahn bis zum Ōzone-Bahnhof, dann ca. 15 Min. Fußweg.

## Sakae 栄

Im Zentrum Nagoyas liegt die belebte Kreuzung Sakae mit Kaufhäusern und vielen Restaurants. Im Süden und Westen erstreckt sich das Kneipen- und Barviertel. Auf dem parkartigen Grünstreifen steht der markante, 180 m hohe **Fernsehturm (Electric Mirai Tower)**, eine Stahlkonstruktion im Stil des Eiffelturms. Bei klarem Wetter lohnt sich die Fahrt auf die 90 bzw. 100 m hohen Aussichtsplattformen. ⌚ tgl. 10–21, Sa bis 21.40 Uhr, 1300 ¥.

## Bahnhof 名古屋駅

Der Bahnhof von Nagoya ist der größte in Japan. Die **JR Central Towers** mit Doppelturm sind 245 m hoch; das **Midland-Square-Haus** östlich davon ist mit 247 m das höchste Gebäude der Stadt. ⌚ tgl. 11–22 Uhr, 800 ¥. Die gedrehten **Spiral Towers** etwas südlich davon beherbergen mehrere Universitäten.

## Porzellanmuseum ノリタケの森

Nördlich des Bahnhofs liegt das Porzellanmuseum **Noritake no Mori**, Noritake Square, Nishi-ku, Noritake Shinmachi 3-1-36, ✆ 052-561-7114, 💻 www.noritake.co.jp. In einer ausgedehnten Gartenanlage befinden sich diverse Ausstellungsräume und Museen zu Keramik und zur Geschichte der Firmengruppe Noritake. Zur Noritake-Gruppe gehört auch die Firma TOTO, von der fast alle Sanitärkeramik in Japan stammt. Alle Erklärungen sowie die Untertitel der Filme gibt es auch auf Englisch.

Im Craft Center mit Old-Noritake-Museum sind neben Art-déco-Stücken aus der Noritake-Sammlung und -Produktion auch die eigentlichen Werkstätten zu besichtigen. Wer möchte, kann hier selbst Porzellan bemalen. ⌚ tgl. 10–17 Uhr, Eintritt für Craft Center und Museum 500 ¥, Teller bemalen 2000 ¥, Figuren bemalen bis 3500 ¥.

## Industrie- und Technologiemuseum トヨタ産業技術記念館

Nicht weit davon hat die Toyota-Gruppe in Industriehallen aus dem frühen 20. Jh. ein Industrie- und Technologiemuseum (Toyota Sangyō Gijutsu Kinenkan) eingerichtet, Nishi-ku, 1-35 Noritake Shinmachi 4-chōme, ✆ 052-551-6115, 💻 www.tcmit.org, eines von mehreren Toyota-Museen in der Stadt, in dem es außer um Autos auch um die frühe Textilindustrie geht. ⌚ Di–So 9.30–17 Uhr, 500 ¥, Meitetsu-Bahnhof Sakō.

## Um den Ōsu Kannon-Tempel 大須観音寺

Der älteste Teil Nagoyas liegt südlich der Innenstadt. Hier befindet sich auch der Ōsu Kannon-Tempel, den Tokugawa Ieyasu 1612 von Gifu an den heutigen Standpunkt versetzte. Besonders praktisch sind die Amulette *(o-mamori)* zum Kombinieren: Beutel und Inhalt werden separat verkauft, so lassen sich auch mehrere Wünsche in einem Beutel in der Lieblingsfarbe unterbringen. Besonders wirksam sind hier angeblich die *o-mamori* für erfolgreiche Prüfungen. Östlich

### Das Reichsschwert Kusanagi no tsurugi

Das Reichsschwert gehört neben dem Spiegel der Amaterasu und einem Edelstein zu den drei Schätzen des Kaiserhauses und wurde traditionell im Atsuta-Schrein in Nagoya aufbewahrt. Der Sage nach hatte **Susanoo** (S. 127), einer der japanischen Urgötter, eine riesige Schlange getötet und aus deren Schwanz dieses Schwert gezogen. Eine Priesterin des Ise-Schreins gab es später dem mythischen Helden **Yamato no Takeru**, der damit das Land im Osten erobern sollte. Seine Feinde zündeten das Grasland um ihn an, aber Yamato Takeru überlebte den Anschlag, indem er das brennende Gras mit dem Schwert abmähte. Seit 1945 gilt das Schwert als verschollen.

Von oben wirkt das Einkaufszentrum Oasis 21 in Nagoya fast wie ein UFO.



vom Tempel schließen sich mehrere überdachte Ladenstraßen an. Das Angebot reicht von leckeren Snacks über gebrauchte Kimonos und Yukatas bis hin zum 100-Yen-Shop, am 18. und 28. des Monats findet ein Flohmarkt statt. Der kleine Schrein Susaki-jinja (von hier in Richtung Bahnhof) soll für Geld, Glück und gute Noten nützlich sein – dafür muss man durch ein Miniatur-Torii krabbeln.

## Historische Straßenzüge 四間道・有松町

Ziemlich zentral zwischen Burg und Bahnhof liegt das **Shikemichi-Viertel**, nicht viel mehr als eine Gasse, in der etliche kleine Holzhäuser aus dem 18. Jh. erhalten sind. Heute steht das Viertel unter Denkmalschutz, und in viele der historischen Häuser sind schicke Läden und winzige Cafés eingezogen.

Fotogener, aber etwas abgelegener ist **Arimatsu** (20 Min. mit der Meitetsu-Privatbahn). Ursprünglich eine Station auf dem Tōkaidō, sind auf einer Länge von einigen hundert Metern historische Holzhäuser vom Ende der Edo-Zeit und aus der Meiji-Zeit erhalten geblieben. Der Ort hatte sich schon in der Edo-Zeit einen Namen als Färbezentrum gemacht, und die speziellen handgefärbten Stoffe mit 3-D-Effekten werden hier heute noch hergestellt und verkauft.

## Atsuta-jingū 熱田神宮

Einer der ältesten erhaltenen Schreine Japans ist der Atsuta-Schrein. Er soll schon im 6. Jh. gegründet worden sein und ist dem Reichsschwert *Kusanagi no tsurugi* (s. Kasten S. 310) geweiht. Auf dem waldbestandenen Gelände sind mehrere beeindruckende Schreingebäude (den innersten Schrein darf man allerdings nicht betreten) und ein Schatzhaus mit diversen Kultgegenständen – jedoch nicht dem berühmten Schwert – zu sehen. Schatzhaus: 🕒 tgl. 9–16.30 Uhr, 500 ¥.

## Eisenbahnmuseum リニア・鉄道館

Das Eisenbahnmuseum Linia Tetsudōkan, Kinjō-Futō 3-2-2, 💻 http://museum.jr-central.co.jp, ist ein Traum für kleine und große Kinder: In einer riesigen Halle stehen fast 40 Originalzüge und -waggons, darunter etwa zehn unterschiedliche Shinkansen-Modelle, alle mit Erläuterungen und reichlich Zusatzinfos zu Antrieb, Spurweite, automatischen Bremssystemen etc.

Nagoya
N
0
1000 m
ÜBERNACHTUNG
1 New Shôchikubai
2 Kikunoya
3 Nagoya Marriott Associa Hotel
4 Sakae Washington Hotel Plaza
5 Otohaya Bessô
ESSEN
1 Yamamotoya
2 Jazz and Coffee Yuri
3 Kaguraya
4 Torigin Honten
5 Kihachi Café
6 Kako Bucyo Coffee
7 Komeda Kôhi
8 Laugh&
9 Misen Yaba-ten
10 Hôraiken
SONSTIGES
1 Aichi Prefectural Gymnasium
2 Craft Beer Kegg
3 Jazz Inn Lovely
4 Esca-Untergrund-Shoppingmall
5 Orca
6 Kaufhaus Maruei
7 Kaufhaus Mitsukoshi
8 Kaufhaus Matsuzakaya
9 Kaufhaus Parco
10 Komehyô
Industrie- und Technologiemuseum
Noritake-Garten
Porzellanmuseum Noritake no Mori
Tôkyô
Kamejima
Sengen-chô
Burg
EINGANGSTOR
Osttor
KRANKENHAUS
Higashi Ôte
Ninomaru-Garten
Nô-Theater
Shiyakusho
RATHAUS
KRANKENHAUS
Gokoku-jinja
Dekimachi-dôri
Nagoya Dome (2,5 km)
Tokugawa-Kunstmuseum, Landschaftsgarten Tokugawa-en (1,5 km)
Töpferdorf Seto (15 km)
Nagoya-Schnellstraße
Nagoya-Schnellstraßenring
Egawa
Keiun-Brücke
U-Bahnlinie Tsurumai
Tôshô-gû
Nagoya-jinja
Endô-ji
Shike-michi
Shikemichi
Gojobashi-Brücke
Naka
Higashi
Ôtsu-dôri
Takaoka
Sakura-dôri
U-Bahnlinie Sakura-dôri
Nagoya International Center
Naka-Brücke
Marunouchi
Hisaya-ôdôri
Kokusai Center
Temma-Brücke
TV Tower
Oasis
Shinsakae
Nagoya
JR Central Towers
Midland-Square-Haus
U-Bahnlinie Higashiyama
Kintetsu
Meitetsu
Fushimi
Sakae machi
Sakae
Hirokoji-dôri
Nishiki-dôri
Geld-museum
Nakanichi-Gebäude
Taikô-dôri
Spiral Towers
Nayabashi-Brücke
Elektrizitätsmuseum
Hisaya-ôdôri-Park
U-Bahnlinie Meijo
Nakamura
Horikawa
Suzaki-jinja
Wissenschaftsmuseum
Kunstmuseum
Shirakawa-Park
Yaba-cho
Wakamiya-ôdôri-Park
Nagoya-Schnellstraße-Nr. 5
Wakamiya-ôdôri
Komeno
Sasashima Raibu
Ôsu Kannon
Ôsu-Kannon-ji
Orchideen-Garten
Osu-dôri
Bansho-ji
Nagoya-Schnellstraße-Nr. 5
Iwai-Brücke
Ôsu-dôri
Higashiyama-Park (5 km)
Toyota-Automobil-Museum (15 km)
Arimatsu
Kamimaezu
Tsurumai
Eisenbahn-museum, Hafen, (25 km)
Hioki-Brücke
Atsuta-jingû (2,5 km)
10 (2,5 km)
Meitetsu-Linie
JR-Tokaido-Linie
JR-Tokaido-Shinkansen
Kintetsu-Nagoya-Linie
JR-Kansai-Linie
Aonami-Linie

Schön präsentiert mit vielen fahrenden Modellbahnen, Multimedia, Simulatoren und einem Fahrtfilm aus dem Testbetrieb des superschnellen Magnetschwebezugs Maglev, der ab 2027 regulär fahren soll. Im Café gibt's natürlich *eki-ben* (Bahnhofssnacks, S. 56). ⌚ Mi–Mo 10–17.30 Uhr, 1000 ¥, Simulatoren extra. Das Museum liegt direkt am Bahnhof Kinjō-Futō der Aonami-Privatlinie.

## Nagoya Hafen 名古屋港

Nach Yokohama und Kōbe ist Nagoya der drittgrößte Hafen Japans. Die Sehenswürdigkeiten lassen sich in einem Halbtagsausflug bequem per U-Bahn (Endhaltestelle Meikō-Linie) von Nagoya aus erkunden. Das **Nagoya Aquarium** (Nagoyakō Suisokukan), 💻 www.nagoyaaqua.jp, mit etlichen Walen, großen Meeresschildkröten und vielen Pinguinen zieht vor allem Familien an. ⌚ Di–So 9.30–17.30 Uhr, im Sommer tgl. und oft bis 20 Uhr, 2030 ¥. Im Port Building gibt es auf 52 m Höhe eine Aussichtsplattform – im Sommer sind im Hafenbecken oft Delfine zu sehen. Im selben Gebäude ist das **Hafenmuseum** mit ausschließlich japanischer Beschilderung untergebracht. Auf dem **Eisbrecher Fuji** bekommt man einen guten Eindruck von den frühen Tagen der japanischen Antarktisforschung. Über Lautsprecher werden O-Töne eingeblendet, und in Frisörsalon, Kantine und OP-Saal sind Alltagssituationen mit lebensgroßen Puppen nachgestellt. Einer der drei Versorgungshubschrauber steht noch auf dem Deck, eine Ausstellung informiert über die Antarktis. ⌚ Observatorium, Hafenmuseum, Eisbrecher Di–So 9.30–17 Uhr, je 300 ¥, Kombiticket für alle drei 710 ¥, Kombiticket mit Aquarium 2440 ¥. Am Wochenende fährt ein Boot *(suijō bus)* auf die andere Seite des Hafens zum Eisenbahnmuseum Linia Tetsudōkan (S. 311, bis zu 6x tgl., 900 ¥).

### ÜBERNACHTUNG

**Kikunoya**, Nakamura-ku, Takebashi-chō 32-4, ✆ 052-750-0722, 💻 https://yado-kikunoya.com. Ein ganzes historisches Stadthäuschen *(machiya)* aus den 1920er/30er-Jahren mit Platz für bis zu 5 Personen, sehr atmosphärisch und gut ausgestattet. Ab 33 000 ¥.

**Nagoya Marriott Associa Hotel**, Nakamura-ku, Meieki 1-1-4, ✆ 052-584-1111, 💻 www.associa.com/nma. Top-Hotel in den oberen Stockwerken des Bahnhofsgebäudes. ❻

€ **New Shōchikubai**, Nakamura-ku, 4-1-17 Taikō, ✆ 052-451-4130. Schuhschachtel trifft es: Die Zimmer sind kaum größer als ein Bett, aber es passt noch ein Tischchen mit Fernseher hinein. Wasserkocher, Waschbecken und Toiletten gibt es im Flur, Dusche nur auf manchen Etagen. ❶

**Otohaya Bessō**, Nakagawa-ku, Meieki-Minami 3-3-2, ✆ 080-6969-6726, 💻 www.otohaya.com, südöstlich vom Bahnhof. Recht gemütliches Gästehaus, das etwas enge Zimmer mit mehreren Gemeinschaftsräumen und Atmosphäre ausgleicht. Schlafsäle und japanische Zimmer für 1–6 Personen. Ab 2500 ¥ p. P., ab einer Woche günstiger.

**Sakae Washington Hotel Plaza**, Naka-ku, Sakae 3-1-32, ✆ 052-243-0410. Sehr zentrales Mittelklassehotel an der Hauptstraße zwischen Bahnhof und Sakae (gleicher Block wie Tōkyū Inn, Westseite). 308 kompakte, aber adäquate Zimmer; viele Raucherzimmer. ❷–❸

### ESSEN

Nagoya ist berühmt für Schweinekotelett, für *tenmusu* (kleine Reis-Onigiri mit Shrimp-Tenpura) und für *kishimen*, ziemlich bissfeste dicke Nudeln in einer würzigen (und recht fischigen) Sauce. Weitere **Spezialitäten** sind Cochin-Huhn (eine Rasse, die ursprünglich aus Cochinchina stammt) und *hitsumabushi* (gegrillter Aal mit Reis). Außerdem gibt es in der ganzen Region *gohei-mochi*, flache gegrillte Reiskuchen mit Miso-Sauce, z. T. mit Zitrusfrucht, Walnuss oder Sesam.

**Hōraiken**, Atsuta-ku, Kōbe-chō 503, ✆ 052-671-8686, 💻 www.houraiken.com. *Hitsumabushi* und *kaiseki-ryōri*. Eher teuer. ⌚ Do–Di 11.30–14, 16.30–20.30 Uhr.

**Jazz and Coffee Yuri**, Higashi-ku, Higashi-Sakura 1-10-40. ✆ 052-951-7800. Mal was anderes als Starbucks: Kleines, gemütliches Café, das seit 1960 guten Kaffee zu Jazz-Platten serviert. ⌚ Di–So 12–22 Uhr.

**Kaguraya**, Higashi-ku, Higashi-Sakura 1-10-6, ✆ 052-971-6203, 🖳 www.kaguraya-nagoya.com. (Japanisches Schild mit winzigem „Kaguraya"-Schriftzug). Traditionelles Restaurant mit Innenhof, Tatami und Bedienung im Kimono, auch Separees (teils mit Stühlen). Vegetarische *kaiseki-ryōri* mittags ab 5000 ¥, abends ab 11 000 ¥. 🕒 tgl. 11.30–14.30, 17.30–21.30 Uhr (jeweils *last order*), gelegentlich So Ruhetag.

**Kako Bucyo Coffee**, Meieki Minami 1-10-9, ✆ 052-582-3780, 🖳 www.bucyocoffee.com. Die klassische Adresse für Nagoyas süßes Frühstück *Ogura Toast* (mit süßen Bohnen und Sahne)! 🕒 tgl. 7.15–17 Uhr.

**Kihachi Café**, Meieki 1-2-1, im Kaufhaus Meitetsu 4F, 🖳 www.kihachi.jp. Vornehmes westliches Café. Hier gibt es den *Ogura Toast* in einer Edelversion mit Mascarpone und Matcha. 🕒 tgl. 10–19 Uhr.

€ **Komeda Kōhi**, Sakae 3-8-8, ✆ 052-243-2021, 🖳 www.komeda.co.jp. Ein bei Einheimischen sehr beliebtes Café mit Filialen in der ganzen Stadt. Der Kaffee ist okay, und morgens gibt es als „Service" gratis einen Toast dazu. 🕒 meist 7–23 Uhr.

**Laugh &**, Naka-ku 3-35-17, 2F, ✆ 052-249-8150, 🖳 www.laughand.com. Bistro-ähnliches Lokal im Block des Wakamiya-Hachiman-Schreins, etwas versteckt im Obergeschoss. V. a. mittags viel Salat und vegetarische Optionen. 🕒 tgl. 11–23 Uhr.

**Misen Yaba-ten**, Ōsu 3-6-3, Naka-ku, ✆ 052-238-7357, 🖳 http://misenyaba.owst.jp. Lautes und lebhaftes chinesisches Restaurant im Kantinen-Stil, super Taiwan-Rāmen und Gemüsegerichte. 🕒 tgl. 11.30–14 (Sa, So bis 15) und 17–1 Uhr.

**Torigin Honten**, Naka-ku, Nishiki 3-14-22, ✆ 052-973-3000. Spezialität des bekannten Restaurants ist Cochin-Huhn in allen Variationen, als Sashimi, in Sake gedämpft, gegrillt und gebraten. Menüs ab ca. 6000 ¥. U-Bahnhof Sakae, kein engl. Schild, neben der American Dining Bar. 🕒 tgl. 17–22.30, Fr, Sa bis 23.30 Uhr.

**Yamamotoya**, mehrere Geschäfte, die Esca-Filiale neben dem Shinkansen-Bahnhof hat eigens eine Kofferkammer für Umsteiger: ✆ 052-453-1652, 🖳 www.yamamotoyahonten.co.jp. Beliebte Udon-Nudelkette; auch *kishimen*. Um 1500 ¥. 🕒 tgl. 10–22 Uhr.

## UNTERHALTUNG

### Kneipen und Clubs

**Craft Beer Keg**, Higashisakura 1-10-13, ✆ 050-5385-4079, 🖳 https://craftbeer-keg-nagoya.com. Bierkneipe mit etwa einem Dutzend Bieren vom Fass, im Sommer zur Straße offen. 🕒 Mo–Fr 17–23, Sa, So 11–22 Uhr.

**Jazz Inn Lovely**, Higashi-ku, Higashi-Sakura 1-10-15, ✆ 052-951-6085, 🖳 www.jazzinnlovely.com. Jazzkneipe, täglich Livemusik (dafür ab 2500 ¥ bis 23.30 Uhr), Guinness und Cocktailauswahl. 🕒 tgl. 18–2 Uhr.

**Orca**, Nishiki 3-17-15, Sakae-Nanairo 11-12F, ✆ 052-951-7105, 🖳 www.orca.nagoya. Einer der größten Clubs von Nagoya, sehr zentral. 🕒 tgl. ab 20 Uhr.

### Sumō

Sumō findet einmal im Jahr, Mitte Juli, in Nagoya statt, im **Aichi Prefectural Gymnasium**, Naka-ku, 1-1 Ninomaru, U-Bahnhof Shiyakusho. Sitze ab 3000 ¥ (Viererbox ab 36 000 ¥). Tickets ab Juni online, 🖳 https://sumo.pia.jp/en, oder unter ✆ 052-962-9300.

## SONSTIGES

### Einkaufen

**Komehyō**, Ōsu 3-25-31, ✆ 052-242-0088. Kaufhaus für gebrauchte Markenartikel (Schmuck und Kleidung). Im separaten Kimono-Haus gibt es entsprechend günstige Kimonos, Yukatas und Zubehör. 🕒 10.30–19 Uhr, unregelmäßige Ruhetage.

### Feste

**Atsuta-Schreinfest**, 5.6.: Wettkämpfe in Sumō, Jūdō und Tauziehen, abends großes Feuerwerk und beleuchtete Boote auf dem nahen Fluss.

**Nagoya Matsuri**, 10.–20.10.: nach dem Krieg eingeführtes historisches Kostümfest um die drei Reichseiniger Oda Nobunaga, Toyotomi Hideyoshi und Tokugawa Ieyasu. Start ist gegen Mittag vom Hauptbahnhof, dann geht's durch die Innenstadt.

### Informationen

**Touristeninformation** im JR-Bahnhof, ✆ 052-541-4301, ⌚ tgl. 8.30–19 Uhr, und im Oasis 21, Higashi-ku, Higashi-zakura 1-11-1, ✆ 052-963-5252, ⌚ tgl. 10–20 Uhr. Filiale im Flughafen Centrair.
Stadtverwaltung mit **Online-Informationen** auch auf Englisch: 💻 www.city.nagoya.jp und 💻 https://nagoya-info.jp.

## NAHVERKEHR

**U-Bahn und Stadtbusse** pro Fahrt 210 ¥; der Busbahnhof im Bahnhof Nagoya befindet sich im Obergeschoss. Tagesticket für die U-Bahn 740 ¥, für Busse 600 ¥, für Bus und Bahn 850 ¥, Wochenend-Tagesticket 600 ¥.
Der **Sightseeingbus Mēguru**, 💻 www.nagoya-info.jp/en/useful/meguru, fährt eine Runde an verschiedenen Sehenswürdigkeiten vorbei: vom Bahnhof zum Industriemuseum, Noritake no Mori, Burg, Tokugawa-Museum, Sakae und zurück. Di–Fr stdl., Sa, So alle 20–30 Min., Mo fährt der Bus nicht; 210 ¥ pro Fahrt, Tagesticket 500 ¥.

## TRANSPORT

### Busse

**Meitetsu Bus**, ✆ 052-582-0489; **JR Tōkai Bus**, ✆ 0570-048-939; **Hankyū Bus**, ✆ 06-6866-3147, fahren vom Busbahnhof beim Bahnhof (Westseite), **Willer Express**, 💻 https://willerexpress.com, von einer Haltestelle an der Straße gegenüber (vor BIC Camera).
KYŌTO, häufig, 2 1/2 Std., ab 2500 ¥
MATSUMOTO, mehrmals tgl., 3 1/2 Std., ab 3000 ¥
TŌKYŌ, häufig, 6 Std., ab 2400 ¥.

### Eisenbahn

Nagoya ist ein Knotenpunkt von Shinkansen, JR-Tōkaidō-Linie und den privaten Meitetsu- und Kintetsu-Linien. In die nähere Umgebung (z. B. nach Inuyama, Ise) sind die Privatbahnen meist billiger; Meitetsu hat auch Kombitickets, z. B. 2 Tage im gesamten Netz einschließlich Eintritt zu den Burgen Nagoya, Gifu und Inuyama für 5000 ¥.
KYŌTO, 35 Min., 6110 ¥ (Shinkansen)
TŌKYŌ, 1,5 Std., 11 100 ¥ (Shinkansen)
GERO ONSEN, 1 1/2 Std., 4900 ¥ (Express); 2 1/2 Std., 2310 ¥
GIFU, 20–30 Min., 470 ¥
ISE-SHI (mit Kintetsu), 1 1/4 Std., 3080 ¥ (Express), 1 1/2 Std., 1740 ¥
MATSUMOTO, 2 Std., 6340 ¥
NAKATSŪGAWA (für Magome), 3/4 Std., 3270 ¥ (Express), 1 1/4 Std., 1340 ¥
TAKAYAMA, 2 1/2 Std., 6340 ¥

### Schiffe

**Taiheiyō Ferry**, 💻 www.taiheiyo-ferry.co.jp, steuert 3x wöchentl. SENDAI (22 Std., ab 7800 ¥) und TOMAKOMAI auf Hokkaidō (ca. 40 Std., ab 11 700 ¥) an.

### Flüge

Zum Flughafen **Centrair**, 💻 www.centrair.jp/en, fährt die Privatbahn Meitetsu ab Meitetsu-Bahnhof Nagoya 50 Min. (Haltestelle: Chūbu International Airport), 890 ¥.

CHŪBU

# Die Umgebung von Nagoya

Nagoya ist die Heimat des **Automobilkonzerns Toyota**, und die nahe Kleinstadt Toyota ist nach dem Konzern benannt. Die beliebten englischsprachigen Gratis-Werksbesichtigungen vom Hauptquartier aus sind seit 2021 bis auf Weiteres ausgesetzt. Nähere Infos unter 💻 www.toyota.co.jp/en/about_toyota/facility/toyota_kaikan.

Im **Toyota Automobile Museum**, Nagakute-chō, Nagakute-yokomichi 41-100, ✆ 0561-63-5155, 💻 https://toyota-automobile-museum.jp, ist neben einer riesigen Sammlung von Oldtimern aus aller Welt auf fast 20 000 m² die Geschichte des japanischen Automobils ausgebreitet. ⌚ Di–So 9.30–17 Uhr, 1200 ¥, einschl. Audioguide (auch auf Englisch), deutsche Infobroschüre. Anfahrt über U-Bahnhof Fujigaoka und Linimo bis Geidaidōri.

Etwa 15 km östlich von Nagoya liegt das Töpferdorf **Seto**, heute ein Pendlervorort. Hier wird seit etwa 1200 Keramik gebrannt. Zu besichtigen gibt es gleich mehrere Töpfermuseen, in denen die Geschichte der japanischen Keramik und speziell der Seto-Keramik erklärt wird, einige alte Brennöfen und eine alte Töpferstraße. Die Touristeninformation 100 m östlich des Bahnhofs Owari-Seto hat ausführliches Informationsmaterial auf Englisch. Für die Besichtigung (und das Shoppen!) sollte man einige Stunden einplanen. Von Nagoya (Meitetsu-Station Sakae-machi) mit Meitetsu, 35 Min., 460 ¥.

Der lang erwartete **Ghibli Park**, 💻 https://ghibli-park.jp, im Aichi Expo Park – etwa 45 Min. per Bahn von Nagoya – ist ein Themenpark für Fans der Anime-Filme von Studio Ghibli. Es gibt keine Fahrgeschäfte, dafür Immersion und Fotogelegenheiten. Der Ticketverkauf startet jeweils am 10. des Monats drei Monate im Voraus; besonders für Wochenenden sind sie schnell ausverkauft. 🕒 tgl. ab 9 Uhr, feste Zugangs-Slots, je nach Bereich 1000–2500 ¥.

## Gifu und Umgebung 岐阜

In der Ebene westlich von Nagoya erstreckt sich die sehr weitläufige Präfekturhauptstadt **Gifu**. Der JR-Bahnhof (südlich) und der private Meitetsu-Bahnhof (östlich) schließen über Eck ein Viertel mit altmodischen Ladenpassagen ein. Vor dem JR-Bahnhof steht eine goldene Statue des Reichseinigers Oda Nobunaga. Zwischen niedrigen Häusern ragen zwei Hochhäuser auf; vom obersten Stock des **Gifu City Tower 43** hat man einen guten Blick bis zu den Bergen und nach Nagoya.

Die wiederaufgebaute **Burg** steht hoch über der Stadt und dem Fluss, etwa 3 km nördlich der Bahnhöfe. Eine Seilbahn führt vom Gifu Park aus hinauf. Daneben ist am Fluss eine Gasse mit historischen Holzhäusern erhalten geblieben, wo sich auch einige Läden und die Ticketbüros der Kormoran-Boote befinden. Die Kormoran-Fischer wohnen traditionell auf der anderen Flussseite.

Hier zeigt das **Ukai-Museum**, 💻 www.ukaimuseum.jp, einen Werbefilm und ein paar Dokumente zum Kormoranfischen, allerdings nur auf Japanisch. 🕒 tgl. 9–19 Uhr, im Winter nur Mi–Mo 9–17 Uhr, 500 ¥.

Der Tempel **Sōfuku-ji** nicht weit davon war der Familientempel von Oda Nobunaga, einem der drei Reichseiniger (S. 112) – im Garten gibt es ein (leeres) Grab des Feldherrn (nicht das einzige im Land). 🕒 tgl. 9–17 Uhr, 200 ¥.

### Sekigahara 関ヶ原

In Sekigahara sind an den Schauplätzen der berühmten Schlacht Gedenksteine und Infotafeln aufgestellt; ein multimediales **Museum** erläutert anschaulich die Geschichte. 🕒 Di–So 9.30–17 Uhr, 500 ¥. Wer sich dafür interessiert, kann hier gut und gerne einen halben Tag verbringen. In der Touristeninformation und im Museum ist ein Ortsplan mit unterschiedlichen Routen erhältlich. Im Museumscafé gibt es tolle Eisbecher mit Sekigahara-Thematik (Fähnchen und Helme!). Anfahrt von Nagoya mit JR 1 Std., Museum 990 ¥.

### Die Schlacht von Sekigahara

In den frühen Morgenstunden des 21. Oktobers 1600 standen sich in der Ebene von Sekigahara die Truppen von **Ishida Mitsunari** und **Tokugawa Ieyasu** gegenüber. Die Armee Tokugawa Ieyasus befand sich leicht in der Überzahl, konnte dies jedoch nicht zu ihrem Vorteil nutzen. Tokugawa Ieyasu hatte einigen *daimyō* in der Armee des Feindes großzügige Ländereien zugesichert, sollten sie zu ihm überlaufen. Einer dieser *daimyō* war **Kobayakawa Hideyaki**, der auf einem Hügel im Südwesten eine strategisch wichtige Stellung einnahm. Hätte er sich entschieden, doch auf Seiten Ishidas weiterzukämpfen, wäre die Armee von Tokugawa Ieyasu auf drei Seiten vom Feind eingekesselt und ihr Schicksal damit besiegelt gewesen. Doch Kobayakawa Hideyaki wartete ab, bis ein Angriff Tokugawas ihn schließlich zwang, sich zu entscheiden. Als er auf der Seite Tokugawas in das Geschehen eingriff, löste dies eine regelrechte Überläuferwelle aus.
Mit dem Sieg in der Schlacht von Sekigahara konnte Tokugawa Ieyasu den langen blutigen Bürgerkrieg beenden und seine eigene Vormachtstellung festigen. Es folgten über 250 Jahre Frieden.

## Seki 関

Die Stadt Seki nordöstlich von Gifu ist seit der Kamakura-Zeit ein Synonym für Qualitätsschwerter. In der Ausstellungshalle für traditionelle Schmiedekunst, **Seki Kaji Denshō-kan**, ✆ 0575-23-3825, sind Messer und Schwerter ausgestellt, und der Herstellungsprozess wird anschaulich erklärt. ⌚ Mi–Mo 9–16.30 Uhr, 300 ¥. Einige Messergeschäfte bieten Workshops zum Messerschleifen oder zur Messerherstellung (ab ca. 4500 ¥) an. Auch in Seki gibt es die Möglichkeit, einer Vorführung der Kormoranfischer beizuwohnen, ✆ 0575-22-2506.

## Mino 美濃

Mino, ebenfalls östlich von Gifu an der Nagaragawa-Eisenbahn gelegen (Umsteigen in Minoōta), ist eine Kleinstadt mit einem relativ intakten alten Stadtbild. Einige der **historischen Häuser** im Zentrum können besichtigt werden: die ehemaligen Häuser der Papierproduzentenfamilie Imai und die ehemalige Sake-Brauerei der Familie Kosaka (in den 1770er-Jahren erbaut). Auch heute wird in Mino noch Papier aus Maulbeerbaumrinde hergestellt. Wer also auf der Suche nach japanischen Schirmen, Shōji oder Papier ist, wird in den zahlreichen Andenkenläden bestimmt fündig.

### ÜBERNACHTUNG

**New Gifu Hotel Plaza**, Nagazumi-chō 3-4, ✆ 058-263-0011, nordwestlich vom Meitetsu-Bahnhof. WLAN, Parkplatz, familiäre Atmosphäre, mit Frühstück. ❶–❷

**Weekly-Shō**, 🖳 www.weekly-sho.jp/en, betreibt mehrere Hotels und Hostels in Gifu und Umgebung. Schlichte, ordentliche Zimmer, auch tageweise, bei längerem Aufenthalt billiger, Rezeption nicht durchgehend geöffnet.

Dem Bahnhof am nächsten liegt das **Weekly-Shō Gifu Daiichi Hotel**, Fukuzumi-chō 2-5, ✆ 058-251-2111, ✉ ms-daiichi@weekly-sho.jp. ❶

### ESSEN

Im Bahnhof Gifu gibt es eine ganz gute Auswahl von Restaurants und eine Sake-Bar mit Dutzenden Sorten aus der Präfektur Gifu.

**forty three**, Gifu City Tower 43, 43F, ✆ 058-265-7577. Gehobenes westliches Restaurant mit super Blick, Mittagsmenü ab 5000 ¥, Dinner ab 6800 ¥. ⌚ 11.30–15, 17.30–22 Uhr.

**Gifu Yokochō**, Nagazumi-chō, ✆ 050-3531-9671, 🖳 https://gifuyokocho.jp. Mehrere Stockwerke mit kleinen Kneipen im Retro-Stil mit Höckerchen. Auch die Gasse davor wirkt wie ein südostasiatischer Nachtmarkt.

**Ogata**, Sumida-machi 9-18, gleich westlich gegenüber dem Meitetsu-Bahnhof in der Gasse hinter Ticket-Plaza, ✆ 058-265-6622. Sehr authentischer Takoyaki-/Teppanyaki-Stand mit kleiner Theke plus Straßenverkauf. ⌚ Di–So 16.30 bis spät.

### TOUREN

Bootsfahrten zum **Kormoranfischen** starten am Bootsanleger an der Brücke Nagara-bashi/ Bushaltestelle Nagarabashi..

€ Wer nicht so viel Geld für eine Tour ausgeben möchte, hat auch eine Chance, das Schauspiel **vom Ufer aus** beim Hotel Park anzusehen.

### SONSTIGES

#### Einkaufen

Beliebte Gifu-Andenken sind **Papierschirme und -lampen**. Angeboten werden Modelle vom einfachen Lampion bis zum teuren Designerstück.

**Ozeki**, Oguma-chō 1-13, ✆ 058-263-0111, 🖳 www.ozeki-lantern.co.jp. Ozeki stellt traditionelle Papierlampen her – und den Design-Klassiker von Noguchi Isamu, die Akari-Lampen. ⌚ Mo–Fr 9–17 Uhr.

**Wagasa Casa**, Minatomachi 29, ✆ 090-8335-9759, 🖳 https://wagasa.shop. Handgefertigte wunderbare Regen- und Sonnenschirme aus Japanpapier. ⌚ Do–Mo 11–18 Uhr.

#### Informationen

Touristeninformation im Obergeschoss des JR-Bahnhofs **Gifu**, ✆ 058-262-4415, 🖳 www.gifucvb.or.jp. Sehr informativ und hilfreich, englischsprachig. ⌚ tgl. 8.30–19.30 Uhr.

Gegenüber vom Bahnhof **Sekigahara** ist im Sommer eine Touristeninformation geöffnet,

0584-43-5559, www.kanko-sekigahara.jp, tgl. 9–14 Uhr. Dort auch Schließfächer. **Informationen zu Seki** auf http://sekikanko.jp.

### NAHVERKEHR

**Stadtbusse** in Gifu verkehren von Bussteig 11 oder 12 am JR-Bahnhof bzw. vom Meitetsu-Bahnhof Bussteig 4 oder 5 nach Gifu-kōen (Fußweg zur Burg) in 15 Min., Nagarabashi (Kormoranfischen-Bootsanleger) in 20 Min. für 220 ¥ pro Fahrt; bei der Touristeninformation gibt es einen Streckenplan.

### TRANSPORT

#### Busse

**Gifu Bus**, 058-266-8822, www.gifubus.co.jp.
SEKI, 40 Min., 690 ¥
TŌKYŌ (Shinjuku), 7 Std., ab ca. 7000 ¥

#### Eisenbahn

Von **Gifu** nach NAGOYA, 25 Min., 470 ¥, mit JR; INUYAMA, 40 Min., 460 ¥, mit Meitetsu,
Von NAGOYA nach **Sekigahara**, 1 Std., 990 ¥, mit JR in Richtung Kyōto.

## Inuyama 犬山

Inuyama wird von einer kleinen, aber wohlproportionierten Burg überragt, der ältesten erhaltenen in Japan. Im Altstadtkern unterhalb der Burg gibt es noch einige seit der Edo-Zeit weitgehend unverändert erhaltene Holzhäuser, v. a. in der Hauptstraße **Honmachi-dōri**, die direkt auf die Burg zuläuft. Sie macht Inuyama zu einem Top-Ziel für Tagesausflüge – hier reihen sich Cafés, Streetfood-Läden und Geschäfte mit traditionellem Handwerk aneinander, und manche Gäste durchschlendern sie in fröhlichen Sommer-Yukata, die es auszuleihen gibt.

Die Burg **Inuyama-jō** gilt als eine der schönsten Burgen Japans. Sie gehört zu den nur zwölf Burgen, deren Donjon (Hauptturm) noch mehr oder weniger im Original erhalten ist. Eine erste Burg wurde hier bereits im 15. Jh. erbaut. Die heutige Konstruktion stammt von 1537 und wurde von Oda Yojirō Nobuyasu, einem Onkel des Kriegsfürsten Oda Nobunaga, in Auftrag gegeben. Das innen vierstöckige Schloss ist weitgehend leer; vom obersten Stockwerk bietet sich ein schöner Blick auf die Stadt und den Fluss und im Westen bis zur Burg von Gifu. Di–So 9–17 Uhr, 550 ¥.

In den alten Gassen unterhalb der Burg fallen die „Garagen" für die **Festwagen des Inuyama Matsuri** auf. Die hohen, schmalen Gebäude stammen zwar ursprünglich aus dem 17. Jh., sind aber zwischenzeitlich alle erneuert worden; nur eines ist aus Holz und von 1909. Vier der 13 prächtigen Festwagen sind im **Dondenkan-Museum** ausgestellt. Dort kann man auch eine der marionettenartigen Karakuri-Puppen, die auf den Wagen aufmontiert sind, ausprobieren. tgl. 9–17 Uhr, 100 ¥. Noch ausführlicher wird die Tradition der Marionetten im **Imasen Karakuri-Museum** erklärt. Am Wochenende gibt es eine Vorstellung über die Herstellung und Puppenführung. Das **Museum für Stadtgeschichte** nebenan mit einem Modell des edo-zeitlichen Inuyama kann man mit demselben Ticket ansehen, leider sind die Erklärungen ausschließlich auf Japanisch. tgl. 9–17 Uhr, 300 ¥. Warumaru-Sammelticket für die Burg und alle drei Museen 760 ¥. Nur recht früh kann man über den hübschen **Morgenmarkt** der Altstadt bummeln, tgl. 6.30–8 Uhr.

Von April bis Oktober wird auf dem Kiso-Fluss das traditionelle **Kormoranfischen** durchgeführt (s. Kasten).

Der Garten **Uraku-en** neben dem Indigo Hotel ist hübsch, aber unerwartet teuer, denn hier steht ein berühmtes Teehaus, das im 17. Jh. von einem Schüler des Großmeisters Sen-no-Rikyū errichtet wurde – man kann es allerdings nicht betreten. Do–Di 9.30–17 Uhr, 1200 ¥, mit Tee (in einem neuen Teehaus) 1600 ¥.

Neben der Burg gehört das 1965 von der Privatbahnfirma Meitetsu gebaute **Meijimura**, Uchiyama 1, www.meijimura.com, ein großes und sehr sehenswertes Freilichtmuseum mit über 60 historischen Gebäuden aus der Meiji-Zeit, zu den Hauptsehenswürdigkeiten der Stadt. Ein Highlight ist hier die gerettete Eingangshalle des Imperial Hotel von **Frank Lloyd Wright**.



Die Burg von Inuyama ist die älteste erhaltene in ganz Japan. ▸

## Kormoranfischen

Das traditionelle Fischen mit Kormoranen *(ukai)* wird in Japan seit Jahrhunderten praktiziert, ist aber unter Tierschützern umstritten. Heute findet es allerdings nur noch während der Tourismussaison von Mitte Mai bis Mitte Oktober statt. Gefischt wird abends ab ca. 19 Uhr mit flachen, 13 m langen Booten. Ein Feuer aus Kiefernholz lockt die Fische an. Der Meisterfischer des Bootes führt zehn bis zwölf Seekormorane an Schnüren mit sich, die im flachen Wasser leichtes Spiel mit den Fischen haben. Ein Ring am Hals der Vögel verhindert, dass sie diese hinunterschlucken. Stattdessen zwingt der Meister die Kormorane, die Fische wieder auszuspucken; sie bekommen nur ein paar kleine Fische als Belohnung. Dafür ist das nächtliche Spektakel der Fischer in der traditionellen schwarzen Kleidung mit ihren Vögeln beim Schein der lodernden Flammen sehr eindrücklich.

Die Kormoranfischerei wurde in Gifu und Inuyama wohl im Altertum von China übernommen, wo diese Technik seit 1300 Jahren praktiziert worden sein soll. Gefangen wird hauptsächlich die Flussforellenart *ayu*.

**Informationen** zum Kormoranfischen in Gifu: Cormorant Fishing Sightseeing Office, Minato-machi 1-2, Gifu, ✆ 058-262-0104, 💻 www.ukai-gifucity.jp/ukai; in Inuyama: Kisogawa Kankō, ✆ 0568-61-2727; in Seki: ✆ 0575-22-2506 Ausflugsboote, von denen aus das Fischen gut zu sehen ist, starten meist gegen 17 oder 18 Uhr, ab etwa 3000 ¥.



Als eines der ersten westlichen Hotels in Japan stand es in Tōkyō und fiel in den 1960er-Jahren der Stadtsanierung zum Opfer (nachdem es das schwere Kantō-Erdbeben von 1923 unversehrt überstanden hatte). Zu sehen sind außerdem Telegrafenämter, Brauereien, Schulen, Privathäuser und mehrere Kirchen sowie Versammlungshäuser japanischer Emigranten in Hawaii und Brasilien. Interessant ist vor allem die Mischung japanischer und westlicher Architekturelemente. Mehrere (historische) Bahnen und Busse fahren durch das Freilichtmuseum. 🕒 tgl. 9.30–17 Uhr (Nov–Feb bis 16 Uhr), 2000 ¥. Bus vom Bahnhof Inuyama (halbstündlich, 20 Min., 430 ¥).

Südlich von Inuyama wurde das kleine **Aotsuka-Hügelgrab** ausgegraben und als Park ungefähr in der ursprünglichen Form hergerichtet, sodass die Schlüssellochform sehr gut zu erkennen ist. Wahrscheinlich gehörte es einem Lokalfürsten aus etwa dem 4. Jh. n. Chr. Ein kleiner Ausstellungsraum (🕒 tgl. 9–17 Uhr, Eintritt frei) zeigt einige der hier gefundenen Haniwa-Keramiktöpfe und Nachbildungen von Bronzespiegeln. Der Aotsuka-Park liegt etwas abseits der Bahnlinie zwischen den Bahnhöfen Gakuden und Tagata-jinja-mae, von jeder etwa 2 km entfernt. An beiden Bahnhöfen steht ein Fruchtbarkeitsschrein: Am Männerschrein **Tagata-jinja** werden Phallussymbole in allen Größen gesammelt, beim Matsuri herumgetragen und ansonsten ausgestellt – auch in der Hauptgebetshalle – und auf den *ema* abgebildet. Eine Bahnstation nördlich (Gakuden) liegt der **Ōgata-jinja**, wo Frauen durch einen großen Stein mit Loch kriechen sollen, wenn sie schwanger werden möchten.

### ÜBERNACHTUNG

Die meisten Leute besuchen Inuyama als Tagesausflug, aber es gibt einige Hotels und eine etwas außerhalb gelegene Jugendherberge.

**Rinkōkan**, Nishidaimonsaki 8-1, ✆ 0568-61-0977, 💻 www.rinkokan.jp. Eins von mehreren etwas altmodischen Onsen-Hotels am Fluss. Zwischen Bahnhof Inuyama Yūen und Burg. Ab ❸, mit HP ab 13 350 ¥ p. P.

### ESSEN

**Spezialitäten**, nach denen man in Inuyama Ausschau halten kann, sind *dango* (süße Reisklößchen) und *dengaku*, gegrillter Tōfu mit süßer, dicklicher Misosauce. Außerdem sind die dicken weißen Nudeln *(kishimen)* beliebt. Auf der Honmachi-dōri verkaufen viele Stände

Streetfood, und es ist nicht unüblich, auf der Straße zu essen.

**Kotobukiya**, gegenüber der Burg. Deftige Speisen, die Spezialität sind *kishimen* und Kesselreis mit Ayu-Forellen. ⌚ tgl. 11–15 Uhr.

**Shōwa Yokochō**, gegenüber vom Dondenkan-Museum. Eigentlich war ein shōwa-zeitliches Museum geplant, doch als die Besucher ausblieben, wandelten die findigen Initiatoren das Ganze in eine Restaurantgasse um. An mehreren Ständen werden Spießchen, Pizza, gebratene Nudeln und andere Kleinigkeiten verkauft. Eine alte Telefonzelle und Lampions sorgen für das historische Filmkulissenambiente. ⌚ tgl. etwa 11–17 Uhr, ein paar Restaurants bis 22 Uhr.

### Frank Lloyd Wright in Japan

Seine erste Auslandsreise überhaupt führte den amerikanischen Architekten Frank Lloyd Wright 1905 nicht etwa nach Europa, sondern nach Japan. Wright war sehr an japanischer Kunst interessiert und erwarb in Japan Hunderte von Holzschnitten, die er in den USA gewinnbringend verkaufte. Er galt als Kenner japanischer Kunst und war ein Mitorganisator der ersten Hiroshige-Ausstellung im Ausland. Gerüchte über gefälschte Holzschnitte, die er an Kunden verkauft haben soll, bereiteten seiner Karriere als Kunsthändler in den 1920er-Jahren ein Ende. Ab 1917 lebte er für sechs Jahre teilweise in Japan. In dieser Zeit entwarf er insgesamt 14 Gebäude, von denen allerdings fast alle Projekte auf dem Papier blieben, und von den realisierten Bauten sind heute nur noch wenige zu besichtigen. Neben der Lobby des Imperial Hotels im Meijimura ist auch das Gebäude der Jiyū Gakuen-Schule in Tōkyō für das Publikum geöffnet. Das Yamamura-Tozaemon-Haus in der Nähe von Kōbe, ursprünglich als Sommervilla für einen reichen Sake-Brauer konzipiert, öffnet seine Tore einige Tage im Jahr für Besucher. Als Privathaus hingegen wird das Hayashi-Aisaku-Haus in Tōkyō genutzt. Gebaut für die Großfamilie des Managers des Imperial Hotels, existiert heute vom ursprünglichen Gebäude nur noch das Wohnzimmer. Inwieweit Wright an der Planung des JR-Bahnhofs in Nikkō beteiligt war, ist umstritten.

## SONSTIGES

### Feste

**Hōnen Matsuri**, 15.3.: Fruchtbarkeitsfest am Tagata-Schrein: Ein 280 kg schwerer und 2,50 m hoher, hölzerner Phallus wird in einer Prozession herumgetragen. Etwas weniger spektakulär am Ōgata-jinja.

**Inuyama Matsuri**, 1. Wochenende im April in Inuyama: Stadtfest, das erstmals 1635 vom Haritsuna-Schrein ausgerichtet wurde. Heute ist der Höhepunkt die Parade der 13 historischen dreistöckigen Festwagen mit aufmontierten mechanischen Puppen *(karakuri).*

### Informationen

**Touristeninformation** im Bahnhof und westlich unterhalb der Burg beim Parkplatz, ✆ 0568-61-6000, 💻 www.inuyama.gr.jp, ⌚ tgl. 9–17 Uhr. Dort ist auch ein guter Stadtplan erhältlich.

## NAHVERKEHR

In der Kleinstadt Inuyama sind fast alle Sehenswürdigkeiten gut zu Fuß zu erreichen. Fahrradverleih nur per App.

## TRANSPORT

Von Inuyama fährt die Privatlinie Meitetsu nach NAGOYA, 35 Min., 570 ¥, und GIFU, 40 Min., 460 ¥.

# Gero Onsen 下呂温泉

Gero Onsen, am Zufluss des kleinen Atano in den Hida-Fluss, gehört zusammen mit Arima Onsen in der Nähe von Kōbe und Kusatsu Onsen in der Präfektur Gunma zu den drei berühmten Onsen-Orten Japans *(Nihon Sanmeisen).* So zumindest befand der Gelehrte Hayashi Razan Anfang der Edo-Zeit. Ein Besuch in Gero ist im Herbst zur Laubfärbung besonders schön.

Der eigentliche Ort liegt nördlich des Bahnhofs auf der gegenüberliegenden Seite des Flusses Hida. Das Thermalwasser ist offiziell 84 °C warm, alkalisch und soll gegen Rheuma helfen.

Auf der Shirasagi-Brücke steht eine Statue von Hayashi Razan, während gegenüber Charlie Chaplin sitzt. Der war zwar einmal in Japan, aber nie in Gero Onsen.

Am Hang im Nordteil des Ortes bietet das **Onsen-Museum**, 💻 www.gero.jp/museum, ein paar Ausstellungsräume zu heißen Quellen und Onsen-Kultur allgemein, ein Fußbad und einen Raum, in dem Touristen den pH-Wert des Wassers bestimmen können. 🕒 Fr–Mi 9–17 Uhr, 400 ¥. Gegenüber dem Museum ergibt sich vom **Onsenji-Tempel** hoch oben auf dem Hügel (Treppen!) ein schöner Blick über den Ort. 🕒 bis Sonnenuntergang, Eintritt frei.

Etwas außerhalb liegt das **Gasshō-mura**, Mori 2369, 💻 www.gero-gassho.jp, ein Freilichtmuseum mit vier hierher versetzten alten Häusern in der typischen Gasshō-Bauweise. Im Vergleich zu den Unesco-Dörfern Shirakawa und Gokayama sowie zum Museum in Takayama ist Gasshō-mura eher klein, aber es gibt viele Sachen für Kinder zum Ausprobieren und Mitmachen. 🕒 tgl. 8.30–17 Uhr, 800 ¥, in der Touristeninformation am Bahnhof bekommt man eine Rabattmarke für den Eintritt. Bus ab Bahnhof Gero Onsen 100 ¥, zu Fuß ca. 30 Min.

Eine Haltestelle weiter (Endstation, dann 10 Min. zu Fuß) erreicht man das **Geschichtsmuseum** (Furusato Rekishi Kinenkan), ☎ 0576-25-4174, im Jōmon-Park. Hier sind Siedlungsreste aus der Jōmon- und Yayoi-Zeit entdeckt worden: Ein paar Fundstücke sind im Museum ausgestellt, außerdem wurde ein Höhlenhaus aus der Jōmon-Zeit nachgebaut. 🕒 Di–So 9–17 Uhr (Dez–Feb bis 16.30 Uhr), Eintritt frei.

## Spießroutenlauf

Durch Inuyama schlendern und dabei die verschiedensten Arten von **Spießchen** ausprobieren: Von unterschiedlichen gegrillten Würstchen über edles Hida-Beef bis zu Ananas und Kuchen ist für jeden Geschmack etwas dabei. Fast jeder Laden und jedes Restaurant hat ein oder mehrere Spießchen im Angebot, es gibt saisonal unterschiedliche Varianten, viele auch auf die Hand. Die bebilderte Karte von der Touristeninformation gibt einen Eindruck, ist aber bei Weitem nicht erschöpfend! Pro Spieß etwa 100–600 ¥.

## ÜBERNACHTUNG

Die Übernachtung in einem der zahlreichen Onsen-Hotels (ab ca. 10 000 ¥ mit Halbpension), Hauptgrund für einen Aufenthalt in Gero, vermittelt die **Ryokan-Vereinigung**, ☎ 0576-25-2541, 💻 www.gero-spa.or.jp (auch Englisch). Günstigere Unterkünfte finden sich in der Nähe des Bahnhofs.

**Gero Kankō Hotel**, 1113 Kōden, ☎ 0576-25-3161, 💻 www.geroyado.co.jp. Großes Onsen-Hotel im Ort, tolle Dachterrasse. ❺–❻

**Suimeikan**, Kōden 12-68, ☎ 0570-072-800, 💻 www.suimeikan.co.jp. Das Suimeikan ist wohl das berühmteste und exklusivste Onsen-Hotel in Gero. Eröffnet wurde es 1930. Besonders sind die Kunstwerke überall im Hotel sowie die kleine Nō-Bühne und ein Zimmer für die Teezeremonie. ❻

**Yunoshimakan**, Yunoshima 645, ☎ 0576-25-3131, 💻 www.yunoshimakan.co.jp. Schickes altes Onsen-Hotel oberhalb des Ortes mit viel dunklem Holz und gutem Blick. ❻

## ESSEN

Die meisten Touristen essen in ihrer Unterkunft, und so schließen die ohnehin eher spärlichen Restaurants früh. Die regionale Spezialität, das Hida-Rindfleisch, wird z. B. relativ preiswert im **Heianraku** angeboten, weiter oben im Atano-Tal, auf der rechten Seite vor dem Park, Mori 1225-1, ☎ 0576-25-5226, 🕒 Fr–Mi 11–14 und 17–23 Uhr. In der Bahnhofsgegend befinden sich einige billige Nudelrestaurants.

**Gero Gero Butter Stand**, Yunoshima 571-2, ☎ 0576-74-1616. Buttercreme-Sandwich, Nigiri mit zerlaufender Butter und buttrige Kekse sind die Spezialitäten in diesem quietschgelben Laden. Super für eine Fotosession. 🕒 tgl. 9.30–17 Uhr.

**Tochinomi Senbei**, Mori 2557-4, ☎ 0576-25-4562, 💻 www.tochinomi.com. Das kleine Café in der Nähe des Gasshō-mura ist auf Kastanien-

Süßigkeiten spezialisiert. Weithin berühmt sind der frische Mont Blanc und das Kastanien-Softeis. Mitnehmen kann man die in Schokolade gedippten Kastaniencracker. 🕒 tgl. 8–17 Uhr. In der Gegend wird außerdem traditionell **Miso** hergestellt. Miso in Shiso-Blätter eingewickelt ist ein typisches Andenken der Region.

## SONSTIGES

### Einkaufen

**Morgenmarkt**, am Parkplatz vor dem Gasshō-mura, 🕒 Sommer (März–Nov) tgl. ab 8 Uhr.
**Nachtmarkt**, im Ortszentrum, mit Essensständen. 🕒 Juli, Aug Sa 19–22 Uhr.

### Informationen

Die **Touristeninformation** am Bahnhof, ☏ 0576-25-4711, hat einen englischen Ortsplan und Rabattkarten für Sehenswürdigkeiten. Außerdem ist sie bei der Buchung von Hotels behilflich. 🕒 tgl. 8.30–17.30 Uhr.

### Onsen

Wer nicht in einem Ryokan übernachtet, kann zwischen mehreren Onsen für Tagesgäste wählen. Das edelste ist das weitläufige Onsen **Kurgarden**, Kaga-dōri, ☏ 0576-24-1182, mit *rotenburo*. 🕒 Fr–Mi 8–21 Uhr, 600 ¥.
Billiger ist das **Shirasagi-no-yu**, Shirasagi-zaka, ☏ 0576-25-2462, in einem schicken Retro-Gebäude, das aber nur eine Holzwanne hat. 🕒 Do–Di 10–22 Uhr, 300 ¥.
Für 1300 ¥ gibt es in der Touristeninformation ein **Yumeguri Tegata**, ein kleines Holztäfelchen, das innerhalb von sechs Monaten zum Tageseintritt in drei Onsen in Gero nach Wahl berechtigt.

## TRANSPORT

### Busse

**Nōhi Bus**, ☏ 0577-32-1688, 🖳 www.nouhibus.co.jp, fährt nach TAKAYAMA (stdl., 1 Std., 1060 ¥).
Die Ryokan-Vereinigung betreibt tgl. einen Bus von/nach NAGOYA, Reservierung drei Tage vorher erforderlich, ☏ 0576-25-2541, 2 1/2 Std., 2800 ¥ einfach, 3700 ¥ hin und zurück.

### Eisenbahn

Gero Onsen liegt an der JR-Takayama-Linie zwischen NAGOYA (3 Std./2310 ¥ bzw. 1 1/2 Std./4700 ¥ Express) und TAKAYAMA (1 Std./990 ¥ bzw. 3/4 Std., 2280 ¥ Express).

# Takayama 高山

Die kleine Stadt Takayama mitten in den Bergen ist von ausländischen und einheimischen Touristen gleichermaßen entdeckt worden. Die Gründe hierfür liegen auf der Hand: Die Stadt bezaubert mit ihren alten Holzhäusern, zahlreichen Sake-Brauereien, einem Tempelbezirk und einem Freilichtmuseum. Wer nach qualitativ hochwertigen Souvenirs sucht, wird in den Läden der Altstadt garantiert fündig – allerdings kann es da je nach Jahres- und Tageszeit extrem voll werden. Zweimal im Jahr findet das Takayama Matsuri mit wunderschönen alten Festwagen statt (immaterielles Unesco-Welterbe).

Ende des 16. Jhs. wurde die Stadt Sitz des Kanemori-Clans, der Familie eines Generals unter Toyotomi Hideyoshi. Bald entwickelte sich um die (später geschleifte) Familienburg eine typische Burgstadt. Die einheimischen Händler und das hochwertige Zypressenholz machten die Stadt reich, und 1692 wurde sie direkt dem Shogunat unterstellt, das sich so die Holzrechte sicherte. Landesweit bekannt sind die Tischler und Holzschnitzer aus Takayama, die an Bauprojekten in ganz Japan mitwirkten, u. a. am Tōdai-ji in Nara und am Tōshō-gū in Nikkō.

## Takayama Jin'ya 高山陣屋

Östlich vom Bahnhof erstreckt sich zunächst über einige Straßenblocks die neue Stadt Takayama. Geht man zu Fuß etwa zehn Minuten, gelangt man zum Takayama Jin'ya, dem einzig erhaltenen Verwaltungssitz aus der Edo-Zeit in Japan (insgesamt gab es mehr als 60). Von hier aus tätigten die Vertreter des Shōguns ihre Regierungsgeschäfte. Auch nach der Meiji-Restauration 1868 blieben die Bauten bis 1969 Sitz der Bezirksverwaltung. Die heutigen Gebäude stammen von 1816 und sind im Inneren weitgehend im Originalzustand erhalten. Eine Ausstellung im ehemaligen Reisspeicher (für die Steuereinnah-

Takayama
N
0
500 m
ÜBERNACHTUNG
① Tenshô-ji YH
② K's House
③ Spa Alpina Hotel
④ Wat Hotel & Spa
⑤ Hanzansha Guesthouse
⑥ Ryokan Murayama
ESSEN
1 Warajiya
2 Fukutarô Dango
3 Suzuya
4 Butchers
5 Ebisu Soba
6 Hida Gyûman
7 Falo Coffee Brewers
SONSTIGES
1 Supermarkt
2 Nabeshima Meicha
3 7-Eleven
4 Niki Shûzô (Sake-Brauerei)
5 Fû-zei Takayama
6 Hida Takayama Town Activity and Exchange Hall
7 Hidajizake
8 Hirata Shûzôjô
TRANSPORT
1 Ikehata Shôten
2 Busbahnhof
Tôkyô
158
41
Kunstmuseum Hida Takayama
Hida-no-sato (Freilichtmuseum)
0
500 m
Hida Sosha
Takayama Yatai Kaikan (Ausstellungshalle der Festwagen)
Sakurayama-Hachiman-gû
Kitayama-Park
Miyamaebashi
Miyaji-Haus
Nikkō-kan
Yoshijima-Haus
Kusakabe-Haus
Enako
Higashiyama-Hakusan-jinja
RATHAUS
Yayoibashi
Fuon-ji
Miyagawa-Morgenmarkt
Takayama Showa-kan
Higashiyama-Shinmei-jinja
Kōmyō-ji
Kokubun-ji
Yasugawa-dōri
Bibliothek
Takayama-Linie
Starbucks
Kajibashi
Yamazawa
Kokubunji
Yanagibashi
Hida-Takayama-Stadtmuseum
Higashiyama-Tempelviertel und Higashiyama-Wanderweg
Takayama
Ikadabashi
Sanmachi-dōri
Hirokoji
Städtisches Kulturzentrum
Jin'ya-mae-Morgenmarkt
Nakabashi
Takayama Jin'ya
Hidatakayama Retro Museum
Hida-no-sato (Hida-Museumsdorf, s. Ausschnitt links)
Zenkô-ji
Shōren-ji
Miyagawa
Rotes-Kreuz-Krankenhaus
Masugatabashi
Shiroyama-Park
Hie-Schrein
Hida-Tenman-gû
Matsumoto-Heritage-Haus
Wagobashi

men in Naturalien) informiert über die Geschichte und das Verwaltungssystem. ⌚ tgl. 8.45–17, Aug bis 18, Nov–Feb nur bis 16.30 Uhr, 450 ¥.

## Morgenmärkte 朝市

Gleich vor dem Jin'ya wird morgens ein kleiner Markt abgehalten, der **Jin'ya-mae-Morgenmarkt**. Beeindruckender ist aber der **Miyagawa-Morgenmarkt** am anderen Ufer des Miyagawa weiter nördlich. Bauern aus der Region verkaufen dort saisonales Obst und Gemüse. Spaß macht es auch, sich hier durch die essbaren Andenken zu probieren, wie frisch zubereitete *genkotsu* (eine Art Kaubonbon aus Sojamehl), unzählige Reiscrackervarianten von süß bis scharf-salzig und *hoba miso*, auf einem Magnolienblatt gegrillte Miso-Paste. Wer es süß mag, probiert auf dem Miyagawa-Morgenmarkt einen luftigen *tamaten,* einen Würfel aus süßem Eischnee. Beide Märkte finden täglich statt. ⌚ April–Okt 6 Uhr bis mittags, sonst ab 7 Uhr.

## Kaufmannshäuser 民芸館

Nördlich des Miyagawa-Morgenmarkts steht das **Kusakabe-Haus**, Ōshin-machi 1-52, 💻 www.kusakabe-mingeikan.com. Erbaut wurde es 1876 von der erfolgreichen Händlerfamilie der Kusakabe. Strenge Gesetze verboten während der Edo-Zeit die Zurschaustellung von Reichtum, besonders für die Händler, die – unabhängig vom Wohlstand – formell die unterste gesellschaftliche Schicht bildeten. So verbergen sich hinter der relativ schlichten, niedrigen Front großzügige Räumlichkeiten. Das Treppenhaus ist aus bestem Zypressenholz gearbeitet, und in den Zimmern sind Alltags- und Luxusgegenstände ausgestellt. ⌚ Mi–Mo 10–16 Uhr, 500 ¥.

Einige Meter weiter nördlich ist das ähnliche **Yoshijima-Haus** erhalten, Ōshin-machi 1-51, ⌚ März–Nov Fr–Di 9–17, Dez–Feb Fr–Di 9–15 Uhr, 500 ¥.

Umsonst, aber nur am Wochenende geöffnet, ist das **Miyaji-Haus**, Ōshin-machi 2-44, ⌚ Sa, So 9–16.30 Uhr, im Winter oft geschlossen.

## Shōwa-Museen 高山昭和館・飛騨高山レトロミュージアム

Nicht weit entfernt von den alten Kaufmannshäusern hat ein Retro-Museum für die gute alte Shōwa-Zeit (1926–89) eröffnet, das **Takayama Shōwa-kan**, Shimo-Ichi-no-machi 6, 💻 https://showakan.jp/takayama. Auch wenn sich die wenigsten Japanreisenden selbst an diese Zeit erinnern dürften, ist ein Besuch in der alten Ladenstraße ein großer Spaß. ⌚ tgl. 10–17 Uhr, 1000 ¥, Laden umsonst.

Die Shōwa-Zeit boomt in Japan, und deshalb gibt es in Takayama noch ein zweites Retro-Museum in der Nähe des Takayama Jin'ya – das **Hidatakayama Retro Museum**, Shinmeimachi 4-7, 💻 http://retromuseum.jp/index_en.html, ⌚ tgl. 10–17 Uhr, 800 ¥, ab 16.30 Uhr 500 ¥.

## Um den Sakurayama Hachiman-gū 桜山八幡宮

Nördlich der Altstadtgassen befindet sich der **Sakurayama Hachiman-gū**, der Schrein, an dem das Herbstfest stattfindet. In der **Takayama Yatai Kaikan** sind einige der Festwagen für das Frühjahrs- und Herbstfest zu besichtigen. Und wer noch überlegt, ob sich der Ausflug nach Nikkō lohnt, sollte im Nebengebäude **Nikkō-kan** das begehbare Modell des Tōshō-gū (im Maßstab 1:10) ansehen, an dessen Bau Handwerker aus Takayama beteiligt waren. ⌚ tgl. März–Nov 8.30–17, Dez–Feb 9–16.30 Uhr, 1000 ¥.

## Hida-Takayama Stadtmuseum 飛騨高山まちの博物館

Das lokale Geschichtsmuseum (Hida Takayama Machi no Hakubutsukan), Kami-Ichi-no-machi 75, ✆ 0577-32-1205, zeigt u. a. Gerätschaften für die Sake-Herstellung und das Schreinerhandwerk. Interessant sind vor allem die großen, fast expressionistischen Enkū-Buddhafiguren. Der Mönch Enkū (1632–1695) hatte sich zum Ziel gesetzt, 120 000 Buddhas zu schnitzen. Auch wenn ihm das nicht gelungen ist, zeugen die Statuen von einem sehr ungewöhnlichen, schnellen Schnitzstil. ⌚ tgl. 9–19 Uhr, Eintritt frei.

## Higashiyama Teramachi und Shiroyama-Park 東山寺町・城山公園

Die Altstadt endet abrupt an Hügeln. Hier führt ein gut ausgeschilderter und angesichts der vielen Touristen in Takayama verblüffend stiller Weg durch das **Tempelviertel** Higashiyama Teramachi und auf den alten Burgberg, **Shiro-**

CHŪBU

**yama**. Der von Kyōto begeisterte *daimyō* der Region, Kanamori Nagachika, ließ die Tempelanlagen in Anlehnung an die Higashiyama-Tempelgebiete von Kyōto anlegen. Der Weg lässt sich in etwa einer halben Stunde gehen – oder in gut einer Stunde, wenn man ihm bis um den Burghügel folgt (zur früheren Burgbefestigung, von der aber praktisch nichts mehr zu sehen ist, führt ein Abstecher hinauf).

Rund 1 km südlich des Burghügels steht inmitten alter Zedern der malerische **Hie-Schrein**. Er richtet im Frühjahr das Sannō-Matsuri aus. Anime-Fans ist er aus der Serie *Hyōka* bekannt – dort ist es der Arekusu-jinja. ⌚ tgl. früh bis spät, Eintritt frei.

## Hida-no-sato und Hida Takayama-Kunstmuseum 飛騨の里・飛騨高山美術館

Im Südwesten der Stadt versammelt das unbedingt sehenswerte Freilichtmuseum **Hida-no-sato**, Kami-Okamoto-machi 1-590, 💻 www.hidanosato-tpo.jp, seit 1959 alte Bauernhäuser. Damals wurde ein traditionelles Dorf durch einen Staudammbau geflutet. Viele Gebäude sind im Gasshō-zukuri-Stil erbaut, d. h. mit Steildächern, an denen die winterlichen Schneemassen gut abrutschen können. Im Sommerhalbjahr gibt es Vorführungen traditionellen Handwerks, z. B. von Lack- oder Webarbeiten. ⌚ tgl. 8.30–17 Uhr, im Winter länger beleuchtet, 700 ¥. 10 Min. mit dem Bus vom Bahnhof.

In der Nähe des Hida-Freilichtmuseums ist das Kunstmuseum **Hida Takayama Bijutsukan**, 💻 www.htm-museum.co.jp, mit Fokus auf Jugendstilkünstlern wie Charles Rennie Mackintosh und Emile Gallé angesiedelt. ⌚ tgl. 9–16.30 Uhr, 1300 ¥.

### ÜBERNACHTUNG

Strategisch günstig wohnt man in Bahnhofsnähe, wo sich auch die meisten größeren Hotels befinden. Weniger Komfort, dafür japanische Atmosphäre bieten kleinere Gästehäuser jenseits des Flusses in der Teramachi-Gegend.

€ **Hanzansha Guesthouse**, Shinmei-machi 3-100-10, ☏ 090-6498-9800. Das Gästehaus umfasst mehrere Gebäude mit japanischen Zimmern in einem traditionellen Viertel, teilweise mit Gemeinschaftsbädern. Alle Häuser haben gute Gemeinschaftsräume und eine Küche. ❶

**K's House**, Tenman-chō 4-45-1, ☏ 0577-34-4410, zwischen Bahnhof und Altstadt in der Nähe der Post. Modernes Hostel in einem renovierten Haus, gute Gemeinschaftsräume. Schlafsaalbett ab 3000 ¥, auch DZ; während der Stadtfeste deutlich teurer. ❶

**Ryokan Murayama**, Nishi-no-isshiki-chō 829-3, ☏ 0577-32-5856, 💻 www.ryokan-murayama.com. Schönes traditionelles Ryokan in der Nähe des Freilichtmuseums Hida-no-Sato, englischsprachig. ❸ ohne Frühstück; ab 15 400 ¥ p. P. mit zwei Mahlzeiten.

**Spa Alpina Hotel**, Nada-machi 5-41, ☏ 0577-33-0033, 💻 https://spa-hotel-alpina.com. Relativ günstiges Onsen-Hotel in der Nähe des Bahnhofs. Vom Bad hat man einen guten Blick über die Stadt. Eher kleine Zimmer und ein kleiner Frühstücksraum. ❸

**Tenshō-ji YH**, 83 Tenshōji-machi, ☏ 0577-32-6345. Einfache, stilvolle Unterkunft im Tempel, reichhaltige Mahlzeiten. Ab 3600 ¥ p. P. im Schlafsaal, ohne Frühstück. Auch Doppelzimmer. ❶–❷

**Wat Hotel & Spa**, Hanasato-machi 3-39-1, ☏ 0577-57-5570, 💻 http://wathotel.com. Onsen-Hotel mit einem schönen *rotenburo* auf dem Dach. Die Lobby erinnert an ein Schweizer Chalet. Gute Lage zwischen Bahnhof und Jin'ya. ❹–❺

### ESSEN

Die Gegend ist besonders für das zarte **Hida-Rindfleisch** bekannt, das gerne in dünne Scheiben geschnitten, am Tisch gegrillt oder als Fondue gegessen wird. Mittlerweile gibt es in Takayama auch etliche Steak-Restaurants. Die Region Hida-Takayama gehört zu den klassischen Herstellungsorten für Miso-Pasten und süß eingelegte Gemüse und Pilze. Die hiesige **Miso** ist ebenfalls eher süß. *Hoba-miso* ist eine spezielle Variante davon: Gewürzte Miso-Paste wird auf einem Magnolienblatt gegrillt.

Tagsüber gibt es in der Altstadt zahlreiche **kleine Stände**, an denen man die lokalen Spezialitäten kaufen kann.

Eine Takayama-Spezialität: das herrlich zarte Hida-Rindfleisch



**Butchers**, Aioi-machi 58, ✆ 0577-36-3878. In dem kleinen Lokal gibt es zarte Steaks und italienisch-europäische Küche, alles sehr fleischlastig. 🕒 Mi–So 11.30–14 und 17.30–22, Mo nur 17.30–22 Uhr.

**Ebisu Soba**, 46 Kami-ni-no-machi, ✆ 0577-32-0209. Kleines Familienrestaurant, in dem die Nudeln bereits in 5. Generation von Hand gemacht werden. Sehr lecker und authentisch. 🕒 Mi–Mo 11–15 Uhr.

**Falò Coffee Brewers**, Kami-ichi-no-machi 45-2. Der erste Kaffeespezialitätenladen in Takayama hat nur wenige Plätze. Morgens gibt es, solange der Vorrat reicht, leckeres Gebäck. Danach spricht der Kaffee für sich. 🕒 Fr–Di 8–17, So erst ab 9 Uhr.

**Fukutarō Dango**, Shimo-Sannō-machi 58, ✆ 0577-35-6777. Sehr leckere *mitarashi-dango*, Reisklößchen, die in süße Sauce getunkt und auf einem Spieß gegrillt werden. 🕒 tgl. 9–18 (Winter bis 17) Uhr.

**Hida Gyūman**, Kami-ni-no-machi 53, Yasugawadōri. Bekannter Imbiss für *niku-manjū*, mit Hida-Rindfleisch gefüllte, gedämpfte Klöße. Außerdem (pikante oder süße) *oyaki* (Teigklöße).

**Suzuya**, Hanakawa-chō 24, ✆ 0577-32-2484. Traditionelles Haus mit Spezialitäten der Region, u. a. Berggemüse und Rindfleisch. Oft voll, daher besser reservieren. 🕒 tgl. 11–14 und 17–20 Uhr.

**Warajiya**, Hachiman-chō 170, am Torii des Hachiman-gū, ✆ 0577-33-6787. Selbst gerösteter, sehr leckerer Kaffee bei einem netten Seniorenpaar. Der Eigentümer hat nach der Pensionierung begonnen, Kaffee zu rösten und Latte Art zu zaubern. Im Laden wird außerdem schöne Keramik verkauft. 🕒 Fr–So 10–17 Uhr mit Mittagspause, im Winter geschl.

## EINKAUFEN

In den alten Häusern der Altstadt befinden sich zahlreiche Geschäfte, die nicht nur regionale Süßigkeiten und Alkohol verkaufen, sondern auch traditionelles Kunsthandwerk, Lackwaren und Holzspielzeug. Etliche Läden haben sich auf Holzwaren aus dem hiesigen Zypressenholz spezialisiert. Takayama ist auf jeden Fall einer der besten Orte in Chūbu zum Shoppen.

**Fū-zei Takayama**, Kami-ni-no-machi 66-1, ✆ 0577-57-7222. In dem kleinen Laden gibt es

ausschließlich japanische Handtücher mit tollen Motiven. ⌚ tgl. 10–16 Uhr.
**Nabeshima Meicha**, Shimo-ichi-no-machi 12, ✆ 0577-32-4086, 💻 www.nabeshimameicha.com. Seit 1908 besteht dieses Teegeschäft in Takayama. Spezialität sind der Hida Black Tea und der Hida Mugicha – der Tee kommt zwar aus der Fuji-Gegend, aber gedämpft wird er mit Dampf aus den heißen Quellen der Region. ⌚ Mi–Mo 10–17.30 Uhr.
**Niki Shūzō**, Kami-ni-no-machi 40, ✆ 0577-32-002, 💻 http://niki-sake.com. Die nicht so stark von Tourgruppen frequentierte Sake-Brauerei ist auf Namazake spezialisiert und hat nur Ginjō- und Daiginjō-Sake im Sortiment. Unbedingt probieren sollte man den *Namazake Himuro Daiginjō* und den *Namazake Himuro Junmai Daiginjō*. Probier-Automaten (100 ¥ pro Becherchen). ⌚ tgl. 8–17 Uhr.
Auch in der Sanmachi-Straße bieten **Hidajizake**, 💻 www.hidajizake.com, und **Hirata Shūzōjō**, 💻 https://h-sake.jp, Sake-Verkostungen.

## AKTIVITÄTEN UND TOUREN

**Hida Takayama Town Activity and Exchange Hall**, Kami-ichi-no-machi 35-1, ✆ 0577-70-8290. Das Handwerkszentrum ist im Haus eines ehemaligen Sojasaucen-Produzenten untergebracht. Mitmachprogramme, wie kleine *Sarubobo*-Püppchen herstellen, starten ab 1000 ¥/ 30 Min. ⌚ 9–19 Uhr.
**Nōhi Bus**, am Busbahnhof, 💻 www.nouhibus.co.jp, organisiert eine Bustour zu den Unesco-Weltkulturerbestätten in Shirakawa und Gokayama (S. 329, 331), tgl., 7 1/2 Std., 6000 ¥; außerdem Tagestour nach Kamikōchi mit Shinhotaka-Seilbahn, 8800 ¥.

## SONSTIGES

### Fahrradverleih

**Ikehata Shōten**, am Bahnhof. Stadtfahrräder 300 ¥/Std., über 4 Std. 1200 ¥ Flatrate. ⌚ Mo–Fr 9–20, Sa, So bis 21 Uhr.

### Feste

Das berühmte Fest von Takayama findet gleich 2x im Jahr statt: Das Frühlingsfest **Sannō Matsuri** am 14. und 15. April, das Herbstfest **Hachiman Matsuri** am 9. und 10. Oktober. Bei beiden fahren prachtvolle Festwagen durch die Altstadt. Während dieser Zeit sind Hotels lange im Voraus ausgebucht.

### Informationen

**Touristeninformation** am Bahnhof, mit vielen Broschüren und einem auf Deutsch erhältlichen Stadtplan. ⌚ tgl. 8.30–19, im Winter bis 17 Uhr. Weitere Touristeninformationen gibt es an der Nakabashi-Brücke und beim Miyagawa-Morgenmarkt.
Umfangreiche Informationen, auch auf Deutsch, auf der **Website der Stadt**, 💻 www.hida.jp.
Per **Smartphone und QR-Codes** erfährt man allerhand Interessantes über Takayama (Internetverbindung erforderlich). Alternativ kann man sich in der Touristeninformation an der Nakabashi-Brücke einen **Audioguide** ausleihen (1000 ¥ Pfand).

## NAHVERKEHR

**Stadtbusse** fahren von Bussteig 1 und 2 am Nōhi Buscenter zu allen relevanten Zielen im Stadtgebiet, einfache Fahrt 100 ¥, Tagesticket 500 ¥.

## TRANSPORT

### Busse

KAMIKŌCHI, 1 1/2–2 Std., 2650 ¥
KANAZAWA, 3 1/4 Std., 4000 ¥
MATSUMOTO, 2 1/4 Std., 3500 ¥
ŌSAKA, 5 1/2 Std., ab 5500 ¥
SHIRAKAWA, 50 Min., 2600 ¥
TŌKYŌ, 5 1/2 Std., 7000 ¥

€ Für die Region zwischen Takayama und Matsumoto (einschließlich Kamikōchi und Shin-Hotaka Onsen und teils bis Shirakawa/ Gokayama) gibt es von mehreren Busgesellschaften günstige **Mehrtagepässe**: **Alpico** (Matsumoto), ✆ 0263-32-0910, **Nōhi Bus**, ✆ 0577-32-1688, 💻 www.nouhibus.co.jp.

### Eisenbahn

Takayama liegt auf der JR-Strecke zwischen NAGOYA (2 1/2 Std., 6140 ¥ JR Express) und TOYAMA (1 1/2 Std., 3420 ¥ JR Express).

## Shirakawa-gō 白川郷

Zusammen mit Gokayama in der Nachbarpräfektur hat das Dorf Shirakawa seit 1995 wegen seiner einzigartigen Hauskonstruktionen im Gasshō-Stil Unesco-Weltkulturerbe-Status. Die steilen Dächer, die nach der Form zum Gebet gefalteter Hände benannt sind, werden in dieser schneereichen Bergregion seit Jahrhunderten gebaut, damit der Schnee von den Dächern herunter gleitet. Anders als in den Freilichtmuseen, z. B. in Takayama, sind die meisten Häuser in Shirakawa und Gokayama noch bewohnt. Manche können gegen Entgelt besichtigt werden, und in einigen von ihnen können Touristen sogar übernachten. Mit bis zu 1,5 Mio. Besuchern jährlich (von denen aber die wenigsten über Nacht bleiben) sind die Bergdörfer inzwischen beliebte Touristenziele.

Im Zwei-Straßen-Dorf Shirakawa sind noch etliche Häuser im Ortskern erhalten. Zu besichtigen sind u. a. das **Wada-Haus** und das **Nagase-Haus**. Beide haben im Dachgeschoss eine kleine Ausstellung zur Seidenraupenzucht, die in der Region bis zum Zweiten Weltkrieg betrieben wurde. Als das Dach des Nagase-Hauses 2001 neu gedeckt werden musste, halfen Freiwillige aus ganz Japan mit, da es im Dorf nicht mehr genügend Helfer gibt. Im Haus ist hierzu ein Dokumentarfilm (nur auf Japanisch) zu sehen. Unter dem Dach zeigt ein Familienmitglied beim Rundgang gern die Seile, mit denen die Balken am Dach befestigt sind: Nicht alle sind perfekt festgezogen. Im Erdgeschoss sind alte Arztinstrumente ausgestellt, da Vorfahren der Nagase-Familie Ärzte der Fürstenfamilie Maeda aus Kanazawa waren. Heute wohnt in diesen Häusern nur noch eine Kernfamilie, früher boten sie bis zu 40 Familienmitgliedern Platz. ⌚ beide tgl. 9–17 Uhr, je 400 ¥.

Auch der im 18. Jh. errichtete Dorftempel **Myōzen-ji** ist mit einem dicken Strohdach gedeckt und hat ein ungewöhnlich schmales, hohes Tempeltor, das Shoro-mon. ⌚ April–Nov. tgl. 8.30–17, Dez–Feb tgl. 9–16 Uhr, 400 ¥.

Noch etwas weiter südlich liegt der 1300 Jahre alte **Shirakawa Hachiman-Schrein**, an dem jedes Jahr Ende September oder Anfang Okto-



In den steilen Dachkonstruktionen der Gasshō-Häuser wurden früher Seidenraupen gezüchtet.

ber das Doburoku Matsuri stattfindet: Nach einigen Shintō-Zeremonien mit Drachentanz wird ein großer Bottich frisch gebrauter Sake etwa eine Stunde lang gratis an die Besucher ausgeschenkt. Der Schrein spielte in der Anime-Web-Serie *Higurashi no naku koro ni* (dt.: „Zur Zeit der zirpenden Zikaden") eine Rolle.

Auf der gegenüberliegenden Flussseite steht ein Freilichtmuseum, das **Gasshō Zukuri Minkaen**, 💻 www.shirakawago-minkaen.jp. Es wurde 1972 nach einer Landfluchtwelle eingerichtet, die etliche traditionelle Häuser unbewohnt ließ. In den Häusern sind alte landwirtschaftliche und handwerkliche Geräte sowie Gegenstände aus dem Alltag der Bergbauern ausgestellt. Tafeln erklären Architektur und Kultur der Region. Mit Voranmeldung ist die Teilnahme an Soba- oder Mochi-Herstellung oder Strohsandalen-Flechten möglich (nicht tgl.). 🕒 tgl. 8.40–17 Uhr, im Winter Do geschlossen und kürzere Öffnungszeiten, 600 ¥.

Auf der Nordseite des Ortes führen eine kleine Straße und ein steilerer Waldweg zum Aussichtspunkt **Shiroyama Tenbōdai**, von dem aus sich ein hervorragender Blick auf die Gasshō-Häuser bietet. Shuttlebus zum Aussichtspunkt alle 20 Min. vom zentralen Parkplatz an der Touristeninformation im Ort.

Für zwei Wochen im Februar werden die Häuser abends beleuchtet. Übernachtungen während dieser Zeit sind meist schon sehr lange im Voraus ausgebucht.

## ÜBERNACHTUNG

Wer in Shirakawa übernachten will, sollte versuchen, in einem richtigen **Gasshō-Haus** unterzukommen. Die Unterkünfte sind alle sehr ähnlich, die Übernachtung beinhaltet immer Frühstück und Abendessen, die normalerweise gemeinsam mit den anderen Gästen in einem Tatami-Zimmer und teils sogar am *irori*, der offenen Feuerstelle, eingenommen werden. Reservierung auf Englisch am besten über die Touristeninformation von Shirakawa-gō, 📞 05769-6-1716, 💻 www.shirakawa-go.gr.jp. Alle um 15 000–20 000 ¥ p. P. mit HP. Zu den günstigsten gehört **Bunroku**, Ogi 892, 📞 05769-6-1409, ab 13 000 ¥ p. P. mit HP. Am Ortsrand in Richtung Aussichtspunkt.

**Minshuku Gensaku**, 📞 05769-6-1176. Eins der größten Gasshō-Häuser, gute Küche.

## ESSEN

Da die meisten Touristen Tagesausflügler sind und die anderen in der Regel in ihrer Unterkunft essen, sind fast alle Restaurants nur von 9–17 Uhr geöffnet.

**Shirakawa-gō Teuchi-soba Dōjō**, Ogi 2499, neben dem Freilichtmuseum. Handgemachte Soba in einem Gasshō-Haus.

**Shiraogi**, Ogi 155, im Zentrum. Fischgerichte und Berggemüse.

**Tanakaya**, hinter dem Wada-Haus. Nette Atmosphäre, traditionelle Gerichte wie *hoba-miso*, Hida-Rindfleisch und Nudeln mit Berggemüse an niedrigen Tischen in einem Gasshō-Haus.

## INFORMATIONEN

**Touristeninformation** am Parkplatz des Freilichtmuseums und auf dem Hauptplatz im Ort. Hier gibt es für die Weiterfahrt auch begrenzt Infomaterial zu Takayama und Kanazawa. Gepäckaufbewahrung. 🕒 tgl. 9–17 Uhr.

Zentraler **Parkplatz** beim Freilichtmuseum – das Dorf ist autofrei.

Nach einem Feuer im öffentlichen **Onsen** ist der Betrieb derzeit eingestellt.

## TRANSPORT

Der **Busbahnhof** (mit großen Schließfächern) ist an der Ampel am Dorfeingang.

Nach GOKAYAMA (alle Ortsteile) 5x tgl., 30 Min., 1300 ¥, und manchmal weiter nach TAKAOKA, 2 Std., 2200 ¥, letzter Bus um 17.20 Uhr. Am Wochenende tgl. drei weitere Busse nach Gokayama.

Expressbusse nach TAKAYAMA 16x tgl., 1 Std., 2600 ¥; KANAZAWA 9x tgl., 1 1/4 Std., 2600 ¥.

Tages- und Mehrtagepässe von **Kaetsuno Transport**, 💻 www.kaetsunou.co.jp, z. B. 2 Tage zwischen Takaoka, Gokayama und Shirakawa für 3500 ¥.

## Gokayama 五箇山

Etwas schwieriger zu erreichen, dafür aber auch etwas weniger touristisch als Shirakawa, ist Gokayama. Die Gasshō-Häuser liegen hier über mehrere Ortsteile verstreut.

### Ainokura 相倉

Am schönsten ist das kleine Dorf Ainokura an einem Berghang, in dem man auch übernachten kann. Der kleine Tempel rechts der einzigen Zufahrtsstraße bietet einen schönen Blick über das Dorf, und das **Yusuke-Haus** ist tagsüber auch von innen zu besichtigen, 🕒 Mi–Mo 10–15 Uhr, 300 ¥. Ganz hinten im Ort liegt das kleine Heimatmuseum **Ainokura Minzoku-kan**, ✆ 0763-66 2732, das sich auf zwei Gasshō-Häuser verteilt: Beide sind ähnlich; man kann das Dach von innen begutachten und kurze (japanische) Videos über das Dorf, die eigentümlichen Dächer und Volksmusik sehen. Im Museum für traditionelles Handwerk befinden sich Ausstellungsstücke zur Schießpulverproduktion (s. u.) und zum Gokayama-Papier, das bis heute aus der Rinde von Maulbeerbäumen hergestellt wird. Außerdem sind die *kokiriko* oder *sasara* genannten ungewöhnlichen hölzernen Musikinstrumente ausgestellt. Die Stücke im Folkloremuseum sind etwas unspezifischer (Schmuck, Haushaltsgeräte, Werkzeug), dabei steht das Holzmodell eines Gasshō-Hauses. Alle Stücke haben knappe englische Erklärungen. 🕒 tgl. 8.30–17 Uhr, 300 ¥ pro Haus oder 500 ¥ für beide.

### Suganuma 菅沼

Im Ortsteil Suganuma, ca. 8 km südwestlich von Ainokura, sind im Flusstal zwischen Reisfeldern eine Hand voll schöner Gasshō-Häuser erhalten. Auch hier gibt es ein kleines zweiteiliges **Volkskundemuseum**, ✆ 0763-67-3652. Im Mingei-kan sind unter anderem eine Korbgondel und ein *yogi ausgestellt*, ein dicker Steppkimono, der gleichzeitig als Schlafgewand und Futon diente. Interessanter ist das **Schießpulvermuseum** (Enshō-no-kan) nebenan. Anders als Shirakawa zählte Gokayama zum Gebiet des Maeda-Clans, der Fürsten von Kanazawa. Die Maeda waren sehr auf Autonomie von der Zentralregierung in Edo bedacht und unterhielten in den abgelegenen Bergdörfern eine nicht ganz legitime Schießpulverproduktion. So konnten die Bewohner der landwirtschaftlich kargen Region auf die Herstellung von Schießpulver, Seide und Papier ausweichen: Die Ausscheidungen der hier gezüchteten Seidenraupen wurden mit Asche und Blättern eingegraben, um Salpeter herzustellen. Mit dem daraus gemachten Schießpulver konnten die Steuern an die Maeda bezahlt werden. Nebenbei wurde die Rinde der Maulbeerbäume, von deren Blättern sich die Seidenraupen ernährten, zum Rohstoff für die Papierherstellung. 🕒 tgl. 9–16.30 (im Winter bis 16) Uhr, Eintritt (für beide Häuser) 300 ¥.

Noch weiter südlich und ebenfalls an der Strecke Kanazawa–Shirakawa ist das **Haus der Familie Iwase**, ✆ 0763-67-3338, zu besichtigen, das größte und vornehmste der Gasshō-Häuser, denn hier wurden die Steuereinnahmen (u. a. das Schießpulver) gesammelt und den Steuerbeamten übergeben. 🕒 tgl. 8–17 Uhr, 300 ¥.

CHŪBU

#### ÜBERNACHTUNG

Die schönsten Unterkünfte in der Gokayama-Region liegen im Ortsteil Ainokura. In Gasshō-Häusern kostet die Übernachtung mit Halbpension ab 10 000 ¥ p. P. Einige Familien nehmen auch einzelne oder zu zweit Reisende auf:
**Chōyomon**, ✆ 0763-66-2755,
**Yomoshirō**, ✆ 0763-66-2377,
**Goyomon**, ✆ 0763-66-2154,
**Nakaya**, ✆ 0763-66-2457, 💻 www.gokayama-info.jp/en/accommo_gassho.html.

€ **Ainokura Kyanpu-jō**, 200 m hinter dem Ortsteil Ainokura, ✆ 0763-66-2123. Kleine Wiese zum Zelten, mit WC, Kochstelle und gutem Blick über das Tal. Anmeldung am Informationsschalter von Ainokura, beim Parkplatz. 1500 ¥ p. P.

**GH Yamashitaya**, 839 Kaimukura (3,5 km östlich von Suganuma), ✆ 0763-77-3264, 💻 www.gokayama-yamashitaya.com. Einfache Unterkunft in einem älteren japanischen Haus (ohne Gasshō-Dach), Dorm-Betten ab 3300 ¥ (zzgl. Münzdusche), auch DZ. ❶–❷

## ESSEN UND EINKAUFEN

Sowohl in Ainokura als auch in Suganuma kann man in den Andenkenläden mittags eine Kleinigkeit essen. Restaurants, die auch abends geöffnet sind, gibt es nicht.

**Washi-suki Taikenkan**, Ainokura, ✆ 0763-66-2016. Ausgeschildert ist der Laden als „Papermaking experience" – für 700 ¥ ein Maulbeerblattpapier selbst schöpfen –, aber er führt auch edles Japanpapier, unerwartet stabile Dinge aus Papier und schöne Lampen mit Papierschirmen. ⌚ Mai–Nov Mi–Mo 9–16.30 Uhr.

## SONSTIGES

### Feste

**Kokiriko Matsuri**, 25./26. Sep, im Ortsteil Kaminashi: Dabei werden Tänze in ungewöhnlichen, bunten Kostümen aufgeführt. Der Name des Festes kommt von den hölzernen Rhythmusgeräten, die im Museum von Ainokura ausgestellt sind.

### Informationen

**Touristeninformation**, Shimonashi 1135, ✆ 0763-66-2468, 💻 www.gokayama-info.jp, ⌚ tgl. 9–17 Uhr. In Ainokura gibt es auch einen **Infostand** am Parkplatz.

## NAHVERKEHR

Abgesehen von den wenigen Bussen, die zwischen Takaoka und Shirakawa fahren (s. Transport und S. 330, Shirakawa), gibt es keinen öffentlichen Nahverkehr zwischen den einzelnen Ortsteilen. Allgemein herrscht wenig Verkehr, weshalb auch Trampen schwierig ist. Wer ohne eigenes Fahrzeug unterwegs ist, muss also gut planen und/oder viel Zeit mitbringen.

**Gokayama Taxi**, ✆ 0763-66-2046, 💻 www.gokayama-taxi.com, verlangt für die Strecke Ainokura–Suganuma ca. 4600 ¥.

## TRANSPORT

### Auto

Gokayama liegt an der Landstraße 156 zwischen Shirakawa und Takaoka.

### Busse

Von Ainokura nach TAKAOKA, 5x tgl., 1 1/2 Std., letzter Bus ca. 16.45 Uhr (umgekehrt 16 Uhr), 1000 ¥. Am Wochenende tgl. 3 weitere Busse.

Nach SHIRAKAWA s. S. 330.

# Japanische Alpen
# 日本アルプス

Über den gesamten Zentralteil der Insel Honshū – etwa zwischen Niigata, Toyama, Nagoya und Tōkyō – erstrecken sich mehrere Bergketten mit bis zu 3000 m hohen Bergen (einzig der Fuji-san ist deutlich höher). Der Name „Japanische Alpen" geht auf einen britischen Missionar zurück, der die Berge bei Kamikōchi bewundernd mit den Schweizer Alpen verglich.

## Kiso-Tal 木曽谷

In dem Bergtal zwischen Nagoya und Matsumoto verlief in der Edo-Zeit der **Nakasendō**, einer der Fernwege, die Edo (das heutige Tōkyō) mit den weiter entfernten Provinzen verbanden. Entlang dieser Straßen lagen in regelmäßigen Abständen Poststationen, an denen die Reisenden übernachten konnten und die Pferde gewechselt wurden. Ein etwa 100 km langer Teil dieses Wegs ist als Wanderweg ausgeschildert, und einige Orte sind weitgehend restauriert und vermitteln einen Eindruck vom Leben auf dem Nakasendō (s. Tour S. 336). Die Nakasendō-Wanderung speziell zwischen den Orten Tsumago und Magome zieht v. a. westliche Individualtouristen an – und die Dörfer danken es ihnen mit vielen englischsprachigen Infos und nostalgischer Atmosphäre.

### Tsumago 妻籠

Tsumago war von Edo aus die 42. der insgesamt 69 Stationen des Nakasendō. In Tsumago kreuzte außerdem der Inadō, ein weiterer Fernverkehrsweg. Der Ort war daher recht wohlhabend. Die Bedeutung des Nakasendō blieb auch nach der Meiji-Restauration 1868 erhalten, bis 1911 – etwa parallel zum alten Nakasendō – im Kiso-Tal die Chūō-Eisenbahnlinie gebaut wurde. Damit war der Niedergang der alten Poststationen besiegelt.

Bereits 1968 gab es erste Bestrebungen, die historischen Strukturen zu erhalten: 20 Häuser wurden restauriert. 1971 einigten sich die verbliebenen Einwohner auf verbindliche Baubestimmungen, um aus dem Manko unzeitgemäßer Häuser Nutzen zu ziehen und Tsumago für den Tourismus attraktiv zu machen. Die Rechnung ging auf: Seit 1976 steht der Ort unter Denkmalschutz, und heute sind keine Stromleitungen oder Fernsehantennen zu sehen, dafür reichlich Geschäfte mit traditionellem Kunsthandwerk sowie japanische und taiwanesische Reisegruppen. Trotzdem ist Tsumago keine historische Attrappe, sondern ein lebendiges Dorf.

Gleich oberhalb der Bushaltestelle befindet sich das aus drei Teilen bestehende **Nagiso-Stadtmuseum** (Nagiso-machi Hakubutsukan), Tsumago 2190, ✆ 0264-57-3322. Teil 1, der **Honjin**, war früher das offizielle Gästehaus für reisende Beamte oder auch Provinzfürsten, *daimyō*, und der Inhaber war von der Regierung angestellt, um die hohen Gäste zu bewirten. Das Honjin-Gebäude von Tsumago wurde bereits im 16. Jh. errichtet. Das heutige Gebäude ist allerdings eine Reproduktion von 1995 im Zustand der späten Edo-Zeit.

Neben dem Honjin gab es noch ein zweites offizielles Gästehaus, den **Waki-Honjin**, eine Art Ausweichunterkunft für den jeweils rangniederen Gast. Das heutige Gebäude, mit 170 Matten Wohnfläche, wurde 1877 aus heimischem Zypressenholz gebaut. Bei einer kurzen Führung zeigen ehrenamtliche Guides das versteckte Tee- und Konferenzzimmer im Obergeschoss und die mit Tatami ausgelegte Toilette, die eigens für den Besuch des Meiji-Tennō 1880 eingebaut wurde. Der Kaiser war aber nur kurz in Tsumago und hat die Toilette nie benutzt. Zum Museum gehören auch ein alter Speicher und ein neues **Museumsgebäude** (Rekishi Shiryōkan) mit einem Modell des alten Honjin und Ausstellungsstücken u. a. zur lokalen Holzindustrie. 🕒 tgl. 9–17 Uhr, Eintritt für den Honjin 300 ¥, für Waki-Honjin und Rekishi Shiryōkan 600 ¥, Kombiticket 700 ¥. Japanische Führung, oft kann jemand dolmetschen, und es gibt ein englisches Infoblatt und einige englische Beschriftungen im Museum.

Östlich vom Museum steht an der Straße ein rekonstruiertes **Kōsatsu-ba**, eine edo-zeitliche Anschlagtafel mit Gesetzen und Ankündigungen. Die Tafeln waren besonders hoch aufgehängt, um die Untertanen zum Aufschauen zu zwingen. Auf der Westseite passiert die Straße die Touristeninformation und macht dann einen Doppelknick, der potentielle Angreifer (oder vielleicht auch nur unverbesserliche Raser) zum Bremsen zwingen sollte. Hier steht auch der **Enmei Jizō**, die große steinerne Statue eines Jizō-Bodhisattvas, die erst 1810 im Fluss gefunden wurde, dahinter der um 1500 gegründete **Kōtoku-Tempel**.

## Magome 馬籠

Das Straßendorf Magome zieht sich entlang einer bis auf einen strategischen Schlenker schnurgeraden gepflasterten Straße ziemlich steil den Berghang hinauf. Die Bushaltestelle und der Parkplatz liegen ganz unten, Post und Touristeninformation auf halbem Weg, weiter nach oben geht es auf den Pass und nach Tsumago.

Auch in Magome stellt ein kleines **Museum** (Shiryō-kan) in zwei Ausstellungsräumen Objekte aus der Edo-Zeit aus: Hauptsächlich handelt es sich um Rüstungen, Bergsänften und ähnliche Gerätschaften, die *daimyō* mit sich führten, wenn sie von ihren Herrschaftssitzen in der Provinz nach Edo oder zurück reisten. 🕒 tgl. 9–17 Uhr (im Winter kürzer und Mi geschlossen), 300 ¥.

Westlich von Magome geht der ausgebaute Wanderweg noch mehrere Tagesetappen bis **Mitake**, knapp 60 km entfernt, weiter. Eine Stunde hinter Magome erreicht man bei **Ochiai** die originale, sehenswerte Pflasterung, nach weiteren zwei Stunden **Nakatsūgawa**, eine Kleinstadt mit Bahnhof.

## Narai 奈良井

Am östlichen Ende des Kiso-Tals, bevor dieses ins breite Haupttal bei Matsumoto mündet, ist das Dorf Narai ebenfalls sehenswert. Früher war es eine der größten und wohlhabendsten Stationen auf dem Nakasendō. Erhalten sind die historischen Häuser auf etwa 1 km Länge, seit den 1970er-Jahren denkmalgeschützt und nicht zuletzt für Filmaufnahmen restauriert.

Die Einwohner lebten früher nicht nur vom Geschäft mit den Durchreisenden, sondern hatten andere Betriebe. So wurden etwa verzierte Schmuckkämme für die aufwendigen Frisuren der Edo-Zeit hergestellt. Das Haus eines solchen Kammhändlers, das **Nakamura-tei**, Narai 331, ✆ 0264-34-2655, ist heute zu besichtigen. ⌚ tgl. 9–17 Uhr, Dez–März nur Di–So 9–16 Uhr, 300 ¥. Ein **Museum** am westlichen Ortsausgang, ✆ 0264-34-2654, stellt noch mehr alte Berufe vor. ⌚ April–Nov Di–So 9–16 Uhr, 300 ¥.



## ÜBERNACHTUNG

### Tsumago

In mehreren der historischen Häuser kann man übernachten, Infos über die Touristeninformation.

**Shimosaga-ya**, Terashita 805-1, ✆ 0264-57-3124, 💻 www.takenet.or.jp/~sagaya. Die Besitzer sprechen auch Englisch. Ab 9100 ¥ p. P. mit HP.

### Magome

Übernachtungen im **Minshuku** kosten ab ca. 8000 ¥ mit Halbpension. Bei der Reservierung ist die Touristeninformation vor Ort behilflich. Eine Buchung ist vorab in der Regel nicht notwendig.

**Magome Chaya**, mitten im Ort, 💻 https://magomechaya.com/en. Die meisten ausländischen Gäste bleiben in diesem Ryokan, das Zimmer für bis zu 5 Personen anbietet und eine gut ausgestattete Gemeinschaftsküche hat. Mahlzeiten können separat gebucht werden. Preise je nach Zimmer und Gruppengröße variierend. ❶, mit HP ab ca. 8000 ¥ p. P.

## ESSEN

**Spezialitäten** im Kiso-Tal sind *gohei-mochi* (S. 313) und *kuri-kowameshi*, süßlicher Klebreis mit untergemischten Kastanien. In der Region wird außerdem viel *hoba-miso* gegessen, auf einem Magnolienblatt gegrillte Misopaste. Versuchen kann man auch die *hoba-maki*, süße Mochi-Rollen mit Misopastenfüllung. Manche Restaurants verkaufen kleine, auf Holzstäbchen aufgespießte ganze Fische, die über dem *irori* gegrillt wurden.

### Tsumago

Die Andenkenläden und die meisten Restaurants sind nur bis 17 Uhr geöffnet, außerhalb der Saison z. T. gar nicht. Das Angebot ist in der Regel recht ähnlich und reicht von einfachen Snacks bis zu kleineren japanischen Gerichten.

**Tawaraya**, gegenüber der Post, ✆ 0264-57-2257, verkauft leckere *gohei-mochi*, ebenso **Shin'ya** im westlichen Ortsteil, ✆ 0264-57-4343.

**Wachinoya**, neben der Post, ✆ 0264-57-2487. Dicke, überwiegend vegetarische *oyaki*.

### Magome

Den Kastanienreis *kuri-kowameshi* kann man im **Daikokuya**, im **Masuya** und im **Kappe** probieren.

**Omiya**, am oberen Ende von Magome. Wer noch keine *gohei-mochi* probiert hat, sollte es hier tun. Die hausgemachte Sauce aus Sesam und Walnüssen ist großartig. Die hiesigen *gohei-mochi* sind nicht klassisch flach, sondern zu kleinen Klößchen geformt. ⌚ tgl. 7–17 Uhr.

## EINKAUFEN

Die Region ist bekannt für **Lackwaren** *(Kiso-shikki)*, die in unterschiedlichen Ausführungen verkauft werden, und natürlich für das qualitativ hochwertige **Zypressenholz**. Ein Fachgeschäft für Holzartikel am unteren Ende der Hauptstraße in Magome verkauft Waschbottiche und anderes Badezimmerzubehör aus Zypressenholz. ⌚ tgl. 10–17 Uhr.

**Obarajun**, Tsumago, südlicher Ortsteil, 💻 https://obarajun.shopinfo.jp. Sehr ausgefallene handgearbeitete Designerkleidung, z. T. nur hier erhältlich. ⌚ tgl. 10–18 Uhr, sporadisch geschl.

In Narai werden seit Jahrhunderten hochwertige (Bentō-)Schachteln aus gebogenem Zypressenholz hergestellt. Ein bekannter Traditionsbetrieb ist **Kozakaya**, ✆ 090-1869-8379, keine regulären Öffnungszeiten.

## SONSTIGES

### Feste

**Bunka Bunsei**, 23.11.: historische Parade mit Samurai, Sänftenträgern, Mönchen und einer nachgestellten Hochzeitsprozession von Tsumago nach Ōtsumago.
**Taimatsu-Fackelfest**, 4. Sa im Aug: Signalfeuer und Tanzvorführung bei den Ruinen von Tsumago-jō.

### Gepäckaufbewahrung

**Schließfächer** gibt es in den Touristeninformationen von Tsumago und Magome und im Bahnhof Nakatsūgawa.

### Informationen

**Touristeninformation Tsumago**, Nagiso-machi, Azuma 215-2, ✆ 0264-57-3123, 💻 www.town.nagiso.nagano.jp/foreign/en und 💻 www.tumago.jp. Sehr engagiert. ⏲ tgl. 8.30–17 Uhr.
**Nagiso**: Nagiso-machi, ✆ 0264-57-2001, ⏲ Mo–Fr 8.30–17.15 Uhr.
**Magome**: gegenüber der Post, ✆ 0264-59-2336, 💻 www.kiso-magome.com (nur Jap., aber mit englischsprachigem Kartenmaterial). Infos und Reservierungen. ⏲ tgl. 8.30–17, im Winter ab 9 Uhr.
**Narai**: mittig in der Hauptstraße, ✆ 0264 34 3160, 💻 www.naraijuku.com.

## NAHVERKEHR

**Busse** zwischen Nakatsūgawa (Bahnanschluss) und Magome verkehren etwa stdl. bis ca. 18 Uhr, 25 Min., 570 ¥.
Von Nagiso nach Tsumago/Magome mit **Ontake Kōtsū**, ✆ 0264-57-2346, nur etwa alle 2 Std. von 8.40–18 Uhr; nach Tsumago (10 Min.) 300 ¥, manchmal weiter nach Magome (40 Min.), 600 ¥. Der letzte Bus von Tsumago zurück fährt um 17.41 Uhr.
**Busfahrpläne** für Magome gibt es im Internet unter 💻 www.kitaena.co.jp/timetable.

## EISENBAHN

Von **Nagiso** (fast keine Schnellzüge) über **Narai** (1 Std., 990 ¥) nach MATSUMOTO gut 2 Std., 1520 ¥, bzw. 1 Std., 3450 ¥ (Express); NAGOYA 1–2 1/2 Std., 1690–3620 ¥, selten und fast immer mit Umsteigen in Nakatsūgawa.
Von **Nakatsūgawa** nach NAGOYA häufig, 1–1 1/2 Std., ab 1340 ¥; MATSUMOTO 2 1/2 Std., 1980 ¥, bzw. 75 Min., 4570 ¥ (Express).

# Matsumoto 松本

Die Hauptattraktion der kleinen Universitätsstadt in einem Haupttal der Japanischen Alpen ist die eindrucksvolle schwarze Burg, aber etwas zusätzliche Zeit zum Flanieren oder für die anderen Sehenswürdigkeiten schadet sicher nicht. Auf dem Weg in die Japanischen Alpen steigt man hier oft um – nicht umsonst ist Matsumoto Partnerstadt von Grindelwald.

Die Honmachi-dōri bildet die Nord-Süd-Achse der Stadt. Sie überquert im Norden das Flüsschen Metobagawa. Ihre Verlängerung (Daimyōchō-dōri) führt auf die Burg und das Städtische Museum zu.

Schon von Weitem ist der Hauptturm der **Matsumoto jō** in der Ebene sichtbar. Die Burg wurde Ende des 16. Jhs. von der Ishikawa-Familie an der Stelle einer älteren Anlage von 1504 erbaut. Während der Meiji-Restauration Ende des 19. Jhs. verfielen große Teile des Gebäudes und wurden durch das persönliche Engagement zweier Lehrer aus Matsumoto wiederaufgebaut. Der Hauptturm (Donjon) gehört zu den wenigen erhaltenen aus der Edo-Zeit. Wegen ihres schwarzen Anstrichs wird die Burg auch „Krähenburg" *(karasu-jō)* genannt. Gut zu sehen sind die Verteidigungsanlagen wie die *ishi-otoshi*, kleine Luken, aus denen die Verteidiger Steine auf angreifende Feinde werfen konnten. Auf der Veranda zur Mondbetrachtung *(tsukimi yagura)* tranken die *daimyō* bei Vollmond (natürlich nur in Friedenszeiten) Sake und ergaben sich Gedichten und Emotionen. ⏲ tgl. 8.30–17 Uhr, 700 ¥. Bushaltestelle Shiyakusho-mae.

Das **Städtische Museum** (Shiritsu Hakubutsukan) wurde 2023 etwas südlich der Burg neu errichtet. Die Museumssammlung konzentriert sich auf Brauchtum und Alltagsgegenstände, interessant sind z. B. die flachen, reliefierten Pa-

# Der historische „Weg durch die Berge“

- **Start:** Tsumago
- **Ziel:** Magome
- **Länge:** gut 8 km (Tsumago–Wasserfälle 3,6 km, Wasserfälle–Magome-Pass 1,7 km, Pass–Magome 3 km).
- **Dauer:** 2 1/2–3 Std.
- **Infos:** Die Touristeninformationen in Tsumago und Magome, an den Bahnhöfen Nagiso und Nakatsugawa und selbst in Nagoya halten viele Broschüren, Infoblätter und einfache gezeichnete **Karten auf Englisch** bereit, die für diese Wanderung völlig ausreichend sind.
- In den Touristeninformationen von Magome und Tsumago werden gegen Pfand **Bärenglocken** verliehen (die 1200 ¥ bekommt man im anderen Ort zurück); am Weg sind auch zusätzliche Glocken aufgestellt, die zur Abschreckung hin und wieder in der Region auftauchender Bären geschlagen werden sollen.
- **Gepäcktransport**: zwischen Tsumago und Magome am selben Tag 1000 ¥ pro Stück über die Touristeninformation (bis 11.30 Uhr abgeben). Alternativ kann man das Hauptgepäck per *takkyūbin* von Hotel zu Hotel vorschicken (S. 74).
- **Transport**: Sowohl Tsumago als auch Magome sind nur per Bus zu erreichen (S. 335). Obwohl der Anstieg zum Pass (auf 800 m) von Tsumago aus etwas höher ist, empfiehlt es sich, von Tsumago aus nach Magome zu gehen, da die Busverbindungen von Magome aus besser sind und man daher die Rück- oder Weiterfahrt nicht so genau planen muss. Man kann auch direkt vom Bahnhof Nagiso starten; der Weg ist fußgängerfreundlich und ausgeschildert (4 km mehr).

Der Wanderweg zwischen Tsumago und Magome führt durch schöne Natur, verläuft aber auch parallel zur Straße, auf der gelegentlich ein Bus verkehrt, sodass die Wanderung an vielen Punkten zwischendurch abgebrochen werden kann. Zudem ist der Weg hervorragend ausgeschildert, breit und leicht begehbar (aber nicht barrierefrei) und unterwegs gibt es mehrere Rastplätze und Toilettenhäuschen.

## Zu den Wasserfällen

Von Tsumago windet sich der Weg an einem alten Friedhof vorbei und passiert noch den Weiler **Ōtsumago** mit einem letzten Soba-Restaurant und ein paar Reisfeldern, bevor an einer Weggabelung die Odaki-Medaki-Wasserfälle angekündigt werden. Der historische Nakasendō verlief auf dem rechten, unteren der beiden Wege unterhalb der Wasserfälle **Odaki** („Männerwasserfall“, links) und **Medaki** („Frauenwasserfall“, rechts).

CHŪBU

Baumwollkimonos hängen in einem traditionellen Gasthof am Nakasendō zum Trocknen aus.



Die kühlen Wasserfälle waren immer ein bekannter Rast- und Orientierungspunkt für die Händler, Beamten und Geschäftsreisenden.

## Über den Pass

Schließlich führt der Pfad bergauf bis zum alten Teehaus **Tateba Resthouse**, das heute wie damals als Rasthaus für müde Wandernde dient (Picknicktische und Gratis-Tee). Während der Edo-Zeit befand sich daneben, wo heute ein offener Picknickplatz ist, ein Kontrollposten, um zu verhindern, dass etwa Zypressen (oder eine der vier anderen wertvollen Holzsorten der Region) illegal ausgeführt würden. Ein kleiner Weg führt seitlich zum **Koyasu-Kannon-Tempel**: Der hier verehrte Kannon-Bodhisattva ist speziell für die Fruchtbarkeit zuständig (mit entsprechender Symbolik!).

Zwanzig Minuten und ein paar Serpentinen später ist die **Passhöhe** erreicht; der gesamte Höhenunterschied ab Tsumago beträgt nicht einmal 400 m. Am Pass kreuzt der Weg wieder die Straße. Ein kleiner Laden verkauft *oyaki*, gebratene Teigknödel mit Gemüsefüllung. Daneben steht ein Haiku-Gedicht von Masaoka Shiki: „Weiße Wolken – unter jungen grünen Blättern – 30 Meilen".

Hinter dem Pass geht der Weg rechts der Straße sanft bergab, zunächst an ein paar Häusern und einem kleinen **Kumano-Schrein** vorbei, dann durch Felder und noch einmal kurz aufwärts zu einer **Aussichtsplattform** (Blick auf den 2191 m hohen Ena-san).

## Am Ziel

Gleich unterhalb der Plattform beginnt die weitgehend gerade, einzige Straße des Dorfs. Am alten Ortseingang diente eine kleine Zickzackkurve als frühe Verkehrsberuhigungsmaßnahme für die berittenen Boten; dort steht auch eine der wiedererrichteten Anschlagtafeln für Erlasse der edo-zeitlichen Regierung.

In **Magome** sollte man unbedingt *gohei-mochi*, flache Reisklöße mit warmer Nusssauce, probieren. Wer jetzt noch richtig essen will, muss sich sputen, denn spätestens um 17 Uhr schließt alles.

pierpuppen *oshi-e-bina*. Diese Puppen aus Japanpapier waren für ärmere Leute ein Ersatz für die teuren „echten" Puppen beim Puppenfest am Mädchentag (S. 61). ⌚ bei Redaktionsschluss noch nicht bekannt.

Das **Städtische Kunstmuseum** (Matsumoto-shi Bijutsukan) hat in der ständigen Sammlung eine kleine Ausstellung zum Lebenswerk von Kusama Yayoi, die aus Matsumoto stammt und heute zu den bekanntesten Künstlerinnen der Welt zählt. ⌚ Di–So 9–17 Uhr, 410 ¥.

Nördlich der Burg steht eine der ältesten Grundschulen Japans, die **Kyū Kaichi Gakkō**, Kaichi 2-4-12, ✆ 0263-32-5725. Sie wurde 1876 im westlichen Stil erbaut. Nach der Schließung 1963 wurde das Gebäude hierher versetzt und bereits ein Jahr später das kleine Museum eröffnet. Zu sehen gibt es neben einer Ausstellung zur Schulgeschichte Japans auch einige rekonstruierte Klassenzimmer aus der Meiji-Zeit. Englisches Faltblatt. ⌚ tgl. 9–17 Uhr (jeden 3. Mo, Dez–Feb jeden Mo geschlossen), 400 ¥. Bushaltestelle Takajōmachi.

Beim Spaziergang durch die Stadt fallen allenthalben die **Steinfiguren von Stadt- und Wegegöttern** ins Auge, die oft als Paar dargestellt sind. Insgesamt sollen es etwa 500 sein. Besonders nett zum Bummeln sind die Nakamachi-dōri und Nawate-dōri südlich der Burg, wo sich in alten Häusern nette Läden aneinanderreihen.

Etwas außerhalb im Westen der Stadt liegt das sehenswerte **Ukiyoe-Museum** (JUM), 2206-1 Koshiba, Shimadachi, 💻 www.japan-ukiyoe-museum.com, das mit über 100 000 Holzschnitten die weltgrößte Sammlung von Ukiyoe-Holzschnitten beherbergt. Zusammengetragen wurde sie im späten 18. Jh. von einem privaten Mäzen, dem Papierfabrikanten Sakai Yoshiaki. Nicht immer sind Bilder berühmter Meister wie Hiroshige oder Utamaro in den Wechselausstellungen – es lohnt sich also, vorher den Ausstellungskalender (per Internet) zu konsultieren. Außer Holzschnitten gibt es Druckstöcke sowie eine Diashow zur Herstellung von Ukiyoe zu sehen. Bemerkenswert ist auch das moderne Gebäude selbst von Shinohara Kazuo. Netter Museumsladen. ⌚ Di–So 10–17 Uhr, 1000 ¥. Die Anreise ist etwas umständlich: Privatbahn Matsumoto Dentetsu bis Ōniwa, von dort ca. 20 Min. zu Fuß. Das **Freilichtmuseum Rekishi-no-sato**, Shimadachi 2196-2, gleich daneben zeigt mehrere gut restaurierte Gebäude aus der Meiji-Zeit (ab Ende 19. Jh.). Das Gerichtsgebäude, das früher direkt neben der Burg stand, wurde bis 1977 genutzt und von einer Bürgerbewegung vor dem Abriss bewahrt, heute kann man Richterkostüme anprobieren und historische Dienstpfeifen ansehen. Daneben stehen eine kleine Seidenspinnerei und eine Herberge für Seidenarbeiterinnen – im frühen 20. Jh. war Seide ein wichtiger Industriezweig in der Region. ⌚ Di–So 9–17 Uhr, 410 ¥.

## ÜBERNACHTUNG

**Buena Vista**, Honjō-1-2-1, ✆ 0263-37-0111, 💻 www.buena-vista.co.jp. Großzügige Zimmer mit teils fantastischem Blick am Südrand der Innenstadt, viele Hochzeitsgesellschaften, mehrere gute Restaurants. ❺

€ **Hotel M**, Conglo M 6F, 1-3-11 Fukashi, ✆ 0263-87-4445. Helles, neueres Backpacker-Hotel gleich neben dem Busbahnhof (über dem Maruzen-Buchladen) mit unterschiedlichen Zimmern, Mehrbettzimmern und Kapseln, für Männer auch großes Gemeinschaftsbad. Mit Frühstücksbuffet, etwas Englisch. Kapsel ab 2980 ¥ je nach Saison. ❶–❸

**Ryokan Marumo**, Chūō, 3-3-10, ✆ 0263-32-0115, 💻 www.marumoryokan.jp, drei Blocks östlich der Honmachi-dōri südlich des Flusses. Stimmungsvolles Ryokan in einem historischen Gebäude, das seit der Meiji-Zeit als Gasthaus genutzt wird. Im gleichen Gebäude befindet sich auch das Café Marumo. ❸–❹

€ **Ryokan Matsukaze**, Chūjō 11-2, ✆ 0263-25-7318. Großes Familienhaus in ruhiger Wohngegend direkt an einem kleinen Fluss, ca. 10 Min. Fußweg südlich vom Bahnhof. Japanische Zimmer, auch Nichtraucherzimmer, großes Gemeinschaftsbad. ❶

## ESSEN

Matsumoto hat seine eigene Variante der Buchweizen-Soba. Kulinarisch Aufgeschlossene können auch das rohe Pferdefleisch, eine Delikatesse der Region, probieren.

**Iidayaken Shinshū Soba**, unten im Hotel Iidaya am Bahnhof, ✆ 0263-35-9814. Sehr billig, Soba und Udon bereits ab 330 ¥. ⌚ tgl. 7.40–14 und 16.30–22.30 Uhr.

**Miyota**, in einer Passage neben dem Tōyoko Inn. Kleines, recht bekanntes Soba-Restaurant, in dem Studenten, Hausfrauen und Geschäftsleute ihre Nudeln schlürfen. ⌚ Mo–Sa 11.30–15, 17–20.30 Uhr.

**Okinadō**, Chūō 2-4-10, ✆ 0263-32-0975, am Fluss, einen Block östlich der Honmachi-dōri. Altes „westliches" Café mit gleichbleibender Einrichtung und Speisekarte. Hier trank Kawashima Yoshiko, eine nach Japan adoptierte mandschurische Prinzessin, oft Kaffee. Später wurde sie als Spionin entlarvt und angeblich nach dem Krieg hingerichtet. Eine andere Variante geht von einer falschen Leiche aus, die echte Kawashima Yoshiko soll bis in die 1970er-Jahre gelebt und vielleicht hier Kaffee getrunken haben. Eher westliches Essen: Curry, Steak, Om(elette-)reis und Pasta, guter Bio-Kaffee. ⌚ Mo–Sa 9–20.30, So 10–18 Uhr.

**Shinmiyoshi**, Chūō 1-7-17, ✆ 0263-39-0141. Pferdefleischrestaurant in Bahnhofsnähe. Fleischtopf *(sakura-nabe)* um 3000 ¥. Erkennbar am Pferdelogo auf den Laternen. ⌚ tgl. 11.30–14 und 17–22 Uhr.

**Sioribi Café und Buchhandlung**, Fukashi 3-7-8, ✆ 0263-50-5967. Eher alternatives Café mit verschiedenen Sesseln und Stühlen, man sitzt wie in einem Wohnzimmer. Es gibt aufgebrühten Kaffee und süße und salzige Scones. ⌚ tgl. 7–20 Uhr.

**Taiyaki Furusato**, Nawate-dōri. Besonders leckere süße, gefüllte Waffel-„Fische" *(taiyaki)*, unterschiedliche Sorten, ab 150 ¥. ⌚ tgl. 9–18 Uhr.

## UNTERHALTUNG

Seit 2017 gibt es mit der **Matsumoto Brewery** eine einheimische Craftbier-Brauerei mit fünf Sorten. Frisch gezapft bekommt man das Bier im winzigen **Tap Room**, Chūō 3-4-1, 💻 www.matsu-brew.com, in einer Gasse zwischen Nakamachi-dori und Fluss, ⌚ Mi–Mo 13–19 Uhr, oder auf der Dachterrasse des **Media Garden** direkt an der Hauptstraße, 💻 www.shinmai-mediagarden.jp, später am Abend auch im **Old Rock**, einem klassischen Pub an der Honmachi-dōri, Chūō 2-3-20, ✆ 0263-38-0069, ⌚ Mo–Fr 17–24, Sa 12–24, So 12–23 Uhr.

**Celts Irish Sports Bar**, Chūō 1-5-1, ✆ 0263-31-8055. Klassische Bierbar mit Sportsendern, Guinness und Pizza. Bier ab 490 ¥. ⌚ tgl. 17–2, Sa, So ab 15 Uhr.

## EINKAUFEN

**Kaiundō**, Chūō 2-2-15, Honmachi-dōri, nördlich der Hauptpost. Köstliche Süßigkeiten, täglich wechselndes Softeis, etwas teurer. Es gibt auch ein schlichtes Café. ⌚ tgl. 9–18 Uhr.

**Kanzan**, Chūō 3-4-21, Nakamachi-dōri, ✆ 0263-34-1413. Antiquitätenladen mit sehr schönen Art-déco-Lampen aus der Taishō-Zeit. Der Laden ist gleichzeitig ein Schauraum für Holzmöbel auf Bestellung. ⌚ Fr–Di 10.30–18 Uhr.

**Suzuki Inkokuten**, Ōte 4-3-18 (Nawate-dōri), ✆ 0263-32-7136. Handgefertigte Stempel und Brenneisen, z. B. für Holzbretter oder Brote, auch nach eigenen Entwürfen (Name oder Logo) möglich. ⌚ tgl. 8.30–18 Uhr.

**Ukiyoe Museum Shop**, Chūō 2-3-25, ✆ 0263-88-0170. Ableger des Museumsshops direkt gegenüber von Parco. Hier gibt es Sticker und Kühlschrankmagneten, aber auch echte alte Ukiyoe und hochwertige Faksimiles aus der museumseigenen Werkstatt. ⌚ Do–Di 10.30–18 Uhr.

## SONSTIGES

### Autovermietungen

**J-Net Rentacar**, Honjō 1-12, ✆ 0263-35-0154, 💻 www.j-netrentacar.co.jp, südöstlich des Bahnhofs in der westlichen Parallelstraße zur Honmachi-dōri. Manchmal gute Angebote. ⌚ tgl. 8–20 Uhr.

### Feste

**Yasaka-sama Matsuri**, 14. Juli: Kinder opfern Banner aus Schilf an den Schreinen.

**Taiko-Festival**, letztes Wochenende im Juli: mit großen Trommeln an der Burg.

CHŪBU

**Tsukimi-(Mondbetrachtungs-)Bankett**, Sep oder Okt zu Vollmond: traditionelle Musikvorführungen und Essensstände/Teezeremonie im Park der beleuchteten Matsumoto-jō. Eintritt frei.
**Taimatsu Matsuri**, Mitte Okt: nächtlicher Umzug in Asama Onsen, bei dem die Teilnehmer riesige Fackeln auf dem Rücken tragen.

### Informationen

**Touristeninformation** direkt im Bahnhof, ✆ 0263-32-2814. Sehr hilfreiches und nettes Personal. ⌚ tgl. 9–17.45 Uhr. Filiale an der Chūō-dōri gleich südlich der Burg, ✆ 0263-39-7176. Dort auch Vermittlung von kostenlosen Guides.

## NAHVERKEHR

Im Stadtzentrum verkehrt der **Townsneaker Bus** auf drei Routen, ca. 7.30–20 Uhr. Pro Fahrt 200 ¥, Tagesticket 500 ¥. Mit dem Busticket gibt es Ermäßigung auf die Hauptsehenswürdigkeiten Matsumotos, 🖳 www.alpico.co.jp/traffic/matsumoto/townsneaker/en.

## TRANSPORT

### Busse

**Matsumoto-Highwaybus**, ✆ 0263-26-7000, 🖳 www.alpico.co.jp/mrc.
NAGOYA, 3x tgl., 3 1/2 Std., ab 3000 ¥
ŌSAKA, 3x tgl. (auch über Nacht), 6 Std., ab 4500 ¥
TAKAYAMA, 6x tgl., 3 Std., 3500 ¥, auch mit **Nōhi Bus**, 🖳 www.nouhibus.co.jp.
TŌKYŌ, ständig, 3 1/2 Std., ab 2700 ¥

**In die Berge um Matsumoto**

**Busfahrplan** für sämtliche Busse im Internet unter 🖳 www.alpico.co.jp/access/kamikochi (Japanisch mit Farbcode). Um nach Norikura, Kamikōchi und Shirahone Onsen zu gelangen, fährt man zunächst mit dem **Zug** der Linie Matsumoto Dentetsu Kamikōchi bis zur Endhaltestelle SHIN-SHIMASHIMA, von dort mit dem Bus weiter. Die Züge aus Matsumoto haben in der Regel einen direkten Anschluss an die Busse, durchgehende Tickets. Für die Rückfahrt braucht man eine Reservierung für einen bestimmten Bus.
KAMIKŌCHI, etwa stdl., 2 Std. ab Matsumoto, 2570 ¥
NORIKURA KŌGEN, 7x tgl., 1 3/4 Std., 2060 ¥
SHIRAHONE ONSEN, 5x tgl., 1 1/2 Std., 2260 ¥

### Eisenbahn

NAGANO, 1 1/4 Std., 1170 ¥ (JR-Express 50 Min., 3100 ¥)
NAGOYA, 2 1/4 Std., 6340 ¥ (JR-Express)
ŌSAKA, 3 1/2 Std., über Nagoya, 11 100 ¥
TŌKYŌ (Shinjuku), 3 Std. (JR-Express), 6620 ¥, 2 1/2 Std. (Shinkansen über Nagano), 10 400 ¥

# Azumino und Hotaka
# 安曇野・穂高

Die Region Azumino nördlich von Matsumoto ist eine bei Einheimischen beliebte Ausflugs- und Erholungsregion im breiten Talschluss des großen Haupttals der Japanischen Alpen: Reisfelder, Milchwirtschaft, Berglandschaft und entspannte Cafés von stadtflüchtigen Ex-Tokyotern.

Der wichtigste Bahnhof in der weitläufigen Region heißt **Hotaka** und liegt an der JR-Ōito-Linie, ca. 30 Min. nördlich von Matsumoto (nicht auf dem Weg nach Nagano), 320 ¥. Direkt daneben steht der Hotaka-Schrein, der trotz seiner recht neuen Gebäude archaisch wirkt. Rund um den Bahnhof gibt es etliche Läden, Cafés und Lokale, zwei Touristeninformationen und Fahrradverleihstände (ab 200 ¥/Std.).

Das **Rokuzan-Kunstmuseum** (Rokuzan Bijutsukan), Hotaka 5095-1, 🖳 www.rokuzan.jp, stellt Skulpturen des japanischen Bildhauers Rokuzan (der Künstlername soll von „Rodin" inspiriert sein) aus. ⌚ tgl. 9–17.10 Uhr (im Winter nur Di–So 9–16.10 Uhr), 900 ¥.

Echte Schärfe (nicht nur für Sushi-Fans) bietet die **Daiō-Wasabi-Farm** im Osten, Hotaka 1692, 🖳 www.daiowasabi.co.jp. Der grüne Meerrettich braucht Schatten und Kälte und wird deshalb in fließenden Gebirgsbächen angebaut. Spazierwege führen über das Gelände und zu Aussichtspunkten und mehreren Restaurants. Der Renner ist das Wasabi-Softeis mit frisch geriebenem Wasabi. ⌚ tgl. 9–17.20, Nov–Feb bis 16.30 Uhr, Eintritt frei. Ca. 2 km östlich des JR-Bahnhofs Hotaka, auch zu Fuß oder per Fahrrad durch Reisfelder gut zu erreichen.

## Hakuba 白馬

Das kleine Bergdorf Hakuba gilt wegen seines Pulverschnees und der hohen Schneesicherheit als einer der großartigsten Wintersportorte Japans. Bis weit in den Frühsommer hinein sind die Berge hier schneebedeckt, und die Skisaison geht bis Anfang Mai. Sieben zusammenhängende Skigebiete bedecken die westlich gelegenen Berghänge. Am bekanntesten davon ist **Happō One** (Aussprache: o-ne, nicht etwa Englisch) mit vielen leichteren Routen, und es gibt Kombipässe für alle Gebiete.

Hakuba ist ein Sammelbegriff für weit verstreute Dörfer und Ferienhaussiedlungen. Das Dorf Hakuba liegt ein paar Kilometer vom Bahnhof Hakuba entfernt unterhalb der großen **Skischanzen** der Nagano-Olympiade, die besichtigt werden können (kleine Ausstellung, auch im Sommer oft Training). ⌚ tgl. 8.30–16.30, Dez–März 9–15.10 Uhr, 460 ¥. Hier stehen die Häuser etwas dichter, es gibt zwei öffentliche Onsen und mehrere Restaurants.

Hakuba ist eindeutig eine Winterdestination, dann gibt es neben den Skiangeboten auch Schneeschuhtouren. Die Hochsaison geht bis Anfang März, danach wird es ruhiger, man kommt eher für anspruchsvollere Skitouren – die sich dafür prima mit der Kirschblütensaison in anderen Regionen kombinieren lassen.

Im Sommer wirkt der Ort ziemlich ausgestorben, aber die Möglichkeiten für Wanderungen, Rad- oder Kajaktouren werden erweitert – im Herbst ist das Wetter dafür perfekt. Für Tageswanderungen bieten sich die **Seilbahnen** von Happō One, Sugaike und Goryū an: Jeweils ab der Bergstation gibt es gute Rundwege mit tollem Blick.

### ÜBERNACHTUNG

Im Winter gibt es in den Dörfern unzählige Hotels, Lodges und Pensionen, trotzdem sind frühzeitige **Reservierungen** (u. a. über 💻 www.hakuba1.com) angebracht. Fast alle Unterkünfte werden mit zwei



Die Japanischen Alpen sind bis in den Juli schneebedeckt.

Mahlzeiten gebucht, entscheidungsrelevant sind wegen der Weitläufigkeit v. a. die Shuttlebusverbindungen zu den in Frage kommenden Skigebieten.

Bei ausländischen Skifahrern beliebt sind u. a.:

**K's House Hakuba Alps**, Kamishiro 22201-36, ✆ 0261-75-4445, 💻 www.kshouse.jp/hakuba-e/index.html. Hostel am Bahnhof Kamishiro mit Küche und Internet. Bett ab 3500 ¥ und DZ. ❷

**Kodama Lodge**, Hakuba-Norikura 12852-16, ✆ 080-8431-5833, 💻 www.kodamalodge.com. Von (französischsprachigen) Schweizern geführte Lodge etwas abseits des Trubels, aber dicht am Schneevergnügen. ❷–❸

## ESSEN UND EINKAUFEN

**Soba-jin**, südlich vom Bahnhof Hakuba, ✆ 0261-72-2055. Alteingesessenes Lokal mit handgemachten Soba.

Abgesehen von einem **Coop-Supermarkt** am Bahnhof Hakuba und Sportausrüstern gibt es im Ort selbst kaum Geschäfte.

## SONSTIGES

### Fahrradverleih

Im **Hakuba Bike Terminal** südlich des Bahnhofs (ab 5000 ¥/Tag), Fullys im **Hakuba Iwatake MTB Park**, 💻 www.nsd-hakuba.jp/iwatake_mtb_park/en.

### Gepäckaufbewahrung

Am Bahnhof, ab 300 ¥, auch für Übergrößen okay. Große Schließfächer im Busterminal Hakuba-Dorf.

### Informationen

Touristeninformation: **Hakuba Kankōkyoku**, ✆ 0261-85-4210, 💻 www.hakubavalley.com/en, 🕒 am Bahnhof tgl. 8–18, am Busterminal tgl. 6–18 Uhr.

## TRANSPORT

### Busse

Nach NAGANO mit Alpico, 1 1/2 Std., 2200 ¥. Der Bus fährt auch direkt zu den Resorts Tsugaike und Hakuba-Norikura. Im Sommer nur ein sporadischer Shuttlebus (höchstens stdl.) vom Bahnhof zum Busterminal im Dorf und weiter, im Jan/Feb zahlreiche Linien. Außerhalb der Hauptsaison kann ein Mietwagen sinnvoll sein.

### Eisenbahn

Auf der hier vorbeiführenden Ōito-Linie von Matsumoto nach Toyama fahren seltener als stündlich Züge, davon drei Expresszüge am Tag. Nach MATSUMOTO 1 1/2 Std. 1170 ¥ (Express 1 Std., 2190 ¥).

# Kamikōchi 上高地

Der touristische Bergort Kamikōchi liegt zu Füßen der Berge Hotaka (3190 m) und Yake-dake (2455 m). Ab Mitte April verkehren Busse nach Kamikōchi, dann werden auch die Hotels geöffnet. Die eigentliche Wandersaison beginnt erst im Juli nach der Regenzeit, wenn die Berge schneefrei sind. Der Teich **Taishō-ike** vorn im Tal ist erst 1915 durch einen Vulkanausbruch des Yake-dake entstanden, daneben steht das luxuriöse Imperial Hotel. Der Ort Kamikōchi ist kein Dorf im eigentlichen Sinn, sondern eine Ansammlung von saisonal geöffneten Hotels: Am Busbahnhof gibt es gleich zwei Besucherzentren, einige Läden und einfache Lokale, die meisten Unterkünfte konzentrieren sich um die Brücke Kappa-bashi, 5 Fußminuten entfernt. Breite, ausgetretene Spazierwege und Bohlendämme erschließen das Tal. Vor allem im Hochsommer kann es hier enorm voll sein. Geboten werden dafür eine frische grüne Berglandschaft und ein wunderschöner Blick über den Fluss auf die Berge. Die Brücke **Kappa-bashi** über den Azusagawa, mit dem Panorama des Hotaka-dake dahinter, ist ein beliebtes Fotomotiv. Erstmals 1892 gebaut, ist die heutige hölzerne Hängebrücke bereits die fünfte Brücke an dieser Stelle.

Auf der anderen Flussseite, südlich zum Talausgang hin, ist die kleine **Weston-Gedenkplakette** am Felsen angebracht. Der englische Missionar Walter Weston, ein passionierter Wanderer und Bergsteiger, kam 1891 nach Kamikōchi und war von der Schönheit der Land-

## Wanderungen um Kamikōchi

© WESTWARDS

Von Kamikōchi aus lassen sich einige schöne Wanderungen in die Berge der Umgebung unternehmen. Als Tagestour ist die Besteigung des 2455 m hohen **Yake-dake** in etwa acht Stunden möglich. Vom Busbahnhof geht man zunächst auf breiten Fahrwegen talauswärts. Etwa zehn Minuten hinter dem Imperial Hotel zweigt ein Wanderweg nach rechts ab. Der Weg führt anfangs relativ eben durch einen lichten Mischwald und steigt nach etwa einer halben Stunde steil zur Yakedake-Hütte an. Hinter der Hütte passiert der Weg eine Senke und einen Hügel, dann folgt der felsige Gipfelanstieg. Ab hier, und vor allem kurz unterhalb des Gipfels, tritt aus mehreren Bergspalten mit lautem Zischen schwefeliger Dampf aus.

Eine schöne Zweitagetour ist die Besteigung des 3190 m hohen **Hotaka-dake**. Gehzeit Kamikōchi–Yokoo ca. 2 1/2 Std., Yokoo–Motodanibashi 1 Std., Motodanibashi–Karasawa-Hütte knapp 2 Std. Von dort sind es am folgenden Tag bis zum Gipfel je nach Jahreszeit und Wegzustand noch etwa 2–3 Stunden.

Wer keine Wanderstiefel mitgebracht hat, spaziert einfach auf den gut ausgebauten **Wegen im Tal**. Vom Zentrum Kamikōchi bis zum Campingplatz Myōjinkan geht man ca. 35 Minuten, weiter bis Tokusawa noch einmal rund 50 Minuten. Von Tokusawa bis Yokoo am Ende des Tals läuft man ca. eine Stunde.

schaft schwer begeistert. 1896 schrieb er eine kleine Abhandlung über die japanischen Berge *(Mountaineering and Exploration in the Japanese Alps)*, in der er erstmals den Begriff „Japanische Alpen" benutzte. Heute heißt die Region auch im Japanischen so.

Am beschaulichen Teich **Myōjin-ike**, der als „Power-Spot" bekannt ist, steht der kleine, aber wichtige Shintō-Schrein **Hotaka-Oku-miya**, 💻 www.hotakajinja.com. Er ist dem Gott Hotakami-no-Mikoto gewidmet, dem Schutzgott der Japanischen Alpen und zugleich Onkel des legendären Jimmu-Tennō, des ersten Kaisers von Japan. 🕒 tgl. 9–16 Uhr, 500 ¥.

Gleich neben dem Schrein liegt die Berghütte **Kamonji-goya**, 1880 von dem lokalen Bergführer Walter Westons, Kamonji Kamijō, gegründet. Stolz sind die Nachkommen auf die Eisaxt, die Walter Weston dem Bergführer für gute Dienste schenkte. Spezialität des Hauses sind kleine Fische, mit Salzkruste über dem Feuer gegrillt.

## ÜBERNACHTUNG

Abgesehen von den Campingplätzen sind die Unterkünfte in und um Kamikōchi eher teuer. Übernachtungskosten schließen in der Regel zwei vornehme Mahlzeiten mit ein. Im Sommer sollte man unbedingt reservieren.

### Kamikōchi

**Gosenjaku Hotel und Lodge**, auf beiden Seiten der Kappa-bashi. ✆ 0263-95-2111 (Hotel), 0263-95-2221 (Lodge), 🖳 www.gosenjaku.co.jp. Oben sehr guter Ausblick. Geschmackvolle westliche Zimmer, europäisches Dinner mit mehreren Gängen. ❻

**Nishiitoya Sansō**, westlich der Kappa-bashi, ✆ 0263-95-2206, 🖳 www.nishiitoya.com. Etwas schlichtere „Berghütte" mit großen Zimmern, aber auch Schlafsaalbetten im Anbau. Großes Gemeinschaftsbad mit Panoramafenster zum Berg Hotaka-dake und japanisches *kaiseki* zum Abendessen. Ab 10 000 ¥ p. P. mit HP.

**Campingplatz Konashidaira**, 10 Min. nördlich der Kappa-bashi, ✆ 0263-95-2321, 🖳 www.nihonalpskankou.com. 1300 ¥ p. P., Hütte für 2 Personen ab 10 000 ¥, *sentō* (Bad) 700 ¥; auch Leihzelte mit Zubehör. ⌚ Ende April–Ende Nov.

### Weiter außerhalb

Wer Ruhe sucht, übernachtet besser in einer der Hütten etwas weiter vom Zentrum entfernt; an allen kann man auch zelten (ab 1000 ¥, an Berghütten nur mit Anmeldung) und essen.

**Hotakadake Sansō**, auf 2996 m, ✆ 090-7869-0045, 🖳 www.hotakadakesanso.com. Exponierte Berghütte hoch oben auf dem Pass, nur noch knapp eine Stunde vom Okuhotaka-dake entfernt. Übernachtung 9500 ¥, 13 500 ¥ p. P. mit HP.

**Karasawa-Hütte**, auf 2309 m, ✆ 090-9002-2534, 🖳 www.karasawa-hyutte.com. Rustikale, große Berghütte, nur Schlafsäle. Speisesaal mit Panoramablick. Öko-Trenntoiletten, Trockenraum, große Terrasse, auch Leihzelte. 13 000 ¥ p. P. mit HP (nur Übernachtung 9000 ¥).

**Yokoo-Hütte**, ✆ 0263-95-2421, 🖳 www.yokoo-sanso.co.jp. Am Fluss gelegene Edel-Hütte im Tal mit schönen Schlafsälen, wahlweise japanisch oder mit Stockbett-Kapseln.
Bis hierher führt ein recht breiter Spazierweg, gute Ausgangsbasis für Bergtouren. Bett 14 000 ¥ p. P. mit HP.

## ESSEN

Die Hotels haben angeschlossene Restaurants, in denen Tagesgäste mittags essen können; abends sind sie meist nur für die Hotelgäste geöffnet.

€ Preiswert für Kamikōchi ist die Kantine am **Konashidaira-Campingplatz** mit Coupon-Automat. ⌚ tgl. 7–18 Uhr (*last order* 17.20 Uhr).

**Café Konashi**, im Hotel Shirakabasō (auf der Nordseite der Kappa-bashi), ✆ 0263-95-2131. Sandwiches und Soba mit Garnitur zum Selberzusammenstellen. ⌚ tgl. 8–16 Uhr.
Im Café **La Belle Foret Terrace** desselben Hotels wird der überdimensionale „Riesen-Montblanc" *(janbō-monburan) serviert,* ein üppiges Schlemmer-Baiser-Dessert mit Kastaniencreme. ⌚ tgl. 11–15 Uhr.

## SONSTIGES

Die Post neben dem Busterminal, ⌚ tgl. 9–17 Uhr, verschickt zwar Postsendungen, hat aber **keinen ATM**.

**Gepäckaufbewahrung** bei der Bergführervereinigung am Busterminal.

### Einkaufen

Einige Andenkenläden verkaufen auch Pflaster, Regenjacken etc. Der kleine Laden in der Kantine des Konashidaira-Campingplatzes führt ein paar **Lebensmittel**, z. T. auch frische, je nachdem, was in der Kantine übrig ist. Außerdem Schraub-Gaskartuschen, Camping- und Outdoorbedarf, Sonnencreme usw.

### Feste

**Eröffnungszeremonie**, 27. April: Saisonbeginn mit Alphörnern und Volksfeststimmung.

**Weston-Festival**, 1. Wochenende im Juni: Livemusik und Events.
**Hotaka-Schreinfest**, 8. Okt: Bootspartie in heian-zeitlichen Gewändern auf dem Teich.

### Informationen

Am Busbahnhof gibt es eine **Touristeninformation**, ✆ 0263-95-2433, ⏲ tgl. 8–17 Uhr, und ein Natur-Informationszentrum mit **Wetter- und Berginformationen**, ⏲ tgl. 8–16 Uhr.
Vom Hotel Shirakabasō werden regelmäßig **geführte Touren** wie Birdwatching am Morgen oder Nachtwanderungen angeboten (auf Japanisch), 💻 www.shirakabaso.com/guide.
**Online-Infos**: 💻 www.kamikochi.or.jp.

## TRANSPORT

### Auto

Die Straße nach Kamikōchi zweigt bei Nakanoyu von der Straße 158 (Matsumoto–Takayama) ab. Von Matsumoto kommend, passiert man den **Nagawa-Stausee** mit einem ausführlichen Besucherzentrum. Privatautos dürfen nicht bis nach Kamikōchi fahren, sondern ab Sawando muss ein **Shuttlebus** benutzt werden (2400 ¥ hin und zurück, ab 4 Personen günstiger). Der letzte Bus fährt um 17.30 Uhr.

### Busse

Von und nach MATSUMOTO über Shin-Shimashima, S. 340, Matsumoto.

# Norikura Kōgen 乗鞍高原

Auf der Südseite der Matsumoto-Takayama-Passstraße zweigt die Straße nach Norikura Kōgen ab, eine Hochebene auf etwa 1500 m unterhalb der Norikura-Berge. Hier gibt es ein Netz hübscher, leichter Wanderwege durch Wälder, Hochmoore und Weiden.

Der Ort ist recht auseinandergezogen und besteht hauptsächlich aus Hotels – das Zentrum ist **Suzuran** mit dem Kankō Center (Touristeninformation) und dem Busbahnhof. Die Buslinie führt noch ein Stück weiter, aber ab dem Kankō Center fährt auch ein zusätzlicher Shuttlebus die Panoramastraße Echo Line hinauf bis **Norikura Tatamidaira** auf 2700 m, direkt zwischen den Gipfeln, die zusammen den „Norikura-dake" bilden (kein einzelner Gipfel heißt so). Dort gibt es sowohl Spazier- als auch Bergwege: Auf den 3026 m hohen **Kengamine**, Japans fünfthöchsten Berg, braucht man etwa 1 1/2 Stunden (letzter Bus zurück um ca. 17 Uhr). Von Tatamidaira führt eine weitere Panoramastraße in Richtung Takayama, bei der Recherche 2023 war die „Skyline"-Route aber wegen Straßenschäden gesperrt.

Nur 3x tgl. fahren auch Busse (480 ¥) in das in einem steilen Seitental gelegene **Shirahone Onsen** mit seinen weißen Radiumquellen und einem öffentlichen *rotenburo*.

## ÜBERNACHTUNG

Budget-Reisende sind in Norikura mit seinen vielen Privatunterkünften besser aufgehoben als in Kamikōchi. Einen **Campingplatz** gibt es etwas außerhalb beim Hotel Kyūkamura, 💻 www.qkamura.or.jp/qkankyo/norikura.
**Blue Resort Yamayuri**, Suzuran, 10 Min. hinter dem Kankō Center, ✆ 0263-93-2121, 💻 www.hotel-norikura.jp. Schön gelegenes Hotel mit geräumigen japanischen Zimmern, derzeit ohne Mahlzeiten. Ab ❶
**Ginreisō**, am Busbahnhof Norikura-Tatamidaira, ✆ 0577-79-2026, 💻 http://norikura-ginreiso.com. 2700 m hohe Berghütte, in die man auch mit Rollkoffer und ÖPNV gelangt. Einsam, manchmal kalt und stürmisch, oft grandios. Ab 11 700 ¥ p. P. mit HP (im Schlafsaal) oder 14 500 ¥ p. P. im DZ.
**Norikura-kōgen Onsen YH**, Azumi-Suzuran 4275, ✆ 0263-93-2748. 3680 ¥ p. P. für Mitglieder (nur Übernachtung).

## SONSTIGES

### Einkaufen

Außer ein paar Andenkenläden gibt es keine Geschäfte. Selbstversorger sollten Vorräte mitbringen.

### Informationen

**Touristeninformation Norikura**, Kankō Center, Suzuran, ✆ 0263-93-2147, 💻 https://norikura.gr.jp. E-Bike-Verleih 8000 ¥/Tag.

## TRANSPORT

### Auto

Die **Panoramastraßen** Norikura Echo Line und Norikura Skyline in Richtung Takayama sind grundsätzlich für Privatfahrzeuge gesperrt. Der Norikura Sūpā Rindō nach Shirahone Onsen ist eine schmale, schwindelerregende Gebirgsstraße.

### Busse

Zur Anfahrt nach Norikura s. S. 340, Matsumoto. Von Kyūkamura weiter nach TATAMIDAIRA fährt im Mai und Juni 3x tgl., dann bis Okt je nach Wetter bis zu 11x tgl. ein Bus, 1 Std., 1650 ¥. Von Tatamidaira, wenn die Skyline-Route wieder geöffnet ist, mit **Nōhi Bus** nach TAKAYAMA, ✆ 0577-32-1688.

### Onsen unterwegs

Ein ungewöhnliches **Fußbad** befindet sich innerhalb des Bahnhofs Kami-Suwa, direkt am Gleis 1, ⌚ tgl. 9–21 Uhr. Für die Benutzung ist nur eine Fahrkarte erforderlich – durchaus beliebt ist das Fußbad bei Pendlern im Anzug, die in Kami-Suwa umsteigen müssen.
Handtuch vergessen? Handtücher werden gegen Entgelt bei einem weiteren Fußbad in der Nähe des Bootsanlegers von Suwako Kankō verliehen. ⌚ tgl. 9–18.30 Uhr, Eintritt frei.
Die ganz Eiligen müssen noch nicht einmal richtig anhalten in Suwa: Auch an der Raststätte Suwako können Autofahrer sich auf beiden Seiten der Fahrbahn in heißen Thermalbecken des **Autobahn-Onsen**, ✆ 0266-53-7115, vom Fahrstress erholen. ⌚ tgl. 10–22 Uhr, 620 ¥.

CHŪBU

## Suwa 諏訪

Am Suwa-See liegt, malerisch eingerahmt von den Bergen der Zentralalpen, Suwa mit zwei Ortskernen: Kami-Suwa und Shimo-Suwa. Der über 1200 Jahre alte **Suwa-Schrein** (Suwa-taisha) besteht aus vier unterschiedlichen, verstreut liegenden Schreinen: „Haupt-“ und „Vor-Schrein“ (Hon-miya und Mae-miya) in der Nähe von Kami-Suwa sowie Frühlings- und Herbstschrein (Haru-miya und Aki-miya) bei Shimo-Suwa. Der Schrein ist wegen des spektakulären Onbashira Matsuri (s. „Feste“) japanweit bekannt. Die hier verehrte Shintō-Gottheit Tateminakata-no-Mikoto war ursprünglich ein Jagdgott und stieg später zum Beschützer ganz Japans auf. Heute gibt es in Japan über 10 000 Suwa-Schreine.

Die vielen kleinen Museen in Kami-Suwa haben teils recht gute Sammlungen, die in Wechselausstellungen präsentiert werden, allerdings sind die Erklärungen meist ausschließlich auf Japanisch. Das **Kitazawa Bijutsukan**, Kogan-dōri 1-13-28, am Seeufer, 💻 http://kitazawamuseum.kitz.co.jp, zeigt Art nouveau und Art déco. ⌚ tgl. 9–18, Okt–März 9–17 Uhr, 1000 ¥. Das **Sunritz (Sanritsu) Hattori Bijutsukan**, Kogan-dōri 2-1-1, 💻 www.sunritz-hattori-museum.or.jp, präsentiert unterschiedliche Ausstellungen, meist asiatische Kunst. ⌚ Di–So 9.30–16.30 Uhr, 1100 ¥.

Ein Hauptvergnügen besteht in Suwa darin, in einem hübschen Ryokan mit eigenem Onsen abzusteigen oder die verschiedenen öffentlichen Onsen auszuprobieren, mehrere davon mit Art-déco-Ambiente. Ein besonderes Flair hat das **Katakura-kan**, Kōgan-dōri 4-1-9, 💻 www.katakurakan.or.jp. Bereits 1927 wurde es vom Seidenfabrikanten Katakura Kanetarō als gemeinnütziges Bad gebaut. Sowohl im Männer- als auch im Frauenbereich gibt es nur jeweils ein großes Wasserbecken, das stilvoll mit dunklen Kieseln ausgelegt ist. Für das stimmungsvolle Art-déco-Ambiente sorgen Glasfenster und eine Opalglas-Trennwand. ⌚ tgl. 10–20 Uhr, 2. und 4. Di im Monat geschlossen, 750 ¥ (auch Führungen).

**Shimo-Suwa** ist touristisch weniger erschlossen, aber auch hier gibt es heiße Quellen. Außerdem sind einige Schreine und Tempel sehr malerisch: Gleich neben dem **Haru-miya** hat der kleine Tempel **Jiun-ji** einen tollen moosüberwachsenen Zugangskorridor, und auf der anderen Seite steht ein ungewöhnlicher, kugelrunder Steinbuddha aus dem 17. Jh. Im **Onbashira-kan Yoisa** (✆ 0266-26-0413) werden Fotos und Filme vom Matsuri gezeigt, und man kann per Video-Simulation selbst auf einem Onbashira reiten – ein großer Spaß (200 ¥)! 🕒 tgl. 9–17 Uhr, 300 ¥.

## ÜBERNACHTUNG

Eine allgemeine **Zimmervermittlung** für Pensionen und Hotels betreibt die Stadtverwaltung, ✆ 0266-52-7155, 💻 www.suwakanko.jp. Die meisten Onsen-Hotels und -Ryokan sind sehr teuer (ab ca. 20 000 ¥ p. P. mit Halbpension), bieten dafür aber schönes Ambiente und exquisites Essen.

**Hotel Lupia Inn Nanko**, Kogan-dōri 3-3-4, ✆ 0266-52-0401, 💻 lupia-inn.com. Eher westliches Hotel mit Onsen (kein *rotenburo*), nur Frühstück. ❷

**Suhaku**, Kaigan-dōri 3-2-2, ✆ 0266-52-2660, 💻 www.suhaku.co.jp. Familiengeführtes, etwas gehobenes Onsen-Hotel mit großartigem Blick über den See bis zu den Nordalpen. Sehr gutes Essen (auch vegetarisch), Bedienung im Kimono. ❻

## ESSEN

**Clasuwa**, Kogan-dōri 3-1-30, ✆ 0266-52-9630. Gehobenes Lokal mit Dachterrasse direkt am See. Im Erdgeschoss gibt es lokale Produkte und eine Bäckerei. 🕒 tgl. 11–14 und 17.30–22 Uhr.

**Izumiya**, Suwa 1-2-4, ✆ 0266-52-3267; vom Bahnhofsvorplatz Kami-Suwa ca. 30 m nach rechts (vor dem *konbini*, blau-weißes Schild). Preiswertes, beliebtes japanisches Restaurant mit Tōfu-Spezialitäten wie *yuba-sashimi, dengaku, tōfu-shūmai,* Tōfu-Eis. 🕒 tgl. 11–21 Uhr.

## EINKAUFEN

**Rebuilding Center Japan**, Kowata 3-8, Kami-Suwa, ✆ 0266-78-8967, 💻 https://rebuildingcenter.jp. Weiternutzen und Upcycling ist das Motto hier: Aus alten Häusern werden nicht nur Alltagsgegenstände gerettet, sondern auch mal neue Möbel hergestellt. Wer Flohmärkte und Vintage liebt, kann hier stöbern. Ein Café mit Bio-Gebäck gibt es auch. 🕒 Mi–Sa 11–19 Uhr.

## AKTIVITÄTEN

**Bootsfahrten** auf dem See in Ausflugsbooten mit Schwanen-Design werden von **Suwako Kankō** in Kami-Suwa angeboten, Kogan-dōri 3, ✆ 0266-52-0739. Je nach Saison verkehren die Schiffe von 9–16.30 Uhr oft stdl. für 920 ¥, 25 Min.

Mehrere Verleihe nebenan bieten **Tretboote** für etwa 1500 ¥/30 Min. an.

Kajaks gibt es bei **Activity Base Cogue**, ✆ 0266-52-2325, allerdings nur als Tourenpaket zu buchen (5000 ¥/2 Std.).

## SONSTIGES

### Fahrradverleih

Mehrere Anbieter, u. a. bei den Bootsverleihen in **Kami-Suwa**.

In **Shimo-Suwa** gibt es für Touristen E-Bikes für 100 ¥/Std. mit Helm (vom Bahnhof geradeaus, an der Hauptstraße). In 2 Std. kann man gemütlich um den See radeln, das ganze Ufer ist fahrrad- (und jogging-) freundlich ausgebaut.

### Feste

**Onbashira Matsuri:** Alle 6 Jahre (nach traditioneller Zählung sind es 7 Jahre) findet eine symbolische Neuerrichtung des Suwa-Schreins statt. Einheimische Männer rutschen auf 17 m langen und 12 t schweren Baumstämmen 10 km den Berghang zum Schrein in Suwa hinab. Das Onbashira Matsuri wird seit 1200 Jahren gefeiert, das nächste Mal 2028. Es kommen 2 Mio. Zuschauer aus ganz Japan – also früh buchen.

Im Sommer ist das größte Event das **Feuerwerk auf dem See** am 15. August. Auch dann sind die Zimmer schnell ausgebucht. Ende September veranstalten die Sake-Brauereien (s.o.) ein **Sake-Fest**.

Im Winter überfriert der Suwa-See, und durch den Druck und vulkanische Aktivität im Seeboden entstehen manchmal – meist im Januar – wellenähnliche Verwerfungen. Dieses Phänomen, das **Omiwatari**, gilt als gutes Omen und wird mit einer Shintō-Feierlichkeit begangen: Man denkt, dass sich dabei die Götter der einzelnen Schreine gegenseitig besuchen.

## Sake-Brauereien

Südlich vom Bahnhof Kami-Suwa stehen dicht nebeneinander fünf Sake-Brauereien, die ihren selbst gebrauten Sake im angeschlossenen Laden verkaufen und sich für ein gemeinschaftliches Sake-Verkostungsangebot zusammengeschlossen haben: Für 2500 ¥ kauft man einen Sake-Becher und kann damit durch alle Läden spazieren und sich überall durchprobieren. Den Becher behält man am Schluss als Andenken – und wahrscheinlich kommt noch die ein oder andere Sake-Flasche dazu (alle Brauereien verkaufen auch kleine Flaschen). Einen Lageplan zum Brauerei-Hopping gibt es in der Touristeninformation oder unter 🖳 www.nomiaruki.com.

Vom Bahnhof aus hinter der dritten Ampel kommt man als Erstes zu **Maihime**, 🖳 www.maihime.co.jp, einer kleineren und – 1895 gegründet – auch neueren Sake-Brauerei. 🕒 tgl. 9.30–17 Uhr. **Reijin**, gleich daneben, 🖳 www.reijin.com, ist deutlich größer und bietet eine beachtliche Auswahl, inkl. saisonaler Sondereditionen. 🕒 Mo–Sa 9–17.30, So 9–17 Uhr.

Nicht weit dahinter folgen **Yokobue**, 🖳 www.yokobue.co.jp, 🕒 Mo–Fr 8.30–17 Uhr, Sa, So 10–17 Uhr, und **Honkin**, 🖳 www.honkin.net, ein kleinerer Familienbetrieb in neunter Generation, 🕒 Mo–Fr 9–17, Sa 10–17 Uhr.

Bis zur ältesten Brauerei von Suwa muss man dann noch 300 m weiter wanken. **Masumi**, 🖳 www.masumi.co.jp, ist stolz auf seine bis 1662 zurückreichende Geschichte und das ständige Bemühen um Qualität. Aus den Beständen von Masumi wurde nach dem Krieg die „Hefe Nr. 7" isoliert, die die japanische Brauereivereinigung heute noch hütet und weiterverbreitet. 🕒 tgl. 10–18 Uhr.

### Informationen

**Touristeninformation** am Bahnhof Kami-Suwa. 🕒 tgl. 9–17.30 Uhr, und am Bahnhof Shimo-Suwa, 🕒 tgl. 10–16 Uhr.

## NAHVERKEHR

Die Tageskarte für das lokale Busnetz kostet 300 ¥ (Einzelfahrt 150 ¥) und gilt für die ganze Region um den See. Wegen der geringen Anzahl an **Bussen** ist gute Planung nötig.

## TRANSPORT

Shimo-Suwa und Kami-Suwa liegen an der JR-Linie von TŌKYŌ (2 1/2 Std., 5980 ¥ Express) nach MATSUMOTO (3/4 Std., 590 ¥). In Kami-Suwa halten auch die Expresszüge.

## Nagano 長野

Die Präfekturhauptstadt Nagano zwischen den nördlichen, zentralen und südlichen Alpen sieht sich gern als „Dach Japans". 1998 fanden die Olympischen Winterspiele in Nagano statt, geblieben sind eine hervorragende Wintersport-Infrastruktur und ein kleines Olympia-Museum. Das regionale Maskottchen Arukuma, ein apfelgrüner Bär mit Silberblick, ist in ganz Japan beliebt.

### Zenkō-ji 善光寺

Ein Must-see der Stadt Nagano ist der Zenkō-ji, 💻 www.zenkoji.jp. Der Tempel gehört keiner einzelnen buddhistischen Schule an, dennoch ist er für viele ein wichtiges Pilgerziel. Gegründet wurde er 642 von Honda Yoshimitsu, der – so heißt es – hier im Fluss eine kleine Statue des Amithaba Buddha fand. Durch die Figur gelangte er zur Erleuchtung und nahm den Namen Zenkō an. Der Legende nach schuf der Buddha selbst die Statue für einen frommen indischen Händler, der ihm sein Leben lang seine Verehrung erweisen wollte. Schon im Jahr 522 geriet das Bildnis zusammen mit Schriften und Ritualgegenständen über Korea nach Japan. Zunächst befand es sich im Besitz der Kaiserfamilie und ging dann verloren, bis Honda es fand und den Tempel baute. Die eigentliche Statue wird nie öffentlich gezeigt. Unter den Altar führt ein stockfinsterer, sehr schmaler und gewundener Gang (Einbahnsystem); tastet man sich vorsichtig an der Wand entlang, bemerkt man eine Art Tür, den „Schlüssel zum Paradies". Hinter der Tür soll die geheime Buddhastatue verborgen sein.

Die **Haupthalle** von 1707 ist mit 30 m Höhe und 54 m Länge eines der größten Holzgebäude Japans. Im Innern ist die blank geriebene Holzstatue des Mönchs Binzaruten interessant. Dieser Schüler Buddhas (ursprünglich ein Arzt und Magier) hilft bei körperlichen Beschwerden aller Art: Einfach der Statue über das betroffene Körperteil streichen und an sich selbst wiederholen.

Nach Möglichkeit sollte man morgens (je nach Jahreszeit gegen 6 Uhr) kommen, wenn der Abt aus seinem Kloster zur Morgenandacht geht und auf dem Weg die Pilger segnet, die schon am Rand seiner Route knien. Wer möchte, kann sich gern dazugesellen; die japanischen Pilgergruppen haben meist einen Reiseleiter dabei, der zeigt, wo man sich hinknien soll. Nach der ersten Andacht kommt in gleicher Weise die Äbtissin aus einem anderen Kloster, denn am Zenkō-ji teilen sich der Abt der Tendai-Klöster und die Äbtissin der Jōdō-Klöster den Vorsitz.

🕒 Je nach Jahreszeit wird das Tor zwischen 4.30 und 6 Uhr geöffnet. Der Tempel schließt mit dem Schlag einer Tempelglocke. Innenbereich und Gang: ca. 6.30–16.30 Uhr, 600 ¥. Das 20 m hohe **Haupttor** *(sanmon)* von 1750 kann separat besichtigt werden, 500 ¥.

### Olympia-Museum 長野オリンピック記念館

Die Eissporthalle der Olympischen Winterspiele in Nagano 1998, **M-Wave**, Kita-Nagaike 195, ☏ 026-222-3300, 💻 www.nagano-mwave.co.jp/english, ist heute öffentliches Eisstadion und Eislaufhalle. Hier ist das kleine **Olympia-Museum** untergebracht. Auch das moderne Gebäude an sich ist sehenswert. Museum: 🕒 Mi–Mo 10–17 Uhr, Eintritt frei. Bus Nr. 8 von der Ostseite des Bahnhofs, 350 ¥.

CHŪBU

#### ÜBERNACHTUNG

**Guesthouse Pise/Worldtrek Diner**, 2-11-1 Higashi-Gochō, ☏ 026-214-5656, 💻 https://nagano-guesthouse.com/guesthouse. Relativ einfache, aber coole Unterkunft mit Schlafsälen und einigen Doppelzimmern; Gästeküche und großzügige Gemeinschaftsbereiche. Kostenlose Kletterwand mit Schuhverleih, denn gemeinsames Klettern funktioniert auch ohne gemeinsame Sprache. Der Eigentümer ist selbst viel gereist und weiß, was Travellern wichtig ist. Im angeschlossenen Restaurant Worldtrek Diner gibt es Gerichte, die er auf seinen Reisen kennengelernt hat. Schlafsaalbett ab 3000 ¥. ❷

**Hotel Abest**, ☏ 026-227-2122, 💻 www.ikemon.com. Unauffälliges Businesshotel direkt am Bahnhofsvorplatz mit Parkplatz. Als günstigstes Hotel in Nagano bekannt, daher Reservierung unbedingt empfohlen. Frühstück 700 ¥ extra. ❷

**Metropolitan**, Minami-ishidō-chō 1346, ☏ 026-291-7000, 💻 https://nagano.metropolitan.jp. Großes und grundsolides Kettenhotel direkt am

Nagano
N
0
500 m
ÜBERNACHTUNG
1 Zenkô-ji Kyôjû-in YH
2 Shimizuya Ryokan
3 GH Pise
4 Hotel Abest
5 Metropolitan
ESSEN
1 Daimaru Soba
2 Patio Daimon Kura Niwa
3 Hakata Yatai
4 Worldtrek Diner
5 Kushiage Tadaima
6 Shinshû Nagaya Sakaba
7 Kusabue
SONSTIGES
1 Cublue
2 Uruoikan
3 Supermarkt
4 Oraha Omiyage Center
TRANSPORT
1 Busbahnhof
2 Alpico Bus
Higashiyama-Kaii-Galerie
Jôyama-Park
Zenkô-ji
Kunstmuseum der Präfektur Nagano
Nakamise-dôri
Niômon
Zenkoji-shita
Shinshû-Universität
Zenkôji-Daihongan-Museum
Chûô-dôri
Nishimiya-jinja
Saihô-ji
406
Daimon
Nagano-Bibliothek
Himawari-Park
Nagano Dentetsu Nagano-Linie
Gondô
Nagano Ôdôri
Nagano-Chûô-Krankenhaus
PRÄFEKTUR-VERWALTUNG
19
Monzen Plaza
Acty Hall
Shôwa-dôri
RATHAUS
Nagano-Kulturzentrum
Shiyakusho-mae
Saikô-ji
Minami-Chitose-Park
C-One-Einkaufszentrum
Nagano-Dentetsu-Nagano
JR Nagano Shinkansen
Mielparque Nagano
JR Shin'etsu-Linie
Nagano
Tôkyô
Matsushiro (7 km)
M-Wave und Olympia-Museum (4 km)

CHŪBU

Bahnhof. Geräumige Zimmer und sehr reichhaltiges Frühstücksbuffet mit vielen regionalen Spezialitäten. Ab ❹

**Shimizuya Ryokan**, Daimon-chō 49, ✆ 026-232-2580, 💻 www.chuoukan-shimizuya.com. Zentral gelegenes, ordentliches Ryokan an der Chūō-dōri, nah am Zenkō-ji. Die Besitzerin spricht Englisch. Viele ausländische Gäste. 9900 ¥ p. P mit HP.

**Zenkō-ji Kyōjū-in YH**, auf dem Gelände des Zenkō-ji, ✆ 026-232-2768. Authentische Tempeljugendherberge. 3360 ¥ p. P. für JH-Mitglieder.

Andere **Tempelunterkünfte** am Zenkō-ji können über die Shukubō-Vereinigung arrangiert werden, um 11 000 ¥ mit zwei Mahlzeiten, etwas Japanisch nötig: **Zenkōji Shukubō Kumiai**, Motozenchō 491, ✆ 026-237-7676, Bürozeiten 9.30–16.30 Uhr.

## ESSEN

In der **Nakamise-dōri**, dem Teil der Chūō-dōri, der auf dem Tempelgelände liegt, werden regionale Snacks und Softeis verkauft.

**Daimaru Soba**, Daimon-chō 504, ✆ 026-232-2502. Alteingesessenes Soba-Restaurant, bei dem die Soba im Schaufenster geschnitten werden. 🕒 tgl. 9–18.30 Uhr.

**Hakata Yatai**, Higashi-Gochō 9-1, ✆ 026-2753-1734, direkt am Eingang der Nagano-Einkaufsmall. Restaurant im Stil eines Nachtmarkts mit kleinen Plastikhockern, niedrigen Tischen, bunten Laternen und ausgelassener Stimmung: Es gibt Rāmen und kleine Gerichte. 🕒 Mo–Sa 11.30–1.30, So nur bis 21.30 Uhr.

**Kusabue**, Midori Bldg. 2F, Restaurantstraße im Bahnhof ganz hinten, ✆ 026-219-6651. Bei Kusabue gibt es frisch zubereitete Shinshū-Soba in unterschiedlichen Variationen. Die normale Portion sind 400 g (!) Nudeln, auf die kleine Portion (200 g) gibt es 100 ¥ Rabatt. Besonders lecker sind die kalten Soba mit Walnusspaste. 🕒 tgl. 11–22 Uhr.

**Kushiage Tadaima**, Minami-Chitose-machi 865, ✆ 026-223-2312, 💻 www.tadaima.co.jp. Sehr beliebtes und immer volles Kushi-Restaurant (Spießchen) mit guter Stimmung. 🕒 Mo–Sa 17–22 Uhr.

**Patio Daimon Kura Niwa**, Daimon-chō-54, 💻 www.patio-daimon.com. In eine Gruppe schön restaurierter Speicherhäuser sind Läden und Restaurants eingezogen. Besonders edel ist das Restaurant Tsurugi Soba Kaiseki mit traditioneller vegetarisch-japanischer Küche. 🕒 Mi–So 11–15 und 18–22 Uhr.

**Shinshū Nagaya Sakaba**, Minami-Ishidō-chō 1418-12, ✆ 026-269-8866, 💻 https://marutomi suisan.jpn.com/nagaya-shinsyu. Die japanische Kneipe ist leicht an den Sake-Fässern, die die Fassade schmücken, zu erkennen. Entsprechend gut ist auch die Auswahl lokaler Sake-Sorten, die durch traditionelle Gerichte der Region ergänzt werden. 🕒 tgl. 17–24 Uhr.

## EINKAUFEN

Die Region ist für Äpfel, Soba, Miso und kleine, gefüllte Teigknödel *(oyaki)* berühmt. Besonders scharf und würzig ist *monmae-miso*, eine Spezialität, die in der Einkaufsstraße beim Zenkō-ji verkauft wird. Wer es gern scharf mag, sollte sich ein Päckchen des lokalen Chili-Pfeffers *(tōgarashi)* mitnehmen.

**Cublue**, Nishi-Gochō Machinami 1538, ✆ 026-217-2835, Conceptstore mit ausgesuchten, hauptsächlich blauen Dingen. Vieles von Handwerkern, Schneidern und Töpfern aus der Region. Umweltbewusst,

### Das geheime Bildnis des Zenkō-ji

Das geheime Buddhabild hat seit Jahrhunderten niemand mehr sehen dürfen. Seit der Kamakura-Zeit existiert eine Replika der Amida-Statue mit zwei kleineren Buddhas, das **Ikkō Sanzon**. Diese Statue, als wichtiges Kulturgut designiert, wird anstelle des Originals alle sechs Jahre für ca. zwei Monate öffentlich ausgestellt. Dann geht ein Goldfaden von der Hand des Buddhas zu einem 10 m hohen **Holzpfeiler** im Hof. Den Holzpfosten zu berühren gilt wegen der Verbindung mit dem Bildnis als genauso wirkungsvoll wie die echte Statue anzufassen und soll großes spirituelles Verdienst bringen. Das nächste Mal wird die Statue 2028 zu sehen sein.

z. B. Kleidung aus Fair-Trade-Baumwolle. ⌚ Mi–Mo 11–18 Uhr.
Direkt im Bahnhof bietet das **Oraha Omiyage Center** eine super Auswahl vor allem ess- und trinkbarer Souvenirs. Dort befindet sich auch die **Komosu Bar**, eher nur eine Theke mit einigen Tischen drumherum, wo der lokale Sake und Wein auch zu verkosten sind. Probierset mit drei verschiedenen Sake-Sorten der Region 700 ¥. ⌚ tgl. 10–20 Uhr.
Dazu holt man sich am besten von **Irohadō** gegenüber ein paar *oyaki* (Teigklößchen). ⌚ tgl. 10–19 Uhr.

## SONSTIGES

### Fahrradverleih

Das **Guesthouse Pise** verleiht Mountainbikes für 1000 ¥/Tag.

### Feste

**Nagano Binzuru**, 1. Sa im Aug: Matsuri in der Chūō-dōri mit Tänzen, bei denen Reislöffel geschwungen werden.

### Informationen

**Touristeninformation** direkt im Bahnhof, ✆ 026-226-5626. Viele Broschüren und Karten, sowohl zur Stadt als auch zur Präfektur Nagano (auch auf Englisch). ⌚ tgl. 9–17 Uhr.

### Onsen

**Uruoikan**, Tsumashina 98, ✆ 026-237-4126, 💻 www.uruoikan.com. Städtisches Thermalbad, etwas abgelegen am Fluss. Großes Bad mit Jacuzzi, Jetstream, verschiedenen Saunas, *rotenburo*, Ruheraum, Massagen. ⌚ tgl. 6–9, 10–23 Uhr, Eintritt Mo–Fr 800 ¥, Sa, So 850 ¥, Handtuchleihe 280 ¥.

## NAHVERKEHR

Lokale **Busse** fahren von Bussteigen beiderseits des Bahnhofs. In der Innenstadt dreht der bunte Besucherbus **Gururin-gō** (150 ¥) alle 15 Min. eine Runde vom Bahnhof zum Zenkō-ji und zurück. Nach Matsushiro verkehrt Bus 30 (30 Min., 660 ¥).

## TRANSPORT

### Busse

Sämtliche Langstreckenbusse starten und enden am **Busbahnhof**, 500 m westlich des Bahnhofs.
**Alpico Bus**, Büro in Bahnhofsnähe gegenüber vom Metropolitan Hotel, neben der Post, ✆ 026-254-6000, 💻 www.alpico.co.jp.
HAKUBA (Expressbus Hakuba), 8x tgl., 1 1/4 Std., 2400 ¥
KAMIKŌCHI, 1x tgl., 2 3/4 Std., 4400 ¥
SHINANO-ŌMACHI/OGIZAWA (zur Tateyama-Kurobe-Alpenroute), Expressbus, 5x tgl., 1 1/4 Std., 2600 ¥
TOGAKUSHI, Nr. 70, ca. 1 Std., 1200 ¥; Tagespass 3000 ¥, 5-Tage-Pass 3300 ¥
TOYAMA, NIIGATA, TŌKYŌ, je 3 1/4 Std., meist ab 4000 ¥. Willer Express fährt die Strecke Nagano–Tōkyō ab 2500 ¥.

### Eisenbahn

KANAZAWA, 1 1/2 Std., 9120 ¥ (Shinkansen)
MATSUMOTO, 1 1/4 Std., 1140 ¥ (Express 50 Min., 2900 ¥ ohne Sitzplatzreservierung)
NAGOYA, 3 Std., 7460 ¥ (Express ohne Sitzplatzreservierung)
OBUSE, mit Nagano Dentetsu (Nagaden), 35 Min., 680 ¥ (manchmal Schnellzugzuschlag 100 ¥)
TŌKYŌ, 1 1/2 Std., 8340 ¥ (Shinkansen). Die besonders schnellen *Kagayaki*-Züge sind grundsätzlich reservierungspflichtig.

# Matsushiro 松代

Der verschlafene Vorort Matsushiro, 10 km südlich von Nagano, war in der Edo-Zeit Sitz der Fürstenfamilie Sanada und sollte im Zweiten Weltkrieg einmal eine noch wesentlich bedeutendere Rolle erhalten: Ab November 1944 wurden in drei Hügeln **Bunker für das gesamte kaiserliche Hauptquartier** (Zōzan Chikagō) einschließlich kaiserlicher Wohngebäude und Schrein angelegt. Tatsächlich fertiggestellt wurden aber nur 10 km grob ausgegrabene Stollen, von denen man 500 m betreten kann. Ein Denkmal erinnert an die Bergleute, überwiegend koreanische Zwangsarbeiter, von denen viele starben. ⌚ tgl. 9–16 Uhr, Eintritt frei. Das kleine

Museum (200 ¥) ist überwiegend nur Japanisch beschriftet. Auf dem Weg zum kaiserlichen Hauptquartier lohnt ein Abstecher zum gut ausgeschilderten, beschaulichen **Zōzan-Schrein**.

In der Nähe des stillgelegten Bahnhofs sind die teilweise restaurierten Überreste der Burg zu sehen (Eintritt frei) – im Wesentlichen Mauern und das Haupttor mit der Taiko-Brücke –, die **Residenz der Sanada** (Sanada Yashiki), das **Schatzhaus der Familie Sanada** (Sanada Hōmotsu-kan) und die ehemalige Militärschule **Kyū Bunbu Gakkō**, alle ⌚ tgl. 9–17 Uhr, Schatzhaus Di geschl., Sammelticket 1100 ¥. Letztere wurde 1855 als Schule gebaut, ursprünglich für die Kinder der Familie Sanada, die über das Gebiet Matsushiro-han herrschte. Das strohgedeckte Samurai-Haus eines Gefolgsmanns des Sanada-Clans, das **Kyū Yokota-ke Jūtaku**, ist ebenfalls zu besichtigen, ✆ 026-278-2274, ⌚ tgl. 9–17 Uhr, 400 ¥.

Bus ab Nagano, S. 352.

## Obuse 小布施

Obuse ist ein schnuckeliger Ort zwischen Bergen und Apfelbaumplantagen, der sich zu Recht als Stadt der Blumen anpreist. Im Sommer öffnen zahlreiche private Gärten ihre Tore für Besucher.

In der Edo-Zeit war Obuse, das an Handelswegen lag, durchaus wohlhabend, und der reiche Kaufmann Takai Kōzan lud im 19. Jh. Japans bekanntesten Ukiyoe-Künstler, Katsushika Hokusai (S. 143), ein. Hokusai war dann in seinen letzten Lebensjahren mehrfach in Obuse und konnte dank der großzügigen Förderung in einer neuen Technik arbeiten, nämlich mit dem Pinsel: So entstand u. a. 1848 das 35 m² große Deckenbild eines Phönix, das im Zen-Tempel **Ganshō-in** zu bewundern ist. Von den 4400 Blatt Goldfolie ist nur noch hier und da ein Schimmer zu sehen, aber die kräftigen Farben – allein die Pigmente sollen so viel gekostet haben wie 2 kg Gold – leuchten noch immer. Der Tempel liegt etwa 30 Min. Fußweg östlich des Bahnhofs. ⌚ 9–17 Uhr, im Winter kürzer, 500 ¥.

Nach Süden führt ein hübscher Weg am Bach zum 500 m entfernten, sehr malerischen Shingon-Tempel **Jōkō-ji** mit Reetdach und langer Steintreppe. Amulette für Glück in der Liebe gibt es auch.

Zurück im Ort ist die Hauptsehenswürdigkeit das **Museum Hokusai-kan**, 💻 www.hokusai-kan.com, mit zwei weiteren Deckenbildern des Meisters in Shintō-Tragschreinen und anderen Werken (sowohl Holzschnitten als auch Malereien), die z. T. hier entstanden, aber überwiegend aus dem Ausland zurückgekauft werden mussten. Außerdem gibt es oft thematische Sonderausstellungen zu Hokusai. ⌚ tgl. 9–17 Uhr, 1000 ¥.

Zu besichtigen sind mit dem **Takai Kōzan Kinenkan** auch Wohnhaus und Garten von Takai Kōzan, dem Mäzen von Hokusai. Dieser stammte aus einer reichen Händlerfamilie und war selbst ein recht bedeutender Maler. ⌚ tgl. 9–17 Uhr, 200 ¥.

### ÜBERNACHTUNG

Obuse ist leicht als Halbtagsausflug von Nagano machbar, es gibt aber auch mehrere Onsen-Hotels und einige Unterkünfte. Bei Ausländern beliebt ist das **Guesthouse Kokoro** im Zentrum, ✆ 090-8843-9091, 💻 https://kokoro.obuse.jp, mit japanischen Zimmern und Gästeküche. ❶ ohne Frühstück.

Etwas außerhalb liegt das Onsen-Hotel **Akebi no yu**, Karita 1311, ✆ 026-247-4880, 💻 https://obuse-akebinoyu.co.jp, mit *rotenburo* und gutem Essen. Ab 11 000 ¥ p. P. mit HP.

### ESSEN UND EINKAUFEN

Spezialität in Obuse sind **Esskastanien**, die vor allem in Desserts verarbeitet werden, z. B. Softeis, Dorayaki-Pfannküchlein und Montblanc, aber auch Reis mit Kastanien *(kurimeshi)*.

**cafe & marche ichinii**, Naka-chō 1108, ✆ 026-285-9637 💻 https://ichinii.jp. Café in einem wunderbar renovierten alten Haus. Gerichte mit regional angebautem, saisonalem Gemüse und Obst. Friedlicher Ort für eine Pause. ⌚ Di–So 10–17 Uhr.

**Chikufudō**, Obuse 973, ✆ 026-247-2569, 💻 https://chikufudo.com. Alles Kastanie … Spezialität sind die *kuri dorayaki*, runde Küchlein

mit Kastanienfüllung. Wer es herzhafter mag, wählt den Reis mit Kastanien. ⌚ tgl. 8–18 Uhr.
**Matsubaya**, Obuse 778, ☏ 026-247-2019, 💻 www.matsubaya-honten.co.jp. Eine von mehreren alteingesessenen Sake-Brauereien, sehr guter Daiginjō-Sake. ⌚ tgl. 9–18 Uhr.

### SONSTIGES

**Touristeninformation** am Bahnhof, mit Café. Auch englische Pläne und Tipps für die Besichtigung. ⌚ tgl. 9–17, Dez–März 9–16 Uhr.
Alle Sehenswürdigkeiten in Obuse sind gut zu Fuß zu erreichen, alternativ auch per **Fahrrad**. Räder kann man gleich neben dem Ticketschalter am Bahnhof leihen, 600 ¥/2 Std., E-Bike 1080 ¥/2 Std.
In der Saison fährt ein **Shuttlebus** durch die Stadt (Tagesticket 500 ¥).

### TRANSPORT

Mit **Privatbahnen** von Nagano Dentetsu nach NAGANO (1/2 Std., 680 ¥), YUDANAKA (3/4 Std., 610 ¥), Expresszüge jeweils 100 ¥ mehr.

## Jigokudani Monkey Park (Yaen-kōen) 地獄谷野猿公苑

In diesem Park, 💻 www.jigokudani-yaenkoen.co.jp, kann man sie live sehen, die in heißen Quellen badenden Affen. Die **Japan-Makaken** wurden seit den 1960er-Jahren von Forschern angefüttert, hatten dadurch mehr Freizeit und begannen, wie die Menschen in den heißen Quellen zu baden – sehr fotogen, besonders wenn ringsum Schnee liegt. Inzwischen haben die Affen eigene Badebecken, zu denen man Eintritt bezahlt. Auch wenn das Rudel recht groß ist (um 160 Tiere), sind es wilde Affen; es gibt also keine Garantie, sie jeden Tag anzutreffen. Die Wahrscheinlichkeit ist zwar hoch, aber man bringt besser etwas Zeit mit. ⌚ tgl. 8.30–17 (Nov–März 9–16) Uhr, 800 ¥. Im Ort **Yudanaka Onsen** gibt es mehrere Onsen zum Entspannen.

Von Nagano mit der Nagaden-Privatbahn bis Yudanaka (1 1/4 Std., 1190 ¥; Expresszüge 100 ¥ mehr). Von dort verkehren seltene Busse nach Kanbayashi, von wo es 1,6 km zu Fuß (sonst 5 km ab Bahnhof Yudanaka) auf einem schönen Waldweg sind.

## Togakushi 戸隠

Togakushi ist eine Hochebene nördlich von Nagano und bekannt für fantastische Soba. Im Sommer blüht hier überall der Buchweizen, und der üppige Mischwald ist voller Vogelstimmen. Hauptattraktion und Pilgerziel sind die drei archaisch wirkenden Gebäude des **Togakushi-Schreins**, von unten her Hōkōsha, Chūsha und Okusha. Man fährt typischerweise in einem Tagesausflug mit dem Bus bis ganz hinten und läuft zurück zum Hōkōsha (Gesamtgehzeit etwa 3 Std.). In einer anspruchsvolleren Wanderung kann man sogar ab Nagano bergauf gehen (8 Std. Pilgerweg bis Okusha).

Auf der Straße passiert man als Erstes das **Togakushi Soba Hakubutsukan**, 💻 www.togakushi-tq.jp, das als Buchweizennudelmuseum eigentlich nur etwas hergibt, wenn man etwas Japanisch beherrscht. Dafür kann man hier stündlich auch ohne Japanischkenntnisse Soba selbst herstellen und sie sich dann auch gleich zubereiten lassen (Soba-*taiken*, 4500 ¥ pro Bund Nudeln für 2 Personen, ca. 2 Std. inkl. Essen, englisches Infoblatt). ⌚ Mai–Okt Do–Di, April und Nov Do–Mo 10–16 Uhr, Museum 200 ¥, Bushaltestelle Soba-Hakubutsukan.

1,5 km dahinter führt eine steile Treppe zum **Hōkōsha**, dem ältesten der drei Schreine. 1861 machte man noch keine strenge Unterscheidung zwischen Buddhismus und Shintō – der Schrein sieht daher ein bisschen wie ein Tempel aus und hat großartige Holzschnitzereien an den Balken. Am „Mittel-Schrein", **Chūsha**, gibt es einige Andenkenläden, Soba-Restaurants und Unterkünfte. In Richtung **Okusha** fährt der Bus noch einmal zehn Minuten weiter, dann sind bis zum hinteren Schrein aber noch 40–60 Min. zu Fuß zu bewältigen. Der Okusha war früher ein Trainingsort für die Kriegermönche des Shugendō (S. 245). Hier warten viel Natur, kleine Teiche, Felsen und alte Zedernreihen auf die Besucher. Die Gegend ist auch als Wintersportort beliebt, u. a. gibt es schöne Schneeschuhtouren.

Gegenüber dem Eingang des Wegs zum Okusha liegt an der Straße das **Volkskundemuseum** (Minzoku-kan), 💻 www.togakushi-ninja.com, mit einem angeschlossenen Ninja-Museum und einem nachgebauten Ninja-Haus: Durch geheime Türen und Treppen muss man selbst den Rundweg durchs Haus finden – werktags bzw. mit wenigen Besuchern sehr vergnüglich. 🕒 Ende April–Mitte Nov. tgl. 9–17 Uhr, 650 ¥.

## ÜBERNACHTUNG

In allen Ortsteilen, v. a. aber um den Chūsha, gibt es etliche traditionelle Ryokan, Minshuku und Tempelübernachtungen (Shukubō), üblicherweise mit Halbpension ab etwa 10 000 ¥.
**Rita**, Togakushi 3390, ✆ 026-219-3444, 💻 https://awai-togakushi.com. Modernes, eher minimalistisches Retreat mit viel Holz, Dinner nach Voranmeldung auch für Nicht-Gäste. ❻
**Shukubō Gokui**, ✆ 026-254-2044, 💻 www.egokui.com, direkt neben dem Chūsha. Malerische Tempelunterkunft mit großen japanischen Zimmern und sehr leckerem Essen. Ab 11 000 ¥ p. P. mit HP.
**Togakushi-Campingplatz**, Togakushi 3694, letzte Haltestelle 1,5 km hinter dem Eingang zum Okusha, ✆ 026-254-3581, 💻 www.togakusi.com/camp. Gute Basis für Wanderungen, guter Blick, teils moderne Anlagen. Je nach Saison ab 1500 ¥ pro Zelt, außerdem unterschiedliche Hütten und Bungalows ab 5000 ¥. Lädchen und E-Mountainbike-Verleih (ab 3000 ¥/halber Tag).

## ESSEN

Jedes Restaurant bereitet **Soba** selbst zu, immer und überall sehr gut, meist um 1000 ¥ pro Portion. Viele öffnen aber nur über Mittag! Für die Mittagspause empfehlen sich Restaurants am Kagami-ike (für Buchweizen-Galettes).
**Yamaguchiya**, in der Hauptstraße unterhalb des Chūsha, ✆ 026-254-2351. Verkauft seit 1965 handgemachte, sehr leckere Soba-Nudeln, ein Plus ist das nussig schmeckende Soba-Softeis, 400 ¥. 🕒 Mi–Mo 10–14 Uhr, Laden und Snacks bis etwa 16 Uhr.

## SONSTIGES

**Touristeninformation** direkt an der Treppe zum Chūsha, Togakushi Toyo-oka 1554, ✆ 026-254-2888, 💻 www.togakushi-21.jp. 🕒 tgl. 9–17 Uhr. Auch große Schließfächer.
Das einzige **Lebensmittel-Lädchen** in Togakushi befindet sich an der Haltestelle Chūsha Daimon. 🕒 Mo–Sa 9–19 Uhr.

## TRANSPORT

Von NAGANO 1 Std. per **Bus** (Nr. 70 und 73). Bus 70 fährt erst am Soba Hakubutsukan (50 Min.) vorbei, dann am Hōkōsha und Chūsha Iriguchi (Eingang) bis zum Campingplatz (von Mitte Dez bis Anfang April nur bis Chūsha-miya-mae). Günstigere Ein- und Fünftagepässe (s. Nagano, S. 352).

# Tateyama-Kurobe-Alpenroute
# 立山黒部アルペンルート

Die Tateyama-Kurobe-Alpenroute führt über den unwegsamen Kamm der japanischen Nordalpen: In einer Abfolge von acht unterschiedlichen Verkehrsmitteln lässt sich das Gebirge ab Toyama an einem Tag überwinden. Mit einer Übernachtung unterwegs bleibt genügend Zeit, um die spektakuläre Natur zu erkunden. Im April wird per GPS-Sondierung die Straße geräumt. Links und rechts bleiben bis zu 20 m hohe Schneewände stehen: die **Schneewand von Murodō**. Einstiegspunkt in die Tour von Westen aus ist der kleine Ort **Tateyama** am Ende der Privatbahnlinie von Toyama. Im kleinen **Kratermuseum** (Tateyama Caldera Sabo Museum), 💻 www.tatecal.or.jp, steht ein Modell der Bergregion und des riesigen alten Kraters, an dessen Rand die Alpenroute von hier aus verläuft: Noch während der Edo-Zeit befand sich am Grund des (heute abgesperrten) kilometerbreiten Kraters ein kleiner Onsen-Ort, der bei einem Erdrutsch völlig verschüttet wurde. 🕒 Di–So 9.30–17 Uhr, 400 ¥.

Von Tateyama bringt eine Zahnradbahn Besucher nach **Bijōdaira**, wo mehrere ausgeschil-

## Reisezeit

Murodō liegt auf 2400 m Höhe, und die gesamte Route ist auch im Sommer recht kühl. Die durchschnittliche Höchsttemperatur im August beträgt gerade mal 16 °C. Die sumpfige Hochebene von Murodō ist bis etwa Juni noch verschneit. Im Juli/August ist **Hochsaison**, denn dann blühen hier rare alpine Pflanzen wie die Japanische Mantelblume *(mizubashō)*. Besonders eindrucksvoll ist ein Besuch auch im Oktober, wenn die Natur in herbstliche Rottöne getaucht ist. Im Winter ist die Route wegen des hohen Schnees nicht passierbar.

derte Rundwege von ein bis zwei Stunden Dauer durch den dichten Wald und zu uralten Scheinzypressen *(sugi)* führen. Von dort geht es per Bus auf einer Hochebene am Kraterrand entlang durch Hochmoore. Der Bus passiert **Midagahara** und **Tengūdaira**, die jeweils nur aus ein bis zwei Hotels im Naturschutzgebiet einer sumpfigen Hochebene bestehen – Bohlenwege führen über die Ramsar-Feuchtgebiete. Der Bus muss bis in den Juli hinein durch eine **Schlucht aus Schneewänden** fahren, bevor er vor dem eigentlichen Bergkamm **Murodō** erreicht: Der Ort besteht nur aus einem Dutzend verstreut liegender Hotels und Berghütten auf 2450 m Höhe. Die Bushaltestelle befindet sich im Untergeschoss des Hotels Tateyama, in einem Seitentrakt ist auch ein kleines Naturkundemuseum, das **Shizen Center**, untergebracht. Die durchaus sehenswerte Ausstellung ist zwar auf Japanisch, aber die kurzen Filme über einheimische Pflanzen und die hier lebenden Schneehühner *(raichō)* sollte man unbedingt ansehen. Das Büro des Museums ist zugleich die Bergwacht und erteilt Informationen zum Bergsteigen und zur aktuellen Schneesituation. 🕒 tgl. 8.30–17 Uhr.

Vom Busterminal führen Spazierwege zum türkisblauen Vulkansee **Mikurigaike.** Vom Mikurigaike Onsen, der Aussichtsplattform Enma-dai und dem weiterführenden Weg bietet sich ein guter Blick auf das **Jigoku-dani**, ein Tal mit hoher vulkanischer Aktivität. Hier dampfen Schwefelschwaden aus dem Bachlauf. Schon seit Jahren ist der Weg hinunter gesperrt, nicht selten ziehen die Dämpfe auch über den Hügel, dann ist selbst auf dem oberen Weg Vorsicht geboten. Etwas östlich auf einer Anhöhe steht Japans älteste Berghütte, die **Tateyama Murodō**. Sie wurde 1726 als Unterkunft für Pilger gebaut, die auf den heiligen Berg Tateyama steigen wollten.

Von Murodō führen zahlreiche Wanderwege in das Hochmoor und die umliegenden Berge. Der 3015 m hohe Gipfel des **Tateyama** ist für geübte Wanderer in wenigen Stunden zu erreichen. Für den **Tsurugi-dake**, der als schwierigster Berg der Japanischen Alpen gilt, sind dagegen mehrere Tage einzuplanen.

Mit einem Elektrobus fährt man von Murodō durch einen langen Tunnel unter dem Tateyama hindurch zur Seilbahnstation **Daikanbō**, von dort geht es per Seilbahn hinunter nach **Kurobedaira** (1800 m) und mit der Zahnradbahn zum **Kurobe-Staudamm** (1450 m). Das zugehörige Kraftwerk ist aus Naturschutzgründen erst einige Kilometer weiter flussabwärts in den Berg gebaut. Ein zehnminütiger Fußweg über den Damm führt zur nächsten Elektrobusstation. Mehrere Aussichtsplattformen (mit vielen Stufen!) gewähren Ausblicke auf den 186 m hohen Kurobe-Damm – ab Juli auch von unten mit Regenbogeneffekt, denn dann wird Wasser aus dem See abgelassen. Erste Planungen für einen Staudamm zur Energiegewinnung gab es schon 1917. Fertiggestellt wurde er dann aber erst 1963, weil für den Staudammbau zunächst ein Tunnel durch die steile Bergkette nach Osten gesprengt werden musste, um Material heranzuschaffen. Durch diesen Tunnel fahren die Touristen heute mit einem weiteren Elektrobus nach **Ogisawa**. Auf der anderen Seite verkehrt dann ein Stadtbus, der die Ausflügler die letzten 15 km nach **Shinano-Ōmachi** zum JR-Bahnhof bringt.

## ÜBERNACHTUNG

Angegeben ist jeweils der günstigste Preis p. P. mit Halbpension. Fast alle Unterkünfte sind im Hochsommer und zur Herbstfärbung etwa 50 % teurer. Auf der Ebene von Murodō und am Kurobe-See gibt es sehr einfache Gratis-Zeltplätze.

### Midagahara

**Kokuminshuku-sha Tateyamasō**, ✆ 076-442 3535, 🖳 http://www.tateyama-so.jp. Einfache Unterbringung in Stockbetten. Gratisverleih von Stöcken, Gummistiefeln und Schneeschuhen, vorrangig an Gäste. Gelegentlich Vorträge zur Flora und Fauna der Umgebung. Ab 13 400 ¥ p. P.
**Midagahara Hotel**, ✆ 076-442-2222, 🖳 http://midagahara.alpen-route.co.jp. Gleich gegenüber und wesentlich vornehmer. Vorträge und geführte Wanderungen. DZ ab etwa 20 000 ¥ p. P.

### Murodō

**Hotel Tateyama**, ✆ 076-463-3345, 🖳 http://h-tateyama.alpen-route.co.jp. Das beste Hotel am Platze und das höchstgelegene Japans. Ab 25 300 ¥ p. P.
**Murodō Sansō**, neben der alten Berghütte Tateyama Murodō, ✆ 076-463-1228. Urige Bergunterkunft mit DZ. 11 550 ¥ p. P.
**Raichō-sō Onsen**, ✆ 076-463-1664. Etwas weiter vom Busterminal entfernt. Thermalbad mit gutem Blick auf die umliegenden Berge. Ab 11 000 ¥ p. P.

### Kurobe-Damm

**Lodge Kuroyon**, ✆ 076-463-6350. Rund 30 Min. Fußweg vom Damm am Seeufer entlang. Schlichte Berghütte in einsamer Landschaft am See, beliebt bei Anglern. Selbstbedienungskantine, DZ, Bettwäsche gegen Gebühr. Einheitlich 14 300 ¥ p. P. mit HP.

## ESSEN

An allen Bus- und Bahnstationen gibt es **Snacks**. Die Lokale im **Tateyama-Hotelkomplex** in Murodō sind immer ziemlich voll, bis auf den etwas hochpreisigen Tearoom Rindo. Viel schöner und mit Ausblick isst man im **Mikurigaike Onsen** (Selbstbedienung).

## AKTIVITÄTEN

Auf der gesamten Strecke zwischen Bijōdaira und Murodō sind schöne **Spazierwege**, teils auf Bohlenwegen übers Hochmoor, angelegt, die ab Juli entweder als Rundwege oder als Alternative zum Bus gegangen werden können. Im Frühsommer sind die gleichen Strecken auch als **Schneeschuh- oder Skitouren** geeignet.
Von Murodō aus sind **Bergtouren** in die Nordalpen möglich, von Tagesausflügen zum Tateyama oder der Besteigung des Tsurugidake bis zu längeren Touren über die Bergkämme. Wer im Frühsommer die noch schneebedeckten Berge besteigen will, muss die komplette **Ausrüstung** (Steigeisen und Pickel) mitbringen, vor Ort gibt es keinen Verleih.
Geführte Gratis-**Spaziergänge mit Ranger** in Murodō und Midagahara bietet das Shizen Center an, an Wochenenden 4x tgl.
Im Mikurigaike Onsen und Raichō Onsen sind die **Bäder** für Tagesgäste zugänglich (1000 ¥).

## INFORMATIONEN

Die **Touristeninformationen** der umliegenden Orte (bis Toyama und Nagano) und das **Shizen Center** in Murodō haben Broschüren, Informationen zu Bussen und Seilbahnen und sind auch bei praktischen Fragen behilflich.

## NAHVERKEHR

Die Strecke von Tateyama bis Ogisawa ist für Privatfahrzeuge gesperrt. Die gesamte Tour mit den unterschiedlichen Verkehrsmitteln kostet 10 940 ¥, wenn die Fahrkarte auf einmal durchgelöst wird, und erfordert mindestens einen vollen Tag. Das Ticket ist 5 Tage gültig und kann schon in Toyama bei **Dentetsu Toyama** gekauft werden. Einzeltickets für Teilabschnitte sind etwas teurer. Achtung: Auf der Strecke Bijōdaira–Murodō ist nur ein Zwischenhalt erlaubt. Der Bus für die Weiterfahrt muss dann reserviert werden, beliebiges Ein- und Aussteigen ist nicht möglich.

## TRANSPORT

### Busse

Von **Ogisawa** nach SHINANO-ŌMACHI etwa stdl. (1/2 Std., 1650 ¥) mit **Alpico**, 🖳 www.alpico.co.jp/access/hakuba/ogizawa. Von **Shinano-Ōmachi** fahren JR-Expressbusse nach NAGANO (1 1/2 Std., 2600 ¥).

### Eisenbahn

Von **Tateyama** nach TOYAMA 1 Std., 1230 ¥.
Von **Shinano-Ōmachi** nach MATSUMOTO 1 Std., 680 ¥., nach TŌKYŌ (mit Expresszug) knapp 4 Std., 7390 ¥. Nur wenige Züge halten in Shinano-Ōmachi.

# Hokuriku 北陸地方

Weil sie von den politischen und wirtschaftlichen Zentren Japans durch hohe Bergketten getrennt und sehr strengen Wintern ausgesetzt ist, blieb die Küste am Japanischen Meer lange strukturschwach. Doch gerade das macht ihren Reiz aus. Neben unberührter Natur und ursprünglichen Dörfern finden sich in der Hokuriku („Nordland") genannten Region aber auch kulturelle Highlights wie die Burgstadt Kanazawa.



## Fukui 福井

Die Präfekturhauptstadt Fukui ist bekannt für Krabben und Meeresfrüchte, aber vor allem besucht man sie, um von hier aus die Attraktionen der Präfektur zu besuchen. Richtung Berge wollen die einen zum Eihei-ji, dem berüchtigt-strengen Haupttempel der zen-buddhistischen Soto-Schule, die anderen ins Dinosauriermuseum samt spektakulärer Fundstätte bei Katsuyama. An der Küste beeindrucken die Klippen von Tōjinbō.

Von der zentral gelegenen **Burg** sind nur noch die Burgmauern und einige Fundamente erhalten. Einen Besuch lohnt der nahe gelegene kleine, aber schmucke **Yōkōkan-Garten**, 💻 http://fukuisan.jp/ja/yokokan. Er existierte bereits während der Edo-Zeit, wurde im Krieg aber vollständig zerstört und erst 1982 einschließlich einer kleinen Daimyō-Residenz wiederaufgebaut. Fachzeitschriften zählen ihn zu den schönsten Gärten Japans. 🕒 tgl. 9–19 Uhr (Nov–Feb bis 17 Uhr), 220 ¥, Kombiticket mit dem Geschichtsmuseum nebenan (englischer Gratis-Audioguide) 350 ¥.

Östlich außerhalb der Stadt im **Ichijō-dani** hatte früher der Asakura-Clan seine Paläste. Auf den Grundmauern ist eine Gasse mit Samurai-Häusern rekonstruiert worden, und es gibt ein Museum zur Geschichte des Asakura-Clans, 💻 https://asakura-museum.pref.fukui.lg.jp, 🕒 tgl. 9–17 Uhr, 700 ¥, Fahrradverleih. Von hier verkehren einige Direktbusse zum Eihei-ji.

### ÜBERNACHTUNG UND ESSEN

Gleich am Bahnhof stehen die Ableger der **Business-Hotel-Ketten** wie Econo oder Tōyoko Inn. Die Touristeninformation kann auch einfache, günstige **Ryokan** mit Mahlzeiten vermitteln.
Neben Krabben ist die Region für *oroshi-soba* bekannt, Buchweizennudeln in einer Suppe mit geriebenem, frischem Rettich. Preiswerte Restaurants konzentrieren sich in den Einkaufsstraßen südwestlich des Bahnhofs.

€ **Hokuriku Gyokō Kita no Oyaji**, im Prism-Einkaufszentrum hinter dem Supermarkt, JR-Bahnhof, ☎ 0776-28-5550. Beliebtes Fließband-Sushi-Restaurant, günstig und sehr frisch. 🕒 tgl. 11–22 Uhr.

**Ittō**, Chūō 3-12-12, ☎ 0776-22-1322. Etwas feinere regionale Küche mit viel Fisch und Meeresfrüchten. 🕒 Di–Fr 11.30–14, 18–23, Sa nur 12–14 Uhr mit Kaiseki-Voranmeldung.

### SONSTIGES

#### Fahrradverleih

Das städtische **E-Bike-Verleihsystem** „Fukuchari" mit mehreren Miet- und Rückgabestationen (ab 110 ¥/30 Min.) funktioniert über eine Handy-App.

€ Außerdem bietet die Privatbahn **Echizen Tetsudō** an mehr als 10 Bahnhöfen Leihfahrräder für 100 ¥/Tag an, u. a. Fukui-guchi (innenstadtnah), Miguni (für Tōjinbō) und Eiheiji-guchi (für Eihei-ji). Details in der Touristeninformation, 🕒 tgl. 7–20 Uhr, Rückgabe am gleichen Bahnhof. Am Wochenende darf man Räder auch mit in die Bahn nehmen

#### Informationen

**Touristeninformation** im Bahnhof, Chūō 1-1-1, ☎ 0776-20-5348. 🕒 tgl. 8.30–19 Uhr.
**Im Internet:** 💻 https://fuku-iro.jp (mit maschineller Übersetzung).

## TRANSPORT

### Auto

Fukui liegt an der Hokuriku-Autobahn zwischen Kyōto und Kanazawa. Wer will, kann von Kyōto aus auch auf der beschaulicheren Westseite des Biwa-ko (Nationalstraße 161) fahren.

### Busse und Eisenbahn

Zum EIHEI-JI fährt man von Fukui aus am besten mit dem **Keifuku Bus**, ✆ 0776-77-2046, 💻 http://bus.keifuku.co.jp. Direktbusse vom JR-Bahnhof Fukui (1/2 Std., 720 ¥) fahren 6–7x tgl. Für mehrere Fahrten in der Region lohnt sich der **2-Tage-Pass** für Eihei-ji/Tōjinbō für 2500 ¥.

Alternativ mit der Bahn von **Echizen Tetsudō**, 💻 www.echizen-tetudo.co.jp (nur Jap.), bis Eiheiji-guchi, 1/2 Std., 460 ¥. Von dort mit Keifuku Bus (430 ¥) oder Fahrrad weiter – Fahrradverleih am Bahnhof, zum Eihei-ji ca. 5 km nach Süden, leicht bergauf.

Nach TŌJINBŌ: Von Fukui mit der Bahn (Echizen Tetsudō) bis Mikuniminato, 1 Std., 770 ¥, von dort mit dem Bus (200 ¥) oder Leihfahrrad weiter. Achtung: Der Bus fährt eine Runde, immer abwechselnd links und rechts herum, manchmal ist es daher besser, schon in Awarayu umzusteigen. Tagespass für das ganze Fukui-Echizen-Privatbahnnetz 1400 ¥, bis zum Dinosaurier-Museum in Katsuyama 2500 ¥.

### Schiffe

Von der nahe gelegenen Hafenstadt Tsuruga fährt **Shin Nihonkai Ferry**, 💻 www.snf.jp, tgl. via NIIGATA und AKITA nach TOMAKOMAI auf Hokkaidō, 20–21 Std., ab 11 100 ¥.

### Flüge

Der nächstgelegene Flughafen ist **Komatsu**. Von dort Anschluss mit dem Bus nach Fukui.

# Eihei-ji 永平寺

Der Tempel Eihei-ji, 17 km östlich von Fukui, wurde 1244 von Dōgen gegründet (s. Kasten). Die Gebäude selbst sind relativ neu, aber die Anordnung und die Position an einem steilen Hang

CHŪBU

Der beschauliche Yōkōkan-Garten liegt mitten in der Stadt Fukui.

sind noch genau so, wie von Dōgen vorgegeben. Vom Eingang aus ist das Tor **Chokushi-mon** (von 1839) zu sehen, das allein kaiserlichen Boten vorbehalten war. Am Haupttor **San-mon** (1749) erhalten die Tempelnovizen jedes Jahr nach langer Wartezeit Einlass. Die Anlage, durch die Besucher auf einem vorgegebenen Rundweg geführt werden, ist recht weitläufig. Bemerkenswert ist die Decke des **Sanshōkaku**, die erst 1920 von unterschiedlichen Künstlern bemalt wurde. Vor der Küche ist eine **Statue von Daikuin**, dem Gott des Feuers, aufgestellt. Der riesige Gong, mit dem die Mahlzeiten angekündigt werden, hat die Form eines Fisches, der – weil er ja im Wasser lebt – helfen soll, die im Holzgebäude natürlich recht hohe Brandgefahr zu mindern. Die **Butsuden-Halle** mit den Buddhas der drei Zeitalter ist 420 Tatami-Matten groß.

Die Gründerhalle, **Jōyōden**, ist mit Fliesenfußboden im chinesischen Stil des 13. Jhs. ausgestattet; das Feuer davor (im Weihrauchfass) brennt seit Dōgens Zeit ununterbrochen. Von der Quelle nebenan soll schon Dōgen täglich getrunken haben. Interessant ist auch der Film über das Leben der *unsui*, der Tempelnovizen, der im Erdgeschoss gezeigt wird.

## Dōgen und der Weg zur Wahrheit

Im Jahr 1227 kommt der Mönch Dōgen (Jōyō-Daishi) von einem Studienaufenthalt in China zurück und bringt eine radikal neue Form des Buddhismus mit: den Zen-Buddhismus. In den nächsten Jahren begründet er mit **Sōtō-Zen** eine der beiden japanischen Hauptrichtungen des Zen-Buddhismus. 1243 verlässt Dōgen die Hauptstadt Kyōto und gründet in den Bergen weitab der Zivilisation seinen **Haupttempel Eihei-ji**. Heute ist der Tempel ein Zentrum der spirituellen Ausbildung. Jährlich durchlaufen ca. 100 Novizen *(unsui)* hier ein strenges Training, das stundenlange Meditation im Lotussitz, Sutrenrezitation und viel körperliche Arbeit beinhaltet. Ein minutiös durchorganisierter Tagesablauf und Arbeit bis zur körperlichen Erschöpfung, kombiniert mit Schlafmangel und Hunger, sollen Entschlossenen den Weg zur Erleuchtung ebnen.

Am Eingang gibt es auf Anfrage eine englische Broschüre. ⌚ tgl. 8.30–16.30 Uhr, 500 ¥.

Touristen sind willkommen, die Tempelanlage zu besichtigen, zugleich betonen die Mönche aber, dass es sich bei dem Tempel weder um einen Zoo noch um ein schöngeistiges Ausflugsziel handelt. Die täglichen Zazen-Übungen für Laien und Morgengebete wie auch mehrtägige Temple-Stay-Programme sind hauptsächlich für „ernsthaft Interessierte" gedacht. Als Kompromiss für v. a. ausländische Gäste gibt es außerhalb des Tempelgeländes ein modernes Ryokan, in dem man optional auch das Zazen- bzw. Tempelerlebnis arrangieren kann (s. u.).

## ÜBERNACHTUNG

Im Tempel selbst gibt es zwar Unterkünfte, diese werden aber vorrangig an Laienmitglieder der Sōtō-Zen-Schule vergeben.

**Hakujukan**, Yoshida-gun, Eiheiji-chō, Shihi 6-1, ✆ 0776-63-1188, 💻 www.hakujukan-eiheiji.jp. Mit Doppelzimmern und gutem Essen (wahlweise buddhistisch-vegetarisch) ziemlich vornehm für eine Tempelherberge. Sogenannte Zen-Concierges bereiten die Gäste auf optionale Übungen im Kloster vor, etwa die Morgenandacht oder Zazen-Sessions. ❻

## ESSEN

*Happa-zushi* sind Sushi, die in die Blätter einer lokalen Magnolienart eingewickelt sind. Sie werden traditionell im August zu *o-bon* am Eihei-ji gegessen. Die zahlreichen **Andenkenläden** in der Ladenstraße vor dem Tempeltor verkaufen auch Nudelsuppen und kleine Snacks. ⌚ tgl. 8.30–17 Uhr oder kürzer.

**Sankō**, nahe am Tempeltor, ✆ 0776-63-3350, grillt auf Holzkohle *riyaku-dango* (wörtlich „Profit-Klößchen"): eine Leckerei aus Reis mit Misosauce am Spieß. ⌚ tgl. 8–16 Uhr.

## FESTE

**O-bon** (Totenfest), Mitte Aug: Nach einer Zeremonie für die Toten treiben 10 000 Lampions den Fluss hinunter.

## TRANSPORT

**Auto**

Von FUKUI ca. 15 Min. über Nationalstraße 165 und 364. Nach KANAZAWA 45 Min. über Fukui. Zum Flughafen KOMATSU ca. 1 Std.

**Busse und Eisenbahn**

Siehe Fukui, S. 359.

# Fukui Dinosauriermuseum 福井県立恐竜博物館

Im Kitadani-Tal bei Katsuyama (Endstation der Echizen-Privatbahn) sind seit 1990 und vor allem bei ausgiebigen Grabungen seit 2007 mehrere Überreste von Sauriern gefunden worden, die inzwischen als eigene Spezies klassifiziert sind, und die Forschungen in der Formation dauern noch an. Veranschaulicht wird das Ganze im nahen **Sauriermuseum** (Kyōryū Hakubutsukan), Terao 51-11, Muraoka-chō, Katsuyama, 💻 www.dinosaur.pref.fukui.jp. Hier sind über 40 Saurierskelette (nicht nur aus Fukui) lebensgroß rekonstruiert, und es gibt auch animierte Robotersaurier und Videoscreens. Die Originalfunde sind auch ausgestellt. Für die Touren zur Fundstelle, bei denen man selbst Hand und Hammer anlegt und kleinere gefundene Versteinerungen mitnehmen kann, ist eine Anmeldung nötig (auf der Website unter „Field Station"). 🕒 Do–Di 9–17, in den Sommerferien 8.30–18 Uhr, 1000 ¥. Fahrt zur Fundstelle mit Grabungserlebnis und „Field Station" 1300 ¥.

## TRANSPORT

Von FUKUI mit der **Echizen-Privatbahn**, Eiheiji-Linie, knapp 1 Std. bis Endstation Katsuyama (770 ¥), dann **Bus** (12 Min., 300 ¥). Kombitickets für Fahrt und Eintritt am Bahnhof Fukui.

# Maruoka 丸岡

Die kleine Burg von Maruoka, auch **Kasumi-ga-jō** („Nebelburg") genannt, liegt 12 km nördlich von Fukui. Sie ist eine der ältesten erhaltenen Burganlagen Japans. Auf einem unscheinbaren Hügel gelegen, hat sie eher die Größe eines befestigten Wohnhauses, mit zwei Stockwerken außen, dreien innen. Die Familienburg wurde in den 1570er-Jahren von Shibata Katsutoyo gegründet, einem Adoptivsohn des Generals Shibata von Fukui. Den Beinamen Nebelburg trägt sie heute nicht mehr zu Recht, denn durch Veränderungen in der Bebauung und Landwirtschaft ziehen nur noch selten Nebelschwaden um die Burg. Im Frühling versinkt die Burg dafür in einem Meer von Kirschblüten. Ein winziges Museum am Fuß des Hügels zeigt ein anschauliches Modell der Burg, ein paar Rüstungen und Alltagsgegenstände aus dem Leben eines *daimyō*. 🕒 tgl. 8.30–17 Uhr, Eintritt Burg und Museum 450 ¥. Die Burg ist 5 km vom JR-Bahnhof Maruoka entfernt; vom Bahnhof verkehren sehr wenige Busse.

Mit öffentlichen Verkehrsmitteln ist Maruoka am besten per Keifuku-Bus auf der Tōjinbō-Eiheiji-Route zu erreichen (Haltestelle Shiroiriguchi).

# Tōjinbō 東尋坊

Die imposanten Felsformationen an der Küste von Tōjinbō, ca. 30 km nordwestlich von Fukui, sind ein beliebtes Ausflugsziel. Die bis zu 90 m hohen Basaltformationen bilden einen Teil des Echizen-Kaga-Kaigan-Quasi-Nationalparks. Die Klippen sind aber auch als Ziel für Selbstmörder bekannt geworden. Vor allem vom Meer aus bilden sie eine schöne, zerklüftete Kulisse. Halbstündige Bootsfahrten, 💻 www.toujinbou-yuransen.jp, werden bei passablem Wetter zwischen 9 und 16 Uhr mindestens halbstündlich angeboten (1800 ¥).

## ESSEN

Bei den Klippen von Tōjinbō gibt es eine Andenkenladengasse mit kleinen Restaurants und Fischgeschäften, die vor allem **Krabben** verkaufen. Im Sommer sollte man das Grüntee- oder das Kastaniensofteis probieren.

CHŪBU

## INFORMATIONEN

**Touristeninformation** im JR-Bahnhof Awara Onsen, ✆ 0776-73-2290, ⌚ tgl. 8.30–17.15 Uhr, eine kleinere im Bahnhof Awara Yunomachi (Echizen Tetsudō), ✆ 0776-77-1877, ⌚ tgl. 8.30–17.15 Uhr.

## TRANSPORT

Tōjinbō liegt an der Küste zwischen Fukui und Kanazawa und ist ab Awara Onsen/ Autobahnausfahrt Kanazu ausgeschildert. Zu Bus und Bahn siehe Fukui, S. 359.

# Kanazawa 金沢

Kanazawa ist ein bisschen wie Kyōto – mit so ziemlich allem, was man von einer Japanreise erwartet: Kunst, Geishas, Gold, einer illustren Geschichte samt mächtigem Fürsten und Ninja-Künsten, fangfrischem Sushi, einem der schönsten Gärten Japans … Es ist eine lebendige Großstadt mit vielen Restaurants, Kneipen und Hotels und dank Shinkansen guter Anbindung – und dafür nicht überlaufen.

Als Stadtgründer gilt Maeda Toshiie, der 1583 die Herrschaft über Kanazawa erhielt. Als Familienresidenz baute er eine fünfstöckige Burg. Seine Stadt wurde dank der guten landwirtschaftlichen Bedingungen in der Region reich: In der Edo-Zeit war der hiesige *daimyō* der einzige mit einem Einkommen von einer Million *koku* Reis. Ein *koku* (ca. 180 l) war in etwa die Menge Reis, die ein erwachsener Mann pro Jahr benötigte (so rechnet die Welternährungsorganisation heute noch). Und mit dem wirtschaftlichen Reichtum entwickelte sich auch eine eigene künstlerische Ausprägung und Ästhetik in der Stadt an der Peripherie. Heute ist Kanazawa ein bedeutender Wirtschaftsstandort und bewahrt trotzdem seinen edo-zeitlichen Charme.

## Burg und Burgpark 金沢城

Die Burg **Kanazawa-jō** ist zwar von weither sichtbar, aber sie hat keinen Hauptturm, und auch die übrigen Gebäudeteile sind überwiegend erst seit den 1990er-Jahren rekonstruiert worden. Im Original erhalten ist nur das Ishikawa-mon, das östliche Tor, das zum Kenroku-en führt. Eine erste Burg errichtete Maeda Toshiie 1592. Militärische Überlegungen spielten dabei eine entscheidende Rolle, weil die Maeda weitgehend autonom von der Zentralregierung in Edo bleiben und immer für einen etwaigen Krieg gerüstet sein wollten. So bestehen z. B. die glänzenden hellen Ziegel des Ishikawa-Tors aus Blei, aus dem im Notfall Munition gegossen werden konnte. Nach der Meiji-Restauration 1868 benutzte die japanische Armee das Gelände. Nach dem Zweiten Weltkrieg zog bis in die 1990er-Jahre die Universität Kanazawa ein. Danach wurde das Gelände in einen öffentlichen Park umgewandelt; die alten Gebäude werden nach und nach rekonstruiert. Der nachgebaute Trakt eines leicht trapezförmigen Türmchens mit dem langen Speichergebäude Gojikken Nagaya bietet vor allem einen Blick übers Gelände (⌚ tgl. 9–16.30 Uhr, 320 ¥), ein ebenfalls rekonstruiertes Tor daneben kann gratis besichtigt werden. Langfristig soll auch der ehemalige Palast im Ninomaru-Bereich wiederaufgebaut werden. Park: ⌚ tgl. 7–18 Uhr, im Winter 8–17 Uhr, öfters auch Light-up mit längeren Öffnungszeiten, Eintritt frei.

Westlich der Burg führt eine Brücke vom erst 2020 rekonstruierten Tor **Nezumita-mon** hinüber zum markanten **Oyama-Schrein**, der 1873 an der Stelle der alten Villa der Familie Maeda gebaut wurde. Hier wird der Stadtgründer Maeda Toshiie als Gott verehrt, eine Statue des *daimyō* hoch zu Ross steht vor dem Schrein. Ungewöhnlich ist das 1875 fertiggestellte dreistöckige Tor mit Buntglasfenstern: eine Mischung westlicher, chinesischer und japanischer Stilelemente mit dem ersten Blitzableiter Japans auf dem Dach. Beim Bau soll ein holländischer Dozent der Medizinschule geholfen haben.

## Kenroku-Garten 兼六園

Top-Attraktion der Stadt ist der **Kenroku-en**, der Garten der Maeda-Familie, der sich östlich an die Burg anschließt. Ein erster Garten wurde 1676 unter dem 5. Maeda-Fürsten Tsunanori angelegt, und danach scheute die Familie jahrhundertelang keine Kosten, um den Park zu

Kanazawa
N
0
500 m
Nanatsuya
Uchinada (10 km)
Kanazawa
Hokutetsu-Asanogawa-Linie
POLIZEI
Nakajima-Ôhashi
Kazue-machi-Chaya
Tôkyô
Asanogawa
Hikoso-Ôhashi
Nishi-Betsu-in
Utatsuyama-Tempelviertel
Kobashi
Rifare
Higashi-Betsu-in
Blattgoldmuseum
Higashi-Chaya
Naka-no-hashi
Shima
POLIZEI
Kazueya
Kaikarô
Meitetsu-Kaufhaus
HAUPTPOST
Asanogawa-Ôhashi
Higashi-Chaya Kyûkeikan
Ume-no-hashi
BIBLIOTHEK
Ozaki-jinja
Tenjin-bashi
Nagamachi Buke Yashiki
Kuro-mon
Ôte-mon
Ashigaru Shiryôkan
Kanazawa-jô
Ishikawa-mon (Haupttor)
Haus der Familie Takada
Oyama-jinja
Nezumitamon
Imori-zaka-Tor
Haupteingang
POLIZEI
Schlosspark
Nomura-Haus
Stadtpark
Präfekturmuseum für traditionelles Handwerk und Kunsthandwerk
Contemporary Art Museum / KAMU
Shinise Museum
Kôrinbô
Kenroku-en
Maeda-Tosanokami Museum
Nô-Museum
Neben-eingang
Neben-eingang
Shinbashi
RATHAUS
Ishiura-Schrein
Kunstmuseum des 21. Jahrhunderts
Neben-eingang
Kunstmuseum der Präfektur Ishikawa
Nô-Theater
Uhô-in
Präfektur-museum für Geschichte
Tatemachi-dôri
POLIZEI
Saigawa-Ôhashi
D. T. Suzuki Museum
Nishi-Chaya-Museum
Büro der Geisha-Vereinigung
Nishi-Chaya
Taniguchi-Architekturmuseum
Myôryû-ji
Shôgetsu-ji
Saigawa
Fushimi-ji
Sakura-bashi
Teramachi-Tempelviertel
Daien-ji
UNIKLINIK
CHŪBU
ESSEN
1 Ômichô -Markt
2 Buemon Soba
3 Kureha
4 Wagashi Murakami
5 Grill Ôtsuka
6 Sorubei
7 Spice Box
8 Mame Nomanoma
TRANSPORT
1 Hokutetsu Bus
SONSTIGES
1 Zizakegura
2 Montbell
3 Asami Komachi Bar
4 Oriental Brewing
5 Kazu Nakashima
6 Inspice Kanazawa
7 Morihachi
8 Kyara
9 Kanazawa Yûzenkan
10 Kaburaki Kutaniyaki
11 Kankô Bussankan
12 Kutani Higashiyama-kama
13 Daikokuya
14 Nosaku
15 Imai
16 Legian
17 Rock Bar Sturgis
ÜBERNACHTUNG
1 Blue Hour Kanazawa Hostel
2 Ryokan Kashimaya
3 Pongyi
4 New Grand
5 Mystays

perfektionieren. Im Garten finden sich nicht weniger als 183 unterschiedliche Baum- und über 70 Moosarten. Der Name, etwa „Sechs gleichzeitig", bezieht sich auf drei Gegensatzpaare, die hier vereint sind: 1. Wasserflächen und trotzdem Ausblick; 2. Weite und Geborgenheit; 3. kunstvolle Gestaltung und natürliche Unberührtheit. Tatsächlich ist aber nichts an diesem Garten „natürlich" im Sinne von ungeplant: Selbst das Wasser wird über eine 10 km lange Leitung hergebracht!

Der älteste Teil ist der Bereich um den Teich Hisago-ike, rechts vom Eingang. Dort saß der *daimyō* im noch immer bestehenden Yugaotei-Teehaus und blickte auf den gegenüberliegenden Wasserfall und seinen Garten. Im Shigure-tei-Teehaus können es ihm heute die Besucher gleichtun.

Von hier geht es nach schräg links hinauf, an einer Fontäne vorbei, die noch in der Edo-Zeit ohne Pumpe gebaut wurde und nur durch den Wasserdruck sprudelt, und zum Teich Kasumi-ga-ike. Hier bieten sich die berühmtesten Ausblicke des Parks: auf die Steinlaterne und die Insel im Teich, einen Hügelzug östlich als „geborgte Landschaft", eine riesige Kiefer mit kunstvoll vergrößerten Wurzeln, die Kirschbaum-Brücke und einen Wasserlauf mit Zehntausenden von Irissen. Hinter dem Bronzedenkmal des mythischen Yamato Takeru, dem ältesten Bronzedenkmal Japans, wird es stiller; man kann einen kleinen Hügel erklimmen und durch den neuesten Gartenteil zurückgehen. An jeder Biegung, jeder Brücke ändert sich die Stimmung, Abwechslung ist das A und O. Der Garten gilt neben dem Kōraku-en in Okayama und dem Kairaku-en in Mitō als einer der drei schönsten in Japan. ⌚ tgl. 7–18 Uhr (16. Okt bis Ende Feb 8–17 Uhr), 320 ¥.

Der kleine **Ishiura-Schrein** neben dem Kenroku-en wirbt erfolgreich mit einem lustigen Hundemaskottchen und einer fotogenen Reihe roter Torii – hier dreht sich alles ums Glück und die richtige Orientierung für die Zukunft.

### Nō in Kanazawa

Auf dem Gelände des Museums des 21. Jahrhunderts befindet sich auch das **Nō-Museum** der Präfektur, Hirosaka 1-2-25, 💻 www.kanazawa-noh-museum.gr.jp, mit historischen Schätzen und Erklärungen zu dieser schwer zu fassenden Theaterform (S. 146). Interessant ist neben dem Modell des alten Nō-Theaters (gut zu erkennen die elf Töpfe für die Klangeffekte) die original groß und mit Figuren nachgestellte Bühne. In Kanazawa hatte sich eine volksnahe Form des Nō-Theaters (Kaga Hōshō) entwickelt, die nach einer Durststrecke während der Meiji-Zeit inzwischen wiederbelebt worden ist. Neben professionellen Nō-Aufführungen spielen in der Stadt auch vergleichsweise viele Laiengruppen. Das Museum kann detailliert Auskunft zu den anstehenden Nō-Veranstaltungen geben. ⌚ Di–So 10–18 Uhr, 310 ¥.

## Südlich der Burg

Südlich der Burg und des Kenroku-en schließt sich das Museumsviertel an, während im Südwesten am Saigawa-Fluss die moderne Innenstadt liegt. Prunkstück der Museumslandschaft ist das **Kunstmuseum des 21. Jahrhunderts** (Kanazawa 21-seiki Bijutsukan), Hirosaka 1-2-1, ✆ 076-220-2800, 💻 www.kanazawa21.jp, 2004 vom japanischen Stararchitektenteam SANAA (Sejima Kazuyo und Nishizawa Ryūe) gestaltet. Einige der Kunstwerke wurden speziell für das Museum entworfen und sind künstlerisch in den Bau integriert. Besonders bekannt und oft fotografiert ist der begehbare „Swimmingpool" von Leandro Erlich. Meistens gibt es ein oder zwei frei zugängliche Wechselausstellungen, in einem anderen Bereich Stücke aus der Sammlung (450 ¥), und in weiteren Räumen eine Sonderausstellung (meist ab 1000 ¥). Einige der festen Installationen sind im Sonderausstellungsbereich – den „Swimmingpool" kann man immerhin von oben auch ohne Ticket ansehen. ⌚ Ausstellungen Di–So 10–18, Fr, Sa bis 20 Uhr, öffentlicher Bereich 9–22 Uhr.

Das **KAMU**, 💻 www.ka-mu.com, besteht aus mehreren Pop-up-Locations in der Gegend um das Kunstmuseum und Katamachi, mit wechselnden, teils spektakulären Installationen von Gegenwartskunst. ⌚ Di–So 11–18 Uhr, Eintritt um 2000 ¥, je nach Ausstellung.

Im **Kunstmuseum der Präfektur Ishikawa** (Ishikawa Kenritsu Bijutsukan), Dewa-machi 2-1, ✆ 076-231-7580, werden die Kunstsammlungen der Familie Maeda, vor allem Teezeremoniezubehör und Kunstgegenstände aus der Region gezeigt. darunter einige schöne Beispiele von farbigen Ko-Kutani-Töpferwaren mit Vogel- und Blumenmotiven. Die „Alte Kutani-Ware" soll im 17. Jh. im nahen Yamanaka Onsen hergestellt worden sein. ◷ tgl. 9.30–18 Uhr, 370 ¥.

In der Nachbarschaft stellt das **Präfekturmuseum für traditionelles Handwerk und Kunsthandwerk** (Dentō Sangyō Kōgei-kan) die unterschiedlichen kunsthandwerklichen Erzeugnisse der Region vor und bietet praktische Einführungen zu wechselnden traditionellen Handwerkstechniken, z. B. Töpfern, Blattgold- oder Papierherstellung (10–15 Uhr, ohne Anmeldung). ◷ tgl. 9–17 Uhr, Museumseintritt 260 ¥.

Vom Kunstmuseum südlich des Kenroku-en führt ein Pfad hinunter zum **D. T. Suzuki Museum**, Honda-machi 3-4-20, 💻 www.kanazawa-museum.jp/daisetz/english, das an den aus Kanazawa stammenden Philosophen erinnert, der Zen-Ideen im Westen bekannt machte, aber eher zum eigenen Innehalten oder Philosophieren anregen als eine Lebensgeschichte erzählen will. Das ausdrucksstarke minimalistische Gebäude stammt vom hiesigen Architekten Taniguchi Yoshio, dem in Kanazawa ein eigenes Museum gewidmet ist (s. S. 366). ◷ Di–So 9.30–17 Uhr, 310 ¥.

## Westlich der Burg

Westlich der Burg verströmt das **Nagamachi-Viertel** mit seinen gepflasterten Gassen und gut erhaltenen Samurai-Häusern viel Atmosphäre. Sowohl die glänzenden Ziegeldächer als auch die hölzernen Gitter an den Wänden der Häuser waren als Schutz gegen den vielen Schnee gedacht, der hier im Winter fällt.

Einige der alten Häuser sind zu besichtigen. Vom **Haus der Familie Takada** (Kyū Kaga-hanshi Takada-ke-ato), Nagachō 2-6-1, einem Gefolgsmann der Maeda-Fürsten, sind nur noch ein langes Holztor und der Gartenteich erhalten. Eine kleine Ausstellung erläutert das Leben der Soldaten. Zwei ähnliche kleine Soldatenhäuser sind unter dem Namen **Ashigaru Shiryōkan** ebenfalls frei zu besichtigen, mit einem englischsprachigen Infoblatt und freiwilligen Guides. ◷ alle tgl. 9.30–17 Uhr, Eintritt frei.

Das **Nomura-Haus** (Buke Yashiki-ato Nomura-ke) in der Nähe, Nagamachi 1-3-32, 💻 www.nomurake.com, ist, anders als der Name suggeriert, nicht das Anwesen der reichen Samurai-Familie Nomura, die einst hier wohnte, sondern das eines wohlhabenden Händlers aus der Region, der sein eigenes historisches Haus Anfang des 20. Jhs. auf das Nomura-Grundstück überführte. Sowohl die Ausstattung als auch der Garten sind schön, und es wird Tee serviert (300 ¥). ◷ tgl. April–Sep 8.30–17.30, Okt–März 8.30–16.30 Uhr, 550 ¥.

Am Südende der Gasse ist das **Shinise Museum** (Shinise Kinenkan) sehenswert, eine Apotheke aus der Edo-Zeit mit Laden zur Straße und einer kleinen Ausstellung zu Handwerkstraditionen in den früheren großzügigen Wohnräumen zum Garten hin. ◷ Di–So 9.30–17 Uhr, 100 ¥.

Das gegenüberliegende **Maeda-Tosanokami Museum** („Samurai-Museum") zeigt hauptsächlich alte japanische Dokumente und lohnt den Eintrittspreis nicht. Dafür gibt es im Seidengeschäft **Kanazawa Yūzenkan** in der Nähe der Samurai-Gasse (Nagamachi 2-6-16) eine kleine Ausstellung zum Seidenfärben und die Gelegenheit, einen echten Seiden-Kimono anzuprobieren (Zusatzgebühr). ◷ Do–Mo 9.30–17 Uhr, 350 ¥ für die Ausstellungsbereiche.

## Higashi-Chaya und Teramachi
東茶屋・寺町

Das Viertel **Higashi-Chaya** erstreckt sich von der Flussniederung des Asano-Flusses bis zu den Hügeln im Osten. Die leicht geschwungene **Umeno-hashi**, eine alte Brücke über den Asano-Fluss, wurde 1978 vorbildlich restauriert. Wie das Nishi-Chaya-Viertel auf der Westseite der Stadt lag die Gegend jenseits des Flusses und damit außerhalb der eigentlichen Stadt. Diese Gebiete wurden daher 1820 als Vergnügungsviertel designiert, und es entstanden viele kleine Bordelle und Teehäuser – Letztere bestehen z. T. heute noch. Hin und wieder sind auch noch Geishas in den Straßen unterwegs. Abends ist es zwar stimmungsvoller, aber auch tagsüber sind einige Teehäuser geöffnet. Zu den schönsten gehört das 180 Jahre alte Teehaus **Kaikarō** in der Hauptstraße von Higashi-Chaya. Die Einrichtung – vieles ist aus dem frühen 20. Jh. – kombiniert Moderne und Tradition. ⌚ tgl. 10–17 Uhr, 750 ¥, *matcha* 1000 ¥. Ähnlich ist das Teehaus **Shima** gegenüber, ein im Originalzustand erhaltenes Gebäude von 1820. ⌚ tgl. 9.30–17.15, Dez–Feb bis 16.45 Uhr, 500 ¥, *matcha* mit Süßigkeit 700 ¥.

Auf der anderen Flussseite gibt es noch ein weiteres Teehausviertel, **Kazueya**. Es ist zwar kleiner, aber die paar Häuser und Gassen am Fluss mit einer schmalen rekonstruierten Holzbrücke sind sehr stimmungsvoll, und auch hier begegnet man vielleicht einer Geisha.

In Higashi-Chaya befindet sich auch das interessante **Blattgoldmuseum** (Yasue Kinpaku Kōgeikan), Higashiyama 1-3-10, 💻 www.kanazawa-museum.jp/kinpaku/english. Die Herstellung von Blattgold ist eine ziemlich aufwendige Arbeit, denn die dünn gewalzten Goldblätter werden zwischen speziell behandeltem, extra-glattem Papier immer weiter gehämmert, bis sie nur noch 1/10 000 mm dick sind. Das Blattgoldhandwerk wurde von den Maeda-Fürsten bewusst gefördert, um von den damals dominierenden Handwerkern aus Kyōto unabhängig zu werden und ein krisensicheres Gewerbe in Kanazawa anzusiedeln. Heute werden in der Stadt 99 % des japanischen Blattgolds produziert. Im Museum sind traditionelle Werkzeuge (mit Erklärung) und zahlreiche Kunstgegenstände mit Blattgoldverzierung ausgestellt, ein englisches Video erläutert den Prozess. ⌚ tgl. 9.30–17 Uhr, 310 ¥.

## Südlich des Saigawa

Wie im Osten der Stadt schließen sich auch im Süden jenseits des Flusses ein Tempelbezirk und ein Vergnügungsviertel an. Das westliche Teehausviertel **Nishi-Chaya** ist wesentlich kleiner und ruhiger als das im Osten. In einer hübsch restaurierten Gasse befinden sich mehrere auf *wagashi* spezialisierte Cafés und ein paar Restaurants. Das kleine Museum **Nishichaya Shiryōkan** stellt unten einen Schriftsteller vor, der hier im Teehaus seines Großvaters aufwuchs; oben sind farbige Teezimmer zu bewundern, freiwillige Guides erklären Hintergründe. Das hellblaue Haus daneben – ausgerechnet das einzige westliche in der Gasse – ist das **Büro der Geisha-Vereinigung**; hier haben die Geishas des Viertels auch ihre Übungsräume.

Im anschließenden Tempelbezirk steht der Nichiren-Tempel **Myōryū-ji**, Nomachi 1-2-12, 💻 www.myouryuji.or.jp, der wegen seiner verschachtelten Anlage mit 23 Räumen, 26 Treppen und zahllosen, teils versteckten Türen und Gängen auch als **Ninja-Tempel** bezeichnet wird. Tatsächlich sollte eher der *daimyō*, der sich hier manchmal aufhielt, vor etwaigen Feinden geschützt werden. Eine Besichtigung ist nur mit japanischer Führung (nach Anmeldung) möglich; es gibt ein Heft mit Informationen auf Englisch. ⌚ tgl. 9–16.30 Uhr, 1200 ¥.

Das nahe **Taniguchi-Architekturmuseum** (Kenchiku-kan), 💻 www.kanazawa-museum.jp/architecture, wurde vom hier aufgewachsenen Architekten Taniguchi Yoshio errichtet, der für den Neubau des MoMA in New York bekannt ist. Sein Vater Yoshirō war ebenfalls ein bedeutender Architekt. ⌚ tgl. 9.30–17 Uhr, Dauerausstellung 310 ¥.

### ÜBERNACHTUNG

Je nach geplantem Programm sind die Gegend um den Hauptbahnhof oder Katamachi (mit mehr Restaurants) geeignete Standorte.

**Blue Hour Kanazawa Hostel**, Konohanamachi 3-3, 3F, ✆ 090-1392-8309, 💻 https://bluehourkanazawa.com. Vergleichsweise große Kojen in mehreren Schlafsälen beim Bahnhof. Es gibt auch einen abgeteilten Frauenbereich mit eigenem Bad und Aufenthaltsraum. Keine Privatzimmer. 3000 ¥ p. P.

**Mystays**, Katamachi 1-10-18, ✆ 076-263-0011, 💻 www.mystays.com. Super Lage und sehr ordentliche Hotelzimmer zu Preisen nur knapp über Hostel-Niveau. ❶–❷

**New Grand**, Minami- chō 4-1, ✆ 076-233-1311, 💻 www.new-grand.co.jp. Komfortable Zimmer mit wohnlicher Atmosphäre und tollem Blick vom Frühstücksraum auf die Burg. ❹–❺

**Pongyi**, Roku-machi 2-22, ✆ 076-225-7369, 💻 www.pongyi.com. Masaki war einmal Mönch in Myanmar und führt das winzige Hostel in einem ehemaligen Kimono-

Das Teehausviertel von Nishi-Chaya in Kanazawa hat eine einzigartige Atmosphäre.



Speicherhaus aus Berufung. Es gibt nur drei Zimmer, davon eins auch als EZ oder DZ, ein Café mit Flussblick und Muffins. Waschmaschine, Fahrradverleih, manchmal Origami- oder Goldfolien-Workshops. Ab 3000 ¥ p. P.
**Ryokan Kashimaya**, Hon-machi 2-19-13, ✆ 076-221-0187, 💻 www.ne.jp/asahi/kanazawa/kashimaya. Etwas altmodisches, aber sehr sauberes und gemütliches Familien-Ryokan. Englisch okay, relativ viele Ausländer. ❹–❺

## ESSEN

**Buemon Soba**, Higashiyama 1-15-5, ✆ 076-251-7557. Frische Soba mit ungewöhnlichen Toppings wie Felsenalgen und Blüten oder mit Wasabi aufgeschlagenem Eischnee, in einem schönen alten Haus in Higashi-Chaya. Oft sehr voll. 🕒 Fr–Mi 11.30–15 Uhr.
**Grill Ōtsuka**, Kata-machi 2-9-15, ✆ 076-221-2646. In einer der Kneipengassen im Westen von Kōrinbō. Alteingesessenes Lokal für „westliche Speisen", wo man echten Hanton-Reis in Retro-Atmosphäre bekommt: eine Variante des beliebten Om(elette)-Reis mit zusätzlich weißer Fischsauce (der Name Hanton kommt von HUNgary + Thon/Thunfisch). 🕒 Do–Di 11–15.30, 17–19.50 Uhr.
€ **Ōmichō-Markt**, zwischen Bahnhof und Zentrum. Auf dem überdachten Marktgelände gibt es hauptsächlich Snacks auf die Hand (teils Fotoverbot!). Im Obergeschoss befinden sich mehrere Restaurants, die erst ab Mittag öffnen und auf *kaizendon* (Reisschüssel mit frischem Fisch, ab 3000 ¥) spezialisiert sind.
**Sorubei**, Kiguramachi 1-1, ✆ 076-224-1120. Lässige Kneipe, die auf frisch zubereitete Tenpura spezialisiert ist, überwiegend *horigotatsu*, also niedrige Tische auf Tatami mit einer Vertiefung für die Füße. 🕒 Di–So 17–23 Uhr.
**Spice Box**, Kata-machi 2-30-8, ✆ 076-234-3313. Indisches Restaurant mit Spezialitäten aus Sri Lanka und Südindien, leckere *dosa* (hauchdünne indische Pfannkuchen) und gemäßigte Preise. Englische Karte. 🕒 tgl. 18–3, So bis 24 Uhr.
Besonders lohnend ist ein Besuch in den **Teehausvierteln** in Nagamachi und Higashi-Chaya. Zum Tee gibt es japanische Süßigkeiten wie Reisklößchen *(mochi)*.

**Kureha**, Higashiyama 1-24-3, ✆ 076-253-9080. Nettes Teehaus, ruhiger als die bekannten Teehäuser mit Eintritt. Im Erdgeschoss Tische und Andenken, oben Tatami-Matten. ⏲ Do–Di 10–17.30 Uhr.

**Mame Nomanoma**, Nomachi 2-24-7, ✆ 076-282-7000. Gezuckerte Bohnen sind klassisch japanische Süßigkeiten. Hier gibt es außerdem einen tollen Snack: *monaka,* eine knusprige Reiswaffel mit einer Füllung aus Bohnen und Matcha-Eis oder Rumrosinen-Mascarpone. Das Café im Obergeschoss bietet andere edle *wagashi* an. ⏲ tgl. 9.30–16.30 Uhr, manchmal Di Ruhetag.

**Wagashi Murakami**, Nagamachi 2-3-32, ✆ 076-264-4223. Aufregende Dango-Klößchen (mit Matcha oder als Montblanc) und andere japanische Süßigkeiten gegenüber vom Nomura-Haus; man kann auch im Garten sitzen. ⏲ tgl. 9.30–17 Uhr.

## UNTERHALTUNG

### Kneipen und Bars

Japanische Kneipen *(izakaya)* sind vor allem in den Gassen westlich von Kōrinbō in Katamachi zu finden. Viele sind nur wohnzimmergroß und erfordern etwas Mut, um als „Außenstehender" einzutreten.

**Asami Komachi Bar**, Kazue-machi 1-3, ✆ 050-5571-1597. Sehr stylische kleine Bar in einem alten hölzernen Stadthaus im kleinsten Teehausviertel. ⏲ tgl. 18–24 Uhr.

**Legian**, Kata-machi 2-31-30, ✆ 076-262-6510. Indonesisches Essen und Bier, gute Cocktails, entspannte Atmosphäre am Fluss. Der Barkeeper spricht Englisch und hält viele unterschiedliche Biere bereit. ⏲ sehr unregelmäßig, nur abends.

**Oriental Brewing**, Higashiyama 3-2-22, ✆ 076-255-6378. Das Craftbier, das hinten im Laden gebraut wird, spielt wie der benachbarte Kenroku-en mit Gegensätzen: Malz und Zitrusaroma etwa. ⏲ tgl. 11–22 Uhr.

**Rock Bar Sturgis**, Kata-machi 1-7-15, Kirin Bldg. 4F, ✆ 076-262-9577. Bei Expats beliebte Rock-Kneipe mit familiärer Atmosphäre und Jam-Sessions. 1000 ¥ Eintritt. ⏲ tgl. 20–5 Uhr.

**Zizakegura**, Hyakubangai-Passage im Bahnhof. Sake-Geschäft mit Sake-Tasting, drei lokale Sorten für 1000/1700 ¥. ⏲ tgl. 11.30–20 Uhr.

### Geisha-Vorführungen

Teehausbesuche mit Geisha-Unterhaltung sind normalerweise sehr exklusiv. In Kanazawa bieten die drei Teehausviertel an unregelmäßigen Samstagsterminen reihum öffentliche Veranstaltungen an, eine sogenannte **Geisha Experience**. Ca. 1 Std., 5000 ¥, Informationen: ✆ 076-232-5555, 💻 https://visitkanazawa.jp.

Das **Teehaus Kakarō** veranstaltet überdies eigene Geisha-Abende, ab 10 000 ¥, 💻 https://geishaevenings.jp.

### Nō

Das Nō-Theater der Präfektur liegt hinter dem Kenroku-en. Hier finden professionelle Aufführungen bekannter Ensembles statt. Am Wochenende gibt es oft auch Aufführungen von Laiengruppen, die man kostenlos ansehen kann. Informationen im Nō-Museum (S. 364).

## EINKAUFEN

Schon seit dem 19. Jh. wird in Kanazawa traditionelles Handwerk gefördert; entsprechend gehört die Stadt mit Kyōto und Takayama zu den Top-Orten, um traditionelle Gebrauchsgegenstände und schönes Kunsthandwerk einzukaufen. Die speziell gefärbte **Kaga-Yūzen-Seide** gibt es nur in Kyōto und Kanazawa. **Goldfolie** wird in Japan fast ausschließlich in Kanazawa hergestellt – vergleichsweise günstig ist das hauchdünne Goldkonfetti, das man effektheischend in Tee, Sake oder Sekt streuen kann. Die (alte) **Kutani-Töpferware** gehört zu den traditionsreichsten in Japan; heute wird sie meist in der Fabrik als Massenware hergestellt.

**Ishikawa-ken Kankō Bussankan**, nördlich des Kenroku-en, ✆ 076-222-7788. Mehrere Fachgeschäfte verkaufen traditionelles Kunsthandwerk und Süßigkeiten *(wagashi).* Im Obergeschoss gibt es Taiken-Workshops,

u. a. können Besucher selbst *wagashi* herstellen (tgl. um 13 Uhr, am Wochenende häufiger, 1700 ¥ für 4 Stück). Goldfolien-Workshops sind durchgehend möglich. ⌚ tgl. 10–18 Uhr.

### Blattgold und Weihrauch

**Imai**, Hirosaka 1-2-36, in der Nähe des Kunstmuseums des 21. Jhs., ✆ 076-221-1109. Fachgeschäft für Blattgold und vergoldete Produkte. ⌚ Di–So 10–18 Uhr.

**Kyara**, Takaoka-chō 19-17, ✆ 076-233-0477, 💻 http://kyara.webclo.jp. Weihrauchfachgeschäft mit zahlreichen Weihrauchsorten und Zubehör. Nach Voranmeldung kann man an einer „Weihrauchsitzung" teilnehmen, einem Gesellschaftsspiel, bei dem man unterschiedliche Weihrauchsorten erriechen muss. Etwas Japanisch ist hilfreich, aber man kann sich die Spielregeln auch mit einer Übersetzungs-App erklären lassen (2750 ¥ p. P. ab 2 Personen). ⌚ 10–18.30, So nur bis 18 Uhr, am 1. und 3. Mi Ruhetag.

### Süßigkeiten

**Kazu Nakashima**, Higashiyama 1-7-6 , ✆ 076-252-5280. Die *wagashi* – samtig-weiche japanische Reis-Süßigkeiten – sind so hübsch verziert, dass man sie kaum essen mag. Es gibt auch ein paar Tische. ⌚ tgl. 10–18 Uhr.

**Morihachi**, Ōtemachi 10-15, ✆ 076-262-6251, 💻 www.morihachi.co.jp. Seit 1625 bestehendes Familiengeschäft für die Original-*morihachi:* eine Art Bonbon aus gepresstem Puderzucker – wichtig für die Teezeremonie. Im Obergeschoss zeigt eine Ausstellung Zucker-Modeln (200 ¥), außerdem regelmäßig Taiken-Kurse für die Süßigkeiten-Herstellung. ⌚ tgl. 9–17 Uhr.

### Töpfer- und Lackwaren

**Kaburaki Kutaniyaki**, Naga-machi 1-3-16, ✆ 076-221-6666, 💻 https://kaburaki.net. Der ältere der beiden Keramikläden ist 200 Jahre alt und zeigt auch ein paar historische Kutani-Stücke. Außerdem gibt es moderne Varianten, u. a. Weingläser und eine lizenzierte Banksy-Geschirr-Edition. ⌚ tgl. 9–18 Uhr.

**Kutani Higashiyama-kama**, Kenroku-machi 1-16, neben dem Eingang des Kenroku-en, verkauft vor allem edles Teezubehör, nicht nur Kutani-Keramik. Stäbchenbänke ab 1500 ¥, für Teeschalen ist die Skala nach oben offen. ⌚ meist 10–18 Uhr (im Winter bis 17 Uhr); unregelmäßige Ruhetage.

**Nosaku**, Hirosaka 1-1-60, beim Nō-Museum, ✆ 076-263-8121, 💻 www.nosaku1780.jp. Schöne Lackschalen und Essstäbchen. ⌚ Do–Di 10–18 Uhr.

### Verschiedenes

€ **Daikokuya**, in Kōrinbō gegenüber der Post, ✆ 076-224-5181. Discount-Tickets und Prepaid-Karten. ⌚ tgl. 10–19 Uhr.

**Inspice Kanazawa**, Higashiyama 1-10-2, ✆ 080-3745-7030, 💻 www.inspice.jp. Intensive, aber wenig scharfe Gewürzmischungen und Tees in einem lauschigen alten Holzhaus. Oben gibt es eine Art Café-Ecke, sehr ruhig und gechillt. ⌚ Mo–Sa 10–16.30 Uhr.

**Montbell**, Honmachi 1-5-3, im Rifare-Gebäude in Bahnhofsnähe, ✆ 076-260-2561. Outdoor-Zubehör und -Kleidung der gleichnamigen japanischen Marke. ⌚ tgl. 10–20 Uhr.

## SONSTIGES

### Feste

**Hyakumangoku Matsuri**, 13.–15. Juni: Fest anlässlich der Einführung von Maeda Toshiie als Burgherr von Kanazawa mit historischem Kostümumzug und Akrobatik.

### Informationen

**Touristeninformation** im Bahnhof, ✆ 076-232-6200. Viele Informationen zur Region und englischsprachige Mitarbeiter. ⌚ tgl. 8.30–20 Uhr.

**Tourismuswebsite** der Stadt: 💻 https://visitkanazawa.jp.

Am Ishikawa-mon der Burg unterhält das **Kanazawa Goodwill Guide Network**, 💻 http://kggn.sakura.ne.jp, ein Infobüro mit mehrsprachigen Broschüren ⌚ tgl. 9.30–15.30 Uhr.

### Medizinische Hilfe

**Kanazawa University Hospital**, 13-1 Takaramachi, ✆ 076-265-2000, 💻 http://web.hosp.kanazawa-u.ac.jp.

## NAHVERKEHR

Um die zum Teil weit auseinanderliegenden Sehenswürdigkeiten zu besuchen, empfiehlt sich der öffentliche Nahverkehr.
In der Innenstadt fahren neben regulären **Hokutetsu-Stadtbussen** (je nach Entfernung 200–300 ¥) mehrere touristische Busse vom Bahnhof aus: zwei **Loop-Busse** (rechts bzw. links herum) zu etlichen Sehenswürdigkeiten (pro Fahrt 200 ¥) und ein **Shopping-Bus** (100 ¥) in die Katamachi-Gegend. Außerdem verkehren zwei **JR-Busse** in der Innenstadt (dafür gilt der Japan-Railpass, 💻 www.nishinihonjrbus.co.jp. Mit dem Tagesticket (600 ¥) darf man im Innenstadtbereich die Hokutetsu-Busse, den Loop-Bus und den Kenrokuen-Shuttle benutzen.
**Routenpläne** sind in der Touristeninformation am Bahnhof erhältlich.

CHŪBU

## TRANSPORT

### Busse

Die lokale Busgesellschaft **Hokutetsu Bus**, ✆ 076-234-0123, unterhält japanweite Verbindungen.
NAGOYA, mind. 10x tgl., 4 Std., ab 3600 ¥
TAKAYAMA, mind. 8x tgl., über SHIRAKAWA (50 Min., 2600 ¥), 2 1/4 Std., 4000 ¥
TŌKYŌ, tgl. über Nacht, 8 Std., ab 5400 ¥ (länger im Voraus reservieren)
Je nach Zielort fahren auch JR-Busse und andere Busgesellschaften. Alle Busse starten vom Bahnhofsvorplatz.

### Eisenbahn

FUKUI, JR-Express, 45 Min., 3270 ¥
KYŌTO, JR-Express, 2 Std., 7220 ¥
NAGOYA, Express und Shinkansen, stdl., 2 1/2 Std., 8460 ¥
TŌKYŌ, Shinkansen, ca. 2 1/2 Std., 14380 ¥
WAKURA ONSEN, JR-Express, 1 1/2 Std., 1410 ¥

### Flüge

Der nächste Flughafen ist **Komatsu**, 💻 www.komatsuairport.jp, zu erreichen per Flughafenbus.

# Noto-Halbinsel 能登半島

Die gebogene Halbinsel auf der Nordseite der Präfektur Ishikawa ist als Quasi-Nationalpark designiert und bietet wenige herkömmliche Sehenswürdigkeiten. Die Verkehrsverbindungen sind eher spärlich. Wer dennoch hierher kommt, wird mit einem Stück ursprünglichem, unverfälschtem Japan und landschaftlicher Schönheit belohnt.

## Wajima 輪島

Vor allem bei japanischen Besuchern beliebt ist der **Morgenmarkt** im Zentrum von Wajima: Jeden Vormittag reihen sich auf der Asaichi-dōri Stände aneinander, manch alte Bäuerin verkauft ihr Gemüse von einer Plane auf dem Boden. Es gibt viel Fisch, riesige Krabben und ein paar süße *manju* (Teigklößchen) auf die Hand. 🕒 tgl. 8–12 Uhr, außer am 2. und 4. Mi des Monats.

Wajima ist in Japan außerdem für seine exquisite Lackindustrie bekannt: Die Wajima-Lackwaren werden in einem aufwendigen, etwa sechs Monate dauernden Prozess in über 80 Arbeitsschritten hergestellt. Immer wieder wird Lack aufgetragen und glattpoliert. Entsprechend teuer sind die Stücke auch, aber für wirklich edles Understatement liegt man hier richtig (ein paar hundert Euro für eine Salatschüssel sollte man einplanen). Eine Ausstellung zum Herstellungsprozess und mit historischen Stücken sowie Verkaufsräume gibt es in der **Wajima Shikki Kaikan** (Wajima Lacquer Hall) am Fluss, Kawai-machi 24-55, 💻 www.wajimanuri.or.jp, 🕒 tgl. 8.30–17 Uhr, 300 ¥. Das **Wajima Shitsugei Bijutsukan** (Wajima Museum of Urushi Art), Mitomori-machi, Shijugari 11, ✆ 0768-22-9788, zeigt besonders schöne Lackobjekte in Wechselausstellungen. 🕒 tgl. 9–17 Uhr, 630 ¥. Auch bei mehreren Herstellern, darunter **Shioyasu** etwas außerhalb, 💻 www.shioyasu.com, kann man die Fertigung beobachten.

Die Ausstellungshalle **Kiriko Kaikan** ist Garage und Museum für die Fest-Laternen des Kiriko Matsuri. Dieses Fest findet in Dutzenden Orten der Halbinsel statt. Dabei werden unter wildem Trommeln riesige Laternen auf Sänften durch die Straßen oder ins Meer getragen. Deshalb sind im Sommer vor der Halle beeindruckende Gratis-Trommelvorführungen zu bestaunen (im Hochsommer tgl. 20.30 Uhr, sonst von April bis Oktober an Wochenenden).

In einigen alten Langhäusern, **Kōbō Nagaya**, östlich der Asaichi-dōri sind außerdem traditionelle Handwerksbetriebe für Touristen versammelt, die z. T. auch *taiken* anbieten, 💻 http://ringisland.jp/nagaya, 🕒 meist 10–17 Uhr.

Daneben ist ein öffentliches **Fußbad** frei zugänglich. Am frühen Abend kommen die Einheimischen auf einen Schwatz hierher.

## Östlich von Wajima
## 千枚田・曽々木・禄剛崎

10 km östlich von Wajima liegen auf kleinen Terrassen zwischen Küste und Straße die „1000 Reisfelder", **Senmaida**. In Wirklichkeit sollen es 1004 sein. Ein halbstündiger Spaziergang führt durch die Felder, die als Kulturlandschaft geschützt sind. Ein Bus (zur Haltestelle Shirayone) verkehrt 8x tgl. ab Wajima.

Noch 10 km östlich sind im Ort **Sosogi** zwei große alte Häuser von Dorfältesten/Landadligen aus der Edo-Zeit zu besichtigen. Beide Familien gehören zu Zweigen des Tokikuni-Clans, der seinen Stammbaum noch auf Gefolgsleute der Taira (S. 110) zurückführt. Eins davon, das 18 m hohe **Kamitokikuni-ke**, Machino-chō, Minami-Tokikuni 13-4, ☎ 0768-32-0171, wurde 1831 fertiggestellt und hat einen prächtigen Empfangsraum. 🕒 Di–Do, Sa, So 10.45–15.45 Uhr, 500 ¥.

An dieser Küste ist auch die traditionelle Meersalzgewinnung zu sehen, ein aufwendiges Verfahren, bei dem man das Meerwasser auf Sandflächen oben auf den Klippen verdunsten lässt. Die Tradition stammt aus der Edo-Zeit, als der mächtige *daimyō* von Kanazawa seine Autarkie wahren wollte (Salz war zur Haltbarmachung von Lebensmitteln extrem wichtig) – in anderen Landesteilen mit stärkeren Gezeiten konnte man eigentlich viel billiger Salz herstellen. Zu besichtigen sind **Wajima-Shio** zwischen den Reisterrassen und Sosogi, 💻 www.wajimashio.jp, 🕒 tgl. 9–17 Uhr (Dez–Feb nur Sa, So), Eintritt frei, und **Okunoto Enden Mura**, 💻 www.enden.jp, 🕒 tgl. 9–17 Uhr, 100 ¥. Im Sommer kann man nach Anmeldung jeden Nachmittag selbst Salz gewinnen (nicht viel mehr als eine Prise), 2000 ¥.

Der **Mado-iwa** oder „Fensterfels" mit einem fotogenen natürlichen Loch bei Sosogi ist relativ gut zu erreichen. Dahinter wird die wildromantische Küste noch einsamer, zum Leuchtturm am Kap **Rokkō-zaki** kommt man nur per Auto. Die vorgelagerte kleine Insel Mitsuke weiter südlich an der Küste heißt wegen ihrer markanten Form „Kriegsschifffelsen": **Gunkan-iwa**.

Nun führt die Küste der Halbinsel wieder im Bogen nach Südwesten. Hier sind Siedlungsspuren der prähistorischen Jōmon-Kultur entdeckt worden. Bei Mawaki zeigt ein **Jōmon-Museum** eindrucksvolle Funde und im Außenbereich eine rekonstruierte Hütte und einen hohen hölzernen Stelenkreis, über dessen Funktion noch nichts bekannt ist. 🕒 Mi–So 9–17 Uhr, 330 ¥.

## Südlich von Wajima
## 千里浜・能登金剛・和倉温泉

Die Noto-Halbinsel ist im Südteil erstaunlich dicht besiedelt und touristisch nicht sehr attraktiv. Wer mit dem Auto von Kanazawa anreist, kann einen Abstecher zum **Chirigahama Beach** machen, einem langen platten Sandstrand, auf dem ganz offizielle Fahrspuren sind und durchaus auch Verkehr. Der bedeutende Schrein **Keta Taisha** wurde schon in Schriften aus dem 8. Jh. erwähnt und wirkt tatsächlich sehr archaisch. Von hier kann man entlang der immer einsamer werdenden **Noto-Kongō-Küste** mit sehr schönen Felsformationen in Richtung Wajima fahren.

Die kleine Insel **Notojima** ist über zwei Brücken mit dem Festland verbunden, aber nach wie vor sehr abgeschieden und wenig besiedelt. Die kleinen Strände an der Ostküste sind gechillt, von der Nordseite sieht man öfters Delfine. In der Bucht stehen vereinzelt noch Hochsitze für Fischer – seit Jahrhunderten wurden hier Meereschen gefangen, indem man vom Hochsitz ausspähte und zu passender Gelegenheit ein vorbereitetes Netz einzog.

**Wakura Onsen** auf der Ostseite ist ein beliebter Onsen-Ort mit guter Busanbindung ins nahe Nanao (JR-Bahnhof). Außer teuren Onsen-Hotels und einem öffentlichen Bad (🕒 tgl. 7–21 Uhr, 490 ¥, Ruhetag immer am 25.) gibt es hier nicht viel, aber organisierte Bustouren ab Wakura bieten wegen der kürzeren Anfahrt mehr Programm zu besseren Preisen als jene ab Kanazawa.

## ÜBERNACHTUNG

**Biwansō**, Wakura Onsen, ☎ 0767-62-2323, 💻 www.biwanso.com. Typisches Onsen-Hotel mit japanischen und westlichen Zimmern. ❷–❸

 **Idaya**, Shinmei-chō, Nanao, ☎ 0767-52-0708. Sehr schlichtes, aber sauberes Businesshotel am Bahnhof Nanao. ❷

**Kaigan Dōri**, Kawai-machi, Wajima, ☎ 0768-22-5622, 💻 www.wajima.or.jp/shiotani. Einfaches modernes Minshuku gleich am Morgenmarkt. ❶–❷

**Ranpu no yado**, Yoshigaura-Onsen, Nordostküste, ☎ 0768-86-8000, 💻 www.lampnoyado.co.jp. Sehr edles Onsen-Hotel mit *rotenburo* und eigenem Onsen im Zimmer. ❻



## ESSEN

Neben frischem Fisch werden an einigen **Ständen des Wajima-Morgenmarkts** auch fertige Fischgerichte angeboten, außerdem gibt es einen Grillplatz mit Tischen: Für 300 ¥ bekommt man ein Gasgrill-Set und kann die gerade gekauften Fische selbst grillen und essen. Die vegetarische Spezialität von Wajima sind *egara-manjū* aus mit Gardenien-Pollen gelb gefärbtem Reis mit leicht gesüßter Anko-Füllung.

**Asaichi-Sakaba**, Asaichi-dōri, Wajima, ☎ 0768-22-1120. Auf *donburi* mit rohem Fisch spezialisiertes einfaches Restaurant am Morgenmarkt, auch zum Frühstück beliebt. *Kaisen-donburi* ab 1000 ¥, kleine Gerichte ab 600 ¥. 🕒 an allen Morgenmarkttagen 7.30–15 Uhr.

**Yabu Shinbashiten**, Kawai-machi 24-11-48, Wajima, ☎ 0768-22-0006. Große Auswahl an Fischgerichten von Soba bis *kaizendon* und Fugu. 🕒 Mi–Mo 11–21 Uhr.

## TOUREN

**Tagestouren** werden von Kanazawa (ab 6950 ¥) aus angeboten, auch mit Ausstieg in Wakura Onsen oder Wajima, und müssen reserviert werden, z. B. mit **JR Bus**, am Bahnhofsvorplatz von Kanazawa, ☎ 0570-00-2424, 💻 www.nishinihonjrbus.co.jp/sightseeing/noto.

Etwa 20-minütige **Bootsfahrten** an der Noto-Kongō-Küste starten vom Aussichtspunkt Ganmon, Anbieter: **Noto Kongō Yūkansen**, ☎ 0767-48-1233, Fahrt 1400 ¥, ca. 9–16 Uhr je nach Wetter.

## SONSTIGES

### Feste

**Gojinjō Daiko**, 31. Juli und 1. Aug: Trommelfest in Nafune östlich von Wajima, zur Erinnerung an Fischer, die Feinde vom Meer erfolgreich abschreckten, indem sie zottelige Perücken aufsetzten und wild trommelten.

**Hoto Matsuri**, 1. Sa im Aug: In Ishizaki bei Wakura Onsen wird um erfolgreichen Fischfang gebeten. Beeindruckend sind die sehr hohen beleuchteten Festwagen.

**Monterey Jazz Festival**, im Juli in Nanao.

### Informationen und Fahrradverleih

**Touristeninformation** in Wajima, am Busbahnhof, ☎ 0768-22-1503, 🕒 tgl. 8.30–17 Uhr. Dort auch Fahrradverleih 400 ¥/Std., 1500 ¥/Tag, Gepäckaufbewahrung (300 ¥/Stück). Filiale „Umi no eki" am Morgenmarkt.

In Nanao im Bahnhof, 🕒 tgl. 9.30–16 Uhr, auch Fahrradverleih.

## TRANSPORT

Gute Ausgangspunkte für die Noto-Halbinsel sind Kanazawa und Toyama. Da man mit der Bahn nur bis Anamizu kommt und die lokalen Busverbindungen eher sporadisch sind, empfiehlt sich eine organisierte Tour (s. o.) oder ein Mietwagen, falls man nicht übernachten will.

### Auto

Bis Anamizu führt eine Autobahn, von dort beschreibt die Straße 249 einen Bogen um den Nordteil der Halbinsel.

### Busse

Hokutetsu-Expressbusse fahren 7x tgl. von KANAZAWA nach Wajima, 2.30 Std., 2300 ¥.

Innerhalb von Wajima fährt der Noranke-Bus stdl. zwei Rundstrecken ab (100 ¥ pro Fahrt). Alle anderen Orte werden nur sehr sporadisch von Bussen bedient (max. 8x tgl.). Wer eine Rundtour mit dem Bus plant, braucht daher Zeit.

### Eisenbahn

Die JR-Linie führt nur bis **Nanao** – ab KANAZAWA 1 1/2 Std., 1410 ¥. Von Nanao fährt die Privatbahn Noto-sen bis **Anamizu** (40 Min., 850 ¥), ab dort nur noch Busse.

### Flüge

Südlich von Wajima liegt der Noto-Flughafen.

## Toyama 富山

Die Präfekturhauptstadt Toyama (420 000 Einwohner) ist ein Verkehrsknotenpunkt und einer der beiden Ausgangspunkte für die Tateyama-Kurobe-Alpenroute (S. 355). Das Stadtzentrum liegt südöstlich der (wiederaufgebauten) Burg und ist mit einigen modernen Gebäuden wie dem fantastischen **Kirari-Gebäude** von Kengo Kuma ganz angenehm. Das Glaskunstmuseum zeigt moderne Glaskunst ab 1950. ⌚ So–Do 9.30–18, Fr, Sa bis 20 Uhr, 200 ¥.

Die **Kirschblüte** entlang des Matsukawa-Flusses gehört zu den schönsten in ganz Japan.

Das **Kunst- und Designmuseum** am Fugan Canal Park gleich nördlich des Bahnhofs hat einen tollen Spielplatz auf dem Dach (Museum Do–Di 9.30–18 Uhr, 300 ¥. Dachgarten 8–22 Uhr, Eintritt frei, im Winter geschlossen).

Der Park ist um einen Altarm des Jinzugawa angelegt, von hier fährt zweimal täglich ein Ausflugsboot durch eine historische Schleuse zur Hafengegend **Iwase** mit alten Häusern und Fischrestaurants – zurück fährt man flexibler mit der Straßenbahn. Iwase war ein wichtiger Handelsplatz auf der sogenannten Seetangroute von Hokkaidō nach China. Einige der historischen Kaufmannshäuser sind zu besichtigen, etwa das **Baba-Haus** und das **Mori-Haus**, ⌚ tgl. 9–17 Uhr, 100 ¥/Haus, Sammelticket 160 ¥.

Ein längerer Tagesausflug für Eisenbahnfans führt in die **Kurobe-Schlucht**, die sich von Unazuki (östlich von Toyama) ins Bergmassiv der Nordalpen windet. Von Unazuki nach Keyakidaira schlängelt sich eine 762-mm-**Schmalspurbahn**, 💻 www.kurotetu.co.jp, durch die enge Schlucht und überquert dabei einige sehr fotogene Brücken. Auf einer Strecke von etwa 20 km überwindet das Bähnchen dabei einen Höhenunterschied von fast 400 m; allerdings führt es nicht hinauf bis zum Kurobe-Staudamm (S. 356).

### ÜBERNACHTUNG UND ESSEN

**Hotel Howe,** Shintomi-chō 1-1-14, ☎ 076-433-8888, 💻 https://howehotel.jp. Recht neues stylisches Businesshotel direkt am Bahnhof. Super Preis-Leistungs-Verhältnis, daher oft ausgebucht. ❶

**Spezialität** in Toyama sind „Black Rāmen", Rāmen in einer recht dunklen Sojasauce, und *shiro-ebi*, winzige Shrimps, die oft roh gegessen werden. Als Tenpura wird der ganze Shrimp mit Kopf und allem verzehrt.

**Marutakaya**, Sakuramachi 2-42, ☎ 076-471-8136. Dieser kleine Rāmen-Shop in der Nähe des Bahnhofs ist ein guter Ort, um „Black Rāmen" zu probieren. ⌚ Di–So 11.30–1 Uhr.

**Shiroebisu Kō Sushi**, Iwase Tenjin-machi 48, ☎ 076-438-4112. Fisch- und Sushi-Restaurant gleich an der Straßenbahnhaltestelle Iwasehama am Meer. ⌚ Do–Di 11.30–14 und 17–21 Uhr.

**Shiroebi-tei**, Meirin-chō 1-220, direkt im Bahnhof, ☎ 076-433-0355. Neben Shiro-ebi Tenpura und Shiro-ebi Donburi (3400 ¥) gibt es auch Maguro-don und andere Fischgerichte. ⌚ tgl. 11–19.30 Uhr.

**Starbucks**, Fugan Canal Park, ☎ 076-424-0091. Der Pavillon am Ufer wurde für sein Design ausgezeichnet. ⌚ tgl. 8–23 Uhr.

### EINKAUFEN

Während der Edo-Zeit kamen fast alle fliegenden Arzneimittelhändler aus Toyama. Die Apotheke **Ikedaya Yasubei Shōten**, Tsutsumichō-dōri 1-3-5, ☎ 076-425-1871, sieht aus wie anno dazumal und verkauft immer noch Kräuter, Tinkturen und Tees, in hübsche

Retrotütchen verpackt. ⌚ tgl. 9–18 Uhr. Im Obergeschoss gibt es ein kleines Restaurant mit Fokus auf gesunden Gemüsegerichten. ⌚ Do–Mo 11.30–14 Uhr.
Gepresste Sushi-Torten *(masuzushi)* sind eine weitere Spezialität der Region. Kaufen kann man sie z. B. ab Fabrik bei **Sekinoya**, Shichiken-machi 4-2, ✆ 076-432-8448, ⌚ Do–Di 7.30–18 Uhr.

## INFORMATIONEN

**Touristeninformation** am Südausgang des Bahnhofs und in der Nähe der Burg, ✆ 076-432-9751, 💻 www.toyamashi-kankoukyoukai.jp. Gute Informationen zur Region (einschließlich Alpenroute). ⌚ tgl. 8.30–20 Uhr (Dez–Feb bis 19 Uhr).

CHŪBU

## NAHVERKEHR

Toyama ist mit zwei **Straßenbahnlinien** ganz gut erschlossen, Einzelfahrschein 210 ¥. Auf Nachfrage geben die meisten Hotels kostenlose Straßenbahn-Gutscheine für Touristen aus.

## TRANSPORT

### Eisenbahn

KANAZAWA, 20 Min., 3390 ¥ (Shinkansen) oder 1 Std., 1290 ¥
TAKAOKA, mit der Privatbahn Ai no Kaze, 20 Min., 390 ¥
TAKAYAMA, 1 1/2 Std., 3420 ¥ (Express), oder 2 Std., 1690 ¥
TŌKYŌ, 2 1/4 Std., 12 960 ¥ (Shinkansen)

### Flüge

Toyama hat einen eigenen Flughafen, zu erreichen per Flughafenbus vom Bahnhof (25 Min., 410 ¥).

# Takaoka 高岡

Takaoka liegt an der Bahnstrecke zwischen Kanazawa und Toyama. Die Kleinstadt ist per Fahrrad in rund einem halben Tag erkundet. Bisher ein Geheimtipp ist der **Zuiryū-ji**, ein majestätischer Zen-Tempel 700 m südlich vom JR-Bahnhof Takaoka. Der mächtige *daimyō* von Kaga (Kanazawa) ließ ihn für seinen verstorbenen Bruder und Vorgänger Maeda Toshinaga bauen; fertiggestellt wurde er erst 1659 nach jahrzehntelanger Bauzeit. Die große schlichte Anlage ist fast so eindrucksvoll wie der Eihei-ji (S. 359), aber viel leichter zugänglich. ⌚ tgl. 9–16.30 Uhr (Dez–Jan bis 16 Uhr), 500 ¥.

Auf der anderen Seite der Stadt kann man durch zwei kleine Areale mit traditionellen Häusern streifen: **Yamachōsuji** und **Kanaya-machi**, wo ein kleines Museum über die Kupferschmiedetradition von Takaoka informiert.

Die große, im Freien sitzende **Buddhastatue** im Stadtzentrum wird gerne in einem Atemzug mit den Buddhas von Nara und Kamakura genannt, ist aber neuer und weit weniger beeindruckend. Die knapp 16 m hohe Figur wurde 1933 fertiggestellt. ⌚ tgl. 6–18 Uhr, Eintritt frei.

Zudem rühmt sich Takaoka als Geburtsstadt von Fujimoto Hiroshi, dem Erfinder der blauen Roboterkatze Doraemon. Im 2. Stock des Takaoka-Kunstmuseums ist ihm und Doraemon ein kleines Museum gewidmet: **Fujiko F Fujio Hometown Gallery**, Nakagawa 1-1-30, ⌚ Di–So 9.30–17 Uhr, 500 ¥ (Bus bis Nakagawa). Zweimal täglich fährt eine blaue **Doraemon-Straßenbahn** durch Takaoka, Einzelfahrt 210 ¥.

## ESSEN UND SONSTIGES

**Amida Coffee,** Jozuka-machi 1238, ✆ 0766-75-8377. Vom 2. Stock des stylischen Cafés hat man einen super Blick auf den Daibutsu, den großen Buddha (allerdings muss man dafür das Kuchenset für 2000 ¥ bestellen). Im Erdgeschoss ist es aber auch sehr behaglich. Spezialität ist der niedliche (und auch sehr leckere) Daibutsu-Kuchen. ⌚ tgl. 9.30–18 Uhr.
Die **Touristeninformation** an beiden Bahnhöfen verleiht Fahrräder für 300 ¥/Tag. ⌚ tgl. 9–19 Uhr. Sie gibt auch einen speziellen Doraemon-Stadtplan mit allen Sehenswürdigkeiten heraus und informiert über die Fahrtzeiten der Doraemon-Straßenbahn.

Takaoka hat Doraemon, der wohl berühmtesten Katze der Stadt, eine Straßenbahn gewidmet.



## TRANSPORT

Takaoka liegt an der **Hokuriku-Shinkansen-Strecke** (Bahnhof Shin-Takaoka).
Etwa 2 km nördlich des Shinkansen-Bahnhofs befindet sich der Bahnhof Takaoka der **Privatbahn Ai no Kaze**, noch weiter nördlich die Altstadt. Busse zwischen den Bahnhöfen Shin-Takaoka und Takaoka kosten 160 ¥.

GOKAYAMA, Busse ab Bahnhofsvorplatz Takaoka; ab dem Shinkansen-Bahnhof 5 Min. später, 1 1/4 Std., 1210 ¥ bis Ainokura
KANAZAWA, JR-Zug, 3/4 Std., 820 ¥
TOYAMA, Privatbahn, 20 Min., 390 ¥
Der Shinkansen lohnt sich für die Strecke Kanazawa–Takaoka–Toyama nicht (außer mit Railpass).

GOLDENER PAVILLON, KYŌTO; © JAPAN-PHOTO.DE/HARTMUT POHLING

# Kansai 関西

**Die Region Kansai umfasst nicht nur Kyōto, Japans herausragende Kulturstätte, Stadt der Geishas und der Teezeremonie, sondern auch die historische Kaufmannsstadt und Stadt der Gourmets Ōsaka, die Hafenstadt Kōbe mit einer historischen Brise aus Europa und das 1300 Jahre alte Nara mit Hunderten von Hirschen in den Parks und der kolossalsten sitzenden Buddhastatue des Landes.**

# Stefan Loose Traveltipps

**10** **Kyōto** Beeindruckende Tempel wie der Kiyomizu-dera und der Goldene Pavillon Kinkaku-ji, Inbegriff japanischer Ästhetik, Schreine und Paläste, darunter die prunkvolle Residenz des Shōguns, Nijō-jō, locken Millionen Besucher in die alte Kaiserstadt. S. 379

**Amanohashidate** Die „Himmelsbrücke" im Japanischen Meer. S. 417

**11** **Nara** Der Monumentalbau des Tōdai-ji beheimatet den Großen Buddha von Nara. S. 420

**12** **Kōya-san** Die Klosterstadt hoch oben in den Bergen der Kii-Halbinsel ist das Vermächtnis des Heiligen Kōbō Daishi. S. 429

**13** **Himeji** Eindrucksvoll thront die „Burg des Weißen Reihers" über der Stadt. S. 457

GROSSER BUDDHA VON NARA, TEMPEL TŌDAI-JI; © JAPAN-PHOTO.DE/HARTMUT PÖHLING

TEEMEISTER WÄHREND DER TEEZEREMONIE; © JAPAN-PHOTO.DE/HARTMUT PÖHLING

**Wann fahren?** Ganzjährig, aber Kirschblüte und Herbstverfärbung sind am schönsten

**Wie lange?** Mindestens zwei Wochen

**Bekannt für** den Kansai-Dialekt, das traditionsreiche Kyōto, das kulinarische Ōsaka und das europäische Kōbe mit kleiner Chinatown

**Beste Feste** Gion Matsuri in Kyōto (Juli), Tenjin Matsuri in Ōsaka (24./25. Juli), Feuerfest in Kurama (22. Okt)

**Outdoor-Tipp** Pilgern zum Kōya-san, Wandern auf der Kii-Halbinsel, Rafting in Kyōto

**Unbedingt probieren** Tōfu in Kyōto, *takoyaki* in Ōsaka, *akashiyaki* in Kōbe

Kansai
N
0
50 km
Japanisches Meer
Wakasa-Bucht
Tango-Halbinsel
Mikuni
Fukui
Katsuyama
Haku-san 2702
Ôno
Sabae
Takefu
Shirotori
Nôgôhaku-san 1617
Imajô
Tsuruga
Hamasaka
Kasumi
Kinosaki-onsen
Toyooka
Amanohashidate
Miyazu
Hyôno-san 1510
Wakasa
Wadayama
Maizuru
Obama
Imazu
Nagahama
Ôgaki
Gifu
Seki
Inuyama
Ichinomiya
Ikuno
Fukuchiyama
Ayabe
Biwa-See
Ômi-Hachiman
Hikone
Tsushima
Yamazaki
Kibune
Ôhara
Kurama
Yôkaichi
Nagoya
Nishiwaki
Tatsuno
Kasai
Kameoka
Ôtsu
Kusatsu
Kuwana
Tôkai
Himeji
Ono
Ôsaka-Itami-Flughafen
Kyôto
Yokkaichi
Tokoname
Akô
Kakogawa
Miki
Takatsuki
Uji
Miho-Museum
Kameyama
Ise-Bucht
Takarazuka
Suita
Hirakata
Suzuka
Maiko
Kôbe
Ôsaka
Nara
Ueno
Tsu
SHÔDO-SHIMA
Sakai
Hisai
AWAJI-SHIMA
Ôsaka-Bucht
Izumiôtsu
Tenri
Nabari
s. Detailplan Ise-Nationalpark S. 436
Kansai International Airport
Kishiwada
Kashihara
1038 Kuroso-yama
Matsusaka
Sumoto
Izumi-Sano
Asuka
Ise
Toba
Gojô
Yoshino
Fukura
Hashimoto
Ômine-san 1719
Wakayama
Naruto
Kainan
Kôya-san
Hakken-zan 1915
Kashikojima
Tokushima
Arida
1372 Gomadan-zan
Kii-Bergland
Ise-ji
Kii-Nagashima
Komatsushima
Yuasa
Owase
Anan
Pazifischer Ozean
Gobô
Kumano Hongû
Ise-ji
SHIKOKU
Kumano
Kii-Kanal
Nakahechi
Kii-Tanabe
Shirahama
Shingû
Nachi
Ôhechi
Susami
Kushimoto
Tôkyô

Der Silberne Pavillon, noch heute ein Symbol schlichter Schönheit



Kansai ist eine Region im Westen der Hauptinsel Honshū und bedeutet wörtlich „westlich der Grenze", was sich auf die ehemalige Grenzstation in Hakone am alten Fernweg Tōkaido bezieht. Die Region Kansai, in Verwaltung und Politik bevorzugt **Kinki** („nahe der Hauptstadt") genannt, besteht in ihrem Zentrum aus einem Konglomerat aus den drei Millionenstädten Ōsaka, Kōbe und Kyōto – insgesamt etwa 20 Mio. Menschen.

Kyōto ist das unumstrittene Kulturzentrum der Region, wenn nicht ganz Japans, Ōsaka das Handels- und Vergnügungszentrum und Kōbe eine moderne Stadt mit internationalem Flair. Südöstlich dieses Ballungsgebietes liegt Nara, vor 1300 Jahren die erste zentrale Hauptstadt des Landes. Die dicht bewaldete Kii-Halbinsel birgt bedeutende Pilgerziele, während in Himeji eine der schönsten Burgen Japans wartet.

## Transport

Ohne JR Rail Pass gibt es folgende Optionen: Mit dem **Kansai Thru Pass** von Surutto Kansai, 💻 www.surutto.com, kann das Schienennetz aller privaten Bahngesellschaften (also ohne JR) sowie Busse und U-Bahnen in Kansai genutzt werden (3 Tage 5300 ¥, 2 Tage 4300 ¥). Der **Kansai Area Pass** von JR West gewährt freie Fahrt in allen lokalen JR-Zügen inkl. *Haruka Limited Express* zwischen Kyōto und Kansai-Flughafen (1 Tag 2400 ¥, 2 Tage 4000 ¥, 3 Tage 5600 ¥, 4 Tage 6800 ¥). Der **Kansai WIDE Area Pass** von JR West bietet mehr Strecken und kostet für 5 Tage ab 10 000 ¥, während der **Kansai-Hiroshima Area Pass** die Nutzung aller JR-Züge (auch *Nozomi* und *Mizuho*) zwischen Ōsaka und Hiroshima an 5 Tagen für 15 000 ¥ ermöglicht. Weitere Kansai-Angebote von JR West sind der Setouchi-, Sanyō-San'in-, Kansai-Hokuriku- und der JR-West All Area Pass. Mehr zu diesen und weiteren Bahnpässen auf www.westjr.co.jp/global/en/ticket/pass.

**10 HIGHLIGHT**

# Kyōto 京都

Kyōto ist beinahe perfekt – nur im Hochsommer etwas zu schwül. Das liegt daran, dass die Stadt in einem nur nach Süden hin offenen Talbecken liegt, in dem sich die Hitze staut und er-

Kyōto Übersicht
N
0
2 km
Tôkyô
Kita-ku
Ukyô-ku
Sakyô-ku
Kamigyô-ku
Kawashima-Textilmuseum
Ichihara
Eizan-Kurama-Linie
Nikenjaya
Kyôto-Seika-Dai-Mae
Kino
Iwakura
Hachiman-mae
Kokusaikaikan
Jissô-in
IWAKURA
Miyake-Hachiman-gû
KAMITAKANO
Renge-ji
Jôrenge-in, Ôhara
Takano
Enryaku-ji
Seilbahn
Yase
Hiei
Hiei
Yase-Hieizan-guchi
Hiei-Sanchô
Miyakehachiman
Takaragaike
SHÛGAKUIN
Sekizan-zen-in
YAMABANA
Rinkyû-ji
Shûgaku-in
Manshu-in
Shisen-dô
Tanukidani-Fudô-in
Shunjûza
Uryû
301
Funayama
317
Shôden-ji
Jinkô-in
Kamigamo-jinja
Ôta-jinja
Entsû-ji
Takaragaike-Teich
Midorogaike-Teich
Takaragaike-Park
Myôen-ji
Matsugasaki
Kitayama
Kyôto-U-Bahn
Karasuma-Linie
Botanischer Garten
Kamo
KAMIGAMO
Kôzan-ji
Shingo-ji
Sawayama
516
Momoyama
460
310
Washigamine
Daimonji
231
Genkô-an
Jôshô-ji
Kôetsu-ji
TAKAGAMINE
ÔMIYA
Kitayama-dôri
SHICHIKU
Imamiya-jinja
ÔKITAYAMA
Kôhô-an
Daitoku-ji
Kitaôji
Kitaôji-dôri
Ichijôji
Shirakawa-dôri
TAKANO
KINUGASA
MURASAKINO
Kitaôji-dôri
Kenkun-jinja
IZOMOJI
Shimogamo-jinja
Chayama
UMEGAHATA
s. Detailplan Nordwest-Kyôto S. 397
Kinkaku-ji
Funaokayama-Park
Senbon-Shaka-dô
Kuramaguchi
TAKANA
KITASHIRAKAWA
Baptisten-Krankenhaus
s. Detailplan West-Kyôto S. 399
Jikishi-an
RYÔANJI
Ryôan-ji
Tôji-in
Hôkyô-ji
Shôkoku-ji
Mototanaka
UTANO
Daikaku-ji
Utano-Krankenhaus
Ninna-ji
Kitano-Tenmangû
KITANO
NISHIJIN
Imadegawa-dôri
Imadegawa
Demachiyanagi
Chion-ji
Utano
Ryôanji
Tôji-in
Kitanohakubachô
Keihan-Demachiyanagi
Palast-garten
Yoshidayama Park
Ginkaku-ji
Seiryô-ji
Omuro-ninnaji
Myôshinji
Myôshin-ji
Kaiserpalast
Yoshida-jinja
Hônen-in
Narutaki
Kitano-Linie
OMURO
JR San-in Hauptlinie (Sagano-Linie)
Sembon-dôri
Kawaramachi-dôri
YOSHIDA
Shinnyô-dô
Daimonji
466
Nyoiga-dake
477
Jôjakô-ji
Saga-arashiyama
Arisugawa
Tokiwa
Hanazono
Keihan-Marutamachi
Kurodani Konkai Kômyô-ji
Randen-saga
Rokuôin
Uzumasa
Enmachi
Marutamachi-dôri
SHÔGOIN
SHISHIGATANI
Tenryû-ji
Kurumazaki
Kôryû-ji
Marutamachi
Arashi-yama
Arisugawa
Katabiranotsuji
Uzumasakôryûji
Tenjin
Burg Nijô
Heian-jingû
Eikan-dô
ARASHIYAMA
NISHINOKYO
Karasuma-oike
Honnô-ji
Kyôtoshiyakushomae
Hôrin-ji
Arashiyama
Kaikonoyashiro
Uzumasatenjingawa
Nishiôjisanjô
Nijô
Nijôjômae
Oike-dôri
Sanjô
Higashiyama
Keage
Nanzen-ji
Sanjô-dôri
Horika

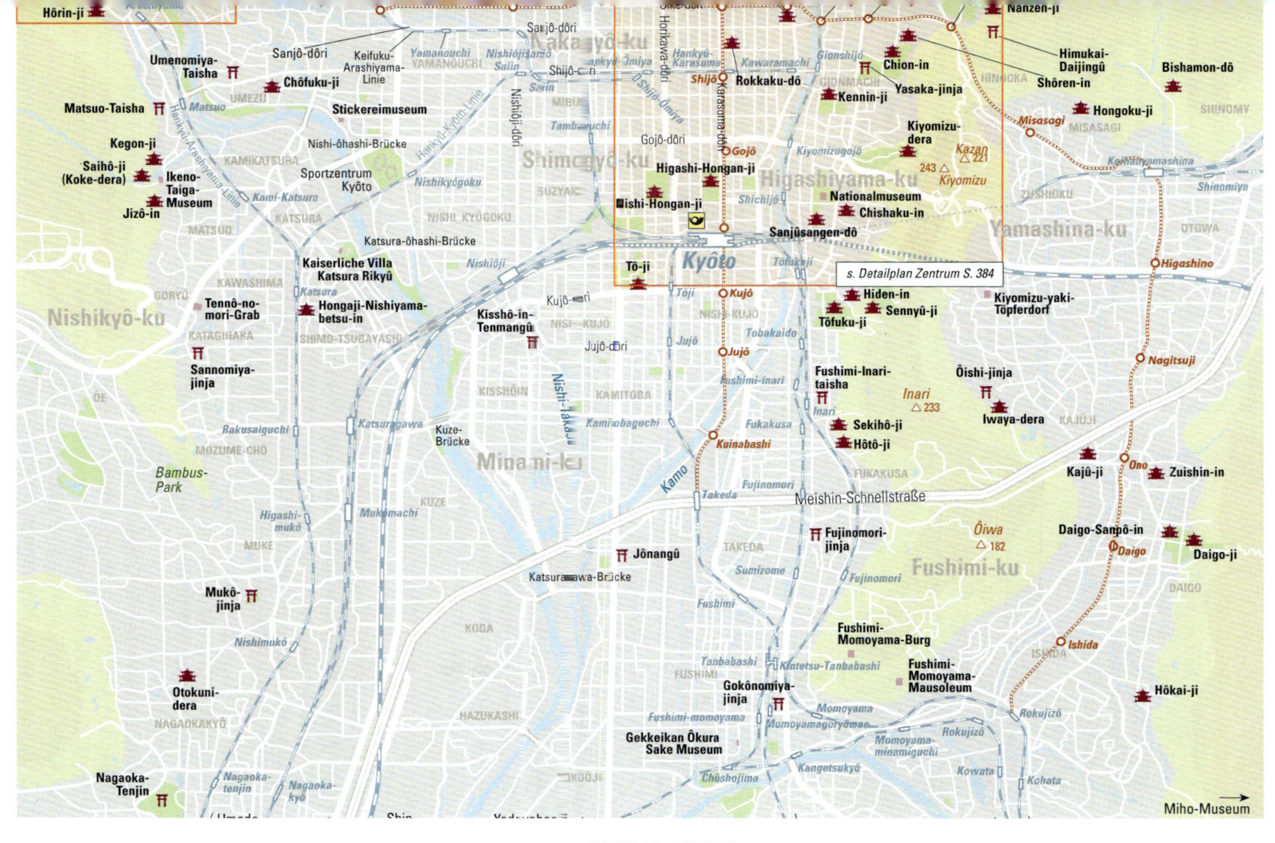

s. Detailplan Zentrum S. 384
Kyôto
Higashiyama-ku
Yamashina-ku
Fushimi-ku
Shimogyô-ku
Nishikyô-ku
Bishamon-dô
Hongoku-ji
Himukai-Daijingû
Shôren-in
Nanzen-ji
Chion-in
Yasaka-jinja
Kennin-ji
Rokkaku-dô
Kiyomizu-dera
Nationalmuseum
Chishaku-in
Sanjûsangen-dô
Higashi-Hongan-ji
ishi-Hongan-ji
Tô-ji
Kiyomizu-yaki-Töpferdorf
Hiden-in
Sennyû-ji
Tôfuku-ji
Ôishi-jinja
Iwaya-dera
Fushimi-Inari-taisha
Sekihô-ji
Hôtô-ji
Kajû-ji
Zuishin-in
Daigo-ji
Daigo-Sanpô-in
Hôkai-ji
Miho-Museum
Meishin-Schnellstraße
Fujinomori-jinja
Fushimi-Momoyama-Burg
Fushimi-Momoyama-Mausoleum
Gokônomiya-jinja
Gekkeikan Ôkura Sake Museum
Jônangû
Kisshô-in-Tenmangû
Kuze-Brücke
Kaiserliche Villa Katsura Rikyû
Hongaji-Nishiyama-betsu-in
Tennô-no-mori-Grab
Sannomiya-jinja
Mukô-jinja
Otokuni-dera
Nagaoka-Tenjin
Bambus-Park
Stickereimuseum
Chôfuku-ji
Umenomiya-Taisha
Matsuo-Taisha
Kegon-ji
Saihô-ji (Koke-dera)
Ikeno-Taiga-Museum
Jizô-in
Hôrin-ji
Sportzentrum Kyôto
Nishi-ôhashi-Brücke
Katsura-ôhashi-Brücke
Keifuku-Arashiyama-Linie
Hankyû-Arashiyama-Linie
Hankyû-Kyôto-Linie
Horikawa-dôri
Gojô-dôri
Nishiôji-dôri
Sanjô-dôri
Karasuma-dôri
Kawaramachi
Shijô
Gojô
Kujô
Jujô
Kuinabashi
Takeda
Higashino
Nagitsuji
Ono
Daigo
Ishida
Misasagi
Inari
△ 233
Ôiwa
△ 182
Kazan
△ 221
243 △
Kiyomizu
Kamo

### Das Adressensystem in Kyōto

In Kyōto wird in Adressen z. T. ein **Richtungshinweis** gegeben, der sich meist an einer größeren Kreuzung in der Nähe orientiert: Beispielsweise bedeutet „Shijō-dōri, Kawaramachi-higashi-iru", dass der Suchende von der Kreuzung Shijō-dōri/Kawaramachi aus, auf der Shijō-dōri in Richtung Osten *(higashi)* laufen muss. Entscheidend ist hier die „Shijō-dōri", während „Kawaramachi-higashi-iru" nur als Wegweiser dient. *Higashi-iru* („in den Osten hineingehen") kann durch *nishi-iru* („in den Westen hineingehen"), *agaru* („hoch laufen", also in den Norden) oder *sagaru* („runter laufen", also in den Süden) ersetzt werden.

frischende Winde ausbleiben. Ansonsten kann sich die Stadt nicht beklagen: Sie hatte zwar etliche Feuersbrünste und kriegerische Auseinandersetzungen zu bestehen, blieb aber im Zweiten Weltkrieg weitgehend von Bombardements verschont, und auch Naturgewalten wie Erdbeben und Taifune scheinen es gut mit der Stadt zu meinen. Heute besuchen jährlich an die 50 Mio. Menschen die stolze Kulturstadt mit ihrer zwölfhundertjährigen Geschichte und ihren etwa 2000 religiösen Stätten. Keine andere Stadt Japans bietet eine solche Fülle an Kulturgütern und zeitgeschichtlichen Zeugnissen.

## Geschichte

Kyōto, früher Heiankyō („Hauptstadt des Friedens") oder auch Miyako („Kaiserliche Residenz") genannt, wurde 794 nach Nara die zweite permanente Hauptstadt Japans. Als der Kaiser seinen Sitz hierher verlegte, begann eine Epoche, die später unter dem Namen **Heian-Zeit** als Epoche der Blüte von Kunst und Kultur in die Geschichte einging. Die Herrschaft des Kaisers war unangefochten. Erst im 12. Jh. änderten sich die Machtverhältnisse zugunsten des Schwertadels. Das militärische Hauptquartier der neuen Herrscher, der Shōgune, wurde weit weg von Kyōto, in Kamakura, eingerichtet. Im 14. Jh. ging die politische Macht zurück nach Kyōto, und die Zen-Tempel entstanden. Im 15. Jh. begannen die **Bürgerkriege**, die auch Kyōto in Schutt und Asche legten. Die beiden mächtigen Feldherren Nobunaga und Hideyoshi beendeten die Kriege und wagten einen Neuanfang. Der **Kaiserpalast** und viele Tempel wurden wiederaufgebaut, die Stadt modernisiert. Nachdem Tokugawa Ieyasu das Tokugawa-Shogunat gegründet hatte, verweilten die Kaiser ohne Macht weitere 250 Jahre in Kyōto. Erst 1868 wurde der Kaisersitz nach Tōkyō verlegt.

1000 Jahre Kaiserstadt hinterließen ein großartiges Erbe. Vermutlich dank diesem kulturellen Erbe und der spirituellen Bedeutsamkeit Kyōtos für Japan – neuesten Erkenntnissen zufolge aber auch aus kriegsstrategischen Erwägungen – blieb Kyōto im **Zweiten Weltkrieg** von den Bombardements der Alliierten verschont.

## Orientierung

Das von der chinesischen Hauptstadt abgeguckte Straßennetz gleicht einem Schachbrett, und die Straßen haben, anders als in den meisten anderen japanischen Städten, Namen. Im nördlichen Teil liegen die weltberühmten Pavillons, der Goldene und der Silberne, sowie der nicht minder bekannte Zen-Garten des Ryōan-ji. Im Zentrum der Stadt befindet sich der Kaiserpalast. Die Innenstadt „Shijō-Kawaramachi" ist zwischen der San-jō („Dritte Straße") und Shi-jō („Vierte Straße") angesiedelt. Den südlichen Teil des Zentrums beschließt der Bahnhof.

# Zentrum

Das Zentrum Kyōtos erstreckt sich von der Gegend um den Hauptbahnhof nördlich über die Straßen von Shijō- und Sanjō-dōri bis zum Kaiserpalast und dem Shimogamo-jinja; in östlicher Richtung vom Vergnügungsviertel Ponto-chō am Kamogawa bis in den Westen zur Palastanlage Nijō-jō. Viele Straßenzüge haben ihr eigenes Ambiente. Während es auf der engen Gasse des Ponto-chō noch traditionell, mit *maiko*- und *geiko*-Unterhaltung wie im Pendant Gion (S. 393) auf der anderen Seite des Kamo-Flusses zugeht, überwiegt im benachbarten Kiya-machi das Nachtleben mit Bars und Hostessenclubs. Sanjō, zwischen Teramachi und Shijō-Kawaramachi gelegen, ist seit Jahren dabei, sich neu zu entdecken und stilvoll auch die Jugend für sich zu gewinnen – mit einer lockeren Atmosphäre, gemütlichen Restaurants, modernen Cafés und Boutiquen.

## Bahnhof Kyōto 京都駅

Hohe Neubauten entstehen in Kyōto nicht so schnell wie in Tōkyō. Das verhindern vor allem strenge Bauvorschriften. Es scheint aber Ausnahmen zu geben: Seit September 1997 steht an der Stelle des alten Hauptbahnhofs ein pompöser, futuristischer Gebäudekomplex, in dem das elfstöckige Isetan-Kaufhaus, Einkaufspassagen, Restaurants, ein Theater und das exklusive Granvia-Hotel untergebracht sind – und natürlich der Bahnhof selbst, durch den die lokalen und Intercity-Züge und auch der Shinkansen fahren. Hara Hiroshi, der Architekt dieses riesigen Atriums aus Glas, entzweite von Beginn an die Gemüter: auf der einen Seite die Bewunderer, die die Konstruktion als architektonisches Vorzeige-Kunstwerk der Moderne feierten, auf der anderen Seite die Kritiker, die besonders das Moderne und Monströse des Gebäudes verurteilten, das nicht in die flach gehaltene Stadtstruktur passe.

## Kyōto Tower 京都タワー

Gegenüber dem Nordausgang des Bahnhofs steht auf dem Kyōto Tower Hotel der 130 m hohe, schneeweiße Kyōto Tower, der wahlweise einem Leuchtturm, einer Kerze oder einer Rakete ähnelt. Jedenfalls hat man von hier einen weiten Ausblick über die Stadt. 🕒 tgl. 10.30–21 Uhr, 800 ¥.

Tipp: Das **Kansai Tourist Information Center** (3F) ist nicht so überlaufen wie gegenüber im Bahnhof, sodass die Englisch sprechenden Angestellten sich mit den individuellen Belangen der Touristen auseinandersetzen können. Die **Food Hall** (B1) im Kyōto Tower Sando ist sehr übersichtlich, offen und modern. Man kauft und bezahlt die japanischen und internationalen Gerichte sofort an der Theke.

## Tō-ji 東寺

Südwestlich des Bahnhofs liegt der Tō-ji, ein Tempel des Shingon-Buddhismus, der im 9. Jh. von Kōbō Daishi (S. 500, Shikoku) gegründet wurde. Zu seinen Schätzen zählen zum Teil atemberaubende und sehr alte Skulpturen des Esoterischen Buddhismus. Die fünfstöckige, 57 m hohe und landesweit höchste Pagode gilt als Wahrzeichen von Kyōto, auch wenn sie durch den großen Bahnhof von Kyōto optisch geschrumpft ist. 🕒 tgl. 8–17 Uhr, Haupthalle Kondō und Lehrhalle Kōdō, Eintritt ohne Pagode 500 ¥, mit Pagode 800 ¥ (nur saisonbedingt geöffnet). Etwa 10–15 Min. zu Fuß vom Hauptbahnhof oder Kintetsu-Zug bis Bahnhof Tō-ji.

## Higashi-Hongan-ji 東本願寺

Ganz in Bahnhofsnähe, an der Kreuzung Karasuma- und Shijō-dōri, befindet sich der Higashi-Hongan-ji, das Zentrum des Jōdō-Shinshū, der zu Beginn des 13. Jhs. durch den Mönch Shinran gegründeten „Wahren Schule des Reinen Landes“ Haupthalle *(hondō)* und Gründerhalle *(daishi-dō)* zählen zu den größten Holzbauten der Welt. In den Hallen des Higashi-Hongan-ji werden u. a. die Statuen des Religionsgründers Shinran und von Amida-Buddha sowie ein Stück Seil gezeigt, das aus den Haaren weiblicher Gläubiger als Hilfsmittel für den Transport von Baumaterial geflochten worden war. Der hübsche Teichgarten im hinteren Teil der Anlage wird leicht übersehen.

Der Tempel ist aufgrund seiner Nähe zum Bahnhof ein guter Ort, um nach einer längeren Zugfahrt eine Entspannungspause einzulegen. In der abgedunkelten und vom Duft der Räucherstäbchen durchdrungenen Gebetshalle kommt man wunderbar zur Ruhe. 🕒 tgl. 5.50–

### Unesco-Weltkulturerbe in und um Kyōto

Seit 1972 wurden in Kyōto folgende Stätten von der Unesco als Weltkulturerbe registriert: die Shintō-Schreine Kamigamo-jinja, Shimogamo-jinja und Ujigami-jinja, die buddhistischen Tempel Kiyomizu-dera, Nishi-Hongan-ji, Tō-ji, Tenryū-ji, Saihō-ji, Kōzan-ji, Ryōan-ji, Ninna-ji, Kinkaku-ji, Ginkaku-ji, Enryaku-ji, Daigo-ji, Byōdō-in mit Phönixhalle und das Schloss Nijō-jō.

17.30 Uhr (Winter 6.20–16.30 Uhr), Eintritt frei. Vom Hauptbahnhof 5–7 Min. zu Fuß.

## Nishi-Hongan-ji 西本願寺

Gemeinsam mit dem Higashi-Hongan-ji („östlicher Hongan-Tempel") bildet der gegen Ende des 13. Jhs. gegründete und 300 Jahre später von Toyotomi Hideyoshi an seinen heutigen Standort versetzte Nishi-Hongan-ji („westlicher Hongan-Tempel") das Zentrum der Jōdō-Shinshū-Schule. Die Tempelhallen und Tore zeichnen sich durch aufwendige Schnitzereien

**■ ÜBERNACHTUNG**
① The One Five
② Urban Hotel Kyôto Gojô Premium
③ Hotel Tavinos
④ Vessel Hotel Campana
⑤ Honganji / Monbô-kaikan
⑥ Tsukiya
⑦ Hana Hostel
⑧ K's House Kyôto
⑨ Chishaku-in Kaikan

**■ ESSEN**
1 Cafe Planet
2 Omura House
3 Shinshindô
4 Kyôto Universität Zentral-Mensa
5 Ganko Takasegawa Nijô-en
6 Gyôza Ôshô
7 VegOut

**■ SONSTIGES**
1 Kyôto Samurai Experience
2 Yodobashi Camera
3 Hauptpost
4 Kaufhaus Isetan
5 Kyôto Tourist Information Center „Kyônavi"
6 Travelex TiS Kyôto

**■ TRANSPORT**
❶ Rent a cycle EMUSICA
❷ Rental Bicycle Kyôto MIYABIYA
❸ Fahrradverleih / Kyôto Cycling Tour Project
❹ Bahnhof Kyôto, Taxistand Nord
❺ JR Highway Bus
❻ Willer Express

und andere im Stil der Momoyama-Zeit gehaltene Bauelemente aus und unterscheiden sich dadurch von dem etwas karg gehaltenen Bruder-Tempel im Osten. Zu den Schätzen des Tempels zählen u. a. Figuren von Shinran und eine Amida-Statue. Außerdem steht auf dem Gelände eine Nō-Bühne, die zu den ältesten des Landes zählt. ⌚ tgl. 5.30–17 Uhr, Eintritt frei. Südöstlich der Tempelanlage repräsentiert ein interessanter Trockengarten die Gartenästhetik zu Beginn des 17. Jhs. – nur für Sonderbesichtigungen geöffnet. 10–15 Min. zu Fuß oder Stadtbus Nr. 9, 28, 75 vom Hauptbahnhof bis Nishi-Honganji-mae.

## Kyōto-Nationalmuseum 京都国立博物館

Das 1895 von Katayama Tōkuma im Barockstil entworfene und mit rotem Backstein erbaute Nationalmuseum, Shijijō-, Ecke Higashiōji-dōri, 💻 www.kyohaku.go.jp, besitzt neben den Nationalmuseen in Tōkyō und Nara die größte Sammlung an antiken Kunstschätzen aus China und Japan: buddhistische und klassische Kunst, Exponate aus Tempeln und Schreinen, archäologische Funde u. v. m. Die Dauerausstellungen sind in der angebauten Collections Hall, auch Heisei Chishinkan Wing genannt, zu sehen. ⌚ Di–So 9.30–17 Uhr (während der Sonderausstellungen unterschiedliche Öffnungszeiten und Eintrittspreise), Eintritt für permanente Ausstellungen 700 ¥, Garten 300 ¥. Vom Hauptbahnhof mit Stadtbus 206, 208, 100 bis Hakubutsukan Sanjusangendō-mae.

## Sanjūsangen-dō 三十三間堂

Direkt gegenüber dem Nationalmuseum steht ein ungewöhnliches Holzgebäude, die 120 m lange Tempelhalle Sanjusangen-dō, die „Halle mit 33 Nischen zwischen den Säulen". Der Name beschreibt die architektonische Aufgliederung der Halle in ihrem Inneren, wobei sich die Zahl 33 *(sanjū-san)* auch auf die Anzahl der Erscheinungsformen der hier verehrten tausendarmigen Kannon, der Gottheit der Barmherzigkeit, bezieht. Wer gern buddhistische Schnitzkunst betrachtet, kommt in der schummrigen Halle aus dem Staunen nicht mehr heraus: Zu beiden Seiten der über 3 m hohen, elfköpfigen und vierzigarmigen Zentralfigur sind in einer regelmäßigen Anordnung von zehn nach hinten ansteigenden Reihen jeweils 50 lebensgroße Kannon-Figuren nebeneinander aufgestellt. Vor den insgesamt 1001 goldlackierten Statuen wurden 28 Wächterfiguren teils mit ausdrucksstarken Gesichtern postiert. Kann sehr voll werden. Fotografieren verboten. ⌚ tgl. 8.30–17 Uhr (16. Nov–31. März 9–16 Uhr), 600 ¥. Stadtbus wie zum Nationalmuseum.

## Shijō-Kawaramachi 四条河原町

Die Gegend um Shijō-Kawaramachi, der zweifellos belebteste Stadtteil und das Zentrum der großstädtischen Moderne im weitgehend traditionellen Kyōto, liegt an der Kreuzung der Shijō-Straße (die von Ost nach West verläuft) mit der Kawaramachi-Straße (die von Nord nach Süd verläuft). Die Shijō-dori ist die Haupteinkaufsstraße. An ihr liegen die meisten Kaufhäuser der Stadt (siehe „Kaufhäuser", S. 411), einige Banken, viele größere und kleinere Läden, ein paar nette Cafés und Restaurants. Außerdem

**ÜBERNACHTUNG**
1. Cross Hotel
2. Super Hotel Kyôto-Shijôkawaramachi
3. Daiwa Roynet Hotel

**ESSEN**
1. Sarasa Fuyachô Pausa
2. Katsukura
3. Sushi no Musashi
4. Bikkuri-Donkey
5. Ôshô (Sanjô-ten)
6. Inoda Coffee Honten
7. Café Indépendants
8. Mishima-tei
9. Maeda Coffee
10. Warai (Nishiki-honten)
11. Ichiran Ramen
12. Yak & Yeti
13. Ain Soph Journey
14. Sarasa Kayûkôji
15. Sô-Honke Nishin-Soba Matsuba
16. Kamo

**SONSTIGES**
1. Yoramu
2. Pig & Whistle
3. Rub a Dub
4. Buchladen Maruzen / BAL Bldg.
5. Hyaku (Nishiki-ten)
6. Markt Nishiki-ichiba
7. Yanagi- u. Kayû-kôji
8. Bank of Tokyo Mitsubishi UFJ / Foreign Currency Shop
9. Edion Store
10. Chikyû-ya

kann man von ihr aus in die beiden überdachten Arkaden der Teramachi- und Shinkyōgoku-Straßen laufen. Die Kawaramachi-Straße ist voller Unterhaltungs- und Fastfoodläden, Boutiquen, Süßwarenläden und verschiedenen Krimskramsläden.

Samurai-Fans zieht es ins **Kyōto Samurai & Ninja Experience Museum** (Samurai Ninja Taiken Museum), Teramachi Utano-Koji Bldg. 2F, 💻 https://mai-ko.com/jp/samurai, das Rüstungen und Schwerter zum Anfassen ausstellt. Auch ein Haus und Dorf der Samurai werden vorgestellt und verschiedene *taiken* angeboten. Im angeschlossenen Souvenirladen lassen sich u. a. Repliken von Schwertern aus der Edo-Zeit erwerben. 🕒 tgl. 11–18 Uhr, ab 3000 ¥.

Stadtbus 4, 17, 205 oder 5 vom Hauptbahnhof oder U-Bahn Karasuma-Linie bis Shijō-dōri, dann etwa 15 Min. zu Fuß bis Shijō-Kawaramachi.

## Ponto-chō 先斗町

Während der „Yuka-Saison" im Sommer gelangen Besucher von der engen Gasse **Ponto-chō** aus direkt in die Restaurants, deren speziell für die heißen Sommermonate angebrachte Terrassen *(yuka)* weit über das Ufer des Kamo-Flusses ragen, wo eine kühle Brise den Aufenthalt erträglich macht. Das extravagante Dinieren und die dargebotenen Spezialitäten aus der Kyōto-Küche haben natürlich ihren Preis.

## Um die Karasuma-dōri 烏丸通り

Unter der den Norden Kyōtos mit dem Süden verbindenden Hauptstraße Karasuma-dōri verläuft eine der beiden U-Bahn-Linien der Stadt, die Karasuma-Linie. Mit ihr fährt man vom Hauptbahnhof in Richtung Norden bis zur dritten Station, Karasuma-Oike.

Nahe der U-Bahnstation befindet sich an der Karasuma-dōri in einem ehemaligen Schulgebäude das **Kyōto International Manga Museum,** 💻 www.kyotomm.jp. Inhaltlich sind für das Museum Forscher der Seika-Universität Kyōto verantwortlich, die Manga als integralen Bestandteil des japanischen Alltags sehen. Studenten führen hier regelmäßig in Workshops in die Kunst des Manga-Zeichnens ein. Zudem gibt es Ausstellungen, Seminare und eine Sammlung von über 300 000 Manga-Magazinen und -Bänden, davon etwa 10 % ausländischer Herkunft. 🕒 Do–Di 10.30–17.30 Uhr, 900 ¥. Auf der Museumswiese finden hin und wieder Cosjoy-/Cosplay-Treffen statt.

Die ehemalige Telefonzentrale **ShinPuhKan** an der Karasuma-, Ecke Aneyakoji-dōri, hat eine neue Bestimmung gefunden als Hotel und Einkaufszentrum mit Restaurants und Cafés in einer offenen und von vielen Pflanzen belebten Atmosphäre, wobei die ursprüngliche Fassade aus den 30er-Jahren erhalten blieb.

Laufen die Besucher auf der Karasuma-dōri weiter in Richtung Süden und biegen links in die **Sanjō-dōri** ein, die sich in den vergangenen Jahren zu einem netten Flanierviertel mit kleinen Läden und Cafés entwickelt hat, finden sie hier die originalen roten Backsteingebäude der Hauptpost und des **Kyōto-Museums,** 💻 www.bunpaku.or.jp/en. Im modernen Teil des Gebäudes finden regelmäßig internationale Kunstausstellungen statt, 🕒 Di–So 10–19.30 Uhr, Eintritt 500 ¥ (Dauerausstellung und Annex), Sonderausstellung 10–18 Uhr (Fr bis 19.30 Uhr, Eintritt unterschiedlich). U-Bahnhof Karasuma-Oike, Ausgang 5.

Direkt an der Karasuma-dōri steht das moderne Hochhaus des **Ikenobō Ikebana Museums**. Die von dem buddhistischen Mönch Ikenobō Sennō im 15. Jh. gegründete Ikebana-Schule ist die älteste Japans. In einer Bibliothek und Ausstellungshalle im 3. Stock können sich Besucher umfassend über die Kunst des japanischen Blumenarrangements informieren. 🕒 Mo–Fr 9–16 Uhr, Eintritt frei (außer Sonderausstellungen), Reservierung erforderlich, 📞 075-221-2879 oder 📧 kengaku@ikenobo.jp. U-Bahnhof Karasuma-Oike, Ausgang 5.

Noch ein Stück südlicher kann man nach links in die Nishikikōji-dōri einbiegen, um zum berühmten **Nishiki-Markt** zu gelangen. Ein Spaziergang durch die geschäftige und recht enge Gasse zwischen Teramachi- und Takakura-dōri ist ein Erlebnis der eigenen Art. Da der lokale Lebensmittelmarkt eine beeindruckende Vielfalt und Auswahl besitzt, wird er auch liebevoll die „Küche von Kyōto" genannt. Kunden und Besucher finden in den rund 130 Läden und Ständen die besten und frischesten Produkte aus der Region. Hier und da gibt es auch kleine Kostproben. 🕒 6 bzw. einige Geschäfte 7 Tage die Woche, 9 bis ca. 17, einige Läden bis 18 Uhr.

Das große, moderne Gebäude **Laque** an der Shijō-Karasuma-Kreuzung birgt im Erdgeschoss das Café EVERYSOY mit vielen Leckereien aus Sojabohnen. Das Gebäude gegenüber, **Jul na**, beherbergt einen extravaganten Pokemon-Laden (2F) und im Stockwerk darunter Nanas Green Tea, eine moderne Teestube mit vielen Matcha-Produkten, einen Buchladen, einen Supermarkt sowie verschiedene extravagante japanische und westliche Restaurants (1F–B1). Nett zum Einkehren, aber auch nur zum Hindurchschlendern.

## Nijō-jō 二条城

Noch bevor sich Tokugawa Ieyasu 1603 selbst zum Shōgun und damit zum Herrscher über das ganze Land ernannt hatte, veranlasste er auf einem Geländeteil des ehemaligen Kaiserpalastes den Bau des Nijō-Schlosses. Das Schloss sollte sowohl als offizieller Sitz der Shogunatsregierung in Kyōto und ganz Westjapan als auch als Residenz der Tokugawa bei Aufenthalten in Kyōto dienen. Die weitläufige Festung mit den wuchtigen Außenmauern und den breiten Wassergräben war auch eine Machtdemonstration der

KANSAI

neuen Regierung. Der Bau wurde mehr oder weniger unfreiwillig von allen Landesfürsten mitgetragen und erst unter Ieyasus Enkel Iemitsu, dem dritten Tokugawa-Shōgun, 1626 abgeschlossen. Iemitsu bediente sich für den Bau und die aufwendige Innenausstattung auch bei der im Süden der Stadt gelegenen Fushimi-Burg. Der Hauptturm und das Eingangstor Kara-mon wurden dort demontiert und hier wiederaufgebaut. Der damals fünfstöckige Hauptturm brannte 1791 durch einen Blitzeinschlag bis auf die Grundmauern nieder, und bereits einige Jahre zuvor war der innere Gebäudebereich einem Großbrand zum Opfer gefallen. Dieser Bereich wurde erst gegen Ende des 19. Jhs. durch Gebäude aus dem Kaiserpalast ersetzt. 1867 erklärte der letzte Shōgun Tokugawa Yoshinobu hier vor den Landesfürsten Japans seinen Rücktritt und übergab den Palast und die Regierungsgewalt Kaiser Meiji. Seit 1939 befindet sich der Palast im Besitz der Stadt und ist der Öffentlichkeit zugänglich.

Der Rundgang für die Besucher beginnt mit dem Durchschreiten des massiven, mit einem schönen chinesischen Giebel versehenen **Karamon-Tors** und führt in die fünf Gebäude (von denen vier hintereinander versetzt sind) des **Ninomaru-Palastes**. Der gesamte Komplex besteht aus zahlreichen Räumen, die mit Aberhunderten Tatami-Matten ausgelegt wurden. Die ausschließlich aus japanischem Zypressenholz erbauten Gebäude sind durch Korridore miteinander verbunden, unter deren Böden ein Sicherheitssystem schlummert, das jeden Schritt eines Besuchers – oder eines ungebetenen Eindringlings – mit einem quietschenden Geräusch quittiert, das dem Ruf einer Nachtigall ähneln soll. Die singenden Flurdielen werden daher **Nachtigallenparkett** *(uguisu-bari)* genannt. In der großen Audienzhalle **Ō-hiro-ma** stellen lebensgroße Puppen die Abdankung des letzten Tokugawa-Shōguns dar.

Die Gebäude sind alle nach dem gleichen Prinzip gestaltet: Warteraum, versteckter Leibwächterraum und Audienzhalle, in der der Bereich für den Shōgun etwas erhöht ist. Im hinteren Bereich waren Privatgemächer des Shōguns untergebracht.

Die Räume sind zum Teil pompös dekoriert, denn Iemitsu beauftragte die besten **Maler der Kanō-Schule** mit der Gestaltung des Palastes. Die Kanō-Maler waren bekannt für ihre Motive von chinesischen Landschaften, Tieren und

KANSAI

Das Nijō-Schloss, einst Außenposten des Shogunats zur Machtdemonstration in der Kaiserstadt

Pflanzen. Hier im Palast haben sie ihr größtes künstlerisches Erbe hinterlassen: lebensgroße Leoparden und Tiger in Bambushainen, Pfaue, Fasane, Reiher und Falken, riesige Kiefern, Kirschblüten und Winterlandschaften.

Bei aller Pracht des Gebäudes sollte man sich auch noch etwas Zeit für den weitläufigen **Landschaftsgarten** nehmen, von dem aus die Besucher auch auf die Außenmauer der Anlage emporsteigen können.

🕒 tgl. 8.45–17 Uhr, Einlass zum Ninomaru bis 16.10 Uhr (jeden Di im Juli, Aug, Dez und Jan geschlossen), Eintritt Garten 800 ¥, mit Ninomaru-Palast 1300 ¥. U-Bahn Tōzai-Linie bis Nijō-jō-mae, vom Hauptbahnhof mit Stadtbus Nr. 9, 50 oder JR-Sagano-San'in-Linie bis Nijō-jō.

### Kaiserpalast Kyōto Gosho 京都御所

Kyōto Gosho war von 794 bis 1868 die Residenz des Tennō, bis Kaiser Meiji in die 500 km entfernte Hauptstadt Tōkyō umzog. Der von einer hohen Mauer umgebene Palast befindet sich im Park **Kyōto-Gyōen**, der von den Einheimischen Gosho genannt wird. Die Parkanlage ist die grüne Lunge der Stadt. Sie liegt zwischen den vier Hauptstraßen Imadegawa im Norden und Marutamachi im Süden, Karasuma im Westen und Teramachi im Osten. Der innere Bereich des Kaiserpalasts kann nur im Rahmen einer etwa 50-minütigen kostenlosen Führung besichtigt werden, bei der die Besucher über Steinwege und Korridore hinweg die schlichte Große Zeremonienhalle (Shinshinden), die Kaiserliche Residenz (Seiryōden) sowie andere Gebäude von außen und einen kunstvoll angelegten Teichgarten aus der Ferne betrachten können. 💻 https://sankan.kunaicho.go.jp/english/guide/kyoto.html, 🕒 Park rund um die Uhr, Palast Di–So 9–16.20 Uhr. Für ausländische Gäste gibt es englischsprachige Führungen um 10 und 14 Uhr. Der Zutritt zum Kaiserpalast erfolgt durch das Tor Seishomon. Vom Hauptbahnhof mit der Karasuma-U-Bahnlinie bis Imadegawa, Ausgang 3.

### Textilzentrum Nishijin 西陣

Das Nishijin-Textilzentrum ist bekannt als eines von Japans repräsentativen traditionellen Kunsthandwerkszentren. In dem modernen siebenstöckigen Gebäude können sich Besucher alle Arten von Kimonos und Schärpen *(obi)*, Krawatten und Demonstrationen an den Webstühlen ansehen. Gegen Gebühr können Lernbegierige unter Anleitung selbst etwas weben (2000 ¥, Studenten 1700 ¥), einen „normalen" Kimono anprobieren und damit einige Zeit in Kyōto herumspazieren (4400 ¥, nur in der Halle 3300 ¥) oder in einen 12-schichtigen Kimono schlüpfen, den die *maiko* oder Geisha *(geiko)* tragen (16 500 ¥). Reservierung notwendig, 📞 075-451-9231, oder 💻 www.nishijin.or.jp. 🕒 tgl. 10–16 Uhr. Stadtbus 9 oder 101 vom Hauptbahnhof oder 12 und 59 von Sanjō-Keihan bis Horikawa-Imadegawa.

### Shimogamo-jinja 下鴨神社

Der Schrein auf einer Landspitze, direkt am Zusammenfluss von Kamogawa und Takanogawa, könnte bereits im 4. Jh. gegründet worden sein und würde damit zu den ältesten Schreinen des Landes zählen. Die heutigen Gebäude entstanden zwischen dem 17. und 19. Jh. Der „untere Kamo-Schrein" wurde gemeinsam mit dem „oberen Kamo-Schrein", dem Kamigamo-jinja (S. 395), 1994 von der Unesco in die Liste des Weltkulturerbes aufgenommen. Beide Schreine sollen die Stadt vor Unheil bewahren. Das Gelände um den Hauptschrein ist selten überlaufen, außer am 15. Mai zum großen Fest Aoi Matsuri, wenn die Prozession auf dem Weg vom Kaiserpalast zum Kamigamo-Schrein hier im schattigen Tadasu-Wald eine lange Pause einlegt und das Publikum mit Reiterspielen unterhält. 🕒 tgl. 6.30–17 Uhr, Eintritt frei. Stadtbus Nr. 205 oder 4 vom Hauptbahnhof bis zur Haltestelle Shimogamo-jinja-mae.

## Ost-Kyōto – Higashiyama 東山

Das Gebiet Higashiyama (*higashi* = Osten, *yama* = Berg) ist ein wahres Ballungszentrum von großen und berühmten Tempeln. Es liegt östlich des Kamogawa am Fuße der Higashiyama-Berge, die Kyōto an der östlichen Flanke begrenzen. Ein ausgedehnter Spaziergang könnte vom Silbernen Pavillon aus auf dem Philosophenweg südlich über den Heian-Schrein und weiter zum Maruyama-Park führen. Von hier dann hoch zu den Terrassen des Kiyomizu-Tempels – oder rüber nach Gion, zum alten und bekanntesten Vergnügungsviertel der Stadt, mit extravaganten und teuren Clubs und Restaurants sowie exklusiven Teehäusern, in denen *maiko* und *geiko* die Gäste unterhalten.

## Ginkaku-ji (Silberner-Pavillon-Tempel) 銀閣寺

Etwas nördlich von Higashiyama steht der Ginkaku-ji, die einst private Villa des Shōguns Ashikaga Yoshimasa, die ihm nach dem Rückzug aus dem politischen Leben ab 1482 als Altersruhesitz diente. Während der Goldene Pavillon seines Großvaters (der Kinkaku-ji, S. 396) noch den Höhepunkt der Ashikaga-Herrschaft verkörperte, ist der Ginkaku-ji, der nie vollendet und auch nie, wie geplant, mit Blattsilber verziert wurde, zum Symbol eines im Chaos versinkenden Landes geworden, in dem die Landesfürsten einander aufs Heftigste bekämpften. Besondere Merkmale des um die Halle angelegten Gartens sind das weiße Sandmeer und der einzigartige Sandhügel in der Form des Fuji-san. Sie sollen den dunkel gehaltenen Pavillon nachts, wenn der Mond sich in ihnen reflektiert, hell schimmern lassen. Das nicht vollendete, schlichte Gebäude und sein Garten verkörpern den Höhepunkt von Kunst und Handwerk jener Epoche, aber auch eine dem Untergang geweihte Zeit. ⏲ tgl. 8.30–17 Uhr (Dez–Feb 9–16.30 Uhr), 500 ¥. Stadtbus 5, 17, 32, 100, 203 und 204 vom Hauptbahnhof bis Ginkakuji-mae.

## Tetsugaku no michi (Philosophenweg) 哲学の道

Tetsugaku no michi, der „Pfad der Philosophie", ist ein berühmter Spazierweg, der ausgehend vom Eingang zum Ginkaku-ji runter in den Higashiyama-Distrikt verläuft, bis ganz in die Nähe des etwa 2 km südlich gelegenen Nanzen-ji. Der Name geht vermutlich auf den Philosophen Nishida Kitarō zurück, der auf dem täglichen Weg zum Arbeitsplatz in der nahen Kyōto-Universität meist in Gedanken versunken auf der schmalen Allee am kleinen Kanal entlang schlenderte. Anfang April, während der Kirschblüte, wird dieser Spaziergang zu einem wahren Erlebnis – sowohl was die Blüten- als auch die Menschenmassen angeht. Restaurants, Cafés und kleine Boutiquen säumen den Weg. Vom Hauptbahnhof mit Stadtbus 100 bis Ginkakuji-mae oder mit Bus 5 oder 17 bis Ginkakuji-michi.

## Heian-jingū 平安神宮

Östlich der Higashiōji-dōri und nördlich der Sanjō-dōri liegt der anlässlich der Feier zum 1100-jährigen Bestehen der Stadt Kyōto im Jahr 1894 den Kaisern Kammu und Kōmei geweihte Shintō-Schrein Heian-jingū. Die Gebäude stellen eine 5/8-große originalgetreue Rekonstruktion der ersten kaiserlichen Residenz in Kyōto, damals Heian-kyō, im Jahre 794 dar. ⏲ tgl. 15. Feb–14. März und Okt 6–17.30, 15. März–30. Sep 6–18, Nov bis 14. Feb 6–17 Uhr (Silvester ganze Nacht geöffnet). Eintritt frei.

Im Westen, Norden und Osten umgibt den Schrein der ansehnliche Teichgarten Shin-en. ⏲ 1.–14. März und Okt 8.30–17.30, 15. März–30. Sep 8.30–17.30, Nov–Feb 8.30–16.30 Uhr, 600 ¥. U-Bahn Tōzai-Linie bis Higashiyama. Stadtbus 100 oder 5 vom Hauptbahnhof bis Okazaki-kōen/Bijutsukan/Heian-jingū-mae.

## Museumsviertel um den Okazaki-Park 岡崎公園

Der Okazaki-Park mit dem Heian-Schrein liegt im nördlichen Teil von Higashiyama. Läuft man südlich des Schreins auf das riesige Schreintor zu, liegt linker Hand in einem alten Backsteingebäude das ehemalige Städtische Kunstmuseum, das nach aufwendiger Renovierung 2020 in **Kyōto Kyōcera-Kunstmuseum** umbenannt wurde, 🖳 www.kyotocity-kyocera.museum/en. In dem 1933 eröffneten Museum lagern Werke von in- und ausländischen Künstlern, die nach der Meiji-Zeit (1868–1912) und hauptsächlich mit Bezug zu Kyōto entstanden. ⏲ tgl. außer Mo 10–18 Uhr, Eintritt Dauerausstellung 730 ¥, ansonsten je nach Ausstellung.

Das Gebäude im japanischen Stil gegenüber dem Kunstmuseum (1930) wurde zur Jahrtausendwende vollständig renoviert und dient seitdem als **Städtisches Kunstmuseum Annex**. ⏲ Di–So 10–18 Uhr, Eintritt je nach Ausstellung.

Das besondere Interesse des **Nationalmuseums für moderne Kunst**, 🖳 www.momak.go.jp, gilt der Kunst aus Westjapan, mit dem Schwerpunkt auf der Region Kansai. Zur Sammlung zählen auch zeitgenössische Keramiken aus aller

KANSAI

Welt, amerikanische und europäische Textil- und Glaskunst und eine Fotosammlung zur Weltgeschichte der Fotografie. 🕒 Di–So 10–18, Fr bis 20 Uhr, Eintritt permanente Ausstellung 430 ¥.

Nördlich des Nationalmuseums für moderne Kunst liegt die riesige internationale Ausstellungshalle **Miyako-Messe**. Ins Untergeschoss (B1) integriert ist das **Museum für Kunsthandwerk und Design**. Es zeigt Lack- und Bambusarbeiten sowie Farbholzschnitte. 🕒 tgl. 9–17 Uhr, Eintritt frei.

Vom Hauptbahnhof mit Stadtbus 5 bis Okazaki-kōen/Bijutsukan/Heian-jingū-mae: Vom U-Bahnhof Higashiyama (Tōzai-Linie) 5 Min. zu Fuß.

## Nanzen-ji 南禅寺

Südöstlich des Heian-Schreins steht einer der größten Zen-Tempel von Kyōto, der **Nanzen-ji**, Haupttempel der Rinzai-Schule. Kaiser Kameyama (1249–1305) liebte diesen Ort so sehr, dass er sich hier seinen Palast errichten ließ. Er wurde später selbst buddhistischer Mönch und Schüler eines bekannten Zen-Meisters. 1291 ließ er seinen Palast in einen Zen-Tempel umwandeln. Der Tempel ist berühmt für seine Malereien auf etlichen *fusuma* (Schiebetüren) in der Hōjō-Halle, die von Vertretern der Kanō-Schule stammen. Hōjō-Halle und Sanmon-Tor: ⌚ tgl. 8.40–17 Uhr (Dez–Feb bis 16.30 Uhr), Eintritt je 600 ¥, Gelände frei. U-Bahn Tōzai-Linie bis Keage und 10 Min. zu Fuß; Stadtbus 5 vom Hauptbahnhof bis Nanzen-ji Eikandō-michi.

Läuft man vom Ginkaku-ji aus auf dem Philosophenweg, führt dieser zwangsläufig bis zum Nanzen-ji. Direkt am Tempelgelände kann die aus rotem Backstein während der Meiji-Zeit erbaute und gut erhaltene Aquäduktbrücke **Suiro-kaku** besichtigt werden. Von der Brücke aus lässt es sich für etwa 200 m gemütlich am Kanal entlanglaufen, der genialerweise in einem Tunnel durch die Berge vom benachbarten Biwa-See bis nach Kyōto fließt.

KANSAI

## Eikan-dō 永観堂

Der weitläufige Garten des Nanzen-ji grenzt im Norden ein kleines Stück weit an den Garten des Eikan-dō, auch Zenrin-ji genannt, einer der ältesten Tempel von Kyōto (9. Jh.). Er ist besonders für seine nach hinten blickende Amida-Figur Mikaeri-Amida berühmt. Einer Legende nach hatte Eikan, der Hauptpriester des Tempels, einen Traum, in dem er auf seinem Weg von Amida selbst geführt wurde; als Eikan innehielt, wandte sich Amida zu ihm um und sagte: „Eikan, du bist langsam". Im Herbst kommen viele Besucher wegen der Ahornbäume. ⌚ tgl. 9–17 (Einlass bis 16 Uhr), 600 ¥. Erreichbar mit Bus/U-Bahn wie Nanzen-ji, s.o.

## Chion-in 知恩院

Oberhalb des Maruyama-Parks liegt der geschichtsträchtige Chion-in. Er wurde im 12. Jh. vom Priester Hōnen gegründet und fungierte bald darauf als kaiserlicher Hoftempel. Im Inneren seiner riesigen Haupthalle finden bis zu 3000 Gläubige Platz. Der um einen Teich herum angelegte Hōjō-Garten ist bekannt für die in seinem Hintergrund ruhenden Higashiyama-Berge und seine ausdrucksvollen Ansichten der vier Jahreszeiten. Das riesige Holztor (San-mon) und die Bronzeglocke zählen zu den japanweit größten Exemplaren ihrer Art – neben dem Tor lockt der Yūzen-Garten, ein Trockengarten mit einem Teehaus der Urasenke-Schule. Die mächtige Glocke wird in der Silvesternacht (mit Fernseh-Live-Übertragung) von mehreren Mönchen 108 Mal (entsprechend der Anzahl der menschlichen Sünden) angeschlagen. Eingangstor ⌚ tgl. ab spätestens 6–16 Uhr, Eintritt frei; Gärten ⌚ 9–16 Uhr, Hōjō-teien 400 ¥, Yūzen-en 300 ¥ (Kombiticket 500 ¥). Stadtbus 206 vom Hauptbahnhof bis Chion-in-mae; U-Bahn Tōzai-Linie bis Bahnhof Higashiyama.

## Shōren-in 青蓮院

Als 1788 eine Feuersbrunst große Teile der Stadt zerstörte, hielt der Tempel aus der Heian-Zeit, dessen Hauptpriester in der Regel aus der Kaiserfamilie stammten, als Zufluchtsort für den Kaiser und seinen Hof her. Unter all den wichtigen Kulturschätzen des Tempels sticht besonders das aus dem 10. Jh. stammende Gemälde einer buddhistischen Schutzgottheit, des Blauen Fudō-Myōō, hervor. Das beeindruckende Bild steht auf der Liste der japanischen Nationalschätze. Zur Anlage gehört auch ein schöner Teichgarten, in dem hin und wieder Konzerte stattfinden. ⌚ tgl. 9–17 Uhr, 600 ¥. U-Bahn Tōzai-Linie bis Higashiyama und Stadtbus Nr. 5, 46 oder 100 vom Hauptbahnhof bis Jingū-michi.

## Yasaka-jinja 八坂神社

Südlich der beiden Tempel Chion-in und Shōren-in gelangt man durch den nördlichen Nebeneingang in den **Maruyama-Park**, ein besonders beliebter und während der Kirschblüte im April sehr gut besuchter Park. Hier befindet sich der **Yasaka-Schrein**, auch Gion-Schrein genannt. Der Haupteingang des bei Einheimischen sehr populären Shintō-Heiligtums ist vom Stadtzentrum aus auf der Hauptstraße Shijō-dōri zu erreichen. Diese zieht sich mitten durch das historische Vergnügungsviertel Gion und endet

In Kyōto heißen Geishas *geiko* und die Lehrmädchen *maiko*.



vor der Treppe des orangefarbenen zweistöckigen Eingangstors des Yasaka-jinja. Vor über 1000 Jahren soll hier ein buddhistischer Tempel durch den Schrein Gion-yashiro ersetzt worden sein. In jene Zeit, als Seuchen und Naturkatastrophen die Stadt heimsuchten, fällt auch die Gründung des **Gion Matsuri**. Dieses Fest, das die Götter erfreuen, besänftigen und ihnen für die Rettung der Stadt danken soll, wird noch heute jährlich vom 1. bis 31. Juli und mit einer großen Prozession von Trageschreinen und Umzugswagen am 7. Juli gefeiert. Es zählt zu den drei großen Festen Japans.

Vor der Haupthalle des Schreins steht eine mit Lampions geschmückte Bühne, auf der Anfang November höfische *bugaku*-Tänze gezeigt werden. Am Neujahrsmorgen strömen viele Menschen zum ersten Schreinbesuch *(hatsumōde)* in den Yasaka-jinja. ⌚ ganzjährig 24 Std., Eintritt frei. Stadtbus 206 oder 100 vom Hauptbahnhof bis Gion. Von der Shijō-Brücke ca. 10 Min. zu Fuß.

## Gion 祇園

Das gut erhaltene **Gion-Viertel** östlich des Kamo-Flusses ist berühmt für seine kultivierte und traditionelle Kulisse, seine Teehäuser und die elegant vorbeitrippelnden Geishas (in Kyōto *geiko* genannt) und *maiko* (Geisha in Ausbildung) auf dem Weg von oder zu einem Termin. Die Gegend entwickelte sich, nachdem die ersten Geisha-Häuser *(o-chaya)* entstanden waren, während der Edo-Zeit rund um den Yasaka-Schrein zu einem Vergnügungsviertel. Heute zählen Gion und Ponto-chō (S. 386) zu den populärsten Vergnügungsvierteln in Kyōto und sind weit über die Stadtgrenze hinaus bekannt. Stadtbus 100 oder 206 vom Hauptbahnhof oder Keihan-Linie bis Gion Shijō.

Leider hatte die Faszination für die Unterhaltungskünstlerinnen im Gion-Viertel solch groteske Züge angenommen, dass übereifrige Touristen regelrecht Jagd auf die Maikos und Geishas machten. Daher ist das Fotografieren in den privaten Seitengassen des Viertels inzwischen verboten.

Im **Gion Corner**, 💻 www.kyoto-gioncorner.com/global/en.html, in der Yasaka-Halle, dem bekannten Veranstaltungshaus inmitten des Gion-Viertels, finden regelmäßige Vorführungen speziell für ausländische Touristen statt, bei denen in einem einstündigen Programm insgesamt sieben traditionelle japanische Kunst- und Unterhaltungsarten vorgeführt werden – zwar im Schnelldurchlauf, aber professionell: Teezeremonie *(chadō)*, japanische Harfe *(koto)*, Kyōtoer Tanz-Stil *(kyōmai)*, Komödienspiel *(kyōgen)*, Hofmusik *(gagaku)*, Blumenarrangement *(kadō)* und das japanische Puppenspiel *(bunraku)*. Es darf übrigens fotografiert werden! Vorführungszeiten (1 Std.) tgl. ab 18 und 19 Uhr, Eintritt 5500 ¥ (unter 23 Jahre 3850 ¥).

Neben der Yasaka-Halle steht das im Jahr 2023 erdbebengesicherte Theaterhaus **Gion Kōbu Kaburenjō**, in dem seit 1872 *miyako-odori*, die offiziellen Tänze der *maiko* und *geiko* (Geisha) aus dem Gion-Viertel aufgeführt werden. 💻 www.miyako-odori.jp/english.

## Kennin-ji 建仁寺

Kyōtos ältester Zen-Tempel ist der 1202 von dem buddhistischen Priester und Zen-Meister Myōan Eisai gegründete Kennin-ji. Eisai studierte einige Jahre in China und brachte von dort Schriften zur Rinzai-Schule des Zen-Buddhismus (und angeblich auch den ersten Teesamen für grünen Tee) mit nach Japan zurück. Der Besuch des Tempels lohnt auch wegen der Kunstwerke des Malers Tawaraya Sōtatsu (1600–1643). Im Frühjahr wird eine große Teezeremonie zu Eisais Geburtstag abgehalten. ⌚ tgl. 10–16.30 Uhr, 600 ¥. Vom Hauptbahnhof mit Stadtbus 206 bis Higashiyama Yasui.

## Kōdai-ji 高台寺

Nene, die Witwe von Hideyoshi Toyotomi, ließ den Tempel einige Jahre nach dem Tod ihres Mannes 1605 als Trost für dessen Seele erbauen. In den Gebäuden sind viele persönliche Gemälde und andere Kunstwerke, die sich im Besitz des Ehepaars befanden, ausgestellt. Sowohl die Gründerhalle (Kaisen-dō) als auch Hideyoshis Mausoleum (Tamaya) und zwei Teehäuser blieben erhalten.

Im Frühjahr und Herbst und zu speziellen Anlässen wird der Garten illuminiert. ⌚ tgl. 9–17 Uhr, 600 ¥. Vom Hauptbahnhof mit Stadtbus 206 bis Higashiyama Yasui. Vom Maruyama-Park aus ist es ein schöner 15-minütiger Spaziergang in Richtung Kiyomizu-Tempel.

## Kiyomizu-dera 清水寺

Der Kiyomizu-dera, „Tempel des reinen Wassers", 💻 www.kiyomizudera.or.jp/en, zählt zum Unesco-Weltkulturerbe und ist eine der meistbesuchten Sehenswürdigkeiten der Stadt. Verantwortlich dafür ist die schöne Lage über der Stadt, der von Andenkenläden gesäumte Weg hinauf und die Haupthalle des Tempels mit ihrer von hohen Pfeilern gestützten und ohne die Verwendung von Nägeln erbauten Holzveranda. Die meisten Besucher beginnen ihren Spaziergang zur Tempelanlage vom Yasaka-Schrein bzw. Maruyama-Park aus. Sie verlassen den Park auf einer kleinen Straße in Richtung Süden und laufen westlich vom Kōdai-ji bis zu einer Fußgängerzone mit Kopfsteinpflaster. Schließlich geht es erst die **Ninen-zaka** und dann die **Sannen-zaka** hinauf in Richtung Kiyomizu-dera. Die beiden Gassen erzeugen durch zahlreiche Cafés, kleine Tee- und Antikläden und stilvolle Restaurants in alten Holzhäusern eine romantisch-nostalgische Stimmung – besonders frühmorgens oder am späten Abend.

Ursprünglich stammt der **Tempelkomplex** aus dem Jahr 798, die heutigen Hallen wurden jedoch bis 1633 neu erbaut. Auf dem Gelände steht auch ein Schrein, der **Jishu-jinja**, wo Besucher, die wissen wollen, ob sie auf die Liebe ihres Lebens treffen werden, mit geschlossenen Augen den 18 m weit entfernten „Liebesfels" auf einer Geraden finden müssen.

Im unteren Bereich des Tempels, den man auf einer Steintreppe erreicht, stehen die Besucher Schlange am Wasserfall **Otowa-no-taki**, um von dem aus drei Röhren fließenden Wasser mit heilender und wunscherfüllender Wirkung zu trinken. ⌚ tgl. 6–18 Uhr (Juli und Aug bis 18.30 Uhr), *night viewing* (Einlass bis 21 Uhr) im Aug und Nov, 400 ¥. Stadtbus 100 oder 206 vom Hauptbahnhof bis Gojō-zaka.

# Nord-Kyōto

Der Norden der Stadt bietet Reisenden die Chance, neben einigen beeindruckenden Sehenswürdigkeiten den Übergang zu ländlichen Gebieten und die umliegende Bergregion mit dem geschichtsträchtigen Hiei-zan zu erkunden.

## Kamigamo-jinja 上賀茂神社

Auf dem Gelände des altehrwürdigen Kamigamo-jinja („oberer Kamo-Schrein") stehen heute 34 Gebäude, die allesamt aus dem 17. Jh. stammen und die Prädikate „nationales Kulturgut" sowie Unesco-Weltkulturerbe tragen. Die Haupthalle *(honden)* und die Nebenhalle *(gonden)* sind die berühmtesten Gebäude der Anlage. Aller Wahrscheinlichkeit nach wurde der Schrein noch vor der Heian-Zeit erbaut und gewann dann rasch an Einfluss, da Angehörige des Kaiserhauses hier den Zuspruch der Götter suchten. Bis ins 13. Jh. stellte der kaiserliche Hof die Oberpriesterinnen des Schreins. Gemeinsam mit dem zweiten Kamo-Schrein, dem Shimogamo-jinja (S. 389), sollten die beiden heiligen Stätten Kyōto vor bösen Kräften schützen. Die Prozession des berühmten Aoi-Festes am 15. Mai endet hier. ◷ Schreingelände durchgehend, Eintritt frei. Vom Hauptbahnhof mit Stadtbus 4 bis Kamigamo-jinja-mae.

## Botanischer Garten und Garten der schönen Künste 京都府立植物園・京都府立陶板名画の庭

Der **Botanische Garten** von Kyōto liegt am Kamo-Fluss, genau in der Mitte zwischen den beiden Kamo-Schreinen. Der 24 ha weite Park beheimatet etwa 12 000 Pflanzenarten und wurde bereits 1925 gegründet. ◷ tgl. 9–17 Uhr (Einlass bis 16 Uhr), 200 ¥ (plus 200 ¥ für das Gewächshaus, 10–15.30 Uhr).

Direkt neben dem Nordeingang des Botanischen Gartens erstreckt sich der recht interessante **Garten der schönen Künste** (Tōban Meiga no Niwa), 💻 www.kyoto-toban-hp.or.jp, entworfen von Andō Tadao. Auf einem Rundgang sind hier acht weltberühmte, auf Kacheln gemalte Kunstwerke zu sehen, u. a. das *Jüngste Gericht* von Michelangelo und die *Seerosen* von Monet. Ein guter Ort, um dem Verkehrstreiben für eine Weile zu entfliehen. ◷ tgl. 9–17 Uhr, 100 ¥ (Kombiticket mit Botanischem Garten 250 ¥). Direkt am U-Bahnhof Kitayama der Karasuma-Linie.

## Hiei-zan 比叡山

Auf dem Gipfel des im Nordosten von Kyōto aufragenden, 848 m hohen Hiei-zan gründete die buddhistische Tendai-Schule im 8. Jh. den **Enryaku-ji**, der die geplante Hauptstadt vor bösen Geistern aus dem Nordosten schützen sollte. In der Blütezeit des Tempels existierten bis zu 3000 Gebäude und Zweigtempel am und auf dem Hiei-zan sowie eine schlagkräftige Mönchsarmee (*sōhei* = „Mönchskrieger"). Letztere setzte die Forderungen und Machtansprüche an den Kaiserhof nicht selten mit Gewalt durch. Oda Nobunaga, sogenannter „Reichseiniger" der ersten Stunde, der sich erfolgreich mit harter Hand um die Einheit Japans bemühte, vernichtete 1571 Armee und Tempelanlage des Enryaku-ji, um den Einfluss der Tendai-Schule zu brechen. Wenige Jahre später ließ sein Nachfolger Toyotomi Hideyoshi die Tempelanlage wiederaufbauen. Heute sind drei Pagoden und über hundert meist kleinere Tempelhallen erhalten. Die Anlage ist in drei Bereiche unterteilt: **Tōdō**, den „östlichen", **Saitō**, den „westlichen", sowie **Yokawa**, ca. 4 km nördlich von Saitō. Das wichtigste Gebäude ist die Halle **Konpon-chūdō** (1642), die als Erstes auf dem Hiei-zan gebaut wurde und das Zentrum der gesamten Klosteranlage bildet (wird bis 2026 renoviert, ist aber weiterhin zugänglich). Besucher, die alle Bereiche kennenlernen möchten, sollten einen ganzen Tag einplanen. Für eine auf den Ostbezirk beschränkte Besichtigung reicht in der Regel ein halber Tag. ◷ Tōdō: tgl. März–Nov 8.30–16.30, Dez 9–16, Jan, Feb 9–16.30 Uhr, Saitō und Yokawa: tgl. März–Nov 9–16, Dez 9.30–15.30, Jan, Feb 9.30 –16 Uhr, 1000 ¥.

Von Kyōto aus gibt es verschiedene Möglichkeiten, den Hiei-zan zu erklimmen. Die interessanteste Route führt mit der Keihan-Bahn bis zum Bahnhof Demachiyanagi (von Sanjō-Keihan in 5 Min., 220 ¥), dann rüber laufen zum Eizan-Bahnhof und mit der Eizan-Linie (aufpassen, nicht in den Zug Richtung Kurama steigen!) bis zur Endstation Yase-Hieizan-guchi fahren (15 Min., 270 ¥). Von der Yase-Seilbahnstation geht es mit der **Drahtseilbahn** steil nach oben bis zur Hiei-Station (9 Min., 550 ¥). Hier steigt man um in die **Seilbahn** gegenüber, die bis zur Bergspitzen-Station Hiei-Sanchō hochschwebt (3 Min., 350 ¥), oben dann 6 Min. zu Fuß zum Busstop. Von dort Shuttlebus (außer Dez–März) zum Enryaku-ji (250 ¥) und zu weiteren Stationen in und um das Tempelgebiet – bis Endstation Yo-

KANSAI

kawa 800 ¥ (Bus-Tagesticket 1000 ¥), oder man läuft etwa eine halbe Stunde durch einen Wald.

Bequemer und billiger ist es, den Kyōto-Bus 51, 1x tgl. um 12.30 Uhr, Wochenende 2x tgl. (9.30 und 12.30 Uhr) vom Kyōto-Hauptbahnhof (65 Min.) oder den Keihan-Bus 57, 1x tgl. um 9.25 Uhr, Wochenende 2x tgl. (8.30 und 10.30 Uhr), von Sanjō Keihan (55 Min.) bis Enryakuji-Buscenter zu nehmen. Beide Fahrten kosten 790 ¥.

Eine andere Möglichkeit wäre, den Kyōto-Bus 17 oder 18 vom Hauptbahnhof oder Nr. 16 von Sanjō Keihan in Richtung Ōhara zu nehmen und dann in Yase-Ekimae auszusteigen, von wo es nur noch ein kurzer Weg bis zur Yase-Seilbahnstation ist.

Zudem gibt es sieben Hiei-zan-Kombitickets, 💻 www.hieizan.gr.jp/ticket, von 2800 ¥ bis 3700 ¥ (kein Verkauf im Winter). Von Neujahr bis ca. Mitte/Ende März fahren von Kyōto keine öffentlichen Verkehrsmittel auf den geschichtsträchtigen Berg.

KANSAI

## Nordwest-Kyōto

Im Nordwesten Kyōtos sind einige berühmte Tempel angesiedelt, die auch abgelaufen werden können (reine Laufzeit 1–2 Std.). Dem Daitoku-ji folgen in östlicher Richtung die drei von der Unesco auf die Liste des Weltkulturerbes gesetzten Topsehenswürdigkeiten Kinkaku-ji (Goldener Pavillon), Ryōan-ji mit Zen-Garten sowie der etwas weniger besuchte Ninna-ji. Unterhalb des Kinkaku-ji bzw. östlich des Ryōan-ji liegt der Shintō-Schrein Kitano-Tenmangū.

### Daitoku-ji 大徳寺

Einige Tempelkomplexe Kyōtos sind so weitläufig, dass an Tempel und Gärten interessierte Besucher dort problemlos einen halben oder ganzen Tag verbringen könnten. Zu dieser Sorte gehört der Anfang des 14. Jhs. gegründete Daitoku-ji. Obwohl hier viele Bereiche nicht betreten werden dürfen, bleiben noch genügend interessante Tempelbauten, Stein- und Teegärten sowie Kunstschätze übrig.

Der Daitoku-ji entwickelte sich unter dem Patronat des Kaiserhofs und später auch durch finanzielle Unterstützung des Shogunats zu einem der wichtigsten Zen-Tempel Japans. Mehrere der Kulturgüter wurden dem Tempel von Militärführern und Landesfürsten gespendet, auf die der Zen-Buddhismus eine starke Anziehungskraft ausübte. Einige Zen-Meister, die als bedeutende Kalligrafen, Dichter und Teemeister in die Geschichte des Landes eingingen, entstammten dem Daitoku-ji, z. B. der große Sen no Rikyū (S. 137). 🕒 durchgehend. Die Anlage umfasst neben dem Haupt- über zwanzig Zweigtempel. 🕒 tgl. 9–17 Uhr (teils nur bis 16 Uhr), Eintritt frei, bis auf den für seinen anmutigen Zen-Garten bekannten Daisen-in (500 ¥, fotografieren nicht erlaubt!), Ryōgen-in (350 ¥), Zuihō-in (400 ¥), Kōtō-in (400 ¥). Stadtbus 206 vom Hauptbahnhof bis Daitokuji-mae.

### Kinkaku-ji (Goldener-Pavillon-Tempel) 金閣寺

Ashikaga Yoshimitsu (1358–1408) war der dritte Shōgun aus der Ashikaga-Dynastie und ein großer Förderer der Künste. Er ließ sich in einer friedlichen und wirtschaftlich wie politisch stabilen Zeit den Goldenen Pavillon (Kinkaku) als Alterssitz erbauen. Nach seinem Tod wurde die Villa von seinem Sohn zu einem Zen-Tempel mit dem Namen Rokuon-ji („Rehgarten-Tempel") umfunktioniert.

Der Kinkaku-ji und der ihn umgebende Teichgarten sind eine der meistbesuchten Sehenswürdigkeiten Kyōtos, wenn nicht sogar ganz Japans. Der einstige Ruhesitz des alternden Shōguns bezaubert besonders durch seine Ästhetik, die Harmonie von Baukunst und Natur und die schlichte Eleganz des sich im Teich spiegelnden Bauwerks. Bei genauerem Hinblicken stellt man fest, dass der Pfahlbau architektonisch einem hohen Anspruch gerecht wird, denn im Pavillon wurden drei unterschiedliche japanische Baustile geschickt miteinander kombiniert: der klassisch elegante Palaststil der Heian-Zeit im Erdgeschoss, das Yoshimitsu als privaten Wohnraum nutzte; die kamakura-zeitliche Bauweise der Samurai-Häuser im ersten Obergeschoss, das für Gäste des Shōguns bereitstand; und den Stil chinesischer Zen-Tempel mit halbrunden Fenstern im zweiten Obergeschoss, das religiösen Zwecken diente. Die oberen beiden Stockwerke sind mit Blattgold über-

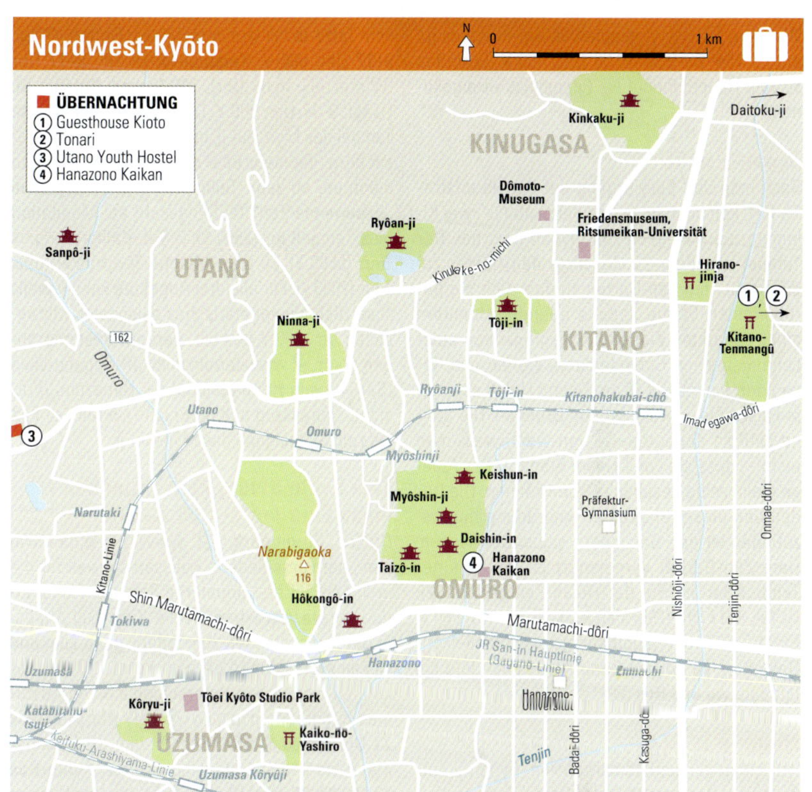


zogen, die beiden Dächer sanft nach außen geschwungen. Den Pavillon krönt ein Phönix.

Der Weg für Besucher verläuft entlang des **Spiegelteichs** (Kyoko-chi) und führt hoch zu einem **Teehaus**, das gemeinsam mit dem Pavillon von den einstigen Palastgebäuden übriggeblieben ist. 1950 wurde der Goldene Pavillon von einem Mönch, der die Schönheit des Bauwerks nicht ertragen konnte, durch Brandstiftung zerstört. Der Schriftsteller Mishima Yukio erstellte in seinem Roman *Kinkakuji* (1956, dt. *Der Tempelbrand*) anhand der Prozessunterlagen ein interessantes Psychogramm des jungen Brandstifters. 1955 wurde der Kinkaku-ji originalgetreu rekonstruiert. ⌚ tgl. 9–17 Uhr, 500 ¥. Stadtbus 205 vom Hauptbahnhof bis Kinkakuji-michi oder Stadtbus 59 von Sanjō-keihan-mae/Sanjō Keihan Station.

## Friedensmuseum
立命館大学国際平和ミュージアム

Begibt man sich vom Goldenen Pavillon aus in südwestliche Richtung, führt die Hauptstraße vorbei an der renommierten **Ritsumeikan-Universität** (linker Hand). Die Universität beherbergt mit dem **Kyōto Museum for World Peace** (Ritsumeikan Daigaku Kokusai Heiwa Museum) eine sehr sehenswerte und aufklärerische Ausstellung, die den Zweiten Weltkrieg aus japanischer Sicht zeigt, sowohl in der Opfer- als auch der Täterrolle – eine Art der Vergangenheitsbewältigung, die in Japan bis heute keine Selbstverständlichkeit ist. Die Ausstellung ist zwar auf Japanisch, aber es gibt eine 25-seitige, auf Englisch verfasste Broschüre, die auch auf die Exponate eingeht, und eine ausführliche englische

Website, 💻 www.ritsumeikan-wp-museum.jp/en, 🕒 Mo–Sa 9.30–16.30 Uhr, 400 ¥. Stadtbus 50 vom Hauptbahnhof bis Ritsumeikan Daigaku-mae.

## Ryōan-ji 龍安寺

Setzt man den Spaziergang auf der Hauptstraße fort, kommt man nach eineinhalb bis zwei Kilometern am Eingang zum Ryōan-ji vorbei. Der Tempel aus dem 15. Jh. birgt den (leider zu) gut besuchten Zen-Garten, in dem sich die berühmtesten Steine Japans befinden. Inmitten einer geharkten Kiesfläche, begrenzt von einer Lehmmauer mit Schindeldach, stehen und liegen dort insgesamt 15 große und kleine schlichte Felssteine, verteilt auf fünf Gruppen. Die Steine sind so angeordnet – von wem, weiß man nicht –, dass sie von keinem Standort der Anlage gleichzeitig gesehen werden können. Die Bedeutung dieser abstrakten Anordnung herauszufinden ist den Besuchern selbst überlassen. Dem Zen-Garten vorgelagert ist ein schöner Teichgarten im Stil der Heian-Zeit (794–1192). 🕒 tgl. 8–17 Uhr (Dez–Feb 8.30–16.30 Uhr), 600 ¥. Stadtbus 50 vom Hauptbahnhof bis Ritsumeikan-Daigaku-mae oder U-Bahn Karasuma-Linie bis Imadegawa und Bus 59.

## Ninna-ji 仁和寺

Nur einen kurzen Fußmarsch vom Ryōan-ji entfernt liegt das bereits in der Heian-Zeit von Kaiser Kōkō (830–887) in Auftrag gegebene Tempelgebäude des Ninna-ji mit einer sehr schönen fünfstöckigen Pagode, dem großen Tor Niōmon und der Haupthalle Kondō, die als Nationalschatz gelistet ist. Hinter dem mittleren Tor (Chū-mon) erstreckt sich ein Garten. Der Ninna-ji Goten war der „Palast" für den höchsten Priester. 🕒 tgl. 9–16.30 Uhr (Dez–Feb bis 16 Uhr), 800 ¥, Garten frei, aber zur Kirschblüte 500 ¥. Stadtbus 26 vom Hauptbahnhof bis Omuro-Ninnaji.

## Myōshin-ji 妙心寺

Mitte des 14. Jhs. funktionierte der abgedankte Kaiser Hanazono (1297–1348) seinen Palast in diesen Zen-Tempel um. Nur drei der insgesamt 47 auf dem großflächigen Gelände vorhandenen Sub-Tempel sind für die Öffentlichkeit zugänglich: **Taizō-in** mit wunderschönem Garten, 🕒 tgl. 9–17 Uhr, 600 ¥; **Keishun-in**, 🕒 tgl. 9–17 Uhr (Winter bis 16.30 Uhr), 500 ¥, und **Daishin-in**, 🕒 tgl. 9–17 Uhr, 300 ¥. Der Taizō-in, der älteste Tempel des Myōshin-ji, bietet ausländischen Besuchern, die mehr über die Zen-Kultur erfahren möchten, ab zehn Teilnehmern das Programm „Experience Zen" (auf Englisch) an: Meditation plus Tempeltour (2500 ¥), 2 Std. Kalligrafie plus Tour (5500 ¥), 50 Min. Matcha-Tee trinken plus Tour (2000 ¥). Für alle drei Angebote kann jeweils zusätzlich ein vegetarisches saisonales Mittagessen ab 3000 ¥ bestellt werden. Reservierungen unter 💻 www.taizoin.com. JR-Sagano-Linie (San-in) vom Hauptbahnhof bis Hanazono (Vorsicht, Expresszug hält dort nicht!), 5 Min. zu Fuß bis zum Südeingang des Myōshin-ji.

## Tōei Kyōto Studio Park / Tōei Uzumasa Eiga-mura 東映太秦映画村

Dieser Studiopark, 💻 www.toei-eigamura.com, hat verschiedene Kulissen speziell für die in Japan äußerst populären Samurai-Filme. Eine weitere Attraktion ist die Kino-Kulturhalle, in der Ausstellungen zum japanischen Film und zu Filmproduktionen gezeigt werden. Besucher können sich in den unterschiedlichsten Kostümen fotografieren lassen. 🕒 9–17 Uhr (Aug teils 21 Uhr), 2400 ¥. Stadtbus 75 vom JR-Bahnhof Kyōto bis Uzumasa-Eigamura-michi; Kyōto-Bus 72–76, 83, 85 vom JR-Bahnhof Kyōto bis Uzumasa Kōryūji-mae.

## Kitano-Tenmangū 北野天満宮

Der Schrein ist für seine im Februar blühenden Pflaumenbäume und das am 25. Februar stattfindende Blütenfest bekannt. Die Kultstätte stammt aus der Mitte des 10. Jhs., als sie zu Ehren der Seele des Gelehrten Sugawara no Michizane gegründet wurde, der durch eine Intrige nach Kyūshū verbannt worden war (S. 535), dann postum rehabilitiert und als Tenman Tenjin, Gottheit der Gelehrigkeit, bis heute verehrt wird. 🕒 tgl. 7–17 Uhr (Glücksbringer-Verkauf 9–16.30 Uhr). Bei besonderen Anlässen (z. B. Light-up-Fest) bis 20 Uhr. Jeden 25. im Monat findet ein **Flohmarkt**, kurz „Tenjin-san" statt, 🕒 6 Uhr bis Sonnenuntergang. Vom JR-Bahnhof Kyōto mit Stadtbus 50 bis Kitano Tenmangū-mae.

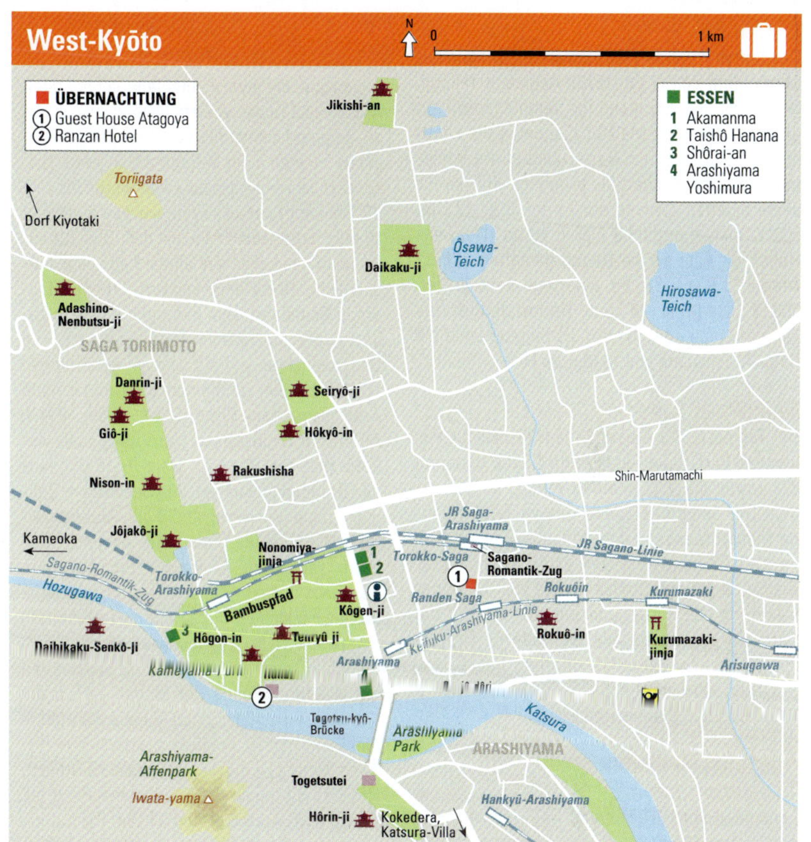


## West-Kyōto

Ein Ausflug in den Westen der Kaiserstadt ist zu jeder Jahreszeit eine wahre Freude. Schon vor über 1000 Jahren wusste der Adel den Reiz dieser Gegend zu schätzen. Noch heute vergnügen sich die Besucher in Arashiyama und Sagano mit Bootsfahrten auf dem Katsuragawa oder beobachten Affen auf dem Iwata-yama. Sie genießen Spaziergänge durch Bambushaine, auf von Kirschbäumen gesäumten Wegen oder in den zur Herbstzeit bunt verfärbten Wäldern. Und sie besuchen Gärten wie den des Tempels Tenryū-ji, dessen Schöpfer sich die beiden Berge Arashiyama und Kameyama einfach als Bestandteil des Gartens „borgte".

Arashiyama und Sagano sind vom Hauptbahnhof aus mit dem Stadtbus 28 erreichbar, ebenso mit der JR-Sagano-Linie bis Saga-Arashiyama sowie mit der Keifuku-Arashiyama-Linie von Ōmiya aus bis Arashiyama.

Wer sich für japanische Garten- oder Baukunst interessiert, kann zwei architektonische Höhepunkte südlich von Arashiyama besichtigen: die am Katsuragawa gelegene Katsura-Villa und den außergewöhnlichen „Moos-Tempel" Koke-dera, der den Besuchern allerdings mehr als nur ein hohes Eintrittsgeld abverlangt.

## Tenryū-ji 天龍寺

Der Tenryū-ji wurde 1339 vom ersten Shōgun der Muromachi-Zeit (1333–1573), Ashikaga Takauji, gegründet, der dazugehörige Tempelgarten von einem großen Zen-Meister elegant in die Landschaft eingefügt. Der Garten bindet die umliegende Berglandschaft als prächtige Kulisse für seine eigenen Zwecke ein. ⌚ tgl. 8.30–17 Uhr, 500 ¥, inkl. Haupthalle 800 ¥. Hatto (Dharma-Halle) mit dem an die Decke gemalten „Cloud Dragon" ⌚ nur Sa, So, Feiertage 9–16.30 Uhr, 500 ¥. Stadtbus 28 vom Hauptbahnhof bis Tenryū-ji-mae oder mit der JR-Sagano-Linie bis Saga-Arashiyama und 13 Min. zu Fuß.

## Daikaku-ji 大覚寺

Der Tempel diente Kaiser Saga (786–842) als Palast und wird daher auch Saga-Gosho genannt. 876 wurde die Villa in einen Tempel umgewandelt. Der östlich gelegene Ōsawa-Teich ist eine Miniaturausgabe des Dongting-Sees in China. Der Daikaku-ji ist zum einen ein beliebter Ort für nächtliche Bootsausflüge zur „Mondbetrachtung" im Herbst und zum anderen für die Saga-Chrysantheme, ein besonderes Exemplar, das schon 300 Jahre überlebt hat. ⌚ tgl. 9–17 Uhr, 500 ¥, mit Teich plus 300 ¥. Stadtbus 28 vom Hauptbahnhof bis Daikaku-ji.



## Adashino Nenbutsu-ji und Saga Toriimoto 化野念仏寺・嵯峨鳥居本

Läuft man vom JR-Bahnhof Saga-Arashiyama eine halbe Stunde in nordwestlicher Richtung entlang einer kleinen Landstraße bis zu einer Ladenstraße mit Souvenirläden und Nudelrestaurants, sind es nur noch ein paar Meter zum **Adashino-Nenbutsu-ji** hinauf. Im Tempel erwartet den Besucher eine Stätte mit 8000 grob gemeißelten Buddha-Figuren, namenlose Gedenksteine, die an die ruhenden Seelen von unbekannt und einsam Verstorbenen erinnern sollen. Am 23. und 24. August werden hier während der buddhistischen Gedenkzeremonie *sentokuyo* über 1000 Kerzen entzündet. Im hinteren Bereich der Anlage führt ein Pfad durch einen kleinen Bambushain. ⌚ tgl. 9–16.30 Uhr (Dez–Feb bis 15.30 Uhr), 500 ¥. Vom JR-Bahnhof Kyōto mit Stadtbus 28 bis Saga-Shakadō-mae und ca. 15 Min. zu Fuß oder mit dem Zug der JR-Sagano-Linie bis Saga-Arashiyama und dann 30 Min. zu Fuß, per Mietrad in 15 Min. oder mit dem Taxi in 5 Min. (ca. 1100 ¥).

Die Umgebung des Adashino-Nenbutsu-ji, die sich von nördlich des Berges Ogura bis ins Dorf Kiyotaki erstreckt, heißt **Saga Toriimoto** und ist für viele Japaner ein beliebtes Ausflugsziel, besonders im Herbst. Alte Bauernhäuser mit traditionellen Strohdächern wie auch Gebäude mit Dächern aus Keramikziegeln sind hier erhalten. Man kann laufen oder mit dem Kyōto-Bus 62, 72, 92, 94 (stdl.) ab Haltestelle Toriimoto (Adashino-Nenbutsu-ji) weiter bis nach Kiyotaki fahren.

### Bootstour auf dem Hozugawa

Diejenigen, die etwas „abenteuerlicher" nach Arashiyama reisen wollen, bleiben im Zug der JR-Sagano-Linie von Kyōto kommend einfach sitzen, steigen nicht in Saga-Arashiyama aus, sondern fahren weiter durch die Berge bis zum JR-Bahnhof Kameoka. Von hier aus läuft man 10 Min. (oder fährt 4 Min. mit dem Bus) bis zur Bootsanlegestelle. Vor einem liegt eine vergnügliche, 16 km lange und zwei Stunden dauernde **Bootsfahrt** (kein Rafting) auf dem Hozugawa, der das stabile Touristenboot durch Bergschluchten und auf weniger gefährlichen Stromschnellen von Kameoka bis runter nach Arashiyama trägt. Preis 4500 ¥, Kinder 3000 ¥. Abfahrten Hauptsaison (April–Okt) stdl. von 9–15, Dez–Feb 10–14.30, März 10–15 Uhr, Nov nur Gruppenbuchungen. Am besten den Zeitplan wegen der unregelmäßigen Abfahrtszeiten (Wochenende, Feiertage, Sommer- und Wintersaison) auf 💻 www.hozugawakudari.jp/service/timetable überprüfen. Boote sind im Winter mit kleinen Ölöfen und Plastikdächern gegen die Kälte ausgestattet. Nach einem tödlichen Unfall Ende März 2023 wurden mit der Wiedereröffnung vier Monate später die Sicherheitsbestimmungen für die Fährgäste und Bootsmänner verstärkt.

Auch **Rafting** ist möglich (März bis ca. Anfang Nov). Es gibt mehrere Angebote: Rafting mit Onsen 9000 ¥, ab 8.30 und 13 Uhr, Rafting mit regionalem Essen 14 000 ¥, ab 8.30 Uhr, Rafting nur bis ins Hozu-Tal (7000 ¥) 8.30 und 13 Uhr.

## Arashiyama-Affenpark Iwatayama 嵐山モンキーパークいわたやま

Auf dem Affenberg Iwatayama, 🖳 www.monkeypark.jp, leben über 120 Affen, sogenannte Japanmakaken, die, da sie besonders an ihren rosa bis rötlichen Gesichtern zu erkennen sind, auch Rotgesichtsmakaken genannt werden. Das Besondere des Geheges: Die Besucher sind aus Sicherheitsgründen „eingesperrt" und können so das Treiben der um sie herum sich frei bewegenden Affen aus nächster Nähe betrachten. 🕒 tgl. 9–16 Uhr, Eintritt 600 ¥. Der Parkeingang liegt nahe dem südlichen Ende der Brücke Togetsu-kyō, etwa 10 Min. zu Fuß vom Keifuku-Arashiyama-Bahnhof, 15 Min. vom JR-Bahnhof Saga-Arashiyama, 7 Min. von Hankyū-Arashiyama und 5 Min. von Arashiyama-kōen (Stadtbus 28).

## Saihō-ji (Koke-dera) 西芳寺（苔寺）

Der Besuch des Saihō-ji 🖳 www.saihoji-kokedera.com/en/top.html, ist ein einmaliges Erlebnis, da die Besucher hier ein seltenes Prunkstück altjapanischer Gartenkunst bewundern können, in einem Tempel, der sich eine äußerst ruhige und würdevolle Atmosphäre erhalten konnte. Der Zen-Tempel aus dem 14. Jh. wird wegen seines moosbewachsenen Gartens auch Koke-dera, „Moostempel", genannt. Viele verschiedene Moosarten – angeblich 120 – und ein Teich, der die Form des chinesischen Schriftzeichens für „Herz" hat, machen nicht nur den besonderen Reiz des Gartens aus, sondern beeinflussten auch die Gartenarchitektur Japans. Um die Moosflächen zu schützen, ist die Besucherzahl beschränkt. Für den Antrag gilt folgendes Procedere: 2 Wochen bis einen Tag vor dem Besuchsdatum kann reserviert werden (max. für 2 Pers.), Bezahlung der Gebühr von 4000 ¥ p. P. online. Wer Einlass erhält, muss zunächst an einem Gebet teilnehmen und ein Sutra kopieren. Erst dann darf der Garten betreten werden. Kyōto-Bus 73 vom JR-Bahnhof Kyōto via Arashiyama in 1 Std. bis Kokedera/Suzumushi-dera und ein paar Minuten zu Fuß.

## Katsura Rikyū 桂離宮

Als der deutsche Architekt und Städteplaner Bruno Taut in den 1930er-Jahren Japan bereiste, entdeckte er in der Schönheit der Villa Katsura Rikyū die höchste Erfüllung der Architektur. Indem er diese Erkenntnis ins Bewusstsein der japanischen Öffentlichkeit rückte, machte er Katsura Rikyū weltbekannt. Die kaiserliche Villa und ihr Garten im Distrikt Katsura gelten heute unter Kennern als Meisterwerk der japanischen Architektur und Gartenbaukunst. Die aus dem frühen 17. Jh. stammende Villa umgibt ein weitläufiger Landschaftsgarten, in dem Pavillons und Teehäuser, Teiche und Quellen, zahlreiche Steinlaternen, Holz- und Steinbrücken und ein besonderes Wegesystem mit unterschiedlichen Trittsteinen so geschickt angeordnet sind, dass sich dem Betrachter scheinbar unendlich viele Ansichten erschließen. Ein Besuch in Katsura ist auf jeden Fall lohnend.

Reservierung per Internet drei Monate bis drei Tage vor gewünschtem Termin möglich. 🖳 https://sankan.kunaicho.go.jp/english/guide/katsura.html. Entscheidung per Losverfahren. Verschiedensprachige Führungen möglich. Zweite Möglichkeit: Persönliche Anmeldung am selben Tag vor Ort, Tour aber nur auf Japanisch, jedoch mit Audioguide. Einlass ab 8.40 Uhr für die ersten 20 Besucher, eine Stunde später noch 20 Besucher, weitere Zeitfenster bis spätestens 15.30 Uhr (Walk-in-Registrierung). Während der einstündigen Führung müssen sich die Besucher als Gruppe fortbewegen. 🕒 tgl. außer Mo, 1000 ¥, 12–17 J. frei. Stadtbus 33 vom Hauptbahnhof bis Katsura-Rikyū-mae und 10 Min. zu Fuß.

# Süd-Kyōto

Der etwas industrialisierte Süden Kyōtos zählt nicht unbedingt zum touristischen Ballungsgebiet, trotzdem finden sich auch hier vereinzelte Sehenswürdigkeiten, die sich als Tages- oder Halbtagesausflugsziel eignen.

## Tōfuku-ji 東福寺

Die Anlage des fast 800 Jahre alten Tōfuku-ji, 🖳 https://tofukuji.jp (nur Jap.), ist mit einer Fläche von 200 000 m² der größte Zen-Tempel Kyōtos. Die für einen Tempel eher seltene Holzbrücke **Tsūten-kyō**, die „Brücke zum Himmel", lockt

KANSAI

während der herbstlichen Ahorn-Laubverfärbung, für die der Tempel landesweit berühmt ist, besonders viele Besucher an.

Der Tōfuku-ji besteht aus mehreren Sub-Tempeln: Wer sich für japanische Gärten begeistert, sollte die vom Gartenkünstler Shigemori Mirei Ende der 1930er-Jahre entworfenen vier Zen-Gärten im **Hōjō-teien** besuchen.

🕒 April–Okt tgl. 9–16.30, Nov–Anfang Dez 8.30–16.30, danach bis März 9–16 Uhr, 500 ¥ für Hōjō-Gärten, 600 ¥ für Tsūten-Brücke und Kaisandō-Halle. Stadtbus 208 vom JR-Bahnhof Kyōto bis Tōfuku-ji oder JR-Nara-Linie/Keihan-Linie bis Tōfuku-ji und dann 10 Min. zu Fuß

## Fushimi-Inari-taisha 伏見稲荷大社

Der Fushimi-Inari-taisha, 💻 https://inari.jp, zählt zu den ältesten Schreinen Kyōtos – er soll laut schriftlichen Quellen bereits im Jahr 711 gegründet worden sein – und ist der Hauptschrein von rund 40 000 Inari-Schreinen landesweit. Da hier die Gottheiten für gute Ernte und Geschäfte verehrt werden, ist der Schrein nicht nur zu Neujahr, sondern auch am ersten Tag jedes Monats überlaufen. Die auf den Berg führenden Pfade sind mit Tausenden rot leuchtenden, von Gläubigen gespendeten Schreintoren *(torii)* und steinernen Fuchswächtern gesäumt. Die Spender, meist Firmen, erhoffen sich mithilfe der Gottheit Inari geschäftlichen Erfolg.

🕒 Schreingelände durchgehend, Eintritt frei. Stadtbus Minami 5 vom Hauptbahnhof bis Inari-taisha-mae oder JR-Nara-Linie bis Inari, dann 8 Min. zu Fuß, oder Keihan-Linie bis Fushimi-Inari, dann 10 Min. zu Fuß.

## Gekkeikan Ōkura Sake Museum 月桂冠大倉記念館

Seit 1637 wird von der Firma Gekkeikan, Fushimi-ku, Minamihama-chō 247, 💻 www.gekkeikan.co.jp/english/kyotofushimi/museum.html, Reiswein hergestellt. Die Ausstellung zeigt, welche Hilfsmittel für die Produktion notwendig sind. Ein Video und eine Führung dokumentieren den genauen Herstellungsprozess. 🕒 tgl. 9.30–16.30 Uhr, 600 ¥ (inkl. drei Sake-Sorten zum Probieren). 18 Min zu Fuß vom Bahnhof Momoyama der JR Nara-Linie.

## Daigo-ji 醍醐寺

Der Tempel aus dem Jahre 874, 💻 www.daigoji.or.jp, beherbergt hochkarätige nationale Kulturgüter und steht auf der Weltkulturerbeliste der Unesco. Die Anlage besteht aus drei Teilen: Dem Sanpō-in und dem Shimo Daigo am Fuß des Berges Kasatori und dem Kami Daigo auf seinem Gipfel. Der Daigo-ji ist besonders bekannt für seinen vom Feldherrn Toyotomo Hideyoshi kunstfertig angelegten Garten **Sanpō-in** (auch Sanbō-in). Während der Zeit der Kirschblüte im April sind der Tempel und sein Garten ein gern besuchter Ort. Im **Shimo Daigo** befinden sich die Kondō-Haupthalle, die 38 m hohe fünfstöckige Pagode aus der Mitte des 10. Jhs. – damit das wohl älteste Holzgebäude Kyōtos – und die fotogene Benten-Halle. 🕒 tgl. 9–17 Uhr (Dez–Feb 9–16.30 Uhr), Eintritt 1000 ¥ für Sanpō-in-Garten und Shimo Daigo – im Frühling plus Garten des Reihōkan (Schatzhalle) für 1500 ¥.

Der **Kami Daigo** befindet sich auf dem Gipfel des Berges Kasatori, zu erreichen über den Shimo Daigo oder einen Pfad außerhalb. Es dauert etwa eine Stunde (!), um den Hauptkomplex mit der Gründerhalle Kaisan-dō zu erreichen. 🕒 tgl. 9–15 Uhr (Dez–Feb 9–14 Uhr), Eintritt 600 ¥.

Vom JR-Bahnhof Kyōto mit JR-Biwako-Kosei-Linie bis JR Yamashina, dann U-Bahnlinie Tōzai bis Daigo-ji (Ausgang Nr. 2), 12 Min. zu Fuß.

## ÜBERNACHTUNG

**Machiya Residence Inn Kyōto**, 📞 050-3786-2009 (10–19 Uhr), 💻 www.kyoto-machiya-inn.com, vermietet „Kyōto-Bürgerhäuser" *(machiya)*, geeignet für 3 bis 10 Pers., die gerne mal stilvoll in einem perfekt renovierten *machiya* übernachten oder längere Zeit in der Stadt wohnen wollen.

### Zentrum

Karte S. 384 und 386

**Untere Preisklasse**

**Hana Hostel**, Shimogyō-ku, Kogawa-chō 229, 💻 https://kyoto.hanahostel.com. Freundliches und sauberes Hostel schräg gegenüber dem Higashi-Hongan-ji, nur ein paar Gehminuten vom JR-Bahnhof Kyōto entfernt. Es gibt

Leihräder und eine Lounge. Privatzimmer (Gemeinschafts-Du/WC) mit Futon/Tatami sowie Schlafsäle mit Etagenbetten. Das Haus hat keinen Aufzug. PCs und Tee/Kaffee zur kostenlosen Verfügung. Dorm 3000 ¥ p. P., Zimmer für 2 und 3 Pers. ❷–❸

**Hotel Tavinos**, Shimogyō-ku, Kawaramachi-dōri Gojō-agaru, Azuchi-chō 612, www.hoteltavinos.com/en/kyoto. Das Hotel liegt günstig zwischen dem JR-Bahnhof Kyōto, dem für seine Tempel und Schreine beliebten Higashiyama-Gebiet und dem Zentrum Kyōtos. Leichtes Frühstück wird jeden Morgen kostenlos in der Lounge serviert. Münzwaschmaschinen und -trockner. Ein automatisches, mit LCD-Display und Sprachführung ausgestattetes Gepäckaufbewahrungssystem bietet ein hohes Maß an Sicherheit. Die farbenfrohen Zimmer haben eigene Dusche, AC und Satelliten-TV. Neue Konzepte zur Nachhaltigkeit werden ansatzweise umgesetzt: Zimmerreinigung nur 1x in 3 Tagen, wer den Service tgl. braucht, muss 2200 ¥ berappen. Es stehen nur DZ in kleinen, aber gut konzipierten Räumen zur Verfügung. Zu Fuß 2 Min. von Kiyomizu-gojō der Keihan-Linie oder 7 Min. vom Bahnhof Gojō der Karasuma-U-Bahn-Linie. ❶–❷

**K's House Kyōto**, Shimogyō-ku, Dotemachi-dōri, Shichijō-agaru, Nayachō 418, www.kshouse.jp. Komfortable „Qualitätsherberge" (Eigenwerbung!) für preisbewusste Backpacker. Etwas abseits der Touristenzone gelegen, mit äußerst freundlichem und hilfsbereitem Personal, großer und heller Gemeinschaftsraum mit jeder Menge Sofas, Sonnenterrasse, Kaffee und Tee kostenlos, Waschmaschine, Fahrräder 200 ¥/Std. oder 1000 ¥/Tag. Gemischte Dorms mit 4, 6, 8 Betten (4000–4500 ¥ p. P.), auch DZ, teils mit Bad, und japanische Zimmer für 2–4 Pers. Nahe Kamo-Fluss, in Spaziernähe zum Tempel Higashi-Hongan-ji. Vom JR-Bahnhof Kyōto 10 Min. zu Fuß, vom Bahnhof Shichijō der Keihan-Linie 5 Min. zu Fuß. ❷

**The One Five**, Shimogyō-ku, Shijō-Horikawa Nishi-iru. https://onefivehotels.co.jp/hotels/theonefivekyotoshijo. Ruhiges Businesshotel mit modernen Zimmern. Kostenloser Kaffee. Gute Lage und ebenso gutes Preis-Leistungs-Verhältnis. Vom JR-Bahnhof Kyōto Stadtbus 9 bis Shijō-Horikawa. ❶

**Tsukiya**, Shimogyō-ku, Ebisu-chō 139-1, www.tsukiya-kyoto.com. Pension in einem alten, aber geschmackvoll renovierten Kyōto-Stadthaus *(machiya)*. Eine gute Gelegenheit, eine traditionelle Unterkunft und japanische Gastfreundschaft zu erleben. Klein, fein, für Kyōto nicht überteuert, Zimmer mit AC, Gemeinschaftsbad, mit altem Mobiliar und schöner Deko. Das typisch japanische, vegetarische Frühstück (500 ¥) unbedingt mitbuchen! Vom JR-Bahnhof Kyōto 12 Min. zu Fuß auf Shinmachi-Straße Richtung Norden oder Karasuma- U-Bahn-Linie bis Gojō, Ausgang Nr. 6. ❶–❷

**Urban Hotel Kyōto Gojō Premium**, Shimogyō-ku, Koizumi-chō 87, https://uh-urban.com/gojo. Eins von insgesamt vier Urban-Hotels in Kyōto, mit günstiger Lage und teilweise sehr günstigen Konditionen auf Budgetniveau, jedoch extreme Preisschwankungen. Die Nachhaltigkeitsinitiativen des Urban Hotels werden mittlerweile durch relativ große Investitionen und Anstrengungen umgesetzt – Verzicht auf Einwegplastik, Angebot vegetarischer Speisen, Information der Gäste über das lokale Ökosystem. Die Zimmer sind geräumig, sauber und klimatisiert, es gibt eine Gemeinschaftslounge, ein Café/Bar und ein bei Gästen beliebtes Spa mit Sauna und Fitnessraum mit Ausblick über die Stadt (9F). Gutes Frühstück für 2200 ¥. U-Bahn Karasuma-Linie bis Gojō, Ausgang Nr. 2, 10 Min. zu Fuß oder Stadtbus 9 oder 28 bis Horikawa-Gojō, 2 Min zu Fuß. ❶–❸

### Mittlere Preisklasse

**Daiwa Roynet Hotel Shijō-Karasuma**, Shimogyō-ku, Karasuma-dōri, Bukkoji-sagaru. www.daiwaroynet.jp/en/kyoto-shijo. Hotel in günstiger Lage (viele Konbini, Restaurants und 10 Min. bis zum Nishiki-Markt), stimmungsvolle Lobby, professionelles Personal und saubere, funktionale Zimmer – Fenster lassen sich öffnen, was bei neuen Hotels nicht mehr selbstverständlich ist. DZ, Twin, Standard bis Deluxe. Gutes Frühstücksbuffet für 2000 ¥. Früh buchen, da im Frühling/Herbst bereits Monate vorher ausgebucht! U-Bahn Karasuma-Linie bis Shijō, Ausgang 5, südlich nur einen Block zu Fuß. ❷–❹

**Super Hotel Kyōto Shijōkawaramachi**, Nakagyō-ku, Shinkyōgoku-dōri, Shijō-agaru. 💻 www.superhotel.co.jp. Lobby im 3. Stock. Aus europäischer Sicht typisch kleine Super-Hotel-Zimmer mit Mini-Badezimmer, aber perfekte Lage im Herzen von Kyōto, mit gemeinschaftlichem Thermalbad (Onsen) und japanischem Frühstück. Freie Auswahl der Kopfkissen, kostenlose Waschmaschine und Trockner und kostenlose (!) alkoholische Getränke von 18–20 Uhr. Vom Hauptbahnhof mit U-Bahn (Karasuma-Linie) bis Karasuma-Shijō, dann ca. 10 Min. laufen, oder von Hankyū-Kawaramachi, Ausgang 3, ein paar Min. oder vom Keihan-Bahnhof Gion-Shijō gut 5 Min. zu Fuß. ❷–❹

**Vessel Hotel Campana Kyōto Gojō**, Shimogyō-ku, Gojō-dōri. 💻 www.vessel-hotel.jp. Nichtraucher-Hotel mit öffentlichem Bad und Sauna. Freundliches und in der Regel englischsprechendes Personal. Auch größere Zimmer für Rollstuhlfahrer. Bei einigen Zimmern ist wegen des Nachbargebäudes die Außenlandschaft nicht zu sehen. Frühstücksbuffet für 1800 ¥ mit breiter Auswahl. Freie Softdrinks, Kaffee, Tee während des gesamten Aufenthalts. Auf der gegenüberliegenden Seite der Gojō-dōri Restaurants zu erschwinglichen Studentenpreisen. Vom JR-Bahnhof Kyōto mit U-Bahn (Karasuma-Linie) bis Karasuma-Gojō, Ausgang 4. ❷–❹

KANSAI

### Obere Preisklasse

**Cross Hotel Kyōto**, Nakagyō-ku, Kawaramachi-dōri, Sanjō-sagaru, 💻 www.crosshotel.com/kyoto. Modernes, geschmackvoll gestaltetes Hotel im Herzen von Kyōto – zentralere Lage kaum möglich – zwischen dem Kamogawa, Pontochō und der Hauptstraße Kawaramachi. Lockeres Ein- und Auschecken durch erfahrenes Team in einer clever konstruierten freien Lobby, mit gemütlichen Sitzgelegenheiten und kostenlosem Kaffee. Das Hotel wurde mit einem „Sustainable Travel Badge" als einer der Beherbergungsbetriebe ausgezeichnet, die umwelt-, kultur- und kommunalfreundliche Initiativen fördern. Wohl durchdachtes und gesundes Frühstücksbuffet mit großer Auswahl (3300 ¥). Schwindelerregende Preisunterschiede bei den Zimmern entsprechend der Saison! Von JR-Bahnhof Kyōto Stadtbus 4, 5, 17 und 205 bis Kawaramachi-Sanjō, U-Bahn (Karasuma-Linie) bis Karasuma-Oike, umsteigen in Tōzai-Linie bis Kyōto-Shiyakusho-mae, Ausgang 2, 5 Min. zu Fuß. ❸–❻

## Ost-Kyōto

Karte S. 391

### Untere Preisklasse

€ **Gojō Guest House**, Higashiyama-ku, Gojōbashi-higashi 3-396-2, 💻 www.gojo-guest-house.com. Gästehaus in traditionellem Holzhaus und günstiger Lage, das 2023 sein 20-jähriges Bestehen feierte. Café im Erdgeschoss, manchmal mit Ausstellung oder kleinem Musikabend. Lockere, freundliche und familiäre Atmosphäre. Dorm ab 2500 ¥ p. P., DZ oder 3-Bett-Zimmer. Vom Hauptbahnhof zu Fuß in ca. 25 Min. oder eine Station mit U-Bahnlinie Karasuma bis Gojō-dōri oder Stadtbus 100, 206 vom Hauptbahnhof bis Gojō-zaka. ❶–❷

**RAK Kiyomizu**, Higashiyama-ku, Rokuro-chō 110-1, 💻 https://rak-kyoto-hostel.com. Das RAK ist ein ehemaliges Wohnheim in Rokuhara, einer Gegend mit ruhiger und entspannter Atmosphäre. Das Gebäude verfügt über einen Gemeinschaftsraum, ansonsten ist jedes Zimmer privat. Blitzsauber und gutes Preis-Leistungs-Verhältnis. DZ, aber nur für eine Person (!), 5000 ¥, mit Gemeinschaftsbad, aber keine Küche, keine Waschmaschine. Leihräder verfügbar. Vom Hauptbahnhof mit Stadtbus 100 oder 206 bis Kiyomizu-michi. ❷

**Tsukito Guest House**, **Waraku-An Annex** (siehe unten), Sakyō-ku, Shōgoin, Sannō-chō 19-2, authentisches und gemütliches, 100 Jahre altes Gästehaus in einem schönen alten Stadthaus *(machiya)* mit Lounge, Garten und Terrasse sowie Gemeinschaftsbad mit Whirlpool. Warme Lichteffekte, das schöne antiquarische Mobiliar und die freundliche Besitzerin sorgen für eine einladende Atmosphäre. Erste Schritte zur Nachhaltigkeit:

## Übernachtung im Tempel

Obwohl Kyōto jede Menge Unterkünfte bietet, birgt eine Nacht in einem Tempel (*shukubō* = „Priesterunterkunft“) eine ganz besondere Erfahrung (s. auch S. 93). Die heiligen Stätten sind sehr darauf bedacht, dass die Gäste während des Aufenthalts die Regeln des Tempels befolgen. In einigen Tempeln steht es Besuchern frei, der morgendlichen buddhistischen Zeremonie beizuwohnen oder mit Meditationsübungen und Sutra-Lesungen aktiv daran teilzunehmen. Hier eine Liste einiger Tempel, die auch Unterkünfte für Touristen – meist in separaten Gebäuden auf dem Tempelgelände – anbieten:

**Chishaku-in-kaikan**, Higashiyama-ku, Higashiōji Shichijō-sagaru, Higashikawara-chō 964, Karte S. 384, 💻 www.chisan.or.jp. Kommunikation nur auf Japanisch! Die Hektik der Welt hinter sich lassen und etwas Außergewöhnliches erleben, wie die Teilnahme an der Morgenandacht, die seit 400 Jahren unverändert geblieben ist, oder einen von den Mönchen geführten Spaziergang durch den malerischen Garten und die mit Wandmalereien verzierten Hallen, die als Nationalschatz gelten. Übernachtung mit oder ohne Frühstück, mit Gemeinschaftsbad, für alle Teilnahme an der Morgenandacht und den Spaziergängen. EZ ab 7150 ¥ p. P. (nur Übernachtung). Preise zimmer- und saisonabhängig. Vom JR-Bahnhof Kyōto mit Stadtbus 86, 88, 100, 106, 206, 208 bis Higashiyama-Shichijō.

**Hanazono-kaikan/Myōshin-ji**, Ukyō-ku, Hanazono-kitsuji-kitamachi 1-5, Karte S. 397, 💻 www.hanazonokaikan.com. Moderne Tempelunterkunft des Myōshin-ji. Großes gemeinsames Bad, vegetarisches Frühstück und Abendessen mit traditionellen Zutaten der Stadt Kyōto. Engagement für nachhaltige Entwicklungsziele: kein Plastik, Toilettenartikel aus Weizengrasabfällen, Verpackungen aus Kraftpapier mit weniger Kunststoff und Druckfarben. Westliche EZ, DZ und japanische Zimmer für 1–4 Pers. Der Tempel bietet auch ein eintägiges Zen-Tempel-Retreat-Programm in englischer Sprache an (19 800 ¥) mit VP (Mittagessen, Zen-Meditation und Teezeremonie im Tempel). Vom JR-Bahnhof Kyōto mit San'in-Linie bis Hanazono. ❸

**Hongan-ji/Monbō-kaikan**, Shimogyō-ku, Horikawa-dōri Hanayachō-agaru, Karte S. 384, 💻 www.monbou.jp. Übernachtung nicht im Tempel selbst, sondern im modernen Gebäude nebenan (japanische und westliche Zimmer). Morgenzeremonie im Nishi-Hongan-ji. Alleinreisende sind willkommen: Übernachtung ohne Frühstück ab 6600 ¥ p. P., Frühstücksbuffet 1380 ¥ und Kyōto-Cuisine-Abendessen 3000–6000 ¥. Vom Hauptbahnhof 20 Min. zu Fuß oder Stadtbus 9, 28 oder 75 bis Nishi-Honganji-mae, dann 5 Min. Fußweg.

**Jōrenge-in**, Sakyō-ku, Ōhara, Raigoin-chō 407, Karte S. 380/381, ✆ 075-744-2408. Schöner Tempel in der Natur. Relativ weit vom Zentrum entfernt im Nordosten. Teilnahme an Morgenzeremonie, Zazen oder Sutren-Schreiben (1000 ¥) möglich. Ab 8000 ¥ p. P. mit HP. Vom Hauptbahnhof mit Kyōto-Bus 17 oder 18 (1 Std. bis Ōhara, dann 10 Min. zu Fuß) oder vom Hauptbahnhof mit Karasuma-U-Bahn 25 Min. bis Kokusai-kaikan, umsteigen in Kyōto-Bus 19, ca. 20 Min. bis Ōhara, dann 10 Min. zu Fuß.

Recycling-Tonnen, Verzicht auf Einwegplastik, Angebot von vegetarischen und veganen Speisen. Tatamizimmer für 2 und 3 Pers. Direkt neben dem Waraku-An Guest House. Vom Hauptbahnhof mit Stadtbus 206 (via Gion) bis Kumano-jinja-mae. ❷

**Waraku-An Guest House**, Sakyō-ku, Shōgoin, Sannō-chō 19-7, 💻 www.gh-project.com. Schönes, freundliches und gut erhaltenes Gästehaus im traditionell japanischen Stil mit netter und hilfsbereiter Verwalterin. Erste Schritte zur Nachhaltigkeit, siehe Tsukito. Alle Zimmer im japanischen Stil: Dorm (2750 ¥ p. P.), DZ (mit Futon), EZ, auch großes Zimmer für bis zu 4 Pers. Vom Hauptbahnhof mit Stadtbus 206 (via Gion) bis Kumano-jinja-mae. ❶

### Mittlere Preisklasse

**Sakanoue Kyōto-Style Inn**, Higashiyama-ku, Gion-Shimogawara, Washi-chō 502, 💻 www.saka-hotel.com. Für seine Kochkünste geschätztes Ryokan in schöner Gegend. Japanische Zimmer mit Garten. Übernachtung mit HP (saisonabhängige Preise). Vom Hauptbahnhof mit Stadtbus 206 in 25 Min. in Richtung Gion bis Higashiyama-yasui, dann 5 Min. zu Fuß. Vom Bahnhof Hankyū-Kawaramachi oder Keihan-Shijō Richtung Yasaka-Schrein etwa 20 Min. zu Fuß. Taxi vom Bahnhof Kyōto in 10 Min. ❷–❹

**Obere Preisklasse**

**Santouan Guest House**, Higashiyama-ku, Seikanji-ryōzan-chō 19, 💻 www.santouan.com. Kleines, ruhiges Gästehaus, sehr harmonische, japanisch-moderne Atmosphäre. Café und Bar im Haus. Schöner Rundblick vom Frühstücksraum. Vom Hauptbahnhof mit Stadtbus 206 bis Kiyomizu-michi und ca. 15 Min. zu Fuß oder vom Hauptbahnhof mit Taxi 12 Min. ❺

KANSAI

## Nordwest-Kyōto

Karte S. 397

€ **Guesthouse Kioto**, Kamigyō-ku, Mizomae-chō 100, 💻 www.kioto-kyoto.com. Ein etwa 100 Jahre altes, nostalgisches Stadthaus (machiya), das gegenwärtig von einem jungen Pärchen sehr akribisch gepflegt und betrieben wird. Mit großem Gemeinschaftsraum und privat anmutender Lobby – auch für die Gäste des Tonari (s. u.). Dorm ab 3000 ¥ p. P. für max 4 P., Privatzimmer im japanischen Stil für 2–3 Pers. ❶

**Tonari**, 💻 www.kioto-kyoto.com, gleiches Vordach im Eingangsbereich wie Kioto. Im Vergleich zum Nachbarn Kioto nur Privatzimmer im japanischen Stil, 2–3 P. ab 4200 ¥ p. P., Gemeinschaftsbad mit Duschräumen. Beide Gästehäuser sind sauber und bieten viel Altes und Neues aus Kyōto, irgendwie schöne Orte zum Verweilen. Vom JR-Bahnhof Kyōto mit Stadtbus 6 oder 206 bis Senbon-Imadegawa. ❶–❷

**Utano Youth Hostel**, Ukyō-ku, Uzumasa Nakayama-chō 29, 💻 www.yh-kyoto.or.jp/utano. Die aus Zypressenholz erbaute Jugendherberge am nordwestlichen Rand von Kyōto mutet an wie ein internationales Kurhaus. Der Ort, eine wahre Wohlfühloase, strahlt positive Energie und Gemütlichkeit aus. Küche, Gemeinschaftsbad, Liegewiese, Hängematten, Tennis- und Grillplatz etc. vorhanden. Dorms und Twins. Herbergsgäste ab 19 J. 3450 ¥, unter 19 J. 2930 ¥, Abendessen 1250 ¥, Frühstück 750 ¥. Sehr ruhige Lage. Saga und Arashiyama, der Goldene Pavillon und der Ryōan-ji sind einfach zu erreichen. Vom Hauptbahnhof mit Stadtbus 26 (45 Min.) bis Youth-Hostel-mae. ❶–❷

## West-Kyōto – Arashiyama und Sagano

Karte S. 399

€ **Guest House Atagoya**, Ukyō-ku, Kurumamichi-chō, Sagatenryuji 4-27, 💻 www.guest-house-atagoya-hotels-in-kyoto.com/en. Kleine Pension inmitten des historischen Viertels von Arashiyama. DZ mit Futon auf Tatami-Matte. Gemeinschaftliche Küche und Bad. Nur 10 Gehminuten zu den wichtigsten Sehenswürdigkeiten – Togetsu-Brücke, Sagano-Viertel, Tenryū-ji. Vom JR-Bahnhof Saga-Arashiyama 3 Min. zu Fuß. ❷

**Ranzan Hotel**, Ukyō-ku, Susukinobaba-chō, Sagatenryūji 33, 💻 www.kyoto-ranzan.jp/english/e_top.html. Komfortables und gemütliches Gasthaus. EZ und Twins mit Frühstück. Unterschiedliche Saison-Preise. Nahe Togetsu-Brücke. Schöner Ort für Spaziergänge. Vom Hauptbahnhof mit JR-Sagano-Linie bis Saga-Arashiyama, 15 Min. zu Fuß. Viel teurer am Wochenende. ❸–❹

# ESSEN

## Zentrum

Karte S. 384

**Cafe Planet**, Kamigyō-ku, Kawaramachi, Imadegawa-higashi-iru. Vegane und glutenfreie Gerichte für die Gäste – und deren Hunde – in einem ehemaligen Bankgebäude direkt am Kamogawa, mit Terrasse und Blick auf die Higashiyama-Berge. Mittags (11–15 Uhr) Reisbrötchen-Burger, Pasta oder Mini-Biosalat, Biokaffee und -tee. 5 Min. vom Keihan-Bahnhof Demachiyanagi, westlich der Brücke Kamo-Ōhashi. 🕒 Do–Di 9–18 Uhr.

**Ganko Takasegawa Nijō-en**, Nakagyō-ku, Kiyamachi-dōri, Nijō-sagaru, 💻 www.gankofood.co.jp/en. Gut essen in japanischer Atmosphäre. Vor der Kulisse eines

Modelle im Schaufenster erleichtern im Restaurant die Menü-Wahl.

eleganten Gartens servieren Frauen im Kimono die verschiedensten japanischen Gerichte (Tempura, Sushi, Kaiseki usw.). Gäste, die der Sprache nicht mächtig sind, können anhand von Bildern bestellen. Kyōto Cuisine 3000 ¥ bis über 10 000 ¥. Mittagsmenü 2500 ¥. U-Bahn (Tōzai-Linie) bis Kyōto-Shiyakusho-mae, Ausgang 2. ⌚ tgl. 11–21.30 Uhr.

**Gyōza Ōshō**, an der Karasuma-Oike. Zwischenzeitlich gibt es innerhalb der Kette der chinesischen Ōshō-Läden (s. Ōshō, Kiyamachi-dōri) auch diesen eleganten Gyōza Ōshō. ⌚ tgl. 10.30–22.30 Uhr.

**Omura House**, Sakyō-ku, Tanaka, Sekiden-chō 22-75, 💻 www.omurahouse.com/menu.html. Kleines Omelett-Reis-Restaurant mit den unterschiedlichsten Formen von Omelett und Reis im Verbund mit aromatischen Soßen zum noch köchelnden Ei. Zur Mittagszeit ist das Restaurant schnell überlaufen. Alle Speisen auch zum Mitnehmen. 8 Min. zu Fuß vom Keihan-Bahnhof Demachiyanagi Richtung Kyōto Universität, nicht zu übersehen. ⌚ Di–So 11–14.30 und 17–20 Uhr.

**Shinshindō**, Sakyō-ku, Kitashirakawa, Oiwake-chō 88. Akademiker-Café mit Bäckerei. Seit 1930 sitzen hier, oft über Stunden, an großen dunklen Holztischen in Bücher vertiefte Studenten oder grübelnde Professoren aus der benachbarten Kyōdai (Kyoto Universität). Auch andere Gäste sind willkommen und genießen die nostalgische Szenerie. An der großen Imadegawa, gegenüber liegt der Nordeingang zur Universität. ⌚ Mi–Mo 8–18 Uhr.

🌳 **VegOut**, Shimogyō-ku, Inari-chō 448, Nordwestseite der Shichijō-Brücke, 💻 www.vegout.jp. Veganes Restaurant mit lokalem Gemüse, gemütlich am Kamo-Fluss gelegen. ⌚ tgl. Frühstück 9–11, Mittag 11.30–15, Tee-/Kaffeezeit 15–18 Uhr. Vom Hauptbahnhof Kyōto ca. 10 Min. zu Fuß bis zur Shichijō-Brücke.

### Shijō-Karasuma-Kawaramachi

Karte S. 386

🌳 **Ain Soph Journey Kyōto**, Nakagyō-ku, Shinkyōgoku-dōri, Shijō-agaru, 💻 https://en.ain-soph.jp/journey-kyoto. Veganes Café im westlichen Stil, nahe dem überlaufenen Nishiki-Markt, mit entspannter Atmosphäre. Spezialisiert auf Burger, Curry, Omelett sowie Desserts mit großer Auswahl an veganen Eissorten und Süßigkeiten. Voll im Trend liegt der fluffige

## Essen unter Studenten

**Kyōto Universität Zentral-Mensa/Chūō Cafeteria**, Sakyō-ku, Yoshida-honmachi. Preiswert essen mit Studenten in der Mensa Chūō-Shokudō („Zentral-Restaurant"). Man wählt die Gerichte von Steckbriefen oder an der Theke selbst aus. Vom südlichen Haupttor der Uni etwa 50 m auf der nordöstlich verlaufenden Straße, im Untergeschoss des Gebäudes Nr. 59. ◷ Mo–Fr 8–20 Uhr. Zudem gibt es ein Café-Restaurant namens **Camphora**, ◷ Mo–Fr 11–14 Uhr, Sa, So, feiertags geschlossen. Vom südlichen Haupttor aus direkt nach links, hinter dem Informationszentrum. Während der Semesterferien eingeschränkte Öffnungszeiten.

Pfannkuchen mit Schlagsahne und Früchten – die vegane Version war bisher schwierig zu finden. ◷ tgl. 11.30–17 und 18–20 Uhr, manchmal nur Mittagstisch 10–16 Uhr. Nahe dem Osteingang zum Nishiki-Markt.

**Bikkuri-Donkey**, Nakagyō-ku, Kawaramachi, Sanjō-higashi-iru, Minamigawa. Landesweite Hamburger-Restaurantkette mit auffällig schräger Deko, innen wie außen. Saftige und preiswerte Hamburger-Kreationen für 800–1200 ¥. Speisekarte mit Fotos. Ein paar Schritte westlich von der Ecke Kawaramachi-Sanjō. ◷ tgl. 8–23 Uhr, Frühstück 8–11, Lunch 10–17 Uhr.

**Ichiran Rāmen Restaurant**, Nakagyō-ku, Takoyakushi-dōri, Shinkyōgoku-higashi-iru. Beliebte landesweite Rāmen-Restaurantkette mit strengem Hygienemanagement! Originale Rāmen-Nudeln in natürlicher Schweineknochen-Suppe für 930 ¥. Essensbons gibt es am Automaten vor dem Eingang. Erstbesuchern wird mit einem 4-Min.-Video (englische Untertitel) das System von Ichiran Rāmen erklärt: 💻 https://en.ichiran.com/shop/kinki/kyoto-kawaramachi. ◷ Mo–Do 9–23 Uhr, Fr und Tag vor Feiertag bis 24, So und feiertags bis 22 Uhr. Von der Station Hankyū Kawaramachi Ausgang 9.

🌳 **Kamo**, Shimogyō-ku, Higashinotōin-dōri, Ayanokōji-sagaru. Das Angebot besteht fast nur aus Speisen mit Bio-Gemüse von Bauernhöfen der Präfektur Kyōto. Essensticket aus dem Automaten. Buffet-Stil: leichtes Frühstück mit Softdrinks 8–10 Uhr (Eintritt bis 9, Bestellung bis 9.15, Ausgabe der nummerierten Tickets ab 7 Uhr) 550 ¥, Mittagessen 10.30–16 Uhr 1150 ¥ (Mo–Fr) bzw. 1230 ¥ (Sa, So, feiertags), max. Aufenthalt 60 Min., abends 17–22 Uhr 1530 ¥ (Mo–Fr) bzw. 1650 ¥ (Sa, So, feiertags), max. Aufenthalt 80 Min. Flatrate-Softdrink 380 ¥, Alkohol und Softdrink 1180 ¥. Vom U-Bahnhof Shijō-Karasuma Ausgang 3.

**Katsukura**, Nakagyō-ku, Sanjō-dōri, Teramachi-higashi-iru. 💻 www.katsukura.jp. Gutes und nicht teures *tonkatsu*-Restaurant mit einigen Niederlassungen in Kyōto. Spezialität: Schweineschnitzel, mit gesundem Ausbacköl zubereitet (ohne Cholesterin). Gewicht des Fleischs nach Wahl: 80, 120, 160 g. ◷ tgl. 11–21 Uhr. Von der Kreuzung Kawaramachi/Sanjō ca. 50 m westlich auf der Sanjō-dōri (Arkade), rechte Seite (enger Pfad mit Trittsteinen zum hinteren Eingang).

**Mishima-tei**, Nakagyō-ku, Teramachi, Sanjō-sagaru, 💻 www.mishima-tei.co.jp. Edles Sukiyaki-Restaurant in einem schönen, alten japanischen Holzhaus inmitten von Kyōto. *Sukiyaki*, in Öl gebratene Speisen, und *shabu-shabu*-Gerichte 14 000–19 000 ¥. Reservierung notwendig. Wenige Schritte südlich der Ecke Sanjō-Teramachi – hinter dem Metzgerei-Schaufenster. ◷ Do–Di 11–21 Uhr.

€ **Ōshō** (Sanjō-ten), Nakagyō-ku, Kiyamachi-dōri, Sanjō-sagaru, 💻 www.ohsho.co.jp/english/menu/west. Seit Jahren expandierende, landesweite China-Fastfood-Kette. 1967 eröffnete das erste Restaurant in Kyōto, zwischenzeitlich Restaurants in ganz Westjapan. Beliebt für schnellen und einfachen Service und vor allem die leckeren Gyōza. Speisekarte mit Fotos und einfachem Englisch. Von Kiyamachi-Sanjō südlich die 1. kleine Straße nach Westen. ◷ tgl. 11–22.30 Uhr.

**Sō-Honke Nishin-Soba Matsuba**, Higashiyama-ku, Shijō-Ōhashi-higashi-iru. Bei Japanern sehr beliebtes altes Restaurant. Es gibt Kyōto-Spezialitäten, z. B. *nishin-soba* (Hering-Buchweizennudeln) oder *ten-seiro* (kalte Soba mit Tenpura). Von der Brücke Shijō-Ōhashi

KANSAI

Richtung Osten, neben dem Minamiza-Theater. 🕒 Do–Di 10.30–21 Uhr.

**Sushi no Musashi**, Nakagyō-ku, Kawaramachi-Sanjō-agaru. Bei ausländischen Gästen immer beliebter werdendes Fließband-Sushi-Lokal mitten im Zentrum (weitere Filiale in der Asty-Road im Hauptbahnhof am Eingang Hachijō/Shinkansen-Seite). Sushi-Teller für ab 146 ¥. Man kann den Meistern zuschauen und Wünsche äußern. 🕒 tgl. 11–21 Uhr.

**Warai** (Nishiki-honten), Nakagyō-ku, Nishiki-kōji, Takakura-nishi-iru. Beliebtes, von jungen Leuten geführtes Okonomiyaki-Restaurant. Hier versucht man, etwas von traditionellen Geschmacksrichtungen abzurücken, und kreiert modernere Kombinationen. Nördlich vom Daimaru-Kaufhaus, am Westeingang zum Nishiki-Markt. 🕒 tgl. 11.30–22 Uhr.

**Yak & Yeti**, Nakagyō-ku, Gokomachi-dōri, Nishikikōji-sagaru. Nepalesische Curry- und indische Tandoori-Gerichte zu akzeptablen Preisen. Take-out und Restaurant, Mittagsmenü 770–1500 ¥. Viele junge Gäste. 🕒 tgl. 11.30–14.30 und 17–22 Uhr.

### Cafés im Zentrum

Man zahlt hier für eine Tasse Kaffee schon mal bis zu 600 ¥, dafür können sich die Gäste aber stundenlang in meist sehr gemütlicher Atmosphäre im Café aufhalten.

Die Gassen **Yanagi-kōji** und **Kayū-kōji** wurden in den letzten Jahren zu einem beliebten Ort mit nostalgischem Kyōto-Flair herausgeputzt, mit kleinen Restaurants, Cafés und Boutiquen (siehe Karte „Shijō-Karasuma-Kawaramachi").

**Café Indépendants**, Nakagyō-ku, 1928 Biru B1, www.cafe-independants.com. Gemütliches Café im dunklen Kellergewölbe eines 1928 erbauten ehemaligen Zeitungsverlags, manchmal Livemusik am Abend. Gute Atmosphäre mit Kaffee, Kuchen und anderen Kleinigkeiten. 🕒 tgl. 12–23 Uhr.

**Inoda Coffee Honten**, Nakagyō-ku, Sakaimachi-dōri, Sanjō-sagaru, Doyū-chō 140. Beliebtes Kyōto-Café seit 1940. Sehr „kultivierte" Atmosphäre für Nostalgiker und wahre Kaffeegenießer. Guter Treffpunkt mit interessantem Garten für Ruhe suchende Menschen. Frisch gerösteter Kaffee ab 690 ¥. Morgenmenü (7–11 Uhr). 🕒 tgl. 7–18 Uhr.

**Maeda Coffee**, Nakagyō-ku, Muromachi-dōri, Takoyakushi-sagaru, Yamabushiyama-chō 546-2. Auch Maeda ist ein stilvolles Kyōto-Café mit ein paar Niederlassungen. Hier im atmosphärischen Kyōto Art Center, eine ehemalige Grundschule, gibt es Kaffee, Sandwiches und Pasta. Von Shijō-Karasuma 5 Min. zu Fuß. 🕒 tgl. 10–20 Uhr.

**Sarasa Fuyachō**, Nakagyō-ku, Fuyachō-dōri, Sanjō-agaru. Zweistöckiges Gebäude im *machiya*-Stil mit großer grüner Eingangstür. Im Inneren führt eine Holztreppe in den oberen Teil des gemütlichen Cafés. 🕒 Do–Di 12–19 Uhr.

**Sarasa Kayūkōji**, Nakagyō-ku, Shinkyōgoku-Shijō-agaru. Von außen sind die gemütlichen Sofas in entspannter Atmosphäre nicht erkennbar. Tgl. wechselndes Mittagsmenü (12–15 Uhr) für unter 1000 ¥, fantasievolle Kleinigkeiten wie Thunfisch-Avocado-Frischkäse-Sandwich, asiatische Gerichte um 800 ¥. Die Straße Shinkyōgoku von der Shijō aus ein paar Meter gen Norden gehen, erste ziemlich enge Gasse (Kayū-kōji) nach rechts. Eingang nach 20 m. 🕒 tgl. 12–22 Uhr (*last order* 20 Uhr!).

### Ost-Kyōto – Higashiyama

Karte S. 391

**Mimikō**, Higashiyama-ku, Gionmachi-minamigawa 528-6. Kleines Restaurant, besonders beliebt für Curry-Udon mit unterschiedlichen Beilagen. Fast alle Gerichte unter 1000 ¥. Nur im Sommer auch kalte Hiyashi-Curry-Udon im Angebot. Südöstliche Ecke des Yasaka-Schreins. 🕒 Mo–Fr 11.30–16, Sa, So, feiertags 11.30–15 und 17–19 Uhr.

**Okutan**, Sakyō-ku, Nanzen-ji, Fukuchi-chō 86-30. Sehr berühmtes Restaurant, in dem man seit 370 Jahren in direkter Nachbarschaft zur Tempelanlage des Nanzen-ji gut essen kann. Für etwa 3000–4000 ¥ erhalten die Gäste den besten Tōfu der Stadt, so behauptet man. Umgeben von einem schönen Garten. Nordwestlich des Haupttors des Nanzen-ji. 🕒 Fr–Mi 11–15 Uhr.

**Yubasen**, Higashiyama-ku, Gōjōbashi-higashi, 6-chōme 583-113. Restaurant mit der Kyōto-

Spezialität *yuba* (Haut, die sich beim Kochen von Sojabohnenmilch, bei der Herstellung von Tōfu, bildet). Warme oder kalte *yuba* mit Soße (800–1000 ¥) oder als *o-zen* (Gestell oder Tablett für eine Person, 2420 ¥). Von der Kreuzung Higashiyama-Gojō die Gojō-zaka hoch Richtung Kiyomizu-Tempel, rechte Seite. ⌚ tgl. 11–15 Uhr.

### West-Kyōto – Arashiyama und Sagano

Karte S. 399

Die Gegend in Arashiyama und Sagano ist für die *yudōfu*-Küche berühmt. *Yudōfu* ist erhitzter Tōfu in Algen-Dashi-Brühe, der mit Sojasauce und unterschiedlichen Zutaten serviert wird.

**Akamanma**, Ukyō-ku, Saga-Tenryū-ji, Setogawa-chō 26. Café-Restaurant aus den 1970er-Jahren. Guter Ort für eine Pause. Mittagsmenü, Curry-Gerichte, original oder vegetarisch, Pasta- oder Pizza-Zutaten aus Kyōtoer Produktion. Kostenpunkt 1000–1400 ¥. Englische Speisekarte vorhanden. Südwestlich vom JR-Bahnhof Saga-Arashiyama, 10 Min. zu Fuß auf der Hauptstraße, gegenüber dem Spieldosenmuseum. ⌚ tgl.11–17.30 Uhr.

**Arashiyama Yoshimura**, Ukyō-ku, Saga-Tenryū-ji, Susukinobaba-chō 3. Großes traditionelles Haus mit Soba-Restaurant in Arashiyama mit Aussicht auf den Katsura-Fluss. Verschiedene Soba-Gerichte ab 1030 ¥. Vom JR-Bahnhof Saga-Arashiyama nach Südwesten zur Togetsu-Brücke. ⌚ tgl. in der Touristensaison 10.30–17 Uhr, sonst 11–17 Uhr.

**Shōrai-an**, Ukyō-ku, Saga-kameno-o-chō, Reservierung ✆ 075-861-0123, 💻 www.shoraian.com. Ein Erlebnis der besonderen Art: Äußerst geschmackvolle Tōfu-Gerichte aus Sagano, die in einem ruhigen, alten Arashiyama-Holzhaus genossen werden können. Gerichte (mittags ab 4200 ¥, abends ab 7000 ¥) müssen vorbestellt werden. ⌚ Mo–Do 11–17, Fr–So, feiertags 11–20 Uhr.

**Taishō Hanana**, Ukyō-ku, Saga-Tenryū-ji, Setogawa-chō 26-1. Auf Meerbrasse spezialisiertes Restaurant. Menüs für ab 2880 ¥: Meerbrasse-*chazuke* (mit Tee übergossene Schale Reis und Meerbrasse), gegrillte Meerbrasse mit Kyōto-Miso-Paste oder Kyōto-Gemüse-Meerbrasse-Pasta. Westlich vom JR-Bahnhof Saga-Arashiyama, südlich der Bahnlinie, 5 Min. zu Fuß. ⌚ tgl. 11–17 Uhr bzw. früher, wenn die Meerbrasse ausverkauft ist.

## UNTERHALTUNG

### Shijō-Karasuma-Kawaramachi

Karte S. 386

**Chikyū-ya**, Shimogyō-ku, Shijō-Kawaramachi-sagaru, Futasujime-higashi-iru, Shōtoku Bldg. 1F. Lockere und preiswerte *izakaya* im Holzhütten-Stil, die ihre beste (Cross-Culture-) Zeit in den 1980er-Jahren hatte, als beliebter Treffpunkt für lokale Musiker, Kulturschaffende und Studenten. Auch heute noch internationales Publikum. Zwei der drei Eigentümer sind zwischenzeitlich verstorben, *but the show goes on*. Als der Laden im April 2020 seine Pforten schloss, feierte man bereits ein halbes Jahr später, durch Initiativen seitens der Stammgäste, die Wiedereröffnung. ⌚ tgl. 17–24 Uhr.

**Hyaku** (Nishiki-ten), Nakagyō-ku, Nishikikōji, Takakura-nishi-iru. Stehkneipe mit Fassbier, vor einigen Jahren gab's das Glas noch für 100 ¥ (100 = *hyaku*), heutzutage plus 10 % Steuer, Krug für 330 ¥, sowie etwa zehn verschiedene Beilagen für je 110 ¥, die sich die Gäste (meist Büroangestellte nach Feierabend) selbst nehmen können. ⌚ Mo-Fr 15–22, Sa, So, feiertags 12–22 Uhr.

**Pig & Whistle**, Higashiyama-ku, Sanjō-Ōhashi-higashi-iru, Shōbi Bldg. 2F, 💻 www.pigandwhistle.org.uk. Seit den 1980er-Jahren bestehende britische Kneipe in Higashiyama-Sanjō. Livemusik, Wein, Whisky (auch den prämierten Yamazaki Single Malt!) und Fassbier: Guinness, Kilkenny, Ale und Ebisu – das Pint (0,6 l) für 1000 ¥, daneben können die Gäste Darts und Tischfußball spielen. Östlich vom Keihan-Bahnhof Sanjō. ⌚ tgl. 17–24 Uhr.

**Rub a Dub**, Nakagyō-ku, Kiyamachi-Sanjō-sagaru, Tsujita Bldg. B1. Älteste Reggae-Bar in Kyōto: Bier, Rum, Cocktail ab 500 ¥, Jamaika-Gerichte 500–600 ¥. Von Kiyamachi-Sanjō nach Süden, linke Seite auf der Kiyamachi, kleiner Eingang mit Treppe nach unten. ⌚ So–Do 19–2, Fr, Sa bis 4 oder 5 Uhr.

**Yoramu**, Nakagyō-ku, Nijō-dōri, 💻 www.sakebar-yoramu.com. Bar für japanischen

Reiswein von einem Englisch sprechenden israelischen Sake-Spezialisten. Modern-japanische und ruhige Räumlichkeit. Zum Sake gibt es leckere Kleinigkeiten, eben alles, was zum Getränk passt. Platz für ca. 11 Gäste. ⌚ nur Mi–Sa 18–24 Uhr.

### Ost-Kyōto – Higashiyama

**Zac Baran Old New**, Sakyō-ku, Shōgo-in, Sannō-chō 18, Metabo-Okazaki Bldg. B1F, 💻 www.secondhouse.co.jp/zacbaran/menu.html, Karte S. 391. Eine der alten, bis heute bestehenden Jazz-Kneipen in Kyōto. Es scheint, dass die Pächter oder Besitzer nie reich werden wollten, sondern sich damit begnügten, Spaß mit vielen Gleichgesinnten zu haben und ein paar Jazz-Livekonzerte im Jahr zu organisieren. ⌚ tgl. 18–24 Uhr.

## EINKAUFEN

Kyōto bietet eine große Auswahl an Shoppingadressen, darunter sowohl traditionelle als auch moderne Geschäfte. Die besten Orte, um Produkte der Stadt zu erwerben, sind Märkte und Einkaufsarkaden.

### Bücher

**Maruzen**, Nakagyō-ku, Kawaramachi-Sanjō-sagaru, BAL Bldg. B1 & B2F, Karte S. 386. Neues Gebäude, gutes Ambiente, Pflanzen- und Tee-Laden im Eingangsbereich. Rolltreppe zum Buchladen nach unten, im B2 viele englischsprachige Bücher. Café und Sitzgelegenheiten zum Schmökern. Saubere Toilette mit Jazz-Musik! ⌚ tgl. 11–20 Uhr.

### Elektronik

**Edion** (ehem. Kaufhaus Marui), Shimogyō-ku, Shijō-dōri-Kawaramachi, Karte S. 386. Eine der größeren Elektronikfirmen mit Restaurants im 7–8F, ⌚ tgl. 10–20 Uhr.

**Yodobashi Camera**, Shimogyō-ku, Karasuma-dōri, Shichijō-sagaru, Karte S. 384. Eine weitere große landesweite Einzelhandelskette, die neben Elektronikprodukten auch einen Food Court hat. Vom JR-Bahnhof Kyōto Karasuma-Ausgang, ein Stück nördlich des Kyōto Tower. ⌚ tgl. 9.30–22 Uhr.

### Kaufhäuser

In den Stockwerken B1–B2 der japanischen Kaufhäuser gibt es eine große Auswahl an

KANSAI

*Izakayas* erfreuen sich auch bei ausländischen Touristen großer Beliebtheit.

Feinkost, Backwaren, Bentō-Boxen, Süßigkeiten und vieles mehr – auch für die Region einzigartige Produkte. ⌚ tgl. 10–19 bzw. 20 Uhr.
**Fujii-Daimaru**, Shimogyō-ku, Teramachi-dōri-Shijō, Karte S. 386. Bereits 1895 an seinem heutigen Standort eröffnet.
**Daimaru**, Shimogyō-ku, Shijō-Takakura-dōri, Karte S. 386. Ursprung in einem 1717 in Kyōto eröffneten Kimono-Geschäft. Im Sommer mit Biergarten auf dem Dach.
**Isetan**, 1997 mit dem Neubau in den JR-Bahnhof Kyōto integriertes 11-stöckiges Kaufhaus mit jeder Menge Restaurants im 7.–11. Stockwerk und Aussichtsplattform auf dem Dach.
**Takashimaya**, Shijō-dōri-Kawaramachi, Karte S. 386. Beginn als Kimono-Geschäft im Jahr 1831. Hauptsächlich ausgerichtet für und beliebt bei Kunden im gehobenen Alter. Auch hier im Sommer ein Biergarten auf dem Dach.

### Kunsthandwerk

In der **Töpferei-Gegend** am Weg hoch zum Kiyomizu-Tempel finden sich viele Läden, die *Kiyomizu-yaki* („Kiyomizu-Tonware") anbieten. Wer nicht viel Zeit für die Suche nach Kunsthandwerk hat, findet im **Handicraft Center**, 💻 www.kyotohandicraftcenter.com, nördlich des Heian-Schreins (Karte S. 391), alles, was das Herz begehrt, und kann hier und da sogar bei der Herstellung zusehen. ⌚ tgl. 10–19 Uhr.

### Souvenirs und Märkte

Die beiden zwischen Sanjō- und Shijō-dōri parallel von Nord nach Süd verlaufenden Arkaden **Teramachi** und **Shin-kyōgoku** bieten jede Menge *Kyō-miyage* (Souvenirs aus Kyōto) an – und von hier aus ist der **Nishiki-Markt** (S. 387) mit seinem riesigen kulinarischen Angebot nicht weit (Schließung des Marktes ab 17 Uhr, je nach Geschäft).
**Flohmärkte**, wo alles von Ramsch bis zu Antiquitäten feilgeboten wird, finden jeweils am 21. des Monats auf dem Gelände des Tempels Tō-ji und am 25. des Monats um den Schrein Kitano-Tenmangū statt.
**Kyōto Heian Antikmarkt**, im Okazaki-Park vor dem roten Riesen-Torii des Heian-Schreins am 10. eines jeden Monats von 9–16 Uhr.

## SONSTIGES

### Fahrradverleih

**KCTP** (Kyōto Cycling Tour Project), Shimogyō-ku, Aburanokōji-dōri, Shiokōji-sagaru, Higashi-Aburanokōji-chō 552-13, 💻 www.kctp.net. Nähe Hauptbahnhof. Hier werden auch englischsprachig geführte Radtouren auf Mieträdern angeboten, Reservierung empfehlenswert. 3 Min. zu Fuß vom Hauptbahnhof, Ausgang Karasuma-guchi. ⌚ tgl. 9–18 Uhr.
**Rent a cycle EMUSICA**, Sakyō-ku, Tanaka, Kaminagi-chō 24, 💻 www.emusica-dmcy.com. Netter Laden nahe am Keihan- und Eizan-Bahnhof in Demachiyanagi. 1 Tag (bis 20 Uhr) ohne Gänge 800 ¥, bis 10 Uhr des Folgetags plus 300 ¥, 1 Woche 3500 ¥, langfristig Kaution 2000 ¥. Gepäcklager (nur am gleichen Tag 300 ¥). ⌚ tgl. 9–21.30 Uhr.
**Rental Bicycle Kyōto MIYABIYA**, Shimogyō-ku, Kamijuzuya-machi 323, 💻 www.k-miyabiya.jp. Auch hier ein Laden mit netten Leuten und unterschiedlichen Fahrradgrößen und -typen. Citybike ab 800 ¥/Tag, MTB, Cross, Road Bike 1800–2200 ¥. Gegenüber Tempel Higashi-Hongan-ji auf der Karasuma-dōri. Praktisch für Zugreisende, da nahe dem Bahnhof Kyōto. ⌚ tgl. 8.45–18 Uhr.

### Feste

Hier die wichtigsten und beliebtesten:
**Kemari-hajime**, 4. Jan: traditionelles Ballspiel des Kaiserhofs, Shimogamo-jinja
**Tōshiya / Ōmato-taikai**, am So, der dem 15. Jan am nächsten liegt: Bogenschießen, Sanjūsangen-dō
**Setsubun**, 2.–4. Feb: Frühlingsbeginn, bei verschiedenen Tempeln und Schreinen.
**Miyako-odori**, April: *Maiko*-Tänze im Gion Kōbu Kaburen-jō
**Mibu-Kyōgen**, 21.–29. April: traditionelles Possenspiel, Mibu-dera
**Yabusame**, 3. Mai: Reiterspiel, Shimogamo-jinja.
**Kurabe-uma**, 5. Mai: Pferderennen, Kamigamo-jinja
**Aoi Matsuri**, 15. Mai: Stockrosenfest, Shimogamo- und Kamigamo-jinja
**Mifune Matsuri**, 3. So im Mai: „Drei-Boote-Fest", Bootsprozession auf dem Ōigawa in

KANSAI

Arashiyama, erinnert an die Ausflugsfahrten des kaiserlichen Hofs
**Gion Matsuri**, 17. und 24. Juli: Parade, Yasaka-jinja und Innenstadt (S. 393)
**Jidai Matsuri**, 22. Okt: historischer Umzug vom Kaiserpalast zum Heian-Schrein, in dem die verschiedenen Epochen Japans vorgestellt werden
**Kurama-no-hi Matsuri**, 22. Okt: Feuerfest, Yuki-jinja in Kurama (S. 417)
**Arashiyama Momiji Matsuri**, 2. So im Nov: Herbstfest, Arashiyama

### Führungen

**WaRaiDo Guide Networks**, www.waraido.com/tours, bietet unterschiedliche englischsprachige Führungen durch Kyōto und Umgebung an, z. B. „Night Walk in Gion", 100-minütige Tour durch das Vergnügungsviertel mit detaillierten Erklärungen über das Leben einer Geisha, 1500 ¥ p. P. (1200 ¥ mit Reservierung).

### Geld

**Bank of Tōkyō-Mitsubishi UFJ**, Shijō, Ecke Karasuma, Südostecke, hat einen Schalter für „Foreign Currency". Mo–Fr 10–17 Uhr.
**Travelex TiS Kyōto**, Wechselstube im Hauptbahnhof, 2F, gegenüber Eingang IsetanKaufhaus, Nord-Süd-Durchgang, tgl. 9–17 Uhr.

### Informationen

**Greentour**, www.greentour-kyoto.net. Website für Wanderungen in und besonders um Kyōto, mit selbst erstelltem Kartenmaterial *Kyoto Trail Guide Maps – Maps for Hiking*.
**Hankyū Tourist Information Center**, Kyōto-Kawaramachi. Informationen über Kyōto. Treppe hinunter in den U-Bahnhof Hankyū-Kawaramachi. 8.30–17 Uhr.
**Kansai Tourist Information Center**, Kyōto Tower, 3F. 10–18 Uhr.
**Kyōto City International Foundation**, Sakyō-ku, Awataguchi, Torii-chō 2-1, 075-752-3010, www.kcif.or.jp/en. Infos aller Art, fremdsprachige Zeitungen und Magazine, Infoboards, Internet. Bushaltestelle Kyōto Kaikan Bijutsukan-mae oder U-Bahnhof Keage der Tōzai-Linie. Di–So 9–21 Uhr.
**Kyōto Tourist Information Center** „Kyō-Navi", Kyōto Station Bldg. 2F, westlich im Nord-Süd-Durchgang, 075-343-0548. tgl. 8.30–19 Uhr.

### Medizinische Hilfe

**AMDA International Medical Information Center**, 03-6233-9266, www.amda-medicalcenter.com. AMDA bietet einen telefonischen Informationsservice auf Englisch bzw. vermittelt medizinische Einrichtungen, in denen die Sprache des Hilfesuchenden gesprochen wird. Mo–Fr 10–16 Uhr.
**Kyōto City International Foundation** hat u. a. eine Liste von Krankenhäusern und Zahnärzten mit Englischkenntnissen: www.kcif.or.jp/web/en/livingguide/hospitals.
**Universitätsklinik Kyōto**, Sakyō-ku, Shōgoinkawara-chō 54, 075-751-3111, übersichtliche englischsprachige Website, www.kuhp.kyoto-u.ac.jp/english/index.html. Das wohl renommierteste Krankenhaus der Stadt. tgl. außer Sa, So, feiertags 8.15–11 Uhr.

### Post

Es gibt drei große Postämter, die auch an den Wochenenden geöffnet haben: Die **Hauptpost** befindet sich, wenn man den Hauptbahnhof Richtung Norden auf der vorderen Karasuma-Seite verlässt, direkt auf der linken Seite. **Filiale** im 7. Stock des Kaufhauses Takashimaya an der Südwestecke der Straßen Shijō und Kawaramachi. **Nakagyō-Postamt** an der Nordostecke der beiden Straßen Sanjō und Higashinotōin.

### Taiken

**Kyōto Samurai Experience**, 111 Inaba-chō, Nakagyō-ku, http://waraku-kyoto.com, ermöglicht es, in das Kleidungsstück der Samurai (hakama) zu schlüpfen und neben dem Umgang mit einem echten Schwert und durch Zen-Meditation Einblicke in die Philosophie des Bushidō zu gewinnen. Mo–Fr 10–12 und 15–17 Uhr, 15 000 ¥.
Ähnliche Angebote hat das **Samurai & Ninja Experience Museum** (S. 386).

## NAHVERKEHR

### Stadtbusse

Der **City Bus** von Kyōto hat eine leicht grüne Tönung und rundherum eine dicke dunkelgrüne Linie. Fahrgäste besteigen ihn im hinteren Bereich und verlassen ihn vorn beim Fahrer, wo sie auch den Fahrpreis (Strecke im Stadtgebiet 230 ¥) entrichten. Der **Kyōto Bus**, der über den Stadtbereich hinaus verkehrt, ist mit weinroten Linien gekennzeichnet. Hier zieht man beim Einsteigen ein Ticket mit einer aufgedruckten Nummer *(seiri-ken)*. An einer im vorderen Bereich des Busses angebrachten elektronischen Anzeige erscheint hinter der Nummer der von der Distanz abhängige – passend – zu bezahlende Fahrpreis, der beim Verlassen des Busses vorne beim Fahrer entrichtet wird.

### U-Bahn, S-Bahn, Eisenbahn

Kyōto hat nur zwei U-Bahn-Linien: die **Karasuma**- (Nord-Süd-Verbindung) und die **Tōzai-Linie** (Ost-West-Verbindung). Die Ansagen erfolgen auch auf Englisch. Daneben gibt es noch 5 private **Eisenbahnlinien**, die auch für das Stadtgebiet genutzt werden können: JR (West Japan Railways), Hankyū, Keihan, Keifuku und Eizan.

### Tageskarten

Der **Subway & Bus One-Day Pass** kostet 1100 ¥ und gilt für die U-Bahn und alle Busse (City Bus, Kyōto Bus, Keihan Bus und JR Bus – außer einigen Routen) im zentralen Stadtgebiet sowie für die Außenbezirke Arashiyama, Sagano, Ōhara u. a.

Wer nur mit der U-Bahn fahren möchte, kann dies für 800 ¥ am Tag mit dem **Kyōto Subway One-Day Pass** tun. Die Tagestickets gibt es in bestimmten Hotels und den Info-Zentren der Busse und U-Bahnen, von den Automaten an den meisten Stationen und Bahnhöfen sowie in den meisten *konbini* und Touristeninformationen, 💻 https://oneday-pass.kyoto/?lang=en.

### Prepaid IC Cards

Die in Kyōto erhältliche **Prepaid IC Card Icoca** kann an allen Fahrkartenautomaten in den JR-Bahnhöfen gekauft (2000 ¥ inkl. 500 ¥ Kaution) und auch mit höheren Beträgen aufgeladen werden (s. auch S. 89). Sie gilt für alle öffentlichen Transportmittel (U-Bahn, JR- und Privatbahnen) sowie in ein paar Läden mit dem Zeichen „IC" oder „ICOCA" in und um Kyōto und in vielen anderen Städten Japans.

Umgekehrt gelten momentan auch neun auswärtige IC Cards in Kyōto: PASMO, Kitaca, TOICA, manaca, SUGOCA, nimoca, PiTaPa und HAYAKAKEN.

Der **Kansai Thru Pass** (2 Tage 4380 ¥, 3 Tage 5400 ¥), 💻 www.surutto.com, gilt teilweise für die U-Bahnnetze Ōsaka und Kōbe sowie die Züge von Hankyū, Keihan, Eizan, Keifuku, Nankai-Kōya-Linie, Kintetsu-Nara-Linie, Ōsaka Monorail usw., jedoch *nicht* für die JR-Linien!

## TRANSPORT

### Busse

Fernbusse von TŌKYŌ nach Kyōto (und weiter nach Ōsaka) benötigen 7–8 Std. und verkehren Tag und Nacht. Es gibt für diese populäre Strecke einige konkurrierende Unternehmen und daher auch das eine oder andere Schnäppchen. **Willer Express**, 💻 https://willerexpress.com/en, startet z. B. (mit etwas Glück) ab 4000 ¥. Der Terminal befindet sich auf der hinteren Seite des JR-Bahnhofs Kyōto, am Ausgang Hachijō-guchi. **JR-Highway-Busse**, 💻 www.nishinihonjrbus.co.jp/en, hingegen starten von der Vorderseite (Karasuma-Ausgang) des Hauptbahnhofs (ab 4800 ¥ bis Tōkyō).

### Eisenbahn

Die Voucher für den **JR Rail Pass** können in einem **JR-Reisezentrum** eingelöst werden: Nach der Ankunft in Japan direkt im JR-Bahnhof des Internationalen Flughafens Kansai oder bei Ankunft im Hauptbahnhof Kyōto im zentralen Eingangsbereich (JR West Central), 🕒 tgl. 6.30–21 Uhr (auch Theke für internationale Gäste 8–20 Uhr), und Shinkansen-Seite Hachijō-guchi, 🕒 tgl. 8.30–23 Uhr, außerdem bei JR Tōkai Tours, 🕒 tgl. 8.30–19 Uhr, und JR Tōkai Tours Kyōto, 🕒 tgl. 8–19 Uhr (Sa, So, feiertags bis 20 Uhr), am Shinkansen-Eingang Hachijō-guchi. Lange Wartezeiten einplanen!

AMANOHASHIDATE, mit Limited Express 2 Std., 4010 ¥, Näheres S. 418
HIKONE, mit JR-Eilzug (Rapid) 50 Min., 1170 ¥
KANAZAWA, mit dem JR-Zug *Sunderbird* 2–2 1/2 Std., 6490 ¥
NAGOYA, mit dem Shinkansen 40–50 Min., 5170 ¥
NARA, mit JR-Eilzug 45 Min., 720 ¥
SHIN-KŌBE, mit Shinkansen 30 Min., 2870 ¥
SHIN-ŌSAKA, mit Shinkansen 14 Min., 1450 ¥
TŌKYŌ, mit Shinkansen 2 1/4 *(Nozomi)* bzw. 2 3/4 Std. *(Hikari)*, 13 320 ¥, mit dem *Puratto Kodama Economy Plan* (mit Sitzreservierung im *Kodama* und einem freien Getränk) dauert die Fahrt 4 Std. und kostet 10 700 ¥ – das Ticket muss mindestens einen Tag vor Abreise im Internet reserviert werden, 💻 www.jrtours.co.jp/kodama (nur Japanisch!).
UJI, mit JR Nara-Linie 18–30 Min., 240 ¥
Mit dem Expresszug der **Hankyū-Bahn** von Kyōto (Kawaramachi) nach ŌSAKA (Umeda) ca. 3/4 Std., 410 ¥.
Mit dem Expresszug der **Keihan-Bahn** von Kyōto (Sanjō) nach ŌSAKA (Yodoyabashi) 52 Min.

### Flüge

Verbindung zum **Internationalen Flughafen Kansai (KIX)** in Ōsaka (S. 450) per Kansai Airport Limousine Bus etwa 30x tgl. vom Terminal am Ausgang Hachijō-guchi des Hauptbahnhofs in 1 3/4 Std., 2600 ¥, Reservierung notwendig, ✆ 075-682-4400, 💻 www.kate.co.jp/en/timetable/detail/KY. Mit dem JR-Expresszug *Haruka* 2x stdl. in 1 1/2 Std., 3100 ¥ ohne bzw. 3640 ¥ mit Platzreservierung.

# Die Umgebung von Kyōto

Trotz der Fülle an sehenswerten Orten in Kyōto selbst gibt es auch in der Umgebung der Stadt noch zahlreiche interessante Plätze und genügend Rückzugsgebiete. Zeugnisse vergangener Zeiten finden sich besonders in der Berglandschaft im Norden, in den beiden Dörfern **Kurama** und **Ōhara**. Wer ein Naturereignis bewundern möchte, fährt weiter in die nördlichste Gegend der Präfektur Kyōto bis nach **Amanohashidate** zum Nihonkai – so heißt das „Japanische Meer" in Japan (aber „Ostmeer" beim Nachbarn Korea).

An den Osten und Nordosten von Kyōto, jenseits der Higashiyama-Berge, grenzt die kleine Präfektur Shiga. Einen großen Teil von Shiga nimmt der **Biwa-ko**, Japans größter Binnensee (674 km²), ein. Am südlichen Ufer des Sees liegt die Präfekturhauptstadt Ōtsu, im 7. Jh. für einige Jahre Kaisersitz und damit Hauptstadt Japans. Im Osten des Biwa-ko schließen sich historisch wichtige Landstriche, wie Kusatsu, Maibara, Nagahama und **Hikone** an. Der See und sein Umland bilden heute den **Biwa-See-Quasi-Nationalpark**.

## Kurama 鞍馬

Der nach der Gründung Kyōtos im 8. Jh. erbaute Kurama-dera diente zum Schutz der Kaiserstadt. Der Tempel war damals weitläufiger, fiel aber immer wieder Feuersbrünsten zum Opfer. Im 12. Jh. floh der jugendliche Minamoto Yoshitsune vor seinem älteren Bruder Minamoto Yoritomo, dem ersten Shōgun in Kamakura, in dieses abgeschiedene und dicht bewaldete Tal – ein langnasiger Kobold *(tengu)* soll ihn hier, zumindest der Legende nach, die Kunst des Kampfes gelehrt haben. Auch heute noch schätzen die Besucher von Kurama die Abgeschiedenheit des kleinen Dorfes und entspannen sich im berühmten Freiluft-Thermalbad **Kurama Onsen**, wo man auch einkehren und übernachten kann, 💻 www.kurama-onsen.co.jp/index_e.html, 🕒 tgl. 10–21 Uhr, 1000 ¥ (nur Außenbereich), 2500 ¥ (inkl. Sauna, Innen- und Außenbereich, Badetuch und Yukata), 10 Min. zu Fuß vom Bahnhof Kurama, der Endstation der Eizan-Bahn. Je nach Ankunft wartet dort auch ein kleiner kostenloser Shuttle-Bus. Das Freiluft-Thermalbad wurde im Januar 2021 aufgrund der Corona-Pandemie geschlossen. Ein Datum zur Wiedereröffnung lag der Redaktion zum Zeitpunkt des Drucks noch nicht vor.

Man kann das Thermalbad aber auch rechts und die Souvenirläden links liegen lassen und in

30–45 Min. den **Kurama-yama** erklimmen (oder sich von der Seilbahn für 200 ¥ bis fast nach oben fahren lassen). Auf dem Gipfel steht der alte **Kurama-Tempel**, ⌚ tgl. 9–16.15 Uhr, Eintritt 300 ¥. Vom Vorplatz des Kurama-dera aus lässt sich die umliegende mystische Berglandschaft betrachten. Nimmermüde laufen danach einfach weiter nach oben, auf einem für seine frei liegenden Zedernwurzeln bekannten Wanderweg, bis hinüber ins Tal des Nachbardorfes Kibune. Der stramme Spaziergang dauert etwa eine Stunde. Man muss sehr aufpassen, wo man hintritt, da der Weg durch die Wurzeln oft tückisch uneben ist.

Das kleine Dorf **Kibune** besteht größtenteils aus Restaurants, einigen Ryokan und dem Kifune-Schrein, wo der Gott des Wassers verehrt wird (Wasserfest am 7. Juli), ⌚ tgl. 9–16.30 Uhr, Eintritt frei. In den warmen Monaten werden über dem kalten Kibune-Strom Holzgestelle befestigt, auf deren Plattformen es sich gut rasten, essen und trinken (ab ca. 3000 ¥) lässt. Vom Kifune-Schrein aus läuft man 20 Min. entlang der Straße bis zum Bahnhof Kibune-guchi der Eizan-Linie, um von hier aus zurück in die Stadt zu gelangen.

Mit der Eizan-Kurama-Linie von Demachiyanagi (neben der Endstation der aus Ōsaka kommenden Keihan-Linie) bis zur Endstation Kurama in 30 Min. (470 ¥). Vom JR-Bahnhof Kyōto mit der Karasuma-U-Bahn-Linie bis Endstation Kokusaikaikan, dann Kyōto Bus 52 bis Kibune-guchi (20 Min.), von hier Kyōto Bus 33 bis Kifune-Schrein (4 Min.).

## Ōhara 大原

Etwa 10 km nördlich von Kyōto liegt Ōhara, ein in scheinbar unberührte Natur eingebettetes, gemütliches Kleinstädtchen, das Schätze von großer kulturhistorischer Bedeutung birgt. Im idyllischen **Sanzen-in**, einem Tempel der Tendai-Schule aus dem 12. Jh., sitzt ein aus Holz geschnitzter goldlackierter Buddha. Dieser Amida-Figur gebührt die Hauptverehrung des Tempels. Der zu großen Teilen mit Moos bewachsene Garten ist von alten Zedern umgeben und hinterlässt bei Besuchern in der Regel einen bleibenden Eindruck, besonders während der Regenzeit im Juni. ⌚ März–Okt tgl. 9–17, Nov 8.30–17, Dez–Feb 9–16.30 Uhr, 700 ¥. 15 Min. zu Fuß vom Busbahnhof.

Nur ein paar Minuten zu Fuß vom Sanzen-in entfernt liegt **Jakkō-in**, ein Kloster, das bereits 594 gegründet worden sein soll. Die tief verbitterte Kaiserin Taira no Tokuko zog sich Ende des 12. Jhs. als Nonne hierher zurück – ihre gesamte Familie, auch ihr Sohn, Kindkaiser Antoku, war während der entscheidenden Seeschlacht von Shimonoseki zwischen den beiden Clans der Minamoto und Taira ums Leben gekommen. Der Tempel fiel im Jahre 2000 einer Brandstiftung zum Opfer. Der Täter oder die Täterin konnte bis heute nicht ausfindig gemacht werden. 2005 wurde die Halle wiederaufgebaut. ⌚ tgl. 9–17 Uhr (Dez–Feb 9–16.30 Uhr), 600 ¥. Vom JR-Bahnhof Kyōto direkt mit Kyōto-Bus 17 (Abfahrt alle 20 Min. von Bus Stop C3) bis Ōhara in 1 Std. (550 ¥).

## Miho Museum
## ミホミュージアム

Das Miho Museum, 💻 www.miho.jp/en, zählt zu den modernen architektonischen Highlights in Kansai, wenn nicht sogar Japans. Das vom chinesisch-amerikanischen Stararchitekten I. M. Pei entworfene Museum liegt tief in den Bergen der Präfektur Shiga, im Südosten von Kyōto, nahe der Töpfergemeinde Shigaraki. Es entsprach schon immer japanischer Tradition, Gebäude im Einklang mit der Natur zu bauen. Diese Denkweise – sowie strenge Umweltauflagen – ließen Pei den Gebäudekomplex zu drei Vierteln in den bewaldeten Berg hinein bauen. Auf dem Weg vom Eingangsbereich bis zum Museum selbst laufen die Besucher (oder fahren mit leichten Elektrofahrzeugen) durch einen Tunnel, dessen Metallwände durch Kunst- und Naturlicht eine mystische Spannung schaffen. Anschließend wird eine Hängebrücke betreten, die eine tiefe Schlucht überspannt und zur Treppe der Ausstellungshalle führt. Die unterirdischen, durch Glasdächer erhellten Hallen zeigen westliche und asiatische Antiquitäten aus der priva-

## Das Feuerfest von Kurama

Am 22. Oktober findet in Kurama das bekannte Feuerfest *(hi-matsuri)* statt. In einer nächtlichen Prozession (ab 18 Uhr) tragen Männer bis zu 3 m hohe und bis zu 80 kg schwere Fackeln durch das Dorf. Ein völlig überlaufenes Spektakel, das im Laufe der Nacht – auch durch den rasch fließenden Reiswein – eine Dynamik entwickelt, die das Fest, im Vergleich zu den eher ruhigen Festen und Prozessionen Kyōtos zu einer wahren Besonderheit macht. In jener Nacht sind dann die Züge, auch die Sonderzüge, maßlos überfüllt.

ten Kollektion von Koyama Mihoko, einer der zu Lebzeiten reichsten Frauen Japans, Erbin eines Textilunternehmens und Gründerin von Shinji Shūmeikai, einer religiösen Bewegung mit weltweit über 300 000 Mitgliedern.

Für die Reise zu diesem wundersamen Ort sollte man sich Zeit nehmen, um die Anreise, den Lauf zum Museum und die meditative Ruhe und Harmonie der Hallen genießen zu können. ⌚ Di–So 10–17 Uhr, Eintritt 1300 ¥, Sonderausstellungen mehrmals im Jahr. Vom JR-Bahnhof Kyōto mit der JR-Biwako-Linie in Richtung Nagahama oder Maibara in knapp 15 Min. bis zum Bahnhof Ishiyama (Reisegepäck kann hier deponiert werden!), dort durch den Südausgang zum Busbahnhof am East Square, Haltestelle Nr. 3, und mit dem Teisan-Bus Nr. 150 in 50 Min. (840 ¥) bis zum Miho Museum. Der Bus fährt nicht im Winter!

## Amanohashidate 天橋立

Amanohashidate („Himmelsbrücke") ist eine 3,6 km lange Sandbank ganz im Norden der Präfektur Kyōto, auf der Tangō-Halbinsel am Japanischen Meer, und zugleich der Name des Ortes am südlichen Ende dieses Naturwunders. Die kiefernbestandene Nehrung, manche nennen sie auch „grüne Brücke zum Himmel", trennt ein Stück Meer von der Miyazu-Bucht ab und bildet so die Lagune Aso-kai. Amanohashidate trägt seit dem 17. Jh. gemeinsam mit Miyajima (S. 471) und Matsushima (S. 238) das Qualitätssiegel der „drei schönsten Landschaften Japans" *(Nihon sankei)* und ist für viele Japaner ein sehr beliebtes Reiseziel.

Im Bahnhof hängen Wegbeschreibungen und Landkarten aus. Die besten Aussichtspunkte, um das interessante Zusammenspiel von Land,

Meer und Himmel zu erleben, befinden sich auf dem Berg **Monjū** hinter dem und oberhalb des Bahnhofs (Sessellift/Monorail hoch zum Vergnügungspark „Amanoshashidate View Land", hin und zurück 850 ¥), und nördlich der Sandbank im Kasamatsu-Park auf dem Berg **Nariai** (Seilbahn hin/zurück 680 ¥). Von beiden Standorten können die Betrachter, so behaupten Kenner, wenn sie sich mit dem Rücken zur Bucht hinstellen, sich nach vorne bücken und durch die gespreizten Beine auf die Nehrung blicken, den optischen Eindruck gewinnen, dass die Sandbank zwischen Himmel und Erde schwebt. Bei schönem Wetter bildet der weiße Sand einen beeindruckenden Farbkontrast zum dunkelblauen Meer und den grünen Kiefern.

Viele Besucher erkunden die Sandbank und ihren weißen Strand zu Fuß (etwa eine Stunde vom Bahnhof im Süden bis zur Seilbahnstation im Norden) oder per Rad oder fahren im Boot an ihr entlang. Es empfiehlt sich, die Strecke rüber zu laufen oder zu radeln und dann auf einem der Schnellboote zurück zu fahren. Am südlichen Ende der Sandbank, nahe dem Bahnhof, steht der **Chion-ji**, ein Tempel der Rinzai-Schule und eine der 33 Pilgerstätten Westjapans. Auf dem Gelände steht auch eine kleine zweistöckige *tahoto*, eine Art von Pagode, die dem indischen Stupa sehr ähnlich ist.



## ÜBERNACHTUNG UND ESSEN

€ **Seikiro Ryokan Historical Museum Hotel**, Miyazu-shi, Uoya 937, ✆ 0772-22-4123, 💻 www.seikirou.co.jp, neben dem Shimazaki-Park, in der Nähe viele Restaurants mit Meeresfrüchten. Japanisches DZ ab 6500 ¥ p. P., mit Gemeinschaftsbad. Vom JR-Bahnhof Miyazu ca. 7 Min. zu Fuß oder Abholservice vereinbaren.

An der Südspitze, in der Nähe des Bahnhofs Amanoshashidate, gibt es einige gemütliche und preisgünstige **Restaurants und Nudellokale**.

**Yoshino Chaya**, 200 m westlich vom JR/Tango Railway-Bahnhof Amanoshashidate, 💻 www.amanohashidate.jp/lang/en/meal/2014/10/07/yosinotyaya-hiiragian-hiiragikoubou. Hier gibt es den originalen *Asari Croquette Burger* (*asari* = Muschel), der reich an Frühlingszwiebeln ist, und den *Chie no Mochi* („Reiskuchen der Weisheit"). 🕒 tgl. 9.30–18.30 Uhr (Winter bis 17 Uhr).

## NAHVERKEHR

### Busse

Vom Bahnhof Amanohashidate fahren **Tankai-Busse** zum Norden der Sandbank. Der Bus benötigt 25 Min., da er um die gesamte Lagune herumfahren muss (400 ¥). Von der Tankai-Bushaltestelle Amanohashidate-Cable-shita sind es nur wenige Meter bis zur Seilbahnstation, von wo aus man hoch zum Berg Nariai (Kasamatsu-Park) fahren oder laufen kann.

### Fahrradverleih

**Hashidate Ringyō** vermietet neben dem JR/Tango Railway-Bahnhof Amanohashidate Fahrräder von Sonnenauf- bis Sonnenuntergang für 300 ¥ (1 Std.), 500 ¥ (2 Std.), danach ab 150 ¥/30 Min. Auch auf der Sandbank oder in einigen Läden unterwegs kann man sich noch für ein Fahrrad entscheiden.

### Schiffe

Eine Fahrt mit dem Ausflugsboot von der Bahnhofsseite ab dem **Miyazu-Pier** (Mo–Fr 9–17.30 Uhr, ca. alle 30 Min., Sa, So, feiertags 20 Min.) entlang der Nehrung bis zum nördlichen Landungssteg **Ichinomiya** dauert 12 Min. und kostet einfach 1200 ¥ , hin und zurück 2000 ¥; vom **Amanohashidate-Pier** neben dem Chion-ji 700 ¥, hin und zurück 1200 ¥.

## TRANSPORT

Für JR-Railpass-Benutzer verläuft diese Reise aus KYŌTO leider nicht ganz kostenfrei, da der Zug zwar bis Amanohashidate durchfährt, aber ab Fukuchiyama zur **Kyōto Tango Railway** mutiert, sodass die 35 km lange Reststrecke bis Amanohashidate bezahlt werden muss (1750 ¥). Von Fukuchiyama aus gibt es langsamere Züge (z.B. über Miyazu), die nur 800 ¥ kosten. Alternativ dazu fahren **Tankai- und Willer-Busse** aus Kyōto (Karasuma-Busterminal C2 am Hbf.) für 3100 ¥ in 2 Std. bis Amanoshashidate (Bahnhof).

## Hikone 彦根

Die Gegend um die etwas verschlafene Kleinstadt Hikone, während der Edo-Zeit Poststation auf der Überlandstraße Nakasendō, war schon immer berühmt für ihre Landwirtschaft, die auch den Kaiserhof vor über tausend Jahren mit Reis versorgte. Hikone ist heute das regionale Industrie- und Transportzentrum und gleichzeitig ein gern und während der Kirschblüte sehr gut besuchter Ort. Hikones einzige Sehenswürdigkeit ist zugleich das Wahrzeichen der Stadt: die 1622 vollendete Burg **Hikone-jō**, einstige Residenz der Familie Ii. Von der obersten Etage des Hauptturms hat man eine herrliche Aussicht auf das Umland und den Biwa-See. Hikone-jō zählt heute zu den wenigen noch fast vollständig erhaltenen Burgen des Landes. Zur Anlage gehört ferner der am Fuß der Burg gelegene Konki-Park und der durch seine chinesischen Einflüsse interessante Garten Genkyū-en mit Teehaus (für 500 ¥ kann man hier bei einer Tasse *matcha*-Tee gut entspannen). ◷ tgl. 8.30–17 Uhr, Einlass bis 16.30 Uhr, 800 ¥ (Burg inkl. Garten), 1200 ¥ (Burg, Garten und Hikone Burgmuseum). Bei der Ankunft in Hikone kann man sich am Westausgang des Bahnhofs bei der Touristeninformation einen Stadtplan geben lassen, ◷ tgl. 9–17.30 Uhr. Beim Verlassen des Bahnhofs einfach die Hauptstraße etwa 1 km gen Westen laufen. Die Burganlage ist dann nicht mehr zu übersehen.

### TRANSPORT

Vom JR-Bahnhof KYŌTO mit dem „neuen Express" *(Shinkaisoku)* der **JR-Tōkaidō-Linie** knapp 50 Min., normaler Zug *(Kaisoku)* knappe Stunde bis Hikone (1170 ¥), von ŌSAKA 1 1/4–1 3/4 Std. (1980 ¥). Mit dem JR-Rail-Pass kann man auch mit dem Shinkansen bis Maibara (22 Min.) düsen und von dort mit der JR-Tōkaidō-Linie eine Station bis Hikone zurückfahren (5 Min.).

## Uji 宇治

Die landschaftlich schön gelegene Stadt Uji entwickelte sich bereits während der Heian-Zeit (794–1192) zu einem beliebten Ausflugsziel des Adels. Der Tempel **Byōdo-in**, damals noch eine feudale Villa der mächtigen Fujiwara-Familie, zeugt ebenso von dieser Zeit wie Murasaki Shikibus Roman *Die Geschichte vom Prinzen Genji*, dessen Liebesabenteuer in den letzten Kapiteln des Buches nach Uji versetzt wurden. Die **Phönixhalle** des Byōdo-in ist das einzige originale Gebäude der Anlage (1053). Sie erinnert aus der Vorderansicht an die ausgebreiteten Schwingen eines Phönix. An den beiden Giebelenden des elegant geschwungenen Daches stehen zwei Phönix-Statuen. Da das alte Holzgebäude eine wunderschöne und berühmte Amida-Statue beherbergt, wird es auch „Amida-Halle" genannt. 1994 von der Unesco als Weltkulturerbe gelistet, ist die Halle auf der 10-¥-Münze und ein Phönix auf der Rückseite des 10 000-¥-Scheins verewigt. ◷ tgl. 8.30–17.30 Uhr (Museum 9–17 Uhr), 600 ¥, Phönixhalle Eintritt ab 9.30–16.30 Uhr alle 20 Min. (max. 50 Besucher), 300 ¥ extra, Erklärungen aber nur auf Japanisch. Eine gute Gelegenheit, die Amida-Figur und die sie umgebenden musizierenden Himmelwesen aus der Nähe zu betrachten – Fotografierverbot!

Auf der anderen Seite des Uji-Flusses befindet sich ein weiterer als Weltkulturgut ausgewiesener Ort, der einst als Schutz-Schrein für den Byodo-in erbaute **Ujigami-jinja**, das vermutlich älteste im Original erhaltene Shintō-Heiligtum (ca. 1060) Japans. Eine sehr bescheiden gehaltene Anlage, die es sich trotzdem zu besuchen lohnt. Vom Byōdo-in aus muss man nur auf der nahen Brücke den Uji-Fluss überqueren und rund zehn Minuten laufen, um den ausgeschilderten uralten Schrein zu erreichen (Eintritt frei).

In Uji wird seit Jahrhunderten **Tee** angebaut und produziert, und zwar in einer solch hohen Qualität, dass sich während der Edo-Zeit (1603–1867) sowohl der Kaiser als auch der Shōgun diesen aus Uji liefern ließen. Noch heute genießt der Uji-Tee landesweit hohes Ansehen. In der Fußgängerzone, die zum Eingang des Byōdo-in führt, gibt es viele Tee- und Souvenirläden, in denen der Tee probiert und gekauft werden kann, z. B. 50 Teesorten im 450 Jahre alten **Mitsuboshien Kanbayashi Sannyu Honten**, 💻 www.ujicha-kanbayashi.co.jp/english, Erklärung auf Deutsch durch Tobias, den Schweizer Schwiegersohn des Ladenbesitzers.

KANSAI

JR-Nara-Linie vom JR-Bahnhof Kyōto bis Uji in ca. 30 Min., 240 ¥ (2x stdl. mit Miyakoji-Rapid in 16 Min.).

# Nara und Umgebung

11 HIGHLIGHT

## Nara 奈良

Nara zählt wegen seiner alten und gut erhaltenen Heiligtümer zu den wichtigsten touristischen Zielen Japans. 350 000 Einwohner und jede Menge Besucher aus dem In- und Ausland feierten 2010 gemeinsam das 1300-jährige Bestehen der Stadt. Von 710 bis 784 war Nara unter dem Namen **Heijōkyō** Sitz des Kaiserhauses und die erste permanente Hauptstadt des Inselreichs. Zuvor war der Regierungssitz jedes Mal mit dem Tod des jeweiligen Herrschers – wegen kultischer Unreinheit – aufgegeben und an einen neuen Ort verlegt worden. Wie später auch Kyōto wurde Nara nach chinesischem städtebaulichem Vorbild auf einem schachbrettartigen Grundriss entworfen. Aus der Nara-Zeit lassen sich bis heute kunstgeschichtliche Zeugnisse von unschätzbarem Wert bestaunen.

Die Rehe im Nara-Park sind sehr zutraulich.

Die nur einige Kilometer südwestlich von Nara gelegene Tempelanlage des **Hōryū-ji** soll zu Teilen aus dem 6. Jh. stammen, aus der Zeit, in der der Buddhismus nach Japan gelangte. Einige der gegenwärtigen Gebäude und Hallen mussten im 12. und 16. Jh. wiederaufgebaut werden, nachdem die Stadt durch Kriegswirren und Großfeuer zu großen Teilen zerstört worden war. Es gibt eine weitere Gemeinsamkeit mit Kyōto: Auch Nara wurde während des Zweiten Weltkriegs nicht bombardiert. So können der gewaltige Holzbau des **Tōdai-ji** mit dem **Großen Buddha**, der **Kōfuki-ji**, der alte Schrein **Kasuga-taisha** sowie einige Museen während eines gemütlichen Spaziergangs durch den **Nara-Park** besichtigt werden. Dabei lassen sich nebenbei die frei herumlaufenden Hirsche und Rehe beobachten, die nur darauf warten, gefüttert zu werden.

Besucher, denen mehr Zeit zur Verfügung steht oder die ihr Wissen über Nara vertiefen möchten, können die Ausgrabungsstätte des Heijō-Palastes (ca. 3 km nordwestlich des JR-Bahnhofs) besuchen und einige Stationen weiter südlich zu einem weiteren wichtigen Tempelbezirk mit dem **Yakushi-ji** und **Tōshōdai-ji** fahren.

### Nara-Park 奈良公園

Den ausgedehnten, 8 km$^2$ großen Park, der sich im östlichen Teil der Stadt zwischen den beiden Bergen Wakakusa-yama und Kasuga-yama erstreckt, teilen sich einheimische Spaziergänger, japanische und ausländische Touristen und über 1000 zahme Sika-Hirsche und Rehe – einer Überlieferung zufolge soll ein zum Schutz der neu gegründeten Stadt 710 aus Westjapan herbeigerufener Kriegsgott auf einem Hirsch

Nara
N
0
1000 m
ESSEN
1 Shizuka
2 Yanagi Chaya
3 Mentô-an
4 Fujimon Seimen
5 Harishin
6 Kanakana
7 Sakedokoro Kura
ÜBERNACHTUNG
1 Nara Youth Hostel
2 Hotel Asyl Nara
3 Ugaya Guest House
4 Super Hotel Lohas JR Nara-eki
5 Guesthouse Sakuraya
TRANSPORT
1 Yamato Kankô Rental Cycle Shop
2 Eki Rent-a-Car-System
Tôkyô
Heijô
Kyôto
Hajikami-ike
Kyôto
24
Kyôto
STADION
Yagyû
369
Hannya-ji
Nanba
Mizukami-ike
Kono-ike
Yamatosaidaiji
Daigoku-den
Ruine des 2. Daigoku-den
ehem. Heijô-Palast
Saidai-ji
Hokke-ji
Ichijô-dôri
POLIZEI
Tô-in
Tôdai-ji
Wakakusa-yama
Kintetsu-Linie
Kôfuku-ji Nationalschatz-museum
Kagami-ike
Isui-en-Garten
TOR
Suzaku-mon
Kintetsu-Nara
Noboriôji-dôri
308
Ôsaka
Ômiya-dôri
Shinômiya
POLIZEI
Kôfuku-ji
Nara National-museum
Nara-Park
Kasuga-yama
Kasuga-taisha
Sanjô-dôri
POLIZEI
Sanjô-dôri
Sarusawa-ike
Ara-ike
Sagi-ike
Amagatsuji
JR Nara
KOHYO-Supermarkt
Nara-machi
Yasuragino-michi
Mochiidono-Center-gai
Gangô-ji
Saho
JR-Linie
Jurin-in
Shin-Yakushi-ji
Tôshôdai-ji
POLIZEI
Naramachi-Museum
JR-Linie
Nishinokyô
24
Kyôbate
169
Byakugô-ji
Yakushi-ji
Nara International Exchange Center
Kashihara
Sakurai
Tenri




KANSAI

## Unesco-Weltkulturerbe in Nara

1998 entschied die Unesco, folgende Stätten der Stadt Nara in die Liste des Weltkulturerbes aufzunehmen: Die buddhistischen Tempel Hōryū-ji, Tōdai-ji, Kōfuku-ji, Gangō-ji, Yakushi-ji, Tōshōdai-ji, den Shintō-Schrein Kasuga-taisha, die Ruine des Heijō-Palastes sowie den Kasugayama-Wald.

erschienen sein. An kleinen Ständen werden „Reh-Kekse" *(shika-senbei)* für 150 ¥ verkauft, aber auch wenn sie lecker aussehen: Sie sind für das Wild bestimmt. Zwischen den Tempelanlagen des Kōfuku-ji und Tōdai-ji liegt das **Nara Nationalmuseum**, 💻 www.narahaku.go.jp/english. Es besteht seit 1889 und widmet sich heute ganz der frühen buddhistischen Kunst (Buddha-Statuen, Gemälde, archäologische Funde, Kalligrafien u. a.). 🕒 Di–So 9.30–17 Uhr, Eintritt 700 ¥. Ehrenamtliche Führungen auf Englisch (siehe „Führungen") möglich. Von den Bahnhöfen JR-Nara und Kintetsu-Nara fahren Busse bis vor den Eingang des Museumsgeländes (Haltestelle Himoru Jina/Kokuritsu Hakubutsukan).

### Kōfuku-ji 興福寺

Die Anlage des Kōfuku-ji liegt inmitten des Nara-Parks. Zu dem Zeitpunkt, als Nara Hauptstadt geworden war, wurde der bereits in Asuka als Umayasaka-dera existierende Tempel (7. Jh.) abgetragen und unter dem Namen Kōfuku-ji in Nara rekonstruiert. Dies war der Beginn einer langen und wechselhaften Geschichte des Tempels, der vom Clan der Taisha 1180 völlig zerstört, aber von den mächtigen Fujiwara wiederaufgebaut wurde, in der Folge viel Einfluss gewann und einige andere große Tempel kontrollierte. In jener Zeit umfasste das Gelände 175 Gebäude und Zehntausende Mönchssoldaten. Sowohl in der Kamakura- als auch der Muromachi-Zeit fungierte der Tempel im Auftrag des Shogunats als Schutztempel für die Provinz Yamato. Später, mit dem Beginn der Neuzeit und der Erhebung des Shintō zur Staatsreligion, konnte sich der dann vernachlässigte Tempel nur mit Mühe am Leben erhalten.

Die 50 m hohe, fünfstöckige **Pagode** des Kōfuku-ji (1426), die zweithöchste ihrer Art in Japan (nach der Pagode des Tō-ji in Kyōto), gilt als Symbol von Nara und ist bis heute ein herausragendes Merkmal der sie umgebenden Landschaft. Am nahen Sarusawa-Teich besitzt der Tempel eine zweite, aber nur dreistöckige Pagode. Das **Kōfuku-ji Nationalschatzmuseum** (Kokuhōkan) enthält kostbare Bücher und Dokumente, Statuen, Gemälde und andere Exponate, die als „Nationalschätze" oder „wichtige Kulturgüter" gelistet werden. 🕒 tgl. 9–17 Uhr, Eintritt Museum 700 ¥, „Östliche Goldene Halle" 300 ¥ (Kombiticket 900 ¥), Zentrale Goldene Halle 500 ¥. 15 Min. zu Fuß vom JR-Bahnhof Nara oder nur 5 Min. vom Kintetsu-Bahnhof Nara. Vom JR-Bahnhof Nara Bus Nr. 2 (oder alle Busse in Richtung Kasuga-taisha) für 210 ¥ in 7 Min. bis Kenchō-mae.

### Tōdai-ji 東大寺

Um zum Tōdai-ji zu gelangen, laufen die Besucher ein paar Minuten vom Kōfuki-ji aus in Richtung Nordosten. Der dem Buddhismus tief ergebene Kaiser Shōmu ließ zu Beginn des 8. Jhs. den Tōdai-ji als Haupttempel für ein geplantes nationales Netz von Provinztempeln errichten und gab den Guss einer Kolossalstatue Buddhas in Auftrag. Die Einweihung im Jahr 752, die „Zeremonie der Augenöffnung" mit Tausenden von Gästen aus China, Korea und Indien, sollte zum alles überbietenden Höhepunkt der gesamten buddhistischen Welt im 8. Jh. werden. Leider brannte der Tempel in den folgenden Jahrhunderten zweimal völlig nieder. Die heutigen Bauwerke stammen aus der Edo-Zeit (1692).

Der Zugang zum Tōdai-ji verläuft durch das von 18 Säulen getragene zweistöckige „große Südtor" **Nandai-mon**, das besonders durch seine beiden 8 m hohen muskulösen Torwächter beeindruckt. Die beiden dynamischen Niō-Figuren stammen aus der Hand des Bildhauers Unkei (1151–1223). Vom Südtor sind es nur noch etwa 100 m bis zum Eingang des Tōdai-ji. **Daibutsuden**, die „Halle des Großen Buddha", ist 57 m lang, 50 m breit und 49 m hoch und ist damit – obwohl sie heute nur noch 2/3 ihrer ursprünglichen Größe misst – das größte Holzbauwerk der Welt. Diese gewaltigen Ausmaße haben einen guten Grund, denn in der Halle sitzt die kolossale, 16,20 m hohe und damit größte bronzene Buddha-Statue des Landes. ⌚ April–Okt 7.30–17.30, Nov–März 8–17 Uhr, 600 ¥. Vor der Haupthalle steht das **Tōdai-ji Museum**, ⌚ April–Okt 9.30–17.30, Nov–März bis 17 Uhr, 600 ¥. Kombiticket 1000 ¥.

Sehenswert sind auch der alte **Glockenturm**, ein paar Gehminuten östlich der Haupthalle, und die in Pfahlbauweise am Hang errichtete **Nigatsu-dō**, „Halle des zweiten Monats", mit schöner Aussicht auf die Buddhahalle, Eintritt frei. Jeden März findet hier ein interessantes Fest statt (S. 426, Feste). Die im Süden anschließende **Sangatsu-dō** (auch Hokke-dō), die „Halle des dritten Monats", ist das älteste Gebäude des gesamten Tempelbezirks, ⌚ tgl. 8.30–16 Uhr, Eintritt 600 ¥. In der Nigatsu-dō wurde früher für eine elfgesichtige Kannon-Skulptur im Monat Februar *(nigatsu)* eine Bußandacht und in der Sangatsu-dō im Monat März *(sangatsu)* eine Sutrenlesung abgehalten. In beiden Hallen werde heute Kannon-Figuren verehrt.

Nördlich der Daibutsu-Halle, im **Shōsō-in**, lagerten über 1000 Jahre lang viele unersetzbare Kunstschätze aus dem Besitz des Kaisers Shōmu (701–756) und seiner Gattin, Kaiserin Kōmyō (701–760) – heute sicher in zwei nahen modernen Lagerhäusern aus Beton untergebracht. Das Innere des Schatzhauses darf nicht betreten werden, es lohnt sich aber, das schlichte Gebäude von außen zu betrachten. Das vermutlich im Jahr 756 auf Pfählen 2,70 m über dem Boden erbaute, fast 100 m lange Blockhaus ist eine Balkenkonstruktion aus japanischem Zypressenholz *(hinoki)*, die eine ideale Klimatisierung im Innern garantierte. Im Herbst werden einige der Kunstschätze im Nara Nationalmuseum gezeigt.

### Kasuga-taisha 春日大社

Von der Sangatsu-Halle aus verläuft ein Weg in den Nara-Park, wo man nach einer Viertelstunde auf einen von unzähligen Steinlaternen gesäumten Weg stößt. Dieser führt hoch zum **Kasuga-taisha**, einem bereits 710 zum Schutz der neuen Hauptstadt gegründeten Schrein. Die Steinlaternen und kunstvollen Metalllaternen im Innenbereich des Schreins wurden von Gläubigen gespendet und werden zum Setsubun-Mantōrō-Laternenfest und zum Chūgen-Mantōrō-Fest (*mantōrō* = „10 000 Laternen") am Abend des Bon-Festes (14./15. August) ab 18 Uhr entzündet. ⌚ April–Sep tgl. 6–18, Okt–März 6.30–17 Uhr, Innenbereich 500 ¥, Außenanlage frei. Hinter dem Schrein führen Wanderwege durch den Kasuga-Wald auf den 294 m hohen **Kasuga-yama**.

## Gangō-ji und Naramachi
## 元興寺・奈良町

Wer sich auf dem Weg zurück zu den Bahnhöfen einen weiteren interessanten Tempel ansehen möchte, läuft vom Kōfuku-ji aus in südlicher Richtung, passiert den Sarusawa-Teich, in dem sich wunderschön und fotogen die fünfstöckige Pagode des Kōfuku-ji spiegelt, und erreicht dann weiter südlich nach ein paar Minuten den **Gangō-ji**, eine in sich ruhende, ganz unspektakuläre Tempelanlage, deren Haupthalle ebenfalls zum Weltkulturerbe zählt. Man sagt, der Tempel sei einer der ältesten des Landes und habe bereits vor der Gründung der Hauptstadt Heijōkyō (Nara) im 8. Jh. existiert. ⌚ tgl. 10–17 Uhr, 500 ¥. Vom JR-Bahnhof Nara oder Kintetsu-Bahnhof Nara 15 Min. zu Fuß.

Die Gegend **Naramachi** unterhalb der Sanjō-dōri und um den Gangō-ji hat in den letzten Jahren an Popularität hinzugewonnen. Die gut erhaltenen und meist noch bewohnten Privathäuser aus dem 19. Jh. im *machiya*-Baustil, die engen Gassen, die Kunsthandwerksläden und die kleinen Cafés und Restaurants machen das Viertel zu einem interessanten Ort, wo man Einsicht in das Leben der Stadtbewohner von damals gewinnen kann. Weitere Aspekte zum Alltag hinter der Fassade einer antiken Hauptstadt finden sich im **Naramachi-Museum**, Nishinoshinya-chō 14, ⌚ tgl. 10–16 Uhr, Eintritt frei.

## Palast Heijō-kyū 平城宮

3 km westlich vom JR-Bahnhof Nara liegt der ehemalige Kaiserpalast, 💻 http://heijo-kyo.com, während der Nara-Zeit das politische Zentrum Japans. Der Palast befand sich im nördlichen Teil der Stadt. Das karge Gelände und die kaum sichtbare Ruine bestimmte die Unesco 1998 zum Weltkulturerbe. Geschickt gestutzte Hecken markieren heute die ursprünglichen

Dimensionen der einst symmetrisch angelegten Stätte. Als die Hauptstadt Ende des 8. Jhs. nach Heian-kyō (Kyōto) verlegt wurde, war der Palast plötzlich herrenlos und damit dem Verfall preisgegeben. In den folgenden Jahrhunderten nagte der Zahn der Zeit heftig an den Bauwerken, und bis zum Beginn der Kamakura-Zeit (1192) existierte die insgesamt 120 ha große Anlage praktisch nicht mehr. Erst moderne Archäologen waren in der Lage, die teilweise gut erhaltenen Grundmauern des historischen Bauwerks wiederzuentdecken und aus dem Erdreich zu heben. Das Eingangstor **Suzaku-mon**, das Haupttor der damaligen Hauptstadt, und der Garten **Tōin-teien** wurden zwischenzeitlich wiederaufgebaut. Die Rekonstruktion des **Daigoku-den**, der Kaiserlichen Hauptaudienzhalle, in der einst die Thronbesteigung des Kaisers stattfand und ausländische Gesandte empfangen wurden, dauerte fast zehn Jahre und wurde rechtzeitig zum Jubiläumsjahr 2010 fertiggestellt. Wie zukünftig mit dem Gelände verfahren wird, ist noch nicht entschieden. ⌚ Di–So 9–16.30 Uhr, Eintritt frei. Rundbus *(gurutto bus)* für 100 ¥ ab Kintetsu-Bahnhof Nara bis Suzakumon-hiroba mit der *Omiya Street Route* oder vom JR-Bahnhof Nara, Haltestelle R6, mit der *Nara Park Route* zur Aburasaka-Funahashi-Arkade und dort wechseln zur *Omiya Steet Route* – die *Nara Park Route* verkehrt aber nur an Wochenenden und Feiertagen von 9–17 Uhr.

## Tōshōdai-ji 唐招提寺

Südwestlich der Palastruinen erheben sich zwischen grünen Reisfeldern und bäuerlichen Anwesen die sanft geschwungenen Formen des Tōshōdai-ji und Yakushi-ji, zwei repräsentative Tempelbauten und unersetzliche Zeugnisse des Altertums in Japan. 1998 wurden die beiden Tempel in die Liste des Unesco-Weltkulturerbes aufgenommen.

Der Mitte des 8. Jhs. von dem chinesischen Mönch Ganjin gegründete Tōshōdai-ji gilt als ein bedeutendes Beispiel der nara-zeitlichen Architektur. In der Haupthalle, **Kondō**, einem Gebäude aus der Gründungszeit, sind äußerst beeindruckende, kleine wie auch monumentale Sitz- und Standfiguren von Buddhas, Kannon, Wächtern und Himmelskönigen versammelt. Im Norden der Anlage steht die Halle **Mieidō**. In ihr wird die Statue des Tempelgründers Ganjin aufbewahrt, der, so wurde es überliefert, während mehrerer Versuche, Japan per Schiff zu erreichen, erblindete. Die fast 1 m hohe Figur wird einmal im Jahr (5.–7. Juni) der Öffentlichkeit zugänglich gemacht. Die originale Lehrhalle, **Kōdō**, stammt aus dem Palast Heijō-kyū (S. 423) und ist somit das einzige über die Zeit gerettete materielle Zeugnis des Palastbaus. Im **Schatzhaus** aus Stahlbeton sind weitere Skulpturen und Artefakte gelagert, die den Besuchern teilweise gezeigt werden.

Am 19. Mai werden während der Uchiwamaki-Zeremonie herzförmige Papierfächer von den Priestern in die wartende Menge geworfen. Wer einen Fächer ergattert, soll ein Jahr lang gesund bleiben – allerdings werden am Vormittag die Besucher, die am Fest teilnehmen dürfen, ausgelost.

⌚ tgl. 8.30–17 Uhr, 1000 ¥ plus 200 ¥ für das Schatzhaus; in der Mieidō wird vom 5.–7. Juni die Ganjin-Statue gezeigt, eine Reservierung ist nicht möglich, stattdessen geben Mieidō-Mönche am Tag des Besuchs vor dem Haupttor 150 nummerierte Eintrittskarten für je 1000 ¥ aus.

Vom Kintetsu-Bahnhof Nara mit der Nara-Linie bis Yamato-Saidai-ji, umsteigen in die Kashihara-Linie, dann bis Kintetsu-Nishinokyō, von hier 5 Min. zu Fuß, oder eine Station vorher in Amagatsu-ji aussteigen – dort befindet sich das **Schlüssellochgrab** des Kaisers Suinin –, um danach etwa 600 m südlich (entlang der Bahnlinie) bis zum Tōshōdai-ji zu laufen. Alternativ mit Bus Nr. 63 od. 72 in rund 15 Min. (270 ¥) vom JR- oder Kintetsu-Bahnhof Nara bis Haltestelle Tōshōdai-ji.

## Yakushi-ji 薬師寺

Nur etwa 500 m südlich des Tōshōdai-ji liegt der Ende des 7. Jhs. erbaute und ein paar Jahrzehnte später, nach der Gründung der neuen Hauptstadt Heijō-kyō (Nara), an die heutige Stelle versetzte Yakushi-ji. Der Tempelbau zu Ehren des heilenden Buddha Yakushi wurde von Kaiser Tenmu initiiert, in der Hoffnung, dass seine schwer erkrankte Gemahlin Jitō dadurch schneller genesen möge. Jedoch starb der Kaiser wenig später, und so entstand die Tempelanlage unter Anleitung von Kaiserin Jitō selbst, die zwischenzeitlich die Herrschaft übernommen hatte. Dem chinesischen Stil folgend wurde der Tempel mit zwei Pagoden vor der Haupthalle angelegt – eine im Osten und die zweite im Westen. Diese Anordnung des Tempels war so einzigartig, dass man den Baustil „Yakushi-Stil" nannte. In den folgenden Jahrhunderten wurden fast alle Gebäude, einige sogar mehrmals, durch verheerende Feuersbrünste, Bürgerkriege oder Taifune zerstört. Nur die östliche Pagode (730) mit ihrem seltenen Aufbau (optisch scheinen es sechs Stockwerke zu sein, tatsächlich sind es aber nur drei) blieb bis heute unversehrt. ◷ tgl. 8.30–17 Uhr, 1100 ¥ bzw. 1600 ¥ inkl. West- und Ost-Pagode. Vom Kintetsu-Bahnhof Nishinokyō nur einen Steinwurf weit entfernt.

## ÜBERNACHTUNG

**Guesthouse Sakuraya**, Narukawa-chō 1, 🖳 www.guesthouse-sakuraya.com. Nara-Holzhaus im *machiya*-Stil mit kleinem Innengarten, modernisierten Badezimmern und Duschen und einer freundlich-familiären Atmosphäre im bekannten Naramachi-Bezirk. Die weltoffene Wirtin kennt sich gut in Nara aus und lehrt interessierten Gästen das korrekte Ankleiden eines Kimonos, Teezeremonie oder Kalligrafie. DZ mit Gemeinschaftsbad und -WC, japanische Zimmer für 3 Pers. mit eigener Toilette. Japanisches Frühstück im Preis inbegriffen. ❷–❸

**Hotel Asyl Nara**, Aburaska-chō 1-58, 🖳 www.worldheritage.co.jp/asyl. Altes traditionelles Hotel, das vermutlich seine besten Zeiten hinter sich gelassen hat, aber mit nostalgischem Flair und viel verbautem Holz, gemütlicher Lounge und einer großen Auswahl an Zimmern, von preiswert bis etwas teurer. Privates und großes öffentliches Bad verfügbar, gutes Frühstück. Zu Fuß ein paar Min. vom JR-Bahnhof Nara nördlich bzw. vom Kintetsu-Bahnhof Nara westlich. ❷–❹

**Nara Youth Hostel**, Hōren-Sahoyama 4-3-2, Konoike-undō-kōen, 🖳 www.jyh.gr.jp/nara/en/index.html. Zum Tōdai-ji oder Nara-Park 20 Min. zu Fuß. Professioneller Herbergsbetrieb mit 200 Betten und freundlichen Mitarbeitern. Kaffee, Tee und Internet frei. Dorm 3900 ¥ p. P. bzw. 3300 ¥ bei JH-Mitgliedschaft, Frühstück und Mittagessen 660 ¥, Abendessen 1100 ¥. Vom JR-Bahnhof Nara nördlich 30 Min. zu Fuß oder mit Bus in 8 Min. von Haltestelle Nishiguchi Nr. 15 bis nach Shiei-kyūjō-mae (fast direkt vor der JH). Vom Kintetsu-Bahnhof Nara nördlich 20 Min. zu Fuß oder mit Bus von Haltestelle Nr. 13 bis Shiei-kyūjō-mae. Von beiden Bahnhöfen Bus Nr. 108, 109, 115, 130 oder 209.

€ **Super Hotel Lohas JR Nara-eki**, Sanjō-honmachi 1-2, 🖳 www.superhotel.co.jp/s_hotels/lohasnara. Weiteres Super Hotel, neben dem JR-Bahnhof Nara. Großes, weißes Gebäude. Onsen-Bad mit natürlichem Thermalwasser aus der Nachbargemeinde Yamato-Koriyama. Frühstück 1000 ¥. ❶–❷

€ **Ugaya Guest House**, Okukomori-chō 4-1, 🖳 www.ugaya.net. Gasthaus mit gemütlichem Gemeinschaftsraum, sehr sauberer Atmosphäre, Fahrradverleih. Badehaus in der Nähe. Dorm 3000 ¥ p. P. (Stockbett oder Futon).

## ESSEN

Die ca. 1 km lange **Sanjō-dōri** zwischen dem JR-Bahnhof Nara und dem Nara-Park ist die Haupteinkaufsstraße der Einheimischen. Sie dient gleichzeitig Besuchern, die mit der JR-Bahn anreisen, als Hauptverbindung zu den wichtigsten Sehenswürdigkeiten. Souvenirläden, Restaurants, Cafés und Gasthäuser gibt es auf der Sanjō-dōri, in der Higashimuki-Arkade (nördliche Abzweigung zum Kintetsu-Bahnhof Nara), in der alten Mochiidono-Arkade (südliche Abzweigung zur Altstadt Naramachi) sowie um den Sarusawa-Teich.

Am Ostausgang des JR-Bahnhofs Nara ist ein **KOHYO-Supermarkt** angesiedelt, wo man sich für den Tag – zu lokalen Preisen – mit Proviant eindecken kann.

**Fujimon Seimen (Rāmen FUZIMON'S)**, Baba-chō 11, 🖳 www.fuzimon.com/english_menu. Kleiner, aber feiner Laden mit hausgemachten Nudeln und Suppen, alles ohne Zusatzstoffe. Wahlweise Fisch- oder Mischung aus Schweine- und Hühnerknochenbrühe. Sehr

KANSAI

lecker, nicht zu reichhaltig und leicht zu essen. ⌚ Mi–Mo 10.50–13.50 Uhr.

**Harishin**, Nakanoshin'ya-chō 15, 💻 www.harishin.com/menu. Die lokale Küche von Nara in stilvoller Atmosphäre. Menü ohne Reservierung. ⌚ Di–So 11.30–15 und 18–21 Uhr.

**Kanakana**, Kunōdō-chō 13, 💻 www.kanakana.info. In dem schönen alten Café im *machiya*-Baustil kann man sich wie zu Hause fühlen, und da viele so denken, bildet sich zur Mittagszeit oft eine Warteschlange. Vom Kintetsu-Bahnhof Nara südlich 15 Min. zu Fuß, im Stadtteil Naramachi. ⌚ Di–So 11–19 Uhr.

**Mentō-an**, Hashimoto-chō 30-1, ✆ 0742-22-5239. Udon-Restaurant mit der in Japan beliebten *Kinchaku-Kitsune*-Suppenbrühe mit frittiertem Tōfu, der als Beutel *(kinchaku)* – mit Kordelzug aus Lauchzwiebelblatt – für die darin befindlichen Udon-Nudeln dient, für 950 ¥. Vom Kintetsu-Bahnhof Nara südlich durch die Higashimuki-Arkade bis zur Sanjō-Straße und ein paar Meter in die Mochiidono-Arkade. ⌚ Mo, Mi–Fr 11–15, Sa, So, feiertags bis 17 Uhr bzw. bis alles ausverkauft ist.

**Sakedokoro Kura**, Komyō-in-chō 16, ✆ 0742-22-8771. Nostalgische, über 60 Jahre alte Kneipe (*izakaya*) in einem alten japanischen Lagerhaus *(kura)*. Wegen der netten Atmosphäre bei in- und ausländischen Besuchern beliebt. Es gibt *oden, yakitori* und andere Kleinigkeiten. Vom Kintetsu-Bahnhof Nara südlich ca. 10 Min. bis zum Ende der Mochiidono-Arkade, dann rechts. ⌚ tgl. 17–22 Uhr.

**Shizuka**, Noboriōji-chō 59-1, ✆ 0742-27-8030. *Kamameshi*-Restaurant, d. h. gekochter Reis wird mit frisch zubereiteten Beilagen, die man selbst auswählt, in einem Topf serviert. Das Restaurant steht im Nara-Park gegenüber dem Nationalmuseum. Gerichte 1000–2000 ¥. Manchmal bilden sich Warteschlangen. ⌚ Mo–Fr 11–15, Sa, So, feiertags bis 16 Uhr.

**Yanagi Chaya**, Noborioji-chō 49, 💻 www.yanagichaya.com. Spezialität des vegetarischen Hauses ist *chameshi*, d. h. Reis *(meshi)* wird mit Bohnen, Esskastanien, Hirse, Gemüse der Saison und Tee *(cha)* gekocht. Das traditionelle Essen der Mönche aus dem Tōdai-ji und dem Kōfuku-ji genießt große Popularität als gesunde Kost. Direkt unterhalb des Kōfuku-ji. ⌚ Fr–Di 11.30–17 Uhr.

## SONSTIGES

### Fahrradverleih

**Eki Rent-a-Car-System/Eki-Rin-Kun**, vor dem JR-Bahnhof Nara, am Ostausgang (Higashi-guchi) einige Meter nach rechts, ✆ 0742-26-3929. JR-Auto- und Fahrradvermietung, Rad 700 ¥ pro Tag, ⌚ tgl. 8–18 Uhr.

**Yamato Kankō Rental Cycle Shop**, vom Bahnhof Kintetsu-Nara Ausgang Nr. 7, nördlich 3 Min. zu Fuß, linke Seite auf der Yasuragi-no-michi, neben Friseur, 💻 https://yamatocycle.com. Unbemannte Leihstation mit Ticketautomat. Mietzeit/Rückgabe 24 Std.: E-Bike für 1320 ¥ (mit Reservierung 990 ¥), auch leichtes Crossbike, Roadbike. ⌚ Do–Di 8–15 Uhr.

### Feste

**Wakakusayama Yamayaki**, 4. Sa im Jan: Abbrennen von trockenem Gras des Wakakusa-Hügels.

**Onioi-shiki**, 3. Feb: „Teufelsaustreibungszeremonie", u. a. im Kōfuku-ji oder Hōryū-ji. *Oni*, japanische Dämonen, werden symbolisch durch das Werfen von gerösteten Sojabohnen vertrieben.

**Omizutori**, 1.–14. März: „Fest des Wasserschöpfens", im Tōdai-ji, Nigatsu-dō. Das Highlight beginnt, wenn die Mönche mit Fackeln um die Tempelhalle laufen (um Mitternacht vom 12. zum 13. März).

**Nara Tōkae**, etwa 5.–14. Aug (10 Tage in der ersten August-Hälfte): Der Nara-Park erstrahlt zwischen 19 und 21.30 Uhr im Glanz Tausender Kerzen.

**Chūgen Mantōrō Matsuri**, 14. und 15. Aug: Tausende Stein- und Bronzelaternen des Kasuga-taisha werden bei Musik und Tanz entzündet.

**Shika-no-tsunokiri**, 3 Tage (Sa–Mo) zwischen Anfang und Mitte Okt: Zeremonielles Stutzen der Hirschgeweihe im Nara-Park

**Kasuga Wakamiya On-matsuri**, 15.–18. Dez: Mitternächtliche Prozession mit Galakleidern, zudem Nō-Aufführungen, Sumō-Kämpfe (18. Dez) und Bugaku-Tänze im Kasuga-taisha

### Führungen

€ Kostenlose Rundgänge mit Goodwill-Guide-Gruppen, vorherige Anmeldung entweder bei den Touristeninformationen oder bei den Gruppen direkt:

**Nara SGG Club**, ✆ 0742-22-5595, 💻 https://narasggclub.web.fc2.com.

**Nara Guide Club**, 💻 https://nara-guide-club.com, kostenlose Touren mit über 100 freiwilligen Helfern, registriert bei der JNTO (Japan National Tourism Organization).

**Nara Student Guide**, 💻 www.narastudentguide.org, kostenlose, von japanischen Studierenden organisierte und durchgeführte Führungen.

### Informationen

Die gut ausgestattete **Haupttouristeninformation**, ✆ 0742-27-2223, hat ihren Sitz im alten Bahnhofsgebäude (mit Starbucks-Café) vor dem neuen JR-Bahnhof Nara, Gepäckaufbewahrung 600 ¥ pro Tag, 🕒 tgl. 9–19 Uhr.

**Touristeninformation im Kintetsu-Bahnhof Nara**, 1F, ✆ 0742-24-4858, 🕒 tgl. 9–21 Uhr.

**Nara City Sightseeing Information Center (Naranicle)**, auf dem Weg zum Nara Park, an der Kreuzung Sanjo-dori und Yasuragi no-michi ✆ 0742-22-3900, mit Restaurant und Café, 🕒 tgl. 9–17 Uhr.

### Internet

**Nara Free WiFi Area Map**, 💻 https://narashikanko.or.jp/en/wifi.

## NAHVERKEHR

Für die **Busse von Nara Kōtsū**, 💻 www.narakotsu.co.jp, die fast jede Ecke der Stadt erreichen, gibt es günstige Buspässe: Billiger und bequemer als mit dem *1-Day Pass Nara Park Nishinokyō* für 500 ¥ lassen sich die Sehenswürdigkeiten im Nara Park nicht erkunden. Mit dem *1-Day Pass Wide Nara Park Nishinokyō Hōryūji* für 1000 ¥ ist die Reise zum Hōryū-ji inklusive. Und mit dem *2-Day Pass Nara Yamatoji* für 1500 ¥ können zusätzlich verschiedene Orte in Asuka angefahren werden. Die Tickets gibt es im JR- und im Kintetsu-Bahnhof Nara.

## TRANSPORT

Vom Hauptbahnhof KYŌTO mit **JR oder Kintetsu** in 35–45 Min. bis JR Nara (720 ¥) bzw. Kintetsu Nara (760 ¥).
Von ŌSAKA mit JR in 50 Min. (820 ¥) oder von Ōsaka Nanba mit Kintetsu-Linie in 35 Min. (680 ¥).

# Die Umgebung von Nara

Im südlich von Nara gelegenen Nara-Becken residierten und regierten vor und während der Asuka-Periode (552–710) mehrere Kaiser und Kaiserinnen und hinterließen ihre Spuren. Innerhalb der Tempelanlage des Hōryū-ji stehen die heute ältesten Holzgebäude der Welt.

## Hōryū-ji 法隆寺

Die lange Geschichte des Tempels, 💻 www.horyuji.or.jp, beginnt um 600 n. Chr. in der Asuka-Zeit: Als Kaiser Yōmei 587 erkrankte, wünschte er sich ein Standbild des Buddhas der Heilkunst (Yakushi-nyorai). Seine Schwester, Kaiserin Suiko, und sein Sohn, Kronprinz Shōtoku Taishi, erfüllten ihm diesen Wunsch. Leider starb der Kaiser vor der Vollendung der Buddha-Figur, für die dann 607 ein Tempel erbaut wurde, der Hōryū-ji.

Einige Hallen des Tempelbezirks blieben bis heute im Original erhalten, was den Hōryū-ji zum weltweit ältesten Holzgebäude macht. Seit 1993 gehört der aus 50 Gebäuden bestehende Tempel zum Unesco-Weltkulturerbe. Die Anlage, die man durch das muromachi-zeitliche „Große Südtor" **Nandai-mon** (1439) mit ausdrucksstarken Niō-Tempelwächtern betritt, ist in zwei Bereiche unterteilt: Im besonders bedeutenden Westbezirk **Sai-in** befinden sich die fünfstöckige Pagode und die Haupthalle Kondō (Experten streiten bis heute, ob ein Großfeuer im Jahr 670 auch diese beiden Gebäude zerstörte oder ob sie im Original erhalten sind). Im Ostbezirk **Tō-in** steht die Yume-dono, die achteckige „Halle der Träume", mit ihrem elegant geschwungenen Ziegeldach. In den Schatzkammern des Hōryū-ji lagern über 2000 Kulturschätze, kunsthistorische Zeugnisse von unschätzbarem Wert. 🕒 tgl. 8–17 Uhr (4. Dez–21. Feb bis 16.30 Uhr), 1500 ¥.

KANSAI

Vom JR-Bahnhof Nara fährt man mit der Yamatoji-Linie bis zum Bahnhof Hōryū-ji, von dort sind es rund 20 Min. zu Fuß oder 5 Min. mit dem Bus (190 ¥).

Andere Möglichkeiten: mit Nara-Bus 97 od. 98, Haltestelle Nr. 6 vom JR-Bahnhof Nara Ausgang Ost, Richtung Hōryū-ji bis Hōryū-ji-mae, in 1 Std. für 770 ¥ – Achtung, nur ein Bus pro Std.!

## Hōki-ji 法起寺

Der Tempel nordöstlich des Hōryū-ji zählt ebenfalls zum Unesco-Weltkulturerbe von Nara und ist besonders wegen seiner 24 m hohen dreistöckigen Pagode, der landesweit ältesten ihrer Art, und der Standfigur Jūichimen-Kannon, der „Kannon mit elf Gesichtern“, aus der mittleren Heian-Zeit (10. Jh.) bekannt. ⌚ tgl. 8.30–17 Uhr (Winter 16.30 Uhr), 300 ¥. Bus ab JR-Bahnhof Ōji bis Hōki-ji-guchi (15 Min., 390 ¥).

## Asuka 飛鳥

In der Asuka-Zeit, jener Epoche, bevor Nara permanente Hauptstadt Japans wurde (710), war Asuka mehrere Male kaiserliche Residenzstadt (Asuka-kyō bzw. Asuka no miyako) und sowohl reich an Einfluss als auch an Kultur. Es war die Zeit, in der der Sterbeort eines Kaisers als unrein betrachtet wurde und der neue Kaiser bei Amtsantritt einen anderen Palast beziehen musste. Zwangsläufig änderte sich damit der Standort der Hauptstadt Japans regelmäßig. Im **Asuka-Geschichtspark** (Asuka Rekishi-kōen), 💻 www.asuka-park.jp/en, der sich etwa 25 km südlich von Nara ausdehnt, blieben bis heute sensationelle Sehenswürdigkeiten erhalten bzw. wurden in den 1970er-Jahren von Archäologen zutage gefördert. Ein Besuch lohnt sich bei dem im Osten unweit vom Kintetsu-Bahnhof Asuka entfernten **Hügelgrab Ishibutai**, das wegen seiner zwei gewaltigen, bis zu 75 t schweren Abdecksteine zu den größten Grabgewölben Japans zählt. ⌚ tgl. 8.30–16.45 Uhr, 250 ¥. Vom Kintetsu-Bahnhof Nara in 5 Min. bis Yamato Saidai-ji, umsteigen in Zug nach Kashihara-jingū-mae (30–45 Min.), dort nochmals umsteigen und 5 Min. bis Kintetsu-Asuka fahren (Ticket bis hierher 580 ¥). Von dort mit Kame Loop Bus in rund 15 Min. für 270 ¥ bis Bushaltestelle Ichibutai oder 15 Min. mit dem Mietfahrrad.

Ebenfalls östlich des Kintetsu-Bahnhofs Asuka (7 Min. Fußweg) versucht das **Asuka-Geschichtsmuseum** (Asuka Shiryōkan), ✆ 0744-54-3561, Besuchern die historische Bedeutung der Asuka-Region zu vermitteln. ⌚ Di–So 9–16.30 Uhr, 270 ¥.

In der Gegend um Asuka sind die 24 sogenannten Asuka-Tempel verstreut, darunter auch der **Tachibana-dera**, der Geburtsort des Shōtoku Taishi. Der für diese Epoche repräsentativste und einer der ältesten Tempel Japans überhaupt ist der Ende des 6. Jhs. errichtete **Asuka-dera** (auch Hōkō-ji), in dem eine bronzene Buddha-Statue verehrt wird, die vermutlich aus dem frühen 7. Jh. stammt. ⌚ tgl. 9–17.30 Uhr (Okt–März nur bis 17 Uhr), 350 ¥. Bus vom Kintetsu-Bahnhof Kashihara-jingū-mae bis Asuka-daibutsu-mae, dann 15 Min. zu Fuß.

Nördlich des Bahnhofs Kashihara-jingū-mae zeigt das **Archäologische Museum Kashihara**, 💻 www.kashikoken.jp/museum/top.html, das größte Museum seiner Art in Japan, im 20. Jh. bei Ausgrabungen in der Gegend um Asuka gefundene Gegenstände. ⌚ Di–So 9–17 Uhr, 400 ¥.

Südlich von Asuka in Takatori steht ein weiterer interessanter und schön gelegener Tempel, der **Tsubosaka-dera**. Die ehrwürdige Holzskulptur einer elfgesichtigen Kannon bildet den Mittelpunkt der Verehrung. Eine neue, 15 m hohe, aus Stein gemeißelte Buddha-Statue zwischen den heiligen Hallen ist ein Geschenk aus Indien von 2007. ⌚ 8.30–17 Uhr, 600 ¥. Vom Kintetsu-Bahnhof Asuka eine Station weiter Richtung Süden bis Kintetsu-Tsubosaka-yama. Von hier mit Bus Nr. 20 in 15 Min. bis Tsubosaka-dera, dann 5 Min. zu Fuß.

### FAHRRADVERLEIH

Es gibt Fahrradverleihe vor dem Kintetsu-Bahnhof Asuka (z. B. Man'yo oder Asuka Rent-a-Cycle) und dem Kintetsu-Bahnhof Okadera (eine Station nördlich von Asuka). Alle verlangen 900 ¥/Tag (Sa, So, feiertags 1000 ¥). ⌚ 8 oder 9–17 Uhr.

### TRANSPORT

Von KYŌTO mit dem Kintetsu-Expresszug in ca. 1 Std., 2080 ¥, langsamere **Züge** in 1 1/2 Std.

(umsteigen in Yamato-Saidaiji), 1160 ¥, bis Kashihara-jingū-mae, von hier kann man den Asuka-Park per Bus oder Rad erkunden. Ein Lokalzug fährt weiter bis Asuka (übernächste Station). Vom JR-Bahnhof NARA bis Sakurai (rund 30 Min.), dann mit **Bus** bis Asuka-kankō-kaikan-mae, von hier ein paar Min. bis Ishibutai.

# Kii-Halbinsel 紀伊半島

Die Kii-Halbinsel bildet den südlichen Teil der Region Kansai. Die Kii-Berge zählen zu den mystischsten Landschaften Japans. Die dicht bewaldete Gebirgsregion besteht aus 1000 bis 2000 m hohen, zerklüfteten Bergen und vielen Flüssen, Bächen und Wasserfällen, gespeist von einer hohen Niederschlagsmenge. In dieser beeindruckenden Natur verbergen sich einige religiöse und historisch sehr bedeutende Orte: der **Kōya-san**, ein Berg mit einer Klosterstadt auf seinem Gipfel, das Gebiet **Kumano** mit den uralten Kumano-Schreinen, der **Ise-Shima-Nationalpark** mit dem als nationales Heiligtum verehrten Ise-jingū, dem wichtigsten Shintō-Schrein des Landes, sowie die Kleinstadt **Toba**, Zentrum der Perlengewinnung.

## Yoshino und Ōmine-san 吉野・大峰山

Der Yoshino-yama ist Japans berühmteste Gegend für das alljährliche Natur- und Farbspektakel der Kirschblüte. Im April, wenn hier die etwa 30 000 Kirschbäume blühen, ist der ansonsten ruhige und beschauliche Ort völlig überlaufen. **Yoshino** ist außerdem die Basis für den etwa 30 km langen Wander- und Pilgerweg (zwei Tage Laufzeit) zum heiligen Berg **Ōmine-san** (1719 m), den auch zahlreiche Mönche vom nahe gelegenen Kōya-san erklimmen.

Von Yoshino aus führt zudem ein 170 km langer und anstrengender Weg bis hinunter nach Kumano zum Hongū-Schrein. Die Reise dauert sechs Tage (wegen schwieriger Bergpassagen besser mit Reiseleiter). Einige Teilabschnitte dieses historischen Wegs und den Ōmine-san dürfen Frauen nicht betreten. Die Begründungen hierfür fallen recht unterschiedlich aus, jedoch geht das Verbot allem Anschein nach von der asketisch lebenden Männergesellschaft der umliegenden Tempel aus.

Yoshino ist seit vielen Jahrhunderten das Zentrum der Shugendō-Bewegung, eine alte japanische, synkretistische Religion, deren Anhänger, buddhistische Mönche und Laien, sich in der Asuka-Zeit in die Berge zurückzogen und durch die Ausübung magisch-religiöser Rituale und asketischer Praktiken versuchten, übernatürliche Fähigkeiten zu erlangen. Im 14. Jh. verlegte Kaiser Go-Daigo den Hof von Kyōto nach Yoshino, was den Beginn der Spaltung in eine Nord- und Süddynastie und einen fast ein halbes Jahrhundert andauernden Krieg zur Folge hatte (S. 112). Im Jahr 2004 wurde Yoshino gemeinsam mit dem Kōya-san und Kumano unter dem Oberbegriff „Heilige Orte und Pilgerrouten im Kii-Gebirge" als Unesco-Weltnaturerbe ausgezeichnet. Anreise mit der Kintetsu-Linie bis Yoshino von Kyōto (Umsteigen in Kashihara-jingū-mae), 2 1/4 Std., 1480 ¥, per *Limited Express* in 1 1/2 Std., 2020 ¥ (Kansai Through Pass kann hier nicht verwendet werden) oder von Ōsaka-Abenobashi 1 1/4 Std., 1030 ¥.

**12 HIGHLIGHT**

## Kōya-san 高野山

Nur 70 km südlich von Ōsaka, auf einem 860 m hohen Plateau, weit über den dicht bewaldeten Hängen der Kii-Berge im Innern der Präfektur Wakayama, liegt Kōya-san, einer der berühmtesten Wallfahrtsorte Japans und Zentrum der buddhistischen Shingon-Schule. Der Kōya-san gehört zu den wichtigsten Reisezielen in der Umgebung von Ōsaka. Von den etwa 4000 Einwohnern dieses abgeschiedenen und mystischen Ortes sind rund 1000 Mönche. Der große Heilige Kōbō Daishi (S. 500), Begründer der Shingon-Lehre, errichtete hier unter der Protektion des Kaiserhauses, aber fern allen staat-

Den Friedhof Oku-no-in auf dem Kōya-san schmücken Jizō-Bosatsu-Figuren als Begleiter toter Seelen.



lichen Einflusses, im Jahre 816 den **Kongōbu-ji**, den ersten Tempel der später auf 2000 Gebäude angewachsenen Klosterstadt. Heute umfasst die Anlage in einem uralten Zedernwald neben mehr als 120 Tempelhallen eine Schule, eine Bibliothek und eine der bedeutendsten Universitäten für das Studium des Buddhismus. Um das **Oku-no-in** herum erstreckt sich der größte und bedeutendste Friedhof Japans. In mehreren hunderttausend Gräbern ruhen zum Teil hochrangige Persönlichkeiten der japanischen Geschichte: Kaiser, Shōgune, Landesfürsten und auch berühmte Schauspieler und Poeten. Etwa eine Million Besucher und Pilger kommen jährlich zum Kōya-san, der seit 2004 von der Unesco als Weltkulturerbe gelistet ist. Ausländische Besucher finden in etwa der Hälfte aller vorhandenen Tempel Unterkunft *(shukubō)*. Sie lernen dann in der Regel die vegetarische Kost der Mönche *(shōjin-ryōri)* kennen und dürfen an der zeremoniellen Morgenandacht (30–60 Min.) teilnehmen.

## Orientierung

Vom **Bahnhof Gokuraku-bashi** führt eine Seilbahn auf das Hochplateau des Kōya-san. Die **obere Seilbahnstation** ist der Ausgangspunkt für die Busse, die zu den bedeutendsten Sehenswürdigkeiten des Ortes fahren. Wer gut zu Fuß ist, kann die wichtigsten Orte des Kōya-san problemlos ablaufen. Die Klosterstadt ist in zwei Bereiche aufgeteilt, die es sich beide zu besuchen lohnt: **Garan** im Westen mit interessanten alten Tempelgebäuden und **Oku-no-in** im Osten mit dem großen ehrwürdigen Friedhof. Für die Hauptsehenswürdigkeiten gibt es ein Kombiticket (gültig an zwei aufeinanderfolgenden Tagen) für 2500 ¥ – Zugang zum Kongōbu-ji, Kondō-Halle, Daitō-Pagode und Tokugawa-Mausoleum (einstige Unterkunft der Tokugawa-Familie) –, erhältlich bei der Kōyasan Tourist Information. Außerdem gibt es von Nankai Railway das *Kōyasan World Heritage Ticket* (siehe Transport).

## Daimon 大門

Daimon, das „Große Tor" im Westen der Anlage, bildete ursprünglich den offiziellen Haupteingang zum Kōya-san. Das gegenwärtige, von zwei kräftigen Tempelwächtern *(niō)* flankierte Tor, von dem aus man einen herrlichen Blick über die umliegende Landschaft hat, wurde bereits vor 300 Jahren hier aufgestellt.

## Heiliger Bezirk Garan 伽藍

Westlich des Kongōbu-ji liegt Garan, der „Heilige Bezirk“, Kern der Tempelanlage und der religiösen Aktivitäten, der Rituale und Zeremonien des Kōya-san. In seinem Zentrum steht die große zweistöckige Pagode **Konpon-daitō**, die nach der Shingon-Lehre den Mittelpunkt des sogenannten Lotusblüten-Mandalas darstellt und in ihrem Inneren fünf sitzende Buddhas beherbergt, Eintritt 500 ¥. Gegenüber steht **Kondō**, die „Goldene Halle“, das erste Gebäude, das Kōbō Daishi Anfang des 9. Jhs. hier errichten ließ (rekonstruiert 1929). In ihr befinden sich verschiedene Buddha-Figuren, u. a. eine Skulptur des Dainichi-nyorai, des „Kosmischen Buddha“, Eintritt 500 ¥. Es gibt eine weitere Pagode, **Saitō**, die „Westliche Pagode“, sowie eine **Gebetsmühle** mit einer drehbaren Sutrenbibliothek. Die „Bildnishalle“ **Miedō** wurde zu Ehren des Shingon-Gründers errichtet. In ihr finden sich sehr alte und wertvolle Gemälde, sowohl vom ins Nirvana eintretenden Buddha *(nehanzō)* als auch ein Porträt von Kōbō Daishi. ⌚ tgl. 8.30–16.30 Uhr, Eintritt pro Gebäude 200 ¥.

Nur wenige Meter östlich des Heiligen Bezirks steht die Halle **Fūdo-do**, das älteste erhaltene Gebäude des Kōya-san aus dem Jahre 1197. Südöstlich der Haupthalle können Interessierte im Museum und Schatzhaus **Roihōkan**, die 1200-jährige Geschichte der Klostersiedlung anhand von buddhistischen Statuen, Rollbildern, Dokumenten, Porzellan und anderen Kunstwerken des esoterischen Buddhismus studieren. ⌚ tgl. 8.30–17.30 Uhr (Nov–April bis 17 Uhr), 1300 ¥, Bushaltestelle Reihōkan-mae.

## Kongōbu-ji 金剛峯寺

Der Kongōbu-ji, 💻 www.koyasan.or.jp/english/kongobuji/sohonzan.html, im Zentrum des Ortes besteht aus verschiedenen Gebäuden: einer Ritual- und einer Meditationshalle, einem bemerkenswerten Glockenturm, einem Lager- und einem Teehaus. Er ist sowohl das Hauptheiligtum des Kōya-san als auch der Haupttempel der Shingon-Schule. Die gegenwärtige Haupthalle besteht seit 1863, nachdem sie in den Jahrhunderten zuvor immer wieder Feuersbrünsten zum Opfer gefallen war. Im Inneren finden sich auf den Schiebetüren interessante und sehr schöne Malereien mit Trauerweiden-Motiven, von denen einige Kanō Tan'yū (1602–74), einem begnadeten Maler der Kanō-Schule, zugeschrieben werden. Banryū-tei, der Garten des Tempels, besteht aus 140 Steinen, eingebettet in weißen Sand. Mit einer Fläche von 2340 m² soll er der größte Steingarten Japans sein. ⌚ tgl. 8.30–17 Uhr, 1000 ¥ (inkl. Tasse Tee). Mit dem Nankai-Rinkan-Bus von der Seilbahnstation in 12 Min.

## Mausoleum Oku-no-in 奥の院

Vom Garan bis zum Inneren des Oku-no-in sind es auf der alten Pilgerroute fast 4 km (= 36 *chō*, siehe Chō-ishi-michi). Der Lauf durch den Ort und die stille Gräberlandschaft mit hoch in den Himmel ragenden Zedern kann während der Morgen- oder Abenddämmerung oder an regnerischen und nebelverhangenen Tagen zu einem einmaligen spirituellen Erlebnis werden. Besucher, denen der Weg zu weit ist, können mit dem Bus bis zur Haltestelle Ichi-no-hashi-mae oder weiter bis Oku-no-in-mae fahren. Im nördlichen Teil des weitflächigen Friedhofs liegt Oku-no-in, das Mausoleum des Kōbō Daishi, sowie die „Lampenhalle“ Tōrō-dō, mit Tausenden, von Gläubigen gespendeten und teilweise sehr alten Laternen.

## Chō-ishi-michi und „Frauenweg“ 町石道・女人道

Es gibt verschiedene Pilgerwege hoch zum Kōya-san. Der gebräuchlichste ist der 24 km lange Pfad **Chō-ishi-michi**, der den Tempel Jison-in in Kudōyama am Fuße des Berges und das Mausoleum des Kōbō Daishi im Oku-no-in auf dem Gipfel miteinander verbindet. Der Aufstieg dauert durchschnittlich sieben Stunden. Im Abstand von einem *chō* (etwa 109 m) wurden Marksteine (3 m hohe Obelisken mit Stupa-Spitze) errichtet. Bis zum Oku-no-in (über das Daimon) sind es insgesamt 216 solcher Steinpfähle – 180 bis zum Garan-Bezirk und 36 weitere quer durch den Kōya-san bis zum Oku-no-in. Die festgelegten Zahlen repräsentieren gleichzeitig auch die Anzahl der Buddhas und buddhistischen Heilsbringer verschiedener Mandalas.

Da die Klosterstadt für Frauen nicht zugänglich war (offiziell bis zum Ende der Feudalzeit Mitte des 19. Jhs., inoffiziell bis 1916), wurde

KANSAI

um den Kōya-san herum ein **Frauenweg** (Nyonin-michi) angelegt, der heute noch begehbar ist (ca. 9 km). Frauen durften für ihre Andacht nicht über die kleine Tempelhalle Nyonin-dō („Halle der Frauen") hinausgehen. Sie befindet sich neben der Straße, die von der Seilbahnstation ins Zentrum führt. Vom Kintetsu-Bahnhof Gokuraku-bashi läuft man hierher rund 2,5 km bergauf (etwa 1 Std.); weiter bis zum Daimon sind es 1,8 km und bis Oku-no-in 4,8 km.

## ÜBERNACHTUNG UND ESSEN

**Kōyasan Guest House Kokuu**, Kōya-san 49-43, 💻 www.koyasanguesthouse.com/en. Moderne Zimmer und gemütliche Atmosphäre. Die Mahlzeiten werden aus lokalen, frischen Produkten zubereitet. (Frühstück mit Voranmeldung, Abendessen beim Einchecken). Kapsel-Schlafeinheiten 4100 ¥, DZ und modernes Etagenbett-Zimmer. Von der Seilbahnstation Kōya-san mit Nankai-Rinkan-Bus (letzter Bus 20.19 Uhr, Sa, So, feiertags 20.51 Uhr) etwa 20 Min. bis Haltestelle Oku-no-in-mae. Im Winter ca. 1 Monat geschlossen. ❷

**Bon On Sha**, Kōya-san 730. Internationales Café in schönem, japanischem Haus mit vielen ausländischen Gästen. Bio- und vegane Gerichte. Der nette Besitzer spricht verschiedene Sprachen und gibt den Gästen bereitwillig Informationen. Von der Seilbahnstation mit Bus in Richtung Oku-no-in bis Odawara-dōri in 13 Min. Mittagessen ab 11.30 Uhr. 🕒 Mi–So 6.30 bis ca.17 Uhr (Fr bis ca. 16 Uhr).

## Shukubō – Unterkunft im Tempel

Auf dem Kōya-san begegnet man heute mehr denn je ganz in Weiß gekleideten Pilgern, die bereits 88 Tempel auf Shikoku besucht haben und nun zum Abschluss ihrer langen Reise hoch zur Grabstätte des heiligen Kōbō Daishi im Oku-no-in steigen. Die traditionelle Pilgerroute trug dazu bei, dass die Tempel auf dem Kōya-san begannen, Unterkunft, sogenannte *shukubō*, zu bieten. *Shukubō* sind eine interessante Alternative zu herkömmlichen Hotels oder Ryokan.

Reisende zum Kōya-san können sich eine Übernachtung mit meist zwei Mahlzeiten (besonders beliebt: Tōfu aus Sesam, *goma-tōfu*, und getrockneter Tōfu, *kōya-dōfu*) unter mehr als 50 *shukubō* aussuchen. Einige der Tempelunterkünfte liegen unmittelbar in der Nachbarschaft wertvoller Kulturgüter. Da sich die *shukubō* immer größerer Beliebtheit erfreuen und auch schon von Reisebüros empfohlen werden, hat die Kōyasan-Shukubō-Kooperative eine **Website** eingerichtet, auf der Informationen und alle verfügbaren *shukubō* auf dem Kōya-san aufgelistet sind: 💻 https://eng-shukubo.net/shukubo.

**Reservierungen** können über die Kōyasan Shukubō Association (Kōyasan Shukubō Kyōkai), 💻 www.shukubo.net/contents/stay, oder direkt über die Homepages einiger Tempel sowie über Reisebüros in Japan getätigt werden.

Hier eine Auswahl von drei *shukubō*, was keinesfalls bedeutet, dass die anderen Tempel nicht zu empfehlen wären.

**Fukuchi-in**, Kōya-san 657, 💻 www.fukuchiin.com. Große *shukubō* mit Thermalbad, Außenbad, Sauna und Kaffee-Ecke mit Blick auf den Garten des berühmten Gartendesigners Shigemori Mirei. Von der Seilbahnstation Kōya-san mit Bus 7 Min. bis Kōya-Keisatsu-mae. Preise variieren saisonbedingt. Übernachtung ab 15 000 ¥ p. P. mit HP.

**Muryōkōin**, Kōya-san 611, 💻 www.muryokoin.org/int. Freundliche und authentische *shukubō* mit Englisch sprechendem Personal. Ab 16 500 ¥ p. P. mit HP. Von der Seilbahnstation Kōya-san mit Bus bis Haltestelle Kōya-Keisatsu-mae.

**Rengejō-in**, Kōya-san 700, 💻 www.rengejoin.jp. Bei Ausländern sehr beliebter und empfohlener Tempel mit schönem Garten und Englisch sprechenden Angestellten. Ab 12 300 ¥ p. P. mit HP. Zimmer im japanischen Stil mit Schiebetürwänden, 8000 ¥ p. P. ohne alles. Von der Seilbahnstation Kōya-san mit Bus 5 Min. bis Isshin-guchi.

**Kadohama Gomadōfu Sōhonpo**, Odawara Shop, Kōya-san 729. Kōyasan-Spezialitäten wie Sesamquark *gomadōfu*. Leckere *Gomadōfu*-Tenpura-Udon oder Soba. Von Seilbahnstation mit Nankai-Rinkan-Bus bis Odawara-dōri. ⌚ tgl. 11–17 Uhr (Restaurant), Verkauf ab 9.30 Uhr.

**Kamameshi Tsukumo**, Kōya-san 243. Leckere *kamameshi*-Gerichte, bei denen Reis mit den anderen Zutaten in einem kleinen Topf gedämpft wird. Gerichte, z. B. lokales Hühnerfleisch mit Gemüse, um 1400 ¥. ⌚ tgl. außer Do 10–16 Uhr. Von der Seilbahnstation Kōya-san mit Bus 20 Min. bis Haltestelle Daimon, dann nach Osten 3 Min. zu Fuß. Im westlichen Teil von Kōya-san, an der Bus-Hauptstraße.

## SONSTIGES

### Feste

Auf der Website von **KCCN**, 💻 www.koyasan-ccn.com, findet sich eine Liste mit einer Auswahl von über 200 jährlichen buddhistischen Zeremonien und Festen auf dem Kōya-san. Das **Aoba-Fest**, eine farbenprächtige Parade aus Anlass des Geburtstags von Kōbō Daishi am 15. Juni, ist das größte Ereignis auf dem Kōya-san. Am Abend zuvor werden riesige Festwagen mit leuchtenden, von den Einheimischen hergestellten Papierbildern von Kōbō Daishi, Buddha und Bodhisattvas durch die Straßen gezogen.

### Informationen

**Kōyasan Shukubō Association**, Kōya-san 600, 💻 www.shukubo.net. Hier gibt es gute Karten für Wanderwege in der Umgebung, Unterkünfte können gebucht und Fahrräder ausgeliehen werden. Die Zentrale liegt an der Haltestelle Odawara-dōri im Zentrum, eine kleinere Filiale an der Seilbahnstation. ⌚ tgl. 8.30–17 Uhr.

**VIC Visitor Information Center**, Daishi-Kyōkai Bldg., nahe Tempel Kongōbu-ji, 💻 www.koyasan-ccn.com, ist auf internationale Gäste eingestellt, mit englischsprachigen Broschüren und Landkarten. Rezeption ⌚ Mo, Mi, Fr, Sa und So 10–16 Uhr.

## NAHVERKEHR

Es verkehren **Busse** im 20-, 30- und 60-Min.-Takt (von ca. 6.30–19 Uhr bzw. Sa, So bis 20.47 Uhr) zwischen der Seilbahnstation Kōya-san und dem Zentrum (10 Min.), Daimon (16 Min.), Ichinohashi (17 Min.) und der Endstation Oku-no-in (20 Min.), Tagesticket 840 ¥. Für Inhaber des *Kōya-san World Heritage Tickets* oder des *Kansai Thru Passes* sind die Busfahrten inklusive.

## TRANSPORT

Mit der **Nankai-Eisenbahn** (Nankai-Kōya-Linie) vom Bahnhof Nanba in ŌSAKA mit dem *Limited Express KOYA* 4–7x tgl. (direkt) in 1 1/2 Std., 1680 ¥, oder mit dem Semi-Schnellzug alle 30 Min. 890 ¥, bis zur Endstation Gokurakubashi (aber umsteigen in Hashimoto). Von hier aus weiter mit der **Seilbahn** in 5 Min. hoch zur Seilbahnstation Kōya-san (500 ¥).

Für diejenigen, die wieder nach Ōsaka zurückkehren, lohnt sich ein **Kōya-san World Heritage Ticket** (für 2 aufeinanderfolgende Tage), das im Bahnhof Nanba oder anderen Bahnhöfen der Nankai-Linie erhältlich ist: Die Rückfahrkarte (von Nanba oder Shin-Imamiya) kostet 3080 ¥ (das sind 17 % Ersparnis), die Limited-Express-Version (Express nur für Hinfahrt) 3630 ¥. Beide beinhalten alle Fahrten zum sowie die Busfahrten auf dem Kōya-san. Zudem reduzieren sich die Eintrittspreise für einige Tempel um 20 %. Wer mit dem *Kansai Thru Pass* reist, zahlt auf diesem Reiseabschnitt weder für Eisenbahn, Seilbahn noch Bus.

# Kumano 熊野

Kumano, im Süden der Kii-Halbinsel, etwa 100 km südöstlich von Ōsaka, wird auch „Land des Todes" genannt, denn hier sollen die *kami*, die Shintō-Geister, zusammen mit den verstorbenen Ahnen wohnen. Die Gegend umschließt die sogenannten **Kumano-sanzan**, die drei Schreine Hongū-taisha, Nachi-taisha und Hayatama-taisha (Shingū). Die drei Schreine sind durch traditionelle Pilgerwege miteinander verbunden, die zusammen als **Kumano-kodō** bekannt sind,

🖳 www.tb-kumano.jp/en/kumano-kodo. Seit weit über 1000 Jahren und bis heute wandern Pilger auf diesen Pfaden zu den heiligen Orten: von Kii-Tanabe zum Hongū-taisha auf dem Nakahechi-Pfad (etwa 45 km, 2 Tage). Wer auf dem Nakahechi weiterläuft, erreicht nach 32 km den Nachi-taisha. Eine weitere Pilgerroute von Kii-Tanabe zum Nachi-taisha, der Ōhechi-Pfad, verläuft entlang der Küste (100 km, 4–5 Tage). Vom Nachi-taisha aus führt der Weg 7 km zurück auf dem Nakahechi-Weg Richtung Ōhechi und dann 15 km in Richtung Ise bis zum dritten Heiligtum, dem Hayatama-taisha.

Es wird vermutet, dass die Schreine noch viel älter sind. Hierher, ins „Herz von Japan", wie diese von hoher Religiosität durchdrungene Region auch bezeichnet wird, soll Jimmu, der Enkel der Sonnengöttin, seinerzeit gekommen sein, um als erster Kaiser Japans das Land zu einen. Der Weg nach Kumano musste so breit angelegt werden, dass der Kaiser darauf in aufwendigen Sänften getragen werden konnte.

Im Jahr 2004 wurden Kumano-sanzan, die religiösen Schätze Kumanos und die Pilgerrouten Kumano-kodō von der Unesco als Weltkulturerbe ausgewiesen.

## Kumano-sanzan 熊野三山

Der **Kumano Hongū-taisha**, einfach nur Hongū genannt, befindet sich im Stadtteil Hongū der Stadt Tanabe und gilt als Hauptschrein der mehr als 3000 Kumano-Schreine landesweit. Der Schrein wird Mitte des 9. Jhs. erstmals schriftlich erwähnt. Der **Kumano Hayatama-taisha**, auch einfach nur Shingū genannt, liegt an der Mündung des Flusses Kumano nahe der Stadt Shingū. Der **Kumano Nachi-taisha**, auch Nachi genannt, ist Teil der Gemeinde Nachi-Katsuura. Der Schrein liegt ganz in der Nähe des heiligen und höchsten japanischen Wasserfalls **Nachi-no-ōtaki**, der hier ursprünglich das Objekt der Verehrung darstellte. Die außergewöhnlich schöne und ganz in Orange gehaltene Pagode des benachbarten Tempels **Seigantō-ji** und der 133 m hohe atemberaubende Wasserfall, sind gemeinsam ein sehr beliebtes Fotomotiv.

### ÜBERNACHTUNG UND ESSEN

**Business Hotel Kawakami**, Kumano-shi, Ido-chō 446-15, 🖳 www.umi-hikari.com/kawakami (nur Jap.). Preiswerte Unterkunft mit japanischem oder westlichem Frühstück (880 ¥). Vom JR-



Die orangefarbene Pagode des Seigantō-Tempels bildet einen starken Kontrast zum Wasserfall.

Bahnhof Kumano-shi, Ausgang 1, nach rechts und etwa 150 m bis zur Brücke, über die Brücke und rechts, nach den Eisenbahnschienen linke Seite, insgesamt 5 Min. ❷–❹

**Oni no Sanpomichi**, Kumano-shi, Ōdamari-chō 762-1, 💻 www.oninosanpomichi.com. Von dem weißen Gästehaus mit dem zu dieser Gegend voller Geister passenden Namen Oni-no-sanpomichi („Weg, auf dem der Teufel spazieren geht") sind es nur 8 Min. zu Fuß bis zur malerischen Küstenlandschaft und zum Unesco-Weltnaturerbe Onigajō („Teufelsburg") sowie 5 Min. bis zum Matsumoto-Pass, dem Ausgangspunkt des Kumano Kodō, einem weiteren Weltnaturerbe. Die netten Besitzer bieten nur DZ mit oder ohne Balkon an. Fahrradverleih für 500 ¥/Tag. Abholservice für Gäste, die mit der Bahn ankommen, nur vom JR-Bahnhof Ōdomari oder Kumano-shi. Zu Fuß von Ōdomari 15 Min. ❷

**Shingū UI Hotel**, Shingū-shi, Inosawa 3-12, 💻 www.ui-hotel.co.jp. Vierstöckiges Businesshotel, in dem auch Hochzeiten gefeiert werden. Im Hotel gibt es ein Restaurant, 🕒 Mo–Fr 17.30–21 Uhr. Vom Ausgang des JR-Bahnhofs Shingū Richtung Rathaus. Vom JR-Bahnhof Kumano-shi nach JR Shingū mit dem Express 20 Min., normaler Zug 30 Min. ❷–❸

## TRANSPORT

**Shingū** ist ein günstiger Ausgangsort, um per Bus zu den wichtigsten Stätten am Kumanokodō und den drei großen Schreinen in Shingū, Hongū und Nachi weiterzureisen. Von KYŌTO nach Shingū (Kumano-Hayatama-taisha) gibt es keine direkte Verbindung mehr (außer, saisonal bestimmt, 2x wöchentl. mit dem Nachtzug „West Express Ginga"), aber von SHIN-ŌSAKA verkehrt die **JR-Kinokuni-Linie**: *Express Kuroshio* 6x tgl. 4 1/2 Std, für 7990 ¥ (nur mit Sitzplatzreservierung!). Besitzer des JR-Passes können auch mit dem Shinkansen bis NAGOYA fahren und von dort – sozusagen im Uhrzeigersinn – mit dem JR-Schnellzug *Nanki* 4x tgl. in knapp 3 1/2 Std. bis Shingū reisen (ohne JR Rail Pass 7000 ¥).

# Ise-Nationalpark
# 伊勢志摩国立公園

Den Osten der Kii-Halbinsel nimmt der Ise-Shima-Nationalpark ein. Ise war bis ins 19. Jh. der Name der Region und zugleich Synonym für die Großen Schreine Ise-daijingū. Diese äußerst schlichten, berühmtesten Schreinanlagen Japans ziehen jährlich etwa 6 Mio. Pilger an. Weiter ostwärts bei Futamigaura werden zwei symbolkräftige Felsen im Meer verehrt. Und ein Stück in Richtung Süden, entlang der dem Pazifik zugeneigten Ise-Bucht, liegt Toba, ein sehenswertes Zentrum der Perlengewinnung.

## Ise-daijingū 伊勢大神宮

Die Stadt Ise ist klein, unscheinbar und relativ jung. Sie entstand aus den beiden vom Ansturm der Pilger und Touristen lebenden Gemeinden Uji und Yamada. Die Hauptsehenswürdigkeit des Wallfahrtsortes ist der aus dem 3. Jh. stammende Ise-daijingū, der „Große Schrein von Ise", der als nationales Heiligtum verehrte, wichtigste Shintō-Schrein Japans.

Der Ise-daijingū ist in zwei Hauptkultstätten unterteilt: den Äußeren Schrein Gekū und den Inneren Schrein Naikū. Der **Gekū** stammt wahrscheinlich aus dem 5. Jh. und ist der Nahrungs- und Schutzgöttin Toyo-uke Ōmikami geweiht. Der **Naikū** wurde vermutlich im 3. Jh. für die Sonnengöttin Amaterasu Ōmikami erbaut. Amaterasu ist die wichtigste Gottheit im Shintō und zugleich die mythische Urahnin des japanischen Kaisergeschlechts. Die beiden Schreine liegen etwa 5 km voneinander entfernt und werden gemäß der Shintō-Tradition alle 20 Jahre abgetragen und in Originalform mit neuen Materialien (unbehandeltes Zypressenholz) wiederaufgebaut. Die letzte und 62. Umsetzung fand 2013 statt.

### Gekū 外宮

Der Äußere Schrein befindet sich etwa 15 Minuten Fußweg südwestlich des Bahnhofs Ise-shi (JR- und Kintetsu-Linie) entfernt. Am Eingang zum Gekū-Bereich erhalten ausländische Besucher eine englischsprachige Broschüre. Der Weg führt von hier durch zwei Torbögen *(torii)*, vorbei am wunderschönen Magatama-Teich,

Ise-Nationalpark
N
0
5 km
ÜBERNACHTUNG
1 Taikôji Shukubô Hostel
2 Ise Guest House Kazami
3 Ise-Shima Youth Hostel
ESSEN
1 Okage-Yokochô
2 Sushikyû
Tôkyô
Meiwa
Myôjô
Akeno
Obata
Miyagawa
Tamaki
Tamaru
Yamadakamiguchi
Miyamachi
Ise
Kintetsu Ise-shi
JR Ise-shi
Ise-Schrein Gekû
Uji-Yamada
Isuzugaoka
JR-Linie
Isuzugawa
Asama
Kintetsu-Linie
Kaidô
Ise
Ise-Schrein Naikû
Miya-gawa
Futamiga-ura
Futaminoura
Me-oto-iwa (Ehepaarfelsen)
Matsushita
Ikenoura Seaside
Ikenoura
TOSHI-JIMA
Momotori
SAKATE-JIMA
SUGA-JIMA
JR Toba
Kintetsu Toba
Toba
PERLENINSEL-MIKIMOTO
Aquarium von Toba
Nakanogô
Shima-akasaki
Funatsu
23
510
714
713
428
511
748
37
716
428
23
201
22
42
37
38
32
37
717
38
22
23
32
167
759

einem Gebäude für die Kaiserfamilie, wann immer sie die Schreinanlage besucht, und der dahinter befindlichen Kagura-den, einer Halle für kultische Tänze, bis das vierfach umzäunte Heiligtum erreicht wird. Alle Besucher dürfen sich der Anlage bis zum Tor an der Südseite nähern. Der Eintritt durch das Tor ist ausschließlich den Priestern, dem Kaiser und dessen Gesandten vorbehalten. Es ist zudem strengstens untersagt, in der Nähe der heiligen Gebäude zu fotografieren.

### Naikū 内宮

Den Inneren Schrein erreichen Besucher mit dem Bus vom Kintetsu-Bahnhof Ise-shi oder vom Gekū. Wer nicht viel Zeit zur Verfügung hat, besucht in der Regel nur den Inneren Schrein, da dieser der weitaus berühmtere ist – hier soll der Spiegel, eine der drei kaiserlichen Insignien, aufbewahrt werden. Aus diesem Grund ist der Naikū überlaufener als der Gekū. Man erreicht den Naikū, indem man vom Busparkplatz den Isuzu-Fluss auf der Uji-Brücke überquert, durch ein Torii läuft und dann auf dem Schreingelände die Stufen zum Fluss hinuntersteigt. Hier waschen sich die Pilger Hände und Mund und setzen dann „gereinigt" den Weg fort, durchschreiten ein zweites Torii und betreten einen von alten Zedern gesäumten Weg, der auch wieder an kaiserlichen Aufenthaltsräumen und einer Kagura-Halle sowie an einem Reisspeicher, einem Pferdestall und anderen kleinen Gebäuden vorbeiführt. Dann steht der Besucher vor dem Shōden, dem von vier Reihen von Holzzäunen umgebenen Hauptschrein. Die Zäune sind auch hier wie beim Gekū so hoch, dass sich die Sicht auf die Dachkonstruktion der Schatzhäuser beschränkt. Den besten Blick über die Anlage bietet eine Stelle nördlich des Schreins: Vor dem Heiligtum stehend einfach nach links in Richtung Norden bis zum heiligen Reisspeicher Mishine-no-mikura laufen. Auch hier darf nach Eintritt in den heiligen Bereich bzw. innerhalb der hohen Umzäunungen nicht fotografiert werden.

## Futami-ga-ura 二見ヶ浦

In dem kleinen Ort Futami-ga-ura, nur 4 km nordöstlich von Ise am Pazifik gelegen, wartet nahe dem Ufer eine weitere Sehenswürdigkeit des Ise-Shima-Nationalparks: Die durch ein starkes geflochtenes Strohseil *(shimenawa)* miteinander verbundenen, aus dem Meer herausragenden „Ehepaarfelsen" **Me-oto-iwa**. Sie versinnbildlichen das Götterpaar Izanagi und Izanami, die der Mythologie nach die Schöpfer Japans sind (S. 568). Auf dem männlichen, dem größeren der beiden Felsen steht ein kleines Torii, das die Heiligkeit dieses Ortes unterstreicht. Jährlich am 5. Januar wird das Seil während einer feierlichen Zeremonie erneuert. Vom JR-Bahnhof Ise-shi bis Futami-no-ura in 8 Min. (210 ¥).

## Toba 鳥羽

Etwa 14 km östlich von Ise liegt auf der Shima-Halbinsel die kleine Stadt Toba. Ihr Seehafen bildet den südlichen Eingang der Ise-Bucht. Zu den vielen Inseln in der Bucht gehört die Mikimoto-Perleninsel im Hafen von Toba. Dem Perlenzüchter Mikimoto Kōkichi (1858–1954) gelang es 1893 zum ersten Mal in der Geschichte, Perlen künstlich im Mantel von Austern entstehen zu lassen und diese zu züchten. Toba wurde zum Zentrum der Perlenzucht und Mikimoto ein gemachter Mann und mehrfacher Millionär. Heute betreibt das Unternehmen auf der **Mikimoto Pearl Island** eine Besucheranlage mit einem Perlenmuseum, 💻 www.mikimoto-pearl-island.jp, und der Mikimoto-Kōkichi-Gedächtnishalle. Außerdem können die Besucher der Insel die weiß gekleideten *ama* bewundern, jene legendären und anmutigen Perlentaucherinnen, die ohne Sauerstoffgeräte zu den Austern am Meeresboden tauchen. 🕒 tgl. 9–17 Uhr – saisonale Änderungen möglich, Eintritt Pearl Island 1650 ¥, ca. 5 Min. zu Fuß südöstlich vom Bahnhof Toba (JR und Kintetsu). Im nahe gelegenen großen **Aquarium** von Toba, 💻 www.aquarium.co.jp, finden sich fast tausend Arten von im Wasser lebenden Tieren, sowohl aus dem Meer rund um Japan als auch aus den Flüssen. 🕒 tgl. 9–17 Uhr (20. Juli–31. Aug 8.30–17.30 Uhr), 2800 ¥.

### ÜBERNACHTUNG UND ESSEN

€ **Ise Guest House Kazami**, Ise-shi, Fukiage 1-6-36, 💻 www.ise-guesthouse.com. 2018 wurde das alte Gasthaus durch einen

KANSAI

© JAPAN-PHOTO.DE/HARTMUT POHLING

Der Ise-jingū, ein uralter Wallfahrtsort und das wichtigste Heiligtum der Shintō-Gläubigen



Neubau aus japanischem Zypressen- und Zedernholz in Form eines 12-seitigen Polygonsersetzt. Durch das frische Holz entstand eine entspannte, warme und einladende Atmosphäre. Dorm (3800 ¥) und Privatzimmer (1–3 Pers.) mit Stockbetten. In der Hochsaison Aufpreis pro Nacht (Dorm 1000 ¥, Privat 4000 ¥). JR-Bahnhof Ise-shi, Südausgang (auch Ausgang für Kintetsu-Linie Ise-shi) nach links 2–3 Min. bis zur 1. Kreuzung. ❶–❷

**Ise-Shima YH**, Shima-shi, Isobe-chō, Anagawa 1219-82, 💻 https://glad.jp/iseshima_en. Am Meer gelegene JH südlich von Toba. Küche für Selbstversorger. Dorm 4400 ¥ p. P. (JH-Mitglieder 3740 ¥), EZ und DZ. Am JR-Bahnhof Toba umsteigen in Kintetsu-Linie, dann in 1/2 Std. bis Kintetsu-Anagawa (Vorsicht, Schnellzug hält nicht in Anagawa!) für 460 ¥. ❸

€ **Taikōji Shukubō Hostel**, Ise-shi, 💻 https://taikouji.com. Kleines, 100 Jahre altes Holzhaus in Futami-ga-ura im *shukubō*-Stil (Tempelherberge). Preiswerte Übernachtung für 3500 ¥ p. P. (Hauptsaison 4500 ¥). Mit AC. Vom JR-Bahnhof Futaminoura zu Fuß etwa 25 Min. oder vom Futami-Busterminal nahe dem JR-Bahnhof Futaminoura mit dem Bus 5 Min. bis Me-oto-iwa Higashiguchi, dann 7 Min. zu Fuß. Vom Kintetsu-Bahnhof Ise-shi oder Uji-Yamada mit dem Bus Richtung Toba bis Haltestelle Me-oto-iwa Higashiguchi.

**Okage-Yokochō**, 💻 https://okageyokocho.com, ist ein lebendiges Viertel vor dem Tor zum Inneren Schrein (Naikū), wo es verschiedene Möglichkeiten gibt, satt zu werden. Die kleinen Straßen und die traditionellen Läden, die japanische Süßigkeiten verkaufen, vermitteln eine edo-zeitliche Atmosphäre. 🕒 tgl. 9.30–17 bzw. 18 Uhr.

**Sushikyū**, beliebtes Sushi-Restaurant in Okage-Yokochō an der Bushaltestelle Jingū-kaikan-mae. 🕒 tgl. 11–17 Uhr.

## SONSTIGES

### Fahrradverleih

In Ise ist es sinnvoll, ein Fahrrad zu mieten. Dies ist möglich im **Gekūmae Tourist Service Center** direkt vor dem Eingang zum Gekū, 🕒 8.30–17 Uhr, 800 ¥ (City-Bike) oder 1500 ¥ (E-Bike) bis zu 4 Std. bzw. über 4 Std. zu 1000 ¥/2000 ¥. Gepäckaufbewahrung 300 ¥, Vermittlung ehrenamtlicher Guides.

### Feste

**Kagurasai**, 28.–30. April und 22.–24. Sep: Auf einer Bühne am Naikū führen aus dem ganzen Land angereiste Ensembles Tänze, Gesänge, Nō-Theater und Kyōgen-Stücke auf.

### Informationen

**Iseshi-eki Station Tourist Information Service** im JR-Bahnhof Ise-shi, ✆ 0596-65-6091. Vor den Schließfächern auf der rechten Seite des Fahrkartenschalters. Hier gibt es Karten und Broschüren von Ise. Man spricht Englisch. ◷ tgl. 9–17.30 Uhr.

**Toba Tourist Office**, im Kintetsu-Bahnhof Toba, Ausgang 1, ✆ 0599-25-2844, ◷ tgl. 9–17.30 Uhr.

**Touristeninformation Ise**, vor dem Eingang zum Gekū, ✆ 0596-63-6262, ◷ Mo–Fr 8.30–17 Uhr, und im Kintetsu-Bahnhof Uji-Yamada, Kontakt nur über Bildschirm. ◷ tgl. 9–17.30 Uhr.

## NAHVERKEHR

Zum **Gekū** vom Bahnhof Ise-shi zu Fuß etwa 7 Min., vom Kintetsu-Bahnhof Uji-Yamada 10 Min. Zum **Naikū** vom Bahnhof Ise-shi mit Bus Nr. 51 oder 55 bis Naikū-mae in 12–20 Min., vom Kintetsu-Bahnhof Uji-Yamada mit den gleichen Bussen in 17–24 Min. und vom Eingang zum Gekū bis zum Naikū in 10–17 Min. Der Fahrpreis beträgt jeweils 430 ¥.

€ Beide Schreine werden auch vom **CAN-Bus** angefahren. Dieser Bus bietet darüber hinaus Verbindungen zwischen den Schreinen, dem Ise-Bahnhof, Futami-ga-ura und Toba. Die CAN-Tagesfahrkarte für den Linienbus heißt *Michikusa Pass* (1200 ¥, 2 Tage 1800 ¥). Im Ticket enthalten sind alle Busfahrten innerhalb dieses Gebietes sowie Ermäßigungen bei den Eintrittspreisen. Erhältlich sind die Tickets im Bus selbst oder im Mie Kōtsu Ticket Center vor den Bahnhöfen Ise-shi und Uji-Yamada, im Ise City Tourist Information Office vor dem Eingang zum Gekū, vor dem Naikū und am Toba Bus Center.

## TRANSPORT

### Eisenbahn

Die Stadt Ise erreicht man am einfachsten von KYŌTO aus mit dem Expresszug *(tokkyū)* der **Kintetsu-Eisenbahn** in rund 2 Std., 5120 ¥, von ŌSAKA-Nanba 1 3/4 Std., 3510 ¥, und von NAGOYA 1 1/2 Std., 3080 ¥ – weiter bis Toba 1 3/4 Std. Vorsicht: Kintetsu-Züge fahren nicht nach Futami-ga-ura.

**JR-Züge** fahren von Kyōto, Ōsaka und Nagoya nach Ise-shi, sind aber wegen der häufigen Umsteigerei recht umständlich. Tipp für JR-Pass-Besitzer: Mit dem Shinkansen von Tōkyō oder Kyōto oder sonstigen Städten bis NAGOYA fahren, dort in den JR-Expresszug *Mie Rapid* umsteigen und in nur 90 Min. nach Ise rauschen (ein Teil der Strecke gehört nicht zu Japan Railways, JR-Pass-Besitzer müssen daher für diese Strecke 520 ¥ draufzahlen). Toba ist die Endstation der JR-Linie, weiter südlich fahren nur die Züge der Kintetsu-Eisenbahngesellschaft.

### Schiffe

Eine etwas spannendere Alternative zur Eisenbahn ist die Anreise per Fähre und Zug: vom FLUGHAFEN NAGOYA CENTRAIR mit dem **Schnellboot** *Tsu Airport Line* nach TSU in 45 Min., 2520 ¥ (inkl. Sitzplatz, muss vorab online/telefonisch reserviert werden): ✆ 059-213-4111 (9–18 Uhr), 🖳 www.tsu-airportline.co.jp. Bustransfer zum Bahnhof 230 ¥. Von Tsu benötigen die JR-/Kintetsu-Züge nach TOBA 60 Min.

# Ōsaka 大阪

Ōsaka entwickelte sich bereits in der Edo-Zeit zu einer wohlhabenden und prosperierenden Handelsstadt. In der Neuzeit ging die wirtschaftliche Dominanz jedoch an Tōkyō über. Oberflächlich gesehen kann der Eindruck entstehen, dass Ōsaka, übrigens seit 1989 die Partnerstadt Hamburgs, ein Dschungel aus Beton, Stahl und Glas ist, der außer Wolkenkratzern nicht viel zu bieten hat. Wer Ōsaka aber nicht nur im Transit durchfährt und sich stattdessen etwas tiefer in die 2,5-Millionen-Stadt an der Ōsaka-Bucht hinein begibt, wird sehr schnell entdecken, dass die Metropole schöne Gärten und historische Orte, aber gleichzeitig auch eine dynamische Ess-, Trink- und Vergnügungskultur besitzt. Vor allem in den südlichen Bezirken, in Shinsaibashi

KANSAI

und Nanba, lassen sich aktuelle Kultur- und Modetrends entdecken. Für Familien gibt es Attraktionen wie den Tennōji-Zoo, das Ōsaka-Aquarium oder die Universal Studios Japan.

Kulturfreunde kommen mit der Ōsaka-jō, Wahrzeichen der Stadt und eine der prächtigsten Burgen Japans, dem uralten Tempel Shitennō-ji, dem Expo-Park 1970 oder dem Suntory Museum auf ihre Kosten. Und für alle, die gerne shoppen, gibt es unendlich viele Läden und kilometerlange ober- wie unterirdische Einkaufsarkaden.

## Umeda 梅田

Umeda, Teil des Stadtbezirks **Kita-ku**, ist das nördliche Zentrum von Ōsaka, ein wichtiger Verkehrsknotenpunkt und ein sehr betriebsames Geschäfts-, Einkaufs- und Amüsierviertel mit vielen Firmensitzen und Hotels.

Über fünf Jahre lang wurde der recht triste und so gar nicht zeitgemäße Hauptbahnhof Ōsaka einer umfassenden Neugestaltung unterzogen. Im Jahr 2011 erlebte er schließlich eine Wiedergeburt als **Ōsaka Station City**, ein architektonisch moderner, trendiger und übersichtlicher Ort, mit viel Raum und Licht und Möglichkeiten zum Shoppen, Essen, Trinken, Treffen oder nur zum Gucken. Unter einer monströsen Glasdachkonstruktion liegen die Bahnsteige, und eine Brücke verbindet im 5. Stock den Nord- und Südteil der Bahnhofsanlage.

Einige Jahre später wurde unmittelbar nördlich des neuen JR-Bahnhofs ein weiteres Highlight von Umeda seiner Bestimmung übergeben: **Grand Front Ōsaka**, ein Kollektiv aus drei Hochhäusern, mit Büros, Wohnungen und vielen kleinen Geschäften.

Im westlichen Teil von Umeda, in Dōjima und Nakanoshima, ragen über 40 Wolkenkratzer empor. Die drei größten Kaufhäuser der Stadt, Hanshin, Hankyū und Daimaru, befinden sich ebenfalls in Umeda. Und wer dort nicht fündig wird, dem stehen moderne Einkaufszentren zur Verfügung wie Whity Umeda und Diamor Ōsaka, im europäischen Stil gehaltene, ausgedehnte unterirdische Einkaufspassagen. **Diamor Ōsaka** spricht alle Altersgruppen an und besteht aus vier breiten Straßen und einer hohen Deckenkonstruktion aus Glas, die das Tageslicht einfängt und so den Aufenthalt im Untergrund vergessen lässt. Über 150 trendige Geschäfte, Restaurants und Cafés bieten der Gebäudekomplex HEP Five und HEP Navio auf der **Hankyū Entertainment Plaza (HEP)**, ein Wahrzeichen der jungen Generation, unmittelbar neben dem Hankyū-Bahnhof Umeda. Im HEP Navio können sich die Besucher auch für eines von acht Kinos entscheiden, und auf dem Dach des Hep Five ist ein nicht zu übersehendes, knallrotes Riesenrad befestigt, das vom 7. Stock des neunstöckigen Gebäudes bestiegen werden kann (tgl. 11–23 Uhr). Die Sicht hoch über Downtown ist natürlich atemberaubend.

Eine noch höhere Weitsicht hat man von der anderen Seite des JR-Bahnhofs Ōsaka (Ausgang Nr. 5), vom 173 m hohen **Umeda Sky Building**, zwei nebeneinander stehenden gläsernen Geschäftstürmen, die im oberen Bereich mit einer Brücke verbunden sind. Vom ringförmigen „Floating Garden Observatory" im 37. Stock aus lässt es sich bis zum Hafen und an schönen Tagen bis zur Insel Awaji blicken, 🕒 tgl. 9.30–22.30 Uhr, 1500 ¥. Dem Generalkonsul der BRD Ōsaka-Kōbe gefiel diese Sicht scheinbar auch, jedenfalls mieteten sich die deutschen Regierungsvertreter hier 1997 im 35. Stock ein.

### Wasserstadt Ōsaka

Die verzweigten Wasserläufe des Yodogawa sorgen dafür, dass Ōsaka von einem Netz von Kanälen und Flüssen durchzogen ist. Diese Tatsache und die dadurch entstandenen **Brücken** gaben Naniwa, wie Ōsaka früher hieß, die Beinamen „Venedig des Ostens" und „Stadt der 808 Brücken". Besuchern, die Ōsaka vom Wasser aus kennenlernen möchten, bietet sich eine Rundfahrt mit einem Wasserbus an, der zwischen der Burg und Yodoyabashi verkehrt: Der **Aqua Liner**, 💻 https://suijo-bus.osaka/language, auf dem Fluss Ōkawa fährt derzeit zwischen 10.15 und 16.15 Uhr folgende Route: Anlegestelle Ōsaka-Burg, Tenmabashi, Yodoyabashi, Nakanoshima Rose Garden und Hachiken'yahama-Pier. Preis für die Rundfahrt 1600 ¥, Fahrtdauer 40 Min.

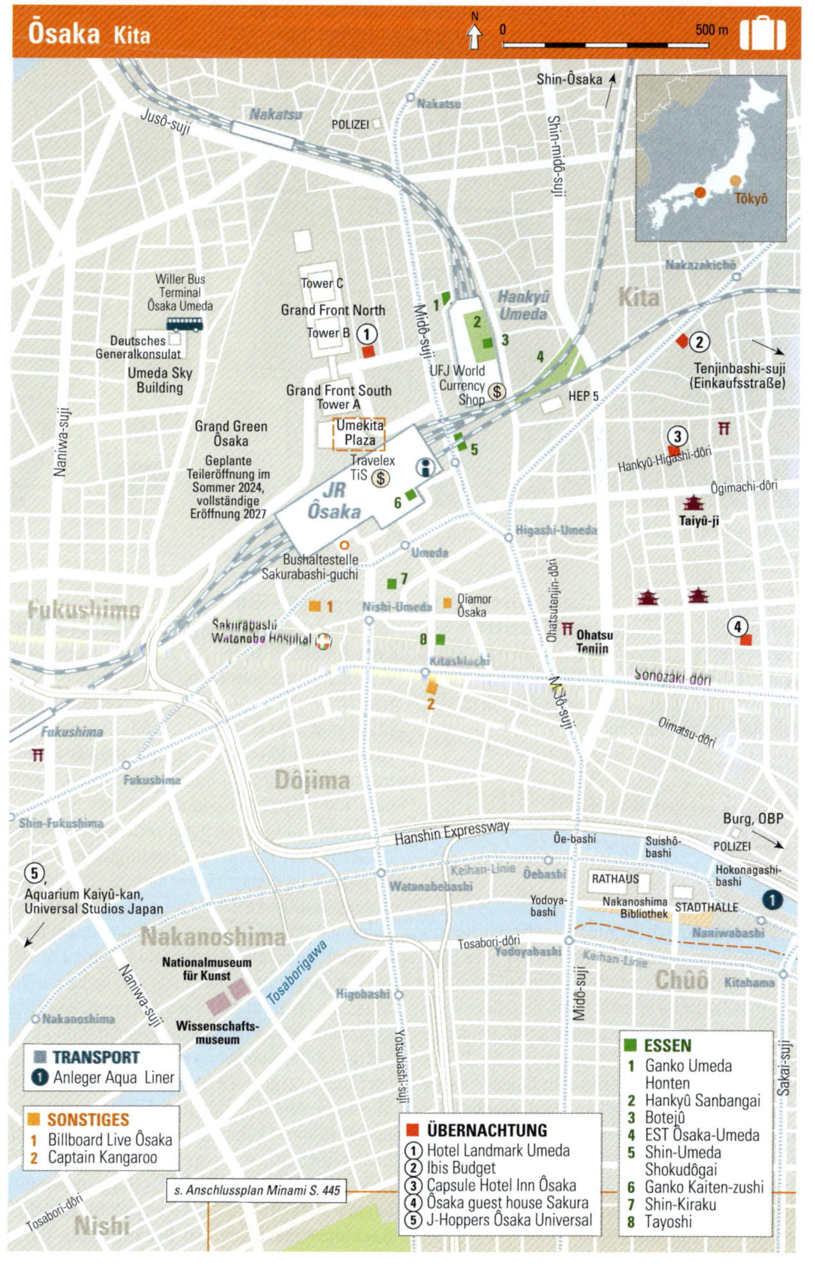
Ôsaka Kita
N
0
500 m
Shin-Ôsaka
Jusô-suji
Nakatsu
POLIZEI
Nakatsu
Shin-midô-suji
Tôkyô
Nakazakichô
Kita
Hankyû Umeda
Willer Bus Terminal Ôsaka Umeda
Tower C
Grand Front North
Tower B
Deutsches Generalkonsulat
Umeda Sky Building
Midô-suji
UFJ World Currency Shop
Grand Front South Tower A
HEP 5
Tenjinbashi-suji (Einkaufsstraße)
Naniwa-suji
Grand Green Ôsaka
Geplante Teileröffnung im Sommer 2024, vollständige Eröffnung 2027
Umekita Plaza
Travelex TiS
JR Ôsaka
Hankyû-Higashi-dôri
Ôgimachi-dôri
Taiyû-ji
Higashi-Umeda
Umeda
Bushaltestelle Sakurabashi-guchi
Ohatsutenjin-dôri
Fukushima
Nishi-Umeda
Diamor Ôsaka
Sakurabashi Watanabe Hospital
Ohatsu Tenjin
Kitashinchi
Sonozaki-dôri
Oimatsu-dôri
Fukushima
Fukushima
Dôjima
Shin-Fukushima
Hanshin Expressway
Burg, OBP
Ôe-bashi
Suishô-bashi
POLIZEI
Keihan-Linie
Ôebashi
Watanabebashi
RATHAUS
Hokonagashi-bashi
Aquarium Kaiyû-kan, Universal Studios Japan
Yodoya-bashi
Nakanoshima Bibliothek
STADTHALLE
Naniwabashi
Nakanoshima
Tosabori-dôri
Yodoyabashi
Keihan-Linie
Nationalmuseum für Kunst
Tosaborigawa
Chûô
Kitahama
Naniwa-suji
Higobashi
Midô-suji
Nakanoshima
Wissenschafts-museum
Yotsubashi-suji
Sakai-suji
TRANSPORT
1 Anleger Aqua Liner
ESSEN
1 Ganko Umeda Honten
2 Hankyû Sanbangai
3 Botejû
4 EST Ôsaka-Umeda
5 Shin-Umeda Shokudôgai
6 Ganko Kaiten-zushi
7 Shin-Kiraku
8 Tayoshi
SONSTIGES
1 Billboard Live Ôsaka
2 Captain Kangaroo
ÜBERNACHTUNG
1 Hotel Landmark Umeda
2 Ibis Budget
3 Capsule Hotel Inn Ôsaka
4 Ôsaka guest house Sakura
5 J-Hoppers Ôsaka Universal
s. Anschlussplan Minami S. 445
Tosabori-dôri
Nishi

© JAPAN-PHOTO.DE/HARTMUT POHLING

Das Umeda Sky Building geht auf einen Entwurf von Hara Hiroshi zurück.



Die überdachte Einkaufsstraße **Tenjinbashi-suji**, die aus dem Tenjin-Gemüsemarkt am Tenmangū-Schrein herausführt, hat unendlich viele Textil- und Bücherläden, Imbissbuden und sonstige Geschäfte. Die Länge dieser Arkade (2,6 km) scheint rekordverdächtig.

## Ōsaka Business Park (OBP) und Ōsaka Castle Park 大阪ビジネスパーク・大阪城公園

Im Ōsaka Business Park (OBP) befinden sich beeindruckende Bürogebäude (wie der alles überragende, blau schimmernde Crystal Tower), in denen japanische Firmen und multinationale Unternehmen ihre Kansai-Niederlassungen eingerichtet haben. In den „eineiigen" Twin 21 MID Tower unterhält das **Panasonic Center** interessante Hightech-Ausstellungsräume und Abteilungen zum Austesten neuester Computerspiele. Sowohl die JR-Linie als auch die Keihan-Linie unterhalten ganz in der Nähe einen Bahnhof namens Kyōbashi. Über eine Promenade läuft man in 5 Min. bis zum OBP.

Im krassen Gegensatz zum Geschäftsviertel befindet sich gegenüber der **Ōsaka Castle Park** (Ōsaka-jō-kōen) mit der prächtigen Burg von Ōsaka in seiner Mitte, die Hideyoshi Toyotomi (1537–98) Ende des 16. Jhs. errichten ließ. Man sagt, dass zu Beginn der Bauarbeiten 30 000 und gegen Ende einige 100 000 Arbeiter mit dem Burgbau beschäftigt waren. Nach dem Tod Hideyoshis und dem Beginn der Edo-Zeit wurde die Anlage völlig zerstört, dann wiederaufgebaut und erneut niedergebrannt. Die heutige Anlage stammt aus dem 20. Jh. Die Bewohner von Ōsaka hatten bis Anfang der 1930er-Jahre genügend Spenden gesammelt, um dem großen Reichseiniger Hideyoshi Toyotomi zu Ehren den Hauptturm *(tenshukaku)* rekonstruieren zu lassen. Er birgt heute ein Museum, das sich auch dem Leben Hideyoshis widmet. Von oben hat man außerdem einen schönen Rundblick auf die Stadt. ⌚ tgl. 9–17 Uhr, 600 ¥ (Hauptturm mit Museum). Nahe U-Bahnhof Tenmabashi oder Keihan-Bahnhof Tenmabashi oder JR-Bahnhof Ōsaka-jō-kōen.

Südwestlich gegenüber der Burg stehen die beiden Gebäude des NHK-Fernsehens und des **Geschichtsmuseums von Ōsaka** (Ōsaka Rekishi Hakubutsukan), in dem Interessierte Einblicke in die Geschichte Ōsakas gewinnen können, 💻 www.mus-his.city.osaka.jp. 🕒 Mi–Mo 9.30–17 Uhr, 600 ¥ (Kombiticket Museum und Burg 900 ¥).

## Shinsaibashi und Nanba (Namba) 心斎橋・難波

Von Umeda sind es nur drei Stationen mit der Midōsuji-U-Bahn-Linie (die nördlich von Shin-Ōsaka, dem Shinkansen-Bahnhof, kommt) Richtung Süden bis zur Station Shinsaibashi im Stadtbezirk **Minami** („Süden"). Wer möchte, kann die Strecke auch auf der breiten, für ihre Ginkgo-Bäume berühmten **Midōsuji-dōri** zu Fuß zurücklegen, die sich von Umeda bis nach Nanba erstreckt (1–1 1/2 Std.), und dabei einige interessante Gebäude und Bauwerke passieren (Rathaus, historische Stadthalle im Nakanoshima-Park, Bank von Japan, Yodoya-Brücke usw.)

**Shinsaibashi** ist ein sehr lebhafter Distrikt, der streng genommen im Stadtbezirk Chūō-ku liegt und das Hauptoinkaufsviertel der Stadt darstellt. Westlich des Midōsuji-Boulevards liegt **Amerika-mura** („American Village"), von den Einheimischen auch Ame-mura genannt, zu erkennen an einer kleinen Freiheitsstatue, die vom Dach eines Gebäudes aus prüfend nach dem Rechten schaut. Ame-mura ist eine Anhäufung von kleinen Läden und Boutiquen zum Thema amerikanische Lebensart sowie Bars, Nachtclubs, Love Hotels und vielen kleinen interessanten Seitengassen. In den letzten Jahren hat sich das Viertel zu einem beliebten Treffpunkt japanischer Teenager und in Ōsaka lebender Ausländer entwickelt. Der Amerika-mura Triangle Park (Sankaku-kōen), eine kleine Beton-Arena mit Bänken und Großbildschirmen inmitten von Ame-mura, ist zwar etwas in Verruf geraten, aber für das Auge des Besuchers und an Mode Interessierte recht sehenswert.

Direkt nebenan, an der Midōsuji-dōri, haben sich die großen Modelabels eingemietet. Je weiter südlich man sich bewegt, desto lebhafter wird die Gegend. **Nanba** ist das Zentrum des Bezirks Minami. Für Pendler ist es der große Ein- und Umsteigebahnhof im Süden von Ōsaka. Neben drei U-Bahn-Linien haben hier auch drei Bahngesellschaften ihren Bahnhof: JR, Kintetsu und Nankai. Nanba ist aber vor allem bekannt als Vergnügungsviertel mit der größten Konzentration von Bars, Restaurants, Nachtclubs, Einkaufsarkaden und Pachinko-Hallen der Stadt. Im Gebiet um die **Dōtonbori-Brücke**, ein beliebter Treffpunkt für Straßenkünstler und Musiker, wurden in den vergangenen Jahren neue Promenaden entlang des Kanals geschaffen. Hier haben sich Restaurants und Cafés niedergelassen. **Dōtonbori** ist der weitläufige Vergnügungsbezirk mit vielen Kneipen, in denen man schnell versacken kann, und vielen guten Restaurants.

Von den kulinarischen Oasen abgesehen ist Nanba ein wahres Mekka für Theaterfreunde: Das **Nationale Bunraku-Theater** ist bekannt für seine klassischen Aufführungen mit

### Midōsuji (Sculpture) Street

Mit Aberhunderten **Ginkgobäumen**, die im Sommer herrlichen Schatten spenden, und interessanten Gebäuden ist ein Spaziergang entlang der 1937 eröffneten Midōsuji-dōri ein optischer Genuss. Neuester Hingucker auf dem Boulevard, der von Umeda im Norden bis in den Süden nach Namba führt, ist die Fassade des **Louis-Vuitton-Geschäfts**, die den Segeln alter japanischer Handelsschiffe nachempfunden wurde. Fußgänger, die von der Yodoyabashi-Brücke auf der Allee bis nach Shinsaibashi schlendern, müssen sich den Bürgersteig mit fast 30 **Skulpturen** teilen – Frauen in verschiedenen Formen und Bewegungen, die von lokalen und internationalen Künstlerinnen und Künstlern gestaltet wurden. Die Replikate der Werke von Asakura Kyōko, Henry Moore oder Auguste Rodin wurden in den letzten Jahren entlang der Straße aufgebaut. Die Stadtverwaltung plant, die Allee nach dem Vorbild der Champs-Élysées fußgängerfreundlicher zu gestalten. Es gibt sogar den Vorschlag, die gesamte Straße in Vorbereitung auf die Expo 2025 oder spätestens bis 2037, wenn die Midōsuji-dōri ihr 100-jähriges Bestehen feiert, in eine reine Fußgängerzone umzuwandeln.

den besten Puppenspielern, die das Land zu bieten hat; 💻 www.ntj.jac.go.jp/english/access/facilities_04.html, Bahnhof Kintetsu-Nipponbashi, Ausgang 7, oder U-Bahnhof Nipponbashi (Sennichi-mae/Sakai-suji-Linie). Kabuki wird im **Shōchikuza-Theater** geboten, 💻 www.kabukiweb.net/theatres/shochikuza, U-Bahnhof Nanba, Ausgang 15B.

**Den-Den Town** im Einkaufsdistrikt Nipponbashi östlich des Nankai-Bahnhofs hat sich ausschließlich auf Elektronik und entsprechendes Zubehör spezialisiert. In etwa 300 Fachgeschäften wird alles von Digitalkameras bis zu Computern, Sexartikeln und Mangas angeboten.

**Nanba Parks**, ein paar Schritte südlich des Nanba-Bahnhofs, ist eine neue Art von Büro- und Einkaufskomplex mit dem 30-stöckigen Bürogebäude Parks Tower, einer Ladenpassage, Dachgarten, verschiedenen internationalen Restaurants und Cafés, einem Amphitheater, viel Grün, Büschen und Bäumen. Eine wahre Oase, ein Ort der Ruhe, über und inmitten der Stadt gelegen, zu der jeder aus der wahrlich hektischen Umgebung flüchten kann.



## Shitennō-ji und Sumiyoshi-taisha 四天王寺・住吉大社

Noch weiter südlich, im Tennōji-Distrikt und oberhalb des Tennōji-Parks liegt der Ende des 6. Jhs. vom großen Förderer des Buddhismus in Japan, Prinz Shōtoku Taishi, gegründete **Shitennō-ji**. Ein Tempelbau, der als Zeugnis der frühen Naniwa-Kultur gilt, jener Epoche im Altertum (Mitte des 7. bis Mitte des 8. Jhs.), in der Ōsaka als „Kaiserliche Residenzstadt Naniwa", also als Hauptstadt Japans, fungierte. Der Tempel wurde mehrmals durch Feuer und Kriege beschädigt und zerstört, aber immer wieder aufgebaut. Die Anordnung der verschiedenen Gebäude auf einer Nord-Süd-Achse wird „Shitennōji-System" genannt und stammt aus China. Am 14. Januar findet hier das spektakuläre Doya-Doya-Fest statt, bei dem zwei Gruppen junger Männer, nur mit Lendentüchern bekleidet, um ein Amulett kämpfen. Am 21. und 22. eines jeden Monats wird auf dem Gelände ein Flohmarkt abgehalten. 🕒 Tempel und Schatzhaus April–Sep tgl. 8.30–16.30, Okt–März bis 16 Uhr, Tempelgelände Garan 300 ¥, Garten 300 ¥, Schatzhaus 500 ¥. 5 Min. südlich vom U-Bahnhof Shitennōji-mae-yūhigaoka der Tanimachi-Linie.

Weiter südlich am JR-Bahnhof Tennō-ji, am U-Bahnhof Tennō-ji-eki-mae der Tanimachi-Linie oder auch am Kintetsu-Bahnhof Abeno-bashi ragt seit 2014 das völlig mit einer Glasfassade überzogene Gebäude **Abeno Harukas** 300 m in den Himmel. Das 60-stöckige Büro-, Hotel- und Kaufhausgebäude (Restaurants auf der 12.–14. Etage) mit einem Kunstmuseum im 16. Stock ist eines der höchsten Gebäude Japans. Aussichtsplattformen auf der 58.–60. Etage, 🕒 tgl. 9–22 Uhr, 1500 ¥.

Jenseits der den Tennōji-Park bzw. Tennōji-Zoo im Westen begrenzenden Hanshin-Stadtautobahn ragt der Aussichtsturm **Tsūtenkaku** 103 m hoch aus dem Bezirk Naniwa-ku heraus. Um ihn herum erstreckt sich **Shinsekai** („Neue Welt"), ein 1912 entstandenes Viertel, das heute billige Lokale, Kneipen und Spielsalons vereint.

Fährt man mit der JR-Nankai-Hauptlinie in den südlichen Bezirk Sumiyoshi-ku und verlässt den Zug am Bahnhof Sumiyoshi-taisha, befindet man sich an der neben dem Shitennō-ji bedeutendsten religiösen Stätte Ōsakas. Der den Schutzgöttern der Seeleute geweihte **Sumiyoshi-taisha** stammt von Anfang des 3. Jhs. und ist der Hauptschrein von über 2000 Sumiyoshi-Schreinen in Japan. Die vier Haupthallen sind erklärte „Nationalgüter Japans". Die Anlage ist bekannt für ihre rote Bogenbrücke und die mehr als 700 gespendeten Steinlaternen. Während der Neujahrstage besuchen etwa 3 Mio. Menschen die heilige Stätte und erbitten den Schutz und das Wohlwollen der Götter für das neue Jahr. 🕒 April–Sep 6–17, Okt–März ab 6.30 Uhr, Eintritt frei. Vom Nankai-Bahnhof Nanba bis Sumiyoshi-taisha in 10 Min.

## Ōsaka Bay Area ベイエリア

Das **Ōsaka Aquarium Kaiyūkan**, 💻 www.kaiyukan.com, eines der größten Aquarien der Welt, ist im Hafen von Ōsaka angesiedelt. Im größ-

Ōsaka Minami
N
0
500 m
s. Anschlussplan Kita S. 441
Burg Ôsaka
ÜBERNACHTUNG
1 FON-SU b&b
2 Capsule Hotel Asahiplaza Shinsaibashi
3 Hotel Kuramoto
4 Kaneyoshi Ryokan
5 Dôtonbori Hotel
Honmachi-dôri
Chûô-ôdôri
Honmachi
Honmachi
Chûô-ôdôri
Sakaisujihonmachi
Chûô
Ôsaka Business Park
Abe-Klinik
Zama-jinja
Nishi
Higashikongan-ji Nanbabetsuin
ESSEN
1 An Ngon
2 Cinquecento
3 Yakko
4 Kukuru
5 Kani Dôraku Honten
6 Dôtonbori Imai Honten
7 Chibô Sennichi-mae Honten
Naniwa-suji
Nanba-jinja
Midô-suji
Sakai-suji
Yotsubashi-suji
Minami
Nishiôhashi
Nagahori-dôri
Nagahori-bashi
Matsuya-machi
SONSTIGES
1 Rock Rock
2 Louis Vuitton
3 Murphy's Irish Pub
4 UFJ World Currency Shop
5 Ôsaka Namba Information Center
Yotsubashi
Hotel Nikkô Ôsaka
Parco
Daimaru
Shinsaibashi-suji
American Village
Sankaku-kôen
POLIZEI
Suomachi-dôri
Mitsu-dera
TRANSPORT
1 Busterminal Namba OCAT
Hôan-ji
Ebisu-bashi
Soemonchô-dôri
Dôtonbori-bashi
Shôchikuza-Theater
Nationales Bunraku-Theater
Tennôji
Ôsaka-Nanba
Nipponbashi
Sennichimae-dôri
Nanba
Kintetsu-nipponbashi
Shin-Kabukiza
JR Nanba
Ikukunitama-jinja
Reien-ji
Naniwa
Nankai Nanba
Nansan-dôri
Den-Den Town
PREF. GYMNASIUM
Parks Tower
Nanba Parks
Nanba-Yasaka-jinja
Matsuyamachi-suji
Shitennô-ji
Sumiyoshi-taisha
Abeno Harukas
KANSAI

ten Becken schwimmen neben Mantas auch Hammer- und Walhaie. ⌚ max. 8–21.30 Uhr, je nach Tag auch später geöffnet und früher zu, 2700 ¥ (Kinder ab 700 ¥), nur mit Vorabbuchung. Vom JR-Bahnhof Shin-Ōsaka mit der Midōsuji-U-Bahn-Linie bis Honmachi, dann mit der Chūō-Linie bis Ōsakakō und 5 Min. zu Fuß.

Der Freizeitpark **Universal Studios Japan**, 💻 www.usj.co.jp/web/en/us, des amerikanischen Unternehmens mit Themenparks und Resorts weltweit ist für seine Fahrgeschäfte und Shows bekannt, die sich an Motive der Popkultur anlehnen. One-Day-Studio-Pass 8600 ¥ (Kinder 5600 ¥), ⌚ je nach Tag 8–22, 8.30–21.30 oder 9–19.30 Uhr. Von Umeda oder JR-Bahnhof Shin-Ōsaka mit der JR-Kyōto-Linie bis JR Ōsaka (5 Min.), vom JR-Bahnhof Ōsaka mit der JR-Ōsaka-Loop-Linie bis JR Nishi-kujō (6 Min.), ab dort mit der JR-Yumesaki-Linie bis Universal City (5 Min.).

## ÜBERNACHTUNG

### Kita

Karte S. 441

€ **Capsule Hotel Inn Ōsaka**, Kita-ku, Hankyū-higashi-dōri-Shōtengai, New Japan Building 4F, 💻 www.capsulehotel-inn-osaka.com. Ein Erlebnis – nur für Männer –, bei dem man auch noch Geld sparen kann. Ein Capsule-Single mit Saunanutzung ab 3900 ¥. Vom Bahnhof Hankyū Umeda oder JR Ōsaka östlich 7 Min. auf der Hankyū-higashi-dōri, nördliche Seite.

**Hotel Landmark Umeda**, Kita-ku, Shibata 2-3-22, 💻 www.hotel-landmarkumeda.jp. Zentral gelegenes, sauberes und preiswertes Hotel. Zimmer mit Semi-Doppelbett und Twin. Vom JR-Bahnhof Ōsaka Zentral-Nordausgang und von Hankyū-Umeda 5 Min. zu Fuß., gegenüber von Yodobashi Camera. ❷–❸

**Ibis Budget Ōsaka-Umeda**, Kita-ku, Banzai-chō 3-25, 💻 https://ibisbudget-osakaumeda.com. Weltweite Businesshotel-Kette. Kompakte Zimmer, einfaches Frühstück (1100 ¥), verkehrsgünstig gelegen. Bikeshare mit IC Card. Vom JR-Bahnhhof Ōsaka oder Umeda Station 7 Min. zu Fuß.

**J-Hoppers Ōsaka Universal**, Konohana-ku, Shimaya 3-10-12, 💻 www.guesthouse-osaka.com. Saubere, ansprechende Zimmer mit Holzboden, Küche und Dachterrasse. EZ, DZ, Zimmer für 3–4 P. und Dorms ab 2600 ¥ p. P. Nahe Universal Studios Japan. ❶

€ **Ōsaka guest house Sakura**, Kita-ku, Nishitenma 6-3-5, 💻 www.guesthouse-sakura-hostel.osaka.jp. Saubere Zimmer, mit Bar und Theke, Kaffee und Tee umsonst. Für 500 ¥ ab 21 Uhr „Takoyaki Party". Viele Konbini in der Nähe. Dorm ab 2800 ¥, Frauen-Dorm ab 3000 ¥, japanische Privatzimmer für bis zu 4 Pers. ab 10 000 ¥. Vom JR-Bahnhof Ōsaka oder Umeda Station 13 Min. zu Fuß.

### Minami

Karte S. 445

**Capsule Hotel Asahiplaza Shinsaibashi**, Chūō-ku, Nishi-Shinsaibashi 2-12-22, 💻 www.asahi-plaza.co.jp. Günstige Unterkunft für Männer und Frauen, denen es nichts ausmacht, in halböffentlicher Atmosphäre zu übernachten. 24-Std.-Check-in, Bad, Sauna, Waschmaschine, TV. Pro Kapsel und Nacht 3100–3300 ¥. U-Bahn Midōsuji-Linie bis Shinsaibashi, Ausgang 7 oder U-Bahn Yotsubashi-Linie bis Yotsubashi, Ausgang 5.

**Dōtonbori Hotel**, Chūō-ku, Dōtonbori 2-3-25, 💻 www.dotonbori-h.co.jp. Inmitten des lebendigen Stadtteils Nanba. Wegen der riesigen Gipsköpfe vor dem Eingang nicht zu übersehen. Alkohol und Eiscreme frei (15–21 Uhr), kinderfreundliche Hilfsmittel (z. B. Babybett, Babyflaschensterilisator, Spielzeug und Toilettensitz), Buggy-, Fahrrad- und PC-Verleih kostenlos. U-Bahn Midōsuji-Linie bis Nanba, Ausgang Nr. 25. ❷–❹

€ **FON-SU b&b**, Nishi-ku, Shinmachi 3-11-20, 💻 www.fonsubbosaka.com. Das alte Gebäude aus den 60er-Jahren wurde 2019 komplett renoviert und startete als FON-SU bed&breakfast neu durch. Geschmackvoll eingerichtete japanische und westliche Zimmer. Café und Bar, Frühstück aus Bio-Zutaten, Fahrradverleih (ab 200 ¥). DZ, Dorm ca. 4400 ¥ p. P., Gemeinschafts-Du/WC. U-Bahn Sennichimae-Linie oder Nagahori-Tsurumi-Ryokuchi-Linie bis Nishi-Nagahori, zu Fuß 3 Min. ❶

**Hotel Kuramoto**, Chūō-ku, Shimanouchi 2-11-7, 💻 https://ryokan-kuramoto.com/index.html.

Ryokan-Hotel nur 5 Min. vom Dōtonbori-Viertel entfernt. Traditionelle Tatami-Zimmer für 1–6 Pers., gemeinsamer Baderaum. Mit U-Bahn-Linie Sakaisuji oder Sennichimae bis Nipponbashi, Ausgang Nr. 6, 6 Min. zu Fuß. ❸

**Kaneyoshi Ryokan**, Chūō-ku, Soemon-chō 3-12, 💻 www.kaneyosi.jp. Das Gebäude mitten in Dōtonbori ist zwar modernisiert worden, aber darin steckt noch immer eines der ältesten Ryokan in Ōsaka (1920). Gemeinsamer Baderaum und sehr netter Gastwirt. Zimmerreinigung ab 2 Tagen Aufenthalt muss vorab beantragt werden und wird tgl. mit 550 ¥ berechnet. Japanische Zimmer (keine Sicht auf interessante Flussseite) für z. B. 2 Pers. mit Frühstück ab 14 300 ¥. Westliches, superkleines Zimmer mit Semi-Doppelbett, ohne Frühstück und Bad 3410 ¥ p. P. Mit U-Bahn-Linie Midōsuji oder Kintetsu-Bahn bis Nipponbashi, Ausgang Nr. 2, 7 Min. Laufzeit. ❶–❸

## ESSEN

Ōsaka ist berühmt für seine gute und preisgünstige Küche. Der Volksmund sagt: „Kyō-no-kidaore, Ōsaka no-kuidaore“ – in Kyōto kann man sich als extravaganter Kimono-Liebhaber, in Osaka dagegen als Gourmet finanziell ruinieren. In jeder Ecke, in Arkaden, Bahnhofsimbissen oder Untergrund-Läden finden hungrige Besucher leckere Gerichte.

### Kita

Karte S. 441

**Botejū**, Kita-ku, Shibata1-1-3, Hankyū-Sanbangai, Kawano-arumachi B2, ✆ 06-6374-2254. Originales Okonomiyaki-Restaurant von 1969. Der Hauptladen befindet sich in Dōtonbori. Auch yakisoba (gebratene Nudeln) erhältlich. Vom Hankyū-Bahnhof oder U-Bahnhof Umeda 5 Min. zu Fuß. 🕒 tgl. 11–21.30 Uhr.

**EST Ōsaka-Umeda** besteht aus der West und Central Area mit einer Vielzahl von Mode- und allgemeinen Geschäften und der EST Foodhall & Restaurants mit einer großen Auswahl an Essens- und Trinkmöglichkeiten. Im gesamten EST-Komplex kann man herumschlendern und Schaufensterbummel, Einkauf, Mittag- oder Abendessen miteinander verbinden. Vom JR-Bahnhof Ōsaka, Midōsuji-Ausgang, 5 Min. zu Fuß. 🕒 tgl. ca. 11–23 Uhr.

€ **Ganko Kaiten-zushi**, Kita-ku, Umeda 3-1-1, im Eki-Marche Bldg., ✆ 06-4799-6811. Wer sehr frisches und preiswertes Sushi mag, kann sich hier die Sushi-Teller vom Laufband nehmen. Direkt im JR-Bahnhof Ōsaka. 🕒 tgl. 11–23 Uhr.

**Ganko Umeda Honten**, Kita-ku, Shibata 1-5-11, ✆ 06-6376-2001. Großes Restaurant direkt neben dem Hankyū-Bahnhof Umeda. Hier kann man am Tresen sitzend gut und preiswert japanisch essen – von Sushi bis kaiseki-Küche. Bebilderte Speisekarte. 🕒 Mo–Fr 11–23, Sa, So, feiertags bis 22 Uhr.

**Hankyū Sanbangai**, Kita-ku, Shibata 1-1-3, 💻 https://umeda-sc.jp/en/hankyu-sanbangai, bietet im B2, Nord- und Südflügel, eine große Auswahl an unterschiedlichen Speisen und Essensmöglichkeiten, von japanischer, festlandasiatischer und westlicher Küche bis hin zu Cafés, Snacks, Konditoreien und Feinkostläden: Umeda Foodhall (Nord) mit 18 Läden und Gourmet Museum (Süd) mit weiteren Dutzenden von Lokalen. U-Bahnhof Umeda der Midōsuji-Linie, Ausgang Nord. 🕒 tgl. ca. 10–23 Uhr.

**Shin-Kiraku**, Kita-ku, Umeda 1-8-16, Hilton plaza-East B2, ✆ 06-6345-3461. Gutes Tenpura-Restaurant in der Shin-Umeda-Shokudōgai. Abends viel teurer als mittags. Vom JR-Bahnhof Ōsaka oder U-Bahnhof Hankyū-Umeda 3 Min. zu Fuß. Teishoku 1500–3100 ¥. 🕒 tgl. 11–15 und 17–22 Uhr.

**Shin-Umeda Shokudōgai**, Kita-ku, Kakuda-chō 9-26, 💻 www.shinume.com. Ein bei Einheimischen sehr beliebter, lebendiger und, wie man sagt, der beste Ort zum Anstoßen in Ōsaka. Seit 1950 unter den Hochbahngleisen des JR-Bahnhofs Ōsaka: Ein Labyrinth mit ca. 100 kleinen verschiedenen Restaurants und Kneipen.

**Tayoshi**, Kita-ku, Umeda 1-2-2, Ōsaka-ekimae-daini Bldg. B2. Stehkneipe, erkennbar an der braunen Gittertür, mit günstigen Gerichten à la carte und Beilagen, die serviert werden, um den Alkoholkonsum zu fördern. Mit 2000–3000 ¥ ist man dabei. Südlich vom JR-Bahnhof Ōsaka in 5 Min. oder JR-Bahnhof Kita-Shinchi (Tōzai-Linie) in 1 Min. 🕒 Mo–Sa. 15–23 Uhr.

### Minami

Karte S. 445

**An Ngon**, Chūō-ku, Minami-Senba 4-11-24, 2F. Vietnamesisches Restaurant mit freundlicher Atmosphäre und gemischtem Publikum. Enge Treppe nach oben. Mittagsmenü an Werktagen ab 1100 ¥. Am Abend viele Spezialitäten von der Speisekarte. Vom U-Bahnhof Shinsaibashi der Midōsuji-Linie Ausgang Kita 12. ⌚ tgl. Lunch/Café 11–17, Dinner 17–22.30 Uhr.

**Chibō Sennichi-mae Honten**, Chūō-ku, Sennichi-mae 11-27, 1F–2F. Beliebtes Okonomiyaki-Restaurant mit freundlicher Atmosphäre. Auffallender Eingang mit roten Buchstaben auf grünem Hintergrund. Sehr große Portionen. Vom U-Bahnhof Nanba der Midōsuji-Linie Ausgang Nr. 5, zu Fuß 5 Min. ⌚ tgl. 11–23 Uhr.

€ **Cinquecento**, Chūō-ku, Higashi-Shinsaibashi 2-1-10, Matsumiya Bldg. 1F. Beliebte One-Coin-Bar, fast alle Speisen und Getränke lassen sich mit „einer Münze" (500 ¥) bezahlen. Internationale Atmosphäre, über 80 Sorten Martini-Cocktails. Vom U-Bahnhof Nagahori der Sakaisuji-Linie Ausgang Nr. 7, südlich 3 Min. zu Fuß. ⌚ Mo–Sa 19.30–5, So, feiertags 20–3 Uhr.

**Dōtonbori Imai**, Chūō-ku, Dōtonbori 1-7-22. Das Restaurant ist *das* Udon-Restaurant von Ōsaka. Gute Udon-Nudeln in einer exzellenten Brühe. Beliebte warme *kitsune-udon* (mit frittiertem Tōfu). Mit der Midōsuji-Linie bis Nanba, nordöstlich 7 Min. zu Fuß. ⌚ tgl. außer Mi 11.30–21.30 Uhr.

**Kani Dōraku Honten**, Chūō-ku, Dōtonbori 1-6-18. Ein Muss für Liebhaber von Krabben. Das Haus mit seiner mechanischen Riesen-Krabbe über dem Eingang ist längst zu einem Symbol von Dōtonbori geworden. Mittagstisch (11–16 Uhr) ab 3300 ¥. ⌚ tgl. 11–22 (*last order* 21 Uhr).

**Kukuru**, Chūō-ku, Dōtonbori 1-10-5. Auf *takoyaki* (Teigbällchen mit einem Stück Oktopus) spezialisierter Laden. Lange Warteschlange für Take-out. Essen im Laden möglich, Kunden können verschiedene Saucen auswählen. Von original japanischem Aroma bis Käsegeschmack. Unübersehbar große Oktopus-Deko über dem Eingang. Vom U-Bahnhof Nanba der Midōsuji-Linie 3 Min. zu Fuß. ⌚ Mo–Fr 11–21, Sa, So, feiertags ab 10 Uhr.

**Yakko**, Chūō-ku, Dōtonbori 2-4-2, Hōsen Bldg. 2F. *Izakaya* mit guter Atmosphäre, besonders für Gruppen. Verschiedene gegrillte, frittierte und gebratene Spießchen für 380–980 ¥, leckerer Gurkensalat, frittierte Hähnchen u. v. m. Bier ab 480 ¥. Direkt am U-Bahnhof Nanba der Midōsuji-Linie Ausgang Nr. 25. ⌚ tgl. 17–24 Uhr, am 1. und 2. eines Monats bleibt der Laden zu.

## UNTERHALTUNG

### Kita

**Billboard Live Ōsaka**, Kita-ku, Umeda 2-2-22, Herbis Plaza Ent B2, 💻 www.billboard-live.com. Reservierungen per Internet. Liveauftritte von Top-Sängern und Bands. Hauptgericht 1600–3300 ¥. Cocktails und Fassbier. Vom JR-Bahnhof Ōsaka Ausgang Sakurabashi, vom U-Bahnhof Nishi-Umeda (Yotsubashi-Linie) Ausgang Nord. ⌚ fast tgl. Aufführungen, Eintrittspreis variiert je nach Act.

**Captain Kangaroo**, Kita-ku, Sonezaki-shinchi 1-5-20, Ōkawa Bldg. 1F, 💻 www.roo-bar.jp. Von Ausländern gut besuchte australische Bar mit saftigen Hamburgern, über 50 Biersorten, Rockmusik und lustiger Atmosphäre. Happy Hour 18–20 Uhr (Bier 400 ¥ oder mit Hamburger als Set 1000 ¥). Vom JR-Bahnhof Ōsaka südlich 10 Min. zu Fuß. ⌚ Mo–Sa 18–1, So, feiertags 16–24 Uhr.

### Minami

**Murphys Irish Pub Ōsaka**, Chūō-ku, Shinsaibashi-suji 1-5-2, 2F, 💻 www.murphysosaka.com. Hier treffen sich Leute, die sich gemeinsam vor einem Großmonitor sportliche Ereignisse anschauen, Livemusik hören oder Murphy's Pint genießen möchten. U-Bahnhof Shinsaibashi der Midōsuji-Linie Ausgang Nr. 6, südlich 5 Min. zu Fuß; vom U-Bahnhof Nagahoribashi der Sakaisuki-Linie Ausgang Nr. 7, 5 Min. zu Fuß. ⌚ Di–Do 17–3, Fr bis 5, Sa 12–5, So 12–3 Uhr.

**Rock Rock**, Chūō-ku, Nishi-Shinsaibashi 1-8-1, Amerika-mura, Shinsaibashi Atrium Bldg. 3F. Musik-Bar-Club mit Englisch sprechenden Angestellten und Gästen, die Rock-Musik mögen. Speisen 600–800 ¥, Guinness Half Pint 600 ¥, Pint 1000 ¥. Vom U-Bahnhof Shinsaibashi

Ausgang Nr. 8, zu Fuß 3 Min. ⌚ Mo–Fr 18–1, Sa und vor Feiertag bis 5 Uhr, Zeiten können variieren.

## SONSTIGES

### Feste

**Tōka Ebisu**, 9.–11. Jan: Prozessionen mit Geishas und Sänften vom Imamiya-Ebisu-Schrein durch laternenbeleuchtete Gassen; rund 1 Mio. Besucher bitten dabei die Gottheit Ebisu um gute Geschäfte und Wohlstand.
**Tenjin Matsuri**, 24.–25. Juli: Ōsakas berühmtestes Fest im Stadtteil Tenmangū, mit großem Feuerwerk und Prozession von über 100 Booten auf dem Ōkawa – eines der drei großen Feste Japans (neben Gion-Fest in Kyōto und Kanda-Fest in Tōkyō).
**Sumiyoshi Matsuri**, 30. Juli–1. Aug: Kinder und Frauen in mittelalterlichen Kleidern durchlaufen im Sumiyoshi-Schrein einen Ring, ein Ritual zur symbolischen Reinigung.

### Geld

Hier können u. a. Euro in Yen getauscht werden:
**Bank of Tōkyō Mitsubishi/UFJ World Currency Shop**, Umeda-Hankyū-Sanbangai, Kita-ku, Shibata 1-1-3, Hankyū Sanbangai Minami-kan (Südhalle) 1F, ⌚ Mo–Fr 10–18, aber Sa, So, feiertags „vorübergehend" geschlossen.
**Bank of Tōkyō Mitsubishi UFJ World Currency Shop**, Nanba-City, Chūō-ku, Nanba 5-1-60, im Nanba-City Honkan 1F. ⌚ Mo–Fr 10–18 Uhr.
**Kansai Internationaler Flughafen**: Wechselstuben in den Terminals. ⌚ unterschiedlich, Automaten rund um die Uhr.
**Travelex TiS Ōsaka**, Kita-ku, Umeda 3-1-1, bei Nippon Ryokō TiS Ōsaka, im JR-Bahnhof Ōsaka, Zentraleingang 1F. ⌚ tgl. 11–18 Uhr.

### Informationen

**Kansai Tourist Information Center**, Kansai International Airport, Terminal 1 und Terminal 2 International Area. ⌚ tgl. 9–19 Uhr (T1), tgl. 11.30–19.30 Uhr (T2).
**Tourist Information Ōsaka**, JR-Bahnhof Ōsaka 1F, am nördlichen Ende der zentralen Bahnhofshalle, 💻 www.osaka-info.jp/en. ⌚ tgl. 7–22 Uhr.

Namba, im Süden der Millionenstadt, ist das beliebteste Vergnügungsviertel Ōsakas

**Ōsaka Namba Information Center**, Nankai-Bahnhof Nanba 2F, direkt nach dem Zentralausgang, im JTB-Reisebüro. ⌚ tgl. 9–19 Uhr.

### Medizinische Hilfe

**Abe-Klinik**, Chūō-ku, Kyū-Tarōmachi 3-5-17, Liberty-Midōsuji-Honmachi Bldg. 10F, ✆ 06-6245-6188. Vom U-Bahnhof Honmachi der Midōsuji-Linie 2 Min. zu Fuß. ⌚ Mo–Do, Sa 9.30–13, Mo, Di, Fr 14.30–18 Uhr. So und 2. und 3. Sa im Monat geschlossen.
**Ōsaka Medical Facilities Information System** (Informationssystem für medizinische Einrichtungen in der Präfekur Ōsaka), 💻 www.mfis.pref.osaka.jp. Sehr übersichtliche Auflistung aller Krankenhäuser und Fachkliniken in der Präfektur Ōsaka auf Englisch.
**Sakurabashi Watanabe Hospital**, Kita-ku, Umeda 2-4-32, ✆ 06-6341-8651 (tagsüber), -8656

und -8657 (außerhalb der normalen Dienstzeit, So, feiertags 24 Std.). ⌚ Mo–Fr 9–11.30 und 13–16, Sa 9–11.30 Uhr, So, feiertags und 3. Sa im Monat geschlossen.

## NAHVERKEHR

Ōsaka besitzt ein gut ausgebautes **U-Bahn-Netz** (8 Linien) und eine **JR-Ringbahn**, die rund ums Zentrum verkehrt. Mit der **Midōsuji-U-Bahn-linie** (rot) gelangt man vom nördlich gelegenen Shinkansen-Bahnhof Shin-Ōsaka in ein paar Minuten nach Umeda, Shinsaibashi oder Nanba, 💻 www.subway.osakametro.co.jp/en. Für Stadterkundungen lohnt sich das Tagesticket *Enjoy Eco Card* für alle U-Bahnen, Stadtbusse und die New Tram (Nankō-Port-Town-Linie) für 820 ¥ (Sa, So, feiertags 620 ¥). Der *Kansai Thru Pass* (S. 379) schließt die genannten Transportmittel in Ōsaka ein.

## TRANSPORT

### Busse

Langstreckenbusse verbinden Ōsaka u. a. mit Tōkyō, Nagoya oder Kagoshima im Süden von Kyūshū. Für die populärsten Strecken gibt es einige konkurrierende Unternehmen und daher auch das eine oder andere Schnäppchen. **Willer Express**, 💻 www.willerexpress.com/en, startet z. B. ab 2600 ¥ nach TŌKYŌ (10 Std.) und (wenn auch selten) für 1700 ¥ nach NAGOYA (3 Std.). Die Willer-Busse fahren vom Umeda Sky Building Tower East 1F oder von Namba OCAT ab.

### Eisenbahn

Nördlich von Umeda, oberhalb des Yodogawa im Bezirk Yodogawa-ku, liegt **Shin-Ōsaka**, der Bahnhof der Shinkansen-Linie und Ausgangspunkt für die superschnellen Verbindungen in den Osten und Westen von Honshū (alle folgenden Verbindungen mit JR Pass möglich):
FUKUOKA (Hakata), 2 3/4 Std., 14 750 ¥
HIROSHIMA, 1 1/2 Std., 9890 ¥
NAGOYA, 1 Std., 5940 ¥
TŌKYŌ, 3 Std., 13 870 ¥
Von Shin-Ōsaka aus fährt der Shinkansen in einer Viertelstunde nach KYŌTO (1450 ¥) – wer keinen JR Rail Pass hat und sparen will, kann die gleiche Strecke in knapp 40 Min. mit dem JR-Schnellzug *(kaisoku)* oder dem „Neuen Schnellzug" *(shin-kaisoku)* in 25 Min. bewältigen (beide 580 ¥). Neben der JR-Linie fahren auch private Züge direkt ins Zentrum von Kyōto: die **Hankyū-Linie** von Umeda bis Kawaramachi in 43 Min. (410 ¥) und die **Keihan-Linie** von Yodoyabashi bis Gion-Shijō in 50 Min. (430 ¥).

### Flüge

Der **Itami Airport (ITM)** unterhält Verbindungen mit 35 inländischen Flughäfen. Er ist von Umeda mit der Hankyū-Takarazuka-Sen-Linie erreichbar: 15–20 Min. bis Hotarugaike (240 ¥), hier umsteigen in die Ōsaka Monorail und 3 Min. bis zum Flughafen (200 ¥).
Der **Kansai International Airport (KIX)** auf dem Meer in der Ōsaka-Bucht ist täglich 24 Std. in Betrieb. Man erreicht ihn am bequemsten von Shin-Ōsaka aus mit dem JR Express *Haruka* (kommt direkt aus Kyōto) in 1 Std. (2260 ¥) und vom Bahnhof Tennōji in 30 Min. (1660 ¥), mit dem *JR Kansai Airport Rapid* vom JR-Bahnhof Ōsaka in 70 Min. (1210 ¥) oder von Nanba aus mit der Nankai-Linie (entweder *Airport Express* in 45 Min., 930 ¥, oder *Rapi:t* in 35 Min., 1450 ¥). Busverbindungen sind teurer, langsamer und wegen der Staugefahr auf den Stadtautobahnen weniger verlässlich.

# Hyōgo-ken 兵庫県

Die Präfektur Hyōgo ist so lang, dass sie im Norden bis zum Japanischen Meer und im Süden bis zur Seto-Inlandsee reicht. Keine Zugstunde westlich von Ōsaka erstreckt sich **Kōbe**, eine moderne Stadt, die ein gemäßigtes Klima genießt und im Norden von einer fast 1000 m hohen Bergkette geschützt wird. Durch das schwere Erdbeben 1995 gelangte die Stadt zu trauriger Berühmtheit.

Weiter westlich verbindet die **Akashi-Kaikyō-Brücke**, die weltweit zweitlängste Hängebrücke, Kōbe mit der Insel Awaji. Die anmutige Burg von **Himeji**, seit 1993 Unesco-Weltkulturerbe, ist ein absolutes Highlight jeder Japan-Reise.

# Kōbe 神戸

Kōbe ist eine Stadt mit internationalem Charme. Der Hafen, einer der größten des Landes, hat sich durch seine günstige Lage bereits in der Nara-Zeit (710–784) bewährt. Mitte des 19. Jhs., nach dem Ende der jahrhundertelangen Abschottungspolitik und der erneuten Öffnung des Hafens, wurde Kōbe ein wichtiger Brückenkopf für den Handel mit dem Ausland. Europäische und amerikanische Handelsfirmen ließen sich in der Stadt nieder. Die neuen Einwanderer bauten sich Residenzen, Schulen, Krankenhäuser und Kirchen und sorgen für ein besonderes Flair. Kōbe gilt übrigens auch als Geburtsort von Kino und Jazz in Japan.

Der 2006 in Betrieb genommene Flughafen Kōbe, ein Beispiel für die vor langer Zeit begonnene Landgewinnung durch künstliche Aufschüttungen, verdeutlicht, mit welch positiver Energie sich die gebeutelte Stadt der Zukunft stellt. Im Stadtteil Kita-ku liegt Arima Onsen, eine der ältesten Thermalquellen Japans.

## Kitano 北野町

Kōbe ist eine Stadt, die viele Besucher wegen ihrer exotischen Atmosphäre und der kleinen romantischen Straßenzüge anlockt. Dies trifft besonders auf Kitano zu, ein Viertel, das sich nördlich des Bahnhofs Sannomiya erstreckt. Es verdankt seinen Charme den hier seit Mitte des 19. Jhs. im westlichen Stil erbauten Häusern der Europäer. Das ehemalige **Thomas House**, das Wahrzeichen von Kitano, ist das einzige Backsteinhaus in Kitano. Das für den Wetterhahn auf dem Dach berühmte Privathaus des deutschen Kaufmanns Thomas wurde von diesem mit Frau und Tochter von 1909 bis 1914, bis zum Ausbruch des Ersten Weltkriegs, bewohnt. ⌚ tgl. 9–18 Uhr, 500 ¥. Auch andere Häuser, die aber aus Holz sind, lassen sich kostenlos oder für 300–1050 ¥ besichtigen. In Kitano finden sich auch die meisten Bars und Kneipen der Stadt. Es gibt eine Jazz-Straße und ein Jazz-Festival, das jährlich von Musikliebhabern aus allen Teilen des Landes besucht wird.

### Mit der Seilbahn auf den Rokkō

Kōbe hat verschiedene Seilbahnen, mit denen man bequem auf den **Rokkō-Berg** gelangt. Eine Station befindet sich wenige Meter vom Bahnhof Shin-Kōbe entfernt. Die Gondeln bringen die Besucher hoch zum **Nunobiki Herb Park**, von dem aus die Sicht über Stadt und Hafen fantastisch ist. Mo–Fr und 1. Dez–19. März erste Gondel ab 9.30 Uhr, letzte Gondel um 16.45 Uhr (an Wochenenden, Feiertagen und im Sommer bis 20.15 Uhr), einfach 900 ¥, nach 17 Uhr im Sommer Rückfahrkarte für 1100 ¥ (oben nur Aussichtsplattform ohne Garten).

## Kōbe Harbor Land und Meriken Park 神戸ハーバーランド・メリケンパーク

Die Hafenanlage von Kōbe ist seit 150 Jahren der Garant für den wirtschaftlichen Einfluss und die Internationalität der Stadt. Das **Kōbe Harbor Land**, nur einige Minuten zu Fuß in südöstlicher Richtung vom Hauptbahnhof Kōbe entfernt, zählt gegenwärtig zu einem für die Anwohner und Gäste der Stadt sehr beliebten und anspruchsvollen Einkaufsviertel. Bei der Planung der Einkaufszonen wurde viel Wert auf Weitläufigkeit gelegt, sodass die Besucher entspannt einkaufen, essen gehen und anderen Vergnügungen nachgehen können – immer mit Blick aufs Meer. Das Riesenrad im Vergnügungspark direkt am Pier bietet einen überwältigenden Rundblick. Läuft man ein paar Minuten entlang des Hafens in östlicher Richtung, gelangt man zum auf einer Landzunge gelegenen **Meriken Park**. Hier steht das 108 m hohe Wahrzeichen der Stadt, der in kräftigem Rot gehaltene **Kōbe Port Tower**. Daneben informiert das **Kōbe Maritime Museum**, 1987 zum Gedenken an die Eröffnung der Hafenanlage vor 120 Jahren errichtet, über die Geschichte des Hafens und die japanische Schifffahrt. ⌚ Di–So 10–17 Uhr, 600 ¥.

Im Osten der Landzunge ist die **Erdbeben-Gedenkstätte** (Kōbe-kō Shinsai Memorial Park) eingerichtet, wo man sich anhand zersprungener Betonplatten, deformierter Oberflächen und schiefer Straßenlaternen ein Bild von den Kräften und Auswirkungen eines Erdbebens machen kann. Daneben zeigt eine Open-Air-Fotoausstellung Bilder der Zerstörung.

Kōbe
N
0
500 m
ÜBERNACHTUNG
1 Tor Road Hotel Sanraku
2 The b Kôbe
3 Tôyoko Inn Kôbe Sannomiya No. 1
4 Hostel Yume-Nomad
SONSTIGES
1 Chicken George
2 TiS Sannomiya (Travelex)
3 Avery's Irish Pub
4 Kaufhaus Hankyû
5 Brew Pub Starboard
6 Sannomiya-Arkade
7 Motomachi-Arkade
8 Kaufhaus Daimaru
ESSEN
1 Café Freundlieb
2 Mikami
3 Wakkoqu
4 Tako-an
5 Steak Land Kôbe-kan
6 Modernark Pharm Café
7 New Munchen Kôbe Taishikan
8 Gaenshuka
9 Gyôza-en
TRANSPORT
1 Shinki Bus, Sannomiya Bus Terminal
2 Ferry Sunflower
3 Jumbo Ferry
JR Shin-Kôbe
Shin-Kôbe Ropeway
Arima Onsen
Tôkyô
Kitano Tenmangû
Thomas House
Ichinomiya-jinja
Kitano-dôri
Kitanozaka
Yamamoto-dôri
Tor Road
Pearl Street
Ikuta-Schrein
Higashimongai-suji
Hankyû Sannomiya
JR Sannomiya
Sôraku-en
Koikawa-suji
Kenchômae
POLIZEI
Sannomiya-hanadokeimae
RATHAUS
Isogami Park
Bôeki Center
Motomachi
Kyûkyoryûchi-Daimaru-mae
Higashi Yûenchi Park
Rokkô Island
Chinatown
Akashi-suji
Kyômachi-suji
Hanakuma
POLIZEI
Minatomotomachi
Hanshin Expressway No.3
Hotel Ôkura
Erdbeben-Gedenkstätte
Nishimotomachi
Kôbe Port Tower
Meriken Park
Kôbe Maritime Museum
Portliner
Port Terminal
umie Mall
JR Kôbe
Harborland
Kôbe Harbor Land

KANSAI

## Chinatown (Nankinmachi) 南京町

Kōbes Chinatown, auch Nankinmachi genannt, besteht seit Mitte des 19. Jhs., als sich Japan durch den Hafen von Kōbe dem Handel mit dem Ausland öffnete und chinesische Händler sich in der Stadt niederließen. Heute ist Chinatown ein Gewerbegebiet mit vielen kleinen Restaurants und Läden und einem chinesischen Tempel. Das am Abend reizvoll beleuchtete Viertel mit seinem schönen Eingangstor ist immer gut für eine optische und kulinarische Abwechslung. Mit der JR-Kōbe-Linie oder Hanshin-Hauptlinie in 3 Min. von Sannomiya bis Bahnhof Motomachi.

## Arima Onsen 有馬温泉

In einer malerischen Berggegend liegt Arima Onsen, das zu den ältesten Thermalbädern Japans zählt. Bereits im 7. Jh. wird das Heilbad in den japanischen Chroniken erwähnt. An Wochenenden besuchen viele Gäste aus den umliegenden Städten Arima Onsen, das hinter dem Rokkō-Bergmassiv verborgen liegt. Die Quellen unterscheiden sich in ihrem Gehalt an unterschiedlichen Mineralien (Salz, Radium, Eisen u. a.). Um den Erholungsort gibt es etliche Hotels, Gasthäuser und kleine Ryokan, 💻 https://visit.arima-onsen.com.

Mit der Seishin-Yamate-U-Bahn-Linie vom Bahnhof Sannomiya bis Tanigami (280 ¥), hier umsteigen in die Kōbe-Arima-Linie (Richtung Mita) bis Arima-guchi, ab dort Zug der gleichen Linie nach Arima Onsen nehmen (410 ¥) oder unkomplizierter, aber etwas länger und ein paar Yen teurer, mit dem JR-Bus *Arima Express* von Shin-Kōbe oder Sannomiya in 45 Min. bis Arima Onsen (780 ¥).

### ÜBERNACHTUNG

**Hostel Yume-Nomad**, Hyōgo-ku, Shinkaichi 1-2-2, 💻 www.yumenomad.com. Das Hostel liegt in der Nähe des Kōbe Harborland. Gemeinsame Küche, Garten und Terrasse. Dorm 2800 ¥ p. P., DZ und Dreibettzimmer mit Bad. Unweit vom U-Bahnhof Minatogawa-kōen Ostausgang 2 der Seishin-Yamate-Linie. ❶

€ **The b Kōbe,** Chūō-ku, Shimoyamatedori 2-11-5. Elegante Farben und Kurven bestimmen das Dekor des Hotels. Jedes Zimmer verfügt über einen Schreibtisch, LCD-Fernseher mit BBC und ein modernes Bad. Frühstücksbuffet für 1400 ¥, Wäschemöglichkeiten. Nur 1 Min. vom West-3-Ausgang der U-Bahn-Station Sannomiya – der Shinkansen-Bahnhof Shin-Kōbe ist nur eine U-Bahn-Station entfernt. ❶–❷

**Tor Road Hotel Sanraku**, Chūō-ku, Nakayamate-dōri 3-1-19, 💻 www.sanraku.premierhotel-group.com/kobe/en. Hotel mit Gästezimmern im antiken britischen Stil. Gute Lage für die wichtigsten Sehenswürdigkeiten in Kōbe. Recherchieren nach Saisonpreisen lohnt sich, da teilweise große Preisunterschiede. Vom Bahnhof Sannomiya nördlich 7 Min. zu Fuß. ❷–❸

**Tōyoko Inn Kōbe Sannomiya No. 1**, Chūō-ku, Gokō-dōri 2-2-2, 💻 www.toyoko-inn.com/e_hotel/00074. Praktisch gelegener und günstiger Ableger der landesweiten Businesshotelkette. Frühstück inklusive. Vom JR- oder Hankyū-Bahnhof Sannomiya östlich 9 Min. zu Fuß. ❶–❷

### ESSEN

**Café Freundlieb**, Chūō-ku, Ikuta-chō 4-6-15, 2F. Wem nach deutschem Essen und belegten Broten in einer renovierten Kirche ist, der kann in diesem berühmten Café vorbeischauen. Vom JR-Bahnhof Sannomiya auf der Flower Road nördlich 10 Min. zu Fuß. 🕒 Do–Di 10–18 Uhr, Frühstücks-Set 10–11.30 Uhr ab 900 ¥, Mittags-Set (nur werktags) 11.30–14 Uhr für 1540 ¥.

**Gaenshuka**, Chūō-ku, Sakaemachi-dōri 2-8-7. Kantonesisches Restaurant in Nankinmachi. Schneeweiße Löwenfiguren erwarten die Gäste vor dem Eingang. Der Eigentümer verwendet nur selbst ausgewählte frische Zutaten. Vom JR-Bahnhof Motomachi 3 Min. zu Fuß. Gerichte à la carte 700–4400 ¥, 🕒 tgl. 11.30–21.30 Uhr.

**Gyōza-en**, Chūō-ku, Sakaemachi-dōri 2-8-11. Für Liebhaber von *Gyōza*, der kleinen mit Hackfleisch gefüllten chinesischen Teigtaschen, auf die Hand oder im Restaurant, 🕒 tgl. außer Mo 11.45–15 und 17–20.30 Uhr. Vom JR- oder Hanshin-Bahnhof Motomachi südlich 5 Min. bis zum Chinatown-Eingangstor vor dem Daimaru-Kaufhaus, in Nankinmachi entlang der

## Legenden um das Kōbe-Beef

Tatsache ist, dass das Kōbe-Rind – begeisterte Gourmets sprechen in der Regel nur von seinem Fleisch, dem **Kōbe-Beef** – zwar aus Kōbe stammt, dort aber „Tajima-Rind" *(tajima-ushi)* genannt wird. Tatsache ist weiterhin, dass aus dem Fleisch des japanischen Schwarzviehs weltweit die teuersten Steaks geschnitten werden. Und es ist vermutlich auch korrekt, dass dieses besondere Rindfleisch äußerst wohlschmeckend und zugleich, wegen des geringen Anteils an gesättigten Fettsäuren, sehr gesund ist. Strittig ist dagegen, wann und von wem Kōbe-Beef als solches verkauft werden darf. Geht es nach dem Willen der Zuchtbetriebe in Kōbe, dürfte das in anderen Teilen Japans sowie im Ausland nachgezüchtete und gekreuzte Rind den gesetzlich geschützten Markennamen nicht verwenden. Der gute Geschmack und die außergewöhnlich feine Marmorierung (also die Verteilung des Fettgewebes im Fleisch) des originalen Mastviehs aus Kōbe ist das Ergebnis strenger, sorgsamer und stressloser Aufzucht sowie höchster Qualitätskriterien. Gutes Fleisch durch die Gabe von Bier, stundenlange Massage oder musikalische Unterhaltung (beispielsweise Mozart-Sonaten) zu gewinnen, sind Erzählungen, die immer wieder von einzelnen Züchtern medienwirksam der Öffentlichkeit präsentiert werden, wo sie dann beharrlich ihre Runden ziehen. Dem Image und dem Kōbe-Beef-Kurs scheinen diese Legenden genutzt zu haben – und dem Tourismus und der Bierindustrie auch.
Wahres Kōbe-Beef gibt es in der Regel im Ausland nicht zu kaufen. Das Götterfleisch verspeist man in Japan lieber unter sich. In Kōbe haben sich einige Restaurants auf Kōbe-Beef spezialisiert, aber ob das wirklich alles original ist und nur aus heimischen Zuchtbetrieben stammt? Preislich gesehen, ja.

Ladenstraße nach Westen laufen bis zum Nankinmachi-Platz, dort auf der linken Seite.
**Mikami**, Chūō-ku, Kanō-chō 2-5-9. Restaurant mit vielen japanischen und internationalen Gerichten und ebenso vielen Stammgästen, denen es hier zu schmecken scheint. Japanische, chinesische und westliche Gerichte, 900–2000 ¥. Vom JR-Bahnhof Shin-Kōbe auf der Flower Road südlich, dann rechts kleine Straße in Richtung Sannomiya, nahe Greenhill Hotel Urban. 🕒 tgl. außer Di 11.30–15 und 17–23 Uhr (*last order* 21.40 Uhr).

**Modernark Pharm Café**, Chūō-ku, Kitanagasa-dōri 3-11-15, Kōbe-tsushō Bldg. 1F. Bio-Café mit vielen vegetarischen Speisen in entspannter Atmosphäre. Vegetarischer Teller 1200 ¥. JR-Linie bis Bahnhof Motomachi, Ausgang Ost, große Straße 5 Min. Richtung Norden. ⏲ tgl. ab 11.30 Uhr.

**New Munchen Kōbe Taishikan**, Chūō-ku, Sannomiya-chō 2-5-18. Gebäude mit sechs Etagen für Bierliebhaber. Selbst gebrautes, mittelgroßes Sapporo-Fassbier und Ebisu-Fassbier. Dazu japanisches, deutsches und anderes Essen. Vom JR- oder Hankyū-Bahnhof Sannomiya Richtung Motomachi 7 Min. zu Fuß. ⏲ Mo–Fr 14–22, Sa, So, feiertags ab 12 Uhr.

**Steak Land Kōbe-kan**, Chūō-ku, Kitanagasa-dōri 1-9-17, 6F. Beliebtes *Teppan-yaki*-Restaurant mit Kōbe-Beef und anderen Steaks. Der Chef brät das Fleisch vor den Augen der Gäste. Mittags 1200–4500 ¥, abends 6000–13 800 ¥. Vom JR-Bahnhof Sannomiya Westausgang 3 Min. zu Fuß. ⏲ tgl. 11–14 und 17–22 Uhr.

**Tako-an**, Chūō-ku, Asahi-dōri 5-3-5, Shirayuri Bldg. 2F. Restaurant mit der Kōbe-Spezialität *Akashi-yaki* (10 Stück 550 ¥) – nicht krustig wie normale *takoyaki*, sondern außen mit weichem Ei und im Inneren Oktopus *(tako)*. Jede Menge Shōchū-Sorten (japanischer Schnaps). Vom JR-Bahnhof Sannomiya Ausgang Ost, 2. Straße nach links, 1 Min. bis Sun City Daiei. ⏲ Mo–Fr 12–15 und 17–22.30, Sa, feiertags 11.30–22.30, So 11.30–22 Uhr.

**Wakkoqu**, Chūō-ku, Nakayamate-dōri 1-22-13, Hill Side Terrace 1F. Kōbe-Beef-Restaurant im klassischen Ziegelsteingebäude. Etwa 10 000–13 000 ¥ oder mehr muss man für dieses geschmackvolle Gericht schon investieren. Mittags reichen 6100–7120 ¥ aus. Vom JR-Bahnhof Sannomiya Ausgang West 10 Min. nördlich auf der Kitano-zaka. Filiale in Shin-Kōbe im 3. Stock des Einkaufszentrums Shin-Kōbe Oriental Avenue, neben JR-Bahnhof Shin-Kōbe. ⏲ tgl. 12–21 Uhr.

## UNTERHALTUNG

Das Nachtleben in Kōbe spielt sich rund um Sannomiya und im Kitano-Viertel ab.

**Avery's Irish Pub**, Chūō-ku, Kitanagasa-dōri 1-10-9, Ikuta Shinmichi Bldg. 1F. Ältester (seit 2007) und kleinster Irish Pub in Kōbe hinter knallroter Eingangstür, eignet sich gut als Bar, wenn man nach der Arbeit noch ein Bier trinken möchte. Guiness- und Yebisu-Bier, Wein, bis zu 15 Whisky-Sorten, Kaffee, Pizza usw. Vom Hankyū-Bahnhof Sannomiya Ausgang West nördlich 3 Min. ⏲ tgl. 17–1 Uhr.

**Brew Pub Starboard**, Chūō-ku, Kitanagasa-dōri 2-7-12, Bldg 2F. Kneipe mit Bier, gebraut aus dem berühmten Wasser des Rokkō-Berges, das Glas zu 500 ¥. Ostausgang *(higashi-guchi)* des JR-Bahnhofs Motomachi, Richtung Nordost, 7 Min. zu Fuß. Bushaltestelle des Kōbe-Sannomiya Highway Bus im selben Gebäude. ⏲ Mo–Fr 16–22, Sa 12–22, So, feiertags 12–21 Uhr.

**Chicken George**, Chūō-ku, Shimoyamate-dōri 2-17-2,B1F, 💻 www.chicken-george.co.jp. Konzertclub mit im Sommer täglich wechselnder Livemusik. Eintritt abhängig von der Performance. Der Club liegt zwei Straßenzüge nördlich vom JR-Bahnhof Sannomiya. ⏲ je nach Konzert.

## SONSTIGES

### Einkaufen

Zwischen den Bahnhöfen Sannomiya und Motomachi finden sich auf der langen **Sannomiya-Arkade** und der noch längeren (1,2 km) **Motomachi-Arkade** unzählige Geschäfte.

Die **Tor Road** ist die westlich von Sannomiya gelegene klassische Einkaufsstraße in Kōbe. Hier gibt es viele (teure) Modegeschäfte.

**Tor West**, westlich der Tor Road, hat sich zu einem modernen Designer-Viertel entwickelt.

Vor dem Eingang zur Chinatown steht das große alte und modern erweiterte **Kaufhaus Daimaru** und neben dem Bahnhof Sannomiya das leuchtend weiße, riesige **Kaufhaus Hankyū.**

### Geld

**TiS Sannomiya (Travelex)**, am Ostausgang im JR-Bahnhof Sannomiya, bei der Nippon Travel Agency, ⏲ tgl. 10.30–16.30 Uhr.

**Geldwechselautomat** im Kōbe Harbor Land, umie North Mall 4F, beim Food Court, und South Mall 1F, ⏲ tgl. 11–20 Uhr.

### Informationen

**Arima Hot Springs Tourist Information Center**, Kōbe-shi, Kita-ku, Arima-chō 790-3, ⌚ tgl. 9.30–17 Uhr.
**Kitano Touristeninformation**, gleich neben dem berühmten Wetterhahn-Haus im Kitano-Viertel, ⌚ tgl. 9–18 Uhr (Nov–Feb bis 17 Uhr).
**Kōbe Touristeninformation** im JR-Bahnhof Sannomiya, südlich des Ostausgangs, hat Stadtpläne und Broschüren und reserviert Unterkünfte. ⌚ tgl. 9–18 Uhr.
**Shin-Kōbe Touristeninformation** im JR-Bahnhof Shin-Kōbe, ⌚ tgl. 9–17 Uhr.

## NAHVERKEHR

Das wichtigste Verkehrskreuz von Kōbe ist der **Bahnhof Sannomiya**. Hier verkehren alle Fern- und Nahverkehrszüge – außer dem Shinkansen, der hält im Bahnhof Shin-Kōbe. Das Zentrum von Kōbe liegt zwischen den JR-Bahnhöfen Kōbe und Sannomiya. Wer also in die Innenstadt möchte, steigt entweder in Motomachi oder in Sannomiya aus.
Von Sannomiya aus fahren auch der vollautomatische **Port Liner** sowohl nach Port Island als auch zum Flughafen von Kōbe und der ebenfalls fahrerlose **Rokkō Liner** nach Rokkō Island.
Der grüne **City Loop Bus** fährt die Stationen Sannomiya, Shin-Kōbe, Kitano, Motomachi, Chinatown und Harborland an. Eine Fahrt kostet 260 ¥, das Tagesticket 700 ¥ und das 2-Tage-Ticket 1000 ¥.
Das **U-Bahn-Netz** besteht aus zwei Linien. Eine Tageskarte kostet 830 ¥.

## TRANSPORT

### Busse

Vom **Shinki Bus Sannomiya Bus Terminal** in Sannomiya fahren regelmäßig (Nacht-) Busse in Richtung TŌKYŌ (10 Std., 7800–9000 ¥ bis Shinjuku). Über die Akashi-Kaikyō-Brücke sind auch die Inseln Awaji und Shikoku mit dem Bus erreichbar: Shinki Bus vom Sannomiya Terminal über SUMOTO (1 Std., 1960 ¥) bis FUKURA im Süden von Awaji-shima (1 1/2 Std., 2440 ¥). Vom gleichen Busbahnhof aus mit dem Shinki Bus non-stop durch Awaji-shima bis NARUTO-KŌEN-GUCHI auf Shikoku (1 1/4 Std., 2900 ¥) und weiter bis zum Bahnhof TOKUSHIMA (knapp 2 Std., 3400 ¥).

### Eisenbahn

Der Shinkansen-Bahnhof **Shin-Kōbe** befindet sich etwa 1 km abseits des Zentrums und ist zu Fuß oder mit der U-Bahn zu erreichen.
Die Fahrzeit mit dem schnellsten Shinkansen *(Nozomi)* nach TŌKYŌ beträgt knapp 3 Std. (14 420 ¥), nach KYŌTO 30 Min. (2870 ¥) und FUKUOKA (Hakata) gut 2 1/4 Std. (14 420 ¥).
Von **Sannomiya** nach ŌSAKA gibt es neben Eilzügen der JR-Linie, die 20 Min. bis Ōsaka benötigen (420 ¥), auch die privaten Hankyū- und Hanshin-Linien, die in 30 Min. bis Hankyū- bzw. Hanshin-Umeda fahren (330 ¥).
Nach KYŌTO mit dem JR-Schnellzug *(shin-kaisoku)* von Sannomiya in 50 Min. (1110 ¥). Mit der Hankyū-Bahn (umsteigen in Jūsō) ins Zentrum von Kyōto in 70 Min. (640 ¥).

### Schiffe

Es gibt regelmäßige Schiffsverbindungen vom Hafen Kōbe mit **Jumbo Ferry**, 💻 www.ferry.co.jp/en, nach TAKAMATSU auf Shikoku, 4–4 1/2 Std., 1990 ¥ (Nachtfahrten und Wochenende/Feiertage plus 500 ¥).
Vom Hafen Kōbe Rokkō Island mit **Ferry Sunflower**, 💻 www.ferry-sunflower.co.jp, nach ŌITA auf Kyūshū, 11 1/2 Std., im Schlafsaal ab 9250 ¥, halb offene Privatbett-Nische ab 12 990 ¥, Einzelkabine 16 990 ¥ p. P.

### Flüge

Südlich der Stadt auf einer künstlichen Insel liegt der nationale **Flughafen Kōbe**, 💻 www.kairport.co.jp. Vom Bahnhof Sannomiya aus ist er mit dem Port Liner zu erreichen (18 Min., 340 ¥).
Zum benachbarten Flughafen **Kansai International Airport** (KIX) geht es von Sannomiya aus mit dem Flughafenbus in 70 Min. (2000 ¥) oder mit dem JR-Zug in etwa 90 Min. (bis Shin-Ōsaka in 30 Min. für 570 ¥, von hier weiter bis KIX in 60 Min. mit *Haruka* für 2590 ¥).
Vom Flughafen Kōbe verkehrt die High-Speed-Fähre *Bay Shuttle* in 30 Min. für 1880 ¥ zum KIX-Pier, von dort zum Flughafen mit dem Shuttlebus 6–7 Min.

13 HIGHLIGHT

## Himeji 姫路

Für viele Japan-Reisende ist ein Besuch von Himeji ein Muss, auch wenn die 50 km westlich von Kōbe gelegene kleine Stadt „nur" eine sehenswerte Attraktion aufzuweisen hat – Himeji-jō, die **Burg von Himeji**, auch Shirasagi-jō genannt, Burg des Weißen Reihers, 💻 www.himejicastle.jp. Himeji kann als Tagesausflug von Kyōto oder Ōsaka oder auch als erste Etappe einer Reise in Richtung Westjapan anvisiert werden.

Die leuchtend weiße, originale Burg ist zweifellos die besterhaltene, weitläufigste und zugleich schönste Burg Japans. Völlig zu Recht hat die Unesco ihr 1993 den Weltkulturerbe-Titel zugesprochen. Das ästhetische Bauwerk erhebt sich auf einem Hügel inmitten der Stadt und besteht aus einem fünfstöckigen Hauptturm (im Inneren sind es jedoch sieben Ebenen), drei dreistöckigen Nebentürmen und vielen anderen Gebäuden. Die Vorläufer der heutigen Burganlage entstanden bereits Mitte des 14. Jhs. Später, zur Zeit des Feldherrn Toyotomi Hideyoshi (1536–98), wurde die Burg von diesem als Militärbasis während seiner Feldzüge in Mitteljapan genutzt. Es entstand eine ausgeklügelte Wehranlage und der Hauptturm wurde hinzugefügt. Nachdem Frieden eingekehrt war, sprach das Shogunat in Edo Ikeda Terumasa, einem Verbündeten und Schwiegersohn des Shōguns Tokugawa Ieyasu, das Lehen Himeji zu. Der Landesfürst, der als „Shōgun von Westjapan" in die Geschichte einging, machte die Burg zum Zentrum seiner Macht und zur Residenz seines Clans.

Von 1608 bis 1644 erfolgten mehrere Erweiterungen und eine Erhöhung des Hauptturms auf 46 m. 1945 wurde Himeji zwar bombardiert, aber die Burg blieb erhalten.

Eine Burgbesichtigung sollte auch den angrenzenden **Kōko-en** einschließen. Die über 3 ha große Flanierlandschaft aus neun japanischen Gärten bietet Teiche und Quellen vor der eindrucksvollen Kulisse der Burganlage.

Ein ausführlicher Rundgang dauert 2–3 Std. 🕒 tgl. 9–17 Uhr (Eintritt bis 16.30 Uhr), 1000 ¥ (inkl. Garten 1050 ¥). Vom JR-Bahnhof Himeji 15–20 Min. zu Fuß auf der breiten Ōtemae-dōri.

Nordöstlich der Burg liegt in einem roten Backsteinbau, einer ehemaligen Waffenfabrik der japanischen Armee, das **Kunstmuseum der Stadt Himeji (Himeji Shiritsu Bijutsukan)**, 💻 www.visit-himeji.com/de/sightseeing/himeji-city-museum-of-art, 🕒 Di–So 10–17 Uhr, 210 ¥.

### Ausflug nach Kinosaki Onsen

Rund 100 km nördlich von Himeji lockt **Kinosaki Onsen**, 💻 https://visitkinosaki.com, eines der populärsten (und tattoofreundlichsten) Thermalbadstädtchen in Kansai. In der malerischen Kleinstadt können die mit leichten Baumwollkimonos bekleideten Gäste fast aller örtlichen Ryokan die sieben Badehäuser kostenlos nutzen – Gäste ohne Übernachtung zahlen 1500 ¥. Kinosaki Onsen lässt sich mit dem aus Ōsaka kommenden JR-Expresszug *Hamakaze* von Himeji aus in 1 3/4 Std. (4370 ¥) erreichen.

### SONSTIGES

#### Fahrradverleih

**Ekirin-kun**, JR-Bahnhof Himeji, Ausgang zur Burg, 100 m links entlang der Hochbahngleise, 500 ¥ am Tag. 🕒 6.30–21 Uhr.

#### Informationen

**Himeji Tourist Information Center** im Bahnhof auf der Westseite des Zentraleingangs. Die Angestellten sprechen Englisch und geben kompetent Auskunft über die Stadt, ihre Burg, die Umgebung und Feste. 🕒 tgl. 8.30–18.30 Uhr.

### TRANSPORT

Himeji liegt an der San'yō-Shinkansen-Strecke nach OKAYAMA, 20–25 Min., 3280 ¥, und SHIN-ŌSAKA, 30–40 Min., 3280 ¥. Wer sparen muss, fährt mit dem JR-Schnellzug *Shinkaisoku* von ŌSAKA 1 Std., 1520 ¥, oder von KŌBE (Sannomiya) in 1/2 Std., 990 ¥.
Von TŌKYŌ per Shinkansen *(Hikari)* in 3 1/2 Std. (15 400 ¥), es gibt aber nur eine direkte Verbindung stdl., ansonsten umsteigen in SHIN ŌSAKA.

KANSAI

MIYAJIMA; © JAPAN-PHOTO.DE/HARTMUT POHLING

# Chūgoku 中国

**Chūgoku, „das Land der Mitte", ist die westlichste Region auf Honshū. Sie liegt zwischen den großen Regionen Kansai und Kyūshū und erstreckt sich von Okayama im Osten bis nach Shimonoseki im äußersten Westen. Dazwischen locken als größte Attraktionen die gut erhaltene Speicherstadt Kurashiki, die mahnende Zeitzeugin Hiroshima, die heilige Insel Miyajima in der Inlandsee und der große Schrein von Izumo am Japanischen Meer.**

## Stefan Loose Traveltipps

**14 Kurashiki** Die historischen Reisspeicher am Kanal sorgen für eine nostalgische Atmosphäre. S. 463

**15 Hiroshima** Ewiges Mahnmal für die Menschheit, zugleich eine weltoffene, grüne Stadt mit beeindruckenden Kunstmuseen. S. 466

**Insel Miyajima** Malerisch steht das rote Schreintor im Meer, Eingang zum Schrein, der den Töchtern des Windgottes Susanoo geweiht ist. S. 471

**Tsuwano** Das kleine Kyōto von San'in ist eine idyllische, von Bergen umgebene Burgstadt. S. 483

**Izumo-taisha** Mystischer Treffpunkt der Götter an einem abgeschiedenen Küstenstrich am Japanischen Meer. S. 486

ATOMBOMBENDOM, HIROSHIMA; © JAPAN-PHOTO.DE/HARTMUT POHLING

NAOSHIMA, INLANDSEE; © JAPAN-PHOTO.DE/HARTMUT POHLING

**Wann fahren?** Von Kirschblüte bis Herbstverfärbung

**Wie lange?** 10 Tage

**Bekannt für** Atombomben-Gedenkstätte in Hiroshima, Miyajima-Schrein im Meer

**Beste Feste** Kangen-sai im Itsukushima-Schrein, Miyajima (Ende Juli/Anfang August)

**Outdoor-Tipp** Radtour auf Naoshima oder übers Meer auf dem Shimanami-kaidō

**Unbedingt probieren** Austern aus der Inlandsee, Okonomiyaki in Hiroshima

Chūgoku
N
0
50 km
Tôkyô
s. Detailplan Matsue und Izumo S. 488
Japanisches Meer
Shimane-Halbinsel
Chûgoku-Bergland
Seto-naikai
Suô-nada
Hiuchi-nada
SHIKOKU
KYÛSHÛ
Izumo-taisha
Hirata
Matsue
Shinji-ko
Nakano-umi
Sakaiminato
Izumo
Yasugi
Yonago
Aoya
Hamasaka
Kurayoshi
Tottori
Wakasa
Chizu
Kisuki
Kôfu
Sanbe-san
1126
Ôda
Yokota
Iwami-Ginzan
Tonbara
Katsuyama
Tsuyama
1269
Dôgo-yama
Gôtsu
Gôgawa
Hamada
Niimi
Shôbara
Tôjô
Asahi-gawa
Yoshii-gawa
MI-SHIMA
Misumi
Miyoshi
Takahashi-gawa
Masuda
Garyû-san
1223
Takahashi
Susa
Kake
Bizen
Akô
Sôja
Abu
Kantouri-yama
1339
Kôzan
Ibara
Okayama
SHÔDO-SHIMA
Tsuwano
Fuchû
Kurashiki
ÔMI-SHIMA
TSUNO-SHIMA
Hagi
Atô
Hiroshima
Higashi-Hiroshima
NAO-SHIMA
Fukuda
Tonoshô
Kusakabe
Nagato
Seto-ôhashi
Hôhoku
Akiyoshidai Plateau
Mihara
Onomichi
Fukuyama
Akiyoshidô
Yamaguchi
MIYAJIMA
Kure
Takehara
Innoshima
Sakaide
Toyoura
Mine
Ôtaki
NISHI-NÔMI-JIMA
Marugame
Takamatsu
Bahnhof Asa
Shinnanyô
Tokuyama
Iwakuni
Zentsûji
Hiketa
Shimonoseki
Ogôri
KURAHASHI-JIMA
Shimanami Kaidô
Kan'onji
Kotohira
Onoda
Hôfu
Kitakyûshû
Ube
Kudamatsu
Yanai
YASHIRO-JIMA
Hôjô
Imabari
Kawanoe
Ikeda
Waki
Nakama
Hikari
Iyomishima
Tôyo
Saijô
Niihama
Nôgata
Yukuhashi
NAGA-SHIMA
HEIGUN-TÔ
Matsuyama
1955
Tsungi-san

Der nördliche Teil von Chūgoku, der sich entlang dem Japanischen Meer (Nihonkai) zieht, ist sehr dünn besiedelt, muss jährlich einem strengen Winter trotzen und wird daher auch **San'in-dō**, die „Schattenseite der Berge", genannt. Hingegen hat der dichter besiedelte Süden von Chūgoku sich das milde Klima der Seto-Inlandsee zu eigen gemacht und daher den schönen Beinamen **San'yō-dō**, „Sonnenseite der Berge", erhalten. Beide Gegenden haben lohnende Reiseziele: im Süden Okayama mit dem Kōraku-en, einem der berühmtesten Landschaftsgärten Japans, das malerische Kurashiki mit seinen alten Lagerhäusern am Kanal, das geschichtsträchtige Hiroshima und nahebei der Itsukushima-Schrein auf der Insel Miyajima; im Norden der große Schrein von Izumo und die abgelegene Samurai-Stadt Hagi.

## Okayama 岡山

Okayama ist eine 1573 gegründete Burgstadt und heute die Hauptstadt der gleichnamigen Präfektur. Für aus dem Osten kommende Besucher ist es das Haupttor nach Chūgoku wie auch zum Seto-Inlandsee-Nationalpark. Seit Fertigstellung der Seto-Ōhashi-Brücke (1988) nutzen viele Reisende, die in Richtung Shikoku unterwegs sind, Okayama ausschließlich als Umsteige- und Durchgangsstation. Das ist schade, denn die Stadt besitzt mit dem Landschaftsgarten Kōraku-en eine echte Attraktion. Und gegenüber, am anderen Ufer des Asahi-Flusses, liegt die schwarze U-jō, die „Krähenburg".

### Kōraku-en 後楽園

Der Landschaftsgarten, 🖳 www.okayama-korakuen.jp, wurde Ende des 17. Jhs. vom Landesfürsten Ikeda Tsunamasa für seine eigene Entspannung und die seiner Familie in Auftrag gegeben. Er zählt offiziell zu den *Nihon-sanmeien*, den „Drei berühmten Gärten Japans" (neben dem Kairaku-en in Mito und dem Kenroku-en in Kanazawa). Während des Rundgangs auf dem Gartenpfad erschließen sich dem Besucher wechselnde Ansichten. Der Teich, die Bäche, die Hügel, Büsche und Bäume und selbst der schwarze Burgturm außerhalb des Gartens sind geschickt miteinander kombinierte, optische Bestandteile dieser künstlich geschaffenen Landschaft. 🕒 tgl. 20. März–Sep 7.30–18, Okt–19. März 8–17 Uhr, 410 ¥ (Senioren 140 ¥). Mit der Straßenbahn Richtung Higashiyama bis Haltestelle Shiroshita (120 ¥), dann 10 Min. zu Fuß – oder man läuft gemütlich eine halbe Stunde die Hauptstraße Momotarō-Ōdōri entlang.

### Okayama-jō 岡山城

Die **Burg** stammt aus dem 16. Jh. Den Beinamen „Krähenburg" (U-jō) verdankt sie dem schwarzen Anstrich des Hauptturms. Damals besaß die Festung über 30 Türme und ca. 20 Tore. Bei der Rekonstruktion 1966 wurde jedoch auf viele Bereiche verzichtet. Von der Spitze des Hauptturms kann man den Blick auf den benachbarten Kōraku-en und die Stadt genießen. 🕒 tgl. 9–17.30 Uhr, 400 ¥ (Kombiticket Burg und Kōraku-en 640 ¥).

Nahe der Burg liegt das **Hayashibara-Kunstmuseum**, 🖳 www.hayashibara-museumofart.jp, in dem Kunstschätze des Ikeda-Clans ausgestellt sind. 🕒 Di–So 10–17 Uhr, 500 ¥ (Kombiticket für Burg, Kōraku-en und Museum 1040 ¥).

### Orient-Museum der Stadt Okayama 岡山市立オリエント美術館

Das Museum, 🖳 www.orientmuseum.jp/page08.php, war das erste in Japan, das sich dem Orient und seinen Kulturen widmete. Über 3000 Ausstellungsstücke (Ton-, Glas-, Stein- und Keramikwaren), überwiegend aus Syrien und dem Iran werden hier gezeigt. 🕒 Di–So 9–17 Uhr, 310 ¥. Vom JR-Bahnhof Okayama 15 Min. Fußweg oder mit dem Okaden-Bus (Haltestelle Nr. 1) bis Bijutsukan-mae oder Straßenbahn bis Shiroshita und 1 Min. zu Fuß.

### Kunstmuseum der Präfektur Okayama 岡山県立美術館

Direkt neben dem Orient-Museum steht das herausragende Gebäude des Kunstmuseums, 🖳 www.okayama-kenbi.info. Im Museum wird die Geschichte der Region anhand von Skulpturen, Töpferwaren, Schwertern und Rüstungen dargestellt. 🕒 Di–So 9–17 Uhr, 350 ¥.

## ÜBERNACHTUNG

€ **The OneFive Okayama**, Kita-ku, Marunouchi 1-1-13, 💻 http://onefivehotels.co.jp/hotels/theonefiveokayama. Einfaches, komfortables Business-Hotel. Nahe Kōrakuen-Garten und Burg Okayama gelegen. Ohne Frühstücksservice, aber tgl. (außer Mo) kommen die Bäcker und verkaufen ihre Brötchen im Hotel. Vom JR-Bahnhof Okayama Ausgang Ost zu Fuß auf der Hauptstraße Momotarō-Ōdōri etwa 15 Min. oder mit Straßenbahn bis Shiroshita. ❶–❷

€ **Toriikuguru, Guesthouse & Lounge**, Kita-ku, Hōkan-chō 4-7-15, 💻 http://toriikuguru.com. Gemütliche Zimmer in ruhigem Wohnviertel. Gemischte und Frauen-Dorms 4000 ¥ p. P., DZ und EZ, Fahrradleihe. 50 m entfernt befindet sich die Lounge Kado, die ebenfalls von den Besitzern des Toriikuguru betrieben wird – gemeinsam mit anderen Läden wird damit versucht, zur atmosphärischen Verbesserung der Gegend beizutragen! Serviert werden Speisen aus Gemüse und Produkte aus dem eigenen Garten, Obstsäfte der Saison und lokaler Sake, 🕒 nur Fr, Sa und So. Vom JR-Bahnhof Okayama Westausgang große Straße rechts, 3. Straße links, in die Arkade Hōkan-chō bis zur Ladenstraße ohne Dach, über große Straße weiter geradeaus – Schreintor linker Hand ist gleichzeitig Gasthaus-Eingang. Laufzeit ca. 13 Min. ❶–❷

## ESSEN

**Ajitsukasa Nomura**, Kita-ku, Heiwa-chō 1-10. Populäres Restaurant, das sich auf *domi-katsudonburi* – Schweinekotelett mit Demi-Glace-Soße auf Reis – spezialisiert hat. Essensbons werden am Automaten gekauft. Vom JR-Bahnhof Okayama zu Fuß 7 Min., östlich über die Kreuzung bis zur Straßenbahnhaltestelle Nishikawa Ryokudō-kōen, dann rechts. 🕒 Di–Fr 11–16, Sa, So und feiertags 11–14.30 und 17.30–20.30 Uhr.

**Akari**, Kita-ku, Nodaya-chō 1-6-22-1F. *Izakaya* im modernen japanischen Stil mit frischem Fisch und saisonalen Gerichten; gute Auswahl von lokalem Sake. Speisekarte auf Englisch. Ostausgang vom JR-Bahnhof Okayama Ausgang Ost, auf der Momotarō-Ōdōri über Brücke, nach 2. Straße linke Seite, 6 Min. zu Fuß. 🕒 Mo–Do 18–22, Fr, Sa 17–23, So und feiertags 17–22 Uhr.

**Cozzy's**, Kita-ku, Omote-chō 1-1-40. Café mit lockerer Atmosphäre und leckeren Hamburgern. Ab Straßenbahn-Haltestelle Shiroshita westlich laufen, dann 1. Ampel nach links, danach rechts. Westlich des großen Rundbaus der Okayama Symphony Hall. 🕒 Mi–Mo 7–19 Uhr.

€ **Quiet Village Curry Shop**, Kita-ku, Omote-chō 1-6-43. Curry-Restaurant, in dem köstliche Gerichte mit vielen verschiedenen Gewürzen zu günstigen Preisen zubereitet werden – fast alle Gerichte unter 1200 ¥. Von der Haltestelle Shiroshita südlich, parallel zur Straßenbahnlinie etwa 100 m bis zur 1. Ampel laufen, dann rechts und noch mal rechts. 🕒 Di–So 11.30–15 Uhr.

Im **Vergnügungsviertel** von Okayama, zwischen den beiden Hauptstraßen Momotarō-Ōdōri und Kenchō-dōri, gibt es weitere Möglichkeiten, passende Restaurants zu finden.

## SONSTIGES

### Geld

**Ticket Center** mit Geldwechsel, Kita-ku, Honmachi 2-12-1. Vom Ostausgang des JR-Bahnhofs Okayama auf der Momotarō-Ōdōri, 3. Straße nach rechts, 🕒 Mo–Sa 10–18 Uhr.

### Informationen

**MOMOTARO Tourist Information Center**, JR-Bahnhof Okayama 2F, Shinkansen-Ausgang Ost, 🕒 tgl. 9–20 Uhr.

### Internet

**Freies WLAN**, 💻 www.pref.okayama.jp/page/533681.html.

## NAHVERKEHR

Die Sehenswürdigkeiten in Okayama lassen sich gut zu Fuß erreichen. Wer öffentliche Verkehrsmittel bevorzugt, kann mit der Straßenbahn oder dem Bus fahren:

Die **Okaden-Tram**, auch *Romendensha* genannt, fährt ab JR-Bahnhof Okayama (Ostausgang) und kostet 120–140 ¥ (Tagesticket 400 ¥). Der **Okaden-Bus** ab dem Bahnhof Okayama kostet bis zum Kōraku-en 140 ¥.

## TRANSPORT

### Eisenbahn

Nach KYŌTO mit dem Shinkansen in 1 1/4 Std., 7140 ¥, oder JR-San'yō-Linie in 3 1/2 Std. (ein- bis mehrmaliges Umsteigen erforderlich) für 3740 ¥. Shinkansen nach SHIN-ŌSAKA in 45–70 Min., 5610 ¥, HIROSHIMA in 40–70 Min., 5610 ¥. Mit dem *Marine Liner* fährt man auf der Großen Seto-Brücke über die Inlandsee nach TAKAMATSU, 55–70 Min., 1660 ¥.

### Schiffe

**Shikoku Ferry**, 💻 www.shikokuferry.com, bietet eine gute, preiswerte Verbindung nach Shikoku: Mit Ryōbi-Shōdoshima Ferry vom Hafen Shin-Okayama (ab JR-Bahnhof Okayama 40 Min. mit dem Bus, 500 ¥.) nach TONOSHŌKŌ auf Shōdo-shima 1 1/4 Std., 1200 ¥. Danach mit Shikoku Ferry vom Hafen Tonoshōkō nach TAKAMATSU 1 Std., 700 ¥.

**14 HIGHLIGHT**

# Kurashiki 倉敷

Von Okayama braucht die Bahn nur wenige Minuten bis Kurashiki, während der Edo-Zeit (1603–1867) ein wichtiges Handelszentrum und großer Reis-Umschlagplatz, heute eine Kleinstadt mit einer der bezauberndsten Altstädte Japans. Eine Kombination aus weiß gehaltenen, mit schwarz-weißen Kacheln verzierten Speichern und Holzhäusern der Kaufleute entlang des Kanals beschwört vergangene Zeiten herauf. Viele der alten Gebäude wurden restauriert und zu Museen und Galerien umfunktioniert und machen das historische Viertel von Kurashiki, den **Bikan-chiku** („ästhetischer Distrikt"), zu einem äußerst beliebten Ausflugsziel.

## Ōhara-Kunstmuseum 大原美術館

Das Ōhara Bijutsukan, 💻 www.ohara.or.jp, im Stil eines Pantheons entworfen, zählt zu den bedeutendsten Museen ganz Japans. In der Hauptgalerie wird eine reiche Sammlung moderner europäischer Meister, wie Monet, Gauguin oder Renoir präsentiert. Weitere Ausstellungen mit Werken japanischer Künstler in westlicher Tradition finden sich im Anbau *(bunkan)*. Erstklassige Arbeiten japanischer Kunsthandwerker sind in der Kunsthandwerksgalerie *(kōgeikan)* zu sehen, antike chinesische und andere asiatische Kunstobjekte in der Asiatischen Galerie *(tōyōkan)*. 🕒 Di–So 9–17, Dez–Feb bis 15 Uhr, 2000 ¥. Etwa 15 Min. zu Fuß vom Bahnhof.

## Archäologisches Museum Kurashiki 倉敷考古館

Das Archäologische Museum, 💻 www.kurashikikoukokan.com, hat sich in einem recht schönen einstigen Lagerhaus niedergelassen und zeigt archäologische Funde aus der Umgebung und aus China. 🕒 Mi–So 9–17 Uhr, 500 ¥.

## Volkskunstmuseum Kurashiki 倉敷民芸館

In einer Reihe alter Reisspeicher *(kura)*, deren Architektur schon für sich genommen eine Volkskunst ist, zeigt das Kurashiki Mingeikan, 💻 www.kurashiki-mingeikan.com, Beispiele des japanischen Kunsthandwerks, wie Lack- und Bambusarbeiten, Keramik, Goldstickereien und gewebte oder gefärbte Textilien. 🕒 Di–So 10–17 Uhr, 1200 ¥. Die Eintrittspreise variieren je nach Ausstellung.

## Kurashiki Ivy Square 倉敷アイビースクエア

Der 1889 aus rotem Backstein erbaute Gebäudekomplex ist eine ehemalige Fabrik, eine Hinterlassenschaft des Kurabō-Textilunternehmens. 1974 wurde die Anlage umgestaltet und renoviert und steht heute in angenehmem Kontrast zur feudalzeitlichen Stadtkulisse Kurashikis. Besucher betreten den Kurashiki Ivy Square durch ein rotes Bogentor und stehen dann in einem großen Innenhof mit einem Café unter freiem Himmel, umgeben von Blumen, Büschen und einer mit dichtem Efeu bewachsenen Mauer. Es gibt ein Hotel, Restaurants, Läden und ein paar Museen. Man kann aber auch einfach nur die angenehme Atmosphäre genießen.

## ÜBERNACHTUNG

**APA Hotel Kurashiki Ekimae**, Achi 1-7-2, 🖳 www.apahotel.com/hotel/chushikoku/okayama/kurashiki-ekimae/. Landesweite Kette von Stadthotels, direkt am Bahnhof, Ausgang Süd. Saisonale Angebote. ❷–❸

**Cuore Kurashiki, Hostel & Bar**, Chūō 1-9-4, 🖳 www.bs-cuore.com. Günstige Unterkunft im Bikan-Viertel. Dorm ab 3850 ¥, Privatzimmer mit Dusche und Toilette. Das Frühstück ist bei den Gästen sehr beliebt. Zur Entspannung stehen drei Gemeinschaftsräume zur Verfügung. Vom Bahnhof JR Kurashiki 10 Min. zu Fuß, Ohara Museum 2 Min. ❷–❸

**Green Rich Hotel Kurashiki Ekimae**, Achi 3-14-5, 🖳 https//greenrichhotels.jp/Kurashiki. Hotel mit (künstlichem) Thermalbad aus Kalziumkarbonat, gut zum Entspannen der Muskeln. Frühstücksbuffet mit vielen lokalen Zutaten. Beginn von Initiativen für künftige Nachhaltigkeit, einschl. Abfall, Energie, Wasser u. a. Vom Bahnhof JR Kurashiki Ausgang Süd 4 Min. zu Fuß. ❷–❸



## ESSEN

Einige Restaurants in Kurashiki haben sich längst auch auf ausländische Gäste eingestellt und halten Speisekarten mit englischen Übersetzungen oder Fotos der Gerichte parat.

**Azumi**, Chūō 1-1-8. Das seit 1966 bestehende Restaurant hat zahlreiche Fans und Stammgäste von überall. Die Spezialität des Hauses: leckere handgemachte kalte und warme Soba aus Nagano für 980–2200 ¥. Vom JR Bahnhof Kurashiki zu Fuß in 15 Min. 🕒 Di–So 11.30–15 Uhr (Wochenende bis 16 Uhr).

**Grill Hirose**, Tsurugata 1-3-42. Westliches Restaurant mit gutem Mittag- und Abendessen, z. B. *omuraisu* (Omelette gefüllt mit würzigem Reis). Vom Bahnhof etwa 7 Min. Fußweg. 🕒 tgl. außer Mi und 3. So im Monat 11.30–14, 18–22 Uhr.

**Kamoi**, Chūō 1-3-17. Japanisches Restaurant mit Okayama-Sushi und verschiedenen Nudelgerichten, auch gut für eine Kaffeepause mit Blick auf die Altstadt. Vom Bahnhof Richtung Altstadt, über den Kanal, andere Seite des Ōhara-Kunstmuseums. 🕒 Di–So 10–18 Uhr.

**Kurashiki Coffee Hall**, Honmachi 4-1, traditionsreiches Café für Kaffeeliebhaber, seit über 50 Jahren in renoviertem weiß getünchtem edozeitlichem Haus. Verschiedene Kaffeesorten können innen oder im Garten in entspannter Atmosphäre genossen werden. In der Nähe des Kurashiki Tourist Information Centers. 🕒 tgl. 10–17 Uhr.

**Ōnishi**, Honmachi 5-29. Spezialität: handgemachte *Udon*-Nudeln aus der Umgebung von Okayama, verschiedene Sorten zur Auswahl, 650–1300 ¥. Vom Bahnhof 15 Min. in Richtung Altstadt, nach der Touristeninformation östlich des Flusses. 🕒 tgl.10.30–16, Sa, So und feiertags bis 17 Uhr.

## SONSTIGES

### Führungen

Kostenlose Führungen auf Englisch mit dem **Kurashiki Goodwill Guide**. Anmeldung eine Woche vorab, 🖳 www.city.kurashiki.okayama.jp/dd.aspx?menuid=10213.

### Informationen und Fahrradverleih

**Kurashiki City Tourist Lounge** im Kurashiki Museum of Natural History, Chūō 2-6-1, ☏ 086-425-6039, 🕒 tgl. 9–17.30 Uhr, Fahrradleihe 300 ¥/Tag, E-Bike 500 ¥/Tag. 🕒 tgl. 9–16.30 Uhr.

**Kurashiki-kan Tourist Information Center**, Chūō 1-4-8, ☏ 086-422-0542. Mitten in Bikan-chiku. 🕒 tgl. 9–18 Uhr.

**Touristeninformation Kurashiki-ekimae**, Kurashiki City Plaza West Bldg. 2F, ☏ 086-424-1220, direkt beim Südausgang des Bahnhofs. 🕒 tgl. 9–18 Uhr.

## NAHVERKEHR

Die wichtigsten Sehenswürdigkeiten von Kurashiki liegen alle in der Altstadt Bikan-chiku und sind ab dem Bahnhof zu Fuß in einer

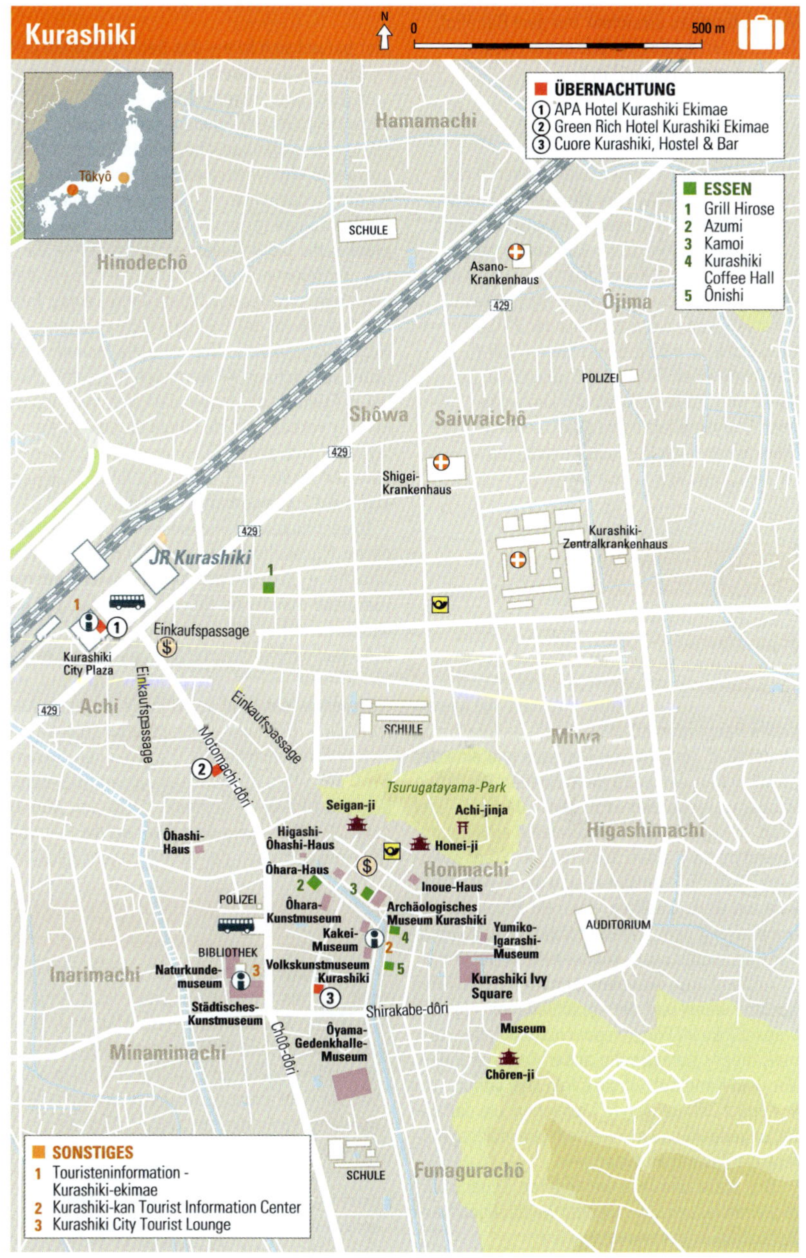
Kurashiki
N
0
500 m
Tôkyô
ÜBERNACHTUNG
1 APA Hotel Kurashiki Ekimae
2 Green Rich Hotel Kurashiki Ekimae
3 Cuore Kurashiki, Hostel & Bar
ESSEN
1 Grill Hirose
2 Azumi
3 Kamoi
4 Kurashiki Coffee Hall
5 Ônishi
SONSTIGES
1 Touristeninformation - Kurashiki-ekimae
2 Kurashiki-kan Tourist Information Center
3 Kurashiki City Tourist Lounge
Hamamachi
Hinodechô
SCHULE
Asano-Krankenhaus
Ôjima
POLIZEI
Shôwa
Saiwaichô
Shigei-Krankenhaus
Kurashiki-Zentralkrankenhaus
JR Kurashiki
Einkaufspassage
Kurashiki City Plaza
Achi
Miwa
Motomachi-dôri
Tsurugatayama-Park
Seigan-ji
Achi-jinja
Honei-ji
Higashimachi
Ôhashi-Haus
Higashi-Ôhashi-Haus
Ôhara-Haus
Honmachi
Inoue-Haus
Ôhara-Kunstmuseum
Archäologisches Museum Kurashiki
Yumiko-Igarashi-Museum
AUDITORIUM
Kakei-Museum
BIBLIOTHEK
Inarimachi
Naturkunde-museum
Volkskunstmuseum Kurashiki
Kurashiki Ivy Square
Städtisches-Kunstmuseum
Shirakabe-dôri
Chûô-dôri
Ôyama-Gedenkhalle-Museum
Museum
Chôren-ji
Minamimachi
Funagurachô
CHŪGOKU

Viertelstunde zu erreichen. Vor dem Bahnhof, Terminal Nr. 5, fährt ein **Bus** in 2 Min. zum Ōhara-Kunstmuseum (170 ¥).

### TRANSPORT

Wer mit dem Shinkansen nach Kurashiki reist, steigt in OKAYAMA in die **JR-San'yō-Linie** um, 18 Min. (330 ¥) bis Kurashiki. Es gibt auch eine Shinkansen-Station (Shin-Kurashiki), jedoch halten hier nur sehr wenige Züge (ausschließlich *Kodama*). Wer trotzdem in Shin-Kurashiki aussteigt, kann dann auch mit der JR-San'yō-Linie in 9 Min. bis Kurashiki fahren (200 ¥).
Der Shinkansen nach HIROSHIMA braucht 60–70 Min. (5170 ¥). Alternativ kann man nach Okayama fahren und dort in einen Shinkansen nach Hiroshima umsteigen (40 Min., 5940 ¥).

**15 HIGHLIGHT**

# Hiroshima 広島

Hiroshima, einst mächtige Burgstadt und kaiserliches Hauptquartier, ist heute das kulturelle und industrielle Zentrum von Chūgoku und eine der attraktivsten der nach dem Zweiten Weltkrieg wieder aufgebauten Großstädte Japans – viel Grün, breite Straßen und sorgfältig aufeinander abgestimmte Bauten. Inmitten der Stadt befindet sich der Friedenspark, eine der weltweit bekannten Gedenkstätten, denn Hiroshima ist untrennbar mit dem ersten Atombombenabwurf in der Geschichte am 6. August 1945 verbunden.

Anhand des Atombombendoms, des Friedensmuseums und der verschiedenen Ausstellungsstücke im Friedenspark lässt sich das Ausmaß dieser Katastrophe ansatzweise erahnen. Vor dem Kenotaph versammeln sich jährlich am 6. August Zehntausende Menschen, um der Opfer zu gedenken und eine friedliche, nuklearwaffenfreie Zukunft anzumahnen.

Die Stadt und ihre wichtigsten Sehenswürdigkeiten lassen sich mit dem weitläufigen Straßenbahnnetz gut erkunden.

## Friedenspark 平和記念公園

Hier befand sich früher das Bankenzentrum und im Moment der atomaren Explosion am 6. August 1945 nur einige Meter entfernt Ground Zero. Heute ist der Friedenspark (Heiwa-kinenkōen), der zwischen den beiden Flüssen Otagawa und Motoyasugawa liegt, der zentrale Ort für das Gedenken an die Opfer der Atombombe. Am Nordeingang zum Park hängt die **Friedensglocke**, die jeder Besucher selbst läuten darf. Die wichtigste Gedenkstätte verkörpert der **Kenotaph**, der nachgebildete Sattel eines Tonpferdes, der in der Frühgeschichte Japans als Grabbeilage diente. Hier sind die Namen aller Opfer verzeichnet. An der Inschriftentafel („Ruhet in Frieden, der Irrtum darf sich nie wiederholen") vorbei, wird der Blick durch den Kenotaph auf die ewige Flamme gelenkt, die erst dann erlöschen soll, wenn die letzte Nuklearwaffe auf Erden verbannt sein wird.

Weiter hinter der Friedensflamme, auf der anderen Flussseite, steht das Wahrzeichen von Hiroshima, das Skelett der **Atombombendoms** (Genbaku-dōmu), die Ruine der ehemaligen Industrie- und Handelskammer der Stadt. Das am 6. August schwer beschädigte und ausgebrannte Gebäude wurde später abgestützt und als weltweites Mahnmal des Unheils nuklearer Katastrophen 1996 zum Weltkulturerbe erklärt.

Das **Friedensmuseum** (Heiwa-kinen Shiryōkan), 💻 www.hpmmuseum.jp. auch „Atombomben-Museum" genannt, bildet den Mittelpunkt des Parks und dokumentiert die Zeit vor, während und nach der Atombombenexplosion.

### Das Mädchen Sadako

Inmitten des Friedensparks steht ein Denkmal, das ein Kind mit ausgestreckten Armen darstellt – Sadako, ein kleines Mädchen, das den Bombenangriff überlebte, dann aber neun Jahre später an Leukämie erkrankte. Sie begann, 1000 Papierkraniche zu falten, in der Hoffnung, dadurch zu gesunden. Doch sie verstarb im folgenden Jahr. Bis heute senden Kinder und Schüler aus aller Welt ihr zu Ehren Origami-Kraniche nach Hiroshima, die dann rund um das Denkmal ausgestellt werden.

## Die Bombe auf Hiroshima

1937 begann der zweite japanisch-chinesische Krieg. Die anfangs neutralen USA unterstützten China später mit Materiallieferungen und verhängten 1941 gemeinsam mit Großbritannien und Niederländisch-Indien ein Öl-Embargo gegen das von Rohstoffimporten abhängige Japan. Um einem Kriegseintritt der USA als Folge der geplanten japanischen Besetzungen in Südostasien zuvorzukommen und die amerikanische Militärkraft zu schwächen, veranlasste die Militärregierung in Tōkyō den Angriff auf die US-Pazifikflotte im Hafen von **Pearl Harbour** auf Hawaii. Einen Tag nach dem Überfall, am 8. Dezember 1941, erklärten die USA Japan offiziell den Krieg. In den folgenden Jahren des „Pazifischen Kriegs" wurden auf beiden Seiten verlustreiche See- und Luftschlachten geschlagen. Nach zahlreichen alliierten Luftangriffen auf Tōkyō und andere japanische Städte fasste **US-Präsident Harry S. Truman** im Juli 1945 – die erste Kernwaffenexplosion (Trinity-Test) war gerade erfolgreich getestet worden – den Entschluss, eine Atombombe im Krieg gegen Japan einzusetzen. Ein Entschluss, der ein schnelles Kriegsende erzwingen und gleichzeitig die Welt verändern sollte, bis heute aber völkerrechtlich und ethisch umstritten ist.
Als Ziel des Bombenabwurfs entschied man sich für Hiroshima. Hier befand sich das **Hauptquartier der Kaiserlichen Armee**. Die Stadt war bis dahin von den Bombardements der Alliierten verschont geblieben. Am Morgen des **6. August** warf ein US-Bomber die Nuklearwaffe ab und brachte sie um 8.15 Uhr Ortszeit 580 m über Hiroshima zu einer folgenschweren Explosion. Vermutlich starben 90 000 Menschen sofort, weitere 130 000 bis Jahresende und zahlreiche andere an den bis heute reichenden Folgeschäden durch die radioaktiven Strahlungen. Drei Tage später erfolgte ein zweiter Abwurf über der Stadt Nagasaki (S. 541). Am 15. August 1945 verkündete der japanische Kaiser die Kapitulation.

Ein Besuch hier ist eine gute Gelegenheit, sich den Irrsinn aller Kriege vor Augen zu führen. Aber Vorsicht: Viele nimmt die Ausstellung sehr mit. ⌚ tgl. März–Juli und Sep–Nov 8.30–18, Aug 8.30–19, Dez–Feb 8.30–17 Uhr, 200 ¥.

Der Friedenspark mitsamt dem Kenotaph und dem Museum wurde nach den Entwürfen von Tange Kenzō erbaut, dem Altmeister der modernen Architektur (S. 135). Den Friedenspark erreicht man in gut 10 Min. mit der Tram ab dem JR-Bahnhof Hiroshima, Haltestelle Genbakudōmu-mae.

### Shukkei-en 縮景園

Der **Shukkei-en** gilt als Meisterwerk der Gartenkunst. Asano Nagaakira, Burgherr von Hiroshima, ließ ihn 1620 um seine Villa herum anlegen. Der 4 ha große Landschaftsgarten am Fluss Kyōbashi besticht durch seine schöne Atmosphäre und den großen Teich. ⌚ tgl. 9–18 Uhr (Sep–März bis 17 Uhr), 260 ¥, 15 Min. zu Fuß vom JR-Bahnhof Hiroshima.

An den südwestlichen Teil des Gartens schließt sich das **Kunstmuseum der Präfektur Hiroshima** (Hiroshima Kenritsu Bijutsukan) an, 💻 www.hpam.jp, ein Glasgebäude mit Blick auf den Shukkei-en. Es werden Ausstellungen von Werken aus Hiroshima, Japan und Asien stammender Künstler sowie Kunst der 1920er-Jahre gezeigt. ⌚ Di–So 9–17 Uhr, 510 ¥.

### Chūō-Park 中央公園

Der Chūō-kōen, Hiroshimas Central Park, liegt nördlich des Friedensparks. Hier befindet sich das **Hiroshima-Kunstmuseum**, 💻 www.hiroshima-museum.jp, mit einer stattlichen Sammlung europäischer Gemälde. ⌚ Di–So 9–17 Uhr, 700 ¥. Läuft man etwa 300 m vom Museum in Richtung Hiroshima Green Arena (Sport Center), erscheint linker Hand ein Gebäude mit einer weißen Kuppel auf dem Dach, das **5-Days Kindermuseum für Kultur und Wissenschaft** (Kodomo Bunka Kagakukan), 💻 www.pyonta.city.hiroshima.jp, mit integriertem Planetarium. Das Museum versucht durch „Mitmachausstellungen" Phänomene aus Technik und Naturwissenschaft zu erklären. ⌚ Di–So 9–17 Uhr, Eintritt frei, Planetarium 510 ¥.

Hiroshima
N
0
500 m
Tōkyō
ÜBERNACHTUNG
1 Hotel Active! Hiroshima
2 J-Hoppers Hiroshima
3 Ikawa Ryokan
4 Aster Plaza / Hiroshima International Youth House
ESSEN
1 Okonomiyaki Mitchan Filiale, Reichan, Kanawa ekie
2 Okonomiyaki Mitchan
3 Sushi-tei
4 Caffè Ponte
5 Kanawa Oyster Boat
6 Okonomi-mura
7 Kokoroya
8 Nitaya
SONSTIGES
1 Organ-za
2 Molly Malone's
3 Mitsubishi UFJ Bank World Currency Shop
4 Tourist Information im Hiroshima City Peace Memorial Rest House
Burgturm
Burg von Hiroshima
Ruinen
Gokoku-jinja
SCHULE
Chūō-Park
Shukkeien-mae
Shukkei-en
Uraben View Grand Tower
Kunstmuseum der Präfektur Hiroshima
Sikae-bashi
JR Hiroshima
Fukuya
Einwanderungbehörde
Regierungsbehörde
Jogakuin-mae
Kami-yanagi-bashi
Jōnan-dōri
Zentrale Stadtbibliothek
Familien-schwimmbad
Grüne Arena Hiroshima
Kunstmuseum
Städtisches Krankenhaus
Waldfriedenskirche
RCC-Kulturzentrum
Kindermuseum für Kultur und Wissenschaft
BASEBALL-STADION
Pacela
Sogo
Shareo-Einkaufspassage
POLIZEI
Präfektur-verwaltung
KRANKENHAUS
WASSERWERKE
Hakushima-dōri
Elisabeth-Musikuniversität
Kyō-bashi
Inari-machi
Inari-Ōhashi
Städtisches Museum für zeitgenössische Kunst
Honkawa
Kamiya-chō-higashi
Tate-machi
Hatchōbori
Ebisu-chō
Kanayama-chō
Genbaku-dōmu-mae
Aioi-dōri
Aioi-bashi
Kamiya-chō-nishi
Fukuya
Mitsukoshi
Tenmaya
Yanagi-bashi
183
Atombombendom
Sunmall
Nakazawa-Naika Hospital
Ebisu-dōri
Friedensglocke
KRANKENHAUS
Epizentrum der Atombombe
Kulturzentrum der Präfektur Hiroshima
Hondōri
Hon-dōri
Parco
Chūō-dōri
Butsudan-dōri
Nagarekawa-dōri
Yagenbori-dōri
Higashi-Hiroshima-bashi
Kyōbashigawa
Motoyasu-bashi
Honkawa-Grundschule und Friedensmuseum
Fukuro-machi-Park
Yamada-Denki
Kenotaph
Nationale Friedenshalle für die Opfer der Atombombe
Fukuro-machi-Grundschule und Friedensmuseum
Honkawa-bashi
Friedenspark
Fukuro-machi
Namiki-dōri
Enryū-ji
Internationales Konferenzzentrum
Friedensmuseum
Heiwa-Ōdōri (Friedensboulevard)
Tsurumi-bashi
Hijiyama-Park
Nishi-Heiwa-Ōhashi
Heiwa-Ōhashi
Rijō-dōri
Hafen Ujina

## Hiroshima-jō 広島城

Hiroshima-jō, auch **Karpfenburg** (Ri-jō) genannt, wurde 1589 von Mōri Terumoto erbaut und für die folgenden 250 Jahre vom lokalen Asano-Clan als Residenz genutzt. Die Rekonstruktion des Burgturms, der am 6. August „weggeblasen" wurde, erfolgte 1959. In der Burg befindet sich ein historisches Museum zum Thema Samurai-Kultur. ⌚ tgl. März–Nov 9–18, Dez–Feb bis 17 Uhr, 370 ¥. Das Burggelände wird als öffentlicher Park genutzt.

## Hijiyama-Park 比治山公園

Der Hijiyama-Park liegt auf einem kleinen Hügel südöstlich des JR-Bahnhofs Hiroshima. Er ist sehr beliebt zur Kirschblüte und bietet das ganze Jahr über einen schönen Ausblick auf den Hafen. Im Park befindet sich das **Städtische Museum für zeitgenössische Kunst** (Hiroshima-shi Gendai Bijutsukan), 💻 www.hiroshima-moca.jp. Nach umfangreichen Renovierungsarbeiten wiedereröffnet in 2023. Dem großzügig angelegten Museum stehen insgesamt sieben Ausstellungshallen zur Verfügung. ⌚ Di–So 10–17 Uhr, 350 ¥.

### ÜBERNACHTUNG

**Aster Plaza / Hiroshima International Youth House**, Naka-ku, Kako-machi 4-17, 💻 http://hiyh.pr.arena.ne.jp. Von der Stadt betriebene günstige Unterkunft, in der für internationale Freundschaft geworben wird. Sonderrabatt auf EZ und Twins für ausländische Gäste. ❷

**Hotel Active! Hiroshima**, Naka-ku, Nobori-chō 15-3, 💻 www.hotel-active.com/hiroshima. Beliebtes Hotel mit angenehmer Atmosphäre und trotzdem erschwinglich. Vom JR-Bahnhof Hiroshima mit der Tram etwa 5 Min. bis Kanayama-chō. ❷–❸

**Ikawa Ryokan**, Naka-ku, Dōbashi-chō 5-11, 💻 www.ikawaryokan.net/en. Modernes Gästehaus im Zentrum der Stadt. Japanische Zimmer oder westliche EZ und Twins mit/ohne Bad. Vom JR-Bahnhof Hiroshima mit Tram Nr. 2 oder 6 bis Dōbashi, 5 Min. zu Fuß. ❷–❸

€ **J-Hoppers Hiroshima**, Naka-ku, Dōbashi-chō 5-16, 💻 http://hiroshima.j-hoppers.com. Sauber gehaltene Zimmer, gemeinsames Bad, Fahrrad 500 ¥/Tag, Dorm ab 2000 ¥ (!), Twin (japan. Stil). Vier Stockwerke hoch, kein Aufzug. Vom JR-Bahnhof Hiroshima mit Tram Nr. 2 oder 6 ca. 20 Min. bis Dōbashi. ❶

### ESSEN

**Caffè Ponte**, Naka-ku, Ōte-machi 1-9-21, 💻 www.caffeponte.com. Gemütliches italienisches Restaurant mit Tischen im Freien am Ufer des Motoyasugawa. Tram-Haltestelle Genbaku Dōmu-mae, Ostseite der Motoyasu-Brücke. ⌚ Mo–Fr 10–22, Sa, So und feiertags ab 8 Uhr.

**Kanawa ekie**, im „ekie Dining" am Nordausgang im JR-Bahnhof Hiroshima. Für Austern-Liebhaber mit kleinem Budget, z. B. große rohe Auster für 900 ¥, Austern-Gratin 1430 ¥ usw. ⌚ tgl. 11–14.30 und 16.30–22 Uhr.

**Kanawa Oyster Boat**, Naka-ku, Ōte-machi 1-chōme, 💻 www.kanawa.co.jp/en/restaurantli. Austern-Restaurant auf dem Fluss. Frische Austern roh, frittiert oder als Tenpura – z. B. Austern-Mittagsteller ab 3630 ¥ – im 1F, Menü von 13 000–55 000 ¥ im 2F. Reservierung notwendig. Tipp: Weiteres, aber preiswerteres Kanawa-Restaurant im „ekie Dining" (s. o.). Von Tram-Haltestelle Genbaku Dōmu-mae 5 Min. südlich bis Motoyasu-Brücke. ⌚ tgl. 11–14, 17–20 Uhr.

€ **Kokoroya**, Naka-ku, Ōte-machi 2-6-21, Washū-Ōtemachi Bldg. 1F. Hier gibt es allerlei günstige japanische Gerichte für 600–800 ¥, mit über 130 Sake-Sorten (580 ¥) und leckeren Zuspeisen. Westlich der Tram-Haltestelle Fukuro-machi, nahe Ōtemachi-Park, östlich des Friedensparks. ⌚ Di–So 18–25 Uhr.

**Nitaya**, Naka-ku, Ōte-machi 2-11-15-1F, ✆ 082-546-0144. Laden für günstige *o-nigiri* mit über 38 unterschiedlichen Füllungen, 180–400 ¥. Östliche Seite der Heiwa-Ōhashi, entlang des Flusses Richtung Norden, 1. Straße rechts, Eingang mit schwarz gerahmter Tür. ⌚ tgl. 10–19, Wochenende ab 9 Uhr.

**Sushi-tei**, Naka-ku, Ebisu-chō 4-21. Sushi-Restaurant-Kette. Um satt zu werden, sollten 1000–2000 ¥ investiert werden. Diese Filiale mit Tram 1, 2 oder 6 bis Ebisu-chō. ⌚ Mo–Sa 17–24, So und feiertags 11.30–22 Uhr.

## Okonomiyaki à la Hiroshima

In auf Okonomiyaki spezialisierten Restaurants braten die Gäste sich die eher einfachen Varianten – in Schüsseln servierte rohe Teig-Zutaten-Mischungen – auf einer im Tisch integrierten heißen Platte *(teppan)* selbst. Komplexere Kreationen wie Okonomiyaki im Hiroshima-Stil werden in der Regel von den geschickten Händen des Personals zubereitet. Dafür wird der Teig auf dem *teppan* erst wie ein Crêpe ausgerollt, worauf dann die fein geschnittenen Zutaten geschichtet und zusammen gegart werden. Bevorzugte Toppings sind fein geschnittener Kohl (viel mehr als in Kansai), Schweinefleisch und wahlweise Oktopus und Käse. Garniert wird das Ganze mit gebratenen Soba (Buchweizen-Nudeln), gebratenem Ei und einem großzügigen Schuss Okonomiyaki-Sauce.

**Okonomi-mura**, Naka-ku, Shintenchi 5-13, Shintenchi Plaza Bldg. 2F–4F, 💻 www.okonomimura.jp. Bekanntes, mehrstöckiges Gebäude mit 23 Okonomiyaki-Ständen. Jeder Stand hat unterschiedliche Ruhetage, aber irgendwo hat immer einer geöffnet. Mit der Straßenbahn bis Haltestelle Hatchōbori, dann 3 Min. laufen, südlich vom Parco-Kaufhaus (Ostseite des Eingangs zur Hondōri-Arkade). 🕒 11–22 Uhr, aber einige Stände schließen früher oder später (jene im 4F haben in der Regel bis ca. Mitternacht geöffnet).

**Okonomiyaki Mitchan**, Naka-ku, Hatchōbori 6-7. Populäres und berühmtes Okonomiyaki-Restaurant in Hiroshima, oft mit langen Warteschlangen. Für 900–1500 ¥ lassen sich hier Hunger und Neugier befriedigen. Von der Tram-Haltestelle Hatchōbori nördlich 3 Min. auf der Chūō-dōri. 🕒 Fr–Mi 11.30–14.30, 17.30–21, Sa, So und feiertags ab 11 und ab 17 Uhr.

Für Bahnreisende gibt es eine Mitchan-Filiale in der Einkaufspassage Shinkansen-guchi „ekie Dining" im Bahnhof Hiroshima, am Eingang zum Shinkansen-Bereich. 🕒 tgl. 11–21 Uhr.

**Reichan**, im „ekie Dining" 1F. Seit über 50 Jahren Okonomiyaki. Durchschnittspreis 1200 ¥. Im Shinkansen Teil des Bahnhofs Hiroshima. 🕒 tgl. 11–22 Uhr.



## UNTERHALTUNG

Das Nachtleben mit Bars und Kneipen findet hauptsächlich in der Nagarekawa-dōri und der Yagenbori-dōri (Tram-Haltestelle Ebisu-chō) statt.

**Molly Malone's**, Naka-ku, Shintenchi 1-20, Hiroshima Teigeki-Kaikan 4F. Irische Kneipe eines echten Iren. Zur Happy Hour (Di–Fr 17.30–19 Uhr) 200 ¥ Rabatt auf alle Pints (Bier und Cocktails). Tram-Haltestelle Hachōbori, südlich auf linker Seite der Chūō-dōri, gegenüber Modehaus Parco 2. 🕒 Di–Fr 17.30–24 Uhr, Wochenende (ab 12 Uhr) auch Kindermenü.

**Organ-za**, Naka-ku, Tōkaichi-machi 1-4-32, Tengoku Bldg. 2F. Interessantes und gemütliches Musikcafé mit Live-Konzerten, Komödien, Ausstellungen oder Rakugo-Darbietungen. Zwischen den Tram-Haltestellen Honkawa-chō und Tōkaichi-machi, westlich der Aioi-Brücke. 🕒 Di–Fr 17.30–24, Sa, So ab 11.30 Uhr.

## SONSTIGES

### Führungen

€ Der gemeinnützige **Hiroshima SGG Club** bietet kostenlose Rundgänge an. Kontakt über Herrn Tai Kiyoshi, 📞 082-843-9030 oder ✉ taif@fureai-ch.ne.jp.

**Kids Volunteer Guide**, mit etwas Glück kann man im Peace Memorial Park auf zwei Grundschüler treffen, die ehrenamtlich als englischsprechende Fremdenführer unterwegs sind und internationalen Besuchern Hiroshimas Geschichte erklären sowie ernsthaft über ihre eigenen Erfahrungen, Gedanken und Gefühle sprechen.

### Geld

**Mitsubishi UFJ Bank World Currency Shop**, Naka-ku, Hon-dōri 7-19, 4F, nahe Hiroshima-Friedenspark. Astram-Straßenbahn bis Bahnhof Hondōri Eki Higashi, Ausgang 1. 🕒 Mo–Fr 10–16.30 Uhr.

### Informationen

**Tourist Information im Hiroshima City Peace Memorial Park Rest House** 1F, https://hiroshima-resthouse.jp. März–Nov tgl. 8.30–18 Uhr.

**Touristeninformation** im JR-Bahnhof Hiroshima am Shinkansen-Ausgang 2F, tgl. 6–24 Uhr.

### Internet

**Hiroshima Free Wifi**, www.city.hiroshima.lg.jp/site/english/4518.html.

### Medizinische Hilfe

**Nakazawa-Naika Hospital**, Naka-ku, Tatemachi 4-19, 082-247-0532. Mo–Fr 9–12, 14–16.45, Sa 9–12 Uhr. (Innere Medizin).

Sehr nützliche Seite, auch für Krankenhäuser landesweit: www.alljapanrelocation.com/living-guides/hospitals/hiroshima.

## NAHVERKEHR

Hiroshima zählt zu den Großstädten Japans, in denen noch eine **Straßenbahn** verkehrt. Die Hiroden, so heißt die Tram hier, fährt auf der Linie Nr. 2 sogar runter bis ans Meer, nach Miyajima-guchi, von wo aus Fähren zur Schreininsel **Miyajima** übersetzen. Für die Hiroden gilt im Stadtgebiet ein Einheitspreis von 220 ¥, Tagesticket 700 ¥ (gilt bis Miyajima-guchi), inkl. der Fähre nach Miyajima 900 ¥ (500 ¥ Ermäßigung für Seilbahn auf Miyajima).

## TRANSPORT

### Busse

Vom Bahnhof Hiroshima JR-Nachtbusse nach TŌKYŌ, 10 3/4 Std., 5500–13 000 ¥, JR-Bus nach ŌSAKA 6–7 Std., 4500–9000 ¥ (am Tag 3500–7000 ¥), FUKUOKA (Hakata Bus Terminal) 4 1/2 Std., 3500–6000 ¥. Willer-Express-Busse: Hiroshima Bus Center (Kaufhaus Sogo Hiroshima 3F) nach TŌKYŌ 13 Std. ab 6080 ¥, ŌSAKA 5 3/4 Std., ab 3200 ¥.

### Eisenbahn

Der JR-Bahnhof liegt östlich des Zentrums. Mit dem Shinkansen dauert die Fahrt nach FUKUOKA (Hakata) knapp 1 1/4 Std., 8570 ¥, OKAYAMA 3/4 Std., 5610 ¥, SHIN-ŌSAKA 1 1/2 Std., 9890 ¥, KYŌTO 2 Std., 10 570 ¥, TŌKYŌ 4 3/4 Std., 18 380 ¥.

### Schiffe

**Setonaikai-Kisen**, www.setonaikaikisen.co.jp, bietet die landschaftlich äußerst attraktive Überfahrt auf der Inlandsee nach MATSUYAMA (Shikoku) mit dem *Superjet* in 70 Min., 8000 ¥, oder der „normalen" Fähre in 2 3/4 Std., 5000 ¥, vom Hiroshima-Hafen in Ujina. Vom JR-Bahnhof Hiroshima nach Ujina mit Tram Nr. 5 in 30 Min., Nr. 1 in 45 Min. (220 ¥).

Wer mit dem JR Rail Pass reist und sparen möchte, kann in etwa 40 Min. runter zum **Hafen nach Kure** fahren, dort die aus Hiroshima kommende Fähre besteigen und für 4000 ¥ nach MATSUYAMA übersetzen.

# Miyajima 宮島

Ein paar Kilometer vor der Küste von Hiroshima liegt die heilige „Schreininsel" Miyajima. Sie zählt zu den drei schönsten Landschaften Japans (neben Amanohashidate und Matsushima) und wird daher vollkommen zu Recht von sehr vielen einheimischen wie ausländischen Touristen besucht. Der **Itsukushima-jinja** galt schon immer als besonders sehenswert, da die über dem Wasser angelegten leuchtend roten Schreinhallen einen sehr harmonischen Anblick bieten. 1996 ernannte die Unesco den Schrein zum Weltkulturerbe. Man kann vom Schrein aus auf den geweihten Berg **Misen** (535 m) wandern (1 1/2–2 Std.) und von hier aus die wunderbare Aussicht auf die Bucht und die Inlandsee genießen; es gibt auch eine Seilbahn, www.miyajima-ropeway.info (1100 ¥ einfach, 2000 ¥ hin und zurück).

Ein Shuttlebus bringt Besucher vom Momijidani-kōen-iriguchi in drei Minuten zur Seilbahnstation Momijidani. Eine der beiden Laufrouten nach oben führt am **Daishō-in** vorbei, einem interessanten Tempel der Shingon-Schule, voller Figuren und Statuen, Tore, Wasserbecken, Mandalas, Ikonographien und anderer religiöser Symbole. tgl. 8–17 Uhr, Eintritt frei. Im **Museum für Geschichte und Folklore**

(Miyajima Rekishi-Minzoku Shiryōkan), ein paar Minuten Fußweg vom Ausgang des Itsukushima-Schreins entfernt, haben Besucher die Möglichkeit, mehr über Miyajima und die Edo-Zeit zu erfahren. ⌚ Di–So 8.30–17 Uhr, 300 ¥.

### Itsukushima-jinja 厳島神社

Der Itsukushima-jinja ist ein begehrter Ort für Hochzeitszeremonien – und wenn man Glück hat, findet gerade eine statt. Die außergewöhnliche Kultstätte soll bereits im 6. Jh., als die Kaiserin Suiko (554–628) regierte, für die drei Töchter des Susanoo-no-mikoto, Gottheit des Windes und Meeres und Bruder der Amaterasu, der wichtigsten Gottheit im Shintō, erbaut worden sein. Das 16 m hohe hölzerne **Torii** des Schreins, das nachts beleuchtet wird und bei Flut über dem Meer zu schweben scheint, zählt zu den weltbekannten Wahrzeichen Japans. Es war früher der Eingang für das einfache Volk, das mit dem Boot direkt zum Heiligtum gelangte, da es ihm verwehrt war, die Insel zu betreten.

Der großzügige Gebäudekomplex besteht aus einer **Haupthalle** *(honden)*, einer **Gebetshalle** *(haiden)* sowie einer **Halle für die Reinigungsrituale** *(haraiden)*. Des Weiteren gibt es eine Bühne für Schreintänze und Konzerte *(kagura, gagaku)* sowie eine **Nō-Bühne**, eine der ältesten dieser Art in Japan. Neben der Halle für das Morgengebet, dem Schatzhaus und einer malerischen fünfstöckigen Pagode umfasst die Anlage auch den **Marodo-jinja**, einen Schrein, in dem fünf Shintō-Gottheiten, darunter drei weibliche Meeres-*kami*, verehrt werden.

⌚ tgl. 6.30–18 Uhr, Mitte Okt–Ende Nov und Jan–Feb bis 17.30, Dez bis 17 Uhr, Schrein 300 ¥, Schatzhalle ⌚ tgl. 8–17 Uhr, 300 ¥ (Kombiticket 500 ¥).

CHŪGOKU

## ÜBERNACHTUNG

**Ryosō Kawaguchi**, Miyajima-chō 469, 💻 www.ryoso-kawaguchi.jp. Ruhig gelegenes Gasthaus mit japanischen Zimmern. Herrlicher Blick auf die Seto-Inlandsee vom 3. Stockwerk. Vom Landungssteg aus in Richtung Itsukushima-Schrein etwa 10 Min. Fußweg. ❸–❹

**Yamaichi-Bekkan**, Miyajima-chō 1162-4, 💻 www.yamaichibekkan.com. Freundliches Restaurant-Gästehaus mit 4 ziemlich kleinen Zimmern ab 15 400 ¥ p. P., mit Frühstück und Dinner für 22 000 ¥ – auch spezielle Gerichte für Vegetarier und Veganer. Nur 1 Min. vom Landungssteg in Richtung Itsukushima-Schrein.

## ESSEN

An der etwa 350 m langen Hauptstraße **Omotesandō Shōtengai**, die vom Fährhafen aus und einen Block vom Ufer entfernt zum Itsukushima-Schrein verläuft, liegen zahlreiche kleine Restaurants, Süßigkeiten- und Souvenirläden. Viele Lokale bieten gegrillte Austern *(yakigaki)* an. Die meisten schließen bereits am frühen Abend zwischen 17 und 18 Uhr.

**Ina-chū**, Miyajima-chō 507-2, Restaurant für gegrillten Meeraal (mit Sauce auf Reis). Etwa in der Mitte der Omotesandō, auf der linken Seite (Laufrichtung Schreinanlage). Grill steht neben der Eingangstür. ⌚ Fr–Mi 10.30–15 Uhr.

**Kakiya**, Miyajima-chō 539. Auf Austern spezialisiertes Restaurant mit stilvollem Eingangsbereich. Leckere *yakigaki* mit Sake, Wein oder Champagner. Auf der Omotesandō in Richtung Schrein laufen, nach dem Postamt auf der linken Seite. ⌚ tgl. ab 10 Uhr bis zum Ausverkauf der Austern.

**Kurawanka**, Miyajima-chō 589-5. Okonomiyaki-Restaurant, beliebt für sein Austern-Okonomiyaki (1300 ¥). Großer Reislöffel *(shamoji)* über dem Eingang. An der Omotesandō rechter Hand am Anfang der Straße. ⌚ Do–Di 11–16.30 Uhr (Mai, Aug, Nov tgl.).

**Yakigaki-no-Hayashi**, Miyajima-chō 505-1. Restaurant mit frischen Austern, die vom

### Ebbe oder Flut?

Wer vor der Anreise nach Miyajima wissen möchte, ob das berühmte Torii sich gerade im Wasser oder (bei Ebbe) im Schlick befindet, kann sich an die Touristeninformation wenden oder auf der Website 💻 www.https://de.tideschart.com/Japan/Hiroshima/Hatsukaichi--shi/Miyajima, den **Gezeitenplan** für das gesamte Jahr nachlesen.

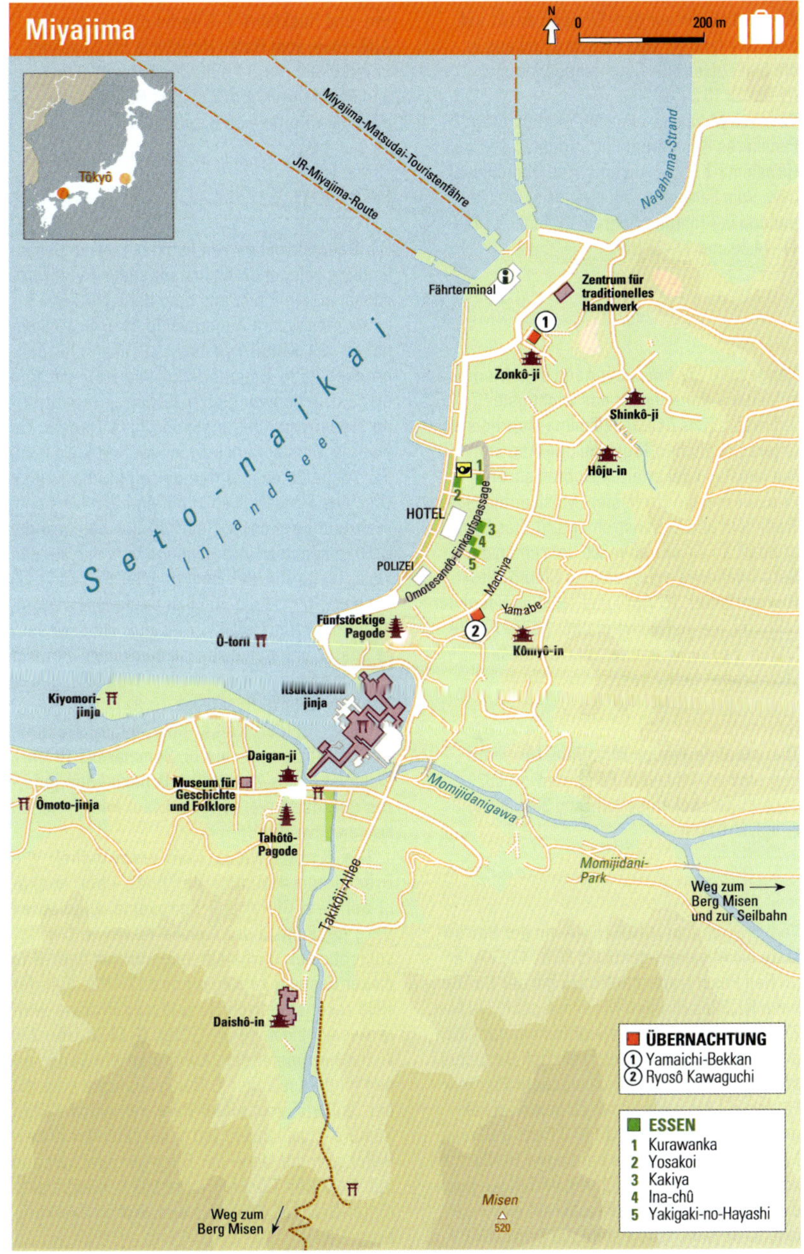
Miyajima
N
0
200 m
Tôkyô
Miyajima-Matsudai-Touristenfähre
JR-Miyajima-Route
Nagahama-Strand
Fährterminal
Zentrum für traditionelles Handwerk
Zonkô-ji
Shinkô-ji
Hôju-in
Seto-naikai
(Inlandsee)
HOTEL
POLIZEI
Omotesandô-Einkaufspassage
Machiya
Yamabe
Fünfstöckige Pagode
Ô-torii
Kômyô-in
Kiyomori-jinja
jinja
Daigan-ji
Museum für Geschichte und Folklore
Ômoto-jinja
Tahôtô-Pagode
Momijidanigawa
Momijidani-Park
Weg zum Berg Misen und zur Seilbahn
Takikôji-Allee
Daishô-in
Weg zum Berg Misen
Misen
520
ÜBERNACHTUNG
1 Yamaichi-Bekkan
2 Ryosô Kawaguchi
ESSEN
1 Kurawanka
2 Yosakoi
3 Kakiya
4 Ina-chû
5 Yakigaki-no-Hayashi

Wasserbecken vor dem Eingang direkt auf dem Grill landen. Vom Fährterminal aus in die Einkaufsstraße Omotesandō laufen. ⌚ Do–Di 10.30–17 Uhr.
**Yosakoi**, Miyajima-chō 590, Taguchi Bldg. 2F. Familiäres Restaurant mit Gerichten aus der Hiroshima-Küche: Austern, Aal, Okonomiyaki usw. Vom Fährhafen ein paar Min. am Ufer entlang in Richtung Schrein laufen. ⌚ Do–Di 11–14.30 und 17–22 Uhr.

## SONSTIGES

### Feste

**Kangensai**, 17. Juni, aber nach dem Mondkalender – daher findet das wichtigste Jahresereignis des Itsukushima-Schreins an unterschiedlichen Tagen im Juli/Aug statt. Auf kunstvoll dekorierten Booten sitzen Priester und ein Orchester (Musiker mit Flöten, Trommeln und Zupfinstrumenten). Das Fest erinnert an ein vor über 800 Jahren an der Seto-Inlandsee entstandenes Shintō-Ritual.
**Hiwatarishiki**, 15. April und 15. Nov: Ritual der Mönche, die im Daishō-in über heiße Asche laufen. Besucher können sich an dieser „Mutprobe" beteiligen.

### Informationen

**Touristeninformation Miyajima**, Miyajima-chō 1162-18, Miyajima-Fährhafen, ✆ 0829-44-2011. Gepäckaufbewahrung 300–600 ¥, ⌚ tgl. 9–18 Uhr.

## TRANSPORT

Vom JR-Bahnhof HIROSHIMA mit der **San'yō-Linie** bis Miyajima-guchi (25 Min., 420 ¥ oder JR Rail Pass) – alternativ dazu mit der **Straßenbahn Nr. 2** bis Hiroden Miyajima-guchi (70 Min., 270 ¥). Direkt vor den Bahnhöfen befindet sich der frisch renovierte, den täglichen Besucherströmen angepasste Miyajimaguchi-Pier mit **Fähren** zur Insel Miyajima. Es gibt zwei Fährgesellschaften: JR (mit JR Rail Pass frei) und Matsudai. Beide Fähren benötigen 10 Min. und kosten 200 ¥ (einfach). Fähren verbinden auch den Friedenspark Hiroshima direkt mit Miyajima: in 45 Min., 2200 ¥ einfache Fahrt, 4000 ¥ Hin- und Rückfahrt, 1–2 Verbindungen pro Std. Außerdem vom Hafen Hiroshima bis Miyajima Port (30 Min., 1900 ¥ einfache Fahrt, 6–8 Hin- und Rückfahrten pro Tag). Alle Bootsfahrten plus 100 ¥ Kurtaxe ab Oktober 2023.

# Iwakuni 岩国

Die Hauptattraktion von Iwakuni, der an der Inlandsee gelegenen Kleinstadt südlich von Hiroshima, ist ein Relikt aus dem Jahr 1673 und bis heute eine wahre Augenweide für Brückenliebhaber: die **Kintai-kyō** oder „Brokatschärpenbrücke", eine Bogenbrücke aus Holz mit fünf elegant geschwungenen Bögen – erbaut ohne die Verwendung eines einzigen Nagels. Ein wahres Meisterwerk sowohl der Statik als auch der Ästhetik, das jahrhundertelang die beiden Ufer des Flusses Nishiki miteinander verband. Während der Edo-Zeit durften nur Samurai die Brücke benutzen, das gemeine Volk musste den Fluss weiterhin mit Booten überqueren. 1950 fiel das 210 m lange und 5 m breite Bauwerk einem Taifun zum Opfer, wurde aber ein paar Jahre später originalgetreu rekonstruiert. Heutzutage darf jeder auf der Brücke wandeln, gegen 310 ¥ Maut (inkl. Rückweg), ⌚ 8–17 Uhr (Hochsaison – Golden Week, Kirschblüte, Neujahr, Herbstlaubfäbung – bis 18, Sommer bis 19 Uhr), Illumination bis 22 Uhr. Die Brücke kann jederzeit überquert werden (die Maut wird in einen Kasten geworfen).

Die Kintai-Brücke war ursprünglich die Brücke zum Haupttor der hoch über Iwakuni auf dem Gipfel des Shiroyama angelegten Burg **Iwakuni-jō** der Familie Kikkawa. Die Geschichte der Burgstadt begann mit dem Bau dieser Festung zu Beginn des 17. Jhs. Von der 1960 rekonstruierten Burg lässt sich eine weite Aussicht genießen. ⌚ tgl. 9–16.30 Uhr, 270 ¥. Um hinzugelangen, kann man entweder einen rund 2 km langen Fußweg benutzen oder mit der Seilbahn vom **Kikkō-Park** mit einigen alten Samurai-Residenzen, 100 m nördlich der Kintai-Brücke, in die Nähe der Burg hinaufschweben (tgl. 9–17 Uhr; Rückfahrkarte 560 ¥, Kombiticket Kintai-Brücke, Seilbahn und Eintritt Iwakuni-Burg 970 ¥).

Neben der Seilbahnstation steht das **Iwakuni-Kunstmuseum**, in dem Kenner und Liebhaber der Samurai-Kultur eine umfassende Sammlung von Waffen, Rüstungen und anderen Gegenständen bewundern können. ⌚ Fr–Mi 9–17 Uhr (Dez–Feb bis 16 Uhr), 800 ¥.

## ÜBERNACHTUNG

**Green Rich Hotel Iwakuni-ekimae**, Marifu-machi 2-5-21, 💻 www.greenrichhotels.jp/iwakuni. Stilvolles, in Schwarz-Weiß gehaltenes Hotel mit großem Gemeinschaftsbad und Sauna. EZ und Twins, japanisches und westliches Frühstücksbuffet. Vom JR-Bahnhof Iwakuni, Ausgang West, nach links und weiter auf der großen Straße südlich, nach 2. Kreuzung linke Seite, 3 Min. zu Fuß. ❷–❸

€ **Toyoko Inn Iwakuni Eki Nishi Guchi**, Marifu-machi 2-7-5, 💻 www.toyoko-inn.com/eng/search/reserve/date. Relativ neues, 13 Stockwerke hohes, sauberes Businesshotel in der Nähe des Bahnhofs Iwakuni. Gegenüber befindet sich ein großer Supermarkt. Hilfsbereites Personal, gutes Frühstück im Preis inbegriffen (kann mit aufs Zimmer genommen werden), schnelle Waschmaschinen und Trockner im 1. Stock. Vom JR-Bahnhof Iwakuni, Ausgang West, nach links und weiter auf der großen Straße südlich, nach 3. Kreuzung rechte Seite, 5 Min. zu Fuß. ❶–❷

## ESSEN

**Toyomaru Suisan**, Marifuchō 2-2-5, 💻 https://toyomarusuisan.com/iwakuni-ekimae/#carousel4. Kneipe in der Nakadōri Arkade. Viele Meeresfrüchte auf der Speisekarte, unterschiedliche Thunfisch-Zubereitungsarten, frische Sashimi, Meeresfrüchtesalat und viele andere Beilagen, die gut zum Sake passen. Vom JR Bahnhof Iwakuni, der erste Laden auf der rechten Seite der Nakadōri Arkade. ⌚ Mo–Do 17–23, Fr, Sa bis 24 Uhr.

**Vegitrip**, JR Bahnhof Iwakuni, Westausgang 1F. Cafê und Saftstand, betrieben von einem Obst-Gemüse-Laden; Säfte, Smoothies, Sandwiches und leichte Mahlzeiten aus frischen Zutaten. ⌚ tgl. 8–17.30 Uhr.

Die Kintai-Brücke überspannt den Nichiki-Fluss.

## INFORMATIONEN

**Touristeninformation** im JR-Bahnhof Iwakuni, ✆ 0827-22-0204. ⌚ tgl. 9–17 Uhr.

## NAHVERKEHR

Vom Shinkansen-Bahnhof Shin-Iwakuni bis zur Kintai-Brücke fährt 1–2x stdl. ein **Bus** in etwa 10 Min. (350 ¥), vom JR-Bahnhof Iwakuni mehrere Busse stdl. in 10–15 Min. (300 ¥). Mit der Smartphone-App Iwakuni Bus hat man die Wahl zwischen dem Tagespass „MOBIRY" und dem 24-Std.-Ticket „RYDE PASS" (je 1000 ¥), inkl. JR Iwakuni, Shin-Iwakuni und Kintaikyō.

## TRANSPORT

Der **JR-Bahnhof Shin-Iwakuni**, der stdl. vom Shinkansen angefahren wird (fast nur *Kodama*), liegt im westlichen Stadtteil, 5 km von der

Altstadt entfernt. Der **JR-Bahnhof Iwakuni** der San'yō-Linie befindet sich ebenfalls 5 km von der Altstadt entfernt, aber im östlichen Teil der Stadt. Mit dem Shinkansen von TŌKYŌ bis Shin-Iwakuni etwa 5–5 1/2 Std., 19 250 ¥ (Tipp für JR-Pass-Besitzer: *Hikari* bis Shin-Ōsaka, *Sakura* bis Hiroshima, *Kodama* bis Shin-Iwakuni), von SHIN-ŌSAKA ca. 2 Std., 10 550 ¥. Man muss immer in Hiroshima umsteigen: entweder in den *Kodama*, der die Strecke bis Shin-Iwakuni in 15–20 Min. fährt, oder in die JR-San'yō-Linie bis Iwakuni, 50 Min., 770 ¥.

## Seto-Inlandsee (Setonaikai) 瀬戸内海

Die Gegend um die Inlandsee ist das „Land des schönen Wetters" *(Hare-no-kuni)*. Das gemäßigte Klima, die vielen Sonnentage und die wenigen Niederschläge wirken sich äußerst vorteilhaft auf die Landwirtschaft und die Fischerei aus. Hinzu kommen unzählige mit Pinien bewachsene Inselchen, herrliche Strände und Buchten mit kleinen Fischerdörfern. An die Seto-Inlandsee grenzen insgesamt elf Präfekturen. Die wichtigsten Küstenstädte von **Setouchi**, der Region um die Inlandsee, sind Kōbe, Ube, Kurashiki, Hiroshima, Iwakuni und Matsuyama.

1934 wurde ein großer Teil der Seto-Inlandsee zum ersten Nationalpark Japans, dem **Setonaikai-Nationalpark**, erklärt. Er umfasst die gesamte Fläche der Inlandsee und erstreckt sich im Südwesten bis an die nordöstliche Küste von Kyūshū und im Osten bis zur Insel **Awajishima**. Das Binnenmeer ist durch insgesamt vier Meerengen mit den Japan umgebenen Meeren verbunden: Die Kanmon-Straße im Westen bei Shimonoseki ist die Verbindung zum Japanischen Meer und die Hōyo-Meerenge im Südosten (zwischen Kyūshū und Shikoku) zum Pazifik. Die Grenzen der Inlandsee im Nordosten sind die Akashi-Meerenge nördlich und die Naruto-Straße südlich der Insel Awajishima. Dazwischen liegen auch einige bewohnte Inseln, die inzwischen touristisch erschlossen wurden. Neben Awajishima zählen **Shōdoshima** und **Naoshima** zu den interessantesten. Ein Teil der Inseln zwischen Honshū und Shikoku ist durch sogenannte „Inselstraßen" erschlossen worden, die einzelne und ganze Gruppen von Inseln miteinander verbinden (s. auch S. 498, Shikoku). Der **Shimanami-kaidō** ist eine solch außergewöhnliche über das Meer gebaute Straße (s. Radtour S. 478).

### Awajishima 淡路島

Awajishima ist die größte Insel der Seto-Inlandsee. Im Norden ist sie durch eine Autobahn über die weltweit längste Hängebrücke, **Akashi Kaikyō**, mit Maiko auf Honshū und im Süden über die Brücke Ō-Naruto-kyō mit Naruto auf Shikoku verbunden. Damit stellt die Insel ein sehr wichtiges neuzeitliches Bindeglied zwischen Shikoku und dem Konglomerat der drei Millionenstädte Ōsaka, Kōbe und Kyōto dar. Eine Eisenbahnlinie existiert nicht. Wer Interesse an der monumentalen Hängebrücke Ō-Naruto-kyō und dem darunter befindlichen Strudel hat, kann sich im **Uzushio-Wissenschaftsmuseum** darüber informieren, 🕒 Mi–Mo 9–16.30 Uhr, 500 ¥. Mit dem Pendelbus (6x tgl. 9–16 Uhr) vom Fremdenverkehrsamt Uzushio-Dorm-Nanairo-kan (3 Min. zu Fuß vom Fukura-Busterminal) in 20 Min. bis Uzuno-oka Ō-Naruto-kyō Kinenkan. Vom Restaurant (🕒 tgl. 9–15 Uhr) im 2F und der Aussichtsplattform im 3F hat man eine schöne Aussicht rüber nach Shikoku und auf die Brücke.

Kulturhistorisch ist Awaji bekannt für sein über 500 Jahre altes Puppenspiel *Awaji Ningyō-Jōruri*. Aufführungen mit Erklärungen und Demonstrationen gibt es bei der Gruppe **Awaji Ningyō-za** (4x tgl. für jeweils 40 Min.) – das 1964 gegründete Awaji-Puppentheater befindet sich im Süden der Insel in Minami-Awaji, direkt am Busterminal Fukura, wo die Überlandbusse aus Kōbe landen, 📞 799-52-0260, 🕒 tgl. 9–17 Uhr, 1800 ¥. Aufführungen (45 Min.) finden um 10, 11.10, 13.30 und 15 Uhr statt.

Weitere Sehenswürdigkeiten auf Nord-Awajishima stammen vom begnadeten Architekten Andō Tadao: der Wassertempel **Honpuki-ji** sowie Hotel und Garten des Kongresszentrums **Awaji Yumebutai**.

### Shōdoshima 小豆島

Shōdoshima ist die zweitgrößte Insel der Inlandsee. Aufgrund ihrer südeuropäischen Atmosphäre, des mediterranen Klimas, der einladenden Strände und der Olivenhaine, den einzigen in Japan, ist Shōdoshima ein äußerst beliebtes Touristenziel. Im Themenpark **Shōdoshima Olive-kōen**, 🖳 www.olive-pk.jp, 🕒 8.30–17 Uhr (freier Eintritt) lohnt vor allem ein Besuch im Sun-Olive Onsen, 🕒 Do–Di 12–21 Uhr, 700 ¥. Man entspannt in unterschiedlichen Becken und genießt den offenen Blick auf die Inlandsee.

Die Insel ist auch ein guter Ort für Wanderer, besonders in der **Kanka-Schlucht** (15 Min. Fahrt vom Kusakabe-Hafen entfernt), wo durch Erosion bizarr geformte Felsen das Landschaftsbild bestimmen. Eine Seilbahn fährt hoch zu einem Aussichtspunkt, von dem aus sich ein weiter Blick auf die Insel und die Inlandsee bietet. 🕒 tgl. 8.30–17 Uhr (März–Okt), hin und zurück 1890 ¥.

Zum Hafen in **Tonoshō** fahren Fährschiffe von Okayama (Shin-Okayama-kō) aus in 70 Min. für 1200 ¥, und von Takamatsu in 1 Std. für 700 ¥. Die Fähre von Himeji bis Fukuda (Nord-Shōdoshima) benötigt 1 3/4 Std., 1710 ¥.

## Naoshima 直島

Die zwischen Okayama und Takamatsu in der Inlandsee gelegene Insel Naoshima gehört geografisch betrachtet zu Honshū, verwaltungstechnisch jedoch zur Präfektur Kagawa in Shikoku. Die 14 km2 kleine Insel lässt sich am entspanntesten per Fahrrad erkunden.

Fährt man im Uhrzeigersinn vom Ankunftshafen **Miyano-ura** los, gelangt man nach 15 Min. zum kleinen, an der Ostseite gelegenen Ort **Honmura**. Die Atmosphäre dieses Hafenortes, die hohen Kaimauern, die zahlreichen Fischerboote und die zum Trocknen ausgelegten Netze und Bojen lassen den Eindruck entstehen, als sei die Welt hier für einige Stunden stehen geblieben. Von den Fischerleuten keine Spur, die schlafen sich vor dem nächtlichen Arbeitseinsatz aus. In Honmura werden bis heute traditionelle kleine Fischerhäuser, die aus verschiedenen Gründen aufgegeben werden mussten, von einer Kunststiftung übernommen und gemeinsam mit einem Tempel und einem Schrein zu Kunstobjekten umgestaltet und zum **Art House Project** zusammengefasst. Alle Objekte dieses Freilichtmuseums können besichtigt werden. Eintrittskarten gibt es im Honmura Lounge & Archive Bldg. oder bei den einzelnen Gebäuden selbst, ✆ 087-892-3223 (Benesse House), 🕒 Di–So 10–16.30 Uhr, Eintritt für ein Projekt 410 ¥, für sechs Projekte 1050 ¥ – der Besuch im Objekt Kinza muss extra reserviert und bezahlt werden (520 ¥).

Gegenüber dem Projekt Minami-dera steht das **Andō-Museum** über den Architekten und von ihm selbst entworfen. 🕒 Di–So 10–16.30 Uhr, Eintritt 520 ¥.

Bei der Weiterfahrt auf der Hauptstraße zweigt diese schon bald zum **Benesse Art Site Naoshima** ab. Hier im Süden von Naoshima beschloss das Verlagshaus Benesse Corporation Anfang der 1990er-Jahre einen Ort zu schaffen, der Architektur, Kunst und Natur auf besondere Weise miteinander verbinden soll. Zeitgenössische Künstler haben sich von der Landschaft vor Ort inspirieren lassen und zahlreiche Skulpturen und Installationen entlang der Küste und in den Wäldern ausgestellt. So können Besucher die Kunst im wechselnden Tageslicht erleben.

Andō Tadao entwarf das Hauptgebäude und das multifunktionale **Benesse House**, Gotanji, Naoshima-chō, ✆ 087-892-3233, das Museum, Hotel und Restaurant in sich vereint. 🕒 tgl. 8–21 Uhr, Eintritt Benesse House Museum 1300 ¥.

Auch das nahe gelegene **Chichu Kunstmuseum**, 🖳 www.benesse-artsite.jp/art/chichu.html, stammt von Andō Tadao. Die größtenteils unterirdischen Gänge und Ausstellungsräume mit Werken von Claude Monet, Walter de Maria und James Turrell lassen Architektur und Kunstwerke auf radikale Art und Weise miteinander kommunizieren. 🕒 Di–So März–Sep 10–18, Okt–Feb bis 17 Uhr, 2100 ¥.

Naoshima und Shōdoshima zählen zu den insgesamt zwölf Inseln der Seto-Inlandsee, auf denen alle drei Jahre (nächstes Mal geplant im Jahr 2025) die Setouchi-Triennale, eine zeitgenössische Kunstausstellung, stattfindet, 🖳 https://setouchi-artfest.jp/en.

### ÜBERNACHTUNG

Eine Übernachtung im **Benesse House**, 🖳 www.benesse-artsite.jp/en/stay, ist nicht billig: Twin oder DZ 35 000–80 000 ¥ (in der Hochsaison noch etwas mehr). Preiswertere

# Der Shimanami-kaidō しまなみ海道

- **Start / Ziel**: Onomichi (Honshū)/Imabari (Shikoku)
- **Länge**: 70–80 km
- **Dauer**: 1 Tag (Fahrzeit 6–8 Std.), Empfehlung für Entspannung und Sightseeing: 2 Tage
- **Fahrradmiete**: Es gibt mehrere Radverleihe in Onomichi. Bei „Shimanami Japan" gibt es Cross- und City Bikes für 3000 ¥/Tag. Eine Kaution von 1000 ¥ muss hinterlegt werden. Diese erhält man nicht zurück, wenn das Rad an einer anderen Station der insgesamt 10 Fahrradterminals abgegeben wird (E-Bikes – für 8000 ¥ müssen am gleichen Tag zurückgegeben werden). Wer die Strecke nicht vollständig radeln möchte, kann unterwegs in einen Bus umsteigen, der zwischen Onomichi und Imabari verkehrt.



Mit dem Fahrrad auf der Autobahn über das Meer fahren – klingt unglaublich, ist aber möglich – auf dem Shimanami-kaidō, der 1999 in Betrieb genommenen Nishi-Seto-Schnellstraße, einer Kombination aus Autobahn und Brückensystem. Gemeinsam ermöglichen sie eine nahtlose Verkehrsverbindung zwischen Honshū und Shikoku. Die inselspringende Radtour beginnt in **Onomichi**, in der Präfektur Hiroshima, und verläuft bis nach **Imabari** in der Präfektur Ehime auf Shikoku – oder umgekehrt. Die Schnellstraße zieht sich über insgesamt sechs Inseln und zehn Brücken. Die Brücken des Shimanami-kaidō wurden breit genug gebaut, um parallel zur Straße einen Fahrradweg verlaufen zu lassen, auf dem sich die Radfahrer ungehindert fortbewegen können. Zudem klügelte der für das Projekt zuständige Bürgerrat das sogenannte *norisute*-System („fahren und entsorgen") aus: Auf jeder Insel gibt es eine oder mehrere Fahrradterminals, an denen Fahrräder ausgeliehen oder geliehene Fahrräder zurückgegeben werden können.

Jede Insel hat eine einzigartige Atmosphäre, und da der Radweg hier meist auf eine kleine, abseits der von Autos wimmelnden Straße führt, genießt man oft völlige Ruhe und herrliche Aussichten, die im Sommer, wenn die Zitronen- und Orangenbäume blühen, geradezu atemberaubend sein können. Abhängig von der eigenen Kondition (und evtl. auch vom Wetter) kann die Route problemlos an einem Tag (6–8 Std.) geschafft werden. Wer sich das nicht zutraut, kann unterwegs auch nächtigen.

## Onomichi 尾道

Viele Reisende beginnen die Reise in der gemütlichen Hafenstadt Onomichi, die für ihre zahlreichen Rāmen-Nudelstände bekannt ist. Vom Gelände des **Städtischen Kunstmuseums Onomichi**, 🕒 Di–So 9–17 Uhr, Eintritt je nach Ausstellung) hat man einen schönen Aus- und Weitblick über die umliegenden Inseln. Vom JR-Bahnhof Onomichi, Haltestelle Nr. 1, fährt ein Bus in 3 Min. nach Nagae-guchi, danach nimmt man eine Seilbahn zum Museum im Senkōji-Park.

**Fahrradstationen in Onomichi**, „Shimanami Japan", 💻 https://shimanami-cycle.or.jp/rental/english, innerhalb des Parkplatzes im Onomichi-Hafen, 🕒 tgl. 7–19, Dez–Feb 8–18 Uhr. Da die Brücke Onomichi-Ōhashi (Onomichi nach Mukaishima) keinen guten Fahrradweg besitzt, ist es ratsam, mit der Fähre *Fukumoto Tosen* überzusetzen (3–5 Min., 100 ¥, Mo–Sa 5.40–22.30, So und feiertags ab 6 Uhr).

## Mukaishima 向島

Blumenliebhaber können zum **Mukaishima Orchid Center**, 💻 www.urban.ne.jp/home/orchids, dem Stolz der Einwohner von Mukaishima, radeln und dort ein paar Dutzend Arten der „Königin der Blumen" begutachten. 🕒 Mi–Mo 9–17 Uhr.

**Fahrradstation**: Civic Center Mukaishima, 🕒 tgl. 8.30–19 Uhr (Dez–Feb bis 18 Uhr).

## Innoshima 因島

Über die Brücke Innoshima-Ōhashi führt der Weg nach Innoshima, einer Insel, die vom 14. bis 16. Jh. mit den Murakami-Piraten verbunden war – einem Clan, der während der Bürgerkriege landadelige Fürsten zur See unterstützte. Die wieder aufgebaute Burg **Innoshima Suigun-jō** widmet sich dieser Zeit, 🕒 Fr–Mi 9.30–17 Uhr, 310 ¥.

Einen Besuch wert sind außerdem die **500 Stein-Buddhas**, die *Gohyaku Rakan* (500 Arhats), auf dem Shirataki-yama.

**Fahrradstation:** Habu Port, 📞 0845-22-3362, 🕒 tgl. 8.30–19 Uhr (Dez–Feb bis 18 Uhr).

## Ikuchijima 生口島

Auf Ikuchijima lohnt ein Besuch im **Kōsan-ji**. Die Tempelanlage erscheint sehr alt, entstand jedoch erst im 20. Jh. Einige Bereiche ahmen berühmte Bauten Japans nach, und eine Höhle führt zu 1000 Buddha-Figuren. Ganz oben ein weißer Marmorpark mit Blick zur Inlandsee.

Zum **Setoda Tourist Information Center** vor dem Hirayama Ikuo gewidmeten Kunstmuseum gehört eine Fahrradstation, ✆ 0845-27-0051, ⌚ tgl. 9–17 Uhr.

€ Zur **Fahrradstation Setoda Sunset Beach** am Sandstrand gehören ein Restaurant und Campingplatz. Übernachtung im eigenen Zelt für eine Person 700 ¥, 2–3 Pers. 1000 ¥, über 4 Pers. 2000 ¥. Reservierung erforderlich, ✆ 0845-27-1100, 🖳 www.onomichi-sunset-beach.jp (Fahrräder tgl. 9–17 Uhr).

## Ōmishima 大三島

Auf die viertgrößte Insel in der Inlandsee kommen viele Besucher im Sommer zu einem der schönen Strände und im Herbst zur Mandarinenernte. 1 km östlich vom Miyaura-Hafen steht der im 8. Jh. gegründete Ōyamazumi-jinja. Der Schrein zeigt eine für einen solch heiligen Ort eher seltene Ausstellung: Waffen, Rüstungen, Helme und alles, was die Ausrüstung eines Samurai ausmacht – Kulturschätze, die dem Schrein im Laufe der Jahrhunderte vermacht wurden. Die Sammlung zählt in Japan zur umfangreichsten ihrer Art. ⌚ tgl. 8.30–17 Uhr, Schatzhaus 1000 ¥ (Schreingelände frei).

Es gibt eine große **Fahrradstation** (Kamiura Rental Cycle) im Tatara Shimanami Park mit Restaurant, ✆ 0897-87-3855, ⌚ tgl. 9–17 Uhr, sowie eine kleinere Fahrradstation Shimanami-no-eki Mishima neben dem Ōyamazumi-Schrein mit **Touristeninformation** (Duschen für 200 ¥ möglich) und **Läden**, die lokale Produkte verkaufen, ✆ 0897-82-0002, ⌚ tgl. 8.30–17 Uhr.

## Hakatajima 伯方島

Auf Hakatajima verläuft die Fahrradstrecke durch den westlichen Teil der Insel. Die **Fahrradstation** Hakata Rental Cycle im Hakata S.C. Park liegt direkt am Strand neben dem Gebäudekomplex Marin Oasis Hakata, ✆ 0897-72-0018, ⌚ tgl. 9–17 Uhr (Restaurant 10–15 Uhr).

## Ōshima 大島

**Miyakubo Rental Cycle Terminal** und **Miyakubo Tourist Information Center** befinden sich im selben Gebäude direkt am Miyakubo-Hafen, ✆ 0897-74-1074, ⌚ tgl. 9–17 Uhr. Als Übernachtungsmöglichkeit stehen auf Ōshima zahlreiche Minshuku zur Verfügung, über die man sich bei der Touristeninformation erkundigen kann. Die Aussichtsplattform vom **Kirō-san** bietet einen wunderbaren Ausblick auf die Inlandsee. Die Fahrradstation **Yoshiumi Rental Cycle Station** ist in einer kleinen Bude neben dem Raststättengebäude am Shitadami-Hafen untergebracht, ✆ 0897-84-3233, ⌚ tgl. 9–17 Uhr. Von hier hat man eine tolle Sicht auf die Kurushima-Meerenge-Brücke.

## Imabari 今治

Bei der Ankunft in Imabari (direkt nach dem Überqueren der Kurushima-Kaikyō-Brücke) können müde Reisende die Räder im **Chūō Rental Cycle Terminal (Sunrise Itoyama)** abgeben, 🖳 www.sunrise-itoyama.jp, ⌚ tgl. 8–20 Uhr (Dez–Feb bis 18 Uhr). Vom Terminal läuft man in rund einer halben Stunde zum **JR-Bahnhof Hashihama**, oder man gönnt sich ein Taxi (5 Min., ca. 1000 ¥). Vom Bahnhof Hashihama bis zum **Bahnhof Imabari** mit der Bahn in 5 Min., 240 ¥.

Wer aber noch etwas Energie hat, kann (leicht bergab) zum Bahnhof Imabari weiterradeln und das Rad dort (Rückseite) abgeben: **JR Imabari Station Rental Cycle**, ✆ 0898-35-5090, ⌚ tgl. 8–20 Uhr (Dez–Feb bis 18 Uhr).

## Informationen

🖳 www.shimanami-cycle.or.jp/rental/english

🖳 www.cyclonoie.com/shimanamikaido-e.php

## Transport

Von Shin-Ōsaka (1 1/2 Std., 7910 ¥) mit dem San'yō-Shinkansen über Fukuyama bis Shin-Onomichi, weiter mit dem Bus bis Onomichi in 15 Min. (190 ¥).

**Tipp:** Mit dem Shinkansen bis Fukuyama, umsteigen in die JR-San'yō-Linie, in 20 Min. bis Onomichi (420 ¥).

Wer mit dem Shinkansen aus dem Westen kommt, kann schon in Mihara aussteigen und dann mit der JR-San'yō-Linie in 15–20 Min. bis Onomichi fahren (240 ¥).

Übernachtungen gibt es in einem Lager aus mongolischen Zelten, im Wohnwagen oder im japanischen Landhaus in der Wohnanlage Tsutsuji-sō, www.tsutsujiso.com. ❶–❷
**Naoshima BackPackers**, am Honmura-Hafen, www.naoshima-backpackers-guesthouse.com. Mixed Dorm für 3300 ¥ p. P., DZ mit gemeinsamem Bad ❷

## SONSTIGES

### Fahrradverleih

Fahrräder können im **Bicycle Rental „OUGIYA"**, www.ougiya-naoshima.jp/english/rental.html, Fährhafen von Miyanoura ausgeliehen werden: E-Bike für 1200 ¥/Tag, Electric Motorcycle 1800 ¥, Online-Reservierung möglich. Gepäckablage 500 ¥ pro Stück/Tag. tgl. 9–18 Uhr.
**T.V.C. Rent a Bike & Cycle**, Fährhafen von Honmura, www.tvc-service.com, vermietet Fahrräder ab 500 ¥/Tag (E-Bike 1500 ¥). Di–So 8.30–18 Uhr.

### Informationen

**Touristeninformation** im Fährhafenterminal von Miyanoura, 087-892-2299, tgl. 9–21 Uhr. Eine **Karte der Insel** lässt sich unter www.naoshima.net/en/guidemap herunterladen.

## NAHVERKEHR

**Busse**, direkt ab Fährhafenterminal Miyanoura, verkehren rund um die Insel. Eine Fahrt kostet pauschal 100 ¥.

## TRANSPORT

Die Fähre benötigt von TAKAMATSU bis zum Hafen in Miyanoura 50 Min., 520 ¥ (Rückfahrticket 990 ¥) von UNO (Präfektur Okayama) 20 Min. bis Hafen Miyanoura, oder Hafen Honmura für 300 (570 ¥).

# Hagi 萩

Es gibt viele Gründe, die Nordküste von Chūgoku zu besuchen – einer ist die alte Festungsstadt Hagi. Ein kleiner verschlafener Ort mit einer reichen Geschichte, gut erhaltenen Samurai-Residenzen, alten Kaufmannsvierteln und einer beeindruckenden Küstenlandschaft am Japanischen Meer. Die ganze Stadt scheint ein einziges historisches Museum zu sein. Von der einst stolzen Burganlage zeugen nur noch einige Grundmauern, die heute Teil eines schönen Parks sind. Ganz in der Nähe gibt es Töpfer- und Keramikwerkstätten: *Hagi-yaki*, eine besonders bei der Teezeremonie gern verwendete Keramik, genießt landesweit einen guten Ruf. Einige Töpfereien kann man besichtigen. Infos darüber erteilt die Touristeninformation.

## Hagi-jō 萩城

Die aus geschliffenen Felssteinen aufeinander geschichteten Außenmauern stellen heute die beeindruckenden Überreste der Burg von Hagi dar. Der 1604 vom Mōri-Clan in Auftrag gegebene Bau wurde nach dem Untergang des Shogunats Mitte des 19. Jhs. von der neuen Regierung geschleift. Die Ruine liegt auf dem Gelände des Shizuki-Parks.

Wer weder mit dem Fahrrad (ca. 15 Min. vom JR-Bahnhof Higashi-Hagi) noch zu Fuß (30–45 Min.) oder mit dem alle Sehenswürdigkeiten

### Cruising auf der Seto-Inlandsee

Der einfachste und billigste Weg, eine **Kreuzfahrt** auf der Seto-Inlandsee zu erleben, ist sicherlich an Bord einer Fähre. Und davon verkehren einige auf der Inlandsee. Man sollte bloß aufpassen, dass die Fähren nicht die Nacht für die Überfahrt nutzen – die landschaftliche Schönheit der Inlandsee kann schließlich nur bei Tageslicht erfasst werden. Eine interessante Strecke ist beispielsweise die Überfahrt von Hiroshima nach Matsuyama. Die Fahrt dauert knapp 3 Std. und kostet 4000 ¥. Die Schiffe sind in der Regel nicht überfüllt, sodass man sich an Bord gemütlich einrichten kann. Es ist möglich, draußen wie drinnen zu sitzen. **Setonaikai Kisen**, https://setonaikaikisen.co.jp/language/en, ist eine der Firmen, die Kreuzfahrtschiffe, Fähren und Hochgeschwindigkeitsboote um Hiroshima herum unterhält.

ansteuernden Ringbus *Maaru Bus* (pro Fahrt 100 ¥, Tagesticket 500 ¥, 2 Tage 700 ¥) unterwegs ist, fährt am besten in 10 Min. mit dem Zug von Higashi-Hagi bis zum JR-Bahnhof Tamae, überquert dann die Brücke über den Hashimoto-Fluss und läuft in 15 Min. direkt in den Park. ⌚ tgl. 8–18.30 Uhr (März 8.30–18, Nov–Feb 8.30–16.30 Uhr), 210 ¥ inkl. Asa-Mōri-Haus (die Residenz der einst mächtigen Landesfürsten-Familie Mōri), Eintritt nur Haus 100 ¥, südlich außerhalb des Parks.

## Jōkamachi und Teramachi
城下町・寺町

Zwischen der Burgruine und dem Stadtzentrum liegt das Viertel **Jōkamachi** („Burgstadt") mit von weißen Mauern umgebenen Samurai- und Kaufmannshäusern, die man auch von innen anschauen kann.

Das **Kikuya-Haus** (erbaut 1604) und sein wunderschöner Garten zeugen deutlich vom damaligen Reichtum der Kaufleute. ⌚ tgl. 9–17 Uhr, 650 ¥.

Ins **Kubota-Haus** gegenüber dürfen Besucher für 100 ¥ einen Blick werfen. ⌚ tgl. 9–17 Uhr. Nur einen Straßenzug unterhalb der beiden Kaufmannshäuser, westlich des Chūō-Parks, ist das **Hagi-Uragami-Museum**, 💻 www.hum.pref.yamaguchi.lg.jp, angesiedelt. In dem modernen Gebäude werden bedeutende Farbholzschnitte *(ukiyo-e)*, darunter Werke von Hokusai und Hiroshige, sowie orientalische Kunstgegenstände, insbesondere aus China und Korea, gezeigt. ⌚ Di–So 9–17 Uhr, 300 ¥.

Zehn Gehminuten von hier in nördlicher Richtung befindet sich das **Kumaya-Kunstmuseum**, das in mehreren, 250 Jahre alten kleinen Lagerhäusern untergebracht ist und Gegenstände (Wandschirme, Teeschalen etc.) aus dem Besitz der Familie Kumaya zeigt, die sich seinerzeit um die Belange der regierenden Mōri kümmerte. ⌚ Di, Do–So 9–16 Uhr, 700 ¥.

Das benachbarte Viertel **Teramachi** („Tempelstadt") ist voller alter Tempel, in die teilweise auch kostenlos hineingeschaut werden darf.

Gemeinsame Tageskarte für neun kostenpflichtige Kulturbauten in Hagi (ansonsten 100 ¥ pro Gebäude), die in jedem der Objekte für 310 ¥ verkauft wird.

### ÜBERNACHTUNG

**Hagi Royal Intelligent Hotel**, Chintō 3000-5, 💻 www.hrih.jp (nur Japanisch). Praktisch gelegenes, günstiges Hotel. Man spricht Englisch, was in Hagi nicht selbstverständlich ist. Gemeinsames Bad, *rotenburo* (Außenbad) und Sauna. Jede Etage hat Automaten mit freiem Kaffee, Tee und Wasser. Lokal hergestelltes Frühstücksmenü mit lokalem Yamaguchi-Reis. Direkt südwestlich vom JR-Bahnhof Higashi-Hagi. Direkt südwestlich vom JR-Bahnhof Higashi-Hagi. ❷

€ **Hagi Youth Hostel**, Horiuchi 109-22, ✆ 0838-22-0733. Jugendherberge neben der Burgruine. Fahrradleihe, Frühstück und Abendessen gegen Aufpreis. Dorm 2970 ¥ p. P., auch Privatzimmer. Mit der JR-San'in-Hauptlinie bis Tamae (eine Station westlich von Hagi), dann zu Fuß 15 Min., oder vom Hagi Bus Center mit dem Bus bis Haltestelle Hagi-jōshi-iriguchi. ❶

**Kominka Guesthouse Hagi Akatsukiya**, Hamasakimachi 237-1, 💻 www.instagram.com/akatsukiya5151/?hl=ja. Ein altes Haus mutiert nach der Renovierung in ein gemütliches Gästehaus, mitten im Denkmalschutzgebiet für traditionelle Gebäude der Stadt Hagi. Dorm 2600 ¥ p. P. Vom JR Bahnhof Higashi-Hagi 17 Min. zu Fuß.

### ESSEN

**Dondon**, Hijiwara 337, ✆ 0838-22-7537. Bei Einheimischen beliebtes Udon-Restaurant mit leckeren Nudelsuppen im ganz in Weiß gehaltenen Haus. Vom JR-Bahnhof Higashi-Hagi über die Hagi-Brücke, 2. Ampel rechts, vor nächster Kreuzung auf der rechten Seite. ⌚ tgl. 9–21 Uhr.

**Hotori-tei**, Minami Katakawa-machi 62, ✆ 0838-22-1755. Café und Restaurant mit schönem Garten und japanischem Mittagessen. Irish Pub im alten Lagerhaus *(kura)* auf dem Gelände. Zentral in Hagi am westlichen äußeren Burggraben. Hintere Seite vom Takasugi-Shinsaku-Haus, einem ehemaligen Samurai-Haus. ⌚ Fr–Mi 11–16.30 Uhr (hin und wieder geschlossen).

**Maru**, Yoshida-chō 78. Modernes *izakaya* mit Speisen aus lokalen Zutaten (z. B. Rindfleischgericht *kenran-gyū*, zubereitet als Sushi oder Steak). Vom JR-Bahnhof Higashi-Hagi über Hagi-Brücke, 2. Ampel rechts, bis zur Kreuzung Yoshida-chō (wieder mit Ampel), dann links und nach der 2. Kreuzung auf der rechten Seite große Holztür mit Kreis. ◷ Mo–Sa 17–23 Uhr.

## SONSTIGES

### Fahrradverleih

**Smile Rent a cycle**, JR-Bahnhof Higashi-Hagi, vom Ausgang nach links, ✆ 0838-22-2914, 200 ¥/ Std., 1000 ¥/Tag. ◷ tgl. 8–18 Uhr (Dez–Feb 8.30–17.30 Uhr). Weiterer Smile-Laden südlich der Burgruine.

### Informationen

**Touristeninformation Higashi-Hagi**, am JR-Bahnhof Higashi-Hagi, ✆ 0838-25-3145. ◷ tgl. 9–17 Uhr.

**Hagi Touristeninformation**, neben dem Hagi/ Meirin Bus Center, ✆ 0838-25-1750. Abfahrts- und Ankunftsort für *Maaru Bus* und andere Ziele. Fahrradleihe (9–16.45 Uhr) 200 ¥/ Std., 1000 ¥ /Tag. Von JR Bahnhof Higashi-Hagi Richtung Hagi Chuo-Koen (Zentralpark) 25 Min. zu Fuß. ◷ tgl. 9–17 Uhr.

### Internet

**Hagi Free Wi-Fi**: 💻 www.hagishi.com/en/wifi.

## TRANSPORT

### Busse

Von SHIN-YAMAGUCHI bis Higashi-Hagi mit dem Bōchō-Linienbus in 90 Min., 2090 ¥, oder mit dem Expressbus *Super-Hagi* – entweder unter JR- oder Bōchō-Bus-Betrieb – 8x tgl., 60 Min., 1600 ¥.

### Eisenbahn

Hagi liegt etwas abseits der populären JR-Eisenbahn-Hauptlinien. Alle Züge in Richtung Hagi – außer aus dem Westen – laufen via **Masuda**. Tipp: Abfahrzeiten genau studieren bzw. aufeinander abstimmen!

Von MATSUE mit JR-Express *Super Oki* bis Masuda, umsteigen nach Hagi, 3 3/4 Std., 5870 ¥.
Von SHIN-YAMAGUCHI, der nächsten Shinkansen-Station, bis Masuda via Tsuwano mit dem *Super Oki* (3x tgl.) und dann Lokalzug in 3 Std., 4250 ¥ (evtl. stundenlange Wartezeit in Masuda einkalkulieren!).
Von SHIMONOSEKI (westl. Route über Asa und Nagato-shi) fast 3 Std., 1980 ¥ (bis Asa von Shin-Shimonoseki mit Shinkansen möglich).
Von Asa bis Higashi-Hagi: JR Mine-Linie 9x tgl., umsteigen in Nagatoshi. Von Nagatoshi nach Higashi-Hagi mit JR San-in Linie, 1340 ¥.

# Akiyoshidai 秋吉台

Das an der westlichen Kante des Chūgoku-Gebirges gelegene, grün-bergige Akiyoshidai ist die landesweit größte Karstformation. Unter ihrer Oberfläche verbergen sich Hunderte von Höhlen. Die bekannteste, größte und erschlossenste Höhle ist die **Akiyoshi-dō**. Besucher betreten die Höhle am niedrigsten Punkt und werden dann mit einem Aufzug nach oben gefahren, von wo aus sie von Führern durch ein System von Gängen, Laufstegen, Brücken und beeindruckenden Tropfsteinhöhlen bis zum Plateau-Ausgang geleitet werden. Die Akiyoshi-dō erstreckt sich über eine Länge von fast 10 km, jedoch ist nur 1 km für Besucher zugänglich. ◷ tgl. 8.30–16.30 Uhr, 1300 ¥.

Vom Bus Center Akiyoshi-dō bis zum Höhleneingang sind es etwa 10 Min. zu Fuß. Vom Plateau-Ausgang bringen Busse (Sa, So, feiertags und Sommerferien) die Besucher in 10 Min. zurück zum Bus Center.

Der Bōchō-Bus fährt von Higashi-Hagi (Bus Center Hagi) bis zum Bus Center Akiyoshi-dō, 70 Min., 1800 ¥, 2x tgl., von Shin-Yamaguchi 3/4 Std., 1170 ¥.

# Tsuwano 津和野

Reisende, die durch den Westen Japans ziehen, sollten auf jeden Fall einen Abstecher in das „Kyōto von San'in" machen. Gemeint ist Tsuwano, ein 700 Jahre altes und vollkommen zu

## Tsuwano und seine berühmten Söhne

In Tsuwano lebten nie mehr als ein paar tausend Einwohner, und doch brachte der Ort im 19. Jh. gleich zwei bedeutende Persönlichkeiten hervor: **Nishi Amane** (1829–97) nannte man auch den „Vater der westlichen Philosophie", da er diese in Japan bekannt machte. Er übersetzte Vorlesungen Kants ins Japanische, studierte 1862 für zwei Jahre an der Universität Leiden in Holland und lehrte nach seiner Rückkehr an der Universität Tōkyō als Professor. Zudem war er als Denker maßgeblich an der Erneuerung Japans nach dem Ende der Feudalzeit beteiligt. Der zweite berühmte Sohn der Stadt war **Mori Ōgai** (1862–1922), ein Schriftsteller und Goethe-Übersetzer wie auch Militärarzt, der Ende des 19. Jhs. (1884–88) in Leipzig, Dresden, München und Berlin studierte. In Berlin forschte er unter Anleitung von Robert Koch auf dem Gebiet der Bakteriologie. Als Autor hinterließ er ein umfangreiches literarisches Werk, etliche Romane und populäre Übersetzungen. Seit 1995 verbindet Tsuwano eine offizielle Partnerschaft mit Berlin-Mitte.



Recht unter Denkmalschutz stehendes Städtchen. Die von Bergen umgebene kleine Stadt zählt zu den Orten Japans, in denen Besucher leicht von nostalgischen Gefühlen überwältigt werden. Schlendert man durch das einstige Samurai-Viertel, durch die engen Seitengassen zwischen den weiß getünchten Mauern der Samurai-Residenzen und den mit dunkelbraunem Zedernholz verkleideten Bürgerhäusern, fühlt sich manch einer einige Jahrhunderte zurückversetzt. Die sich in den schmalen Kanälen an der Seite der Hauptstraße durch das Viertel **Tonomachi** tummelnden Riesen-Karpfen sind das Wahrzeichen der Stadt.

Gleich zwei Kirchen wachen über die in ein Tal eingebettete Gemeinde: Die **katholische Kirche** ist dem Pionier der christlichen Mission in Asien, Francisco de Xavier, gewidmet, der Japan 1549 erreichte. Kirchenbesucher sitzen hier auf Tatami-Matten. ⏲ tgl. 7.30–17 Uhr. Die **Maria-Gedächtniskirche** ist eine kleine Kapelle, die zum Gedenken an die Opfer der Christenverfolgungen errichtet wurde. Gegen Ende der Feudalzeit (Mitte 19. Jh.) war eine Gruppe japanischer Christen von Nagasaki nach Tsuwano verschleppt und zur „Umerziehung" eingesperrt und gefoltert worden.

Weiteren göttlichen Schutz gewährt der schon von Weitem sichtbare, leuchtend rote Inari-Schrein auf einer Anhöhe, der **Taikodani Inari-jinja**. Die zahlreichen zinnoberroten Torii, die den Weg nach oben zum Schreingelände säumen, deuten darauf hin, dass zwischen diesem 1773 erbauten Shintō-Schrein und dem berühmten Fushimi Inari-Schrein in Kyōto eine spirituelle Bindung besteht.

Noch weiter in der Höhe, auf einem der Stadt zugewandten Berggipfel, liegt die beeindruckende Ruine der einst gewaltigen Festungsanlage **Tsuwano-jō** aus dem 13. Jh. Ein paar Meter unterhalb des Taikōdani Inari-jinja, neben der zum Schrein führenden Straße, steht die etwas veraltete Liftstation, von der aus Besucher in etwa 10 Min. nach oben transportiert werden (9–16.20 Uhr, Dez–Feb nur Sa, So und feiertags, Rückfahrkarte 700 ¥) – zu Fuß etwa 30 Min. Oben angekommen, läuft man 15 Min. zur Burgruine. Der Blick vom Gipfel auf Tsuwano, das gesamte Tal und die Bergketten rundherum hat seinen eigenen Wert.

Im Süden Tsuwanos, etwa 3 km vom Tonomachi-Viertel entfernt, stehen die ehemaligen Wohnhäuser der beiden berühmten Söhne der Stadt (s. Kasten). Hinter dem **Mori-Ōgai-Haus** (Eintritt 100 ¥) steht das **Mori-Ōgai-Museum**, 💻 www.town.tsuwano.lg.jp/shisetsu/ougai.html. Darin sind persönliche Gegenstände des Schriftstellers und Mediziners zu sehen. ⏲ Di–So 9–17 Uhr (Wohnhaus und Museum), 600 ¥. Ganz in der Nähe, auf der anderen Seite des Tsuwanogawa, steht das strohbedeckte **Nishi-Haus**, in dem der Philosoph Nishi Amane bis zu seinem 21. Lebensjahr lebte. ⏲ tgl. 9–17 Uhr, Eintritt frei.

### ÜBERNACHTUNG

**Wakasagi-no-yado**, Morimura-guchi 21, 💻 https://gambo-ad.com/english/hotel/index.php?ar=11&id=38. Einladendes und bezahlbares

Minshuku. Ab 4400 ¥ p. P. Vom JR-Bahnhof Tsuwano nach rechts abbiegen und parallel zu den Eisenbahnschienen laufen. Nach etwa 600 m den Fluss überqueren und auf gleicher Straße (der Hauptstraße zum Mori-Ōgai-Haus) weitere 5 Min. bleiben, bis linker Hand das Schild der Pension erscheint.
**Weitere Minshuku** in Tsuwano: 💻 https://gambo-ad.com/english/area.php?ar=11.

## ESSEN

**Azemichi Resthouse**, Ushirodaguchi 343. Günstige Nudelsuppen: Udon, Soba und Ramen sowie leckere Kroketten. Außerdem gibt es Shimanes berühmtes Gericht: *Uzume-meshi* (in einer Schüssel wird Reis über Tsuwanos lokales Gemüse, Tofu, Seetang, Wasabi, Fischpastete und Brühe gestülpt), 1000 ¥. Vom JR-Bahnhof Tsuwano nach rechts, ca. 600 m auf der rechten Seite. 🕒 tgl. 9–17 Uhr.
**Sanshōdō Kashin-an**, Ushiroda Honmachi 197. Café, das von einem traditionsreichen Süßwarenladen betrieben wird. Gut für kleine Pausen mit hausgemachten Süßigkeiten – die ohne Zusatzstoffe auskommen. 🕒 tgl. 9.30–17.30 Uhr.

## SONSTIGES

### Fahrradverleih

**Kamai**, gegenüber JR-Bahnhof Tsuwano, ✆ 0856-72-0342. Fahrradvermietung mit Souvenirladen. Preis 800 ¥/Tag. 🕒 tgl. 8–19, Mi bis 15 Uhr.

### Informationen und Internet

**Tsuwano Tourist Association**, im JR-Bahnhof Tsuwano. Englischsprachige Broschüre und Infos erhältlich. 🕒 tgl. 9–17 Uhr.
**Tsuwano Wifi**, 💻 www.town.tsuwano.lg.jp/www/contents/1584928580919/index.html.

## TRANSPORT

### Busse

Nach HAGI mit dem Bōchō-Bus in 1 1/2 Std. für 2220 ¥.

### Eisenbahn

Mit der JR-Yamaguchi-Linie von SHIN-YAMAGUCHI (umsteigen in Yamaguchi ) in 1 3/4 Std., 1170 ¥, oder direkt mit der Dampflokomotive *SL Yamaguchi-gō* (März–Nov, nur Sa, So und feiertags), 1x tgl., 2 Std., nur reservierte Plätze 1700 ¥, 💻 www.c571.jp oder dem *Super-Oki* 3x tgl. (1 Std., 2370 ¥).

# Iwami Ginzan 石見銀山

Iwami-Ginzan ist der Name der in der Gemeinde Ōda in der Präfektur Shimane gelegenen **Silbermine**. Über 300 Jahre lang, von 1600 bis zur Stilllegung 1923, wurde in Iwami Ginzan hochwertiges Silbererz abgebaut und zur Verschiffung nach China oder Korea an die Küste zu den Häfen von Tomogaura, Okidomari und Yunotsu transportiert. Bis zum Ende des 17. Jhs. verlief die produktivste Zeit der Mine. Damals wurden jährlich zwischen 1000 und 2000 kg Silber aus den reichen Vorkommen der bis zu 600 m hohen Berge gewonnen. Die Minen leisteten einen wesentlichen Beitrag zum allgemeinen industriellen Fortschritt Japans und ebneten den Weg zur Entwicklung von Silberminen in anderen asiatischen Ländern.

Iwami Ginzan zählt seit 2007 zum Unesco-Welterbe. Die gesamte Kulturlandschaft umfasst zahlreiche großangelegte Schächte und Gruben, Verhüttungs- und Veredlungsstätten, Bergbausiedlungen, Hafenanlagen, Transportwege, Schreine, Tempel und Friedhöfe. Um sich alles anschauen zu können, sollte man etwa drei bis vier Stunden einplanen.

Vom JR-Bahnhof Ōda-shi fährt ein Bus in den Bezirk Iwami Ginzan, bis Bushaltestelle Ōmori Daikansho-ato, 30 Min., 640 ¥. Im Silberminen-Museum **Imo-Daikan Museum** (Iwami Ginzan Shiryōkan), 💻 https://igmuseum.jp, werden Exponate zum Thema Silber gezeigt. 🕒 Do–Mo 9.30–17 Uhr, 600 ¥. Da es in dieser Gegend nicht viele Busse gibt, sollte man den Zeitpunkt der Rückfahrt im Auge behalten. Wer mit dem Taxi zurück zum Bahnhof fahren möchte, zahlt etwa 4000–5000 ¥.

Der gleiche Bus fährt für 240 ¥ weiter bis zum **Iwami-Ginzan World Heritage Center**, 💻 https://

ginzan.city.oda.lg.jp, einer Ausstellung zur Geschichte der Mine. ⌚ tgl. 9–17 Uhr, außer letzter Di im Monat, 310 ¥. JR-Bahnhof Ōda-shi direkt bis World Heritage Center 760 ¥.

Von Ōmori Daikansho-ato mit dem Bus zur Mine **Ryūgenji-mabu** bis Haltestelle Ōmori (160 ¥), von dort 40 Min. zu Fuß. ⌚ tgl. 9–17 Uhr (Dez–Feb bis 16 Uhr), 410 ¥. Wer nicht laufen möchte oder kann, fährt von Ōmori Daikansho mit dem Golfplatzfortbewegungsmittel „Ginzan Cart" bis Ryūgenji-mabu, tgl. außer Mi 12–14 Hin- und Rückfahrten pro Tag, Einweg-Fahrpreis 500 ¥.

Die Teilnahme an einer Führung durch die noch größere Mine **Ōkubo-mabu** ist möglich. ⌚ Fr–So und feiertags von März–Nov und während des Bon-Festes im Aug 3700 ¥ (kein Zutritt für Kinder unter 6 Jahren), Reservierung per Mail; für die Frühlingssaison beginnt die Anmeldung Ende Januar. 💻 www.iwami.or.jp/ginzan – da alles auf Japanisch ist, besser über ein Reisebüro oder die Touristeninformation buchen!

### TRANSPORT

Von Ōda-shi nach TSUWANO mit dem **JR-Express** *Super Oki*, etwa 2 Std., 4170 ¥. Mit einem normalen JR-Zug umsteigen in Masuda (Wartezeit bis zu 50 Min.), 3 1/4 Std., 2310 ¥.

## Izumo 出雲

Die kleine Stadt Izumo liegt zwischen dem Japanischen Meer und dem salzhaltigen Brackwassersee Shinji-ko im Norden der Provinz Shimane. Izumo ist zwar eine Stadt, aber mehr noch ein Synonym für ein nationales Heiligtum, den Izumo-taisha, einen der meistverehrten und bedeutendsten Shintō-Schreine Japans und neben dem Ise-Schrein (S. 435) und dem Konpira-Schrein auf Shikoku (S. 503) das wichtigste Shintō-Pilgerziel – oder wie Lafcadio Hearn ihn betitelte: „die Hauptstadt der Götter".

### Izumo-taisha 出雲大社

Verlässliche Zahlen über den Bau des Schreins existieren nicht, jedoch weisen archäologische Funde darauf hin, dass die Region um Izumo bereits in frühgeschichtlicher Zeit als selbstständiger Kulturraum existierte. Die ältesten Geschichtswerke des Landes, die Reichschroniken *Kojiki* und *Nihonshoki*, die beide zu Beginn des 8. Jhs. entstanden, versetzten die Ursprünge des Schreins ins mythische Zeitalter der Götter. So soll der Sturmgott Susanoo-no-mikoto, Bruder der Sonnengöttin Amaterasu, an dieser Stelle einen Zaun aus den Wolken gezogen und sich darin gemeinsam mit der von ihm befreiten Prinzessin Kushinada-hime, seiner künftigen Gattin, zur Ruhe gesetzt haben. Der Izumo-Schrein ist Ōkuninushi, einem Nachkommen des Susanoo, gewidmet.

Die **Haupthalle**, die hinter einer doppelten Umzäunung etwas verborgen steht, wurde vor mehr als 260 Jahren erneuert. Die sie umgebenden Hallen sind weitaus jünger und stammen aus dem Jahr 1874. Besonders beeindruckend ist die vor der Umzäunung hinter dem Eingangstor befindliche **Gebetshalle** *(haiden)*. Unter dem Giebeldach hängt ein tonnenschweres Strohseil *(shimenawa)*. Es markiert die Grenze zwischen der Welt der Shintō-Götter *(kami)* und dem Diesseits. Östlich und westlich des Zauns um die Haupthalle liegen zwei lang gestreckte Holzbauten, sogenannte **Jūkusha**, mit je 19 Zellen, in denen sich im 10. Monat nach dem Mondkalender alle *kami* Japans zur Beratung versammeln. Dieser „Monat aller anwesenden *kami*" gilt in Izumo als besonders glückverheißend – im restlichen Japan nicht, denn dort ist dies der „Monat ohne *kami*". Links daneben befindet sich das **Schatzhaus** mit vielen Bildnissen von Ōkuninushi; ⌚ tgl. 8.30–16.30 Uhr, 300 ¥.

### Museum zur Geschichte des alten Izumo 古代出雲歴史博物館

Rechts des vorderen Eingangstors zum Schrein liegt das Museum, 💻 www.izm.ed.jp, in dem gezeigt wird, was sein Name verspricht: Eine Sammlung von Schätzen und Kulturgütern, die aus historischen Fundstätten der Präfektur Shimane stammen. ⌚ tgl. außer 3. Di im Monat 9–18 Uhr (Nov–Feb 17 Uhr), 620 ¥.

### ÜBERNACHTUNG

**Green Hotel Morris**, Minami-machi 2-3-4, 💻 www.hotel-morris.co.jp/izumo. Gutes

© JAPAN-PHOTO.DE/HARTMUT POHLING

Geflochtene Taue aus Reisstroh, wie hier am Izumo-Schrein, markieren im Shintō den heiligen Bereich.

Stadthotel mit schönem Gemeinschaftsbad, direkt am Südausgang vom JR-Bahnhof Izumo-shi. ❷–❸

**Hotel Nagata**, Imaichi-chō 864-5, 💻 www.hotel-nagata.co.jp. Japanische und westliche Twins, gemeinsames Aussichtsbad und Sauna (nur für Männer!). Im Hotel wurden spezielle Wasserfilter installiert, die umwelt- und hautfreundliches Wasser garantieren. Es gibt ein Restaurant mit großer Auswahl an Gerichten. 🕒 16–24 Uhr. Vom JR-Bahnhof Izumo-shi in nordwestliche Richtung 8 Min. laufen, gegenüber Krankenhaus Izumo Shimin-byōin. ❸

€ **Izumo hostel itoan**, Taisha-machi, Jinmon-dōri, 💻 www.guesthouse-itoan.com. Sehr sauberes und gemütliches Gästehaus in ehemaligem Ryokan-Gebäude. Jedes japanische Zimmer ist einzigartig eingerichtet. Dorm 3000 ¥ p. P. und Privatzimmer. Vom JR-Bahnhof Izumo-shi 5 Min. nördlich zu Fuß. Blick auf das Video der Website empfohlen, da man sich trotz Navi öfter mal verirrt. ❶

**Super Hotel Izumo-ekimae**, Minami-machi, 💻 www.superhotel.co.jp/s_hotels/izumo. Kleine, aber günstige Zimmer. EZ, Twins und Semi-Doppelbett für 2 Pers. inkl. Frühstücksbuffet. Abends gibt's in der Lounge eine kostenlose Willkommensbar inkl. Alkohol (18–21 Uhr). Ermäßigung auf Eintrittsgebühr für das Badehaus Ranpu-no-yu, eine natürliche Thermalquelle ganz in der Nähe. Vom JR-Bahnhof Izumo-shi, Ausgang Süd, sofort rechts. ❷–❹

## Soba nach Izumo-Art

Die lokale Spezialität sind **Izumo-Soba**. Sie werden aus unpoliert gemahlenem Buchweizenmehl hergestellt, das auf diese Weise auch seine kräftige, nussbraune Farbe beibehält. Besonders charakteristisch für Izumo sind kalte Izumo-Soba, die in drei kleinen, übereinander gestapelten Warigo-Schüsselchen (aus dünn zugeschnittenem Zypressenholz) serviert werden und daher **Warigo-Soba** genannt werden. (Die entsprechende Soße gießen die Gäste selbst über die Nudeln.) Die meisten Restaurants findet man auf dem Weg zum Schrein.

Matsue und Izumo
N
0
10 km
Tôkyô
Japanisches Meer
YOKOSHIMA
Hafen von Shichirui
Umami
Hafen
Sakai Minato
Shimane-Halbinsel
Ôhira
Miho-Bucht
Yonago Flughafen
Yumigahama-Strand
Matsue-Shinjiko-Onsen
Matsue
Naka-no-umi
Yakiyama
Akiha
Hongû
Akiha
Asahi
Taisen
Ichibata-Dentetsu-Linie
Shinji-See
Yasugi
Yonago
Kap Hinomisaki
Hinomisaki-Leuchtturm
Takatori
Gakuen-ji
Misen
Hanataka
Kawato
Izumo-taisha
Hii
Izumo Flughafen
Yaegaki-jinja
Kamosu-jinja
Kumano-taisha
JR-San-in-Linie
JR- und Dentetsu-Bhf. Izumo-shi
Izumo
Jinzai-See
Hii
JR-Kisuki-Linie
Myôken
Gassan
Daisen

## ESSEN

**Haneya**, Imaichi-chō, Hon-machi 549. Traditionelles Restaurant mit schöner Atmosphäre, das seit über 150 Jahren die Spezialität der Gegend serviert: Izumo-Soba und kalte Warigo-Soba (um 900 ¥). Vom JR-Bahnhof Izumo-shi, Ausgang Nord, 5 Min. zu Fuß. ◷ tgl. 11–15, 17–19 Uhr.
**maru cafe**, im Museum zur Geschichte des alten Izumo, 2F. Helle Räume und ruhige Atmosphäre, guter Ort zum Entspannen. ◷ tgl. außer 3. Di im Monat 10–17 Uhr.
**Shimane Winery,** Taisha-chō, Hishine 264-2, 💻 www.shimane-winery.jp. Auf dem Gelände des Weinguts, Fabrik-Tour tgl. 10–16.30 Uhr, Eintritt frei, befindet sich das Grillhaus **Chateau-Misen** mit Shimane-Rindfleisch als Spezialität, ◷ tgl. 11–18.30 Uhr. Bacchus-Verkostung und Verkaufshalle ◷ tgl. 10–17, Sa, So und feiertags bis 17.30 Uhr. Soba, Udon usw. gibt es im **Coffee House Chardonnay**, ◷ Gegenwärtig geschlossen. Softeis mit Soba-Geschmack bei **Une Berge**, ◷ tgl. 10–16.30, Sa, So und feiertags bis 17 Uhr. Vom JR-Bahnhof Izumo-shi mit dem Ichibata-Bus (nur 5x tgl., 1/2 Std., 410 ¥) Richtung Izumo-taisha bis zur Station Shimane Winery.
**Shinmon**, Eki-minami-machi 1-3-3. Japanisches Restaurant mit voluminösem, aber günstigem Mittagsmenü. JR-Bahnhof Izumo-shi, Südausgang, neben Badehaus Ranpu-no-yu. ◷ tgl. 11.30–14, 17–23.30 Uhr.
**The Kitchen**, Eki-minami-machi 3-3, Villa Four Seasons II. Café mit Süßigkeiten und Gerichten nach westlicher Art. Vom JR-Bahnhof Izumo-shi, Südausgang, geradeaus über den Fluss. ◷ Mi–Mo 11–20.30 Uhr.

## NAHVERKEHR

Vom JR-Bahnhof Izumo-shi zum Izumo-Schrein fahren private **Ichibata-Busse** von der Haltestelle Nr. 1 im halbstündigen Takt in 25 Min., 530 ¥, außerdem der **Zug** der Ichibata-Linie, vom Bahnhof Dentetsu-Izumo-shi, der direkt nordöstlich am JR-Bahnhof Izumo liegt, bis Bahnhof Izumo-taisha-mae in 20 Min., 500 ¥ (immer mit Umsteigen in Kawato). Vom Bahnhof Izumo-taisha-mae bis zum Schrein sind es 5 Min. zu Fuß.

## TRANSPORT

Izumo liegt 34 km östlich von MATSUE. Die beiden Städte sind durch zwei Bahnstrecken miteinander verbunden: die private **Ichibata-Linie** und die JR-Linie. Erstere fährt nördlich entlang des Shinji-Sees und benötigt vom Bahnhof Matsue-Shinjiko Onsen (umsteigen in Kawato) 55–75 Min. bis zum Bahnhof Izumo-taisha (820 ¥). Die **JR-Linie** verläuft südlich des Sees und führt von Matsue bis nach Izumo-shi (3/4 Std., 590 ¥, Limited Express *Yakumo* 1/2 Std., 1350 ¥) – von hier siehe Nahverkehr.

# Matsue 松江

Matsue ist die Hauptstadt der Präfektur Shimane und liegt in der Mitte der San'in-Region, am Ōhashi-Fluss, zwischen der Lagune Naka-no-umi und dem Shinji-See. Zu Beginn des 17. Jhs., nach dem Bau einer Festung, wandelte sich das Fischerdorf zu einer Burgstadt, von der aus ein paar Jahre später der mächtige Matsudaira-Clan die Region kontrollierte. Matsue hat historisches Flair und ist daher ein populäres Reiseziel in der Region Chūgoku. Das altertümliche Stadtbild wird geprägt von der im Original erhaltenen Burganlage mit dem fünfstöckigen Hauptturm (von oben schöne Sicht auf das Umland) und einigen Samurai-Wohnhäusern sowie der Residenz des prominentesten Bürgers von Matsue – Lafcadio Hearn.

## Matsue-jō 松江城

Etwa 2 km vom Bahnhof entfernt steht auf dem Hügel Kameda-yama die 1607–11 erbaute kleine Festung, die ab 1638 den Matsudaira als Residenz diente. Der dreistöckige Hauptturm soll zu dieser Zeit einem Brand zum Opfer gefallen, aber umgehend rekonstruiert worden sein. Matsue-jō ist daher die einzige Burg in der San'in-Region, die bis heute im Originalzustand erhalten ist. ◷ April–Sep tgl. 8.30–18.30, Okt–März bis 17 Uhr, 680 ¥.

## Buke-yashiki 武家屋敷

Nördlich der Burg bietet sich eine gute Gelegenheit, eine **Samurai-Residenz** *(buke-yashiki)* von

## Lafcadio Hearn

Der 1840 in Griechenland geborene und in Irland und England aufgewachsene Lafcadio Hearn emigrierte im Alter von 19 Jahren in die USA, wo er als Journalist arbeitete. 1890 reiste er nach Japan – und blieb. Er unterrichtete Englisch an einer Oberschule in der Stadt Matsue, heiratete 1891 die Tochter einer Samurai-Familie und erhielt den japanischen Namen **Koizumi Yakumo** sowie Jahre später die japanische Staatsbürgerschaft. Er begann seine Eindrücke niederzuschreiben und wurde zu einem Schriftsteller, dessen Werke zu Beginn des 20. Jhs. das westliche Bild Japans entscheidend prägten. Zu seinem bekanntesten Werk zählen *Glimpses of Unfamiliar Japan* sowie *Kwaidan: Stories and Studies of Strange Things*, eine Sammlung übersetzter japanischer Geistergeschichten – alle Bücher gibt es auch in deutscher Übersetzung. 1896 erhielt Hearn eine Stelle als Professor für englische Literatur an der Kaiserlichen Universität von Tōkyō, wo er im September 1904 starb.

CHŪGOKU

innen zu sehen. Eine Broschüre auf Englisch erklärt, wofür die einzelnen Räume dieses Wohnhauses von 1730 genutzt wurden. ⌚ April–Sep tgl. 8.30–18.30, Okt–März bis 17 Uhr, 310 ¥.

Im ehemaligen Samurai-Viertel liegt auch das **Yakumo-Haus**, das ehemalige Wohnhaus von Lafcadio Hearn (s. Kasten). ⌚ April–Sep tgl. 8.30–18.30 Uhr, Okt–März bis 17 Uhr, 310 ¥. Direkt daneben befindet sich das **Lafcadio Hearn Memorial Museum** (Koizumi Yakumo Kinenkan), das sich Hearns Werk und seiner Person widmet. ⌚ April–Sep 8.30–18.30, Okt–März bis 17 Uhr, 410 ¥, Kombiticket 560 ¥. Das Kombiticket für die Burg Matsue, das Lafcadio Hearn Memorial Museum und die Samurai-Residenz gibt's für 1100 ¥.

### ÜBERNACHTUNG

**Green Rich Hotel Matsue-ekimae**, Asahi-machi 493-1, 💻 https://greenrichhotels.jp/matsue. Modernes, stilvolles Hotel mit Twin-Zimmern. Nahe dem Bahnhof und dem belebten Stadtviertel Isemiya. Vom JR-Bahnhof Matsue, Ausgang Nord, links. ❷

**Hotel Alpha-One Daini-Matsue**, Asahi-machi 461, 💻 www.alpha-1.co.jp/matsue_2. Praktisch direkt am Bahnhof (Südausgang) gelegenes Businesshotel. Gutes Frühstücksbuffet. ❸–❹

**Tōyoko Inn Matsue-ekimae**, Asahi-machi 498-10, 💻 www.toyoko-inn.com. Nahe am Bahnhof gelegenes Businesshotel. Praktische Lage mit vielen Restaurants in der Nähe. Vom JR-Bahnhof Matsue, Nordausgang, nach links. ❷–❸

### ESSEN UND UNTERHALTUNG

**Minami**, Suetsugu-honmachi 14. Über 135 Jahre altes Restaurant in traditionell japanischem Haus. Namhafte Dichter und andere Intellektuelle sind hier schon eingekehrt. Saisonabhängige japanische Gerichte: mittags 2500–3600 ¥, abends 4000–4300 ¥. Spezialität ist *tai-meshi* (edle Meerbrasse und Gemüse auf Reis, mit Brühe übergossen). Vom JR-Bahnhof Matsue über die Brücke Matsue-Ōhashi, 1. Ampel links, 1. kleine Straße links. ⌚ Mi–Mo 11.30–15, 17.30–21 Uhr.

**Table & Bar E.A.D.**, Suetsugu-honmachi 36, E.A.D Bldg. 3F. Bar mit schöner Aussicht auf den Shinji-See. Guter Kaffee. Direkt neben und nordwestlich der Brücke Matsue-Ōhashi. ⌚ Mi–Mo 21–24 Uhr.

**Toki-no-kaze KURA**, Higashi-honmachi 1-64, ✆ 0852-21-2270. Restaurant mit frischen Shijimi-Muscheln *(shijimi-don)* aus dem nahen Shinji-See, gewürzt mit Muschel-Brühe, 1540 ¥. Oberhalb der Brücke Matsue-Ōhashi, vor dem Fluss Horikawa nach rechts, nach 1. Kreuzung auf der rechten Seite. ⌚ Do–Di und feiertags 11.30–14.30, 18–20.30 Uhr. Abends (So und feiertags geschl.) nur mit Reservierung.

**Yakumo-an**, Shiomi-nawate 308, ✆ 0852-22-2400. Restaurant nördlich der Burg mit regionalen Nudelgerichten – Izumo-Soba wie Warigo-Soba und Kamo-Nanban (Soba-Suppe mit Ente und Lauch) und schönem japanischen Garten. Alle Gerichte 1100–2200 ¥. ⌚ Mo–Fr 11–13.30, Sa, So und feiertags 10–14 Uhr bzw. bis Ausverkauf der Soba.

## SONSTIGES

**Matsue International Tourist Information Office** am JR-Bahnhof Matsue, Nordausgang, ✆ 0852-21-4034.
Anmeldungen zu Führungen mit dem **Matsue Goodwill Guide** möglich.
⌚ tgl. 8.30–18 Uhr.

## NAHVERKEHR

Der **Gurutto Matsue Lake Line Bus** dreht vom JR-Bahnhof Matsue ab Haltestelle Nr. 7 eine Runde um die Stadt. Eine Fahrt kostet 210 ¥, Tagesticket 520 ¥.

## TRANSPORT

### Busse

Nach TŌKYŌ (JR-Bahnhof Nihonbashi oder Shibuya Mark City) mit dem Nachtbus von Willer oder JR-Chūgoku-Bus ab Bahnhof Matsue, 11 1/2 Std., ca. 9000–15 000 ¥ (ab Izumo-taisha 12 1/2 Std.).

### Eisenbahn

Nach IZUMO-SHI bzw. Izumo-taisha 1/2 Std., 590 ¥ (S. 489). JR-Limited Express *Yakumo* nach OKAYAMA, 2 3/4 Std., 5610 ¥, und weiter mit dem Shinkansen nach KYŌTO insgesamt fast 4 Std., 12 530 ¥.

HAFEN VON TAKAMATSU; © JAPAN-PHOTO.DE/HARTMUT POHLING

# Shikoku 四国

**Shikoku, die viertgrößte Insel Japans, war im 8. Jh. wegen der Entfernung von der Hauptstadt Heijō-kyō (heute Nara) und der mühsamen Anreise ein ferner Verbannungsort. Heutzutage ist es ein bevorzugtes Urlaubsziel. Das liegt zum einen an den erheblichen Anreiseerleichterungen und zum anderen am freundlichen Klima, den Wander- und Wildwasserwegen, den Bergen im Landesinneren und der historischen Pilgerroute der 88 Tempel.**

## Stefan Loose Traveltipps

**Ritsurin-kōen, Takamatsu** Einer der schönsten Landschaftsgärten Japans. S. 496

**Pilgerweg der 88 Tempel** Auf der Suche nach Erleuchtung. S. 500

**Gezeitenstrudel von Naruto** Ein einmaliges Naturspektakel. S. 509

**Ashizuri-Uwakai-Nationalpark** Eine menschenleere, zerklüftete Küstenlandschaft im Süden der Insel. S. 517

16 **Dōgo Onsen, Matsuyama** Japans älteste Therme lockt mit einem stimmungsvollen Badehaus. S. 520

KŌBŌ DAISHI, BILDNIS IM ZENTSŪ-JI; © JAPAN-PHOTO.DE/HARTMUT POHLING

PILGERGRUPPE; © JAPAN-PHOTO.DE/HARTMUT POHLING

Ritsurin-kōen
Gezeitenstrudel von Naruto
Dōgo Onsen
Pilgerweg der 88 Tempel (Start: Tokushima)
Ashizuri-Uwakai-Nationalpark

**Wann fahren?** März bis November

**Wie lange?** Eine Woche

**Bekannt für** Pilgerreisen, Meeresstrudel und das Badehaus Dōgo Onsen

**Beste Feste** Yosakoi Matsuri in Kōchi (9.–12. August); Awa Odori in Tokushima (12.–15. August)

**Outdoor-Tipp** Kanu fahren auf dem Shimantogawa

**Unbedingt probieren** Sanuki-Udon (Präfektur Kagawa); die Fischspezialität *katsuo-no-tataki* (Präfektur Kōchi)

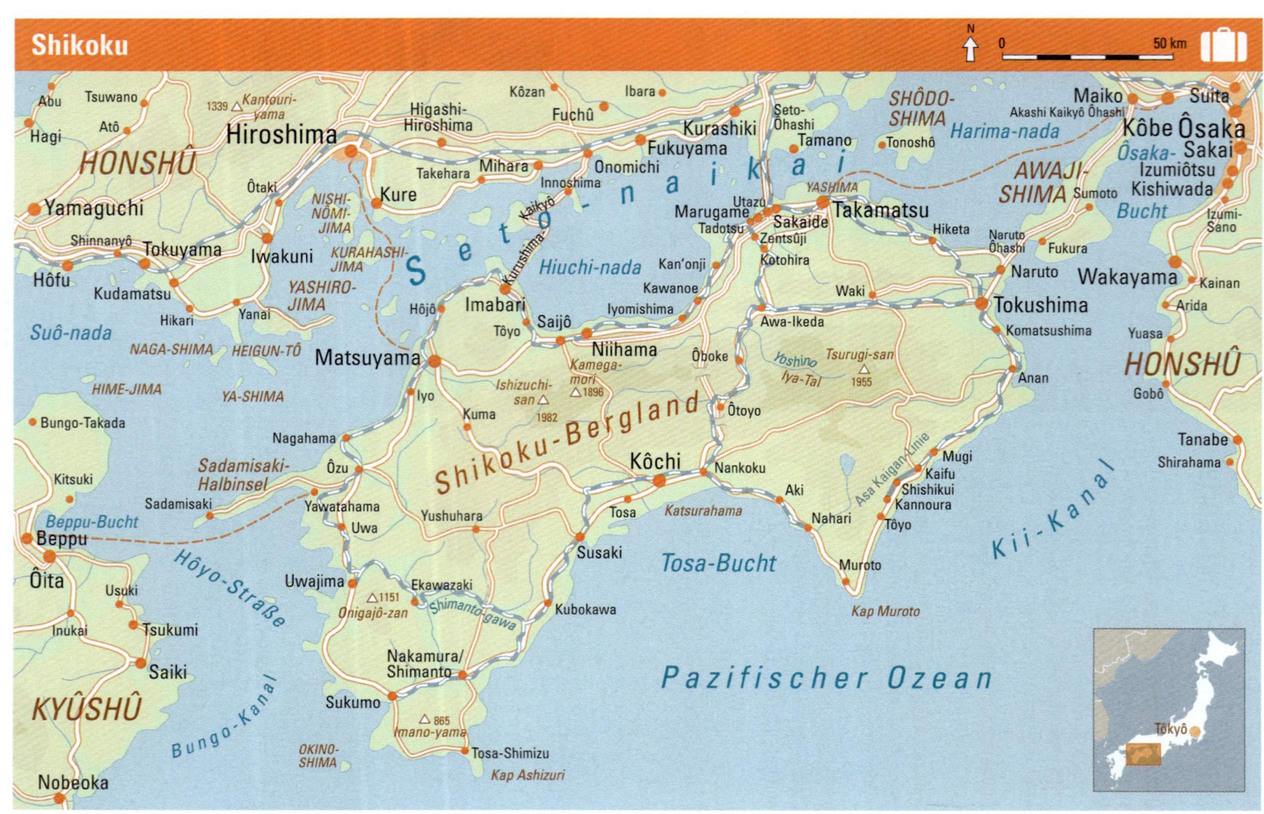

Shikoku
N
0
50 km
Abu
Tsuwano
1339 Kantouri-yama
Hagi
Atô
HONSHÛ
Hiroshima
Higashi-Hiroshima
Kôzan
Fuchû
Ibara
Kurashiki
Seto-Ôhashi
SHÔDO-SHIMA
Maiko
Suita
Akashi Kaikyô Ôhashi
Kôbe
Ôsaka
Harima-nada
Tamano
Tonoshô
Fukuyama
Sakai
Ôsaka-Bucht
Izumiôtsu
Kishiwada
Izumi-Sano
AWAJI-SHIMA
Sumoto
Mihara
Takehara
Onomichi
Innoshima
Seto-Naikai
YASHIMA
Ôtaki
Kure
Yamaguchi
NISHI-NÔMI-JIMA
Kaikyô
Kurushima-
Marugame
Utazu
Takamatsu
Tadotsu
Sakaide
Zentsûji
Hiketa
Naruto Ôhashi
Fukura
Shinnanyô
Tokuyama
Iwakuni
KURAHASHI-JIMA
Hiuchi-nada
Kan'onji
Kotohira
Naruto
Wakayama
Kainan
Hôfu
Kudamatsu
YASHIRO-JIMA
Kawanoe
Waki
Tokushima
Arida
Hikari
Yanai
Hôjô
Imabari
Iyomishima
Awa-Ikeda
Komatsushima
Yuasa
Suô-nada
Tôyo
Saijô
NAGA-SHIMA
HEIGUN-TÔ
Matsuyama
Niihama
Ôboke
Yoshino
Tsurugi-san
HONSHÛ
Kamega-mori
Iya-Tal
1955
Anan
Gobô
HIME-JIMA
YA-SHIMA
Iyo
Ishizuchi-san
1896
Kuma
1982
Shikoku-Bergland
Ôtoyo
Bungo-Takada
Nagahama
Tanabe
Mugi
Sadamisaki-Halbinsel
Ôzu
Kôchi
Nankoku
Kaifu
Shirahama
Kitsuki
Asa Kaigan-Linie
Shishikui
Aki
Sadamisaki
Yawatahama
Yushuhara
Tosa
Katsurahama
Kannoura
Beppu-Bucht
Uwa
Nahari
Tôyo
Beppu
Kii-Kanal
Susaki
Tosa-Bucht
Ôita
Hôyo-Straße
Uwajima
Ekawazaki
Muroto
Usuki
1151
Shimanto-gawa
Kubokawa
Onigajô-zan
Kap Muroto
Inukai
Tsukumi
Saiki
Nakamura/Shimanto
Pazifischer Ozean
Tôkyô
KYÛSHÛ
Sukumo
865
Imano-yama
Bungo-Kanal
OKINO-SHIMA
Tosa-Shimizu
Kap Ashizuri
Nobeoka

Die Insel Shikoku prägt ein überwiegend ländlicher Charakter. In zahlreichen Gebieten schlummern üppig grüne Reis- und Gemüsefelder. Außerdem wachsen hier Trauben und Dattelpflaumen und dank eines vom asiatischen Festland beeinflussten mediterranen Klimas selbst Zitrusfrüchte.

Zwischen kilometerlangen, zerklüfteten Küsten liegen hin und wieder kleine Fischerdörfer. Es gibt jede Menge Berge, die bis zu 2000 m hoch sind, sowohl im Osten als auch im Westen der Insel. Sie teilen das Land in eine schmale nördliche Region an der Seto-Inlandsee und eine südliche am Pazifischen Ozean. Shikoku umfasst zudem zahlreiche größere und kleinere Inseln in der Inlandsee. Einige sind groß genug für eine Besiedlung, andere bestehen nur aus kargen Felsen, Sandstrand und dem typischen Kiefernwald.

Der Name Shikoku setzt sich zusammen aus den Zeichen für „vier" *(shi)* und „Land" bzw. „Provinz" *(koku)*. Die „vier Provinzen" beziehen sich auf die historischen Regionen Awa, Sanuki, Iyo und Tosa, die dem heutigen Grenzverlauf der Präfekturen Tokushima, Kagawa, Ehime und Kōchi entsprechen.

Insgesamt 4,5 Mio. Einwohner zählt die dünn besiedelte Insel. Die meisten Menschen wohnen im Norden, wo ihnen die Industrie Arbeitsplätze bietet. Außer Kōchi liegen hier alle größeren Städte, darunter die übrigen drei Präfekturhauptstädte – Tokushima, Takamatsu und Matsuyama.

## Transport

Ein wichtiger Verkehrsknotenpunkt auf Shikoku ist **Takamatsu**, eine Weiterreise von hier per Bahn nach Tokushima, Matsuyama, Uwajima, Kotohira und Kōchi möglich. Takamatsu selbst lässt sich einfach per Zug, aber auch mit Flugzeug oder Fähre erreichen. Bahnreisende aus Honshū steigen im JR-Bahnhof **Okayama** um und fahren von dort nach Takamatsu.

Wer die Insel im Uhrzeigersinn umrunden möchte, fährt zunächst nach **Tokushima** und von dort aus in den Süden, immer die Ostküste Shikokus entlang in Richtung Kap Muroto, bis die Eisenbahnline in **Kannoura** endet. Wer dagegen von Tokushima aus direkt nach **Kōchi** reist, fährt bis Awa Ikeda (74 km, 1 1/4 Std.) und steigt dort in die JR-Dosan-Linie nach Kōchi um (82 km, 1 1/4 Std.).

Die Eisenbahnlinie von **Matsuyama** nach Kōchi verläuft über Tadotsu (288 km, 4 1/4 Std.). Die gegen den Uhrzeigersinn Reisenden fahren von Matsuyama bis **Uwajima** (96 km, 1 1/4 Std.), wo die Strecke entlang der Westküste endet. Es existiert eine indirekte Verbindung zwischen Uwajima und Kōchi: mit der Regionalbahn bis Kubokawa und weiter mit dem Expresszug.

Für längere Reisen auf dem 1100 km langen Shikoku-Schienennetz empfiehlt sich der **All Shikoku Rail Pass** (nur für Ausländer), 💻 https://shikoku-railwaytrip.com, z. B. 3 Tage für 12 000 ¥ oder 7 Tage für 20 000 ¥ (bei Buchung außerhalb Japans, sonst plus 500 ¥).

Noch billiger reist man mit dem Shikoku Highway Bus Unlimited Bus Pass, der die unbegrenzte Nutzung von sechs Busrouten innerhalb von Shikoku erlaubt – für 4 Tage (8000 ¥), 5 Tage (8500 ¥) oder 7 Tage (9000 ¥), 💻 www.kosokubus.com/en/special/shikoku_3daypass.

## Takamatsu 高松

Takamatsu ist die Hauptstadt der Präfektur Kagawa und mit über 330 000 Einwohnern die zweitgrößte Stadt Shikokus. Seit der Edo-Zeit, als der einflussreiche Clan der Matsudaira den Ort zur Hauptstadt seines Lehens machte, ist Takamatsu das politisch-wirtschaftliche Zentrum der Region. Viele Reisende beginnen ihre Shikoku-Rundreise von hier aus, besonders diejenigen, die einen JR-Pass besitzen und damit über die Brücke **Seto Ōhashi** (S. 498), anreisen können – im Übrigen die einzige Bahnverbindung zwischen Honshū und Shikoku. Beim Überqueren des gewaltigen Brückensystems erstreckt sich tief unter einem das Meer und erlaubt einen ersten Eindruck von der Seto-Inlandsee: kleine grüne Inseln, so weit der Blick reicht, dazwischen einheimische Fähr- und Fischerboote neben Riesenfrachtern aus aller Welt.

Das Klima von Takamatsu ist relativ mild, abgesehen vom heißen und schwülen Sommer. Der Winter ist weitgehend schneelos, und die Kirschblüte beginnt Ende März bis Anfang April.

Ausgangspunkt für die meisten Unternehmungen ist der im Norden befindliche Hauptbahnhof (JR-Yosan-Linie) und der direkt daneben gelegene Fährterminal. Im Bahnhof hat die Touristeninformation ein kleines Büro.

Die überschaubare Innenstadt, die vom Bahnhof aus einfach zu Fuß erreichbar ist, lädt mit ihren lang gezogenen überdachten Einkaufspassagen zum gemütlichen Herumspazieren ein. Die lokale Spezialität sind Sanuki-Udon, Nudeln aus der alten Provinz Sanuki (heute Kagawa), die für ihre einzigartig bissfeste Textur berühmt sind.

## Tamamo-kōen 玉藻公園

Nur fünf Gehminuten vom Bahnhof entfernt liegt der Tamamo-kōen. In und um den Park stehen die Überbleibsel der **Burg**, die gegen Ende des 16. Jhs. dem Clan der Ikeda, später den Matsudaira, als Festung diente – zwei Nebentürme, Burggräben und -mauern. In Japan eher selten war der seinerzeit ausgewählte Standort direkt am Meer. Der Vorteil dieser Lage: Die Burggräben konnten auf drei Seiten mit Meerwasser aufgefüllt werden, und auf der vierten Seite diente das Meer selbst als Schutz.

Im Tamamo-Park gibt es außer den Resten der Burg auch den 1917 erbauten **Hiunkaku-Pavillon** zu sehen, heute Kulturhalle und früher (das Original war doppelt so groß) Residenz des Landesfürsten. Das Museum **Chinretsukan** neben dem Pavillon zeigt Kostbarkeiten aus dem Besitz der Matsudaira-Familie.

◷ West-Tor des Parks von Sonnenauf- bis Sonnenuntergang, Ost-Tor April–Sep 7–18, Okt–März 8.30–17 Uhr, Eintritt Park 200 ¥.

## Ritsurin-kōen 栗林公園

Obwohl der Ritsurin-kōen offiziell nicht zu den sogenannten „drei schönsten Gärten Japans" zählt, lohnt ein Besuch nicht nur für Gartenfreunde. Auch für weniger geschulte Augen ist er ein äußerst ästhetisches, in die Natur eingebrachtes Meisterstück der japanischen Gartenbaukunst. Der Ursprung dieses Gartens liegt am Ende des 16. Jhs. Erweiterungen und Verfeinerungen bis zur heutigen Form wurden bis 1745 durchgeführt. Von da an diente der Park insgesamt elf Fürsten der mächtigen Matsudaira-Familie als Sommersitz. Nach dem Ende der Feudalzeit geriet die Anlage in den Besitz der Meiji-Regierung, die den Garten 1875 der Öffentlichkeit zugänglich machte.

Die heute 75 ha große Anlage folgt dem Prinzip der „geborgten Landschaft", das heißt, eine Landschaft, die außerhalb des Gartens liegt, wird ins Gesamtbild der Anlage integriert – eine geschickte optische Täuschung, die meist nur von bestimmten Stellen her wahrgenommen wird. Im Ritsurin-kōen übernehmen die umliegenden, mit Pinien übersäten Berge, insbesondere der nahe im Westen gelegene Berg Shiunzan, diese Funktion. Der Garten vermittelt einen wohl durchdachten Eindruck, wobei die Teiche, Brücken und kleinen Inselgruppen, die Aussichtspunkte und Teepavillons, die Hügel- und Felsformationen und die Bäume und Büsche wunderbar miteinander harmonieren.

Ein gemütlicher Rundgang dauert in der Regel bis zu zwei Stunden – je nachdem, wie oft man verweilt, z. B. um die Koi-Karpfen zu füttern, die Gärtner zu beobachten oder einen Besuch im **Teehaus** einzulegen, das der Landesfürst für seine Teezeremonien mit Blick auf den See errichten ließ. Heute wird hier grüner Tee mit Süßigkeiten für 700 ¥ gereicht; und ein Nickerchen auf der Reismatte im Schutz vor der Sommersonne ist inklusive. Jeder Besucher erhält bei Eintritt in den Park einen **Übersichtsplan**, worauf Nummern der Wege vermerkt sind. Für Leute mit Zeitmangel werden auch zwei kürzere Gartenspaziergänge, d. h. zwei alternative 60-Minuten-Routen, vorgegeben. Zur Kirschblüte ist der Garten ziemlich überlaufen und daher an ein gemütliches Wandeln nicht zu denken. Ein Besuch nach oder vor dem Farbenspektakel, wenn sich andere Blüten (Pflaume, Magnolie, Kamelie, Azalee, Iris oder Lotus) entfalten, macht sicherlich mehr Freude.

◷ Dez–Jan 7–17, Feb 7–17.30, März 6.30–18, April, Mai, Sep 5.30–18.30, Juni–Aug 5.30–19, Okt 6–17.30, Nov 6.30–17 Uhr, 410 ¥.

Vom JR-Bahnhof Takamatsu mit dem Bus (20 Min.) für 240 ¥, mit dem Shopping-Rainbow-Ringbus Nishi-mawari (Richtung Westen, 18 Min.; 2–3x stdl.) für 170 ¥ oder mit dem Zug der Kōtoku-Linie eine Station bis Ritsurin-kōen Kitaguchi (6 Min.) für 240 ¥ und von dort 3 Min.

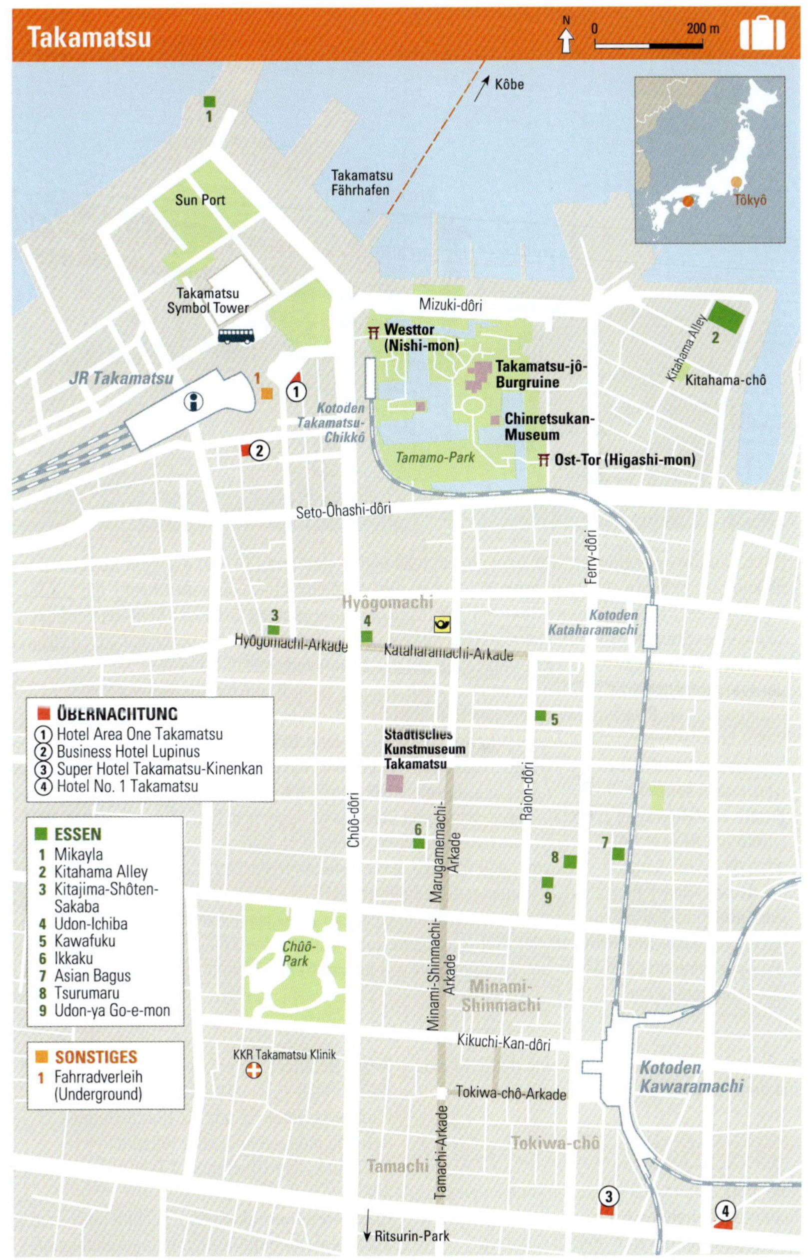
Takamatsu
N
0
200 m
Kôbe
Takamatsu
Fährhafen
Tôkyô
Sun Port
Takamatsu
Symbol Tower
JR Takamatsu
Mizuki-dôri
Westtor
(Nishi-mon)
Takamatsu-jô-
Burgruine
Chinretsukan-
Museum
Ost-Tor (Higashi-mon)
Kotoden
Takamatsu-
Chikkô
Tamamo-Park
Kitahama Alley
Kitahama-chô
Seto-Ôhashi-dôri
Ferry-dôri
Hyôgomachi
Kotoden
Kataharamachi
Hyôgomachi-Arkade
Kataharamachi-Arkade
Städtisches
Kunstmuseum
Takamatsu
Raion-dôri
Chûô-dôri
Marugamemachi-
Arkade
Chûô-
Park
Minami-Shinmachi-
Arkade
Minami-
Shinmachi
Kikuchi-Kan-dôri
KKR Takamatsu Klinik
Tokiwa-chô-Arkade
Kotoden
Kawaramachi
Tokiwa-chô
Tamachi
Tamachi-Arkade
Ritsurin-Park
ÜBERNACHTUNG
1 Hotel Area One Takamatsu
2 Business Hotel Lupinus
3 Super Hotel Takamatsu-Kinenkan
4 Hotel No. 1 Takamatsu
ESSEN
1 Mikayla
2 Kitahama Alley
3 Kitajima-Shôten-Sakaba
4 Udon-Ichiba
5 Kawafuku
6 Ikkaku
7 Asian Bagus
8 Tsurumaru
9 Udon-ya Go-e-mon
SONSTIGES
1 Fahrradverleih (Underground)
SHIKOKU

## Honshū-Shikoku-Brückenprojekt

Nach zehnjähriger Bauzeit war es so weit: 1988 wurde das erste Brückensystem des Honshū-Shikoku-Brückenprojekts in Betrieb genommen. Die doppelgeschossige **Seto Ōhashi**, die „Große Seto-Brücke", misst 13 km und besteht aus insgesamt drei Hänge- und zwei Schrägseilbrücken sowie einer Stahlfachwerkbrücke. Die Höhe der gewaltigen Pylonen beträgt durchschnittlich 200 m. Auf dem oberen Deck fahren Kraftfahrzeuge auf der 37 km langen Seto-Chūō-Autobahn zwischen der Präfektur Okayama auf Honshū und der Stadt Sakaide in der Präfektur Kagawa auf Shikoku. Die Mautgebühr für Pkw beträgt für die einfache Strecke von Kojima bis Sakaide-Kita 2990/3720 ¥ für Klein-/Standardwagen. Das Unterdeck wird durch die JR-Seto-Ōhashi-Linie genutzt.

Das zweite Brückensystem verbindet Kōbe mit Naruto auf Shikoku und nutzt dabei die gesamte Nord-Süd-Länge der Insel Awaji-shima, Bereits 1985 wurde die **Naruto Ōhashi** über die Naruto-Straße, die Meerenge zwischen Awaji-shima und Shikoku, fertiggestellt. Erst 23 Jahre später, 1998, wurde die **Akashi Kaikyō** zwischen Kōbe und Awaji-shima dem Verkehr übergeben – und damit auch die 46 km lange von Honshū nach Shikoku durchlaufende Nishi-Seto-Autobahn. Bis heute ist die Akashi Kaikyō die weltweit zweitlängste Hängebrücke.

Die **Kurushima Kaikyō**, das dritte Brückensystem, besteht aus insgesamt zehn Brücken. Es verbindet die Präfektur Hiroshima mit der Präfektur Ehime auf Shikoku und wurde im Mai 1999 eingeweiht. Die Kombination aus Brücken und Straßen führt wie bei der Seto Ōhashi über verschiedene kleine Inseln der Inlandsee.



zu Fuß bis zum Garten. Oder keine halbe Stunde mit dem Fahrrad.

### ÜBERNACHTUNG

Takamatsu bietet fast ausschließlich im westlichen Stil gehaltene Hotels. Typisch japanische Unterkünfte finden sich eher in Kotohira.

 **Business Hotel Lupinus**, Nishinomaru-chō 6-16, ✆ 087-821-0558. Kleines, familiäres Hotel. EZ und DZ (Semi-Doppelbett) mit japanischem oder westlichem Frühstück. Vom JR-Bahnhof Takamatsu 3 Min. zu Fuß. ❶–❷

**Hotel Area One Takamatsu**, Nishinomaru-chō 2-23, www.hotel-areaone.com/takamatsu.

Direkt am JR-Bahnhof gelegenes Businesshotel, kleines westliches Frühstück in der Bäckerei im JR-Bahnhof Takamatsu. ❶–❷

**Hotel No. 1 Takamatsu**, Kankō-dōri 2-4-1, www.hotelno1.jp/takamatsu. Schöner Ausblick vom Freiluft-Thermalbad auf dem Dach des Hotels, mit Sauna. Sehr gutes, preiswertes japanisches Frühstücksbuffet (mit Kaffee) für 500 ¥. Vom Kotoden-Bahnhof Takamatsu-Chikkō nach Kawaramachi, 5 Min. zu Fuß. ❶–❷

**Super Hotel Takamatsu-Kinenkan**, Kankō-dōri 1-chōme 4-12, www.superhotel.co.jp. Nichtraucher-Hotel. Vom Kotoden-Bahnhof Takamatsu-Chikkō nach Kawaramachi, 3 Min. zu Fuß. Übernachtung inkl. japanischen und westlichen Frühstücksbuffets. Kleine Zimmer mit Semi-Doppelbett (geeignet für schlanke Paare). ❷–❸

## ESSEN UND UNTERHALTUNG

Im Zentrum von Takamatsu erstrecken sich lange *shōtengai*, d. h. Arkaden oder Ladenstraßen. Sie heißen Hyōgomachi oder Kataharamachi, Raion-dōri, Marugamemachi, Minami-Shinmachi, Tamachi oder Tokiwa-chō und bieten zahlreiche Möglichkeiten zum Einkaufen, Essen oder Trinken. Zum Essen ist besonders die **Raion-dōri** praktisch. Gegenwärtig sind die Hafengegend **Sun Port Takamatsu** nördlich des JR-Bahnhofs Takamatsu und das renovierte Lagerhausviertel **Kitahama Alley** östlich des Tamamo-Parks bei jüngeren Leuten angesagt.

### Zentrum

**Asian Bagus**, Furubaba-chō 11-6. Die Besitzerin und Chefköchin in einer Person hat die thailändische Küche in Thailand erlernt. Leckere Speisen wie Thai-Suppe und Thai-Curry können für unter 1000 ¥ genossen werden. Kotoden-Bahnhof Kawaramachi, 5 Min. zu Fuß. Di–So 18–24 Uhr, Mo hin und wieder Ruhetag.

**Ikkaku**, Kajiyamachi 4-11. Filiale einer beliebten lokalen Kette von Brathähnchenrestaurants, westlich der großen Arkaden. Die Flattermänner sind hier außen knusprig und innen sehr saftig. Vom Kotoden-Bahnhof Kawaramachi 10 Min. zu Fuß. Mo–Fr 17–23, Sa, So, feiertags 11–23 Uhr.

**Kawafuku**, Daikumachi 2-1 (Raion-dōri), 087-822-1956. Altbekanntes Geschäft in Takamatsu, das die Nudelspezialität Sanuki-Udon anbietet. Kake-Udon (einfach nur Udon in die Suppe), Zaru-Udon (abgetropfte Udon mit Soße) oder mit Tenpura (teurer). Vom JR-Bahnhof Takamatsu 20 Min. zu Fuß, vom Kotoden-Bahnhof Katahara 10 Min. zu Fuß. Mi–Mo 11–14.30 und 17–23.30 Uhr.

**Kitajima-Shōten Sakaba**, Hyōgomachi 4-9, https://kitajimashouten.owst.jp/en. Kneipe und Fischgeschäft, Garant für frischen Fisch aus der Seto-Inlandsee bzw. vom Großmarkt, als Kleinigkeit mit lokalem Gemüse 400–900 ¥, Sashimi-Teller 850–5000 ¥. Vom JR-Bahnhof Takamatsu 7 Min. zu Fuß zur Hyōgomachi-Arkade. Mo–Sa 17.30–23.30 Uhr (*last order* 22 Uhr!).

**Tsurumaru**, Furubaba-chō 9-34, 087-821-3780. Berühmter Udon-Laden, in dem Gäste bis spät in die Nacht leckere Nudelsuppen genießen können, geeignet für den kleinen Appetit nach dem Kneipenbesuch. Basiskosten 500–900 ¥. Äußerst beliebt sind Sanuki-Udon mit Currygeschmack. Vom Kotoden-Bahnhof Kawaramachi 10 Min. zu Fuß, kleiner Eingang mit Schiebetür hinter dem runden Kranich auf dem Ladenvorhang *(noren)*. Mo–Sa 20–3 Uhr bzw. bis zum Ausverkauf der Udon-Nudeln.

### Sanuki-Udon

Liebhaber japanischer Bandnudeln werden die Präfektur Kagawa und ihr Zentrum Takamatsu zu schätzen wissen, denn die regionale kulinarische Spezialität heißt Sanuki-Udon, und die Zahl der Udon-Lokale ist entsprechend hoch. Sanuki-Udon, elastische, beim Kauen feste Nudeln, lassen sich auf unterschiedliche Art essen: als *kama-age*, bei der die gekochten, nicht in kaltem Wasser abgeschreckten Nudeln in eine warme Sauce gedippt werden, als *kake* in einer *dashi*-Brühe oder als kalte *Kijōyu*-Udon mit roher, d. h. nicht wärmebehandelter Sojasauce.

## Pilgerweg der 88 Tempel

Der auf Shikoku geborene buddhistische Mönch **Kūkai** (774–835) mit dem postumen Ehrentitel **Kōbō Daishi** entschloss sich zu Beginn des 9. Jhs. zu einem längeren Studienaufenthalt in der chinesischen Hauptstadt Xian, wo er sich dem esoterischen Buddhismus widmete. Nach seiner Rückkehr erhielt er den kaiserlichen Auftrag, die buddhistische **Shingon-Lehre** im Land zu verbreiten, die heute zu den bedeutendsten Schulen des Buddhismus in Japan zählt.

Man sagt, dass Kōbō Daishi während seiner Wanderungen in Shikoku zur Erleuchtung gelangt sei. Nach seinem Tod folgte man daher seinen Spuren und legte – wenn auch erst Jahrhunderte später – eine **Pilgerroute** mit insgesamt 88 heiligen Stätten fest, die durch alle vier Präfekturen der Insel führt. 88 ist die Anzahl der im Shingon-Glauben definierten Übel der Welt, die durch die Wanderung abgebüßt werden können. Dass Kōbō Daishi den Pilgerweg *Shikoku hachijū-hachi kasho meguri*, die „Rundreise zu den 88 Orten Shikokus", selbst begründet hat, ist historisch nicht bewiesen und vermutlich eher eine Legende. Doch hier zählt einzig der Glaube.

Der Pilgerweg in Shikoku war schon in der **Edo-Zeit** ein äußerst beliebtes Reiseziel. Dieser Umstand mag darauf zurückzuführen sein, dass der Großteil der Bevölkerung seinerzeit von den Behörden nur zum Zweck einer Wallfahrt eine Erlaubnis zum Reisen außerhalb der heimatlichen Provinz erhielt.

### Moderne Pilger

Heutzutage darf sich jeder auf die Reise begeben. Die Suche auf dem langen Weg, der im Uhrzeigersinn ausgeschildert ist, hat sich zwischenzeitlich vereinfacht und birgt heute weniger Gefahren und Risiken. Den *henrō*, den ganz in strahlendem Weiß gekleideten Pilgern und Pilgerinnen mit Strohhut und Wanderstab, wurde es noch nie so leicht gemacht, die gesamte Insel auf dem etwa 1200 km langen historischen Wallfahrtsweg entlang der 88 Tempel abzulaufen. Diejenigen, die nach persönlicher Erleuchtung streben und Selbstheilung durch innere Reinigung suchen und dafür den Spuren des Heiligen Kōbō Daishi folgen, sind inzwischen zeitgemäß ausgerüstet mit Mobiltelefon, satellitengesteuerten Wettervorhersagen und Navigationsgerät. Entlang des Weges finden sich *konbini*, die meist 24 Stunden geöffnet sind.

Viele moderne Pilger nehmen den Begriff Wall*fahrer* wörtlich und fahren mit dem eigenen klimatisierten Wagen, schwingen sich auf ein Motorrad oder Fahrrad, mieten kurzerhand einen Kleinbus oder ein Taxi, um zu den einzelnen Zielen zu gelangen. Für die wahrhaftigen Wanderer ist der Weg weiterhin eine große physische und vor allem psychische Herausforderung. Die Einsamkeit des Langstreckenläufers ist nicht zu unterschätzen. Laut Statistik gehen jährlich etwa 5000 weiß gekleidete Pilger den langen Weg zu Fuß – insgesamt sind aber 300 000 unterwegs. Auch ausländische Besucher interessieren sich zunehmend für diesen Pilgerweg.

### Praktisches

**Zu Fuß** kann die Strecke in 45 bis 60 Tagen bewältigt werden. Man sagt, dass die gesamte Rundreise mit rund 500 000 ¥ pro Person zu Buche schlägt, eine Summe wohlgemerkt, die sich nur auf Pilgerreisende bezieht, die gut zu Fuß sind. In einer Mischung aus buddhistischer Spiritualität und Naturerlebnis durchquert man allein oder in Gruppen raue Berg- und Küstenlandschaften und läuft manchmal neben verkehrsreichen Schnellstraßen durch Gewerbe- und Wohngebiete. Hin und wieder stecken Einheimische den Pilgern etwas Proviant oder einen kleinen Geldbetrag zu. Die Siegel der jeweiligen Tempel lassen sich die Wanderer auf ihre weißen Gewänder und in kleine **Pilger-Büchlein** *(nōkyōchō)* drucken, die sie später Familie und Freunden zeigen.

Die **Tempel** sind wie folgt auf die vier Präfekturen verteilt: **Tokushima** Nr. 1 bis 23 und 66, **Kōchi** Nr. 24 bis 39, **Ehime** Nr. 40 bis 65 und **Kagawa** Nr. 67 bis 88.

Im **Internet** finden sich viele Links zum Pilgerweg, z. B. 💻 www.seichijunrei-shikokuhenro.jp.

**Udon-Ichiba**, Hyōgomachi 2-8, in der Hyōgomachi-Arkade. Es gibt viele verschiedene und preiswerte Variationen (klein, mittel, groß, mit/ohne Beilage) von Sanuki-Udon. Nur japanische Speisekarte und hektische Mittagszeit mit Warteschlange voller Büroangestellter. Den Wartenden zuliebe, die schnell bestellen, schnell bedient werden und schnell essen, sollte man den Laden daher nicht zur Mittagszeit testen. Vom JR-Bahnhof Takamatsu 10 Min. zu Fuß. ⌚ Mo 11–17, Di–Sa 11–20 Uhr.
**Udon-ya Go-e-mon**, Furubaba-chō 13-15, AI Bldg. 1F, ✆ 087-821-2711. Man kann klassische Sanuki-Udon mit Curry genießen oder Asari-Udon mit kleinen Miesmuscheln, die relativ selten und eine originelle Idee des Ladeninhabers sind. Viele Speisen für nur 500–1100 ¥. Vom Kotoden-Bahnhof Kawaramachi 6 Min. zu Fuß. ⌚ Di–Sa 20–1 Uhr bzw. bis Ausverkauf.

### Hafen

**Mikayla**, Sunport 8-40, 💻 www.mikayla.jp. Schmackhafte Meeresfrüchte frisch aus der Seto-Inlandsee. Pasta und Fleischgerichte sind hier direkt am Hafen erhältlich. Sehr atmosphärisch tagsüber mit dem Glanz des Meers, abends mit Sonnenuntergang im Meer – und immer das grelle Licht des Leuchtturms. ⌚ tgl. 11–16 und 17–22 Uhr.

### Kitahama Alley

Ein Ort, an dem alte Lagerhäuser in einen ansprechenden Stadtteil umgewandelt wurden. Im Retro-Stil gehaltenes Gebiet mit **Cafés, Bäckereien und Restaurants** mit einzigartigem Interieur nahe dem Fährhafen. Die Öffnungszeiten sind unterschiedlich, aber die meisten sind von 11 Uhr bis zum frühen Abend geöffnet und Di und Mi geschlossen. Von den Bahnhöfen JR-Takamatsu und Kotoden-Takamatsu-Chikkō rund 10 Min. zu Fuß.

## SONSTIGES

### Fahrradverleih

Unterhalb des Bahnhofsvorplatzes liegen die Fahrradverleih-Katakomben. Bevor ein Fahrrad ausgeliehen werden kann, muss man sich ausweisen, einige schriftliche Angaben zur Person und zum Aufenthaltsort machen und erhält dann einen Ausweis. Dieser legitimiert den Antragsteller dazu, in Takamatsu Fahrräder anzumieten. Die nebenan geparkten Räder sind gut in Schuss und kosten für 24 Std. nur 200 ¥. ⌚ tgl. 7–23 Uhr (Automat bis 22 Uhr).

### Informationen

**Kagawa/Takamatsu Tourist Information**, im JR-Bahnhof Takamatsu, ✆ 087-826-0170. Hier helfen die freundlichen Angestellten so gut es geht, auch auf Englisch, und halten einen nützlichen Stadtplan und Broschüren bereit. ⌚ tgl. 9–20 Uhr.

### Internet

**KAGAWA Wifi**, 💻 www.my-kagawa.jp/wifi/?lang=en.

### Medizinische Hilfe

Nützliche und gut sortierte **Hospitalliste** der Stadt Takamatsu auf Englisch:
💻 www.qq.pref.kagawa.lg.jp/ir37/qqport/kenmintop.

## NAHVERKEHR

Die alte Eisenbahnlinie Takamatsu-Kotohira Electric Railroad, von den Einheimischen einfach **Kotoden** genannt, wurde im Kriegsjahr 1943 gegründet und konkurriert seitdem mit der zwischenzeitlich modernisierten **JR Shikoku**. Die Kotoden durchquert die Stadt auf ihrem Weg nach Kotohira in Richtung Süden und zu zwei weiteren Städten im Osten und Westen. Wegen ihrer innerstädtischen Stationen wird sie auch als Stadtbahn genutzt.

## TRANSPORT

### Busse

Der **Busbahnhof** liegt vor dem JR-Bahnhof Takamatsu.
HIROSHIMA, über die Seto-Brücke, 3 1/2 Std., 4100 ¥
KŌBE (Sannomiya), 2 3/4 Std., 4300 ¥
KYŌTO, mit dem Takamatsu Express Kyōto-gō, 3 3/4 Std., 5050 ¥
ŌSAKA (Nanba), 3 1/2 Std.; (Umeda), 4 Std., 4500 ¥

TŌKYŌ (Shinjuku), Nachtbus, 10 1/2 Std., 8900–10 400 ¥
Limousinen-Busse verkehren 6x tgl. zwischen Takamatsu und dem KANSAI INTERNATIONAL AIRPORT in Ōsaka über die Akashi-Kaikyō-Brücke, 3 1/2 Std., 5250 ¥.

### Eisenbahn

KŌCHI, JR-Yosan-/Dosan-Linie, 2 1/4 Std., 5390 ¥ (JR-Express *Shimanto*, 3x tgl.)
KOTOHIRA, JR-Yosan-/Dosan-Linie, 1/2 Std., 2270 ¥ (JR-Express *Shimanto*), mit Schnellzug *Sunport* 54 Min., 980 ¥. Weitere Züge mit Umsteigen in Tadotsu. Oder Kotoden-Linie (ab Kotoden-Bahnhof Takamatsu-Chikkō), 1 Std., 730 ¥.
KYŌTO, mit dem JR-Zug *Marine Liner* bis OKAYAMA (alle 30 Min., 55 Min., 1660 ¥), ab dort mit dem Shinkansen *Hikari* (meist mit Umsteigen in Shin-Ōsaka), insgesamt 2 3/4 Std., 8800 ¥
MATSUYAMA, JR-Yosan-Linie, 2 1/2 Std., 6160 ¥ (JR-Express *Ishizuchi*)
TOKUSHIMA, JR-Kōtoku-Linie, 1 Std., 2840 ¥ (JR-Express *Uzushio*)

### Schiffe

Mit der **Jumbo Ferry** von/nach KŌBE 4x tgl. in 4 1/4 Std. für 1990 ¥ (kostenloser Bustransfer in 15 Min. zum JR-Bahnhof Takamatsu).

### Flüge

Der Regionalflughafen von Takamatsu befindet sich etwa 15 km südlich der Stadt. Vom JR-Bahnhof Takamatsu mit Airport Limousine in etwa 40 Min., 1000 ¥.

## Yashima 屋島

Rund 6 km östlich von Takamatsu liegt die ehemalige Insel Yashima, die heute durch eine Landzunge mit dem Festland verbunden ist. Das fast 300 m hohe vulkanische Plateau ragt hinaus in die Seto-Inlandsee und erlaubt einen fantastischen Blick aufs Meer. Yashima musste im 12. Jh. als eines von vielen Schlachtfeldern der jahrelangen kriegerischen Auseinandersetzungen um die Vorherrschaft im Land zwischen den Samurai-Familien der Minamoto und der Taira herhalten. Auf dem ehemaligen Kampfplatz im Süden der Hochebene steht heute der **Yashima-ji**, Tempel Nr. 84 des Pilgerwegs. In seinem Schatzhaus befinden sich Zeugnisse aus jener blutigen Zeit.

Nördlich des JR-Bahnhofs Yashima (etwa 10 Min. zu Fuß) steht das großflächige Freilichtmuseum **Shikoku-mura**, 🖳 www.shikokumura.or.jp. Hier werden aus ganz Shikoku zusammengetragene alte Bauern- und Wohnhäuser und eine edo-zeitliche Kabuki-Bühne der Insel Shōdoshima gezeigt – berühmt für *nōson-kabuki*, „Bauerndorf-Kabuki", das heute noch aufgeführt wird. Vor 300 Jahren hatte jedes Dorf auf Shōdoshima noch seine eigene Bühne, auf der die Bauern als Kabuki-Schausteller auftraten. 🕒 Mi–Mo 9.30–17 Uhr, 1600 ¥.

### NAHVERKEHR

Von den beiden Bahnhöfen JR-Yashima (18 Min., 200 ¥) und Kotoden-Yashima (10 Min., 200 ¥) fahren **Kotoden-Shuttlebusse** auf das Yashima-Plateau (Yashima-sanjō oder Yashima Hilltop). Unterwegs kann man am Shikoku-mura aussteigen, aber Vorsicht: Der Bus vom Plateau zurück nach Yashima hält nicht am Shikoku-mura. Etwa 1 km zurück muss man also laufen.

### TRANSPORT

Ab TAKAMATSU mit der privaten **Kotoden-Bahn** der Kotohira- oder Nagao-Linie vom Bahnhof Chikkō bis Kawaramachi und von dort mit der Shido-Linie bis Kotoden-Yashima (30 Min., 360 ¥) oder vom JR-Bahnhof Takamatsu mit der **Kōtoku-Linie** bis Yashima (15 Min., 280 ¥).

## Zentsū-ji 善通寺

Der Tempel Zentsū-ji in der gleichnamigen Ortschaft ist der Geburtsort von Kōbō Daishi und Haupttempel der von ihm gegründeten Shingon-Schule. Der Zentsū-ji ist der 75. Wallfahrtsort und der größte der insgesamt 88 Tempel. Er soll 813 nach sechsjähriger Bauzeit von Kōbō Daishi an der Stelle seines Vaterhauses errich-

## Eckige Melonen

Die Bauern aus der Region sind bekannt für die Züchtung würfelförmiger Melonen (*shikaku-suika* = „eckige Wassermelonen"), die sich, so sagt man, in dieser Form platzsparender und schonender lagern lassen. Sicherlich aber auch eine Form von geschicktem Marketing, das zum einen für weltweite Schlagzeilen sorgte und zum anderen die Kassen klingeln lässt, da sich die eckigen Melonen viel teurer verkaufen lassen als ihre runden Verwandten.

tet worden sein. Auf dem Gelände stehen riesige Kampferbäume, die sehr gut erhaltene fünfstöckige Pagode und die etwa 600 Jahre alte Haupthalle *(meidō)*. Unter der Haupthalle gibt es einen 100 m langen unterirdischen Gang, den die Besucher in kompletter Dunkelheit durchlaufen können, indem sie sich mit den Händen an der mit religiösen Symbolen bemalten Wand entlang tasten – eine Versinnbildlichung des Weges, den der historische Buddha zur Erleuchtung ging. ⌚ tgl. 7–16.30 Uhr, Eintritt inkl. Museum (ab 8 Uhr) 500 ¥.

Aus Takamatsu fährt man mit dem Zug (JR-Dosan-Linie) bis Zentsū-ji (eine Station vor Kotohira) rund eine Stunde. Vom Bahnhof verkehrt ein kostenloser Bus in knapp 10 Min. zum Tempelgelände. Zu Fuß benötigt man für die Strecke 15–20 Min. Achtung: Kotoden fährt auf dem Weg nach Kotohira nicht über Zentsū-ji.

# Kotohira 琴平

Rund 50 km südöstlich von Takamatsu liegt am Fuße des Zōzu-san oder „Elefantenkopfhügels" der Wallfahrtsort Kotohira. Am Berghang erstreckt sich einer der ältesten und größten Shintō-Schreine des Landes, der Kotohira-gū, der auch Konpira-jinja, im Volksmund einfach **Konpira-san** genannt wird. Der Schrein wurde nachweislich zu Beginn des 11. Jhs. restauriert, soll aber schon lange vor dieser Zeit gegründet worden sein. Die Hauptgottheit des Schreins war ursprünglich Konpira Daigongen, eine wohlwollende buddhistisch-shintōistische Schutzgottheit der Seefahrer. An die Stelle des Konpira trat später die Verehrung für Kaiser Sutoku (1119–64) und für Ōkuninushi-no-Mikoto, „Herr des Großen Landes", als Gott der Landwirtschaft verehrt. Landesweit existieren Nebenschreine. Da auch die großen Reedereien Japans zur Schrein-Gemeinde gehören, haben fast alle japanischen Schiffe ein Amulett des Konpira-san an Bord.

Bereits in der Muromachi-Zeit (1333–1573) war die Schreinanlage eines der meistbesuchten Pilgerziele Japans. Heute ist sie die beliebteste Touristenattraktion auf Shikoku. Ungefähr 4 Mio. Menschen besuchen das Heiligtum jährlich, und jeden Tag begeben sich einige hundert Pilger auf den steilen Marsch in die Höhe. Um den Schrein mit all seinen ehrwürdigen Stätten und wertvollen Kulturgütern kennenzulernen, müssen alle Besucher – außer denen, die sich eine Sänfte leisten können – eine Menge Stufen hochsteigen.

**Omote-sandō**, die durchs Stadtzentrum führende Hauptstraße zum Schrein, wird von nostalgischen Läden und Ständen gesäumt, die Tee, Süßigkeiten, Reiskekse und Souvenirs verkaufen. Sie vermittelt noch einen Eindruck von früheren Zeiten. Auf dem Weg liegen zudem das **Kinryō Sake-Museum** (⌚ tgl. 9–16, Sa, So bis 18 Uhr, Eintritt frei) und Steine, in die die Namen der Spender und des für den Schrein gespendeten Geldbetrags eingeritzt sind. Ganz in der Nähe der unteren zum Konpira-san hochführenden Treppe ist das **Kanamaru-za**, Japans ältestes Kabuki-Theater erhalten, in dem die Zuschauer wie eh und je auf Kissen auf dem Boden sitzen. ⌚ tgl. 9–17 Uhr, 500 ¥ für die Besichtigung des Gebäudes.

Auf dem Weg nach oben wird zuerst das große Steintor **Ō-mon** passiert und nach dem ersten Treppenaufgang die Schatzkammer **Hōmotsu-kan**, ein Museum, in dem die Kunstschätze des Schreins ausgestellt sind. ⌚ tgl. 9–16.30 Uhr, 800 ¥.

Weiter oben steht die Empfangshalle **Shoin**, eine ehemalige Abtresidenz aus dem 17. Jh. und heute japanischer Nationalschatz. ⌚ tgl. 9–16.30 Uhr, 800 ¥. Danach folgt der **Asahi-no-yashiro**, der der Sonnengöttin Amaterasu gewidmete „Schrein der Morgensonne". Nach ins-

gesamt 785 Stufen steht man vor der **Haupthalle** *(hongū)*. Dahinter werden in der Halle **Ema-dō** Votivtafeln, maritime Exponate und Opfergaben gezeigt.

Wem die Aussicht auf das Umland noch nicht beeindruckend genug ist, dem steht ein weiterer Anstieg von 500 Stufen bis zum Inneren Schrein **Oku-sha** auf dem Gipfel des Berges bevor. Der spektakulär weite Blick von hier oben reicht bis zur Inlandsee.

## ÜBERNACHTUNG

**Kotobuki Ryokan**, Nakatado-gun, Kotohira-chō 245-5, ✆ 0877-73-3872. Das bei ausländischen Reisenden beliebte Ryokan hat nur 6 Zimmer (EZ und DZ), Bad aus japanischem Zypressenholz, ab 7480 ¥ p. P. mit HP. Vom JR-Bahnhof Kotohira 5 Min. zu Fuß. ❸

**Kotohira River Side Hotel**, Nakatado-gun, Kotohira-chō 246-1, 🖳 www.hananoyu.co.jp/river. Westliche Zimmer und Onsen-Gemeinschaftsbad. DZ: Frühbucher ab 9900 ¥. ❷

## ESSEN

Die Straße zum Konpira-Schrein ist gesäumt von zahlreichen kleinen und mittelgroßen Essensbuden und Restaurants, v. a. die beliebten Sanuki-Udon-**Nudelläden** sind nicht zu übersehen. Die Öffnungszeiten richten sich nach dem Schrein (bis etwa 17 Uhr). Die Preise für eine Nudelsuppe beginnen bei 500 ¥.

Nostalgische kleine Stände, die Souvenirs, Snacks oder Getränke verkaufen, säumen die Omote-sandō, die Hauptstraße zum Schrein von Kotohira.



### TRANSPORT

Von TAKAMATSU mit der **JR-Yosan/Dosan-Linie** 55 Min, 980–1510 ¥. Obwohl die **Kotoden-Linie** direkter nach Kotohira führt, benötigt diese Bahn ab Takamatsu (Abfahrt vom Kotoden-Bahnhof Takamatsu-Chikkō) genauso lange (1 Std.). Das liegt daran, dass auf der Strecke mehr Bahnhöfe liegen. Kotohira ist die 20. und zugleich Endstation (730 ¥).

## Iya-Tal 祖谷渓谷

Südwestlich von Takamatsu erstreckt sich am Yoshinogawa, einem der wildesten Flüsse Japans, ein abgelegenes Naturgebiet. Die steilsten Klippen am Yoshino weisen die Schluchten Ōboke und Koboke auf. Diese Abschnitte sind aufgrund der heftigen Stromschnellen und der beeindruckenden Felsformationen bei Kajak- und Rafting-Urlaubern sowie bei Wanderern äußerst beliebt. Das Tal kann in zwei Hälften geteilt werden: Higashi-Iya (Ost-Iya) und Nishi-Iya (West-Iya). Der Osten ist populär für Wandertouren, die unterschiedlich lang und ausgeschildert sind, 💻 www.safari-g.com/english/index.html

**Nishi-Iya** (West-Iya) ist das Zentrum entlang der alten Nationalstraße 32, in dessen Nähe auch die Iya-Schlucht mit der aus Ranken geflochtenen Hängebrücke **Kazura-bashi** liegt, die einst den einzigen Weg über den Fluss darstellte. Jeder darf die Brücke für 550 ¥ überqueren, sollte aber schwindelfrei sein, 🕒 Sonnenauf- bis untergang, Illumination 19–21.30 Uhr. Das Iya-Tal und seine dem Untergang geweihte Idylle wurden von dem Schriftsteller und Umweltschützer Alex Kerr in den 1990er-Jahren durch sein kritisches und in Japan hochgelobtes Buch *Lost Japan* ins Bewusstsein vieler Menschen gerückt.

### ÜBERNACHTUNG

In West-Iya gibt es einige einfache Minshuku, in denen Reisende für 7000–8000 ¥ (inkl. ein oder zwei Mahlzeiten) oder mehr unterkommen können, 💻 https://miyoshi-tourism.jp.

**Japanese Eco-Guesthouse Kū-Neru-Asobu**, Miyoshi-shi, Nishi Iya Yamamura Enoki 442, 💻 www.k-n-a.com. Mit dem Slogan

„Vegan Vegetarian Paradise!" bieten die Betreiber eine kreative vegetarische und makrobiotische Küche und – durch das gemeinsame Essen mit der Familie – das Lebensgefühl auf dem Land an. Übernachtung mit Frühstück und Abendessen für 12 000 ¥ p. P. inkl. Transfer zum benachbarten Onsen. Vom Bahnhof Ōboke der JR-Dosan-Linie ca. 3 km zu Fuß oder kostenloser Abholservice vom Bahnhof (15–18 Uhr). Nur vorab mit Reservierung!

## TRANSPORT

### Busse

Vom Bahnhof Ōboke aus starten 4x tgl. Busse von **Shikoku Bus**, die durch einen Tunnel nach West-Iya und weiter bis zur Kazura-Brücke fahren (ca. 30 Min., 670 ¥).

### Eisenbahn

Der nächstgelegene Bahnhof ist **Ōboke** an der JR-Dosan-Linie zwischen Takamatsu und Kōchi. Der JR-Express *Nanpū* fährt stdl. von/nach OKAYAMA (1 3/4 Std., 4270 ¥) und KŌCHI (50 Min., 2630 ¥). Von/nach TAKAMATSU mit dem JR-Express *Shimanto* 5x tgl. (1 1/4 Std., 3210 ¥).

# Tokushima 徳島

Tokushima ist traditioneller Ausgangspunkt der Pilgerroute durch Shikoku und die Hauptstadt der gleichnamigen Präfektur. Einmal im Jahr im Hochsommer (12.–15. Aug) während des 400 Jahre alten Tanzfestes **Awa Odori** 💻 www.japan.travel/en/spot/203, reisen über eine Million Besucher aus allen Teilen des Landes an. Die Schaulustigen verfolgen das bunte Treiben mit Teilnehmern aus über hundert verschiedenen Gruppen, die alle in dem ihnen eigenen traditionellen Stil auftreten. Sie tanzen vom Spätnachmittag bis tief in die heiß-schwülen Sommernächte hinein auf aufgestellten Bühnen und auf den Straßen im Zentrum von Tokushima. Auch Besucher werden aufgefordert, am Bon-Tanz (Kasten S. 508), dem berühmtesten Tanz Japans, teilzunehmen: Wer keine Möglichkeit hat, im August nach Tokushima zu reisen, kann den Tanz das ganze Jahr über im **Awa Odori Kaikan**, Shinmachibashi 2-20, 💻 www.awaodori-kaikan.jp, erlernen und im Museum alles Wissenswerte über das Fest in Erfahrung bringen. Im Erdgeschoss (1F) werden Ausstellungsstücke zum Awa Odori gezeigt. 🕒 tgl. 9–20 Uhr, Eintritt frei. Oben (2F) befindet sich die Awa Odori Hall, in der Awa-Tänze aufgeführt werden: tgl. 11, 14, 15, 16 und 20 Uhr, 800 ¥ (ab 20 Uhr 1000 ¥). Vorstellungsdauer 40–50 Min. Noch weiter oben (3F) zeigt das Awa Odori Museum die Geschichte des Tanzfestes, 🕒 tgl. 9–17 Uhr, 300 ¥.

Vom 4. Stock (5F) aus fährt die Seilbahn 280 m hoch auf den Berg **Bizan**, von dem aus man einen schönen Blick auf Stadt und Meer und im Hochsommer eine leichte Brise genießen kann. 🕒 tgl. 9–21 Uhr (Nov–März bis 17.30 Uhr); Seilbahn 620 ¥ einfach, 1030 ¥ hin und zurück. Ein Kombiticket, das alle Attraktionen – Awa Odori Hall, Museum und Seilbahn zum Bizan – umfasst, gibt es für 1830 ¥. Vom JR-Bahnhof Tokushima bis zur Awa Odori Kaikan läuft man etwa 10 Min.

Nordöstlich vom Bahnhof weisen im **Chūō-Park** ein paar Ruinen, die Burgmauer und der Burggraben auf eine Festung vergangener Zeiten hin. Im Süden der Burg, am Fuß des Shiroyama, kann man sich im **Tokushima-Burgmuseum** Rüstungen, Gemälde und eine Rekonstruktion der alten Burg in Miniaturform anschauen. 🕒 Di–So 9.30–16.30 Uhr, 300 ¥.

Direkt an das Museum schließt sich der Garten **Omote Goten-teien** an. Wer die japanische Gartenkunst liebt, kommt hier voll auf seine Kosten, denn auf dem 5000 m² großen Gelände werden nebeneinander zwei Grundtypen der japanischen Gartenarchitektur präsentiert: *karesansui*, der „Trockengarten", und *chitei*, der „Teichgarten". Zwischen Felslandschaften aus naturbelassenen Steinen und geschnittenen Granitsteinen, umgeben von Kieselflächen, windet sich der Pfad hinüber in den Teil, in dem den Betrachter eine grüne Teichlandschaft mit Akazienbüschen und Zypressen empfängt. Eine phänomenale Gartenanlage, die glücklicherweise touristisch noch weitgehend unentdeckt ist. 🕒 tgl. außer Mo 9–17 Uhr, Eintritt 50 ¥ (!).

Eine weitere Attraktion der Stadt ist das klassische Puppentheater Bunraku bzw. *ningyō jōruri*

SHIKOKU

(„Puppen-Erzähl-Drama"), wie es ursprünglich und in der Gegend um Tokushima weiterhin genannt wird. *Ningyō jōruri* ist eine auf der nahe gelegenen Insel Awaji entstandene Puppenspielkunst, die auf eine 400 Jahre alte Tradition zurückblicken kann. Im Museum **Awa Jūrobē Yashiki**, 💻 www.joruri.info/jurobe, werden lokale Puppenspiele aufgeführt. 🕒 tgl. 9.30–17, Juli und Aug bis 18 Uhr, 410 ¥.

Nebenan stellt die Puppenhalle **Awa Deko Ningyō Kaikan** die fast 1 m hohen Puppen aus und erklärt ihre Herstellung und Spielweise. 🕒 tgl. 9–17 Uhr (1. und 3. Mo geschl.), 410 ¥. Vom Bahnhof Tokushima mit dem Kawauchi-Junkai Bus gegen den Uhrzeigersinn bis Haltestelle Jūrobē Yashiki (30 Min., 290 ¥).

## ÜBERNACHTUNG

**Hotel Sunroute Tokushima**, Motomachi 1-5-1, 💻 www.sunroute-tokushima.com. Gemeinschaftsbad mit Onsen, Sauna und Whirlpool unter freiem Himmel (Gäste 6–24 Uhr, frei; Besucher 7–20 Uhr, 880 ¥) im 11. Stock. Vom Bahnhof 1 Min. zu Fuß. ❷–❸

€ **Hostel PAQ**, Nakatorimachi 2-5, 💻 www.hostelpaq.com. Neues Gästehaus mit Gemeinschaftsküche und stylischer, geräumiger Lounge zum Entspannen. Dorm mit simplem Frühstück ab 2800 ¥, Privatzimmer mit Bad (EZ ab 4500 ¥, DZ 3300 ¥ p. P.), luxuriöses Studio-Apartment mit voll ausgestatteter Küche ab 18 000 ¥. Vom JR-Bahnhof Tokushima 7 Min. zu Fuß. ❶

€ **Tokushima Youth Hostel**, Ōbarachō-hama 7-1, Ōmiko Kaigan, ✉ tokushima@jyh.gr.jp, 💻 www.jyh.gr.jp/~tokushima/index.html (nur Jap.). Familiäre Jugendherberge am Strand. Von Haltestelle 4 am JR-Bahnhof Tokushima mit Stadtbus Nr. 13 bis Ōmiko Tennis Center (30 Min.), dort von der Bushaltestelle 1 Min. zu Fuß. 3570 ¥ p. P., Frühstück 630 ¥.

## ESSEN

€ **Sushirō**, Minami Dekijima-chō 2-6. *Kaiten-zushi*-Kette. Teller mit zwei Sushi-Häppchen ab 120 ¥. Vom Bahnhof 10 Min. zu Fuß. Vor Ampel der Sako-Ōhashi-Brücke. ⌚ tgl. 11–22.30 Uhr.

**Tokushima Clement Plaza**, im JR-Bahnhof Tokushima, Terashima Honchō-Nishi 1-61 (B1). Hier bieten verschiedene Lokale unterschiedliche Küche: Rāmen nach Tokushima-Art, Udon, indisches Curry, chinesische und lokale Spezialitäten wie Awa-Hühnchen. ⌚ Plaza tgl. 11–22 Uhr, aber jedes Lokal hat unterschiedliche Öffnungszeiten.

**O-ba'sh cafe**, Higashi Senba-chō 1-26. www.o-bashcrust.com/cafe.html. Hölzerne Stühle und Tische werden vom durch die Glasfront fallenden Licht stimmungsvoll umhüllt. Alle Materialien und die Qualität sind sorgfältig ausgewählt, von den Bio-Lebensmitteln und dem lokal angebauten Gemüse bis zu den verschiedenen Brotsorten mit Beilagen und Salaten, auch Gerichte mit schwarzem Reis aus Tokushima. Vom Bahnhof Tokushima 10 Min. zu Fuß. ⌚ Di–So 7.30–17 Uhr.

## INFORMATIONEN

**Tokushima Welcome Center**, Motomachi 1-24, Amico-Gebäude (1F), direkt vor dem JR-Bahnhof Tokushima. Informationen über die Stadt. ⌚ tgl. 10–19 Uhr.

**TOPIA-Tokushima International Strategies Center**, Clement Plaza 6F. Mit Informationsabteilung für ausländische Anwohner und Besucher im JR-Bahnhof Tokushima. ⌚ tgl. 10–18 Uhr.

### Awa Odori

Awa Odori (*Awa* ist der alte Name der Tokushima-Präfektur, und *odori* bedeutet „Tanz") ist Teil des landesweiten **Bon-Festes**, das ein paar Tage Mitte August abgehalten wird, um die Ahnen, die in dieser Zeit aus dem Jenseits zu Besuch kommen, willkommen zu heißen. Bon-Tänze werden in der Regel im Kreis getanzt. Die Teilnehmer des Awa Odori hingegen tanzen und marschieren immer geradeaus.

## NAHVERKEHR

Die Stadt lässt sich vom Bahnhof aus gut zu Fuß erkunden. Wer keine Lust hat zu laufen, kann sich unterirdisch direkt vor dem Bahnhof ein **Fahrrad** mieten. Links vom Hauptausgang hängt ein grünes Schild über einer Treppe, die nach unten zu einem großen Fahrrad-Parkplatz führt. Verleih unter 5 Std. 270 ¥, 1 Tag 450 ¥ (plus Kaution 3000 ¥). ⌚ tgl. 6–20 Uhr.

## TRANSPORT

### Busse

Mit **JR-Bussen** (der JR Rail Pass gilt hier leider nicht) nach:
KYŌTO, 3 Std., 4300 ¥
NAGOYA, Nachtbus, 6 1/4 Std., 4600–12 500 ¥
ŌSAKA, 2 3/4 Std., 3800 ¥
TŌKYŌ, Nachtbus, fast 10 Std., 7000–13 800 ¥
Die Konkurrenz der Firma **Willer** bietet die folgenden Preise: Nachtbus bis NAGOYA ab 9 1/2 Std., 3900 ¥; TŌKYŌ 10 Std., 6900–9400 ¥.

### Eisenbahn

KŌCHI, mit Umsteigen in Awa-Ikeda mit Express 2 3/4 Std., 5830 ¥ (Express zwischen Tokushima und Awa-Ikeda nur 6x tgl.)
NARUTO, mit dem JR-Nahverkehrszug, 40 Min., 430 ¥
OKAYAMA, 2x tgl. direkt mit dem JR-Express *Uzushio*, 2 Std., 4940 ¥, oder über Takamatsu (ab dort *Marine Liner*, 1 Std., 4280 ¥)
TAKAMATSU, mit JR-Express *Uzushio*, 1 1/4 Std., 2840 ¥

### Schiffe

TŌKYŌ, 1x tgl., mit **Ocean Tōkyū Ferry**, im Fährterminal vom Okinosu-Hafen, www.otf.jp, 18 Std., 14 740 ¥ p. P., zzgl. Privatzimmer-Aufpreis 10 010 ¥. Zu erreichen mit Bus Nr. 3 (Haltestelle 6) ab 10.20 Uhr vom Bahnhof Tokushima bis Ocean Tōkyū Ferry-mae in rund 25 Min. (210 ¥).
WAKAYAMA, 8x tgl., mit **Nankai Ferry** im Tokushima-Hafen-Fährterminal Minami

Okinosu, 2 Std., 2200 ¥ (Rückfahrkarte 4290 ¥). Vom Bahnhof Tokushima mit Bus Nr. 4 (Haltestelle 6) bis Nankai Ferry-mae in ca. 20 Min. (210 ¥).

### Flüge

Vom **Flughafen Tokushima-Awaodori** ins Zentrum der Stadt stdl. mit dem Linien- oder Limousinenbus in etwa 30 Min. (600 ¥).

## Naruto 鳴門

Die Meerenge von Naruto zwischen der Insel Awaji-shima und der Stadt Naruto ist eine Verbindung zwischen der Inlandsee und dem Pazifischen Ozean und berühmt für ihre **Gezeitenstrudel**. Während des Wechselspiels von Ebbe und Flut formen die durch diese enge Passage fließenden starken Strömungen Hunderte von unterschiedlich großen schäumenden Strudeln – im Frühjahr und Herbst können diese einen Umfang von 20 m und eine Geschwindigkeit von bis zu 20 km/h erreichen. Bei Vollmond sind die Strudel am stärksten. Das seltene Naturspektakel lässt sich in sicherer Entfernung von einer **Aussichtsplattform** erleben. Wer auf einen gewissen Nervenkitzel nicht verzichten möchte, kann auf einem schaukeligen **Touristenboot** dicht an das strudelnde Gewässer heranfahren: *Wonder-Naruto,* 30 Min., 1800 ¥, oder *Aqua Eddy,* mit Unterwasseraussicht, 25 Min., 2400 ¥; Reservierungen für beide unter 💻 www.uzusio.com/en/yoyaku.

Die Aussichtsplattform gibt auch die Sicht auf einen monströsen Stahlkörper frei – die Naruto-Hängebrücke **Ō-Naruto-kyō**. Die 1700 m lange Konstruktion scheint über der Straße von Naruto zu schweben. Sie verbindet die Stadt Naruto mit der Insel Awaji. Seit 1998, dem Jahr der Fertigstellung der Hängebrücke über der Meerenge von Akashi im nördlichen Teil der Insel Awaji, können Autos über die Autobahn bequem von Honshū nach Shikoku fahren. Vom **Uzu-no-michi**, 💻 www.uzunomichi.jp/lang_en, dem „Strudelweg", einer im unteren Teil der Brücke angebrachten Lauf- und Panoramabühne, können Besucher 450 m weit bis zu den tobenden Strudeln spazieren und diese und das Meer durch einen Glasboden aus einer Höhe von 45 m betrachten. 🕒 tgl. 9–18 Uhr (Okt–Feb bis 17 Uhr, Sommerferien 8–19 Uhr), 510 ¥, 2. Mo im März, Juni, Sep, Dez geschl.

Die **Ō-Naruto Crossing Memorial Hall**, genannt Eddy, im Naruto-Park auf der Shikoku-Seite zeigt die Mechanismen und Geheimnisse der Strudel, 🕒 tgl. 9–17 Uhr (Ferien bis 18 Uhr), 620 ¥. Kombiticket Uzu-no-michi und Eddy für 900 ¥.

Die Aussichtsplattform vor Brücke und Strudel (Bushaltestelle Naruto-kōen) kann bequem mit dem Bus vom JR-Bahnhof Naruto (30 Min., 320 ¥) oder direkt von Tokushima (60 Min., 720 ¥) bis Bushaltestelle Naruto-kōen erreicht werden.

Eine Busstation entfernt steht an der Bootsanlegestelle das **Ōtsuka Kokusai Bijutsukan**, 💻 https://o-museum.or.jp. Mit einer Ausstellungsfläche von 29 000 m$^2$ ist es das größte Kunstmuseum Japans. Es umfasst Repliken von Meisterwerken der westlichen Kunst, von der Antike bis ins 20. Jh., auf Keramik. Neben über 1000 Gemälden werden auch Nachbildungen von Altären, Grabstätten u. a. gezeigt. 🕒 tgl. außer Mo 9.30–17 Uhr, Aug auch Mo geöffnet. Einlass bis 16 Uhr, 3300 ¥, Bushaltestelle Ōtsuka kokusai-bijitsukan mae.

### TRANSPORT

Vom **JR-Bahnhof** TOKUSHIMA mit der Kōtoku/Naruto-Linie bis Naruto in 40 Min., 430 ¥. Mit dem **Bus** vom Busterminal vor dem JR-Bahnhof Tokushima (Haltestelle Nr. 1) zum JR-Bahnhof Naruto in 30–50 Min., 470 ¥, oder bis Hafen Naruto-Kankō-kō (für Touristenboot zum Strudel) in 70 Min., 720 ¥.

## Kōchi 高知

Im Jahr 724 wurde die Provinz Tosa, die heutige Präfektur Kōchi, offiziell zum Verbannungsort erklärt. Heute ist Kōchi die größte und wegen der teils unzugänglichen Berge am dünnsten besiedelte Präfektur Shikokus. Der Shikoku-Pilgerweg (Tempel Nr. 24 bis 39) stellt hier die größte Herausforderung dar. Im August und September wird die den ganzen Süden Shikokus ein-

## Beethovens Neunte und das Kriegsgefangenenlager Bandō

Im November 1914, nur einige Monate nach dem Ausbruch des Ersten Weltkriegs, wird weit entfernt von Europa, an der aus europäischer Sicht äußersten Küste Chinas, genauer gesagt an der Südküste der Halbinsel Shantung, die deutsche Garnison **Tsingtau** von den miteinander verbündeten Japanern und Briten in einer Militäraktion angegriffen und eingenommen. Die in Tsingtau stationierten, meist preußischen Soldaten werden nach Japan verschleppt und an unterschiedlichen Orten interniert. Im Jahr 1917 verlegt man die Gefangenen aus den provisorischen Gefängnissen in Marugame, Matsuyama und Tokushima in das neu errichtete Lager nach **Bandō**, einen Ort, der inzwischen zur Gemeinde Naruto gehört. Hier gibt der Lagerkommandant **Matsue Toyohisa** die Regeln vor. Das ist gut so, denn Oberst Matsue entpuppt sich als liberaler und toleranter Vorsteher. Er ermutigt die fast 1000 deutschen und österreichisch-ungarischen Männer zu produktiver Aktivität und gesteht ihnen dafür genügend Freiraum zu. So entwickeln die Lagerinsassen flugs ihren eigenen Mikrokosmos, eine Kleinstadt inmitten eines Kriegsgefangenenlagers. Schon bald entsteht zwischen den Baracken eine **Ladenstraße** mit rund 80 Geschäften, darunter ein Postamt, eine Bibliothek, ein Restaurant, ein Labor, eine Bäckerei, eine Musizierhalle und eine Druckerei, in der die wöchentliche und später monatliche **Zeitung** *Die Baracke* publiziert wird. Die meisten Männer sind keine Berufssoldaten, sondern waren als Reservisten und Freiwillige nach China gekommen. Sie haben daher unterschiedliche Berufe und Fähigkeiten, sodass Bäcker, Metzger, Zimmerleute, Uhrmacher, Schneider, Musiker, Schuster, Barbiere und auch ein Fotograf einander ergänzen, weiterbilden und unterstützen.

Das kulturelle **Lagerleben** umfasst neben zahlreichen **Orchester- und Chorkonzerten** – hierbei wird auch Ludwig van Beethovens bis heute in Japan äußerst populäre 9. Symphonie erstmals auf japanischem Boden aufgeführt – auch Theaterstücke und andere Unterhaltungsprogramme. Zahlreiche Besucher und Gäste aus der Umgebung, auch ganze Schulklassen, sorgen für den Applaus und die damit verbundene wichtige Motivation.

**Aktivitäten außerhalb des Lagers** umfassen neben dem Bau von Brücken und dem Baden im Fluss alle erdenklichen Sportarten wie Fußball, Hockey, Tennis, Turnen, Boxen, Ringen, Gewichtheben und Leichtathletik. Unterrichtsstunden und Ausstellungen zu Themen wie Handwerkskunst, Musikinstrumente oder deutsches Essen – in von der Gemeinde Bandō zur Verfügung gestellten Räumlichkeiten – ermöglichen immer wieder **Begegnungen mit der einheimischen Bevölkerung**. Als sich im Dezember 1919 und Januar 1920 nach fast drei Jahren andauernder Gefangenschaft die Tore zur Freiheit öffnen, kehren die meisten umgehend in ihre Heimat zurück, aber einige entscheiden sich, in Japan zu bleiben. In den 1970er-Jahren wird das **Deutsche Haus Naruto** (Naruto-shi Doitsu-kan), 💻 www.doitsukan.com, eröffnet: ein Zeichen der Würdigung des Austauschs zwischen Kriegsgefangenen und der einnehmende Region oft von Taifunen bedroht.

Die „Schwarze Strömung" Kuroshio, eine Oberflächen-Meeresströmung im westlichen Pazifik, sorgt für ein besonders mildes Klima, das sogar zwei Reisernten im Jahr und umfangreichen Gemüseanbau erlaubt. Bedeutende Wirtschaftsfaktoren von Kōchi sind neben der Papierindustrie die Fischerei sowie Forst- und Landwirtschaft.

Die Stadt Kōchi, Sitz der Präfekturverwaltung, liegt im Süden unterhalb des Shikoku-Gebirges in der Urado-Bucht, wo der Fluss Kagamigawa in den Pazifik mündet.

### Kōchi-jō 高知城

Das Wahrzeichen von Kōchi ist die ab 1601 als Residenz für den Landesfürsten erbaute Burg. Sie liegt auf einem Hügel im Kōchi-Park, 1 km südwestlich vom Bahnhof Kōchi. Der weiße, fünfstöckige Hauptturm der Festungsanlage ist noch so erhalten wie nach der Rekonstruktion Mitte des 18. Jhs. Das Burgmuseum zeigt u. a. Objekte aus dem Leben der Samurai. Vom oberen Teil des Burgturms eröffnet sich eine schöne Aussicht über die Stadt und die Urado-Bucht. 🕒 tgl. 9–17 Uhr, 420 ¥ (unter 18 J. frei), Eintritt zum Kōchi-Park frei.

Naruto – Deutsches Haus mit Beethoven-Statue

heimischen Bevölkerung. Die Städtepartnerschaft zwischen Naruto und der Stadt Lüneburg, dem Wohnort einiger ehemaliger Lagerinsassen, folgt. 1993 ersetzt ein moderneres und größeres „Deutsches Haus" das bisherige Museum. Heute wird den Besuchern die Geschichte dieses Lagers mit Videos und ausgestellten Zeugnissen vor Augen geführt. Auch Konzerte finden hier statt. Eine bronzene Beethoven-Statue im Park wurde später hinzugefügt. ⌚ tgl. 9.30–16.30 Uhr, jeden 4. Mo im Monat geschl., 400 ¥. Vom JR-Bahnhof Naruto bis Bandō (drei Stationen, umsteigen in Ikonotani) in 20–30 Min., dann 20 Min. zu Fuß oder in wenigen Minuten mit dem Taxi.
2006 entstand unter der Regie von Deme Masanobu, einst Regieassistent des Altmeisters Kurosawa Akira, ein **Film** über das Lager und die Uraufführung von Beethovens 9. Symphonie. In den Hauptrollen des deutsch-japanischen Historiendramas *Ode an die Freude* spielen Bruno Ganz und Matsudaira Ken – und als namenloser Komparse Loose-Autor Hartmut Pohling mit.



## Harimaya-bashi はりまや橋

Der Stadtkern mit Geschäften und Restaurants erstreckt sich entlang der von Norden nach Süden verlaufenden Harimayabashi-dōri und der Gegend um die Harimaya-bashi. Letztere ist der Nachbau einer berühmten historischen Brücke, die heute kein Wasser mehr überspannt, und bezeichnet auch die Straßenkreuzung und die zentrale Straßenbahnhaltestelle.

## Nichiyō-ichi 日曜市

Sonntags breitet sich ab frühmorgens vom Haupttor der Burg der Straßenmarkt Nichiyō-ichi aus – und das schon seit 1690. Die etwa 300 Stände auf beiden Seiten der Straße Ōte-suji-dōri bieten Lebensmittel, Kleidung, Pflanzen und Antiquitäten an. ⌚ So ca. 6–15 Uhr, während des Yosakoi-Festes (9.–12. Aug) geschlossen.

## Chikurin-ji 竹林寺

Etwa 4 km südöstlich der Harimaya-Brücke liegt auf dem Hügel des Godaisan-Parks der Chikurin-ji, ein alter Tempel der Shingon-Schule aus dem 8. Jh. und der 31. der 88 Wallfahrtstempel. Von der höchsten Stelle des Parks eröffnen sich Ausblicke auf die Stadt und den Hafen

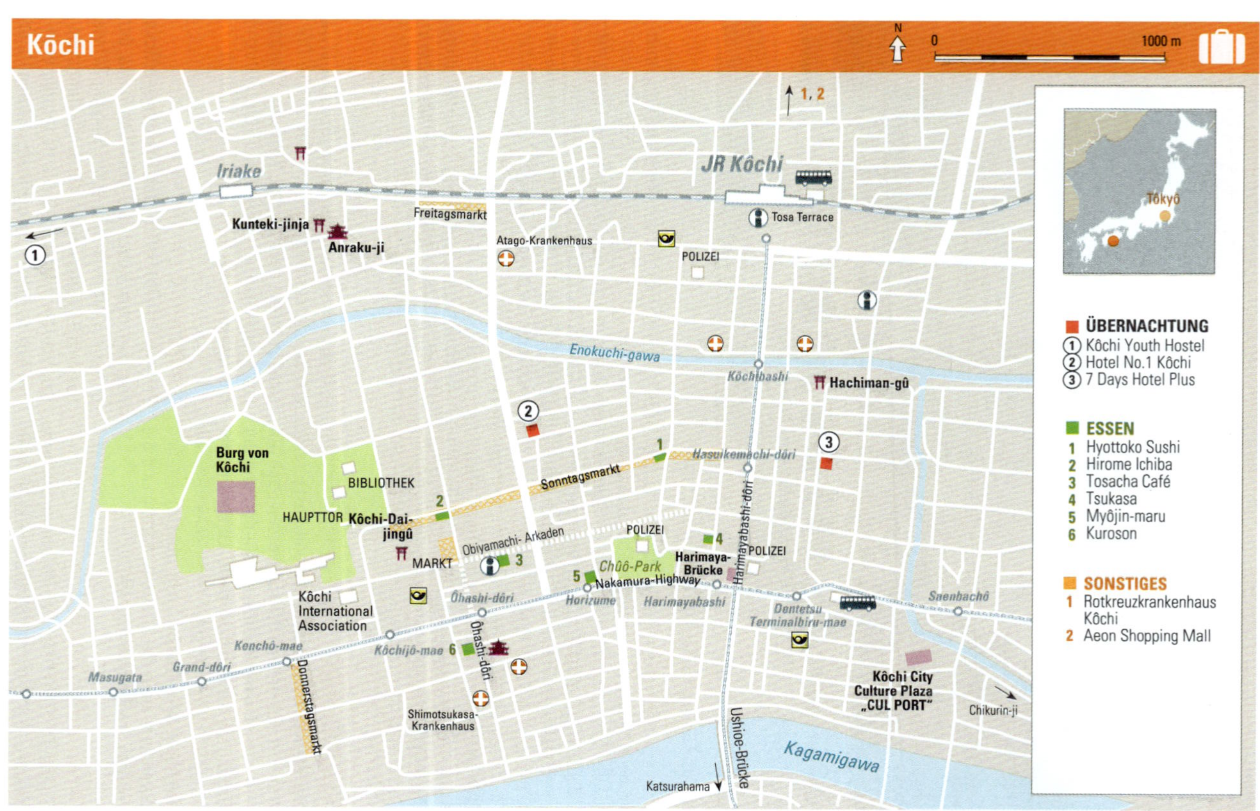
Kōchi
N
0
1000 m
Tôkyô
ÜBERNACHTUNG
1 Kôchi Youth Hostel
2 Hotel No.1 Kôchi
3 7 Days Hotel Plus
ESSEN
1 Hyottoko Sushi
2 Hirome Ichiba
3 Tosacha Café
4 Tsukasa
5 Myôjin-maru
6 Kuroson
SONSTIGES
1 Rotkreuzkrankenhaus Kôchi
2 Aeon Shopping Mall
1, 2
Iriake
JR Kôchi
Tosa Terrace
Freitagsmarkt
Kunteki-jinja
Anraku-ji
Atago-Krankenhaus
POLIZEI
Enokuchi-gawa
Kôchibashi
Hachiman-gû
Burg von Kôchi
BIBLIOTHEK
HAUPTTOR
Kôchi-Dai-jingû
Sonntagsmarkt
Hasuikemachi-dôri
Harimayabashi-dôri
Obiyamachi- Arkaden
MARKT
Chûô-Park
Harimaya-Brücke
Nakamura-Highway
Kôchi International Association
Ôhashi-dôri
Horizume
Harimayabashi
Dentetsu Terminalbiru-mae
Saenbachô
Kenchô-mae
Kôchijô-mae
Masugata
Grand-dôri
Donnerstagsmarkt
Shimotsukasa-Krankenhaus
Kôchi City Culture Plaza „CUL PORT"
Chikurin-ji
Ushioe-Brücke
Kagamigawa
Katsurahama

Vom kleinen Kaizumi-Schrein auf einer Klippe in Katsurahama lässt sich weit über den Pazifik blicken.

mit dem Pazifik. Die Anlage umfasst auch einen hübschen Garten aus der Edo-Zeit sowie eine sehenswerte Sammlung buddhistischer Skulpturen in der Haupthalle Monju-dō.

## Urado-Bucht und Katsurahama
## 浦戸湾・桂浜

Katsurahama ist ein malerischer Strand an der Urado-Bucht, 12 km südlich von Kōchi, ausgestattet mit grünen Pinienhainen und umsäumt von fantastischen Felsformationen und Riffen. Zu erreichen mit dem *MY Yuu Bus* von JR Kōchi oder dem Linienbus von Harimaya-bashi bis zur Endstation Katsurahama (s. Nahverkehr). Ein Ort, der besonders gut geeignet ist, um vom Leben in der Stadt zu entspannen, und auch ein idealer Standort für das Betrachten des Vollmonds im Herbst. Im Katsura-Park neben dem Strand steht die hohe **Statue von Sakamoto Ryōma** (1835–1867), jenem tragischen Helden, der sich gegen Ende der Edo-Zeit besonnen diplomatisch für die Restauration des Kaisers und die Absetzung der Shogunatsregierung einsetzte und dann, ein Jahr bevor die neue Zeitrechnung 1868 offiziell begann, in Kyōto ermordet wurde. Für die Einwohner von Kōchi ist Sakamoto der wahre Wegbereiter des modernen Japans. Daher wird überall in der Stadt mit seinem Namen und Konterfei Werbung betrieben. Auch der Regionalflughafen Kochi Ryōma wurde nach ihm benannt. Wer mehr über den berühmten, in Kōchi geborenen Samurai wissen möchte, kann sich ins nahe gelegene Museum **Sakamoto Ryōma Kinenkan** begeben, Urado Shiroyama 830, 💻 www.ryoma-kinenkan.jp/en, das zzt. der Recherche wegen Renovierung geschlossen war. Ein kurzer Weg führt von einem Felsen mit einem kleinen Schrein zum Gebäude hinauf. 🕒 tgl. 9–17 Uhr, 500 ¥. Tosadenkōtsu-Bus in Richtung Katsurahama, Haltestelle Ryōma Kinenkan-mae.

## ÜBERNACHTUNG

Die meisten Unterkünfte liegen zwischen Harimaya-bashi und der Burganlage.

**Hotel No. 1 Kōchi**, Nijūdai-chō 16-8, 💻 www.hotelno1.jp/kochi. Hotelanbau vor dem Hauptgebäude. Günstiges japanisches Frühstücksbuffet (800 ¥). *Rotenburo* auf dem Dach – mit Sicht auf die beleuchtete Burg; kostenloser Fahrradverleih. Vom Bahnhof 15 Min. zu Fuß. Neben dem belebten

Stadtviertel und berühmten Sonntagsmarkt Nichiyō-ichi. ❷

**Kōchi Youth Hostel**, Fukui-higashi-machi 4-5, 💻 www.kyh-sakenokuni.com. Guter Ort zum Übernachten. Der Besitzer, ein ehemaliger Sakebrauer, bietet Workshops an, in denen Reisweinsorten verkostet werden können (500 ¥, mit Reservierung). Auf Wunsch gibt es ein simples Frühstück (600 ¥). Zimmertyp bis zu 4 Personen, 4200 ¥ p. P. Vom Bahnhof mit der Dosan-Linie bis Engyōji-guchi, 5 Min. zu Fuß.

**7 Days Hotel Plus**, Harimaya-chō 2-13-6, 💻 www.7dayshotel.com. Einfaches, modernes, im Stadtzentrum gelegenes Hotel. Gutes Preis-Leistungs-Verhältnis mit frischen Frühstücksbrötchen. Tramhaltestelle Harimaya-bashi, 5 Min. zu Fuß. ❷

### Katsuo und Sawachi-Gerichte

Wegen der Lage am Pazifik dominieren Fisch und Meeresfrüchte die Speisekarten in Kōchi. Die absolute Spezialität der Region ist *katsuo-no-tataki* oder **Echter Bonito**, Mitglied der Makrelen-Thunfisch-Familie, zubereitet im *tataki*-Stil. Dabei wird die Oberfläche des Fisches über einem Strohfeuer (andernorts werden auch Kiefernnadeln oder Kohle verwendet) kurz angebraten und in eiskaltes Wasser gelegt, um den Hitzeprozess abrupt zu unterbinden. Der dadurch im Inneren dunkelrot roh verbleibende Fisch wird zu überdimensionalen *sashimi*-Häppchen geschnitten. Wegen seines etwas strengen Geschmacks wird *katsuo* bevorzugt mit Knoblauch, Zwiebeln, Ingwer und Wasabi gewürzt. *Katsuo* ist für Kōchi das, was die Sanuki-Udon für Kagawa ist. Einheimische beteuern, dass *katsuo-no-tataki* nirgendwo so gut schmecke wie in Kōchi – besonders im Spätsommer, wenn die Bonito-Schwärme gut genährt aus tropischen Gefilden kommend die Küste von Kōchi passieren.

Eine weitere Spezialität in Kōchi ist *Sawachi-ryōri*, die **Sawachi-Gerichte**, die traditionell aus einem Riesenteller *(sawachi)* besteht, auf dem farbenfroh verteilt unterschiedliche Sashimi-Stücke ausgelegt sind. Heutzutage werden auch Sushi und Saisongemüse hinzugefügt. Dazu fließt in der Regel eine Menge Sake – kein Wunder, denn den Bewohnern von Kōchi wird eine ungewöhnliche Trinkfestigkeit nachgesagt.

## ESSEN

**Hirome Ichiba** (Hirome-Markt), Obiya-machi 2-3-1. Bunte Markthalle in belebtem Stadtviertel mit ca. 60 Geschäften, vielen kleinen Imbissbuden und Restaurants mit Nudelsuppen, Spezialitäten aus der alten Provinz Tosa, *Katsuo-no-tataki*, *sashimi*, *yakitori* (gegrilltes Huhn) und verschiedenen Beilagen, die man mitnehmen oder direkt beim Laden essen kann. Auf einem Platz in der Mitte der Halle stehen Sitzbänke, wo das Gekaufte mit Tee oder Bier verzehrt werden kann. Vom Bahnhof zu Fuß 20 Min. oder mit der Tosa-Dentetsu-Straßenbahn bis Ōhashi-dōri. Nahe der Burg. 🕒 Mo–Sa und feiertags 10–23, So ab 9 Uhr. Die Geschäfte haben ihre eigenen Öffnungs- und Ruhezeiten.

**Hyottoko Sushi**, Ōtesuji 1-5-16. Seit über 40 Jahren inmitten des lebendigen Stadtviertels Ōtesuji in Betrieb. Sushi-Set ab 1200 ¥ auch zum Mitnehmen. Einzelne Sushi-Stücke 140–850 ¥. Vom Bahnhof 8 Min. zu Fuß, Straßenbahn bis Hasuikemachi-dōri, 4 Min. zu Fuß. 🕒 Mo–Fr 17–22.30, Sa. bis 23.30 Uhr.

**Kuroson**, Honmachi 3-4-13. Kleine, versteckte *izakaya* südöstlich der Burg. Die Suche lohnt sich: Von der Kreuzung Hariyama-bashi läuft man auf der Ōhashi-dōri in Richtung Westen bis zur Ampel. Dort links Richtung Süden erste Straße rechts, nächste links. Meist muss reserviert werden. Spezialität des Hauses ist *katsuo-no-tataki*, auch andere regionale Speisen. 🕒 Mo, Di, Fr, Sa 17–21 Uhr.

**Myōjin-maru**, Honmachi 1-1-2. Restaurant mit guter Atmosphäre und nachgebauter Fischerhütte. Es gibt *katsuo-no-tataki*, verschiedene Fischgerichte und leicht gegrillte Tosa-Hähnchenteile. Vom Bahnhof 10 Min. zu Fuß. 🕒 Di–So 17–23.30 Uhr.

**Tosacha Café**, Obiya-machi 2-1-31. Die Betreiber bieten vor allem den Tee *(Tosa-cha)* der Region an, auch um dessen Popularität landesweit zu verbreiten (Tee-Set, Tee-Pudding,

Tee-Gelee). Saisonales Essen oder Tee mit Süßigkeiten. 🕒 Do–Di mittags bis 18 Uhr.
**Tsukasa**, Harimaya-chō 1-2-15. Hier kann man viele verschiedene Fischspeisen aus der Provinz Tosa kosten, z. B. Bonito-Menü (1800–2800 ¥) oder *Sawachi-ryōri* (für 2 Pers. 10 000 ¥). Vom Bahnhof 12 Min. zu Fuß oder mit Straßenbahn Tosa-Dentetsu bis Harimaya-bashi. 🕒 Mo–Sa 12–21.30, So, feiertags 11.30–21 Uhr.

## SONSTIGES

### Informationen und Internet

**Tosa Terrace**, vor dem Bahnhof Kōchi, Südausgang, 💻 https://visitkochijapan.com/en/activities/10162. Touristeninfo, Souvenirladen, Möglichkeiten zum Pausieren, Fahrradverleih. Die netten Angestellten sprechen auch Englisch, halten einen Stadtplan und Broschüren bereit. 🕒 tgl. 8.30–18 Uhr.
**Kōchi Tourist Information Center**, Obiyachō-Arkade, nahe Hirome-Markt, 💻 https://navi.kochi.jp, mit vielen Broschüren und Gepäckaufbewahrung (500 ¥/Stück). 🕒 tgl. 10–18.30 Uhr.

### Touren

€ **Kōchi SGG Club**, 💻 https://kochisgg-english.strikingly.com, organisiert kostenlose Führungen durch die Burg und zu anderen Sehenswürdigkeiten (9–16 Uhr) – entweder ohne Anmeldung, nur Wochenende und feiertags, oder täglich, aber mit Termin (2 Wochen vorher per E-Mail, ✉ kochisgg@hotmail.co.jp.

## NAHVERKEHR

Die Stadt lässt sich bequem mit der **Straßenbahn** erkunden. Eine Linie verläuft vom Bahnhof aus in Richtung Süden, die andere in Ost-West-Richtung auf der Route 32. Innerhalb des Stadtgebiets kostet die Fahrt pauschal 200 ¥.
Zum populären Strand **Katsurahama** (bis Endstation Katsurahama) vom JR-Bahnhof Kōchi über Harimaya-bashi empfiehlt sich ein Tagesticket von *MY-YU Bus* für 1000 ¥ (50 % Nachlass mit ausländischem Reisepass), erhältlich bei der Touristeninfo Tosa Terrace vor dem Bahnhof Kōchi. Ein Tagesticket von *MY-YU Bus* zum Tempel Chikurin-ji (Godaisan-Park) gibt es für 600 ¥ bzw. 300 ¥ für Nicht-Japaner.

## TRANSPORT

### Busse

Nach OKAYAMA mit dem JR-Express *Ryōma* 5x tgl., 2 1/2 Std., 4100 ¥, nach MATSUYAMA mit dem JR-Express *Nangoku* 5x tgl. in 3 Std., 4000 ¥.

### Eisenbahn

MATSUYAMA, mit dem JR-Express *Nanpū* bis Tadotsu, ab dort mit dem JR-Express *Shiokaze*, 4 Std., 9890 ¥
OKAYAMA, mit der JR-Seto-Ōhashi-Dosan-Linie (Express *Nanpū*) 14x tgl., 2 1/2 Std., 5940 ¥
TAKAMATSU, mit JR-Express *Shimanto*, 5x tgl., 2 1/2 Std., 5390 ¥
TOKUSHIMA, mit Umsteigen in Awa-Ikeda mit Express 2 3/4 Std., 5830 ¥ (Express zwischen Tokushima und Awa-Ikeda nur 6x tgl.)

### Flüge

Vom JR-Bahnhof Kōchi bis **Flughafen Kōchi Ryōma** mit dem Bus in 35 Min., 900 ¥.

# Muroto-misaki 室戸岬

Muroto-misaki bzw. das weit in den Pazifischen Ozean hinausragende **Kap Muroto** am östlichen Ende der Tosa-Bucht liegt relativ weit von der Zivilisation entfernt, sodass man sich bei all den Geschichten um den großen Kōbō Daishi durchaus vorstellen kann, dass er hier zwischen subtropischen Blumen auf der wildzerklüfteten Landzunge zur Erleuchtung gelangt sein könnte.

Murato-misaki ist ein Teil des **Muroto-Anan-Kaigan Quasi-Nationalparks**. Symbol des Kaps ist der weiße Leuchtturm, der schon vor hundert Jahren zahllosen Schiffen den Weg wies. Der Shingon-Tempel **Hotsu-misaki-ji**, der eine Nara-zeitliche Kannon-Statue zu seinen Schätzen zählt, hat die Nummer 24 auf dem Pilgerweg.

In den Taifun-freien Monaten besteht in Muroto die Möglichkeit, von Booten aus vor der Küste

SHIKOKU

kreuzende Wale und Delfine zu beobachten. Der Mond kann dagegen vom **Tsukimi-ga-hama**, dem „Mondschau-Strand", aus betrachtet werden, wo man im Sommer auch baden kann.

### ÜBERNACHTUNG

Reisende, die von Kōchi aus nicht nur einen Tagesausflug unternehmen oder aus Tokushima kommend nicht weiter nach Kōchi reisen möchten, können in Muroto-misaki übernachten. Die Vereinigung **Muroto Kankō Association**, 💻 www.muroto-kankou.com.e.amf.hp.transer.com, versammelt 21 Privatunterkünfte (Hotels, Inns, Pensionen, Pilgerunterkünfte). Auch das Hotsumisaki-ji Henro Center, Muroto-misaki-chō 4058-1 gehört dazu. Auf dem Gelände der Tempelanlage des Hotsumisaki-ji wurde die frühere Jugendherberge zu einem Pilgerzentrum, dem Henro Center, umfunktioniert. Ab 4800 ¥ p. P. (nur Barzahlung!).

### TRANSPORT

#### Busse

Vom Kap fahren Busse in den Westen, 7x tgl. bis NAHARI, 1 Std., 1200 ¥, oder bis AKI, 1 1/2 Std., 1670 ¥, wo es jeweils Anschluss zum JR-Zug der Tosa-Kurashio Railway nach KŌCHI gibt.
Von Aki bis Kōchi dauert die Bahnfahrt über Gomen 1–1 1/4 Std., 1250 ¥.

#### Eisenbahn

Mit der **JR-Bahn** von TOKUSHIMA Richtung Süden geht es an der Küste entlang bis nach AWAKAINAN, wo die JR-Strecke endet und durch die Privatbahn **Asa-Kaigan- Railway** (Asa Seaside Railway) ersetzt wird – manchmal muss man in einen anderen Zug umsteigen, manchmal kann man einfach sitzen bleiben und zu den beiden verbleibenden Stationen SHISHIKUI (Tokushimas bester Surfstrand) und der Endstation KANNOURA weiterfahren, d. h. auch Reisende mit JR-Pass müssen 500 ¥ draufzahlen. Von Kannoura aus dann weiter auf der Nationalstraße 55 mit dem **Bus** bis zum Muroto-Kap (ca. 1 Std., 1680 ¥) oder per Anhalter.

## Shimantogawa 四万十川

Der Shimantogawa ist der längste Fluss Shikokus und gilt in Japan als der schönste und sauberste. Er entspringt in der Präfektur Kōchi am Berg Irazu-san, fließt durch den Südwesten der Präfektur und mündet dann fast 200 km weit entfernt in der Tosa-Bucht in den Pazifischen Ozean. Die Umgebung und der Wildfluss – bei Anglern und Freizeitaktivisten wie Kanu- und Radfahrern sehr beliebt – konnte bis heute sein kristallklares, sauberes Wasser erhalten. Sein ursprünglicher und natürlicher Verlauf wurde weder von einem künstlichen Staubecken noch von Begrenzungen und Begradigungen unterbrochen.

In der Stadt **Shimanto** lassen sich Fahrräder (s. Fahrradverleih) mieten, um damit beispielsweise am Fluss entlang 40 km bis **Ekawazaki** zu fahren. Sie können in der Nähe des gleichnamigen JR-Bahnhofs wieder abgegeben werden. Wem das für eine Tagestour zu lang ist, der kann unterwegs auf einem Campingplatz oder in einfachen Unterkünften übernachten (Abgabestationen für Fahrräder vorhanden). Von Ekawazaki aus kann man entweder mit dem Zug weiterfahren oder an einer Kanutour teilnehmen, die in 3 Nächten und 4 Tagen nach Nakamura (Shimanto- Stadt) zurückführt. Mai–Sep, 56 000 ¥, nur mit Reservierung, 💻 https://en.activityjapan.com/publish/plan/10556. Weitere Angebote zu ähnlichen Aktivitäten 💻 https://en.activityjapan.com/search/canoe/shikoku/kochi/285.

### ÜBERNACHTUNG

€ **Canoe House**, Shimanto-shi, Nishi-tosamochii 1111-11, ☏ 0880-52-2121 (8.30–17 Uhr), 💻 www.canoekan.com, ist die **Informationszentrale** für die Gegend um den Shimantogawa, ein Campingplatz ist angeschlossen – Zelten kostet 550 ¥ (mit Toiletten und Dusche). Es gibt ein Blockhaus mit insgesamt 14 Schlafstellen bzw. Futons (Badezimmer mit Toilette, eingerichteter Küche und Klimaanlage sowie Grillplatz in der Nachbarschaft), Basispreis 1–3 Pers. 16 500 ¥, ab 4. Pers. plus 3300 ¥. Kleinere Holzhütten mit Futon, Kühlschrank und Klimaanlage für

3500 ¥ p. P. Vom JR-Bahnhof (Yodo-Linie) Ekawazaki 15 Min. zu Fuß.
**Camp Kawarakko**, ✆ 0880-31-8400 (8–18 Uhr), ✉ kawarakko@40010.com, 💻 www.kawa rakko.com (nur Jap.). Weiter südlich entlang des Shimanto liegt dieser gut ausgestattete Campingplatz mit Fahrradverleih. Geführte Kajaktour möglich (6000 ¥), Tandem und Kanadier (9500 ¥). Camping mit eigenem Zelt 3500 ¥. Reisende ohne Ausrüstung können fast alles mieten: Zelt 1500 ¥, Schlafsack 600 ¥, Gaskocher 700 ¥ u. v. a.

### SONSTIGES

#### Fahrradverleih

**Shimantogawa Rent a Cycle**, bei der Shimanto City Tourism Association, links neben Ausgang des Bahnhofs Nakamura/Shimanto der Tosa Kuroshio Railways. City- und Mountainbikes (bis 5 Std. 1000 ¥, 24 Std. 1500 ¥), E-Bikes 4800 ¥. Die Räder müssen bis 17.30 Uhr zurückgegeben werden.
**Shimanto Rin Rin Cycle** (mit insgesamt acht Stationen), siehe Canoe House, bietet Räder für einen Tag (8.30–17 Uhr) für 1500 ¥, 24 Std. 2000 ¥.

#### Informationen

**Shimanto City Tourism Association**, im selben Gebäude wie Shimantogawa Rent a Cycle, s. o., ✆ 0880-35-4171, 🕒 tgl. 8.30–17.30 Uhr.

### TRANSPORT

Von KŌCHI mit **JR-Express** *Shimanto*, JR-Express *Nanpū* oder JR-Express *Ashizuri* der JR-Tosa-Kuroshio-Linie bis Nakamura/ Shimanto, 1 3/4 Std., 4370 ¥.

## Ashizuri-misaki 足摺岬

Der weiß glänzende Leuchtturm am Kap Ashizuri markiert den südlichsten Punkt von Shikoku und ist ein beliebtes Ausflugsziel, rund 160 km von Kōchi entfernt. Das Kap ist Teil des 1972 gegründeten **Ashizuri-Uwakai-Nationalparks**, der sich entlang der Südwestküste der Präfekturen Kōchi und Ehime erstreckt. Die hiesige Küstenlinie wird dominiert vom tiefen Blau des Pazifiks, den anmutigen Buchten, den wilden Felslandschaften aus Sandstein und Granit und herrlichen Korallenriffen. Die kleine Stadt Ashizuri liegt nördlich des Kaps an der Kreuzung zweier Schnellstraßen.

Am Kap Ashizuri stehen den Besuchern neben Meeresparks und Korallenmuseen auch **Ausflugsboote** zur Verfügung, deren gläserne Böden Einblicke in die Unterwasserwelt erlauben. Die Gegend um das Kap hat sich zu einem **Vergnügungspark** entwickelt (Eintritt frei), wo sich ein Holzpfad von Attraktion zu Attraktion windet. Vor dem Park steht eine große Statue von Nakahama „John" Manjirō (s. Kasten).



### John Manjirō – vom schiffbrüchigen Fischer zum Regierungsberater

John Manjirō könnte der Name eines amerikanisch-japanischen Schauspielers sein, der sich mit Nebenrollen sein Geld verdient, für die – je nach Gesicht – ein guter oder böser Japaner oder auch Chinese benötigt wird. Weit gefehlt: Das Leben des John Manjirō verlief allem Anschein nach noch abenteuerlicher als das eines Hollywood-Darstellers. **Nakahama Manjirō**, so sein ursprünglicher Name, war ein Fischer, der in der Nähe des Ashizuri-misaki geboren wurde und dessen Schiff eines Tages, man schrieb das Jahr 1841, auf hoher See unterging. Von einem zufällig sich in der Nähe befindlichen amerikanischen Walfangschiff wurde er aus den Fluten gerettet und an Bord genommen. In diesem Moment war Manjirō der erste Japaner, der je nach Amerika reiste, und zwar in einer Zeit, als Japan sich dem Ausland gegenüber abgeschottet hatte und ein Verlassen des Landes mit dem Tod bestraft wurde. Unter seinem neuen Namen **John Mung** lernte er Englisch. Bei seiner Rückkehr nach Japan (1850) – die Zeichen dort standen zwischenzeitlich auf Öffnung und Veränderung – fungierte er bald als Dolmetscher zwischen der japanischen Regierung und den Amerikanern, als diese mit ihren bedrohlichen schwarzen Kanonenbooten die Öffnung Japans erzwangen.

Wer vor Ort noch mehr über den Mann wissen möchte, sollte zum 18 km entfernten **John Mung Museum** im Gebäude Umi-no-eki (2F) in Minato-Oasis-Ashizuri im Hafen von Ashizuri (dem ehemaligen Fährhafen von Ashizuri) fahren. ⌚ tgl. 8.30–17 Uhr, 440 ¥.

## ÜBERNACHTUNG

Die Jugendherberge in Ashizuri wurde 2023 geschlossen. Es gibt aber noch günstige Minshuku und preiswerte bis mittelteure Hotels: 💻 www.shimizu-kankou.com.e.cp.hp.transer.com/stay. Der Tempel **Kongōfuku-ji** (38. Station des Shikoku-Pilgerwegs) bietet ebenfalls Nachtquartiere an, allerdings hauptsächlich für Pilger. Wer etwas luxuriöser – saison- und tagesabhängig durchaus erschwinglich – übernachten möchte:

**Ashizuri Thermae**, Tosa-Shimizu-shi, Ashizuri-misaki, Aza-Higashihata 1433-3, 💻 https://ashizurithermae.com. Kurhotel mit Onsen (720 ¥) und weitem Blick über den Pazifik. Gutes Essen aus lokalen Zutaten, auf französische Art zubereitet. Übernachtung nur mit japanischem Frühstück, das sich auf lokale Zutaten konzentriert – kein weiteres Restaurant in direkter Nähe. Ab 15 000 ¥ p. P. mit Halbpension. Vom Bahnhof Nakamura der Tosa Kuroshio Railway mit dem Bus bis Ashizuri-misaki Center, von dort besteht ein Abholservice des Hotels, nach telefonischer Voranmeldung ☏ 0880-88-0301.

## TRANSPORT

Es ist ratsam, für den Weg zum Kap Ashizuri die Fahrpläne der Busse und Züge aufmerksam zu studieren, da sie nur selten verkehren (durchschnittlich nur 7–9 Busse pro Tag, am Wochenende weniger) und man teilweise in Sukumo lange auf den Anschluss warten muss.

### Busse

Vom JR-Bahnhof UWAJIMA nach SUKUMO mit dem Uwajima Bus in 1 3/4 Std., 1850 ¥; von dort mit dem Kōchi Seinan Bus bis NAKAMURA/SHIMANTO für 1100 ¥ in 1 Std. (umsteigen) und weiter nach Ashizuri-misaki in 1 3/4 Std., 1900 ¥.

### Eisenbahn

Von KŌCHI mit der JR-Tosa-Kuroshio-Linie (Express Ashizuri) nach Nakamura/Shimanto in 1 3/4 Std., 4370 ¥, und vom dortigen Bahnhof mit dem Bus nach Ashizuri-misaki, 1 3/4 Std., 1900 ¥. Von UWAJIMA mit Regionalbahn bis KUBOKAWA, 2–2 1/2 Std., und weiter mit JR-Express *Shimanto* bis NAKAMURA/SHIMANTO, 1 Std., 3150 ¥, weiter mit Bus nach Ashizuri.

# Matsuyama 松山

Matsuyama ist mit über 510 000 Einwohnern die größte Stadt auf Shikoku und zugleich Verwaltungssitz der Präfektur Ehime. Seit 1989 verbindet sie eine Partnerschaft mit Freiburg. Die Stadt hat sich durch die Existenz einiger namhafter Universitäten zum kulturellen Zentrum der Region entwickelt. Matsuyama ist touristischer als Takamatsu und die anderen größeren Städte auf Shikoku. Diese Tatsache hat sie hauptsächlich der schönen und standfesten Burg Matsuyama-jō und Dōgo Onsen, dem ehrwürdigen und wohl ältesten Badehaus Japans, zu verdanken.

## Matsuyama-jō 松山城

Die Anfang des 17. Jhs. erbaute Festung steht auf dem 132 m hohen Hügel Katsuyama (auch Shiroyama = „Burgberg") inmitten der Stadt. Sie befindet sich in einem erstaunlich guten, originalen Zustand, was nur noch von wenigen Burgen Japans behauptet werden kann. Die in ihrer Geschichte von keinem Feind eingenommene und heute erhaben auf die Stadt herabblickende Burg wurde seinerzeit von dem Landesfürsten Katō Yoshiaki in Auftrag gegeben. Sie wurde aber erst ein Vierteljahrhundert später fertiggestellt und ab 1635 von einem Zweig der Matsudaira-Familie – die ihrerseits mit den 250 Jahre lang in Edo regierenden Tokugawa verwandt war – übernommen. Matsudaira Sadayuki ließ die Festung erweitern und den Hauptturm durch Gänge mit den Nebentürmen verbinden. Im heute nur noch dreistöckigen Hauptturm befindet sich ein **Museum**, in dem die Geschichte der Stadt und der Familienschatz der Matsudaira gezeigt werden. ⌚ Feb–Juli und Sep–Nov tgl. 9–17, Aug bis 17.30, Dez–Jan bis 16.30 Uhr, 520 ¥.

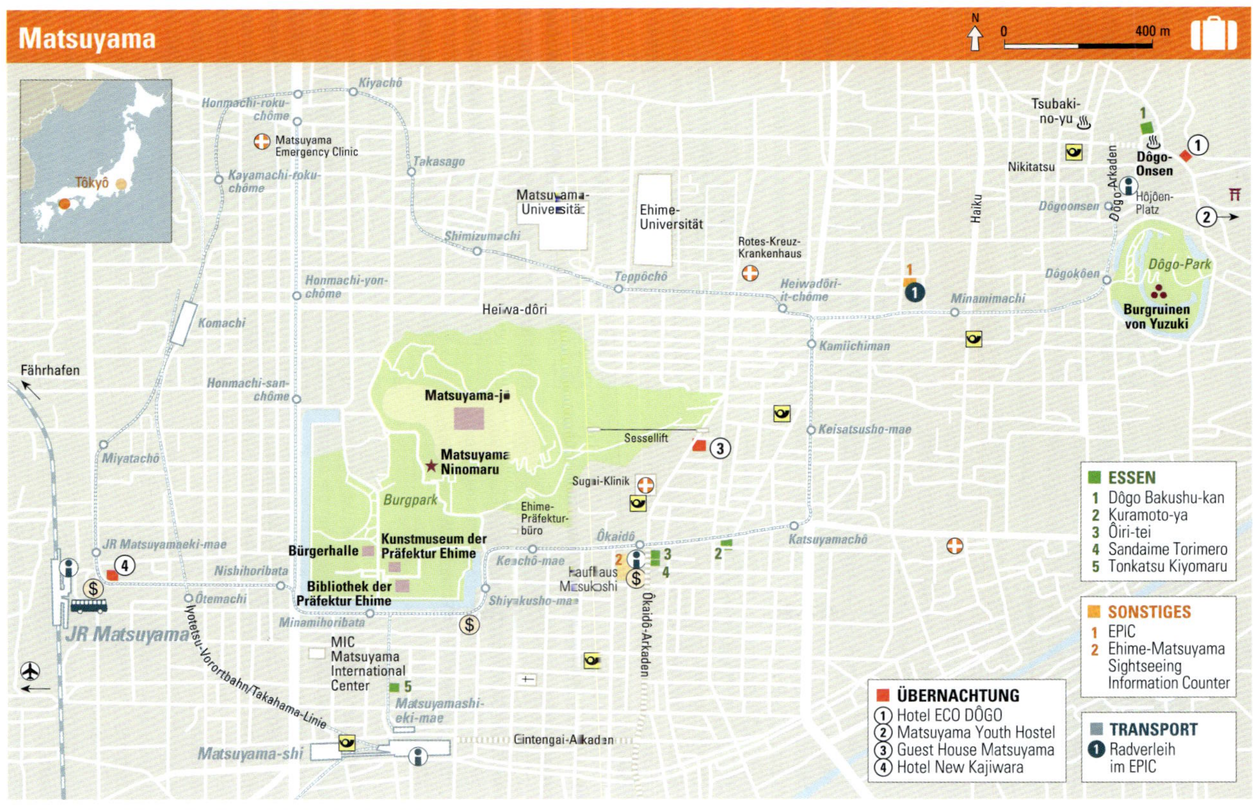
Matsuyama
N
0
400 m
Tôkyô
Honmachi-roku-chôme
Kiyachô
Matsuyama Emergency Clinic
Takasago
Kayamachi-roku-chôme
Matsuyama-Universität
Ehime-Universität
Shimizumachi
Rotes-Kreuz-Krankenhaus
Teppôchô
Heiwadôri-it-chôme
Honmachi-yon-chôme
Heiwa-dôri
Komachi
Minamimachi
Kamiichiman
Honmachi-san-chôme
Fährhafen
Matsuyama-jô
Sessellift
Keisatsusho-mae
Miyatachô
Matsuyama Ninomaru
Sugai-Klinik
Burgpark
Ehime-Präfekturbüro
Ôkaidô
Katsuyamachô
JR Matsuyamaeki-mae
Bürgerhalle
Kunstmuseum der Präfektur Ehime
Keichô-mae
Nishihoribata
Bibliothek der Präfektur Ehime
Kaufhaus Mitsukoshi
Ôtemachi
Shiyakusho-mae
Ôkaidô-Arkaden
Minamihoribata
JR Matsuyama
Iyotetsu-Vorortbahn/Takahama-Linie
MIC Matsuyama International Center
Matsuyamashi-eki-mae
Gintengai-Arkaden
Matsuyama-shi
Tsubaki-no-yu
Nikitatsu
Dôgo-Arkaden
Dôgo-Onsen
Hôjôen-Platz
Haiku
Dôgoonsen
Dôgokôen
Dôgo-Park
Burgruinen von Yuzuki
ESSEN
1 Dôgo Bakushu-kan
2 Kuramoto-ya
3 Ôiri-tei
4 Sandaime Torimero
5 Tonkatsu Kiyomaru
SONSTIGES
1 EPIC
2 Ehime-Matsuyama Sightseeing Information Counter
ÜBERNACHTUNG
1 Hotel ECO DÔGO
2 Matsuyama Youth Hostel
3 Guest House Matsuyama
4 Hotel New Kajiwara
TRANSPORT
1 Radverleih im EPIC

## Natsume Sōseki

Was der große Rebell Sakamoto Ryōma für das Image und die Tourismusbranche von Kōchi ist, das ist Japans berühmter Schriftsteller Natsume Sōseki (1867–1916) für die Stadt Matsuyama. Sein Gesicht war bis 2004 sogar auf der 1000-Yen-Banknote abgebildet. Er wurde zwar nicht hier geboren, sondern in Edo (Tōkyō), siedelte aber seine bekannte autobiografische Novelle *Botchan* in Matsuyama an. Mit diesem Buch setzte er dem Badebetrieb im **Dōgo Onsen** ein literarisches Denkmal. Protagonist ist ein regelmäßiger Besucher des Badehauses, ist es doch der einzige Ort, der ihm in dieser Gegend gefällt. Das Badehaus war auch der Lieblingsrückzugsort des Autors selbst, als er in der Nähe von Matsuyama als Lehrer arbeitete. Die Tourismusindustrie von Matsuyama hat den beliebten Literaten längst in ihr Werben um die Gunst der Besucher integriert: Eine nostalgisch-verspielte **Botchan-Straßenbahn** verkehrt auf dem historischen Straßenbahnsystem der Stadt, der Bahnhof Dōgo Onsen wurde dem Bahnhofsgebäude der Meiji-Zeit (1868–1912) nachgebaut, und ganz in der Nähe steht die **Botchan-Trickuhr** *(Botchan karakuri clock)*, die stündlich von 8–22 Uhr die Figuren aus dem Buch erscheinen lässt. Neben der Standuhr sitzen Leute am Hōjōen-Platz um einen großen runden Stein und lassen ihre Füße ins warme Wasser eines Mini-Onsen baumeln.

Wer sich das Eintrittsgeld für den Besuch des Museums sparen möchte, kann die gesamte Burganlage von außen betrachten und von verschiedenen Seiten auf die Stadt hinabblicken. In der Dämmerung kann man gemeinsam mit Dutzenden von Pärchen die romantische Atmosphäre erleben, wenn die Sonne in die nahe Seto-Inlandsee eintaucht. Danach ist die illuminierte Burg weiterhin von fast jeder Ecke der Stadt aus zu sehen.

Zur Burg gelangt man vom JR-Bahnhof Matsuyama oder von Dōgo Onsen aus mit der Straßenbahn bis zur Haltestelle Ōkaidō. Hier steht das Kaufhaus Takashimaya neben dem Eingang zur überdachten Ōkaidō-Einkaufspassage. Direkt gegenüber läuft eine Straße leicht bergan, auf der nach ca. 200 m linker Hand die Stationen des Sessellifts und der Seilbahn liegen. Die Preise sind identisch: hin 270 ¥, hin und zurück 520 ¥, 🕒 8.30–17/17.30/18 Uhr, Kombiticket Seilbahn und Burg 1040 ¥. Auf dem parallel dazu verlaufenden Fußweg dauert der Anstieg 20–30 Min.

**16 HIGHLIGHT**

### Dōgo Onsen 道後温泉

Selbst Experten sind sich nicht wirklich sicher, ob Dōgo Onsen bloß eine der ältesten oder die älteste Therme Japans ist. Schließlich wird die Thermalquelle von Dōgo Onsen schon in der Gedichtanthologie *Manyōshū* aus dem Jahr 759 erwähnt. Und es existiert die Legende, nach der bereits Kronprinz Shōtoku (574–622) die heilende Wirkung des Wassers erfahren durfte.

Das stolze Symbol der Quelle ist ein Gebäudekomplex, Dōgoyuno-machi 5-6, bestehend aus dem 1894 erbauten Badehaus Dōgo Onsen Honkan, dem Turm **Shinrokaku**, aus dem morgens um 6 Uhr Trommelschläge die Öffnung des Badehauses verkünden, und dem kaiserlichen Badehaus Yūshinden. Die drei Gebäude wurden 1994, rechtzeitig zum 100-jährigen Bestehen, als „wichtiges Kulturgut" unter Denkmalschutz gestellt. Im Badehaus **Dōgo Onsen Honkan** können die Gäste mit den Heilkräften der Thermalquellen ihrem Körper etwas Gutes tun. Sie können aber auch eine Rast in einem Gästezimmer einlegen oder einfach nur das historisch wertvolle Holzgebäude besichtigen. Dōgo Onsen ist ein äußerst beliebtes Bad. Die Gäste tummeln sich hier bis in die Abendstunden hinein ganz ungezwungen, meist nur mit einem dünnen Baumwoll-Kimono *(yukata)* bekleidet. Die Szenerie verleiht dem Ganzen eine gewisse Kurhaus-Atmosphäre. Die wichtigsten Hinweisschilder sind auf Englisch angebracht.

**Hinweis:** Teile des Badehauses bleiben wegen Renovierungsarbeiten bis Mitte oder Ende 2024 geschlossen. Bis dahin können nur die beiden nach Geschlechtern getrennten Bäder im Erdgeschoss (1F) des Honkan besucht werden.





Dōgo Onsen – neben dem Badehaus fürs Volk steht das Yūshinden für die Kaiserfamilie. ▸

Die angegebenen Preise galten zur Zeit der Recherche.

Das größere Bad ist das **Kami-no-yu** („Wasser der Götter"). Der Eintritt beträgt 460 ¥ (plus Handtuch und Seife für ein paar Yen). Wer 840 ¥ bezahlt, kann sich nach dem Bad im großen Tatami-Zimmer ein Stockwerk höher (2F), wo die Badegäste nur die *yukata* (im Preis enthalten) tragen, bei Tee und Reisgebäck ausruhen (oben wie unten Aufenthalt max. 60 Min.). Das kleinere Bad ist das **Tama-no-yu** („Wasser der Geister"). Der Eintritt kostet hier 1250 ¥, inkl. der Ruhezone (2F) mit Tee und Süßigkeiten (*dango*-Reisbällchen) und einer 15-minütigen Besichtigungstour durch das kaiserliche Bad Yūshinden. Das Tama-no-yu ist für seine noble Atmosphäre bekannt wie beliebt. Badegäste, die 1550 ¥ bezahlen, dürfen noch ein Stockwerk höher (3F) gehen, wo es private Zimmer gibt (Aufenthalt max. 80 Min.). ⌚ tgl. 6–23 Uhr (Eintritt bis 22.30 Uhr), in den oberen Räumen darf man bis 22 Uhr verweilen. Eintrittskarten gibt es bis 21 Uhr, für die Privatzimmer bis 20.40 Uhr.

**Yūshinden**, das östlich gelegene Gebäude innerhalb des Komplexes, ist ein sehenswertes, im Stil der Momoyama-Architektur gehaltenes und nur für die Kaiserfamilie bestimmtes Badehaus (1899). Die Innenwände des Yūshinden schmücken goldbemalte Schriftrollen, und die handwerklich raffinierte Zimmerdecke ist aus dem Holz des Blauglockenbaums. Das Bad selbst besteht aus dem feinsten Aji-Stein, der seinerzeit zur Verfügung stand. In einer 15-minütigen Tour kann das Gebäude besichtigt werden. Es gibt auch einen Ausstellungsraum, in dem Gegenstände die Geschichte von Dōgo erzählen. Ein Bad ist hier aber weiterhin nur der kaiserlichen Familie vorbehalten, auch wenn der letzte Besuch eines Kaisers in den 1970er-Jahren stattfand. ⌚ tgl. 6–21.30 Uhr, 260 ¥ (für Gäste des Tama-no-yu ist die Tour inkl.). Vom JR-Bahnhof Matsuyama mit der Straßenbahn Nr. 5 in 20 Min. (180 ¥) bis Dōgo Onsen, dann 4 Min. zu Fuß.

## Kunstmuseum der Präfektur Ehime
愛媛県美術館

Das Museum (Ehime-ken Bijutsu-kan) im Burgpark, 💻 www.ehime-art.jp, zeigt sehenswerte japanische und westliche Kunst, Gemälde, Skulpturen, zeitgenössische Werke. ⌚ Di–So 9.40–18 Uhr, 300 ¥, Sonderausstellung 1500 ¥. Zu Fuß oder Straßenbahn vom JR-Bahnhof Matsuyama in Richtung Dōgo Onsen bis Minami Horibata, direkt vor dem Museum.

## ÜBERNACHTUNG

Um den JR-Bahnhof Matsuyama finden sich Businesshotels mit Einzelzimmern ab 4000 ¥.

€ **Guest House Matsuyama**, Ōkaidō 3-8-3, 💻 www.guesthousematsuyama.com. Preiswertes, zentrales Gästehaus. Privatzimmer mit Klimaanlage. Direkt vor der Seilbahnstation zur Matsuyama-Burg und nahe einer belebten Geschäftsstraße. EZ 3800 ¥, westliches oder japanisches Frühstück 400 ¥. Restaurant Motoyama (2F). Check-out 12 Uhr. Vom JR-Bahnhof Matsuyama mit dem Bus bis Ropeway-mae oder der Straßenbahn nach Ōkaidō ❶

**Hotel ECO DŌGO**, Dōgoyuzuki-machi 2-17, 💻 www.ecodogo.com/english/index.htm. Beim Dōgo Onsen. Dorm (Etagenbett ab 3300 ¥) und japanische Zimmer für 2, 3 oder 4 Pers., mit Gemeinschaftsbad. Von der Straßenbahn-Station Dōgo Onsen 5 Min. ❶–❷

**Hotel New Kajiwara**, Ōtemachi 2-9-10, 💻 https://hotel-new-kajiwara-matsuyama.hotel-mix.de. Direkt am Hauptbahnhof gelegene 3-Sterne-Unterkunft mit Restaurant und Gepäckraum. DZ und Twins, Frühstück 800 ¥. Vom JR-Bahnhof Matsuyama nur 2 Min. zu Fuß. ❶–❷

€ **Matsuyama Youth Hostel**, Dōgo Himezuka Otsu 22-3, 💻 www.matsuyama-yh.com. Interessanter und engagierter „Herbergsvater", dessen gemütliches Hostel sehr beliebt und äußerst sauber ist. Von einigen Zimmern gute Sicht über die Stadt. Vergünstigte Preise für Ausländer: Dorm 2000 ¥ und EZ 3200 ¥. Abendessen 1000 ¥, Frühstück 500 ¥. Das gelbe Haus befindet sich ganz in der Nähe von Dōgo Onsen, nur 10 Min. zu Fuß, aber steil nach oben.

## ESSEN

In den Arkaden von Dōgo Onsen gibt es einige Lokale, noch zahlreicher sind sie in dem belebten Stadtviertel rund um die Straßenbahnhaltestelle Ōkaidō. In der lang gezogenen, gleichnamigen überdachten Einkaufsstraße **Ōkaidō** und der sich weiter südlich anschließenden **Ginten-gai** besteht ein großes Angebot an Restaurants, Kneipen und Nudellokalen.

**Dōgo Bakushu-kan**, Dōgo-Yunomachi 20-13. 🖳 www.dogobeer.jp/en/bakusyukan-restaurant. Auf der gegenüberliegenden Seite vom Dōgo Onsen Honkan. Serviert regionales Bier im Stil Alt, Kölsch und Stout. Viele Gäste kommen direkt aus dem Bad und haben daher eine besonders trockene Kehle. 🕒 tgl. 11–22 Uhr.

**Kuramoto-ya**, Ichiban-chō 1-11-7. Die Stehbar im Sakeladen hat über 100 Sorten Sake aus der Präfektur Ehime; ein Schälchen ab 100 ¥. Dazu gibt es kleine Speisen passend zum Sake. Eine gute Chance, den persönlichen Lieblingsreiswein herauszufinden. Vom JR-Bahnhof Matsuyama 9 Min. mit der Straßenbahn bis Ōkaidō, von dort kurze Fußstrecke Richtung Osten. 🕒 Di–So 12–21 Uhr.

**Ōiri-tei**, Ōkaidō 2-5-9, MUJI-Gebäude 1F, nach hinten laufen. Gutes kleines Restaurant mit Kneipenatmosphäre, bietet lokalen Fisch und Meeresfrüchte mit Sake aus der Gegend an. Fischsorten und Preise abhängig vom täglichen Markteinkauf. Spezialitätenplatte mit Sashimi sehr populär, außerdem gibt es gekochten und gegrillten Fisch mit Gemüse. Mittags täglich nur 20 Sets (im *bentō*-Stil) mit Reis, Sashimi, Gemüse, Miso-Suppe etc. für je 840 ¥. Straßenbahn bis Ōkaidō, 2 Min. zu Fuß auf der Ōkaidō-Arkade. 🕒 Mo–Sa 12 bis ca. 14 und 18–23 Uhr.

**Sandaime Torimero**, Ōkaidō 2-5-7, 🖳 https://torimero.com/matsuyamaookaido. Bistro-Kneipe mit gutem Hühnerfleisch. Gegrillte oder frittierte Spieße mit Soße oder Salz, Gemüse direkt vom Bauern. Das mittelgroße Fassbier kostet hier durchweg 218 ¥! Straßenbahn bis Ōkaidō, 5 Min. zu Fuß auf der Ōkaidō-Arkade. 🕒 Mo–Fr und vor Feiertagen 16–24, Sa, So, feiertags 15–24.

**Tonkatsu Kiyomaru**, Hanazono-machi 4-6. Hausgericht ist Schweineschnitzel, Menü ab 830 ¥. Eine besondere Spezialität ist das *tonkatsu-parfait*, Schweineschnitzel mit Obst und Sahne für 980 ¥. Aushängeschild mit Anime-Mädchen. Von der Straßenbahnstation Matsuyama-shi-eki (Takahama-Linie) Richtung Norden auf großer Straße bis zur 1. Ampel, 30 m dahinter, rechte Seite, zu Fuß 2 Min. 🕒 tgl. 11–20.30 Uhr.

## SONSTIGES

### Fahrradverleih

Kurzzeitleihräder (für ausländische Touristen) im **EPIC Ehime International Association Center**, Dōgo Ichiman 1-1, 🖳 www.epic.or.jp/index.php. EPIC ist vom JR-Bahnhof Matsuyama mit der Straßenbahn zu erreichen, bis Haltestelle Minami-machi/Kenmin-bunka-mae.

### Feste

**Matsuyama-Frühlingsfest**, 1. Sa und So im April: Samurai-Parade mit mehreren hundert Teilnehmern durch die Innenstadt. Tänze und Musik rund um die Matsuyama-Burg.

**Matsuyama-Sommerfest**, innerhalb des ersten August-Drittels: Zählt zu den „vier großen Shikoku-Festen" und ist das Highlight im Sommer. Straßentänze, Samba, Rock- und Volksmusik.

**Matsuyama-Hafenfest**, am 1. So im Aug, mit Feuerwerk.

**Matsuyama-Herbstfest**, 5.–7.10.: Erntedankfest, bei dem die Festteilnehmer verschiedene *mikoshi* durch die Straßen tragen.

### Geld

Geldwechsel im **Ehime-Matsuyama Sightseeing Information Counter** (im Mitsukoshi-Kaufhaus), direkt an der Straßenbahnhaltestelle Ōkaidō. 🕒 tgl. 10–19 Uhr.

### Informationen und Internet

**Touristeninformation** im JR-Bahnhof Matsuyama, ✆ 089-931-3914. Hier erhält man gutes Kartenmaterial zur Stadt und Hilfe bei der Suche nach Unterkünften. 🕒 tgl. 8.30–20.30 Uhr.

**Touristeninformation** am Dōgo Onsen, nahe der Straßenbahnhaltestelle, ✆ 089-921-3708, 🕒 tgl. 8.30–17 Uhr.

Freie **WLAN-Spots** in den großen Arkaden.

### Medizinische Hilfe

**Sugai Clinic**, Ichiban-chō 3-3-3, ✆ 089-931-3161. Innere und Allgemeine Medizin. Man

spricht Englisch. Nahe Straßenbahnhaltestelle Ōkaidō. Gegenüber dem Kaufhaus Mitsukoshi. Sprechzeiten Mo–Mi und Fr 9–13 und 15.30–18.30 Uhr.
**Matsuyama Emergency Clinic**, Kayamachi 6-30-1, ✆ 089-922-1199. Innere Medizin 21–24 Uhr (außer So). Vom JR-Bahnhof Matsuyama mit Straßenbahnlinie Takahama nördlich bis 3. Station Kayamachi-rokuchōme.

## NAHVERKEHR

Mit der **Straßenbahn** *(shinai-densha)* lassen sich die berühmten Sehenswürdigkeiten der Stadt problemlos und preiswert (Einheitspreis 180 ¥) erreichen. Ein Tagespass für alle Straßenbahnen – außer der Botchan-Lok – im Stadtbezirk kostet für 1, 2, 3 und 4 Tage 800 ¥, 1100 ¥, 1400 ¥ und 1700 ¥.
Für Eisenbahnbegeisterte gibt es den Nachbau der **Botchan-Lokomotive**, Original made in Germany 1887, vom JR-Bahnhof Matsuyama bis Dōgo Onsen (1300 ¥ einfach).

## TRANSPORT

### Busse

Mit dem *Botchan*-Express nach TAKAMATSU, 2 1/2 Std., 4400 ¥. Mit dem *Nangoku*-Express 5x tgl. nach KŌCHI, fast 3 Std., 4000 ¥. Fahrkarten für beide gibt es bei der Travel Agency JR-Shikoku-Warp Matsuyama (linke Seite vom Ausgang des JR-Bahnhofs Matsuyama), ⏲ tgl. 4.50–21 Uhr.

### Eisenbahn

KŌCHI, mit dem JR-Express *Shiokaze*, umsteigen in Tadotsu in den JR-Express *Nanpū*, 4 1/2 Std., 9890 ¥
OKAYAMA, mit JR-Express *Shiokaze*, 2 3/4 Std., 6820 ¥
TAKAMATSU, mit der JR-Yosan-Linie (JR-Express *Ishizuchi*), 2 1/2 Std., 6160 ¥
TŌKYŌ (ab Okayama mit Shinkansen), 7 1/4 Std., 21 220 ¥

### Schiffe

Mit der Fähre von/nach HIROSHIMA, 2 3/4 Std., 5000 ¥, mit Super-Jet 1 1/4 Std., 8000 ¥; von/nach KURE (südlich von Hiroshima), 2 Std., 4000 ¥, oder mit Super-Jet, 55 Min., 6300 ¥.
Nach KOKURA im Norden von Kyūshū, 1x tgl., 7 Std., ab 10 200 ¥.
Ankunft/Abfahrt im Hafen **Matsuyama Kankō-kō**. Von dort mit dem Limousinenbus bis zu den Haltestellen JR-Bahnhof Matsuyama oder Dōgo Onsen ca. 20–40 Min., 780–1010 ¥.

### Flüge

Limousinenbusse zum Flughafen vom JR-Bahnhof Matsuyama, 15 Min., 700 ¥, von Dōgo Onsen Eki-mae ca. 40 Min., 950 ¥.

# Uwajima 宇和島

Uwajima an der äußeren Westküste von Shikoku markiert das Ende der neben dem Meer verlaufenden Eisenbahnlinie. Die mittelgroße Hafenstadt liegt am Fluss Suka, der hier ins Meer fließt. Auf einem als Park gestalteten Hügel inmitten der Stadt steht die **Uwajima-jō**. Von dem relativ kleinen, aber noch im Original erhaltenen Hauptturm der Burg hat man einen guten Blick über die Stadt und den Hafen.

Uwajima ist bekannt für seine **Stierkämpfe**. Sie unterscheiden sich von der spanischen Variante insofern, als dass hier zwei Bullen in einem Ring von 20 m Durchmesser gegeneinander kämpfen. Verloren hat der Stier, der den Ring verlässt oder mit einem Knie den Boden berührt. Kämpfe finden nur am 2. Januar, am 2. Sonntag im April, am 24. Juli und am 14. August statt.

Unter die wenigen Sehenswürdigkeiten der Stadt fällt der Schrein **Taga-jinja** am nördlichen Ufer des Sukagawa, der sich ganz der Sexualität und Erotik widmet. Auf dem Schreingelände liegt ein interessantes Sex-Museum, in dem sich die Besucher auf zwei Stockwerken mit Bildern, Schnitzereien, Phalli aus Holz und Stein und sonstigen Gegenständen aus unterschiedlichen Ländern ein Bild zum Thema machen können. ⏲ tgl. 8–17 Uhr, 800 ¥ (Zutritt ab 20 Jahren). 15 Min. zu Fuß vom JR-Bahnhof Uwajima.

## ÜBERNACHTUNG

**DearU**, Uwajima Guest House & Café, Tsurushima-chō 4-19, 🖳 https://dear-u-uwajima-ghc.studio.site. Familienbetrieb mit Kind, Hund und öffentlichem Café. Dorm (auch mit Kleinkindern) 4000 ¥ p. P., Privatzimmer (bis 5 Pers.) 15 000 ¥. Maßnahmen zur Nachhaltigkeit umfassen Aktivitäten mit Einheimischen (Stadtrundgang, Fototour), Mietfahrrad, Recyclingbehälter für Abfall, keinerlei Einwegbehälter, wassersparende Duschen, regional hergestellte Lebensmittel, Infos über lokale Ökologie und Grünflächen vor Ort. Vom JR-Bahnhof Uwajima 4 Min. zu Fuß.

**Uwajima Youth Hostel**, Daichōji Oku-hei 166-11, Atago-kōen, Reservierung ✆ 0895-22-7177, 🖳 www.jyh.or.jp/e/i.php?jyhno=7308. Die Herberge liegt auf einem Waldhügel mit schönem Blick auf die Stadt. Vom JR-Bahnhof Uwajima etwa 2 km zu Fuß nach oben. Fahrradleihe möglich. Dorm 3600 ¥, Frühstück 620 ¥. Zwischen 9.30 und 16.30 Uhr geschlossen. Torschluss um 21 Uhr.

## ESSEN UND UNTERHALTUNG

**Cafe bar Chord**, Chūō-chō 1-4-7, ✆ 0895-28-7879. Nette Studentencafé-Atmosphäre. Es gibt leckere Croissants mit Thunfischsalat oder Roastbeef. Tagsüber mehrere Kaffeesorten, eine Tasse für stolze 500 ¥, abends viele Alkoholika und dazu passende Speisen. Vom Bahnhof Uwajima 10 Min. zu Fuß, nahe der Uwajima-Burg. 🕒 Mi–Mo 15–18 Uhr (Café), 19–24 Uhr (Bar).

**Kadoya**, Nishiki-machi 8-1 (Ekimae-dōri), ✆ 0895-22-1543. Restaurant für Liebhaber der lokalen Uwajima-Küche, z. B. *taimeshi* (Reis mit in Sesam und süßer Sojasoße eingelegten Meerbrasse-Stücken), eine besondere Art der Zubereitung, die von einem einheimischen Fischer erdacht wurde. Vom JR-Bahnhof Uwajima 2 Min. zu Fuß. 🕒 tgl. 11–15 und 17–21, Do nur 17–21 Uhr.

Landet man mit der Fähre im Hafen von Uwajima, findet man auch dort in der Nähe eine **Kadoya-Filiale**, 1-4-6 Benten-chō, ✆ 0895-25-2511, zu Fuß 10 Min. vom Hafen entfernt. 🕒 tgl. 11–15 und 17–21 Uhr.

## TRANSPORT

### Eisenbahn

Die JR-Yosan-Linie verbindet die Städte Takamatsu, Matsuyama und Uwajima: Von Uwajima nach MATSUYAMA mit dem JR-Express *Uwakai* oder *Shiokaze*, 1 1/4 Std., 3210 ¥.

### Schiffe

**Uwajima-Un'yu-Ferry**, 🖳 www.uwajimaunyu.co.jp, verkehrt von Yawatahama nach BEPPU (6x tgl., 2 3/4 Std., ab 4200 ¥) und USUKI (7x tgl., 2 1/2 Std., ab 3200 ¥) auf Kyūshū.

Zum Fährhafen mit Lokalzug der JR-Yosan-Linie von JR Uwajima in ca. 1 Std., 660 ¥, oder mit dem JR-Express *Uwakai* oder *Shiokaze* in 30 Min., 1500 ¥, dann vom Bahnhof Yawatahama mit dem Stadtbus zum Hafen in 6 Min. (160 ¥).

SHIKOKU

KUMAMOTO, SUIZENJI-KÔEN; © JESSIKA ZOLLICKHOFER

# Kyūshū 九州

**Wer nach Kyūshū reist, auf die drittgrößte japanische Insel, landet nicht nur geografisch im Süden des Landes. Hier, wo die Orangenbäume blühen, scheint das Leben einen gemächlichen Gang zu gehen. Spektakuläre Tempelanlagen sucht man vergeblich. Dafür gibt es im japanischen „Feuerland", Hi-no-kuni, eindrucksvolle Vulkane und einladende Onsen, reizvolle Küstenstriche – und Menschen, die womöglich noch eine Spur freundlicher sind als im Rest Japans.**

# Stefan Loose Traveltipps

**17** **Nagasaki** Für Japaner die exotischste Stadt Japans. Hier lässt sich auf den Spuren einer wechselvollen Geschichte wandeln. S. 538

**Beppu** Im größten Thermalbadeort Japans spaziert man von einem Höllenteich zum nächsten. S. 551

**Kurokawa Onsen** Nichts entspannt so sehr wie im Mondschein im *rotenburo* zu sitzen. S. 556

**Takachiho** Wer hierher kommt, gerät in den Bann der japanischen Mythenwelt. S. 567

**18** **Sakurajima** Der hyperaktive Vulkan fasziniert aus jedem Blickwinkel. S. 571

**Yakushima** Uralte, mystische Zedernwälder laden zu märchenhaften Wanderungen ein. S. 577

**Nichinan-kaigan** An diesem malerischen Küstenstreifen geht es ganz entspannt zu. S. 581

CHI-NO-IKE-JIGOKU, BEPPU; © JESSIKA ZOLLICKHOFER

UDO-JINGŪ, NICHINAN-KAIGAN; © JESSIKA ZOLLICKHOFER

**Wann fahren?** Ganzjährig, aber am besten sind Frühling und Herbst

**Wie lange?** Mindestens eine Woche

**Beste Feste** Hakata Gion Yamakasa (Fukuoka) im Juli, Laternenfest (Nagasaki) im Februar

**Outdoor-Tipp** Wandern im Aso-Nationalpark oder auf Yakushima, Surfen bei Miyazaki

**Unbedingt probieren** die Rettich-Spezialität *karashi renkon*, die pampelmusenartige *Hyūga natsu mikan* und *kurobuta*-Schweinefleisch

Kyūshū
N
0
100 km
Masuda
Susa
OMI-SHIMA
Abu
Tsuwano
TSUNO-SHIMA
Nagato
Hagi
Atô
Hôhoku
Yamaguchi
Toyoura
Mine
Ogôri
Hôfu
Shinnanyô
Shimonoseki
Onoda
Ube
Tokuyama
Kudamatsu
Hikari
Kitakyûshû
Nakama
Suô-nada
NAGA-SHIMA
TSUSHIMA
Mitsushima
Izuhara
Katsumoto
IKI
Gônoura
Genkai-nada
Iki-suidô
Fukuoka
Iizuka
Nôgata
Yukuhashi
Nakatsu
HIME-JIMA
Yobuko
Tagawa
Buzen
Bungo-Takada
IKITSUKI-SHIMA
Hirado
Karatsu
Kasuga
Dazaifu
Ôsaka
Usa
UKU-JIMA
HIRADO-SHIMA
OJIKA-JIMA
Matsura
Taku
Amagi
Kitsuki
SHIKOKU
Imari
Saga
Ogori
Hita
Beppu
Misaki
Arita
Takeo
Kurume
Yufuin
Beppu-wan
Hôyo-kaikyô
Sasebo
Yanagawa
Kurokawa Onsen
Kujû-san
1791
Ôita
Usuki
Gotô-rettô
Kashima
Ariake-kai
Ômuta
Yamaga
Inukai
NAKADÔRI-JIMA
Nishi-Sonogi-hantô
Ômura
Arao
Kikuchi
Aso
Tsukumi
Narao
Isahaya
Tamana
Aso
Bungo-Taketa
Saiki
Fukue
Nagasaki
Shimabara
1757
Takamori
Sobo-san
FUKUE-JIMA
Mogi
Unzen
Kumamoto
Kuchinotsu
Uto
Takachiho
Shimabara-wan
Misumi
Oniike
Hinokage
Amakusa-nada
Tomioka
Amakusa
Yatsushiro
Kunumi-dake
1739
Nobeoka
KAMI-SHIMA
Kyûshû-sanchi
SHIMO-SHIMA
Amakusa (Hondo)
Ichifusa-yama
1727
Hyûga
Yatsushiro-kai
Yunomae
Ushibuki
Tsuno
Minamata
Hitoyoshi
Izumi
Saito
Takanabe
Akune
Ôkuchi
Kobayashi
KAMI-KOSHIKI-JIMA
Miyanojô
1700
Miyazaki
SHIMO-KOSHIKI-JIMA
Koshikijima-rettô
Sendai
Kokobû
Kushikino
Aoshima
Kagoshima
SAKURA-JIMA
Miyakonojo
1117
Nichinan
Ost-chinesisches Meer
Kaseda
Tarumizu
Chiran
Shibushi
Satsuma-hantô
Kushima
Bônotsu
Ibusuki
Kanoya
Kap Toi
Makurazaki
Kagoshima-wan
Ôsumi-hantô
Uchinoura
Ikeda-ko
Yamagawa
Kaimon-dake
KUSAGAKI-GUNTÔ
KURO-SHIMA
Okinawa
TAKE-SHIMA
IÔ-JIMA
MAGE-SHIMA
Nishi-no-omote
TANEGASHIMA
KUCHINOERABU-JIMA
Miyanoura
Tôkyô
Minamitane
YAKUSHIMA
Anbô

Es war einmal vor langer Zeit, dass Ninigi, der göttliche Vorfahre des japanischen Kaiserhauses, im Auftrag der Sonnengöttin Amaterasu vom Himmel auf die Erde hinabstieg, um das befriedete Land zu regieren. Und der Ort seiner Niederkunft war … Kyūshū! Tatsache ist, dass die Insel viele Spuren aus dem Altertum birgt und enge Beziehungen zu Korea unterhielt. Seit dem 3. Jh. v. Chr. kamen immer wieder chinesische und koreanische Einwanderer über die Koreanische Halbinsel nach Kyūshū und brachten Japan Errungenschaften wie den Reisanbau, die Bronze- und Eisenverarbeitung und die Seidenraupenzucht. Besonders bedeutsam waren die Verbindungen zum Paekche-Reich, von wo Handwerker, der Buddhismus und auch die chinesische Schrift nach Japan gelangten.

Während der Abschließungspolitik in der Edo-Zeit fand sich auf Kyūshū mit Nagasaki eine der wenigen Brücken zum Ausland, und viele Impulse, die schließlich zur Öffnung Japans führten, kamen von Fürstentümern aus Kyūshū, vor allem Hizen und Satsuma (S. 570).

Seinen Namen („neun Provinzen") verdankt Kyūshū dem Umstand, dass es bis 1871 aus eben neun Provinzen bestand. Die Verwaltungsreform zog die Grenzen neu und gab den nunmehr sieben Präfekturen andere Namen (von Honshū aus im Uhrzeigersinn): Fukuoka, Ōita, Miyazaki, Kagoshima, Kumamoto, Nagasaki und Saga.

Auch wenn die vielen Hightech-Unternehmen in Nord-Kyūshū der Insel zu dem etwas hochtrabenden Spitznamen „Silicon Island" verholfen haben und die Insel mit Windrädern, der größten Solarzellenfabrik und dem leistungsstärksten Erdwärmekraftwerk Japans bei den erneuerbaren Energien den Ton anzugeben scheint, sind in weiten Teilen Kyūshūs Landwirtschaft und Fischfang vorherrschend. Aber egal ob auf dem Land oder in der Stadt: Auf Kyūshū wird man überall auf hilfsbereite, neugierige Einwohner treffen. Vielleicht liegt diese Offenheit daran, dass die Insel jahrhundertelang ein Tor zur Welt war.

## Transport

**Japan Railways**, 💻 www.jrkyushu.co.jp/english, bietet für Kyūshū drei Regionalpässe an: ganz Kyūshū für 3 Tage (20 000 ¥), für 5 Tage (22 500 ¥) oder für 7 Tage (25 000 ¥), Nord-Kyūshū für 3 Tage (12 000 ¥) oder 5 Tage (15 000 ¥), und Süd-Kyūshū für 3 Tage (10 000 ¥). Kinder (6–11 Jahre) zahlen jeweils die Hälfte. Die Nutzung des Kyūshū Shinkansen und des Nishi Kyūshū Shinkansen ist inbegriffen. Beim Kauf einzelner Fahrscheine online über JR Kyūshū erhält man ein paar hundert Yen Rabatt (Kyushu Net Kippu).

Auf Kyūshū verkehren die unterschiedlichsten Zugmodelle, darunter **nostalgische Touristenbahnen**, die ein Erlebnis für sich sind. Näheres unter 💻 www.jrkyushu.co.jp/english/train.

Manche Gegenden sind allerdings nicht oder nur umständlich per Bahn zu erreichen. Hier verkehren **Busse**, wenngleich abseits der Hauptstrecken nicht sehr häufig, deshalb sollte man für abgelegene Gegenden erwägen, ein Auto zu mieten.

Das Unternehmen **Nishitetsu**, 💻 www.nishitetsu.jp/en, unterhält neben ein paar Bahn- und Fährlinien ein Busnetz, das alle größeren Orte auf Kyūshū abdeckt. Zusammen mit anderen Busgesellschaften gibt es den SunQ-Pass heraus, 💻 www.sunqpass.jp/english: unbegrenzte Busfahrten (und ein paar Fährstrecken) für 4 Tage (14 000 ¥), 3 Tage (11 000 ¥) oder 3 Tage nur in Nord-Kyūshū (9000 ¥) bzw. Süd-Kyūshū (8000 ¥). Einzelne Bustickets lassen sich ansonsten über 💻 www.atbus-de.com oder https://kyushubusbooking.com kaufen.

# Fukuoka 福岡

Fukuoka ist nicht Tōkyō – klar, aber die rund 1,56 Mio. Einwohner zählende Stadt mit einer über 2000-jährigen Geschichte ist immerhin das Wirtschafts- und Verwaltungszentrum von Kyūshū, und großstädtischer als hier wird es auf der Insel nicht.

Der älteste Hafen Japans ist seit altersher ein Tor zum asiatischen Festland. Die Mongolen versuchten im 13. Jh. vergeblich, hier einzufallen. In Vorbereitung auf die zweite Mongoleninvasion 1281 wurden unter Hōjō Tokimune, dem Regenten des Kamakura-Shogunats, am Ufer der Hakata-Bucht Befestigungswälle angelegt. Einige klägliche Überreste der Wallanlage (Genkō

Fukuoka Zentrum
N
0
500 m
ÜBERNACHTUNG
① Fukuoka Hana Hostel
② GuestHouse Nakaima
③ Nishitetsu Hotel Croom Hakata Gion
④ Fukuoka Richmond Hotel
ESSEN
1 Brooklyn Parlor
2 Yatai-Stände
3 Curry Honpo
4 Kokinchan
5 café & books bibliothèque
6 Râmen Stadium
7 Matcha Café Hachi
SONSTIGES
1 Don Quijote Nakasu
2 Bookoff Super Bazaar
3 The Dark Room
4 Biople
5 Junkudô
Fukuoka Kokusai Center, Hafen
Nanotsu-dôri
Kunstmuseum der Präfektur
Suzaki-Park
Gofukumachi
U-Bahnlinie Hakozaki
Shôfuku-ji
Hakata-za
Riverain-Komplex
Nakasu-Kawabata
Museum für Asiatische Kunst
Reizen-Park
Taihaku-dôri
Tôchô-ji
Joten-ji
Gion
Kawabata Shôtengai
Hakata-gawa
Hakata Machiya Furusato-kan (Volkskundemuseum)
Kushida-jinja
Maizuru-Burg, Ôhori-Park, Momochi
North Tenjin Bldg
Shôwa-dôri
HAUPTPOSTAMT
Oyafuko-dôri
Tenjin
Meiji-dôri
ACROS Fukuoka
Fukuoka Bldg
Kushida-jinja-mae
U-Bahnlinie Kûkô
Nakagawa
Bahnhof Nishitetsu Fukuoka Tenjin
Tenjin Core
Rainbow Plaza
Tenjin Central Park
Rathaus
Bahnhof Hakata
U-Bahnlinie Nanakuma
Canal City
JR Hakata City
Ôhori-Park, International Clinic Tojinmachi
Iwataya
Solaria Plaza
Kego-Park
Watanabe-dôri
Daimaru
Kokutai-dôro
Tenjin-Minami
Kego-jinja
Tôkyô
Yodobashi Camera
Tenjin-nishi-dôri
Nishitetsu-Bahnlinie
Rakusui-en
Sumiyoshi-dôri
Sumiyoshi-Schrein
Watanabe-dôri

Bōrui) sind in Nishijin zu sehen (vom gleichnamigen U-Bahnhof der Kūkō-Linie, Exit 1, 10 Min. zu Fuß nordwestlich Richtung Küste). Aber bitte nicht zu viel erwarten!

## Hakata 博多区

Bahnreisende kommen im Stadtteil Hakata an, der bis 1889 eine eigenständige Stadt war.

### Hakata Machiya Furusato-kan 博多町家ふるさと館

Dieses Volkskundemuseum, 💻 www.hakatamachiya.com, ist in drei traditionellen Stadthäusern untergebracht, ursprünglich Wohnung und Werkstatt eines Webers. Es widmet sich dem Leben in Hakata zur Meiji- und Taishō-Zeit. Themen sind u. a. die Feste der Stadt. Zum bedeutendsten, dem Hakata Gion Yamakasa, wird alle halbe Stunde ein Film gezeigt. Interessant sind auch die wechselnden Vorführungen traditioneller Handwerkskünste. Der Museumsladen verkauft schöne Souvenirs. 🕒 tgl. 10–18, Juli, Aug ab 9 Uhr, 4. Mo im Monat geschl., 200 ¥, U-Bahnhof Gion.

### Kushida-Jinja 櫛田神社

Geht man vom Machiya Furusato-kan weiter bis zur T-Kreuzung, erreicht man den stimmungsvollen Kushida Schrein, der 757 gegründet worden sein soll. Er ist der lokalen Schutzgottheit geweiht, die – für die alte Kaufmannsstadt Hakata wenig überraschend – geschäftlichen Erfolg sichern soll. Der Schrein steht im Mittelpunkt des Hakata Gion Yamakasa (S. 534). Ein Kazari-Yamakasa, ein tragbarer Schrein, wie er bei diesem Fest zum Einsatz kommt, ist hier dauerhaft ausgestellt.

### Tōchō-ji 東長寺

In derselben Gegend (vom Machiya ein kurzer Fußweg) befindet sich der Tōchō-ji. Der Tempel wurde 806 von Kōbō Daishi, dem Begründer der Shingon-Schule, errichtet und birgt die größte hölzerne sitzende Buddhafigur in Japan. Ein kleiner Gang hinter der Statue führt an Darstellungen der buddhistischen Höllen vorbei in die stockfinstere Dunkelheit, durch die man sich wieder ins Helle zu einem Buddha-Bildnis tastet – ein anschaulicher Beweis, dass Buddha uns aus jeder Finsternis wieder ans Licht führt. Ungewöhnlich für Japan ist die Rokkakudō („sechseckige Halle") im Garten. Im Hof steht ein schöner Kirschbaum. 🕒 tgl. 9–16.45 Uhr, Eintritt Buddhafigur 50 ¥.

### Fukuoka Asia Bijutsukan 福岡アジア美術館

Das Museum für Asiatische Kunst im Riverain Center Building (7–8F), 💻 http://faam.city.fukuoka.lg.jp, zeigt ein Potpourri von Kunstwerken aus (fast) ganz Asien und hat ein einladendes Café. 🕒 tgl. außer Mi 9.30–19.30, Fr, Sa bis 20 Uhr, 200 ¥, U-Bahnhof Nakasu-Kawabata.

### Canal City キャナルシティ博多

Der architektonisch gelungene, moderne Einkaufskomplex, 💻 www.canalcity.co.jp, beherbergt neben vielen Geschäften auch ein Kino, Theater, Cafés und Restaurants. Durch den Komplex verläuft ein kleiner Kanal, an dem regelmäßig eindrucksvolle Wasserspiele, Konzerte u. Ä. geboten werden. Zu erreichen mit dem Ringbus (4. Haltestelle ab Bahnhof Hakata). 🕒 Läden tgl. 10–21 Uhr, Restaurants 11–23 Uhr.

## Chūō ku 中央区

**Tenjin** ist das Shoppingzentrum von Fukuoka. Während sich in der unterirdischen Shoppingmeile zwischen den U-Bahnhöfen Tenjin und Tenjin-Minami ein Laden an den anderen reiht, laden über der Erde in der und um die Watanabe-dōri mehrere Kaufhäuser zum Einkaufsbummel ein.

Den Mittelpunkt des **Ōhori-Park** (U-Bahn Ōhori-kōen) bildet ein großer See, der sich über drei miteinander verbundene Inselchen queren lässt – oder man mietet ein Boot (Verleih April–Aug 11–18 Uhr, sonst nach Wetterlage). Um den See sind eine Nō-Bühne, ein idyllischer, kleiner japanischer Garten im klassischen Stil mit Wasserfällen und einem Zen-Steingarten (🕒 tgl. außer Mo 9–17, Juni–Aug bis 18 Uhr, 250 ¥) und ein **Kunstmuseum** (Fukuoka-shi Bijutsukan) angesiedelt. 🕒 Di–So 9.30–17.30, Juli–Okt Fr, Sa bis 20 Uhr, 200 ¥.

Im nahen **Maizuru-Park** mit Hunderten Kirschbäumen herrscht zur Kirschblüte Volksfeststimmung. Hier finden sich auch die unspektakulären Ruinen der einstigen Burg: Reste von Mauern, Wachtürmen und ein Tor.

KYŪSHŪ

## Momochi ももち

Das futuristische, Ende der 80er-Jahre entstandene Hafenviertel schmiegt sich an die Bucht von Hakata. Sein Wahrzeichen ist der 234 m hohe **Fukuoka Tower**, 💻 www.fukuokatower.co.jp, der 1989 erbaut wurde und erdbebensicher sein soll. Wer will, kann für 800 ¥ den Panoramablick aus 123 m Höhe genießen. 🕒 tgl. 9.30–22 Uhr.

Stadtgeschichte vermittelt das **Fukuoka-Museum** (Fukuoka-shi Hakubutsukan), 💻 http://museum.city.fukuoka.jp. 🕒 tgl. außer Mo 9.30–17.30 Uhr, Ende Juli bis Ende Aug Fr–So bis 20 Uhr, 200 ¥.

Von hier kann man zu Fuß am **Strand** entlang (über den Fluss, 10–15 Min.) bis zum Baseballstadion **PayPay Dome** laufen, wo das Profi-Baseball-Team von Fukuoka, die SoftBank Hawks (Liga-Spiele von April bis Sep), zu Hause ist.

### ÜBERNACHTUNG

Die Präfektur Fukuoka erhebt seit 2020 eine Übernachtungssteuer *(shukuhaku-zei)*, die für die Stadt Fukuoka 200 ¥ p. P. und Nacht beträgt (500 ¥ bei Unterkünften, die über 20 000 ¥ kosten).

**Fukuoka Hana Hostel**, Hakata-ku, Kamikawabata-machi 4-213, 📞 092-282-5353, 💻 www.fukuoka.hanahostel.com. Kleines Hostel in einem ehemaligen Businesshotel in der Kawabata Shōtengai. Gemischtes 8-Bett-Dorm, 6-Bett-Dorm für Frauen (je ab 3500 ¥ p. P.), 3-Bett-Zimmer (11 100 ¥), sowie Twins und DZ im japanischen Stil (je ab 7600 ¥).

**Fukuoka Richmond Hotel**, Chūō-ku, Watanabe-dōri 4-8-25, 📞 092-739-2055, 💻 www.richmondhotel.jp/fukuoka-tenjin. Zweckmäßige kleine Zimmer in Tenjin, 500 m vom U-Bahnhof. ❷–❸

€ **GuestHouse Nakaima**, Hakata-ku, Reisen-machi 6-226, 📞 092-261-5070, 💻 https://guesthousenakaima.wixsite.com/nakaima. Kleines Hostel nicht weit vom Kushida-Schrein (U-Bahnhof: Gion). Saubere, gemütliche Küche. Dorm-Bett ab 3000 ¥, auch Familien-Zimmer mit Tatami für 3 bzw. 4 Pers. (10 500/13 200 ¥).

**Nishitetsu Hotel Croom Hakata Gion**, Hakata-ku, Gionmachi 6-30, 📞 092-235-5050, 💻 https://nnr-h.com/croom/hakatagion. Modernes, einladendes Hotel in guter Lage mit tollem Onsen, Frühstücksbuffet mit viel Obst und Gemüse und als Extra einem öffentlichen Terrassenbereich. ❷–❹

### ESSEN

Spezialitäten von Fukuoka sind Hakata Rāmen (mit dünnen Nudeln und einer Brühe aus Schweineknochen), *Kawabata zenzai* (Bohnensuppe), *mizutaki* (Hühnereintopf) und *motsu-nabe*, ein Eintopf mit Innereien vom Rind.

**Brooklyn Parlor**, Hakata-ku, Shimokawabata-machi 3-1-1F, im Hakata Riverain, 💻 www.brooklynparlor.co.jp/hakata. Einladendes Musikcafé und Buchladen. 🕒 tgl. 11.30–21 Uhr.

**café & books bibliothèque**, Chūō-ku, Tenjin 2-10-3, VIORO B1F, 💻 www.bibliotheque.ne.jp/fukuoka. Gemütliches kleines Café und Buchladen im Untergeschoss eines Kaufhauses. 🕒 tgl. 11–21 Uhr.

**Curry Honpo**, Hakata-ku, Kamikawabata-machi 6-135. 💻 www.curry-honpo.com. Für alle Fans japanischer Currys. Das Lokal, praktisch gelegen in der Kawabata Shōtengai, ist auf gemütliche Art unordentlich. Englische Speisekarte, Durchschnittspreise. 🕒 unregelmäßig, aber meist tgl. ab 11 Uhr.

Im **Canal City**-Komplex gibt es mehrere Restaurants, u. a. Rāmen-Lokale im **Rāmen Stadium**, 5F (hier wählt und zahlt man am Automaten).

#### Wer die Wahl hat, hat die Qual

Die **Yatai-Stände**, für die Fukuoka berühmt ist, verstreuen sich über verschiedene Ecken der Stadt. Es gibt Pferdefleisch, *dengaku* (gegrillter Tōfu mit süßer Misosauce), Yakitori, Tenpura, Rāmen, Oden. Das Publikum ist kunterbunt gemischt. Die meisten Stände haben von 19–22 Uhr geöffnet, bei Regen und sonntags häufig geschlossen. Mehrere befinden sich am Ufer des Nakagawa bei der Haruyoshi-Brücke, weitere auf der Südostseite des Bahnhofs Hakata sowie um den U-Bahnhof Tenjin, z. B. der sehr beliebte **Kokinchan**, der seit 1968 *yaki-rāmen* zubereitet, 🕒 tgl. außer Do und So ab ca. 18.30 Uhr.

Eine große Auswahl an Lokalen bieten das Shoppingcenter **Solaria Plaza** (6F und 7F) in Tenjin und der JR-Bahnhof Hakata (9F und 10F). Beliebt ist hier das kleine stylische **Matcha Café Hachi** mit, wie der Name verrät, diversen Matcha-Leckereien.

## UNTERHALTUNG

### Bars und Kneipen

**Nakasu**, die Insel zwischen Hakata und Tenjin, ist das berüchtigte Vergnügungsviertel der Stadt, mit Hunderten von Restaurants, Kneipen, Bars, Nachtclubs und Spielhallen.

**Tenjin** wartet in der Oyafuko-dōri mit Clubs und Kneipen auf; ein Dauerbrenner ist hier **The Dark Room**, Tenjin Bacchus-kan Bldg., 8F, mit dem Charme des Abgenutzten. ⏱ tgl. 20–3 Uhr.

Auf dem Dach des **JR Hakata City** am Bahnhof Hakata gibt es nicht nur tolle Ausblicke auf die Stadt, sondern sogar einen Eisenbahn-Schrein. Zugang mit Fahrstuhl im Hankyū-Kaufhaus bis Etage R. ⏱ tgl. 10–22 Uhr.

### Sumō

Fukuoka ist einer der Austragungsorte der Sumō-Turniere: vom 2.–4. Sonntag im November (15 Tage) im Fukuoka Kokusai Center; Kartenverkauf im Internet, 💻 www.sumo.or.jp/en/index.

### Theater

Im **Hakata-za**, 💻 www.hakataza.co.jp, werden Kabuki, Musicals und andere Theaterformen aufgeführt. Ticketschalter ⏱ tgl. 10–17 Uhr.

## SONSTIGES

### Einkaufen

Traditionelle Kunsthandwerkserzeugnisse wie Hakata-*ningyō* (Puppen) und Hakata-*ori* (Seide) – ursprünglich für *obi* (Kimonogürtel),

Koi-Wimpel am Strand von Momochi



heute für Krawatten und Taschen – bekommt man z. B. in der **Takumi Gallery im ACROS Building** (1F) in Tenjin und im **Hakata Machiya**. Hakata-goma (Kreisel) sind nette Mitbringsel für Kinder.
Die Haupteinkaufszentren sind Tenjin im Zentrum sowie Canal City (mit einer Filiale von Uniqlo (East Bldg.) und Muji (North Bldg.) und die Einkaufsstraße **Kawabata Shōten-gai** (U-Bahnhof Nakasu-Kawabata, Exit 5, oder vom U-Bahnhof Kushida-Schrein bzw. der Canal City zu Fuß in wenigen Minuten) in Hakata.
**Bookoff Super Bazaar**, Chūō-ku, Tenjin 4-3-20, im North Tenjin Building 6–7F. Verkauft nicht nur gebrauchte Bücher und CDs, sondern auch Secondhandkleidung, Taschen, Spielzeug, Schmuck und alles Mögliche. ⏲ tgl. 10–21 Uhr.
**Don Quijote Nakasu**, Hakata-ku, Nakasu 3-7-24, 1F und 2F. Discount-Laden mit allen möglichen nützlichen wie unnützen Sachen. ⏲ tgl. 24 Std.
**Junkudō**, Chūō-ku, Daimyō 1-15-1, Tenjin Nishi-dōri Square. Schöne Schreibwaren im 2F und englischsprachige Bücher im 3F. ⏲ tgl. 10–20 Uhr.
**Biople**, Chūō-ku,Tenjin 2, in der Untergrund-Mall zwischen Ostausgang 4 und 5. Der Name setzt sich zusammen aus „bio“ und „people“. Verkauft wird eine kleine, aber feine Auswahl an Naturkosmetik und Bio-Lebensmitteln. ⏲ tgl. 10–20 Uhr.

### Feste

**Kirschblütenfest**, Ende März bis Mitte April, u. a. beim Atago-Schrein am nordwestlichen Stadtrand, im Maizuru-Park um die Burgreste und im Nishi-Park, nördlich des Maizuru-Parks Richtung Küste, blühen Hunderte von Kirschbäumen und locken Feiernde zum Picknick an.
**Hakata Dontaku**, 3. und 4. Mai: bunter Umzug über die Meiji-dōri zum Rathaus.
**Hakata Gion Yamakasa**, Mitte Juli: Männer rennen in Teams aus verschiedenen Vierteln mit einem großen tragbaren Schrein *(mikoshi)* um die Wette um den Kushida-Schrein. Das Fest besteht schon seit 1241 und zählt seit 2016 zum immateriellen Weltkulturerbe.

### Informationen

**Touristeninformation** im Bahnhof Hakata, ⏲ tgl. 8–19 Uhr, und im Nishitetsu Bldg. in Tenjin, ⏲ tgl. 9.30–19 Uhr. Die Touristeninformation in Tenjin ist gut bestückt mit englischsprachigen Broschüren zu Zielen in ganz Kyūshū.
Im **ACROS Bldg.** (2F) in Tenjin, bekommt man Infos und Tickets für kulturelle Veranstaltungen, ⏲ tgl. 10–18 Uhr.

#### Fukuoka online

www.fukuoka-now.com
Die Online-Ausgabe des Monatsmagazins *Fukuoka Now*. Eine super Infoquelle!
www.city.fukuoka.lg.jp
Offizielle Website der Stadt Fukuoka. Hilfreicher ist die Tourismus-Website www.yokanavi.com (mit deutscher Übersetzung).

### Medizinische Hilfe

**International Clinic Tojinmachi**, Chūō-ku, Jigyo 1-4-6, ✆ 092-717-1000, 💻 www.internationalclinic.org. Hier wird auch Deutsch gesprochen. U-Bahnhof Tōjinmachi (Ausgang 1). 🕒 Mo, Di, Do, Fr 9–13 und 14.30–17.30, Sa 9–13 Uhr.

## NAHVERKEHR

### U-Bahn

Drei U-Bahnlinien verkehren in der Stadt: die **Kūkō-Linie** (via Tenjin und Hakata zum Flughafen), die **Nanakuma-Linie** (vom Bahnhof Hakata über den Kushida-Schrein und Tenjin (Süd) nach Südwesten) und die **Hakozaki-Linie** (von Nakasu-Kawabata nach Nordosten). Ein Tagespass *(ichi-nichi-jōsha-ken)* kostet 640 ¥. Näheres unter 💻 https://subway.city.fukuoka.lg.jp.

### Busse

Es gibt den praktischen **Canal City Line Bus** von Nishitetsu im Stadtzentrum, der pro Fahrt 150 ¥ kostet. Damit gelangt man u. a. vom Bahnhof Hakata zur Canal City und nach Tenjin.

## TRANSPORT

### Busse

Nach BEPPU, häufig, 2 1/2 Std., 3250 ¥
NAGASAKI, häufig, 2 1/2 Std., 3110 ¥
Näheres unter 💻 http://global.atbus-de.com.

### Eisenbahn

Vom Bahnhof Hakata verkehren Züge nach:
BEPPU (1 3/4 Std., 6390 ¥) mit dem Shinkansen bis Kokura, ab dort mit dem JR-Expresszug Nichirin.
KAGOSHIMA (Chūō), Shinkansen: 1 1/2 Std., 10 110 ¥
KUMAMOTO, Shinkansen: 40 Min., 4700 ¥
NAGASAKI (1 1/2 Std., 5520 ¥) mit der JR-Kagoshima-Linie bis Takeo Onsen, ab dort mit dem Nishi Kyūshū Shinkansen
ŌSAKA, Shinkansen: 2 3/4 Std., 14 750 ¥
Nach DAZAIFU mit der **Nishitetsu-Privatbahn** (S. 536) vom Bahnhof Tenjin.

### Flüge

Vom **Fukuoka Airport**, ✆ 092-621-6059 (national), 092-621-0303 (international), 💻 www.fuk-ab.co.jp, zum Bahnhof Hakata und weiter nach Tenjin fährt eine U-Bahn ab dem National Terminal für 260 ¥ (Shuttlebus zum/vom International Terminal).

# Dazaifu 太宰府

Heute kaum zu glauben, aber Dazaifu war einst das politische Zentrum Westjapans: In der Nara- und Heian-Zeit war es die Aufgabe der hiesigen Regierung, die japanische Westgrenze zu schützen und die damals neun Provinzen von Kyūshū zu verwalten. Von der einstigen Bedeutung dieses Ortes ist nichts mehr zu spüren. Trotzdem ist Dazaifu ein viel besuchter Ort: An einer endlosen Reihe von Souvenirläden vorbei pilgern unzählige Menschen, vor allem Schüler und Studenten, zum hiesigen **Tenmangū**, um den Schutzheiligen des Lernens, Sugawara no Michizane (845–903), über dessen Grabstelle der Schrein einst errichtet wurde, um Beistand bei Prüfungen zu bitten. Sugawara war ein Gelehrter und Politiker, der in Kyōto bis zum Minister zur Rechten aufstieg. Von Neidern diffamiert, wurde er 901 n. Chr. nach Dazaifu strafversetzt, wo er zwei Jahre später starb.

Hinter dem Torii erreicht man zunächst einen Teich, über den drei Brücken führen. Sie symbolisieren Vergangenheit, Gegenwart und Zukunft. Auf das Tor Sakuramon (heutiger Bau von 1914) folgt die Haupthalle (Honden). Sie wurde 905, zwei Jahre nach Sugawaras Tod, erbaut, brannte aber in den folgenden Jahrhunderten mehrfach nieder. Das heute zu sehende Bauwerk wurde 1591 errichtet. Es wird derzeit bis 2027 restauriert. Das zum Schrein gehörende kleine **Schatzhaus** lohnt den Eintritt nicht, 🕒 tgl. außer Mo 9–16.30 Uhr, 500 ¥.

Um den Heiligen ranken sich zahlreiche Legenden, die sich auf dem Schreingelände spiegeln. So soll der **Pflaumenbaum**, der rechts vor dem Hauptschrein steht, Sugawara aus Sehnsucht von Kyōto hinterher geflogen sein. Auch die **Ochsenskulptur** steht in Verbindung mit dem Schutzheiligen: Sugawara, der im Jahr des Och-

### Ein Hauch von Venedig

Eine romantische Kahnfahrt mit Gesangseinlagen des Bootsführers lässt sich in **Yanagawa** erleben. Der kleine Ort im Süden der Präfektur Fukuoka wurde teils dem Meer abgerungen und ist von Kanälen durchzogen. Es gibt drei Anbieter, die mit ihren Booten an verschiedenen Stellen des Kanals warten (1 Std.; 1800 ¥). Es geht bis zur Ohana-Residenz der Fürstenfamilie Tachibana mit zauberhaftem Garten und zurück per Shuttlebus (oder umgekehrt). Yanagawa ist am einfachsten mit der Nishitetsu-Linie ab Fukuoka-Tenjin zu erreichen (1 Std.; 870 ¥).

sen geboren wurde (845), hatte bestimmt, dass sein Grab dort sein sollte, wo der Ochsenkarren mit seinen sterblichen Überresten stehen bliebe. Wer der Ochsenskulptur über den Kopf streicht, wird mit Weisheit gesegnet – so jedenfalls der Volksglaube.

Vom Schreingelände geht es über Rolltreppen und Laufbänder durch einen Tunnel zum **Kyūshū-Nationalmuseum**, 💻 www.kyuhaku.com. Das schön aufgemachte Museum zeigt eine Dauerausstellung zum Thema des Kulturaustauschs zwischen Japan und dem übrigen Asien sowie wechselnde Themenausstellungen. 🕒 tgl. außer Mo 9.30–17, Fr, Sa bis 20 Uhr, Eintritt Dauerausstellung 700 ¥, kostenloser Audioguide auf Englisch. Das dazugehörige Café bietet auch Sitzplätze im Freien.

Vom Tenmangū-Schrein und dem Nationalmuseum ist es nur ein kurzer Fußweg zum **Kōmyōzenji**, einem friedlichen Tempel von 1273 mit einem bezaubernden Stein- und Moosgarten. Derzeit ist er leider geschlossen und seine Zukunft ungewiss.

Auf dem Rückweg zum Bahnhof sollte man in der Ladenstraße die leckere Gebäckspezialität *ume-ga-eda* probieren, die frisch gebacken in verschiedenen Läden verkauft wird.

### ESSEN UND SONSTIGES

**Namiman**, vom Bahnhof kommend in der Hauptstraße zum Schrein ein Stück vor dem 2. Torii links durch einen Durchgang, 💻 www.dazaifu-namiman.com. Stimmungsvolles Soba-Lokal in einem traditionellen japanischen Haus. 🕒 tgl. außer Mi 11–17 Uhr.
**Infos** (und App) zu Dazaifu auf 💻 www.dazaifu-japan-heritage.jp.

### TRANSPORT

Von FUKUOKA (Tenjin) fahren **Züge** der Privatlinie Nishitetsu in 40 Min. zum Bahnhof Nishitetsu-Futsukaichi. Von dort sind es zwei Stationen mit der Nishitetsu-Linie nach Dazaifu. Einige Züge fahren auch von Tenjin bis Dazaifu durch (420 ¥).

## Arita 有田

Wer sich für japanische Keramik interessiert, sollte unbedingt das friedliche Arita in der Präfektur Saga aufsuchen. Sein Name steht in ganz Japan für eine lange Tradition der Töpferkunst. Diese begann mit Toyotomi Hideyoshi, der nach seinem Koreafeldzug (1592–98) koreanische Töpfer zwangsweise hierherbringen ließ. Unter den Verschleppten war auch Ri Sanpei (eigentlich Yi Sampyong). Er entdeckte um 1616 in der Gegend Kaolin und errichtete daraufhin den ersten Porzellanofen in Japan. Arita-Porzellan wurde im Ausland bald als Ko-Imari (Alt-Imari) bekannt, nach dem Hafen Imari 12 km nördlich, von dem aus das Porzellan verschifft wurde. Heute wird in Arita nicht nur Geschirr, sondern auch Fliesen und Industrieporzellan hergestellt. Seit 1979 pflegt der Ort eine Partnerschaft mit Meißen.

Seit Ri Sanpei hier Kaolin entdeckte, wurden beim **Izumiyama-Steinbruch** bis zu 10 000 t Gestein pro Jahr gefördert. Heute ist der Steinbruch quasi erschöpft, weshalb Arita das Kaolin aus anderen Regionen beschaffen muss. Der Steinbruch ist nicht begehbar, bietet aber einen recht eindrucksvollen Anblick.

Der 1658 gegründete **Tōzan-jinja** ist Kaiser Ōjin und den Urvätern der Töpferkunst von Arita gewidmet. Das ungewöhnliche Torii aus weiß-blauem Porzellan wurde 1888 aufgestellt. Die *koma-inu* (Wachhunde), ebenfalls aus Porzellan, wurden 1887 von dem Keramikmeister Imaemon X. gestiftet. Folgt man dem Pfad links hinter dem Schrein und dann dem Pflasterweg rechts, gelangt man zum **Denkmal für Ri Sanpei**, das 1917 „für den Vater der Arita-Töpferei" errichtet wurde. Von hier hat man einen schönen Blick auf Arita.

Das Iro-Nabeshima-Porzellan, das die Imaemon-Familie herstellt, war in der Edo-Zeit den Fürstenfamilien vorbehalten. Imaemon Imaizumi, 13. Oberhaupt der Töpfer-Dynastie, wurde als „lebender Nationalschatz" *(ningen kokuhō)* ausgezeichnet und entwickelte neue Techniken. Seit 2002 führt sein Sohn Masato die Familientradition als Imaemon XIV. weiter. Die **Imaemon-Galerie**, 💻 www.imaemon.co.jp/museum, ist überschaubar und vermutlich nur für echte Porzellankenner von Interesse. Eine Werkstattbesichtigung ist leider nicht möglich. 🕒 Mo–Fr 13–16, Sa, So 10.30–16.30 Uhr, 300 ¥.

Das moderne **Keramikmuseum** (Saga Kenritsu Kyūshū Tōji Bunka-kan), 💻 http://saga-museum.jp/ceramic, liegt auf einem Hügel südlich des Bahnhofs Arita. Es widmet sich der Geschichte der Keramik auf Kyūshū. Eine große mechanische Spieluhr aus Porzellan aus dem Jahr 2000 gerat ab 9.30 Uhr alle halbe Stunde in Bewegung. Einen Blick wert sind auch die Toiletten des Museums! Die 25 Porzellanglocken draußen sind übrigens ein Geschenk der Partnerstadt Meißen. Zu jeder vollen Stunde wird dort abwechselnd ein japanisches und ein deutsches Lied gespielt. 🕒 Di–So 9–17 Uhr, Eintritt frei. 10 Min. zu Fuß vom Bahnhof Arita.

Die **Kakiemon-Galerie** ist interessanter als die Imaemon-Galerie. Die Familie Kakiemon ist bereits seit dem frühen 17. Jh. in Arita ansässig. Sakaida Kakiemon (1596–1666) entwickelte um 1643 die „Akae" genannte, polychrome Aufglasurtechnik. Die Kaki-rote Malerei wurde auf milchig-weißem, Nigoshide genanntem Porzellan aufgetragen und so die typische Kakiemon-Keramik geschaffen. Auch Sakaidas Nachfahre Kakiemon XIV. (1934–2013) wurde als „lebender Nationalschatz" ausgezeichnet für sein Bemühen, die traditionellen Techniken zu bewahren. Seit seinem Tod führt der älteste Sohn das Familienunternehmen als Kakiemon XV. weiter. Mit dem Fahrrad braucht man vom Bahnhof bis zur Kakiemon-Galerie ungefähr eine Viertelstunde (Weg auf Plan einzeichnen lassen). Es gibt kein Schild in Lateinschrift, aber eine Tafel mit englischer Erklärung davor. 🕒 tgl. 9–17 Uhr, Eintritt frei.

## ÜBERNACHTUNG UND ESSEN

Es ist nicht erforderlich, in Arita zu übernachten. Wer hier dennoch bleiben möchte, findet ein paar einfache Minshuku.

Eine gute Adresse zum Essen ist **Gallery Arita**, 💻 https://gallery-arita.co.jp, an der Schnellstraße 35, die parallel zu den Bahnschienen verläuft und die Abzweigung zum Keramikmuseum passiert. Es ist eine Mischung aus Restaurant, Café und Porzellanshop. Hier kann man z. B. ein leckeres Tōfu-Menü mit *godōfu*, der Spezialität von Arita, probieren, das in Arita-Porzellan serviert wird. Das Besondere: Für den Kaffee darf man aus Hunderten Tassen selbst eine auswählen. 🕒 tgl. 11–17 Uhr.

### Porzellan aus Arita für Europa

In der Edo-Zeit lief der Porzellanhandel v. a. über die VOC (Niederländische Ostindienkompanie). Sie brachte ab 1659 **Arita-Porzellan** *(Arita-yaki)* über Batavia, das heutige Jakarta, nach Europa. Bis 1757, als der offizielle Handel endete, wurden über 1,2 Mio. Stück nach Europa exportiert. Rechnet man die Ware hinzu, die nicht über die VOC verschifft wurde, sind es sogar über 7 Mio. Der europäische Hochadel schätzte das Arita-Porzellan sehr. Zeitweise war *Arita-yaki* sogar wertvoller als Gold und Silber. Es gelangte auch an den Hof von Kurfürst Friedrich August I. (dem Starken) von Sachsen, der Porzellan in seinem „Japanischen Palais" in Dresden sammelte. Große Teile dieser Sammlung sind heute im Dresdner Zwinger zu sehen. August der Starke war es auch, der die Gründung der ersten Porzellanmanufaktur Europas in Meißen veranlasste. Arita-Porzellan inspirierte zudem Töpfereien in Chelsea und Delft und beeinflusste die Kunst des Barock und Rokoko.

Eine zweite Blüte erfuhr die Töpferkunst von Arita nach der Öffnung Japans am Ende des 19. Jhs., als Arita-Porzellan auf verschiedenen Weltausstellungen gezeigt wurde.

© JESSIKA ZOLLICKHOFER

Der Tōzan-jinja weist ungewöhnliche, aber für Arita typische Porzellan-Elemente auf.

## SONSTIGES

### Aktivitäten

Bei **Rokuro-za**, ✆ 0955-41-1302, nicht weit vom Bahnhof Kami-Arita, kann man nach Voranmeldung selbst an die Töpferscheibe (Dauer ca. 1 Std., 2040 ¥). Das Kunstwerk wird einem dann ca. 2 Monate später zugeschickt. ⌚ tgl. außer Do 10–15 Uhr.

### Informationen

Nahe dem Bahnhof Arita gibt es eine **Touristeninformation** mit Fahrradverleih. Eine nützliche Website ist 💻 www.arita.jp.e.ew.hp.transer.com.

### Keramikmarkt

Der **Arita Tōki-ichi**, 29.4.–5.5., existiert seit bald 120 Jahren. Vom Bahnhof Arita bis zum Bahnhof Kami-Arita erstrecken sich dann unzählige Stände mit *Arita-yaki,* Snacks und Getränken.

Im Herbst (Nov) gibt es ein ähnliches Fest, nur wesentlich kleiner.

## TRANSPORT

Arita ist sehr weitläufig. Wer kein Fahrrad mietet, ist auf **Busse** (200 ¥ pro Fahrt, Tagespass 500 ¥) oder Taxis angewiesen.
Von FUKUOKA (Hakata) stdl. Direktverbindung mit der **Bahn** in 1 1/2 Std., 3050 ¥.
Wenn man von Arita nach NAGASAKI will, hat man zwei Routen zur Auswahl: entweder mit Umsteigen in Haiki (insgesamt 2 1/4 Std., 2180 ¥) oder bis Takeo Onsen und dort umsteigen in den Nishi Kyūshū Shinkansen (insgesamt 1 1/2 Std., ab 3440 ¥).

17 HIGHLIGHT

# Nagasaki 長崎

Nagasaki (430 000 Einw.) ist eine der schönsten und interessantesten Städte Japans. Mit ihren chinesischen Tempeln, christlichen Kirchen und westlichen Gärten ist die alte Hafenstadt für Japaner sehr exotisch. In jedem Fall versprüht sie eine einzigartige Atmosphäre. Buddhistische Priester aus China ebenso wie christliche Missionare aus Portugal nutzten den Hafen als Eingangstor nach Japan. Die Holländer trieben in der Edo-Zeit von hier aus Handel mit dem restlichen Japan, und im Zweiten Weltkrieg warfen die Amerikaner die zweite Atombombe der Geschichte auf die Stadt ab (S. 541) – so wechselvoll die Geschichte der Stadt, so vielseitig ist das Stadtbild heute.

Die Stadt ist sehr lang gestreckt: Im nördlichen Viertel Urakami befindet sich das Epizentrum des Atombombenabwurfs. Das Hauptgeschäftszentrum ist südöstlich des Bahnhofs um Hamanomachi angesiedelt. Südwestlich davon erstrecken sich die Chinatown und die alten „westlichen" Viertel.

## Geschichte

Ursprünglich lag an dem Naturhafen am Ostchinesischen Meer ein Fischerdorf. Ende des

12. Jhs. herrschte der Lehnsherr Nagasaki Kōtarō über diese Gegend – ihm verdankt die Stadt ihren Namen. Ab 1571 wurde Nagasaki zum Stützpunkt für den **Überseehandel** mit Spaniern, Portugiesen und Holländern. Mit den Portugiesen kam das **Christentum** nach Japan: Die Jesuiten gründeten hier eine Mission, und der damalige *daimyō* Ōmura Sumitada nahm sogar offiziell den christlichen Glauben an. Allerdings war die Blüte des Christentums in Japan nur von kurzer Dauer: 1587 verbot Toyotomi Hideyoshi die christliche Missionierung. Zehn Jahre später, am 5.2.1597, wurden in Nagasaki 26 Christen gekreuzigt (20 Japaner und sechs Spanier), nachdem sie von Kyōto bzw. Ōsaka 800 km bis Nagasaki marschieren mussten. Eine 1949 eingerichtete **Gedenkstätte** mit Museum und Kirche, 🖳 www.26martyrs.com, auf dem Hügel Nishizaka, nicht weit vom Bahnhof Nagasaki, erinnert an die Märtyrer, die 1862 von der katholischen Kirche heiliggesprochen wurden. Trotz der Unterdrückung hielten auf Kyūshū einige Japaner und Japanerinnen heimlich am christlichen Glauben fest, und heute wohnt ein Sechstel aller japanischen Christen in Nagasaki.

Während der gesamten **Edo-Zeit** blieb Japan misstrauisch gegenüber dem Ausland, insbesondere dem Westen. Deshalb blieb der Handel mit dem Ausland auf Holländer und Chinesen beschränkt, wobei die Holländer nach Dejima, eine kleine künstliche Insel vor Nagasaki, verbannt wurden, die sie so gut wie nie verlassen durften (S. 540).

1858 war Nagasaki dann einer der fünf Häfen, die sich dem internationalen Handel öffneten. Damit kamen westliches Wissen und diplomatische Vertretungen in die Stadt. Unter anderem wurden neue Schiffsbautechniken eingeführt und 1887 die Mitsubishi-Werft gegründet. Nagasaki wurde zu einem wichtigen **Flottenstützpunkt** und deshalb im Zweiten Weltkrieg zum Ziel der Atombombe (S. 541).

## Rundgang durch Urakami 浦上

Am 9. August 1945 schlug im Stadtteil Urakami die Atombombe ein. Auf einem Rundgang sind noch einige Spuren dieser Katastrophe zu entdecken. Zum **Friedenspark** (Heiwa-kōen) geht es zu Fuß von der gleichnamigen Straßenbahnhaltestelle. Über Treppen erreicht man zunächst einen Springbrunnen, dessen Fontäne Taubenflügel symbolisieren soll. Er erinnert außerdem an den unsagbaren Durst, unter dem die Brandopfer der Bombe litten. Weiter geht es an mehreren Skulpturen vorbei – darunter eine von der DDR gestiftete linker Hand – zum Wahrzeichen von Nagasaki, der knapp 10 m hohen Friedensstatue des Bildhauers Kitamura Seibō von 1955. Hinten ist eine lesenswerte Inschrift eingemeißelt (die englische Übersetzung steht auf einer Tafel vor der Statue rechts).

Hinter der Statue geht es links ab, dann folgt man der Hauptstraße rechts ein gutes Stück geradeaus bis zur Santos Street. Biegt man hier rechts ein, gelangt man zum **Nyokodō und Kinenkan von Dr. Nagai Takashi** auf der linken Seite. Nagai Takashi Paul (1908–1951) war ein zum Christentum übergetretener Arzt, der den Atombombenabwurf miterlebte und zahlreiche Opfer behandelte (obwohl er durch seine Arbeit als Radiologe an Leukämie erkrankt war). Seit Juli 1946 ans Bett gefesselt, widmete er sich der medizinischen Forschung und schrieb über den Atombombenabwurf. In dem kleinen Häuschen, dem Nyokodō, verbrachte er die letzten drei Jahre seines Lebens zusammen mit seinen beiden Kindern. Das Museum daneben widmet sich dem Leben und Wirken dieses selbstlosen Mannes. 🕒 Museum tgl. 9–17 Uhr, 100 ¥.

Immer geradeaus geht es von hier weiter zur **Urakami-Kathedrale**. Die ursprüngliche Kirche wurde ab 1895 von den Christen in Urakami innerhalb von 30 Jahren mühevoll aufgebaut. Seinerzeit war sie eine der größten Kirchen in Asien. Beim Atombombenabwurf wurde sie zerstört, aber anschließend wiederaufgebaut. Vor bzw. neben der neu gebauten Kathedrale (1959) sind Reste des Glockenturms und ein paar teils unversehrte, teils kopflose Heiligenfiguren zu sehen. Ein Mauerrest wurde beim Epizentrum aufgestellt.

Von hier ist es ein ziemlich langer Fußmarsch am Universitätsklinikum vorbei bis zum kuriosen **Halben Torii**. Durch den Bombenabwurf wurde der Torii genau in der Mitte vertikal durchtrennt. Er gehört zum Sannō-Schrein, dessen Eingang zwei große Kampferbäume schmücken. Sie waren beim Atombombenabwurf kahl und schwarz. Über eine kleine Plattform lässt sich in den ausgehöhlten Stamm des rechten Baums blicken, in den durch die Wucht der Explosion Steine geschleudert wurden.

Vom Sannō-Schrein geht es zum **Atombombenmuseum** (Nagasaki Genbaku Shiryōkan), 🖳 www.nagasakipeace.jp. Es zeigt eine Reihe von Artefakten, die nach dem Atombombenabwurf übrigblieben, viele Fotos, einen historischen Abriss der Ereignisse und aufgezeichnete Interviews mit Zeitzeugen (mit englischer Übersetzung). Besonders bewegend sind die Wanduhr, die auf 11.02 Uhr stehen geblieben ist, der Helm mit Schädelresten, die Fotos und Zeitzeugenberichte. Das Museum zeichnet aber nicht nur die Geschichte des Atombombenabwurfs von Nagasaki nach, sondern widmet sich auch der Geschichte der Atomenergie allgemein bis heute. 🕒 tgl. 8.30–17.30, Mai–Aug bis 18.30 Uhr, Eintritt 200 ¥, Audioguide auf Deutsch 157 ¥.

Vom Museum gibt es eine direkte Verbindung zur **Nationalen Gedenkstätte für die Atombombenopfer**, 🖳 www.peace-nagasaki.go.jp, die 2003 eröffnet wurde, um Raum zum Trauern und für Friedensgebete zu geben. Die Architektur von Kuryū Akira ist sehr eindrucksvoll: Durch schmale, unterirdische Korridore geht es in die Gedenkhalle aus mit Zedernholz vertäfeltem Beton. Auf einer Seite sind in einer Art Regal, das zum Epizentrum hin ausgerichtet ist, in speziellen Büchern hinter Glas die Namen aller Opfer festgehalten. Die zwölf Lichtsäulen in der Halle symbolisieren die Hoffnung auf dauerhaften Frieden und sollen die entsprechenden Gebete in den Himmel senden. 🕒 tgl. 8.30–17.30, Mai–Aug bis 18.30 Uhr, 7.–9. Aug bis 20 Uhr, Eintritt frei.

Ein kurzer Weg führt von hier zum **Epizentrum** der Atombombenexplosion, einem großen Platz mit einem Monolith, der die genaue Einschlagstelle markiert, Mauerresten der Urakami-Kirche, die nach dem Krieg hierher gebracht wurden, und einer Skulptur von Naoki Tominaga, einem in Nagasaki geborenen Künstler. Anschließend kann man mit der Straßenbahn von der Tramstation Heiwa-kōen wieder ins Zentrum der Stadt zurückfahren.

## Dejima 出島

Zur Zeit der Abschließungspolitik in der Edo-Zeit waren die holländischen Kaufleute dazu verdammt, sich auf der kleinen, künstlichen Insel **Dejima** aufzuhalten. Die Insel durfte nur mit Sondererlaubnis verlassen werden. Somit beschränkte sich der einzige Kontakt zu Japanern auf Beamte, Dolmetscher, Kaufleute und Prostituierte. Das 13 000 $m^2$ große Areal südöstlich des heutigen Hafens wurde 1636 auf Befehl des Shōguns ursprünglich für Portugiesen eingerichtet, um den Einfluss der Missionare zu unterbinden. Als die Portugiesen drei Jahre später ganz aus Japan verbannt wurden, verlegten die Holländer ihren Handelsposten 1641 von Hirado, einer Insel vor Kyūshū, hierher. Bis 1857 war er Japans einziges Tor zum Westen – und umgekehrt.

Die holländischen Schiffe kamen jedes Jahr im Juli oder August für etwa zwei Monate und brachten Gewürze, Sappanholz (ein Färbemittel), Stoffe (v. a. Rohseide) und Zucker mit. Sie führten aber auch verschiedene Dinge ein, die in Japan bis dahin unbekannt waren, z. B. wissenschaftliche Instrumente, das Klavierspiel, Kaffee und Kohl, der deshalb *oranda-na* („Holland-Gemüse") genannt wurde. Aus Japan wurden dagegen Kupfer, Silber, Kampfer (als Arzneimittel eingesetzt), Keramik, Lackwaren und Tee exportiert. Zwei deutsche Ärzte wirkten hier: Engelbert Kaempfer (1651–1716), dem Europa erste eindrucksvolle Schilderungen über Japan verdankt, und Franz Philipp von Siebold (S. 546). 1859, nach der Öffnung des Landes, wurde der Handelsposten der Niederländischen Ostindienkompanie schließlich geschlossen.

Durch Landgewinnung seit der Meiji-Zeit ist Dejima längst keine Insel mehr, nur an einer Seite wird das Areal von einem Kanal begrenzt. Es gibt aber langfristige Pläne, ganz Dejima bis 2050 in seiner ursprünglichen Form zu rekonstruieren – was allerdings wegen des enormen Aufwands (u. a. müsste der Fluss umgeleitet werden) auf Widerstand stößt. Immerhin ist aber ein attraktiver **Museumskomplex** entstanden, mit dessen Bau 1996 begonnen wurde, 🖳 https://nagasakidejima.jp/english. Das größte rekonstruierte Gebäude ist das Haus des Leiters der Faktorei. Es ist im Obergeschoss im Stil jener

## Der Atombombenabwurf auf Nagasaki

Am 9.8.1945 um 2.49 Uhr, drei Tage nach dem Abwurf der ersten Atombombe auf Hiroshima (S. 467), verlässt die Bockscar genannte B-29 mit der 4,5 t schweren Atombombe, Spitzname „Fat Man", die amerikanische Militärbasis auf der Insel Tinian. Der Kommandant Major Charles Sweeney hat den Befehl, diese auf Kokura in Nord-Kyūshū abzuwerfen, einen wichtigen Standort der japanischen Rüstungsindustrie. Doch Wolken behindern die Sicht, weshalb Sweeney ausweichen muss. So trifft die Bombe um 11.02 Uhr Nagasaki, einen bedeutenden Kriegshafen und Sitz des Mitsubishi-Rüstungskonzerns. Die Bombe – im Unterschied zu der auf Hiroshima abgeworfenen Uranbombe eine Plutoniumbombe – schlägt allerdings wegen der schlechten Sicht weit von den Werften entfernt im christlichen Viertel Urakami ein. Im Umkreis von 1 km werden 80 % aller Gebäude zerstört, 50 000 Menschen sterben. Bis Ende Dezember sind Schätzungen zufolge über 70 000 Menschen an den Folgen gestorben, bis heute ist diese Zahl auf über 192 300 Opfer gestiegen.

Einer, der die Katastrophe hautnah miterlebte, war der Arzt Dr. Nagai. In seinen *Essays aus dem Nyokodō* schreibt er: „Der größte Schaden, den die Atombombe anrichtete, bestand darin, dass wir den Glauben an die Menschheit verloren, indem wir mit der Hässlichkeit unserer eigenen Seele wie auch der unserer Nachbarn konfrontiert wurden".

Zeit möbliert. Zu den weiteren Rekonstruktionen gehören Quartiere, Lagerräume, Büros, eine Küche und zwei Eingangstore. Ein protestantisches Seminar, das erst 1878 errichtet wurde, ist noch im Original erhalten und renoviert worden, ebenso das 1904 erbaute Haus des Nagasaki International Club, den Frederick Ringer 1899 zusammen mit anderen prominenten Ausländern und Japanern gegründet hatte.

Der Haupteingang ist über die 2017 eingeweihte Kanal-Brücke zu erreichen. 🕒 tgl. 8–21 Uhr, 520 ¥. Tram-Station Dejima.

Ganz in der Nähe, Richtung Meer, zeigt das **Kunstmuseum der Präfektur**, 💻 www.nagasaki-museum.jp, eine bunte Palette an Kunst, von Gemälden spanischer Künstler des 15.–20. Jhs. über Bilder und Plastiken japanischer Künstler bis zu Keramik und Fotografien. 🕒 10–20 Uhr, jeden 2. und 4. Mo im Monat geschlossen, 420 ¥.

Von der benachbarten **Dejima Wharf** legten von den 1920er- bis in die 40er-Jahre Dampfschiffe nach Shanghai ab. 2000 wurde hier zur Wiederbelebung des Kais ein Restaurantkomplex eröffnet.

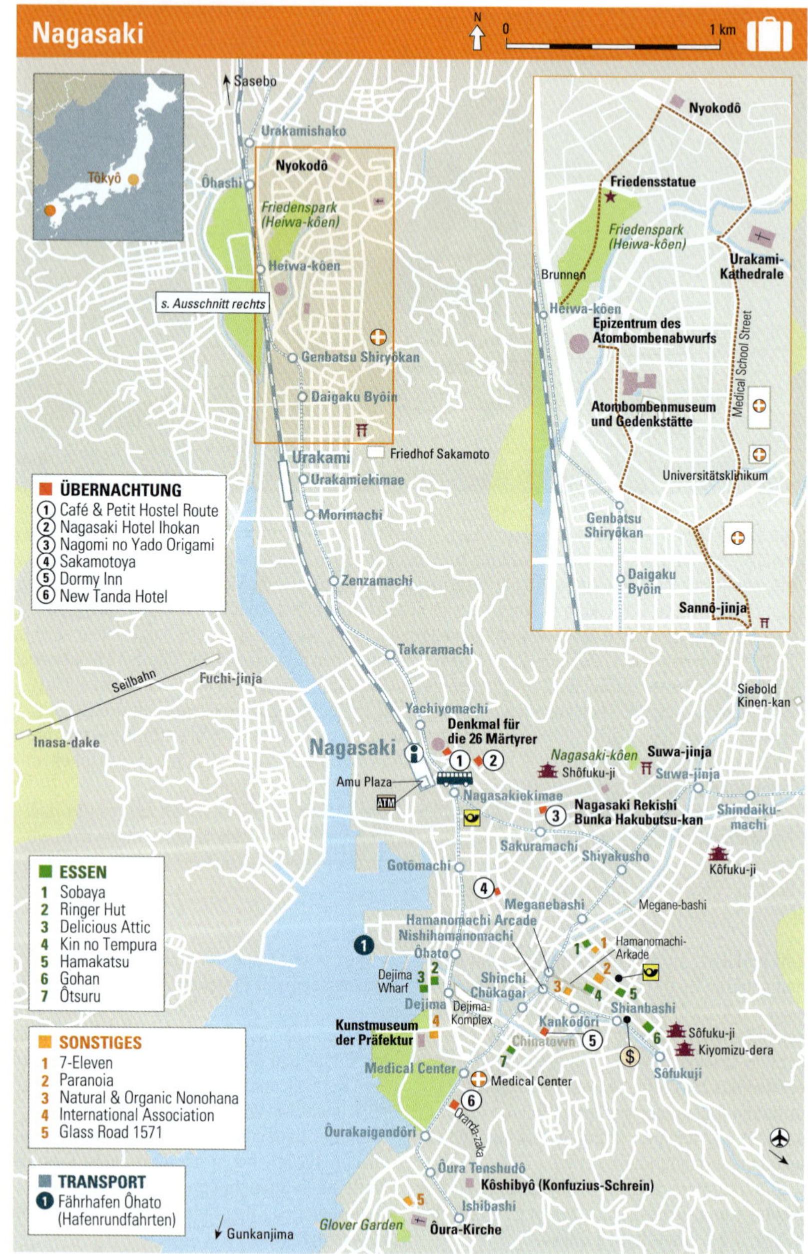
Nagasaki
N
0
1 km
Sasebo
Tôkyô
Urakamishako
Nyokodô
Ôhashi
Friedenspark
(Heiwa-kôen)
Heiwa-kôen
s. Ausschnitt rechts
Genbatsu Shiryôkan
Daigaku Byôin
Urakami
Friedhof Sakamoto
Urakamiekimae
Morimachi
Zenzamachi
Takaramachi
Seilbahn
Fuchi-jinja
Inasa-dake
Yachiyomachi
Denkmal für
die 26 Märtyrer
Nagasaki
Amu Plaza
ATM
Nagasakiekimae
Nagasaki-kôen
Suwa-jinja
Shôfuku-ji
Suwa-jinja
Nagasaki Rekishi
Bunka Hakubutsu-kan
Shindaiku-
machi
Sakuramachi
Shiyakusho
Kôfuku-ji
Gotômachi
Meganebashi
Megane-bashi
Hamanomachi Arcade
Nishihamanomachi
Ôhato
Hamanomachi-
Arkade
Dejima
Wharf
Shinchi
Chûkagai
Dejima
Dejima-
Komplex
Shianbashi
Kunstmuseum
der Präfektur
Kankôdôri
Chinatown
Sôfuku-ji
Kiyomizu-dera
Medical Center
Medical Center
Sôfukuji
Ôrandа-zaka
Ôurakaigandôri
Ôura Tenshudô
Kôshibyô (Konfuzius-Schrein)
Ishibashi
Glover Garden
Ôura-Kirche
Gunkanjima
Siebold
Kinen-kan
Nyokodô
Friedensstatue
Friedenspark
(Heiwa-kôen)
Urakami-
Kathedrale
Brunnen
Heiwa-kôen
Epizentrum des
Atombombenabwurfs
Medical School Street
Atombombenmuseum
und Gedenkstätte
Universitätsklinikum
Genbatsu
Shiryôkan
Daigaku
Byôin
Sannô-jinja
ÜBERNACHTUNG
1 Café & Petit Hostel Route
2 Nagasaki Hotel Ihokan
3 Nagomi no Yado Origami
4 Sakamotoya
5 Dormy Inn
6 New Tanda Hotel
ESSEN
1 Sobaya
2 Ringer Hut
3 Delicious Attic
4 Kin no Tempura
5 Hamakatsu
6 Gohan
7 Ôtsuru
SONSTIGES
1 7-Eleven
2 Paranoia
3 Natural & Organic Nonohana
4 International Association
5 Glass Road 1571
TRANSPORT
1 Fährhafen Ôhato
(Hafenrundfahrten)
KYŪSHŪ

## Gunkanjima (Hashima) 軍艦島 (端島)

Vom Fährhafen erreicht man mit einer organisierten Tour Gunkanjima, eine Geisterinsel, auf der vom Ende des 19. Jhs. bis 1974 Kohle gefördert wurde. Von Weitem sieht die mehrfach künstlich erweiterte Insel aus wie ein Kriegsschiff (jap. *gunkan*), daher der Name – offiziell heißt sie Hashima. Die Ruinen der Mine, der Wohnblöcke, der Schule und des Krankenhauses haben etwas Gespenstisches. Zur Blütezeit um 1960 wohnten hier über 5000 Menschen; die 6,3 ha kleine Insel hatte damals die höchste Bevölkerungsdichte in Japan. Sogar ein Kino und einen Swimmingpool gab es. 2012 diente Gunkanjima übrigens als ein Drehort des James-Bond-Streifens *Skyfall*.

Wegen der Einsturzgefahr darf man die Ruinenlandschaft, die zusammen mit einigen anderen Zeugnissen der Industrialisierung Japans in der Meiji-Zeit zum Unesco-Weltkulturerbe gehört, nur von drei Aussichtspunkten aus betrachten. Die Tour wird von mehreren Unternehmen angeboten (z. B. Yamasa Kaiun mit englischsprachiger Erklärung Di, Do, Sa um 9 und 13 Uhr, um 11.30 bzw. 15.30 Uhr ist man wieder zurück im Hafen). 4200 ¥ zzgl. 310 ¥ Landegebühr auf der Insel. Reservierung mind. am Tag zuvor angeraten, 💻 www.gunkan-jima.net.

## Chinatown (Shinchimachi) 新地町 und Umgebung

Die Chinatown mit einer Reihe chinesischer Restaurants ist nicht besonders aufregend, aber das ehemalige Wohngebiet der Chinesen (ausgeschildert) hat ein paar schöne chinesische Tempel und alte stille Gassen, wohin sich nur wenige Touristen verlaufen. Tram-Haltestelle Shinchi Chūkagai (Chinatown).

## Glover Garden und der Süden

### Glover Garden グラバー園

Auf dem Minami-Yamate-Hügel mit Blick auf die Bucht ließen sich nach der Öffnung Japans in der 2. Hälfte des 19. Jhs. viele Kaufleute aus dem Westen nieder. Einige ihrer Häuser sind heute noch im Glover Garden, 💻 www.glover-garden.jp, zu besichtigen.

Benannt wurde der Park nach Thomas B. Glover (1838–1911), einem Schotten, der 1859 nach Nagasaki kam. Er half bei der Modernisierung der japanischen Industrie, heiratete eine ehemalige Geisha und unterstützte die Rebellen gegen den Shōgun. Das **Glover House** (1863) ist das älteste erhaltene koloniale Holzhaus in Japan. Einige Einrichtungsgegenstände stammen noch aus dem persönlichen Besitz Glovers.

Von hier aus kann man anschließend zum **Walker House** (1877) spazieren. Robert N. Walker war ein britischer Kapitän, der später mit Thomas Glover zusammen japanische Limonade produzierte. Damit waren sie die ersten Erfrischungsgetränkehersteller in Japan. Aus diesem Unternehmen ging die heutige Kirin-Brauerei hervor.

Das **Ringer House** (1865) war das Haus des britischen Teehändlers Frederick Ringer, der ein Gas- und Elektrizitätsunternehmen gründete und auch eine englischsprachige Lokalzeitung ins Leben rief.

Besonders schön ist das **Alt House** (1865) mit seinem Säulengang. Es wurde von demselben Architekten erbaut, der auch die Ōura-Kirche entwarf (Koyama Hidenoshin), und gehörte dem Briten William Alt. Der Teehändler kam nach der Öffnung Japans als einer der Ersten nach Nagasaki und exportierte grünen Tee.

Auf dem weiteren Rundgang kommt man an einer Statue von Puccini und seiner **Madame Butterfly** vorbei. Sie ist nach der Operndiva Miura Tamaki modelliert. Abschließend kann man noch das **Museum der Traditionellen Darstellenden Künste** kurz vor dem Ausgang des Parks besuchen. Es zeigt Festwagen und einen Film zum Kunchi-Fest und beherbergt einen Souvenirshop. Im ehemaligen ersten westlichen Restaurant von Japan ist heute im Obergeschoss ein stilechtes **Café** untergebracht.

🕒 tgl. 8–18, ca. Anfang Mai–Mitte Juli Sa bis 20 Uhr, 620 ¥. Mit der Straßenbahn 5 Richtung Ishibashi bis Ōura Tenshudō.

### Ōura-Kirche 大浦天主堂

„Französischer Tempel" nannten die Stadtbewohner die katholische Kirche, denn gegründet wurde sie von dem französischen Priester Bernard Petitjean. Die 1865 geweihte Kirche ist die älteste erhaltene Holzkirche in Japan. Der neugotische Bau mit Buntglasfenstern und Bambus-

KYŪSHŪ

bögen ist nach Nishizaka ausgerichtet, Schauplatz der Hinrichtung von 26 Christen (S. 539). Ein Gemälde im Altarraum (rechts) zeigt das „Martyrium der 26 Heiligen".

Der Bau der Kirche lockte seinerzeit versteckte Christen hervor – sie wurden verhaftet und mit über 3000 Glaubensgenossen aus Kyūshū verbannt, denn das Christenverbot in Japan wurde erst 1873 aufgehoben. ⌚ tgl. 8.30–18 Uhr, 1000 ¥.

### Konfuzius-Schrein (Kōshibyō) 孔子廟

Der Konfuzius-Schrein von Nagasaki ist ein Kuriosum, denn er ist im Besitz der VR China und wird von der chinesischen Botschaft in Tōkyō verwaltet. Zugleich ist er der weltweit einzige von Chinesen erbaute Konfuzius-Schrein außerhalb Chinas. Chinesische Einwohner der Stadt gründeten ihn 1893 mit Unterstützung der Quing-Dynastie. Lange Jahre beherbergte er eine Grundschule, die jedoch mit Beginn der Restaurierung des Schreins 1982 auszog. Damals wurde der Schrein um das Eingangsgebäude und das Museum zur chinesischen Geschichte (mit Leihgaben der VR China) ergänzt. Besonders eindrucksvoll sind die Dachverzierungen, die Marmorstatuen der 72 Konfuziusschüler im Innenhof und das Heiligtum selbst mit der Statue des Gelehrten. ⌚ tgl. 9.30–18 Uhr, 660 ¥. Tram bis Ishibashi.

### Oranda-zaka オランダ坂

Neben dem Konfuzius-Schrein beginnt der „Holländerhügel", eine kopfsteingepflasterte Gasse durch die Gegend Higashi-yamate, die ein paar alte westliche Häuser säumen. Von hier hat man stellenweise eine schöne Aussicht auf die Stadt. Der Name rührt daher, dass in dieser Gegend in der Meiji-Zeit viele westliche Ausländer zu sehen waren, die damals pauschal *oranda-san* („Holländer") genannt wurden. Wenn man der Gasse bis zum Ende folgt, kommt man beim Hotel New Tanda raus und kann dort eine Tram zurück ins Zentrum nehmen.

## Der Osten

### Suwa-jinja 諏訪神社

Der 1625 gegründete Schrein ist eigentlich den Göttern der Jagd und des Kampfes geweiht. Heute sucht man ihn auf, um sich vor Unglück und schlechten Einflüssen zu schützen. Jedes Jahr werden hier Autos nach Shintō-Ritual gesegnet. Das Suwa-Schreinfest war seinerzeit übrigens einer der wenigen Anlässe, zu denen die Holländer auf Dejima ihren Handelsposten verlassen durften.

Der Schrein ist nicht auf Englisch ausgeschildert, aber große, steinerne graue Torii weisen den Weg. Über viele Stufen geht es dann nach oben, eine Anstrengung, die mit einer schönen Aussicht über die Stadt belohnt wird. Die ursprünglichen Schreingebäude wurden 1857 von einem Feuer zerstört und 1869 wiederaufgebaut. Links hinter dem Hauptschrein befinden sich zwei *koma-inu*. Wenn man ein Laster loswerden will (z. B. das Rauchen), bindet man ein Strohband um das Bein des Hundes – entsprechende Bänder liegen bereit. Früher band man sich zu diesem Zweck selbst eine Schnur ums Bein.

Um den Hauptschrein liegen kleinere Schreine verstreut. Wer sich näher für den Schrein interessiert: Ein englisches Faltblatt stellt das Heiligtum und alle mit ihm verbundenen Bräuche vor. Für 200 ¥ kann man einen Blick in die Zukunft werfen: Die hiesigen englischen Orakelsprüche – 1914 eingeführt – waren angeblich die ersten auf Englisch in Japan überhaupt.

### Nagasaki Rekishi Bunka Hakubutsukan 長崎歴史文化博物館

Das Museum, 💻 www.nmhc.jp, grenzt an den Nagasaki-kōen mit Gedenksteinen für Siebold (s. Kasten S. 546) und den schwedischen Arzt und Botaniker Carl Peter Thunberg und widmet sich der Geschichte des interkulturellen Austauschs, vor allem jenem mit Holland, China, Korea, Portugal und Spanien. Integriert ist der Nachbau eines edozeitlichen Amtsgerichts *(bugyōsho)* mit Empfangsraum, Gerichtssaal und einem Verhörzimmer. Außerdem bietet das Museum regelmäßig „Schnupperstunden" *(taiken)* in verschiedenen Handwerkskünsten, z. B. Töpfern oder Buntglas (gegen Gebühr). Die Erklärungen sind fast nur auf Japanisch, aber es gibt einen englischen Audioguide (gratis). ⌚ tgl. außer 1. und 3. Mo im Monat 8.30–19, Dez–März bis 18 Uhr, 630 ¥.

Wer die Treppen zum Suwa-Schrein erklimmt, wird mit schönen Ausblicken über Nagasaki belohnt.

### Shōfuku-ji 聖福寺

Dieser Tempel ist eine Oase der Stille. Die Palmen, die dämonenartigen Dachverzierungen, die verwitterten Holztafeln und -zäune haben einen ganz eigenen, geradezu magischen Reiz. Gegründet wurde der Tempel 1678 von dem Sino-Japaner Tesshin Dōhan. Das Eingangstor stammt von 1703; die darauf folgende Tennō-den von 1705 zeigt Miroku-bosatsu (Maitreya) und Idaten (Skanda) Rücken an Rücken. Eintritt frei. Zur Zeit der letzten Recherche wegen Restaurierung geschlossen. Hinter dem Tempel führen Treppen zu einem kleinen Friedhof mit schöner Aussicht.

### Teramachi 寺町

Im 17. Jh., als die Chinesen 15 % der Bevölkerung von Nagasaki stellten, gründeten sie eine Reihe von Tempeln für ihre Gemeinde, die nicht weit voneinander im Tempelbezirk Teramachi liegen (Tram bis Sōfuku-ji). Wer sich für Tempel interessiert, kann die Route nach Belieben ausdehnen.

### Kiyomizu-dera 清水寺

Biegt man noch vor dem Sōfuku-ji die schmale Straße nach rechts ab, gelangt man linker Hand über Treppen zu diesem friedlichen Tempel, den der Mönch Keijun vom Kiyomizu-dera in Kyōto hier 1623 erbauen ließ.

### Sōfuku-ji 崇福寺

Dieser Tempel wurde 1629 für die Händler aus Fujian gegründet und ist ein Beispiel für den südchinesischen Architekturstil der Ming-Zeit. Das schöne rote Eingangstor wurde allerdings erst 1849 hinzugefügt. Das innere Tor des Tempels wurde dagegen bereits 1696 aufgebaut, nachdem es aus China hierher gebracht worden war. Die große Buddhahalle von 1646 ist das älteste erhaltene Gebäude von Nagasaki. Sie birgt Shakyamuni mit zwei Schülern und den 18 Arhats. In der Maso-dō schräg rechts dahinter befindet sich eine Statue von Maso (chin. Mazu), der daoistischen Schutzgöttin der Seefahrer. In dem riesigen Topf auf dem Tempelgelände soll der chinesische Priester Quianhai während einer Hungersnot 1681 Brei gekocht haben. 🕒 tgl. 8–17 Uhr, 300 ¥.

Vom Sōfuku-ji geht man die Straße (Sōfukuji-dōri) geradeaus und biegt dann rechts in die Teramachi-dōri zum Kōfuku-ji ab (ausgeschildert). Unterwegs kommt man an weiteren Tempeln vorbei.

### Kōfuku-ji 興福寺

Der Zen-Tempel, 💻 http://kofukuji.com, wurde 1620 von einem chinesischen Priester gegründet, damit die Kaufleute der Ming-Zeit einen Ort hatten, um für eine sichere Überfahrt zu beten. Deshalb wird im ältesten Tempelgebäude, der Maso-dō, die Schutzgöttin der Seefahrer (Maso) verehrt. Während die chinesischen Schiffe im Hafen lagen, wurden hier die tragbaren Schreine zu Ehren von Maso abgestellt. Der hölzerne Fisch ist übrigens eine Trommel, mit der die Mönche zum Essen gerufen wurden. Der chinesische Zen-Meister Ingen verbrachte 1654 ein Jahr in diesem Tempel. 🕒 tgl. 8–17 Uhr, 300 ¥.

## Megane-bashi 眼鏡橋

Die „Brillenbrücke", die den Nakashimagawa überspannt, ist ein Wahrzeichen von Nagasaki. Sie wurde ursprünglich 1634 als erste Steinbrücke Japans von einem Zen-Mönch des Kōfuku-ji erbaut, aber 1982 bei einer großen Flut stark zerstört und anschließend wiederaufgebaut.

## Inasayama 稲佐山

Wer eine schöne Sicht auf die Bucht von Nagasaki in der Dämmerung genießen möchte – angepriesen als „Ten Million Dollar Night View" –, kann sich per Seilbahn auf den 333 m hohen Inasayama begeben, der jenseits des Urakamigawa aufragt. Zu erreichen mit Bus Nr. 3 oder 4 vom Bahnhof bis Ropeway-mae, dann links hoch zur unteren Seilbahnstation beim Fuchi-jinja (tgl. 9–22 Uhr, 1250 ¥ hin und zurück, 💻 www.nagasaki-ropeway.jp.

## ÜBERNACHTUNG

Nagasaki erhebt seit April 2023 eine Übernachtungssteuer *(shukuhaku-zei)*, die 100/200/500 ¥ pro Person und Nacht beträgt bei Unterkünften, die bis zu 10 000/20 000 ¥ bzw. mehr kosten).

**Café & Petit Hostel Route**, Nishizaka-machi 5-14, ✆ 095-895-8965, 💻 https://nagasaki-route.com. Einladendes Mini-Hostel direkt gegenüber vom 26-Märtyrer-Denkmal mit 5 kabinenartigen

### Philipp Franz von Siebold

Der Arzt und Naturwissenschaftler Philipp Franz von Siebold (1796–1866) aus Würzburg trat 1822 nach seinem Studium der Medizin in den Dienst der Niederländischen Ostindienkompanie und kam so 1823 erstmals nach Nagasaki, um als **Arzt auf Dejima** zu arbeiten. Wegen seiner „merkwürdigen" Aussprache des Holländischen wurde er von den Japanern „Bergholländer" genannt.

1824 erhielt er von den Behörden die Erlaubnis, in Narutaki, außerhalb der Stadt, eine **Privatschule** zu eröffnen, in der er Patienten behandelte und Medizin lehrte. Viele Japaner wurden von ihm in westliche Wissenschaften eingeführt, während seine Schüler ihm ihrerseits Pflanzen brachten, die er untersuchte und katalogisierte. Auf diesen Studien basiert sein **Standardwerk über die Flora Japans**, *Flora Japonica.* 1826 durfte er auch den Leiter *(opperhoofd)* von Dejima auf seinem Pflichtbesuch in Edo begleiten. Im folgenden Jahr brachte seine japanische Frau Taki eine Tochter zur Welt, Ine, die später die erste japanische Ärztin der westlichen Medizin wurde. Doch 1828 wendete sich mit der sogenannten **Siebold-Affäre** *(Siebold-jiken)* sein Schicksal: Als das Schiff, das Siebolds Japan-Sammlung nach Europa bringen sollte, kontrolliert wurde, fanden die Beamten Dinge, deren Ausfuhr streng verboten war. Viele Japaner, mit denen Siebold verkehrt hatte, wurden daraufhin bestraft und er selbst ausgewiesen. Zurück in Europa veröffentlichte Siebold 1832 sein Standardwerk *Nippon*, eine umfassende **Sammlung an Wissen über Land und Leute**.

Erst als seine Verbannung aufgehoben wurde, kehrte Siebold 1859 nach Japan zurück und wurde in Edo **Berater des letzten Shōguns** in auswärtigen Angelegenheiten. 1863 ging er wieder nach Deutschland, wo er 1866 im Alter von 70 Jahren in München starb.

Die 1989 eröffnete **Siebold Kinenkan** gedenkt mit einer Ausstellung jenes Mannes, der das europäische Japanbild seiner Zeit wie kein anderer prägte und der umgekehrt in Japan als Vermittler zum Abendland wirkte. 🕒 tgl. außer Mo 9–17 Uhr, 100 ¥, Tram-Station Shin-Nakagawa-machi (ab dort 400 m den Hügel hoch).

Schlafstätten und einem Apartment für 6 Pers., niedlichem kleinen Café im 2F und Radverleih. Bett 3990 ¥ p. P., Apartment 18 000 ¥.

**Dormy Inn**, Dōza-machi 7-24, 095-820-5489, www.hotespa.net/hotels/nagasaki. Klasse Businesshotel nahe der Chinatown. Die Zimmer und Bäder sind zwar nicht größer als in anderen Businesshotels, aber die Lage ist günstig, die Einrichtung geschmackvoll, und das besondere Plus sind die Onsen für Männer bzw. Frauen im 3F und das Frühstücksbuffet (gegen Gebühr) – beides für Businesshotels selten. ❷–❻

**Nagasaki Hotel Ihokan**, Chikugo-machi 2-1, 095-822-8800, www.ihokan.com/ihokan. Freundlich-familiäres Hotel mit westlichen und japanischen Zimmern und großem Gästebad. Japanische Zimmer für bis zu 6 Pers. Ab ca. 6000 ¥ p. P. bei 2 Pers.

**New Tanda Hotel**, Tokiwa-machi 2-24, 095-827-6121, www.newtanda.com. Günstige Lage direkt am Oranda-zaka, im Sommer Biergarten im 8. Stock. Die Zimmer sind relativ groß und das Frühstücksbuffet ist üppig. ❸

€ **Nagomi no Yado Origami**, Uwamachi 6-12, 095-893-8003, https://nagominoyado-origami.com. Eine Mischung aus Guesthouse und Ryokan (was die Unterkunft früher war) und dem Konzept nach eine „Symbiose aus Ost und West", deshalb gibt es Zimmer im japanischen und im westlichen Stil. Die Rezeption ist zugleich eine Kaffeebar mit selbst geröstetem Kaffee, der dort auch verkauft wird. Günstige Lage keine 10 Min. Fußweg vom Bahnhof. Einziger Nachteil: Keine Gepäckaufbewahrung vor dem Check-in ab 15 Uhr. In manchen Zimmern können bis zu 7 Pers. übernachten – je mehr Übernachtungsgäste pro Zimmer, desto günstiger der Preis p. P. EZ mit Bad ab 4950 ¥.

**Sakamotoya**, Kanaya-chō 2-13, 0120-26-8210, www.sakamotoya.co.jp. 10 Min. zu Fuß vom Bahnhof. Edles Ryokan von 1895, 5 Zimmer im japanischen Stil mit Bad, etwas Englisch. Ab 16 500 ¥ p. P. mit Halbpension.

## ESSEN

*Kasutera* (Castella), eine Art Sandkuchen, geht auf die Portugiesen zurück und soll schon seit dem 16. Jh. bekannt sein.

*Shippoku* ist ein Festessen aus vielen kleinen japanischen, chinesischen und europäischen Gerichten, serviert an einem runden Tisch, u. a. Sashimi, Fischsuppe, verschiedene Gemüse und Fleisch.

Die chinesische Nudelsuppe *chanpon* mit Seafood, Fleisch und Gemüse soll von einem Restaurant in Nagasaki kreiert worden sein.

**Delicious Attic**, Dejima Wharf, 095-820-2366, http://attic-coffee.com/attic. Eines von einer Reihe netter Lokale (Pizza, Seafood, chinesisch), die abends Dejima Wharf Leben einhauchen. tgl. 11–23, Fr, Sa bis 23.30 Uhr.

**Gohan**, Aburaya-machi 2-32, 095-825-3600, http://gohan.oops.jp. Nahe der Tramhaltestelle Shianbashi. Man sieht es dem unscheinbaren Lokal nicht an, dass hier feinste japanische (Fisch-)Küche geboten wird – zu entsprechenden Preisen. Der Koch spricht Englisch und erklärt das Tagesmenü. tgl. außer So 12–14 (nach Anmeldung) und 18–24 Uhr.

**Hamakatsu**, Kajiya-machi, 1-14 Teramachi-dōri, 095-827-5783. Spezialisiert auf Tonkatsu. Weitere Filialen in der Stadt. tgl. 11–23 Uhr.

**Kin no Tempura**, Hamano-machi 8-13, Nakamise Bldg. B1, 050-8883-6320. Unscheinbares Tempura-Lokal, aber leckeres Essen. Die Tempura-Teile werden frisch zubereitet nacheinander direkt aufgetischt. tgl. 10.30–21 Uhr.

**Ōtsuru**, Chinatown, vom Haupteingang zur Shinchi-machi geht es geradeaus, dann die erste Straße links auf der rechten Seite, zu erkennen an der Kranichabbildung (*tsuru* = Kranich). Eines der ansprechendsten Restaurants in der Chinatown. tgl. 11–15 und 17–21 Uhr.

€ **Ringer Hut**, Restaurantkette aus Nagasaki, bekannt für *chanpon*. Filiale u. a. in Dejima-machi 1-5, 095-832-4832. Das Essen ist lecker und günstig. tgl. 11–24 Uhr.

**Sobaya**, Yorozuya-machi 1-3, 095-823-8530. Die Spezialität des Hauses sind hausgemachte Soba (kalt oder warm). Es gibt keine englische Speisekarte, aber die freundliche Wirtin spricht ein wenig Englisch. Der Eingang ist ziemlich versteckt – den schmalen Gang, über dem ein dickes längliches Holzbrett mit japanischen Zeichen hängt, bis zum Ende durchgehen. ⌚ tgl. außer So 11–15 und 18–22 Uhr.

## UNTERHALTUNG

Das Amüsierviertel von Nagasaki ist **Shianbashi** mit seinen Bars, Pachinko-Läden usw. Hier geht es ab ca. 22 Uhr los.
**Paranoia**, Yorozuya-machi 5-36, 3F, ✆ 095-821-0987. Gemütliche Musikkneipe mit gemischtem Publikum und Importbier. ⌚ Mo–Sa 20–5, So bis 3 Uhr.

## SONSTIGES

### Einkaufen

**Hamanomachi** heißt die Shoppingzone von Nagasaki – ein Netz von überdachten Einkaufsstraßen und engen Gässchen mit allem, was das Herz begehrt.
In der Souvenirladengasse, die zum Glover Garden hinaufführt, verkaufen verschiedene Läden Glaspfeifen, Sake-Kännchen mit langer Tülle *(chirori)* und andere **Bidoro-Glaswaren**, für die Nagasaki bekannt ist, z. B. **Glass Road 1571**, 💻 www.1571.jp, ⌚ tgl. 9.30–18 Uhr.
**Natural & Organic Nonohana**, Hamanomachi 6-2, ✆ 095-824-0087, 💻 www.nonohana.co.jp. Biolebensmittel und Naturkosmetik, am Anfang der Kankōdōri-Arkade rechts rein. Weitere Filialen in der Stadt verteilt.

### Feste

**Laternenfest**, zum chinesischen Neujahr im Februar, 💻 www.nagasaki-lantern.com: zweiwöchiges Fest mit Umzügen, chinesischen Akrobaten und den namengebenden Laternen in verschiedenen Teilen des Zentrums.
**Peiron**, 4. So im Juli: Drachenbootrennen mit 14 m langen Booten, gerudert von je 32 Mann; ursprünglich von chinesischen Bewohnern 1655 eingeführt, die damit die Götter um eine sichere Überfahrt der Handelsschiffe baten.
**Nagasaki Kunchi Matsuri**, 7.–9.10., beim Suwa-jinja, 💻 nagasaki-kunchi.com: Umzug mit Festwagen in Form von holländischen und chinesischen Schiffen, Drachentänze. Das ursprüngliche Erntedankfest wurde ab 1634 als Schreinfest des Suwa gefeiert.

### Hafenrundfahrten

Neben Bootsausflügen nach Hashima (S. 543) wird auch eine einstündige **Bay Cruise** für 2000 ¥ angeboten.

### Informationen

**Touristeninformation** im JR-Hauptbahnhof, das Personal spricht Englisch, hat aber nur wenige englische Broschüren. Verkauft auch eine Tageskarte für die Straßenbahn. ⌚ tgl. 8–19 Uhr.
**Hotline** für ausländische Touristen, ✆ 095-825-5175, **Infos im Netz**: 💻 www.visit-nagasaki.com und 💻 www.discover-nagasaki.com/en.
**International Association**, Dejima-machi 2-11, ✆ 095-820-3377, 💻 www.nia.or.jp, hilft auf Englisch weiter. Bietet auch Einführungen in verschiedene japanische Künste. ⌚ Mo–Sa 9–17 Uhr.

### Medizinische Hilfe

**Nagasaki Minato Medical Center**, Shinchi-machi 6-39, ✆ 095-822-3251, 💻 https://nmh.jp, Notfallklinik westlich von Chinatown.

## NAHVERKEHR

### Straßenbahn

In Nagasaki verkehren vier Straßenbahnlinien ca. alle 5 Min. Eine Fahrt kostet pauschal 140 ¥, eine Tageskarte für 600 ¥ bekommt man bei der Touristeninformation und in größeren Hotels.

### Busse

Zur Inasayama-Seilbahn: Bus 3 oder 4 vom Bahnhof. Zum Flughafen s. „Transport".

## TRANSPORT

### Busse

Busbahnhof gegenüber vom Bahnhof Nagasaki, ✆ 095-823-6155.
FUKUOKA, häufig, 2 1/2 Std., 2900 ¥
KUMAMOTO, 8x tgl., 3 1/4 Std., 4200 ¥
UNZEN, s. S. 551.

### Eisenbahn

Vom Bahnhof Nagasaki nach:
FUKUOKA (Hakata), mindestens stdl., 1 3/4 Std., 5520 ¥ (mit Shinkansen bis Takeo Onsen)
UNZEN, s. S. 551
Der Nishi Kyūshū Shinkansen verkehrt bis Takeo Onsen.

### Flüge

Der Flughafen, 💻 http://nagasaki-airport.jp, in der Ōmura-Bucht (40 km) ist per Airportbus zu erreichen (3/4 Std.): vom Bahnhof alle 20 Min. für 1200 ¥.

## Unzen 雲仙

Von der Küste der Shimabara-Halbinsel schlängelt sich die Straße zum 700 m hoch gelegenen Thermalort Unzen hinauf. Kurz bevor der Bus die Endhaltestelle erreicht, führt der Weg geradewegs in die „Hölle“: Rechts steigen nach faulen Eiern riechende Dampfsäulen auf, es zischt und brodelt. Nicht von ungefähr heißen solche dem Vulkanismus geschuldete Phänomene auf Japanisch *jigoku*, „Hölle“. Jene von Unzen – eigentlich sind es gleich mehrere – hat tatsächlich etwas Unheimliches. Wenn so der Ort der ewigen Verdammnis aussieht, möchte man dort nicht schmoren …

Der buddhistische Mönch Gyoki errichtete hier 701 einen Tempel der Shingon-Schule, den Manmyō-ji. Der Tempel entwickelte sich zu einem derart beliebten spirituellen Zentrum, dass Unzen bald den Namen „Kōya-san des Westens“ (in Anlehnung an den berühmten Klosterberg auf Honshū, S. 429) erhielt.

Dr. Engelbert Kaempfer, der 1690 nach Japan kam, machte Unzen im Ausland bekannt. Auch Dr. Philipp Franz von Siebold (S. 546), der Japan erstmals 1823 besuchte, schrieb über die heißen Quellen. Die ersten ausländischen Feriengäste kamen in den 90er-Jahren des 19. Jhs. In den folgenden Jahrzehnten entwickelte sich der Ort zu einer beliebten Sommerfrische für Europäer und Amerikaner aus Shanghai, Hongkong und Manila. 1930 war daher bereits ein Drittel der Hotelzimmer in Unzen im westlichen Stil.

Das vulkanische Gebiet um Unzen wurde 1934 zum ersten Nationalpark Japans erklärt (zusammen mit dem Setonaikai- und dem Kirishima-Nationalpark). 1956 wurde Amakusa (S. 564) diesem Nationalpark angegliedert.

### Unzen Onsen 雲仙温泉

Es gibt mehrere Zugänge zu den Höllen. Ein Weg beginnt beim **Onsen-jinja**. Die aktivste und höchstgelegene Hölle ist die **Daikyōkan-jigoku**, die ihren Namen („großer Schrei“) ihrem tiefen Grollen verdankt. Der schwefelhaltige Dampf ist bis zu 120 °C heiß. Hinweisschilder erläutern die Bedeutung der Namen der anderen Höllen. Leider verschandelt das kastenartige Hotel Kai Unzen die Landschaft. Dahinter erinnern gestapelte schwarze Sandsäcke an ein Lawinenunglück vor ein paar Jahren. Deshalb waren zur Zeit der Recherche einige Verbindungswege immer noch gesperrt.

Die **Kyū-Hachiman-jigoku** ist eine Mondlandschaft auf der anderen Seite der Hauptstraße. Sie war einst imposant. Heute brodelt es in dieser Hölle nicht mehr. Hier wird ein Felsen als Onsen-Schutzgottheit Sukunahikona verehrt.

Auf dieser Seite der Straße führt auch ein Weg zum **Manmyō-ji**, dem von Gyoki gegründeten Tempel. Heute erinnert nicht mehr viel an die frühere Bedeutung dieses Ortes. Zu sehen ist eine goldene Buddha-Statue.

### Fugen-dake 普賢岳

Der nordöstlich von Unzen Onsen gelegene **Nita-Pass** (Nita-tōge) ist knapp 1100 m hoch. Besonders schön ist es hier zur Laubfärbung Ende Oktober/Anfang November und im Frühling, wenn Azaleen und Hortensien blühen. Hin gelangt man per Taxi (mind. 7000 ¥ hin und zurück, inkl. 1 Std. Wartezeit), mit dem Rad oder in einer wunderbaren Wanderung. Der Wanderweg beginnt, kurz nachdem die Hauptstraße den Ort verlassen hat. Er führt durch eine im Mai blühende Landschaft aus Azaleenbüschen, am 1913 eröffneten Golfplatz (dem ältesten in Japan) vorbei. Unterwegs laden immer wieder Picknickplätze zur Rast ein. Im letzten Drittel wird es etwas steiniger und steiler, also anstrengender. Bis der Parkplatz am Nita-Pass erreicht ist, dauert es rund 1 1/2 Std.

© JESSIKA ZOLLICKHOFER

Azaleenblüte auf dem Weg zum Nita-Pass

Vom Parkplatz geht es zur Seilbahnstation, 💻 www.unzen-ropeway.com (730 ¥, einfach; April–Okt 831–17.23, Nov–März bis 17.11 Uhr), die auf den **Myōken** (1333 m; zu Fuß ca. 40 Min.) führt. Vom Myōken-Aussichtspunkt blickt man auf den **Heisei Shinzan** (1483 m), den Golfplatz und Nagasaki und kann in wenigen Minuten zum Bergschrein Myōken-jinja spazieren (weiter bis zum Gipfel geht es nicht). Vom Myōken (alternativ auf anderem Weg direkt ab der unteren Seilbahnstation) führt ein Wanderweg (1 Std.) zum **Fugen-dake** (1359 m). Schilder warnen ausdrücklich davor, den Pfad ohne entsprechende Ausrüstung zu begehen. Der Fugen-dake brach 1792 aus und brachte dabei ca. 15 000 Menschen den Tod. Die letzte große Serie von Eruptionen begann im November 1990 und dauerte bis 1995. Diese Ausbrüche forderten 44 Menschenleben, und es entstand eine neue Erhebung, der erwähnte Heisei Shinzan.

Vom Parkplatz am Nita-Pass lässt sich auf der anderen Seite eine kurze Wanderung auf den **Nodake** (1142 m) unternehmen (20 Min. hin).

## ÜBERNACHTUNG UND ESSEN

Wer nur die Höllen sehen will, braucht hier nicht zu übernachten. Restaurants sind sehr dünn gesät, weil die meisten Besucher Halbpension buchen.

**Minshuku Unzen**, ✆ 0957-73-3525. Freundliche „Weiberwirtschaft", sehr sauber, leckeres Essen, ruhig. Zimmer im japanischen Stil; Gemeinschaftsbad und -toiletten. Man wird von der Bushaltestelle abgeholt, wenn man vorher Bescheid gibt. 6175 ¥, mit HP 8000–10000 ¥.

**Seiunsō**, 500-1 Unzen, ✆ 0957-73-3273, 💻 www.seiunso.jp. Kokuminshuku-sha, Zimmer im japanischen und im westlichen Stil, schönes Freiluft-Onsen. Etwas außerhalb (von den Höllen halbe Std. Fußmarsch). Ab 14 800 ¥ p. P. mit Halbpension.

Die einzige günstige Unterkunft ist das kleine **Tsudoi Guesthouse** direkt an der Bushaltestelle. Sie ist aber nur etwas für Hartgesottene: In den beiden Dorms stehen je 5 Etagenbetten dicht an dicht; die Küche ist ein einziges Durcheinander, im Gemeinschaftsraum finden die maximal 20 Gäste kaum Platz. Die Atmosphäre ist entsprechend intim … 3630 ¥ p. P.

## SONSTIGES

### Informationen

Das **Unzen Visitor Center**, 💻 www.unzenvc.com/access.html, das Haus mit achteckigem Turm schräg gegenüber den Höllen, bietet eine mäßig interessante Ausstellung mit Erklärungen zu Vulkanen und heißen Quellen, Tieren und Pflanzen der Region sowie ein paar Broschüren (auch auf Englisch). Gepäckaufbewahrung gegen Gebühr. 🕒 tgl. außer Do 9–17 Uhr.

Das **Unzen Information Center**, 💻 www.unzen.org – der Straße ein Stück weiter um die Kurve folgen – ist weniger ergiebig. 🕒 tgl. 9–17 Uhr.

### Rotenburo

Eine Reihe von Einrichtungen bietet Badevergnügen im *rotenburo*, z. B.

**Kojigoku Onsen-kan**, Unzen 500-1, ein gutes Stück außerhalb Richtung Süden. Stimmungsvolles Onsen aus der Taishō-Zeit. ⏲ tgl. 9–20 Uhr, 500 ¥.

### TRANSPORT

**Ken'ei-Bus** direkt ab NAGASAKI, 3x tgl. um 9.10, 13.10, 16.10 Uhr (1 3/4 Std., 1850 ¥ einfach). Alternativ **JR-Zug** von Nagasaki bis Isahaya (25 Min.), ab da 9–11x tgl. **Shimatetsu-Bus** über Obama bis Unzen Onsen (1 1/2 Std., 1400 ¥). Am besten sitzt man in Fahrtrichtung rechts, dann hat man die letzte Hälfte der Strecke eine schöne Aussicht auf die Buchten, das Meer und die Nagasaki-Halbinsel.

Von Unzen fährt 10–12x tgl. ein Shimatetsu-Bus bis zum Burgstädtchen SHIMABARA (35 Min., 850 ¥). Von dort (Haltestelle: Shimabara-kō) verkehrt die Fähre **Ocean Arrow**, 💻 www.kumamotoferry.co.jp, nach KUMAMOTO (30 Min., 1500 ¥, Shuttlebus zum Bahnhof Kumamoto 30 Min., 490 ¥), alternativ mit **Kyūshō Ferry** für 890 ¥ in 1 Std.

## Beppu 別府

In diesem größten Thermalbadeort Japans spuckt die Erde allerorten aus 250–300 m Tiefe Dampf, Schlamm und kochend heißes Wasser aus. Besonders heftig ist die geothermische Aktivität in der Gegend Kannawa, wo die verschiedensten „Höllen“ *(jigoku)* und ein Geysir Touristen in Scharen anlocken.

Schon in der Kamakura-Zeit gründete ein buddhistischer Mönch hier ein Heilbad, und bis heute erhoffen sich Japaner von den Thermalquellen, die Alkali, Schwefel, Kohlenstoff oder Eisen enthalten, Linderung von diversen Leiden. Idyllisch ist dieser Onsen-Ort natürlich nicht, beeindruckend aber allemal.

Bei klarer Sicht lohnt eine Fahrt mit der Seilbahn auf den **Tsurumi-dake** (1375 m), 💻 www.beppu-ropeway.co.jp, ⏲ Mitte März–Mitte Nov. tgl. 9–17.30, sonst 17 Uhr (letzte Rückfahrt). 1200 ¥ einfach, 1800 ¥ hin und zurück, Anfahrt mit Kamenoi Bus 36 ab Bahnhof (Westausgang) in 20 Min.

### Jigoku Meguri 地獄巡り

Die „Höllen“ in **Kannawa Onsen**, 7 km nordwestlich von Beppu, lassen sich in einer Rundtour *(jigoku-meguri)* der Reihe nach besuchen, 💻 www.beppu-jigoku.com. Es gibt ein Sammelticket (2000 ¥, mit Buspass 2200 ¥, erhältlich bei der ersten „Hölle“) für sechs Höllenteiche und den Geysir, aber nicht alle sind gleich sehenswert. ⏲ alle: tgl. 8–17 Uhr, Eintritt je 450 ¥. Am eindrucksvollsten ist die **Chi-no-ike-jigoku** (Blutteichhölle). Ihre namengebende blutrote Farbe kommt vom roten Lehmboden. Von Kannawa Bus Nr. 16 in knapp 10 Min., direkt vom Bahnhof Beppu mit Bus Nr. 26. Die **Tatsumaki-jigoku** daneben ist ein Geysir, der alle 30–40 Min. für 7–8 Min. Wasser spuckt.

Die anderen Höllen liegen recht nah beieinander: Die **Oniishibōzu-jigoku** mit Fußbad (nicht zu verwechseln mit Honbōzu-jigoku – die kostet 450 ¥ extra und liegt abseits) heißt „Mönchshölle“, weil der aufblubbernde Schlamm an den Glatzkopf eines Mönchs *(bōzu)* erinnert. Das Wasser der benachbarten **Umi-jigoku** ist türkisblau wie das Meer *(umi)*.

Die **Kamado-jigoku** ein Stück weiter umfasst verschiedene, teils „blubbernde“ Teiche. Hier gibt es viele *taiken* (Füße/Hände wärmen, Dampf einatmen, Fußbad, hart gekochte Eier essen). Der Name verdankt sich dem Ofen *(kamado)*, in dem früher gekocht wurde.

In der laut rumorenden **Oniyama-jigoku** nebenan liegen Krokodile ziemlich lethargisch in separaten kleinen Becken, aber wenigstens haben sie es schön warm.

Die **Shiraike-jigoku** ist trotz des Mini-Aquariums eine der uninteressantesten Höllen und das Wasser trotz des Namens („Weißer-Teich-Hölle“) nicht wirklich weiß.

Das neue **Jigoku Onsen Museum** lohnt den hohen Eintrittspreis (1500 ¥) nicht, hat aber ein nettes Café.

Bus vom Bahnhof, Westausgang, Nr. 2, 5, 7, 41 oder Ostausgang Nr. 24 bis Umi-jigoku-mae oder 26 bis Chi-no-ike-jigoku, 20 Min.

### Onsen und Sandbäder

Das öffentliche Sandbad **Beppu Kaihin Sunayu** liegt im Freien am Meer. Im Meer baden darf man hier aber nicht. Der warme Sand, in den man (mit Leih-Yukata) eingebuddelt wird, soll bei Wunden, Verbrennungen und chronischen Hautkrankheiten Linderung bringen. Vom Bahnhof, Ostausgang, Bus Nr. 20 bis Bushaltestelle Betsudai eki-mae oder Nr. 26 bis Rokushōen. Zur Zeit der Recherche war das Bad leider bis auf Weiteres geschlossen.

Ein anderes öffentliches Sandbad befindet sich direkt in Beppu im alten Badehaus **Takegawara Onsen** aus der Meiji-Zeit (1879, jetziges Haus von 1938). Das Onsen selbst ist eher unspektakulär, das Becken klein. Das Wasser, das u. a. Natrium und Magnesium enthält, soll ebenfalls bei Verbrennungen, Schnittwunden und chronischen Hauterkrankungen helfen. ⌚ tgl. 6.30–22.30 Uhr, 300 ¥, Sandbad tgl. 8–21.30 Uhr, 3. Mi im Monat geschlossen, 1500 ¥.

In Kannawa bietet das einladende **Hyōtan Onsen**, 💻 www.hyotan-onsen.com, ein Sandbad, Dampfbad sowie jeweils ein schönes *rotenburo* und Bad (u. a. mit „Wasserfall") für Männer bzw. Frauen. Das Fußbad beim Parkplatz ist gratis. Es gibt ein Faltblatt auf Englisch mit Instruktionen. ⌚ tgl. 9–1 Uhr, ab 940 ¥.

Das hoch gelegene Hotel **Suginoi Palace**, 💻 https://suginoi.orixhotelsandresorts.com, nördlich von Beppu hat ein großes, nach Geschlechtern getrenntes Onsen namens Tanayu mit zauberhaftem Blick auf Beppu vom *rotenburo,* besonders am Abend, wenn die Lichter der Stadt unten leuchten. ⌚ tgl. 9–23 Uhr, Mo–Do ab 1600 ¥, Fr, So ab 2000 ¥, Sa, Feiertag ab 2200 ¥, vom Bahnhof kostenloser Shuttlebus.

## ÜBERNACHTUNG

**Asahiya Ryokan**, Kumi Kannawa Ida 1, ✆ 0977-66-0237, 💻 www.asahiya-beppu.com. 20 Tatami-Zimmer, jeweils mit kleinem WC; ausgezeichnetes Kaiseki-Abendessen; sehr hilfsbereites Personal; günstig gelegen für *jigoku-meguri.* ❸–❹ mit HP

**GuestHouse Rojiura**, Ekimae-chō 9-14, ✆ 0977-25-0100, 💻 www.gh-rojiura.com. Modernes, neueres Hostel, 5 Min. zu Fuß vom Bahnhof. Großer gemischter Dorm und ein kleinerer nur für Frauen. Außerdem Zimmer für 1–3 Pers. ab 3300 ¥ p. P. zzgl. Steuer. Fahrradverleih gegen Kaution.

**Guesthouse Sunline**, Kitahama 2-12-9, ✆ 0977-26-1155, 💻 https://sunlinebeppu.com. Einladendes Hostel fast am Meer, hinter dem Kitahama-Busbahnhof. Große Dorms mit Schließfächern, japanische Privatzimmer für 2–4 Pers., teils mit WC, teils mit WC und Bad. Modernes Café und Onsen. Ab 2550 ¥ p. P.

**Hotel Kōraku**, Kitahama 3-13-21, ✆ 0977-22-1331, 💻 www.koraku.net. Geschmackvolles Hotel mit 38 japanischen Zimmern; nach Geschlechtern getrennt je ein schönes Onsen und ein (kleines) *rotenburo* mit viel Holz. Ab 6580 ¥ p. P.

**Kokage**, Ekimae-chō 8-9, ✆ 0977-23-1753, 💻 ww6.tiki.ne.jp/~kokage/index.html. Mitglied der Japanese Inn Group. Sehr gemütliche, altmodische Unterkunft im Stil einer Pension, vollgestopft mit Antiquitäten und Trödel, nicht weit vom Bahnhof. Mit natürlichem Onsen. Kostenlose Waschmaschinennutzung. Radverleih. ❶

**Ryokan Nogami Honkan**, Kitahama 1-12-1, ✆ 977-22-1334, 💻 www.yukemuri.net/home. Auf ausländische Gäste eingestelltes Ryokan mit Tatami-Zimmern und Zimmern mit westlichen Betten. Kostenlos Tee und Kaffee, Waschmaschinen- und Onsen-Nutzung. Schönes japanisches Esszimmer für japanisches Frühstück und Abendessen. 10 Min. vom Bahnhof Beppu. Bei Internetbuchung Rabatt. ❸–❹

## ESSEN

**Ikkyu**, Ishigaki Nishi 10-5-7, Westin Yamanami Bldg., ✆ 0977-25-3118. Nettes kleines Lokal, das auf *Beppu reimen* (kalte Nudeln) spezialisiert ist.

**Sushi Meijin**, im Kaufhaus You Me (EG hinten) an der Küste. Hier sitzt man an einer langen Theke und bestellt an einem kleinen Bildschirm am Platz Sushi, das dann auf dem Laufband herangerollt kommt. Witzig! ⌚ tgl. 11–21 Uhr.

**Toyotsune**, Kitahama 2-13-11, ✆ 0977-22-3274. Beliebtes Restaurant, spezialisiert auf *tendon.* Preiswerte Menüs. Auch Sashimi und Fugu. ⌚ tgl. außer Mi 11–14 und 17–22 Uhr. Filiale in Bahnhofsnähe.

In Kannawa kann man sich bei **Jigokumushi Kobo Kannawa** (bei der Touristeninformation) mithilfe des Dampfes der heißen

Quellen in sogenannten *jigoku gama* (Höllenöfen) Essen kochen. Lebensmittel und Ofenleihe gegen Gebühr; man kann aber auch selbst Lebensmittel mitbringen; Utensilien (u. a. Schutzhandschuhe) werden gratis gestellt.

## SONSTIGES

### Einkaufen

Yunohana ist ein natürlicher Badezusatz, der gut bei Hautproblemen sein soll. Man bekommt ihn direkt bei einem der Hersteller, etwa **Yu-no-Sato**, Myoban Onsen, 💻 www.yunohana.jp. Hier kann man sehen, wie das Pulver traditionell in kleinen, strohgedeckten Hütten gewonnen wird, die über den heißen Quellen errichtet werden. Mit Onsen (drinnen und draußen, 600 ¥, in der Regel 10–21 Uhr). Bus 5, 24 und 41 vom Bahnhof bis Myoban Jizoyu-mae. Bekannt ist Beppu außerdem für **Bambuswaren**.

**SELECT Beppu**, Chūō-machi 9-34, ✆ 0977-80-7226. Netter kleiner Laden mit Kunsthandwerk, Schmuck und Spezialitäten in einem über 100 Jahre alten *nagaya* (Reihenhaus).
🕒 Do–Mo 11–18 Uhr.

### Informationen

**Touristeninformation** im Bahnhof mit hilfsbereitem, Englisch sprechendem Personal. ⏲ tgl. 9–18 Uhr. In Kannawa gibt es eine weitere Touristeninformation, ⏲ tgl. 9–17 Uhr.

### Taiken

Das **Ōita Parfümmuseum** (Ōita Kaori-no-hakubutsukan), Kita Ishigaki 48-1, 💻 www.oita-kaori.jp, bietet neben einer Übersicht über die Geschichte des Parfüms die Gelegenheit, in weniger als einer halben Stunde einen ganz eigenen Duft zu kreieren (30 ml, 2500 ¥, Englisch okay), nach Anmeldung unter 📧 info@oita-kaori.jp. ⏲ tgl. 10–18 Uhr, Eintritt Museum 500 ¥.

## NAHVERKEHR

Die Tageskarte für **Kamenoi-Busse**, *Mini Free Pass*, kostet 1000 ¥ (erhältlich bei der Touristeninfo im Bahnhof), ansonsten vom Bahnhof nach Kannawa 330 ¥, von dort zur Chi-no-ike-Jigoku 190 ¥, ab dort zum Bahnhof 410 ¥.

Die rätselhaften Steinbuddhas von Usuki

## TRANSPORT

### Busse

Mit **Sankō**, 💻 www.kyusanko.co.jp/sankobus/english, 1x tgl. morgens über KUROKAWA (2 1/2 Std., 3300 ¥) nach ASO (3 1/4 Std., 3900 ¥) und weiter nach KUMAMOTO (5 1/4 Std., 4500 ¥).

Mit **Kamenoi Bus**, 💻 https://kamenoibus.com, ab der Nishitetsu-Busstation Kitahama nach FUKUOKA (via Fukuoka-Flughafen), 10x tgl., 2 3/4 Std., 3250 ¥.

Mit **Ōita Kōtsū**, 💻 www.oitakotsu.co.jp, ab Kitahama nach NAGASAKI (4x tgl., 4720 ¥).

### Eisenbahn

JR-Nippō-Honsen von FUKUOKA (Hakata) häufig, 2 Std., 6470 ¥ Express, nach MIYAZAKI, u. U. mit Umsteigen in Ōita, ca. stdl., mind. 3 1/2 Std. ab Beppu, 7000 ¥ Express. KUMAMOTO häufig, 2 1/2 Std., via Kokura, ab dort Shinkansen, 11 150 ¥, oder mit Kyūshū Ōdan Express (1x tgl. direkt, 1x tgl. ab Ōita), 3 1/2 Std., 6030 ¥, via ASO (2 1/4 Std., 3370 ¥).

### Schiffe

Nachtfähre **Ferry Sunflower**, 💻 www.ferry-sunflower.co.jp, von ŌSAKA (Cosmo Ferry Terminal) durch die Inlandsee So–Do um 19.05, Fr, Sa um 20.05 Uhr, 12 Std., ab 11 040 ¥ (verschiedene Rabatte). Zurück ab 18.45 bzw. 19.20 Uhr.

Nach UWAJIMA (Hafen Yawatahama) auf Shikoku 6x tgl. mit **Uwajima-Un'yu Ferries**, 💻 www.uwajimaunyu.co.jp, 2 3/4 Std., 4200 ¥.

### Flüge

Bus vom/zum **Flughafen Ōita**, 💻 www.oita-airport.jp/en, 3/4 Std. bis/ab Bahnhof und Kitahama.

# Die Umgebung von Beppu

Wer Zeit erübrigen kann, sollte zu den wunderschönen Steinbuddhas von **Usuki** (Usuki Sekibutsu) fahren. Dazu geht es mit der JR-Nippō-Linie, meist mit Umsteigen in Ōita, bis Usuki (mind. 3/4 Std.) und von dort mit einem selten verkehrenden Bus (310 ¥) oder einem bei der Touristeninformation kostenlos zu leihenden Fahrrad (30 Min.) zu den 60 aus dem Felsen gehauenen Figuren aus dem 11.–13. Jh., die gut erhalten sind, deren Ursprung aber im Dunkeln liegt. ⌚ tgl. 9–17 Uhr, 550 ¥. Usuki ist übrigens berühmt für seine Miso-Produktion. Man kann hier Miso-Eis probieren!

Im **Affenreservat** auf dem Takasaki-yama, 💻 www.takasakiyama.jp, lebt die größte Affenkolonie Japans; genau genommen sind es zwei Kolonien von insgesamt über 1300 Rotgesichtsmakaken. ⌚ tgl. 9–17 Uhr, 520 ¥. Mit dem Bus vom Bahnhof Beppu bis Takasakiyama Shizen Dōbutsu-en mae (ca. 15 Min.). Vom Ticketschalter verkehrt eine (überflüssige) Monorail (100 ¥).

Der ungemein stimmungsvolle Onsen-Ort **Yufuin** (1 Std. mit Bus oder Zug der JR-Kyūdai-Linie) liegt landschaftlich schön in einem Tal am Fuße des Yufudake (1584 m). Beim Bahnhof, der von Isozaki Arata entworfen wurde, gibt es direkt am Bahnsteig 1 ein Fußbad (200 ¥ inkl. Mini-Handtuch, Ticket beim JR-Schalter besorgen). Mit seinen vielen kleinen Läden ist Yufuin ein Paradies für Souvenirjäger.

## Aso-Kujū-Nationalpark 阿蘇九重国立公園

128 km Umfang – damit ist der Aso einer der größten Vulkankrater der Welt. Geschaffen wurde er vor 90 000 Jahren bei einem gewaltigen Vulkanausbruch, durch den ein See entstand, der später austrocknete. Den Krater umgibt ein Ring von Bergen, darunter fünf Hauptgipfel (von Ost nach West): Nekodake (1408 m), Takadake (1593 m), Nakadake (1506 m, immer noch sehr aktiv), Kishimadake (auch Kijimadake, 1321 m) und Eboshidake (1337 m). Diese sogenannten **Aso Godake** („fünf Gipfel") sollen von der Seite betrachtet einem liegenden Buddha ähneln, wobei der Nakadake der Nabel ist – mit etwas Fantasie vom Aussichtspunkt **Daikanbō** aus nachzuvollziehen.

Das Kratergebiet, in dem 70 000 Menschen leben, ist Teil des Aso-Kujū-Nationalparks. Zu ihm gehört auch der Kujū, mit einer Höhe von 1787 m der höchste Berg der Insel Kyūshū. Im Frühling und Sommer blühen hier Wildblumen und Azaleen. Im Winter liegt sogar Schnee auf den Gipfeln. Unternehmungslustigen bieten sich jede Menge Möglichkeiten: Wanderungen, Radtouren, Ausritte – und anschließend Entspannung im Onsen. Die Eingangstore zum Aso sind die Stadt **Aso** im Norden und **Takamori** im Südosten. Das Gebiet ist sehr weitläufig, weshalb Besucher ohne Auto gut planen müssen.

### Um den Aso-Schrein 阿蘇神社

Der **Aso-jinja**, rund 6 km östlich vom Bahnhof Aso, wurde beim Erdbeben 2016 stark beschädigt und danach wiederaufgebaut. Der Legende nach wurde er 100 n. Chr. gegründet. Er ist den Göttern der Landwirtschaft geweiht. Im März wird hier an einem Abend ein eindrucksvolles Feuerritual veranstaltet (s. Feste).

Nicht weit vom Schrein beginnt die Einkaufsstraße **Monzen-machi**. Über die Gegend verstreut finden sich natürliche Quellen, deren Wasser aus kleinen Brunnen getrunken werden kann – was Wohlstand bringen soll ... Der nächstgelegene Bahnhof ist Miyaji.

### Um den Nakadake 中岳

Vom Bahnhof Aso nimmt man einen Bus (6x tgl.; zuletzt um 15.10 Uhr, zurück 7x tgl., zuletzt um 16.30 Uhr, 35 Min., 650 ¥ einfach), der auf der Aso Kankō Toll Road bis zum Aso Sanjō Terminal fährt.

Unterwegs erblickt man den grasbedeckten **Komezuka** (954 m), der für seine perfekte Form berühmt ist; angeblich wurde er vom Aso-Gott geschaffen, indem dieser Reis *(kome)* auftürmte. Etwas weiter kommt man an der **Kusasenrigahama** („1000 Ri große Grasfläche") vorbei, wo man im Sommer eine Runde auf dem Pferderücken drehen kann. Unweit von hier ist das **Vulkanmuseum** (Aso Kazan Hakubutsukan), 💻 www.asomuse.jp, angesiedelt, das aber die hohe Eintrittsgebühr nicht rechtfertigt. Es zeigt eine ziemlich angestaubte Ausstellung zur Entstehung der Aso-Vulkane und zu Vulkanen allgemein. Am interessantesten ist noch die Kamera im Krater des Nakadake, mit der man verfolgen kann, wie es dort gerade aussieht. ⌚ tgl. 9–17 Uhr, 880 ¥.

Von der Endhaltestelle Aso Sanjō Terminal sind es rund 20 Min. zu Fuß zum Rand des imposanten, 130 m tiefen Nakadake-Kraters; es verkehrt auch ein Shuttlebus (5 Min., 500 ¥) – sofern der Vulkan keine giftigen Gase ausspuckt. Sollte er gerade „Ruhe geben", können Wanderlustige den Nakadake in 2 Std. erklimmen (s. Tour S. 558).

Alternativen sind Wanderungen auf den **Kishimadake** (1 Std. hin und zurück) und/oder den **Eboshidake** (1 1/2 Std. hin und zurück). Man startet von der Bushaltestelle Kusasenri (vor dem Vulkanmuseum). Von beiden bieten sich schöne Ausblicke auf den Nakadake.

## Kurokawa Onsen 黒川温泉

Wer einmal einen stimmungsvollen kleinen Onsen-Ort in den Bergen erleben möchte, sollte Kurokawa ansteuern. Mit seinen rund 25 *rotenburo*, von denen viele im Wald oder am Flüsschen liegen, verströmt es eine wundervolle, nostalgische, urjapanische Atmosphäre.

Es gibt eine günstige Badekarte, mit der man drei Bäder (z. T. gemischt) besuchen kann. Sie kostet 1300 ¥ und ist in der Touristeninfo erhältlich (nach *nyūtō-tegata* fragen), ansonsten kostet ein Besuch in der Regel jeweils 500–600 ¥, 💻 www.kurokawaonsen.or.jp, 🕒 je nach Bad unterschiedlich. In der Touristeninformation ist ein Faltblatt auf Englisch mit einer Übersicht über die einzelnen Ryokan und ihre *rotenburo* erhältlich.

### Uchinomaki Onsen 内牧温泉

Ein weiterer alter Onsen-Ort ist Uchinomaki (eine Station nordwestlich von Aso), wo die Onsen allerdings weit auseinander liegen. Ein sehr authentisches altes Bad ist hier **Takarayu** (mit Restaurant Ganemasa), das einst von den Bewohnern der Gegend eingerichtet wurde. Das Heilwasser der Quelle ist nicht besonders heiß und sogar trinkbar. ⌚ tgl. 11–22 Uhr, 400 ¥.

## ÜBERNACHTUNG

### Aso-machi

€ **Aso Base Backpackers**, Kurokawa 1498, ✆ 0967-34-0408, 💻 www.aso-backpackers.com. Blitzsauberes, geschmackvoll eingerichtetes Hostel, keine 5 Min. vom Bahnhof entfernt, mit 4er-Dorms (ohne Tür, nur mit Vorhang), DZ, Gemeinschafts-Du/WC und -küche. Fahrrad- und Mopedverleih, Waschmaschinen. Barzahlung gewünscht. Ab 2800 ¥ p. P.

**Shukubō Aso**, Ōaza Kurokawa 1076, ✆ 0967-34-0194, 💻 www.aso.ne.jp/syukubou-aso. Japanische Zimmer in einem stimmungsvollen alten Haus mit viel Holz und *irori*, 10 Min. zu Fuß vom Bahnhof. Zimmer mit WC, dazu zwei Steinbäder. Ab 14 000 ¥ p. P. mit HP.

### Kurokawa Onsen

**Sanga Ryokan**, Kurokawa Onsen, ✆ 0967-44-0906, 💻 www.sanga-ryokan.com/en. Dieses herrliche Ryokan mit 15 Zimmern ist eine Oase, in der man sich beinahe fern der modernen Zivilisation wähnen kann – und doch auf modernen Komfort nicht verzichten muss. Einige Zimmer blicken auf den Fluss. Es gibt mehrere Onsen, die man zeitweise für sich reservieren kann. Das Ryokan liegt etwas abseits am westlichen Rand von Kurokawa, aber die Abholung von der Bushaltestelle kann arrangiert werden. Das Essen ist ebenso vorzüglich wie das Ambiente. Für diese Erfahrung lohnt es sich, einmal tiefer in die Tasche zu greifen. Ab 15 000 ¥ p. P. mit Halbpension.

### Trommelwirbel

Wer die Gelegenheit hat, einen Auftritt der japanischen Trommelgruppe **TAO** mitzuerleben, sollte nicht zögern: Sie ist einfach umwerfend! Die Gruppe hat ihren Sitz in Kujū, tourt aber mittlerweile durch die ganze Welt. In Kyūshū ist sie regelmäßig in Kumamoto, Fukuoka, Nagasaki, Kagoshima und verschiedenen Orten in der Präfektur Ōita zu sehen. Näheres 💻 www.drum-tao.com.

## ESSEN

**East**, in Aso-machi, nicht weit vom Bahnhof. Wirkt etwas piefig, aber das Essen ist okay und günstig. ⌚ tgl. außer Do 11–21 Uhr, Frühstück von 10–11 Uhr.

**Olmo Coppia**, Aso-shi, Kurabaru 627-1, ✆ 0967-34-1710, 💻 www.olmo-coppia.com. Biorestaurant in einem 200 Jahre alten Lagerhaus in einem reizenden alten Viertel abseits der Straße 57 in Richtung Miyaji. Kleine Karte, aber dafür kommt das meiste Gemüse vom benachbarten eigenen Feld und wird von der Betreiberin selbst zubereitet. ⌚ Mi–So 11.30–14.30 Uhr, nur nach Voranmeldung.

**Sanzokutabiji**, an der Straße 57 (vom Zentrum Aso nach Westen). Gemütliches und beliebtes Restaurant mit lokalen Spezialitäten, z. B. *takanameshi*. Nur unregelmäßig mittags geöffnet.

Eine ganze Reihe verschiedener Lokale sind in **Monzen-machi** versammelt.

## SONSTIGES

### Fahrradverleih

Räder und E-Bikes können beim Bahnhof geliehen werden. ⌚ tgl. 9–17 Uhr.

### Feste

**Hifuri Shinji**, Mitte März: Mit einem Feuerritual am Aso-Schrein wird die Hochzeit zweier Götter gefeiert. Dabei schwenken die Teilnehmer Fackeln aus Stroh.

**Onda-matsuri**, 28.7.: Mikoshi-Umzug am Aso-Schrein.

# Auf den Nakadake

- **Startpunkt**: Bahnhof Aso
- **Dauer**: 35 Min. Busfahrt bis zur Endhaltestelle Aso Sanjō Terminal, 2 Std. Wanderung bis zum Gipfel, zurück 1 1/2 Std., von Aso Sanjō Terminal mit dem Bus oder zu Fuß (9 km/2 Std.) zurück nach Aso
- **Hinweis**: **Die Tour ist nur möglich, wenn der Vulkan ruhig ist – vorher erkundigen!** Die Karte *Mt. Nakadake & Takadake Trekking Route* (gratis von der Touristeninfo), Trinkwasser, Sonnenschutz und Regenjacke mitnehmen. Für Asthmatiker und Menschen mit Herzbeschwerden nicht geeignet!

Der Nakadake liegt etwa in der Mitte (jap. *naka*) der Aso-Caldera. Die Wanderung, die für Anfänger bei trockenem Wetter gut machbar ist, führt durch eine faszinierende Mondlandschaft auf den 1506 m hohen Gipfel am östlichen Rand des rauchenden Kraters.

**Erste Etappe**

Vom Bahnhof Aso geht es mit dem Bus an der Kusasenrigahama und dem Vulkanmuseum vorbei zum unteren Parkplatz am Krater. Hier lässt man das große, leerstehende Gebäude buchstäblich links liegen und folgt zunächst noch etwa 1 km der Straße zum Kraterrand, bevor rechter Hand ein Holzweg in Richtung Nakadake abzweigt. Man folgt diesem schnurgeraden Weg an Erklärungstafeln vorbei immer geradeaus, dann nach 1,2 km links und erblickt linker Hand die **Sunasenrigahama**. Die „1000 Ri große Sandfläche" erinnert an eine Wüste. Viel mehr als anspruchsloser Knöterich auf Mini-Sandhügelchen wächst hier aufgrund der Vulkanasche und der giftigen Gase, die der Krater ausspuckt und der Wind herüberweht, nicht.

## Der Aufstieg

Hinter der Sunasenrigahama kommt eine ziemlich anstrengende Kraxelpartie über Felsen hoch zum Grat. Hier immer den gelben Pfeilen folgen (rote Markierungen warnen vor Gefahrenstellen)! Wenn man fast versucht ist, aufzugeben, ist bald der Grat erreicht und es wird wieder leichter. Die letzte Stunde wandert man auf dem Grat entlang beinahe schnurgerade bis zum Gipfel. Von hier eröffnet sich eine herrliche Aussicht auf den rauchenden Krater. Wer möchte, kann noch weiterwandern – bis zum höchsten Gipfel des Aso, dem Takadake (1592 m), 670 m weiter östlich (25 Min.). Oder vom Nakadake nach links in einer halben Stunde näher an den Kraterrand. Theoretisch ist es möglich, noch weiter bis zum Ostzugang des Aso (Sensuikyō-Parkplatz) zu wandern, aber von dort verkehren keine öffentlichen Transportmittel, und bis zum nächsten Bahnhof, Miyaji, sind es über 6 km.

## Vom Aso Sanjō Terminal zurück ins Tal

Kehrt man am Nakadake um, kann man vom Aso Sanjō Terminal bis zurück nach Aso wandern. Der Weg folgt einer asphaltierten, aber nicht mehr befahrenen alten Straße (sicherheitshalber bei der Touristeninformation in Aso nachfragen, ob sie begangen werden darf) fast immer geradeaus bis zur Autostraße. Dieser folgt man bergab um die große Kurve herum, bis es schließlich rechts abgeht – dem Schild zum Bahnhof Aso folgen.

### Geld

Achtung: In Aso besteht keine Möglichkeit, Fremdwährungen zu wechseln! Es gibt aber eine Lawson-Filiale mit internationalem **Geldautomat** nicht weit vom Bahnhof Aso.

### Informationen

Die Mitarbeiter der **Touristeninformation** neben dem Bahnhof Aso im Michi-no-Eki Aso wissen viel, sprechen Englisch, helfen gern und bewahren auch Gepäck auf.
🕒 tgl. 9–18 Uhr.
Auf der offiziellen **Website** 💻 www.aso.ne.jp/~volcano sind Neuigkeiten zur Lage am Nakadake und zum Transport in der Region zu erfahren.

## TRANSPORT

### Busse

Mit **Kyūshū Sankō** von Aso 3x tgl. über den Flughafen nach KUMAMOTO (1 3/4 Std., 1530 ¥), 2x tgl. nach Kurokawa (3/4 Std., 1300 ¥) und 1x tgl. nach BEPPU (3 1/4 Std., 3900 ¥), siehe auch S. 564.
Daneben verkehrt 4x tgl. ein Bus von FUKUOKA nach Kurokawa Onsen, 3 Std., 3470 ¥.
Von Takamori nach KUMAMOTO 3x tgl., 2 Std., 1030 ¥.
Von Takamori nach TAKACHIHO 1x tgl., 1 1/2 Std., 1500 ¥.

### Eisenbahn

Züge fahren von Aso mit Umsteigen in Bungo-Taketa und/oder Ōita nach BEPPU, am schnellsten in 2 Std., 5330 ¥ Express; nach KUMAMOTO (teils mit Umstieg in Higo-Ozu), 1 1/4–1 1/2 Std., ab 1130 ¥.

### Südrand

Die **Privatlinie Minami-Aso** verkehrt von Tateno am Südrand entlang nach Takamori (490 ¥, 30 Min.).
Von Mitte März bis Ende Nov ist Sa, So und feiertags (Golden Week, Frühjahrs- und Sommerferien häufiger) auf derselben Strecke 2x tgl. der **Nostalgiezug Torokko** der Minami-Aso-Privatlinie im Einsatz (1500 ¥, 50 Min.), 💻 www.mt-torokko.com.

# Kumamoto 熊本

Das Wahrzeichen dieser sympathischen Stadt in der Shimabara-Bucht ist die Burg Kumamoto-jō am Shirakawa. Sie ist nicht nur zur Zeit des *hanami*, wenn die Kirschbäume um die Burg in voller Blüte stehen, ein beliebtes Ziel.

Kumamoto ist die Hauptstadt der gleichnamigen Präfektur und mit rund 737 000 Einwohnern die drittgrößte Stadt auf Kyūshū. Seit 1992 verbindet sie eine Partnerschaft mit Heidelberg.

## Burg und Umgebung 熊本城

Die Burg, **Kumamoto-jō**, 💻 https://kumamoto-guide.jp/kumamoto-castle, ist eine der drei größten Burgen Japans (neben jener von Ōsaka und Nagoya). Die Außenneigung der Turmmauer im oberen Bereich – eine schwierige Technik, die *mushagaeshi* genannt wird – machte es Angreifern unmöglich, die Mauer zu überwinden. Seit der 50-tägigen Belagerung der Burg während des Satsuma-Aufstands unter Saigō Takamori 1877 (S. 570) sind allerdings nur die Außenmauern mit elf Außentürmen und ein paar Tore vom Original erhalten; alles Übrige fiel einem Feuer drei Tage vor der entscheidenden Schlacht zum Opfer. Der fünfstöckige Hauptturm, zu dem noch ein kleinerer Turm gehört, wurde 1960, der Rest ab 1998 rekonstruiert. Doch leider zerstörten die Erdbeben 2016 große Teile der Anlage (s. Kasten S. 560). Ein 6 m hoher, 350 m langer Plankenweg führt nun an den noch sichtbaren Schäden vorbei zum Hauptturm.

Die ursprüngliche Burg wurde 1601–1607 von Katō Kiyomasa erbaut, einem General, den Toyotomi Hideyoshi zum *daimyō* der alten Provinz Higo gemacht hatte. Der Katō-Clan wurde später verbannt, und die Hosokawa zogen um 1632 in die Burg ein.

Die Burg hatte einst drei Haupttore, von denen das größte, das Minami-ōte-Tor im Westen, 2002 wiederaufgebaut wurde. Am Tsuboi-Fluss ist noch ein rund 242 m langes Mauerstück erhalten (das längste in Japan), die **Naga-bei** („lange Mauer").

Im **Hauptturm** ist eine Ausstellung zur Geschichte der Burg zu sehen. Vom obersten Stockwerk (6F) überblickt man die ganze Stadt

KYŪSHŪ

bis zum Aso. Der große Gingko-Baum im Hof soll übrigens von Katō angepflanzt worden sein. Diesem Baum verdankt die Burg ihren Beinamen „Gingko-Burg". ⌚ tgl. 9–17 Uhr, Eintritt 800 ¥, mit Wakuwaku-za 850 ¥, mit Stadtmuseum 1100 ¥.

Der erst 2008 rekonstruierte Palast **Honmaru Goten** mit dem prächtigen Empfangsraum Shōkun-no-ma ist wegen der Erdbebenschäden immer noch geschlossen. Unter ihm verläuft eine Art Tunnel, der **Kuragari-no-tsūro** („Dunkelgang"), der in dieser Form einmalig in Japan ist.

Eine schöne Ansicht der Burg ergibt sich vom **Katō-Schrein**. Er bewahrt Helm und Schwert von Katō Kiyomasa auf.

Die **Kyū Hosokawa Gyōbu-tei** ist die mehrfach umgebaute ehemalige Residenz eines jüngeren Bruders des Hosokawa-Clanführers aus der 2. Hälfte des 17. Jhs. Auch diese Sehenswürdigkeit ist wegen der Erdbebenschäden noch immer geschlossen.

Nicht weit vom Hosokawa Gyōbu-tei versammelt das **Kunstmuseum der Präfektur** (Kumamoto Kenritsu Bijutsukan Honkan) über 5000 Werke. Zum Museum gehört auch die Hosokawa-Sammlung, die Kunstschätze der einstigen Burgherrenfamilie ausstellt. ⌚ tgl. außer Mo 9.30–17.15 Uhr, Eintritt 280 ¥, Hosokawa-Sammlung 210 ¥, zusammen 430 ¥, Sonderausstellungen extra. Hier hält auch der Ringbus.

Die nördlich der Burg gelegene **Dentō Kōgei-kan** zeigt Kunsthandwerk aus der Präfektur Kumamoto, von traditionellem Spielzeug über Bambusbehälter und Keramik bis zu Messern und Schmuck. Es gibt hier auch Kunsthandwerk zu kaufen. ⌚ tgl. außer Mo 9.30–17.30 Uhr, Eintritt frei, Ausstellung (2F) 210 ¥.

Auf dem Rückweg ins Zentrum kann man südwestlich des Burggeländes **Sakura-no-baba Jōsaien** durchstreifen, einen Komplex aus Souvenirläden, Restaurants und dem Wakuwakuza, einer interaktiven Geschichtsausstellung über Kumamoto in der Edo- und frühen Meiji-Zeit und einem Film über das Erdbeben von 2016. Hier ist auch eine große Touristeninformation angesiedelt. Wakuwakuza ⌚ tgl. 9–17.30 Uhr, 300 ¥.

**Tipp:** Wer mit dem Fahrstuhl in den obersten Stock (14F) des Rathauses fährt, genießt eine klasse Panoramasicht des Burggeländes.

### Das Erdbeben von Kumamoto

Kumamoto wurde im April 2016 von zwei schweren Erdbeben erschüttert, die 50 Menschenleben forderten und zahlreiche Gebäude zerstörten, darunter die imposante Burg und andere Sehenswürdigkeiten im Zentrum. Der vollständige Wiederaufbau der gesamten Burganlage soll bis 2052 dauern. Das Gelände ist in weiten Teilen noch abgesperrt; derzeit ist nur der Hauptturm zu besichtigen. Läuft man einmal in weitem Bogen außen herum, sieht man von verschiedenen Stellen aus die noch nicht behobenen Schäden.

## SAKURA MACHI サクラマチ熊本

Die knallbunte Treppe des Komplexes mit dem Busbahnhof, Läden und Restaurants ist ein echter Blickfang: Wer sie hochsteigt, gelangt zu Terrassen mit Sitzgelegenheiten im Grünen – und zu einem Riesen-Kumamon, Kumamotos heißgeliebtem Maskottchen. Am schönsten ist der Dachgarten, wo sich die Stadtjugend trifft. Es gibt hier auch ein Café. Abends ist die angestrahlte Burg von hier aus gut zu sehen.

## Suizenji Jōju-en 水前寺成趣園

Wer japanische Gärten liebt, sollte den Suizenji-kōen (auch Jōju-en) aufsuchen. Dieser relativ kleine Garten wurde 1636 von Hosokawa Tadatoshi als Teegarten angelegt. Das Wasser im See wird von einer Quelle gespeist, die unterirdisch vom Aso hierher fließen soll. Das Quellwasser eignet sich bestens für die Teezubereitung und soll ein langes Leben bescheren. Die Anlage im Momoyama-Stil ist eine Art Miniaturlandschaft, die sich an Holzschnitten der Tōkaidō-Route des Künstlers Hiroshige orientiert, darunter der Fuji und der Biwa-See.

Vom Haupteingang geht es im Uhrzeigersinn über eine Brücke am Izumi-Schrein vorbei. Er wurde erst in der Meiji-Zeit (1878) errichtet und ist den Hosokawa geweiht. Von hier spaziert man am „Fuji" und an der Nō-Bühne vorbei über eine Brücke zum Teehaus Kokindenju-noma. Es stand ursprünglich in Kyōto und wurde 1912 hierher versetzt. Hosokawa Fujitaka pfleg-

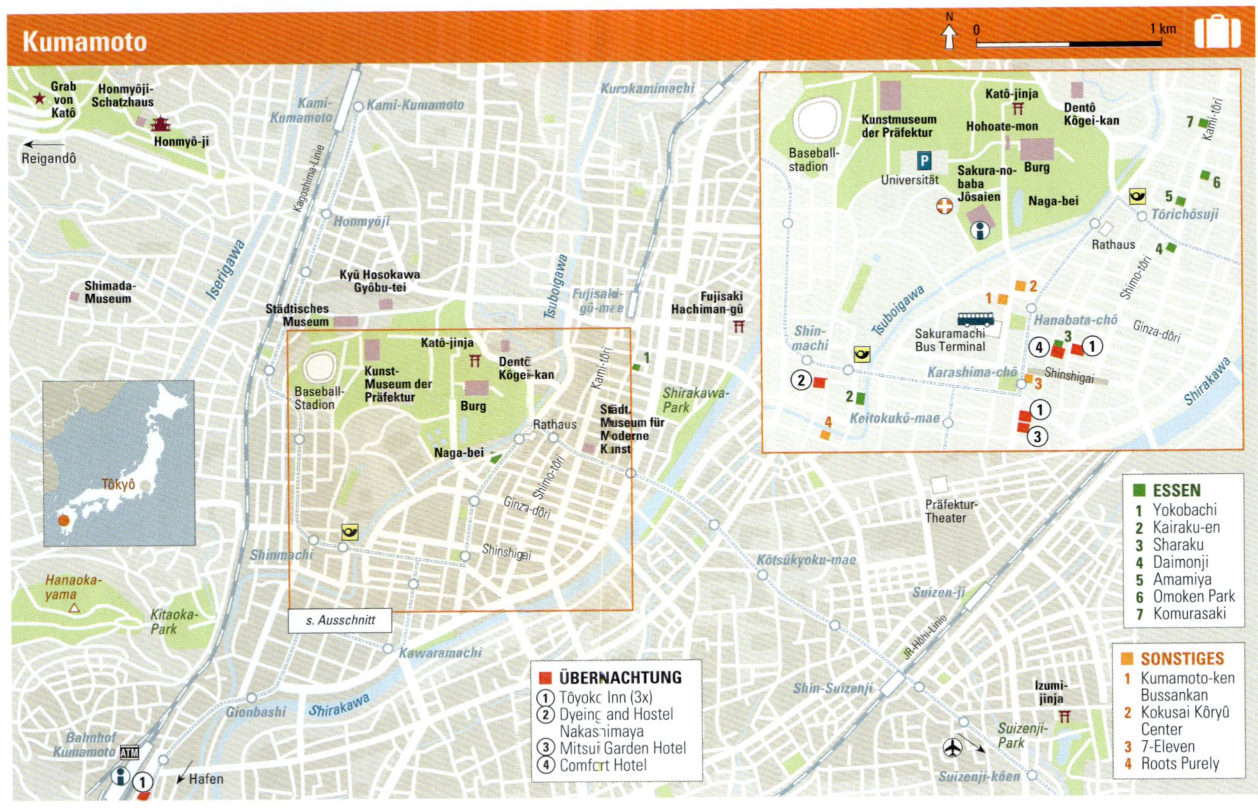
Kumamoto
N
0
1 km
Grab von Katô
Honmyôji-Schatzhaus
Honmyô-ji
Reigandô
Kami-Kumamoto
Kagoshima-Linie
Honmyôji
Iserigawa
Shimada-Museum
Kyû Hosokawa Gyôbu-tei
Städtisches Museum
Kurokamimachi
Tsuboigawa
Fujisaki-gû-mae
Fujisaki Hachiman-gû
Tôkyô
Baseball-Stadion
Kunst-Museum der Präfektur
Katô-jinja
Dentô Kôgei-kan
Burg
Kami-tôri
Rathaus
Städt. Museum für Moderne Kunst
Naga-bei
Shimo-tôri
Ginza-dôri
Shinshigai
Shirakawa-Park
Shinmachi
Hanaoka-yama
Kitaoka-Park
s. Ausschnitt
Kawaramachi
Gionbashi
Shirakawa
Bahnhof Kumamoto
ATM
Hafen
Kôtsûkyoku-mae
Suizen-ji
JR-Hôhi-Linie
Shin-Suizenji
Präfektur-Theater
Izumi-jinja
Suizenji-Park
Suizenji-kôen
Baseball-stadion
Kunstmuseum der Präfektur
Hohoate-mon
Universität
Sakura-no-baba Jôsaien
Tôrichôsuji
Shin-machi
Sakuramachi Bus Terminal
Hanabata-chô
Karashima-chô
Keitokukô-mae
ESSEN
1 Yokobachi
2 Kairaku-en
3 Sharaku
4 Daimonji
5 Amamiya
6 Omoken Park
7 Komurasaki
SONSTIGES
1 Kumamoto-ken Bussankan
2 Kokusai Kôryû Center
3 7-Eleven
4 Roots Purely
ÜBERNACHTUNG
1 Tôyoko Inn (3x)
2 Dyeing and Hostel Nakashimaya
3 Mitsui Garden Hotel
4 Comfort Hotel
KYÛSHÛ

te in diesem Haus Prinz Toshihito anhand der alten Gedichtsammlung *Kokinwaka-shū* in der Waka-Dichtkunst zu unterrichten (daher der Name „Raum der Unterweisung im *Kokin*").

Der Garten liegt rund 5 km östlich vom Bahnhof und ist von dort mit der Straßenbahn (Richtung Kengun) in 20 Min. zu erreichen (Haltestelle Suizenji-kōen). ⌚ tgl. 8.30–17 Uhr, 400 ¥.

## Shimada Bijutsukan und Reigandō 島田美術館・霊巌洞

Am westlichen Rand von Kumamoto zeigt das kleine **Shimada Bijutsukan**, 💻 www.shimada-museum.net, Kunsthandwerk sowie ein paar Schwerter und Bilder des legendären Schwertkämpfers Miyamoto Musashi (1584–1645), der ab 1640 bis zu seinem Tod in Kumamoto lebte. ⌚ tgl. (außer Di und jeden 2. und 4. Mi im Monat) 10–17 Uhr, 700 ¥, ab Sakuramachi Bus Richtung Arao-bashi, 10 Min. bis Jikei-Byōin-mae.

In der Höhle **Reigandō** westlich von Kumamoto meditierte Miyamoto Musashi zwei Jahre lang. Sie ist zwar nicht spektakulär, dafür sorgen die sogenannten 500 *rakan* für eine einzigartige Stimmung. Diese rund 200 Jahre alten, aus Stein gemeißelten Jizō-Figuren (500 sind es heute nicht mehr) verteilen sich über den Hang auf dem Weg vom Unganzen-Tempel zur Höhle. ⌚ tgl. 8–17 Uhr, Eintritt 300 ¥. Zu erreichen mit Sankō-Bus 6 (6x tgl.) ab Sakuramachi-Busterminal bis Iwadokannon-iriguchi (550 ¥), 30 Min., dann 15–20 Min. zu Fuß links den Hügel hoch.

### ÜBERNACHTUNG

**Comfort Hotel**, Shinshigai 2-10, ✆ 096-211-8411, 💻 www.choice-hotels.jp/hotel/kumamoto. Mittelklasse-Hotel mitten im Zentrum mit dem üblichen Standard, Gratis-Kaffee in der Lobby. Behindertengerechtes Zimmer. Gutes Frühstück inkl. Sehr sauber. ❷–❸

**Dyeing and Hostel Nakashimaya**, Shinmachi 2-11-6, ✆ 096-202-2020, 💻 http://nakashimaya.ikidane.com. Niedliche kleine Unterkunft nur für Frauen! Nähe Sakuramachi. Keine Mahlzeiten, aber Küche, Fernsehzimmer, Dachterrasse und hoffentlich bald wieder die seit Corona ausgesetzten Workshops zum Färben (nach Voranmeldung). Ab 3480 ¥ p. P., zu zweit Zimmer 6260 ¥.

**Mitsui Garden Hotel**, Kōyaima-machi 1-20, ✆ 096-352-1131, 💻 www.gardenhotels.co.jp/

Dieser Wachturm der Burg Kumamoto hat die Erdbeben 2016 überlebt.

kumamoto/eng. Geschmackvoll eingerichtete Zimmer im westlichen Stil. Zentrale Lage unweit der Shoppingarkade Shinshigai. ❸–❹
**Tōyoko Inn**, Kōyaima-machi 1-24, ✆ 096-322-1045, 💻 www.toyoko-inn.com. Ableger der bewährten Businesshotelkette in zentraler Lage. Weiteres Haus in der Shinshigai, Shinshigai 3-25, ✆ 096-324-1045, und am Bahnhof, Kasuga 2-8-10, ✆ 096-351-1045. ❷

## ESSEN

Eine **Spezialität** der Präfektur Kumamoto ist Pferdefleisch: *basashi* (roh mit Sojasoße, Ingwer, Frühlingszwiebeln zubereitet) und Higo-Rindfleisch. Und natürlich hat auch Kumamoto seine eigene Rāmen, die Kumamoto Rāmen. Ein ziemlich scharfer Snack ist *karashi renkon*: Dafür wird Miso in die Löcher von Lotuswurzelscheiben gefüllt und das Ganze gebraten. Der chinesischen Küche entlehnt ist *taipi-en*, eine Art Kohlsuppe mit hartgekochtem Ei.
**Amamiya**, Kamitōri-machi 4-16, Tabara Bldg. 2F, ✆ 096-323-1136, 💻 http://amamiya.chu.jp. Café für Liebhaber von *wagashi* (japanischen Süßwaren) in der Shoppingmeile Kamitōri. Kleiner Eingang mit roten Laternen. ⌚ Mo, Mi, Do, So 11.30–22, Fr, Sa bis 23 Uhr.
**Daimonji**, Tetori Honmachi 5-6-2F. Eine gute Adresse für Okonomiyaki-Fans unweit des Eingangs zur Shimotōri. ⌚ tgl. 11–20.45 Uhr.
**Kairaku-en**, Shinmachi 2-7-11, ✆ 096-352-2844. Bei Einheimischen beliebtes kleines Taipi-en-Lokal vom Beginn der Shōwa-Zeit mit Blick auf den Fluss. Betrieben von einem Ehepaar. Nur Barzahlung. ⌚ tgl. außer Mo sowie 2. und 4. Di im Monat 11–14 Uhr, abends nur mit Reservierung.
**Komurasaki**, Kamitōri 8-16, ✆ 096-325-8972, 💻 www.komurasaki.com. Traditionelle Kumamoto-Rāmen. Zwei weitere Filialen in der Stadt. ⌚ tgl. 11–16 und 18–22 Uhr.
**Omoken Park**, Kamitōri 7-7-1, ✆ 096-288-0230, 💻 www.instagram.com/omokenpark. Nettes kleines Café, nach vorn und hinten offen, mit viel Holz. Erbaut an der Stelle eines beim Erdbeben 2016 zerstörten Gebäudes als öffentlicher Treffpunkt. Mit Snacks, Kaffee und Tee. ⌚ Mi–Mo 11–18 Uhr.
**Sharaku**, Shinshigai 2-8, ✆ 096-311-5050, 💻 https://syaraku.business.site. Stylisches Restaurant mit dunklen Separees (Schuhe ausziehen) und lokaler Küche in einer Seitenstraße der Shinshigai. ⌚ Mo–Sa 17–23 Uhr.
**Yokobachi**, Kamitōri-machi 11-40, ✆ 096-351-4581, 💻 www.yokobachi.com. Leckeres Essen und super Atmosphäre, besonders im Sommer, wenn man draußen sitzen kann. ⌚ So–Do 17–23.30 Uhr.

## SONSTIGES

### Einkaufen

Beliebte **Einkaufsstraßen** sind die Ginza, Shimo-tōri, Kami-tōri und Sanrōdo (Sun Road) Shinshigai. Mitbringsel jeder Art, von Keksen bis zu Schnapsflaschen, ziert Kumamotos Maskottchen **Kumamon**, ein schwarzer Bär, der in ganz Japan bekannt ist.
Auf kunsthandwerklichem Gebiet ist Kumamoto bekannt für *higo zogan*, eine **Metalleinlegearbeit**, die ursprünglich als Verzierung für Schwerter diente. Heutzutage werden in dieser Technik Broschen, Krawattennadeln und Kettenanhänger mit Silber und Gold hergestellt, zu finden z. B. im **Dentō Kōgei-kan** (S. 560), das auch anderes Kunsthandwerk verkauft.
**Kumamoto-ken Bussankan**, Sakura-machi 3-1, NTT Nishi Nihon Sakuramachi Biru 1F, verkauft Spezialitäten und Kunsthandwerk aus der Präfektur Kumamoto. ⌚ tgl. 10–18 Uhr.
**Roots Purely**, Nakatōjin-machi 15, ✆ 096-323-1551, 💻 www.rootspurely.com. Freundlicher Bioladen in einem alten Haus aus der Edo-Zeit. Angeschlossen ist ein kleines Lokal. ⌚ tgl. außer Mi 10–18 Uhr.

### Informationen und Internet

**Touristeninformation** im Bahnhof, ⌚ tgl. 8.30–19 Uhr, und im Zentrum im Sakura-no-baba Jōsaien, ⌚ tgl. 9–17.30 Uhr.
Infos **online** unter 💻 https://kumamoto.guide/en/ und 💻 https://kicb.jp.
Im **Kokusai Kōryū Center**, Hanabata-chō 4-8, 💻 www.kumamoto-if.or.jp. Im Erdgeschoss gibt es Fair-Trade-Produkte zu kaufen und einen PC mit Drucker zur allgemeinen Nutzung. ⌚ Di–Sa 10–18 Uhr.

**Kostenloses WLAN** s. 🖳 https://kumamoto-guide.jp/en/tips/free-wifi.html.

### Medizinische Hilfe

**Kokuritsu Byōin**, Ninomaru 1-5, ✆ 096-353-6501, 🖳 https://kumamoto.hosp.go.jp, mit Englisch sprechenden Ärzten. Von Sakuramachi 10 Min. zu Fuß oder Bus bis Kokuritsu-byōin-mae.

## NAHVERKEHR

Die **Straßenbahn** (Shiden) kostet 170 ¥ pro Fahrt, Tageskarte 500 ¥.
Der **Ringbus** (Shiro-megurin, Castle Tour Bus) dreht eine Runde vom/zum Bahnhof um die Burg und hält dabei am Sakuramachi-Busterminal und an verschiedenen Sehenswürdigkeiten in der Umgebung der Burg. 160 ¥ pro Fahrt oder Tagespass 400 ¥, 9–17 Uhr, alle 20–30 Min.
Vom Bahnhof ins Zentrum dauert die Bus- oder Tramfahrt ca. 15 Min.

## TRANSPORT

### Busse

Mit **Kyūshū Ōdan Bus** (gehört zur Sankō-Gruppe), ✆ 096-354-4845, ab Bahnhof Kumamoto (via Sakuramachi) 3x tgl. nach ASO (1 3/4 Std., 1530 ¥) und weiter bis KUROKAWA ONSEN (2 3/4 Std., 2800 ¥), einer davon verkehrt weiter bis BEPPU (5 3/4 Std. bis zum Bahnhof, 5000 ¥).
AMAKUSA (Hondo), ab Sakuramachi-Busterminal (via Bahnhof) alle 90 Min. ab 6.30 Uhr in rund 2 1/2 Std., 2280 ¥.
NAGASAKI, ab Bahnhof (via Sakuramachi) 6x tgl. mit Sankō oder Nagasaki Ken'ei in 3 3/4 Std., 4200 ¥ (bis zum Bahnhof), Reservierungen ✆ 096-354-4845, 🖳 www.atbus-de.com.

### Eisenbahn

Vom Bahnhof Kumamoto nach:
BEPPU, mit Shinkansen bis Kokura, weiter mit Express, alle 30–60 Min., 2 1/2 Std., 11 150 ¥
FUKUOKA (Hakata), mit dem Kyūshū Shinkansen, ca. stdl., 40 Min., 4700 ¥
KAGOSHIMA (Chūō), mit dem Kyūshū Shinkansen, ca. alle 30 Min., 3/4–1 Std., 6540 ¥
NAGASAKI, mit Umstieg in Shin-Tōsu und Takeo Onsen, 1 3/4 Std., 8310.

### Schiffe

Vom **Hafen** Kumamoto setzen Fähren nach SHIMABARA (Gaikō) über (S. 551). Der Bus zum Hafen braucht vom Sakuramachi-Busterminal (über den Bahnhof) rund 40 Min. (560 ¥).

### Flüge

Vom **Flughafen**, ✆ 096-232-2311, 🖳 www.kumamoto-airport.co.jp/en, nordöstlich der Stadt fährt ein Bus in 50 Min. zum Sakuramachi-Busterminal (880 ¥), zum Bahnhof in 1 Std. (960 ¥).
NAHA auf Okinawa, 1x tgl., 1 1/2 Std.

# Amakusa 天草

Nur wenige Touristen verirren sich nach Amakusa. Vielleicht liegt es daran, dass die Inselbewohner keine cleveren Geschäftsleute, sondern in der Mehrzahl Fischer sind. In dem für Japan vergleichsweise armen Landstrich sind die Häuser und Busse alt, die Straßen leer, und die Ladenbesitzer klagen, dass es „zu ruhig" sei. Der Nachwuchs fehlt, weshalb bereits mehrere Schulen schließen mussten. Die Einwohnerzahl sinkt kontinuierlich, denn wer keine Arbeit findet, weicht in andere Regionen aus.

Zugegeben, Amakusa hat weder herausragende Sehenswürdigkeiten noch große Naturattraktionen zu bieten, aber dennoch oder vielleicht gerade deswegen ist es ein reizvolles Ziel, jedenfalls wenn man Fischerdörfer, felsenübersäte Küstenabschnitte, Strände und Sonnenuntergänge liebt. Dazu bekommt man ein paar in Japan exotisch anmutende Kirchen zu sehen.

Amakusa besteht aus einer Kette von Inseln, die größte und interessanteste ist **Shimo-shima** mit dem Hauptort Hondo. Ein Großteil dieser und der benachbarten **Kami-shima** gehören zum Unzen-Amakusa-Nationalpark.

## Spuren des japanischen Christentums

1566 kam der portugiesische Missionar Luis de Almeida nach Amakusa, um dort auf Einladung des *daimyō* Shiki Rinsen das Christentum zu lehren. Sage und schreibe 70 % der Inselbewohner sollen in der Folge getauft worden sein. Bald wurde ein Collegio (Jesuitenseminar) eingerichtet, wo auch vier Japaner unterrichtet wurden, die 1582–90 an der Tenshō-Mission nach Europa teilnahmen und u. a. den Papst in Rom besuchten. Aus Europa brachten sie eine Gutenbergsche Druckerpresse mit, die heute als Replik im **Colegio-kan** in Kawaura-machi (noch hinter der Sakitsu-Kirche) zu sehen ist – neben Musikinstrumenten und anderen westlichen Erzeugnissen, die seinerzeit ihren Weg nach Amakusa fanden. ⌚ tgl. außer Do 8.30–17 Uhr, 300 ¥.

1614 wurde das Christentum vom Shōgun verboten; die Christen mussten ihren Glauben heimlich praktizieren, während sie nach außen hin Buddhisten waren. Die Geschichte der Christenverfolgung und der „verborgenen Christen" *(kakure kirishitan)* auf Amakusa lässt sich im **Amakusa-Christenmuseum** (Amakusa kirishitan-kan) in Funenō-machi, auf einem Hügel im Shiroyama-kōen am Rande von Hondo, zurückverfolgen. Es ist besonders stolz auf den Besitz der blutbeschmierten Kampffahne von Amakusa Shirō, einem jungen Christen, der 1637 einen Bauernaufstand (s. Kasten) anführte. Zu sehen sind hier auch sogenannte *fumi-e,* Bronzetafeln mit dem Bildnis Jesu oder des Kreuzes, auf die Japaner in der Edo-Zeit mit den Füßen treten mussten, um zu beweisen, dass sie keine Christen waren. Interessant ist, welche Tricks die Christen sich einfallen ließen, um ihren Glauben zu verschleiern. So wurde z. B. in der Gestalt der Kannon einfach die Jungfrau Maria angebetet. ⌚ tgl. außer Di 8.30–17 Uhr, 300 ¥.

Nach Aufhebung des Christenverbots (1873) entstanden auf Amakusa zwei katholische Kirchen, die noch heute bestehen. In der **Ōe Tenshudō** (jetziger Bau von 1933) in Amakusa-machi fällt vorne beim Altar die Statue zweier japanischer Märtyrer auf. ⌚ tgl. außer Mo 9–17 Uhr, Eintritt frei, Fotografieren verboten. In der benachbarten **Amakusa Rosario-kan** geht es um die „heimlichen Christen" in der Edo-Zeit, ⌚ tgl. außer Mi 8.30–17 Uhr, 300 ¥. Die Kirche **Sakitsu Tenshudō** von 1934 im neugotischen Stil, ein Stück weiter die Küste entlang, ist innen mit Tatami-Matten ausgelegt. ⌚ tgl. 9–17 (So ab 9.30) Uhr, Eintritt frei, Fotografieren verboten.

## Delphinbeobachtung

An der Nordwestküste von Shimo-Amakusa kann man an mehreren Stellen, z. B. Futae, Bootsfahrten zur Delphinbeobachtung *(iruka-*

### Der Amakusa-Shimabara-Aufstand

Auf Amakusa stößt man immer wieder auf Statuen von **Amakusa Shirō**, eigentlich Masuda Shirōtokisada, aus Kami-Amakusa, der 1637 als 16-Jähriger einen Aufstand gegen übermächtige Shogunatstruppen anführte. Obwohl er und die meisten seiner Mitstreiter Christen waren, deren Glaube seit 1614 landesweit verboten war, ging es weniger um Religion, sondern vor allem um die zu hohe Steuerlast – damals in Form von Reis –, die den Bauern auf Amakusa und der Shimabara-Halbinsel kaum etwas zum Leben übrigließ, da die Böden der Gegend keine reichen Ernten hergaben. Als eine arme schwangere Frau in Kuchinotsu auf der Shimabara-Halbinsel, deren Familie die Abgaben nicht zahlen konnte, zur Strafe im eisigen Winter in den Fluss geworfen wurde und starb, war das Maß voll. Bauern und herrenlose Samurai forderten Freiheit und Gleichheit. Unter Führung von Amakusa Shirō, in dem manche den von einem Pater rund 20 Jahre zuvor angekündigten Heiland sahen, zogen sie in den Kampf und waren zunächst recht erfolgreich. Im Dezember verschanzten sich die Rebellen aus Amakusa und Shimabara schließlich in der leerstehenden **Burg von Hara** an der Küste der Shimabara-Halbinsel. Doch als die Regierungstruppen dort eintrafen und noch die Holländer aus Nagasaki zu Hilfe holten, mussten die Rebellen sich am 28. Februar 1638 geschlagen geben. 37 000 Aufständische sollen ums Leben gekommen sein. Amakusa Shirō wurde enthauptet und sein Kopf in Nagasaki zur Abschreckung öffentlich ausgestellt. Auch als Reaktion auf den Aufstand beschloss die Regierung in Edo ein Jahr später die „Abschließung" des Landes *(sakoku).* Die Besteuerung in Amakusa wurde später um die Hälfte reduziert und der Buddhismus durch den Bau neuer Tempel gestärkt.

*watching)* unternehmen. Die Delphine sind das ganze Jahr über zu sehen. Die Ausflüge sind ein etwas zweifelhaftes Vergnügen, denn sobald ein Schwarm in Sicht ist, rasen alle Boote auf die Delphine zu – die verständlicherweise schnellstmöglich das Weite suchen. 3000 ¥, 1 Std., zu buchen über die Iruka Information, ✆ 0969-26-4500.

## Küste und Strände

Amakusa bietet malerische Küstenpanoramen. An manchen Stellen kann man über die Ariake-See bis zur Shimabara-Halbinsel sehen. Die Westküste ist für schöne **Sonnenuntergänge** berühmt und nennt sich deshalb im südwestlichen Abschnitt „Sunset Line"; besonders berauschend sind sie vom **Kikai-ga-ura-Aussichtspunkt** aus. Unterwegs lohnt ein Halt bei den Resten der **Burg Tomioka** auf einer kleinen Halbinsel: Von hier eröffnen sich ebenfalls herrliche Aussichten aufs Meer. ⏲ tgl. außer Mi 9–17 Uhr, Eintritt frei.

Ein netter Sandstrand an der Westküste von Kami-Amakusa ist der **Shirogahama**. An der Westküste von Shimo-Amakusa lockt der **Shiratsuruhama**. Weiter im Südwesten um Ushibuka liegen der **Mogushihama** und der abgeschiedenere **Onikizakihama**, der gern von Einheimischen aufgesucht wird.

## ÜBERNACHTUNG UND ESSEN

Wenn man früh aufbricht und erst im Dunkeln zurückkehrt, lässt sich Amakusa mit Auto als Tagesausflug von Kumamoto machen.

**Amakusa Guesthouse Chelsea**, Hirose 99-1, Hondo, ✆ 0969-66-9588, 💻 www.amakusa-g-h.com. Preisgünstiger Familienbetrieb im Hostelstil, 20 Min. zu Fuß vom Hondo Bus Center. 4er-Dorms und private Zimmer im japanischen Stil (ohne Bad), Gemeinschaftsküche, Waschmaschine, Schließfächer. Ab 3000 ¥ p. P.

**Nagomiyado Shinwasō (Livtel) Kaishin**, 11-19 Minato-machi, Hondo, ✆ 0969-22-3653, 💻 www.shinwasou.com. Einladendes, modernes Ryokan mit 7 verschiedenen Zimmern, auf zwei Gebäude verteilt. Schöne Onsen-Bäder. 10 Min. zu Fuß vom Bus Center. Ab 6600 ¥ p. P. ohne Mahlzeiten.

**Amakusa Kaisen Kura**, Itsuwa-machi, an der Küstenstraße, noch vor der Delphinbeobachtung, ✆ 0969-52-7707, 💻 www.kaisenkura.com. Restaurant und Souvenirladen nicht allzu weit vom Dolphinwatching (kann hier gebucht werden). Auch Sitzplätze im Freien, wo man grillen kann. Hier gibt es leckeren gebratenen Fisch und andere Spezialitäten der Insel. ⏲ tgl. 11–16 Uhr.

**Yamatoya**, Sakae-machi 5-18, ✆ 0969-23-5431, am kleinen Kanal unweit des Hondo Bus Centers. Lokale Hausmannskost in rustikaler Atmosphäre in einem ehemaligen Ryokan. ⏲ 11.30–14.30 und 17–21.30 Uhr, unregelmäßiger Schließtag.

## INFORMATIONEN

**Amakusa Takarajima Kankō Kyōkai**, Touristeninformation im Hauptort Hondo, in Spaziernähe vom Busbahnhof, 💻 www.t-island.jp. Kein Englisch (die Mitarbeiter können aber etwas Englisch lesen und schreiben). Englische Broschüren auf Nachfrage. ⏲ tgl. 9–18 Uhr.

## NAHVERKEHR

Am besten mietet man sich in Kumamoto ein Auto. Es verkehren aber auch **Busse** auf der Insel: Zur Delphinbeobachtung ab Hondo Richtung Tsuji-yuki (ca. 30 Min.); zur Sakitsu-Kathedrale mit Umsteigen in Itchōda Chūō

### Eine echte Perle

Wer sich oder anderen ein ganz besonderes Geschenk machen möchte, sollte zur Perlenzucht **Reihoku Shinju**, ✆ 0969-37-0836, an der Westküste von Shimo-Amakusa in Reihoku hinter der Delphinbeobachtungsstelle, fahren. Für 5000 ¥ darf man sich dort eine Muschel aussuchen, sie aufschneiden und die Perle herausholen. Wie sie aussieht, weiß man vorher nicht. Sie kann bläulich, rosa oder weiß schimmern. In jedem Fall ist sie einzigartig! Aus der Perle macht man dann gleich (unter Anleitung) einen Kettenanhänger. Vorher unbedingt anrufen (lassen)!

(von hier Bus Richtung Shiratsuru-hama bis Kyōkai-iriguchi).
Alternativ kann man an einer auf Japaner zugeschnittenen organisierten **Bustour** teilnehmen, die morgens in Hondo startet und den Spuren der Christen von Amakusa folgt. Kein Englisch, 3000 ¥. Details und Reservierung (2 Tage vorher) direkt beim Bus Center, ✆ 0969-22-5234.
Die Touristeninformation in Hondo hat eine Liste, wer wo **Fahrräder** (auch E-Bikes) vermietet (meist 1000 ¥ bzw. 1500 ¥/Tag), und hilft bei der Buchung.

## TRANSPORT

### Busse

Bus von KUMAMOTO (Sakuramachi-Busterminal, via Bahnhof) bis Hondo, von 6.30–20 Uhr alle 90 Min. in rund 2 1/2 Std. (letzter Bus zurück um 19 Uhr), 2280 ¥ (einfach).

### Schiffe

**Shimatetsu Ferry**, ✆ 0969-32-1727, 💻 https://en.shimatetsu.co.jp/ferry, unterhält Fähren von Oniike nach KUCHINOTSU im Süden der Shimabara-Halbinsel, mind. 9x tgl., 30 Min., 430 ¥, von dort Busanschluss zum JR-Bahnhof von Isahaya.
**Sanwa Ferry**, ✆ 0969-72-3807, 💻 www.ezax.co.jp, verbindet Ushibuki 9x tgl. mit KURANOMOTO auf Nagashima (30 Min., 500 ¥), von wo ein Shuttlebus zum JR-Bahnhof Izumi (Shinkansen-Linie nach Kagoshima) verkehrt.
Außerdem mit **Reihoku Kisen**, ✆ 0969-35-0705, 💻 www.reihoku-kisen.jp, von Tomioka nach MOGI (4x tgl., 3/4 Std., 2030 ¥) bei Nagasaki.

## Takachiho 高千穂

Takachiho ist ein von Mythen umrankter kleiner Ort um eine malerische Schlucht tief im Innern von Kyūshū – abgelegen, aber auf jeden Fall einen Ausflug wert, wenn man seiner Fantasie gern freien Lauf lässt.

### Takachiho-jinja 高千穂神社

In diesem Schrein wird Ninigi, ein Enkel der Sonnengöttin Amaterasu, als Gottheit verehrt. Er wurde mit dem Spiegel (s. Kasten S. 568), den

© JESSIKA ZOLLICKHOFER

Die Takachiho-Schlucht – auch im Regen malerisch

Juwelen und einem Schwert vom Himmel nach Kyūshū hinunter gesandt, um über Japan zu herrschen. Vor dem Schrein stehen ein über 800 Jahre alter Zedernbaum und ein „Zedern-Ehepaar" (zwei Zedern, die durch ein Seil miteinander verbunden sind): Pärchen, die sie dreimal Hand in Hand umkreisen, bleiben für immer glücklich zusammen – angeblich.

Beim Schrein werden jeden Abend beispielhaft vier **Kagura-Tänze** (Yokagura) für Touristen aufgeführt, ein eindrucksvolles Erlebnis, das man sich nicht entgehen lassen sollte. Ein Shintō-Priester gibt Erklärungen (auf Jap.). Es wird auch ein Blatt auf Englisch verteilt. 20–21 Uhr; 1000 ¥ (nur bar). Normalerweise werden die Maskentänze zu Ehren einer lokalen Gottheit von Mitte Nov–Mitte Feb von Laiendarstellern aus der Gemeinde an wechselnden Orten aufgeführt – alle 33 Tänze die ganze Nacht lang bis Sonnenaufgang. Sie gehen auf den mythischen Tanz zurück, den Ame-no-uzume aufführte, um

## Tricksen und Tanzen in Takachiho

In dem alten japanischen „Geschichtswerk" von 712, dem *Kojiki* („Bericht über alte Begebenheiten"), finden sich die Mythen über die Schöpfung Japans und seiner Götter. Zunächst wird berichtet, wie der Gott **Izanagi** und seine jüngere Schwester **Izanami** die japanischen Inseln und sodann eine Reihe von Göttern schaffen, zuletzt den Feuergott, bei dessen Geburt Izanami stirbt. Izanagi folgt ihr in die Unterwelt, wo er entgegen Izanamis Gebot einen Blick auf sie wirft, entsetzt die Flucht ergreift und mit einem Felsen den Eingang zur Unterwelt versperrt. Anschließend reinigt er sich in einem Fluss und erschafft dabei 14 Götter, darunter die Sonnengöttin **Amaterasu** („Die am Himmel scheinende Große Gottheit"), den Mondgott Tsuki-yomi-no-kami („Die Gottheit der Mondnacht") und Take-haya-Susanoo-no-mikoto („Heftige, schnelle, ungestüme männliche Hoheit"), der häufig als Sturmgott identifiziert wird. Über diese drei Götter freut Izanagi sich besonders und weist jedem ein Reich zu: Amaterasu übergibt er seine Juwelenkette und das Himmelreich, Tsuki-yomi-no-kami bekommt das Reich der Dunkelheit, die Nacht, und **Susanoo** das Meer. Der aber ist unzufrieden und kommt daher seinen Aufgaben nicht nach, weshalb Izanagi ihn schließlich aus seinem Reich verjagt. Daraufhin gibt Susanoo vor, sich zuvor von Amaterasu verabschieden zu wollen, und besucht sie. Beide zeugen in einem Wettstreit jeweils mehrere Götter. Susanoo betrachtet sich als Sieger und tobt daraufhin in Amaterasus Reich. Erzürnt verschließt die Sonnengöttin den Eingang zu ihrer „Himmlischen Felsenwohnung", woraufhin im ganzen Land Finsternis herrscht.

Nun ist guter Rat teuer. Die Götter versammeln sich im Bett des „Himmlischen Flusses" und überlegen, wie sie Amaterasu aus der Höhle locken können. Es werden ein Spiegel und Juwelen hergestellt und zusammen mit anderen Opfergaben in die Zweige eines Kirschbaums gehängt. Nach einer Reihe von Ritualen beginnt schließlich **Ame-no-uzume** einen obszönen Tanz, der die zuschauenden Götter derart zum Lachen bringt, dass Amaterasu, neugierig geworden, das Höhlentor einen Spalt öffnet und fragt, wie es komme, dass alle so fröhlich seien, obwohl Finsternis herrsche. Daraufhin halten die Götter Amaterasu den Spiegel vor und behaupten, sie freuten sich, weil es eine noch glanzvollere Gottheit als sie gebe. Amaterasu tritt erstaunt etwas weiter hervor, um in den Spiegel zu schauen. Diesen Moment nutzt der starke **Ame-no-Tajikarao**, um sie aus der Höhle herauszuziehen. Dank dieser List herrscht wieder Helligkeit auf Erden.



Amaterasu aus der Höhle zu locken (s. Kasten oben).

### Takachiho-kyō 高千穂峡

Die 7 km lange Schlucht des Gokase-Flusses entstand durch einen Lavastrom nach einem Ausbruch des Aso. Der Fluss verengt sich hier bis auf 3 m. Ein 1 km langer Fußweg führt von der Ōhashi-Brücke in Schrein-Nähe zum Manai-Wasserfall mit wunderbarer Aussicht auf die Schlucht, dort kann man ein Ruderboot mieten (30 Min.; pro Boot ab 4100 ¥/3 Pers., 2 km vom Ortszentrum – Taxi oder zu Fuß 30 Min.). Es darf aber nur in einem sehr begrenzten Bereich gefahren werden. Zur Zeit der Recherche war der Spazierweg am Fluss entlang durch einen Taifun beschädigt und daher gesperrt. 2024 sollte er aber wiederhergestellt sein.

### Ama-no-Iwato-jinja (Schrein des himmlischen Felsentors) 天岩戸神社

Dieses Shintō-Heiligtum besteht eigentlich aus zwei Schreinen: Der Hauptschrein ist der **Nishi-hongū** am Westufer des Iwato-Flusses. Er ist dem göttlichen Felstor selbst geweiht, hinter dem die Sonnengöttin sich einst verbarg (s. Kasten). Der Schrein birgt einen Spiegel und eine Trommel. Man gelangt aber nicht bis zur sagenumwobenen heiligen Höhle – sie ist abgesperrt.

Wenn man am Nishi-hongū vorbeigeht, kommt man zu einer Straße. Man folgt ihr ein Stück weit an ein paar Imbissbuden vorbei und nimmt dann den Weg, der schräg rechts zum Iwato-Fluss hinabführt. Dann gelangt man zu einer Höhle voller aufeinandergestapelter Steine, der **Ama-no-yasugawara**. Hier sollen sich seinerzeit 8 Mio. Götter versammelt haben, um zu beraten, wie

Amaterasu aus der Höhle gelockt werden könnte. Vom Nishi-hongū ist es ein kurzer Fußmarsch von nicht einmal zehn Minuten zum Amaterasu geweihten **Higashi-hongū** am Ostufer des Flusses – eine Oase der Ruhe.

Der Ama-no-Iwato-Schrein ist 8 km vom Ort Takachiho entfernt. Etwa alle 1 1/2 Std. bis 19.20 Uhr (So nur bis 17.23 Uhr) verkehrt ein Bus vom Busbahnhof in 15 Min. (200 ¥) nach Iwato und hält unweit des Schreins.

Auf dem Weg zum Ama-no-Iwato-Schrein kann man am 1694 erbauten **Kushifuru-jinja** Halt machen, wo Ninigi, der Enkel der Sonnengöttin, auf die Erde hinabgestiegen sein soll. Ein idyllischer Pfad führt von hier durch einen Hain zum kleinen **Aratate-jinja**.

### ÜBERNACHTUNG UND ESSEN

Die Auswahl an Unterkünften und Restaurants ist in diesem kleinen Ort sehr begrenzt.

**Takachiho B&B Ukigumo**, Mitai 983-7, ✆ 0982-82-2703, 💻 www.takachiho-ukigumo.com/en. 5 Min. Fußweg vom Takachiho-Schrein. Freundliche Unterkunft mit Zimmern im japanischen Stil, teils mit WC, Gemeinschaftsbad. Westliches Frühstück. ❶–❷

Auf dem Weg zum Takachiho-Schrein ist auf der rechten Seite ein kleines Okonomiyaki-Lokal namens **Himawari** an den namengebenden Sonnenblumen zu erkennen. 🕒 ca. 12 bis ca. 19 Uhr (sofern die freundliche Wirtin nicht Dringendes zu erledigen hat).

### INFORMATIONEN

Im Busbahnhof befindet sich eine **Touristeninformation** mit Fahrradverleih und Gepäckaufbewahrung. 🕒 tgl. 8.30–17.30 Uhr. Sehr gute Infos **im Netz** auf 💻 www.takachiho-kanko.info.

### TRANSPORT

Nach KUMAMOTO (Bahnhof) **Bus** 2x tgl. in 3 Std., 2700 ¥ (einfach) mit kurzer Pause in Takamori.

Nach MIYAZAKI mit dem Expressbus aus Kumamoto bis Nobeoka 2x tgl. (1 Std., 1820 ¥), weitere Busse in 1 1/2 Std.; in Nobeoka umsteigen in die JR-Nippō-Linie (ca. 1 Std., 2880 ¥, Express).

## Kagoshima 鹿児島

Ihr mildes Klima, die Lage an einer Bucht und vor allem der imposante Vulkan von Sakurajima im Hintergrund haben der 590 000 Einwohner zählenden Stadt den (rundum positiv gemeinten) Beinamen „Japanisches Neapel" eingebracht. Seit dem 13. Jh. war Kagoshima Sitz des Shimazu-Clans, der zeitweise fast ganz Kyūshū regierte (damals die Provinzen Satsuma, Ōsumi, Hyūga).

Der erste christliche Missionar in Japan, Francisco de Xavier (Franz Xaver), landete 1549 in Kagoshima, musste die Stadt aber bereits zehn Monate später wieder verlassen. Durch das Ryūkyū-Königreich (Okinawa), das Japan seit Shimazu Tadatsunes Invasion Anfang des 17. Jhs. Tribut zahlen musste, hatte Kagoshima aber auch während der langen Abschließungszeit Kontakt zur Außenwelt, und noch vor der Meiji-Restauration, an der Satsuma maßgeblich beteiligt war (s. Kasten S. 570), zeigten die Shimazu reges Interesse am Westen und seinen Technologien.

### Sengan-en (Iso-teien) 仙巌園

Der Landschaftsgarten, 💻 www.senganen.jp, 3 km östlich des Zentrums wurde 1658 vom Satsuma-*daimyō* Shimazu Mitsuhisa als Sommersitz eingerichtet und ist bis heute im Familienbesitz. Er blickt auf den Sakurajima-Vulkan und die Kinkō-Bucht und ist daher ein schönes Beispiel für einen Garten im *shakkei* („geborgte Landschaft")-Stil. Hinter dem Eingang kommt man am „Orientation Center", einer Kanone, Souvenirläden, Restaurants und dem alten Haupttor vorbei. Durch ein kleineres Tor gelangt man zur sehr sehenswerten ehemaligen Residenz, die für 500 ¥ extra (engl. Faltblatt) besichtigt werden kann. Hier empfing der Shimazu-Clan den Tennō und ausländische Würdenträger wie Zar Nikolaus II. Kurios ist der kleine Katzenschrein.

Über die Brücke geht es zum Bambuswäldchen, am Oniwa-Schrein und dem Kyokusui-no-niwa (wo früher Dichterwettkämpfe stattfanden) entlang über eine weitere Brücke zurück zur Villa. Von einigen Stellen im Garten hat man einen guten Blick auf die 11 m hohe Steintafel mit den Zeichen „Senjingan" („1000-Klafter-Fels") an einer Flanke des Hügels im Westen. Wer Zeit hat, sollte den stimmungsvollen Naturpfad links hinten hinaufklettern, der auf den Hügel führt und schöne Aussichten bietet. ⌚ tgl. 9–17 Uhr, nur als Kombiticket mit Shōko Shūsei-kan 1000 ¥, mit Haus der Shimazu 1500 ¥, online 100 ¥ günstiger. Verschiedene Taiken wie Bogenschießen, Duftsäckchen herstellen, Satsuma-Töpferwaren bemalen. Mit dem Bus braucht man 35 Min. ab Bahnhof Chūō bis zur Haltestelle Sengan-en-mae.

### Shōko Shūsei-kan 尚古集成館

Der Komplex neben dem Sengan-en war die erste Fabrik westlicher Art in Japan und gehört zum Unesco-Welterbe „Stätten der industriellen Revolution aus der Meiji-Zeit". Sie wurde 1855 (13 Jahre vor der Meiji-Restauration) von Fürst Shimazu Nariakira gegründet. Das ursprüngliche Gebäude brannte allerdings 1863 nieder. Shimazu führte westliche Technologien (u. a. im Schiffsbau, in der Textil- und Glasherstellung, der Pharmazie und Rüstung) in Japan ein. Das Museum zeigt Glas, Kanonen und andere Gegenstände aus jener Zeit. Die englischen Erklärungen sind gekürzte Versionen der japanischen. Nur in Kombination mit dem Sengan-en, 1000 ¥. Bis Herbst 2024 zwecks Umbau geschlossen.

### Satsuma-Kiriko-Glasfabrik und Ijin-kan 薩摩切子工場・異人館

Auch die **Glasfabrik** nebenan mit Verkaufsraum, die kostenlos besichtigt werden kann, wurde von den Shimazu gegründet. ⌚ tgl. außer Mo und 3. So im Monat 9–16.30 Uhr, Pause von 10–10.15, 12–13 und 15–15.15 Uhr.

Schräg gegenüber steht das schmucke **Ijinkan** („Fremdenhaus"). Hier wohnten britische Ingenieure, die Fürst Shimazu bei der Einrichtung der Textilfabrik halfen. In dem Haus im westlichen Stil ist aber nicht viel zu sehen. ⌚ tgl. 8.30–17.30 Uhr, Eintritt 200 ¥.

### Shiroyama-Park 城山公園

Der **Park**, der sich um den Shiroyama konzentriert, war Schauplatz der Entscheidungsschlacht im Seinan-Bürgerkrieg (s. Kasten). Vom Gipfel des Hügels (107 m) hat man einen guten Blick über die Stadt und auf den Sakurajima-Vulkan. Der City View Bus hält 100 m vom Aussichtspunkt entfernt.

Am Fuße des Hügels widmet sich das etwas angestaubte Museum **Reimeikan** der Geschichte und Kultur der Präfektur Kagoshima. Es birgt u. a. ein Modell der alten Burganlage und eine volkskundliche Sammlung. ⌚ tgl. außer Mo

#### Saigō Takamori – der letzte Samurai

Saigō Takamori (1828–1877) ist eine der großen Persönlichkeiten der japanischen Geschichte. Das Schicksal des bulligen „letzten Samurai" mit den buschigen Augenbrauen inspirierte selbst Hollywood: Im gleichnamigen Blockbuster kämpft er Seite an Seite mit Tom Cruise ...

Im wahren Leben war Saigō ein niederer Samurai, der sich zusammen mit militärischen Anführern anderer Provinzen an die Spitze der **Bewegung zur Entmachtung des Shōguns** setzte. Nach der Meiji-Restauration wurde er 1871 zum Oberbefehlshaber der kaiserlichen Garde, trat aber nur zwei Jahre später von diesem Amt zurück, weil der von ihm befürwortete Koreafeldzug verworfen worden war. Zurück in Satsuma betrieb er mehrere private Kriegsschulen, bevor er den aktiven Widerstand gegen die Regierung begann und zum **Anführer des Satsuma-Aufstands** – in Japan Seinan Sensō („Südwestkrieg") genannt – wurde. Als die Belagerung der **Burg von Kumamoto**, damals Garnison der kaiserlichen Armee, im April 1877 scheiterte, zogen die Rebellen sich nach Kagoshima zurück. Hier kämpften im September desselben Jahres auf dem **Shiroyama** 300 Männer um Saigō gegen eine Übermacht von Regierungssoldaten. Als Unterschlupf dienten Saigō zwei Höhlen, die hinter dem Shiroyama-kōen als Gedenkstätten erhalten sind. Schließlich gaben die Rebellen auf. Als Saigō den Hügel hinabstieg, wurde er verwundet. Unten im Tal verübte er am 24.9.1877 *seppuku*. Sein Tod bedeutete das Ende der Rebellion. Saigōs Grab befindet sich zusammen mit über 2000 Gefallenen des Seinan-Kriegs auf dem **Nanshu-Friedhof** in Kagoshima. Eine große **Bronzestatue** des „meistgeliebten Mannes in Japan", der posthum rehabilitiert wurde, steht beim Chūō-Park.

Von der einstigen Residenz der Shimazu ist noch der kleine Tamazato-Garten mit Teehaus erhalten.

9–18 Uhr; jeden 25. des Monats geschlossen (es sei denn, dieser fällt auf einen Sa oder So), 410 ¥. Mit Bus oder Tram bis Shiyakusho-mae, von dort 5 Min. zu Fuß.

Das Reimeikan steht auf dem Gelände der **Tsurumaru-jō**, der ehemaligen Burg aus der Edo-Zeit, von der nur noch Reste erhalten sind: Der *daimyō* war der Ansicht, er bräuchte keine massiven Befestigungsanlagen, sein stärkstes Bollwerk wären seine Krieger – folglich verzichtete er auf einen Donjon und beschäftigte den Großteil der damaligen Bevölkerung als Soldaten! Das imposante Tor **Gorō-mon**, das einem Feuer zum Opfer fiel, wurde 2020 wiederaufgebaut.

## Tamazato-Garten 旧島津氏玉里邸庭園

Wer japanische Gärten liebt, sollte sich dieses versteckte Kleinod von 1835 nicht entgehen lassen, muss dafür aber eine 20-minütige Busfahrt vom Stadtzentrum in Kauf nehmen. In der zauberhaften kleinen Anlage ist noch das Teehaus erhalten und von außen einsehbar. Der Rest der einstigen Shimazu-Residenz wurde am Kriegsende zerstört. 🕒 tgl. außer Di 9–17 Uhr, Eintritt frei. Bus 8 oder 11 ab Tenmonkan bis Joshikō-mae.

## Ishin Furusatokan 維新ふるさと館

Historisch Interessierte bekommen in diesem Museum, 💻 www.ishinfurusatokan.info, einen Einblick in die Meiji-Restauration. Neben einer Ausstellung mit Zeitdokumenten werden regelmäßig zwei interessante Filme gezeigt (mit englischer Übersetzung über Kopfhörer). 🕒 tgl. 9–17 Uhr, 300 ¥, Audioguide in Englisch gratis.

**18 HIGHLIGHT**

## Sakurajima 桜島

Direkt vor der Haustür Kagoshimas erhebt sich auf einer Insel in der Kinkō-Bucht der Sakurajima, eigentlich drei Vulkangipfel, von denen aber nur der 1040 m hohe Minami-dake noch aktiv ist – jedes Jahr werden Tausende kleiner Eruptionen registriert. Wenn man dem Volksmund glaubt, „wechselt der Vulkan seine Farbe siebenmal am Tag". Jedenfalls aber spuckt er gern Asche. Und die sorgt wiederum für einen sehr fruchtbaren Boden, der gute Ernten von Obst und Riesenrettichen (laut Guinessbuch die schwersten der Welt) ermöglicht.

Bei seinem Ausbruch am 12.1.1914 wurden drei Dörfer begraben und im Südosten der Insel entstand eine Verbindung zum Festland. Seit dieser Naturkatastrophe ragt in Kurokami das obere Ende eines ursprünglich 3 m hohen **Torii** aus dem Boden – ein beklemmender Anblick.

Es gibt verschiedene Aussichtspunkte, von denen aus die bizarre, beinahe gespenstisch anmutende Lavalandschaft zu bewundern ist. Dem Fährhafen am nächsten ist der **Karasujima Tenbōsho**. Karasujima war selbst eine kleine Insel, die beim großen Ausbruch von 1914 mit Sakurajima verschmolz. Man erreicht den Aussichtspunkt, wenn man dem **Nagisa Lava Trail** (3 km) folgt – am Beginn des Wegs gibt es ein kostenloses 100 m langes Fußbad. Zum **Arimura Yōgan Tenbōsho** muss man dagegen einen Bus (20 Min.) oder ein Fahrrad nehmen. Dieser Aussichtspunkt ist auf einem Hügel, der bei der letzten großen Eruption 1946 entstand, also in der Shōwa-Zeit (daher der Name Shōwa-Lavafeld).

Ein weiterer Aussichtspunkt, der **Yunohira Tenbōsho**, liegt in 373 m Höhe östlich vom Anleger in Richtung Inselmitte.

Die **Fähre** von Kagoshima zur Sakurajima verkehrt durchgehend (von 6–20 Uhr alle 15–20 Min., davor und danach seltener), 15 Min., 200 ¥ (einfach). Gegenüber dem Fährterminal, in dem es eine Touristeninformation gibt, vermietet Sakurajima Rent-a-Car Fahrräder (400 ¥ pro Std.) und Autos (2 Std. 5000 ¥ inkl. Benzin und Mehrwertsteuer). Auch das Sakurajima Visitor Center verleiht Fahrräder (2500 ¥/3 Std., jede weitere Std. 500 ¥, Rückgabe bis 17 Uhr). Vom Fähranleger fährt der **Sakurajima Island View Bus** ab 9.30 Uhr alle halbe Stunde, letzte Abfahrt 16.30 Uhr (je nach Strecke 120–440 ¥, Tagesticket 500 ¥) eine kleine Runde über den Yunohira-Aussichtspunkt, während Stadtbusse eine südliche und eine nördliche Route bedienen.

Alternativ kann man die Insel mit dem **Fahrrad** umrunden, braucht dafür aber eine gute Kondition: Die Tour (38 km) dauert ohne größere Pausen mindestens 4 Std. Über größere Abschnitte geht es bergauf. Zu beachten ist auch, dass es unterwegs so gut wie keine Verpflegungsmöglichkeiten gibt. Deshalb sollte man Essen und Trinken mitnehmen oder die Raststätte an der Südküste nutzen. Für Entspannung sorgt das **Saidō-Strandbad** (Saidō kaisuiyokujō) im Norden (Badesaison von Mitte Juli bis Ende August).

## ÜBERNACHTUNG

**Hotel Gasthof**, Chūō-chō 7-1, nahe dem Daiei-Kaufhaus in Bahnhofsnähe, ✆ 099-252-1401, 🖳 www.gasthof.jp. Nennt sich zwar Businesshotel, hebt sich aber von den üblichen Hotels dieser Kategorie ab: Es gibt einen echten Kamin mit Ohrensessel in der Lobby, gemütliche Holzmöbel und gekachelte Bäder in den Zimmern. Überall hängen Bilder. Wer sich über den Namen wundert: Der Vater des jetzigen Besitzers, der das Hotel Anfang der 70er-Jahre eröffnete, ist viel in Deutschland herumgereist. ❶–❷

€ **Little Asia Guesthouse**, Nishida 2-20-8, Yamano Bldg. 1F, ✆ 099-251-8166, 🖳 www.kagoshimaguesthouse.com. Freundliches kleines Hostel in Bahnhofsnähe. Schlicht gehaltene Dorms und Zimmer für unschlagbare 1600 ¥ bzw. EZ ab 2700 ¥, Twin ab 2200 ¥ p. P. (jeweils zzgl. Mwst). Langzeitmiete möglich. Dusche und Waschmaschinen. Die Mitarbeiter sprechen etwas Englisch. Fahrradverleih. Keine Kreditkarten!

**Rainbow Sakurajima Lodge**, Yokoyama-chō 1722-16, auf Sakurajima, ✆ 099-293-2323, 🖳 www.rainbow-sakurajima.com. Nicht weit vom Fähranleger. Kokuminshuku-sha mit italienischem Restaurant. 27 japanische und westliche Zimmer. Barrierefrei. Gegen Gebühr können auch Tagesgäste das Onsen (mit Panoramafenster) benutzen. Strand in der Nähe. Ab 13 200 ¥ p. P. mit HP.

**Remm Kagoshima**, Higashi-Sengoku-chō 1-32, ✆ 099-224-0606, 🖳 www.hankyu-hotel.com/en/hotel/remm/kagoshima. Zentral gelegenes Hotel nahe der Bunka-dōri, an der Straßenbahnlinie nach Tenmonkan, mit Zimmern in ultramodernem Design (Dusche mit Glaswand zum Zimmer). Rezeption im 3F. ❶–❹

**Shiroyama Kankō Hotel**, Shinshōin-chō 41-1, ✆ 099-224-2211, 🖳 www.shiroyama-g.co.jp. Nobles Hotel auf dem Shiroyama mit allen Annehmlichkeiten und schönem Onsen, das auch Tagesgäste gegen Gebühr besuchen können. Übers Internet bekommt man günstigere Angebote. ❻

## ESSEN UND UNTERHALTUNG

**Ajimori**, Sen-nichi-machi 13-21, ✆ 099-224-7634. Edles Restaurant in Tenmonkan. Serviert die Kagoshima-Spezialität *kurobuta ryōri*. Diese Gerichte drehen sich um „schwarze Schweine", eine Rasse, die vor 400 Jahren von den Ryūkyū-Inseln eingeführt wurde. Menü ab 4500 ¥. ⌚ tgl. außer Mi 12–14.30 und 17.30–21.30 Uhr.

**Egoya,** 21-8 Chūō-chō, ✆ 099-296-8863. „Ego" bedeutet im Kagoshima-Dialekt „lächelndes Gesicht", mit einem solchen sollen die Gäste das Lokal nach dem Genuss der Satsuma-Küche verlassen. Und das ist nicht zu

viel versprochen. Da es sich um eine *izakaya* handelt, wird erwartet, dass man zum Essen ein Getränk bestellt – die hausgemachte Hyūga-Mikan-Limonade ist sehr zu empfehlen. ⌚ Mo–Sa 18–24 Uhr.
**Fukiage-an**, im Untergeschoss des Amu Plaza, B1, ✆ 099-250-6555, 🖳 www.fukiagean.jp. Freundliches Lokal mit einem Riesentisch in der Mitte, um den herum die Gäste sitzen, aber auch Einzeltische. Geschmackvolle Deko und traditionelle Hintergrundmusik. Das Essen (v. a. Soba) schmeckt auch. Zu erkennen am roten Mühlen-Logo. ⌚ tgl. 10–20.30 Uhr.
**Sushiteru**, Sennichi-chō 2-2, Leckere, günstige Sushi, die man bestellt und die dann auf dem Fließband zum Platz gebracht werden. Englische Speisekarte. Preise je nach Tellerdesign ab 125 ¥ pro Paar. ⌚ tgl. außer Mi 11–15 und 18–22.30 Uhr.
**Wakana**, Chūō-chō 4-42, ✆ 099-202-0031, 🖳 www.k-wakana.com. Traditionelle Kagoshima-Küche, u. a. leckeres Shabu-Shabu mit *kurobuta*. ⌚ tgl. 11.30–14 und 17–23 Uhr.
Um die Straßenbahnhaltestelle Tenmonkan-dōri herum sind zahlreiche Lokale für lange Nächte angesiedelt, besonders in Sennichi-chō.

## SONSTIGES

### Einkaufen

Die Haupteinkaufsgegend in Kagoshima ist **Tenmonkan**, ein Netz aus überdachten Shoppingarkaden.
An den Bahnhof schließt sich das Einkaufszentrum **Amu Plaza** mit einer Filiale von Uniqlo und MUJI im B1 an.
**Akashiya**, Kanao-chō 4-6, ✆ 099-226-0431, gegenüber der Post am Bahnhof. Hier ist die Kagoshima-Spezialität *karukan* erhältlich, eine Süßigkeit aus Kartoffeln und gemahlenem Reis.
**Kagoshima Brand Shop**, Meizan-chō 9-1, Kagoshima-kan Sangyō Kaikan Bldg., ✆ 099-225-6120, verkauft lauter Spezialitäten, Kunsthandwerk und Krimskrams aus der Präfektur Kagoshima. ⌚ tgl. 9–18 Uhr.
**Kagoshima Ichiba**, Yamanoguchi-chō 12-16, ✆ 099-299-0101. Bietet Spezialitäten aus Kagoshima, u. a. auch *imojōchū* (Kartoffelschnaps). ⌚ tgl. 11–19 Uhr.

### Informationen

**Touristeninformation** im Bahnhof Chūō, ⌚ tgl. 8–19 Uhr, und davor (bis 18 Uhr) sowie im Kaufhaus Centerrace in Tenmonkan, 1F, ⌚ tgl. 8–19 Uhr.
**Website** der Stadt:
🖳 www.city.kagoshima.lg.jp;
Infos zur Präfektur Kagoshima:
🖳 www.kagoshima-kankou.com,
zu Sakurajima: 🖳 www.sakurajima.gr.jp/index.html und 🖳 www.sakurajima-kinkowan-geo.jp/en.
**Kagoshima Internationalization Council** mit Visitors' Guide, 🖳 www.kic-update.com/en.

### Medizinische Hilfe

**Imamura Clinic**, Yasui-chō 1-13, ✆ 099-222-5758, 🖳 www.imamura-clinic.net/english.

## NAHVERKEHR

Sehr praktisch ist der **Touristenbus** „City View", pro Fahrt 190 ¥, Tagespass 600 ¥, zu kaufen beim Fahrer oder bei der Touristeninfo. Er bedient von 8.30 bis 17.30 Uhr (letzte Abfahrt) alle halbe Stunde eine Route, die am Bahnhof Chūō beginnt (Bussteig 4) und an den Sehenswürdigkeiten der Stadt vorbeiführt. Der Tagespass berechtigt auch zur Nutzung von Straßenbahn und Stadtbussen. Für 1200 ¥ gibt es den CUTE-Tagespass, der außerdem die Fähre nach/von und die Busse auf Sakurajima einschließt.
Der **Bus** zum Fähranleger (Fähre nach Sakurajima, 190 ¥) fährt alle 15 Min. in 15 Min.
Ein **Taxi** zum Fähranleger verlangt ab dem Bahnhof je nach Verkehr 1500–2000 ¥.
Zwei **Straßenbahnlinien** verkehren seit 1912 in Kagoshima. Eine fährt vom Bahnhof Kagoshima über Tenmonkan nach Kagoshima Chūō und weiter. Eine Fahrt kostet 170 ¥.

## TRANSPORT

### Busse

Nach KUMAMOTO (Sakuramachi) vom Hafen via Bahnhof Kagoshima Chūō, 8x tgl., 3 1/2 Std., 4100 ¥.
Nach CHIRAN s. S. 577.

### Eisenbahn

Der zentrale Bahnhof von Kagoshima heißt **Kagoshima Chūō** (der Bahnhof Kagoshima ist weiter entfernt).
JR-Kyūshū Shinkansen via KUMAMOTO (3/4–1 Std., 6870 ¥) nach FUKUOKA (Hakata), häufig, 1 1/2 Std., 10 440 ¥.
Nach MIYAZAKI mit JR-Nippō-Honsen, alle 1–2 Std., 2 1/2 Std., 2530 ¥.

### Schiffe

Von Kagoshima (Honkō, „Haupthafen") Verbindungen nach YAKUSHIMA (S. 580), vom Shinkō („neuen Hafen") nach OKINAWA (S. 595).
Fähre nach Sakurajima s. S. 572.

### Flüge

Zum Flughafen Kagoshima (30 km), 💻 www.koj-ab.co.jp/english, Bus vom Bahnhof Chūō ab Bussteig 1 (gegenüber dem Bahnhof) alle 10–15 Min. (ca. 6–19 Uhr, 40 Min., 1400 ¥).
Ziele u. a.:
OKINAWA (Naha), 2x tgl.,1 Std. 20 Min.
YAKUSHIMA, 5x tgl., 35 Min.

© JESSIKA ZOLLICKHOFER

Einer der kleinen Samurai-Gärten in Chiran

## Satsuma-Halbinsel 薩摩半島

### Chiran 知覧町

30 km südlich von Kagoshima liegt inmitten einer Landschaft aus Teeplantagen, Windkrafträdern und Kartoffeläckern die einstige Samurai-Stadt Chiran. Das alte Samuraiviertel der ehemaligen Burgstadt ist eines der besterhaltenen Japans. Eine Reihe von Samuraihäusern haben Gärten, die im 18. Jh. von Gartenkünstlern aus Kyōto angelegt wurden, sieben von ihnen sind für die Öffentlichkeit zugänglich und können auf einem Rundgang besichtigt werden.

Wenn man aus dem Bus steigt, geht man entweder ein paar Schritte zurück oder vor, um zu den alten **Gärten**, 💻 https://chiran-bukeyashiki.com, zu gelangen – es gibt mehrere Eingänge. An allen ist das Sammelticket (530 ¥) erhältlich, mit dem alle sieben Gärten besichtigt werden können. Dafür braucht man keine Stunde, denn es handelt sich um sehr kleine Gärten, die man vom Eingang aus betrachtet. Die Häuser selbst sind nicht zugänglich und teilweise noch bewohnt. 🕒 alle tgl. 9–17 Uhr.

Auf dem Weg zum Garten von Sata Mifune lohnt ein Blick auf das in seiner Architektur einmalige **Futatsuya-Bauernhaus**, ein reetgedecktes Haus mit zwei Dächern.

Chiran war ab 1942 bis zum Ende des Zweiten Weltkriegs das wichtigste Kamikaze-Fliegerzentrum. Von hier brachen Kamikaze-Flieger zu ihren Todesflügen auf. 1036 von ihnen starben während des Kampfs um Okinawa. An sie erinnert das Museum **Tokkō Heiwa Kaikan**, 💻 www.chiran-tokkou.jp. Von den Gärten ist es ein halbstündiger Spaziergang hierher (Bus verkehrt selten). Für Japaner ist es sehr bewegend, die Abschiedsbriefe der blutjungen Piloten zu lesen und ihre Habseligkeiten zu betrachten, aber für Ausländer ohne Japanischkenntnisse ist das Museum weniger interessant. Einige Briefe sind ins Englische übersetzt worden und auf einem

KYŪSHŪ

## Shōchū – der Geist von Kyūshū

Die Einwohner Kyūshūs sind als trinkfreudig bekannt. Besonders angetan hat es ihnen der **Schnaps**, der aus allem Möglichen (u. a. Getreide, Reis, Kartoffeln) hergestellt wird. Galt er früher als eher vulgär, erfreut er sich inzwischen wachsender Beliebtheit, gerade auch unter jungen Leuten.

Die Satsuma-Halbinsel ist besonders für den Schnaps aus der **Süßkartoffel**, den *imo-jōchū,* bekannt. Geerntet wird die *satsuma-imo* von September bis Anfang Dezember. Nach der Herstellung muss der Schnaps drei bis vier Monate lagern, bevor man ihn trinken kann. Wenn man in etwa stets die gleiche Geschmacksrichtung erreichen will, mischt man ihn vor der Flaschenabfüllung mit älterem Schnaps. Der **Alkoholgehalt** beträgt 25 %, aber man trinkt den Shōchū – jedenfalls in Kagoshima – mit warmem Wasser vermischt (erst Wasser, dann Schnaps einschenken). Man kann ihn zwar auch auf Eis oder mit kaltem Wasser vermischt trinken, aber das echte Aroma, so Kenner, entfaltet sich nur mit warmem Wasser.

Touchscreen zu lesen, aber alle Erklärungen sind nur auf Japanisch. ⌚ tgl. 9–17 Uhr, 500 ¥.

### Kiyomizu Magaibutsu 清水磨崖仏群

Wer mit Auto unterwegs ist, findet hier einen verwunschenen Ort. Seit der Heian-Zeit wurden am Kiyomizu-Fluss 193 buddhistische Bilder in die Felswand gemeißelt. Die Felszeichnungen sind weniger eindrucksvoll als die Szenerie selbst – ein friedlicher Ort, über dem ein besonderer Zauber liegt. Ein Zeltplatz ist angeschlossen. Rund 10 km nördlich von Chiran, frei zugänglich.

### Ibusuki 指宿

Der landesweit berühmte Badeort Ibusuki liegt 50 km südlich von Kagoshima an der Kagoshima-Bucht. Dank dem Kaimon-dake erwärmen heiße, unterirdische Quellen den Strand. Hier lässt sich im **Sunamushi Kaikan Saraku**, 💻 http://sa-raku.sakura.ne.jp/en, ein heilsames Sandbad nehmen: Man wird für etwa 10 Min. eingebuddelt (länger ist nicht gut für den Kreislauf) und kann anschließend ins Onsen. ⌚ tgl. 8.30–21 Uhr (Mo–Fr 12–13 Uhr geschl.); 1100 ¥ inkl. Leih-Yukata; kleines Leih-Handtuch 200 ¥. Vom Bahnhof sind es zu Fuß 20 Minuten hierher (Bus 5 Min.).

Ein weiteres Sandbad liegt etwas außerhalb, das **Yamagawa Sunamushi Onsen Sayuri**, ⌚ tgl. 9–17.30 Uhr, 830 ¥. Bus vom Bahnhof Ibusuki bis Fushime-guchi, alle 1–2 Std. (25–30 Min.), 340 ¥, einfach. Bis April 2024 geschlossen!

### Kaimon-dake und Nagasakibana 開聞岳・長崎鼻

Eine andere große Attraktion der Satsuma-Halbinsel ist der **Kaimon-dake**, auch Satsuma-Fuji genannt, weil er eine ebenso perfekte Kegelform wie der Fuji-san hat (924 m, Aufstieg gut 2 Std., Bus vom Bahnhof Yamakawa bis Bushaltestelle Kaimon Tozan-guchi 25 Min., von dort zu Fuß in 20 Min. zum Fureai-kōen, wo der Aufstieg beginnt). Der Berg macht von allen Seiten betrachtet eine gute Figur, besonders in der Dämmerung, z. B. vom Nihon Sainantan-no-eki: „Japans südlichstem Bahnhof", **Nishi-Ōyama**. Die Spitze der Satsuma-Halbinsel bildet **Nagasakibana**. Auch von hier hat man einen schönen Blick auf den Kaimon-dake und die felsige Küste.

#### ÜBERNACHTUNG

**Shūsuien**, Ibusuki, Yunohama 5-27-27, ✆ 0993-23-4141, 💻 www.syusuien.co.jp/en. Exklusives Ryokan in Spaziernähe zum Sandbad mit allem Drum und Dran. Gebucht wird mit Halbpension, was sich lohnt, denn das Essen ist fantastisch und vom ersten bis zum letzten Gang die reinste Augenweide. Natürlich gibt es auch ein schönes Onsen mit *rotenburo*. Das Ganze hat seinen Preis: Ab 26 400 ¥ p. P. mit Frühstück und Abendessen.

#### SONSTIGES

**Einkaufen**

Chiran ist bekannt für seinen exquisiten grünen Tee, **Chiran-cha**. Eine Kostprobe bekommt man bei den Gärten.

### Informationen

Informationen zu Ibusuki bei der **Touristeninformation** im Bahnhof.

## TRANSPORT

### Busse

Ab KAGOSHIMA Tenmonkan via Chūō fährt 8x tgl. ein Bus nach **Chiran**, ca. 1 1/4 Std., bis Bushaltestelle Bukeyashiki (oder Endstation Tokkō Kannon zum Kamikaze-Museum); 6.43–18.03 Uhr, zurück zuletzt um 18.26/18.33 Uhr ab Tokkō Kannon/Bukeyashiki, 1090 ¥.
Es gibt auch 5x tgl. einen Bus von Ibusuki nach Chiran (ca. 1 1/4 Std.; 1070 ¥ bis Bukeyashiki).

### Eisenbahn

Von KAGOSHIMA nach **Ibusuki** ca. alle 30–60 Min. mit der JR-Ibusuki-Makurazaki-Linie (1 1/4 Std., 1020 ¥), mit derselben Linie weiter nach **Kaimon** zum Kaimon-dake (ca. 30 Min., 380 ¥). 3x tgl. verkehrt außerdem ab Kagoshima (Chūō) der etwas schnellere Nostalgie-Dieselzug *Ibusuki-no-Tamatebako* von/nach Ibusuki (knapp 1 Std., 2300 ¥), Reservierung nötig.

### Schiffe

Von Ibusuki nach YAKUSHIMA (Miyanoura) s. S. 580.

# Yakushima 屋久島

Mystische Zedernwälder, imposante Wasserfälle und ruhige Strände erwarten Besucher 60 km vor Kagoshima auf Yakushima. Die 503 km² große Insel gehört zu den Ōsumi-Inseln und wird von 32 erloschenen Vulkanen gebildet, sechs davon über 1800 m hoch, darunter der höchste Berg Kyūshūs, der **Miyanoura-dake** (1936 m). Ein Fünftel der Insel ist Unesco-Weltnaturerbe.

Yakushima weist mit die größten Temperaturschwankungen weltweit auf: Im Winter liegt auf den Bergen Schnee, auf Meereshöhe herrschen mind. 10 °C, während das Thermometer im Sommer bis auf 30 °C klettert (selbst in 1000 m Höhe). Es regnet viel – angeblich „35 Tage im Monat" – aber keine Angst, meist nicht von morgens bis abends.

Diese ungewöhnlichen Bedingungen haben eine einzigartige Tier- und Pflanzenwelt hervorgebracht, darunter den **Yaku-Hirsch** und den **Yaku-Affen**, denen man auf Wanderungen begegnet. Es gedeihen sowohl subtropische als auch subalpine Pflanzen. Berühmt ist die Insel aber für ihre **Yaku-sugi**, über 1000 Jahre alte Zedern in bizarren Formen. Verschiedene Wanderwege führen durch die Zedernwälder, u. a. zur ältesten Zeder der Welt, der **Jōmon-sugi** in 1350 m Höhe (von Arakawa-tozanguchi 5 Std. hin). Sie soll über 6000 Jahre alt sein.

## Yakusugi Land 屋久杉ランド

Einen Eindruck vom dichten, immergrünen Feuchtwald mit über 2000 Jahre alten Zedern vermittelt das 1000–1300 m hoch gelegene Yakusugi Land im Osten der Insel, 16 km landeinwärts von Anbō. Hier hat man die Wahl zwischen vier Rundgängen von 30 bis zu 150 Minuten Länge. Der Bus von Anbō (2x tgl.) braucht 40 Min. zum Parkeingang. ⌚ tgl. 8.30–16.30 Uhr (aber immer offen), 500 ¥. Achtung, es gibt keine Verpflegung!

## Strände 海水浴場

Der **Nagata Inakahama** ist ein ruhiger, gelber Sandstrand an der Westküste. Im Mai–Juli kommen Meeresschildkröten zur Eiablage hierher (im August schlüpfen sie). Achtung: Die Strömung ist recht stark. Besser geeignet zum Schwimmen ist der von einer Bucht geschützte **Issō-Kaisui-yokujō** weiter nördlich (Mitte Juli–Ende Aug mit Rettungsschwimmer) sowie der Strand von **Kurio** im Südwesten und **Harutahama** im Osten.

## Wasserfälle 滝

Von den Wasserfällen der Insel ist der **Ōko-no-taki** an der Westküste mit 88 m der höchste und eindrucksvollste – einer der schönsten Japans. Der **Torōki-no-taki** und der **Senpiro-no-taki**, beide benachbart an der Südostküste, sind ebenfalls ansehnlich, wobei der Torōki nur aus der Ferne unterhalb einer roten Brücke zu sehen ist. Das Besondere ist, dass dieser Wasserfall sich direkt ins Meer ergießt. Der Senpiro ist imposanter, wenn viel Regen gefallen ist.

## Shiratani Unsuikyō 白谷雲水峡

In diesem Zedern-Urwald in 800 m Höhe gibt es verschiedene Wanderwege unterschiedlicher Länge, die anfangs auf demselben Weg verlaufen und miteinander kombinierbar sind. Keine der Routen ist ein Spaziergang. Für Leute mit durchschnittlicher Ausdauer bietet sich eine zweistündige Wanderung auf dem **Taiko-iwa-Wanderweg** bis zum Hokemusu Mori und zurück an. Nach ca. 500 m Bretterweg kommt die erste Hürde: über sehr große, glatte Felsen. Dann geht es links über die Hängebrücke. Von da an führt der gut ausgeschilderte, mit Steinen oder Holz befestigte Weg durch eine Landschaft aus Baumriesen, Bächen und Moos. Etwas heikel wird es an der Stelle, wo man den Fluss von Stein zu Stein hüpfend überqueren muss. Hat man die Hütte *(koya)* hinter sich, ist es nicht mehr weit, bis linker Hand eine urwüchsige, moosbewachsene Baumlandschaft auftaucht, die Filmemacher Miyazaki Hayao zu seinem preisgekrönten Film *Prinzessin Mononoke* inspiriert haben soll. Nicht ausgeschildert – bei der langen Bank. Die Szenerie hat etwas Mystisches, und es würde einen nicht wundern, wenn hinter einem der Bäume plötzlich eine Waldfee hervorträte. Wahrscheinlicher ist, dass Rehe oder Affen den Weg kreuzen, die sich von Wanderern kaum verunsichern lassen.

Wer will, kann den Weg weiter zum Tsujitōge und Taiko-iwa gehen, braucht dann aber insgesamt 4 Std. Ehrgeizige können vom Tsuji-Pass sogar noch weiter wandern und stoßen nach ca. einer Stunde auf den Wanderweg, der an Wilsons Stumpf und der Jōmon-sugi vorbei auf den Gipfel des **Miyanoura-dake** führt (rund 9 Std. ab der Abzweigung). Von hier aus ist die Besteigung aber schwieriger als von Arakawa.

Am Eingang zur Shiratani Unsuikyō ist ein Naturschutzbeitrag von 500 ¥ zu entrichten (8.30–16.30 Uhr). Vor Ort gibt es keine Verpflegungsmöglichkeiten, deshalb Proviant mitnehmen!

Täglich fahren vier Busse des Unternehmens Yakushima Kōtsu und zwei Busse des Unternehmens Matsubanda Kōtsu von Miyanoura (ab Hafen) zur Shiratani Unsui-kyō; 560 ¥ ab Hafen, einfach. Der Bus braucht ca. 35 Min. für die 12 km von Miyanoura.

## ÜBERNACHTUNG

### Miyanoura

**Minshuku Yakusugi-sō**, Miyanoura 2373-2, ✆ 0997-42-0023, 💻 http://yakusugisou.com/stay.html. Mit wenig Gepäck noch zu Fuß vom Hafen erreichbar. Schöne, holzvertäfelte Zimmer mit Bad, außerdem Gemeinschaftsbad. Auf Wunsch bekommt man ein *o-bentō* für Wanderungen zubereitet. 6500 ¥ p. P. ohne Frühstück.

**Yakushima Youth Hostel**, ✆ 0997-49-1316, 💻 www.yakushima-yh.net. Nicht weit vom Hafen (10 Min. zu Fuß), in einer Seitenstraße der Hauptstraße. 5 Zimmer für 2–5 Leute, nette Terrasse mit Blick aufs Wasser, Waschmaschinen und Trockner. Kein Essen. Ab 3300 ¥ p. P., für Studierende im Dorm 2500 ¥.

### Anbō

**Minshuku Anbō**, ✆ 0997-46-2720, 💻 https://qq275fm9k.wixsite.com/mysite-1, in der Straße, die am Fluss entlangführt: von Miyanoura kommend, von der Hauptstraße aus vor der Brücke links abbiegen (von Onoaida aus hinter der Brücke rechts). Von einer Frau geführtes, sauberes Minshuku. Zimmer mit Tatami-Matten und Futons. 4000 ¥ p. P. ohne Mahlzeiten, Rabatt ab zwei Nächten.

### Onoaida

**Jerry's Campsite**, Onoaida, ✆ 0997-47-2694, 💻 www.eu-guesthouse-in-yakushima.net (trotz der Website kein Gästehaus mehr). Kleiner Zeltplatz (1000 ¥) mit Zeltverleih (600 ¥–1000 ¥). Geführt von einem deutschen Imker, der seit 1986 hier lebt. Von Juni bis August ist er mit seinen Bienen auf Hokkaidō. Er und seine japanische Frau arbeiten auch als Inselführer. Zwei Fahrräder. Bushaltestelle Futamatagawa.

### Hirauchi

**Yakushima South Village**, Hirauchi, ✆ 0997-47-3751, 💻 https://yakushimasouth.wixsite.com/south. Zimmer mit 2 Etagenbetten und Tatami-Zimmer für 2–4 Pers.; Waschmaschine und Küchennutzung. Organisiert Touren u. a. zur Jōmon-sugi. Fahrrad- und Autovermietung. Frühstück und Abendessen möglich. Mindestaufenthalt 3 Nächte. 3300 ¥ p. P.; zzgl. 550 ¥ in der Hochsaison.

## ESSEN

**Mattake**, Kurio, ✆ 0997-48-2323, 💻 http://sobaya-matutake.com/index.htm (nur Jap.), nettes Soba-Lokal in einem ländlichen japanischen Privathaus in Kurio an der Südwestküste. Klassische japanische Gerichte wie *tenpura-teishoku*. Nicht ganz leicht zu finden, deshalb am besten nach dem Weg fragen. ⌚ tgl. 11–15 und 17–21 Uhr (mit leichten Änderungen je nach Saison).
**Yakushima Kankō Center**, Miyanoura, 💻 www yksm.com (nur Jap.), in der Hauptstraße, nahe der Straße, die zum Hafen führt. Grünes Haus, in dem viele Souvenirs verkauft werden. Im oberen Stockwerk gibt es ein Restaurant mit preiswerten Gerichten, wie Curry Rice. ⌚ tgl. 8–19, Restaurant 10–16 Uhr.
In **Onoaida** und **Anbō** gibt es ein paar einfache Lokale.

## SONSTIGES

### Autovermietungen

Die Touristeninformation im Hafen von Miyanoura vermittelt Mietwagen. Man wird vom Vermieter abgeholt.

### Informationen

**Touristeninformation**, im Yakushima Island Environmental and Cultural Village Center nicht weit vom Hafen von Miyanoura, ✆ 0997-42-1019. Sehr freundliche Angestellte, die Mietwagen und Unterkünfte vermitteln. Auch große Schließfächer. ⌚ tgl. 9–17 Uhr.
**Touristeninformation** in Anbō, ✆ 0997-46-2333, nahe dem Hafen. Vermittelt auch Unterkünfte. ⌚ tgl. 8.30–18 Uhr.
Im **Internet**: 💻 www.env.go.jp/park/yakushima, 💻 www.yakushima-marche.com.

### Tauchen

Es gibt mehrere unterschiedlich tiefe Tauchspots im Süden und Nordwesten der Insel. Unter Wasser können u. a. Doktor- und Napoleonfische, Meeresschildkröten, Barben und Thunfische gesichtet werden. Ein Anbieter von Tauch- und Schnorchelausflügen ist **Yakushima Guide-Club**, Anbō 739-145, ✆ 0997-46-3160, ✉ club@yakushima-guide.jp, halber Tag Tauchen/Schnorcheln 10 000/6000 ¥.

### Wandern

Die meisten **Wanderwege** sind nichts für Anfänger, sondern erfordern eine gute Ausrüstung und Erfahrung, darunter auch der Onoaida-Trail und der Nagata-Trail, die beide auf den **Miyanoura-dake** (1936 m) führen.
Wer einen Eindruck von der Zedernlandschaft der Insel bekommen möchte, ohne zuvor einen Bergsteigerkurs zu belegen, sollte die **Shiratani-Unsuikyō** (S. 578) oder das **Yakusugi Land** (S. 577) erkunden. In jedem Fall braucht man gute Regenkleidung, da es in den Bergen oft regnet (10 000 mm pro Jahr!), und warme Kleidung, auch im Sommer.
Bei den Touristeninformationen bekommt man einen **Faltplan** mit einer Übersicht über die Wanderrouten und einigen Tipps zum Wandern auf Yakushima. Entlang der Routen gibt es mehrere Hütten.
**Ausrüstung**, auch Wanderschuhe, verleiht u. a. das **Yakushima Kankō Center** in Miyanoura (s. Essen) und **Sangaku Tarō**, direkt an der Straße 77 in Anbō, ✆ 0997-49-7112, 💻 www.andes-k.co.jp, der Besitzer Tarō arbeitet auch als Guide.
**Yakushima Experience**, ✆ 090-7820-3592, 💻 www.yakushimaexperience.com, bietet individuelle Touren auf Englisch mit einem neuseeländischen Guide.

## NAHVERKEHR

Es gibt **Busse** von Miyanoura zu den Wanderregionen Shiratani Unsuikyō, Yakusugi Land und Arakawa (März–Nov); außerdem eine Linie, die von Miyanoura an der Küste entlang über den Flughafen, Anbō, Onoaida u. a. nach Kuriobashi und 3x tgl. weiter zum Ōko-no-taki fährt (1 3/4 Std.). Einen Busplan bekommt man bei der Touristeninformation. Tagespass 2000 ¥, 3 Tage 3000 ¥. **Fahrräder** verleiht u. a. das Yakushima Kankō Center (s. Essen).

## Einmal um die Insel

Wer Yakushima einmal umrunden möchte (gut 130 km), braucht einen Mietwagen. Von Miyanoura aus fährt man am besten entgegen dem Uhrzeigersinn, da es an der Westküste wenig Infrastruktur gibt (Proviant mitnehmen!). Dann ist man gegen Abend in Anbō, kann von dort am nächsten Tag erst zum Yakusugi Land aufbrechen oder gleich die Küste hoch nach Miyanoura zurückfahren, um von dort aus zur Shiratani Unsuikyō zu gelangen.

Die erste Station ist der **Shitogo Gajumaru-en**, ein Mini-Park mit Banyan-Bäumen, ◷ tgl. 8.30–17 Uhr, 240 ¥.

Danach geht es weiter zum Strand **Nagata Inaka-hama** und zum **Leuchtturm**, der den westlichsten Punkt der Insel markiert. Ungefähr ab dem Leuchtturm ist die Straße bis zum **Ōko-no-taki** sehr schmal und kurvig, also langsam fahren und auf Gegenverkehr achten! Stellenweise blockieren Affen die Straße, die sich beim gegenseitigen Lausen nicht so leicht aus der Ruhe bringen lassen.

In **Kurio** kann man zu Mittag essen und dann entweder ein paar weitere **Banyan-Bäume** (Nakama Gajumaru) besichtigen oder ein Stück landeinwärts zum **Yakushima Fruits Garden** fahren, wo es u. a. Mangos und verschiedene Orangensorten auch als Marmeladen zu kaufen gibt (Letztere ein nettes Mitbringsel). ◷ tgl. 8.30–17 Uhr, 700 ¥. Wer sich nicht geniert, kann an der Südküste im öffentlichen, gemischten *rotenburo* **Hirauchi Kaichū Onsen**, das die Inselbewohner direkt im Meer selbst eingerichtet haben, ein Bad nehmen (200 ¥ in die Box tun, 2 Std. vor bis 2 Std. nach Ebbe). Vor Anbō werden noch die beiden Wasserfälle **Senpiro-no-taki** und **Torōki-no-taki** besichtigt, bevor man erschöpft ins Bett bzw. auf den Futon sinkt.

### TRANSPORT

#### Schiffe

Fähren von **Toppy & Rocket**, ✆ 099-226-0128, 💻 www.tykousoku.jp, verkehren von April–Ende Aug 6x tgl. ab KAGOSHIMA, hin und zurück 22 300 ¥: nach **Miyanoura** direkt tgl. um 13.20 Uhr, 1 3/4 Std.; via IBUSUKI tgl. um 7.45 Uhr, 2 Std. (ab Ibusuki um 8.30 Uhr, 1 1/4 Std., hin und zurück 17 800 ¥), via TANEGASHIMA tgl. um 7.30 und 13 Uhr, 2 2/4 Std.; nach **Anbō** via Tanegashima um 10 und 16 Uhr, 2 3/4 Std. Außerhalb der genannten Monate verkehren die Fähren etwas seltener. Nach Discounts fragen!

Langsamer und billiger ist die Autofähre **Ferry Yakushima 2**, ✆ 099-226-0731, 💻 www.ferryyakusima2.com, ab KAGOSHIMA tgl. um 8.30 Uhr, Ankunft in **Miyanoura** 4 Std. später (zurück 13.30 Uhr); hin und zurück 2. Kl. 10 700 ¥.

#### Flüge

Der Flughafen liegt zwischen Miyanoura und Anbō. Von/nach KAGOSHIMA mind. 4x tgl., 40 Min., je 1x tgl. nach FUKUOKA und ŌSAKA (Itami), mit JAC (zu buchen über JAL).

# Miyazaki und Nichinan-Küste

Miyazaki, eine erst 1924 gegründete Stadt an der Südostküste Kyūshūs, ist der drittsonnigste Ort Japans. Touristisch hat es außer dem milden, subtropischen Klima wenig zu bieten. Attraktiver als die Stadt Miyazaki ist die rund 100 km lange Nichinan-Küste, die sich von der Stadt bis zur Südspitze der Präfektur bei der alten Burgstadt Obi erstreckt.

## Miyazaki 宮崎

Wer etwas in der Stadt unternehmen möchte, kann zum **Miyazaki-jingū** fahren (Bus ab Depāto-mae in der Tachibana-dōri, 10 Min.). Der 1906 errichtete, dem legendären ersten japanischen Kaiser Jimmu geweihte Schrein liegt in einem Wäldchen, in dem auch ein paar alte Bauernhäuser *(minka)* aus verschiedenen Gegenden der Präfektur zu sehen sind: **Minka-en**, ◷ tgl. 9–17 Uhr, Eintritt frei.

Von hier kann man in rund 20 Minuten zum **Heiwadai-kōen** auf einer Anhöhe laufen. Der hiesige 37 m hohe Friedensturm (1940), der dem Park seinen Namen gibt, ist unansehnlich, aber der kleine Haniwa-Garten ist ganz nett. Hier stehen viele nachgemachte Haniwa-Figuren. Diese Krieger, Pferde, Häuschen und Alltagsgegenstände aus Ton zierten in der Kofun-Zeit schlüssellochförmige Hügelgräber, wie sie z. B. nördlich von Miyazaki in Saitobaru zu sehen sind. ⌚ durchgehend, Eintritt frei. Bus 8 (zurück 8-1) ab Bahnhof (Ostausgang) in einer halben Stunde, 400 ¥.

## Nichinan-kaigan 日南海岸

Dieser malerische Küstenabschnitt ist als Quasi-Nationalpark geschützt und war einst bei Flitterwöchnern beliebt, doch heutzutage zieht es Frischvermählte eher nach Hawaii. Die Hauptattraktion der Küste ist die kleine, üppig grüne Insel **Aoshima**, die über eine Brücke zugänglich ist. Umgeben ist sie von sogenannten Oni-no-sentaku-ita („Waschbretter der Riesen"), durch Erosion entstandenes, geriffeltes Gestein um die Küste. Der hiesige Schrein ist der Gottheit Yamasachi und seiner Frau Toyotama-hime, einer Meeresprinzessin, geweiht. Kurz vor der Brücke zur Insel befindet sich ein kleiner Botanischer Garten mit subtropischen Pflanzen. Im Juli und August kann man am Strand vor der Küstenwache baden.

Ab Aoshima fährt der Bus überwiegend an der Küste entlang, vorbei an schönen kleinen Buchten, bis zum **Udo-jingū**, der der Legende nach bereits unter Kaiser Sujin im 1. Jh. v. Chr. gegründet worden sein soll. Der Schrein wird besonders gern von jungen Pärchen aufgesucht, denn die hiesige Gottheit soll eine glückliche Ehe und eine leichte Geburt sichern. Von der Bushaltestelle ist es ein 10-minütiger Fußmarsch bergauf über Treppen und durch einen Tunnel bis zum Schreingelände. Oben angelangt hat man eine wunderbare Aussicht aufs Meer, die Felsen und die schäumende Gischt vor der Kulisse der roten Schreingebäude und Torii. Der Hauptschrein befindet sich in einer 1000 m² großen Felsenhöhle. Hier soll der Vater des legendären ersten japanischen Kaisers Jimmu von der Tochter des Meeresgottes geboren worden sein. Sie verschwand nach der Geburt wieder im Unterwasserpalast, doch zuvor berührte ihre Brust einen brustförmigen Felsen in der Höhle, wodurch von diesem „Milchfels" (O-chichi-iwa, hinter dem Schrein) Wasser tropfte. Das Baby trank es und wurde davon groß und stark.

Bus ab Miyazaki, 80 Min., ab Aoshima 45 Min. Mit dem Bus kommt man bei guter Zeitplanung noch bis zum stimmungsvollen Burgstädtchen **Obi**. Dort endet die Tour, sofern man noch am selben Tag nach Miyazaki zurück möchte. Wer mit Auto unterwegs ist, kann noch weiter bis zum **Kap Toi** fahren, wo Wildpferde und ein Leuchtturm zu sehen sind.

### ÜBERNACHTUNG

**Miyazaki Kankō Hotel**, Matsuyama 1-1-1, ✆ 0985-27-1212, 💻 www.miyakan-h.com/english. Großes, modernes 5-Sterne-Hotel am Fluss. Zimmer im westlichen Stil und japanische Zimmer mit Blick auf einen Garten. Die Zimmer nach Osten sind hübscher, neuer –

An der Nichinan-Küste beim Udo-Schrein

KYŪSHŪ

## Miyazaki

**ÜBERNACHTUNG**
① Tôyoko Inn
② Miyazakiken Fujin Kaikan YH Sunflower
③ Aoshima Guesthouse Backpackers
④ Miyazaki Kankô Hotel

**ESSEN**
1 Shizen
2 Sobatoki

**SONSTIGES**
1 7-Eleven
2 Yamakataya-Kaufhaus

**TRANSPORT**
❶ Miyazaki Kôtsû



und teurer. Onsen mit *rotenburo*. Mehrere Restaurants. ❹–❻

**Miyazakiken Fujin Kaikan YH Sunflower**, Asahi 1-3-10, ☏ 0985-24-5785, 💻 www.mfkaikan.jp. 15 Min. zu Fuß vom Bahnhof oder Bus bis Tachibana-ni-chōme. Klassische Jugendherberge mit Tatami-Zimmern und Zimmern mit Etagenbetten (für 3–6 Pers.). Kein Essen. Schließzeit um 22 Uhr. Kostenloser Radverleih. Für JH-Mitglieder 3000 ¥, sonst 3600 ¥.

**Tōyoko Inn**, direkt neben dem Bahnhof, ☏ 0985-32-1045. Bietet den üblichen Standard dieser Businesshotelkette. ❷

**Aoshima Guesthouse Backpackers**, Kaeda 6417-39, ☏ 090-4299-3152, 💻 http://aoshimainpeace.web.fc2.com. Günstige, freundliche Unterkunft mit Englisch sprechenden Mitarbeitern auf einem Berg über Aoshima. Mit dem Rad (Verleih im Haus) 15–20 Min. zum Surfstrand Kisakihama – Surfunterricht und Brettverleih. Ab 2500 ¥ p. P.

## ESSEN

Miyazaki ist bekannt für die **Hyūga-natsumikan**, die aussieht wie eine kleine Pampelmuse, deren gelbes Fruchtfleisch aber nicht so sauer schmeckt. Beim Udo-jingū bekommt man frisch gepressten Saft. Auch die **Kinkan** (in Deutschland als Kumquat bekannt) wird in dieser Gegend (um Kirishima) angebaut. Die kleine, orangenartige Frucht isst man mit Schale.

**Sobatoki**, Yamakataya-Kaufhaus (Shinkan) 6F, Tachibana-dōri, Ecke Takachiho-dōri. Blitzsauberes Sobalokal mit sehr freundlicher Bedienung. ⌚ tgl. 11–17 Uhr.

**Sizen (Shizen)**, am Rand des Heiwadai-kōen, ✆ 0985-31-3693, 💻 http://sizen-organic.com. Bio-Restaurant mit Speisen aus lokaler Produktion in Buffetform. ⌚ Mi–Fr 11–15.30, Sa, So auch 17.30–21 Uhr. Daneben ist ein Laden mit Biolebensmitteln und Fair-Trade-Artikeln angesiedelt.

## SONSTIGES

### Informationen

**Touristeninformation** im Bahnhof Miyazaki, ✆ 0985-22-6469, 💻 www.miyazaki-city.tourism.or.jp/en, ⌚ tgl. 9–18 Uhr.

### Surfen

In Aoshima herrschen fast das ganze Jahr über gute Bedingungen für Anfänger. Vor Ort bieten Surfläden Bretter und Unterricht.

## NAHVERKEHR

Für die **Busse** von Miyazaki Kōtsū, die die Nichinan-Küste (bis Obi) bedienen, gibt es einen *Visit Miyazaki Bus Pass* für Touristen aus dem Ausland für 2000 ¥, 💻 www.visit-bus-pass.com. Man bekommt ihn direkt beim Busbahnhof von Miyazaki Kōtsū neben dem Bahnhof. Nach Aoshima häufig, 45 Min., selten weiter zum Udo-Schrein, 1 1/2 Std., und nach Obi, 2 1/4 Std. Um die Nichinan-Küste mit dem Bus zu bereisen, bedarf es daher einer genauen Zeitplanung. Nach Aoshima mit dem **Zug** in 30 Min., 380 ¥. Achtung: Zurück fahren manche Züge nur bis Minami-Miyazaki.

Wer die Nichinan-Küste mit dem Zug bis Obi befahren möchte, sollte den **nostalgischen Touristenzug** *Umisachi Yamasachi* nehmen (wechselnder Fahrplan, nicht tgl., 1 Std., 2080 ¥), 💻 www.jrkyushu.co.jp/english/train/umisachiyamasachi.html.

## TRANSPORT

### Busse

Nach FUKUOKA mit verschiedenen Busunternehmen in 4 1/2 Std., ab 4500 ¥, Reservierung nötig, 💻 https://global.atbus-de.com/Reservations/index.

### Eisenbahn

BEPPU, mit dem JR-Limited Express *Nichirin* bis ŌITA (3 Std.) und von dort mit dem JR-Limited Express *Sonic* (der weiterfährt nach Fukuoka/Hakata), 3 1/4 Std., 6470 ¥.
KAGOSHIMA (Chūō), mit dem *Kirishima Express* 2 1/4 Std., 4330 ¥.
TAKACHIHO, JR Zug bis NOBEOKA; ab dort Bus (S. 569).

### Flüge

Vom **Flughafen**, 💻 www.miyazaki-airport.co.jp, JR-Zug zum Bahnhof Miyazaki, mind. stdl., 10 Min., 360 ¥, oder Bus in ca. 30 Min., 1–2x stdl., 450 ¥ – oder man kauft hier gleich den Bus Pass (s. Nahverkehr).

NAKANOSHIMA BEACH, IRABUJIMA; © WESTWARDS

# Okinawa 沖縄

**Okinawa ist Japan, und Okinawa ist auch Südsee. Dazu kommen noch chinesische Geschichte und eine gute Portion amerikanische Einflüsse. Die Inseln im subtropischen Süden Japans sind zwar für Japaner längst ein beliebtes Reiseziel, in Deutschland aber noch weitgehend unbekannt. Dabei bietet der kulturelle und nicht zuletzt kulinarische Mix womöglich noch mehr Abwechslung als der Rest Japans.**

# Stefan Loose Traveltipps

**Naha** Auf der Kokusai-dōri trifft die japanische Anime-Jugend auf Südsee-Lifestyle S. 588

**Katsuren-jō** Die archaisch geschwungenen Mauern der beeindruckendsten Gusuku-Burg ziehen sich den Berghang entlang. S. 597

**Churaumi Aquarium** In einem der größten Wassertanks der Welt schwimmen Haie, Mantarochen und Tropenfische. S. 601

**19** **Miyakojima** Okinawa hat viele weiße Traumstrände – die schönsten gibt es auf Miyakojima. S. 604

**Taketomi** In den malerischen Gassen dieses alten Ortes sitzen auf fast jedem Dach Shīsā-Löwen. S. 619

**Iriomote** Bei einer Mangroventour auf dem Urauchigawa weicht die Zivilisation ganz weit zurück. S. 620

SHĪSĀ-LÖWE AUF DEM DACH DES SHURI-JŌ SEIDEN, NAHA © WESTWARDS

MIT DEM KAJAK ZUM PINAI-SĀRA-SEE, IRIOMOTE; © WESTWARDS

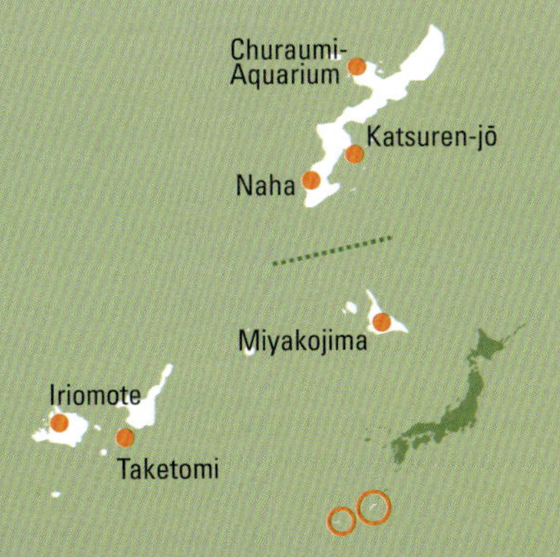


**Wann fahren?** Von März bis Nov ist das Wetter angenehm, die Badesaison geht von Mai bis Okt; im Hochsommer ist es sehr heiß und sehr voll.

**Wie lange?** Für einen Kurztrip auf die Hauptinsel reichen drei Tage, ab einer Woche kann man richtig eintauchen in die südlichen Inselwelten.

**Bekannt für** Glück und langes Leben

**Beste Feste** Eisa-Tänze

**Unbedingt probieren** Minsā-Muster weben

**Outdoor-Tipp** Kajakfahren, Schnorcheln und Tauchen

# Okinawa

N
0 20 km

US-Truppenstützpunkte

Tôkyô

Ostchinesisches Meer

IEJIMA

Kap Hedo
Hedo
Sekirinzan Koên
Kaya-uchi-banta
Oku
Nishime
Kunigami
Hentona
Okuma Beach
Yonaha
Kunigami-son Shinrin Kôen
Ôgimi michi-no-eki
Dorf Ôgimi
OKINAWA-KAIGAN-QUASI-NP
KÔRIJIMA
Fukugi Forest
Herzfelsen
Okinawa Churaumi-Aquarium
Nakijin-jô
Oranda-baka
YAGAJI-JIMA
MINNA
Sesoko Beach
SESOKOJIMA
Motobu
Yae
Tano
Higashi
Nago Pineapple Park
Nago
OKINAWA-KAIGAN-QUASI-NP
Henoko-Bucht
Mission Beach
Manza Beach
Manzamo
Onna
Moon Beach
Kap Maeda
Kap Zanpa
Ryûkyû-mura
Festung Zakimi-jô
Murasaki-mura
Yomitan
Kadena
Okinawa City
Festung Katsuren-jô
Kujima
Chatan
Sunset Beach
American Village
Araha Beach
Kita-Nakagusuku
Nakamura-ke
Nakagusuku-Burg
HAMAHIGAJIMA
Kerama-Inseln
Ginowan
Minatogawa
Nakagusuku
Futenma
Naha
Pazifischer Ozean
ehem. Flotten-hauptquartier
Nanjo
Azama-Sansan Beach
Seifa Utaki
Okinawa World
Itoman
Hyakuna Beach
Nibaru Beach
Ryûkyû Glass Craft
Friedensgedenkstätte
Kap Kyan
Gushikawa Gusuku
Himeyuri-no-tô-Monument

**ÜBERNACHTUNG**
1. Oku Yanbaru no Sato
2. JAL Private Resort Okuma
3. Musubiya
4. La Ohana
5. Hygge Biimata
6. Matayoshi Coffee Farm
7. Okinawa Kenmin no mori
8. Diamond
9. Spice Motel
10. Kaiza
11. Minshuku Yaponesia

**ESSEN**
1. Kunigami Yuiyui
2. Emi no Mise
3. Yumenoya
4. Fuu Café
5. Orion-ya
6. Café Suien
7. Ploughman's Lunch Bakery
8. A&W

**SONSTIGES**
1. Kawanchu
2. Okashi Goten
3. Yachimun no Sato
4. American Wave, Shima Denim
5. Shuri-jô
6. Awamori-Fabrik Chûkô
7. Uminchi

**TRANSPORT**
1. Okinawa Hentona Bus Terminal

OKINAWA

Die 161 Inseln der Ryūkyū-Kette liegen auf der Höhe von Luxor oder Hawaii am Westrand des Pazifiks. Nur etwa 40 der Inseln sind bewohnt. Von 1,4 Mio. Einwohnern leben über 90 % auf der dicht besiedelten Hauptinsel Okinawa-Hontō. Selbst im Winter ist das Klima in Okinawa angenehm warm – im Februar beträgt die Durchschnittstemperatur auf Okinawa-Hontō immer noch 18 °C. Die Badesaison dauert offiziell von April bis Oktober – und das Wasser ist dank der warmen Japan-Strömung fast immer über 20 °C warm (im Sommer bis 29 °C Durchschnittstemperatur). Eine Garantie für blauen Himmel gibt es aber leider nicht: Die Regenzeit ab Mai bringt auch für Okinawa graue Wochen, danach wird das Wetter wieder stabiler, Taifune können aber den ganzen Sommer über vorkommen. Sie richten in der Regel keine schlimmen Schäden an, können aber schon mal ein, zwei Tage lang den Verkehr lahmlegen.

Die Hauptinsel Okinawa-Hontō lockt mit städtischem Ambiente und Kulturschätzen sowie etlichen weißen Sandstränden. Auf die vielen kleinen Inseln, vor allem weiter im Süden, fährt man dagegen, um zu faulenzen, zu tauchen, zu schnorcheln und vielleicht eine Inselwanderung oder eine Kajaktour durch die Mangroven oder den Urwald zu unternehmen. Der Bezirk Ōgimi im Norden der Hauptinsel hält die Weltspitze im Anteil der Menschen über 100 Jahren, und die meisten sind fit und rüstig. Dazu sollen die lokalen Essgewohnheiten nicht unwesentlich beitragen – Schlemmen lohnt sich also!

Die Kultur Okinawas unterscheidet sich merklich von der des übrigen Japans: In Architektur, Kleidung, Essen (S. 54) und Gebräuchen sind mikronesische und chinesische Einflüsse präsent, und mit der amerikanischen Besatzung hat sich vollends eine Mischkultur – die „Chanpuru-Kultur" (benannt nach dem Nationalgericht: gebratenes Allerlei) – herausgebildet. Lässig und relaxed heißt auch, dass z. B. Öffnungszeiten schon mal flexibler gehandhabt werden.

## Okinawa im Netz

Online-Informationen speziell zu Okinawa bieten die folgenden Websites:

- www.pref.okinawa.jp
- www.visitokinawa.jp

## Geschichte

Die **Ryūkyū-Inseln** wurden erst 1879 unter dem Namen Okinawa offiziell eine japanische Präfektur. Die ältesten Skelettfunde sind zwar etwa 15 000 Jahre alt, die historisch belegte Geschichte Ryūkyūs reicht allerdings nur bis 1184 n. Chr. zurück – damals gründete **König Shuntun** das Königreich Ryūkyū. In den nächsten Jahrhunderten bewegte sich das kleine Reich in einer diplomatischen Grauzone zwischen Japan und China: 1372 erkannte der König von Ryūkyū die Oberhoheit der (damals neuen) chinesischen Ming-Dynastie an und gliederte sein Reich damit in das chinesische Tributsystem ein. Für Ryūkyū waren diese „Tributzahlungen" an China durchaus von Vorteil, wurden sie doch mit reichlichen Gegengeschenken beantwortet, sodass ein reger Handel zwischen beiden Ländern entstand. Zugleich aber unterhielt Ryūkyū auch mit Japan Handelsbeziehungen – so wurden u. a. die Süßkartoffel und das Zuckerrohr in Japan eingeführt.

## Giftschlangen und giftige Quallen

Auf vielen Inseln Okinawas (v. a. Okinawa und Ishigakijima) lebt die **Habu**, eine endemische giftige Schlangenart. Wird man gebissen, soll man Ruhe bewahren und schnell einen Arzt aufsuchen, es gibt ein Gegengift. Wer die giftigen Reptilien aus sicherer Nähe betrachten möchte, kann dies z. B. im Freizeitpark Okinawa World (S. 596) tun. Auf Miyakojima gibt es keine Habu.

Im Meer um Okinawa können, je nach Strömung, giftige **Quallen** *(habu-kurage)* vorkommen. Ihr Gift verursacht sehr schmerzhafte Schwellungen. Als Sofortmaßnahme die Verletzungen mit reichlich Essig behandeln (Cola scheint notfalls auch zu wirken). An vielen betroffenen Stränden stehen dafür oft Flaschen mit Essig bereit. Gegebenenfalls zum Kühlen Eis in einem Beutel auflegen und sofort ins Krankenhaus fahren!

## Okinawa-Strände

Baden und Schnorcheln vom Strand aus gehören zu den Top-Aktivitäten in Okinawa. Praktisch alle Inseln haben tolle Strände mit seichtem Sand oder Korallen. Für das **Schnorcheln** vom Strand sind die Miyakojima-Inselgruppe und die Kerama-Inseln die beste Wahl, gefolgt von den Yaeyama-Inseln. Auf der Hauptinsel Okinawa gibt es zwar Badestrände, aber kaum noch Korallen, und die Wellen und Strömungen sind oft sehr stark.
An den bekannteren Stränden zahlt man fürs **Parken** eine Gebühr – meist etwa 500 ¥ pro Tag für den Parkplatz und eine (zumindest kalte) Dusche. In der Saison gibt es dort dann auch einen **Verleih** von Schnorchelsets, Sonnenschirmen etc. Kajak fahren und SUP sind in der Regel nur mit geführten Touren möglich.

Anfang des 16. Jhs. erlebte Ryūkyū unter **König Shō Shin** seine Blütezeit. Diesem König gelang es, seine Herrschaft über weite Teile der heutigen Präfektur Okinawa auszudehnen. Er führte eine zentralisierte Administration ein und ernannte Gouverneure. Außerdem intensivierte er den Außenhandel mit China, Südostasien und Japan.

Ab der Mitte des 16. Jhs. ging dieser Außenhandel wegen zunehmender Piraterie im Chinesischen Meer sowie der neu aufgenommenen Handelsbeziehungen Japans mit Europa zurück. Ein Feldzug des südjapanischen Kleinstaats Satsuma machte Anfang des 17. Jhs. das Inselreich auch Japan gegenüber offiziell tributpflichtig – Ryūkyū zahlte nun an zwei Länder Abgaben. So balancierte das Land während der gesamten Edo-Zeit zwischen den beiden Großmächten der Region, mit einem weiteren kulturellen Höhepunkt in der Regierungszeit von **König Shō Kei** (1713–51). Erst 1879 wurde mit der Eingliederung ins japanische Kaiserreich die Königsfamilie von Ryūkyū abgesetzt.

Im **Zweiten Weltkrieg** trug die Provinz Okinawa den größten Teil der Kriegsschäden. Auf der Hauptinsel wurde 1945 die größte Schlacht des Pazifischen Krieges ausgetragen, die Schlacht um Okinawa (s. Kasten S. 596).

Im Friedensvertrag von San Francisco verzichtete Japan auf die Ausübung der staatlichen Hoheitsrechte in Okinawa, und die ganze Provinz kam unter **amerikanische Verwaltung**. Im Kontext des amerikanisch-japanischen Sicherheitsvertrags (S. 118) wurden große US-Militärstützpunkte eingerichtet. In der Nachkriegszeit emigrierten viele Einwohner der Provinz nach Hawaii oder Südamerika. Auch nach der **Rückgabe an Japan** im Mai 1972 blieb die amerikanische Militärpräsenz erhalten.

# Die Hauptinsel Okinawa 沖縄本島

Okinawa ist nicht nur der Name der Präfektur, sondern auch der größten Insel darin. Mit über 1,3 Mio. Einwohnern ist sie die am dichtesten besiedelte Insel der Präfektur. Hier regierten jahrhundertelang die Könige von Ryūkyū, deren Erbe am augenfälligsten in der Burganlage Shuri-jō in Naha, aber auch in einigen anderen wuchtigen einheimischen Burgen, den *gusuku*, zu besichtigen ist. Außerdem befinden sich auf Okinawa riesige amerikanische Militärstützpunkte (S. 598). Die Küste bietet landschaftlich reizvolle Klippen und viele schöne Strände.

Für Geschichte und Kultur südlich von Naha empfehlen wir auf jeden Fall einen Tag. Wer wenig Zeit hat, sollte danach zwei Tage in Yomitan (S. 598) oder Nago/Motobu einplanen (S. 600). Ein paar Tage mehr lassen einen Ausflug in den einsamen Norden oder auf eine kleinere Insel zu.

## Naha 那覇

Naha, die Hauptstadt der Provinz Okinawa, ist eine typische japanische Großstadt. Das städtische Zentrum liegt an der **Kokusai-dōri**, auf halbem Weg zwischen dem Hafen und der Burg Shuri-jō. Im Zentrum ist außer einigen Gräbern auf dem „Ausländerfriedhof" und dem Steintor des Sōgenji-Tempels in Hafennähe kaum Historisches erhalten.

Naha Kokusai-dōri
N
0
1 km
Tôkyô
TRANSPORT
1 Bushaltestelle
2 Busbahnhof
Tomari-Hafen
3 (750 m)
Präfektur-museum (50 m)
Sanei-Mains
Omoromachi
Shuri-jô (s. Ausschnitt links)
Sôgenji (Tempel)
Wakasa-Kaihin-Park
Fukushu-en
Miebashi
McDonalds
Makishi
Asato
Naha-shi Dentô Kôgeikan Zentrum für Kunsthandwerk
OPA-Mall
Heiwa-dôri
Kenchômae
Kokusai-dôri
Palette Komoji
PRÄFEKTURVERWALTUNG
Tsuboya-Töpfermuseum
Tsuboya-Viertel
Asahibashi
RATHAUS
HAFEN
Himeyuri
Ônoyama-Park
Tsubogawa
Ehemaliges Flottenhauptquartier
Shuri-jō
Shiritsu-byôin-mae
Gibo
Sonohyan-utaki-Schrein
Shuri-
Shuri
Sakashita
dôri
Tamaudun-Mausoleum
Shuri-jô
Kinjô-chô
Shurei-mon
Shikinaen
ÜBERNACHTUNG
1 Hotel Stork
2 JR Kyûshû Hotel Blossom
3 Hotel Okinawa with Sanrio Characters
4 One Style
5 Lohas Villa
6 Stella Resort
7 Little Asia Hostel
8 Grace Naha
9 Weekly Harbour View
ESSEN
1 Sui Dunchi
2 Tôfuya Beans
3 Tomari Iyumachi (Fischmarkt)
4 Kokusaidôri Norengai
5 Hanagasa Shokudô
6 Makishi-Markt
7 Yazaemon
8 The Coffee Stand
9 Shizen to Oyatsu Mana
10 Jef Burger
11 Eibun
SONSTIGES
1 Bar Owl
2 Hanare
3 Supermärkte
4 Fipper
5 Ryûkyû Shôyuya
6 e-Charity
7 Mâsuyâ
8 Suitenrô
9 Kaisou
10 Oguri Kimono Salon
11 Luft
12 Manga Sôkô
OKINAWA

## Um die Kokusai-dōri 国際道り

Die Kokusai-dōri ist die Fress- und Einkaufsmeile der Stadt. Hier findet sich eine umfangreiche Auswahl an Awamori, dem einheimischen Schnaps (S. 592), Süßkartoffel-Törtchen, T-Shirts sowie Musik-CDs und Instrumente. Außerdem konzentrieren sich in der Nähe die günstigsten Unterkünfte. Südlich zweigen überdachte Passagen ab, in denen sich der öffentliche Markt befindet, der **Makishi-Markt** (Makishi Kōsetsu Ichiba). In dieser Gegend florierte während der amerikanischen Besatzungszeit der Schwarzmarkt, heute werden hier fangfrische Krebse und saftige Zitrusfrüchte verkauft.

Am Ostende der Kokusai-dōri sind im Nahashi Dentō Kōgeikan, dem **Zentrum für Kunsthandwerk**, Makishi 3-2-10, ✆ 098-868-7866, https://kogeikan.jp, ein kleines Museum (310 ¥) und Werkstätten untergebracht, in denen Besucher traditionelle Handwerkstechniken ausprobieren können. ⌚ Do–Di 9.30–17.30 Uhr. Im angeschlossenen Laden werden ausschließlich Handwerksartikel mit dem staatlichen Siegel für traditionelle Handarbeit verkauft.

## Tsuboya 壺屋

Am südöstlichen Rand der Innenstadt liegen das **Tsuboya-Töpfermuseum** (Tsuboya Yakimono Hakubutsukan) mit Ausstellungen zur lokalen Keramik und ihrer Herstellung (japanische Beschriftung, englischer Audioguide gratis). ⌚ Di–So 10–18 Uhr, 350 ¥, Bushaltestelle Tsuboya oder Makishi. Dahinter reihen sich in der „Töpferstraße" **Yachimun-dōri** (südlich der Kokusai-dōri zwischen Heiwa-dōri und Himeyuri-dōri) zahllose Keramikgeschäfte aneinander.

## Präfekturmuseum 県立博物館・美術館

Im Nordosten der Innenstadt bei der Monorail-Station Omoromachi ist das Präfekturmuseum (Okinawa Kenritsu Hakubutsukan/Bijutsukan), Omoromachi 3-1-1, ✆ 098-941-8200, 💻 www.museums.pref.okinawa.jp, untergebracht. Die modern gestaltete Ausstellung bietet einen guten Überblick über die Geschichte Okinawas; das angeschlossene Kunstmuseum legt den Fokus auf Künstler mit Okinawa-Bezug. ⌚ Di–So 9–17.30 (letzter Einlass), Sa, So bis 19.30 Uhr, Kunstmuseum 400, Geschichtsmuseum 530 ¥.

## Shuri-jō 首里城

Hauptsehenswürdigkeit von Naha ist das Shuri-jō mit seinen riesigen geschwungene Steinmauern. Das Schloss der Könige von Ryūkyū wurde um 1400 unter König Shō Hashi als politisches Zentrum des Ryūkyū-Königreichs ausgebaut. Die Burg blieb bis zur Angliederung an Japan im Jahr 1879 Regierungssitz, diente dann als Militärstützpunkt und später als Uni-Standort. Der eigentliche Palast wurde in der Schlacht um Okinawa 1945 bis auf die Grundmauern zerstört und erst in den 1990er-Jahren rekonstruiert. 2019, kaum fertig, brannten die Hauptgebäude ab und werden derzeit im originalen Stil wiedererrichtet. Die Restaurierungsarbeiten sind teilweise durch ein Fenster einsehbar. Die Steinmauern, mehrere Heiligtümer, Tore und Nebengebäude sind weiterhin zugänglich. Der Burgkomplex gehört seit 2000 – zusammen mit den erhaltenen Ruinen mehrerer Gusuku-Burgen – zum Unesco-Weltkulturerbe.

Gleich hinter dem Informationszentrum markiert das imposante chinesische **Shurei-mon** den Zugang zum Hauptweg. Dahinter liegt der **Sonohyan-utaki-Schrein** in der Form eines (funktionslosen) Tors. Hier bat der König die Götter um eine sichere Reise, bevor er die Stadt verließ. Bis zum zweiten Hof mit dem kleinen Heiligtum **Suimui-utaki** ist der Zugang frei, dahinter folgen der **Una-Vorhof** und die Hauptgebäude. ⌚ tgl. 8.30 bis mindestens 18 Uhr, im Sommer länger, 400 ¥.

Westlich des Shuri-jō liegt das Königsmausoleum **Tamaudun**, das König Shō Shin 1501 für die Überreste seines Vaters errichten ließ. Könige und Königinnen wurden im östlichen Raum bestattet, andere Familienmitglieder in der Westkammer. Der mittlere Raum war für die Aufbewahrung des Leichnams bis zur Knochenwasch-Zeremonie einige Jahre nach dem Tod vorgesehen. ⌚ tgl. 9–17 Uhr, 300 ¥, Bus 7 und 8 bis Shurijo-mae oder Monorail Shuri bzw. Gibo.

Ein netter Spaziergang führt vom Shurei-mon nach Süden über eine kleine, steingepflasterte Straße hinunter in das traditionelle Viertel **Kinjō-chō**, wo noch auf vielen Dächern alte

© WESTWARDS

Die Kokusai-dōri ist das Shoppingparadies von Naha.

Shīsā-Wächterlöwen stehen. Weitere ca. 2 km südlich gehört der rekonstruierte Garten **Shikinaen**, eine Nebenresidenz der Könige von Okinawa, ebenfalls zum Weltkulturerbe. ⌚ Do–Di 9–18, Okt–März nur bis 17.30 Uhr, 400 ¥.

## ÜBERNACHTUNG

Viele Unterkünfte bieten Ermäßigungen für Aufenthalte von über einer Woche Dauer.

### Untere Preisklasse

In Naha gibt es viele sehr günstige Unterkünfte, die bei längeren Aufenthalten noch billiger werden. Hier wohnen u. a. junge Leute von den japanischen Hauptinseln oder aus Südostasien, die saisonal in der Tourismusindustrie arbeiten. In den billigsten Unterkünften in der Nähe der **Kokusai-dōri**, wie **Little Asia Hostel, Stella Resort** oder **Lohas Villa,** haben sie nur ein Bett im Schlafsaal (ab etwa 1000 ¥/Nacht). Entsprechend ist die Atmosphäre: Eine Mischung aus Auswandererschiff und Obdachlosenasyl. Duschen und WCs sind knapp und oft dreckig; dafür gibt es eine Küche, große Aufenthaltsräume und viele Informationen. Möblierte Apartments sind ebenfalls sehr günstig.

**Grace Naha**, Matsuo 1-9-29, ✆ 098-863-2752, 💻 www.grace-naha.com. Sehr sauberes kleines Gästehaus zwischen Busbahnhof und Kokusai-dōri mit Schlafsälen (nur für Frauen), EZ und DZ (mit Gemeinschaftsbad), Gemeinschaftsraum, kleiner Küche. Schlafsaalbett 1500 ¥, sonst ❶

**Hotel Stork**, Omoromachi 2-6-40, ✆ 098-941-2940, 💻 www.hotelstork.jp. Äußerst kleine, hohe Zimmer, in denen das Bett platzsparend als Hochbett über dem Bad angebracht ist. Etwas eng, aber funktional, mit Softdrinks rund um die Uhr und abends Nudeln, morgens Toast inklusive. ❷

**One Style**, Tsuji 2-11-11, ✆ 098-951-0345, 💻 http://onestyle-hotel.com. Große, komfortable Zimmer mit luxuriösen Bädern in einer Gegend mit vielen Nachtclubs. Dass das Hotel früher ein Love-Hotel war, wird durchaus noch als Stilmerkmal genutzt. ❶

€ **Weekly Harbour View**, Izumisaki 2-101-3, ✆ 098-855-8111, 💻 www.okinawa-weekly.com. Voll eingerichtete Ferienwohnungen, auch tageweise und nun auch

OKINAWA

## Awamori

Japans ältester Schnaps wird wie Sake aus Reis gemacht – aber nicht aus dem kurzkörnigen, klebrigen japanischen Reis, sondern aus thailändischem Langkornreis! Das Rezept gelangte im 15. Jh. aus Thailand ins Ryūkyū-Königreich. Für die Herstellung von Awamori wird der gegarte Reis zunächst genau wie Sake zubereitet und dann destilliert. Heute gibt es auf Okinawa um die 50 Awamori-Destillerien, viele davon können besichtigt werden, mit Verkostung natürlich. Der Starterpilz *koji* lässt im Awamori Enzyme entstehen, die dazu beitragen sollen, Arterien freizuhalten. So beugt der schmackhafte Schnaps angeblich Arteriosklerose und Herzinfarkten vor.

über Online-Portale buchbar, gutes Preis-Leistungs-Verhältnis. ❶–❷

### Mittlere und obere Preisklasse

Zahlreiche Mittelklassehotels liegen im Zentrum. Teurere Resort-Hotels befinden sich eher außerhalb von Naha an den Stränden.

**Hotel Okinawa with Sanrio Characters**, Asato 1-2-25, ✆ 098-866-0011, 💻 https://en.hotel-okinawa.com. Hello Kitty als Mitbewohnerin gibt es nur in einigen der Zimmer, andere sind von ähnlichen Kawaii-Figuren aus dem Sanrio-Imperium bevölkert. Ab ❸

**JR Kyūshū Hotel Blossom**, Makishi 2-16-1, ✆ 098-861-8700, 💻 https://www.jrk-hotels.co.jp/Naha. Große komfortable Zimmer mit Top-Blick, gleich bei Kokusai-dōri und Heiwa-dōri; auch Familienzimmer. Ab ❸

## ESSEN

**Eibun**, Tsubuya 1-5-14, ✆ 098-914-3882, 💻 https://sobaeibun.okinawa, 🕒 Do–Di 11–16 Uhr. Angesagter Nudelsuppenladen mit meistens langen Schlangen und superleckeren Okinawa-Soba.

€ **Hanagasa Shokudō**, Makishi 3-2-48, Heiwa-dōri, ✆ 098-866-6085, 🕒 Fr–Mi 11–14 und 18–19 Uhr (jeweils *last order*). Sehr leckere Ryūkyū-Hausmannskost im Kantinen-Stil, deftig und preiswert.

**Jef Burger**, Heiwa-dōri-Passage, 💻 https://jefokinawa.co.jp. „Japan Excellent Food" war in den 1970ern eine Verheißung, Fast Food sollte auch gesund sein, und der vegetarische Gōyā-Burger ist heute ein Klassiker. Retro-Feeling inklusive. 🕒 tgl. 9–20 Uhr.

**Kokusaidōri Norengai**, Makishi 2-2-30, 💻 https://kokusaidori-norengai.com, Drei Stockwerke voller Kneipen mit Night-Market-Atmosphäre. Neben Okinawa-Küche gibt es auch koreanische oder mexikanische Lokale. 🕒 je nach Lokal ca. mittags bis spät.

**Makishi-Markt**, Shijō Hondōri. Unten Frischmarkt mit reichlich bunten Tropenfischen, im OG etliche einfache Restaurants 🕒 tgl. 8–22 Uhr, viele Restaurants nur bis 18 Uhr.

**Shizen to Oyatsu Mana**, Tsuboya 1-6-9, ✆ 098-943-1487. Veganes Bio-Café beim Töpferviertel mit meist nur einem Tagesgericht. 🕒 Do–Di 11–16 Uhr, Di keine warme Küche.

**Sui Dunchi**, Shuri Kinjō-chō 2-81, ✆ 098-885-6161, 💻 https://omorokikaku.com/sui. Okinawa-Küche mit Gartenblick und japanischen Separees (mit Vertiefung unter dem Tisch zum bequemeren Sitzen), in der Nähe des Shuri-jō. Sehr gute Küche, mittags sind die Okinawa-Soba beliebt. Abends teurere Kaiseki-Küche. 🕒 tgl. 11–15 und 17–24 Uhr.

**The Coffee Stand**, Heiwa-dōri am Markt. Der Inhaber des winzigen Ladens röstet seine Single Origin-Kaffees morgens ab 9 Uhr frisch und öffnet anschließend den Laden. 🕒 tgl. ca. 10.30–17 Uhr.

## Shīsā

**Shīsā** heißen die tönernen Löwenfiguren, die aus Persien und China kamen und – ursprünglich aus Dachziegeln gemacht – auf vielen Dächern in Okinawa sitzen, manchmal auch auf den Mauern der Toreinfahrt. Sie sollen das Haus vor bösen Einflüssen schützen. Früher fertigte der Dachdecker den Löwen, heute kaufen die meisten Leute ihn fertig oder basteln ihn selbst.

**Tomari Iyumachi**, Fischmarkt am Hafen. Sehr preiswerte Sashimi, Fisch und Meeresfrüchte, auch als *bentō* oder auf die Hand, nur ein Lokal mit Sitzgelegenheit. ⌚ tgl. 6–18 Uhr.
**Tōfuya Beans**, Shuri Tonokurachō 2-15-24, ☏ 098-927-4849. In dem winzigen Lokal beim Shuri-jō macht Goya Keiko jeden Morgen frischen Tōfu, den es schlicht in Brühe oder mit Beilagen wie Kimchi oder Meeresfrüchten gibt – günstig und beliebt. ⌚ Fr–Mi 11–18 Uhr.
**Yazaemon**, Kokusai-dōri, Matsuo 1-1-2, ☏ 098-860-2260. Fließband-Sushi mit Tropenfischen und Okinawa-typischen Kreationen. Am Anfang der Kokusai-dōri. ⌚ tgl. 11–22 Uhr.

## UNTERHALTUNG

### Bars und Kneipen

Mehrere Bars finden sich in der Gegend um die Brücke Kumoji-bashi zwischen den Stationen Kenchō-mae und Miebashi.
**Bar Owl**, Kumoji 1-8-7. Inneneinrichtung in edlem Südseeflair. Spezialität sind Cocktails mit reichlich frischen Tropenfrüchten (auch alkoholfrei).
**Hanare**, Kumoji 3-25-5, ☏ 098-868-5186. Urige Kneipe am Kanal, kein englisches Schild, aber das Ryūkyū-Häuschen mit Shīsā auf dem Dach ist auffällig. Jede Menge Awamori, dazu typische Okinawa-Gerichte. ⌚ tgl. 17.30 Uhr bis spät.

### Feste

**Drachenbootfest**, Mai: Beim bekanntesten Okinawa-Matsuri rudern Mannschaften in farbenfrohen Drachenbooten um die Wette.
**Naha-Tauziehen**, Okt: Erntefest, bei dem Tausende von Menschen in zwei Teams an einem 186 m langen und ca. 1 m dicken Seil ziehen.
**Shuri-jō-Schlossfest**, 3 Tage Anfang Nov: Festumzüge und Tanzvorführungen im Schloss und in der Innenstadt.

### Traditionelle Musik und Tänze

Typisch für Okinawa ist die mit Schlangenhaut bespannte dreisaitige Sanshin (moderne Variante auch mit Teflon-Bezug). Zahlreiche Restaurants an der Kokusai-dōri bieten abends **Sanshin-Livemusik**, meist gibt es dann eine zusätzliche Gebühr von ca. 1000 ¥.

**Suitenrō**, Makishi 1-3-60, ☏ 098-863 4091, 💻 www.suitenrou.com. Große Auswahl an Okinawa-Gerichten. Menü ab 1500 ¥. Sanshin-Live-Aufführung um 19 und 20 Uhr, Live-Gebühr 1350 ¥. ⌚ tgl. 11–15 und 17–23 Uhr.

## EINKAUFEN

Die **Kokusai-dōri** ist mit ihren Kaufhäusern und vielen Geschäften die Einkaufsmeile der Stadt. Zahlreiche Läden verkaufen eine Reihe von Standard-Souvenirs: Süßkartoffelgebäck und andere Okinawa-Spezialitäten. Die lokale Variante blumiger, weit geschnittener Hawaii-Hemden heißt **Kariyushi**. Traditionelle und ungewöhnliche Ryūkyū-**Töpferwaren** bekommt man im Tsuboya-Viertel (S. 590).
**Fipper**, Kokusai-dōri, Makishi 2-7-21, ☏ 098-917-4022, 💻 www.fipperjapan.net. Große Auswahl mehrfarbiger Flipflops. ⌚ tgl. 10–22 Uhr.
**Kaisou**, Makishi 3-2-56, ☏ 098-862-9228, 💻 www.kaisouokinawa.com. Schmuck und Designerkleidung aus organischen Materialien, auch Kariyushi-Stoffe als Meterware. ⌚ tgl. 10–19 Uhr.
**Luft**, Tsuboya 1-7-16, #103, ☏ 098-988-1391, 💻 https://luftworks.jp. Lokales Design aus traditionellen Materialien, viel Geschirr und Haushaltsartikel, manchmal auch Kunst. ⌚ Do–Sa 13–18 Uhr.
**Māsuyā**, Heiwa-dōri, ☏ 098-861-0191, 💻 www.ma-suya.com. Salz und Salzprodukte aus Okinawa und Dutzende von Salzsorten aus aller Welt. ⌚ tgl. 10–21 Uhr.
**Manga Sōkō**, Takara 3-1-12, ☏ 098-891-8181, 💻 https://mangasouko-okinawa.com/. Naha-Filiale eines großen Second-Hand-Ladens, der auf Retro und Anime-Goods spezialisiert ist. ⌚ 9–2 Uhr.
**Ryūkyū Shōyuya**, Kokusai-dōri, Makishi 2-7-27 (neben der Café Bar Milk), ☏ 098-863-5990. Fachgeschäft für schön verpackte Soßen, Würzpasten und Dressings. ⌚ tgl. 10–20 Uhr.

## AKTIVITÄTEN

### Karate

Im **Okinawa Karate Kaikan**, 💻 http://okic.okinawa/en/, südlich von Naha, gibt eine (auch englischsprachige) Ausstellung und ein Karate-Archiv. Ein Training ist mit vorheriger Anmeldung möglich. ⌚ Do–Di 9–17 Uhr.

### Taiken

Schnupperkurse in traditioneller Kultur gibt es z. B. im **Zentrum für Kunsthandwerk**, S. 590. *Taiken* (Töpfern, Weben, Glasblasen etc.) ca. 1500–3500 ¥, ⌚ etwa 10–17 Uhr, Online-Anmeldung bis 10 Min. vor dem gewünschten Termin möglich.
Japanische Yukata oder traditionelle Ryūkyū-Kleidung kann man u. a. am Shuri-jō ausleihen, um darin zu flanieren und Fotos zu machen, oder z. B. bei **Oguri Kimono Salon,** Matsuo 2-3-13 2F, ☎ 098-866-8870, 💻 http://oguri-kimono.com, ⌚ 10–18 Uhr.

### Tauchen und Wassersport

Die Tauchplätze von Okinawa-Hontō sind z. T. vom Strand aus zu erreichen. In den küstennahen Gewässern im Süden sind die Korallen allerdings teilweise abgestorben, weshalb Taucher und Schnorchler eher auf die Kerama-Inseln fahren.
Wegen der hohen Fluktuation der Lehrer lässt sich meist erst in der jeweiligen Saison sagen, bei welcher der vielen Tauchfirmen jemand Englisch spricht. Gute Anlaufstellen sind **Reef Encounters**, 💻 www.reefencounters.org, und **Seasir**, 💻 www.seasir.com.

## TOUREN

### Busrundfahrten

Für Einzelreisende mit wenig Zeit sind die organisierten Busrundfahrten mit englischem Audioguide ein ganz gutes Angebot.
**Jumbotours**, ☎ 098-917-5575, 💻 https://hiphopbus.jumbotours.co.jp/. Unterschiedliche Tagestouren, ab 6500 ¥ inkl. Eintrittsgebühren. Buchungen sind über die englische Website möglich.
**Okinawabus**, 098-861-0083, 💻 http://okinawabus.com. Verschiedene Tagestouren, ab etwa 5000 ¥. Buchung auch direkt im Büro an der Kokusai-dōri.
**Cerulean Blue**, ☎ 098-941-6828, 💻 www.cerulean-blue.co.jp. Stadtrundfahrten mit Open-Top-Bus für 2480 ¥, Tagestouren ab ca. 6000 ¥.

### Walbeobachtungstouren

Halbtagsausflüge zur Walbeobachtung von Januar bis März. Die meisten Anbieter holen vom Hotel in Naha ab; Gesamtdauer 3–5 Std., je nachdem, wie schnell ein Wal gesichtet wird. Manchmal längere schnelle Bootsfahrt auf offenem Meer (Achtung: nur für Seefeste!). Falls gar kein Wal gesehen wird, gibt es etwas Geld zurück.
**Marine House Seasir Naha**, ☎ 090-5927-5598. Große Firma mit oft mehreren Booten. Gute englische Einführungen und Info-Leaflets zum Walverhalten. 4200 ¥.

## SONSTIGES

### Autovermietungen

Zu den günstigeren Anbietern gehört **ABC**, ☎ 098-859-5555, 💻 www.abc-rentacar.co.jp. Gratis-Shuttle vom Hotel. Ab etwa 5000 ¥ pro Tag inkl. Versicherung.
**Nago Rentacar**, mehrere Filialen auch in Naha, 💻 https://rentalcar.okinawa.jp. Spezialisiert auf günstige Wochen- und Monatsverträge, dafür weniger umfassende Versicherung.
**OTS**, ☎ 098-856-8877, 💻 www.otsrentacar.ne.jp. Auch E-Autos, Hybride und Wohnmobile.

### Fahrradverleih

Einige Hostels vermieten Fahrräder für ca. 1000 ¥ pro Tag.
**e-Charity**, Makishi 3-13-20, ☎ 098-988-8155, ⌚ 8–19 Uhr. E-bikes mit Helm, 2800 ¥ pro Tag, ab mittags für einen halben Tag zum halben Preis.

### Informationen

**Touristeninformation**, im Zentrum für Kunsthandwerk, 2F, ☎ 098-868-4887, ⌚ tgl. 9–20 Uhr. Büro am Flughafen: ☎ 098-857-6884, ⌚ tgl. 10–19 Uhr, im Winter kürzer. Hier werden auch englischsprachige Stadtführungen ab 1600 ¥ vermittelt.
**Portal**: 💻 www.naha-navi.or.jp.

**Mehrsprachiges Callcenter und Dolmetscherdienst für Touristen**, ✆ 0570-077201, Skype: call-center-en01, für ganz Okinawa, tgl. 9–21 Uhr, nur Telefongebühren.

## NAHVERKEHR

Die Monorail **Yui Rail** von Naha hat nur eine Linie, die vom Flughafen zur Kokusai-dōri und dann einmal quer durch die Stadt führt (je nach Strecke etwa 230–300 ¥).
**Stadtbusse** innerhalb Nahas (je nach Linie ab 160 bzw. 240 ¥).
Okinawa hat eine eigene **IC-Karte** Okica. Andere japanische IC-Karten wie Pasmo gelten in der Monorail, aber nicht in Bussen.

## TRANSPORT

### Auto

Das Gebiet von Naha bis Nago ist großstädtisch besiedelt mit extrem dichtem Verkehr, garantierten Staus nach 16 Uhr und komplizierten Systemen für Bus- und Rushhour-Spuren. Im Stadtgebiet können hohe Parkgebühren anfallen.

### Schiffe

**A-Line Ferry**, ✆ 099-226-4141 (Kagoshima), 💻 www.aline-ferry.com (nur japanisch), verkehrt mehrmals die Woche zwischen KAGOSHIMA und Naha (1 Tag Fahrtzeit, ab 14 880 ¥).
Nach Zamami und Aka s. S. 604.

### Flüge

Der **Flughafen Naha** ist per Monorail von der Innenstadt in 20 Min. zu erreichen.
ANA und JAL (bzw. JTA) fliegen mehrmals tgl. zwischen Naha und den japanischen Hauptinseln sowie den anderen Inseln Okinawas (s. auch S. 85, Flüge).
Die Billig-Airlines Peach, Skymark und Solaseed bedienen Naha, bieten aber kaum Verbindungen innerhalb Okinawas.
ISHIGAKI, 65 Min.
MIYAKOJIMA, 55 Min.
TŌKYŌ, 2 1/4 Std.

# Südlich von Naha

Im Süden von Naha befindet sich das **ehemalige Flottenhauptquartier** (Kyū-Kaigun Shirei Bugō), Tomishiro 136, ✆ 098-850-4055, aus dem Zweiten Weltkrieg: 400 m hastig ausgegrabener Stollen in einem kleinen Hügel. Von April bis Juni 1945 verschanzte sich hier das Kommando der Kaiserlichen Japanischen Flotte, als die amerikanischen Truppen bereits auf Okinawa gelandet waren. Zu sehen sind eine Ausstellung sowie ein Großteil des Tunnelsystems, u. a. mit der Rekonstruktion eines Lazaretts aus den letzten Kriegstagen und dem Raum, in dem Konteradmiral Ōta Minoru am 13. Juni 1945 Selbstmord beging (die Kugellöcher in der Wand sind noch erkennbar). 🕒 tgl. 8.30–17.30 (Winter bis 17) Uhr, 450 ¥.

Im Süden der Stadt Itoman auf dem Weg zu den Gedenkstätten (s. u.) ist das **Ryūkyū Glass Craft**, Fukuji 169, ✆ 098-997-4784, 💻 www.morinogarasukan.co.jp, ein netter Abstecher. Erst nach dem Zweiten Weltkrieg begann man aus leeren Getränkeflaschen der stationierten amerikanischen Soldaten dickwandige bunte (und nicht sehr hitzebeständige) Trinkgläser herzustellen. Neben dem Laden, der heute vor allem Glaskunst und edles Geschirr verkauft, kann man den Profis beim Glasblasen zusehen oder es selbst versuchen: Anmeldung ab 9.30 Uhr für die *Taiken*-Termine um 11 und 13 Uhr (jeweils nur 20 Plätze), 2970 ¥. 🕒 tgl. 9–18 Uhr, Eintritt frei.

Nur einige Kilometer hinter der Glasfabrik befindet sich das **Himeyuri-no-tō-Monument**, einer von etlichen Gedenksteinen für die Zivilisten, die in der Schlacht um Okinawa starben. Ein sehr gutes **Museum**, Itoman, Ihara 671-1, ✆ 098-997-2100, 💻 www.himeyuri.or.jp, informiert über die Geschichte der sogenannten „Schülerinneneinheiten". Im März 1945 wurden Schülerinnen und Lehrerinnen zweier Eliteschulen zum Dienst in „Feldlazaretten" (d. h. Karsthöhlen) eingezogen; tatsächlich arbeiteten sie mitten auf dem Schlachtfeld – fast alle kamen dabei ums Leben. 🕒 tgl. 9–16 Uhr, 450 ¥.

Die **Friedensgedenkstätte** (Okinawa-ken Heiwa Kinen Shiryō-kan), Itoman, Mabuni 614-1, 💻 http://www.peace-museum.okinawa.jp, besteht aus einem umfangreichen Museum und einer Parkanlage. Erschütternd sind die Gedenk-

## Die Schlacht um Okinawa

Ab März 1945 wurde auf Okinawa eine 90-tägige Schlacht geführt – die einzige Bodenschlacht auf japanischem Boden und einer der Hauptschauplätze des Zweiten Weltkriegs in Asien. Ab März begannen die Amerikaner mit Luftangriffen und schwerem Artilleriebeschuss von See aus; am 1. April landeten erste Truppen im Süden von Okinawa.

Die entscheidende Schlacht fand am Schloss Shuri-jō statt. Tagelang wurden die dicken Festungsmauern von See aus bombardiert, doch die alten Gemäuer hielten unerwartet gut stand. Zum Sieg verhalf den Amerikanern der Zufall: Sie hatten einen Plan des Areals mit seinen vielen geheimen Gängen und Verstecken erhalten. Die restlichen japanischen Truppen verschanzten sich schließlich in hektisch gegrabenen Stollen im Süden und zogen selbst Schülerinnen ein. Der Guerillakrieg in den Karsthöhlen zog sich noch bis in den Juli hinein.

Mit Okinawa fiel die letzte Bastion vor dem japanischen Festland. Insgesamt starben mehr als 200 000 Menschen, die meisten davon Zivilisten. Die Oberkommandierenden beider Seiten fanden in der Schlacht ebenfalls den Tod.

steine im Park, auf denen die Namen von 240 000 Opfern eingraviert sind, die Mehrheit davon einheimische Zivilisten. ◷ tgl. 9–17 Uhr, 300 ¥.

Südlich der Hauptstraße erstrecken sich Felder bis zum **Kap Kyan**, mit einem kleinen Leuchtturm und einem Aussichtspunkt. In der Nähe befinden sich die Ruinen der nicht besonders imposanten Burg **Gushikawa Gusuku** aus dem 12. Jh. ◷ tgl. früh bis spät, Eintritt frei.

Der Themenpark **Okinawa World**, ✆ 098-949-7421, 💻 www.gyokusendo.co.jp/okinawaworld, besteht aus einer 300 000 Jahre alten Höhle und einigen traditionellen Häusern. Es finden auch Folklorevorführungen statt. ◷ tgl. 9–17.30 Uhr, 2000 ¥. Die aggressiv beworbene Gangala-Höhle gegenüber mit einem Eintritt von 2500 ¥ lohnt den Besuch eher nicht.

Die über eine Brücke angeschlossene winzige Insel **Ōshima** gleich südlich ist für ihre Sashimi- und Tenpura-Stände bekannt (wirklich ungewöhnlich gut, überwiegend Direktverkauf am Fischladen). Noch weiter östlich liegen mehrere vor allem bei Einheimischen beliebte Sandstrände wie **Nibaru Beach** und **Hyakuna Beach**. Die Küste hier ist weniger spektakulär als im Norden der Insel, dafür sind die Strände ruhiger. Am Hyakuna Beach erinnert ein kleiner Utaki-Schrein daran, dass die Schöpfergöttin Amamikiyo hier erstmals die Insel betreten haben soll. Ihr wichtigstes Heiligtum, in dem auch die oberste Priesterin geweiht wurde, befindet sich etwa 5 km nordöstlich davon in den Höhlen des Schreins **Seifa Utaki**, der zum Weltkulturerbe gehört. Nach einem kurzen Einführungsfilm erkundet man die Anlage auf angelegten Wegen. Im Besucherzentrum am Parkplatz wird ein längerer Film mit einer nachgestellten Pilgerprozession und rekonstruierten Ritualen gezeigt. ◷ tgl. 9–18 (Winter bis 17.30) Uhr, 300 ¥.

### ÜBERNACHTUNG UND ESSEN

An allen Sehenswürdigkeiten gibt es einige Restaurants, Essensstände und Andenkenläden.

**Kaiza**, Tamagusuku 56-1, ✆ 098-949-7755, 💻 www.kaiza-okinawa.com. Schlicht und sehr stylisch, mit tollem Blick vom Bett über den Nibaru Beach. Gemütlicher Garten mit Hängematten. Ab ❹

**Minshuku Yaponesia**, Itoman Daido 309-42, ✆ 098-997-2136, 💻 www.yaponesia.com. Westliche und japanische Zimmer mit Gemeinschaftsbad, gemütlicher Aufenthaltsraum. 5 Min. Fußweg zum John Manjiro Beach. Haltestelle Seimei Byōin Mae. ❸

Die **Mikrobrauerei Nanto** (in der Okinawa World) braut Bier mit Wasser aus der Tropfsteinhöhle und Hopfen aus Deutschland und Tschechien: Kölsch und Alt sowie Black Ale und IPA.

### EINKAUFEN

**Awamori-Fabrik Chūkō**, Tomigusuku, Nakachi 132, ✆ 098-851-8813, 💻 www.chuko-awamori.

com. Kostenlose Fabrikbesichtigung und Verkostung auf Japanisch (engl. Faltblatt). Die Fabrik ist die einzige auf Okinawa, die noch einen kleinen Teil der Produktion nach traditioneller Methode in Tonkrügen herstellt, in denen der Schnaps auch weiterreift – Geduldige können durch regelmäßiges Abtrinken und Nachfüllen über Jahre ihren eigenen Blend herstellen. 🕒 tgl. 9–17.30 Uhr, Führungen um 10 und 14 Uhr.

## AKTIVITÄTEN

**Uminchi**, Maezato 1931, Itoman, ✆ 098-994-0016, 💻 www.uminchi.com. Die kleine Farm produziert die „Meerestrauben" *umibudō,* eine algenähnliche Spezialität mit winzigen Träubchen, die auf der Zunge zerplatzen. Wie diese Trauben angebaut werden, kann man bei einer *umibudō-taiken* (2980 ¥) selbst ausprobieren; dazu gibt es *umibudō* zum Mitnehmen und Umibudo-Softeis. 🕒 tgl. 9–17 Uhr.

## TRANSPORT

### Auto

Mit einem Mietwagen lässt sich der (nicht so stark befahrene) Südteil leicht an einem Tag erkunden; die meisten Sehenswürdigkeiten liegen in einer Runde entlang der Küstenlinie.

### Busse

Die Busse in den Süden wie in den Norden starten am zentralen Busbahnhof in Naha.
Zum EHEMALIGEN FLOTTENHAUPTQUARTIER fahren die Busse 5 und 98 (Uebaru Danchi Mae, 240 ¥), zur AWAMORI-FABRIK CHŪKŌ Bus 56, 89, 98 (Ganaha, 400¥), zum SEIFA UTAKI Bus 38 (1 Std. 620 ¥).
Für alle weiter südlich gelegenen Sehenswürdigkeiten muss man in **Itoman** umsteigen.
Nach ITOMAN mit Bus 89 (45 Min., 590 ¥. Von dort weiter mit Bus 82 zum RYŪKYŪ GLASS VILLAGE (15 Min., 190 ¥ bzw. zum Himeyuri Monument 300 ¥), OKINAWA WORLD (40 Min., 640 ¥). Die Verbindungen auf Google Maps sind in der Regel ziemlich akkurat.

# Zwischen Naha und Nago
# 那覇から名護へ

Nördlich von Naha erstreckt sich ein Konglomerat mehrerer Städte: Ginowan, Chatan, Kadena, Yomitan und Okinawa City. Hier befinden sich die amerikanischen Militärstützpunkte, entsprechend amerikanisiert ist die Kultur. Japanische Reisende kommen bewusst in diese Gegend, um sich etwa im quirlig-poppigen American Village Chatan oder der Retro-Siedlung Minatogawa in ein Retro-Amerika der glücklichen Nachkriegszeit hineinzufühlen: Hier gibt es 60s-Werbeschilder, Drive-in-Burgerläden und amerikanische Vintage-Klamotten, aber auch schicke Cafés und Öko-Design.

Dazwischen liegen einige historische Gusuku-Burgen, und die Klippen und Strände an der Westküste sind recht schön. Ohne Auto ist **Yomitan** mit seinem Töpferdorf (s. Einkaufen), der Zakimi-Burg, mehreren Stränden und Vergnügungsparks eine gute Basis. Auf der Ostseite finden sich auf der Insel **Hamahigajima**, die über mehrere lange Brücken an die Hauptinsel angeschlossen ist, einige bedeutende religiöse Stätten, darunter das Grab und eine Residenz der Schöpfergöttin Okinawas.

## Gusuku-Burgen nördlich von Naha
## 中城城跡・勝連城・座喜味城

Die Burg **Nakagusuku-jō**, Kita-Nakagusuku, Ōjiro 503, 💻 www.nakagusuku-jo.jp, wurde vom lokalen Fürsten Gosamaru Mitte des 15. Jhs. gebaut. Die Fürsten von Nakagusuku waren die wichtigsten Vasallen des Ryūkyū-Königs, und entsprechend weitläufig ist die Anlage auf einem Bergrücken. 🕒 tgl. 8.30–17, Mai–Sep bis 18 Uhr, 400 ¥.

500 m nördlich liegt das sehenswerte **Nakamura-ke**, Kita-Nakagusuku, ✆ 098-935-3500, ein herrschaftliches Wohnhaus aus dem 18. Jh. mit offiziellen Gästezimmern für Gesandte vom Hof, Feng-Shui-Ausrichtung und Steinmauer. 🕒 tgl. 9–17.30 Uhr, 500 ¥. In der ehemaligen amerikanischen Bungalowsiedlung nordwestlich davon sind heute viele nette kleine Cafés angesiedelt.

Noch beeindruckender ist die teilweise restaurierte Burg **Katsuren-jō**, Uruma-shi, ✆ 098-

978-7373, auf einem sehr steilen Felsen. Diese älteste erhaltene Gusuku-Burg wurde wohl schon im 13. Jh. gebaut und war im 15. Jh. Sitz des mächtigen Fürsten Amawari. Dieser eroberte zunächst Nakagusuku und griff dann (erfolglos) Shuri-jō selbst an. ⌚ durchgehend, Eintritt frei, Bus 52, ca. 90 Min. von Naha, Bushaltestelle Nishihara.

Die Gusuku-Burg **Zakimi-jō** in Yomitan, ✆ 098-958-3141, stammt aus dem 15. Jh. und wurde während des Zweiten Weltkriegs als Raketenstützpunkt genutzt. Beeindruckend sind die geschwungene Doppelmauer und Okinawas ältester steinerner Torbogen. ⌚ durchgehend, Eintritt frei, Bushaltestelle Zakimi-jō. Im kleinen Geschichtsmuseum daneben ist ein englisches Faltblatt erhältlich, ⌚ Do–Di 9–18 Uhr, 200 ¥.

## Strände an der Westküste 西岸

Die besten Bade- und Schnorchelstrände der Hauptinsel befinden sich an der Westküste: eher kinderfreundlich sind sie in der Gegend von Chatan mit dem **Araha Beach** und dem künstlich angelegten **Sunset Beach**. Dann wird die Küste steiler und felsiger, am **Kap Zanpa** gibt es einen Leuchtturm und Spazierwege mit Ausblick. Von hier bis zur Nordspitze der Insel erstreckt sich der **Okinawa-Kaigan Quasi-Nationalpark**, in dem zahlreiche Korallen und tropische Fischarten in Strandnähe geschützt werden. Das kleinere **Kap Maeda** ist der bekannteste Spot fürs Schnorcheln und Schnuppertauchen in einer sogenannten Blauen Grotte – wundersamerweise sind trotz der Menschenmengen tatsächlich viele Fische im seichten Wasser.

Nördlich von Kap Maeda bietet die spektakuläre Klippe **Manzamo** mit kurzem Rundweg einen weiten Blick über das Ostchinesische Meer. Beim ANA Manza Beach Hotel lockt ebenfalls ein schöner Strand. Etwas landeinwärts besteht im renaturierten Naturpark **Bios no Oka** die Möglichkeit, über einen See mit vielen Baumfarnen zu fahren, Ziegen spazieren zu führen und einheimische Pflanzen anzusehen, u. a. Sagaribana (9–17 Uhr, 1800 ¥). Vor allem mit Kindern eine gute Möglichkeit, der ansonsten eher trubeligen Hauptinsel zu entkommen.

## Kulturelle Themenparks in Yomitan 読谷村（琉球村・むら咲むら）

Das **Ryūkyū-mura**, Onnamura, Yamada 1130, ✆ 098-965-1234, 💻 www.ryukyumura.co.jp, ist eigentlich ein Freilichtmuseum mit mehreren bis zu 200 Jahre alten, wiederaufgebauten Häusern und ausführlichen Informationen zur Inselkultur. Dennoch überwiegt die Unterhaltungskomponente mit Vorführungen und Paraden sowie *Taiken*-Programmen ab ca. 2000 ¥. ⌚ tgl. 9.50–17 Uhr, 1500 ¥, Bus 20, 120 (u. a.) Richtung Nago, Haltestelle Ryūkyū-mura-mae.

Ein reiner Vergnügungspark ist das **Murasaki-mura**, ✆ 098-958-1111, 💻 www.murasakimura.com, das als Filmset für eine historische Fernsehserie gebaut wurde. Auch hier gibt es *Taiken*-Programme, z. B. kann man Süßigkeiten herstellen, Shīsā bemalen, Stoffe färben oder

### US-Militärstützpunkte

Die Militärstützpunkte für etwa 30 000 amerikanische Soldaten (zzgl. Familienangehörige) prägen das Zentrum der Hauptinsel. Der amerikanische **Luftwaffenstützpunkt Kadena** ist der größte in Ostasien, mit zwei je 3,7 km langen Startbahnen, auf denen Militärflugzeuge Tag und Nacht starten und landen. Unter den Einheimischen ist die US-Militärpräsenz umstritten. Einerseits sind die Stützpunkte ein wichtiger Wirtschaftsfaktor für die abgelegenen Inseln, und natürlich ist der „American Way of Life" auch in das typische Lebensgefühl der Ryūkyūer eingegangen. Andererseits bietet die Präsenz junger ausländischer Männer, die nicht dem lokalen Rechtssystem unterstehen, Konfliktstoff. Vergewaltigungen und andere Gewaltverbrechen durch amerikanische Soldaten werden oft nicht einmal verfolgt, sondern die Täter einfach ausgeflogen. Nach anhaltenden **Protesten** der Bewohner gegen den großen **Luftwaffenstützpunkt Futenma** bei Ginowan wurde die Bucht Henoko als neuer Standort in weniger dicht besiedeltem Gebiet gewählt. Doch weil dort unter Naturschutz stehende Dugong (Seekühe) leben, zieht sich der Streit hin.

Die Katsuren-jō thront auf einer steilen Anhöhe.

töpfern. Für einige, wie Karate, ist eine Anmeldung erforderlich. ⌚ tgl. 9–18 Uhr, *taiken* teils zu festen Zeiten bis ca. 16.30 Uhr, Eintritt in den Themenpark 600 ¥, für die meisten Aktivitäten 1000–3500 ¥. Bus 28 bis Yomitan-son Ufudō, von dort zu Fuß 20 Minuten.

## ÜBERNACHTUNG

**Diamond**, Naimihira 2365-1, Yomitan, ✆ 098-989-4203, 💻 http://yomitanson.com. Beschauliches Guesthouse in Strandnähe in Yomitan, mit Garten und Leihfahrrädern. Je nach Saison Schlafsaalbett ab 2500 ¥ p. P., sonst ❶

**Okinawa Kenmin no mori**, Onna-son, ✆ 098-967-8092. Campingplatz, 1,5 km landeinwärts von der Präfekturstraße 58. Bushaltestelle Atsuta in Onna-son, Bus 20, 120, 48. Im Winter geschl., Anmeldung bis 17.30 Uhr.

**Spice Motel**, 1066 Kishaba, Kita-Nakagusuku, ✆ 098-923-1066, 💻 http://spicemotel.com. Ein klassisches Motel aus der amerikanischen Besatzungszeit nach dem Krieg (aber mit kleinem Gemeinschaftsraum/Küche) in der Nähe von Chatan. Die z. T. originalen Einrichtungsgegenstände und Werbeschilder werden als Design-Elemente eingesetzt. Relativ einfach, aber sehr stylisch und dafür günstig. Mit kleinem Frühstück. ❷–❸

## ESSEN

**A&W**, Makiminato 4-9-1, Urasoe, ✆ 098-876-6081. Die Drive-In-Parkbuchten sind zwar nicht mehr in Gebrauch, aber das Gefühl, in einem alten amerikanischen Road-Movie gelandet zu sein, bringt der Burgerschuppen noch ganz gut rüber. ⌚ durchgehend

**Café Suien**, Zakimi 367, ✆ 098-958-3239. Liebevoll designte Öko-Bäckerei in einem Lehmhaus im Grünen. (Süße) Sauerteigbrötchen und Ananasmuffins, Lunchset mit Suppe, auch vegan. In einer kleinen Gasse beim Zakimi-jō. ⌚ Do–So 10.30 bis ca. 17 Uhr.

€ **Orion-ya**, Onna-son, Nakimi 2160-1 (an der Bushaltestelle Inbu Beach gegenüber dem Lawson), ✆ 090-9784-7075. Lokal an der Küstenstraße im Retro-Stil der Shōwa-Zeit, mit sehr guter Hausmannskost, etwas verträumter Wirtschaftswunder-Atmosphäre und praktischerweise auch Retro-Preisen. ⌚ tgl. 17–23 Uhr.

**Ploughman's Lunch Bakery**, Kita Nakagusuku, Adaniya 927-2, ✆ 098-979-9097, 🖳 http://www.ploughmans.net. Sehr leckeres Gebäck in einem gemütlichen, ehemals amerikanischen „home-style" Café in Laufentfernung von der Burg Nakagusuku. 🕒 Mo–Sa 9–16 Uhr.

## SONSTIGES

### Einkaufen

**American Wave Okinawa**, Minatogawa 2-16-9, ✆ 098-988-3649, 🖳 www.americanwave.jp. Amerikanische Vintage-Kleidung als junger japanischer Modetrend. 🕒 tgl. 11–19 Uhr.

**Okashi Goten**, Yomitan, Uza 657-1, 🖳 www.okashigoten.com, ✆ 098-958-7333. Die omnipräsenten Süßkartoffelküchlein *(beni-imo tarte)* sind die besten von mehreren Anbietern – frisch noch besser als abgepackt. Die Kette hat auch mehrere Geschäfte in der Kokusaidōri in Naha und eins beim Manzamo-Kap. 🕒 tgl. 8.30–21.30 Uhr.

**Shima Denim**, Minatogawa 2-14-7, 🖳 www.shimadenim.com. Die Designer-Jeans werden aus Zuckerrohrfasern hergestellt, von denen weltweit jährlich hunderte Millionen Tonnen als Abfall aus der Zuckerproduktion anfallen. 🕒 Di–So 12–18 Uhr.

**Yachimun no Sato**, in Yomitan. 14 Töpfereien stellen hier traditionelle Ryūkyū-Töpferwaren her, meist in rustikalen Rot-Grün-Braun-Tönen, aber recht unterschiedlichen Mustern. Einige teilen sich einen *noborigama* (Hangofen), andere, wie **Yukutaya Gama**, Yomitan Zakimi 2651-1, ✆ 098-958-0851, 🕒 Mo–Sa 9–18 Uhr, befeuern halbjährlich ihren eigenen. Ein Café ergänzt die dörfliche Atmosphäre.

### Feste

**Peaceful Love Rock Festival**, Juli: Musikfestival in Okinawa City

**Hari Matsuri**, unterschiedliche Termine zwischen Mai und Juli: Bootsrennen in verschiedenen Orten

**Eisa Matsuri**, Aug: mit traditionellem Tanz in Okinawa City und anderen Städten

**Yomitan-Festival**, Ende Okt oder Anfang Nov: Folkloredarstellungen und klassische Okinawa-Musik

## TRANSPORT

### Auto

Zwischen Naha und Nago ist die Insel von vielen mehrspurigen Straßen erschlossen. Alle Sehenswürdigkeiten sind grundsätzlich leicht zugänglich, die Fahrtzeit hängt aber sehr von der Verkehrslage ab.

### Busse

Für Touristen sind die wichtigsten Linien Nr. 20 und 120, die häufig auf der Küstenstraße über YOMITAN/Ryūkyū-mura (1 Std.) nach NAGO (2 Std.) fahren.

# Nago und Motobu-Halbinsel
# 名護・本部半島

## Nago 名護

Nago ist an sich keine schöne Stadt, aber als Basis für die Motobu-Halbinsel und den Norden praktisch. In der **Orion-Brauerei**, Nago, Agarie 2-2-1, ✆ 0980-54-4103, 🖳 www.orionbeer.co.jp, werden ständig japanische Führungen (mit englischem Infoblatt) angeboten, deren Hauptvorzug die zwei Biere am Schluss und werktags der Blick in die Abfüllanlage sind. 🕒 tgl. 9.20–16.40 Uhr, 500 ¥.

## Nago Pineapple Park
## 名護パイナップルパーク

Von zahlreichen kleinen familien- und shoppingorientierten Themenparks gehört der Nago Pineapple Park, ✆ 0980-53-3659, 🖳 www.nagopain.com, mit einer Fahrt im ananasförmigen Elektromobil zu den spaßigsten. Dazu gibt's eine kleine Ausstellung, den Blick auf die Dosenfertigungsanlage und eine Probierstube. 🕒 tgl. 9–18 Uhr, 1200 ¥, englisches Infoblatt.

## Sesokojima 瀬底島

Von Motobu führt eine Brücke auf die kleine und meist ruhige Insel Sesokojima. Auf der Westseite der Insel beim Hilton Hotel liegt ein wunderbarer natürlicher weißer **Sandstrand**. Gleich vor dem Strand trennen Korallen ein großes, natürliches Schwimmbecken ab. Nur ein vorgelagertes Inselchen durchbricht das endlose Blau des Meers. Eintritt frei, Parkplatz in der Saison gebührenpflichtig.

## Okinawa Churaumi Aquarium und Fukugi-Wald 海洋博公園・フク木並木

Ein absolutes Highlight ist das **Churaumi-Aquarium**, ✆ 0980-48-3645, 🖳 www.oki-park.jp/kaiyohaku, westlich von Nago, der größte Aquariumstank in Japan, in dem u. a. ein Walhai und vier Manta-Rochen schwimmen – für manche kleineren Kinder etwas beängstigend. In einem eigenen Hai-Tank leben kleine Bullenhaie schon in dritter Generation. Das hauseigene Forschungszentrum pflegt auch verletzte Meerestiere gesund, kultiviert Korallen und setzt regelmäßig in Gefangenschaft gebrütete Meeresschildkröten aus.

Die Tische der Aquariums-Cafeteria stehen z. T. direkt neben dem Haupttank und einer 8 m hohen Wassersäule (für diese Plätze 500 ¥ Gebühr). Die Scheibe ist beruhigenderweise 60 cm dick! Aquarium ⌚ tgl. 8.30–18.30 Uhr (März–Sep bis 20 Uhr), 2180 ¥, Bus 65, 66, 70 von Nago zum Ocean Expo Park, 1 Std.

Sowohl die Meeresschildkröten-Becken als auch die Delfin-Show, bei der die Delfine im Sommer mutige Gäste nassspritzen, aber nicht durch Reifen springen müssen, sind gratis, wie auch der große Strand und die meisten anderen Einrichtungen des weitläufigen Expo-Parks. Selbst das große **Museum Ozeanischer Kulturen** kostet nur 190 ¥ (tgl. 8.30–19, Okt–März bis 17.30 Uhr). Mit ganzen Schiffen, vielen Exponaten aus Kulturen des Südpazifiks und Kurzfilmen zu Kultur und Brauchtum wird hier der Bogen von Okinawa zum polynesischen Kulturraum geschlagen, dessen Einfluss in Okinawa deutlich sichtbar ist.

Gleich nördlich des Parks in Bise ist der **Fukugi Forest**, ein traditionelles Wohngebiet mit vielen Fukugi-Alleen (einer Art Mangostane), ein angesagtes Ausflugsziel mit Cafés, Läden und touristischen Fahrten im Ochsenkarren.

## Nakijin-jō 今帰仁城

Auf der Nordseite der Motobu-Halbinsel sind die Ruinen von Nakijin-jō zu besichtigen, eine der am besten erhaltenen Gusuku-Burgen. Die Keramik aus dem 15.–17. Jh., die hier gefunden wurde, stammt größtenteils aus Vietnam und Thailand und belegt den regen Außenhandel, den Ryūkyū damals führte. Die Fundstücke sind im Museum neben dem Besucherzentrum ausgestellt, ✆ 0980-56-4400, 🖳 www.rekibun.jp, ⌚ tgl. 8–19, Sep–April 8–18 Uhr, 400 ¥, englisches Faltblatt. Bus 66 von Nago, Haltestelle Nakijin Gusuku Iriguchi-mae, von dort 15 Minuten zu Fuß.

## Yagajiiima 屋我地島

Gleich östlich der Motobu-Halbinsel ist die Insel Yagajiiima über mehrere Brücken mit der Hauptinsel verbunden. Sie hat sehr schöne **Strände** mit Felsen und seichtem, blau schimmerndem Wasser (dort auch Camping), wird aber auch landwirtschaftlich genutzt. Das **Oranda-baka** ist ein Grab für zwei französische Händler, die im 19. Jh. hier verstarben.

Nördlich davon wird die ebenfalls über eine Brücke verbundene Insel **Kōrijima** mit einer Götterlegende der „japanischen Adam und Eva" touristisch vermarktet – besonders besucht sind zwei herzförmige Felsen im Meer.

### ÜBERNACHTUNG

**Hygge Biimata Hotel**, Bimata 1219-244, ✆ 0980-43-5221, 🖳 hyggebiimata.com. Strategisch an der Straße nach Motobu gelegenes Aparthotel mit Küchenzeile und Waschmaschine. Praktisch und modern, aber nicht am Meer. Ab ❶

**La Ohana**, Sesoko 412, ✆ 098-989-3880, 🖳 https://www.la-ohana.com. Zwei großzügige Resort-Bungalows auf einer paradiesischen Insel. ❸–❻

€ **Musubiya**, Ōnishi 5-2-39, ✆ 090-8827-8024, 🖳 https://musubiya.co. Kleines, etwas abgelegenes Gästehaus an der Motobu-Nordküste am Nagahama-Strand. Schöne Lage mit Meerblick, Küche. Familiäre, junge Atmosphäre, Reservierung empfohlen. Schlafsaalbett 2200 ¥. Zimmer mit Gemeinschaftsbad ❶

OKINAWA

## ESSEN

**Fuu Cafe**, Sesoko 557, ✆ 0980-47-4885, 🖳 www.facebook.com/fuucafe.sesoko. Entspanntes Gartencafé oberhalb von Sesoko Beach. Kleine Gerichte, selbst gebackener Kuchen, Ziegenmilcheis, alles bio. ⌚ Fr–Di 11–14 und 18.30–21 Uhr.

**Yumenoya**, Furujima 794-2, ✆ 0980-48-4529. Sehr bekanntes, aber abgelegenes Soba-Lokal an einem Berghang. Die Inhaberin betreibt den Laden seit einigen Jahren, nach dem Tod des Mannes, allein und mit Hilfe von Crowdfunding – morgens macht sie 50 Portionen Nudeln, die frischen Soba mit Umibudou sind dann schnell abverkauft. Man sollte sich auf eine längere Wartezeit einstellen. ⌚ Di–So ab 11 Uhr.

## EINKAUFEN

**Kawanchu**, Yamakawa 351-1, Motobu, ✆ 0980-48-2515, 🖳 https://www.kawanchu.com. Die robusten Designer-Ledersandalen im Flip-Flop-Look werden in 15 Minuten vor Ort zusammengestellt. Falls nicht alle Materialien da sind, bis zum nächsten Tag. ⌚ tgl. 10–18 Uhr.

## TRANSPORT

**Busse** von NAGO auf die Motobu-Halbinsel: zum Ocean Expo Park mit Nr. 65, 66 oder 70, alle 1–2 Std., 50 Min., 900 ¥.



# Die Yanbaru-Region やんばる

Der Norden der Hauptinsel ist wenig besiedelt, wild und einsam. Große Teile sind Naturschutzgebiet und gehören seit 2021 zum Unesco-Weltnaturerbe, denn hier leben endemische Tierarten wie der **Yanbaru Kuina**, der einzige Vogel in Japan, der nicht fliegen kann. Er wurde erst 1981 als eigene Spezies erkannt und sofort unter Schutz gestellt. Heute dürfen Hauskatzen in der Region nicht frei laufen, und es wurden Maßnahmen ergriffen, um die Verbreitung der Indischen Mungos einzudämmen – die hatte man einst eingeführt, um die Giftschlange Habu zu dezimieren, aber mit mäßigem Erfolg (Mungos sind tagaktiv, Habus dagegen nachtaktiv). Stattdessen fressen sie die schutzlosen Kuina. Seit 2010 gibt es eine Zuchtstation für Yanbaru Kuina.

Die Küste ist hier im Norden meist felsig, der einzige richtige Badestrand ist der **Okuma Beach** hinter dem gleichnamigen Resort-Hotel in Hentona. Zum Schwimmen ist nur ein kleiner Bereich abgetrennt, dafür gibt es Boote, Surfbretter, Schnorchelsets u. Ä. zu mieten (Strandgebühr für Nicht-Gäste 1500 ¥).

Eine beliebte, abenteuerliche Sommerwanderung bei Hentona führt zum **Wasserfall Tā-Taki**: Es gibt keinen Weg dorthin, sondern man läuft knapp 30 Minuten im Bach, mal seicht, mal bis zur Hüfte im Wasser. Am Wasserfall ist das Wasser tief genug zum Baden – eine super Abkühlung. Nach Regenfällen Vorsicht wegen Sturzflutgefahr! Wasserschuhe (empfohlen!) werden am Parkplatz verliehen (500 ¥). Zufahrt hinter dem Shikuwasa-Park, einer kleinen Fabrik für den sauren, aber sehr gesunden Saft einer hiesigen Zitrusfrucht.

Kurz vor dem **Kap Hedo**, an der nördlichsten Spitze der Insel lohnt sich ein Abstecher auf die Klippe **Kaya-uchi-banta**, die hoch über die Westküste aufragt und von einem Aussichtspunkt einen atemberaubenden Blick über die felsige Küste ermöglicht. Am Kap gibt es ein Infozentrum und Café, dahinter nach Osten wird die Straße wirklich einsam. Man kann beim Dorf **Hedo** noch eine Riesen-Kuina-Aussichtsplattform besteigen und das Mausoleum des Ryūkyū-Königs Gihon aus dem 13. Jh. im Wald suchen.

An der Ostküste reicht das Schutzgebiet oft bis ans Ufer, die Straße ist schmal, vereinzelte Dörfer sind sehr klein. Bei **Gesashi** wachsen die nördlichsten Mangroven von Okinawa, hier gibt es einen Holzsteg durch den Mangrovenwald, und Kajaktouren erkunden den Fluss (https://hirugipark.com). In der Nähe wird sogar Kaffee gepflanzt (s. u.).

## ÜBERNACHTUNG UND ESSEN

**Emi no Mise**, Ōgimi Ōganeku 61 (nördlicher Ortsrand von Ōgimi, kein englisches Schild, ✆ 0980-44-3220, 🖳 www.eminomise.com. Bekanntes Bio-Restaurant in

der Region mit der höchsten Greisendichte Japans: Langes Leben dank traditioneller Kost? Sehr schmackhaft jedenfalls. ⌚ Fr–Mo 9–15 Uhr, Lunch ab 11.30 Uhr, nur mit Reservierung.
**JAL Private Resort Okuma**, Okuma 913, ☏ 0980-41-2222, 💻 www.jalokuma.co.jp. Kein Hotelklotz, sondern schöne Gartenanlage mit Bungalows. ❻
**Matayoshi Coffee Farm**, Gesashi 718-28, Higashi-son ☏ 0980-43-2838, 💻 https://www.matayoshicoffee.jp, ⌚ tgl. 10–17, Sa, So ab 9.30 Uhr, Farmbesichtigung 500 ¥. Im Café wird der Kaffee aus eigenem Anbau verkauft (2000 ¥ pro Tasse), aber auch normale Spezialitätenkaffees und kleine Gerichte. Ein paar kleine Chalets auf dem Hügel hinter der Farm haben Meerblick und einen Jacuzzi auf der Terrasse, und Ruhe im Grünen. 24 000 ¥, für bis zu 6 Personen (Camping ist auch möglich).
**Oku Yanbaru no Sato**, Oku 1280-1, neben der Post, ☏ 0980-50-4141, 💻 www.okuyanbarunosato.com. Eine Art Feriendorf mit 6 großzügigen Bungalows (mit Grill und Waschmaschine) an einem Bach und einem kleinen Golfplatz. Bungalows ab 12 000 ¥ (max. 3 Pers.). Das angeschlossene Restaurant hat aber nur über Mittag geöffnet.

### SONSTIGES

#### Feste

**Ōgimi-Sommerfest**: 2. Wochenende im August, Dorffest und Drachenbootrennen.

#### Informationen

Die drei Gemeinden der Nordspitze betreiben jeweils eigene Infozentren an Raststätten, „Michi no Eki", wo es auch lokale Spezialitäten und Food Courts gibt. Das **Yanbaru Wildlife Protection Center/Ufugi Naturmuseum** zeigt gute Tierfotos, hat aber wenig Material auf Englisch.
**Kunigami Yuiyui**, 💻 www.yuiyui-k.jp. Hier gibt es u. a. zimtigen Karagi-Tee, dem eine lebensverlängernde Wirkung zugeschrieben wird. ⌚ tgl. 9–18 Uhr.
**Ōgimi Michi no Eki**, 💻 https://ogimi-kanko.com. Viel Bio-Gemüse und -Obst. ⌚ tgl. 9–17 Uhr.

### TRANSPORT

Von NAGO mit Bus 67 über Ōgimi nach HENTONA (Umsteige-Busbahnhof), 1 Std. Ab dort nur noch seltene Community-Busse auf die Nordspitze und zur Ostküste, Busgesellschaft **Kunigami Son'ei**, ☏ 0980-41-2101.

## Kerama-Inseln 慶良間諸島

Die Kerama-Inseln, 40 km westlich von Naha und von dort per Boot in einer knappen Stunde zu erreichen, gelten als Tauch- und Schnorchelparadies. Etwa ein Dutzend bewohnte und unbewohnte Inseln liegen dicht zusammen, dazwischen seichtes Meer mit Korallenbänken; in der Nähe sind im Winter oft Wale zu sehen. Von den etwas größeren Inseln ist **Zamami** die touristisch erschlossenste – hier gibt es Aussichtsplattformen (auch wegen der Wale), mehrere gute Strände und einen Ort mit etlichen Unterkünften, ein paar Läden, Kneipen und Cafés.

**Aka** ist zwar über Brücken mit zwei weiteren Inseln verbunden, aber weitaus beschaulicher – Sikahirsche stehen auf der Straße und am Strand herum, man kann beim Schnorcheln Schildkröten begegnen und abends den Sternenhimmel bewundern. Die Insel hat ein paar Strände und Aussichtsplattformen, zwei Läden, eine Kneipe und sonst nicht viel.

### ÜBERNACHTUNG UND ESSEN

**Cafe & Bar Kafūshidō**, Zamami 71, ☏ 090-4346-6286. Urige Café-Kneipe in einem traditionellen Haus mit Garten. ⌚ tgl. 11–16 und 18–22 Uhr.
**Marine House Seasir Akajima**, Aka 162, ☏ 098-987-2973, Buchung ☏ 098-869-4022, 💻 www.seasir.com. Moderne Zimmer mit Bad (westlich oder mit Tatami) in der Tauchbasis, gutes japanisches Buffet, besser früh buchen. ❷–❸
**Tanpopo**, Zamami 122, ☏ 090-6890-5727. *O-nigiri, o-bentō und sātā andagi* (süßes Gebäck). Alles selbstgemacht, frisch und günstig. ⌚ tgl. 11.30–20 Uhr.
**Zamami International Guesthouse**, Zamami 126, ☏ 098-987-3626, 💻 www.zamamia-guesthouse.

OKINAWA

com. Kanadisch geführte Backpacker-Unterkunft. Schlafsaalbett ab 3000 ¥. ❶

## AKTIVITÄTEN UND TOUREN

### Tauchen

**Marine House Seasir Akajima**, s. Übernachtung, Aka. Schnuppertauchen ab 10 000 ¥, Schnorcheltouren ab 5000 ¥. Englisch okay.

### Walbeobachtung

**Zamami Mura Whale Watching Association**, 💻 www.vill.zamami.okinawa.jp/whale/english.html. Zweistündige Touren ab Zamami, 5400 ¥.

## INFORMATIONEN

**Touristeninformation Zamami**, im Fährterminal, 💻 https://www.visit-zamami.com. Englisch fließend, WLAN, Gepäckaufbewahrung. 🕒 tgl. 9–17 Uhr.

**Touristeninformation Aka**, im Fährterminal, ✆ 098-987-2601. Gepäckaufbewahrung. 🕒 tgl. 9–17 Uhr.

## TRANSPORT

Das **Schnellboot** *Queen Zamami* verkehrt 2x tgl. ab NAHA (Tomari), 50–60 Min., 3140 ¥, hin und zurück 5970 ¥. Das erste Boot fährt über Zamami nach Aka und zurück nach Naha, das zweite umgekehrt.

Die **Fähre** fährt 1x tgl. von NAHA nach Aka (90 Min., 2120 ¥) und Zamami (2 Std., 4030 ¥).



# Miyakojima-Inseln 宮古島諸島

Die ziemlich flache Miyakojima-Inselgruppe etwa 300 km südlich der Hauptinsel Okinawa bietet traumhafte Strände, Schnorchel- und Tauchparadiese. Und: Es gibt keine Giftschlangen (Habu). Alle kleineren Inseln sind inzwischen über Brücken mit Miyakojima verbunden und dementsprechend leicht zu erreichen – deshalb gibt es jetzt auch einige Mega-Resorts.

## Miyakojima 宮古島

Die flache Insel mit ebenso flachen, weißen Stränden, die in Sandbänke und Korallenpodeste übergehen, ist die ideale Urlaubsinsel für Erholungsuchende.

### Hirara 平良

Der Hauptort von Miyakojima liegt an einem leichten Hang um den Hafen im Nordwesten der Insel. Das touristische Zentrum ist Nishizato mit einer Hauptstraße voller Läden und Restaurants. Von hier kann man auf einem ausgeschilderten Geschichtspfad einige Sehenswürdigkeiten entdecken.

Für Deutsche von Interesse ist insbesondere die **Kaiserstele** (Doitsu Kōtei Hakuai Kinen-hi, „Brüderlichkeits-Gedenkstein des Deutschen Kaisers") in Nishizato in der Nähe der Stadtverwaltung. Nach der Rettung deutscher Schiffbrüchiger durch die Inselbewohner 1873 (ließ Kaiser Wilhelm I. diese Steinstele (sicher auch aus strategischem Interesse an einem Stützpunkt im Westpazifik) auf einem Kriegsschiff nach Miyakojima bringen. Die Gedenkstele hat auf der Vorderseite einen mit etwas Mühe noch lesbaren Text auf Deutsch.

Das ungewöhnliche **Grab von Nakasone Tūmiya** ist treppenförmig in den Hang gebaut und mit einem Brunnenschacht und einer mächtigen Umgebungsmauer aus Korallen versehen. Über die Zinnen wird noch spekuliert: Wahrscheinlich wurde dort zu Festlichkeiten ein Sonnendach angebracht. In der zweiten Hälfte des 15. Jhs. geboren, brachte Nakasone die ganze Insel Miyakojima unter seine Kontrolle und verteidigte sie erfolgreich gegen Angriffe von den Yaeyama-Inseln weiter südlich.

In unmittelbarer Nähe gibt es zwei ähnliche, etwas spätere Gräber für Verwandte Nakasones. 🕒 durchgehend, Eintritt frei. Ein Stück weiter liegt auch der nur etwa 1,40 m hohe **Kopfsteuerstein** (Bubaki-ishi bzw. Nintōzeiseki), mit dessen Hilfe festgestellt wurde, wann jemand groß und also alt genug war, Steuern zu zahlen.

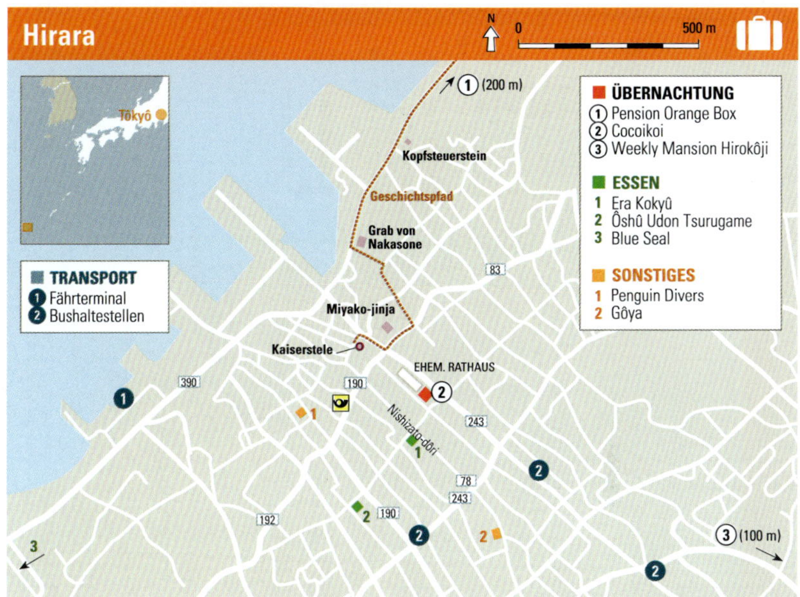


1637 hatte das Königreich Ryūkyū den Inseln erstmals eine Kopfsteuer auferlegt: Frauen zahlten in Textilien, Männer in Hirse.

Etwa 4 km nördlich von Hirara befindet sich der kleine **Sunayama Beach**, mit schönem weißem Sandstrand und einem malerischen Felsbogen, der sich vom Strand ins Wasser spannt.

## Kap Nishi-Hennazaki 西平安崎

Im Norden läuft die Insel in zwei Landzungen aus. Der Küstenpark Kaigan Kōen auf der Westseite ist ziemlich verwahrlost, es gibt aber ein Untersee-Aquarium und eine Skulptur der Künstlerin Mori Mariko. Auf dem nordwestlichen Kap, dem Nishi-Hennazaki, steht ein kleiner **Leuchtturm** mit Parkanlage, und am Beginn der Landzunge kann die **Yukishio-(Schneesalz)-Fabrik** besichtigt werden, ✆ 0980-72-5667, 💻 https://museum.yukishio.com/. Die Firma hat ein spezielles Verfahren entwickelt, das dem Salz eine schneeähnliche Konsistenz gibt. Mit seinen 18 verschiedenen Mineralien steht das Salz sogar im *Guinessbuch der Rekorde*. Besucher erhalten eine kleine Führung (bzw. eine englische Broschüre). Im angeschlossenen Laden wird neben Salz in unterschiedlichsten Varianten und Pflegeprodukten auch Salzsofteis verkauft (S. 608). 🕒 tgl. 9–18.30 Uhr (Okt–März nur bis 17 Uhr), Eintritt frei

## Ikemajima 池間島

Von der nordöstlichen Landzunge aus führt eine fast 1,5 km lange Brücke über sehr flaches, fantastisch hellblau schimmerndes Korallenmeer auf die Insel Ikema. Trotz der Anbindung an die Hauptinsel bleibt Ikema ruhig und ländlich. Hier lebt eine traditionelle Fischergemeinschaft, in der sich alte religiöse Riten erhalten haben.

Es gibt einen Fischerhafen, einen Leuchtturm und Felder rund um ein Marschland mit Teichen. Von einer Plattform im Marschland kann man viele Wasservögel wie den seltenen Purpurreiher beobachten. In der Nähe der Brücke fahren regelmäßig Glasbodenboote ab; dort gibt es auch recht günstige Andenkenläden (die z. B. Minsa-Stoffe verkaufen) und einen großartigen Picknickplatz mit Blick über die Brücke und das Meer.

## Miyakojima und Irabujima

N
0 5 km

**ÜBERNACHTUNG**
1. Aitai Nagahama
2. Y's Garden
3. Amarta
4. Pension Kyanpu Mura
5. RuGu Glamping

**ESSEN**
1. Ikema Shokudô
2. Rayray Café
3. Nakayukui Shôten
4. Miyako Soba
5. Blue Seal
6. Aosora Café
7. Go at Café/Shiro Farm

**SONSTIGES**
1. Supermarkt
2. Ijima Kankô Sâbisu
3. Marine Lodge Marea
4. Taragawa

**TRANSPORT**
1. Glasbodenboot-Abfahrtsplätze

**Sehenswürdigkeiten:**
1. Minafuku Underground Dam Museum
2. Deutsches Kulturdorf Ueno
3. Denkmal für das gestrandete deutsche Handelsschiff und Marksburg

Tôkyô
IKEMA
Ikema-Fischereihafen
Kap Nishi-Hennazaki
Leuchtturm
Yukishio-Salzfabrik
Karimata-Fischereihafen
Karimata
OGAMI
Ogami-Fischereihafen
Shimajiri-Mangroven
Shimajiri-Fischereihafen
FISCHZUCHTANLAGE
IRABUJIMA
Kap Shiratori-saki
Blaue Höhle
Sabautsu-gâ-Quelle
Kap Funausagibanata
Sarahama-Fischereihafen
Sawada
Sawada-no-hama
Maezatozoe
Nagaki
RATHAUS
Irabu
Ikemazoe
Makiyama-Aussichtsturm
Tôri-ike
Obi-Iwa
Kayaffa
SHIMOJI-JIMA
Makiyama
Tôguchi-no-hama
Nakanoshima Beach
Nagayama-Hafen
Brücke
Bucht von Oula
Sunayama Beach
Amarata
Nikadôri-Fischereihafen
Painagama Beach
HAFEN
s. Detailplan Hirara S. 605
Maja-Fischereihafen
Nishihara
Fukuyama
Kap Pisse-ogan-saki
BASEBALL-ANLAGE
Taiken Kôgei-Mura (Tropischer Botanischer Garten)
STÄDTISCHES MUSEUM
Nishizato
Shimozato
Hisamatsu
Hisamatsu-Fischereihafen
Hirara
Higa-Aussichtspunkt
Urasoko-Fischereihafen
Nagama
Higa
BASEBALLANLAGE
Aragusuku Beach
Ocean Links Golfhotel
Yoshino Beach
Nagasaki-Spazierweg
Bucht von Yonaha
Nobaru-dake
Fukuzato
RATHAUS
Gusukube
Shimoji
Yonaha
Ikeda-bashi
Shimozatozoe
RATHAUS
Kadekari
Ueno
Shinzato
Uruka
Aragusuku
Maehama Beach
Nakazato Tropical Fruit Garden
Tomori
Bora
Ryuguji-Tenbôdai-Aussichtsturm
Sugama
Miyaguni
Tomori no Amagâ
Quelle von Muiga
Küste von Nanmata
Boraga Beach
LEUCHTTURM
Kap Higashi-Hennazaki
KURIMA
Kurima-Brücke
Ueno
Waiwai Beach
Imgya Marine Garden
Hakuai-Fischereihafen
230 192 390 194 83 78 195 190 201 390 198 101 197 202

Der vorderste Andenkenladen an der Brücke von Ikema, **Umikaimiru**, hat nicht nur eine Imbiss-Ecke mit super Blick, sondern verkauft auch die beliebten süßen *beni-imo-mochi* (200 ¥), weiche Klößchen aus 100 % roter Süßkartoffel.

## Shimajiri-Mangroven
## 島尻マングローブ

Durch die Shimajiri-Mangroven an der Ostküste führt ein Spazierpfad auf hölzernen Stegen. Nordöstlich von Hirara liegt der **Botanische Tropengarten**, der nicht mehr besonders gepflegt wird. Dafür gibt es hier jetzt ein Handwerkszentrum, das **Taiken Kōgei-mura** bzw. Traditional Craft Center, ✆ 0980-73-4111, 💻 www.miyakotaiken.com. Hier kann man selbst Schmuck herstellen und Weben, Korbflechten oder Töpfern ausprobieren; fertige Stücke werden auch verkauft. 🕒 tgl. 10–16.30 Uhr, unterschiedliche Ruhetage, Eintritt frei, *taiken* ab 2200 ¥.

Das **Miyakojima City Museum** nebenan (Di–So 9–16.30 Uhr, 300 ¥) bietet zwar interessante Details zu Geschichte und schamanistischen Festen, allerdings überwiegend auf Japanisch oder auf etwas trockenen englischen Handzetteln.

## Der Südosten

Die Südküste von Miyakojima ist wegen der vorgelagerten Felsenriffe seit alters her für vorbeifahrende Schiffe gefährlich. Berüchtigt ist vor allem das **Kap Higashi-Hennazaki**, das im Südosten auf einer langen schmalen Landzunge ins Meer ragt. An den hiesigen Riffen sollen im Laufe der Jahrhunderte Dutzende von Schiffen gekentert sein. Heute weist ein unbemannter Leuchtturm Seeleuten den Weg, Leuchtturm 🕒 tgl. 9.30–16.30, Sa bis 17 Uhr, 300 ¥. Mit ihren Spazierwegen und Kinderspielplätzen ist die Landzunge ein guter Picknick-Spot. Der öffentliche Bus fährt nur bis zur ca. 2 km entfernten Straßenabzweigung.

Nördlich vom Higashi-Hennazaki schließen sich mehrere Strände mit flachen Korallenbecken bis zum Riff an. Beim **Yoshino Beach** am Fuß einer hohen Steilküste fahren vom Parkplatz (1000 ¥ pro Auto) ständig Shuttle-Busse zum Strand hinunter. In der Parkgebühr inbegriffen ist die Benutzung der Toiletten und Duschen oben, außerdem gibt es dort einen Laden mit Verleih und Snacks. Der **Aragusuku Beach** ein Stück weiter nördlich, mit Strandcafés, Schnorchelverleih und Umkleiden, gilt als der beste Schnorchelstrand auf Miyakojima. Straße bis zum Strand, einfache Stranddusche.

### Die Rettung der Robertson

Im Juli 1873 lief das **deutsche Handelsschiff** *Robertson* auf dem Weg von China nach Australien während eines Sturms bei **Ueno** auf Grund. Die Dorfbewohner retteten in einer spektakulären Aktion die Schiffbrüchigen und nahmen sie gastfreundlich auf. Nach 34 Tagen stellte die lokale Regierung ein Schiff für die Heimreise zur Verfügung. Der Kapitän des Schiffs, Eduard Hernsheim, schrieb später ein Buch über die Rettung, und als **Kaiser Wilhelm I.** davon erfuhr, ließ er folgende Botschaft in Stein meißeln: „In dankbarer Anerkennung dieses rühmlichen Benehmens haben wir, Wilhelm von Gottes Gnaden, Deutscher Kaiser, König von Preußen, die Aufstellung dieses Denkmals bleibender Erinnerung angeordnet." Das Kriegsschiff *Zyklop* lieferte das „Schreiben" 1876 in Miyakojima an.

1937 wurde die Rettungsaktion im japanischen Grundschulbuch zur Ethik unter dem Thema „Brüderlichkeit" veröffentlicht und japanweit zur Pflichtlektüre.

### Die Südküste

An der Südküste gibt es eine skurrile Attraktion, nämlich das sogenannte **Deutsche Kulturdorf Ueno** (Doitsu Bunka Mura) mit einem originalgetreuen Nachbau der rheinischen Marksburg, deren wuchtige Türme sich vor dem gleißenden Blau des Pazifiks recht ungewohnt ausnehmen. Die Burg samt Ausstellung über den Schiffbruch der *Robertson* (s. Kasten) wirkt schon ein bisschen ramponiert, der umliegende Park ist aber frei zugänglich. ✆ 0980-76-3771, 💻 www.hakuaiueno.com, 🕒 tgl. 9–18 Uhr (Okt–März nur Fr–Di), Burg: 850 ¥. Bushaltestelle Miyaguni-kōminkan-mae, von dort 10 Min. zu Fuß.

Die Burg ist von großen Hotelanlagen des Shigira Resort umgeben, die z. T. noch im Bau sind; dazu gehört auch der kleine, künstlich angelegte **Waiwai Beach** mit Sanitäranlagen, Spielplätzen und einem geschützten seichten Schwimmbereich. Der **Imgya Marine Garden** etwas weiter östlich ist eine geschützte felsige Lagune mit umlaufendem Spazierweg und Korallen. Hier kann man Schnorchelsets, Kajaks und SUPs leihen (ab 4000 ¥, ca. 9–17 Uhr, nur in der Lagune).

Direkt oberhalb vom Imgya Marine Garden führt eine enge Straße zum **Tomori no Amagā** hinauf, einer geheimnisvollen Quelle in einer tiefen natürlichen Höhle. Weil Miyakojima aus porösem Korallengestein besteht, versickert das Regenwasser sofort bis auf eine viel tiefere Sandsteinschicht und fließt auf dieser zur Küste ab. Grundwasser ist deshalb rar, und die wenigen Stellen, an denen sich an dieser Sandsteinschicht Quellen bildeten, waren lebenswichtig – bis in die Mitte des 20. Jahrhunderts war es oft Aufgabe der Kinder, Wasser aus diesen Brunnen in Höhlen oder unten an der Steilküste hinaufzutragen. Dann wurden Pumpen eingesetzt, und seit 1979 hilft eine hier entwickelte Technologie, mehr von dem kostbaren Regenwasser einzufangen: Mit Spezialbohrern werden unterirdische Betonwände in das poröse Gestein eingefüllt, die die Grundwasserströme wie in einem Stausee einfangen. Von dort kann man das Wasser in riesige Tanks auf Hügelkuppen leiten und verteilen. Heute führt sogar eine Pipeline unter der Irabu-Brücke Wasser auf die Nachbarinsel und ermöglicht dort diversere Landwirtschaft und mehr Tourismus.

Die Technologie der unterirdischen Staudämme wird im **Minafuku Underground Dam Museum** – über dem ersten Versuchsdamm – erklärt. Die Ausstellung ist zwar weitgehend auf Japanisch, aber mit einem mehrseitigen englischen Erläuterungsheft, vielen Schemazeichnungen und Videos durchaus verständlich. ✆ 0980-77-7547, 💻 https://www.city.miyakojima.lg.jp/kanko/annai/sisetsu.html, 🕒 Di–So 9–17 Uhr, 330 ¥.

Die **Muigā-Quelle** gleich südlich davon an der Steilküste ist ein weiteres Beispiel für eine der eher gefährlichen alten Wasserquellen, während die **Boragā-Quelle** – auch an der Steilküste – heute für einen bei einheimischen Familien beliebten Pool neben einem Schnorchelstrand genutzt wird (Pool 500 ¥).

An der Südwestküste ist die kleine Insel Kurimajima über eine Brücke mit Miyakojima verbunden. Der kleine Ort verströmt Strand- und Südseeatmosphäre, mit ein paar entspannten Cafés, Läden, Unterkünften und Wellnessangeboten.

Der **Nagamahama** Beach (keine sanitären Anlagen) ist feinsandig und super zum Schwimmen und Schnorcheln.

Direkt gegenüber der Insel liegt auf Miyakojima der 8 km lange, breite Sandstrand **Maehama Beach**, der als einer der schönsten Strände Japans gilt.

### Salz aus Okinawa

Seit die japanische Regierung 1997 ihr Monopol auf die Salzherstellung aufgegeben hat, sind in Japan Dutzende von privaten Salzfabriken entstanden. Das Meersalz aus Okinawa ist u.a. wegen der Korallen sehr mineralhaltig. **Salz-Softeis** – eigentlich normales süßes Softeis, zu dem man verschiedene Gewürzsalze zum Aufstreuen bekommt – gibt es an den Salzfabriken und in vielen Salzfachgeschäften in ganz Okinawa. Besonders gut passt zu dem Eis das *yuzu*-Salz (*yuzu* ist eine kräftig schmeckende Zitrusfrucht).

## ÜBERNACHTUNG

### Hirara

**Cocoikoi**, Nishizato 218-3, Hirara, ✆ 0980-79-7122. Kleine Pension im Zentrum mit DZ ohne Bad und Schlafsälen, schlicht, aber modern. Waschmaschinen, Gepäckaufbewahrung, günstiger Fahrradverleih. ❶

**Pension Orange Box**, Nikawadōri 103, ✆ 0980-73-7373, 💻 www.orenjibox.net. Freundliche kleine Pension mit japanischen Zimmern, von außen knallorange gestrichen, in der Nähe des Kopfsteuersteins. Alle Zimmer mit Balkon, Fernseher, Kühlschrank und Heißwasserspender, Gemeinschaftsbad. ❶

 **Weekly Mansion Hirokōji**, Nishizato 817, ✆ 090-6859-5576, 💻 www.hirokouji.org. Einfache möblierte Studios etwa 1,5 km vom Zentrum, Vermietung auch tageweise. Die Sonderangebote mit Mietwagen von Big Joy sind ziemlich günstig. ❶

### Außerhalb von Hirara

**Aitai Nagahama**, Ikema 151, ✆ 0980-74-4830. Sehr ordentliche, aber kleine japanische (Privat-) Zimmer mit Fernseher, Klimaanlage, kleiner Küche, Gemeinschaftsraum und Gemeinschaftsdusche. ❶

**Amarta**, 906-0008 Hirara, Nikawatori 694-1, ✆ 0980-72-7780, 💻 www.the-amarta.com. Sehr edles, abgeschiedenes Designerhotel mit nur 2 Zimmern/Apartments, Badewanne und Dusche mit Meerblick. Eigener kleiner Pool auf der Terrasse. Abendessen nach Absprache möglich (Englisch okay). In der Saison früh reservieren. ❻

**RuGu Glamping Resort**, Shimoji Kurima 156-71, ✆ 0980-79-0070. Eine kleine Containersiedlung aus schicken Tiny Houses, fernab von allem in einer Bananenplantage, mit Dachterrasse, Hängematten und Grillabenden. Frühstück inkl. ❻

**Y's Garden**, Karimata 1713-1, ✆ 080-6495-2150. Camping im eigenen Zelt oder im Ufo-Pod, sehr einfach, aber auch tolle Zeltplätze an der Steilküste. ❶–❷

## ESSEN

### Hirara

**Blue Seal**, Kugai 654-23, Hirara, ✆ 0980-79-0310, 💻 www.blueseal.co.jp. Poppige Filiale des heimischen Eiscreme-Imperiums im Palm Town in der Nähe vom Painagama Beach.

**Era Kokyū**, Nishizato-300-3 Hirara, ✆ 050-5385-3752, 💻 https://miyakojima-erakokyuu.com, 🕒 tgl. 17–24, Fr, Sa bis 1 Uhr. Viel von Einheimischen besuchte Kneipe mit großer Speisekarte, aber keinem Sanshin-Live-Programm. Sehr freundlich.

 **Ōshū Udon Tsurugame**, Shimosato 615 (innen großes Wandbild). Deftige Udon, frisches Tenpura, sehr preiswert. 🕒 Fr–Mi 11.30–2 Uhr.

### Außerhalb von Hirara

**Aosora Café**, Kurimajima 104-1, ✆ 0980-76-3900. Café mit Beach-Atmosphäre, Fast Food und wilden Smoothies (z. B. Lila Süßkartoffel und Hanfsamen). 🕒 tgl. 10–12 und 13–17 Uhr.

 **Ikema Shokudō**, am Hafen von Ikema (kein Schild, neben dem überdachten Picknickplatz), ✆ 0980-75-2521. Preiswerte Kantine (z. B. Sashimi-*teishoku* für 1000 ¥), von Freiwilligen der örtlichen Fischereigenossenschaft betrieben. Fangfrische Fischspezialitäten, bei Einheimischen (und Prominenten) beliebt, englische Speisekarte. 🕒 tgl. 11–15 Uhr, im Winter Do Ruhetag.

**Go At Café/Shiro Farm**, Ueno, Miyakoku 214-1, ✆ 0980-79-7900. Die Ziegen sollen eigentlich Ordnung auf der Bio-Aloe-Vera-Farm halten und Dünger dafür produzieren, außerdem sind sie ein Publikumsrenner. Vom Café mit selbst gemachten Bagels kann man sie beobachten, aber auch Fotos machen oder Ziegen spazieren führen, Ziegenyoga gibt es auch einmal die Woche! 🕒 saisonal wechselnd, meist Fr–Di mindestens 11–17 Uhr. Ziegenpark Eintritt 300 ¥.

## UNTERHALTUNG

### Events

**Miyakojima Triathlon**, April: sehr bekannter Triathlon über die gesamte Insel

**Hārī-Fischerfest**, Anfang Juni (nach dem Mondkalender): Traditionelle Drachenbootrennen an mehreren Orten auf Miyakojima

**Miyako Island Rock Festival**, in Hirara: Konzerte mit Musikern aus ganz Japan, 💻 www.mirf.jp

### Livemusik

Eine ganze Reihe von Restaurants in der Nishizato-dōri haben abends Sanshin-

Livemusik, oft mehrmals am Abend. Besser reservieren, es wird oft voll. Die meisten haben eine Cover Charge, ca. 300-500 ¥, und zusätzlich eine Live-Charge für die Show, ca. 500–1000 ¥.

**Gōya**, Nishizato 570-2, ✆ 0980-74-2358, 🖳 www.zumi-goya.com. Traditionelle Kneipengerichte, obligatorisches (gutes) Salatbuffet (200 ¥), große Auswahl an Awamori-Sorten und -Mixgetränken (zu empfehlen ist der erfrischende „Awamori-Shīquasa-Hai"). Ab 19.30 Uhr Livemusik. ⌚ tgl. 17.30–24 Uhr.

## EINKAUFEN

**Taragawa**, Sunagawa, ✆ 0980-77-4108, 🖳 www.taragawa.co.jp. Awamori-Direktverkauf (auch als Wackelpudding) in einer Brauerei in der Nähe des Ueno-Kulturdorfs. Mo–Sa 11, 13.30 und 15 Uhr Gratis-Besichtigung der Keller mit 15-minütigem Info-Video (auch auf Englisch).

## AKTIVITÄTEN UND TOUREN

### Glasbodenboote

**Baycruise Miyakojima Mont Blanc**, am Hafen von Hirara, ✆ 0980-72-6641, 🖳 www.hayate-montblanc.com. Ausflugsboot mit Unterwasser-Fenstern, Lunch- und Dinner-Mini-Kreuzfahrten ab 5000 ¥.

**Sea Sky**, am Hakuai-Hafen beim Shigira Resort, ✆ 0980-76-6336. Ausflugsboot mit Unterwasser-Fenstern. ⌚ etwa stündliche Abfahrten (2000 ¥) 9–16 Uhr.

**Kaitei Kankōsen**, Kurijima, links hinter der Brücke, ✆ 0980-76-3481 oder 090-7292-66. 30 Min., 2000 ¥.

**Yūgyōsen Coral Wind**, Maezato 44, in Ikema-jima neben der Brücke. ⌚ 9–17 Uhr häufig (außer in der Mittagspause). ca. 1 Std., über wunderbar seichtes Korallenmeer. 3000 ¥.

### Tauchen

Etliche Anbieter, z. B. bei **Marine Lodge Marea**, Yonaha 847-3, ✆ 0980-76-3850, 🖳 www.marea-miyako.jp. Bootstauchgang ab 15 000 ¥.

**Penguin Divers**, Hirara, Shimosato 27, ✆ 090-8231-7161 🖳 www.diving-penguin.com. Beach-Tauchgang ab 14 500 ¥, Schnuppertauchen ab 13 500 ¥. Englisch okay.

## SONSTIGES

### Auto- und Fahrradvermietungen

Die meisten Autovermietungen holen Kunden gratis ab, je nach Saison ab 4000 ¥ für 24 Std. mit Versicherung. Flugblätter am Flughafen und in den Hotels. Manche Tankstellen sind nur Mo–Sa 7–21 Uhr geöffnet.

**Big Joy**, Hirara Nakasone 827, ✆ 090-3796-4336, 🖳 https://miyakojiman.com/rentacar/ ⌚ tgl. 8.30–17.30 Uhr. Großer Fahrrad- und Motorroller-Verleih (ab 2500/3000 ¥ pro Tag) und Schlafsaalbetten (2000 ¥), in Kombi noch günstiger. Die Mietwagen sind älter und eher in Kombination mit einer Wohnung ein guter Deal (s. Übernachtung, Hirokōji).

**Nissan Rentacar**, am Hirara-Flughafen, ✆ 0980-73-4788.

Fahrradvermietung: s. auch Shimasora, S. 611.

### Informationen

Die **Touristeninformationen** an beiden Flughäfen, ✆ 0980-72-0899, haben Broschüren und auf Anfrage eine englische Karte. ⌚ unregelmäßig ca. 9–17 Uhr.

## NAHVERKEHR

Innerhalb der Stadt Hirara verkehren kaum **Busse**, Regionalbusse höchstens stdl. Busse vom Miyakojima-Flughafen nach Hirara sind auf die Ankunftszeiten abgestimmt (230 ¥), zum Flughafen Shimoji fährt nur der Resort-Shuttlebus Shimojishima Airport Liner (1000 ¥)

## TRANSPORT

**Flüge** nach NAHA S. 595, TŌKYŌ 2 3/4 Std., ŌSAKA 2 1/4 Std., mit JAL oder ANA ab Miyakojima-Flughafen bei Hirara. Die Billigfluglinien Skymark und Jetstar fliegen von verschiedenen japanischen Flughäfen (u. a. Tokyo, Fukuoka, Kobe sowie Naha) zum neueren Shimoji-Flughafen auf der Nachbarinsel (Verbindung nach Miyakojima über eine Brücke).

## Irabujima 伊良部島

Seit der Eröffnung der Großen Irabujima-Brücke 2015 und des Flughafens Shimoji wandelt sich die Insel rasant. Früher wurde viel Tabak gepflanzt, der wenig Wasser braucht, und Insider kamen wegen der guten Tauchplätze her. Heute entstehen vor allem an der Westküste zwischen Flughafen und Brücke neue, eher kleinere, aber sehr schicke Resorts. Technisch ist der westliche, durch einen Kanal abgetrennte Teil eine separate Insel: Shimojishima ist nicht viel größer als die Landebahn des Flughafens, doch an der Küste dahinter liegen mehrere Sehenswürdigkeiten: Die **Tōri-ike** sind zwei kleine runde Teiche, die durch unterirdische Kanäle miteinander und mit dem Meer verbunden sind – entstanden sind sie wohl aus eingestürzten Höhlen.

Auch die Felsenküste ringsum ist mit ungewöhnlichen **Steinformationen** (Obi-Iwa und Kayaffa) fotogen, der **Nakanoshima Beach** hat Korallen und viele Fische, oft aber auch starke Wellen. Der Strand **Tōguchi-no-hama** am Südende des Kanals, der die beiden Inseln trennt, ist eher ein Badestrand, und am Nordende liegt ein weiterer Sandstrand, der **Sawada-no-hama**. Die ganze Bucht beim Sawada-Strand liegt voller Felsbrocken – angeschwemmt wurden sie von einem vermutlich bis zu 80 m hohen Riesen-Tsunami 1771!

Der alte Hafenort Sarahama liegt an der Ostküste von Irabujima, in der Nähe gibt es einen alten Naturbrunnen (Sabautsu-gā) mit kleinem Schnorchelstrand und die **Blaue Höhle** (Ao-no-dōkutsu), die bei Flut per Kajak zugänglich ist.

### ÜBERNACHTUNG UND ESSEN

An der Südküste in der Nähe der Brücke haben einige neue Resorts und exklusive Villen in minimalistischem Waschbeton-Stil tollen Meerblick und astronomische Preise.

**Pension Kyanpu Mura**, ✆ 0980-87-3100. Nette Bungalows und schöne Zeltwiese mit warmen Duschen an der Straße zum Flughafen, Anmeldung an der Tankstelle. Camping 700 ¥ p. P., Bungalow ❶

**Miyako Soba**, Kantine am Westende des Tōguchi-no-hama, ✆ 0980-78-5006. Preiswerte Nudelgerichte (Miyako-soba 650 ¥).

**Nakayukui Shōten**, Kuninaka 57-3, Irabu, ✆ 090-9476-3215. (Die Okinawa-Krapfen Sata Andagi gibt es hier in einer fluffigen Variante und mit Eis, oft muss man dafür anstehen! ⌚ tgl. 13.30–16.30 Uhr. (Für die klassisch-knusprigen Sata Andagi ist der Geheimtipp die Eneos-Tankstelle auf dem Weg zum Flughafen).

**Rayray Café**, Maesatozoe 554-1, Irabujima, ✆ 090-7862-0479, 💻 www.guesthouseocean.com. Stylisches Mini-Café in einem Container, die Smoothies sind farbenfroh, aber auch intensiv und nicht überzuckert. ⌚ tgl. 13.30–16 Uhr, unregelmäßige Ruhetage. Das Café ist gleichzeitig das Frühstückslokal des ruhigen kleinen Ocean Guesthouse. ❷

**Kantine der Fischereigenossenschaft Sarahama**, am Hafen Sarahama, ⌚ Mi–Mo 11–15 Uhr. Neben frischen Fischgerichten und der hiesigen Spezialität, frischem Bonito, gibt es auch Ziegenmilch-Eiscreme.

### AKTIVITÄTEN

**Shimocora Bicycle Rental**, am Shimoji-Flughafen, ✆ 070-9073-7311, ✉ hitotoki@plannet4.co.jp. E-Klappräder ab 1800 ¥ (2 Std.), 3000 ¥ (ganzer Tag).

**Ijima Kankō Sābisu**, am Tōguchi-no-hama, ✆ 0980-78-5006, ⌚ Di–So 9–17 Uhr. Kajakverleih für den Inselkanal, ab 2500 ¥/2 Std. Hier wird auch der *shimon-cha* verkauft, ein Tee aus den Blättern einer lokalen Kartoffelsorte, der angeblich den Cholesterinspiegel senkt. ⌚ tgl. 9–17 Uhr.

**Iraburū Tsuā**, Irabu 1396-2, ✆ 0980-78-3644. Glasboot-Touren zur Blauen Höhle, 4800 ¥.

**Irabujima Marin Guide Maharo**, ✆ 090-1360-1745, ✉ maharo1227@gmail.com. Schnorcheltouren zum Yabiji-Riff 11 000 ¥.

### TRANSPORT

**Bus** vom Hafen HIRARA bis Sawada (9x tgl., ca. 50 Min., 710 ¥).

# Yaeyama-Inseln
# 八重山諸島

Die südlichsten Inseln Japans liegen mehr als 2000 km von Tōkyō und der steifen Formalität der Hauptinsel entfernt. Die Palmen, weißen Strände, Mangroven und dichten Urwälder immer ziehen manchen japanischen Aussteiger und Träumer und auch zahlreiche Touristen an. In Nachbarschaft zu Taiwan waren die Inseln die ersten Übermittler chinesischer Kultur an den Hof von Ryūkyū. So soll das mit Schlangenhaut bespannte Saiteninstrument Sanshin von Yaeyama aus auf die anderen japanischen Inseln gekommen sein; in Japan selbst ist es (mit Katzenhaut) als Shamisen bekannt.

Während des Zweiten Weltkriegs wurden die Yaeyama-Inseln zwar nicht von amerikanischen Truppen besetzt und entgingen der eigentlichen Schlacht um Okinawa, litten aber unter der japanischen Armee und Malaria-Ausbrüchen.

Flüge von den Hauptinseln landen in Ishigaki, von dort geht es per Boot (oder Flugzeug) weiter auf die anderen Inseln. Fünf Tage sollte man sich mindestens Zeit nehmen: Zwei Tage für die Insel Ishigaki, einen für Taketomi (auch als Tagesausflug). Dazu weitere Inseln, wie die Abenteuer-Mangroven-Urwald-Insel Iriomote oder das entspannte Hateruma.

## Ishigaki 石垣島

Die Insel Ishigaki hat etwa 50 000 Einwohner, von denen die meisten in der Stadt Ishigaki im Süden wohnen. Die Berge auf der Nordseite sind bis zu 500 m hoch, während im flacheren Süden Zuckerrohr und Ananas angebaut werden. Die schönste Bucht ist Kabira-wan im Nordwesten.

### Die Stadt Ishigaki 石垣市

Um den Fährhafen und Busbahnhof konzentrieren sich Restaurants – etliche davon im Foodcourt „Ishigaki Village" –, billige Unterkünfte, Andenkenläden und Tourveranstalter. Östlich der Hauptstraße liegt die **Euglena-Mall** mit vielen Souvenirshops und einem städtischen Markt (🕒 tgl. 6.30–18 Uhr), der aus einem Stockwerk mit Essensständen und einem mit Andenken besteht, außerdem dem einfachen „Marktrestaurant" mit leckeren Teishoku-Gerichten.

Das kleine **Yaeyama-Museum** ist nur auf Japanisch beschriftet. Es zeigt u. a. erst im späten 19. Jh. von der Hauptinsel eingeführte seetaugliche Fischerboote sowie traditionelle Knochenurnen. 🕒 Di–So (außer feiertags) 9–17 Uhr, 200 ¥.

Etwa 1,5 km nordöstlich davon befindet sich das **Minsā Kōgeikan** (Museum der Minsā-Kunst), ✆ 0980-82-3473, mit einer Ausstellung zu traditionellen Stoffen und Webtechniken und einem Shop. Minsā ist ein Muster aus abwechselnd vier und fünf schachbrettartig angeordneten Quadraten. Ein Wortspiel mit den Zahlen vier und fünf, das übersetzt in etwa „bis ans Ende der Welt" bedeutet, macht Minsā zum traditionellen Verlobungsgeschenk. 🕒 Mo–Fr 9–18 Uhr, Eintritt frei. Weben-*taiken* (9–12 und 13.30–16.30 Uhr, 30–50 Min.) ab 1500 ¥.

Im Stadtzentrum befindet sich die **Villa Miyara Dunchi**, 1819 als Wohnhaus des Samurai Miyara Peichin Toen gebaut. Das Dach war ursprünglich ziegelgedeckt, doch Miyara musste es bald durch ein Strohdach ersetzen, da die roten Ziegel höheren Adeligen vorbehalten waren. Bei der Restaurierung wurden wieder Ziegel benutzt. 🕒 Mi–Mo 9–17 Uhr, 200 ¥.

#### Friedensmuseum

Das kleine Friedensmuseum **Heiwa Kinenkan** in der Nähe des Hafens beherbergt eine sehr informative, durchgehend zweisprachige Ausstellung zur „Kriegsmalaria" auf den Yaeyama-Inseln. Das Innere der größeren Inseln war vor und während des Krieges Malariagebiet, und die Siedlungen lagen daher wohlweislich auf den malariafreien kleineren Inseln. Während des Krieges „evakuierte" die japanische Armee die (pauschal als Spione verdächtigten) Einwohner in die malariaverseuchten Urwälder. Die Hälfte der Bevölkerung infizierte sich, etwa 10 % starben. Nach dem Krieg wurde die Malaria unter amerikanischer Verwaltung ausgerottet. 🕒 Di–So 9–17 Uhr, 100 ¥.

Yaeyama-Inseln
N
0
10 km
Tôkyô
ÜBERNACHTUNG
IRIOMOTE
① Tin Nu Karla
② Pension Hoshinosuna
③ Hoshino Resort
④ Kanpira-sô
⑤ Mitoreya-Campingplatz
⑥ Mariudo Guesthouse
⑦ Uminchu no ie
⑧ Haimida-Campingplatz
⑨ Yamaneko
ESSEN
IRIOMOTE
1 Kitchen Inaba
TRANSPOFT
IRIOMOTE
1 Iriomote Rentacar
2 Airport Rentacar
3 Yamaneko Fentacar
SONSTIGES
IRIOMOTE
1 Osanpo Kibun
2 A Picture Book
3 Megumi Kôbô
4 Iriomote Teshigoto Center
5 Urauchigawa Kankô
6 Iriomote Monsoon
7 Nakamagawa Yûsen
YONAGUNI
Kubura 191
Yonaguni 132
Westlichster Punkt Japans
Yonaguni (60 km)
HATERUMA
Nishihama Beach
Pêhama Beach
Shimotabaru-jô
Hateruma
Südlichster Punkt Japans
Hateruma (20 km)
HATOMA
Hoshizuna-no-hama
Sumiyoshi
Uehara
Uehara-Fähranleger
Unarizaki
Tsukigahama
Shinmori-jûtaku
Shinai Beach
Hafen von Funaura
Funaura-Brücke
IRIOMOTE
Ômija Road Park
AKABANARI
Pinai-sâra
Sonai 293,9
Gunkan-iwa
Mariyudo-no-taki
Hafen von Shirahama
Sonai
SOTOBANARE
UCHIBANARE
Shirahama
Urauchi
Bucht von Funauki
Ida Beach
Bucht von Sakiyama
Hafen von Funauki
Kanpirê-no-taki
Nakara
442 Tedou
471 Komi
421 Goza
Iriomote Wildlife Center
Nakama
Ôtomi
Ôhara
Toyohara
Wasurenai-ishi
Haimida-no-hama
Bucht von Kanokawa
URI
YUBU-JIMA
KAYAMA
KOHAMA
UECHI
ARAGUSUKU
SHIMOJI
KUROSHIMA
TAKETOMI
Kondoi Beach
Kaiji Beach
Aiyaru Beach
Hafen von Taketomi
Ostchinesisches Meer
ISHIGAKI
Kap Hirakubo-saki
Sunset Beach
246
365
254
239
Sabichi-dô
Bucht von Ibaruma
201
Ibaruma
Tamatorizaki
282
Kabira
Kabira-wan
Sukuji Beach
Awamori-Fabrik Takamine
Yonehara Beach
Kap Uganzaki
217
Yonehara
Yashi Gunraku
Omoto-dake 526
Palmenmuseum
Bucht von Nagura
Yaima-mura
Anparu
Ishigaki-no-Shio
Banna 230
Tôjinbaka
Leuchtturm
Maesato Beach
Ishigaki
ÜBERNACHTUNG
ISHIGAKI
⑩ Yadoya Lotus
⑪ Hotel Rich Reson
⑫ Inoda Autocamp
ESSEN
ISHIGAKI
2 Akaishi Shokudô
3 Ishigaki Ibaruma Nôen
4 Ûmaru
5 Papaya
SONSTIGES
ISHIGAKI
8 Ryûkyû Shinjû


OKINAWA

Nicht weit davon steht der 1614 erbaute **Tōrin-ji**. Die Figuren im Haupttor dieses Zen-Tempels, aus zahlreichen Einzelteilen aus Magnolienholz zusammengesetzt, sind die ältesten ihrer Art in der Präfektur Okinawa. Der **Gogendō-Schrein** nebenan mit dem Gabeldach stammt ursprünglich ebenfalls aus dem Jahr 1614, das heutige Gebäude wurde im 18. Jh. nach einem Taifun wiederaufgebaut. ⏲ tgl. 7–19 Uhr, Eintritt frei.

Ein kleiner geschützter Stadtstrand ist über die Hafenbrücke zu erreichen. Auf der anderen Hafenseite, direkt vor dem ANA-Hotel am Stadtrand, liegt der **Maesato Beach**. Das Meer ist hier mit Netzen gegen Quallen gesichert und jederzeit ruhig genug zum Schwimmen. Es gibt einen Bademeister, warme Duschen und Schließfächer.

In der weitläufigen **Tropfsteinhöhle Ishigaki Shōnyūdō**, ✆ 0980-83-1550, 🖳 www.ishigaki-cave.com, im Nordwesten bilden stimmungsvoll beleuchtete Stalagmiten Figurengruppen. ⏲ tgl. 9–18 Uhr, 1200 ¥.

In der Nähe kann die Awamori-Fabrik Seifuku besichtigt werden, ✆ 0980-84-4118, ⏲ Mo–Fr 10–17 Uhr, Führungen (ca. 15 Min.) um 11, 13.30 und 16 Uhr. Eintritt frei.

## Außerhalb der Stadt Ishigaki

An der Westküste wurde 1972 ein fotogenes knallbunt-chinesisches Grabmal errichtet, das **Tōjinbaka**. Etwa 300 chinesische Arbeiter sollten 1852 nach Kalifornien verschifft werden, hatten gemeutert und waren auf Ishigaki gestrandet. Bei einer amerikanisch-britischen Strafaktion wurden anschließend 128 von ihnen getötet, obwohl die Ryūkyūer die chinesischen Arbeiter in Schutz nahmen. 1853 konnten die Überlebenden nach längeren Verhandlungen nach China zurückkehren. ⏲ durchgehend, Eintritt frei.

Rund 3 km nördlich produziert **Ishigaki-no-Shio**, ✆ 0980-82-8817, 🖳 www.ishigakinoshio.com, Meersalz. Durch ein Fenster können Besucher vom Laden aus den Fabrikationsprozess ansehen. Nach Anmeldung kann man wochentags für 3800 ¥ selbst Salz herstellen (Dauer gut 1 Std.). ⏲ tgl. 9–18 Uhr, Eintritt frei.

Nördlich davon führt die Straße über das mangrovenbestandene Feuchtgebiet **Anparu**, Lebensraum von Vögeln und Krabben. Bei Ebbe können die Mangroven frei erkundet werden.

Gleich dahinter liegt das **Yaima-mura**, ✆ 0980-82-8798, 🖳 www.yaimamura.com, ein Freilichtmuseum mit einigen ca. 100 Jahre alten Originalgebäuden (zweisprachige Infos) und Freizeitangeboten/*taiken* mit Fokus auf Ryūkyū-Tradition, wie Yaeyama-Tanz oder *sanba* (Kastagnetten). ⏲ tgl. 9–17.30 Uhr, 1000 ¥, *taiken* ab 500 ¥.

Die Hauptattraktion der Insel ist die Bucht **Kabira-wan** mit glasklarem Wasser und weißem Sandboden, der der Bucht selbst bei trübem Wetter ein beeindruckendes Blau beschert. Vorbei an einem Aussichtspunkt geht es weiter hinunter zum Strand. Etliche Glasbodenboote fahren hier etwa halbstündlich zu den Korallenbänken am Rand der Bucht (9–17 Uhr, 1300 ¥). Schwimmen und Schnorcheln ist allerdings wegen der hiesigen Perlenzucht verboten.

Die **Awamori-Fabrik Takamine**, ✆ 0980-88-2201, gegenüber der Perlenzucht hat eine sehr knappe Ausstellung zur Awamori-Herstellung und eine Probierstube mit Verkauf (die ältesten Sorten sind über 30 Jahre alt). ⏲ Mo–Sa 9–17 Uhr.

Westlich von Kabira-wan lockt der **Sukuji Beach**, ein familienfreundlicher, flacher weißer Sandstrand mit Bademeister (gratis), gleich östlich ist der **Yonehara Beach** bei Schnorchlern berühmt für die Artenvielfalt nah am Strand. Hinter dem Korallenriff gibt es aber je nach Jahreszeit und Wetter, v. a. bei Nordwind, gefährliche Strömungen. Am östlichen Ende kann man bei Flut in eine kleine **Blaue Grotte** (Aoi Dokutsu) hineinschnorcheln; in der Nähe sind manchmal auch Wasserschildkröten unterwegs. In Yonehara ist auch der **Palmenhain** (Yonehara Yashi Gunraku) zu besichtigen, ein dichter Urwald mit einer seltenen hochgewachsenen Palmenart. Das kleine **Palmenmuseum** nebenan (300 ¥, nur japanische Beschriftungen) lohnt eher wegen des tollen Ausblicks.

Die Landzunge im Nordosten führt bis zum Kap **Hirakubo-saki**, wo ab dem 17. Jh. eine Leuchtfeuerstation Warnungen vor sich nähernden Schiffen zum Gouverneurssitz weitergeben sollte (heute steht dort ein Leuchtturm). Unterwegs führt die Tropfsteinhöhle **Sabichi-dō** durch die Korallenfelsen und unter der Straße hindurch zum Strand, ✆ 0980-89-2121, ⏲ tgl. 9.30–17 Uhr, 1200 ¥. Der feinsandige, sanft abfallende **Sunset Beach** ist auch schön zum Schnorcheln.

## ÜBERNACHTUNG

### Stadt Ishigaki

Die meisten günstigen Unterkünfte befinden sich in dem Straßendreieck zwischen Hafen, Post und Stadtverwaltung und etwas westlich davon: sehr zentral, aber mitunter laut.

**Happy Holiday**, Tonoshiro 16, ✆ 0980-87-0417. Freundlich eingerichtetes Hotel am Hafen mit Tauchschule. DZ mit Kühlschrank, Bad und kleinem Frühstück, auch günstige EZ. Ab ❷

**Mura Kōgei no Yado**, Arakawa 56 (gegenüber vom Restaurant Mori no Kenja), ✆ 0980-83-4130. Ein paar schöne Mini-Apartments über einem Holzdesign-Laden, mit Kochzeile, Esstisch und Schlafbereich und viel Holz. Im Laden gibt es auch eine Bar und einfache Speisen. Unterschiedliche Apartments. ❶–❸

**Pension Yaima**, am Hafen, ✆ 0980-88-5578, 🖳 http://yaimabiyori.com. Zentral gelegene Pension mit freundlichen japanischen Zimmern, Mikrowelle, Waschmaschine und Fahrradverleih. ❷

**The Third**, Misaki-chō 4-7, ✆ 980-83-6366, 🖳 https://hotelthird.com. Das Hotel am Hafen ist ideal, wenn man Ausflüge auf andere Inseln unternehmen möchte. Gutes Frühstück und eine schicke Dachterrasse. ❺

### Außerhalb der Stadt Ishigaki

**Hotel Rich Reson**, Yonehara, ✆ 0980-87-7117, 🖳 https://richreson.jp/. Moderne Motelzimmer mit Gemeinschaftsräumen, direkt bei der Blauen Grotte von Ishigaki und dem Yonehama-Strand. ❶–❷

**Inoda Autocamp**, Ibaruma, ✆ 090-7921-7349, 🕒 10–17 Uhr (Rezeption). Einfache Campsite im Nordosten, mit Münzduschen.

**Yadoya Lotus**, Kabira 963-1, ✆ 0980-87-7744, 🖳 https://www.ishigaki-lotus.com. Moderne, gemütliche Zimmer mit viel Holz und etwas Südseefeeling gleich bei Kabira-wan. Barbecue-Area und gutes Essen ❹

## ESSEN

Eine Spezialität auf Ishigaki ist das Ishigaki-Rindfleisch – die dunklen Kühe sieht man auch öfter auf der Weide.

### Stadt Ishigaki

**Against the Grain**, 730 Court, 2F, Ishigaki, ✆ 0980-87-5148. Die kleine Craftbier-Firma aus Kentucky braut seit 2018 direkt an der Kreuzung 730 in Ishigaki. Es gibt etwa 8 Sorten, auch als Tasting-Flight mit 3 x 150 ml nach Wahl. 🕒 tgl. 11-23 Uhr, *last order* 22 Uhr.

**Amurita no niwa, soshite Ongaku**, Ōkawa 282, Westseite der Euglena-Mall (Nordgang), ✆ 0980-87-7867, 🖳 www.amuritanoniwa.com. Modernes Musikcafé mit großer Bar und Currygerichten, englische Karte, auch viele vegetarische Optionen. 🕒 tgl. 11.30–15 und ab 18.30 Uhr.

**Mori no kenja**, Arakawa 49-2-201, ✆ 0980-83-5609. Stylisches, winziges Café-Restaurant mit Fusion-Küche und Rindfleischspezialitäten, besser reservieren. 🕒 tgl. 17–22 Uhr.

**Paikaji**, Ōgawa 219, ✆ 0980-82-6027. Sehr beliebte *izakaya* mit guten Okinawa-Gerichten, auch Ausgefallenes wie *ikasumi chahan* (Risotto mit Tintenfischtinte). Besonders gut ist der frittierte *shima-tōfu* (Insel-Tōfu). 🕒 tgl. 16–22 Uhr.

**Re:Hellow Beach**, Maezato 192-2, ✆ 0980-87-0865. Lässiges Café mit Terrasse und eigenem kleinen Beach. Hawaiianisch inspiriert mit Burger, Seafood, Cocktails, aber auch knusprigen Sojamilch-Waffeln zum Kaffee. 🕒 tgl. 8–21 Uhr.

**Sayoko no Mise**, Tonoshiro 170, einen Block hinter der Post, ✆ 0980-83-6088. Immer frische *sātā andagi* (kleine Krapfen) in unterschiedlichen Geschmacksrichtungen. 🕒 Mo–Sa 10–19 Uhr oder bis ausverkauft ist.

**The Shake**, Okawa 1, 730 Court. Kleines Verkaufsfenster an der 730 Kreuzung (die an die Umstellung auf Linksverkehr am 30.7.1978 erinnert). Etwa acht Sorten Shakes werden ständig frisch gemacht – besonders gut ist „Schwarzer Sesam", farbenfroh *beni-imo.* 🕒 tgl. 10–21.30 Uhr.

**Teppan Ataku**, Hamasaki-chō 2-4-24, ✆ 0980-82-3680. Teppanyaki und Okonomiyaki am Hafen, gemütlich mit Schuhe-Ausziehen! Auch lokale Gerichte. 🕒 Mo–Sa 18–22 Uhr.

**Tōfu no Higa**, Ishigaki 570, ✆ 0980-82-4806. Idyllisch zwischen Feldern und Kuhweiden etwas außerhalb (hinter dem Hotel Nikkō) gelegene Cafeteria einer kleinen Tōfu-Fabrik (nur offene, überdachte Terrasse).

Sehr leckerer frischer Tōfu in Brühe. ⌚ Mo–Sa 6.30–15 Uhr, manchmal ist das Frühstück um 10 Uhr schon ausverkauft.
**Will Keli Café**, Maesato 345-60, ☎ 0980-87-5272, 💻 https://willkeli.com. Stylisches Café mit Hawaii-Feeling beim ANA-Hotel und Maesato Beach, u. a. enorm fotogene Süßkartoffel-Pancakes und leckere Acai-Bowls. ⌚ tgl. 7–17 Uhr.

### Außerhalb der Stadt Ishigaki

**Akaishi Shokudō**, vor Hirakubo-zaki, ☎ 0980-89-2447. Enorm beliebtes Nudellokal auf der nordöstlichsten Landzunge. Es gibt drei Sorten Soba (Yaeyama, Sōki und Gemüse) jeweils in drei Größen und ein paar andere Gerichte. ⌚ Do–So 11–15 Uhr.
**Papaya**, am Yaeyama-Palmenhain. Saftstand mit etlichen einheimischen Obstsorten, u. a. werden fünf Sorten Ananas verarbeitet. Auch sehr leckere *sātā andagi* von der Oma. ⌚ Do–Di 9–17 Uhr.
**Ūmaru**, Kabira 844-1, ☎ 0980-88-2841. Okonomiyaki- und Teppanyaki-Restaurant in einem urigen Häuschen direkt bei der Kabira-wan. Auch ein paar vegetarisch/vegane Gerichte. ⌚ Do–Mo 18–22, Sa und So auch 11.30–14 Uhr.

## UNTERHALTUNG

Livemusik mit Sanshin in zahlreichen Bars und Kneipen, z. B. bei **Usagiya**, Okawa 250, ☎ 0980-88-5014, 💻 https://usagiya-ishigaki.com/. Meist wird eine Gebühr für Live-Vorführungen verlangt, etwa 1000 ¥. ⌚ tgl. 17–22 Uhr.
**Cafe Taniwha**, Ōgawa 188, ☎ 0980-88-6352. Ein Seglerpaar betreibt die urige Kneipe mit vielen Stammgästen und öfters Livemusik. ⌚ Di–Sa 11–23 Uhr.

## EINKAUFEN

### Stadt Ishigaki

Im Zentrum gibt es außer ein paar *konbini* keine Lebensmittelgeschäfte; am besten sortiert ist Happy Mart nördlich der Euglena Mall.
**Awamori Jelly**, Westausgang der Euglena-Mall (Südgang), ☎ 0980-83-7310. Wackelpudding aus Awamori oder Umeshū von Ishigaki bzw. Yonaguni. Kleines Töpfchen je 300 ¥. ⌚ Fr–Mi 11–22 Uhr.
**Farmer's Market**, Arakawa-chō 1-2, ☎ 0980-88-5300. Obst und Gemüse aus der Region, ein paar fertige Snacks *(kamaboko-nigiri)*, Gewürze und Kräutertees. ⌚ tgl. 9–18 Uhr, am 3. Di im Monat Ruhetag.
**Ishigaki Sakai Shōten**, Misaki-chō 9-1, ☎ 0980-82-8676, ⌚ tgl. 10–21.30 Uhr. T-Shirts, Taschen, Badetücher – alles mit dem fröhlichen Retro-Logo der „Genki"-Yaeyama-Molkerei.
**Māsuya**, Ōgawa 245, in der Nähe der 730-Kreuzung, 💻 www.ma-suya.net. Salz-Fachgeschäft, in dem über 50 Sorten Meersalz aus Okinawa verkauft werden; auch aromatisierte Salze, die man gleich auf dort verkauftem Vanille-Softeis testen kann. ⌚ tgl. 11–20 Uhr (Juli–Sep bis 21 Uhr).
**Oceans Luck**, Nordseite der Euglena Mall. Überwiegend Ethnoschmuck aus Holz, Haifischhaut, Muscheln und Knochen. ⌚ tgl. 10.30–18.30 Uhr. Filiale beim Fährterminal, ⌚ tgl. 10–19 Uhr.

### Außerhalb der Stadt Ishigaki

Im Sommer stehen an den Landstraßen Buden mit Direktverkauf von frischem tropischem Obst und Säften, z. B. **Ishigaki Ibaruma Nōen** in Ibaruma, ca. 10–17 Uhr.
**Ryūkyū Shinjū**, Kabira-wan, ☎ 0980-88-2288, 💻 www.ryukyu-shinju.co.jp. Pionier für die Zucht von schwarzen Perlen, wofür die Bedingungen hier ideal sind. Im Besucherzentrum gibt es eine kleine Ausstellung auf Japanisch über die Perlenzucht. ⌚ tgl. 9–18 Uhr.
Außerhalb der Stadt Ishigaki gibt es ansonsten bestenfalls **Dorfläden** mit knappem Angebot und erratischen Öffnungszeiten.

## AKTIVITÄTEN

### Baden und Schnorcheln

Schnorchelsaison ist etwa von Mai–Okt. Zu den besten Schnorchelstränden gehören **Yonehara Beach** (großes Gebiet, viele unterschiedliche Fische) und **Sunset Beach** (auch Clownfische). Beide mit Gebühr für Duschen/Parkplatz. Geführte Touren (Anbieter s. Touren) fahren per Boot je nach Wetter zu unterschiedlichen Schnorchelplätzen.

Der stadtnahe **Maesato Beach** und der sehr seichte **Sukuji Beach** im Nordwesten sind besonders zum Planschen mit kleinen Kindern geeignet (Duschen, Badewacht, gratis).

### Taiken

Minsā-Weben im Minsā Kōgeikan (S. 612), verschiedene *taiken* im Yaima-mura (S. 614). Shīsā-Töpfern und -Bemalen sowie Sanshin-Übungsstunden werden in zahlreichen Läden angeboten (auf Japanisch).

### Tauchen

Ishigaki ist bekannt für viele Mantarochen, die relativ nah an der Oberfläche schwimmen. (Schnupper-)Tauchgänge gibt es ab etwa 15 000 ¥, englischsprachig am ehesten bei **Umicōza** in Kabira, ✆ 0980-88-2434, 💻 https://umicoza.jp. Die Mantarochen sind auch beim Schnorcheln zu sehen.

## TOUREN

Fast alle Touren werden nur auf Japanisch durchgeführt, manche Anbieter haben ein englisches Infoblatt zur Tour. Inselrundfahrten per Taxi sind auch mit englischsprachigem Fahrer möglich. Viele Veranstalter bieten auch Kajaktouren auf den mangrovengesäumten, leicht befahrbaren Flüssen der Yaeyama-Inseln an (ab etwa 6000 ¥), aber keinen Kajakverleih.

**Inselrundfahrten**: Japanischsprachige Rundfahrten ab Busbahnhof: 9.30–14 Uhr (13.40 Uhr am Flughafen), mit Lunch 4700 ¥: **Azuma Bus**, ✆ 0980-87-5423, 💻 www.azumabus.co.jp, oder **Ishigakijima Travel Center**, im Fährterminal, ✆ 0980-83-8881, 💻 www.itc-ishigaki.jp.

**Azuma Taxi**, ✆ 0120-8349-54, bietet auch Besichtigungsrundfahrten mit Rollstuhltransport an.

**Hirata Kankō**, im Fährterminal, ✆ 0980-82-671. Mehrere Angestellte sprechen Englisch. Diverse Touren insbesondere auf die Nachbarinseln, auch etliche Outdoorangebote, z. T. auf Englisch möglich. U. a. Kurojima mit Fahrradverleih oder geführte Spaziergänge. Vermittlung von Taxirundfahrten auf Englisch auf Ishigaki sowie allgemeine Informationen. Sehr hilfsbereit.

**Lucky Clover**, ✆ 090-677-9220. Bietet u. a. Schnorcheltouren zur Sandbank Maboroshi-

Boote fürs Drachenbootrennen liegen in Ibaruma bereit.

OKINAWA

jima an. Wer will, kann dort auch im Nixen-Kostüm auf dem Strand posieren.

**Tom Sawyer**, Büro im Fährterminal, ✆ 0980-83-4677, 🖳 www.ishigaki-tomsawyer.jp. Diverse Touren mit Fokus auf Tauchen, Schnorcheln und Angeln.

**Yamaneko Tour**, im Ishigaki-Fährterminal, ✆ 0980-82-9836, 🖳 https://www.yamaneko-tours.com/. Tagestouren auf die Nachbarinseln, vor allem Aktivtourismus auf Iriomote.

**Yoshida Sabani**, Hirakubo, beim Sunset Beach, ✆ 090-6869-2395, 🕒 www.cicadae-sailboat.com/english. Fahrten mit traditionellen hölzernen Ausleger-Segelbooten, die Yoshida-san selbst baut. Ab 6000 ¥, auch mit Schnorcheltour, dann teurer.

## SONSTIGES

### Autovermietungen

Mietwagen sehr saisonabhängig ab ca. 4000 ¥ pro Tag, Werbeflyer u. a. am Flughafen. Dort gibt es keine Infostände, sondern nur einen Drop-off-Stand; man muss also anrufen oder online buchen. In der Stadt Ishigaki ist z. B. **Klatch Rentacar** günstig und unkompliziert, 🖳 https://rent-a-car.jp/reserve/klatch, 🕒 Rezeption tgl. 8–16.30 Uhr. Viele Mittelklassehotels bieten günstige Kombinationsangebote mit Mietwagen.

€ **Yamaborē House Rentacar**, ✆ 0980-87-5065. Kleiner, sehr günstiger Autoverleih mit Kombi aus Unterkunft auf der Nordseite der Insel und Keisha Kleinwagen.

### Fahrradverleih

Einige Unterkünfte vermieten günstige Fahrräder (meist ohne Gangschaltung). Mitnahme auf andere Inseln ist möglich.

**Ishigaki Jitensha Shōkai**, beim Fährterminal, ✆ 0980-82-3255. 300 ¥ pro Std., 1500 ¥ pro Tag. 🕒 tgl. 9–19 Uhr.

**Fahrradverleih** in Kabira, in der Straße zur Tankstelle, vom Meer aus links, ✆ 0980-88-2330. Fahrrad ab 500 ¥ (2 Std.), 🕒 tgl. 10–18 Uhr.

### Informationen

**Touristeninformation** im Flughafen. Eine weitere Touristeninformation im Fährterminal wird von Hirata Kankō (s. Touren) betrieben.

### Wanderung auf den Omoto-dake

Der Omoto-dake ist mit 524 m der höchste Berg der Präfektur Okinawa. Von der Bushaltestelle im Ort Omoto aus (Wegweiser) sind es etwa 2 km bis zum Parkplatz. Der Aufstieg ist nicht schwierig: Der Weg führt die meiste Zeit über (teils betonierte) Waldpfade. Bereits nach einer guten Stunde ist der Gipfel mit schönen Ausblicken über die Nordseite der Insel und die funkelnd blaue Kabira-wan erreicht.

## NAHVERKEHR

Gute Pläne für die **Inselbusse** im Busbahnhof.

**Nakamachijunkan-Linie**, innerstädtische Runde, stdl., 250 ¥.

**Flughafenlinie**, häufig, 35 Min., 540 ¥.

Ostlinie, zum **Hirakubo-misaki**, 2x tgl. (Haltestelle Hirakubo, dort 1 Std. Zeit bis zur Rückfahrt), 1 1/4 Std.

Westroute nach **Kabira** (45 Min.) und **Yonehara** (1 Std.), 4x tgl.

Ein 5-Tage-Pass kostet 2000 ¥ (Tagesticket 1000 ¥).

## TRANSPORT

### Schiffe

Vom Fähranleger im Süden der Stadt fahren **An'ei Kankō**, 🖳 www.aneikankou.co.jp, und **Yaeyama**, 🖳 www.yaeyama.co.jp. Beide Firmen bieten auch Mehrtagepässe an und bedienen die gleichen Strecken, etwas günstigere Rückfahrttickets gelten jeweils nur für die Schiffe der ausstellenden Firma.

HATERUMA, 3x tgl., 80 Min., 4070 ¥ (hin und zurück 7830 ¥)

IRIOMOTE (Uehara), 7x tgl., 45 Min., 2690 ¥ (5170 ¥)

IRIOMOTE (Ōhara), 12x tgl., 40 Min., 2060 ¥ (3960 ¥)

KOHAMAJIMA, ca. stdl., 25 Min., 1400 ¥ (2700 ¥)

TAKETOMI, halbstdl., 10 Min., 790 ¥ (1520 ¥)

HATOMA, 2x tgl. 2690 (5170¥)

Keine Fährverbindung nach Naha und Miyakojima!

### Flüge

Ishigaki wird mehrmals tgl. von ANA und der JAL-Tochter JTA sowie japanischen Billigfluglinien wie Solaseed und Peach angeflogen. Nach TŌKYŌ 3 1/2 Std., NAHA 1 Std.

## Taketomi 竹富

Bei gerade mal 9,2 km Umfang hat Taketomi nur etwa 350 Einwohner. Trotzdem war das Inselchen unter dem königlichen Verwalter Nishitō von 1524 bis 1543 das administrative und religiöse Zentrum der Yaeyama-Inseln. Nishitō hatte zuvor auf der Hauptinsel Okinawa das Steintor des Sonohyan-utaki für den König von Ryūkyū gebaut.

Vom Fähranleger führt eine 1 km lange Allee von Deigo-Bäumen ins Dorf. Direkt hinter dem Fährterminal gibt es im **Touristenzentrum Yukabukan** ein paar allgemeine Informationen, Bilder und Tondokumente zur Inselkultur (auch auf Englisch, Eintritt frei). ⏲ tgl. 8–17 Uhr.

Im denkmalgeschützten Ort ist die Struktur eines traditionellen Ryūkyū-Dorfs weitgehend erhalten, mit Mauern aus Korallensteinen, quer stehenden „Geistermauern" im Toreingang, vielen kleinen Gärten und Shīsā-Löwen auf den Dächern. Der winzige **Nagomi-Aussichtsturm** bietet einen guten Blick über die Dächer des Ortes.

Im Ort sind noch mehrere Dutzend traditionelle Heiligtümer erhalten, die hier *on* heißen. Zu den wichtigsten gehört der **Yūmuchi-on**, der Schrein für die Götter der Landwirtschaft und des Feuers. Hier findet im November das Tanedori-Fest mit vielen traditionellen Vorführungen und Tänzen statt. In der Nähe befindet sich der **Nishitō-on**, in dem der Landesherr Nishitō als Schutzgott der Insel verehrt wird. Touristen dürfen die On nicht betreten. Die Überreste der Residenz von Nishitō befinden sich neben dem **Kaiji Beach**, der auch Hoshizuna- oder „Sternsand"-Strand genannt wird. Die winzigen Sterne im Sand sind in Wirklichkeit Skelette von kleinen, schalentragenden Amöben.

Nach Norden schließt sich der **Kondoi Beach** an, ein schöner, langer Sandstrand mit Duschen, WCs und seichtem Badewasser. Am Weg zum **Aiyaru Beach** auf der Ostseite flattern zahllose Schmetterlinge.

### Sternsand

Der Sage nach frisst eine große Seeschlange die Kinder der Sterne. Ihre Ausscheidungen werden zu Sternsand: Tatsächlich sind es winzige Skelette von kleinen, schalentragenden Amöben. Die meisten Touristen sieben allerdings am Sternsandstrand vergeblich den Sand, um ein paar Sterne zu finden. Praktischerweise verkaufen die Andenkenstände am Parkplatz fertige Tütchen mit den sternförmigen Skeletten.

### ÜBERNACHTUNG UND ESSEN

Etwa ein Dutzend Minshuku ab etwa 5800 ¥ p. P. mit HP; Informationen am Fähranleger.

€ **Je t'aime (Juteimu) GH**, am Maruhachi-Fahrradverleih nach rechts, dann auf der linken Seite, ✆ 0980-85-2555. Nur Schlafsaal, 3200 ¥ p. P.

**Matsutakezō**, Taketomi 484-1, westlich der Post, ✆ 0980-85-2257. Von einem netten älteren Paar geführtes sehr schönes Minshuku mit Gemeinschaftsbädern und schöner Sitzecke im Innenhof. Im Sommer viele Stammgäste. Unbedingt vorbuchen. Mit Halbpension ab 6300 ¥ p. P.

**Island Cafe Chirorin-mura**, an der Straße zum Kondoi Beach, ✆ 0980-85-2007. Coole Bar mit Insel-Atmosphäre, Drinks, Smoothies und kleinen Gerichten. ⏲ tgl. 10–24 Uhr.

**Parlor Ganjuya**, Eiscafe am Ortseingang, ✆ 0980-85-2211, ⏲ tgl. 11–16.30 Uhr.

### SONSTIGES

#### Einkaufen

**Nan Chō Ann**, Taketomi 637, in der Südostecke des Dorfes, ✆ 0980-85-2040. Designer-T-Shirts und Schmuck aus Treibholz und Silber. ⏲ tgl. 10–17 Uhr; Café bis 22 Uhr.

#### Fahrradverleih

Am besten ist man auf Taketomi mit dem Fahrrad unterwegs. Mehrere Verleihfirmen im

Ort, u. a. **Maruhachi**, ✆ 0980-85-2260, bieten jeweils bei Ankunft der Fähren kostenlosen Bustransport vom Fähranleger aus, alle mit dem gleichen Angebot: 400 ¥/Std., abgerechnet wird am Schluss nach halben Stunden.

### Information

Am Fähranleger, ✆ 0980-82-5445. Hier ist auch der – freiwillige – Inseleintritt von 300 ¥ zu bezahlen.

### Touren

**Glasbodenboote** fahren ca. zwischen 8–15 Uhr vom Fähranleger, **Ochsenkarrentouren** bis ca. 15.30 Uhr im Ort (ab 2000 ¥, mehrere Anbieter).
**Uema Manabu**, ✆ 080-3907-0599, ✉ gaku08@gmail.com. Bietet geführte Spaziergänge über die Insel auf Englisch an, daneben arbeitet er als Journalist und Japanischlehrer, ab zwei Personen für 2000 ¥ p. P. für ca. 1 1/2 Std.

## TRANSPORT

Ein **Bus** fährt vom Fähranleger in den Ort (ca. 1 km, 300 ¥) und ggf. zum Kondoi Beach (für die Rückfahrt muss man anrufen, ✆ 0980-85-2154).
**Schnellboot** nach ISHIGAKI (Fahrradmitnahme okay) tgl. 7.45–18.15 Uhr, häufig 10 Min., 790 ¥.

# Iriomote 西表

Tropischer Urwald und totale Abgeschiedenheit: Die größte der südlichen Inseln ist mit ca. 2300 Einwohnern nur dünn besiedelt und zu 90 % von Urwald bzw. Mangroven bedeckt. Spätestens seit der Ernennung zum Unesco-Welterbe 2021 wird Nachhaltigkeit großgeschrieben: Bringt statt Plastikflaschen lieber eine Trinkflasche mit, die kann man überall kostenlos auffüllen. Iriomote ist Dschungel, Urwald, Abenteuer – hierher kommt man für Kajak- und Mangroventouren. Allerdings darf man zum Schutz der Natur nur mit Guide ins wilde Innere.

## Der Norden

Der Urauchi-Fluss, mit 39 km der längste in Okinawa, ist von Mangroven *(hirugi)* gesäumt. Eine Bootsfahrt von der Mündung aus lässt sich mit dem Besuch zweier **Wasserfälle** kombinieren, die vom Endpunkt der Bootstour, dem Felsen Gunkan-iwa, über einen 30- bis 45-minütigen Spaziergang erreicht werden können.

Noch etwas westlich der Flussmündung steht im Dorf **Sonai** das über 140 Jahre alte, strohgedeckte Haus der Familie Shinmori (Shinmori-jūtaku). Es ist aus soliden Mauern aus Korallen gebaut (an der Post vorbei, rechts in Richtung Ufer). ◷ durchgehend, Eintritt frei. An der Bushaltestelle Sonai gibt es einen kleinen Supermarkt.

Die Straße endet in **Shirahama**, einem winzigen Dorf mit Hafen, Lädchen und Japans westlichster Bushaltestelle. Von hier fährt fünfmal täglich ein Boot nach **Funauki** (Hin- und Rückfahrt 960 ¥), dem abgelegensten Ort von Iriomote (Privatzimmer, Snacks). Zum **Ida Beach**, einem wunderbaren weißen Sandstrand, sind es zu Fuß zehn Minuten. Zum Schnorcheln ist die linke Seite besser, wir haben beim letzten Mal sogar eine Meeresschildkröte gesehen!

Eine Halbinsel auf der Nordseite der Insel bietet mehrere schöne Strände: Der **Tsukigahama** beim Hoshino-Resorthotel zieht sich um eine Bucht mit vorgelagerten Inselchen. Am Kap Unarizaki gegenüber führt von einem großzügigen Park mit Aussichtspavillon, WCs und Kinderspielplatz ein versteckter Weg zum **Mimikiri Beach**, einem kleinen Strand mit schönen Felsformationen und Korallen. Zufahrt vom Ort Sumiyoshi an der Pension Pine-kan (ananasförmiger Anbau!) vorbei bis zum Parkplatz am Ende der Straße.

An der Nordspitze der Halbinsel liegt der kleine **Hoshizuna-no-hama** (Sternsand-Strand), der wegen der bis ans Ufer reichenden Korallen ideal zum Schnorcheln ist. Im Sand finden sich winzige, sternförmige Tierskelette.

Der beeindruckende Wasserfall **Pinai-sāra** liegt in den Bergen beim Hafen Funaura, etwas östlich von Uehara. Er ist mit 55 m der höchste Wasserfall der Präfektur Okinawa, v. a. im Frühjahr stürzt das Wasser laut und reißend in die Tiefe. Typischerweise besucht man ihn im Rahmen einer Halbtagestour: Nach etwa 1,5 km leichter Kajakstrecke geht es zu Fuß auf einem steilen, recht anspruchsvollen Weg (ca. 30 Min.) zum Fuß des Wasserfalls, je nach Wetterlage

### Iriomote-Katze

Die Iriomote-Yamaneko *(Prionailurus iriomotensis)* ist eine erst 1965 entdeckte, nur auf Iriomote heimische Katzenart und vom Aussterben bedroht. Über die Klassifizierung sind sich die Wissenschaftler noch nicht einig: Manche sehen die Wildkatze als eigene Gattung an, andere vermuten eine Untergattung des Leoparden. Jedenfalls hat sie sich seit ihren primitiven Vorfahren kaum weiterentwickelt und ist damit verglichen mit anderen Katzen quasi ein lebendes Fossil.
Die buschig-braune Katze ist etwa so groß wie eine normale Hauskatze. Sie jagt sowohl tagsüber als auch nachts, und zwar hauptsächlich kleine Säugetiere, aber auch Insekten, Reptilien und Vögel – inzwischen gern an der bewohnten Küste mit ihren Feldern und Kleintieren. Deshalb kommt es hier häufig zu Verkehrsunfällen. Trotz der zahlreich aufgestellten Warnschilder ist es sehr unwahrscheinlich, ein wild lebendes Exemplar zu Gesicht zu bekommen – falls es verletzt ist, den Yamaneko-Notdienst (✆ 0980-85-5581) rufen!

auch höher. Tourenanbieter stellen rutschfeste Neoprenschuhe zur Verfügung.

## Der Osten und Süden

Die Insel **Yubujima** wird dadurch zur Touristenattraktion, dass man zu ihr in von Wasserbüffeln gezogenen Karren über das Watt befördert wird (1760 ¥; Inselzutritt zu Fuß 600 ¥). Die Kutscher spielen während der zehnminütigen Fahrt oft Sanshin.

Etwas nordwestlich von Yubujima kann man beim **Ōmija Road Park** durch Mangroven laufen. Bei Komi führt von der Hauptstraße eine Abzweigung in die Berge zum **Iriomote Wildlife Center** (Iriomote Yasei Seibutsu Hogo Sentā, ca. 700 m). Das Informationszentrum hat Fotos, Infotafeln und Schaukästen zu den Tieren auf Iriomote. Ein Raum ist der Iriomote-Katze (s. Kasten) gewidmet. 🕒 Di–So 10–16 Uhr, Eintritt frei.

Auf der Südseite der Insel zweigt ein Fahrweg zum **Wasurenai-ishi** ab. Die Gedenkplakette erinnert an die Einwohner von Hateruma, die während des Pazifischen Kriegs nach Iriomote zwangsevakuiert wurden und daraufhin an Malaria starben (s. auch S. 612, Ishigaki Heiwa Kinenkan). Von einem kleinen Parkplatz muss man noch 200 m nach links am Strand entlanglaufen.

Am Ende der Hauptstraße und Buslinie nach Süden beginnt der **Haimida-no-hama**, der längste Strand von Iriomote. Von hier sieht man die Insel **Hateruma** (S. 623).

### ÜBERNACHTUNG

Zum Übernachten empfiehlt sich eigentlich eher die Nordseite von Iriomote, denn hier befinden sich die schöneren Strände, und die Ausflüge starten überwiegend von dort. Die meisten Fähren kommen allerdings im Süden bei Ohara an.

#### Nordseite

**Hoshino Resort**, Uehara 2-2, ✆ 50-3134-8094, 💻 https://hoshinoresorts.com/en/hotels/iriomote. Das größte Hotel auf Iriomote, trotz des Komforts mit Nachhaltigkeitsanspruch und fünf angestellten Naturführern. Spaziergänge und Vorträge sind im Preis eingeschlossen. Außerdem Touren wie Mangrovenkajak oder Höhlenerkundung. ❻

**Kanpira-sō**, Uehara 545, ✆ 0980-85-6508, 💻 www.kanpira.com. Beim Fähranleger in Uehara, gegenüber dem Supermarkt. Altmodisch und recht einfach, dafür große Tatami-Zimmer und Tee im Gemeinschaftsraum. Nur Übernachtung mit/ohne eigenes Bad ❶/❷

**Mariudo Guesthouse**, Uehara 984-14, ✆ 0980-85-6578, 💻 https://mariud.com. Das alteingesessene Guesthouse Mariudo hat einen neuen komfortablen Annex mit stylischen zweistöckigen Reihenhäuschen. Am besten Abendessen und Frühstück dazubuchen. ❺

**Mitoreya-Campingplatz**, Hinai Beach, ✆ 0980-85-6578. Der beste von mehreren Campingplätzen auf der Insel, u. a. mit heißen Duschen und Fahrradverleih. 1000 ¥ p. P. Minimalistische Holzhütten ab 1500 ¥.

**Pension Hoshinosuna**, am Hoshizuna-no-hama, ✆ 0980-85-6448, 💻 www.hoshinosuna.ne.jp. Helle Zimmer mit Blick direkt auf die Bucht. Dazu gehört ein nettes Café mit Terrasse.

Camping (ohne Dusche, toller Blick) 500 ¥ p. P. Ab ❷

**Tin Nu Karla**, westlich vom Hoshizuna-no-hama, ☏ 0980-85-6017. Das winzige Resort beim Hoshizuna-no-hama besticht durch 3 edle Zimmer und einen Jacuzzi auf dem Dach. ❺

**Uminchu no ie**, Shirahama, ☏ 0980-85-6119. Minshuku mit großen, schlichten japanischen Zimmern mit Bad. ❶–❷

### Süd- und Ostseite

**Haimida-Campingplatz**, am Haimida Beach, ☏ 090-9781-0940, 090-9781-0965. 4 km von der Bushaltestelle Toyohara entfernt. Einfach, aber schön. 500 ¥ p. P.

**Yamaneko**, Ōhara Haimi 201-154, ☏ 0980-85-5242. Günstiges Minshuku, nur Übernachtung. 2000 ¥ p. P.

## ESSEN

Ein paar günstige Restaurants finden sich an der Hauptinselstraße in **Ōhara, Uehara, Sonai** und **Funauki**. Bei der letzten Recherche im Sommer 2023 waren die meisten sehr unregelmäßig geöffnet, am ehesten am Wochenende. Am besten bucht man Halbpension in der Unterkunft oder versorgt sich selbst.

**Kitchen Inaba**, gegenüber dem Hoshino Resort, ☏ 0980-84-8164. Freundliches Restaurant im skandinavischen Stil, Ryūkyū-Küche. Mittags von Gruppen besucht, abends manchmal Live-Sanshin-Konzerte. ◷ Di–So 11.30–15 und 18–23 Uhr.

## AKTIVITÄTEN UND TOUREN

Die **Tauchsaison** beginnt im März: Die rauen Nordwinde im Winter treffen besonders die besten Tauchreviere im Westen der Insel. Östlich, zwischen Iriomote und Kohama, verläuft die sogenannte „Mantastraße", dort kann man Mantarochen beim Tauchen und sogar beim Schnorcheln nahekommen.

Im Juni/Juli blüht der **Sagaribana-Baum**, dessen stark duftende Blüten nur nachts aufgehen und die daher am eindrucksvollsten auf einer frühmorgendlichen Kajaktour zu sehen sind. Mit Sonnenaufgang fallen die fedrigen Blüten ab und treiben auf dem Wasser. Es lohnt sich, eine Tour mit sehr frühem Start zu buchen (vorher erkundigen, nicht alle starten früh).

**Iriomote Monsoon**, Hinai Beach, ☏ 0980-85-6019, 🖳 www.iriomote-monsoon.com. Viele Kajak-Touren mit guten Guides, auch teils auf Englisch möglich. Auch einfache, aber coole Unterkunft.

**Hirata Kankō**, Tagestouren ab Ishigaki, s. S. 617.

**Hoshinosuna**, s. Übernachtung. Gepäckaufbewahrung, Schnorchelverleih ab 600 ¥.

**Iriomote Osanpo Kibun**, ☏ 0980-84-8178, Mobil 090-2497-0463, ✉ info@iriomote-osanpo. Kleiner Anbieter für Trekking, Kajak, Schnorcheln, auch auf Englisch.

**Nakamagawa Yūsen**, ☏ 090-8839-7129. Bootsfahrt auf dem Nakamagawa, ca. 1 Std., 2000 ¥. Abfahrt in Ōtomi (bzw. Bus ab Ōhara).

**Urauchigawa Kankō**, ☏ 0980-85-6154, 🖳 www.urauchigawa.com. Ausflugsboote auf dem Urauchigawa, ganzjährig 9–14 Uhr halbstdl., etwa 30 Min. Fahrt von der Mündung/Brücke bis Gunkan-iwa, 2200 ¥ (Hin- und Rückfahrt). Auch Kanutourenangebote.

## SONSTIGES

### Autovermietungen

**Airport Rentacar**, Ōhara, ☏ 0980-85-5383.
**Iriomote Rentacar**, Uehara, ☏ 0980-85-5440.
**Yamaneko Rentacar**, Ōhara, ☏ 0980-85-5111, Filiale in Uehara, ☏ 0980-85-6111.

Meist ab 6000 ¥/Tag. Rückgabe am jeweils anderen Hafen ist gegen Aufpreis möglich. Aufwand und Preis für die Autofähre von Ishigaki rentieren sich nicht, auch wenn die Miete dort billiger ist.

### Einkaufen

**A Picture Book**, Nakano, ☏ 0980-84-8065, 🖳 https://iriomote-zukan.com. T-Shirts und Einkaufstaschen mit Illustrationen einheimischer Tiere. ◷ Fr–Di 10–17 Uhr.

**Iriomote Teshigoto Center**, Uehara 870-277, ☏ 0980-85-6039. Handgewebte Minsā-Stoffe, z. B. Untersetzer und Schals. Auch *taiken* (Weben) für 2500 ¥, auf Voranmeldung auch auf Englisch. ◷ Mo–Fr 9.30–12 und 13–17 Uhr, unregelmäßige Ruhetage.

**Megumi Kōbō**, Uehara 870-113, ✆ 090-5028-1118. Gleich hinter Kitchen Inaba stellt Nishi Megumi in ihrer kleinen Papierwerkstatt nach einheimischer Tradition Papier nur aus einheimischen Pflanzen her. Als der Import aus China vor 300 Jahren verboten wurde, mussten die Ryūkyūer nach Alternativen suchen. Hier bekommt man handgeschöpftes Japanpapier sowie Postkarten mit und ohne Design. Nach Anmeldung auch Selbst-Schöpfen (4000 ¥ für vier Postkarten) oder Stoffe mit Pflanzenfarben färben (ab 5000 ¥). 🕒 tgl. ab 13 Uhr.

### Fahrradverleih

Günstiger Verleih in vielen Unterkünften; **Murata's School of Nature**, Uehara, 500 ¥/Tag. Achtung: Die Inselstraße ist recht hügelig.

## NAHVERKEHR

### Busse

Der lokale Bus fährt 4x tgl. von Shirahama bis Toyohara, insgesamt 2 Std. Tagespass 1050 ¥, 3-Tage-Pass 1570 ¥.

### Taxis

**Iriomote Kankō Taxi**, ✆ 0980-85-5333.

## TRANSPORT

### Auto

Höchstgeschwindigkeit 40 km/h, in Ortschaften 30 km/h. Die ratternden Streifen auf der Fahrbahn sollen die Iriomote-Katze abschrecken, auf die Fahrbahn zu laufen.

### Schiffe

Zwischen ISHIGAKI und Iriomote (Ōhara und Uehara) verkehren Schnellboote, s. auch S. 618, Ishigaki. Bei starkem Seegang (v. a. im Winter) fahren die Schiffe nach Uehara nicht, stattdessen ein Shuttlebus über Ōhara. Wenn im Sommer wegen eines Taifuns die Fähren nicht verkehren und man dadurch einen Flug verpasst, gibt die Fährfirma eine Bestätigung aus.

# Hateruma 波照間島

Japans südlichste Insel liegt 50 km von Ishigaki entfernt. Der einzige Ort (etwa 500 Einwohner) befindet sich rund 1 km vom Hafen entfernt im höhergelegenen Bereich der ansonsten sehr flachen Insel. Shuttlebusse zu Unterkünften oder Fahrradverleihen warten am Fähranleger.

Zuckerrohrfelder erstrecken sich über einen Großteil der Insel. Der **südlichste Punkt Japans** mit Denkmal und Observatorium ist eine kleine Attraktion – in der ersten Jahreshälfte kann man von Hateruma aus sogar das Kreuz des Südens sehen. Im Westen von Hateruma liegen zwei der schönsten Strände Japans: Der **Nishihama Beach** mit feinem weißem, sanft abgleitendem Sand, Korallenbänken und wunderbaren Blauschattierungen des Wassers sowie der **Pēhama Beach** daneben mit malerischen Felsen im Wasser. Wegen der Strömungen soll man an Letzterem aber nicht schwimmen. Ein versteckteres Highlight ist die tropisch überwucherte, geschwungene Korallensteinburg **Shimotabaru-jō**. Sie stammt mindestens aus dem 15. oder 16. Jh. und steht an einer seit fast 4000 Jahren besiedelten Stelle.

## ÜBERNACHTUNG UND ESSEN

Es gibt etwa 20 Unterkünfte (Vermittlung in Ishigaki möglich), u. a. **Yuttai & Lagoon**, Hateruma 3141, ✆ 090-3796-0420. Schlichte, moderne Zimmer um einen Hof, Gemeinschaftsräume, lässiger Surfer-Style. ❷
Im Ort befinden sich mehrere Kneipen, Lokale und Läden. Unbedingt probieren sollte man den **Awanami Awamori** und das **Softeis** mit braunem Zucker, z. B. das (wenig gesüßte) Eis mit Rohrzuckermolasse neben der Zuckerfabrik am Nishihama Beach.

## TRANSPORT

**Bootsverbindung** s. S. 618. Bei hohem Seegang fallen öfters Verbindungen aus, durch den Einsatz eines neuen, größeren Schnellboots sollte aber tgl. mindestens ein Boot fahren.

# Anhang



## Sprachführer

Obwohl die japanischen Schriftzeichen den chinesischen ähneln, ist die Sprache grammatikalisch höchstens mit dem Koreanischen verwandt. Für Ausländer schwierig und vor allem langwierig zu lernen sind das Schriftsystem und die sozialen Komponenten der Sprache, besonders die unterschiedlichen Höflichkeitsebenen. Sich ein paar Grundfloskeln für den touristischen Alltag anzueignen, geht hingegen schnell, kommt Japanisch doch ohne Konjugationen, Artikel und Plural aus. Also nur Mut!

Japaner sind in der Regel hocherfreut, wenn sich Touristen die Mühe machen, ihre Sprache ein bisschen zu lernen. Schon ein paar gestammelte Satzbrocken rufen meist Begeisterung hervor. Außerdem haben solche Bemühungen oft zur Folge, dass sich der japanische Gesprächspartner dann doch traut, sein Englisch auszuprobieren. Weil alle jahrelang Englisch in der Schule pauken, haben sie meist einen großen Wortschatz, auch wenn ihnen das Sprechen schwerfällt. Hier hilft manchmal Aufschreiben (z. B. am Fahrkartenschalter). Zudem gibt es im Japanischen viele englische Lehnwörter. Mit etwas Übung kann man englische Wörter japanisch aussprechen (z. B. *passport*: „pasupōto") – oft klappt das, und man wird auch verstanden.

### Aussprache

Die Aussprache des Japanischen ist relativ einfach: Bei der Lautabfolge wechseln sich fast immer ein Konsonant und ein Vokal ab (etwa wie im Italienischen). Weder Satzmelodie noch Wortbetonung sind für die Bedeutung relevant. Die Aussprache der Vokale ähnelt dem Deutschen, die der meisten Konsonanten dem Englischen. Also: scharfes „s", „ch" wie in *chicken*, „j" wie in Job, „z" wie in *zero*, sh – wie in Shop.

#### Besonderheiten

**R** Das japanische „r" ist tatsächlich recht nahe am „l". Wer das „r" mit der Zunge rollt (süddeutsch), bleibt am einfachsten beim „r". Ansonsten durch „l" ersetzen und auf die Aussprache der Japaner achten.

**Doppelkonsonanten** Doppelte Konsonanten, wie in „Nikkō", sind durch eine kurze Pause zwischen den Silben deutlich hörbar (etwa wie „Nick-kō").

**Langvokale** Ein Längungsstrich über einem Vokal bedeutet, dass dieser langgezogen wird (wie in „Tōkyō").

**Verschluckte Vokale** In vielen Wörtern werden die Vokale i und u, manchmal (v. a. bei ausländischen Lehnwörtern) auch o, sehr kurz gesprochen oder praktisch verschluckt. Das gilt besonders in den Silben shi, su, tsu und to. Beispiele: *Wakarimash(i)ta*: Ich habe verstanden. *Sō des(u)*: So ist es.

**n** Am Wortende wird das „n" manchmal nasal gesprochen, also eher wie „ng". Vor „b", „p" und „m" wird es zu „m" assimiliert, z. B. in *tenpura* (frittiertes Gericht).

ANHANG

## Schrift

Die japanische Schrift kombiniert drei unterschiedliche Schriftsysteme: **Kanji** sind ideographische Zeichen – jedes Zeichen steht für eine Wortbedeutung bzw. eine Idee. Neben den Kanji gibt es die Hiragana und die Katakana, beides Silbenalphabete, mit denen alle Laute der japanischen Sprache abgebildet werden können. Das **Katakana-Alphabet** wird für Fremdwörter, z. B. auch ausländische Namen, benutzt, mit dem **Hiragana-Alphabet** werden insbesondere grammatikalische Informationen mitgeteilt (also z. B. Tempus und mittels Partikel auch der Kasus).

## Grammatik

Im Japanischen steht das **Verb** immer am Ende des Satzes. Das Subjekt kann aber in den meisten Situationen weggelassen werden, da es sich aus der Situation ergibt oder unwichtig ist. Aus der Verbform wird das Subjekt nicht deutlich, und Singular und Plural werden fast nie unterschieden. Bei solch einem System verwundert es nicht, dass Sätze oft sehr vage und nur aus dem Kontext und der Höflichkeitsebene heraus zu verstehen sind.

**Verbbeispiel:**
*ikimas(u)* *ich gehe (bzw. du gehst, er geht, wir gehen…)*
*ikimash(i)ta* *ich bin gegangen (bzw. du, sie, wir…)*
*ikimasen* *ich gehe nicht (bzw. du, sie, wir…)*
*ikimasen desh(i)ta* *ich bin nicht gegangen (bzw. du, sie, wir…)*
*ikitai des(u)* *ich möchte gehen (bzw. du, sie, wir…)*

Für unterschiedliche **Höflichkeitsstufen** gibt es noch andere Verbformen; die hier angegebene mit -masu und desu ist jedoch für Besucher die nützlichste. Weiter unten sind weitere Verben in dieser Form aufgeführt, die ähnlich benutzt werden können.

Im Satz übernehmen nachgestellte **Partikel** die Funktion von Fällen und Präpositionen, z. B. *no* für den Genitiv (Erika no hon – Erikas Buch), *ga* für den Nominativ, *ni* oder *de* für Ortsangaben (Doitsu ni sunde-imasu – Ich wohne in Deutschland). *Wa* gibt das Thema des Satzes oder Teilsatzes an (Erika-san wa … – Was Erika angeht, …).

## Wörter und Wendungen

### Vorstellung

| | |
|---|---|
| **Wie heißen Sie?** | *O-namae wa?* |
| **Ich heiße Meier.** | *Meier desu.* |
| **Sind Sie Herr Tanaka?** | *Tanaka-san desu ka?* |
| **Ich bin nicht Tanaka. (Sich selbst bezeichnet man nie als -san!)** | *Tanaka ja arimasen.* |
| **Woher kommen Sie? (wörtlich: „Was ist Ihr Land?")** | *O-kuni wa?* |
| **Ich komme aus Deutschland (der Schweiz/ Österreich).** | *Doitsu (Suisu/Ōsutoria) kara kimashita.* |
| **Was ist Ihr Beruf?** | *O-shigoto wa?* |

### Begrüßung und Abschied

| | |
|---|---|
| **Guten Tag.** | *Konnichiwa.* |
| **Guten Morgen.** | *O-hayō gozaimasu.* |
| **Guten Abend** | *Konbanwa.* |
| **Willkommen.** | *Irasshaimase.* |
| **Auf Wiedersehen.** | *Sayōnara.* |
| **Wie geht es Ihnen?** | *O-genki desu ka?* |
| **Danke, gut.** | *E, okage-sama de.* |
| **Freut mich, Sie kennenzulernen.** | *Hajimemashite.* |
| **Auf gute Zusammenarbeit.** | *Dōzo yoroshiku.* |
| **Entschuldigung. (Darf ich eintreten?)** | *O-jama-shimasu.* |
| **Entschuldigung. (Ich bin so frei.)** | *Shitsurei-shimasu.* |

### Höflichkeitsfloskeln

| | |
|---|---|
| **Ich bitte darum.** | *O-negai-shimasu.* |
| **Bitte schön.** | *Dōzo.* |

| | |
|---|---|
| **Entschuldigung. (Darf ich stören?)** | *Sumimasen.* |
| **Vielen Dank.** | *Arigatō gozaimasu.* |
| **Gern geschehen.** | *Dō itashimashite.* |
| **Verzeihung.** | *Gomennasai.* |
| **Entschuldigung. (Ich habe Sie warten lassen.)** | *O-matase-shimashita.* |
| **Guten Appetit (wörtlich: „Ich bekomme" – wenn man selbst anfängt zu essen)** | *Itadakimasu.* |
| **Das war lecker (zum Abschluss des Essens).** | *Gochisōsama deshita.* |
| **So langsam muss ich mich entschuldigen/muss ich gehen.** | *Sorosoro shitsurei-shimasu.* |
| **Danke für alles.** | *Iroiro arigatō gozai-masu.* |
| **Danke für Ihre Mühen.** | *Iroiro o-sewa ni narimashita.* |
| **Danke für Ihre Bemühungen, aber auch: Schönen Feierabend etc. (wörtlich: „Sie müssen erschöpft sein").** | *O-tsukare-sama deshita.* |
| **Das war interessant.** | *Omoshirokatta desu.* |
| **Passen Sie auf sich auf.** | *Ki o tsukete kudasai.* |

## Anrede

Am besten spricht man alle Leute mit ihrem Namen an. Japaner benutzen meist nur den **Familiennamen** und der steht in Japan immer vor dem Vornamen – wie in diesem Buch auch. Im Kontakt mit Ausländern wird aber auch öfters nur der Vorname gebraucht. Bei der Anrede hängt man an den Namen ein „-san", und zwar auch in Sätzen, in denen im Deutschen „du" oder „Sie" stehen würde. Also: „Tanaka-san wa mō tabemashita ka?" „Haben Sie schon gegessen (Herr Tanaka)?" Wenn man den Namen nicht weiß, diesen Teil möglichst weglassen: „Mō tabemashita ka?" Manchmal gibt es Situationen, in denen man doch eine direkte Anrede braucht, etwa um den Kellner zu rufen. Dann helfen einige Verwandtschaftsbezeichnungen wie „älterer Bruder". Alle irgendwie gesetzt wirkenden Personen kann man getrost als *sensei* (Lehrer) bezeichnen, das ist ein Ehrentitel mit noch weiterem Gebrauch als der Professor in Österreich. Als Übersetzung für du/Sie wird meist *anata* vorgeschlagen, das wirkt aber als Anrede eher steif, *kimi* dagegen sehr vertraut.

| | |
|---|---|
| **Herr/Frau XY** | *XY-san* |
| **älterer Bruder/junger Mann** | *o-nī-san* |
| **ältere Schwester/junge Frau** | *o-nē-san* |
| **Tante** | *oba-san* |
| **Onkel** | *oji-san* |
| **Gast, Kunde** | *o-kyaku-sama* |

## Verständigung

| | |
|---|---|
| **Deutsch** | *doitsu-go* |
| **Deutsche/Deutscher** | *doitsu-jin* |
| **Sprechen Sie Englisch?** | *Eigo o hanashimasu ka?* |
| **Auf Englisch, bitte.** | *Eigo de o-negai-shimasu.* |
| **Ich verstehe nicht.** | *Wakarimasen.* |
| **Haben Sie verstanden?** | *Wakarimashita ka?* |
| **Langsam, bitte.** | *Yukkuri o-negai-shimasu.* |
| **Sagen Sie es bitte noch einmal.** | *Mō ikkai itte kudasai.* |
| **Wie sagt man (das) auf Japanisch?** | *Nihongo de nan to iimasuka?* |
| **Was für eine Bedeutung hat das?** | *Dō iu imi desu ka?* |
| **Was für eine Bedeutung hat dieses Zeichen?** | *Kono ji wa dō iu imi desu ka?* |
| **Wie liest man dieses Zeichen?** | *Kono ji wa dō yomimasu ka?* |

## In einer Notlage

| | |
|---|---|
| **Gefahr** | *kiken* |
| **Achtung** | *chūi* |
| **Brand** | *kaji* |

| | |
|---|---|
| **Erdbeben** | *jishin* |
| **Notausgang** | *hijōguchi* |
| **Ich habe die Fahrkarte verloren.** | *Kippu o nakushimashita.* |
| **(Mein) Portemonnaie ist gestohlen worden.** | *Saifu o toraremashita.* |
| **Ich habe den Pass vergessen.** | *Pasupōto o wasuremashita.* |
| **Ich habe mich verirrt.** | *Michi ni mayoimashita.* |
| **Helfen Sie mir!** | *Tasukete!* |

## Pronomen

| | |
|---|---|
| **ich** | *watashi* |
| **du/Sie** | *(anata) – s. „Anrede“* |
| **er** | *kare* |
| **sie** | *kanojo* |
| **wir** | *watashi-tachi* |
| **ihr** | *anata-gata* |
| **sie** | *kare-ra* |

## Verben

| | |
|---|---|
| **ich gehe** *(bzw. du gehst, s. „Grammatik“, S. 625* | *ikimasu* |
| **ich komme** | *kimasu* |
| **ich mache** | *shimasu* |
| **ich verstehe** | *wakarimasu* |
| **ich esse** | *tabemasu* |
| **ich trinke** | *nomimasu* |
| **ich warte** | *machimasu* |
| **ich sage** | *iimasu* |
| **Ich mag Sushi.** | *Sushi ga suki desu.* |
| **A ist B.** | *A wa B desu.* |
| **A ist nicht B.** | *A wa B ja arimasen.* |

## Adjektive

| | |
|---|---|
| **groß** | *ōkii* |
| **klein** | *chiisai* |
| **teuer** | *takai* |
| **billig** | *yasui* |
| **gut** | *yoi* |
| **schlecht** | *warui* |
| **lecker** | *oishii* |
| **wunderbar** | *subarashii* |
| **toll** | *sugoi* |
| **nah** | *chikai* |
| **fern** | *tooi* |
| **schwer** | *omoi* |
| **leicht** *(Gewicht)* | *karui* |
| **schwierig** | *muzukashii* |
| **leicht, einfach** | *kantan* |
| **lang** | *nagai* |
| **kurz** | *mijikai* |
| **neu** | *atarashii* |
| **alt** | *furui* |

## Ort und Zeit

| | |
|---|---|
| **dieses** *(hier/beim Sprecher)* | *kore* |
| **das** *(beim Angesprochenen)* | *sore* |
| **jenes** *(dort/von Sprecher und Angesprochenem entfernt)* | *are* |
| **hier** | *koko* |
| **da** *(beim Angesprochenen)* | *soko* |
| **dort** | *asoko* |
| **oben** | *ue* |
| **unten** | *shita* |
| **links** | *hidari* |
| **rechts** | *migi* |
| **gestern** | *kinō* |
| **heute** | *kyō* |
| **morgen** | *ashita* |
| **letzte Woche** | *senshū* |
| **diese Woche** | *konshū* |
| **nächste Woche** | *raishū* |
| **vorher** | *mae* |
| **jetzt** | *ima* |
| **nachher, später** | *ato* |

| | |
|---|---|
| **morgens** | *asa* |
| **mittags** | *hiru* |
| **abends** | *ban* |

## Frage und Antwort

| | |
|---|---|
| **Was?** | *Nani?* |
| **Wer?** | *Dare?* |
| **Welches?** | *Dore?* |
| **Wann?** | *Itsu?* |
| **Wie?** | *Dō?* |
| **Wo?** | *Doko?* |
| **Warum?** | *Naze?/Dōshite?* |
| **Ja** | *Hai* |
| **Nein** *(als Geste dazu wird die flache, senkrechte Hand, Daumen zum Körper, in Kinnhöhe nach links und rechts geschwenkt)* | *Īe* |
| **Nein, danke.** | *Īe, kekkō desu.* |
| **So ist es.** *(…, nicht wahr?)* | *Sō desu nē.* |
| **Das ist (aber) schön/gut!** | *Ii desu nē!* |

## Einkaufen

| | |
|---|---|
| **Laden** | *baiten* |
| **Kaufhaus** | *depāto* |
| **Supermarkt** | *sūpā* |
| **Apotheke/Drogerie** | *kusuriya* |
| **Schmerzmittel** | *itamidome* |
| **Pflaster** | *bansōkō* |
| **Erkältungsmedikament** | *kazegusuri* |
| **Zahnpasta** | *ha-migaki* |
| **Zahnbürste** | *ha-burashi* |
| **Buch** | *hon* |
| **westliches/englisches Buch** | *yōsho* |
| **Wörterbuch** | *jisho* |
| **Zeitung** | *shinbun* |
| **Zeitschrift** | *zasshi* |

### Zahlen

| | | |
|---|---|---|
| **1** | 一 | ichi / hitotsu |
| **2** | 二 | ni / futatsu |
| **3** | 三 | san / mittsu |
| **4** | 四 | shi / yottsu / yon- |
| **5** | 五 | go / itsutsu |
| **6** | 六 | roku / muttsu |
| **7** | 七 | shichi / nanatsu |
| **8** | 八 | hachi / yattsu |
| **9** | 九 | kyū / kokonotsu |
| **10** | 十 | jū / tō |
| **11** | 十一 | jū-ichi |
| **20** | 二十 | ni-jū |
| **31** | 三十一 | san-jū-ichi |
| **100** | 百 | hyaku |
| **1000** | 千 | sen |
| **10 000** | 一万 | man, ichi-man |
| **100 000** | 十万 | jū-man |
| **1 000 000** | 百万 | hyaku-man |

| | |
|---|---|
| **Landkarte, Stadtplan** | *chizu* |
| **Wie viel kostet das?** | *Ikura desu ka?* |
| **Das ist ein bisschen teuer ...** | *Chotto takai desu ga ...* |
| **Kann ich es zollfrei kaufen?** | *Menzei de kaemasu ka?* |
| **Zeigen Sie mir noch ein anderes, bitte.** | *Hoka no o misete kudasai.* |
| **Das nehme ich.** | *Kore ni shimasu.* |
| **Ich brauche es nicht.** | *Irimasen.* |
| **Kann ich mit Kreditkarte zahlen?** | *Kurejitto kādo wa tsukaemasu ka?* |
| **Steuern und Servicegebühren sind (im Preis) enthalten.** | *Zeikin to sābisu-ryō ga haitte imasu.* |
| **Ich hätte gern eine Kamera.** | *Kamera ga hoshii n desu ga.* |
| **Ich möchte eine Uhr kaufen.** | *Tokei ga kaitai n desu ga.* |

## Post und Bank

| | |
|---|---|
| **Brief** | *tegami* |
| **Postkarte** | *hagaki* |
| **Briefkasten** | *posuto* |

| | |
|---|---|
| **Eine (fünf) 70-Yen-Briefmarke(n), bitte.** | *Nanajūen no kitte o (go-mai) kudasai.* |
| **Bank** | *ginkō* |
| **Bargeld** | *genkin* |
| **Kreditkarte** | *kurejitto-kādo* |
| **Gebühr** | *tesūryō* |
| **Ich möchte Euro in Yen tauschen** | *Yūro o en ni kaetai n desu ga.* |
| **Wie ist der Wechselkurs?** | *Kōkan-rēto wa ikura desu ka?* |
| **Bitte unterschreiben Sie hier.** | *Koko ni sain-shite kudasai.* |

## Im Restaurant

| | |
|---|---|
| **Wie viele Personen sind Sie?** | *Nan-nin sama desu ka?* |
| **eine Person** | *hitori* |
| **zwei Personen** | *futari* |
| **drei Personen** *(und ab da weiter mit den im Kasten genannten Zahlen plus -nin, wörtlich „Mensch")* | *san-nin* |
| **Haben Sie eine englische Speisekarte?** | *Eigo no menyū, arimasu ka?* |
| **Was möchten Sie bestellen?** *(Ihre Bestellung?)* | *Gochūmon wa?* |
| **Getränke?** | *O-nomimono wa?* |
| **Ich trinke keinen Alkohol** *(bzw. vertrage ihn nicht).* | *O-sake wa nomemasen.* |
| **Einen Kaffee, bitte.** | *Kōhī, onegai-shimasu.* |
| **Gibt es Sandwiches?** | *Sandoitchi arimasu ka?* |
| **Das ist etwas anderes, als ich bestellt hatte.** | *Chūmon to chigaimasu.* |
| **Rechnung** | *o-kaikei* |
| **getrennt** | *betsu-betsu* |
| **zusammen** | *isshō* |

Zu einzelnen Lebensmitteln und Gerichten s. S. 52/53.

## Schilder

| | |
|---|---|
| 発売中止 | defekt (am Verkaufsautomaten) |
| 立入禁止 | Eintritt verboten |
| 禁煙 | Rauchen verboten |
| 非常口 | Notausgang |
| 出口 | Ausgang |
| 入口 | Eingang |
| 地下鉄 | U-Bahn |
| 注意 | Achtung |
| 危険 | Gefahr |
| 撮影禁止 | Fotografieren verboten |
| 開 | Öffnen |
| 閉 | Schließen |
| 案内所 | Information |
| お手洗い | WC |
| 紳士用 / 男子用 / 男 | Herren |
| 婦人用 / 女子用 / 女 | Damen |
| 止 | Stopp |
| 大 | groß |
| 小 | klein |
| 湯 / ♨ | Bad, Badehaus |

## Beim Arzt

| | |
|---|---|
| **Medizin** | *kusuri* |
| **Ich fühle mich nicht wohl.** | *Kibun ga warui desu.* |
| **Rufen Sie bitte einen Arzt.** | *Isha o yonde kudasai.* |
| **Rufen Sie bitte einen Krankenwagen.** | *Kyūkyūsha o yonde kudasai.* |
| **Ins Krankenhaus, schnell.** | *Byōin e, hayaku.* |
| **Ich habe mich verletzt.** | *Kega shimashita.* |
| **Ich habe mich verbrannt (oder verbrüht).** | *Yakedo-shimashita.* |
| **Der Bauch (Zahn/Kopf) tut weh.** | *Onaka (ha/atama) ga itai desu.* |
| **Helfen Sie bitte.** | *Tasukete kudasai.* |
| **Hier tut es weh.** | *Koko ga itai desu.* |
| **Mir ist schwindelig.** | *Memai ga shimasu.* |

| | |
|---|---|
| **Mir ist übel.** | *Hakike ga shimasu.* |
| **Ich habe Durchfall.** | *Geri-shite imasu.* |
| **Haben Sie eine Allergie?** | *Arerugī wa arimasu ka?* |

## Unterwegs

| | |
|---|---|
| **Zug** | *densha* |
| **reservierter Sitzplatz** | *shitei-seki* |
| **nicht reservierter Sitzplatz** | *jiyū-seki* |
| **Wo ist der Bahnhof?** | *Eki wa doko desu ka?* |
| **Wie viel kostet es bis Shinjuku?** | *Shinjuku made ikura desu ka?* |
| **Von welchem Bahnsteig geht es nach Shinjuku?** | *Shinjuku wa nan-bansen desu ka?* |
| **Fährt dieser Zug nach Tōkyō?** | *Kono densha wa Tōkyō e ikimasu ka?* |
| **Hält dieser Zug in Ginza?** | *Kono densha wa Ginza ni tomarimasu ka?* |
| **Bitte sagen Sie mir Bescheid, wenn wir in Shinjuku sind.** | *Shinjuku ni tsuitara oshiete kudasai.* |
| **Ist das hier Shinjuku?** | *Koko wa Shinjuku desu ka?* |
| **Nein. Der nächste (Halt).** | *Īe, chigaimasu. Tsugi desu.* |
| **Der übernächste.** | *Tsugi no tsugi desu.* |
| **Schnellzug-Zuschlag** *(für tokkyū)* | *tokkyū-ken* |
| **Schnellzug-Zuschlag** *(für kyūkō)* | *kyūkō-ken* |
| **Bus** | *basu* |
| **Bushaltestelle** | *basu-tei* |
| **Taxi** | *takushi* |
| **Überlandbus/ Schnellbus** | *kōsoku basu* |
| **Fahren Sie zum Flughafen?** | *Kūkō e ikimasu ka?* |
| **Zum Bahnhof Tokyo, bitte.** | *Tōkyō-eki, o-negai-shimasu.* |
| **Halten Sie bitte hier.** | *Koko de tomete kudasai.* |

## Übernachten

| | |
|---|---|
| **Hotel** | *hoteru* |
| **Pension** | *penshon, minshuku* |
| **mit Halbpension** | *nishoku-tsuki* |
| **nur Übernachtung** | *sudomari* |
| **Eingangsbereich** | *genkan* |
| **Hausschuhe** | *surippa* |
| **Bad** | *furo-ba* |
| **WC** | *toire* |
| **Schlafzimmer** | *shinshitsu* |
| **Handtuch** | *taoru (von engl. towel)* |
| **Haben Sie ein Zimmer frei?** | *Heya ga aite imasu ka?* |
| **Ein schönes Zimmer!** | *Suteki-na heya desu ne.* |
| **Wann ist Check-out?** | *Chekko-auto wa itsu desu ka?* |
| **Gibt es WLAN?** *(Fast alle Computerbegriffe kommen aus dem Englischen: ran-kēburu, LAN-Kabel, pasuwādo, Passwort, etc.)* | *Waifai arimasuka?* |
| **Gute Nacht!** | *O-yasumi nasai.* |
| **Um wie viel Uhr stehen Sie/wir morgen auf?** *(„Morgen, um wie viel Uhr?")* | *Ashita wa nan-ji desu ka?* |

# Glossar

## A

**Ainu** Ureinwohner Hokkaidōs, S. 284/285
**Amaterasu** Sonnengöttin und Urahnin des Tennō
**anime** Zeichentrickfilm, abgeleitet vom engl. *animation*

## B

**bakufu** Militärregierung in der Feudalzeit, angeführt vom Shōgun
**banzai** „10 000 Jahre", Jubelruf, normalerweise dreimal gerufen, um jemanden oder etwas hochleben zu lassen
**bentō** Lunchbox, Behälter mit Essen für unterwegs, besonders auf Bahnreisen, S. 56
**biru** Gebäude, abgekürzt vom engl. *building*
**biwa** japanische Laute
**bosatsu** Bodhisattva (Sanskrit: „dessen Wesen Erleuchtung ist"), S. 138
**bunraku** japanisches Puppentheater, S. 147
**bushi** Krieger
**bushidō** „Weg des Kriegers", Verhaltenskodex der Samurai
**butsudan** buddhistischer Hausaltar

## C

**cha-no-yu** „heißes Wasser für Tee", Teezeremonie
**-chō** Viertel, Ort
**cosplay** abgeleitet von *costume play,* d. h. sich wie eine Figur aus einem Manga oder Anime kostümieren

## D/E

**daimyō** Feudalherr, Fürst im alten Japan
**-dake (-take)** Berg
**Daruma** Bodhidharma; runde, rote Puppe aus Pappmaché, die Bodhidharma darstellt und Erfolg im Geschäft bringen soll; wie ein Stehaufmännchen kann sie nicht umkippen
**depāto** Kaufhaus, abgekürzt von engl. *department store*
**-dō** Weg
**-dōri** Straße
**Edo** alter Name von Tōkyō
**ema** Votivtafeln aus Holz, die man mit einem Wunsch versehen bei Schreinen aufhängt
**emaki-mono** horizontale Bilderrolle, die eine Geschichte illustriert; besonders beliebt in der Kamakura-Zeit, S. 141

## F

**freeter, furītā** jmd., der keine feste Arbeitsstelle hat, sondern sich mit Gelegenheits- und Nebenjobs über Wasser hält (zusammengesetzt aus engl. *free* und dt. *Arbeiter*)
**fūsui** Feng Shui, Form der Geomantik, S. 109
**fusuma** Schiebetüren in einem japanischen Haus, bewegliche Raumteiler
**futon** Schlafmatte, die tagsüber in einem Wandschrank aufbewahrt und abends zum Schlafen auf dem Boden ausgebreitet wird

## G

**gaijin/gaikokujin** Ausländer
**gasshō-zukuri** japanischer Baustil; ein Holzhaus mit Steildach, an dem die Schneemassen im Winter gut abrutschen können
**geisha** „Kunstperson", Unterhaltungskünstlerin, die für Gäste tanzt, singt, sie bewirtet und mit ihnen gepflegte Konversation macht
**genkan** Eingangsbereich eines Hauses, in dem man die Schuhe auszieht
**geta** japanische Holzsandalen
**gohei** heiliger Stab mit weißen Papierfransen, den der Shintō-Priester bei Reinigungszeremonien schwenkt
**gojū-no-tō** fünfstöckige Pagode
**Golden Week** die Woche vom 29.4.–5.5., in der mehrere Feiertage einander folgen und viele Japaner verreisen

## H

**haiden** Gebetshalle eines Shintō-Schreins
**haiku** 3-zeiliges Gedicht mit 17 Silben (5-7-5), S. 146
**hakama** eine Art traditioneller Hosenrock, den (vornehmlich) Männer bei festlichen Anlässen tragen
**hantō** Halbinsel
**hanami** „Blumensehen", das Betrachten der Kirschblüte im Frühjahr, ein Anlass zum Picknicken und Feiern im Grünen
**haniwa** Tonfiguren, die Krieger, Pferde, Häuschen und andere Alltagsgegenstände

darstellen; sie zierten in der Kōfun-Zeit schlüssellochförmige Hügelgräber
**hankō** Namensstempel, besiegelt Verträge etc. wie bei uns die Unterschrift
**hashi** Essstäbchen
**hashi (-bashi)** Brücke
**hatsumōde** Besuch eines Schreins oder Tempels am Neujahrsmorgen, um für Glück im neuen Jahr zu beten
**hina matsuri** Puppenfest am Tag der Mädchen (3. März), S. 61
**hinomaru** japanische Nationalflagge (rote Sonne auf weißem Grund)
**honden** Hauptschrein
**Honshū** die größte japanische Insel mit den städtischen Ballungsgebieten um Tōkyō und Ōsaka

## I/J

**inaka** tiefe Provinz, ländliche Gegend, Heimat(dorf)
**irori** in den Boden eingelassener, offener Herd in alten japanischen Häusern
**izakaya** Kneipe japanischen Stils
**janken** Papier-Stein-Schere-Spiel; sehr beliebt als eine Art Auszählspiel (Stein bricht Schere, Schere schneidet Papier, Papier umwickelt Stein)
**-ji** Tempel
**jigoku** Hölle, meint auch dampfende oder brodelnde Teiche vulkanischen Ursprungs
**jinbei** leichte Kombination aus kurzer Hose und Kurz-Kimono für den Sommer
**jingū, jinja** Shintō-Schrein
**-jō** Burg

## K

**kabuki** traditionelle Theaterform mit Gesang und Tanz, entstanden im 17. Jh., S. 147
**kagura** alte Shintō-Schreintänze
**kakemono** „Hängesache", vertikales Rollbild auf Seide oder Papier, auch *kakejiku* genannt
**kami** Gott, Gottheit, insbesondere des Shintō
**kami-dana** Shintō-Hausaltar mit Miniaturschrein und Opfergaben
**kanji** japanische Schriftzeichen, Ideogramme
**Kannon** Bodhisattva der Barmherzigkeit
**karesansui** Gartenbaustil der „trockenen Landschaft"; dabei versinnbildlichen Steine und Sand Berge, Inseln und Flüsse, S. 139
**kawa (-gawa)** Fluss
**-ken** Präfektur; Japan untergliedert sich in insgesamt 47 Präfekturen, von denen nur vier sich nicht als *ken* bezeichnen: Tōkyō-to, Kyōto-fu, Ōsaka-fu und Hokkai-dō
**kendō** japanischer Schwertkampf, bei dem mit Bambusstangen gefochten wird
**kimono** traditionelles japanisches Gewand, das Frauen heutzutage v. a. bei festlichen Anlässen tragen; dazu gehört ein breiter Gürtel *(obi)*, der auf dem Rücken kunstvoll geknotet wird
**-ko** See
**kōen** Park
**kōgen** Hochebene, Plateau
**koinobori** Karpfenbanner, aufgehängt als Glückssymbol zum Tag der Jungen von Familien, die einen Sohn im Kindesalter haben
**kokeshi** traditionelle Holzpuppe ohne Arme und Beine
**koku** alte japanische Maßeinheit, besonders für Reis, ca. 180 l
**koma-inu** Schutzhunde in Löwengestalt, bei Schreinen (seltener auch bei Tempeln)
**konbini** Abkürzung für *convenience store*, 24 Std. geöffnete Läden wie Lawson und 7-Eleven, die von Snacks über Zeitschriften bis zu Drogeriewaren alles Mögliche verkaufen
**kotatsu** Heizvorrichtung unter einem niedrigen Tisch, über den eine dicke Decke geworfen wird; man sitzt mit den Knien unter dem Tisch und bleibt so warm
**koto** japanische Zither aus Holz mit 13 Saiten
**kōyō** herbstliche Laubfärbung, ein Anlass für Ausflüge in die Natur
**kura** traditionelles Lagerhaus aus dicken Wänden, meist weiß
**kyūdō** japanisches Bogenschießen

## M

**machiya** traditionelles Stadthaus
**maneki-neko** Katzenfigur, die mit der linken Vorderpfote am Eingang eines Restaurants oder Geschäfts Kunden „einlädt" (jap. *maneku*)
**manga** japanischer Comic, S. 144
**matcha** grüner Pulvertee, der mit einem Bambusbesen aufgeschäumt bei der Teezeremonie getrunken wird
**matsuri** Fest

**meishi** Visitenkarte
**michi** Weg
**mikoshi** tragbarer Schrein, der bei traditionellen Shintō-Festen zum Einsatz kommt
**mikuji** Glücksorakel, das man beim Schrein kaufen kann
**minshuku** japanische Pension
**misaki** Kap
**-mon** Tor
**mura** Dorf

## N

**ningen kokuhō** „lebender Nationalschatz", Auszeichnung für Personen, die Meister einer traditionellen Kunst sind
**nō** traditionelle, stark stilisierte Theaterform, die auf das 14. Jh. zurückgeht, S. 146
**noren** halblanger oder kurzer, zweigeteilter Vorhang vor Türen, insbesondere von Lokalen
**nuri-mono** Lackwaren

## O/P

**o-bon** buddhistisches Totenfest, das drei Tage ab dem 13. August gefeiert wird; mit Opfergaben für den Hausaltar, Tänzen und Feuerwerk; viele Japaner reisen in ihren Heimatort
**o-cha** grüner Tee (schwarzer Tee: *kōcha*)
**o-mamori** Talisman vom Schrein, der vor Unfällen, Krankheiten, einer schweren Geburt etc. schützen soll, S. 49
**o-miyage** Mitbringsel, Geschenk, Souvenir
**o-nigiri** meist dreieckiger Snack aus Reis, umwickelt von *nori* und mit unterschiedlicher Füllung (z. B. Lachs, Thunfisch, *umeboshi*), das Pendant zu unserem Butterbrot
**o-share** modisch, cool
**o-shibori** zusammengerolltes, feuchtes kleines Handtuch, das einem zur Erfrischung vor dem Essen gereicht wird
**otaku** glühender Fan, jemand, der von etwas geradezu besessen ist, z. B. von Videospielen
**o-tera** buddhistischer Tempel
**onsen** Thermalquelle, Thermalbadeort; wegen der starken vulkanischen Aktivität in ganz Japan verbreitet und seit alters her zur Heilung und Entspannung geschätzt
**pachinko** ein japanisches Glücksspiel, das an Automaten in eigenen Spielhallen gespielt wird

## R

**rakan** Arhat, Jünger Buddhas
**rōmaji** die lateinische („römische") Schrift; für die Umschrift des Japanischen gibt es zwei unterschiedliche Systeme, das im Westen bevorzugte und in diesem Buch verwendete ist die Hepburn-Umschrift
**rōnin** herrenloser Samurai
**rotenburo** Thermalbad im Freien
**ryokan** traditionelle japanische Unterkunft
**Ryūkyū** altes Königreich von Okinawa, Name für die Inselgruppe mit der Hauptinsel Okinawa

## S

**sadō** „Weg des Tees", die japanische Teezeremonie, S. 137
**sake** Alkohol, speziell Reiswein
**sakoku (seisaku)** Abschließungspolitik in der Edo-Zeit, als Japan sich bewusst vom Ausland isolierte (17. Jh.–Mitte 19. Jh.)
**sakura** Kirschbaum, Kirschblüte
**-sama** höfliche Anrede: Herr, Frau Meier
**samurai** Krieger in der Feudalzeit
**-san** Berg
**-san** Anrede Herr, Frau Meier
**sankin kōtai** Pflichtbesuch des *daimyō* beim Shōgun in Edo alle zwei Jahre in der Edo-Zeit
**sanshin** Saiteninstrument aus Okinawa
**senbei** Reiskekse
**senkō** Räucherstäbchen
**sentō** öffentliches Bad für Menschen, die zu Hause keine Badewanne haben
**seppuku** ritueller Selbstmord, hierzulande besser bekannt als *harakiri*
**shakkei** Gartenbaustil der „geborgten Landschaft", dabei werden außerhalb des Gartens liegende Berge, Bäume etc. als Kulisse in die Gartenlandschaft integriert
**shakuhachi** japanische Längsflöte aus Bambus
**shamisen** dreisaitiges Instrument, das mit einem Plektron gespielt wird
**-shi** Stadt
**shikki** Lackwaren
**shiro** Burg
**shīsā** Löwenfigur, die in Okinawa viele Dächer ziert und das Haus vor Unheil schützen soll, S. 592
**shima (-jima)** Insel

**Shintō** „Weg der Götter", urjapanische Religion, 1867–1945 Staatsreligion, S. 126
**shōchū** japanischer Schnaps
**shodō** Kalligrafie
**shōgun** Militärherrscher im Japan der Edo-Zeit
**shōji** mit Japanpapier bespannte Schiebetür
**shōjin ryōri** vegetarische Kost buddhistischer Mönche
**shōtengai** Ladengasse
**shukubō** Tempelherberge für Pilger

## T

**tabi** japanische Zehensocken
**taiken** wörtlich „Erfahrung", Schnupperstunden; sich selbst in bestimmten Fertigkeiten versuchen
**taiko** Trommel
**tanka** 5-zeiliges Gedicht mit 31 Silben (5-7-5-7-7), S. 145
**tanuki** japanischer Dachs; gilt als gewitzt und schlau wie hierzulande der Fuchs
**tatami** dicke, rechteckige, genormte Reisstrohmatten (ca. 180x90 cm), die als Bodenbelag dienen; Zimmergrößen werden in Japan oft in Tatami angeben, eine gängige Größe ist z. B. 4 1/4
**teishoku** festes Menü; eine Reihe von Schälchen, die zusammen auf einem Tablett serviert werden; in der Regel sind immer Reis, Miso-Suppe und *tsukemono* (Eingelegtes) dabei
**tennō** japanischer Herrschertitel, Kaiser
**tenshukaku** Donjon, Hauptturm einer Burg
**tera (-dera)** Tempel
**tōge Bergpass**
**tokonoma** Schmucknische in einem traditionellen japanischen Haus; diese ziert oft eine Kalligrafie oder Bildrolle und/oder Blumenschmuck
**Tokugawa** Herrschergeschlecht, das auf den Shōgun Tokugawa Ieyasu zurückgeht und nach dem alternativ auch die Edo-Zeit (1603–1868) benannt wird
**torii** Torbogen zum Shintō-Schrein

## W

**-wan** Bucht
**washi** Japanpapier
**washitsu** japanisches Zimmer, d. h. mit Tatami-Matten
**washoku** japanisches Essen (im Gegensatz zum *yōshoku*, s. u.)

## Y

**yabusame** Reiterspiel, bei dem im vollen Galopp mit Pfeil und Bogen auf eine Zielscheibe geschossen wird
**yakuza** japanischer Mafioso
**yama** Berg
**yamabushi** Bergasket, S. 245
**Yamato** das alte Japan, alter Name für Japan, ursprünglich bezeichnete er nur die Gegend um die heutige Stadt Nara, wo sich im 4. Jh. ein erstes japanisches Reich gründete
**yōshoku** westliches Essen
**yukata** dünner Sommerkimono aus Baumwolle

## Z

**zabuton** Sitzkissen
**zazen** zen-buddhistische Meditationsübung: still und gerade sitzen mit verschränkten Beinen

Weitere Begriffe aus dem Gebiet der Religion, Geschichte, Kunst und Kultur werden im Kapitel Land und Leute erläutert, S. 98. Zu Begriffen aus der japanischen Küche s. S. 50.

# Bücher

## Klassische japanische Literatur

**Murasaki Shikibu**, *Die Geschichte vom Prinzen Genji* (Insel Verlag, 1994). Eines der bedeutendsten und zugleich frühesten Werke japanischer Literatur, geschrieben 1002–1019 von der Hofdame Murasaki Shikibu (975–1031). Es schildert das Leben – insbesondere die Liebesabenteuer – des Prinzen Genji und die Ereignisse am Hof nach dessen Tod.

**Das Kopfkissenbuch der Hofdame Sei Shōnagon** (Anaconda Verlag, 2023). Eine Sammlung von Essays, Anekdoten und Notizen zum Alltagsleben des Adels in der Heian-Zeit, wobei die Hofdame Sei Shōnagon (996–1013) die Schwächen dieser Gesellschaft mit scharfer Zunge bloßlegt.

**Matsuo Bashō**, *Auf schmalen Pfaden durchs Hinterland* (Dieterichsche Verlagsbuchhandlung, 2021). Der große japanische Dichter (1644–1694) beschreibt hier seine Reise durch Nordjapan und streut dabei immer wieder Haikus ein.

**Mori Ōgai**, *Im Umbau* (Insel Verlag, 2019). Gesammelte Erzählungen eines der meistverehrten Schriftsteller Japans (1862–1922), darunter auch die berühmte (autobiografische) Geschichte *Maihime* um einen japanischen Arzt, der sich in Deutschland in eine junge Tänzerin verliebt, Letztere auch als Einzelausgabe Das Ballettmädchen (be.bra verlag, 2014).

**Natsume Sōseki**, *Sanshirōs Wege* (BeBra Verlag, 2009), *Ich der Kater* (Insel Verlag, 2001) u. a. Neben Ōgai der andere große Schriftsteller der Meiji-Zeit. In *Sanshirō* schildert er die Erlebnisse eines jungen Mannes, der vom Lande in die moderne Großstadt Tōkyō kommt und dort u. a. seiner ersten großen Liebe begegnet. *Ich der Kater* ist eine Satire, in der ein Kater menschliche Schwächen bloßlegt.

**Yoshida Kenkō**, *Betrachtungen aus der Stille. Tsurezuregusa* (Insel Verlag, 2003). Der Laienmönch (ca. 1283–1350) schreibt in diesen „Aufzeichnungen aus Mußestunden" allerlei Gedanken, Anekdoten, Meinungen und Erlebnisse nieder. Leider ist dieser Klassiker nur noch antiquarisch erhältlich.

## Moderne japanische Literatur

**Abe Kōbō**, *Die Frau in den Dünen* (Unionsverlag, 2018); *Der verbrannte Stadtplan* (List, 2000) u. a. Die verstörenden Romane dieses großen Nachkriegsautors (1924–1993) mit unverwechselbarem Stil und schwarzem Humor sind skandalöserweise fast nur noch antiquarisch zu haben.

**Akutagawa Ryūnosuke**, *Rashomon* (Luchterhand, 2001). Der Englischlehrer, der bereits in jungen Jahren den Freitod wählte, schrieb Lyrik, Essays und Erzählungen. Dieser 1917 erstmals veröffentlichte Band versammelt Kurzprosa, darunter die titelgebende Geschichte, die von Kurosowa meisterhaft verfilmt wurde.

**Endō Shūsaku**, *Schweigen* (Septime Verlag, 2015). 1966 erschienener Roman, der sich mit dem frühen Christentum in Japan befasst: Zwei junge portugiesische Missionare brechen im 17. Jh. auf, um einen ihrer Brüder zu suchen, der in Japan seinem Glauben abgeschworen haben soll. Von Martin Scorsese 2016 unter dem Titel *Silence* eindrucksvoll verfilmt.

**Hirano Keiichirō**, *Das Leben eines anderen* (Suhrkamp 2023). Nach dem Tod ihres Mannes erfährt die Witwe, dass er nicht der war, der er vorgab zu sein. Ihr Anwalt begibt sich auf die Suche nach dessen wahrer Identität. Spannend!

**Ibuse Masuji**, *Schwarzer Regen* (Aufbau Verlag, 1998). Literarische Verarbeitung des Atombombenabwurfs auf Hiroshima und dessen Folgen. Illustriert am Schicksal eines Ehepaars und dessen Nichte, die unter der Strahlenkrankheit leidet. Leider nur noch antiquarisch erhältlich.

**Inoue Yasushi**, *Das Jagdgewehr* (Suhrkamp, 1998). Moderner Klassiker von 1949 – ein Drama um Liebe, Betrug, Einsamkeit und Tod aus der Perspektive dreier Frauen. In anderen Romanen widmet sich Inoue historischen Stoffen, etwa in *Der Tod des Teemeisters* (Suhrkamp, 2008), der sich um den rituellen Selbstmord des berühmten Teemeisters Sen no Rikyū (1522–1591) dreht.

**Kawabata Yasunari**, *Schneeland* (Suhrkamp, 2004). Der Ästhet Shimamura fährt in ein Onsen in den Bergen, wo sich die Geisha Komako in ihn verliebt. Auch in diesem Roman des Literaturnobelpreisträgers von 1968 stehen Sinnlichkeit, die Schönheit des Vergänglichen und die lyrische Stimmung im Vordergrund.

**Kawakami Hiromi**, *Herr Nakano und die Frauen* (dtv, 2011). Im Mittelpunkt dieses Romans steht ein Trödelladen in Tōkyō, dessen Besitzer, Angestellte und verschiedene Menschen, die hier zusammentreffen und (meist unglücklich) lieben.

**Kawakami Mieko**, *Brüste und Eier* (DuMont, 2021). Die Hauptfigur will per Samenspende Mutter werden. Ein moderner Roman über die Rolle der Frau in Japan.

**Kazuki Kaneshiro**, *Go!* (Cass Verlag, 2011). In dem mitreißenden Roman geht es um einen jugendlichen Japaner koreanischer Abstammung, seine Probleme in der Schule, seine Identitätssuche und seine erste Liebe.

**Maruya Sai'ichi**, *Die Journalistin* (Insel, 1997). Eine selbstbewusste Journalistin scheut sich nicht, in ihren Leitartikeln Missstände der japanischen Gesellschaft, wie Korruption, anzusprechen – und macht sich damit unbeliebt.

**Mishima Yukio**, *Der goldene Pavillon* (Kein & Aber, 2023). Nicht zuletzt wegen seines spektakulären Selbstmords 1970 einer der international bekanntesten japanischen Autoren. Dieser Roman ist inspiriert von der wahren Geschichte des jungen Mönchs, der 1950 den Goldenen Pavillon in Kyōto in Brand setzte.

**Murakami Haruki**, *Wilde Schafsjagd* (btb, 2006). Nur einer von vielen ins Deutsche übersetzten Romane dieses Erfolgsautors. Absurde Geschichte um die titelgebende Suche nach einem ganz besonderen Schaf auf Hokkaidō. In seinem Roman *Die Pilgerjahre des farblosen Herrn Tazaki* (btb, 2015) ergründet ein Mittdreißiger, weshalb seine alten Schulfreunde ihm viele Jahre zuvor die Freundschaft aufkündigten.

**Murata Sayaka**, *Die Ladenhüterin* (Aufbau, 2019). Bestseller über eine Autistin, die – übrigens wie einst die Autorin selbst – in einem *konbini* arbeitet. Ihr ganzes Leben dreht sich um ihre (immer gleiche) Arbeit dort.

**Ōe Kenzaburo**, *Reißt die Knospen ab …* (Fischer, 1999), *Stille Tage* (Fischer 2014) u. a. Der Literaturnobelpreisträger von 1994 ist einer der wichtigsten japanischen Nachkriegsautoren (1935–2023). Seine Grundthemen waren das traditionelle Leben im Dorf versus Großstadt, Zivilisationskritik, der Identitätsverlust Japans und sein Sohn, der mit einer geistigen Behinderung zur Welt kam.

**Takano Kazuaki**, *13 Stufen* (Penguin Verlag, 2017). Ein Mann mit Gedächtnisverlust sitzt in der Todeszelle, während andere versuchen, ihn zu retten. Ein interessanter Beitrag zur Diskussion um die Todesstrafe.

**Taniguchi Jirō**, *Vertraute Fremde* (SZ, 2011). In dieser Graphic Novel macht der Ich-Erzähler eine Zeitreise ins Japan der 1960er-Jahre. Als Erwachsener ist er plötzlich wieder Teenager in der Provinz. Ein poetischer Manga, der 2010 auch verfilmt wurde. Zzt. nur gebraucht erhältlich.

**Tanizaki Jun'ichirō**, *Der Schlüssel* (Cass, 2017). Nach langer Ehe ist bei einem Paar die Luft raus. Ihre intimsten Gedanken und sexuellen Wünsche vertrauen die Eheleute jeweils einem Tagebuch an – und hegen bald den Verdacht, dass der Partner ihre Einträge heimlich liest.

**Togawa Masako**, *Schwestern der Nacht* (Unionsverlag, 2009). Spannende Geschichte der japanischen Krimimeisterin und Nachtclubbesitzerin um eine Serie von Frauenmorden, für die Honda Ichirō zum Tode verurteilt wird – aber Honda geht in Berufung …

**Tsushima Yūko**, *Räume des Lichts* (Arche Literatur Verlag, 2023). Ein Jahr im Leben einer alleinerziehenden Mutter in den 1970er-Jahren, inklusive Kampf ums Sorgerecht. Autobiografisch.

**Uno Chiyo**, *Die Geschichte einer gewissen Frau* (Suhrkamp, 2004). Roman mit autobiografischen Zügen über eine unkonventionelle Frau im Tōkyō der 1920er-Jahre.

**Yokomizo Seishi**, *Die rätselhaften Honjin-Morde* (Blumenbar, 2022). Gilt als einer der besten japanischen Detektivromane: Kindaichi Kosuke ermittelt im Fall eines Doppelmords an einem Brautpaar 1937.

**Yoshimoto Banana**, *Kitchen* (Diogenes, 1994). Die Autorin beschäftigt sich (auch) in diesem Roman mit dem Heranwachsen junger Mädchen, dem Abschied von der Jugend und dem Tod.

## Westliche Autoren

**James Clavell**, *Shogun* (Droemer Knaur, 1999). Spannender Schmöker, angelehnt an das Schicksal des historischen William Adams, der 1600 als Schiffbrüchiger in Japan landet und schließlich zum Berater des Shōguns wird, S. 113. Nur antiquarisch erhältlich.

**Arthur Golden**, *Die Geisha* (Penguin, 2018). Bestseller über ein junges Mädchen, das in Kyōto zur Geisha ausgebildet wird, die Intrigen ihrer Kollegin und ihre heimliche große Liebe.

**Durs Grünbein**, *Lob des Taifuns. Reisetagebücher in Haikus* (Insel Verlag, 2008). Der Lyriker verarbeitet hier seine Reiseerlebnisse in Japan in Form von Haikus. Originell und unterhaltsam. Mit japanischer Übersetzung, Erläuterungen und Nachwort.

**Lafcadio Hearn**, *Japans Geister* (Die andere Bibliothek, 2017). Eine Sammlung von Legenden und eigenen Erlebnissen des Japan-Liebhabers. 1850 in Griechenland geboren, lebte Hearn ab 1890 in Japan, 1891 wurde er von der Familie seiner japanischen Frau adoptiert, S. 490.

**Sujata Massey**, *Bittere Mandelblüten* (Piper, 2017). Eine Amerikanerin japanischer Abstammung löst in Tōkyō Kriminalfälle – in diesem geht es um einen Mord in einer Ikebana-Schule.

**Amélie Nothomb**, *Mit Staunen und Zittern* (Diogenes, 2002). Witziger Roman um eine Europäerin, die in einem japanischen Großunternehmen arbeitet und sich dort in die Nesseln setzt. Auch in *Der japanische Verlobte* (Diogenes, 2012) geht es um Erfahrungen der Autorin in Japan.

## Geschichte, Politik, Gesellschaft

**A Beginner's Guide to Japan – Observations and Provocations**, Pico Iyer (Bloomsbury 2019). Der britische Essayist, der seit 1992 in Japan lebt, kennt das Land so gut wie kein anderer und teilt den Lesern seine Beobachtungen auf eine intelligente, tiefgründige, witzige und irgendwie magische Weise mit. Ein schönes Buch als Einführung für eine Japanreise.

**Denken in Japan**, Maruyama Masao (Suhrkamp, 1988). Moderner Klassiker über die japanische Geistesgeschichte, geschrieben Ende der 1950er-Jahre von einem der großen Intellektuellen des Landes.

**Geschichte Japans: Von 1800 bis zur Gegenwart**, Reinhard Zöllner (UTB, 2022). Reich bebildertes, anschauliches Standardwerk zur jüngeren Geschichte Japans.

**Japan: Ein Länderporträt**, Christian Tagsold (Ch. Links Verlag, 2018). Von den vielen Büchern über Japan hebt sich dieses Länderporträt eines Japanologen wohltuend ab, da es keine Klischees bedient.

**Samurai oder von der Würde des Scheiterns**, Ivan Morris (Insel, 1999). Vorgestellt werden eine Reihe japanischer Helden, die eines gemeinsam haben: Alle endeten tragisch. Nur antiquarisch erhältlich.

## Kunst und Kultur

**Architekturführer Tokio**, Ulf Meyer (DOM publishers, 2018). Wer sich für Architektur interessiert, findet in diesem nicht billigen Band 300 moderne japanische Bauten in Tōkyō mit Fotos, Grundrissen und Stadtplänen.

**Berichte aus Japan. Eine Reise ins Reich der Zeichen**, Igort (Reprodukt Verlag, 2016). Der italienische Mangaka schreibt und zeichnet hier eine japanische Kulturgeschichte, basierend auf seinen eigenen Erfahrungen im Land.

**Das Buch vom Tee**, Okakura Kakuzo (Nikol, 2020). Schmales Buch über die Teezeremonie und die Philosophie dahinter.

**Das Buch der fünf Ringe. Klassische Strategien aus dem alten Japan**, Miyamoto Musashi (Piper, 2014). Die Philosophie des japanischen Schwertkampfs, dargelegt vom größten Schwertkämpfer aller Zeiten, ein Lehrbuch für Anhänger der Kampfkünste.

**Harumis leichte japanische Küche**, Kurihara Harumi (Dorling Kindersley, 2020). Kochbuch mit einfachen Anleitungen der Star-Köchin.

**Japanische Gartenkunst**, Irmtraud Schaarschmidt-Richter (Deutsche Verlagsanstalt, 2008). Kostspieliger, aber sehr informativer Bildband zur Geschichte und Entwicklung der japanischen Gartenkunst.

**Sushi Guide – Bildatlas, Knigge und Nachschlagewerk für Liebhaber japanischer Küche**, Axel Schwab (KPD, 2023). Sushi-Führer zur sicheren Identifizierung aller wichtigen Sorten und Fischarten, mit illustrierter Anleitung, wie man Fehler im Restaurant vermeidet.

**Japanese Woodblock Prints**, Andreas Marks (Taschen, 2023). Preiswerter und handlicher Bildband über die Geschichte des Farbholzschnitts.

## Religion

**Eat, Sleep, Sit – My year at Japan's Most Rigorous Zen Temple**, Nonomura Kaoru (Kodansha International, 2015). Der 1959 geborene Autor schildert seine Erfahrungen als Zen-Schüler im Eihei-ji.

**Shintō. Eine Einführung**, Ernst Lokowandt (Iudicium, 2001). Anschauliche Vorstellung dieses urjapanischen Glaubens.

**Futter für Pferd und Esel: Das Dōgen-Lesebuch**, Abt Muhō (Angkor, 2018). Der deutsche Abt des Antai-ji hat hier Texte des Zen-Meisters Dōgen aus dem 13. Jh. übersetzt und erklärt.

## Sprache

**Lonely Planet Sprachführer Japanisch** (Mair Dumont, 2019). Handliches kleines Format. Mit Einführung zur Grammatik, nach Themen sortierten Phrasen und Vokabelliste.

**Even Monkeys fall from trees and other Japanese proverbs**, David Galef (Charles E. Tuttle, 2000). Eine Sammlung japanischer Sprichwörter mit englischer Übersetzung und Illustrationen. Nur noch antiquarisch erhältlich.

## Spezialreiseführer, Reiseberichte und Bildbände

**Buddha-Café, Lovehotel und 88 Tempel: Meine Pilgerreise in Japan**, Ryofu Pussel (Kamphausen, 2009). Ein deutscher Zen-Mönch beschreibt den 1300 km langen Pilgerweg von Shikoku (S. 500).

**Hiking and Trekking in the Japan Alps and Mount Fuji: Northern, Central and Southern Alps**, Tom Fay und Wes Lang (Cicerone Press Limited, 2019). Sehr ausführlicher Wanderführer in englischer Sprache für die im Titel genannte Bergwelt.

**Japan**, Isa Ducke, Natascha Thoma u. a. (Baedeker Verlag, 2022). Umfangreiche Ergänzung vor allem für die Vor- und Nachbereitung, mit alphabetisch sortierten Sachinformationen zu allen Orten.

**Japan. Exklusive Fotografien aus dem Inneren des Inselstaats**, Hans Sautter (Frederking & Thaler, 2020). Imposanter Bildband in spektakulärem Großformat.

**Japan Hanko: Japan Reisetagebuch für Stempel, Eki Stamp und Notizen**, Axel Schwab (KDP, 2023). Reisetagebuch zum Sammeln von Souvenirstempeln auf Reisen in Japan.

**Japan spielend in 60 Schritten: Der kompakte und fundierte Reiseratgeber mit Profi-Tipps**, Axel Schwab (KDP, 2024). Relevante Tipps vom Profi, gegliedert in 60 Schritte und sechs Schwierigkeitsstufen.

**Kyoto, mit Nara, Osaka und Koya-san**, Isa Ducke und Natascha Thoma (Trescher Verlag, 2020). Ausgiebige Erkundungen in und um die alte Kaiserstadt.

**Labyrinth Tokio – 38 Touren in und um Japans Hauptstadt**, Axel Schwab (KDP, 2024). Wer Tōkyō noch intensiver erkunden möchte, dem sei dieser Tourenführer empfohlen.

**Labyrinth Tokio – 30 neue Touren in Japans Hauptstadt**, Axel Schwab (Conbook, 2020). 30 weitere Touren hauptsächlich abseits der Touristenpfade.

**Tōkyō – DuMont Direkt Reiseführer**, Rufus Arndt (Dumont, 2024). Im neuen frischen Design und mit großem, faltbarem Cityplan.

**Tokio Foto Guide**, Axel Schwab (KDP, 2023). Bildband und Reiseführer für Japans Hauptstadt: 70 Highlights mit 230 Farbfotos.

# Index



ANHANG

ANHANG

## I



## J



## K

ANHANG

## O



## P



## Q



## R

ANHANG

## U



## V



ANHANG

ANHANG

# Danksagung


## Jessika Zollickhofer

Mein größter Dank gilt meiner Familie, ohne deren Unterstützung dieses Buch nicht möglich gewesen wäre. In Japan möchte ich mich bei meinem Mentor Herrn Arikawa Kantarō für die Erkundung vertrauter und neuer Ecken der Satsuma-Halbinsel bedanken; bei Mukaida Kumiko und Nishihara Marina für die gemeinsame Zeit in Kumamoto, Amakusa und Aso und bei Hayasaka Akiko für die Einladung ins traumhafte Ryokan und die gemeinsamen Tage in Kagoshima und auf der Satsuma-Halbinsel. Außerdem danke ich der Bauersfrau in Takachiho, die mich im strömenden Regen von der Straße aufgelesen hat, und allen Japanern und Japanerinnen, die mir auch dieses Mal wieder so freundlich begegnet sind. Zum Gelingen der vierten Auflage beigetragen haben außerdem Janine Hansen mit ihrem Beitrag zum japanischen Film sowie meine wunderbaren Kolleginnen Britta Dieterle, Silvia Mayer, Katharina Grimm und Gritta Deutschmann von den Bintangs. Danke für eure Mühe!

## Isa Ducke und Natascha Thoma

Wir danken Bettina Krämer und JNTO Frankfurt für ihre Unterstützung bei der Recherche sowie vor Ort insbesondere Toyokawa Kazuyo, Kitabayashi Ikuko, Shimizu Yuka, Ikegami Chika, Toku Tomoko, Sugino Masahiro und Morioka Junko. Außerdem danken wir Kuwata Hiroyo und Uetsuki Yumiko für ihre langjährige Freundschaft und die immer wieder erhellenden Einblicke in die japanische Gegenwartskultur..

## Birgit Bianca Fürst

Mein Dank gilt der Ainu-Gesellschaft Hokkaidō sowie der Hokkaidō-Tourismusbehörde. Ein besonderes Arigatō geht an meine Freunde Emi Kuzumi Yahagi, Mike O'Connel, Andras Szelei, die mit mir immer wieder per Rad und mit Bergschuhen Naturschönheiten Hokkaidōs erkunden und ihr Bildmaterial davon gern mit mir teilen. Meiner „Patent"-Tante Annemarie Tewes an dieser Stelle eine ganz dicke Umarmung für geduldiges Korrekturlesen.

## Hartmut Pohling

Ich danke all den Menschen, die mich während des Reisens durch Japan so hilfreich und freundlich unterstützt haben – besonders den Familien Usui und Gō, ohne deren Langzeit-Gastfreundschaft diese kostspielige Recherche nicht möglich gewesen wäre. Mehr noch als tiefer Dank geht an Hiroko Usui-Pohling, die mit ihrem akribischen Arbeitseifer, viel Geduld und landeskundlichem Wissen letztendlich zum Gelingen meines Anteils des vorliegenden Werkes beigetragen hat – die gemeinsame Sympathie zu und die tiefe Neugierde auf Japan hat die Arbeit sehr erleichtert.

## Axel Schwab

Besonders bedanken möchte ich mich bei Hideyuki und Junko Nebiya sowie Toki und Non Sasaki für ihre Gastfreundschaft. Dank geht auch an Frau Hiromi Waldenberger und die Stadtverwaltung von Tōkyō, namentlich an Akito Tadokoro, Asuka Kondō und Soko Shimizu vom Tokyo Convention & Visitors Bureau (TCVB) für die hervorragende Betreuung vor Ort. Herrn Takayasu Akiyama danke ich für die Infos über Nikkō und Herrn Patrick Carey für die Unterstützung bei meinen Planungen in Hakone. Ich danke allen Japanern, denen ich auf meinen Reisen begegnet bin und die mir gegenüber immer freundlich und hilfsbereit waren.

# Bildnachweis

### Umschlag

**Titelfoto** Lookphotos, München/age fotostock; Katze zwischen zwei steinernen Winkekatzen am Gōtoku-Tempel, Tōkyō

### Highlights

**S. 6** Axel Schwab
**S. 7** laif / Lengler (oben)
Mauritius Images, Mittenwald/Gil Giuglio/Hemis.fr (unten)
**S. 8** Axel Schwab (unten)
**S. 8/9** Axel Schwab (oben)
**S. 9** Axel Schwab (unten)
**S. 10** Axel Schwab (2)
**S. 11** Shutterstock.com, Amsterdam (NL)/Radu Razvan
**S. 12** Katharina Grimm (oben)
Mauritius Images, Mittenwald/Lucas Vallecillos/Alamy/Alamy Stock Photos (unten)
**S. 13** Westwards
**S. 14** japan-photo.de/Hartmut Pohling
**S. 15** Shutterstock.com, Amsterdam (NL)/Phuong D. Nguyen (oben)
Mauritius Images, Mittenwald/Alberto Paredes/Alamy/Alamy Stock Photos (unten)
**S. 16** iStock/nathanphoto (oben)
japan-photo.de/Hartmut Pohling (unten)
**S. 17** Mauritius Images, Mittenwald/Marco Brivio/imageBROKER
**S. 18** japan-photo.de/hartmut pohling (oben)
Jessika Zollickhofer (unten)
**S. 19** Mauritius Images, Mittenwald/Jose Fuste Raga
**S. 20** Getty Images, München/Ippei Naoi (oben)
Fotolia, New York (USA)/divedog (unten)

### Regionalteil

**Ainu-Gesellschaft Sapporo** S. 269 (oben)
**Birgit Bianca Fürst** S. 78, 268, 273, 277, 283, 286, 298, 302
**Katharina Grimm** S. 256
**Masato Hattori** S. 269 (unten)
**japan-photo.de/Hartmut Pohling** S. 27, 34, 98, 376, 377 (2), 379, 388, 393, 407, 411, 417, 420, 430, 434, 438, 442, 449, 454, 458, 459 (2), 475, 479, 487, 492, 493 (2), 498, 505, 511, 513, 521
**Mauritius Images, Mittenwald** Lucas Vallecillos/Alamy S. 117; imageBroker/Oleksiy Maksymenko S. 144
**Shutterstock.com, Amsterdam (NL)** Bobby Hayashi S. 118
**Axel Schwab** S. 24, 29, 40, 135, 152, 153 (2), 160, 170, 179, 181, 185, 187, 191, 195, 206, 211, 219, 224
**Westwards** S. 31, 33, 36, 42, 51, 57, 73, 93, 141, 226, 227 (2), 243, 248, 306, 307 (2), 311, 319, 327, 329, 337, 341, 343, 348, 359, 367, 375, 584, 585 (2), 591, 599, 617
**Jessika Zollickhofer** S. 48, 71, 88, 124, 526, 527 (2), 534, 538, 541, 545, 550, 554, 562, 567, 571, 575, 581

# Impressum

**Japan**
Stefan Loose Travel Handbücher
4., vollständig überarbeitete Auflage **2024**


Die in diesem Buch enthaltenen Angaben wurden von den Autoren nach bestem Wissen erstellt und vom Lektorat im Verlag mit großer Sorgfalt auf ihre Richtigkeit überprüft. Trotzdem sind, wie der Verlag nach dem Produkthaftungsrecht betonen muss, inhaltliche und sachliche Fehler nicht vollständig auszuschließen.
Deshalb erfolgen alle Angaben ohne Garantie des Verlags oder der Autoren. Der Verlag und die Autoren übernehmen keinerlei Verantwortung und Haftung für inhaltliche und sachliche Fehler.
Alle Landkarten und Stadtpläne in diesem Buch sind von den Autoren erstellt worden und werden ständig überarbeitet.

**Gesamtredaktion und -herstellung**
**Bintang Buchservice GmbH**
Tempelhofer Ufer 1A, 10961 Berlin
www.bintang-berlin.de
**Redaktion**: Silvia Mayer, Jessika Zollickhofer
**Satz und Bildredaktion**: Britta Dieterle
**Karten**: Katharina Grimm, Klaus Schindler
**Reiseatlas**: © 2024 KOMPASS-Karten GmbH, A-6020 Innsbruck unter Verwendung von Kartendaten: © MairDumont, D-73751 Ostfildern

**Printed in China**

# Kartenverzeichnis

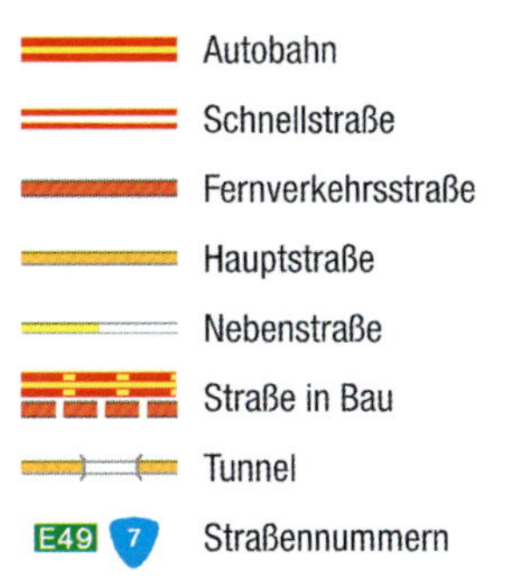

| | |
|---|---|
| Autobahn | Eisenbahn |
| Schnellstraße | Staatsgrenze |
| Fernverkehrsstraße | Internationaler Flughafen |
| Hauptstraße | Nationaler Flughafen |
| Nebenstraße | National-, Naturpark |
| Straße in Bau | Sehenswürdigkeit (Natur - Kultur) |
| Tunnel | Berggipfel |
| E49 7 Straßennummern | Vulkan |
| Schiffahrtslinie | Mittlere Packeisgrenze im Winter |

CHANGCHUN
ZHONGGUO (CHINA)
ROSSIJA
VLADIVOSTOK
SHENYANG
Hokkaidō
SAPPORO
654/655
Sea of Japan
CHOSŎN M.I.K. (NORTH KOREA)
P'YŎNGYANG
East Sea
SEOUL
658/659
656/657
TAEHAN-MIN'GUK (SOUTH KOREA)
Honshū
NIIGATA
SENDAI
662/663
HIROSHIMA
KYŌTO
NAGOYA
TŌKYŌ
668
YOKOHAMA
KOBE
SAKAI
East China Sea
FUKUOKA
Shikoku
660/661
KAGOSHIMA
Kyūshū
664/665
NIHON (JAPAN)
NORTH PACIFIC
666
Nansei-Shotō
667

Sōya-misaki
Funadomari
Rebun-tō
490
Rishiri-Rebun-
Sarobetsu
Nat. P.
Rebun
Rishirifuji
Rishiri
1729
Rishiri-tō
Wakkanai
Sarufutsu
Numakawa
427
Nat. P.
Toyotomi
Horonobe
Toikanbetsu
Teshio
Nakagawa
Shotonbets
Embetsu
Otoi
Onnenai
Shōsanbetsu
Bifuka
Yagishiri-
tō
Teuri-tō
Harobo
Tomamae
Teshio-santi
Shumarina
Nihon Kai
(Sea of Japan)
Onishika
Kenbuchi
1009
Obira
Horokanai
Wassamu
Rumoi
Taka
Mashike
Numata
Fukagawa
Takikawa
Hamamasu
Shin Totsukawa
Akabira
Ashibe
Sunagawa
Utashinai
Niseko Shakotan
Otaru-kaigan Q.N.P.
Atsuta
Kami
Sunagawa
Tsukigata
Ishikari-wan
Fura
Shakotan
Bibai
Furubira
Mikasa
Syakotan-hantō
Yubetu-d.
1298
OTARU
Ishikari
Tōbetsu
Iwamizawa
Yoichi
Ebetsu
Kamoenai
Teine
Kuriyama
Tomari
SAPPORO
Naganuma
Yūbari
Iwanai
Kyōwa
Jyozankei
Hiroshima
Q.N.P.
Kutchan
Eniwa
Oiwake
Yōtei-s.
Niseko
Kyōgoku
1893
Chitose
Hobets
Suttsu
Kimobetsu
CTS
Hayakita
Shikotsu-ko
Rankoshi
Shimamaki
Rusutsu
Shikotsu-Tōya Nat. P.
Kuromatsunai
Tōya-ko
Otaki
TOMAKOMAI
1520
Kariba-y.
Abuta
Mukawa
Biratori
Sōbetsu
Shiraroi
Setana
Oshamambe
Imakane
Date
Mombetsu
Kitahiyama
Kunnui
Noboribetsu
Uchiura-
wan
Atsuga
Shizu
MURORAN
Yakumo
Kudo
Nodaoi
Okushiri
585
Okushiri-tō
Sawara
Kumashi
Onuma Q.N.P.
Shikabe
Mori
Jomon Prehistoric-
Sites
Otobe
Onuma
Niigata, Kyōto
Hachinohe
Hachinohe, Senda



656

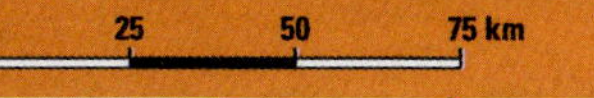

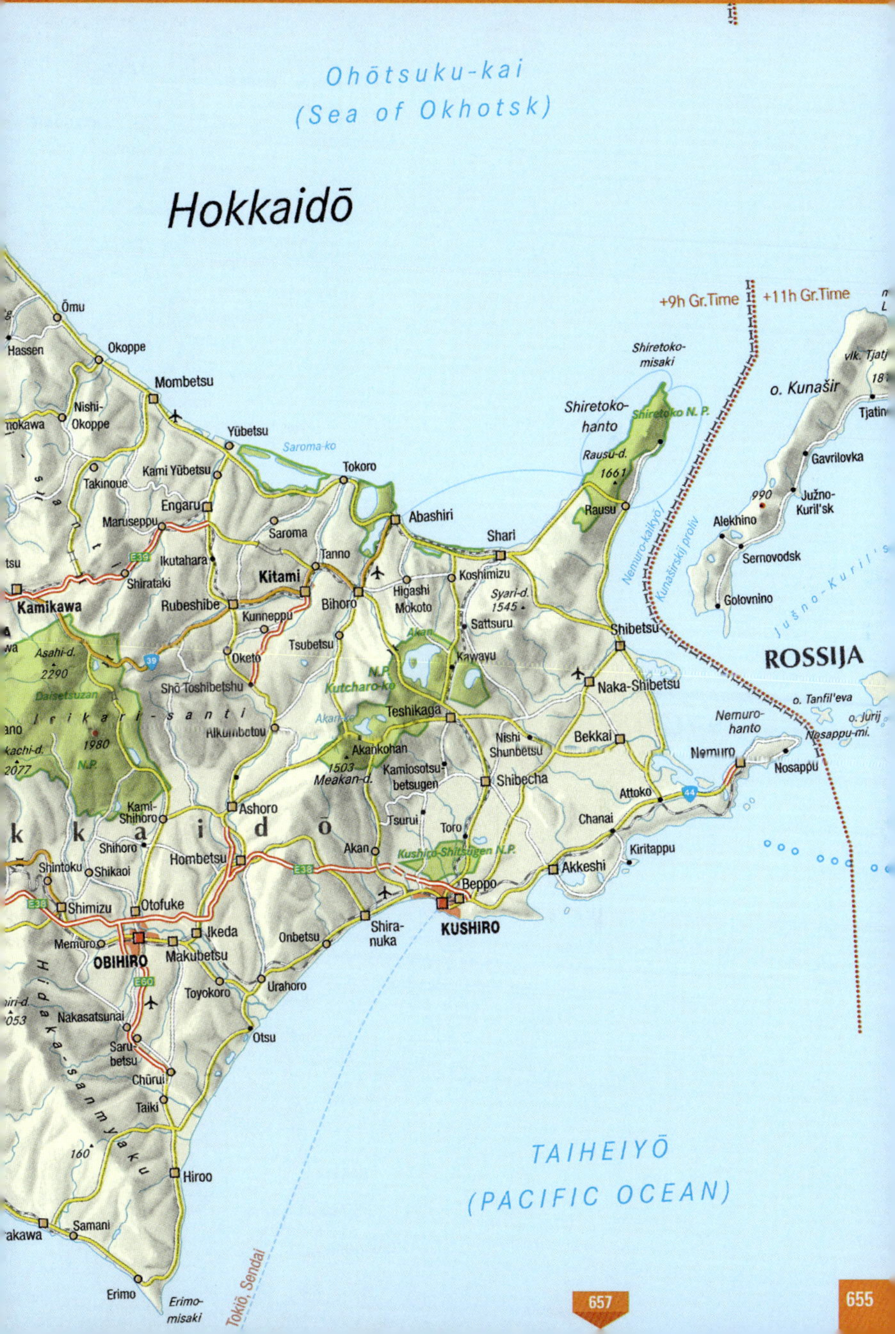

Ohōtsuku-kai
(Sea of Okhotsk)

Hokkaidō

+9h Gr.Time
+11h Gr.Time

Ōmu
Hassen
Okoppe
Mombetsu
Nishi-Okoppe
Yūbetsu
Saroma-ko
Tokoro
Kami Yūbetsu
Takinoue
Engaru
Maruseppu
Saroma
Abashiri
Shari
Tanno
Ikutahara
Shirataki
Kitami
Koshimizu
Kamikawa
Rubeshibe
Bihoro
Higashi Mokoto
Syari-d. 1545
Kunneppu
Sattsuru
Asahi-d. 2290
Oketo
Tsubetsu
Akan N.P.
Kawayu
Daisetsuzan N.P.
Shō Toshibetsu
Kutcharo-ko
1980
Teshikaga
Akan-ko
Akankohan
Meakan-d. 1503
Kamiosotsu-betsugen
Nishi Shunbetsu
Shibecha
Kami-Shihoro
Ashoro
Tsurui
Toro
Shihoro
Akan
Kushiro-Shitsugen N.P.
Shintoku
Shikaoi
Hombetsu
Shimizu
Otofuke
Beppo
KUSHIRO
Shira-nuka
Memuro
OBIHIRO
Ikeda
Makubetsu
Onbetsu
Toyokoro
Urahoro
Hidaka-sanmyaku
Nakasatsunai
Saru-betsu
Otsu
Chūrui
Taiki
160
Hiroo
Samani
Erimo
Erimo-misaki
Tokiō, Sendai

Shiretoko-misaki
Shiretoko-hanto
Shiretoko N. P.
Rausu-d. 1661
Rausu
Nemuro-kaikyō / Kunaširskij proliv
Shibetsu
Naka-Shibetsu
Bekkai
Nemuro-hanto
Nemuro
Nosappu
Attoko
Chanai
Kiritappu
Akkeshi

o. Kunašir
vlk. Tjatja
Tjatino
Gavrilovka
990
Južno-Kuril'sk
Alekhino
Sernovodsk
Golovnino
Južno-Kuril'skij
ROSSIJA
o. Tanfil'eva
o. Jurij
Nosappu-mi.

TAIHEIYŌ
(PACIFIC OCEAN)

657

654

Nihon Kai
(Sea of Japan)

Honshū

Ōshima-hantō
Oshima-Ōshima
732
Otobe
Esashi
Kaminokuni
Nakanosawa
Daisengen-d.
1072
Shizuura
Matsumae
Kikonai
Shiriuchi
Fukushima
Onuma
Shikabe
Jomon Prehist
Nanae
Kamiiso
HAKODATE
Ōma
Sai
Shimokita
Q.N.P.
Seikan Tunnel
Tsugaru-
Tsugaru Q.N.P.
Minmaya
Imabetsu
Kodomari
Tairadate
Wakinosa
Kawa
Mutu-wa
Shiura
Tsugaru-hantō
Kanita
Nakasato
Aomori
Jomon Prehistoric Sites
Kanagi
Goshogawara
Ajigasawa
AOMORI
Asam
Namioka
Itayanagi
Kuroishi
Fukaura
HIROSAKI
Towada Hachimantai N.P.
Henasi-sa.
Hiraka
Kyuroku-sh.
Shirakami-d.
1285
Hachimori
Ōdate
Kosaka
Tashiro
Takanosu
Yoneshiro-g.
Noshiro
Kutatsui
Hinai
Kazuno
Moriyoshi
Nyudō-sa.
Ani
Hachirugata
Gujyōme
Towada-Hachimantai N.P.
Oga-hantō
Oga
Hitachinai
Tenno
Q.N.P.
Akita
AKITA
Tazawako
Kyōwa
Kakunodate
Iwaki
Nishi Senboku
Omono-g.
Omagari
Ouchi
Yurihonjō
Yokote
Nikaho
Omonogawa
Yashima
Tobishima
Yuzawa
Inakawa
Chōkai Q.N.P.
2230
Ogachi
Chōkai-s.
Yuza
Tōhoku
SAKATA
Mamurogawa
1628
Kurikoma Q.N.P.
Amarume
Mogami-g.
Shinjō
TSURUOKA
Fujishima
Mogami
Naruko
Atsumi
Dewa Sanzan
Obanazawa
Furukaw
Yamagata
Miyagi
Sanpoku
Kyōto
Niigata
Otaru



658

655
Erimo
Erimo-misaki
Kushiro
Tomakomai
Shirya-saki
Iwaya
Shimokita-hantō
Rokkasho
Misawa
Momoishi
HACHINOHE
Hashikami
Taneichi
Karumai
Ōno
Kuji
Noda
Fudai
Kuzumaki
Iwate
Gandō-
Iwaizumi
Omoto
Asanai
Tarō
Sanriku
Niisato
Miyako
Toda-sa.
Fukkō
Yamada
Ōtsuchi
N.P.
Tōno
Kamaishi
Ōfunato
Daitō
Rikuzen Takata
Kesennuma
Motoyoshi
Sendai
Tōkyō, Mito
TAIHEIYŌ
(PACIFIC OCEAN)
659

656

Nihon Kai
(Sea of Japan)

Honshū

Hegura-shima
Suzu-misaki
Wajima
Suzu
Monzen
Noto
Anamizu
Noto-hantō
Noto-shima
Togi
Nanao
Toyama-wan
Hakui
Himi
Uozo
Kurobe
Asahi
Itoigawa
Nō
JŌETSU
Ōgata
Kashiwaz
Aikawa
Sado
Sado Yahiko Q.N.P.
Ogi
Hajiki
TAKAOKA
Shimminato
Namerikawa
TOYAMA
Tsubata
Oyabe
Tonami
KANAZAWA
Yatsuo
Fukumo
Mattō
Toyama
Chūbu-Sangaku N.P.
Shōmyō Falls
Tate-y. 3015
Hakuba
NAGANO
Zenkōji
Suzaka
Myōkō-Togakushi-Renzan N.P.
Myōkō-s. 2446
Arai
Iiyam
Ōmachi
Kōshuko
UEDA
Komoro
Saku
KOMATSU
Tsurugi
Suganuma
Ainokura
Ishikawa
Kaga
Shirakawa
Kawai
Kamioka
Hotaka
Nagano
Mikuni
Yoshinodani
Ogimachi
Hakusan N.P.
Haku-san 2702
Furukawa
Toyoshina
MATSUMOTO
Maruoka
Takayama
Shiojiri
Okaya
Suwa
Yatsugatake-Chūshin Q.N.
Yachito
FUKUI
Katsuyama
Ōno
Tatsuno
Chino
2899
Takefu
Sabae
Izumi
Shiratori
Ontake-san 3067
Narakawa
Fukui
Wakasa-wan
Imajō
Hatiman
Gero
Ina
Minami-Alps N.P.
Hida-Kisogawa Q.N.P.
Komagane
Shirane-s. 3192
Nirasaki
Tsuruga
Gifu
Neo
Wakasawan Q.N.P.
Sekigahara-Oro Q.N.P.
Shirakawa
Ōshika
Obama
Kinomoto
Shiga
Ibigawa
Seki
Nakatsugawa
Iida
Masuho
Maizuru
Imazu
Nagahama
GIFU
Minokamo
Ena
Kyōto
ŌGAKI
KONAN
Kani
Shin-asahi
Miyama
Biwa-ko
Hikone
Maihara
Hashima
TAJIMI
Toki
Minobu
Tanba-kōchi
Biwako Q.N.P.
Ōmi-Hachiman
ICHINOMIYA
KOMAKI
KASUGAI
Inabu
Tsushima
NAGO

662

660

SENDAI
FUKUSHIMA
KŌRIYAMA
IWAKI
HITACHI
MITO
TŌKYŌ
YOKOHAMA
KAWASAKI
CHIBA
SAITAMA
YAMAGATA
AIZU-WAKAMATSU
UTSUNOMIYA
ISHINOMAKI
TAIHEIYŌ (PACIFIC OCEAN)
Tōhoku
Miyagi
Yamagata
Fukushima
Tochigi
Ibaraki
Kantō
Chiba
Kanagawa
Saitama
Kujūkuri-nada
Tōkyō-wan
Zao Q.N.P.
Bandai-Asahi N.P.
Nikko N.P.
Oze N.P.
Echigo-Sanzan-Tadami Q.N.P.
Zuigan Temple
Osaki-Hachiman-Shrine
Kinkasan-shima
Aji-shima
Shioya-Saki
Inubō-saki
Awashima
Chōshi
Narita
Tsuchiura
Kashima
Katsuta
Oyama
Ashikaga
Kiryū
Maebashi
Isesaki
Kumagaya
Hachiōji
Sagamihara
Fuchū
Funabashi
Ichikawa
Matsudo
Kashiwa
Abiko
Kawagoe
Ageo
Kasukabe
Noda
Yonezawa
Murakami
Shibata
Niitsu
Sanjō
Tendō
Izumi
Shiogama
Tagajyō
Natori
Iwanuma
Sōma
Haramachi
Kitaibaraki
Imaichi
Nikkō
Kisarazu
Yokosuka
Kamakura
Fujisawa
Hiratsuka
Atsugi
Hadano
Yamato
Kurobane
Kuroiso
Nasu
Shirakawa
Sukagawa
Ishikawa
Tanagura
Mōka
Shimodate
Koga
Ishioka
Sawara
Mobara
Ōhara
Ichihara
Sakura
Tokorozawa
Kawaguchi
Urawa
Ōmiya
Ōme
Chichibu
Yamatsuri
Fukuroda Falls
Kegon Falls
Oya-Kannon
Buddha
Tomiokа
Futaba
Namie
Odaka
Ono
Funehiki
Motomiya
Nihonmatsu
Hobara
Yanagawa
Kakuda
Watari
Shiroishi
Shibata
Kaminoyama
Nagai
Oguni
Nakajyō
Arakawa
Seiro
Suibara
Gosen
Shirone
Kamo
Tsugawa
Mitsuke
Tochio
Ojiya
Uonuma
Muikamachi
Minakami
Numata
Azuma
Ashio
Kanuma
Tochigi
Sano
Tatebayashi
Ōta
Fukaya
Fujioka
Annaka
Yorii
Higashimatsuyama
Kōnosu
Kuki
Mitsukaido
Toride
Itako
Hokota
Nakaminato
Kasama
Hitachiōta
Takahagi
Daigo
Kawachi
Karasuyama
Ichikai
Yaita
Otawara
Kitakata
Nishi Aizu
Inawashiro
Kaneyama
Tadami
Shimogō
Nangō
Tajima
Atsumi
Sanpoku
Obanazawa
Murayama
Sagae
Higashine
Furukawa
Wakuya
Kahoku
Ōhira
Taiwa
Matsushima
Oshika
Iizaka
Dewa Sanzan
Iide-s. 2105
Azuma-s. 2024
Zao-s. 1841
1917
1193
2578
Shirane-san
Yokaichiba
Asahi
Tōgane
Kujūkuri
Kimitsu
Okutama
Uenohara
Ōtsuki
Tsuru
Ninomiya
Odawara
Susono
Tomakomai
Kushiro
Otaru
Tōkyō
NRT
HND

658
662
KOMATSU
Tsurugi
Suganuma
Ainokura
Toyama
Sangaku
N.P.
Hotaka
UEDA
Komoro
Saku
Ishikawa
Kaga
Shirakawa
Kawai
Kamioka
3190
Toyoshina
Mikuni
Yoshi-
nodani
Ogimachi
Furukawa
MATSUMOTO
Hakusan
Haku-san
2702
N.P.
Maruoka
Takayama
Yatsugatake-
Yachiho
Shiojiri
Okaya
Chūbu
Suwa
Chino
2899
FUKUI
Katsu-
yama
Ōno
Tatsuno
Takefu
Sabae
Izumi
Shiratori
Ontake-
san
3067
Nara-
kawa
Fukui
Ina
Wakasa-wan
Gero
Minami-
Alps N.P.
Imajō
(1019)
Hatiman
Hida-
Kisogawa
Q.N.P.
Koma-
gane
3192
Nira-
saki
Tsuruga
Gifu
Shirane-s
Wakasawan
Q.N.P.
Neo
Sekigahara-
Oro Q.N.P.
Shira-
kawa
Ōshika
Obama
Kinomoto
Ibi-
gawa
Seki
Nakatsu-
gawa
Iida
Masuho
Maizuru
Imazu
Nagahama
GIFU
Minokamo
Ena
Biwa-ko
ŌGAKI
Kani
Miyama
Shin-
asahi
Hikone
Maihara
Hashima
KONAN
Toki
Minobu
Kyōto
ICHI-
NOMIYA
KOMAKI
TAJIMI
Q.N.P.
Mizuho
Biwako
Q.N.P.
Ōmi-
Hachiman
KASUGAI
Inabu
Tanba-Kōchi
NAGOYA
Tsushima
Asuke
Tenryū-
Okumikawa
Hon-
Kawane
KYŌTO
Mori-
yama
Yokaichi
Kameoka
Shiga
Suzuka
Kuwana
TOYOTA
Aichi
Shizuoka
YOKKAICHI
Q.N.P.
TOKAI
KARIYA
Aichi
Kōgen Q.N.P.
Q.N.P.
SHIZUOKA
Kusatsu
TAKAT-
SUKI
ŌTSU
Minakuchi
HANDA
OKAZAKI
Shin-
shiro
UJI
Shigaraki
Kameyama
NGO
ANJO
FUJIEDA
HIRAKATA
Tokoname
NISHIO
TOYOKAWA
Tenryū
YAIZU
HIGASHI-
ŌS.
Horyuji
Ueno
SUZUKA
TSU
Mihama
Gama-
gori
Hama-
kita
Kakegawa
NARA
Hisai
Ise-wan
Mina-
michita
TOYOHASHI
Hamana
Fukuroi
ŌSAKA
Tenri
Nahari
Kosai
IWATA
Sagara
Mounded Tombs
Mie
MATSUZAKA
Tahara
HAMA-
MATSU
Atsumi
Omaesaki
Atsumi-
hantō
Omae-saki
KAWACHI-
NAGANO
KASHIHARA
Muroo-
Akame
Q.N.P.
ISE
KISHIWADA
Oyodo
Toba
Enshū-nada
Ōsaka
Ise-
jingū
Yoshino-yama
Kushida-g.
Katsuragi
Gojyō
Nara
Miya-
Ago
Kino-
Hashimoto
Yoshino
Ise-shima N.P.
1915
Kumano N. P.
Kōya-san
Shima
Hakkon-
san
Kii-Nagashima
Shimizu
Kōya-
Ryujin
Kinki-chihō
Kii-
Q.N.P.
Owase
Kumano-
nada
Yoshino
Hongū
Kumano
Kumano Sanzan
Wakayama
1122
Kii-hantō
Shingū
Nachi Falls
Kumano
N. P.
Katsuura
Kushimoto
TAIHEIYŌ
(PACIFIC OCEAN
Shiono-misaki
Tokushima
Kōchi, Shimonoseki

659
Tochigi
Ibaraki
Saitama
Kanagawa
Chiba
NOMIYA
Mōka
Kasama
KATSUTA
MAE-
BASHI
KIRYŪ
KASAKI
ISESAKI
ASHIKAGA
Tochigi
Naka-
minato
MITO
Sano
Annaka
Fujioka
ŌTA
Tatebay-
ashi
OYAMA
Shimodate
Fukaya
Koga
Shimo-
tsuma
Ishioka
Hokota
KUMAGAYA
Yorii
Kōnosu
Higashimatsu-
yama
Kuki
Mitsukaidō
TSUCHIURA
Kasumiga-
ura
Kitaura
Chichibu
AGEO
KASUKABE
NODA
Toride
Kashima
KAWAGOE
ŌMIYA
KASHIWA
TŌKYŌ
Itako
Sawara
SAITAMA
URAWA
Okutama
NIIZA
ABIKO
NARITA
ŌME
TOKO-
ROZAWA
KAWA-
GUCHI
MATSUDO
Asashi
Chōshi
HACHIŌJI
ICHIKAWA
SAKURA
Uenohara
FUCHŪ
Tōkyō
FUNABASHI
Yokaichiba
Inubō-saki
Ōtsuki
Tsuru
SAGAMIHARA
CHIBA
YAMATO
Tōkyō-
wan
Tōgane
Kujūkuri
ATSUGI
KAWASAKI
ICHIHARA
Mobara
Kujūkuri-
nada
HADANO
YOKOHAMA
KISARAZU
Nino-
miya
Buddha
Kimitsu
ODA-
WARA
HIRATSUKA
FUJISAWA
KAMAKURA
YOKOSUKA
Ōhara
Susono
MISHIMA
Miura
352
Katsuura
Atami
Miura-
hantō
Kamogawa
Bōsō-hantō
Sagami-
wan
Itō
Tateyama
Minami-
Bōsō
Q.N.P.
Fuji-
Nojima-saki
1406
Ōshima
Izu-Ōshima
Shimoda
Hakone-
Honshū
Toshima
Udone-shima
Izu
Niijima
Shikine-shima
Kōzu-
shima
N. P.
Miyake-shima
Ōnohara-shima
Miyake
Mikura-shima
Inamba-shima
Hachijō-
koshima
854
Hachijō-shima
Higasi
Sendai
Tomakomai, Kushiro

TAEHAN-MINGUK
(SOUTH KOREA)

Oki-shōtō
608
Saigo
Nishino-shima
Nishino-shima
Nakano-shima
Dōzen
Chifuri-shima

Nihon Kai
(Sea of Japan)

Oki-kaiky

Daisen-Oki
Sakaiminato
Hinomi-sa.
MATSUE
Hirata
Shinji-ko
Nakaumi
Taisha
Yasugi
YONAGO
Izumo
Daito
Kisuki
Kōfu
Sada
Ōta
Nita
Nichi-man
Iwami Ginzan
Shimane
Ōchi
Taishaku Q.N.P.
1269
Dōgo-y.
Chūgoku-chihō
Gōchi
Akagi
Kawa-moto
Gōgawa
Hamada
Tojo
Shōbara
Miyoshi
Mi-shimna
Misumi
Masuda
Nishi-Chugoku-sanchi Q.N.P.
Kibi-kōgen
Takahashi
Susa
Kake
Kōda
Kita-Nagato Q.N.P.
Abu
Nichihara
Tsutsuga
Hiroshima
Sera
Fuchū
Ibara
Hagi
Tsuwano
Higashi-Hiroshima
Sites of Meiji Ind. Rev.
908
Muikaichi
HIROSHIMA
Nagato
Abu-g.
Miyajima-guchi
Peace Mem.
Mihara
Ono-michi
FUKUYAMA
Hōhuku
691
Yamaguchi
Akiyoshidai Q.N.P.
Ato
Takehara
Toyoura
Toyota
Mine
YAMAGUCHI
Otake
Shinto Shrine
KURE
Setoda
Itsuku-shima
Kikugawa
Kano
Kuga
IWAKUNI
Ondo
naikai
SHIMONOSEKI
Ogōri
TOKUYAMA
KITAKYŪSHŪ
Onoda
UBE
HŌFU
Kudamatsu
Seto
Naka-sh.
IMABARI
Kanon
Kawanoe
Nakama
Yanai
Hikari
Hojo
Toyo
NIIHAMA
Seto-naikai N. P.
MATSU-YAMA
SAIJO
Kanda
Suō - nada
Kaminoseki
Yashiro-shima
Castle
Nōgata
Yukuhashi
Hime-sh.
Heigun-tō
Iyo
1981
Iizuka
Tagawa
Kunisaki-hantō
Kunimi
Ehime
Ishizuchi-san
Kōchi
Ishizuchi Q.N.P.
Ōtoyo
Yamada
Buzen
Nakatsu
Nagahama
Hirota
CHIKUSHINO
721
Aso-Kuju
Bungotakada
Musashi
Iyo-nada
Yanadani
1200
Yabakei
Usa
KŌCHI
Asakura
Hoshuyama
N. P.
Sada-misaki-hantō
Uchiko
1562
Ōzu
Kitsuki
Shikoku
Sakawa
Hiji
Yawatahama
Hayama
Beppu-wan
Misaki
Uwa
Tosa
KURUME
Hita
BEPPU
Sada-misaki.
Susaki
Kusu
Yufuin
Uwa-kai
Hiyoshi
Nakatosa
Yabe
Ōgumi
OITA
Saganoseki
Bungo - suidō
Uwajima
Tosa
Kujū-san
1788
Taishō
Yamaga
Ōita
Usuki
1142
Nishitosa
Onigajo-y.
Kubokawa
Kumamoto
Inukai
Tsukumi
Tsushima
Kikuchi
Aso
Ōno-g.
Shimanto-g.
Hana
Mie
Saiki
Shikoku
Taketa
Ogata
1592
Mishō
Aso-san
1758
Sobo-Katamuki Q.N.P.
Nakamura
Aso-Kuju
Ashizuri-
Sukumo
Tokyo

664

664

662

Tsushima
Kamiagata
Kamitsu-shima
Kamino-shima
Mine
Iki-Tsushima Q.N.P.
Mitsushima
Izuhara
649
Shimono-shima

Izuhara
Higashi-suidō
Korea Strait
Katsumoto
Iki
Fukuoka
Gōnoura
Ishida
Genkai-nada
Ōshima
KITA
Munukata
Tsujasaki
FUKUOKA
Maebaru
Iiz
Yobuko
Ōshima
Karatsu
KASUGA
CHI
Ikitsuki
Hirado
Hidden Christian Sites
Mitsuze
1055
sanc
Uku-shima
Uku
Hirado-shima
Matsuura
Imari
Taku
Tsukushi
Tosu
Ojika
Saga
SAGA
KURU
Gotō-rettō
Saikai N. P.
SASEBO
Arita
Takeo
Yanagawa
Yam
Takata
Higashisonogi
Kashima
Ariake-kai
Wakamatsu-shima
Arikawa
Nishi-Sonogi-hantō
Ōmura-wan
1076
ŌMUTA
Arao
Naru-shima
Hisaka-shima
Nakadori-sh.
Saikai
Ōmura
Naraō
Sonote
Tamana
Nagayo
Isahaya
Ku
Fukue-shima
429
Fukue
Sites of Meiji Ind. Rev.
KUMAMOTO
Saikai N. P.
NAGASAKI
Unzen
1360
Shimabara
Nagasaki
Arie
Tachibana-wan
Misumi
Nomosaki
Kuchinotsu
Reihoku
Shimbara-wan
Amakusa-shotō
Hondo
YATSUSH
Matsushima
Unzen Amakusa N. P.
Ch
Kawaura
Kami-shima
Amakusa-nada
Yatsushiro-kai
Ushibuka
Ashikita
Danjo-guntō
O-shima
Me-shima
Nagashima
Hitoyoshi
Minamata
Naga-shima
Izumi
Akune
Ōkuchi
Sendai
gawa
Kami-koshiki-shima
Sato
Koshikishima-rettō
Miyanojo
Makiz
Kashima
Sendai
Ki
Shimo-Koshiki-shima
Ko
East China Sea
Kushikino
Aira
Shimo-Koshiki
Ijuin
KAGOSHIMA
Sakurajima
1117
Kink
Noma-misaki
Fukiage
Tarumiz
Kaseda
Kagoshima-wan
Satsuma-hantō
Minami-kyūshū
Kiire
Nat. P.
K
Uji-guntō
Makurazaki
Ibusuki
Ei
Neji
922
Yamagawa
Sata
Sata mis
Ōsumi
Kusagaki-guntō
Take-shima
Kuro-shima
Iō-shima
Amami-shotō
Naha
Kagoshima



666

YAMAGUCHI
TOKUYAMA
IWAKUNI
KURE
HŌFU
UBE
Seto-naikai N. P.
Suō - nada
Yukuhashi
Nakatsu
Usa
BEPPU
ŌITA
Ōita
Saiki
NOBEOKA
Hyuga
Hyūga-nada
Miyazaki
MIYAZAKI
YAKONOJŌ
Nichinan-Coast Q.N.P.
Nichinan
Kyūshū
IMABARI
MATSU-YAMA
NIIHAMA
SAIJO
Ehime
Kōchi
KŌCHI
Iyo-nada
Bungo - suidō
Uwajima
Ashizuri-Uwakai N.P.
Sukumo
Nakamura
Tosa-shimizu
Ashizuri-misaki
Tosa-wan
Shikoku
Ōsaka
Tokyō
TAIHEIYŌ
(PACIFIC OCEAN)

663

664
Uji-guntō
Fukuoka
Satsuma-
hantō
Minami-
kyūshū
Kiire
Nat. P.
Makurazaki
Ibusuki
Ei
922
Yamagawa
Ōsaki
Kanoya
Nejime
Uchinoura
Sata
Ōsumi-hantō
Sata misaki
Ōsaka
Kusagaki-guntō
Kuro-shima
Iō-shima
Take-
shima
Ōsumi-kaikyō
Kagoshima
Ōsumi-shotō
Nishi-
no-Omote
58
Tanega-
shima
Naka-
Tane
Minami-
Tane
East China Sea
Kuchino-
Erabu-sh.
Kami-Yaku
Miyanoura-d.
Yaku-
shima N.P.
1935
Yaku
Yaku-shima
Tokara-kaikyō
Gaja-shima
Kuchino-shima
Kogaja-
shima
979
Nakano-shima
Taira-
shima
799
Suwanose-
shima
Akuseki-
shima
Kodakara-
shima
Takara-
shima
Tokara-rettō
TAIHEIYŌ
(PACIFIC OCEAN)
Nansei-shotō
Satsunan-shotō
Kaminone-shima
Yokoate-shima
667
Kasari
Amami
(Naze)
694
Uken
58
Amami-ōshima
Kikai-shima
Kikai
Setouchi
Naha
Kakeroma-shima
Amamiguntō N.P.
667
Tokuno-shima

666

East China Sea
Amami-shotō
Fukuoka, Ōsaka, Tokyo
Iotōri-shima
Tokuno-shima
Amamiguntō N.P.
Amagi
645
Tokunoshima
Okinoerabu-shima
Wadomari
Iheya-shima
Iheya
Yoron
Yoron-shima
Okinawa
Izena-shima
Yanbaru N.P.
Oku
Ie-shima
Ie
Kunigami
498
Okinawa-shima (Northern part)
Tori-shima
Aguni-shima
Aguni
Motobu
Higashi
Kume-shima
Gushikawa
Irisuna-shima
Tonaki-shima
Nago
Kin
Yomitan
Ishikawa
Okinawa-shima
Keramashotō N.P.
Keise-shima
Uruma
Zamami-shima
NAHA
OKINAWA
Kuba-shima
Tokashiki
Ginowan
Tokashiki-shima
Kerama-rettō
OKA
Nanjo
Itoman
Gyokusendo (Cave)
Okinawa-shotō
Okinawa
TAIHEIYŌ (PACIFIC OCEAN)

666

Großraum Tōkyō
1 cm = 4,5 km
1:450.000
0
5
10 km
SAITAMA
URAWA
KOSHIGAYA
Toride
ABIKO
NAGAREYAMA
KASHIWA
SŌKA
MATSUDO
Shiroi
Shiki
Nakano-Ku
KAWAGUCHI
KAMAGAYA
Toshima-Ku
Adachi-Ku
ICHIKAWA
SHINJUKU-KU
NISHI-TŌKYŌ
MITAKA
TŌKYŌ
FUNABASHI
Tōkyō
Kōtō-Ku
Chūō-Ku
NARASHINO
Shibuya-Ku
URAYASU
CHŌFU
Sealife Park
Disneyland
CHIBA
Setagaya-Ku
Shinagawa-Ku
Ōta-Ku
HND
Tōkyō-wan
Soga
ICHIHARA
KAWASAKI
Goi
Tsurumi-Ku
Tower of the Wind
Tokyo Bay Aqua-Line
Naka-Ku
Hodogaya-Ku
Anegaski
YOKOHAMA
Tateyama Expwy
Sodegaura
Totsuka
Hirakawa
Kisarazu
Akasaka
Isogo-Ku
Kanazawa-Ku
Aohori
Kimitsu
Fukuca
Zushi
Tsukahara
Kururi
Hayama
Ōnuki
Sanuki
Bōsō-hantō
Kamo-yama
YOKOSUKA
Isone-zaki
353
Seiwa
Kannon-zaki
Uraga
Nagai
Kazusa- Minato
Kazusa-Kameyama
661
668